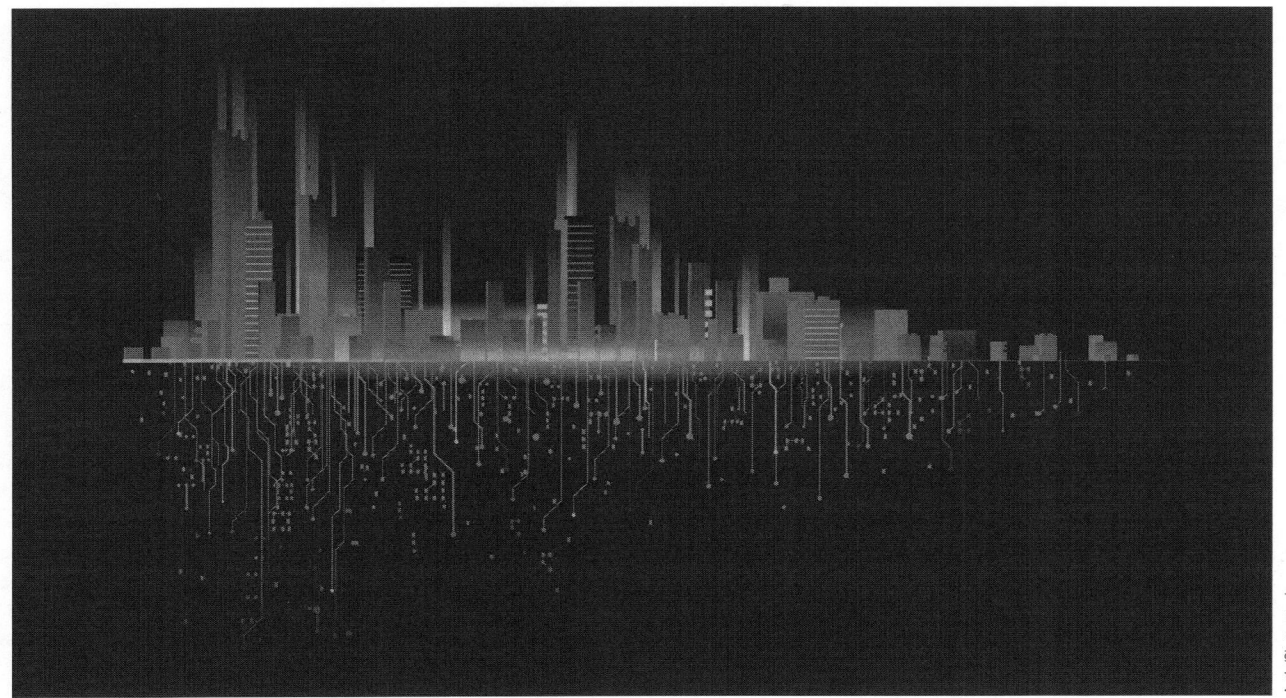

Princípios de sistemas de informação

Tradução da 14ª edição norte-americana

Dados Internacionais de Catalogação na Publicação (CIP)
(Câmara Brasileira do Livro, SP, Brasil)

Princípios de sistemas de informação / Ralph M. Stair...[et al.] ; tradução Edson Furmankiewicz ; revisão técnica Flávio Soares Correa da Silva. -- 4. ed. -- São Paulo : Cengage Learning, 2021.

Outros autores: George W. Reynolds, Joey Bryant, Mark Frydenberg, Hollis Greenberg, George Schell
Título original: Principles of information systems 14. ed. norte-americana.
Bibliografia.
ISBN 978-65-5558-416-5

1. Negócios 2. Sistemas de informação gerencial I. Stair, Ralph M. II. Reynolds, George W. III. Bryant, Joey. IV. Frydenberg, Mark. V. Greenberg, Hollis. VI. Schell, George. VII. Silva, Flávio Soares Correa da.

21-85524   CDD-658.4038011

Indices para catálogo sistemático:

1. Informação : Sistemas : Abordagem gerencial : Administração executiva   658.4038011
2. Sistemas de informação gerencial : Administração   658.4038011

Cibele Maria Dias - Bibliotecária - CRB-8/9427

Princípios de sistemas de informação

Tradução da 14ª edição norte-americana

Ralph M. Stair
Professor emérito, Universidade do Estado da Flórida

George W. Reynolds
Professor, Universidade Strayer

Joey Bryant
Faculdade Comunitária Técnica de Forsyth

Mark Frydenberg
Universidade de Bentley

Hollis Greenberg
Instituto de Tecnologia de Wentworth Institute

George Schell
Universidade da Carolina do Norte em Wilmington

TRADUÇÃO
Edson Furmankiewicz
Docware Traduções Técnicas

REVISÃO TÉCNICA
Flávio Soares Correa da Silva
Professor do Departamento de Ciência da Computação
do Instituto de Matemática e Estatística,
da Universidade de São Paulo

Austrália • Brasil • México • Cingapura • Reino Unido • Estados Unidos

Princípios de Sistemas de Informação
Ralph M. Stair, George W. Reynolds, Joey Bryant, Mark Frydenberg, Hollis Greenberg, George Schell
Tradução da 14ª edição norte-americana
4ª edição brasileira

Gerente Editorial: Noelma Brocanelli

Editoras de Desenvolvimento: Salete Guerra e Gisela Carnicelli

Supervisão de Produção Gráfica: Fabiana Alencar

Título original: Principles of Information Systems, 14th edition
ISBN 978-0-367-11241-0

Tradução: Edson Furmankiewicz

Revisão Técnica: Flávio Soares Correa da Silva

Copidesque: Joana Figueiredo

Revisão de provas: Luicy Caetano de Oliveira, Diego Carrera e Silvia Campos

Diagramação: 3Pontos Apoio Editorial Ltda

Indexação: Priscilla Lopes

Design da capa: Raquel Braik Pedreira

Imagem de capa: Antiv/Shutterstock

© 2021, 2018 Cengage Learning.
© 2022 Cengage Learning Ltda.

Todos os direitos reservados. Nenhuma parte deste livro poderá ser reproduzida, sejam quais forem os meios empregados, sem a permissão, por escrito, da Editora. Aos infratores aplicam-se as sanções previstas nos artigos 102, 104, 106, 107 da Lei nº 9.610, de 19 de fevereiro de 1998.

Esta editora empenhou-se em contatar os responsáveis pelos direitos autorais de todas as imagens e de outros materiais utilizados neste livro. Se porventura for constatada a omissão involuntária na identificação de algum deles, dispomo-nos a efetuar, futuramente, os possíveis acertos.

A editora não se responsabiliza pelo funcionamento dos links contidos neste livro que podem estar suspensos.

Para informações sobre nossos produtos, entre em contato pelo telefone **0800 11 19 39**

Para permissão de uso de material desta obra, envie seu pedido para
direitosautorais@cengage.com

© 2022 Cengage Learning. Todos os direitos reservados.

ISBN: 13: 978-65-5558-405-9
ISBN: 10: 65-5558-405-X

Cengage Learning
Condomínio E-Business Park
Rua Werner Siemens, 111 – Prédio 11 – Torre A – conjunto 12
Lapa de Baixo – CEP 05069-900 – São Paulo – SP
Tel.: (11) 3665-9900 Fax: (11) 3665-9901
SAC: 0800 11 19 39

Para suas soluções de curso e aprendizado, visite
www.cengage.com.br.

Impresso no Brasil
Printed in Brazil
1ª impressão – 2021

A Lila e Leslie.
—RMS

A meus netos: Michael, Jacob, Jared, Fievel, Aubrey, Elijah, Abrielle, Sofia, Elliot, Serena e Kendall.
—GWR

Sumário

Prefácio XIII

Parte 1 — Sistemas de informação nos negócios e na sociedade 1

1 Sistemas de informação: pessoas, tecnologia, processos e estrutura 2

O que é um sistema de informação? 4
- Sistemas de informação — um meio de obter vantagem competitiva 5
- Tipos de sistemas de informação 8
- Cadeia de valor 10

Planejamento estratégico 11
- Planejamento estratégico do sistema de informação 12

Carreiras em sistemas de informação 15
- Funções típicas do sistema de informação 16
- TI sombra 19
- Educação continuada 19

2 Sistemas de informação seguros 28

O cenário das ameaças 30
- Por que os incidentes de computador são tão prevalentes 31
- Perpetradores mais prováveis de iniciar um ataque cibernético 32
- Tipos de vetores de ataque 33
- Ataques cibernéticos que representam ameaças sérias 33
- Consequências de um ataque cibernético bem-sucedido 38
- Leis federais para processar ataques a computadores 39

A tríade de segurança da CID 41
- Implementação de uma CID no nível organizacional 41
- Implementando CID no nível da rede 47
- Implementando CID no nível do aplicativo 51
- Implementando CID no nível do usuário final 51
- Detecção de um ataque cibernético 53
- Resposta 54
- Usando um provedor de serviços de segurança gerenciada (PSSG) 56
- Computação forense 57

3 Responsabilidade corporativa e individual: questões éticas, legais e sociais 66

O que é ética? 68
- Ético *versus* legal 69
- Promovendo a responsabilidade social corporativa e a boa ética empresarial 69
- Incluindo considerações éticas na tomada de decisão 72
- Código de ética profissional 74

Sistemas de informação e privacidade 76

Medidas de proteção de dados pessoais 77
Política de privacidade do site 80
Esforços individuais para proteger a privacidade 81

Sistemas de informação e vigilância governamental 82
Leis federais que protegem os cidadãos da vigilância governamental 84

Sistemas de informação e liberdade de expressão 86
Medidas de proteção à liberdade de expressão 86
Censura na internet 88

Questões éticas no desenvolvimento de software de qualidade 97
Sistemas de segurança crítica 97

Parte 2 Infraestrutura de tecnologia 109

4 Hardware e software 110

Anatomia de um computador 112
Processador 114
Memória principal 116
RAM e cache 116
Armazenamento secundário 117
Dispositivos de entrada e saída 120
Dispositivos de saída 123

Classes de sistema de computador 126
Computadores portáteis 127
Computadores não portáteis de único usuário 129
Servidores, mainframes e supercomputadores 130
Computadores quânticos 132

Fazenda de servidores, centros de dados e computação verde 133
Fazenda de servidores 133
Centro de dados 134
Computação verde 135

Software de sistema 138
Sistemas operacionais 138
Sistemas operacionais atuais 140

Software aplicativo 148
Visão geral do software aplicativo 149
Software como serviço (SaaS) 150
Software aplicativo pessoal 151
Software suite e pacotes de software integrados 152
Outros softwares aplicativo pessoal 152
Software aplicativo móvel 153
Software aplicativo de grupo de trabalho 154
Software aplicativo empresarial 155
Linguagens de programação 155
Licenças de software 157
Software livre 157
Upgrades de software 159

5 Sistemas de banco de dados e gestão de dados 170

Fundamentos de banco de dados 173

Dados, informações e conhecimento 174
O valor da informação 175
Benefícios obtidos com o uso de dados de alta qualidade 175
A hierarquia de dados 177
A abordagem do banco de dados 179
Atividades de banco de dados 180
Limpeza de dados 185
Design de banco de dados 185

Bancos de dados relacionais 188
Manipulando dados em um banco de dados relacional 189
Bancos de dados SQL 191
Sistemas populares de gestão de banco de dados relacional 192

Gestão de dados 194

6 Inteligência de negócios: big data e inteligência analítica 206

Big data 209
Fontes de big data 210
Usos de big data 211
Desafios do big data 212

Tecnologias utilizadas para gerenciar e processar big data 214
Data warehouses, data marts e data lakes 214
Bancos de dados NoSQL 217
Hadoop 218
Bancos de dados na memória 219

Inteligência analítica e de negócios 220
Benefícios obtidos com BI e inteligência analítica 221
O papel de um cientista de dados 222
Componentes necessários para BI e inteligência analítica eficazes 223

Ferramentas de inteligência de negócios e inteligência analítica 224
Análise descritiva 224
Análise preditiva 227
Otimização 229
Simulação 230
Análise de texto e vídeo 231
Softwares populares de BI/inteligência analítica 232
Inteligência analítica de autoatendimento 232

7 Redes: um mundo interconectado 244

Fundamentos de rede 247
Topologia de rede 247
Tipos de rede 249
Largura de banda do canal 250
Latência da rede 250
Meios de comunicação 251
Software de comunicação 258

A Internet e a world wide web 260
Como a Internet funciona 261
Acessando a Internet 263
Como funciona a world wide web 263
Arquitetura cliente/servidor 263
Desenvolvimento de conteúdo e aplicativos da web 268

Internet e aplicativos da web   269
Intranets e extranets   279

8 Computação em nuvem e internet das coisas   290

Computação em nuvem   293
   Computação em nuvem pública   293
   Computação em nuvem privada   296
   Computação em nuvem híbrida   297
   Computação autonômica   298

A internet das coisas (IoT)   299
   Exemplos de IoT   300
   Habilitando a conectividade com 5G   301
   Benefícios de negócios da IoT   302
   Tipos de aplicativos IoT   302
   Problemas potenciais com aplicativos IoT   303

Parte 3 Sistemas de informação de negócios   311

9 Comércio eletrônico   312

Uma introdução ao comércio eletrônico   314
   Categorias de comércio eletrônico   315
   Comércio eletrônico entre empresas (B2B)   315
   Comércio eletrônico entre empresas e consumidores (B2C)   317
   Comércio eletrônico entre consumidores (C2C)   319
   Governo eletrônico   320

Introdução ao comércio móvel   321
   Comércio móvel em perspectiva   322
   Sites de comércio móvel   322

Vantagens do comércio eletrônico   322
   Alcançar novos clientes   323
   Reduzir custos   323
   Acelerar o fluxo de mercadorias e informações   323
   Aumentar a precisão   324
   Melhorar o atendimento ao cliente   324

Modelo multiestágio para o comércio eletrônico   324
   Pesquisa e identificação   325
   Seleção e negociação   326
   Compra de produtos e serviços eletronicamente   326
   Entrega de produtos e serviços   326
   Serviço pós-venda   327

Desafios do comércio eletrônico   327
   Lidando com questões de privacidade do consumidor   328
   Superando a falta de confiança dos consumidores   329
   Superando problemas globais   330

Aplicativos de comércio eletrônico e comércio móvel   332
   Comércio eletrônico de atacado   332
   Manufatura   332
   Marketing   334
   Publicidade   335
   Permuta   336

Investimento e finanças 338
Serviços bancários 339
Compras personalizadas on-line 339

Estratégias para comércio eletrônico e comércio móvel bem-sucedidos 341
Definindo modelo e estratégia de comércio eletrônico eficazes 341
Definindo as funções de um site da web 342
Estabelecendo um site 342
Criando tráfego para seu site 343
Mantendo e melhorando um site 344

Infraestrutura de tecnologia exigida para suporte a comércio eletrônico e comércio móvel 346
Hardware 347
Software de servidor web 348
Software de comércio móvel 348
Hardware e software de comércio móvel 349
Sistemas de pagamento eletrônico 349

10 Sistemas empresariais 364

Sistemas de processamento de transações 366
Métodos e objetivos tradicionais de processamento de transações 367
Sistemas de processamento de transações para empreendedores e empresas de pequeno e médio porte 371
Atividades de processamento de transações 372

Sistemas empresariais 376
Planejamento de recursos empresariais 376
Vantagens do ERP 377
Líderes em sistemas ERP 380
Gestão da cadeia de suprimentos (GCS) 381
Gestão de relacionamento com o cliente 383
Gestão do ciclo de vida do produto (PLM) 385
Planejamento e desenvolvimento de produto de software 389
Superando desafios na implementação de sistemas empresariais 389
Modelo de software hospedado para software empresarial 391

11 Inteligência artificial (IA) e automação 402

Visão geral da inteligência artificial 404
Inteligência artificial em perspectiva 407
Natureza da inteligência 407
Sistemas especialistas 409
Sistemas de visão 415
Outras aplicações de IA 416
Redes neurais artificiais 416
IA e emprego 417

Linguagem de máquina e linguagem natural 420
Treinamento de aprendizagem de máquina 420
Aprendizagem de máquina em todos os setores 422
Processamento de linguagem natural 428
Interface cérebro-computador 429

Robótica 432
Robôs industriais 433
Aplicações industriais 434
O que vem a seguir 435

Parte 4 — Planejamento, implementação e gestão de sistemas de informação 447

12 Planejamento estratégico e gestão de projetos 448

Planejamento estratégico 450
- Analisar situação 451
- Definir direção 453
- Definir estratégias 456
- Implantar plano 457
- Definição da estratégia organizacional do sistema de informação 459
- Identificação de projetos e iniciativas de SI 460
- Priorizando projetos e iniciativas de SI 461

Inovação & mudança na organização 463
- Inovação 463
- Reengenharia e melhoria contínua 464
- Cultura organizacional e mudança 466
- Satisfação do usuário e aceitação da tecnologia 467
- Difusão da teoria da inovação 468

Gestão de projetos 468
- Variáveis de projeto 469
- O que é gestão de projetos? 473
- Áreas de conhecimento em gestão de projetos 473

13 Aquisição e desenvolvimento de sistemas 500

Assinar *versus* comprar *versus* criar 502

Software como serviço (SaaS) 505
- Vantagens do SaaS 505
- Desvantagens do SaaS 506

Aquisição de software pronto para uso 508
- Fase de avaliação do pacote 509
- Finalizar o contrato 511
- Integração e teste 511
- Implementação 512

Processo de desenvolvimento de sistemas Waterfall 513
- Investigação do sistema 514
- Análise de sistemas 522
- Design de sistemas 529
- Criação 535
- Integração e teste 537
- Implementação 539
- Operação e manutenção do sistema 543

Desenvolvimento ágil 547

Glossário 560

Índice remissivo 571

Prefácio

À medida que as organizações e empreendedores continuam a operar em um mercado cada vez mais competitivo e global, os trabalhadores em todas as áreas de negócios, incluindo contabilidade, atendimento ao cliente, distribuição, finanças, recursos humanos, sistemas de informação, logística, marketing, manufatura, pesquisa e desenvolvimento e vendas, devem ser bem preparados para fazer as contribuições significativas necessárias para o sucesso. Independentemente de sua função futura, mesmo que seja um empresário, precisa entender o que os sistemas de informação podem e não podem fazer e ser capaz de usá-los para ajudá-lo a atingir seus objetivos pessoais e organizacionais. Espera-se que você descubra oportunidades de usar sistemas de informação e participe do projeto e implementação de soluções para problemas de negócios que empregam sistemas de informação. Para ter sucesso, deve ser capaz de visualizar os sistemas de informação da perspectiva das necessidades de negócios e organizacionais. Para que suas soluções sejam aceitas, deve reconhecer e abordar o impacto delas sobre os colegas de trabalho, clientes, fornecedores e outros parceiros de negócios importantes. Por essas razões, um curso de sistemas de informação é essencial para os alunos no mundo da alta tecnologia de hoje.

Princípios de sistemas de informação, tradução da 14ª edição norte-americana, continua a tradição e a abordagem das edições anteriores. Nosso objetivo principal é fornecer o melhor texto de sistemas de informação e materiais de acompanhamento para o primeiro curso de sistemas de informação exigido para todos os alunos de administração. Queremos que aprenda a usar sistemas de informação para garantir seu sucesso pessoal em sua função atual ou futura e para melhorar o sucesso de sua organização. Por meio de pesquisas, questionários, grupos de foco e feedback que recebemos de adotantes atuais e anteriores, bem como de outros docentes na área, temos sido capazes de desenvolver o conjunto de materiais de ensino da mais alta qualidade disponível para ajudá-lo a alcançar suas metas.

Este livro está orgulhosamente no início do currículo e permanece incontestável em sua posição como o único livro de princípios de SI que oferece conceitos básicos que os alunos de negócios devem aprender para ter sucesso. Os professores do curso introdutório enfrentaram um dilema. Por um lado, a experiência em organizações empresariais permite que eles compreendam as complexidades subjacentes a importantes conceitos de SI. Por esse motivo, muitas instituições de ensino adiam essa apresentação até que concluam grande parte das disciplinas obrigatórias em administração de empresas. Por outro lado, esse adiamento força um ou dois cursos obrigatórios de introdução a SI a se concentrar somente em ferramentas de software de computação pessoal e, na melhor das hipóteses, apenas a introduzir conceitos de informática.

Este texto foi escrito especificamente para o curso introdutório no currículo de SI. *Princípios de sistemas de informação* aborda os conceitos de informática e de SI apropriados, ao mesmo tempo em que fornece uma forte ênfase gerencial no atendimento às necessidades comerciais e organizacionais.

Abordagem deste texto

Este livro oferece a cobertura tradicional de conceitos de informática, mas coloca o material no contexto de atender às necessidades de empresas e organizações. Colocar os conceitos de sistemas de informação neste contexto e assumir uma perspectiva de gestão sempre diferenciou este texto de outros textos de informática, tornando-o atraente não apenas para os alunos com especialização em sistema de informação de gestão (SIG), mas também para outras áreas de estudo. O texto não é excessivamente técnico, mas trata do papel desempenhado pelos sistemas de informação em uma organização e os princípios-chave que um gerente ou especialista em tecnologia precisa saber para ser bem-sucedido. Os princípios de SI são reunidos e apresentados de forma compreensível, relevante e interessante. Além disso, o texto oferece uma visão geral de toda a disciplina de SI, dando aos alunos uma base sólida para um estudo mais aprofundado em cursos de SI como programação, análise e design de sistemas, gerenciamento de projetos, gerenciamento de banco de dados, comunicações de dados, design e desenvolvimento de sites, segurança de sistema de informação, big data e analítica, comércio eletrônico e informática. Dessa forma, atende às necessidades dos administradores de empresas em geral e daqueles que desejam se tornar profissionais de SI.

Embora a visão fundamental deste texto líder de mercado permaneça inalterada, na 14ª edição a estrutura e a cobertura do tema foram reexaminadas e realinhadas para destacar mais claramente os princípios estabelecidos e aproveitar os novos que surgiram como resultado das mudanças nos negócios, nas organizações, na tecnologia e na sociedade.

Princípios de SI primeiro, onde deveriam estar

Expor os alunos aos princípios básicos de SI é uma vantagem, mesmo para aqueles que não fazem nenhum curso de SI. Uma vez que a maioria das áreas funcionais da empresa depende de sistemas de informação, uma compreensão dos princípios de SI ajuda a eles em outros cursos. Além disso, apresentar-lhes os princípios dos sistemas de informação ajuda futuros gestores de negócios e empreendedores a empregar sistemas de informação de forma bem-sucedida e evitar contratempos que muitas vezes resultam em consequências desastrosas. Além disso, a apresentação de conceitos de SI no nível introdutório cria interesse entre os alunos, que podem mais tarde escolher os sistemas de informação como seu campo de concentração.

Objetivos deste livro

Como *Princípios de sistemas de informação* foi escrito para cursos de graduação em administração de empresas, acreditamos que é importante não apenas apresentar uma perspectiva realista sobre SI nos negócios, mas também fornecer aos alunos as habilidades que eles podem usar para serem líderes empresariais eficazes em suas organizações. Com isso em vista, o livro tem três objetivos principais:

1. Fornecer um conjunto de princípios básicos de SI que preparam os alunos para atuar de forma mais eficiente e eficaz como funcionários, gerentes, tomadores de decisão e líderes organizacionais

2. Fornecer uma boa visão sobre o papel desafiador e em constante mutação do profissional de SI, para que os alunos possam apreciar melhor o papel desse indivíduo-chave
3. Mostrar o valor da disciplina de SI como um campo atraente de especialização para que os alunos possam avaliá-la como um plano de carreira em potencial

Princípios de SI

Princípios de sistemas de informação, embora abrangente, não pode abordar todos os aspectos da disciplina de SI em tão rápida mudança. Os autores, tendo reconhecido isso, fornecem aos alunos um núcleo essencial de princípios orientadores de SI para usar enquanto se esforçam para empregar os sistemas de SI em seu ambiente acadêmico e profissional. Pense nos princípios como verdades ou regras básicas que permanecem constantes independentemente da situação. Como tal, eles fornecem uma forte orientação para tomadas de decisões difíceis. Um conjunto de princípios de SI é destacado no início de cada capítulo. O uso desses princípios para resolver problemas do mundo real é conduzido desde os exemplos de abertura de aplicativos de ponta, passando por variados exemplos do mundo real de organizações que aplicam esses princípios intercalados ao longo de cada capítulo, até chegar ao material de fim de capítulo especialmente interessante e diversificado. O objetivo final do livro é desenvolver alunos eficazes, críticos e orientados para a ação, incutindo-lhes princípios que os ajudem a orientar sua tomada de decisão e suas ações.

Pesquisa da disciplina de SI

Princípios de sistemas de informação não apenas oferece a cobertura tradicional de conceitos de informática, mas também fornece uma ampla estrutura para transmitir aos alunos uma base sólida sobre os usos comerciais da tecnologia, os desafios da implementação bem-sucedida, a necessidade de obter ampla adoção de sistemas de informação, e as potenciais questões éticas e sociais que possam surgir. Além de servir aos alunos de administração em geral, este livro oferece uma visão geral de toda a disciplina de SI e prepara solidamente os futuros profissionais de SI para carreiras e cursos avançados nessa área que se transforma tão rapidamente.

Mudança do papel do profissional de SI

Assim como os negócios e a disciplina de SI se transformam, o papel do profissional de SI também mudou. Antigamente considerado um especialista técnico, hoje o profissional de SI atua como um consultor interno para todas as áreas funcionais da organização, sendo conhecedor de suas necessidades e competente para levar o poder dos sistemas de informação a toda a organização. O profissional de SI deve avaliar os problemas por meio de uma perspectiva global que abrange toda a empresa, e o setor mais amplo e o ambiente de negócios em que opera.

O escopo das responsabilidades de um profissional de SI hoje não se limita apenas à sua organização, mas também abrange todo o ecossistema de funcionários, contratados, fornecedores, clientes, concorrentes, agências regulatórias e outras entidades, independentemente de onde estejam localizados. Esse amplo escopo de responsabilidades cria um novo desafio: como ajudar uma organização a sobreviver em nosso ambiente global altamente interconectado e competitivo. Ao aceitar esse desafio, o profissional de SI desempenha um papel fundamental na própria modelagem do negócio e na garantia de seu sucesso. Para sobreviver, as empresas devem se esforçar para obter o mais alto nível de satisfação e fidelidade do cliente por meio de produtos e serviços inovadores, preços competitivos e produtos e serviços de qualidade cada vez melhores. O profissional de SI assume um papel crítico na determinação da abordagem da organização, tanto para o custo geral quanto para o desempenho da qualidade, e, portanto, desempenha um papel importante no crescimento contínuo da organização. Essa nova dualidade no papel do profissional de SI, aquele que exerce as habilidades de um especialista com uma perspectiva generalista, é refletida em todo este livro.

SI como um campo de estudo

Ciência da computação e negócios foram classificados em primeiro e quarto lugar, respectivamente, na lista da Princeton Review de 2019 dos dez maiores cursos universitários com base em pesquisas que abrangem perspectivas de emprego, salários de ex-alunos e popularidade. Um estudo do US News & World Report de 2019 classificou o desenvolvedor de software, o analista de pesquisa operacional e o desenvolvedor da Web como 3 dos 25 melhores empregos para 2019 com base na demanda de contratação, salário médio, taxa de emprego, perspectivas de emprego futuro, nível de estresse e equilíbrio entre trabalho e vida particular. O US Bureau of Labor Statistics identificou analistas de segurança da informação, analistas de pesquisa operacional e desenvolvedores de software e aplicativos como uma das profissões de crescimento mais rápido no período de 2018 e 2028. Claramente, as perspectivas de emprego de longo prazo para profissionais de sistemas de informação qualificados e com experiência em negócios são boas. Espera-se que o emprego desses profissionais cresça mais rápido do que a média para todas as ocupações até o ano de 2028. Após a formatura, os graduados em SI em muitas faculdades estão entre os mais bem pagos de todos os graduados em administração.

Uma carreira em SI pode ser empolgante, desafiadora e recompensadora! Hoje, talvez mais do que nunca, o profissional de SI deve ser capaz de alinhar o SI e as metas organizacionais e garantir que os investimentos em SI sejam justificados a partir de uma perspectiva de negócio. A necessidade de atrair alunos brilhantes e interessados para a disciplina de SI é parte de nossa responsabilidade contínua. Ao longo deste livro, os muitos desafios e oportunidades disponíveis para profissionais de SI são destacados e enfatizados.

Mudanças nesta edição

Uma série de mudanças interessantes foram feitas neste livro com base no feedback do usuário sobre como alinhar o texto ainda mais com as mudanças nas necessidades e recursos das organizações. Eis um resumo dessas mudanças:

- **Estrutura reorganizada.** A estrutura e a cobertura do assunto foram reexaminadas para garantir que o conteúdo relacionado esteja mais bem alinhado e que haja um fluxo claro e lógico de tópicos ao longo do texto. Vários capítulos da edição anterior foram reordenados, alguns capítulos foram combinados, alguns tópicos foram separados em novos capítulos e foram incluídos novos capítulos que enfocam áreas emergentes e em crescimento.
- **Novos capítulos cobrindo os últimos desenvolvimentos de SI.** Os novos capítulos são Sistemas de informação: pessoas, tecnologia, processos e estrutura; Redes: um mundo interconectado; Computação em nuvem e Internet das Coisas; e Inteligência artificial e automação.
- **Extensas mudanças e atualizações em cada capítulo.** Os capítulos restantes foram amplamente atualizados para fornecer as informações mais recentes disponíveis sobre uma ampla gama de tópicos relacionados a SI, incluindo centenas de exemplos novos e atuais de organizações e indivíduos que ilustram os princípios apresentados no texto.
- **Novo estudo de caso de abertura: SI em ação.** Cada capítulo começa com uma vinheta de abertura para ilustrar os conceitos que serão

abordados no capítulo no contexto de um exemplo do mundo real com foco nos negócios.

- **Novo alinhamento com os padrões da AACSB.** Os estudos de caso de abertura, exercícios de pensamento crítico e estudos de caso de fim de capítulo foram alinhados com os padrões mais recentes da Association to Advance Collegiate Schools of Business International (AACSB). Os padrões são indicados por uma seta que aparece antes de cada atividade.
- **Exercícios de pensamento crítico atualizados.** Cada exercício apresenta um cenário seguido por perguntas de revisão e pensamento crítico. Colocados no final de cada seção principal de cada capítulo, esses exercícios testam a compreensão dos alunos com o material que acabaram de ler. Eles devem analisar um cenário da vida real e sintetizar as informações fornecidas para desenvolver uma recomendação do que precisa ser feito. Os exercícios também podem ser usados para estimular a discussão em classe ou como minicasos adicionais que podem ser atribuídos como exercícios individuais ou em equipe.
- **Resumo atualizado vinculado aos objetivos.** Cada capítulo inclui um resumo detalhado, com cada seção do resumo atualizada conforme necessário e vinculada a um princípio de sistema de informação associado.
- **Perguntas e exercícios atualizados no final do capítulo.** A maioria dos exercícios de final de capítulo foi atualizada e os exercícios foram realinhados nos seguintes tipos de avaliação: questões para revisão e discussão, exercícios de tomada de decisão orientados para os negócios, trabalho em equipe e atividades de colaboração, exercícios de carreira, estudo de caso.
- **Estudos de caso atualizados.** Um estudo de caso de fim de capítulo para cada capítulo fornece uma riqueza de informações práticas para alunos e professores. Cada caso explora um conceito de capítulo ou problema que uma organização do mundo real enfrentou. Os casos podem ser atribuídos como exercícios de lição de casa individuais ou em equipe ou servir como base para discussão em classe. Um estudo de caso adicional estará disponível nos materiais de recursos do professor on-line.

Material de apoio

Os seguintes materiais de apoio estão disponíveis na página deste livro no site da Cengage:

- **Manual do professor.** O manual fornece visões gerais de capítulo valiosas; destaca os princípios-chave e conceitos críticos; objetivos de aprendizagem e tópicos de discussão; e apresenta possíveis tópicos de ensaio, leituras adicionais, casos e soluções para as questões e problemas do final do capítulo, bem como sugestões para conduzir as atividades da equipe. Disponível (em inglês) para professores.
- **Apresentações em PowerPoint.** Um conjunto de slides impressionantes do Microsoft PowerPoint está disponível para cada capítulo. Esses slides são incluídos para servirem como um recurso didático em apresentações na sala de aula, serem disponibilizados aos alunos a fim de fazer uma revisão do capítulo. O objetivo das apresentações é ajudar os alunos a se concentrar nos principais tópicos de cada capítulo, fazer anotações melhores e se preparar para os exames. Os professores podem adicionar seus próprios slides para temas adicionais que apresentem à classe. Disponíveis (em português) para professores e alunos.

Agradecimentos

George Reynolds foi um professor habilidoso, entusiasta da área de SI, autor dedicado e homem de família. Por mais de 20 anos, a Cengage teve o privilégio de trabalhar com George e testemunhar seu compromisso em escrever os melhores livros didáticos de sistemas de informação. Além de *Princípios de sistemas de informação*, George publicou pela Cengage *Fundamentals of Information Systems, Ethics in Information Technology* e *Information Technology for Managers*. Sua dedicação ao trabalho nunca diminuiu e estava enraizada em seu desejo de ajudar os alunos a se destacarem em suas carreiras atuais e futuras nos negócios.

Além de seu trabalho, ele era profundamente dedicado à família e muitas vezes compartilhava histórias de churrascos, viagens e outras aventuras com sua esposa, filhos, 11 netos e seu cachorro, Zeus. George era pessoal e gentil, o que tornava o trabalho com ele um prazer. Estamos profundamente tristes pela perda de nosso autor e amigo, mas nos consolamos em saber que seu trabalho continuará a ajudar os alunos nos próximos anos.

Obrigado a todos os novos colaboradores — Joey Bryant, Mark Frydenberg, Hollis Greenberg, George Schell, Ellen Monk e Joseph Brady que se uniram para tornar esta edição possível. Obrigado a Mary Pat Shaffer por seu apoio contínuo a este título e olho atento na revisão. George sempre falou muito bem de você e valorizou sua colaboração durante o processo de desenvolvimento. Obrigado a todos os membros da equipe Cengage que apoiaram esta edição, especialmente Michele Stulga, Jaymie Falconi, Emily Pope, Amy Savino, Maria Garguilo, Anna Goulart, Jim Vaughey e Cassie Cloutier.

PARTE 1

Sistemas de informação nos negócios e na sociedade

Capítulo 1
Sistemas de informação: pessoas, tecnologia, processos e estrutura

Capítulo 2
Sistemas de informação seguros

Capítulo 3
Responsabilidade corporativa e individual: questões éticas, legais e sociais

CAPÍTULO 1
Sistemas de informação: pessoas, tecnologia, processos e estrutura

Princípios	Objetivos de aprendizagem
Os gestores têm um papel essencial a desempenhar na implementação e no uso bem-sucedidos dos sistemas de informação — esse papel muda dependendo do tipo de sistema de informação que está sendo implementado.	• Identificar duas responsabilidades-chave de gestão na implementação de sistemas de informação bem-sucedidos. • Descrever três razões pelas quais as organizações empregam o modelo Diamante de Leavitt para introduzir novos sistemas no local de trabalho. • Descrever quatro tipos de sistemas de informação fundamentais com base em sua esfera de influência. • Discutir a visão tradicional e contemporânea do papel que os sistemas de informação desempenham nas cadeias de valor de uma organização.
O processo de planejamento estratégico para a organização de SI e os fatores que o influenciam dependem de como a empresa é vista pelo restante da organização.	• Identificar quatro benefícios de criar um plano estratégico. • Identificar quatro motivadores que ajudam a definir a estratégia organizacional do sistema de informação. • Identificar três maneiras como a organização de SI pode ser vista pelo restante da organização e como cada uma delas pode influenciar a estratégia de SI.
O profissional de sistema de informação opera na intersecção de negócios e tecnologia, e projeta, constrói e implementa soluções que permitem às organizações efetivamente se beneficiarem dos sistemas de informação.	• Identificar seis habilidades não técnicas necessárias para ser um profissional eficaz do sistema de informações. • Identificar dois benefícios de obter uma certificação em uma área de SI.

SI em ação

mPharma melhora a disponibilidade e o preço de receitas

▶ GLOBAL, DIVERSIDADE

Os povos da África estão lutando para superar graves desafios de saúde. A África tem 15 médicos por 100 mil habitantes, menos de um décimo da maioria dos países. De seus 1,2 bilhão de habitantes, 62% vivem em áreas rurais onde o acesso a instalações médicas é extremamente difícil. Os fabricantes de medicamentos e as farmácias têm dados limitados para desenvolver uma previsão exata da demanda por medicamentos específicos. Esses dados limitados levam a situações frequentes de falta de estoque de medicamentos essenciais. Depois de atender os pacientes, os médicos podem precisar fazer várias ligações para encontrar farmácias que possam fornecer os medicamentos necessários. Não é incomum que um paciente tenha que viajar por quilômetros até uma farmácia apenas para descobrir que o medicamento receitado não pode ser fornecido porque não está mais em estoque.

Um sistema de informação é um conjunto de componentes inter-relacionados que trabalham juntos para coletar, processar, armazenar e disseminar informações a fim de apoiar as operações de negócios fundamentais, geração de relatórios e visualização de dados, análise de dados, tomada de decisão, comunicações e coordenação dentro de uma organização. A mPharma é uma empresa *startup* que desenvolve sistemas de informação para conectar pacientes, hospitais, farmácias e fabricantes de medicamentos por meio de redes, software e telefones celulares. Com essa tecnologia, a mPharma gerencia o estoque de medicamentos prescritos para farmácias e fornecedores de produtos farmacêuticos em quatro países africanos. Os sistemas de informação também permitem que a mPharma rastreie quais medicamentos estão disponíveis em um determinado momento e lugar. O conhecimento dessas informações dá aos pacientes o acesso confiável aos medicamentos.

Depois que os pacientes se cadastram no sistema mPharma, seus dados de saúde e o histórico de prescrições podem ser acessados pelo médico. Após o cadastro, os médicos podem receitar medicamentos e enviar um código de prescrição para a farmácia e para o celular do paciente. Além disso, os médicos podem ver as informações do estoque de qualquer uma das farmácias parceiras da mPharma para evitar que pacientes procurem farmácias em que os medicamentos não estejam disponíveis. Médicos e farmácias também podem se comunicar diretamente por meio do sistema de mensagens da mPharma. Ao assumir o gerenciamento do estoque das farmácias associadas, prevendo a demanda de medicamentos prescritos e negociando com os fornecedores, a mPharma conseguiu reduzir os custos com prescrições em até 30%.

A mPharma descobriu que alguns participantes do programa estavam relutantes em participar. Por exemplo, os hospitais não estavam dispostos a compartilhar dados do paciente/médico, as farmácias não estavam dispostas a permitir o acesso da mPharma aos seus dados de estoque e os pacientes se preocupavam com a privacidade de seus dados. Para provar que o sistema funcionaria, a mPharma lançou um programa-piloto em Zâmbia que envolveu vários médicos e mil pacientes que receberam suas prescrições por meio do sistema mPharma. O sucesso desse projeto ajudou a aliviar muitas dessas preocupações. Além disso, a mPharma conseguiu extrair uma enorme quantidade de dados para rastrear o uso de fármacos e desenvolver um sistema de vigilância de doenças em tempo real.

Os fundadores da mPharma tinham um objetivo claro: tornar os medicamentos prescritos nos mercados emergentes acessíveis rápida e facilmente. Eles formaram parcerias com investidores de capital de risco, grandes fabricantes de produtos farmacêuticos, seguradoras, instituições financeiras e governos para construir uma nova infraestrutura de tecnologia. Em seguida, desenvolveram sistemas de informação no topo dessa infraestrutura para mudar a forma como as receitas são preenchidas e o estoque é gerenciado. Esses novos processos mudaram quem é o responsável por prever a demanda de medicamentos prescritos. Além disso, a mPharma usou complementos de sistema de suporte essenciais, como médicos, farmácias e educação do paciente para garantir a implementação e a adoção bem-sucedidas do sistema por médicos, pacientes e farmacêuticos.

Ao ler sobre sistemas de informação, considere o seguinte:

- Como as organizações estão usando os sistemas de informação para cumprir seus objetivos e atender às necessidades de negócios em constante mudança?
- Que papel você pode desempenhar na identificação da necessidade, na aquisição ou no uso de tais sistemas?

Por que aprender sobre sistemas de informação?

Vivemos em uma economia da informação e os sistemas de informação são incorporados e controlam muitos dos produtos que usamos diariamente — nosso telefone, o carro que dirigimos, nossa cafeteira, o decodificador que controla nossa TV e assim por diante. A informação tem valor real. Para manterem-se competitivas, as organizações exigem um fluxo constante de informações sobre seus parceiros de negócios, concorrentes, clientes, funcionários, mercados e fornecedores. Quando essas informações estão disponíveis, os indivíduos podem se comunicar instantaneamente uns com os outros e os consumidores podem fazer compras on-line usando dispositivos móveis. Além disso, membros do projeto espalhados globalmente e em várias organizações podem colaborar de forma eficaz, e as instituições financeiras podem gerenciar bilhões de dólares em ativos em todo o mundo. Os fabricantes também podem fazer parceria com fornecedores e clientes para monitorar o estoque, solicitar suprimentos e distribuir mercadorias com mais rapidez do que nunca.

A Starbucks implementou o que chama de "volante digital", que inclui tudo, desde seu programa de recompensas até o recurso de pedido antecipado por celular para eliminar o congestionamento nas lojas. A Target construiu o aplicativo myCheckout, que os membros de sua equipe podem utilizar em seus dispositivos móveis para pesquisar os produtos desejados no site da Target.com e, em seguida, receber o pagamento dos clientes no local com um leitor de cartão de crédito conectado ao dispositivo portátil. Os clientes ficam sabendo que seus itens estão a caminho de sua residência — com frete grátis, a propósito! O Walmart desenvolveu um aplicativo que permite aos clientes recarregar e gerenciar suas receitas médicas em dispositivos móveis e evitar a fila ao chegar ao balcão da farmácia. Recentemente, a empresa também entrou no campo de processamento de cartão de crédito com sua própria solução de processamento de pagamento móvel, chamada Walmart Pay. A Kroger está testando o novo scanner portátil Scan, Bag, Go que permite aos clientes escolher itens, digitalizá-los e colocá-los em uma sacola de supermercado. Quando terminam as compras, os consumidores dirigem-se ao caixa de autoatendimento para uma última leitura que totaliza a conta e permite o pagamento. Os clientes devolvem o scanner portátil e saem com seu carrinho pela porta.

Os sistemas de informação continuarão a mudar os negócios e a maneira como vivemos. De fato, muitos líderes corporativos estão usando tecnologia para redesenhar seus produtos e serviços. Para se preparar para participar e liderar essas inovações, você deve estar familiarizado com os conceitos fundamentais do sistema de informações. Independentemente da especialização universitária ou da carreira escolhida, a capacidade de reconhecer e capitalizar as oportunidades do sistema de informações o tornará um membro valioso de sua organização e o fará avançar em sua carreira. E, como você aprenderá neste capítulo, como gestor, você tem uma função essencial para garantir a implementação e a adoção bem-sucedidas dos sistemas de informação de sua organização.

O que é um sistema de informação?

sistema de informação: Um conjunto de componentes inter--relacionados que trabalham juntos para oferecer suporte a operações de negócios fundamentais, relatórios e visualização de dados, análise de dados, tomada de decisões, comunicações e coordenação dentro de uma organização.

Um sistema de informação é um conjunto de componentes inter-relacionados que trabalham juntos para coletar, processar, armazenar e disseminar informações. Essas informações oferecem suporte a operações de negócios fundamentais, relatórios e visualização de dados, análise de dados, tomada de decisão, comunicações e coordenação dentro de uma organização. Um sistema de informação bem projetado inclui alguma forma de mecanismo de feedback para monitorar e controlar sua operação. Esse feedback garante que o sistema continue a operar de maneira eficaz e eficiente.

Indivíduos e organizações utilizam sistemas de informação baseados em computador todos os dias para realizar uma ampla gama de tarefas relacionadas ao trabalho e a atividades da vida diária. Isso inclui o processamento das transações fundamentais necessárias para administrar um negócio (por exemplo, captura de pedidos e pagamentos de clientes) e comunicar-se com outros funcionários, clientes, parceiros de negócios e outros recursos. Os sistemas de informação também são utilizados para analisar grandes quantidades de dados a fim de detectar tendências subjacentes para permitir previsões precisas; controlar os custos e programar o andamento dos projetos, preparar apresentações, como slides, gráficos e tabelas; e monitorar os resultados e recomendar ações apropriadas.

Sistemas de informação — um meio de obter vantagem competitiva

Uma vantagem competitiva permite que uma organização gere mais vendas ou alcance margens de lucro superiores em comparação com seus rivais. A vantagem pode ser obtida de uma destas três maneiras: (1) fornecendo o mesmo valor que os concorrentes, mas a um preço mais baixo (liderança de custo), (2) cobrando preços mais altos para fornecer produtos que são vistos pelo cliente como melhores (diferenciação), ou (3) entendendo e atendendo a um mercado-alvo melhor do que ninguém (foco). As organizações devem reconhecer que um esforço considerável pode ser necessário para sustentar uma vantagem competitiva. As organizações e seus produtos e serviços devem evoluir continuamente para dar conta das mudanças nas necessidades dos clientes, condições de mercado, condições do setor e ações dos concorrentes.

Os gestores têm a responsabilidade principal de identificar e utilizar os sistemas de informação para obter vantagem competitiva. Eis alguns exemplos sobre o uso dos sistemas de informação dessa maneira:

- A mPharma, conforme discutido na abertura, usou seus sistemas de informação personalizados para se tornar a organização dominante na gestão do estoque de prescrições para farmácias e seus fornecedores farmacêuticos em quatro países africanos.
- A Boeing emprega sofisticados sistemas de informação que permitem o projeto digital de vários sistemas relacionados a aeronaves. Esses sistemas permitem a detecção precoce e a remoção de defeitos de projeto e reduzem o custo e o tempo de desenvolvimento.[1]
- O Walmart emprega um sistema de estoque gerenciado pelo fornecedor para otimizar o fluxo de produtos e gerenciar melhor os estoques de suas lojas. Esse sistema reduz os custos administrativos de gerenciamento do estoque, diminui os custos de manutenção do estoque e aumenta as vendas por meio da redução de situações de falta de estoque em suas lojas.
- A Skanska USA, uma empresa de construção, emprega um sistema de informação para rastrear e analisar o movimento e as tarefas de subcontratados no trabalho. Com esse sistema, a Skanska pode realocar ferramentas e materiais para locais mais ideais e reorganizar os fluxos de trabalho para acelerar o processo de construção e reduzir os custos de mão de obra.[2]
- A La-Z-Boy se diferencia dos concorrentes por implementar um sistema para consolidar os dados de envio e expedição de dezenas de transportadoras para que os consumidores saibam quando sua compra está sendo enviada do varejista e quando podem esperar vê-la em sua residência.

O papel dos gestores na implementação bem-sucedida de sistemas de informação

O sistema de informação de uma organização opera em um contexto de pessoas, infraestrutura de tecnologia, estrutura e processos, conforme mostrado na Figura 1.1. Esse modelo é conhecido como **Diamante de Leavitt** e foi definido pelo psicólogo norte-americano e cientista organizacional Harold Leavitt. As organizações utilizam esse modelo para introduzir novos sistemas no local de trabalho de uma maneira que reduza o estresse, incentive o trabalho em equipe e aumente a probabilidade de uma implementação bem-sucedida.

O Diamante de Leavitt destaca a necessidade de uma abordagem geral de implementação que considera todos os quatro componentes principais. Infelizmente, os líderes da empresa geralmente se concentram muito apenas no componente da infraestrutura de tecnologia. Ao fazer isso, eles deixam de considerar as pessoas, os processos e os componentes da estrutura humana. Essa falha pode tornar complicada

Diamante de Leavitt: Um modelo que afirma que os sistemas de informação de uma organização operam em um contexto de pessoas, infraestrutura de tecnologia, processos e estrutura.

a implantação do sistema, deixar os funcionários frustrados e não entender as expectativas organizacionais, o que pode levar à falha do sistema ou à necessidade de refazer grande parte do esforço de implementação. Os gestores das funções comerciais mais afetadas pelo novo sistema de informação têm a responsabilidade principal de garantir que as pessoas, os processos e os componentes da estrutura humana sejam totalmente tratados.

Os vários componentes do Diamante de Leavitt serão discutidos agora.

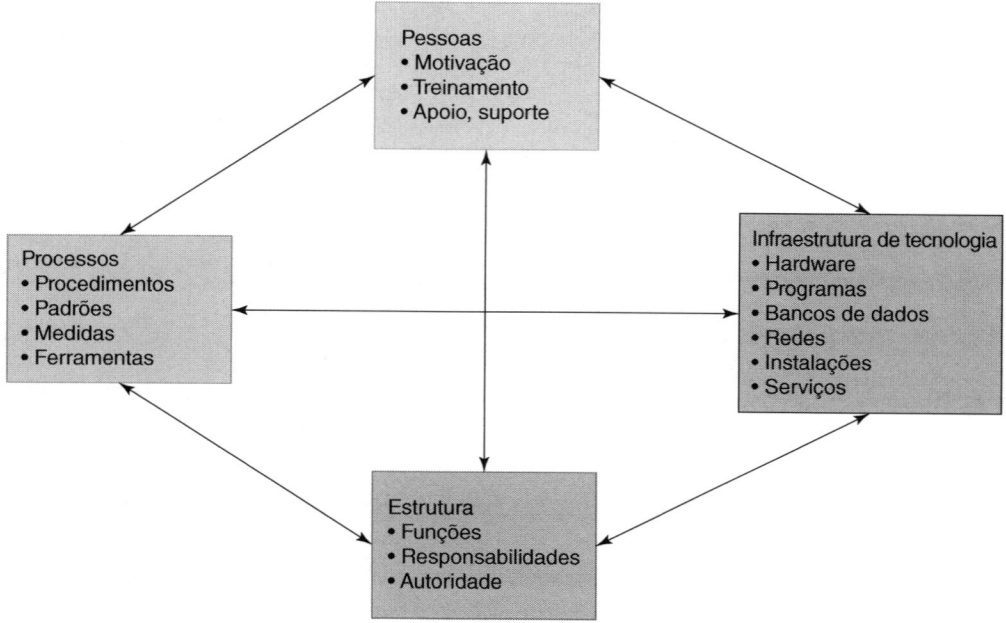

FIGURA 1.1
Diamante de Leavitt
O Diamante de Leavitt propõe que todo sistema organizacional opere em um contexto composto de pessoas, infraestrutura de tecnologia, processos e estrutura humana.

Pessoas Pessoas fazem a diferença entre o sucesso e o fracasso em todas as organizações. Jim Collins, em seu livro *Good to Great*, afirma: "Aqueles que constroem grandes empresas entendem que o acelerador final para o crescimento de qualquer grande empresa não são os mercados, a tecnologia, a competição ou os produtos. Acima de tudo, está a capacidade de obter e manter o número suficiente de pessoas com perfil ideal."[3] Portanto, não é surpresa que as pessoas sejam o elemento mais importante dos sistemas de informação. Na verdade, os recursos humanos estão envolvidos nos sistemas de informação de muitas maneiras: pessoas visualizam os sistemas de informação e os benefícios que eles podem oferecer, pessoas projetam e constroem sistemas de informação, pessoas apoiam e mantêm os sistemas de informação, e as pessoas utilizam os sistemas de informação para obter resultados valiosos.

Bons sistemas de informação podem permitir que as pessoas produzam resultados extraordinários. Também podem aumentar a satisfação no trabalho e a produtividade do trabalhador.[4] O pessoal de sistemas de informação inclui todos os funcionários que gerenciam, executam, programam e mantêm o sistema, como o diretor de informática ou *chief information officer* (CIO), que lidera a organização de SI. Os usuários finais são pessoas que trabalham diretamente com sistemas de informação para obter resultados. Eles podem incluir qualquer pessoa na organização — recepcionistas, gestores financeiros, pessoal de desenvolvimento de produtos, vendedores, gerente de recursos humanos, representantes de marketing, funcionários do almoxarifado, executivos e operadores da linha de produção.

Os funcionários devem ser bem treinados e compreender a necessidade do sistema de informação, qual é sua função no uso ou operação do sistema e como obter os resultados de que precisam do sistema. Eles devem ser motivados a utilizar o sistema de informação e ter acesso ao pessoal de suporte do sistema, conforme necessário.

infraestrutura de tecnologia: Todos os hardwares, softwares, bancos de dados, redes, instalações e serviços utilizados para desenvolver, testar, entregar, controlar ou dar suporte aos aplicativos e serviços de tecnologia da informação que uma organização exige para atender às necessidades de seus clientes, fornecedores, principais parceiros de negócios, agências reguladoras e funcionários.

Infraestrutura de tecnologia A infraestrutura de tecnologia de uma organização inclui todo seu hardware, software, bancos de dados, redes, instalações (como centros de dados e salas de servidores) e serviços fornecidos por terceiros (como consultores externos, hardware alugado, software de terceiros e armazenamento externo). Uma organização faz uso desses recursos para desenvolver, testar, entregar, controlar ou dar suporte aos aplicativos e serviços de tecnologia da informação de que necessita para atender às necessidades de seus clientes, fornecedores, principais parceiros de negócios, agências reguladoras e funcionários. A infraestrutura de tecnologia constitui a base de todo sistema de informação baseado em computador. Os gastos mundiais com tecnologia da informação devem chegar a quase US$ 3,8 trilhões em 2019[5], como mostrado na Tabela 1.1. Essa é uma quantia que rivaliza com o orçamento federal dos EUA proposto de US$ 4,4 trilhões para o ano fiscal de 2019.

TABELA 1.1 Despesas projetadas de TI global para 2017–2019

Componente de infraestrutura	Gastos em bilhões		
	2017	2018	2019
Sistemas de centro de dados	US$ 178	US$ 179	US$ 179
Software empresarial	US$ 355	US$ 389	US$ 421
Dispositivos	US$ 667	US$ 704	US$ 710
Serviços de TI	US$ 933	US$ 985	US$ 1.030
Serviços de comunicações	US$ 1.393	US$ 1.427	US$ 1.443
Gastos totais	**US$ 3.526**	**US$ 3.684**	**US$ 3.783**

processo: Um conjunto estruturado de atividades relacionadas que recebe informações, agrega valor e cria uma saída para o cliente desse processo.

procedimento: Um conjunto de etapas que precisam ser seguidas para atingir um resultado final específico, como inserir um pedido de cliente, pagar uma fatura de fornecedor ou solicitar um relatório de estoque atual.

Processos Um **processo** é um conjunto estruturado de atividades relacionadas que obtém dados, agrega valor e cria uma saída para o cliente desse processo. A entrada pode ser algo tangível, como matérias-primas, dados, ingredientes químicos, documentos ou dados. A saída pode ser um produto acabado, informações obtidas no processamento dos dados, um formulário preenchido ou um relatório. O cliente do processo pode ser um cliente comercial real ou um funcionário de outra unidade organizacional da empresa que precisa da saída do processo para realizar seu trabalho ou para tomar uma decisão. Um vendedor que recebe o pedido de um cliente é o exemplo de um processo de negócios. Os itens do pedido são retirados do estoque e enviados ao cliente. O pedido passa então por faturamento, cobrança e, por fim, é convertido em dinheiro.

Um **procedimento** define as etapas a serem seguidas para atingir um resultado final específico, como inserir um pedido do cliente, pagar uma fatura de um fornecedor ou solicitar um relatório do estoque atual. Bons procedimentos descrevem como alcançar o resultado final desejado, quem faz o quê e quando, e o que fazer no caso de algo dar errado. Quando as pessoas são bem treinadas e seguem procedimentos eficazes, elas podem realizar o trabalho com mais rapidez, cortar custos, utilizar melhor os recursos e se adaptar com mais facilidade às mudanças. Quando os procedimentos são bem documentados, eles podem reduzir muito os custos de treinamento e encurtar a curva de aprendizagem.

Utilizar um sistema de informação envolve configurar e seguir muitos procedimentos, incluindo aqueles para a operação, a manutenção e a segurança do computador. Por exemplo, alguns procedimentos descrevem como obter acesso ao sistema por meio do uso de um procedimento de logon e uma senha. Outros descrevem quem pode acessar as informações no banco de dados ou o que fazer se um desastre, como um incêndio, terremoto ou furacão, inutilizar o sistema de informação. Bons procedimentos podem ajudar as empresas a tirar proveito de novas oportunidades e evitar interrupções de negócios prolongadas em caso de desastres naturais. Procedimentos mal desenvolvidos e implementados de forma inadequada, entretanto, podem fazer com que as pessoas percam seu tempo com regras inúteis ou podem resultar em respostas inadequadas a desastres.

estrutura: Uma definição dos relacionamentos entre os membros de uma organização, incluindo suas funções, responsabilidades e linhas de autoridade necessárias para completar várias atividades.

Estrutura A **estrutura** de uma organização define os relacionamentos entre os membros da organização. Além disso, define as funções, as responsabilidades e as linhas de autoridade necessárias para concluir várias atividades. Os funcionários devem compreender e aceitar seus papéis e responsabilidades, e esses papéis e responsabilidades frequentemente mudam com a introdução de um novo sistema de informação.

Tipos de sistemas de informação

As organizações empregam vários sistemas de informação. Ao considerar o papel das pessoas que utilizam sistemas de informação, é útil dividir os sistemas de informação em quatro tipos com base em sua esfera de influência: sistema de informação pessoal, sistema de informação do grupo de trabalho, sistema de informação empresarial e sistema de informação interorganizacional.

Um **sistema de informação pessoal** inclui sistemas de informação que melhoram a produtividade de usuários individuais na execução de tarefas autônomas. Exemplos de SI pessoal incluem software de processamento de texto, apresentação, gestão de tempo e planilha.

sistema de informação pessoal: Um sistema de informação que melhora a produtividade de usuários individuais na execução de tarefas autônomas.

A Kroger é o maior supermercado varejista do mundo, com vendas de US$ 115 bilhões em 2016, de 2.792 supermercados e lojas de departamentos em 35 estados e no Distrito de Colúmbia. Seu sistema ClickList é exemplo de um sistema de informação pessoal que melhora a eficiência de seus clientes. Os clientes utilizam o ClickList para comprar seus suprimentos on-line e, em seguida, buscá-los na loja em um horário pré-combinado. Uma vez conectado, o cliente pode digitar os nomes dos produtos na barra de pesquisa, navegar pelos itens por departamento ou escolher uma das três outras opções: Meus favoritos, Minhas compras recentes e Itens selecionados para você. O preço é exibido de forma clara em cada imagem; o cliente pode clicar na caixa abaixo da imagem para adicionar o item diretamente ao carrinho ou clicar na própria imagem e ver visualizações alternativas da embalagem e informações nutricionais. Depois que o pedido do cliente é feito, a Kroger Associates escolhe os itens, empacota-os e coloca-os em um espaço refrigerado na loja. Em seguida, os clientes podem simplesmente dirigir até a loja no horário reservado para coleta e a Kroger coloca o pedido em seu carro.

No atual ambiente de trabalho global, o sucesso depende de nossa capacidade de nos comunicar e colaborar com outras pessoas, incluindo colegas, clientes e consumidores. Um **sistema de informação do grupo de trabalho** apoia o trabalho em equipe e permite que as pessoas trabalhem juntas de forma eficaz, estejam os membros da equipe no mesmo local ou dispersos pelo mundo. Esses sistemas também são conhecidos como sistemas de colaboração. Exemplos de sistemas de informação do grupo de trabalho incluem software de mensagens instantâneas, software de conferência eletrônica e software de colaboração utilizado para mover grupos através das etapas de um processo em direção a seus objetivos.

sistema de informação de grupo de trabalho: Sistemas que apoiam o trabalho em equipe e permitem que as pessoas trabalhem juntas de maneira eficaz, estejam os membros da equipe no mesmo local ou espalhados pelo mundo.

O Monterey Bay Aquarium, na Califórnia, esforça-se para aumentar a conscientização sobre a conservação dos oceanos e educar e inspirar a próxima geração de administradores oceânicos. Seus programas de educação atraem cerca de 110 mil alunos e professores a cada ano. O aquário estabeleceu recentemente a meta de dobrar o número de seus programas e está construindo um novo centro educacional para atender a esse crescimento. Alcançar essa meta significa que a equipe deve concluir muitas tarefas enquanto trabalha em equipes diferentes e projetos diferentes. A equipe usa uma ferramenta de colaboração em grupo para ajudá-los a se comunicar, organizar, planejar, agendar, rastrear e delegar trabalhos. A ferramenta fornece visibilidade e acesso fácil a todos os projetos em andamento e dá aos membros da equipe a oportunidade de entrar em ação e ajudar uns aos outros.[6]

sistema de informação empresarial: Sistema de informação que uma organização utiliza para definir interações estruturadas entre seus próprios funcionários e/ou com clientes externos, fornecedores, agências governamentais e outros parceiros de negócios.

Um **sistema de informação empresarial** é utilizado para atender às necessidades dos negócios de toda a organização e normalmente compartilha dados com outros aplicativos empresariais utilizados dentro da organização. Os aplicativos empresariais oferecem suporte aos processos de logística, produção, recursos humanos, marketing e vendas, processamento de pedidos, contabilidade, controle de estoque, gestão de relacionamento com o cliente e outras funções essenciais dos negócios. Esses processos requerem colaboração multifuncional com funcionários de várias unidades organizacionais.

Os aplicativos empresariais devem estar em conformidade com as diretrizes de segurança de uma organização e também devem estar em conformidade com os padrões definidos por agências governamentais ou grupos do setor ao qual a organização pertence. Por exemplo, todas as organizações que armazenam, processam e transmitem os dados do portador do cartão esforçam-se para atender ao Padrão de Segurança de Dados do Setor de Cartões de Pagamento. Esse padrão fornece uma estrutura de especificações, ferramentas, medidas e recursos de suporte para ajudar as organizações a garantir o manuseio seguro das informações do titular do cartão. A implementação bem-sucedida desses sistemas geralmente requer o redesenho radical dos processos de trabalho fundamentais, a automação de novos processos e um novo treinamento do pessoal. Os processos alvo podem incluir atividades puramente internas da organização (como folha de pagamento) ou aquelas que apoiam atividades com clientes e fornecedores externos (processamento de pedidos e compras).

Allan Bros., Inc. é uma empresa de fruticultura, embalagem e remessa localizada em Naches, WA. Ela possui pomares localizados em todo o leste de Washington. A empresa desenvolveu um sistema de informação empresarial que informa os trabalhadores quando e como devem podar as vinhas e prevê a qualidade e o volume das próximas safras de uvas. O sistema pode até estimar quantas toneladas crescerão por acre — informações importantes para o planejamento da produção e determinação de quantas vinícolas o vinhedo pode servir em uma colheita.[7]

SI interorganizacional: Um sistema de informações que permite o compartilhamento de informações e a condução de negócios eletronicamente além das fronteiras organizacionais.

Um **SI interorganizacional** permite o compartilhamento de informações além das fronteiras organizacionais. O compartilhamento de informações oferece suporte à colaboração entre duas ou mais organizações e oferece benefícios como custos mais baixos, menor esforço manual e menor tempo para conduzir os negócios. Para obter esses benefícios, as informações compartilhadas entre as organizações devem ser precisas, completas e atuais. Caso contrário, as empresas que utilizam o sistema interorganizacional (SIO) terão ineficiências resultantes do tempo gasto para reconciliar os erros.

Existem muitos tipos diferentes de SIO e eles variam em finalidade e alcance. O intercâmbio eletrônico de dados (*electronic data interchange* – EDI) é um sistema de informação interorganizacional que agiliza compras, faturamento e pagamento enviando pedidos, faturas e pagamentos em formatos padronizados de mensagem eletrônica do computador de uma organização para o de outra organização. Todas as empresas que utilizam EDI enviam seus dados de acordo com padrões do setor rigidamente definidos. Existem vários organismos de padrões de EDI nos Estados Unidos e na Europa, e nas Nações Unidas. Essas organizações desenvolvem padrões de EDI para setores específicos, como automotivo, supermercados e varejo. As mensagens EDI padrão são recebidas e verificadas e as transações são concluídas com pouco ou nenhum esforço humano necessário. Capacitar-se em EDI é uma tarefa relativamente simples, pois muitos dos pacotes de software de gerenciamento de estoque e de compras disponíveis incluem módulos de software adicionais que ativam o EDI. O EDI substituiu os processos muito mais lentos e sujeitos a erros, nos quais seres humanos lidavam com transações por telefone e com documentos em papel.

O Walmart emprega um sistema de informação interorganizacional que se chama estoque gerenciado pelo fornecedor (*vendor-managed inventory* – VMI) para agilizar o fluxo de produtos e gerenciar melhor os estoques de suas lojas. Os fornecedores do Walmart que participam do programa VMI são responsáveis por gerenciar o estoque de seus produtos nos depósitos do Walmart. Os fornecedores são autorizados a acessar um banco de dados do Walmart que contém vendas em nível de itens e dados de estoque apenas para seus produtos e não para produtos de concorrentes. O fornecedor pode então utilizar esses dados para desenvolver projeções de demanda do produto. Cada fornecedor está ciente de qualquer insuficiência de unidade de qualquer um de seus produtos e tem o poder de enviar unidades adicionais de forma proativa e imediata sem um pedido de compra gerado pelo Walmart. Por causa desse sistema, o Walmart reduziu os custos administrativos para gerenciar o estoque, reduziu os custos de manutenção do estoque e aumentou as vendas por meio da redução de situações de falta de estoque em suas lojas. Os benefícios do fornecedor incluem menores custos de fabricação e distribuição e melhor programação da produção. Essa programação atende melhor à demanda dos clientes do Walmart e reduz situações de falta de estoque.

Cadeia de valor

cadeia de valor: Uma série (ou cadeia) de atividades que uma organização realiza para transformar entradas em saídas de forma que o valor da entrada seja aumentado.

A cadeia de valor é uma série (ou cadeia) de atividades que uma organização realiza para transformar entradas em saídas de forma que o valor da entrada seja aumentado. Uma organização pode ter muitas cadeias de valor, e organizações diferentes em setores diferentes terão cadeias de valor diferentes. Como exemplo de uma cadeia de valor simples, considere o departamento de embrulhos para presentes de uma loja de varejo de luxo. O departamento pega as embalagens dos clientes, cobre as embalagens com papel de embrulho decorativo e devolve as embalagens aos clientes, aumentando assim o valor percebido do presente.

cadeia de suprimentos: Uma cadeia de valor-chave cujos processos primários incluem logística de entrada, operações, logística de saída, marketing, vendas e serviços.

Em uma indústria, a cadeia de suprimentos é uma cadeia de valor-chave cujos processos primários incluem logística de entrada, operações, logística de saída, marketing, vendas e serviços, conforme mostrado na Figura 1.2. A cadeia de suprimentos de uma organização abrange os processos necessários para colocar o produto ou serviço certo nas mãos do consumidor certo, na quantidade certa, no momento certo e com o custo certo. Esses processos primários estão diretamente relacionados à criação e/ou à entrega do produto ou serviço. A cadeia de suprimentos também inclui quatro processos principais de suporte, incluindo infraestrutura de tecnologia, gestão de recursos humanos, contabilidade, finanças e compras.

FIGURA 1.2
Cadeia de suprimentos e processos primários e de suporte
As atividades primárias e de suporte da cadeia de suprimentos de produção estão relacionadas à criação ou à entrega de um produto ou serviço.

O conceito de cadeia de valor também é significativo para empresas que não fabricam produtos. Essas empresas incluem firmas de contabilidade, restaurantes, editoras de livros, escritórios de advocacia e outros provedores de serviços. Ao agregar uma quantidade significativa de valor a seus produtos e serviços, as empresas garantem seu sucesso.

As organizações estão constantemente aprimorando e ajustando sua cadeia de suprimentos. Por exemplo, a Amazon transformou-se de uma pequena livraria on-line sem fins lucrativos na maior varejista baseada na internet do mundo, conforme definido pelas vendas totais e capitalização de mercado. A Amazon está continuamente evoluindo sua abordagem de gestão da cadeia de suprimentos para garantir que possa entregar milhões de itens aos clientes pelo preço certo e mais rápido do que qualquer outro varejista. A Amazon oferece aos clientes o Amazon Prime, um serviço anual que garante remessa gratuita em dois dias de centenas de milhares de itens. Quando outros varejistas on-line começaram a se mexer para competir com o Amazon Prime, a Amazon começou a oferecer frete grátis em dois dias. Seu passo seguinte foi a entrega em uma hora com o Amazon Prime Now. Os clientes que moram a menos de 17 km de um centro de atendimento da Amazon em breve poderão receber certos produtos, que pesem até 5 libras, aproximadamente 2,2 quilos, enviados por drones em 30 minutos. A Amazon até introduziu os botões Dash, pequenos dispositivos de comunicação sem fio que permitem aos usuários simplesmente pressionar um botão para pedir um item básico, como água mineral, café, detergente e produtos de papel.

Qual é o papel que os sistemas de informação desempenham nas atividades de gestão da cadeia de suprimentos e outras atividades organizacionais? Uma visão tradicional dos sistemas de informação sustenta que as organizações utilizam sistemas de informação para controlar e monitorar processos e para garantir eficácia e eficiência. Nessa visão, os sistemas de informação são externos ao processo de gestão da cadeia de suprimentos e servem para monitorá-lo ou controlá-lo. Uma visão mais contemporânea, porém, sustenta que os sistemas de informação, com frequência, estão tão intimamente envolvidos que fazem *parte do* próprio processo. Nessa perspectiva, o sistema de informação desempenha um papel integrante no processo, seja fornecendo insumos, auxiliando na transformação do produto ou produzindo resultados.

Exercício de pensamento crítico

Sistema da cadeia de suprimentos da Zara

▶ SISTEMAS E PROCESSOS

A Zara é um varejista espanhol de roupas e acessórios com sede em Arteixo, Espanha. Possui 2 mil lojas espalhadas por 88 países.[8] Seu fundador, Amancio Ortega, teve origem humilde, mas atualmente é o terceiro homem mais rico do mundo. As tendências de vestuário de consumo estão em constante mudança, criando um ambiente altamente competitivo no qual as empresas competem não apenas em preço, mas também em sua capacidade de entregar produtos novos e estimulantes para seus clientes. Para enfrentar esse desafio, a Zara desenvolveu uma cadeia de suprimentos extremamente ágil que permite ir do estágio de design à estante da loja em três semanas no máximo, em vez da média de seis meses do setor.

A Zara pode entregar novos produtos duas vezes por semana em suas lojas em todo o mundo. Computadores móveis e sistemas de ponto de vendas são utilizados para capturar e revisar os dados das lojas de hora em hora para detectar novas tendências o mais cedo possível. Esses dados incluem dados de vendas, estoque e informações anedóticas coletadas por assistentes de vendas enquanto conversam com os clientes e enquanto os assistentes de vendas reúnem itens não vendidos que os clientes experimentaram, mas deixaram nos provadores. Todos esses dados são enviados para a sede da Zara, onde são cuidadosamente analisados por equipes de design que decidem os novos designs que serão prototipados e produzidos em pequenas quantidades para ver o que vende. Além disso, os modelos de otimização do estoque ajudam a empresa a determinar as quantidades e tamanhos dos itens existentes que devem ser entregues em cada loja. A incrível cadeia de suprimentos da Zara (que inclui os sistemas de informação como um componente integrante) aumentou a satisfação do cliente, diminuiu os riscos de estoques excessivos de itens errados, reduziu os custos totais e aumentou as vendas.[9]

Perguntas de revisão
1. Em que esfera de influência o SI da cadeia de suprimentos da Zara opera?
2. Como a cadeia de suprimentos da Zara forneceu à empresa uma vantagem competitiva?

Questões de pensamento crítico
1. Como você pode garantir que os assistentes de vendas em cada local de varejo usarão o sistema de informação conforme pretendido? (Dica: Consulte a Figura 1.2.)
2. Que problemas você pode encontrar ao utilizar o sistema de informação da Zara? Como esses problemas podem ser resolvidos? De quem é a responsabilidade de resolver essas questões?

Planejamento estratégico

planejamento estratégico: Um processo que ajuda os gestores a identificar iniciativas e projetos que atingirão os objetivos organizacionais.

Planejamento estratégico é um processo que ajuda os gestores a identificar iniciativas e projetos que atingirão os objetivos organizacionais. O plano estratégico deve levar em conta que a organização e tudo ao seu redor estão em um estado de fluxo. Isso inclui gostos e aversões dos consumidores, mudanças nos concorrentes e entrada e saída de fornecedores no mercado. Além disso, os custos e a disponibilidade de matérias-primas e mão de obra flutuam, o ambiente econômico fundamental (taxas de juros, crescimento do produto interno bruto, taxas de inflação) muda; e o grau de regulamentação do setor e do governo varia.

O planejamento estratégico oferece os seguintes benefícios:

- Uma estrutura e uma direção claramente definidas para orientar a tomada de decisão em todos os níveis e em todas as unidades organizacionais.
- O uso mais eficaz dos recursos da organização, concentrando esses recursos nas prioridades-chave acordadas.
- A capacidade da organização de ser proativa e de aproveitar oportunidades e tendências, em vez de reagir passivamente a elas.
- Melhor comunicação entre os gestores, funcionários, conselho de administração, acionistas e outras partes interessadas.

Uma organização desenvolve um plano estratégico geral, que define a direção para todas as outras unidades de negócios da organização. Temas comuns na definição de estratégias incluem "aumentar a receita", "atrair e reter novos clientes", "aumentar a fidelidade do cliente" e "reduzir o tempo necessário para entregar novos produtos ao mercado". Ao escolher estratégias alternativas, os gestores devem considerar o impacto de longo prazo de cada estratégia sobre a receita e o lucro, o grau de risco envolvido, a quantidade e os tipos de recursos que serão necessários e a potencial reação competitiva. Os gestores das várias unidades de negócios também desenvolvem um plano estratégico que é consistente com o plano organizacional geral.

A Amazon tomou a decisão estratégica de explorar o possível uso de drones de entrega para obter uma vantagem competitiva real sobre os concorrentes que dependem de transporte terrestre menos eficiente. Como uma grande porcentagem dos pacotes da Amazon pesa menos de 2 quilos, os drones podem se tornar os veículos de entrega rápida ideais. A Amazon detalhou planos para esse serviço; mas a empresa não pode anunciar se ou quando o programa começará até que as agências reguladoras estabeleçam as regras relativas ao uso comercial de drones. Essa estratégia tem o potencial de atrair novos clientes e aumentar a receita.[10]

Planejamento estratégico do sistema de informação

O plano estratégico de um sistema de informação (SI) deve identificar as tecnologias, fornecedores, competências, pessoas, sistemas e projetos nos quais uma organização investirá para apoiar as estratégias corporativas e das unidades de negócios. Esse plano é fortemente influenciado por novas inovações tecnológicas. Essas inovações incluem dispositivos móveis cada vez mais poderosos e software avançado que podem analisar grandes quantidades de dados estruturados e não estruturados. Pensadores inovadores dentro e fora da organização também influenciam o plano (ver Figura 1.3).

O processo de planejamento estratégico para a organização de SI também é fortemente influenciado pelo modo como a organização de SI é vista pelo restante da organização. Uma organização de SI pode ser vista como um centro de custo/provedor de serviços, como um parceiro comercial/parceiro de negócio ou como uma empresa revolucionária (consulte Tabela 1.2).

Em uma pesquisa com mais de 700 CIOs, 38% deles disseram que sua organização de SI é vista como um centro de custos/provedor de serviços que deve reduzir os custos de SI e melhorar os serviços de SI.[11] O processo de planejamento estratégico de uma organização assim é normalmente direcionado para dentro e focado em determinar como fazer o que se está fazendo atualmente, mas de forma mais barata, mais rápida e melhor.

A organização de SI do estado de Delaware é vista como um centro de custos/provedor de serviços. Uma das principais iniciativas estratégicas da organização é consolidar os recursos de SI e eliminar funções e recursos redundantes nas várias agências do estado. O objetivo é entregar melhorias significativas no atendimento ao cliente e reduzir custos.[12]

A maioria dos CIOs pesquisados, cerca de 52%, afirma que sua organização de SI é vista como um parceiro comercial/negócio semelhante que deve controlar os custos de SI e expandir os serviços de SI em apoio às iniciativas do negócio.[13] O processo de

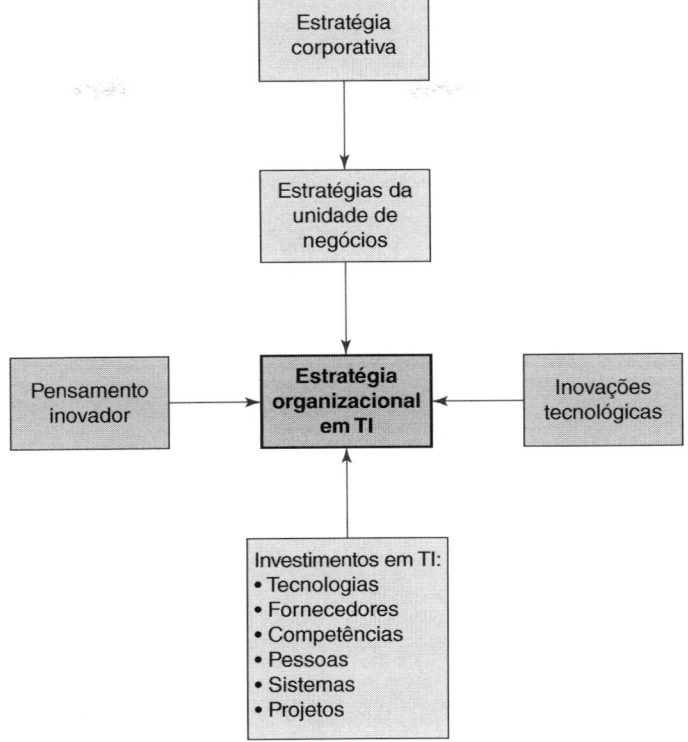

FIGURA 1.3
Impulsionadores que definem a estratégia organizacional de SI e determinam os investimentos em sistemas de informação
Os planejadores devem considerar muitos fatores ao definir a estratégia organizacional de SI.

TABELA 1.2 O espectro de planejamento estratégico de SI

	Centro de custos/ provedor de serviços	Parceiro comercial/ parceiro de negócio	Organização revolucionária
Foco em planejamento estratégico	Voltado para dentro	Focado nos negócios	Voltado para fora
Metas de IS	Controlar/reduzir custos de SI; melhorar as operações e serviços de SI	Melhorar SI/parceria de negócios; controlar custos de SI; expandir os serviços de SI	Impulsionar a inovação do negócio; entregar novos produtos e serviços
Estratégias	Reagir aos planos estratégicos das unidades de negócios	Executar projetos de SI para apoiar planos de negócios	Usar SI para obter vantagem competitiva
Projetos típicos	Eliminar serviços de SI redundantes ou ineficazes	Implementar novos sistemas e infraestrutura de tecnologia; redesenhar processos de negócios	Fornecer novas maneiras para os clientes interagirem com a organização

planejamento estratégico dessas organizações se baseia na compreensão dos planos de negócios coletivos para o próximo ano e na determinação do que eles significam para a organização de SI em termos de novas tecnologias, fornecedores, competências, pessoas, sistemas e projetos.

A organização de SI para a cidade de Seattle opera com a restrição de um orçamento decrescente, mas está continuamente esforçando-se para expandir seus serviços e capitalizar nos desenvolvimentos tecnológicos mais recentes. Ela emprega tecnologias mais recentes, como computação móvel, para melhorar a interação do governo municipal com seus eleitores e para oferecer suporte aos serviços municipais de trânsito. A organização também busca oportunidades para acessar recursos de computador compartilhados por meio de aplicativos baseados em nuvem para obter vantagens e eficiências onde fizer sentido.[14]

Apenas 10% dos CIOs pesquisados afirmaram que sua organização de SI é vista pelos colegas como revolucionária que deve liderar os esforços de inovação de produtos e abrir novos mercados.[15] Seu processo de planejamento estratégico é focado externamente e envolve reuniões com clientes, fornecedores, consultores e vendedores líderes de SI para responder a perguntas como: "O que queremos ser?" e "Como podemos criar vantagem competitiva?".[16] Em organizações assim, o SI é não apenas um meio para implementar objetivos definidos pelo negócio, mas também um catalisador para alcançar novos objetivos de negócio inalcançáveis sem o SI.

A GAF é uma fabricante de coberturas comerciais e residenciais avaliada em US$ 3 bilhões. Os funcionários de SI da GAF colaboram regularmente com clientes externos para aprender com eles e ajudar a educar os clientes em potencial sobre por que eles devem fazer negócios com a GAF. Usando essas sessões de colaboração para obter uma melhor compreensão das necessidades de seus clientes, a GAF desenvolveu um aplicativo móvel que permite ao empreiteiro tirar foto da casa de um cliente em potencial e, em seguida, utilizar essa foto para permitir que o cliente em potencial visualize diferentes estilos e cores de telha GAF em uma imagem real de sua casa. O aplicativo foi uma virada de jogo para a organização, pois ajuda os empreiteiros da GAF a demonstrar a beleza das telhas GAF e elimina uma das maiores barreiras para fechar a venda — responder à pergunta: "Como ela ficará na minha casa?".[17]

Não importa como uma organização de SI seja percebida, as chances de alcançar um bom alinhamento entre o plano estratégico de SI e o restante da empresa aumentam enormemente se os funcionários de SI tiverem experiência no negócio e puderem falar com os gestores da empresa em termos de negócios, e não em termos de tecnologia. Os funcionários de SI devem ser capazes de reconhecer e compreender as necessidades do negócio e desenvolver soluções eficazes. O CIO, especialmente, deve ser capaz de se comunicar bem e de ser acessível a outros executivos corporativos. No entanto, todo o fardo de alcançar o alinhamento entre os negócios e a organização de SI não pode ser colocado exclusivamente sobre a organização de SI.

Exercício de pensamento crítico

Função de contato comercial

▶ PENSAMENTO REFLEXIVO, SISTEMAS E PROCESSOS

Você trabalhou como analista de sistemas na organização de sistemas de informação de um fabricante de bens de consumo de médio porte por três anos. Você fica bastante surpreso quando seu gerente lhe oferece uma atribuição especial de um ano como gestor de depósito, supervisionando os funcionários e as operações no grande centro de distribuição utilizado para armazenar os produtos acabados da empresa e prepará-los para o envio a lojas de varejo em todo o país. Seu gerente explica que a empresa deseja prepará-lo para se tornar o elemento de contato comercial com a organização da cadeia de suprimentos e deseja que você se familiarize com todo o processo de atendimento dos pedidos. Com base em seu crescimento recente, a empresa planeja abrir pelo menos dois novos centros de distribuição em diferentes regiões do país nos próximos dois a três anos. A administração escolheu você para ser um elemento-chave no desenvolvimento de um plano estratégico que seja consistente com as estratégias corporativas e atenda às necessidades da organização da cadeia de suprimentos.

Perguntas de revisão

1. Quais benefícios organizacionais podem ser obtidos com a criação dessa função e um planejamento estratégico aprimorado?
2. Quais motivadores principais devem reger o plano estratégico de SI?

Questões de pensamento crítico

1. Como você gostaria que a organização de SI fosse vista pelo restante da empresa? Por quê?
2. Para você, quais são os prós e os contras de aceitar essa posição? Você aceitaria essa tarefa? Por que sim ou por que não?

Carreiras em sistemas de informação

Hoje, a maioria das organizações não pode funcionar ou competir com eficácia sem sistemas de informação baseados em computador. Na verdade, as organizações muitas vezes atribuem sua melhoria de produtividade, atendimento ao cliente superior ou vantagem competitiva no mercado a seus sistemas de informação. O trabalhador do sistema de informação funciona na intersecção de negócios e tecnologia e projeta e constrói as soluções que permitem às organizações alavancar efetivamente a tecnologia da informação.

Os profissionais de sistemas de informação bem-sucedidos devem gostar de trabalhar em um ambiente dinâmico e de ritmo acelerado, em que a tecnologia subjacente muda o tempo todo. Eles devem estar confortáveis em cumprir prazos e resolver desafios inesperados. Eles precisam de boas habilidades de comunicação e geralmente atuam como tradutores entre as necessidades dos negócios e as soluções baseadas em tecnologia. Os profissionais de sistemas de informação bem-sucedidos devem ter sólidas habilidades analíticas e de tomada de decisão e ser capazes de traduzir problemas e oportunidades de negócios mal definidos em soluções eficazes baseadas em tecnologia. Eles devem desenvolver equipes eficazes e habilidades de liderança e ser adeptos da implementação de mudanças organizacionais. Por último, mas não menos importante, eles precisam estar preparados para se engajar na aprendizagem por toda a vida em um campo em rápida mudança.

É importante os trabalhadores de SI possuírem habilidades técnicas específicas. Essas habilidades — todas discutidas em vários capítulos ao longo deste livro — incluem as seguintes:

- Analisar grandes quantidades de dados estruturados e não estruturados,
- Projetar e construir aplicativos para dispositivos móveis,
- Programar e desenvolver aplicativos,
- Ter experiência em suporte técnico,
- Gerenciar projetos,
- Conhecer computação em nuvem,
- Auditar sistemas e implementar as medidas de segurança necessárias,
- Saber web design e desenvolvimento,
- Conhecer operações de data center.

A tecnologia é uma das áreas de crescimento mais rápido da economia dos Estados Unidos (EUA) e os profissionais de sistemas de informação estão em alta demanda. O U.S. Bureau of Labor Statistics (BLS) calculou o número de pessoas empregadas nos EUA em ocupações relacionadas a computadores em 2016 em 4,6 milhões. O BLS prevê um aumento de 591 mil novos empregos de computação no período de 2016 a 2026 ou uma média de cerca de 60 mil novos empregos por ano.[18] A Figura 1.4 mostra que o número anual de diplomas em ciência da computação e tecnologia da informação concedidos nos EUA atingiu ou ultrapassou 100 mil desde

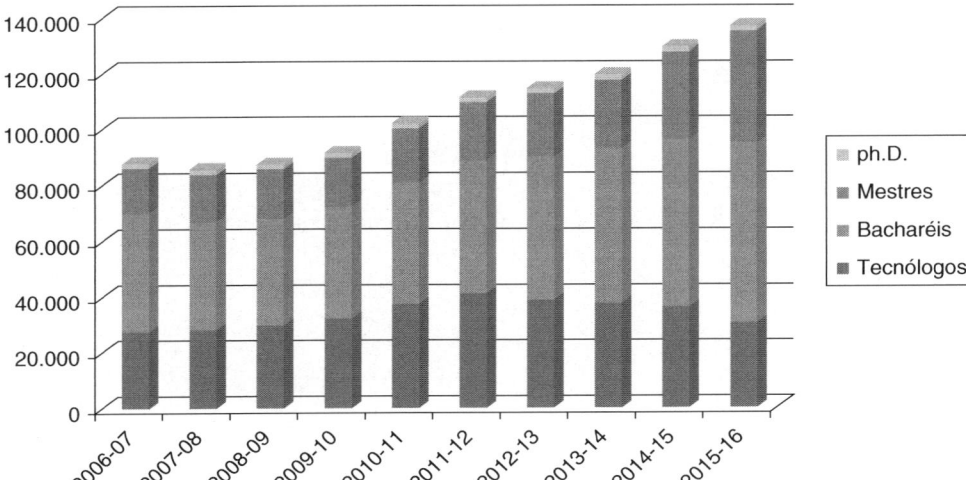

FIGURA 1.4
Diplomas em ciência da computação e tecnologia da informação concedidos
Os diplomas em ciência da computação e tecnologia da informação concedidos nos Estados Unidos ultrapassaram os 100 mil desde 2010-2011.

2010.[19] Muitos graduados em ciência da computação e informática trabalham em áreas afins, como administração de empresas. Eles também trabalham como matemáticos ou especialistas em pesquisa operacional; vendedores de computadores ou eletrônicos; ou professores de administração, matemática ou ciência da computação.

Funções típicas em sistemas de informação

O SI oferece muitas carreiras interessantes e gratificantes. Profissionais com carreira em sistemas de informação podem trabalhar dentro ou fora de um departamento de SI tradicional, como desenvolvedores web, programadores de computador, analistas de sistemas, operadores de computador e em muitos outros cargos. Oportunidades para profissionais de SI também existem no setor público. Além das habilidades técnicas, os profissionais de SI precisam de habilidades em comunicação escrita e verbal, um entendimento das organizações e da forma como operam e a habilidade de trabalhar com pessoas e em grupos. As seções a seguir fornecem uma breve descrição dessas funções. No final de cada capítulo deste livro, você encontrará exercícios de carreira que o ajudarão a explorar carreiras em SI e áreas de carreira de seu interesse.

Diretor de informática

A função do diretor de informática (*chief information officer* – CIO) é empregar o equipamento e o pessoal do departamento de SI de maneira a atingir da melhor forma os objetivos da organização. Os CIOs devem entender de finanças, contabilidade e retorno sobre o investimento, ser capazes de fazer escolhas inteligentes sobre quais projetos financiar e formar equipes. Eles podem ajudar as empresas a evitar desafios éticos prejudiciais, monitorando como suas empresas estão cumprindo um grande número de leis e regulamentos. Um bom CIO é normalmente um visionário que fornece liderança e direção ao departamento de SI para ajudar a organização a atingir seus objetivos. Os CIOs precisam de fortes habilidades técnicas, comerciais e interpessoais. Os interessados nesse plano de carreira devem explorar cursos universitários em administração de empresas, ciência da computação e tecnologia da informação. Os empregadores preferem candidatos com pelo menos cinco anos de experiência em tecnologia da informação em funções gerenciais.

Desenvolvedor de software

Os desenvolvedores de software são as mentes criativas por trás dos programas de computador. Alguns desenvolvem os aplicativos que permitem que as pessoas façam tarefas específicas em um smartphone, videogame, laptop ou outro dispositivo de computação. Outros desenvolvem os sistemas operacionais subjacentes que executam os dispositivos ou que controlam as redes. Os desenvolvedores de software testam e depuram o software e também mantêm e atualizam o software depois que ele é lançado para uso inicial. Os desenvolvedores de software colaboram frequentemente com a gerência, clientes e outros para criar um produto de software a partir do zero, de acordo com as especificações do cliente, ou para modificar o software existente para atender a novas necessidades de negócios. Os desenvolvedores de software geralmente têm diploma de bacharel em ciência da computação e fortes habilidades em programação de computadores.

Analista de segurança de sistemas de informação

Os analistas de segurança de SI são responsáveis por planejar, projetar, implementar e manter a segurança e a integridade dos sistemas e dos dados de suas organizações. Eles analisam as medidas de segurança da organização e identificam e implementam mudanças para fazer melhorias. Os analistas de segurança são responsáveis por desenvolver e fornecer treinamento sobre medidas de segurança adequadas. Eles também são responsáveis por criar planos de ação em caso de violação de segurança. A maioria dos analistas de segurança ou de informática trabalha para empresas de informática, firmas de consultoria ou empresas comerciais e financeiras. A maioria dos cargos de analista de segurança da informação exige diploma de bacharel em uma área relacionada à informática. Os empregadores preferem contratar analistas com experiência em uma ocupação relacionada.

Analistas de sistemas

Os analistas de sistemas consultam frequentemente a gerência e os usuários para definir o alcance e os requisitos para novos sistemas de informação. Eles transmitem os requisitos do sistema para desenvolvedores de software e arquitetos de rede para a implementação. Eles unem os sistemas de negócios e de informação ao compreender as necessidades e limitações de ambos. Eles também auxiliam na escolha e configuração de hardware e software, adequando a tecnologia às necessidades dos usuários, monitorando e testando o sistema em operação e solucionando problemas após a implementação. O diploma de bacharel na área de informática ou ciência da informação é comum, embora nem sempre seja um requisito. Algumas empresas contratam analistas com graduação em administração ou artes liberais com habilidades em tecnologia da informação ou programação de computadores.

Programadores

Os programadores convertem um projeto de programa desenvolvido por um analista de sistemas ou desenvolvedor de software em um programa funcional escrito em uma das muitas linguagens de computador. Para tanto, devem escrever, depurar e testar o programa para garantir que funcionará de forma a atender às necessidades dos usuários. Os programadores geralmente trabalham em escritórios, mais comumente no projeto de sistemas de computador e no setor de serviços relacionados. A maioria dos programadores de computador possui diploma de bacharel; mas alguns empregadores contratam funcionários com diploma de tecnólogo. A maioria dos programadores é especializada em mais de uma linguagem de programação.

Desenvolvedor web

Esses profissionais projetam e mantêm sites, incluindo seu layout e funcionamento, para atender aos requisitos do cliente. O lado criativo do trabalho inclui a criação de um design amigável, garantindo uma navegação fácil, organizando o conteúdo e integrando gráficos e áudio (Figura 1.5). As responsabilidades mais técnicas incluem o monitoramento do desempenho e da capacidade do site.

FIGURA 1.5
Desenvolvedores web
Os desenvolvedores web criam e mantêm sites da empresa.

Analistas de negócios

Os analistas de negócios são responsáveis por melhorar a competitividade e o desempenho de uma empresa em um amplo espectro de critérios. Avaliar e resolver os desafios dos negócios é o ponto forte desses profissionais. Eles devem coletar, revisar e analisar informações que lhes permitam fazer recomendações sólidas. Eles geralmente se especializam em uma área funcional específica, como gestão da cadeia de suprimentos, marketing, finanças ou desenvolvimento de produtos — ou em um setor como saúde, produtos de consumo ou transporte, entre outros. Os analistas de negócios podem supervisionar equipes ou trabalhar de forma independente para resolver problemas e enfrentar desafios. Os analistas de negócios devem possuir um amplo conjunto de conhecimentos e habilidades de negócios, que podem ser obtidos por meio do diploma de bacharel em administração de empresas com especialização em gestão.

A Tabela 1.3 mostra o salário médio anual e o número previsto de novas vagas de emprego para os cargos de SI nos Estados Unidos que acabamos de discutir.

TABELA 1.3 Salário médio anual para diferentes cargos do sistema de informação nos Estados Unidos

Cargo	Salário médio anual de 2018	Número de empregos, 2016	Número de novas vagas de emprego, 2016–2026
CIO	US$ 202.500	N/D	N/D
Desenvolvedor de software	US$ 115.000	1.256.300	302.400
Analista de segurança de sistemas de informação	US$ 115.250	100.000	28.500
Analistas de sistemas	US$ 89.500	600.500	54.400
Programadores	US$ 65.000	294.900	−21.300
Desenvolvedor web	US$ 66.100	162.900	24.400
Analistas de negócios	US$ 92.000	N/D	N/D

FONTES: Robert Half 2018 Salary Guide for Technical Professionals e as Bureau of Labor Statistics Employment Projections, 2016–2026.

Outras carreiras de SI

Além de trabalhar para o departamento de SI em uma organização, o pessoal de SI pode trabalhar para grandes empresas de consultoria, como Accenture, IBM e Hewlett-Packard. Alguns empregos de consultoria envolvem viagens frequentes porque os consultores são designados para trabalhar em vários projetos no local do cliente. Esses trabalhos exigem excelente gestão de projetos e habilidades pessoais, além de habilidades técnicas em SI. Oportunidades de carreira relacionadas incluem treinamento em informática, vendas de computadores e equipamentos de informática e reparo e manutenção de equipamentos de informática.

Outras oportunidades de carreira em SI incluem obter emprego em empresas de tecnologia, como Oracle, IBM, HP, Microsoft, Google e Dell. Essa carreira permite que o indivíduo trabalhe com tecnologia de ponta, o que pode ser desafiador e empolgante.

Ao mesmo tempo, em que algumas empresas de informática cortam seus serviços aos clientes, novas empresas estão sendo formadas para atendê-los. Empresas como Speak with a Geek e Geek Squad estão ajudando pessoas e organizações com problemas relacionados à informática, já que os fornecedores tradicionais de computadores não estão mais resolvendo.

Algumas pessoas decidem iniciar seus próprios negócios de SI em vez de continuar a trabalhar para outra pessoa. Esses pequenos empresários geralmente preferem ser seus próprios patrões, com liberdade para pensar de forma inovadora e enfrentar novos desafios. Outras pessoas se tornam empreendedores ou freelancers em SI. Elas escrevem programas, trabalham em projetos de SI com empresas maiores ou desenvolvem novos aplicativos para iPhone ou dispositivos semelhantes. Alguns sites da internet, como *www.freelancer.com*, publicam projetos on-line e oferecem informações e conselhos para pessoas que trabalham por conta própria. Muitos freelancers trabalham para pequenas e médias empresas no mercado dos EUA. Pessoas que fazem trabalhos freelance ou de consultoria devem ser criativas na busca de novos negócios, ao mesmo tempo em que se protegem financeiramente. Freelancers e consultores devem comercializar agressivamente seus talentos. Para garantir que sejam pagos, eles devem insistir que uma parte ou todos os custos de um determinado projeto sejam depositados em uma conta em juízo. Isso ajudará a garantir que eles sejam pagos por seus esforços, mesmo que o cliente não esteja satisfeito com o resultado final.

TI sombra

Além dos funcionários de SI empregados dentro de organizações de SI, algumas empresas têm pessoas que assumem funções relacionadas fora da organização. Por exemplo, cientistas de dados podem ser encontrados nos departamentos de marketing, vendas e gestão da cadeia de suprimentos de grandes organizações. Os cientistas de dados são responsáveis por compreender a tecnologia de análise de negócios e também de administração. Eles utilizam seu conhecimento para fornecer melhorias na tomada de decisão.

TI sombra é um termo utilizado para descrever os sistemas de informação e as soluções construídas e implantadas por outros departamentos e não pelo departamento de sistemas de informação. Em muitos casos, o departamento de sistemas de informação pode nem estar ciente desses esforços. Os estudos do Gartner descobriram que a TI sombra representa mais de 30% dos gastos totais de TI em grandes organizações. Essa estatística significa que as unidades de negócios que não são de TI são responsáveis por 30% dos custos totais de tecnologia da informação em uma organização.[20]

Ao mesmo tempo, a TI sombra estava limitada a compras, feitas por funcionários ou departamentos, de dispositivos de computação fora do padrão e software de prateleira de lojas de suprimentos de escritório. No entanto, o alcance dos gastos com a TI sombra se expandiu muito, em grande parte por causa da computação em nuvem e da disponibilidade de software empresarial, aplicativos de compartilhamento de arquivos e ferramentas de colaboração como serviço. Por exemplo, os provedores de serviços em nuvem podem fornecer quantidades crescentes de capacidade de computação, rede e armazenamento sob demanda e sem exigir nenhum investimento de capital por parte dos usuários da nuvem. Esses provedores de serviços em nuvem geralmente oferecem um modelo de serviço de assinatura mensal ou anual; eles também podem fornecer treinamento, suporte e serviços de integração de dados. Tudo isso torna mais fácil para os gerentes de departamento contornar os procedimentos formais associados à aquisição de bens caros — incluindo o escrutínio pelo departamento do sistema de informação.

A TI sombra permite que os gestores de negócios criem rapidamente soluções altamente inovadoras para problemas reais dos negócios e testem essas soluções. Esses sistemas podem servir como protótipos que evoluem para futuras soluções de TI aprovadas. Mas as soluções TI sombra frequentemente empregam fornecedores, software ou hardware não aprovados e podem não atender aos padrões do departamento de SI para controle, documentação, segurança, suporte e confiabilidade. Isso levanta riscos de segurança e questões relacionadas à conformidade com os padrões essenciais do governo e do setor, como Basel III (padrões internacionais para o setor bancário), FISMA (Federal Information Security Management Act of 2002), GAAP (Generally Accepted Accounting Principles), HIPAA (Health Insurance Portability and Accountability Act), IFRS (International Financial Reporting Standards) e Sarbanes-Oxley Act (regulamentações contábeis para empresas de capital aberto).

Os problemas geralmente surgem quando uma solução de TI sombra "quebra" e são levantadas questões sobre quem é o responsável por consertá-la e oferecer suporte aos usuários finais. O departamento de SI pode não ter desenvolvido a solução ou mesmo estar ciente disso, mas os usuários de negócios esperam sua ajuda para "consertar" o sistema. A Tabela 1.4 apresenta um resumo dos prós e contras associados à TI sombra.

O departamento de sistemas de informação pode ficar mais confortável com a TI sombra se considerar que o papel do departamento de SI é maximizar o uso eficaz da tecnologia na empresa, em vez de controlar seu uso. Além disso, a TI sombra fornece uma fonte de fundos fora do orçamento do departamento de SI para lidar com projetos de alta prioridade.

TI sombra: Sistemas e soluções de informação construídos e implantados por outros departamentos e não pelo departamento de sistemas de informação.

Educação continuada

Frequentemente, as pessoas que ocupam funções de SI obtêm alguma forma de certificação. Certificação é um processo para testar habilidades e conhecimentos; a conclusão bem-sucedida de um exame de certificação resulta no endosso da autoridade de certificação de que um indivíduo é capaz de realizar tarefas ou trabalhos específicos. A certificação frequentemente envolve cursos específicos, fornecidos pelo fornecedor ou endossados pelo fornecedor. Obter a certificação de um software, banco de dados ou empresa de redes pode abrir a porta para novas possibilidades de carreira ou resultar

certificação: Um processo para testar habilidades e conhecimentos.

em um aumento no salário. De acordo com uma pesquisa, 65% dos empregadores utilizam certificações de TI para diferenciar candidatos igualmente qualificados, enquanto 72% dos empregadores exigem alguma forma de certificação de TI para determinados cargos. A Tabela 1.5 apresenta algumas das certificações mais procuradas.[21]

TABELA 1.4 Prós e contras dos esforços de TI sombra

Prós	Contras
Permite que a empresa teste soluções rápidas para as necessidades do negócio sem atrasos causados pelo envolvimento de sistemas de informação	Os sistemas e processos desenvolvidos podem não ter os níveis de segurança necessários para atender aos padrões de conformidade
Pode criar uma parceria inovadora e sinérgica entre o departamento de sistemas de informação e outras unidades de negócios	Pode criar tensão entre o CIO responsável pela tecnologia dentro da organização e os gestores do negócio que desejam ter mais participação nas decisões do sistema de informação
Oferece a oportunidade de avaliar e testar muitas outras iniciativas de sistema de informação	Departamentos individuais podem estar comprando serviços, software e hardware que a empresa poderia obter com um acordo melhor por meio de compras centralizadas
	Pode ser um desperdício e duplicar o trabalho que já está sendo feito pela organização de SI
	Questões de responsabilidade podem surgir na hora de corrigir soluções "não aprovadas"

TABELA 1.5 Certificações em alta demanda

Área de certificação	Tópico
Desenvolvimento de aplicativos e web	Desenvolvimento AJAX (Asynchronous JavaScript and XML) (um conjunto de técnicas de desenvolvimento web que usa muitas tecnologias do lado do cliente para construir aplicativos web)
	Desenvolvimento em C# (linguagem de programação orientada a objetos de uso geral)
	Desenvolvimento em Java (linguagem de programação orientada a objetos de uso geral, cujo código compilado pode ser executado em todas as plataformas que suportam Java sem a necessidade de recompilação)
	Desenvolvimento .NET (uma estrutura de programação criada pela Microsoft que os desenvolvedores podem utilizar para criar aplicativos com mais facilidade)
	Desenvolvimento PHP (uma linguagem de script de código aberto amplamente utilizada que é especialmente adequada para desenvolvimento web e pode ser incorporada em HTML)
	Sharepoint (permite que grupos configurem um espaço centralizado e protegido por senha para compartilhamento de documentos)
Administração de banco de dados	Banco de dados Microsoft SQL Server
	Banco de dados Oracle
Analítica de negócios	SAP Business Objects (plataforma que permite aos usuários de negócios descobrir dados, realizar análises para obter ideias criativas e criar relatórios que representam essas ideias)
	Hadoop (uma estrutura de processamento distribuído de código aberto que gerencia o processamento e armazenamento de dados para aplicativos de big data)
	Python (uma linguagem de programação de uso geral que pode ser utilizada para desenvolvimento web, análise de dados, inteligência artificial e computação científica)
	Ruby on Rails (Ruby é uma linguagem de programação de uso geral muito usada para desenvolver aplicativos web, e Rails é uma ferramenta de desenvolvimento usada por desenvolvedores web)
Rede/Segurança	Administração de rede Cisco
	Administração LINUX/UNIX
	Profissional Certificado em Segurança de Sistemas de Informação (CISSP, na sigla em inglês)
	Administração Check Point Firewall
Gestão de projetos	A certificação profissional de gestor de projeto do Project Management Institute atesta sua competência para preencher a função de gestor de projeto para liderar e dirigir projetos e equipes

Exercício de pensamento crítico

Integração da equipe virtual

▶ TRABALHO EM EQUIPE

Você é recém-contratado para a organização dos sistemas de informação de cem pessoas de uma grande empresa de produtos de consumo com quatro locais de fabricação, dois centros de distribuição e uma unidade de pesquisa e desenvolvimento de produtos. Esses locais de trabalho estão espalhados pelos Estados Unidos. Uma equipe virtual composta de três novos contratados e seis experientes gestores e técnicos de sistemas de informação de várias localidades da empresa foi formada para melhorar o processo de integração dos novos contratados dos sistemas de informação e colocá-los em operação o mais rápido possível.

Perguntas de revisão
1. Que habilidades, conhecimento e experiência podem faltar aos novos contratados que poderiam prejudicar suas atribuições iniciais?
2. Como essa lacuna de conhecimento pode ser preenchida? Você consideraria cursos de treinamento especiais? E quanto às atribuições feitas sob medida para alcançar as habilidades e conhecimentos que faltam?

Questões de pensamento crítico
1. Identifique algumas das vantagens de formar uma equipe virtual multiorganizacional para melhorar o processo. Você acha que a equipe deve considerar a inclusão de quaisquer membros que não sejam membros do SI? Por que sim ou por que não?
2. Quais são algumas das complicações logísticas e problemas dinâmicos que a equipe pode esperar ao trabalhar nesse processo?

Resumo

Princípio:

Os gestores têm um papel essencial a desempenhar na implementação e no uso bem-sucedidos dos sistemas de informação — esse papel muda dependendo do tipo de sistema de informação que está sendo implementado.

Um sistema de informação (SI) é um conjunto de componentes inter-relacionados que trabalham juntos para coletar, processar, armazenar e disseminar informações para apoiar as operações comerciais fundamentais, relatórios e visualização de dados, análise de dados, tomada de decisão, comunicações e coordenação dentro de uma organização. Um sistema de informação bem projetado fornece um mecanismo de feedback para monitorar e controlar sua operação para garantir que continue a cumprir suas metas e objetivos.

Uma vantagem competitiva permite que uma organização gere mais vendas ou alcance margens de lucro superiores em comparação com seus rivais. Pode ser obtida de três maneiras: (1) fornecendo o mesmo valor que seus concorrentes, mas a um preço mais baixo (liderança de custo), (2) cobrando preços mais altos para fornecer produtos que são vistos pelo cliente como sendo melhores (diferenciação), ou (3) compreendendo e atendendo seu mercado-alvo melhor do que ninguém (foco).

Os gestores têm a responsabilidade principal de identificar e capitalizar oportunidades para empregar sistemas de informação como uma ferramenta para obter vantagem competitiva.

Os sistemas de informação de uma organização operam em um contexto de pessoas, infraestrutura de tecnologia, processos e estrutura. Essa estrutura é o Diamante de Leavitt. Esse modelo é utilizado para introduzir novos sistemas no local de trabalho de uma maneira que reduza o estresse, incentive o trabalho em equipe e aumente a probabilidade de uma implementação bem-sucedida.

Os gestores das funções comerciais mais afetadas pelo novo sistema de informação têm a responsabilidade principal de garantir que as pessoas, os processos e os componentes da estrutura humana sejam totalmente tratados.

As pessoas fazem a diferença entre o sucesso e o fracasso em todas as organizações. Bons sistemas permitem que as pessoas produzam resultados extraordinários.

A infraestrutura de tecnologia de uma organização inclui todo hardware, software, redes, instalações e serviços utilizados para desenvolver, testar, entregar, controlar ou dar suporte aos aplicativos e serviços de tecnologia da informação que uma organização requer para atender às necessidades de seus clientes, fornecedores, parceiros de negócios importantes, agências reguladoras e funcionários.

Um processo é um conjunto de atividades relacionadas que obtém dados, agrega valor e cria uma saída para o cliente desse processo.

A estrutura tem a ver com as relações definidas entre os membros da organização e suas várias atividades. Também inclui processos que atribuem funções, responsabilidades e autoridade para concluir as várias atividades.

Ao considerar o papel dos gestores de negócios no trabalho com os sistemas de informação, é útil dividir os sistemas de informação em quatro tipos com base em sua esfera de influência: sistemas de informação pessoal, sistemas de informação do grupo de trabalho, sistemas de informação empresarial e sistemas de informação interorganizacional.

O SI pessoal inclui sistemas de informação que melhoram a produtividade de usuários individuais na execução de tarefas autônomas.

SI do grupo de trabalho são sistemas projetados para apoiar o trabalho em equipe e permitir que as pessoas trabalhem juntas de forma eficaz, estejam os membros da equipe no mesmo local ou dispersos pelo mundo.

Um aplicativo de SI empresarial é utilizado para atender às necessidades dos negócios de toda a organização e normalmente compartilha dados com outros aplicativos empresariais utilizados dentro da organização.

Um sistema de informações interorganizacionais (SIO) é um sistema que permite o compartilhamento de informações e a condução de negócios eletronicamente além das fronteiras organizacionais.

A cadeia de valor é uma série de atividades que a organização realiza para transformar entradas em saídas, de forma que o valor da entrada seja aumentado.

A cadeia de suprimentos é uma cadeia de valor-chave cujos processos primários incluem logística de entrada, operações, logística de saída, marketing, vendas e serviços. A gestão da cadeia de suprimentos abrange todos os processos necessários para colocar o produto certo nas mãos do consumidor certo, na quantidade certa, no momento certo e com o custo certo.

Os sistemas de informação transformaram a natureza do trabalho e a própria forma das organizações. Uma visão tradicional dos sistemas de informação sustenta que as organizações utilizam-nos para controlar e monitorar a eficácia e a eficiência. Uma visão mais contemporânea sustenta que os sistemas de informação costumam estar tão intimamente envolvidos nas atividades da cadeia de valor que fazem parte do próprio processo.

Princípio:

O processo de planejamento estratégico para a organização de SI e os fatores que o influenciam dependem de como a organização é vista pelo restante da organização.

O planejamento estratégico é um processo que ajuda os gestores a identificar os resultados desejados e formular planos viáveis para atingir seus objetivos usando os recursos e capacidades disponíveis.

O planejamento estratégico fornece uma estrutura para orientar a tomada de decisão, garante o uso eficaz de recursos, permite que uma organização seja proativa e aproveite oportunidades e tendências, além de melhorar a comunicação.

Uma organização de SI pode ser vista como um centro de custo/provedor de serviços, um parceiro de negócios/colega de trabalho ou um empresa revolucionária.

O planejamento estratégico de SI é influenciado pelos planos estratégicos corporativos e da unidade de negócios, bem como por inovações tecnológicas e pensamento inovador.

A estratégia de SI identifica as tecnologias, fornecedores, competências, pessoas, sistemas e projetos nos quais a organização investirá para apoiar as estratégias corporativas e das unidades de negócios.

Princípio:

O profissional de sistema de informação atua na intersecção de negócios e tecnologia e projeta, constrói e implementa soluções que permitem às organizações se beneficiarem efetivamente dos sistemas de tecnologia da informação.

Os profissionais de sistemas de informação bem-sucedidos precisam ter uma variedade de características e habilidades pessoais, incluindo a capacidade de trabalhar bem sob pressão e em um ambiente acelerado em constante mudança, boas habilidades de comunicação, sólidas habilidades analíticas e de tomada de decisão, habilidades em equipe e liderança eficazes e aptidão para implementar mudanças organizacionais.

As funções típicas de um sistema de informação incluem CIO, desenvolvedor de software, analista de segurança de sistemas de informação, analista de sistemas, programador, desenvolvedor web e analista de negócios.

A tecnologia é uma das áreas de crescimento mais rápido da economia nos EUA, que tem uma forte demanda por trabalhadores de sistemas de informação.

Apenas cerca de 60% de todos os gastos com tecnologia da informação são controlados pelo departamento de sistemas de informação. TI sombra é um termo utilizado para descrever os sistemas de informação e as soluções construídas e implantadas por outros departamentos e não pelo departamento de sistemas de informação. Em muitos casos, o departamento de sistemas de informação pode nem estar ciente desses esforços.

Além de trabalhar para o departamento de SI em uma organização, o pessoal de SI pode trabalhar para uma grande empresa de consultoria ou um fabricante de hardware ou software. Desenvolver ou vender produtos para um fornecedor de hardware ou software é outra oportunidade de carreira em SI.

A certificação é um processo para testar habilidades e conhecimentos; a conclusão bem-sucedida de um exame de certificação resulta no endosso da autoridade de certificação de que um indivíduo é capaz de realizar tarefas ou trabalhos específicos. A certificação pode resultar em novas oportunidades na carreira, incluindo promoção e aumento de salário.

Termos-chave

cadeia de suprimentos
cadeia de valor
certificação
Diamante de Leavitt
estrutura
infraestrutura de tecnologia
planejamento estratégico
procedimento

processo
SI interorganizacional
sistema de informação (SI)
sistema de informação do grupo de trabalho
sistema de informação empresarial
sistema de informação pessoal
TI sombra

Teste de autoavaliação

Os gestores têm um papel essencial a desempenhar na implementação e no uso bem-sucedidos dos sistemas de informação — esse papel muda dependendo do tipo de sistema de informação que está sendo implementado.

1. Quatro tipos de sistemas de informação com base em sua esfera de influência incluem interorganizacional, pessoal, empresarial e _____.

2. Os gestores das funções empresariais mais afetadas por um novo sistema de informação têm a responsabilidade principal de garantir que _____.
   a. apenas a tecnologia mais atual e avançada seja empregada
   b. pessoas, processos e componentes da estrutura humana sejam inteiramente tratados

c. os concorrentes não podem utilizar um sistema de informação semelhante para obter uma vantagem competitiva
d. recursos são implantados apenas em sistemas de informação empresarial e interorganizacional

3. _____ é um modelo utilizado para introduzir novos sistemas no local de trabalho de maneira que reduza o estresse, incentive o trabalho em equipe e aumente a probabilidade de uma implementação bem-sucedida.
   a. planejamento estratégico
   b. Modelo das Cinco Forças de Michael Porter
   c. Diamante de Leavitt
   d. vantagem competitiva estratégica

4. A visão contemporânea dos sistemas de informação é que eles estão muitas vezes tão intimamente envolvidos na cadeia de valor de uma organização que fazem *parte do* próprio processo. Verdadeiro ou falso.

O processo de planejamento estratégico para a organização de SI e os fatores que o influenciam dependem de como a organização é vista pelo restante da organização.

5. Qual das opções a seguir não é um benefício associado à criação de um plano estratégico?
   a. fornecer uma estrutura para orientar a tomada de decisão
   b. garantir o uso eficaz dos recursos da organização
   c. permitir que a organização seja proativa
   d. garantir que apenas as soluções de tecnologia mais atuais serão empregadas

6. Quatro motivadores que definem a estratégia de informação e determinam os investimentos no sistema de informação incluem estratégia corporativa, inovações tecnológicas, pensamento inovador e _____.

7. Três maneiras pelas quais a organização de SI pode ser vista pelo restante da organização que influenciam a estratégia de SI são _____.
   a. flexível, engenhosa e voltada para o futuro
   b. centro de custos, parceiro de negócios e uma empresa revolucionária
   c. econômica, inovadora e criativa
   d. confiável, simples e oportuna

O profissional de sistema de informação atua na intersecção de negócios e tecnologia e projeta, constrói e implementa soluções que permitem às organizações se beneficiarem efetivamente dos sistemas de tecnologia da informação.

8. Quais das seguintes são habilidades não técnicas *não* comumente associadas a um profissional de sistema de informação eficaz?
   a. a capacidade de cumprir prazos e resolver desafios inesperados
   b. a capacidade de trabalhar em um ambiente estático e tedioso, onde há poucas mudanças
   c. boas habilidades de comunicação
   d. habilidades de liderança eficazes

9. Dois benefícios potenciais de obter uma certificação em uma área da disciplina de SI são:
   a. novas possibilidades na carreira e um potencial aumento de salário
   b. aumento automático de salário e promoção
   c. movimento de um degrau na carreira técnica para um degrau na carreira de gestão e aumento de salário
   d. recebimento de uma certificação que nunca vai expirar e avanço mais rápido na carreira

Respostas do teste de autoavaliação

1. grupo de trabalho
2. b
3. c
4. Verdadeiro
5. d
6. estratégia da unidade de negócio
7. b
8. b
9. a

Questões de revisão e discussão

1. Descreva quatro tipos de sistemas de informação fundamentais com base em sua esfera de influência.
2. Identifique duas responsabilidades principais de gestão na implementação de sistemas de informação.
3. Os quatro componentes do Diamante de Leavitt são tecnologia, processos, estrutura e _____.
4. Qual é o papel tradicional que o SI desempenha na cadeia de suprimentos? Qual é o papel contemporâneo?
5. Identifique os quatro principais benefícios de produzir um plano estratégico.
6. Identifique quatro fatores que ajudam a definir a estratégia de organização dos sistemas de informação.
7. Identifique três maneiras pelas quais a organização de SI pode ser vista pelo restante da organização e explique como essa percepção pode afetar a estratégia de SI.

8. Identifique seis habilidades não técnicas necessárias para ser um trabalhador eficaz do sistema de informações.
9. Identifique dois benefícios de obter uma certificação em uma área de SI.
10. Como a organização de SI em seu trabalho ou universidade é vista pelo restante da organização? Como isso influenciou a estratégia de SI e o que a organização foi capaz de realizar?

Exercícios de tomada de decisão orientados para negócios

1. Você é membro da organização da cadeia de suprimentos de um fabricante de produtos de consumo cujos produtos são vendidos principalmente por meio de oito grandes redes de varejo. Você tem a ideia de implementar um novo sistema de informação de previsão de vendas para substituir o sistema existente que depende de dados históricos de vendas e planos de marketing. O novo sistema exige que os oito grandes clientes varejistas do fabricante insiram suas próprias previsões de vendas semanais do que esperam pedir nas próximas seis semanas. As previsões dos varejistas individuais serão então agregadas para desenvolver a previsão de demanda para cada período de seis semanas. A organização da cadeia de suprimentos usará essa previsão de demanda agregada para gerenciar o estoque e a produção. Os varejistas receberão um desconto por enviar uma previsão que corresponde mais proximamente aos seus pedidos reais. Que outras organizações em uma empresa devem ser convencidas dessa ideia? Como você lidará com a reação natural de outras pessoas que resistem a essa mudança? Como você pode vender essa ideia para os principais clientes de varejo da sua empresa? Como você pode utilizar o Diamante de Leavitt para ajudar a vender sua ideia a outras pessoas?

2. Conforme discutido neste capítulo, os trabalhadores bem-sucedidos do sistema de informação precisam ter uma variedade de características e habilidades pessoais, incluindo a capacidade de trabalhar bem sob pressão e em um ambiente acelerado em constante mudança, boas habilidades de comunicação, sólidas habilidades analíticas e de tomada de decisão, habilidades de equipe e liderança eficazes, e aptidão para implementar mudanças organizacionais. Imagine que você está se candidatando a um cargo de funcionário do sistema de informação. Desenvolva um breve parágrafo descrevendo como você demonstrou cada característica em sua vida pessoal. Se fosse um recrutador, você se consideraria um forte candidato a um cargo do sistema de informação? Por que sim ou por que não? O que você pode fazer para aumentar a probabilidade de ser recrutado para esse cargo?

Trabalho em equipe e atividades de colaboração

1. Com os outros membros do seu grupo, crie uma lista dos softwares utilizados com frequência (na faculdade e no trabalho) por cada membro da equipe. Identifique qual esfera de influência cada software suporta. Crie uma tabela com uma coluna para cada membro da equipe e uma linha para cada aplicativo de software utilizado com frequência por qualquer membro da equipe. Insira Indivíduo, Grupo, Empresa ou Interorganizacional em cada célula para identificar o software específico utilizado.

2. Faça os membros de sua equipe pesquisarem os processos de tomada de decisão do grupo — brainstorming, agrupamento por afinidade e votação múltipla. Peça aos membros da sua equipe que identifiquem os seis objetivos de aprendizagem mais importantes que eles esperam aprender com este curso. Se solicitado, compartilhe suas descobertas com o professor e/ou classe.

Exercícios de carreira

1. Acesse o site do U.S. Bureau of Labor Statistics para encontrar informações sobre as ocupações com o maior crescimento projetado de empregos em termos do número necessário de pessoas nos próximos dez anos. Use um software gráfico para ilustrar o desenvolvimento das dez ocupações de crescimento mais rápido. Faça pesquisas adicionais para incluir dados sobre o salário médio e os anos de escolaridade necessários para cada um desses cargos. Esses dados o levam a reconsiderar seu curso de especialização universitária? Prepare um breve resumo de suas descobertas, incluindo pelo menos um gráfico resumindo esses dados.

2. Faça pesquisas na web para saber como os recrutadores utilizam os dados das redes sociais para ajudar a selecionar candidatos a empregos. O que você aprendeu levanta alguma preocupação sobre como você poderia ser visto ao se candidatar ao próximo emprego? Você deve remover quaisquer fotos ou postagens que você ou outras pessoas tenham feito sobre você em qualquer lugar das redes sociais?

Estudo de caso

SISTEMAS E PROCESSOS

Inovação focada no cliente impulsiona a CarMax

Eliminando a tradição da pechincha no negócio, a CarMax transformou a experiência de compra de carros usados da década de 1990 fazendo o cliente se concentrar em outras características (como economia de combustível, recursos de segurança, pacote de entretenimento e assim por diante) do automóvel. Hoje, a CarMax é a maior varejista de carros usados nos Estados Unidos, com 173 lojas e um plano de crescimento agressivo que prevê a abertura de mais de uma dezena de novas lojas a cada ano. Durante o ano fiscal encerrado em 28 de fevereiro de 2017, a receita total foi de US$ 15,9 bilhões, com a venda no varejo de pouco mais de um milhão de carros usados. A CarMax continua a revolucionar a compra de automóveis por meio de ideias do próprio consumidor e inovações em tecnologia com foco no cliente, o que distancia ainda mais a CarMax de seus concorrentes.

Considerando que 90% dos compradores de carros usados começam sua busca on-line, a CarMax construiu uma plataforma de busca no site semelhante ao design altamente eficaz da "descrição de produto da Amazon", com o qual a maioria dos consumidores está familiarizada. A CarMax possui um sistema de estoque de veículos centralizado com informações sobre mais de 50 mil veículos com certificação de qualidade CarMax. Seus clientes podem pesquisar nesse estoque usando seus dispositivos móveis e computadores portáteis ou de mesa. Os consumidores podem até solicitar que a CarMax transfira o carro de sua escolha para uma loja perto deles e, de fato, quase 30% dos carros vendidos são transferidos por esse motivo.

A CarMax lançou um novo aplicativo de financiamento on-line para permitir que os clientes sejam pré-qualificados para um empréstimo antes de visitar uma loja. Esse aplicativo ajuda a impulsionar o cliente ao longo do processo de vendas e fornece uma experiência de compra na loja mais rápida. Ele foi bem recebido pelos clientes e contribuiu para o aumento de *leads* (clientes interessados), o que a CarMax acredita gerar vendas incrementais.

Quando um cliente chega para vender seu carro, um associado da CarMax provido com um dispositivo móvel pode avaliar o veículo em tempo real, sem nunca deixar o cliente ou o veículo. O associado tem acesso a todas as informações necessárias para fornecer uma avaliação precisa por meio de um aplicativo móvel. Isso cria uma experiência inicial positiva tanto para o cliente quanto para o associado. Os associados da CarMax utilizam seus dispositivos móveis e o mesmo aplicativo para avaliar veículos em leilões externos. Isso permite que eles comprem os melhores carros com os melhores preços para que a CarMax os coloque à disposição de seus clientes.

Os clientes da CarMax interessados em obter um valor de avaliação para seu veículo também podem enviar as informações do veículo on-line, sem precisar ir a uma loja.

A CarMax planeja adicionar um aplicativo para oferecer suporte a um programa de fidelidade para proprietários de automóveis. Isso os ajudará a manter e substituir peças automotivas e obter assistência nas estradas. Haverá também um recurso semelhante a uma carteira, no qual os clientes podem armazenar o número de identificação do veículo e as informações do seguro.

A CarMax tem um programa poderoso para novos contratados dos sistemas de informação de integração. Assim que novos desenvolvedores de software chegam à CarMax, eles participam da Information Technology Academy. Essa academia é um programa de oito semanas projetado para impulsionar sua carreira na CarMax. Aqui, eles aprendem sobre as principais tecnologias e ferramentas, bem como o processo de desenvolvimento de software utilizado na CarMax, estabelecendo assim uma base sólida para o sucesso em sua nova função. Eles também visitam as lojas CarMax para observar em primeira mão diferentes processos de negócios e aprender como os sistemas de informação da CarMax oferecem suporte aos funcionários e clientes. Essa experiência os ajuda a avaliar como suas contribuições terão um impacto direto e significativo no sucesso contínuo da organização.

Ao final do programa de oito semanas, cada graduado entra em uma equipe de produto que combina com seu conjunto de habilidades, interesses e aptidões. A CarMax alimenta o processo de inovação criando equipes de produtos multifuncionais com até dez pessoas, incluindo um gerente de produto, desenvolvedor de software líder e pessoal de garantia de qualidade e design do usuário. A equipe é desafiada a ir atrás dos objetivos do negócio e resultados-chave. Por exemplo, quantos *leads* eles geram ou quantas conversões de prospectos para o cliente eles entregam. Cabe a eles determinar a melhor solução para cada cliente a fim de atingir seus objetivos. A cada duas semanas, as equipes de produto realizam apresentações abertas para que todos possam comparecer. Um membro da equipe apresenta o que a equipe de produto realizou em relação aos objetivos do negócio. Os gestores seniores da CarMax, incluindo um membro ocasional do conselho de administração, comparecem regularmente a essas portas abertas.

Questões de pensamento crítico

1. Você classificaria o novo sistema de avaliação automática como operando na esfera de influência pessoal, de grupo de trabalho, corporativo ou interorganizacional? Por quê? Identifique os principais complementos organizacionais que a CarMax precisava implementar para garantir que o novo sistema fosse bem-sucedido.
2. Como você acha que a organização do SI da CarMax é vista pelo restante da organização? Sustente a sua opinião.
3. Com base no uso de equipes de produto multifuncionais, quais características pessoais, habilidades técnicas e não técnicas você acha que a CarMax busca com novas contratações para seus sistemas de informação?

FONTES: "CarMax Investor Relations", *http://investors.carmax.com/home/default.aspx* "CarMax Fiscal 2017 Annual Report", *http://s21.q4cdn.com/483767183/files/doc_financials/Annual%20Report/2017/FY17-ARS-FINAL-Printed-Report.pdf*; Martha Heller, "Why CarMax's 'Shock The System' Digital Strategy Is Working", *CIO*, 26 de abril de 2017, *http://www.cio.com/article/3191884/careers-staffing/why-carmax-s-shock-the-system-digital-strategy-is-working.html*; Shareen Pathak, "'We're Not Google': How CarMax is trying to attract tech talent", *Digiday*, 30 de outubro de 2015, *https://digiday.com/marketing/not-google-carmax-trying-attract-tech-talent*; Shamin Mohammad, "CarMax, the Automobile Business with IT at the Core", *CIO Review*, *http://automotive.cioreview.com/cioviewpoint/carmax-the-automobile-business-with-it-at-the-core--nid-12777-cid-4.html*, acesso em 12 de junho de 2017; e "IT Software Developer", CarMax, Inc., *http://webcore.cs.vt.edu/files/css/CarMax%20-%20IT%20Software%20Developer.pdf*.

Notas

Fontes da vinheta de abertura: "The World's Most Innovative Companies 2018: mPharma", *Fast Company*, https://www.fastcompany.com/company/mpharma; Yinka Adegoke, "A Startup Disrupting the Prescription Drug Business in Africa Is Getting Major Silicon Valley Support", *Quartz Africa*, 28 de novembro de 2017, https://nextbillion.net/news/startup-disrupting-prescription-drug-business-africa-getting-major-silicon-valley-support; Tuyee, "Love and Other Drugs, How mPharma Is Making It Easier to Get Prescriptions", *Technology and Operations Management*, 18 de novembro de 2016, https://rctom.hbs.org/submission/love-and-other-drugs-how-mpharma-is-making-it-easier-to-get-prescriptions; "The Mobile Economy: Sub-Saharan Africa 2017", *GSMA Intelligence*, https://www.gsmaintelligence.com/research/?file=7bf3592e6d750144e58d9dcfac6adfab&download, acesso em 31 de março de 2018.

1. "Developing Airplane Systems Faster and with Higher Quality through Model-Based Engineering", *Innovation Quarterly*, maio de 2017, https://www.boeing.com/features/innovation-quarterly/may2017/feature-technical-model-based-engineering.page.
2. Steve Rosenbush, "The Morning Download: Construction Industry Builds Digital Infrastructure", *Wall Street Journal*, 12 de maio de 2017.
3. Jim Collins, *Good to Great: Why Some Companies Make the Leap and Others Don't*, New York: Harper Business, 2001.
4. Ron Carroll, "People Are the Most Important System Component", *Box Theory*, www.boxtheorygold.com/blog/bid/12164/People-Are-the-Most-Important-System-Component!, acesso em 10 de junho de 2015.
5. "Gartner Says Global IT Spending to Reach $3.7 Trillion in 2018", *Gartner Press Release*, 16 de janeiro de 2018, https://www.gartner.com/newsroom/id/3845563.
6. Briana Hansen, "How the Monterey Bay Aquarium Uses Wrike to Support the Expansion of Education Programs", *Wrike Case Studies*, 23 de janeiro de 2017, https://www.wrike.com/blog/monterey-bay-aquarium-relies-wrike-grow-education-programs/.
7. "Three Enterprise Mobile App Success Stories", *Tech Target Network*, http://searchmobilecomputing.techtarget.com/news/4500278275/Three-enterprise-mobile-app-success-stories.
8. "Zara", *Inditex*, www.inditex.com/brands/zara, acesso em 28 de julho de 2015.
9. Graham Ruddick, "How Zara Became the World's Biggest Fashion Retailer", *Telegraph*, 20 de outubro de 2014, www.telegraph.co.uk/finance/newsbysector/retailandconsumer/11172562/How-Inditex-became-the-worlds-biggest-fashion-retailer.html.
10. Karl Utermohlen, "Amazon Drone Delivery: Details Finally Revealed!", *Investor Place* (blog), 19 de janeiro de 2016, http://investorplace.com/2016/01/amazon-drone-delivery-amzn-stock/#.VrJo0432b4g.
11. Kim S. Nash, "State of the CIO 2014: The Great Schism", *CIO*, 1º de janeiro de 2014, www.cio.com/article/2380234/cio-roletate-of-the-cio-2014-the-great-schism/cio-role/state-of-the-cio-2014-the-great-schism.html.
12. "2016-2019 Statewide Information Technology Strategic Plan", Delaware Department of Technology and Information, http://dti.delaware.gov/pdfs/strategicplan/Delaware-Statewide-IT-Strategic-Plan.pdf, September 2018.
13. Kim S. Nash, "State of the CIO 2014: The Great Schism", *CIO*, 1º de janeiro de 2014, www.cio.com/article/2380234/cio-roletate-of-the-cio-2014-the-great-schism/cio-role/state-of-the-cio-2014-the-great-schism.html.
14. "City of Seattle Enterprise Information Technology Strategic Plan 2012–2014", City of Seattle, www.seattle.gov/Documents/Departments/InformationTechnology/RFP/SOHIPRFPAppendixCEnterpriseITStrategicPlan20122014.pdf, acesso em 16 de setembro de 2014.
15. Kim S. Nash, "State of the CIO 2014: The Great Schism", *CIO*, 1º de janeiro de 2014, www.cio.com/article/2380234/cio-roletate-of-the-cio-2014-the-great-schism/cio-role/state-of-the-cio-2014-the-great-schism.html.
16. Thornton May, "A Strategy for Strategy: Figuring Out How to Figure Out What IT Should Do Next", *Computerworld*, 2 de setembro de 2014, www.computerworld.com/article/2600346/it-management/a-strategy-for-strategy-figuring-out-how-to-figure-out-what-it-should-do-next.html.
17. "GAF Creates First Ever Virtual Home Remodeler App with 'Instantaneous' Roof Mapping Feature", GAF, https://www.gaf.com/en-us/our-company/news-and-press-releases/press-releases/120322-gaf-introduces-app-for-easy-access-to-all-product-information, acesso em 17 de setembro de 2018.
18. "Employment by Detailed Occupation 2016–2026", *Bureau of Labor Statistics*, https://www.bls.gov/emp/tables/emp-by-detailed-occupation.htm, acesso em 7 de julho de 2018.
19. "Digest of Educational Statistics", National Center for Educational Statistics, https://nces.ed.gov/programs/digest/2017menu_tables.asp, acesso em 21 de fevereiro de 2018.
20. Alexandra Levit, "5 Shadow IT Statistics to Make You Reconsider Your Life", *Quickbase*, 22 de janeiro de 2018, https://www.quickbase.com/blog/5-shadow-it-statistics-to-make-you-reconsider-your-life.
21. Rich Hein, "IT Certification Hot List 2015: 10 That Deliver Higher Pay", *CIO*, 3 de março de 2015, www.cio.com/article/2891552/careers-staffing/it-certification-hot-list-2015-10-that-deliver-higher-pay.html.

CAPÍTULO 2
Sistemas de informação seguros

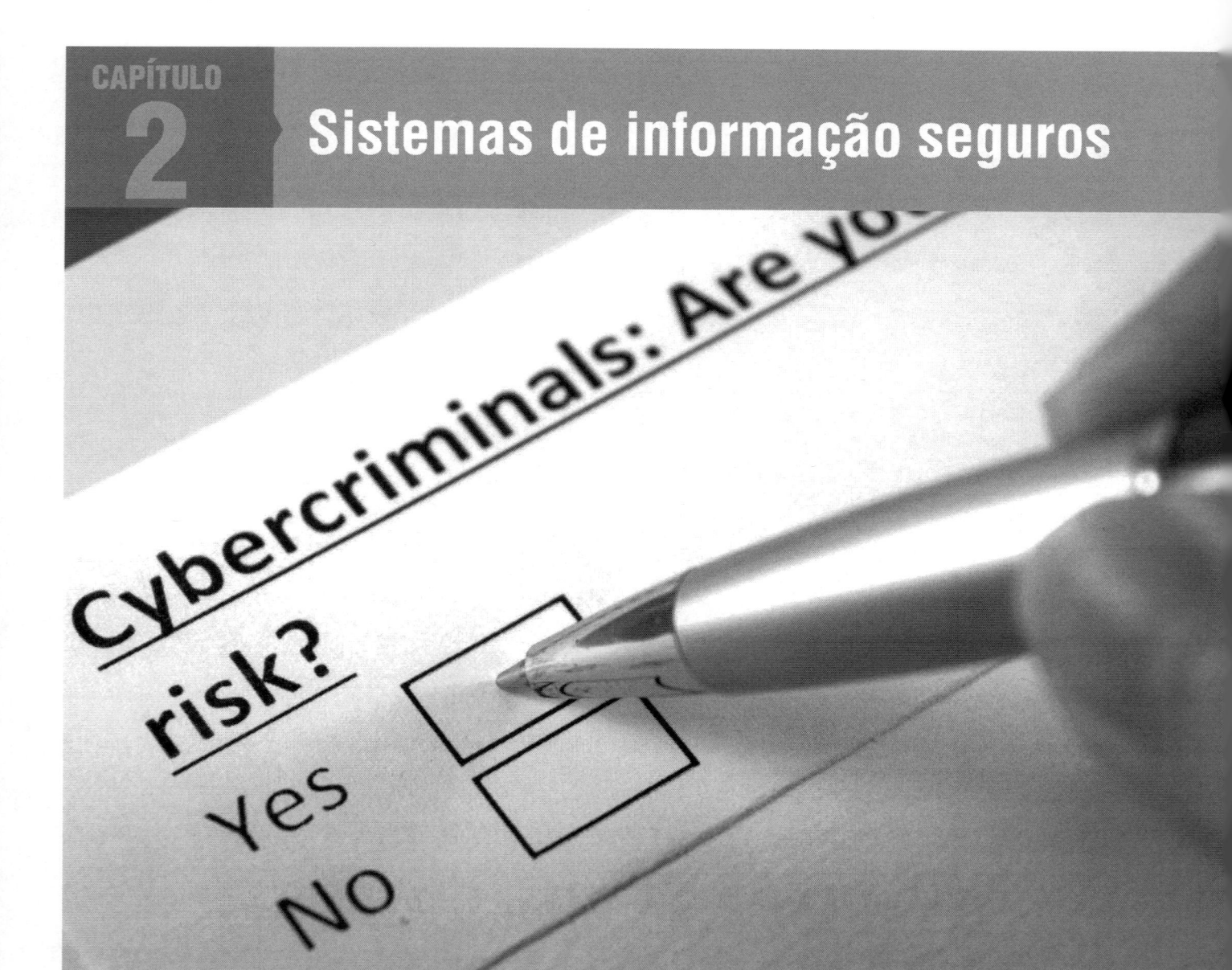

Princípios	Objetivos de aprendizagem
O crime digital é uma área de preocupação séria e em rápido crescimento que requer atenção da administração.	• Declarar quatro razões pelas quais os incidentes de computador se tornaram tão comuns. • Identificar quatro classes de criminosos com maior probabilidade de iniciar um ataque cibernético. • Definir o termo vetor de ataque. • Identificar pelo menos três vetores de ataque comumente utilizados. • Identificar cinco ameaças cibernéticas que representam um risco sério para as organizações. • Identificar cinco consequências de um ataque cibernético bem-sucedido. • Identificar cinco leis federais que tratam do crime digital.
As organizações devem tomar medidas contundentes para garantir experiências de computação seguras, privadas e confiáveis para seus funcionários, clientes e parceiros de negócios.	• Discutir como a tríade de segurança CID pode ser implementada nos níveis organizacional, de rede, de aplicativo e de usuário final para proteção contra ataques cibernéticos. • Fazer uma autoavaliação de segurança de seu próprio computador e seus hábitos de uso. • Identificar oito etapas a seguir para realizar uma avaliação de risco de segurança completa. • Descrever cinco ações que uma organização deve realizar em resposta a um ataque cibernético bem-sucedido. • Descrever a função de um provedor de serviços de segurança gerenciados. • Definir o termo computação forense.

SI em ação

Organizações lidam mal com violações de dados

▶ QUESTÕES SOCIAIS E ÉTICAS, PROTEÇÃO DE DADOS

O que Yahoo, Uber e Under Armour têm em comum? Todas sofreram violações de dados massivas, nas quais os hackers obtiveram acesso a dezenas de milhões de dados pessoais dos clientes — e depois falharam em não divulgar a violação em tempo hábil, embora as leis estaduais e federais exijam que as empresas alertem as pessoas e agências governamentais quando ocorrerem violações de dados confidenciais. Em cada caso, a violação de dados resultou de uma falha na aplicação de patches de software para corrigir vulnerabilidades conhecidas na alocação questionável de recursos de segurança da informação e na má tomada de decisões gerenciais. Essas empresas não são, de forma alguma, as únicas a sofrer grandes violações de dados e falhar em relatá-las aos funcionários e às partes afetadas, mas estão entre os piores infratores, e um exame delas pode fornecer informações úteis sobre o problema.

O Yahoo divulgou em dezembro de 2016 que um bilhão de contas de seus usuários foram comprometidas em uma violação em agosto de 2013. Na violação, os invasores acessaram endereços de e-mail, senhas, datas de nascimento e outras informações pessoais. Um ano depois, em novembro de 2017, o Yahoo forneceu uma atualização alarmante — o incidente expôs três bilhões de contas — todas as contas do Yahoo que existiam na época! O Yahoo levou mais de quatro anos para descobrir e divulgar toda a extensão do que é atualmente a maior violação de dados da história (durante esse período de quatro anos, o Yahoo sofreu outra violação de dados no final de 2014 que afetou 500 milhões de contas. Essa violação de dados não foi divulgada até setembro de 2016 — cerca de dois anos após o fato.) A Verizon estava em processo de aquisição do Yahoo durante esse período e a incerteza sobre as implicações legais da violação de dados permitiu que negociasse uma redução de US$ 350 milhões no preço que pagaria pelo Yahoo no acordo concluído em junho de 2017. Os acionistas do Yahoo entraram com uma ação coletiva contra a empresa e receberam US$ 80 milhões em 2018.

A Uber, popular empresa de compartilhamento de caronas, entrega de comida e serviço de transporte, anunciou em fevereiro de 2015 que sofreu uma violação de dados em maio de 2014. A violação em si não foi descoberta até setembro de 2014 e afetou cerca de 50 mil de seus motoristas. O procurador-geral de Nova York multou a Uber em US$ 20 mil por não divulgar imediatamente essa violação de dados. E, de modo alarmante, uma segunda violação de dados ocorreu na Uber em outubro de 2016, envolvendo nomes, endereços de e-mail e números de telefone de 50 milhões de clientes em todo o mundo. Funcionários da empresa souberam da invasão em novembro de 2016, mas não informaram ao procurador-geral de Nova York e à Federal Trade Commission sobre essa violação até novembro de 2017. Embora a Uber admita que tinha a obrigação legal de relatar a invasão aos órgãos reguladores, a empresa pagou aos hackers para excluir os dados e manter a violação em sigilo.

A Under Armour foi atingida por uma violação de dados que afetou cerca de 150 milhões de usuários de seu aplicativo de alimentação e nutrição My Fitness Pal. Nomes de usuário, senhas e endereços de e-mail foram comprometidos. Os dados foram comprometidos em algum momento de fevereiro de 2018 e os usuários foram notificados várias semanas depois, no final de março. As ações da empresa caíram 4% com a notícia.

Os indivíduos cujos dados estão comprometidos em uma violação de dados precisam saber para que possam tomar medidas imediatas a fim de evitar possíveis consequências negativas. Algo entre 50% e 75% dos usuários da internet nos Estados Unidos utilizam apenas uma senha na maioria de suas contas on-line. Essas contas on-line incluem e-mail, mídia social, instituições financeiras, previdência social, organizações de saúde e assim por diante. Os hackers sabem desse fato e aproveitam essa brecha de segurança para obter acesso a outros sites que você frequenta a fim de coletar dados pessoais adicionais. Os hackers podem utilizar esses dados para roubo de identidade ou chantagem, para obter um cartão de crédito ou fazer um empréstimo em seu nome, para apresentar uma declaração de imposto de renda falsa em seu nome ou para executar várias outras atividades criminosas relacionadas ao roubo de identidade. Como resultado, as organizações que não relatam uma violação de dados prontamente são vistas pelo público como agindo de forma irresponsável e antiética. A reputação de uma organização assim sofre e pode perder muitos clientes como resultado.

Ao ler sobre sistemas de informação seguros, considere o seguinte:

- Que vantagens e desvantagens e que questões éticas estão associadas à proteção de dados e sistemas de informação?
- Quais são os principais elementos de um processo multicamadas para gerenciar vulnerabilidades de segurança?

Por que aprender sobre sistemas de informação seguros?

A segurança dos dados e sistemas de informação utilizados nas empresas é de extrema importância. Dados confidenciais de negócios e informações privadas de clientes e funcionários devem ser protegidos, e os sistemas devem ser protegidos contra atos maliciosos de roubo ou interrupção. Como vimos na vinheta de abertura, as organizações com as quais estamos familiarizados sofreram violações de dados graves. Outras organizações que sofreram sérias violações de dados em 2018 incluem o varejista Saks, Lord & Taylor; o jornal *Sacramento Bee*; a empresa de venda de ingressos Ticketfly; a padaria e café Panera Bread; a plataforma genealógica My Heritage; e a empresa de marketing e agregação de dados Exactis. Você interagiu com alguma dessas organizações recentemente?

Embora a necessidade de segurança seja óbvia, muitas vezes deve ser equilibrada com outras necessidades de negócios. Gestores de negócios, profissionais de SI e usuários de SI enfrentam uma série de compensações complexas em relação à segurança de SI. Eles podem fazer perguntas como as seguintes para avaliar essas compensações:

- Quanto esforço e dinheiro deve ser gasto para se proteger contra crimes de computador? (Em outras palavras, quanto seguro é suficientemente seguro?)
- O que deve ser feito se as proteções de segurança de computador recomendadas tornam a condução dos negócios mais difícil para clientes e funcionários, resultando em vendas perdidas e aumento de custos?
- Se uma empresa for vítima de um crime de computador, deve perseguir os criminosos a todo custo, manter um perfil discreto para evitar a publicidade negativa, informar os clientes afetados ou tomar alguma outra ação?

O cenário das ameaças

O número de crimes cibernéticos cometidos contra indivíduos, organizações e governos continua a aumentar, e o impacto destrutivo desses crimes também está se intensificando. Cerca de 50% das organizações de pequeno e médio porte relataram ter sofrido pelo menos um ataque cibernético durante 2017.[1] Algumas estimam que o custo global das violações de segurança cibernética custará cerca de US$ 6 trilhões até 2021, ante US$ 3 trilhões em 2015. Essa perda monetária torna o impacto financeiro do crime cibernético maior que o comércio financeiro global de drogas ilegais.

As marcas, a reputação e os ganhos de muitas organizações em todo o mundo foram impactados negativamente pelos crimes cibernéticos. Para combater o crime cibernético, os especialistas do setor esperam que os gastos com produtos e serviços de segurança cibernética ultrapassem US$ 1 trilhão no período de 2017-2022,[2] com o custo médio das medidas de segurança cibernética por empresa em 2017 fixado em US$ 11,7 milhões.[3]

Observe os seguintes resultados alarmantes de uma pesquisa recente com executivos:[4]

- 89% dos entrevistados disseram que sua função de segurança cibernética não atende totalmente às suas necessidades;
- 87% dos entrevistados dizem que precisam de até 50% mais orçamento para segurança cibernética;
- 77% dos entrevistados consideram um membro descuidado da equipe como a fonte mais provável de ataque;
- 75% dos entrevistados classificam a maturidade de sua identificação de vulnerabilidades como muito baixa a moderada.

Obviamente, temos muito trabalho a fazer para controlar os ataques cibernéticos.

Por que os incidentes de computador são tão prevalentes

Os incidentes de computador são prevalentes por vários motivos, como o aumento da complexidade da computação, o aumento na prevalência de políticas de "traga seu próprio dispositivo" (*bring your own device* – BYOD), uma crescente dependência de software com vulnerabilidades conhecidas e a sofisticação cada vez maior dos hackers. Esses motivos, que são discutidos nas seções a seguir, causaram um aumento drástico em número, variedade e gravidade dos incidentes de segurança.

O aumento da complexidade aumenta a vulnerabilidade

O ambiente de computação tornou-se extremamente complexo. A internet das coisas, computação em nuvem, dispositivos móveis, sistemas operacionais, aplicativos, sites, switches, roteadores e gateways estão todos interconectados e são conduzidos por centenas de milhões de linhas de código. Esse ambiente continua a aumentar em complexidade a cada dia e em breve incluirá bilhões de dispositivos de comunicação. O número de pontos de entrada possíveis para uma rede expande-se continuamente à medida que mais dispositivos são adicionados, aumentando ainda mais a possibilidade de violações de segurança.

Além disso, as organizações estão constantemente adicionando novos aplicativos, modificando os aplicativos existentes e substituindo sistemas de informação legados mais antigos. Essa mudança constante aumenta ainda mais o nível de complexidade e a vulnerabilidade dos sistemas.

Políticas de "traga seu próprio dispositivo"

traga seu próprio dispositivo (*bring your own device* – BYOD): Uma política de negócios que permite, e em alguns casos, incentiva, os funcionários a utilizar os próprios dispositivos móveis (smartphones, tablets ou laptops) para acessar os recursos e aplicativos de computação da empresa.

Traga seu próprio dispositivo (*bring your own device* – BYOD) é uma política de negócios que permite e, em alguns casos, incentiva os funcionários a utilizar os próprios dispositivos móveis (smartphones, tablets ou laptops) para acessar os recursos e aplicativos de computação da empresa. Esses recursos e aplicativos incluem e-mail, bancos de dados corporativos, intranet corporativa e internet. Os defensores do BYOD dizem que a política melhora a produtividade dos funcionários, permitindo que eles usem dispositivos com os quais já estão familiarizados — ao mesmo tempo que ajuda a criar uma imagem de uma empresa como um empregador flexível e moderno. Mas essa prática levanta muitos problemas de segurança em potencial, pois é altamente provável que esses dispositivos também sejam utilizados para atividades não relacionadas ao trabalho, como navegar em sites da web, fazer blogs, fazer compras e visitar redes sociais. Essa atividade não profissional expõe os dispositivos a malware com muito mais frequência do que um dispositivo utilizado estritamente para fins profissionais (o malware pode, então, se espalhar por toda a empresa.) Além disso, o BYOD torna extremamente difícil para as organizações de TI proteger adequadamente a ampla variedade de dispositivos portáteis com vários sistemas operacionais e uma infinidade de aplicativos.

Uso de software com vulnerabilidades conhecidas

exploração: Um ataque a um sistema de informação que tira proveito de uma vulnerabilidade particular do sistema.

Na computação, uma **exploração** é um ataque a um sistema de informação que tira proveito de uma vulnerabilidade particular do sistema. Frequentemente, esse ataque é possível devido ao projeto ou implementação inadequada do sistema. Quando a vulnerabilidade é descoberta, os desenvolvedores de software criam e emitem uma "correção" ou patch para eliminar o problema. Os usuários do sistema ou aplicativo são responsáveis por obter e instalar o patch, que geralmente podem ser baixados da web.

Qualquer atraso na instalação de um patch expõe o sistema a uma possível violação de segurança. A necessidade de instalar uma correção para evitar que um hacker tire vantagem de uma vulnerabilidade conhecida do sistema pode criar um dilema de gestão de tempo para o pessoal de suporte do sistema que tenta equilibrar uma agenda de trabalho ocupada. Por exemplo, o pessoal de suporte deve instalar um patch que, se não instalado, pode levar a uma violação de segurança, ou deve concluir o trabalho do projeto de que está encarregado, para que a economia e os benefícios previstos do projeto possam se realizar dentro do cronograma? Observe que o número de novas vulnerabilidades de software identificadas em 2016 foi de 15 mil — uma média de 41 por dia — conforme mostrado na Figura 2.1.

FIGURA 2.1
Número total de novas vulnerabilidades de software identificadas anualmente
Fonte: Shaun Waterman, "Report: Discovery Rate of New Software Vulnerabilities Flattens", *Cyber Scoop*, 17 de fevereiro de 2017, https://www.cyberscoop.com/risk-based-security-report-number-vulnerabilities-cve-cvss.

ataque do dia zero: Um ataque que ocorre antes que a comunidade de segurança tome conhecimento e corrija uma vulnerabilidade de segurança.

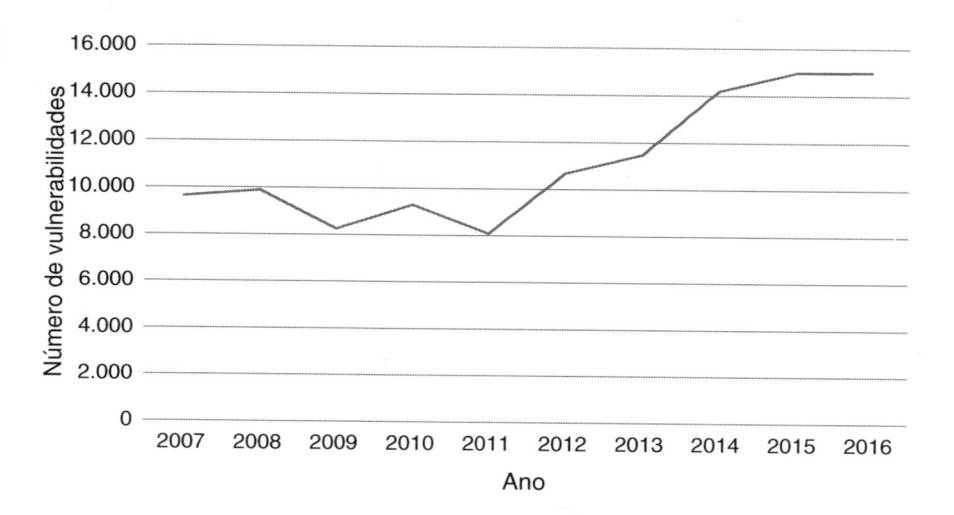

Evidentemente, pode ser difícil acompanhar todos os patches necessários para corrigir essas vulnerabilidades. De especial preocupação é um ataque de dia zero, é um ataque que ocorre antes de a comunidade de segurança tomar conhecimento e corrigir uma vulnerabilidade de segurança. Ataques de dia zero são raros — apenas oito foram identificados em 2016 e 49 em 2017. Os hackers realizaram um ataque de dia zero em 2017 ao departamento de relatórios de crédito ao consumidor Equifax. Esse ataque levou a uma violação de dados que expôs nomes, endereços, números de previdência social e números de carteira de motorista de mais de 143 pessoas.[5]

Embora se esperasse que o descobridor de uma vulnerabilidade de dia zero informasse imediatamente o fabricante do software original para que uma correção pudesse ser criada para o problema, nem sempre é esse o caso. Em alguns casos, esse conhecimento é vendido ao mercado clandestino para ciberterroristas, governos ou grandes organizações que podem usá-lo para lançar os próprios ciberataques. Por exemplo, uma vulnerabilidade de dia zero que permitiu aos hackers obter direitos de administrador para qualquer computador com sistema operacional Windows, desde o Windows 2000 até a versão atual do Windows 10, foi colocada à venda no mercado ilegal por US$ 90 mil.[6]

As empresas norte-americanas dependem cada vez mais de software comercial com vulnerabilidades conhecidas. Mesmo quando as vulnerabilidades são expostas, muitas organizações de TI corporativas continuam a utilizar o software já instalado no estado em que se encontra, em vez de implementar correções de segurança. As organizações de TI geralmente tomam essa decisão porque as correções deixarão o software mais difícil de utilizar ou eliminarão recursos "úteis" que ajudarão a vender o software aos usuários finais.

Aumento da sofisticação daqueles que causariam danos

Antigamente, os criadores de problemas de computador eram estereotipados como "geeks" introvertidos que trabalhavam de forma independente e que eram motivados pelo desejo de ganhar algum grau de notoriedade. Esses indivíduos estavam armados com conhecimento especializado, mas limitado, de computadores e redes, e usavam ferramentas rudimentares, talvez baixadas da internet, para empreender explorações. Embora esses indivíduos ainda existam, a ameaça dos computadores de hoje é muito mais bem organizada e pode fazer parte de um grupo organizado (como Anonymous, Chaos Computer Club, Lizard Squad, TeslaTeam) que tem uma agenda e mira organizações e sites específicos. Alguns desses grupos têm amplos recursos, incluindo dinheiro e ferramentas sofisticadas, para apoiar seus esforços. O invasor de computador de hoje tem conhecimento profundo, recursos financeiros e experiência para contornar as proteções de segurança de computadores e redes.

Perpetradores mais prováveis de iniciar um ataque cibernético

Em 2017-2018, a empresa de serviços profissionais Ernst & Young entrevistou 1.735 executivos globais, gestores de segurança da informação e líderes de TI e descobriu que, em ordem decrescente, pessoal interno descuidado, criminosos cibernéticos, funcionários mal-intencionados e hackers ativistas foram considerados as fontes mais prováveis de um ataque cibernético. Atualmente, embora o lobo solitário e o ciberterrorista recebam muita publicidade, estes não são considerados entre as fontes mais graves de ciberataques.

TABELA 2.1 Classificação de perpetradores de crimes informáticos

Tipo de perpetrador	Descrição
Pessoal interno descuidado	Pessoal interno (funcionário, parceiro de negócios, contratado, consultor) que não segue as políticas de segurança da organização e permite que um ataque cibernético ocorra
Funcionários mal-intencionados	Pessoal interno que tenta deliberadamente obter acesso e/ou interromper os sistemas de informação e operações de negócios de uma empresa
Cibercriminoso	Alguém que ataca um sistema de computador ou rede para obter ganhos financeiros
Hacker ativista	Um indivíduo que invade computadores ou sites para promover uma ideologia política
Lobo solitário	Alguém que viola a segurança do computador ou da internet de forma maliciosa ou para ganho pessoal ilegal
Ciberterrorista	Indivíduo ou grupo patrocinado pelo estado que tenta destruir os componentes da infraestrutura de governos, instituições financeiras, corporações, serviços públicos e unidades de resposta a emergências

A IBM descobriu que 55%–60% de todos os ataques cibernéticos são iniciados por meio de ações internas. Esses *insiders* incluem funcionários, parceiros de negócios, clientes, contratados e consultores que têm acesso físico ou remoto aos ativos de uma empresa. Embora o pessoal interno descuidado (ou não treinado) possa não estar agindo com intenção criminosa, pode deixar de seguir as políticas de segurança cibernética da organização e fazer algo tolo, como criar uma senha fraca ou abrir um anexo de e-mail contendo malware.[7]

Tipos de vetores de ataque

vetor de ataque: A técnica utilizada para obter acesso não autorizado a um dispositivo ou rede.

Os perpetradores de crimes informáticos utilizam um vetor de ataque para obter acesso não autorizado a um dispositivo ou rede e para iniciar um ataque cibernético. Existem vários tipos de vetores de ataque, alguns dos quais estão resumidos na Tabela 2.2. Embora geralmente pensemos em ataques cibernéticos direcionados a computadores, eles também estão direcionados a smartphones, porque esses armazenam uma série de informações de identidade pessoal, incluindo números de cartão de crédito e contas bancárias.

Ataques cibernéticos que representam ameaças sérias

Ataques cibernéticos que representam ameaças sérias são ransomware, ataques distribuídos de negação de serviço, violações de dados, ciberespionagem e ciberterrorismo. Esses tipos de ataques cibernéticos são graves devido à frequência desses ataques ou do dano potencial que podem causar.

Ransomware

ransomware: Malware que impede você de utilizar seu computador ou acessar seus dados até que você atenda a certas demandas.

Ransomware é um software malicioso que impede você de utilizar o computador ou acessar os dados nele até que atenda a certas demandas, como pagar um resgate ou, em alguns casos, enviar fotos comprometedoras ao invasor. O pagamento é frequentemente exigido em bitcoins não rastreáveis. Embora a polícia recomende não pagar o resgate, cerca de dois terços das vítimas argumentam que o valor dos dados criptografados supera o custo do resgate e, portanto, pagam o resgate.[8]

TABELA 2.2 Vários tipos de ataques cibernéticos

Tipo de ataque	Descrição
Ameaça persistente avançada	Um ataque de rede no qual um invasor obtém acesso a uma rede e permanece lá — sem ser detectado — com a intenção de roubar dados por um longo período de tempo.
Ameaça combinada	Uma ameaça sofisticada que combina os recursos de um vírus, worm, cavalo de Troia e outros códigos maliciosos em uma única carga útil.
Phishing	O ato de utilizar e-mail de forma fraudulenta para tentar fazer com que o destinatário revele dados pessoais.
Rootkit	Um conjunto de programas que permite ao usuário obter acesso de nível de administrador a um computador sem o consentimento ou conhecimento do usuário final. Depois de instalado, o invasor pode obter controle total do sistema e até mesmo ocultar a presença do rootkit de administradores de sistema legítimos.
Smishing	Uma variação de phishing que envolve o uso de mensagens de texto.
Engenharia social	Ludibriar pessoas a fim de induzi-las a divulgar os dados necessários para obter acesso a um sistema ou rede de informações.
Spam	O uso de sistemas de e-mail para enviar e-mails não solicitados para um grande número de pessoas.
Cavalo de Troia	Um programa aparentemente inofensivo no qual um código malicioso está oculto. A vítima que recebe um cavalo de Troia geralmente é induzida a abri-lo porque parece ser um software útil de uma fonte legítima.
Vírus	Um trecho de código de programação, geralmente disfarçado de outra coisa, que faz com que um computador se comporte de maneira inesperada e geralmente indesejável.
Vishing	Semelhante ao smishing, exceto que as vítimas recebem uma mensagem de correio de voz dizendo-lhes para ligar para um número de telefone ou acessar um site.
Worms	Um programa nocivo que reside na memória ativa do computador e se duplica. Os worms diferem dos vírus porque podem se propagar sem intervenção humana, geralmente enviando cópias de si mesmos para outros computadores por e-mail.

De 2016 a 2017, o número de ataques de ransomware a empresas dos EUA triplicou de um ataque a cada dois minutos para um ataque a cada 40 segundos. Ataques contra indivíduos dobraram de 1 a cada 20 segundos para 1 a cada 10 segundos. A demanda média de resgate é de pouco mais de US$ 1.000. Entre os que já pagaram resgate, 20% nunca conseguiram recuperar seus arquivos.[9]

Um computador pode ser infectado com ransomware quando um usuário abre um anexo de e-mail contendo o malware ou é atraído para um site comprometido por um e-mail ou janela pop-up enganosa. Mas a maioria dos ataques de ransomware aproveita vulnerabilidades em softwares amplamente implantados, como o Server Message Block (SMB) da Microsoft. Esse é um protocolo de compartilhamento de arquivos de rede para obter acesso remoto às máquinas das vítimas e executar o ransomware diretamente. Não é necessário enganar os usuários com ameaças disfarçadas para iniciar um ataque de ransomware. Depois que o malware assume o controle, ele criptografa alguns ou todos os arquivos da vítima. Os arquivos só podem ser decriptografados com uma chave matemática conhecida apenas pelo invasor. Agências governamentais, instalações médicas e escritórios de advocacia são os alvos favoritos de ransomware, pois essas organizações geralmente precisam de acesso imediato a seus arquivos.

Menos de 5% das empresas pagam resgates, optando por recuperar dados criptografados de arquivos de backup. Mas fazer com que os sistemas infectados voltem a funcionar leva tempo e esforço — quase um terço das empresas infectadas com ransomware sofre cinco dias ou mais sem acesso. Cada dia sem acesso acarreta custos em negócios perdidos e danos devido ao tempo de inatividade. Os especialistas estimam que os custos globais de ransomware devido a negócios perdidos e danos ultrapassaram US$ 5 bilhões em 2017.[10]

A cidade de Atlanta foi atingida por um ataque de ransomware em março de 2018 que desativou mais de 40 programas de aplicativos essenciais da cidade, incluindo aqueles utilizados pelo sistema judicial e pela polícia. Como resultado desse ataque, os residentes não puderam pagar suas contas de água ou multas de estacionamento, e a polícia e outros funcionários da cidade tiveram que escrever seus relatórios manualmente. Além disso, os procedimentos judiciais para as pessoas que não estavam sob custódia tiveram de ser cancelados até que os sistemas estivessem funcionando novamente e anos de dados das câmeras de vigilância da polícia fossem perdidos, tornando mais difícil processar alguns casos criminais.[11] As autoridades municipais decidiram não pagar o resgate de US$ 51 mil, mas ainda estavam trabalhando para se recuperar do ataque três meses depois. Estima-se que a cidade gastará mais de US$ 10 milhões para se recuperar do ataque.[12]

Ataques distribuídos de negação de serviço

Um **ataque distribuído de negação de serviço** (*distributed denial-of-service* – DDoS) é aquele em que um hacker malicioso assume o controle de computadores pela internet e faz com que eles invadam um site alvo com demandas de dados e outras pequenas tarefas. Um ataque DDoS não envolve a infiltração do sistema visado. Em vez disso, mantém o alvo muito ocupado respondendo a um fluxo de solicitações automatizadas que os usuários legítimos não conseguem entrar — o equivalente na internet a discar um número de telefone repetidamente para que todos os outros chamadores ouçam um sinal de ocupado. A máquina-alvo essencialmente mantém a linha aberta enquanto espera por uma resposta que nunca chega; eventualmente, as solicitações esgotam todos os recursos do alvo.

O software necessário para iniciar um DDoS é simples de utilizar e muitas ferramentas de DDoS estão prontamente disponíveis em uma variedade de sites de hackers. Em um ataque DDoS, um pequeno programa é baixado clandestinamente do computador do invasor para dezenas, centenas ou mesmo milhares de computadores em todo o mundo. O termo **botnet** é utilizado para descrever um grande grupo desses computadores, que são controlados de um ou mais locais remotos por hackers, sem o conhecimento ou consentimento de seus proprietários legítimos. A capacidade de processamento coletivo de alguns botnets excede a dos supercomputadores mais poderosos do mundo. Com base em um comando do invasor ou em um momento predefinido, os computadores botnet (chamados zumbis) entram em ação, cada um enviando uma solicitação simples de acesso ao site de destino repetidamente — dezenas de vezes por segundo. Os computadores de destino ficam tão sobrecarregados com solicitações de serviço que os usuários legítimos não conseguem chegar ao computador de destino.

Houve 7,5 milhões de ataques DDoS em todo o mundo em 2017. As vítimas de ataques DDoS relataram um impacto financeiro na faixa de US$ 10 mil a US$ 100 mil devido a danos à reputação e despesas operacionais.[13]

O GitHub, um site no qual cerca de 28 milhões de pessoas recorrem para desenvolver software, sofreu talvez o maior ataque DDoS de todos os tempos, com mais de 1,35 terabytes (um milhão multiplicado por um milhão de bytes) de solicitações por segundo. Mas o site estava bem preparado para esse tipo de ataque e apresentou indisponibilidade de apenas dez minutos em fevereiro de 2018.[14]

Violação de dados

Uma **violação de dados** é a liberação não intencional de dados confidenciais ou o acesso a dados confidenciais por indivíduos não autorizados, geralmente resultando em roubo de identidade. A Figura 2.2 ilustra o número de pessoas que tiveram informações de identificação pessoal comprometidas nas seis maiores violações de dados nos Estados Unidos.

O número de violações de dados nos Estados Unidos em 2017 atingiu um recorde de 1.575 — um aumento de 44% em relação a 2016.[15] Os números dos setores do governo e do setor industrial em que ocorreram violações de dados são identificados na Figura 2.3. As violações de dados são consideradas uma ameaça séria devido à frequência relativamente alta de ocorrência e ao grande número de pessoas afetadas.

Não apenas os indivíduos cujos dados são comprometidos em uma violação de dados são colocados em risco de roubo de identidade ou chantagem, mas também os acionistas de uma organização atingida por uma violação de dados podem ser afetados por um declínio na avaliação da empresa resultante da publicação do incidente. Eles podem perder dinheiro

---

ataque distribuído de negação de serviço (DDoS): Um ataque cibernético no qual um hacker malicioso assume o controle de computadores pela internet e faz com que eles invadam um site alvo com demandas de dados e outras pequenas tarefas.

botnet: Um grande grupo de computadores controlados de um ou mais locais remotos por hackers sem o conhecimento ou consentimento de seus proprietários.

violação de dados: A liberação não intencional de dados confidenciais ou o acesso a dados confidenciais por indivíduos não autorizados.

FIGURA 2.2
Seis maiores violações de dados nos Estados Unidos

Fonte: Taylor Armerding, "The 17 biggest data breaches of the 21st century", *CSO Online*, 26 de janeiro de 2018, https://www.csoonline.com/article/2130877/data-breach/the-biggest-data-breaches-of-the-21st-century.html.

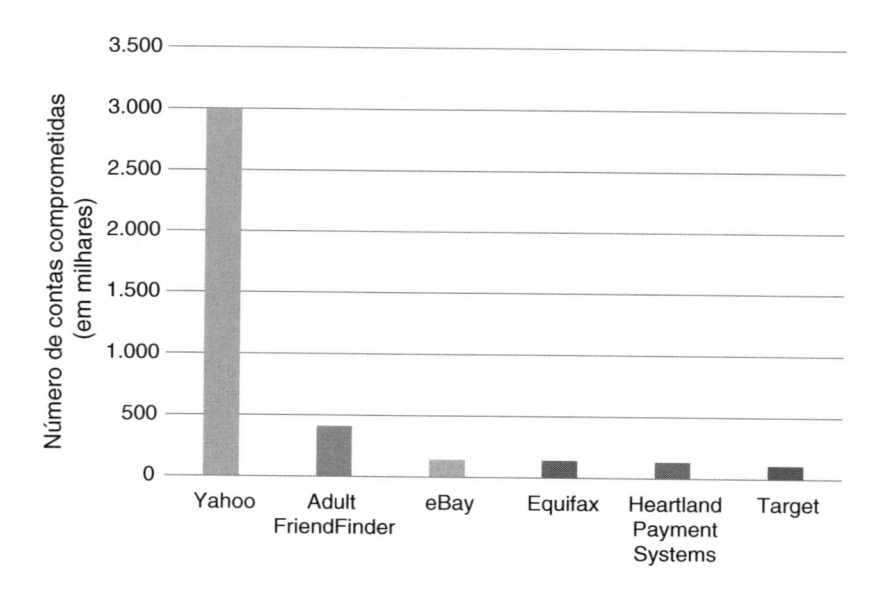

Gráfico de barras — Número de contas comprometidas (em milhares):
- Yahoo: ~3.000
- Adult FriendFinder: ~400
- eBay: ~150
- Equifax: ~145
- Heartland Payment Systems: ~130
- Target: ~70

Porcentagem de violações de dados por setor governamental e industrial:
- Saúde: 27,28%
- Financeiro: 12,13%
- Educação: 11,11%
- Varejo: 11,11%
- Governo: 11,11%
- Tecnologia: 7,7%
- Profissional: 5,5%
- Industrial: 3,3%
- Entretenimento: 3,3%
- Demais: 8,8%

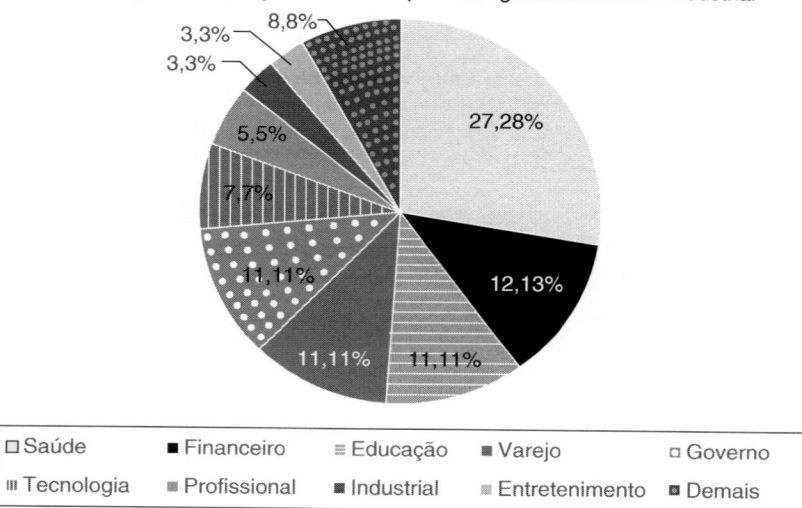

FIGURA 2.3
Violações de dados nos setores governamental e industrial em 2017

Fonte: "The Reality of Data Breaches", https://breachlevelindex.com/assets/Breach-Level-Index-Infographic-2017-Gemalto-1500.jpg, acesso em 17 de julho de 2018.

se precisarem vender as ações ou se a organização hackeada estiver sendo considerada para aquisição potencial por outra empresa. A agência de relatórios de crédito ao consumidor Equifax sofreu uma violação de dados em que os dados pessoais de mais de 143 milhões de consumidores foram comprometidos. O preço de suas ações caiu mais de 30% após o anúncio da violação de dados — de uma alta de cerca de US$ 141/ação para uma mínima de US$ 94/ação em um período de apenas uma semana.[16] Conforme declarado no início do capítulo, a Verizon negociou uma redução de US$ 350 milhões na aquisição do Yahoo quando soube que havia sofrido a maior violação de dados da história dos Estados Unidos.

Espionagem cibernética

espionagem cibernética: A implantação de malware que secretamente rouba dados nos sistemas de computador das organizações.

Espionagem cibernética envolve a implantação de software malicioso (malware) que secretamente rouba dados nos sistemas de computador das organizações. Essas organizações incluem agências governamentais, fornecedores do aparato militar, organizações políticas e indústrias. O tipo de dado mais frequentemente direcionado inclui dados que podem fornecer uma vantagem competitiva injusta para o perpetrador. Esses dados normalmente não são de conhecimento público e podem até ser protegidos por patente, direito autoral ou segredo comercial. Os dados de alto valor incluem os seguintes:

- Vendas, marketing e planos, cronogramas e orçamentos de desenvolvimento de novos produtos.
- Detalhes sobre projetos de produtos e processos inovadores.

- Informações não públicas sobre fusões, aquisições e acordos de investimento.
- Informações pessoais dos funcionários.
- Dados dos clientes.
- Informações confidenciais sobre parceiros e acordos de parceria.

Há muito tempo ocorrem tensões entre a China e os Estados Unidos por causa de supostos ataques de espionagem cibernética. Especialistas dos Estados Unidos afirmam que a ciberespionagem ajudou a China a acelerar o processo de pesquisa e desenvolvimento e economizou anos de pesquisa que seriam necessários para o país adquirir nova tecnologia em uma variedade de setores. Os alegados alvos incluem produtores de alumínio e aço, uma empresa que projeta usinas nucleares, um fabricante de painéis solares e um fabricante de aeronaves. Enquanto isso, o Ministério das Relações Exteriores da China acusa os Estados Unidos de hipocrisia, pois supostamente estariam envolvidos em espionagem cibernética conduzindo atividades de furto digital, escuta telefônica e vigilância contra departamentos governamentais, empresas e universidades chinesas.

Depois de anos de discussão e esforços nos bastidores, o presidente Obama e o presidente chinês Xi Jinping anunciaram, em setembro de 2015, que as duas nações concordaram com as normas iniciais de atividades cibernéticas, prometendo que ambas evitariam o furto cibernético de propriedade intelectual para ganho comercial.[17,18] Os especialistas em cibersegurança declararam que as operações de espionagem cibernética chinesas destinadas a roubar segredos comerciais, propriedade intelectual e outras informações comerciais confidenciais diminuíram substancialmente após esse acordo. No entanto, em maio de 2017, a FireEye (fornecedora de serviços avançados de segurança de computador) detectou uma campanha de phishing iniciada por grupos chineses visando pelo menos sete firmas de advocacia e investimento globais na tentativa de acessar informações valiosas sobre transações, como fusões, aquisições e investimentos. Os ataques foram associados a um grupo de hackers, com algum grau de patrocínio do governo chinês.[19]

Terrorismo cibernético

terrorismo cibernético: A intimidação do governo ou da população civil pelo uso da tecnologia da informação para desativar a infraestrutura nacional crítica (por exemplo, energia, transporte, finanças, aplicação da lei, resposta a emergências) para atingir objetivos políticos, religiosos ou ideológicos.

Terrorismo cibernético é a intimidação do governo ou da população civil pelo uso da tecnologia da informação para desativar a infraestrutura nacional crítica (por exemplo, energia, transporte, finanças, polícia e justiça, resposta a emergências, e sistemas de saúde) para atingir objetivos políticos, religiosos ou ideológicos. O ciberterrorismo é uma preocupação crescente para países e organizações em todo o mundo.

Em setembro de 2017, em uma declaração no Comitê de Segurança Interna e Assuntos Governamentais do Senado, o diretor do FBI Christopher Wray anunciou: "A prevenção de ataques terroristas continua sendo a principal prioridade do FBI. A ameaça terrorista contra os Estados Unidos continua persistente e aguda. Do ponto de vista da ameaça, estamos preocupados com três áreas em particular: (1) aqueles que são inspirados pela propaganda terrorista e agem em apoio a ela; (2) aqueles que estão capacitados a agir após se inspirarem na propaganda extremista e se comunicarem com membros de organizações terroristas estrangeiras que fornecem orientação sobre planejamento operacional ou alvos; e (3) aqueles que são dirigidos por membros de organizações terroristas estrangeiras para cometer atos dirigidos específicos em apoio à ideologia ou causa do grupo".[20] O FBI está alertando o setor privado para se preparar a um ambiente onde vários ataques podem vir de uma variedade de fontes, muitas vezes simultaneamente e sempre com a intenção de causar danos.

Em fevereiro de 2018, em uma audiência do Comitê de Inteligência do Senado, Daniel Coates, diretor de inteligência nacional, declarou: "Francamente, os Estados Unidos estão sob ataque — sob ataque de entidades que utilizam o ciberespaço para penetrar em praticamente todas as ações importantes que ocorrem nos Estados Unidos. Desde empresas privadas até os governos federal, estaduais e municipais, os Estados Unidos são ameaçados por ataques cibernéticos todos os dias". Ele destacou Rússia, China, Irã e Coreia do Norte como as maiores ameaças cibernéticas, mas afirmou que outros utilizam operações cibernéticas para atingir objetivos estratégicos e malignos.[21]

Department of Homeland Security (DHS): Uma grande agência federal com mais de 240 mil funcionários e um orçamento de quase US$ 65 bilhões, cujo objetivo é proporcionar uma "América mais segura e protegida, que seja resiliente contra o terrorismo e outras ameaças potenciais".[25]

O **Department of Homeland Security (DHS)** é uma grande agência federal com mais de 240 mil funcionários e um orçamento de quase US$ 65 bilhões, cujo objetivo é proporcionar uma "América mais segura e protegida, que resiste ao terrorismo e outras ameaças potenciais". A agência foi formada em 2002, quando 22 departamentos e agências federais diferentes foram combinados em uma agência unificada e integrada.[22] O Office of Cybersecurity and Communications do DHS pertence ao National Protection and Programs Directorate e é responsável por aprimorar a segurança, a resistência e a confiabilidade da infraestrutura cibernética e de comunicações dos Estados Unidos. Ele atua para prevenir ou minimizar interrupções na infraestrutura de informações críticas, a fim de proteger o público, a economia e os serviços governamentais.[23]

O site do Department of Homeland Security (*www.dhs.gov*) fornece um link que permite aos usuários relatar incidentes cibernéticos. Os relatórios de incidentes vão para o CERT Incident Reporting System, que auxilia os analistas do **U.S. Computer Emergency Readiness Team (US-CERT)** (uma parceria entre o Department of Homeland Security e os setores público e privado) no fornecimento de tratamento adequado de incidentes de segurança, bem como na condução de análises aprimoradas de tais incidentes.[24] Criado em 2003 para proteger a infraestrutura da internet do país contra ataques cibernéticos, o US-CERT atua como um sistema de compartilhamento de informações sobre novos vírus, worms e outros tópicos de segurança de computador.

U.S. Computer Emergency Readiness Team (US-CERT): Uma parceria entre o Department of Homeland Security e os setores público e privado; criado para fornecer tratamento adequado de incidentes de segurança, bem como conduzir análises aprimoradas de tais incidentes.

De acordo com o Department of Homeland Security, a Rússia tem tentado se infiltrar nos principais alvos de infraestrutura dos EUA nos setores de aviação, energia, indústria, energia nuclear e água desde março de 2016. A tentativa de acesso inicialmente visava pequenas redes de terceiros que eram menos seguras. Em seu livro *Lights Out*, o jornalista Ted Koppel discute o potencial de um ataque ciberterrorista bem-sucedido na rede elétrica dos Estados Unidos e seu impacto devastador — dezenas de milhões de pessoas sem energia necessária para água corrente, esgoto, refrigeração e iluminação. Unidades de aquecimento e ar condicionado, equipamento hospitalar salva-vidas, torres de telefonia celular, semáforos — tudo ficaria sem a energia necessária para operar por semanas ou até meses.

Em julho de 2018, 12 oficiais da inteligência do Estado-Maior da Rússia foram indiciados por supostamente invadir vários computadores do Partido Democrata, liberar dezenas de milhares de e-mails e documentos roubados e tentar obter o controle das contas de e-mail de pessoas associadas à campanha de Hilary Clinton de 2016. Além disso, em meados de julho de 2016, oficiais de inteligência russos invadiram o site do conselho eleitoral do estado de Illinois e roubaram informações relacionadas a aproximadamente 500 mil eleitores. Não há evidências de que a contagem real de votos tenha sido adulterada.[26]

Consequências de um ataque cibernético bem-sucedido

O impacto de um ataque cibernético bem-sucedido pode ser sério e duradouro. Existem cinco grandes áreas de impacto, conforme ilustrado na Figura 2.4 e discutido a seguir. A imagem do iceberg é apropriada para essa discussão porque a maioria das pessoas só pensa no impacto direto de um ataque cibernético bem-sucedido e não considera todos os outros efeitos frequentemente ocultos:

Impacto direto É o valor dos ativos (dinheiro, estoque, equipamentos, patentes, direitos autorais, segredos comerciais, dados) subtraídos ou danificados devido ao ataque cibernético. Os acionistas das organizações também sofrerão um impacto direto da queda no preço das ações que normalmente se segue a um grande ataque cibernético.

Interrupção dos negócios Um ataque cibernético bem-sucedido pode tornar impossível para a organização operar de maneira eficaz por várias horas ou dias. Isso pode causar a perda de negócios e clientes existentes, bem como a perda de novos negócios e clientes em potencial. Além disso, os recursos podem ser desviados de suas funções regulares para realizar algum tipo de procedimento de backup, o que permite que os processos de negócios essenciais continuem — embora em um nível mais baixo de eficiência.

FIGURA 2.4
Consequências de um ataque cibernético bem-sucedido

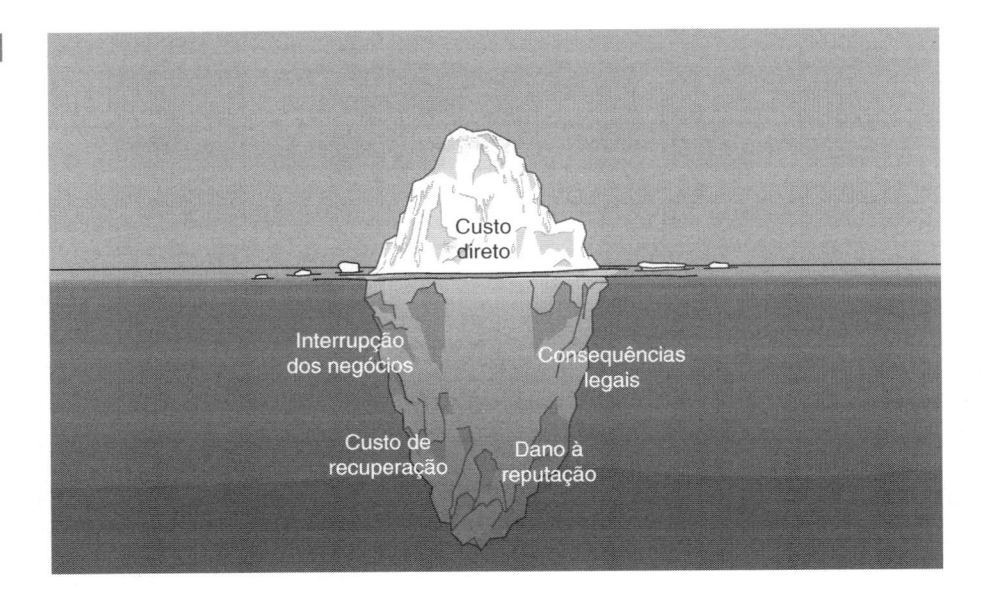

[Figura: ilustração de um iceberg com os rótulos "Custo direto" (acima da água) e "Interrupção dos negócios", "Consequências legais", "Custo de recuperação", "Dano à reputação" (abaixo da água).]

Custo de recuperação As pessoas da organização de SI e das áreas de negócios podem levar dias ou semanas para consertar os sistemas afetados e recuperar os dados perdidos ou comprometidos. Os recursos deverão ser retirados de suas responsabilidades normais de trabalho para realizar uma análise pós-incidente para identificar o escopo, a causa e o impacto do ataque cibernético e para determinar as medidas para prevenir uma recorrência.

Consequências legais Existe a perspectiva de penalidades financeiras para as empresas que não cumprirem a legislação de proteção de dados. Por exemplo, o Regulamento Geral de Proteção de Dados da União Europeia (*General Data Protection Regulation* – GDPR) estabeleceu diretrizes rígidas sobre como as organizações processam e tratam os dados para que as informações pessoais dos indivíduos sejam protegidas. As organizações que violarem essas diretrizes podem ser multadas em 20 milhões de euros (US$ 23 milhões de dólares), ou 4% da receita anual global — o que for maior. Além disso, é quase certo que os consumidores iniciarão ações judiciais para recuperar qualquer prejuízo decorrente do ataque cibernético. Muitas organizações que sofrem um ataque cibernético que compromete os dados pessoais de funcionários, clientes ou pacientes oferecem um ou dois anos de seguro contra roubo de identidade ou monitoramento de crédito ao consumidor para os afetados. A um custo de US$ 20 ou mais por mês multiplicado pelo número de indivíduos afetados, essa conta pode ser bastante alta.

Dano à reputação Um ataque cibernético bem-sucedido pode minar a confiança que a organização estabeleceu com seus clientes, fornecedores, parceiros de negócios e acionistas. Esse dano à reputação da organização leva a uma desvalorização dos produtos e serviços da organização, resultando em uma queda no preço das ações, perda de clientes, rotatividade de fornecedores, relações tensas com parceiros de negócios e, por fim, perda de vendas e diminuição dos lucros.

Leis federais para processar ataques a computadores

Ao longo dos anos, o Congresso dos Estados Unidos promulgou várias leis para ajudar a processar os responsáveis por crimes relacionados à invasão a computadores; essas leis são resumidas na Tabela 2.3*. Por exemplo, a Seção 814 da USA Patriot Act define o ciberterrorismo como qualquer tentativa de hacking destinada a obter acesso não autorizado a um computador protegido, que, se bem-sucedido, causaria a uma pessoa uma perda agregada superior a US$ 5.000; afetar adversamente o exame médico, diagnóstico ou tratamento de alguém; fazer com que uma pessoa seja ferida; causar uma ameaça à saúde ou segurança pública; ou provocar danos a um computador governamental utilizado como ferramenta para administrar a justiça, a defesa nacional ou a segurança nacional.[27] Os condenados por ciberterrorismo estão sujeitos a uma pena de prisão de 5 a 20 anos (o limite de US$ 5.000 é muito fácil de

---

* No Brasil, foi sancionada em 2021 a Lei 14.155, que determina penas e punições para crimes cibernéticos (N.R.T.).

ultrapassar e, como resultado, muitos jovens que se envolveram no que consideram pequenas "pegadinhas" de computador atenderam aos critérios para serem julgados como ciberterroristas).

TABELA 2.3 Leis federais nos Estados Unidos que tratam do crime de computador

Lei federal	Área de estudo
Computer Fraud and Abuse Act (U.S. Code Title 18, Section 1030)	Aborda fraudes e atividades relacionadas com computadores, incluindo o seguinte: • Acessar um computador sem autorização ou excedendo o acesso autorizado • Transmitir um programa, código ou comando que causa danos a um computador • Traficar senhas de computador • Ameaçar causar danos a um computador protegido
Fraud and Related Activity in Connection with Access Devices Statute (U.S. Code Title 18, Section 1029)	Abrange falsas alegações sobre o uso não autorizado de cartões de crédito
Identity Theft and Assumption Deterrence Act (U.S. Code Title 18, Section 1028)	Torna o roubo de identidade um crime federal, com penas de até 15 anos de reclusão e multa máxima de US$ 250 mil
Stored Wire and Electronic Communications and Transactional Records Access Statutes (U.S. Code Title 18, Chapter 121)	Concentra-se no acesso ilegal a comunicações armazenadas para obter, alterar ou impedir o acesso autorizado a um cabo ou comunicação eletrônica enquanto estiver em armazenamento eletrônico
USA Patriot Act	Define o ciberterrorismo e as penalidades associadas

Exercício de pensamento crítico

Universidade sob ataque!

▶ TOMADA DE DECISÃO, PROTEÇÃO DE DADOS

Sua universidade foi atingida por um ataque cibernético de ransomware. Os registros acadêmicos e financeiros dos alunos, as informações do corpo docente e do pessoal administrativo e os registros da folha de pagamento estão todos criptografados ilegalmente e agora inacessíveis para usuários legítimos. Um resgate de US$ 50 mil deve ser pago nos próximos dois dias para que a universidade receba a chave de criptografia que desbloqueará os dados. Uma equipe de emergência foi chamada para decidir o que fazer.

Perguntas de revisão

1. Quais são as chances de que, mesmo que a universidade pague o resgate, ela seja capaz de recuperar esses dados?
2. Que outras opções a universidade tem para recuperar esses dados?

Questões de pensamento crítico

1. Desenvolva um cenário em que seja aconselhável que a universidade pague esse resgate.
2. Como você recomendaria que a universidade respondesse a esse pedido? Por quê?

Agora que discutimos as razões por que os ataques cibernéticos estão aumentando, os perpetradores mais propensos a iniciar um ataque cibernético, os ataques cibernéticos que representam ameaças sérias, as consequências de um ataque cibernético bem-sucedido e as leis sob as quais os perpetradores podem ser processados, discutiremos como as organizações podem tomar medidas para implementar uma estratégia de segurança em múltiplas camadas para impedir ataques cibernéticos.

A tríade de segurança da CID

As equipes de segurança de TI de organizações em todo o mundo se concentram em garantir a confidencialidade, manter a integridade e garantir a disponibilidade de sistemas e dados. A confidencialidade garante que apenas os indivíduos com a autoridade adequada possam acessar dados confidenciais, como dados pessoais de funcionários, dados de vendas de clientes e produtos, planos de desenvolvimento de novos produtos e estratégias de marketing. A integridade garante que os dados só possam ser alterados por pessoas autorizadas, de forma que a precisão, a consistência e a confiabilidade dos dados sejam garantidas. A disponibilidade garante que os dados possam ser acessados quando e onde necessário, inclusive durante as operações de recuperação de desastres. Um padrão de disponibilidade amplamente difundido, mas difícil de ser alcançado, para um sistema ou produto é conhecido como "cinco 9s" ou disponibilidade de 99,999%. Para uma operação que funciona 365 dias por ano, 24 horas por dia, traduz-se em menos de uma hora de indisponibilidade por ano. Confidencialidade, integridade e disponibilidade são referidas como **tríade de segurança da CID**.

Tríade de segurança da CID: Confidencialidade, integridade e disponibilidade formam a base da tríade de segurança da CID.

Embora nenhuma organização possa estar completamente protegida contra ataques, uma solução de segurança em camadas torna os ataques cibernéticos tão difíceis que um invasor acaba desistindo ou é detectado antes que danos sérios sejam infligidos. Em uma solução em camadas, se um invasor rompe uma camada de segurança, outra camada deve ser superada. As medidas de segurança devem ser planejadas, projetadas, implementadas, testadas e mantidas nas camadas de organização, rede, aplicativo e usuário final para alcançar a verdadeira segurança CID (consulte Figura 2.5). Essas camadas de medidas de proteção são explicadas com mais detalhes nas seções a seguir.

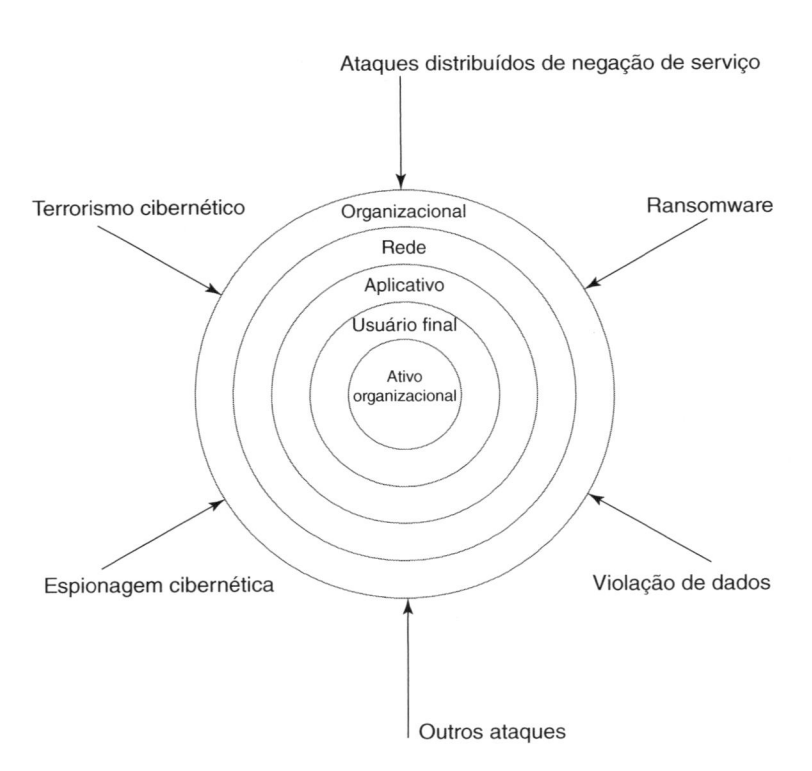

FIGURA 2.5
Uma solução de segurança em várias camadas

Implementação de uma CID no nível organizacional

A implementação da CID começa no nível organizacional com a definição de uma estratégia geral de segurança e uma avaliação de risco, e, a partir daí, a empresa estabelece planos para recuperação de desastres, define políticas de segurança, conduz auditorias de segurança, garante a conformidade com os padrões regulatórios e cria um painel de segurança. A conclusão dessas tarefas no nível organizacional estabelecerá uma base sólida e uma direção clara para futuras ações relacionadas à CID.

Estratégia de segurança

A implementação da segurança da CID no nível organizacional requer uma estratégia de segurança baseada em risco com um processo de governança ativo para minimizar o impacto potencial de qualquer incidente de segurança e para garantir a continuidade dos negócios no caso de um ataque cibernético. A criação de uma estratégia desse tipo normalmente começa com a realização de uma avaliação de risco para identificar e priorizar as ameaças que a organização enfrenta. A estratégia de segurança deve definir um plano de recuperação de desastres que garanta a disponibilidade dos principais dados e ativos de tecnologia da informação. As políticas de segurança orientam os funcionários a seguir os processos e práticas recomendadas para evitar problemas relacionados à segurança.

São necessárias auditorias periódicas de segurança para garantir que os indivíduos estejam seguindo as políticas estabelecidas e para avaliar se as políticas ainda são adequadas, mesmo sob condições variáveis. Além de cumprir suas políticas internas, uma organização também pode precisar cumprir os padrões definidos por órgãos externos, como agências reguladoras. Muitas organizações empregam um painel de segurança para ajudar a rastrear os principais indicadores de desempenho de sua estratégia de segurança. Os vários componentes da estratégia de segurança são discutidos nas subseções a seguir.

Avaliação de risco

avaliação de risco: O processo de avaliação de riscos relacionados à segurança para os computadores e redes de uma organização de ameaças internas e externas.

Avaliação de risco é o processo de avaliação dos riscos relacionados à segurança para os computadores e redes de uma organização, tanto de ameaças internas quanto externas. Essas ameaças podem impedir que uma organização atinja seus principais objetivos de negócios. O objetivo da avaliação de riscos é identificar quais investimentos de tempo e recursos melhor protegerão a organização de suas ameaças mais prováveis e sérias. No contexto de uma avaliação de risco de TI, um ativo é qualquer hardware, software, sistema de informações, rede ou banco de dados utilizado pela organização para atingir seus objetivos de negócios. Um evento de perda é qualquer ocorrência que tenha um impacto negativo sobre um ativo. Exemplos de eventos de perda incluem um computador que contrai um vírus ou um site que sofre um ataque DDoS.

As etapas em um processo geral de avaliação de risco de segurança são as seguintes:

- Etapa 1 — Identificar o conjunto de ativos de TI com o qual a organização está mais preocupada. A prioridade é normalmente dada aos ativos que apoiam a missão da organização e o cumprimento de seus objetivos de negócios principais.
- Etapa 2 — Identificar os eventos de perda ou os riscos ou ameaças que podem ocorrer, como um ataque DDoS ou fraude interna.
- Etapa 3 — Avaliar a frequência dos eventos ou a probabilidade de cada ameaça potencial; algumas ameaças, como fraude interna, são mais prováveis de ocorrer do que outras.
- Etapa 4 — Determinar o impacto de cada ameaça que ocorre. A ameaça teria um impacto mínimo na organização ou poderia impedir a organização de cumprir sua missão por um longo período de tempo?
- Etapa 5 — Determinar como cada ameaça pode ser atenuada para que se torne muito menos provável de ocorrer ou, se ocorrer, tenha menos impacto na organização. Por exemplo, a instalação de proteção contra vírus em todos os computadores torna muito menos provável que um computador contraia um vírus. Devido às limitações de tempo e recursos, a maioria das organizações opta por se concentrar apenas nas ameaças que têm uma alta probabilidade (em relação a todas as outras ameaças) de ocorrência e um alto impacto (em relação a todas as outras ameaças). Em outras palavras, primeiro trate das ameaças que, provavelmente, ocorrerão e que teriam alto impacto negativo na organização.
- Etapa 6 — Avaliar a viabilidade de implementação das opções de mitigação.
- Etapa 7 — Efetuar uma análise de custo-benefício para garantir que os esforços sejam eficazes em relação a custos. Nenhuma quantidade de recursos pode garantir um sistema de segurança perfeito, então as organizações devem

garantia razoável: O reconhecimento de que os gestores devem utilizar seu julgamento para garantir que o custo do controle não exceda os benefícios do sistema ou os riscos envolvidos.

equilibrar o risco de uma violação de segurança com o custo de evitá-la. O conceito de garantia razoável em conexão com a segurança de TI reconhece que os gestores devem utilizar seu julgamento para garantir que o custo do controle não exceda os benefícios do sistema ou os riscos envolvidos.

- Etapa 8 — Tomar a decisão de implementar ou não uma contramedida específica. Se você decidir não implementar uma contramedida específica, precisará reavaliar se a ameaça é realmente séria e, em caso afirmativo, identificar uma contramedida menos onerosa.

O processo geral de avaliação de riscos de segurança e os resultados desse processo variam de acordo com a organização. A Tabela 2.4 apresenta uma avaliação de risco para uma organização hipotética. O custo estimado inclui o custo do impacto direto, a interrupção dos negócios, os esforços de recuperação e os danos legais e de reputação.

TABELA 2.4 Avaliação de risco para uma empresa hipotética

Situação adversa	Objetivo de negócio ameaçado	Ameaça (frequência estimada do evento)	Vulnerabilidade (probabilidade de sucesso dessa ameaça)	Custo estimado de um ataque bem-sucedido	Risco = Ameaça × Vulnerabilidade × Custo estimado	Prioridade relativa a ser mitigada
Violação de dados da conta do cliente	Fornecimento de sites seguros e protegidos em que os consumidores podem confiar	18 por ano	3%	US$ 5.000.000	US$ 2.700.000	1
Ataque distribuído de negação de serviço (DDoS)	Operação 24/7 de um site de varejo	3 por ano	25%	US$ 500.000	US$ 375.000	2
Anexo de e-mail com worm prejudicial	Comunicações rápidas e confiáveis entre funcionários e fornecedores	1.000 por ano	0,05%	US$ 200.000	US$ 100.000	3
Vírus nocivo	Uso de software de produtividade pessoal pelos funcionários	2.000 por ano	0,04%	US$ 50.000	US$ 40.000	4
Fraude de fatura e de pagamento	Fluxo de caixa confiável	1 por ano	10%	US$ 200.000	US$ 20.000	5

Uma avaliação de risco concluída identifica as ameaças mais perigosas para uma empresa e ajuda a concentrar os esforços de segurança nas áreas de maior retorno.

Recuperação de desastres

plano de recuperação de desastres: Um processo documentado para recuperar os ativos do sistema de informações de negócios de uma organização — incluindo hardware, software, dados, redes e instalações — no caso de um desastre, como inundação, incêndio ou queda de energia.

plano de continuidade de negócios: Um documento que inclui o plano de recuperação de desastres de uma organização, um plano de evacuação de emergência dos ocupantes, um plano de continuidade das operações e um plano de gestão de incidentes.

A disponibilidade de dados requer a implementação de produtos, serviços, políticas e procedimentos que garantam que os dados estejam acessíveis mesmo durante as operações de recuperação de desastres. Para atingir esse objetivo, as organizações geralmente implementam um plano de recuperação de desastres. Esse plano é um processo documentado para recuperar os ativos do sistema de informações de negócios de uma organização — incluindo hardware, software, dados, redes e instalações — no caso de um desastre, como inundação, incêndio ou queda de energia. Um plano de recuperação de desastres deve ser um componente da gestão geral de um plano de continuidade de negócios de uma organização, que também deve incluir um plano de evacuação de emergência dos ocupantes, um plano de continuidade das operações e um plano de gestão de incidentes.

Um plano de recuperação de desastres se concentra na recuperação de tecnologia e identifica as pessoas ou equipes responsáveis no caso de um desastre, o que exatamente essas pessoas farão quando ocorrer um desastre e os recursos do sistema de informação necessários para dar suporte a processos de negócios críticos. Os desastres podem ser naturais (por exemplo, terremoto, incêndio, enchente) ou provocados pelo homem (por exemplo, acidente, conflito civil, terrorismo). Ao desenvolver um plano de recuperação de desastres, as organizações devem pensar em termos de não conseguir acessar seu local normal de negócios por um longo período de tempo, possivelmente até vários meses.

Como parte da definição de um plano de continuidade de negócios, uma organização deve conduzir uma análise de impacto nos negócios para identificar processos de negócios críticos e os recursos que os suportam. O tempo de recuperação para um recurso do sistema de informações deve corresponder ao objetivo de tempo de recuperação para os processos de negócios mais críticos que dependem desse recurso. Alguns processos de negócios são mais essenciais para operações contínuas e cumprimento de metas do que outros. Esses processos são chamados **processos de missão crítica**. A recuperação rápida de dados e operações para esses processos de missão crítica pode fazer a diferença entre o fracasso e a sobrevivência de uma organização. Se seu sistema de cobrança não funcionar e você não puder enviar faturas, sua empresa corre o risco de fechar devido a problemas de fluxo de caixa.

Os arquivos e bancos de dados podem ser protegidos fazendo uma cópia de todos os arquivos e bancos de dados alterados nos últimos dias ou na última semana, uma técnica chamada backup incremental. Essa abordagem de backup usa um log de imagem, que é um arquivo separado que contém apenas alterações em aplicativos ou dados. Sempre que um aplicativo é executado, um log de imagem é criado contendo todas as alterações feitas em todos os arquivos. Se ocorrer um problema com um banco de dados, um banco de dados antigo com o último backup completo dos dados, junto com o log de imagem, pode ser utilizado para recriar o banco de dados atual.

As organizações também podem contratar empresas externas para ajudá-las a realizar o planejamento e a recuperação de desastres. A EMC, por exemplo, oferece backup de dados em seu produto RecoverPoint.[28] Para indivíduos e alguns aplicativos, cópias de backup de arquivos importantes podem ser colocadas na internet.

Tolerância a falhas é outra abordagem para backup. Quando um servidor, rede ou banco de dados falham ou não estão mais funcionando, a tolerância a falhas alterna automaticamente os aplicativos e outros programas para um servidor, rede ou banco de dados redundante ou replicado para evitar a interrupção do serviço. LifeKeeper da SteelEye e Application Continuous Availability by NeverFail são exemplos de software de tolerância a falhas.[29,30] A tolerância a falhas é especialmente importante para aplicativos que devem estar operacionais o tempo todo.

É imperativo que um plano de desastres seja praticado e que melhorias sejam feitas no plano com base nos resultados do teste. Infelizmente, muitas organizações nunca testaram a solução de recuperação de desastres de suas organizações ou não têm ideia de quando foi testada pela última vez. Uma abordagem razoável para o teste é simular um desastre para uma única parte crítica (por exemplo, processamento de pedido ou faturamento do cliente) de sua empresa durante um período de baixa atividade comercial. O próximo teste de plano de desastres deve, então, ter como alvo uma área diferente da empresa.

Política de segurança

Uma **política de segurança** define os requisitos de segurança de uma organização, bem como os controles e sanções necessários para atender a esses requisitos. Uma boa política de segurança delineia responsabilidades e o comportamento esperado dos membros da organização. Uma política de segurança descreve *o que* precisa ser feito, mas não *como* fazer isso. Os detalhes de *como* atingir os objetivos da política são normalmente fornecidos em documentos separados e diretrizes de procedimento.

O site do Instituto SANS (SysAdmin, Audit, Network, Security) (*www.sans.org*) oferece vários modelos de políticas relacionadas à segurança que podem ajudar uma organização a desenvolver rapidamente políticas de segurança eficazes. Os modelos e outras informações de política de segurança podem ser encontrados em *www.sans.org/security-resources/policies* e fornecer diretrizes para a criação de várias políticas, incluindo política de uso aceitável, política de e-mail, política de proteção de senha, política de acesso remoto e política de instalação de software.

Gestores de TI experientes entendem que os usuários muitas vezes tentam contornar as políticas de segurança ou simplesmente as ignoram completamente. Por

---

processos de missão crítica: Processos de negócios essenciais para operações contínuas e cumprimento de metas.

tolerância a falhas: Outra abordagem para fazer backup quando um componente principal não está mais funcionando; aplicativos e outros programas são automaticamente alternados para um servidor, rede ou banco de dados redundante para evitar a interrupção do serviço.

política de segurança: Define os requisitos de segurança de uma organização, bem como os controles e sanções necessários para atender a esses requisitos.

causa disso, as regras do sistema automatizado devem espelhar as políticas escritas de uma organização, sempre que possível. Frequentemente, as regras de sistema automatizadas podem ser colocadas em prática usando as opções de configuração em um programa de software. Por exemplo, se uma política escrita declara que as senhas tenham no mínimo 13 caracteres, incluam pelo menos um número, uma letra maiúscula e um caractere especial, todos os sistemas devem ser configurados para aplicar essa política automaticamente. Os usuários não devem ser capazes de criar senhas fracas.

Os administradores do sistema também devem estar atentos à alteração dos nomes de usuário e senhas padrão para dispositivos específicos quando eles são adicionados à rede de uma organização. Os cibercriminosos e outros que procuram acessar as redes de várias organizações podem encontrar facilmente informações on-line sobre as combinações de nome de usuário e senha padrão para produtos de muitos fornecedores. Um hacker conseguiu obter acesso a documentos militares confidenciais sobre como fazer a manutenção do drone MQ-9 Reaper supersigiloso, as táticas de implantação para IEDs e um manual de operações de tanque M1 ABRAMS, porque a senha padrão para vários roteadores de rede nunca foi alterada.[31]

Uma área de crescente preocupação para os especialistas em segurança é o uso de dispositivos sem fio para acessar e-mail corporativo, armazenar dados confidenciais e executar aplicativos essenciais, como gestão de estoque e automação da força de vendas. Dispositivos móveis, como smartphones, podem ser suscetíveis a vírus e worms. Mas a principal ameaça à segurança dos dispositivos móveis continua sendo a perda ou o roubo do dispositivo. Empresas cautelosas começaram a incluir requisitos especiais de segurança para dispositivos móveis como parte de suas políticas de segurança. Em alguns casos, os usuários de laptops e dispositivos móveis devem utilizar uma rede privada virtual (um método que emprega criptografia para fornecer acesso seguro a um computador remoto pela internet) para obter acesso à rede corporativa.

Auditorias de segurança

auditoria de segurança: Um processo que permite à organização identificar suas ameaças potenciais, estabelecer uma referência de onde está, determinar onde precisa estar e desenvolver um plano para atender a essas necessidades.

Outra ferramenta importante de prevenção é um **auditoria de segurança**, que permite à organização identificar suas ameaças potenciais, estabelecer uma referência de onde está, determinar onde precisa estar e desenvolver um plano para atender a essas necessidades. A gerência deve insistir em auditorias de segurança anuais completas, usando recursos objetivos e testados de fora da organização. Em alguns casos, elas não têm escolha que não seja conduzir uma auditoria externa. As instituições financeiras, por exemplo, são obrigadas a ter auditores externos que certifiquem a conformidade com regulamentos como o Gramm-Leach-Bliley Act (GLBA). Parceiros ou clientes em potencial podem insistir em ver os resultados de uma auditoria de segurança antes de fazer negócios com sua empresa e colocar seus próprios ativos em risco.

A auditoria deve examinar se as políticas de segurança estão sendo seguidas. Por exemplo, se uma política informa que todos os usuários devem alterar suas senhas a cada 30 dias, a auditoria deve verificar se essa política está sendo implementada de forma correta. A auditoria também deve revisar quem tem acesso aos principais sistemas e dados e que nível de autoridade cada usuário possui. Não é incomum que uma auditoria revele que muitas pessoas têm acesso a dados críticos e que muitas pessoas têm recursos além daqueles necessários para realizar suas tarefas. Um resultado de uma boa auditoria é uma lista de itens que precisam ser tratados para garantir que as políticas de segurança sejam atendidas.

Uma auditoria de segurança completa também deve testar as proteções do sistema para garantir que estejam operando conforme o esperado. Esses testes podem incluir tentar as senhas do sistema padrão que estão ativas quando o software é recebido pela primeira vez do fornecedor. O objetivo desse teste é garantir que todas as senhas conhecidas foram alteradas.

Algumas organizações também realizam um teste de penetração em suas defesas. Isso envolve designar indivíduos para tentar romper as medidas e identificar vulnerabilidades que ainda precisam ser abordadas. Os indivíduos utilizados para esse teste têm conhecimento e, provavelmente, farão abordagens exclusivas para testar as medidas de segurança.

Em muitos casos, uma organização conduzirá auditorias de segurança adicionais usando seus próprios recursos para garantir que a recomendação feita com base em auditorias anteriores tenha sido implementada.

Conformidade com padrões regulatórios

Além do requisito de conformidade com seu próprio programa de segurança, sua organização também pode ser obrigada a cumprir um ou mais padrões definidos por terceiros. Nesse caso, o programa de segurança de sua organização deve incluir uma definição de quais são esses padrões e como a organização os cumprirá. Os padrões regulatórios que podem afetar sua organização incluem os mostrados na Tabela 2.5.

TABELA 2.5 Padrões adicionais que sua organização pode ser obrigada a atender

Lei ou padrão	Quem deve atender a este padrão	Assunto
Bank Secrecy Act (Lei Pública 91-507) — Alterada várias vezes, inclusive pelas disposições do Título III do USA Patriot Act (ver 31 USC § 5311–5330 e Título 31 do Código de Regulamentos Federais)	Instituições financeiras	Exige que instituições financeiras nos Estados Unidos (EUA) auxiliem as agências governamentais dos EUA na detecção e prevenção da lavagem de dinheiro
European Union – United States Privacy Shield	Organizações que fazem negócios com empresas e/ou indivíduos na União Europeia (UE)	Fornece às empresas de ambos os lados do Atlântico um mecanismo para cumprir os requisitos de proteção de dados da UE ao transferir dados pessoais da UE para os Estados Unidos em apoio ao comércio transatlântico
Federal Information Security Management Act (44 U.S.C. § 3541, et seq.)	Todas as agências federais	Exige que toda agência federal forneça segurança de informações para os dados e sistemas de informação que suportam as operações e ativos da agência, incluindo aqueles fornecidos ou gerenciados por outra agência, contratada ou outra fonte
Foreign Corrupt Practices Act (15 U.S.C. § 78dd-1, et seq.)	Qualquer pessoa que seja cidadã, nacional ou residente dos EUA e se envolva em práticas de corrupção no exterior; também se aplica a qualquer ato de empresas norte-americanas, corporações estrangeiras que negociam títulos nos EUA, cidadãos norte-americanos, residentes nos EUA flagrados em prática de corrupção no exterior, estejam ou não fisicamente presentes nos EUA	Faz certos pagamentos a funcionários estrangeiros e outras pessoas estrangeiras ilegais e exige que as empresas mantenham registros precisos
Gramm-Leach-Bliley Act (GLBA) (Lei Pública 106–102)	Empresas que oferecem produtos ou serviços financeiros a indivíduos, como empréstimos, seguros ou consultoria financeira e de investimento	Rege coleta, divulgação e proteção de informações pessoais não públicas dos consumidores ou informações de identificação pessoal
Health Insurance Portability and Accountability Act (Lei Pública 104–191)	Câmaras de compensação de assistência médica, planos de saúde patrocinados pelo empregador, seguradoras de saúde e prestadores de serviços médicos	Regulamenta o uso e divulgação de informações de saúde de um indivíduo
Payment Card Industry Data Security Standard (PCI-DSS)	Todas as organizações que armazenam, processam e transmitem dados do titular do cartão, principalmente para cartões de débito e cartões de crédito.	Fornece uma estrutura de especificações, ferramentas, medidas e recursos de suporte para ajudar as organizações a garantir o manuseio seguro das informações do titular do cartão
Sarbanes-Oxley Act (Lei Pública 107–204 116 Stat. 745)	Todas as empresas públicas	Protege os acionistas e o público em geral de erros contábeis e práticas fraudulentas na empresa

Painel de segurança

Muitas organizações utilizam software do tipo painel de segurança para fornecer uma exibição abrangente de todos os indicadores-chave de desempenho relacionados às defesas de segurança de uma organização, como ameaças, exposições, conformidade com políticas e alertas de incidentes. O objetivo de um painel de segurança é reduzir o esforço necessário para monitorar e identificar ameaças a tempo de agir. Os dados que aparecem em um painel de segurança podem vir de uma variedade de fontes, incluindo auditorias de segurança, firewalls, aplicativos, servidores e outros dispositivos de hardware e software. A Figura 2.6 mostra um exemplo de painel de segurança.

#	Painel de segurança organizacional	Meta	Real	Status
1	Número de violações de separação de tarefas	0	2	Vermelho
2	Número de usuários com senhas fracas e incompatíveis	< 5	4	Verde
3	Porcentagem de ativos de TI críticos que passaram nos testes de penetração	> 96%	93%	Amarelo
4	Acúmulo de patches e atualizações de segurança de software	< 3	3	Verde
5	Número de dias desde a última auditoria de segurança interna	< 90	94	Amarelo
6	Número de dias desde a última auditoria de segurança externa	< 366	384	Vermelho
7	Porcentagem de funcionários e contratados que passaram no exame de segurança	> 95%	87%	Vermelho
8	Pontuação no último teste de recuperação de desastre	> 90%	93%	Verde

Vermelho – ação imediata necessária
Amarelo – cuidado, deve ser monitorado
Verde – OK, a meta foi atingida

FIGURA 2.6
Um painel de segurança organizacional

A Algoma Central Corporation, uma empresa líder de navegação canadense, é proprietária da maior frota de navios graneleiros e petroleiros de bandeira canadense operando no sistema Great Lakes – St. Lawrence Seaway. A empresa implementou recentemente um painel de segurança da Avaap, Inc. para melhorar o acesso às informações de segurança e aliviar a complexidade da gestão de dados de segurança para suas operações de remessa.[32]

Implementando CID no nível da rede

A internet oferece um caminho bastante aberto e bem percorrido para que qualquer pessoa no mundo alcance a rede de sua organização. Como resultado, as organizações continuam a mover cada vez mais processos de negócios para a internet a fim de melhor atender clientes, fornecedores, funcionários, investidores e parceiros de negócios. No entanto, o acesso não autorizado à rede por um hacker ou funcionário ressentido pode resultar no comprometimento de dados confidenciais e degradar gravemente os serviços, com um impacto negativo resultante na produtividade e na capacidade operacional. Isso, por sua vez, pode criar uma pressão severa nos relacionamentos com clientes, fornecedores, funcionários, investidores e parceiros de negócios, que podem questionar a capacidade da organização de proteger suas informações confidenciais e oferecer serviços confiáveis. As organizações devem gerenciar cuidadosamente a segurança de suas redes e implementar medidas fortes para garantir que dados confidenciais não sejam acessíveis a ninguém que não esteja autorizado a vê-los.

Métodos de autenticação

Para manter uma rede segura, uma organização deve autenticar os usuários que tentam acessar a rede, exigindo que eles digitem algo que eles conheçam (por exemplo, nome de usuário e senha); algo que possuem (por exemplo, um cartão inteligente); ou passar por uma verificação biométrica. Muitas organizações estão migrando para a autorização de dois fatores, que exige que o usuário forneça dois tipos de credenciais antes de poder acessar a rede; as duas credenciais podem ser qualquer uma das seguintes:

- Algo que você conhece, como um número de identificação pessoal (PIN) ou senha.
- Algo que você possui, como algum tipo de cartão de segurança ou token.
- Algo que você é, como uma leitura biométrica (por exemplo, impressão digital ou varredura de retina).

A autenticação de dois fatores é necessária para retirar dinheiro de um caixa eletrônico. Você deve apresentar seu cartão do banco (algo que você possui) e um PIN (algo que você conhece) para obter dinheiro na máquina.

Autenticação biométrica é o processo de verificar sua identidade usando suas medidas fisiológicas (impressão digital, formato do rosto, formato da mão, padrão de veias, íris ou retina) ou medidas comportamentais (reconhecimento de voz, marcha, gesto ou outros comportamentos únicos). Para isso, um modelo de referência das características únicas deve ser armazenado em formato digital em um banco de dados ou cartão inteligente. Esses dados armazenados são, então, comparados aos seus dados biométricos para autenticar que você realmente é quem afirma ser. Após a autenticação, você pode ter acesso a uma sala ou edifício, serviço de computador, aplicativo, dispositivo de computação ou comunicação.

Firewall

A instalação de um firewall corporativo é a precaução de segurança mais comum adotada pelas empresas. Um **firewall** (barreira) é um sistema de software, hardware ou uma combinação de ambos que protege entre a rede interna de uma organização e a internet e limita o acesso à rede com base na política de acesso da organização.

Qualquer tráfego da internet que não seja explicitamente permitido na rede interna terá a entrada negada por meio de um firewall. Da mesma forma, a maioria dos firewalls pode ser configurada de forma que os usuários da rede interna possam ser impedidos de obter acesso a sites considerados inadequados para os funcionários. Esses sites podem incluir aqueles cujo conteúdo é baseado em sexo e violência. A maioria dos firewalls também pode ser configurada para bloquear mensagens instantâneas, acesso a grupos de notícias e outras atividades da internet.

Os fornecedores de software Agnitum, Check Point, Comodo, Kaspersky e Total Defense fornecem alguns dos melhores softwares de firewall utilizados para proteger computadores pessoais. O software dessa empresa fornece recursos de antivírus, firewall, antispam, controle dos pais e proteção contra phishing e é vendido por US$ 30 a US$ 80 por licença de usuário único.

Um **firewall de última geração** (*next-generation firewall* – NGFW) é um sistema de segurança de rede baseado em hardware ou software que pode detectar e bloquear ataques sofisticados ao filtrar o tráfego de rede dependente do conteúdo do pacote. Comparado aos firewalls de primeira e segunda geração, um NGFW vai mais fundo para inspecionar o conteúdo dos pacotes e combina sequências de bytes para atividades prejudiciais, como vulnerabilidades conhecidas, ataques de exploração, vírus e malware.

Roteadores

Um roteador é um dispositivo de rede que conecta várias redes e encaminha pacotes de dados de uma rede para outra. Frequentemente, um provedor de serviços de internet (*internet service provider* – ISP) instala um roteador na casa de um assinante para conectar à rede do ISP à rede doméstica.

Os roteadores permitem que você crie uma rede segura atribuindo a ela uma frase secreta para que apenas os indivíduos que a possuam possam se conectar à sua rede. Mas um invasor habilidoso e comprometido pode quebrar a senha para obter acesso à sua rede. Assim, como uma camada adicional de segurança, o roteador oferece a capacidade de especificar o endereço de controle de acesso à mídia (*media access control* – MAC) exclusivo de cada dispositivo legítimo conectado à rede e restringir o acesso a qualquer outro dispositivo que tente se conectar à rede. Isso efetivamente permite que o roteador distinga o tráfego legítimo do tráfego não solicitado e rejeite conexões de entrada não convidadas. A maioria dos roteadores também tem a opção de restringir o acesso a sites específicos, bloqueando assim o acesso a sites que infectam os dispositivos dos usuários com malware.

Criptografia

criptografia: O processo de embaralhar mensagens ou dados de tal forma que apenas partes autorizadas possam lê-los.

Criptografia é o processo de embaralhar mensagens ou dados de tal forma que apenas partes autorizadas podem lê-los. A criptografia é utilizada para proteger bilhões de transações on-line todos os dias, permitindo que os consumidores solicitem mais de US$ 300 bilhões em mercadorias on-line a cada ano e permitindo que os bancos encaminhem cerca de US$ 40 trilhões em transações financeiras a cada ano.[33] Com a criptografia, as organizações compartilham dados confidenciais de vendas, planos de promoção, designs de novos produtos e dados de status do projeto entre funcionários, fornecedores, contratados e outros que precisam saber. A criptografia permite que médicos e pacientes compartilhem dados confidenciais de saúde com laboratórios, hospitais e outras instalações de tratamento de saúde, bem como com seguradoras. Para concluir essas transações, dados confidenciais — tais como nomes, endereços físicos, endereços de e-mail, números de telefone, números de contas, dados de saúde, dados financeiros, senhas e números de identificação pessoal (PINs) — devem ser enviados e recebidos. Grandes danos e o caos poderiam ocorrer se esses dados caíssem em mãos erradas. A criptografia é um meio de manter esses dados seguros.

chave de criptografia: Um valor que é aplicado (utilizando um algoritmo) a um conjunto de textos não criptografados (texto simples) para produzir texto criptografado, que aparece como uma série de caracteres aparentemente aleatórios (texto cifrado), ilegível por aqueles sem a chave de criptografia necessária para decifrá-lo.

A chave de criptografia é um valor aplicado (usando um algoritmo) a um conjunto de texto não criptografado (texto simples) para produzir texto criptografado que aparece como uma série de caracteres aparentemente aleatórios (texto cifrado), ilegível por aqueles que não têm a chave de criptografia necessária para decifrá-lo. Há dois tipos de algoritmos de criptografia: simétricos e assimétricos. Os algoritmos simétricos utilizam a mesma chave para criptografia e decriptografia. Os algoritmos assimétricos usam uma chave para criptografar e uma chave diferente para decriptografar. O Advanced Encryption Standard (AES) é o algoritmo simétrico mais amplamente utilizado e é responsável pela proteção de informações confidenciais do governo dos Estados Unidos. O Wireless Protected Access 2 (WPA2), que é o protocolo de segurança mais comumente utilizado para redes sem fio hoje, emprega o algoritmo de criptografia AES.

A capacidade de manter os dados criptografados em segredo não é determinada pelo algoritmo de criptografia, que é amplamente conhecido, mas sim pela chave de criptografia. A chave de criptografia é escolhida entre um grande número de chaves de criptografia possíveis. Em geral, quanto mais longa a chave, mais forte é a criptografia. Portanto, um protocolo de criptografia baseado em uma chave de 56 bits não é tão forte quanto um baseado em uma chave de 128 bits. Claro, é essencial que a chave seja mantida em segredo de possíveis interceptadores. Um hacker que obtém a chave pode recuperar a mensagem original dos dados criptografados. Os métodos de criptografia dependem das limitações do poder de computação para sua segurança. Se quebrar um código requer muito poder de computação, mesmo o hacker mais determinado não terá sucesso.

segurança da camada de transporte (TLS): Um protocolo de comunicação ou sistema de regras que garante a privacidade entre aplicativos de comunicação e seus usuários na internet.

Muitos compradores on-line temem o roubo de seus números de cartão de crédito e informações bancárias. Para ajudar a prevenir esse tipo de roubo, o protocolo de comunicação do Transport Layer Security é utilizado para proteger dados confidenciais. A segurança da camada de transporte (*transport layer security* – TLS) é um protocolo de comunicação ou sistema de regras que garante a privacidade entre aplicativos de comunicação e seus usuários na internet. O TLS permite que um cliente (como um navegador da web) inicie uma conversa privada temporária com um servidor (como um site de compras on-line ou banco). Antes de o cliente e o servidor começarem a se comunicar, eles realizam um processo automatizado chamado "handshake", durante o qual trocam informações sobre quem são e quais códigos secretos e algoritmos usarão para codificar as mensagens entre si. Então, durante a conversa, todos os dados que passam entre o cliente e o servidor são criptografados de forma que, mesmo se alguém ouvir, não será capaz de determinar o que está sendo comunicado.

Servidores proxy e redes privadas virtuais

Um servidor proxy atua como intermediário entre um navegador da web e outro servidor na internet que faz solicitações a sites, servidores e serviços na internet para você (consulte Figura 2.7). Quando você insere a URL de um site, a solicitação é encaminhada ao servidor proxy, que a retransmite ao servidor onde o site está hospedado. A página inicial do site é devolvida ao servidor proxy, que a passa para você. Portanto, o site vê o servidor proxy como o visitante real e não você.

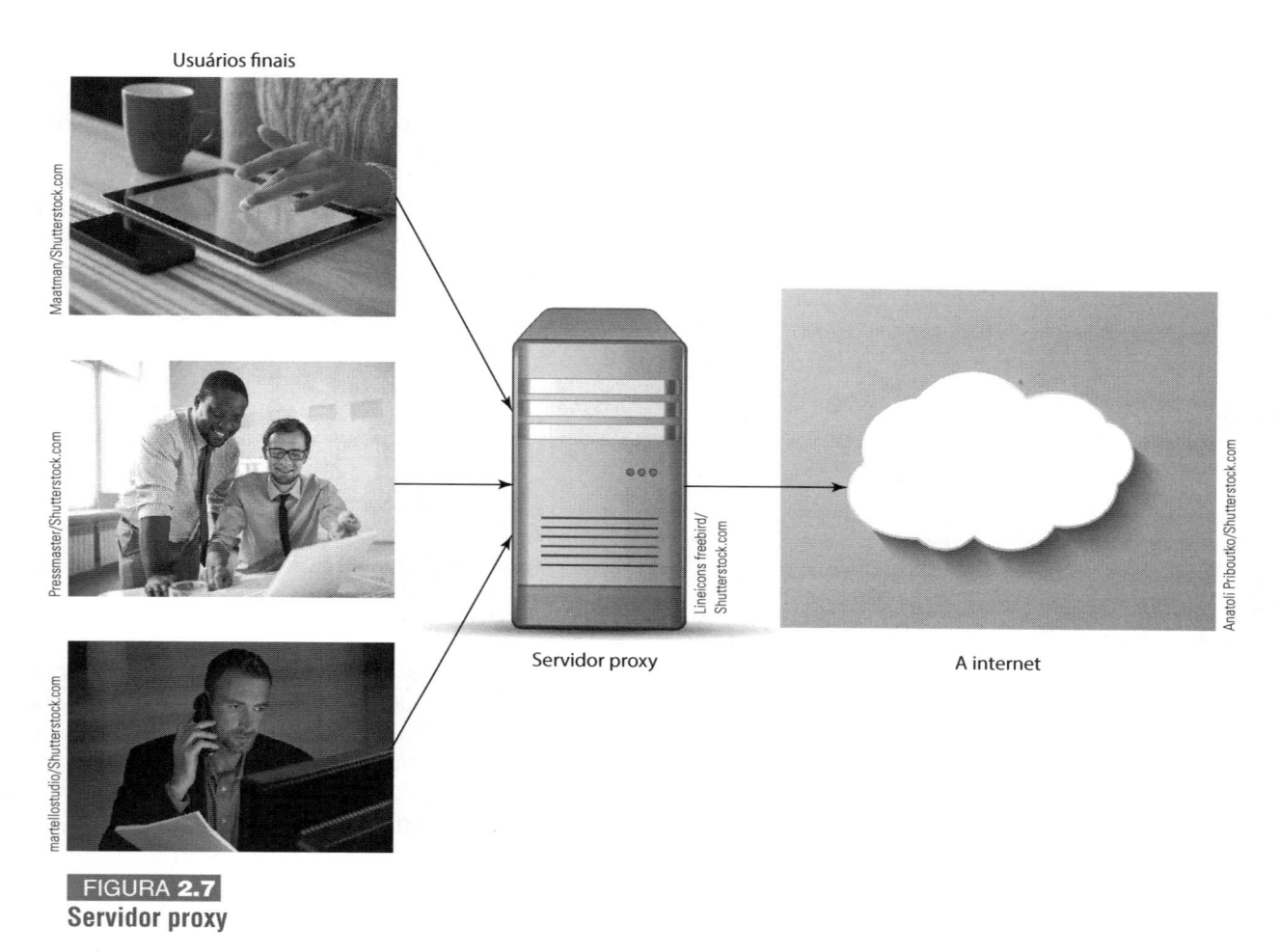

FIGURA 2.7
Servidor proxy

Ao forçar os funcionários a acessar a internet por meio de um servidor proxy, as empresas podem impedir que os funcionários acessem determinados sites. Um servidor proxy também pode capturar registros detalhados de todos os sites que cada funcionário visitou, quando e por quanto tempo. Quando você acessa um site diretamente, o servidor que hospeda o site pode ver seu endereço IP e armazenar cookies em seu computador, mas um servidor proxy pode ocultar seu endereço IP e bloquear o envio de cookies para seu dispositivo. Um servidor proxy retransmite esses pacotes para você e remove o endereço de origem para que, em vez de seu endereço IP, o site veja apenas o endereço do servidor proxy.

Os usuários remotos que trabalham em casa, no escritório de um cliente ou em uma filial geralmente precisam acessar dados confidenciais nos servidores privados de uma empresa; no entanto, fazer isso de uma rede pública desprotegida, como um ponto de acesso sem fio de uma cafeteria, pode expor esses dados a usuários não autorizados com más intenções. Uma rede privada virtual (*virtual private network* – VPN) permite que usuários remotos acessem com segurança a coleção de dispositivos de computação e armazenamento de uma organização e compartilhem dados remotamente. Para se conectar a uma VPN, você inicia um cliente VPN em seu computador e executa alguma forma de autenticação usando suas credenciais. O seu computador, então, troca as chaves a serem utilizadas para o processo de criptografia com o servidor VPN. Depois que os dois computadores forem verificados como autênticos, todas as suas comunicações na internet serão criptografadas e protegidas contra interceptação.

Implementando CID no nível do aplicativo

Métodos de autenticação, funções e contas de usuário e criptografia de dados são elementos-chave da camada de segurança do aplicativo. Esses elementos devem estar ativos para garantir que apenas usuários autorizados tenham acesso aos aplicativos e dados da organização e que seu acesso seja limitado a ações que sejam consistentes com suas funções e responsabilidades definidas.

Métodos de autenticação

Os usuários devem ser autenticados antes que possam acessar um aplicativo — o ideal é a autenticação de dois fatores. A maioria das organizações impõe que seus aplicativos autentiquem os usuários, exigindo que eles insiram algo que sabem (por exemplo, nome de usuário e senha); algo que eles possuem (por exemplo, um cartão inteligente); ou passar por uma verificação biométrica.

Funções e contas de usuário

Outra proteção importante no nível do aplicativo é a criação de funções e contas de usuário para que, uma vez que os usuários sejam autenticados, tenham autoridade para cumprir suas responsabilidades e nada mais. Por exemplo, os membros do departamento financeiro devem ter autorizações diferentes dos membros do departamento de recursos humanos. Um contador não deve ter autorização para revisar os registros de pagamento e frequência de um funcionário, e um membro do departamento de recursos humanos não deve saber quanto foi gasto para modernizar um equipamento. Mesmo em um departamento, nem todos os membros devem ter as mesmas capacidades. No departamento financeiro, por exemplo, alguns usuários podem aprovar faturas para pagamento, mas outros podem apenas inseri-las. Nenhum usuário deve ter autorização para inserir uma fatura e aprovar para pagamento. Esse conceito é denominado separação de funções adequada. Um administrador de sistema eficaz identificará as semelhanças entre os usuários e criará perfis associados a esses grupos.

Criptografia de dados

Os principais sistemas empresariais, como planejamento de recursos empresariais (*enterprise resource planning* – ERP), gestão de relacionamento com o cliente (*customer relationship management* – CRM) e gestão do ciclo de vida do produto (*product lifecycle management* – PLM), acessam dados confidenciais que residem em dispositivos de armazenamento de dados localizados em centros de dados, na nuvem ou em locais de terceiros. A criptografia de dados deve ser utilizada nesses aplicativos para garantir que esses dados confidenciais sejam protegidos contra acesso não autorizado.

Implementando CID no nível do usuário final

Educação em segurança, métodos de autenticação, software antivírus e criptografia de dados devem estar disponíveis para proteger o que geralmente é o elo mais fraco no perímetro de segurança da organização — o usuário individual. A importância dessas medidas de segurança no nível do usuário final não pode ser enfatizada excessivamente.

Orientação sobre segurança

Criar e aumentar a conscientização do usuário sobre as políticas de segurança é uma prioridade de segurança contínua para as empresas. Os funcionários e trabalhadores contratados devem ser orientados sobre a importância da segurança para que sejam motivados a compreender e seguir as políticas de segurança. Isso geralmente pode ser feito discutindo incidentes de segurança recentes que afetaram a organização. Os usuários devem entender que são uma parte essencial do sistema de segurança e que têm certas responsabilidades. Por exemplo, os usuários devem ajudar a proteger os sistemas de informação e dados de uma organização fazendo o seguinte:

- Proteger suas senhas contra acesso não autorizado a suas contas.
- Proibir outras pessoas de utilizar suas senhas.
- Aplicar controles de acesso restritos (permissões de arquivo e diretório) para proteger os dados contra divulgação ou destruição.
- Relatar todas as atividades incomuns ao grupo de segurança de TI da organização.
- Cuidar para garantir que computadores portáteis e dispositivos de armazenamento de dados sejam protegidos (centenas de milhares de laptops são perdidos ou roubados por ano).

A Tabela 2.6 fornece um teste de segurança de autoavaliação simples que funcionários e contratados devem ser solicitados a concluir. Em cada caso, a resposta preferida é sim.

TABELA 2.6 Teste de segurança de autoavaliação

Questão de avaliação de segurança	Sim	Não
Você tem a versão mais atual do sistema operacional do seu computador instalada?		
Você tem a versão mais atual do software de firewall, antivírus e malware instalada?		
Você instala atualizações em todos os seus softwares quando recebe o aviso de que uma nova atualização está disponível?		
Você usa senhas diferentes e fortes para cada uma de suas contas e aplicativos — no mínimo 12 caracteres, com uma combinação de letras maiúsculas e minúsculas, números e caracteres especiais?		
Você está familiarizado e segue as políticas de sua organização para acessar sites e aplicativos empresariais de sua casa ou locais remotos (por exemplo, acesso por VPN)?		
Você configurou o método de criptografia para WPA2 e alterou o nome e a senha padrão no roteador sem fio doméstico?		
Ao utilizar uma rede sem fio pública gratuita, você evita verificar seu e-mail ou acessar sites que exijam nome de usuário e senha?		
Você evita clicar em uma URL de um e-mail de alguém que você não conhece?		
Você faz backup de arquivos importantes em um dispositivo separado pelo menos uma vez por semana?		
Você está familiarizado e segue as políticas da sua organização em relação ao armazenamento de dados pessoais ou confidenciais no seu dispositivo?		
Seu dispositivo possui uma senha de segurança que deve ser inserida antes de aceitar novas entradas?		
Você instalou o Encontre Meu Dispositivo ou software semelhante para o caso de seu dispositivo ser perdido ou roubado?		
Você se certifica de não deixar seu dispositivo sem vigilância em um local público onde possa ser facilmente roubado?		
Você revisou e entende as configurações de privacidade que controlam quem pode ver ou ler o que você faz no Facebook e em outros sites de mídia social?		

Métodos de autenticação

Os usuários finais devem ser autenticados antes que seu dispositivo de computação/comunicação aceite mais informações. Novamente, vários esquemas de autenticação multifator podem ser utilizados. Muitos dispositivos móveis estão usando a impressão digital do usuário como meio de autenticação.

Software antivírus

Software antivírus deve ser instalado no computador pessoal de cada usuário para verificar a existência de vírus na memória e nas unidades de disco regularmente. O software antivírus verifica uma sequência específica de bytes, conhecida como **assinatura de vírus**, que indica a presença de um vírus específico. Se encontrar um vírus, o software antivírus informa o usuário e pode limpar, excluir ou colocar em quarentena quaisquer arquivos, diretórios ou discos afetados pelo código malicioso. Um bom software antivírus verifica arquivos vitais do sistema quando este é inicializado, monitora o sistema continuamente em busca de atividades semelhantes a vírus, verifica os discos, a memória quando um programa é executado, os programas quando são baixados e os anexos de e-mail antes de serem abertos. Dois dos produtos de software antivírus mais utilizados são o Norton AntiVirus da Symantec e o Personal Firewall da McAfee.

De acordo com o US-CERT, a maioria dos ataques de vírus e worms usa programas de malware já conhecidos. Portanto, é crucial que o software antivírus seja continuamente atualizado com as assinaturas de vírus mais recentes. Na maioria das empresas, o administrador de rede é responsável por monitorar sites de segurança de rede com frequência e baixar software antivírus atualizado conforme necessário. Muitos fornecedores de antivírus recomendam — e fornecem — atualizações automáticas e frequentes. Infelizmente, o software antivírus não é capaz de identificar e bloquear todos os vírus.

Criptografia de dados

Embora você já deva ter uma senha de login para seu dispositivo de computação móvel ou estação de trabalho, essas medidas não protegerão seus dados se alguém roubar seu dispositivo — o ladrão pode simplesmente remover seu dispositivo de armazenamento ou disco rígido e conectá-lo a outro dispositivo de computação e acessar os dados. Se você tiver informações confidenciais em seu computador, precisará empregar criptografia de disco completo, que protege todos os dados mesmo se o hardware cair em mãos erradas.

Proteção contra ataques de usuários internos mal-intencionados

As contas de usuário que permanecem ativas depois que os funcionários deixam a empresa são outro risco potencial à segurança. Para reduzir a ameaça de ataque por usuários internos mal-intencionados, a equipe de SI deve excluir imediatamente as contas de computador, IDs de login e senhas de funcionários e contratados que estão saindo da empresa.

As organizações também precisam definir as funções dos funcionários com cuidado e separar as responsabilidades principais de maneira adequada para que uma única pessoa não seja responsável por realizar uma tarefa que tenha implicações de alta segurança. Por exemplo, não faria sentido permitir que um funcionário iniciasse e aprovasse pedidos de compra. Isso permitiria a um funcionário inserir grandes faturas em nome de um fornecedor desonesto, aprovar as faturas para pagamento e, em seguida, desaparecer da empresa para dividir o dinheiro com esse fornecedor. Além de separar as funções, muitas organizações frequentemente trocam de pessoas em posições delicadas para evitar possíveis crimes internos.

Outra proteção importante é criar funções e contas de usuário para que os usuários tenham autoridade para cumprir somente suas responsabilidades e nada mais. Um administrador de sistema eficaz identificará as semelhanças entre os usuários e criará funções e contas de usuário associadas a esses grupos.

Detecção de um ataque cibernético

Mesmo quando medidas preventivas são implementadas, nenhuma organização está completamente segura de determinado ataque. Assim, as organizações devem implementar sistemas de detecção para descobrir intrusos em flagrante. As organizações frequentemente empregam um sistema de detecção de intrusão para minimizar o impacto dos intrusos.

Um **sistema de detecção de intrusão** (*intrusion detection system* – IDS) é um software e/ou hardware que monitora os recursos e atividades do sistema e da rede e notifica o pessoal de segurança da rede quando detecta o tráfego da rede que tenta contornar as medidas de segurança de um ambiente de computador em rede

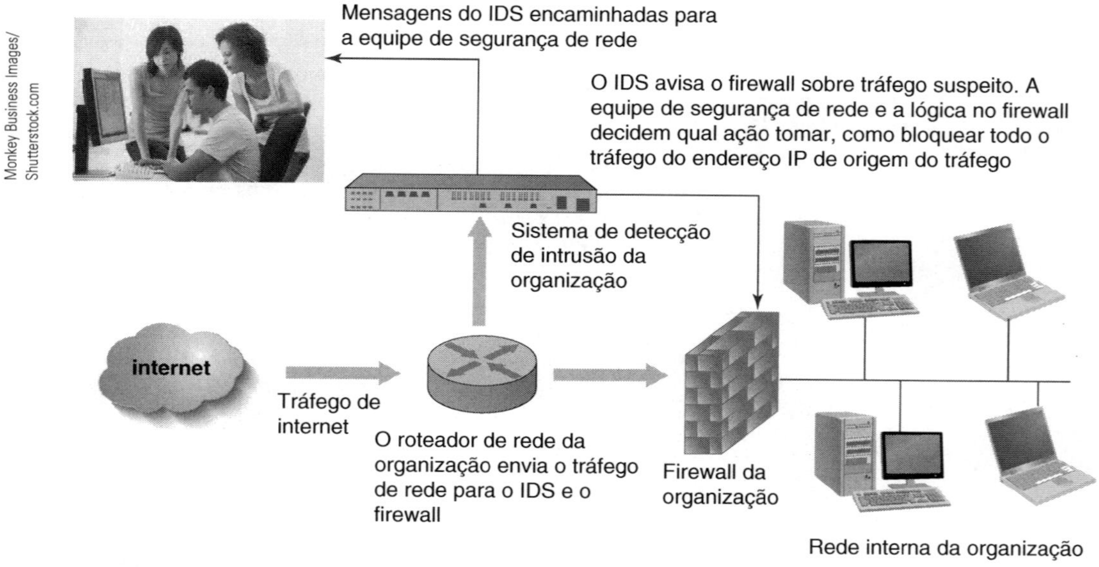

FIGURA 2.8
Sistema de detecção de intrusão (IDS)
Um IDS notifica o pessoal de segurança de rede quando detecta tráfego de rede que tenta contornar as medidas de segurança de um ambiente de computador em rede.

(consulte Figura 2.8). Essas atividades geralmente sinalizam uma tentativa de violar a integridade do sistema ou de limitar a disponibilidade dos recursos da rede.

Abordagens baseadas em conhecimento e em comportamento são dois modos fundamentalmente diferentes para detecção de intrusão. Os sistemas de detecção de intrusão baseados em conhecimento contêm informações sobre ataques específicos e vulnerabilidades do sistema e observam as tentativas de explorar essas vulnerabilidades, como repetidas tentativas malsucedidas de login ou tentativas recorrentes de baixar um programa para um servidor. Quando tal tentativa é detectada, um alarme é disparado. Um sistema de detecção de intrusão baseado em comportamento entende o comportamento normal de um sistema e de seus usuários porque coleta informações de referência por vários meios. O sistema de detecção de intrusão compara a atividade atual com esse modelo e gera um alarme se encontrar um desvio. Os exemplos incluem tráfego incomum em horários estranhos ou um usuário no departamento de recursos humanos que acessa um programa de contabilidade que ela nunca usou antes.

Resposta

Uma organização deve estar preparada para o pior — um ataque bem-sucedido que derrota todas ou algumas das defesas de um sistema e danifica os dados e os sistemas de informação. Um plano de resposta deve ser desenvolvido com bastante antecedência em relação a qualquer incidente e ser aprovado pelo departamento jurídico da organização e pela alta administração. Um plano de resposta bem desenvolvido ajuda a manter um incidente sob controle técnico e emocional.

Em um incidente de segurança, o objetivo principal deve ser recuperar o controle e limitar os danos, não tentar monitorar ou capturar um intruso. Às vezes, os administradores de sistema consideram a descoberta de um invasor um desafio pessoal e perdem um tempo valioso que deveria ser utilizado para restaurar os dados e os sistemas de informação ao normal.

Notificações de incidentes

Um elemento-chave de qualquer plano de resposta é definir quem notificar e quem não notificar no caso de um incidente de segurança do computador. As perguntas a serem abordadas incluem as seguintes: Dentro da empresa, quem precisa ser notificado e quais informações cada pessoa precisa ter? Em que condições a empresa deve entrar em contato com os principais clientes e fornecedores? Como a empresa os informa sobre uma interrupção nos negócios sem alarmar desnecessariamente? Quando as autoridades locais ou federais devem ser contatadas?

A maioria dos especialistas em segurança não recomenda fornecer informações específicas sobre comprometimento em fóruns públicos, como reportagens, conferências, reuniões profissionais e grupos de discussão on-line. Todas as partes que trabalham no problema devem ser mantidas informadas e atualizadas, sem utilizar sistemas conectados ao sistema comprometido. O invasor pode estar monitorando esses sistemas e e-mails para saber o que se sabe sobre a violação de segurança.

Uma decisão ética crítica que deve ser tomada é o que dizer aos clientes e outras pessoas cujos dados pessoais podem ter sido comprometidos por um incidente no computador. Muitas organizações são tentadas a ocultar essas informações por medo de publicidade negativa e perda de clientes. Como essa falta de ação é considerada por muitos como antiética e prejudicial, várias leis estaduais e federais foram aprovadas para forçar as organizações a revelar quando os dados do cliente foram violados.

Proteção de evidências e registros de atividades

Uma organização deve documentar todos os detalhes de um incidente de segurança enquanto trabalha para resolver o incidente. A documentação registra evidências valiosas para um futuro processo e fornece dados para ajudar durante as fases de erradicação e acompanhamento do incidente. É especialmente importante registrar todos os eventos do sistema, as ações específicas executadas (o quê, quando e quem) e todas as conversas externas (o quê, quando e quem) em um livro de registro. Como isso pode se tornar uma prova judicial, uma organização deve estabelecer um conjunto de procedimentos de manuseio de documentos usando o departamento jurídico como recurso.

Contenção de incidentes

Frequentemente, é necessário agir rapidamente para conter um ataque e evitar que uma situação ruim se torne ainda pior. O plano de resposta a incidentes deve definir claramente o processo para decidir se um ataque é perigoso o suficiente para garantir o desligamento ou a desconexão de sistemas críticos da rede. Como essas decisões são tomadas, com que rapidez e quem as toma são todos elementos de um plano de resposta eficaz.

Erradicação

Antes que o grupo de segurança de TI comece o esforço de erradicação, deve coletar e registrar todas as evidências criminais possíveis do sistema e, em seguida, verificar se todos os backups necessários estão atualizados, completos e livres de malware. A criação de uma imagem de disco forense de cada sistema comprometido em mídia é somente gravável para estudo posterior e, como evidência, pode ser muito útil. Após a erradicação do vírus, um novo backup deve ser criado. Ao longo desse processo, deve ser mantido um registro de todas as ações realizadas. Isso será útil durante a fase de acompanhamento do incidente e garantirá que o problema não ocorra novamente. É imperativo fazer backup de aplicativos e dados críticos regularmente. Muitas organizações, porém, implementaram processos de backup inadequados e descobriram que não podiam restaurar totalmente os dados originais após um incidente de segurança. Todos os backups devem ser criados com frequência suficiente para permitir uma restauração completa e rápida dos dados se um ataque destruir o original, e esse processo deve ser testado para confirmar se funciona.

Acompanhamento de incidentes

Obviamente, uma parte essencial do acompanhamento é determinar como a segurança da organização foi comprometida para que isso não aconteça novamente. Frequentemente, a correção é tão simples quanto obter um patch de software de um fornecedor de produto. No entanto, é importante examinar mais profundamente do que a correção imediata para descobrir por que o incidente ocorreu. Se uma simples correção de software poderia ter evitado o incidente, então por que a correção não foi instalada antes da ocorrência do incidente?

Uma revisão deve ser conduzida após um incidente para determinar exatamente o que aconteceu e avaliar como a organização respondeu. Uma abordagem é escrever um relatório de incidente formal que inclua uma cronologia detalhada de eventos e o impacto do incidente. Esse relatório deve identificar quaisquer erros para que não se repitam no futuro. A experiência desse incidente deve ser utilizada para atualizar e revisar o plano de resposta a incidentes de segurança. Os principais elementos de um relatório formal de incidente devem incluir o seguinte:

- Endereço IP e nome do(s) computador(es) host(s) envolvido(s).
- A data e hora em que o incidente foi descoberto.
- A duração do incidente.
- Como o incidente foi descoberto.
- O método utilizado para obter acesso ao computador host.
- Uma discussão detalhada das vulnerabilidades que foram exploradas.
- Determinar se o host foi ou não comprometido como resultado do ataque.
- A natureza dos dados armazenados no computador (cliente, funcionário, financeiro etc.).
- Determinar se os dados acessados são considerados pessoais, privados ou confidenciais.
- O número de horas que o sistema ficou inativo.
- O impacto geral nos negócios.
- Uma estimativa do dano financeiro total do incidente.
- Uma cronologia detalhada de todos os eventos associados ao incidente.

A criação de uma cronologia detalhada de todos os eventos também documentará o incidente para possível processo posterior. Para tanto, é fundamental desenvolver uma estimativa dos danos financeiros. Os custos potenciais incluem perda de receita, perda de produtividade e os salários das pessoas que trabalham para resolver o incidente, junto com o custo para substituir dados, software e hardware.

Outra questão importante é a quantidade de esforço que deve ser feito para capturar o autor do crime. Se um site da web foi simplesmente desfigurado, é fácil corrigir ou restaurar o HTML do site (*hypertext markup language* – o código que descreve para seu navegador como uma página da web deve ser). Mas o que aconteceria se os invasores infligissem danos mais sérios, como apagar o código-fonte do programa proprietário ou o conteúdo dos principais bancos de dados corporativos? E se eles roubassem segredos comerciais da empresa? Os crackers especialistas podem ocultar sua identidade e rastreá-los pode levar muito tempo, assim como uma quantidade enorme de recursos empresariais.

O potencial de publicidade negativa também deve ser considerado. Discutir ataques à segurança por meio de julgamentos públicos e a publicidade associada tem não apenas enormes custos potenciais em relações públicas, mas também custos financeiros reais. Por exemplo, um banco ou uma corretora pode perder clientes que ficam sabendo de um ataque e pensam que seu dinheiro ou registros não estão seguros. Mesmo que uma empresa decida que o risco de publicidade negativa vale a pena e vá atrás do perpetrador, documentos contendo informações proprietárias que devem ser fornecidas ao tribunal podem causar ameaças de segurança ainda maiores no futuro. Por outro lado, uma organização deve considerar se tem o dever ético ou legal de informar os clientes sobre um ataque cibernético que possa ter colocado seus dados pessoais ou recursos financeiros em risco.

Usando um provedor de serviços de segurança gerenciada (PSSG)

Acompanhar os criminosos de informática — e as novas leis e regulamentações — pode ser assustador para as organizações. Hackers criminosos estão constantemente farejando e explorando, tentando violar as defesas de segurança das organizações.

Além disso, leis como HIPAA, Sarbanes-Oxley e USA Patriot exigem que as empresas provem que estão protegendo seus dados. Para a maioria das organizações de pequeno e médio porte, o nível de especialização em segurança de rede interna necessário para proteger suas operações de negócios pode ser muito caro para adquirir e manter. Como resultado, muitas organizações terceirizam suas operações de segurança de rede para um **provedor de serviços de segurança gerenciada (PSSG)**, que é uma empresa que monitora, gerencia e mantém a segurança de computadores e redes para outras organizações. Os PSSGs incluem empresas como AT&T, Computer Sciences Corporation, Dell SecureWorks, IBM, Symantec e Verizon. Os PSSGs fornecem um serviço valioso para departamentos de SI que estão se afogando em resmas de alertas e alarmes falsos vindos de redes privadas virtuais (VPNs); antivírus, firewall e sistemas de detecção de intrusão; e outros sistemas de monitoramento de segurança. Além disso, alguns PSSGs fornecem varredura de vulnerabilidades e recursos de bloqueio e filtragem da Web.

provedor de serviços de segurança gerenciada (PSSG): Uma empresa que monitora, gerencia e mantém a segurança de computadores e redes para outras organizações.

Computação forense

Computação forense é uma disciplina que combina elementos de direito e ciência da computação para identificar, coletar, examinar e preservar dados de sistemas de computador, redes e dispositivos de armazenamento de uma maneira que preserva a integridade dos dados coletados para que sejam admissíveis como evidência em um Tribunal de Justiça. Uma investigação forense de computador pode ser aberta em resposta a uma investigação criminal ou litígio civil. Também pode ser empregada por uma série de outras razões, por exemplo, para refazer etapas tomadas quando os dados foram perdidos, avaliar os danos após um incidente de computador, investigar a divulgação não autorizada de dados confidenciais pessoais ou corporativos ou para confirmar ou avaliar o impacto de espionagem industrial.

computação forense: Uma disciplina que combina elementos de direito e ciência da computação para identificar, coletar, examinar e preservar dados de sistemas de computador, redes e dispositivos de armazenamento de maneira que preserve a integridade dos dados coletados para que sejam admissíveis como prova em uma corte judicial.

Investigadores forenses de computador trabalham como uma equipe para investigar um incidente e conduzir a análise forense usando várias metodologias e ferramentas para garantir que o sistema de rede de computador esteja seguro em uma organização. Por exemplo, a empresa de contabilidade, impostos e consultoria Grant Thornton International tem vários laboratórios de SI em todo o mundo que empregam vários especialistas forenses que examinam evidências digitais para uso em casos legais. Grant Thornton emprega um software forense chamado Summation (uma plataforma baseada na web de documentação jurídica, dados eletrônicos e revisão de transcrições que oferece suporte a equipes de litígio) e Forensic Toolkit (utilizado para digitalizar um disco rígido para encontrar uma variedade de informações, incluindo e-mails e strings de texto excluídos, para quebrar a criptografia). O software da AccessData fornece uma combinação de análise forense móvel, análise forense de computador e funções para codificação e revisão de documentos multilíngues.[34]

O tratamento adequado de uma investigação de computação forense é a chave para combater com êxito o crime digital em um tribunal. Além disso, o treinamento extensivo e a certificação aumentam a estatura de um investigador de computação forense em um tribunal. Numerosas certificações estão relacionadas à computação forense, incluindo o CCE (*Certified Computer Examiner*), CISSP (*Certified Information Systems Security Professional*), CSFA (*CyberSecurity Forensic Analyst*) e GCFA (*Global Information Assurance Certification Certified Forensics Analyst*). O programa EnCE Certified Examiner certifica profissionais que dominam os métodos de investigação computacional, bem como o uso do software forense computacional EnCase da Guidance Software. Diversas universidades (tanto on-line quanto tradicionais) oferecem cursos de especialização em computação forense. Essas especializações devem incluir cursos de contabilidade, particularmente auditoria, pois é muito útil na investigação de casos de fraude.

A Tabela 2.7 fornece uma lista de perguntas que devem ser feitas quando uma organização está avaliando sua prontidão para um incidente de segurança.

TABELA 2.7 Perguntas a serem consideradas ao avaliar a prontidão de uma organização para um incidente de segurança

Pergunta	Sim	Não
Foi realizada uma avaliação de risco para identificar os investimentos em tempo e recursos que podem proteger a organização de suas ameaças mais prováveis e sérias?		
A alta administração e os funcionários envolvidos na implementação de medidas de segurança foram informados sobre o conceito de garantia razoável?		
Uma política de segurança foi formulada e amplamente compartilhada por toda a organização?		
As políticas de sistemas automatizados foram implementadas de maneira que reflitam as políticas escritas?		
A política de segurança aborda o seguinte: • E-mail com anexos de arquivos executáveis? • Redes e dispositivos sem fio? • Uso de smartphones implantados como parte de implementações corporativas, bem como aqueles adquiridos por usuários finais?		
Existe um programa de orientação em segurança eficaz para funcionários e trabalhadores contratados?		
Foi implementada uma solução de segurança em camadas para evitar invasões?		
Um firewall foi instalado?		
O software antivírus está instalado em todos os computadores pessoais?		
O software antivírus é atualizado com frequência?		
Foram tomadas precauções para limitar o impacto de usuários internos mal-intencionados?		
As contas, senhas e IDs de login de ex-funcionários são excluídos imediatamente?		
As responsabilidades dos funcionários estão adequadamente definidas e separadas?		
As funções individuais são definidas de forma que os usuários tenham autoridade para desempenhar suas responsabilidades e nada mais?		
É necessário revisar pelo menos trimestralmente as ameaças mais críticas à segurança da internet e implementar proteções contra elas?		
Foi verificado que os processos de backup de softwares e bancos de dados críticos funcionam corretamente?		
Foi implementado um sistema de detecção de intrusão para detectar intrusos em flagrante — tanto na rede quanto em computadores críticos na rede?		
São realizadas auditorias periódicas de segurança de TI?		
Foi desenvolvido um plano abrangente de resposta a incidentes?		
O plano de segurança foi revisado e aprovado pela gerência jurídica e sênior?		
O plano aborda as seguintes áreas: • Notificações de incidentes? • Proteção de evidências e registros de atividades? • Contenção de incidentes? • Erradicação? • Acompanhamento de incidentes?		

Exercício de pensamento crítico

Autoavaliação de segurança

▶ RESPONSABILIDADE SOCIAL, PROTEÇÃO DE DADOS

Utilize a Tabela 2.6 para conduzir uma autoavaliação de segurança e responder às seguintes perguntas:

Perguntas de revisão

1. Em qual teste você falhou?
2. Qual das situações de falha é mais crítica para resolver?

Questões de pensamento crítico

1. Que ações específicas você tomará para melhorar sua autoavaliação?
2. Os indivíduos com sistemas inseguros devem ter permissão para acessar redes públicas? Eles deveriam ser multados ou penalizados de alguma forma se suas medidas de segurança negligentes permitirem um ataque cibernético?

Resumo

Princípio:

O crime digital é uma área de preocupação séria e em rápido crescimento que requer atenção da administração.

O aumento da complexidade da computação, o aumento na prevalência de políticas de uso do próprio dispositivo (BYOD), o uso de software com vulnerabilidades conhecidas e a sofisticação crescente daqueles que poderiam provocar prejuízos causaram um aumento significativo no número, variedade e gravidade de incidentes de segurança.

Muitos tipos diferentes de pessoas são responsáveis por ataques cibernéticos, sendo os quatro mais predominantes funcionários descuidados, cibercriminosos, funcionários maliciosos e hackers ativistas.

Um vetor de ataque é a técnica utilizada para obter acesso não autorizado a um dispositivo ou rede; é um meio utilizado para iniciar um ataque cibernético. Ameaças persistentes avançadas, ameaças combinadas, phishing, rootkits, smishing, engenharia social, spam, cavalos de Troia, vírus, vishing e worms são exemplos de vetores de ataque.

Ransomware, ataques distribuídos de negação de serviço, violação de dados, ciberespionagem e ciberterrorismo são ataques cibernéticos que representam ameaças sérias.

O Department of Homeland Security (DHS) tem a responsabilidade de fornecer "uma América mais segura e protegida, que seja resiliente contra o terrorismo e outras ameaças potenciais". O departamento de segurança cibernética e comunicações da agência é responsável por aprimorar a segurança, a resistência e a confiabilidade da infraestrutura cibernética e de comunicações dos Estados Unidos.

O US Computer Emergency Readiness Team (US-CERT) é uma parceria entre o DHS e os setores público e privado que foi criada para proteger a infraestrutura da internet do país contra ataques cibernéticos, servindo como um centro de compartilhamento de informações sobre novos vírus, worms e outros tópicos de segurança de computador.

Há cinco grandes áreas de impacto prejudicadas por um ataque cibernético grave: (1) o impacto direto sobre os ativos da organização mais a provável queda no preço das ações, (2) o impacto causado pela interrupção dos negócios e a incapacidade de operar de maneira eficaz, (3) o custo de recuperação para reparar os sistemas afetados e recuperar dados perdidos, (4) as consequências legais de penalidades financeiras pelo não cumprimento das leis e determinações judiciais de proteção de dados, e (5) danos à reputação que causam perda de clientes e negócios futuros.

Cinco leis federais que tratam do crime digital são a Computer Crime and Abuse Act, a Fraud and Related Activity in Connection with Access Devices Statute, o Identity Theft and Assumption Deterrence Act, a Stored Wire and Electronic Communication and Transactional Records Access Act, e a USA Patriot Act.

Princípio:

As organizações devem tomar medidas incisivas para garantir experiências de computação seguras, privadas e confiáveis para os funcionários, clientes e parceiros de negócios.

As práticas de segurança de organizações em todo o mundo estão focadas em garantir a confidencialidade, manter a integridade e garantir a disponibilidade de sistemas e dados. Estas são conhecidas como a tríade de segurança da CID.

Nenhuma organização pode estar completamente protegida contra ataques; entretanto, uma solução de segurança em camadas torna os ataques cibernéticos tão difíceis que um invasor eventualmente desiste ou é detectado antes que muitos danos sejam infligidos. As medidas de segurança devem ser planejadas, projetadas, implementadas, testadas e mantidas nas camadas de organização, rede, aplicativo e usuário final para atingir a verdadeira segurança.

As medidas de segurança no nível organizacional devem incluir a implementação de uma estratégia de segurança, realização de uma avaliação de risco, o desenvolvimento de um plano de recuperação de desastres em conjunto com um plano de continuidade de negócios, a definição e a aplicação de políticas de segurança, a realização de auditorias de segurança, a conformidade com padrões regulatórios e o monitoramento de todas as medidas chaves de desempenho de segurança.

As medidas de segurança no nível de rede incluem autenticação de usuários, instalação de firewalls, uso criterioso de roteadores, criptografia de mensagens e dados e uso de servidores proxy e redes privadas virtuais.

As medidas de segurança no nível de aplicativo incluem autenticação de usuários, definição cuidadosa das funções e contas do usuário e criptografia de dados.

As medidas de segurança no nível de usuário final incluem educação em segurança, autenticação do usuário final, software antivírus e criptografia de dados.

O conceito de garantia razoável em relação à segurança de SI reconhece que os gestores devem utilizar seu julgamento para garantir que o custo do controle não exceda os benefícios do sistema ou os riscos envolvidos.

Oito etapas que devem ser seguidas para realizar uma avaliação de risco de segurança completa incluem: (1) identificar o conjunto de ativos de TI que são mais críticos, (2) identificar os eventos de perda que podem ocorrer, (3) avaliar a frequência dos eventos ou a probabilidade de cada ameaça potencial, (4) determinar o impacto de cada ameaça, (5) determinar como mitigar cada ameaça, (6) avaliar a viabilidade de implementar as opções de mitigação, (7) realizar uma análise de custo-benefício e (8) tomar a decisão de implementar ou não uma contramedida específica.

Nenhum sistema de segurança é perfeito. Portanto, sistemas e procedimentos devem ser monitorados para detectar uma possível intrusão. Se ocorrer uma intrusão, deve haver um plano de reação claro que cuida da notificação, proteção de evidências, manutenção do registro de atividades, contenção, erradicação e acompanhamento.

Muitas organizações terceirizam suas operações de segurança de rede para um provedor de serviços de segurança gerenciada (PSSG), que é uma empresa que monitora, gerencia e mantém a segurança do computador e da rede para outras organizações.

As organizações devem ter conhecimento e acesso a especialistas treinados em computação forense para identificar, coletar, examinar e preservar dados de sistemas de computador, redes e dispositivos de armazenamento de modo que preserve a integridade dos dados coletados para que sejam admissíveis como provas em um tribunal de justiça.

Termos-chave

software antivírus
vetor de ataque
autenticação biométrica
botnet
traga o próprio dispositivo (*bring your own device* – BYOD)
plano de continuidade de negócios
tríade de segurança da CID
computação forense
espionagem cibernética

terrorismo cibernético
violação de dados
Department of Homeland Security (DHS)
plano de recuperação de desastres
ataque distribuído de negação de serviço (DDoS)
criptografia
chave de criptografia
exploração
tolerância a falhas

firewall
sistema de detecção de intrusão (IDS)
provedor de serviços de segurança gerenciada (PSSG)
processos de missão crítica
firewall de última geração (NGFW)
ransomware
garantia razoável

avaliação de risco
auditoria de segurança
política de segurança
Transport Layer Security (TLS)
U.S. Computer Emergency Readiness Team (US-CERT)
assinatura de vírus
ataque do dia zero

Teste de autoavaliação

O crime digital é uma área de preocupação séria e em rápido crescimento que requer atenção da administração.

1. O crescimento da internet das coisas está ajudando a reduzir o número de ataques cibernéticos. Verdadeiro ou falso?
2. O autor mais provável de ser a causa de um ataque cibernético é um _____.
   a. cibercriminoso
   b. funcionário malicioso
   c. hacker ativista
   d. funcionário descuidado
3. Um(a) _____ é a técnica utilizada para obter acesso não autorizado a um dispositivo ou rede.
4. Uma combinação de ameaça, phishing e vírus são exemplos de um(a) _____.
5. Um tipo de ataque cibernético que se estima ocorrer a cada dez segundos contra um indivíduo nos Estados Unidos é _____.
   a. ataques distribuídos de negação de serviço
   b. ransomware
   c. violação de dados
   d. engenharia social
6. Uma das consequências de um ataque cibernético bem-sucedido que pode levar a penalidades financeiras para as organizações que não cumprirem os regulamentos de proteção de dados é _____.
   a. a interrupção de negócios
   b. ser expulso do setor pela organização competente
   c. o custo da recuperação
   d. o problema legal
7. Uma lei federal que se concentra no acesso ilegal a dados armazenados para obter, alterar ou impedir o acesso a dados enquanto estiverem em armazenamento eletrônico.
   a. Computer Fraud and Abuse Act
   b. Fraud and Related Activity in Connection with Access Devices Statute
   c. Identity Theft and Assumption Deterrence Act
   d. Stored Wire and Electronic Communications and Transactional Records Access Statute

As organizações devem tomar medidas incisivas para garantir experiências de computação seguras, privadas e confiáveis para os funcionários, clientes e parceiros de negócios.

8. Os quatro níveis em que a tríade de segurança da CID deve ser implementada incluem _____.
   a. interorganizacional, corporativo, grupo de trabalho e pessoal
   b. nível 1, nível 2, nível 3 e nível 4
   c. organizacional, rede, aplicativo e usuário final
   d. organização, unidade de negócios, departamento, indivíduo
9. Cada usuário deve realizar um teste de autoavaliação de segurança. Verdadeiro ou falso?
10. Há _____ etapas que devem ser seguidas para realizar uma avaliação de risco de segurança completa.
    a. três
    b. cinco
    c. sete
    d. oito
11. Cinco ações que uma organização deve realizar no caso de um ataque cibernético bem-sucedido incluem notificação de incidentes, proteção de evidências e registros de atividades, contenção de incidentes, erradicação e _____ de incidentes.
12. Uma organização que monitora, gerencia e mantém a segurança do computador e da rede para outras organizações é chamada provedor de serviços _____.
13. Computação forense é uma disciplina que combina elementos de _____ e ciência da computação.

Respostas do teste de autoavaliação

1. Falso
2. d
3. vetor de ataque
4. vetor de ataque
5. b
6. d
7. d
8. c
9. Verdadeiro
10. d
11. acompanhamento
12. segurança gerenciada
13. lei

Questões de revisão e discussão

1. Apresente quatro motivos pelos quais os incidentes de informática são tão comuns. Qual desses você acha que é o mais significativo? Por quê?
2. Liste os quatro perpetradores com maior probabilidade de iniciar um ataque cibernético.
3. Qual é o significado de vetor de ataque?
4. Identifique três vetores de ataque comumente usados.
5. Liste cinco ataques cibernéticos que representam ameaças graves para uma organização.
6. Liste todas as consequências prováveis de uma grande violação de dados. Qual dessas é provavelmente a mais séria e duradoura?
7. Identifique cinco leis federais destinadas a prevenir crimes informáticos.
8. Discuta como a tríade de segurança da CID pode ser implementada no nível organizacional para proteção contra ataques cibernéticos.
9. Utilize a Tabela 2.6 para conduzir uma autoavaliação de segurança. Identifique ações de acompanhamento específicas que você precisa realizar.
10. Você fará uma avaliação de risco de segurança para sua pequena empresa. Que passos devem ser seguidos?
11. Decidir se um ataque cibernético é sério o suficiente para justificar o desligamento ou a desconexão de um sistema crítico da rede é uma ação associada a qual ação do plano de resposta?
12. Que ações um provedor de serviços de segurança gerenciada pode realizar para melhorar a segurança de uma organização?
13. Defina o termo computação forense.
14. Centenas de clientes de um banco ligaram para o serviço de atendimento ao cliente para reclamar que estão recebendo mensagens de texto em seus telefones dizendo-lhes para fazer logon em um site e inserir informações pessoais para resolver um problema com sua conta. Quais são todas as consequências potenciais desse ataque? Que ações o banco deve tomar?

Exercícios de tomada de decisão orientados para negócios

1. Parece que alguém está usando o diretório corporativo de sua empresa — que inclui cargos e endereços de e-mail — para entrar em contato com gestores seniores e diretores por e-mail. O e-mail solicita que o destinatário clique em uma URL, que leva a um site que parece ter sido projetado por sua organização de recursos humanos. Uma vez neste site falso, os funcionários são solicitados a confirmar o banco e o número da conta a serem utilizados para o depósito eletrônico do cheque de bônus anual. Você é membro da unidade de segurança do SI. Como você deve responder a essa ameaça?

2. Um ataque distribuído de negação de serviço bem-sucedido requer o download de um software que transforma computadores desprotegidos em zumbis sob o controle de hackers mal-intencionados. Quais perpetradores têm maior probabilidade de iniciar tal ataque? Que dano pode causar um ataque de negação de serviço? Suponha que o governo federal estivesse propondo uma nova legislação que imporia uma multa aos proprietários dos computadores zumbis como um meio de incentivar as pessoas a proteger melhor seus computadores. Você apoiaria essa legislação? Por que sim ou por que não? Você pode identificar outras abordagens para reduzir o número de ataques de negação de serviço?

Trabalho em equipe e atividades de colaboração

1. Você e sua equipe foram contratados para melhorar a segurança dos computadores dos laboratórios de informática da faculdade de administração de uma pequena universidade local. Identifique as quatro classes de criminosos com maior probabilidade de iniciar um ataque cibernético contra o laboratório de informática. Identifique as ameaças cibernéticas que representam a ameaça mais séria. Como a tríade de segurança CID pode ser implementada para proteger o laboratório?

2. Faça com que você e os membros de sua equipe realizem uma autoavaliação de segurança de seu computador e hábitos de uso. Que problemas comuns você encontra? Como você pode eliminar esses problemas? Você espera que os outros alunos de sua classe tenham os mesmos problemas? Por que sim ou por que não?

Exercícios de carreira

1. Faça pesquisas para determinar os salários iniciais típicos para alguém com um diploma de quatro anos em computação forense. Qual é a demanda futura para indivíduos treinados em computação forense? Faça pesquisas adicionais para encontrar três universidades que oferecem cursos de quatro anos com especialização em computação forense. Compare os três programas e escolha o que achar melhor. Por que você escolheu essa universidade?

2. Você é um dos melhores alunos do programa de ciência da computação de sua universidade com cem alunos e concordou em se encontrar com um recrutador do Department of Homeland Security. Durante o jantar, ele fala com você sobre a crescente ameaça de ataques ciberterroristas lançados nos Estados Unidos por países estrangeiros e a necessidade de conter esses ataques. A agência tem grande necessidade de profissionais que possam desenvolver e de defendê-la contra explorações do dia zero que poderiam ser utilizadas para plantar malware no software utilizado por computadores governamentais e militares. No final do jantar, o recrutador se volta para você e pergunta: "Esse papel seria do seu interesse?" Como você responde?

Estudo de caso

▶ GLOBAL, PROTEÇÃO DE DADOS

Consultor de segurança sofre ataque cibernético

A Deloitte é uma das maiores empresas de serviços profissionais do mundo com base em receita (US$ 38,8 bilhões em 2017) e no enorme número de profissionais (mais de 263 mil). A empresa fornece auditoria, consultoria tributária, consultoria de gestão, serviços de assessoria financeira e orientação sobre segurança cibernética para mais de 85% das empresas *Fortune 500* e mais de 6 mil empresas privadas e de médio porte em todo o mundo. Sua sede global está em Nova York.

Em abril de 2017, a empresa descobriu que seu servidor de e-mail global havia sido invadido seis meses antes. Os hackers obtiveram acesso ao sistema por meio de uma conta administrativa que lhes concedeu acesso privilegiado e irrestrito a todas as áreas. Aparentemente, a conta exigia apenas uma única senha e não tinha verificação em duas etapas.

A Deloitte oferece aos seus clientes conselhos sobre como gerenciar os riscos apresentados por ataques cibernéticos sofisticados. Também opera um CyberIntelligence Center para fornecer aos clientes segurança operacional 24 horas por dia com foco nos negócios. Em 2012, a Deloitte foi eleita a melhor consultora de segurança cibernética do mundo. A empresa ganha uma parte de seus US$ 12 bilhões por ano em honorários de consultoria com esses serviços. A violação foi um constrangimento profundo para a empresa.

O uso de e-mail está entrelaçado na estrutura operacional da organização moderna e é utilizado para comunicar todos os tipos de informações confidenciais — planos de novos produtos, estratégias de marketing, táticas de fusão e aquisição, projetos de produtos, dados de patentes, material protegido por direitos autorais e segredos comerciais. O servidor violado continha e-mails com cerca de 350 clientes, incluindo o Departamento de Estado dos EUA, o Departamento de Segurança Nacional, o Departamento de Defesa, o Departamento de Energia e os Correios dos EUA. Também foram comprometidos os e-mails das Nações Unidas, do Instituto Nacional de Saúde e dos gigantes da habitação Fannie Mae e Freddie Mac, além de algumas das maiores multinacionais do mundo. Além de e-mails, os hackers tinham acesso potencial a nomes de usuário, senhas e endereços IP.

Inicialmente, a Deloitte manteve o segredo da violação, optando por informar apenas alguns poucos sócios seniores, seis clientes que a empresa sabia terem sido diretamente afetados pelo ataque e advogados do escritório de advocacia internacional Hogan Lovells. A empresa sediada em Washington foi contratada para fornecer aconselhamento jurídico e assistência sobre as consequências potenciais da invasão dos computadores.

A Deloitte formou uma equipe composta de analistas de segurança e especialistas de dentro e de fora da empresa para conduzir uma investigação formal sobre a violação. Os objetivos eram entender como isso aconteceu, avaliar o escopo do incidente, determinar o alvo do invasor, avaliar o impacto potencial para os clientes e determinar a resposta de segurança cibernética apropriada. Após seis meses, a equipe determinou que o invasor não estava mais no sistema de e-mail, verificou que não houve interrupção dos negócios para nenhum de seus clientes e recomendou etapas adicionais para aprimorar a segurança geral da Deloitte. A equipe não foi capaz de determinar se um lobo solitário, rivais de negócios ou hackers patrocinados pelo estado eram os responsáveis.

O ataque ilustra que qualquer organização pode ser vítima de um ataque cibernético — mesmo aquelas cuja especialidade é detê-los.

Questões de pensamento crítico

1. Identifique o que você acredita ser a área de consequências mais graves para a Deloitte — impacto direto, interrupção dos negócios, recuperação, problemas legais ou reputação. Justifique sua resposta.
2. Como você avalia a resposta da Deloitte a esse ataque cibernético? O que eles fizeram bem? Onde poderiam ter feito melhor?
3. Identifique as três alterações de maior prioridade que precisam ser feitas no programa de segurança da Deloitte.

FONTES: Brian Krebs, "Deloitte Breach Affected All Company E-mail, Admin Accounts", *Krebs on Security*, 17 de setembro de 2017, https://krebsonsecurity.com/2017/09/source-deloitte-breach-affected-all-company-e-mail-admin-accounts; "Deloitte Statement on Cyber-Incident", 25 de setembro de 2017, https://www2.deloitte.com/global/en/pages/about-deloitte/articles/deloitte-statement-cyber-incident.html; "Here's How Many Deloitte Clients were Impacted by Hacking", *Fortune*, 10 de outubro de 2017, http://fortune.com/2017/10/10/deloitte-clients-hacking; Nick Hopkins, "Deloitte Hit by Cyber-Attack Revealing Clients' Secret E-mails", *The Guardian*, 25 de setembro de 2017, https://www.theguardian.com/business/2017/sep/25/deloitte-hit-by-cyber-attack-revealing-clients-secret-e-mails; e "Key Facts About the Deloitte E-mail Cyber-Incident", *Deloitte*, 6 de outubro de 2017, https://www2.deloitte.com/content/dam/Deloitte/global/Documents/About-Deloitte/gx-FactsSheetforGlobalWebsite-cyber-attack.pdf.

Notas

Fontes da vinheta de abertura: Eric Newcomer, "Uber Paid Hackers to Delete Stolen Data on 57 Million People", *Bloomberg*, 21 de novembro de 2017; Dave Lewis, "Uber Suffers Data Breach Affecting 50,000", *Forbes*, 28 de fevereiro de 2015, https://www.forbes.com/sites/davelewis/2015/02/28/uber-suffers-data-breach-affecting-50000/#eda3a0f2db14; Lilly May Newman, "Yahoo's 2013 E-mail Hack Actually Compromised Three Billion Accounts", *Wired*, 3 de outubro de 2017, https://www.wired.com/story/yahoo-breach-three-billion-accounts; Nick Wells, "How the Yahoo Hack Stacks Up to Previous Data Breaches", *CNBS News*, 4 de outubro de 2017, https://www.cnbc.com/2017/10/04/how-the-yahoo-hack-stacks-up-to-previous-data-breaches.html; Chloe Aiello, "Under Armour Says Data Breach Affected About 150 Million MyFitnessPal Accounts", *CNBC*, 29 de março de 2018, https://www.cnbc.com/2018/03/29/under-armour-stock-falls-after-company-admits-data-breach.html.

1. Nick Ismail, "The Rise of Cybercrime Continues to Accelerate", *Information Age*, 28 de julho de 2017, https://www.information-age.com/rise-cyber-crime-continues-accelerate-123467629.
2. Steve Morgan, "Top 5 Cybersecurity Facts, Figures, and Statistics for 2018", *CSO On-line*, 23 de janeiro de 2018, https://www.csoonline.com/article/3153707/security/top-5-cybersecurity-facts-figures-and-statistics.html.
3. Hannah Kuchler, "Cost of Cyber Crime Rises Rapidly as Attacks Increase", *Financial Times*, 8 de novembro de 2017, https://www.ft.com/content/56dae748-af79-11e7-8076-0a4bdda92ca2.
4. "Cybersecurity Regained: Preparing to Face Cyber Attacks: EY Global Information Security Survey 2017-18", *EY*, https://consulting.ey.com/cybersecurity-regained/ a, acesso em 10 de julho de 2018. "The Global State of Information Security Survey 2018", *PwC*, https://www.pwc.com/us/en/services/consulting/cybersecurity/library/information-security-survey.html, acesso em 10 de julho de 2018.
5. Dan Carfagno, "Your Ultimate Guide to Zero-Day Attacks", Black Stratus, https://www.blackstratus.com/ultimate-guide-zero-day-attacks, acesso em 11 de julho de 2018.
6. Tom Spring, "Windows Zero Day Selling for $90,000", *Threat Post*, 31 de maio de 2016, https://threatpost.com/windows-zero-day-selling-for-90000/118380.
7. "IBM X-Force Research 2018 Cyber Security Intelligence Index"; https://www.ibm.com/security/data-breach/threat-intelligence, acesso em 15 de julho de 2018.
8. Josh Fruhlinger, "What is Ransomware? How It Works and How to Remove It." *CSO On-line*, 13 de novembro de 2017, https://www.csoonline.com/article/3236183/ransomware/what-is-ransomware-how-it-works-and-how-to-remove-it.html.
9. Johnathan Crowe, "Must-Know Ransomware Statistics 2017", *Barkley Blog*, June 2017, https://blog.barkly.com/ransomware-statistics-2017.
10. Jonathan Crowe, "Must-Know Ransomware Statistics 2017", *Barkley Blog*, June 2017, https://blog.barkly.com/ransomware-statistics-2017.
11. Kimberly Hutcherson, "Six Days After a Ransomware Cyberattack, Atlanta Officials Are Filling Out Forms by Hand", CNN, 28 de março de 2018, https://www.cnn.com/2018/03/27/us/atlanta-ransomware-computers/index.html.
12. Jon Fingas, "Atlanta Ransomware Attack May Cost Another $9.5 Million to Fix", *engadget*, 6 de junho de 2018, https://www.engadget.com/2018/06/06/atlanta-ransomware-attack-struck-mission-critical-services.
13. "Frequency and Complexity of DDoS Attacks is Rising", *Netscout*, 23 de janeiro de 2018, https://www.netscout.com/news/press-release/complexity-ddos-attacks.

14. Steve Ranger, "GitHub Hit with the Largest DDoS Attack Ever Seen", *ZDNnet*, 1º de março de 2018, *https://www.zdnet.com/article/github-was-hit-with-the-largest-ddos-attack-ever-seen*.
15. "2017 Data Breaches", Identity Theft Resource Center, *https://www.idtheftcenter.org/2017-data-breaches*, acesso em 17 de julho de 2017.
16. Andrew Nusca, "Equifax Stock Has Plunged 18.4% Since It Revealed Massive Breach", *Fortune*, 11 de setembro de 2017, *http://fortune.com/2017/09/11/equifax-stock-cybersecurity-breach*.
17. Michael Kan, "China Counters US Claims with Own Charges of Cyber-Espionage", *PC World*, 19 de maio de 2014, *www.pcworld.com/article/2157080/china-counters-us-claims-with-own-charges-of-cyberespionage.html*.
18. Sophia Yan, "Chinese Man Admits to Cyber Spying on Boeing and Other U.S. Firms", *CNN Money*, 24 de março de 2016, *http://money.cnn.com/2016/03/24/technology/china-cyber-espionage-military/index.html*.
19. Chris Bing, "Experts Warn Congress of the Return of Chinese IP Theft", *Cyberscoop*, 14 de junho de 2017, *https://www.cyberscoop.com/china-ip-theft-hackers-xi-jinping*.
20. Christopher Wray, "Current Threats to the Homeland", Statement Before the Senate Homeland Security and Government Affairs Committee, 27 de setembro de 2017, *https://www.fbi.gov/news/testimony/current-threats-to-the-homeland*.
21. Jim Garamone, "Cyber Tops List of Threats to U.S., Director of National Intelligence Says", Department of Defense, 13 de fevereiro de 2018, *https://www.defense.gov/News/Article/Article/1440838/cyber-tops-list-of-threats-to-us-director-of-national-intelligence-says*.
22. "About DHS", Department of Homeland Security, *www.dhs.gov/about-dhs*, acesso em 12 de julho de 2018.
23. "Office of Cybersecurity and Communications", Department of Homeland Security, *http://www.dhs.gov/office-cybersecurity-and-communications*, acesso em 12 de julho de 2018.
24. "About DHS", Department of Homeland Security, *www.dhs.gov/about-dhs*, acesso em 12 de julho de 2018.
25. "About DHS", Department of Homeland Security, *https://www.dhs.gov/about-dhs*, acesso em 26 de agosto de 2018.
26. "12 Russian Intelligence Officers Indicted for Hacking in 2016 Presidential Election", *ABC News Chicago*, 13 de julho de 2018, *http://abc7chicago.com/politics/12-russians-indicted-for-hacking-in-2016-election/3758586*.
27. H. R. 3162, 107th Cong. (2001), *www.gpo.gov/fdsys/pkg/BILLS-107hr3162enr/pdf/BILLS-107hr3162enr.pdf*, acesso em 12 de julho de 2018.
28. "RecoverPoint", EMC, *www.emc.com/storage/recoverpoint/recoverpoint.htm*, acesso em 12 de julho de 2018.
29. "SteelEye LifeKeeper", SteelEye Technology, Inc., *www.ha-cc.org/high_availability/components/application_availability/cluster/high_availability_cluster/steeleye_lifekeeper*, acesso em 22 de julho de 2018.
30. "NeverFail Application Continuous Availability", *VirtualizationAdmin.com*, *www.virtualizationadmin.com/software/High-Availability/Neverfail-for-VMware-VirtualCenter-.html*, acesso em 16 de junho de 2015.
31. Catalin Cimpanu, "Hacker Steals Military Docs Because Someone Didn't Change a Default FTP Password", *Bleeping Computer*, 11 de julho de 2018, *https://www.bleepingcomputer.com/news/security/hacker-steals-military-docs-because-someone-didn-t-change-a-default-ftp-password/*.
32. "Algoma Central Corporation Case Study", Avaap, *www.avaap.com/case-studies*, acesso em 24 de julho de 2018.
33. "Encryption: Securing Our Data, Securing Our Lives", BSA The Software Alliance, *http://encryption.bsa.org/downloads/BSA_encryption_primer.pdf*, acesso em 23 de julho de 2018.
34. "Case Study: Grant Thornton, Global Accounting, Tax And Advisory Company Puts Its Trust in AccessData for Computer Forensics and E-Discovery Solutions", AccessData, *http://accessdata.com/resources/digital-forensics/case-study-grant-thornton-global-accounting-tax-and-advisory-company-puts-i*, acesso em 24 de julho de 2018.

CAPÍTULO 3

Responsabilidade corporativa e individual: questões éticas, legais e sociais

Princípios

Um processo de tomada de decisão ética e um código de ética podem orientá-lo a enfrentar os muitos dilemas éticos associados aos sistemas de informação.

O uso da tecnologia requer equilíbrio entre as necessidades daqueles que utilizam as informações coletadas e os direitos daqueles cujas informações estão sendo utilizadas.

Os desenvolvedores de software devem fazer concessões entre cronogramas de projeto, custos do projeto, confiabilidade do sistema e qualidade do software.

Objetivos de aprendizado

- Explicar a diferença entre ético e legal.
- Identificar cinco razões para uma organização promover um ambiente de trabalho em que os funcionários sejam incentivados a agir com ética.
- Descrever um processo de tomada de decisão ética em cinco etapas.
- Definir a principal intenção e dois elementos-chave de um código de ética eficaz.
- Identificar quatro vantagens de seguir um código de ética profissional.
- Resumir as diferenças entre as práticas de informações justas dos EUA e da UE.
- Identificar três áreas temáticas em que foram adotadas medidas para proteger os dados pessoais.
- Identificar quatro medidas que você deve adotar para proteger a privacidade pessoal.
- Discutir o equilíbrio entre segurança e privacidade.
- Discutir como três estatutos federais dos EUA protegem os cidadãos da vigilância do governo e, ao mesmo tempo, autorizam o governo a coletar dados.
- Discutir como a Primeira Emenda e a expressão anônima protegem nossa liberdade de expressão.
- Descrever o impacto da censura na operação dos provedores de serviços de internet.
- Identificar medidas tomadas para lidar com difamação, discurso de ódio e pornografia na internet.
- Distinguir entre um sistema de software de alta qualidade e um sistema crítico para a segurança.
- Dar três razões pelas quais o desenvolvimento de um sistema crítico de segurança leva mais tempo e é mais caro.
- Identificar dois dilemas éticos que os desenvolvedores de software enfrentam ao construir sistemas de alta qualidade ou de segurança crítica.

SI em ação

Facebook e Cambridge Analytica

▶ QUESTÕES SOCIAIS E ÉTICAS, TECNOLOGIA NA SOCIEDADE

A Cambridge Analytica era uma firma de consultoria política britânica cujo site afirmava que ela usava dados para mudar o comportamento do público — tanto comercial quanto politicamente. A empresa pagou a um pesquisador soviético chamado Aleksandr Kogan e sua empresa Global Science Research US$ 800 mil para coletar dados básicos de perfil de usuários do Facebook, incluindo o que eles escolhiam para "Curtir". Isso foi feito por meio de um aplicativo chamado This Is Your Digital Life, que levava os usuários a responder a perguntas para desenvolver um perfil psicológico.

Cerca de 300 mil usuários do Facebook baixaram o aplicativo de Kogan. Os termos de serviço do aplicativo revelaram que ele coletaria dados sobre os usuários *e* seus amigos do Facebook, se suas configurações de privacidade permitissem. A coleta de dados ocorreu durante 2013, quando o Facebook permitiu que desenvolvedores de terceiros construíssem e oferecessem os próprios aplicativos e coletassem informações sobre amigos daqueles que optaram por utilizar seus aplicativos. Foi só em 2014 que o Facebook modificou suas regras para limitar o acesso do desenvolvedor aos dados do usuário. Isso garantiu que um terceiro não fosse mais capaz de acessar os dados de um amigo do usuário sem antes obter permissão.

Na eleição de 2016, a equipe de Donald Trump contratou a Cambridge Analytica, que pode ter utilizado os dados de This Is Your Digital Life para desenvolver perfis psicográficos de eleitores norte-americanos e entregar material pró-Trump on-line com base nesse perfil. (Psicografia é o estudo e a classificação de pessoas de acordo com suas atitudes, aspirações e outros critérios psicológicos. Inclui dados sobre os hábitos de compra, hobbies, hábitos de consumo e valores de uma pessoa.) Essa é uma questão controversa, já que alguns executivos da Cambridge Analytica negaram que qualquer dado tenha sido utilizado em conexão com a campanha de Trump. Outro ponto de discórdia é se os perfis psicográficos da Cambridge Analytica são eficazes, já que alguns dos clientes da empresa afirmam que viram pouco valor neles.

Em março de 2018, os jornais The Guardian e The New York Times relataram que cerca de 50 milhões de perfis do Facebook (incluindo amigos de usuários) foram coletados para a Cambridge Analytica. Essa revelação e suas implicações desencadearam uma avalanche de críticas que ameaçou rebaixar ainda mais a reputação já desgastada do gigante das mídias sociais em apuros. As ações do Facebook caíram 22%, de uma alta de US$ 218 para US$ 171 nas duas semanas seguintes à divulgação desse evento. O número de usuários do Facebook afetados foi posteriormente revisado para até 87 milhões.

Demorou cinco dias após a divulgação da notícia antes que houvesse qualquer resposta do Facebook. O CEO Mark Zuckerberg postou uma longa resposta em sua página pessoal do Facebook, desculpando-se pela falha da empresa em proteger os dados de seus usuários e anunciando mudanças na plataforma destinadas a fazer justamente isso. O atraso nas comunicações do Facebook sobre o incidente irritou ainda mais os usuários do Facebook. Duas semanas após a publicação dos relatórios, Zuckerberg publicou anúncios de página inteira em vários jornais britânicos e norte-americanos para se desculpar por uma "quebra de confiança". "Lamento não termos feito mais naquele momento. Agora estamos tomando medidas para garantir que isso não aconteça novamente", disse ele nos anúncios.

O Facebook resolveu reclamações de privacidade anteriores com a Comissão Federal de Comércio (*Federal Trade Commission* – FTC) dos EUA concordando em obter o consentimento claro dos usuários antes de compartilhar seus dados com outras pessoas. A FTC agora está investigando se o Facebook violou os termos daquele decreto de consentimento de 2011. Se for descoberto que o Facebook violou esse acordo, ele enfrentará penalidades potenciais de até US$ 40 mil por usuário por dia, o que pode, em teoria, chegar a uma soma de bilhões de dólares.

O incidente da Cambridge Analytica é outro exemplo que mostra que os usuários médios das mídias sociais não sabem como seus dados estão sendo utilizados. Seus dados pessoais podem ser cedidos para empresas, organizações e campanhas os usarem de várias maneiras. Uma combinação de melhores orientações ao usuário, avisos de privacidade mais claros e maior regulamentação é necessária para evitar futuros incidentes no Facebook e em outras redes e serviços de mídias sociais.

Ao ler sobre responsabilidade corporativa e individual, considere o seguinte:

- Como você pode incluir fatores éticos em seu processo de tomada de decisão?
- Como você pode proteger dados pessoais confidenciais?

Por que aprender sobre responsabilidade corporativa e individual?

Oportunidades e ameaças envolvem uma ampla gama de questões não técnicas associadas ao uso de sistemas de informação e da internet. Algumas das questões principais envolvem evitar violações de privacidade; equilibrar segurança e privacidade ao coletar dados pessoais; implementar medidas para salvaguardar a liberdade de expressão; e fazer compensações entre custo, tempo e recursos ao desenvolver sistemas de informação. É essencial que você tenha alguma base para orientá-lo na tomada de decisões éticas ao lidar com essas questões e agir com integridade.

Se você se tornar um membro dos recursos humanos, sistemas de informação ou departamento jurídico de uma organização, provavelmente terá o desafio de liderar sua organização ao lidar com essas e outras questões relacionadas aos sistemas de informação. Além disso, como usuário de sistemas de informação e da internet, é do seu próprio interesse se familiarizar com essas questões e saber quais medidas você pode adotar para proteger sua privacidade pessoal. Desenvolver uma melhor compreensão dos tópicos abordados neste capítulo o ajudará a gerenciar de maneira ética e evitar problemas relacionados à tecnologia.

Os sistemas de informação baseados em computador fornecem às organizações benefícios significativos, incluindo aumento dos lucros, bens e serviços superiores e maior qualidade de vida no trabalho. Os computadores tornaram-se ferramentas tão valiosas que a maioria dos empresários hoje tem dificuldade em imaginar como realizaria seu trabalho sem eles. Ainda assim, o uso de sistemas de informação trouxe consigo preocupações sobre os direitos de privacidade das informações dos indivíduos, censura *versus* liberdade de informação e a segurança dos usuários e o impacto negativo dos sistemas de informação no ambiente de trabalho.

Nenhuma organização empresarial e, portanto, nenhum sistema de informação opera no vácuo. Todos os profissionais de SI, gestores de negócios e usuários têm a responsabilidade de verificar se as consequências potenciais do uso de SI são totalmente consideradas. Mesmo os empresários, especialmente aqueles que utilizam computadores e a internet, devem estar cientes do potencial impacto pessoal e social dos computadores.

O que é ética?

ética: O conjunto de princípios sobre o que é certo e errado que os indivíduos utilizam para fazer escolhas e orientar suas decisões.

Ética é o conjunto de princípios sobre o que é certo e errado que os indivíduos utilizam para fazer escolhas e orientar suas decisões. O comportamento ético está de acordo com as normas geralmente aceitas, que podem mudar com o tempo para atender às necessidades em evolução da sociedade ou de um grupo de pessoas que compartilham leis, tradições e valores semelhantes que fornecem a estrutura que possibilita que eles vivam de maneira organizada. A ética ajuda os membros de um grupo a compreender seus papéis e responsabilidades, para que possam trabalhar juntos para alcançar benefícios mútuos, como a segurança, o acesso a recursos e a busca por objetivos de vida.

Embora quase todos concordem que certos comportamentos — como mentir e trapacear — são errados, as opiniões sobre o que constitui um comportamento certo e errado podem variar dramaticamente. Por exemplo, as atitudes em relação à pirataria de software — uma forma de violação de direitos autorais que implica em fazer cópias de software ou permitir que outros acessem um software ao qual não têm direito — variam de forte oposição à aceitação da prática como uma abordagem padrão para conduzir negócios. De acordo com a Business Software Alliance (BSA), a taxa global de pirataria de software é de cerca de 37% do software instalado em computadores pessoais; no entanto, vários países têm uma taxa superior a 80%.[1] Em muitos desses países, os usuários simplesmente não podem arcar com o preço das licenças de software, cópias piratas estão prontamente disponíveis a preços reduzidos e a pirataria de software tornou-se uma prática comercial aceita.

As visões individuais de qual comportamento é ético podem ser afetadas por idade, grupo cultural, origem étnica, religião, experiências de vida, educação e gênero da pessoa, além de muitos outros fatores. Até dentro da mesma sociedade, as pessoas podem ter fortes divergências sobre questões éticas importantes. Nos Estados Unidos, por exemplo, questões como aborto, pesquisa com células-tronco, pena de morte, uso de maconha e controle de armas são continuamente debatidas, e as pessoas de ambos os lados desses debates acham que seus argumentos têm bases morais sólidas. A realidade é que o mundo tem muitos sistemas de crenças sobre o que é certo e errado, cada um deles com muitos proponentes.

Ético *versus* legal

A legislação é um sistema de regras que nos informa o que podemos e o que não podemos fazer. As leis são aplicadas por um conjunto de instituições (polícia, tribunais e órgãos legislativos). A violação de uma lei pode resultar em censura, multas e/ou prisão. As leis nos EUA são feitas pelas várias legislaturas locais, estaduais e federais. Às vezes, as leis dessas várias jurisdições estão em conflito, criando confusão e incerteza. Além disso, as leis não são estáticas; novas leis são constantemente introduzidas e as leis existentes revogadas ou modificadas. Como resultado, o significado preciso de uma lei específica pode ser diferente no futuro do que é hoje.

Os atos jurídicos estão em conformidade com a lei. Os atos éticos estão de acordo com o que um indivíduo acredita ser a coisa certa a fazer. As leis podem proclamar um ato como legal, embora muitas pessoas possam considerar o ato antiético. Exemplos disso incluem o aborto ou a posse de uma arma automática. As leis também podem proclamar um ato ilegal, embora muitas pessoas possam considerá-lo ético, como o uso de maconha para aliviar o estresse e as náuseas em pessoas em tratamento de quimioterapia para o câncer.

As leis levantam questões importantes e complexas relativas a igualdade, imparcialidade e justiça, mas não fornecem um guia completo para o comportamento ético. Só porque uma atividade é definida como legal, não significa que seja ética (ver Figura 3.1). Como resultado, os profissionais de muitas áreas subscrevem um código de ética que estabelece os princípios e valores fundamentais que são essenciais para o seu trabalho e, portanto, regem o seu comportamento. O código pode se tornar um ponto de referência para ajudar o indivíduo a determinar o que é legal e o que é ético; entretanto, o indivíduo também será guiado por seu conjunto de princípios morais.

FIGURA 3.1
A diferença entre agir com ética e agir legalmente

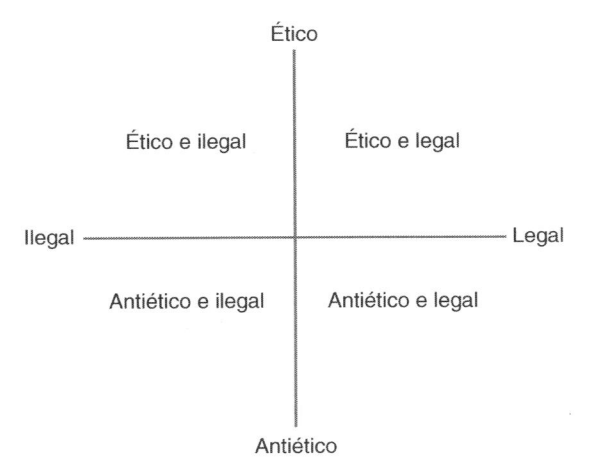

	Ético	
Ético e ilegal		Ético e legal
Ilegal		Legal
Antiético e ilegal		Antiético e legal
	Antiético	

Promovendo a responsabilidade social corporativa e a boa ética empresarial

As organizações têm pelo menos cinco boas razões para promover um ambiente de trabalho no qual os funcionários são incentivados a agir com ética ao tomar decisões de negócios:

- Conquistar a boa vontade da comunidade.
- Criar uma organização que opere de forma consistente.
- Promover boas práticas de negócios.
- Proteger a organização e seus funcionários de ações legais.
- Evitar publicidade desfavorável.

Conquistar a boa vontade da comunidade

Embora as organizações existam principalmente para obter lucros ou fornecer serviços aos clientes, elas também têm algumas responsabilidades fundamentais perante a sociedade. As empresas costumam declarar essas responsabilidades em metas específicas de responsabilidade social corporativa (*corporate social responsibility* – CSR).

Todas as organizações de sucesso, incluindo empresas de tecnologia, reconhecem que devem atrair e manter clientes fiéis. A filantropia é uma maneira pela qual uma organização pode demonstrar seus valores em ação e fazer uma conexão positiva com seus clientes, funcionários, fornecedores, parceiros de negócios e outras partes. Como resultado, muitas organizações iniciam ou apoiam atividades socialmente responsáveis. Essas atividades podem incluir fazer contribuições para organizações de caridade e instituições sem fins lucrativos, fornecer benefícios aos funcionários que excedam os requisitos legais e dedicar recursos organizacionais a iniciativas que sejam mais socialmente desejáveis do que lucrativas. Eis alguns exemplos de certas atividades de CSR apoiadas pelas principais organizações de TI.

- Os funcionários da Dell doaram mais de US$ 1,2 milhão para organizações de ajuda humanitária em todo o mundo e contribuíram com mais de 23 mil horas em esforços de ajuda humanitária. Além disso, a Fundação Michael e Susan Dell comprometeu US$ 36 milhões em ajuda humanitária para apoiar os esforços de socorro no caso do furacão Harvey. Muitas das vítimas de Harvey moravam no estado natal da Dell, o Texas. No geral, os funcionários da Dell gastaram mais de 809 mil horas como voluntários para várias causas em 2017.[2]
- Durante 2017, a Microsoft doou mais de US$ 1,2 bilhão em software e serviços e um adicional de US$ 1 bilhão em tecnologia de nuvem para organizações sem fins lucrativos e pesquisadores universitários. Seus funcionários doaram US$ 149 milhões para várias instituições de caridade. A empresa também está trabalhando para levar conectividade de banda larga a dois milhões de pessoas nas áreas rurais dos EUA até 2022.[3]
- A Oracle tem um conjunto multifacetado de iniciativas de CSR destinadas a promover a educação, proteger o meio ambiente e enriquecer a vida da comunidade. A Oracle Academy e a Oracle Education Foundation ajudam os alunos a desenvolver habilidades técnicas e desenvolver sua criatividade. A empresa é líder em sustentabilidade e está classificada entre as 10% melhores empresas nessa área. A Oracle doou milhões de dólares em dinheiro para organizações sem fins lucrativos e seus funcionários em 45 países doaram 110.000 horas de seu tempo para apoiar organizações sem fins lucrativos.[4]

A boa vontade gerada pelas atividades de CSR pode tornar mais fácil para as empresas conduzir seus negócios. Por exemplo, uma empresa conhecida por tratar bem seus funcionários achará mais fácil competir pelos melhores candidatos. Por outro lado, empresas que não são socialmente responsáveis correm o risco de alienar sua base de clientes. Um estudo com mais de 10 mil compradores em dez países diferentes revelou que mais de 90% tendem a mudar para marcas que apoiam uma causa socialmente responsável, considerando preço e qualidade semelhantes. Além disso, 90% dos clientes pesquisados boicotariam uma empresa se soubessem que ela está envolvida em práticas de negócios socialmente irresponsáveis. Na verdade, 55% dos entrevistados já haviam feito isso no ano anterior.[5]

Criando uma organização que opere de maneira consistente

As organizações desenvolvem e seguem valores para criar uma cultura organizacional e definir uma abordagem consistente para lidar com as necessidades de seus acionistas. As partes interessadas incluem acionistas, funcionários, clientes, fornecedores e a comunidade. Essa consistência garante que os funcionários saibam o que se espera deles e possam empregar os valores da organização para ajudá-los na tomada de decisões. Consistência também significa que acionistas, clientes, fornecedores e comunidade sabem o que podem esperar da organização. Com consistência, a empresa se comportará no futuro da mesma forma como se comportou no passado. É especialmente importante para as organizações multinacionais ou globais apresentarem uma face consistente para seus acionistas, clientes e fornecedores, sem importar onde essas partes interessadas vivem ou operam seus negócios. Embora o sistema de valores de cada empresa seja diferente, muitos compartilham os seguintes valores:

- Operar com honestidade e integridade, permanecendo fiel aos princípios organizacionais.
- Operar de acordo com os padrões de conduta ética, em palavras e ações.
- Tratar colegas, clientes e consumidores com respeito.
- Esforçar-se para ser o melhor naquilo que é mais importante para a organização.
- Valorizar a diversidade.
- Tomar decisões com base em fatos e princípios.

Promovendo boas práticas de negócios

Em muitos casos, uma boa ética pode significar bons negócios e lucros melhores. As empresas que produzem produtos seguros e eficazes evitam recalls e ações judiciais dispendiosas. (O recall do medicamento para emagrecer Fen-Phen custou a seu fabricante, Wyeth-Ayerst Laboratories, quase US$ 14 bilhões em indenizações às vítimas, muitas das quais desenvolveram sérios problemas de saúde devido ao uso do medicamento.[6]) As empresas que fornecem um serviço excelente retêm seus clientes em vez de perdê-los para os concorrentes. As empresas que desenvolvem e mantêm relações fortes com os funcionários desfrutam de taxas de rotatividade mais baixas e melhor moral dos funcionários. Os fornecedores e outros parceiros de negócios costumam priorizar o trabalho com empresas que operam de maneira justa e ética. Todos esses fatores tendem a aumentar a receita e os lucros, ao mesmo tempo em que diminuem as despesas. Como resultado, as empresas éticas devem tender a ser mais lucrativas no longo prazo do que as empresas antiéticas.

Por outro lado, a má ética pode levar a maus resultados nos negócios. A má ética pode ter um impacto negativo sobre os funcionários, muitos dos quais podem desenvolver atitudes negativas se perceberem uma diferença entre seus próprios valores e aqueles declarados ou implícitos pelas ações da organização. Em um ambiente assim, os funcionários podem suprimir sua tendência de agir de maneira que lhes pareça ética e, em vez disso, agir de maneira a se protegerem contra punições antecipadas. Quando essa discrepância entre o funcionário e a ética organizacional ocorre, ela destrói o compromisso do funcionário com as metas e objetivos organizacionais, gera moral baixa, promove o mau desempenho, corrói o envolvimento do funcionário em iniciativas de melhoria organizacional e cria indiferença às necessidades da organização.

Protegendo a organização e seus funcionários contra ações judiciais

Em 1909, na decisão *Estados Unidos vs. New York Central & Hudson River Railroad Co.*, a Suprema Corte dos EUA estabeleceu que um empregador pode ser responsabilizado pelos atos de seus funcionários, mesmo que estes ajam de maneira contrária à política corporativa e às instruções de seu empregador.[7] O princípio estabelecido é denominado *respondeat superior*, ou "deixe o mestre responder".

Quando foi descoberto que funcionários do Wells Fargo Bank abriram mais de 2 milhões de contas de cartão de crédito não autorizadas por seus clientes, o banco foi multado em mais de US$ 185 milhões e obrigado a pagar aos clientes a restituição total por quaisquer taxas ou encargos que possam ter incorrido. A prática começou pelo menos em 2011 e foi uma tentativa de milhares de funcionários do banco atingirem suas metas para vendas cruzadas e serem recompensados com bônus por vendas mais altas.[8] A venda cruzada é a prática de vender vários produtos aos clientes existentes. Os produtos incluíam contas de poupança, contas correntes, empréstimos para automóveis, hipotecas e cartões de crédito. A venda cruzada para os clientes existentes é menos dispendiosa do que localizar e vender para novos clientes. Ela também tende a amarrar os clientes existentes em seu banco.

Evitando publicidade desfavorável

A reputação pública de uma empresa influencia fortemente o valor de suas ações, a maneira como os consumidores consideram seus produtos e serviços, o grau de supervisão que recebe de agências governamentais e a quantidade de apoio e cooperação que recebe de seus parceiros de negócios. Assim, muitas organizações são motivadas a construir um forte programa de ética para evitar publicidade negativa. Se uma organização é vista como operando de forma ética, os clientes, parceiros de negócios, acionistas, defensores do consumidor, instituições financeiras e órgãos reguladores geralmente a considerarão mais favoravelmente.

Anunciantes e profissionais de marketing importantes estão irritados com o Facebook depois que descobriram que o maior serviço de rede social on-line do mundo exagerou muito no tempo médio de exibição de anúncios em vídeos de sua plataforma. Essa é uma métrica-chave utilizada pelos anunciantes para decidir o quanto gastar nos vídeos do Facebook em comparação com outros serviços de vídeo, como YouTube, Twitter e redes de TV. Acontece que o Facebook não incluiu visualizações de três segundos ou menos no cálculo de seu tempo médio de visualização, resultando em uma superestimativa do tempo de visualização em 60% a 80%.[9] Alguns analistas do setor de publicidade acreditam que os novos resultados de tempo de exibição e a publicidade negativa associada ao incidente afetarão a futura colocação de dezenas de bilhões de dólares em publicidade.

Incluindo considerações éticas na tomada de decisão

Todos nós enfrentamos decisões difíceis no trabalho e na vida pessoal. A maioria de nós desenvolveu um processo de tomada de decisão que executamos automaticamente, sem pensar nas etapas pelas quais passamos. Para muitos de nós, o processo geralmente segue as etapas descritas na Figura 3.2.

FIGURA 3.2
Processo de tomada de decisão ética em cinco etapas

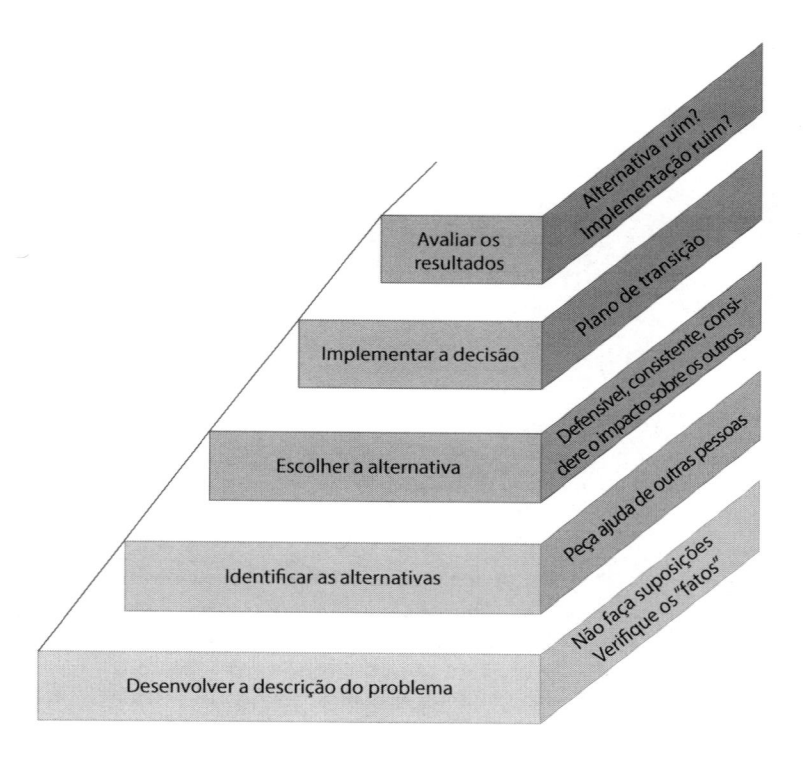

- Desenvolver a descrição do problema — Não faça suposições / Verifique os "fatos"
- Identificar as alternativas — Peça ajuda de outras pessoas
- Escolher a alternativa — Defensível, consistente, considere o impacto sobre os outros
- Implementar a decisão — Plano de transição
- Avaliar os resultados — Alternativa ruim? Implementação ruim?

As seções a seguir discutem esse processo de tomada de decisão mais detalhadamente e apontam onde e como as considerações éticas precisam ser incluídas no processo.

Desenvolva uma descrição de problema

declaração do problema: Uma descrição clara e concisa do problema que precisa ser abordado.

Uma **descrição de problema** é a descrição clara e concisa do problema que precisa ser abordado. Uma boa descrição de problema responde às seguintes perguntas: O que as pessoas observam que faz com que pensem que há um problema? Quem é diretamente afetado pelo problema? Alguém mais é afetado? Com que frequência o problema ocorre? Qual é o impacto do problema? Qual é a seriedade do problema?

O desenvolvimento de uma boa descrição do problema é a etapa crucial no processo de tomada de decisão. Sem uma descrição clara do problema ou a decisão a ser tomada, é inútil prosseguir. Se o problema for descrito de forma incorreta, as chances de resolver o problema real são muito reduzidas. A lista a seguir inclui o exemplo de uma boa descrição de problema, bem como dois exemplos de descrição de problema insatisfatória:

- Boa descrição de problema: Nossa organização de fornecimento de produtos está continuamente ficando sem estoque de produtos acabados, criando uma situação de falta de estoque em mais de 15% dos pedidos de nossos clientes, resultando em mais de US$ 300 mil em vendas perdidas por mês.
- Fraca descrição de problema: Precisamos implementar um novo sistema de controle de estoque. (Essa é uma solução possível, não uma descrição de problema. Seguir esse curso de ação certamente será caro e demorado e pode ou não resolver o problema subjacente.)
- Fraca descrição de problema: Precisamos instalar câmeras e equipamentos de monitoramento para acabar com o furto de produto acabado no centro de armazenamento. (Novamente, essa é uma solução possível, não uma descrição de problema. E existem fatos suficientes para apoiar a hipótese de roubo no centro de armazenamento?)

Você deve reunir e analisar os fatos para desenvolver uma boa descrição do problema. Busque informações e opiniões de várias pessoas (incluindo aquelas que vivenciaram o problema em primeira mão e aquelas que serão afetadas por quaisquer mudanças) para ampliar seu quadro de referência. Durante esse processo, você deve ser extremamente cuidadoso para não fazer suposições sobre a situação e verificar cuidadosamente a validade dos fatos-chave. Situações simples às vezes podem se transformar em controvérsias complexas porque ninguém dedica tempo para reunir e analisar os fatos reais.

Identifique as alternativas

Durante essa fase de tomada de decisão, é ideal contar com a ajuda de outras pessoas para identificar várias soluções alternativas para o problema. Em especial, você desejará contar com a ajuda daqueles que conhecem a situação em primeira mão ou daqueles que serão afetados pela decisão. O brainstorming com outras pessoas aumentará suas chances de identificar uma ampla gama de alternativas e determinar a melhor solução. Por outro lado, pode haver ocasiões em que não seja adequado envolver outras pessoas na solução de um problema que você não tem liberdade para discutir. Ao fornecer aos participantes informações sobre o problema a ser resolvido, ofereça apenas os fatos, sem a sua opinião, para que você não influencie outras pessoas a aceitar sua solução.

Durante qualquer processo de brainstorming, tente não ser crítico em relação às ideias, pois qualquer crítica negativa tenderá a encerrar a discussão e o fluxo de ideias diminuirá. Simplesmente anote as ideias conforme são sugeridas e faça perguntas apenas para obter uma compreensão mais clara da solução proposta.

Escolha uma alternativa

Uma vez que um conjunto de alternativas tenha sido identificado, o grupo deve avaliá-las com base em vários critérios, como eficácia no tratamento do problema, extensão do risco associado a cada alternativa, custo e tempo de implementação. Uma alternativa que parece atraente, mas não é viável, não ajudará a resolver o problema.

Como parte do processo de avaliação, pondere as várias leis, diretrizes e princípios que podem ser aplicáveis. Você certamente não deseja violar uma lei que pode resultar em multa ou prisão para você ou outras pessoas. Alguma política ou diretriz corporativa se aplica? O código de ética organizacional oferece orientação? Algum aspecto de sua própria ética se aplica?

Considere as consequências prováveis de cada alternativa de várias perspectivas: Qual é o impacto sobre você, sua organização, outras partes interessadas (incluindo seus fornecedores e clientes) e o meio ambiente? Essa alternativa causa menos danos do que outras alternativas?

A alternativa selecionada deve ser ética e legalmente defensável para um grupo de seus colegas de trabalho e pares, e deve ser defensável para o órgão gestor de ética da sua profissão. Você precisa ser consistente com as políticas e o código de ética da organização e levar em consideração o impacto sobre os outros. Por último, sua alternativa deve fornecer uma boa solução para o problema.

Implemente a decisão

Assim que uma alternativa for selecionada, ela deve ser implementada de maneira eficiente, eficaz e oportuna. Muitas vezes, é muito mais fácil falar do que fazer, porque as pessoas tendem a resistir à mudança. Na verdade, quanto maior a mudança, maior é a resistência a ela. A comunicação é a chave para ajudar as pessoas a aceitar uma mudança. É imperativo que alguém em quem as partes interessadas confiem e respeitem responda às seguintes perguntas:

- Por que estamos fazendo isso?
- O que há de errado com a maneira como fazemos as coisas?
- Como a mudança nos beneficiará?

Um plano de transição deve ser definido para explicar às pessoas como elas passarão da velha maneira de fazer as coisas para a nova. É essencial que a transição seja vista como relativamente fácil e indolor. Pode ser necessário treinar as pessoas afetadas, fornecer incentivos para fazer a mudança de maneira bem-sucedida e modificar o sistema de recompensa para encorajar novos comportamentos consistentes com a mudança.

Avalie os resultados

Após a implementação da solução do problema, monitore os resultados para verificar se o efeito desejado foi alcançado e observe o impacto na organização e nos diversos acionistas. Os critérios de sucesso foram totalmente atendidos? Houve alguma consequência não intencional? A implementação foi mal executada? Essa avaliação pode indicar que mais aperfeiçoamentos são necessários. Em caso afirmativo, volte à etapa de desenvolvimento do problema, aperfeiçoe a descrição do problema conforme necessário e trabalhe no processo novamente.

Código de ética profissional

código de ética profissional: Uma declaração dos princípios e valores fundamentais que uma organização deseja desenvolver em seus líderes e membros.

Um **código de ética profissional** declara os princípios e valores fundamentais que uma organização deseja desenvolver em seus líderes e membros. A principal intenção de um código de ética é definir o comportamento desejado. Por exemplo, os médicos seguem versões variadas do juramento hipocrático datado de 2.000 anos, que as escolas de medicina oferecem como uma afirmação às suas turmas de formandos. A maioria dos códigos de ética criados por organizações profissionais tem duas partes principais: a primeira descreve o que a organização aspira se tornar e a segunda geralmente lista as regras e princípios que os membros da organização devem obedecer. Muitos códigos também incluem um compromisso com a educação continuada para aqueles que praticam a profissão.

As leis não fornecem um guia completo para o comportamento ético e não se pode esperar que um código de ética profissional forneça uma resposta para todos os dilemas éticos. Mas seguir um código de ética profissional pode produzir quatro benefícios principais para um indivíduo, uma profissão e a sociedade como um todo:

- *Melhorar a tomada de decisão ética.* Adesão a um código de ética profissional significa que os profissionais utilizam um conjunto comum de valores e crenças fundamentais como uma diretriz para a tomada de decisões éticas.
- *Estabelecer altos padrões de prática e comportamento ético.* A adesão a um código de ética lembra os profissionais das responsabilidades e deveres que eles podem ser tentados a comprometer para atender às pressões do dia a dia dos negócios. O código também define comportamentos aceitáveis e inaceitáveis para orientar os profissionais em suas interações com outras pessoas. Códigos de

ética rígidos possuem procedimentos para censurar profissionais por violações graves, com penalidades que podem incluir a perda do direito de exercer a atividade. Esses códigos são a exceção, entretanto, e poucos existem na área de TI.
- *Gerar confiança e respeito por parte do público em geral.* A confiança pública é construída com base na expectativa de que um profissional se comportará de forma ética. As pessoas muitas vezes dependem da integridade e do bom senso de um profissional para dizer a verdade, abster-se de dar conselhos egoístas e alertar sobre os potenciais efeitos colaterais negativos de suas ações. Assim, seguir um código de ética aumenta a confiança e o respeito pelo profissional e sua profissão.
- *Fornecer uma referência de avaliação.* Um código de ética fornece uma referência de avaliação que o profissional pode utilizar como meio de autoavaliação. Os colegas do profissional também podem utilizar o código para reconhecimento ou censura.

Nenhuma organização profissional de sistemas de informação emergiu como proeminente, então não existe um código de ética universal para trabalhadores de SI. Mas a existência de tais organizações é útil em um campo que está crescendo e mudando rapidamente. Para ficar por dentro dos muitos novos desenvolvimentos em seu campo, os funcionários de SI precisam se relacionar com outras pessoas, buscar novas ideias e desenvolver continuamente suas habilidades e conhecimentos pessoais. Mesmo que você seja um programador freelance ou o CIO de uma das 500 empresas da Fortune, filiar-se a uma organização de trabalhadores de SI permite que você se associe a outras pessoas com experiência de trabalho semelhante, desenvolva relacionamentos de trabalho e troque ideias. Essas organizações disseminam informações por e-mail, periódicos, sites, mídias sociais, reuniões e conferências. Além disso, em reconhecimento à necessidade de padrões profissionais de competência e conduta, muitas dessas organizações desenvolveram códigos de ética que podem ser encontrados em seus sites. Algumas das organizações profissionais relacionadas a SI mais notáveis incluem a fusão da Computer Technology Industry Association (CompTIA) da Association of Information Technology Professionals (AITP), a Association for Computing Machinery (ACM), a Association for Women in Computing, a Independent Computer Consultants Association, o Institute of Electrical and Electronics Engineers Computer Society (IEEE-CS), a Network Professional Association e o SysAdmin, Audit, Network, Security (SANS) Institute.

Exercício de pensamento crítico

Um funcionário infeliz
▶ QUESTÕES SOCIAIS E ÉTICAS

Você é o gestor de suporte ao cliente de um pequeno fabricante de software. A mais nova contratação à sua equipe de dez pessoas é Elliot, recém-formada em ciência da computação. Ela está um pouco sobrecarregada com o volume de ligações, mas está aprendendo rapidamente e fazendo o possível para acompanhar o ritmo de trabalho. Hoje, durante o almoço, um dos membros de sua equipe informou que ouviu uma conversa por telefone em que parecia que Elliot estava conversando com um headhunter e expressando insatisfação com sua situação atual. Você fica chocado e alarmado. Você não tinha ideia de que ela estava infeliz, e sua equipe precisa desesperadamente da ajuda dela para lidar com o ataque de chamadas geradas pela versão mais recente do software. Se você perdê-la, precisará encontrar uma substituta rapidamente. Você deve confrontar Elliot e exigir saber suas intenções? Você deve evitar qualquer confronto e simplesmente começar a buscar seu substituto? Alguma outra ação é apropriada? Siga o processo de cinco etapas para a tomada de decisão ética para decidir quais devem ser suas próximas etapas.

Perguntas de revisão
1. Quais são os fatos da situação?
2. Desenvolva uma descrição clara do problema dessa situação.

Questões de pensamento crítico

1. Identifique alternativas para lidar com essa situação. Você deve envolver outras pessoas nisso?
2. Escolha uma alternativa e defenda suas ações.

Sistemas de informação e privacidade

O uso de sistemas de informação tanto no governo quanto nas empresas requer um equilíbrio entre as necessidades daqueles que utilizam as informações coletadas e os direitos e desejos das pessoas cujas informações estão sendo utilizadas. As informações sobre as pessoas são coletadas, armazenadas, analisadas e relatadas porque as organizações, incluindo agências governamentais, podem usá-las para tomar as melhores decisões. Algumas dessas decisões, tais como contratar ou não um candidato a emprego, aprovar um empréstimo ou oferecer uma bolsa de estudos, podem afetar profundamente a vida das pessoas.

O mercado global e a competição acirrada aumentaram a importância de conhecer os hábitos de compra e a condição financeira dos consumidores. As empresas utilizam essas informações para direcionar os esforços de marketing aos consumidores que têm maior probabilidade de comprar seus produtos e serviços. As organizações também precisam de informações básicas sobre os clientes para melhor atendê-los. É difícil imaginar uma organização tendo relacionamentos produtivos com seus clientes sem ter dados sobre eles. Portanto, as organizações desejam sistemas que coletem e armazenem dados importantes de cada interação que mantêm com um cliente. As informações podem incluir dados financeiros, histórico médico, histórico de trabalho e assim por diante, conforme mostrado na Figura 3.3.

Muitas pessoas se opõem às políticas de coleta de dados de governos e empresas, alegando que privam os indivíduos do poder de controlar suas próprias informações pessoais. Para essas pessoas, a miscelânea existente de leis e práticas de privacidade não oferece proteção adequada. Em vez disso, causa confusão que promove desconfiança e ceticismo, que são alimentados por divulgações adicionais de ameaças à privacidade.

FIGURA 3.3
Governos e organizações reúnem uma variedade de dados sobre pessoas

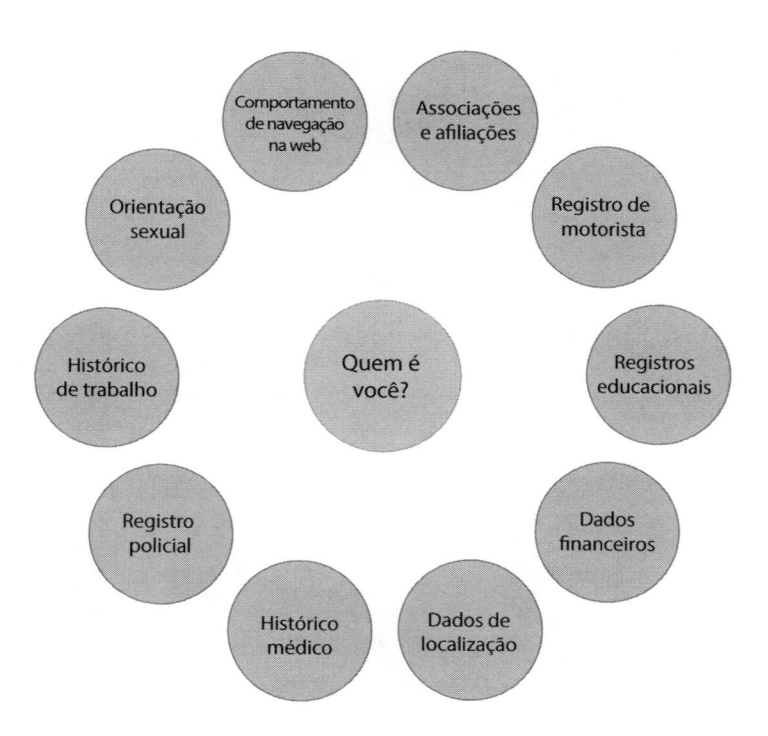

Uma combinação de abordagens — novas leis, soluções técnicas e políticas de privacidade — é necessária para equilibrar a balança. Limites razoáveis devem ser estabelecidos no acesso do governo e das empresas a informações pessoais, novas tecnologias de informação e comunicação devem ser projetadas para proteger, em vez de diminuir a privacidade, e políticas corporativas apropriadas devem ser desenvolvidas para definir padrões básicos para a privacidade das pessoas.

Medidas de proteção de dados pessoais

práticas justas de informação: Um termo para um conjunto de diretrizes que regem a coleta e o uso de dados pessoais.

Práticas justas de informação é uma expressão para um conjunto de diretrizes que regem a coleta e o uso de dados pessoais. Várias organizações e países desenvolveram seu próprio conjunto de diretrizes e os chamam por nomes diferentes. O objetivo geral dessas diretrizes é interromper o armazenamento ilegal de dados pessoais, eliminar o armazenamento de dados pessoais imprecisos e evitar o abuso ou divulgação não autorizada desses dados. Para algumas organizações e alguns países, uma questão importante é o fluxo de dados pessoais através das fronteiras nacionais (fluxo de dados transfronteiriços). As práticas justas de informação são importantes porque formam a base subjacente a muitas leis nacionais que tratam de questões de privacidade e proteção de dados. A Europa tem sido mais ativa nessa área do que os Estados Unidos.

Regulamento Geral de Proteção de Dados (GDPR): Um conjunto de requisitos de privacidade de dados aplicáveis em toda a União Europeia e também em organizações que comercializam ou processam informações de usuários finais, clientes ou funcionários da UE.

O Regulamento Geral de Proteção de Dados (*General Data Protection Regulation* – GDPR) é um conjunto de requisitos de privacidade de dados aplicados em toda a União Europeia, incluindo organizações não pertencentes à UE que comercializam ou processam informações de indivíduos na União Europeia. Em geral, ela aumenta os direitos dos indivíduos e lhes dá mais controle sobre suas informações. O GDPR impõe obrigações às organizações de obter o consentimento das pessoas sobre as quais coletam informações e de gerenciar melhor esses dados. Isso inclui estabelecer um diretor de proteção de dados e políticas de proteção de dados, realizar avaliações de proteção de dados, fornecer treinamento aos funcionários para garantir que estejam cientes de suas responsabilidades relacionadas a dados pessoais e ter documentação escrita explicando como os dados são processados.

Os indivíduos podem pedir a uma organização que forneça os dados que mantêm sobre eles, sem nenhum custo, usando uma Solicitação de Acesso de Assunto que deve ser cumprida dentro de um mês. Em caso de violação de dados, as organizações têm 72 horas para notificar as autoridades. O GDPR impõe multas significativas para organizações que violem as regras. Organizações com violações menores estão sujeitas a multas de até £ 10 milhões (US$ 13,1 milhões) ou 2% da receita global de uma empresa (o que for maior). As organizações com violações graves estão sujeitas a multas de até £ 20 milhões (US$ 26,2 milhões) ou 4% da receita global da empresa.[10]

O Tesco Bank do Reino Unido foi atingido por uma violação de dados que afetou cerca de 40 mil contas de clientes, com dinheiro retirado de metade deles. O Tesco Bank reembolsou £ 2,5 milhões (US$ 3,2 milhões) para seus clientes após o ataque. Se o GDPR estivesse em vigor no momento da violação, a controladora do Tesco Bank poderia enfrentar uma multa de quase £ 2 bilhões (US$ 2,5 bilhões).

A situação em relação às práticas justas de informação nos Estados Unidos é muito diferente. Embora várias leis tenham sido implementadas ao longo do tempo, nenhuma política nacional abrangente de privacidade de dados foi desenvolvida. Nem existe uma agência de consultoria estabelecida que recomende práticas de privacidade aceitáveis para as empresas. Em vez disso, existem leis que tratam de possíveis abusos por parte do governo, com poucas restrições para o setor privado. Quase não existe legislação que protege as pessoas de abusos da privacidade de dados por parte das empresas. As várias leis federais importantes que regem a privacidade de dados podem ser divididas nos seguintes tópicos: dados financeiros, informações de saúde e dados pessoais de crianças.

Dados financeiros

As pessoas físicas devem revelar muitos de seus dados financeiros pessoais para aproveitar a ampla gama de produtos e serviços financeiros disponíveis, incluindo cartões de crédito, contas correntes e de poupança, empréstimos, depósito direto em folha de pagamento e contas de corretagem. Para acessar muitos desses produtos e serviços financeiros, os indivíduos devem utilizar um nome de logon pessoal, senha, número de conta ou PIN. A perda inadvertida ou divulgação desses dados financeiros pessoais acarreta um alto risco de perda de privacidade e potencial perda financeira. Os indivíduos devem se preocupar em como esses dados pessoais são protegidos por empresas e outras organizações e se são compartilhados com outras pessoas ou empresas.

Fair Credit Reporting Act (15 U.S.C. § 1681)

Fair Credit Reporting Act: Regula as operações das agências de relatórios de crédito, incluindo como coletam, armazenam e utilizam informações de crédito.

A Fair Credit Reporting Act (FCRA) regula as operações das agências de relatórios de crédito, incluindo como coletam, armazenam e utilizam informações de crédito. A lei, imposta pela Comissão Federal de Comércio dos EUA, visa garantir a precisão, justiça e privacidade das informações coletadas pelas empresas de relatórios de crédito e fornecer diretrizes para organizações cujos sistemas reúnem e vendem informações sobre as pessoas. A lei descreve quem pode acessar suas informações de crédito, como você pode descobrir o que está em seu arquivo, como contestar dados imprecisos e por quanto tempo os dados são retidos. Também proíbe uma agência de relatórios de crédito de fornecer informações sobre você ao seu empregador ou potencial empregador sem o seu consentimento por escrito.

A empresa de relatórios de crédito ao consumidor TransUnion foi multada em US$ 60 milhões por violação de três disposições da FCRA: (1) falha em seguir "procedimentos razoáveis para garantir o máximo possível de precisão das informações" contidas nos relatórios dos consumidores reclamantes, (2) falha em divulgar de forma clara e precisa todas as informações nos relatórios dos consumidores reclamantes mediante sua solicitação, e (3) falha em fornecer aos reclamantes um resumo de seus direitos de acordo com a FCRA. A TransUnion havia identificado erroneamente indivíduos como traficantes e terroristas porque seus nomes eram semelhantes aos encontrados em uma lista mantida pelo Departamento do Tesouro.[11] Muitas empresas, grandes e pequenas, são alvos de ações judiciais da FCRA e precisam garantir que estejam em conformidade com a FCRA e os regulamentos estaduais.

Right to Financial Privacy Act (12 U.S.C. § 3401)

Right to Financial Privacy Act: Protege os registros de clientes de instituições financeiras contra o escrutínio não autorizado pelo governo federal.

A Right to Financial Privacy Act protege os registros de clientes de instituições financeiras do escrutínio não autorizado do governo federal. De acordo com a lei, o cliente deve receber notificação por escrito de que uma agência federal pretende obter seus registros financeiros, além de uma explicação da finalidade para a qual os registros são solicitados. Os clientes também devem receber procedimentos por escrito a serem seguidos, caso não desejem que os registros sejam disponibilizados. A instituição financeira não pode liberar os registros financeiros de um cliente até que a autoridade governamental que busca os registros certifique por escrito que cumpriu as disposições aplicáveis da lei. A lei apenas rege as divulgações ao governo federal; não cobre divulgações para empresas privadas ou governos estaduais e locais. A lei permite penalidades civis, responsabilidade e ação disciplinar para agências ou departamentos dos EUA ou instituições financeiras por descumprimento.

Fair and Accurate Credit Transactions Act (Lei pública 108-159)

Fair and Accurate Credit Transactions Act: Permite que os consumidores solicitem e obtenham um relatório de crédito gratuito uma vez por ano de cada uma das três principais empresas de relatórios de crédito ao consumidor (Equifax, Experian e TransUnion).

A Fair and Accurate Credit Transactions Act foi aprovada em 2003 como uma emenda à Fair Credit Reporting Act e permite que os consumidores solicitem e obtenham um relatório de crédito gratuito uma vez por ano de cada uma das três principais empresas de relatórios de crédito ao consumidor (Equifax, Experian e Trans-Union). A lei também ajudou a estabelecer o sistema National Fraud Alert para ajudar a prevenir o roubo de identidade. Nesse sistema, os consumidores que suspeitam que foram, ou se tornem, vítimas de roubo de identidade podem colocar um alerta em seus arquivos de crédito. O alerta avisa aos potenciais credores de que eles devem proceder com cautela ao conceder crédito.

Informações de saúde

O uso de prontuários médicos eletrônicos e a subsequente interligação e transferência dessas informações eletrônicas entre diferentes organizações se generalizou. Os indivíduos estão, com razão, preocupados com a erosão da privacidade dos dados relativos à sua saúde. Eles temem invasões em seus dados de saúde por parte de empregadores, escolas, seguradoras, agências de aplicação da lei e até mesmo empresas de marketing que procuram promover seus produtos e serviços.

Health Insurance Portability and Accountability Act (HIPAA) (Lei pública 104–191)

A Health Insurance Portability and Accountability Act (HIPAA) exige que as organizações de saúde empreguem transações eletrônicas padronizadas, códigos e identificadores para permitir que digitalizem totalmente os registros médicos, tornando assim possível a troca de dados médicos pela internet. De acordo com as disposições da HIPAA, os prestadores de cuidados de saúde devem obter o consentimento por escrito dos pacientes antes de divulgar qualquer informação de seus registros médicos. Assim, os pacientes precisam assinar um formulário de divulgação da HIPAA cada vez que são tratados em um hospital, e tal formulário deve ser mantido no arquivo de seu médico de atenção primária. Além disso, os prestadores de cuidados de saúde devem manter o controle de todos os que recebem informações do prontuário médico de um paciente.

As penalidades para o descumprimento são baseadas no nível de negligência, e as violações também podem acarretar acusações criminais que podem resultar em pena de prisão. O MD Cancer Center da Universidade do Texas foi multado em US$ 4,3 milhões pelo roubo de dados não criptografados do laptop e de dois pendrives USB de um funcionário.[12]

A HIPPA atribui responsabilidade às organizações de saúde para certificar que seus parceiros de negócios (agentes de cobrança, seguradoras, cobradores de dívidas, empresas de pesquisa, agências governamentais e organizações de caridade) também cumpram as regras de segurança e privacidade da HIPAA. Essa disposição da HIPAA causa grande preocupação entre muitos executivos de saúde, pois eles não têm controle direto sobre os sistemas e procedimentos implementados por seus parceiros.

Título XIII da American Recovery and Reinvestment Act (Lei pública 111-5)

O Título XIII da American Recovery and Reinvestment Act, também conhecida como Health Information Technology for Economic and Clinical Health Act (HITECH), incluiu fortes disposições de privacidade para registros eletrônicos de saúde (*electronic health records* – EHRs). Essas disposições incluíam a proibição da venda de informações de saúde, a promoção do uso de trilhas de auditoria e criptografia, o fornecimento dos direitos de acesso aos pacientes e a obrigatoriedade de que cada indivíduo cujas informações de saúde tenham sido expostas seja notificado dentro de 60 dias após a descoberta de uma violação de dados. A lei também forneceu financiamento e incentivos para acelerar a adoção de sistemas de informação de saúde padronizados e interoperáveis, concedendo pagamentos a organizações de saúde que podem demonstrar o uso significativo de tais sistemas.

Um registro eletrônico de saúde (EHR) é uma visão abrangente do histórico médico completo de um paciente, projetada para ser compartilhada com provedores e funcionários autorizados em várias organizações de saúde. É uma história digital do histórico médico, diagnósticos e tratamentos do paciente. Os EHRs permitem aos prestadores de cuidados de saúde rastrear alterações nos dados de cuidados de saúde do paciente ao longo do tempo; identificar pacientes para vacinação, triagem ou check-ups; e monitorar os principais parâmetros do paciente, como níveis de glicose no sangue, pressão arterial e peso. Os fornecedores de registros eletrônicos de saúde devem certificar-se de que seu software atende aos critérios com base em uma avaliação completa por um organismo de teste credenciado.

Uma ação judicial foi movida contra 62 hospitais de Indiana alegando que os hospitais falsificaram sistematicamente registros e fraudaram contribuintes em mais de US$ 300 milhões. A ação alegava que os hospitais falsificaram registros para atender aos requisitos exigidos para demonstrar o uso significativo de sistemas eletrônicos e receber pagamentos de incentivos.[13]

Dados pessoais de crianças

Muitas pessoas sentem que é necessário proteger as crianças de serem expostas a materiais inadequados e predadores on-line, tornarem-se alvo de assédio, divulgarem dados pessoais e se envolverem em jogos de azar ou outro comportamento impróprio. Até o momento, foram implementadas apenas algumas leis para proteger as crianças on-line e várias delas foram consideradas inconstitucionais, de acordo com a Primeira Emenda e sua proteção à liberdade de expressão.

Family Educational Rights and Privacy Act (FERPA) (20 U.S.C. § 1232g)

Family Educational Rights and Privacy Act (FERPA): Atribui certos direitos aos pais em relação ao histórico educacional de seus filhos.

A Family Educational Rights and Privacy Act (FERPA) é uma lei federal que atribui certos direitos aos pais considerando o histórico educacional dos filhos. Esses direitos são transferidos para o estudante quando ele atinge a idade de 18 anos, ou antes, se frequentar uma escola além do ensino médio. Esses direitos incluem o direito de exigir que os registros educacionais sejam divulgados apenas com o consentimento do aluno, o direito de alterar os registros e o direito de registrar queixas contra uma escola por divulgar registros educacionais em violação à FERPA.

Children's Online Privacy Protection Act (COPPA) (15 U.S.C. §§ 6501–6506)

Children's Online Privacy Protection Act (COPPA): Afirma que qualquer site que atenda a crianças deve oferecer políticas de privacidade abrangentes, notificar os pais ou responsáveis sobre suas práticas de coleta de dados e receber o consentimento dos pais antes de coletar qualquer informação pessoal de crianças menores de 13 anos.

De acordo com a Children's Online Privacy Protection Act (COPPA), qualquer site que atenda a crianças deve oferecer políticas de privacidade abrangentes, notificar os pais ou responsáveis sobre suas práticas de coleta de dados e receber o consentimento dos pais antes de coletar qualquer informação pessoal de crianças menores de 13 anos. A COPPA foi implementada em 1998 para dar aos pais mais controle sobre a coleta, o uso e a divulgação das informações pessoais de seus filhos; mas não cobre a disseminação de informações para crianças. A lei teve um grande impacto e exigiu que muitas empresas gastassem centenas de milhares de dólares para tornar seus sites compatíveis; outras empresas eliminaram os pré-adolescentes como público-alvo.

Uma ação coletiva foi movida contra a Walt Disney Company por um grupo de pais por violações de privacidade envolvendo crianças, permitindo que Twitter, comScore, Upsight, Unity Technology e Kochava incorporassem o código que rastreava crianças usando 42 aplicativos da Disney, incluindo o popular *Where's My Water?*, *Princess Palace Pets* e *Moana Island Life*. A ação alega que a Disney permitiu que as empresas de software incorporassem rastreadores nesses aplicativos que poderiam extrair informações do dispositivo inteligente para publicidade e outros fins.[14]

Política de privacidade do site

A maioria das organizações sente uma forte necessidade de criar uma política de privacidade que descreva como reúne, armazena, compartilha e vende dados sobre seus visitantes. Elas reconhecem que muitos países ao redor do mundo têm leis que exigem políticas de privacidade caso a organização opere em sua jurisdição ou colete informações de seus cidadãos. Além disso, caso sua organização tenha qualquer interação ou relacionamento com aplicativos ou serviços de terceiros (por exemplo, Google AdSense, Google Analytics, Facebook Lead Ads, Amazon Affiliates), será necessária uma política de privacidade para que você use o serviço.

O Better Business Bureau recomenda que um aviso de privacidade deve se basear nos seguintes cinco elementos:[15]

- Aviso (quais informações pessoais estão sendo coletadas no site).
- Escolha (quais opções o cliente tem sobre como/se os dados pessoais são coletados e utilizados).
- Acesso (como um cliente pode ver quais dados foram coletados e alterar/corrigi-los, se necessário).
- Segurança (define como os dados coletados são armazenados/protegidos).
- Reparação (o que o cliente pode fazer se a política de privacidade não for cumprida).

Existem vários geradores de política de privacidade disponíveis on-line, porém, certifique-se de personalizar o modelo padrão para acomodar as leis à jurisdição legal em que sua organização opera e o tipo de negócio no qual você está envolvido.

Esforços individuais para proteger a privacidade

Embora várias leis estaduais e federais tratem da privacidade, as leis não protegem completamente a privacidade individual. Além disso, nem todas as empresas têm políticas de privacidade. Como resultado, muitas pessoas estão tomando medidas para aumentar sua própria proteção de privacidade. As etapas que você pode seguir para proteger sua privacidade pessoal incluem as seguintes:

- **Descubra o que está armazenado sobre você nos bancos de dados existentes.** Ligue para as principais agências de crédito para obter uma cópia de seu relatório de crédito. Você tem direito a um relatório de crédito gratuito a cada 12 meses de cada uma das três principais agências de relatórios do consumidor (Equifax, Experian e TransUnion). Você também pode obter um relatório gratuito se o crédito tiver sido negado nos últimos 60 dias. Observe que o único site autorizado por lei federal a fornecer relatórios de crédito gratuitos é Annual-CreditReport.com. Outros sites afirmam oferecer relatórios de crédito gratuitos, mas na verdade cobram dos consumidores, às vezes regularmente, pelo acesso aos relatórios de crédito.[16] As principais empresas são Equifax (*www.equifax.com*), TransUnion (*www.transunion.com*) e Experian (*www.experian.com*). Você também pode enviar uma solicitação, conforme a Freedom of Information Act, a uma agência federal suspeita de ter informações armazenadas sobre você.

- **Tenha cuidado ao compartilhar informações sobre si mesmo.** Não compartilhe informações a menos que seja absolutamente necessário. Cada vez que você fornece informações sobre você por meio de uma chamada para números públicos (como, por exemplo, os números 800, 888 e 900 nos Estados Unidos), sua privacidade está em risco. Esteja vigilante para exigir que seu médico, banco ou instituição financeira não compartilhem informações sobre você com outras pessoas sem o seu consentimento por escrito. Não faça compras on-line ou serviços bancários em redes públicas de Wi-Fi, pois suas comunicações podem ser facilmente interceptadas. Mantenha informações pessoais como data de nascimento, local de nascimento, endereço residencial e número de telefone fora das redes sociais.

- **Seja proativo na proteção de sua privacidade.** Você pode obter um número de telefone não listado e solicitar à companhia telefônica que bloqueie a leitura dos sistemas de identificação de chamadas do seu número de telefone. Caso mude de endereço, não preencha o formulário de mudança de endereço dos Correios dos EUA; você pode notificar as pessoas e as empresas que deseja que tenham seu novo endereço. Destrua as cópias de suas contas de cartão de crédito e fragmente os extratos mensais antes de jogá-los no lixo. Tenha cuidado ao enviar mensagens de e-mail pessoais em um sistema de e-mail corporativo. Você também pode reduzir o lixo eletrônico e as chamadas de telemarketing recebidas visitando o site da Direct Marketing Association (*www.thedma.org*). Entre no site e procure em Consumer Help a opção Remove Name from Lists.

- **Tome cuidado extra ao comprar qualquer coisa de um site.** Certifique-se de proteger seus números de cartão de crédito, senhas e informações pessoais. Não faça negócios com um site a menos que saiba que ele lida com informações de cartão de crédito com segurança. (Procure um selo de aprovação de organizações como Better Business Bureau On-line ou TRUSTe. Ao abrir a página da web onde você insere informações de cartão de crédito ou outros dados pessoais, certifique-se de que o endereço comece com *https* e verifique se um ícone de cadeado trancado aparece na barra de endereços ou na barra de status.) Não forneça informações pessoais sem revisar a política de privacidade de dados do site. Muitas empresas de cartão de crédito emitem números de cartão para uso único mediante solicitação. As cobranças aparecem na sua fatura normal, mas o número é destruído após um único uso, eliminando o risco de números de cartão de crédito roubados.

Exercício de pensamento crítico

Regulamentações da HIPAA geram preocupação

▶ QUESTÕES SOCIAIS E ÉTICAS

A HIPAA exige que as organizações de saúde, como geradoras de dados médicos individuais, certifiquem que seus parceiros de negócios (agentes de cobrança, seguradoras, cobradores de dívidas, empresas de pesquisa, agências governamentais e organizações de caridade) também cumpram as regras de segurança e privacidade da HIPAA. Essa disposição da HIPAA é particularmente preocupante para os executivos de organizações de saúde, pois eles não têm controle direto sobre os sistemas e procedimentos implementados por seus parceiros.

Perguntas de revisão

1. Quais disposições da HIPAA você acha que causam mais preocupação entre os executivos de saúde no que diz respeito aos sistemas e procedimentos implementados por seus parceiros?
2. Quais parceiros de negócios de uma organização de saúde você acha que têm maior probabilidade de entrar em conflito com as disposições da HIPAA? Por quê?

Questões de pensamento crítico

1. Que medidas uma organização de saúde pode adotar para garantir que seus parceiros de negócios estejam em conformidade com as principais disposições da HIPAA?
2. Que ações uma organização de saúde deve tomar se descobrir que um de seus parceiros de negócios não está em conformidade com a HIPAA?

Sistemas de informação e vigilância governamental

É importante adquirir uma perspectiva histórica sobre o direito à privacidade da vigilância governamental. Durante os debates sobre a adoção da Constituição dos EUA, alguns dos redatores manifestaram preocupação com a possibilidade de um governo federal poderoso interferir na privacidade de cidadãos individuais. Após a Constituição entrar em vigor em 1789, várias emendas foram propostas para explicitar direitos individuais adicionais. Dez dessas emendas propostas foram finalmente ratificadas e ficaram conhecidas como Declaração de Direitos. Portanto, embora a Constituição não contenha a palavra "privacidade", a Suprema Corte decidiu que o conceito de privacidade é protegido pela Declaração de Direitos. Por exemplo, a Suprema Corte declarou que os cidadãos norte-americanos são protegidos pela Quarta Emenda quando existe uma "expectativa razoável de privacidade".

A Quarta Emenda diz o seguinte:

> Não será infringido o direito do povo à inviolabilidade de sua pessoa, casas, papéis e haveres, contra buscas e apreensões injustificadas e não se expedirá mandado a não ser mediante indícios de culpabilidade, confirmados por juramento ou declaração, e nele se descreverão particularmente o lugar da busca e as pessoas ou coisas que tiverem de ser apreendidas.

É importante observar que os tribunais decidiram que, sem uma expectativa razoável de privacidade, não há direito à privacidade.

Nos últimos anos, novas leis que tratam da vigilância eletrônica do governo foram adicionadas e antigas leis foram alteradas em decorrência do desenvolvimento de novas tecnologias de comunicação e de uma consciência maior sobre as ameaças terroristas em potencial. O resultado é que o escopo da vigilância governamental se expandiu muito — indo da coleta de dados sobre o mínimo necessário de pessoas à coleta do máximo possível de dados sobre o maior número possível de pessoas.

Muitas das atividades de vigilância resultantes são vistas por algumas pessoas como uma violação inconstitucional da Quarta Emenda, que nos protege de buscas e apreensões ilegais. Como consequência, há frequentes contestações judiciais dessas ações governamentais e também um debate público contínuo sobre se essas atividades tornam os norte-americanos mais seguros ou simplesmente corroem nossos direitos à privacidade.

Quarta Emenda: Protege os cidadãos norte-americanos contra buscas e apreensões ilegais.

Algumas pessoas também acham que nossos direitos básicos de liberdade de expressão e associação são violados quando o governo dos EUA realiza ampla vigilância eletrônica sobre os cidadãos. Por exemplo, aquelas que pertencem a determinados grupos étnicos, religiosos e sociais (incluindo ativistas políticos de ambas as extremidades do espectro político) estão preocupadas que os dados privados coletados pelo governo possam, em algum momento, ser utilizados para identificá-las e atingi-las, bem como seus associados. Também existe a preocupação de que nossas comunicações do passado possam ser utilizadas no futuro para nos implicar em crimes que antes eram atos privados e inocentes. Muitos indivíduos também estão preocupados com o potencial de uma violação de dados em que os dados pessoais armazenados pelo governo caiam nas mãos de criminosos.

Por outro lado, muitos norte-americanos acham que o governo é obrigado a fazer tudo o que estiver ao seu alcance para garantir a segurança dos cidadãos, mesmo que isso signifique violar alguns dos direitos criados para proteger nossa privacidade. Afinal, eles argumentam, se você não está fazendo nada "errado", não deve se preocupar. A Tabela 3.1 resume alguns dos muitos sistemas de vigilância governamental em vigor atualmente e na página seguinte estão listadas as 21 agências governamentais autorizadas a realizar atividades de vigilância.

TABELA 3.1 Sistemas de vigilância governamental

Sistema/Programa	Utilizado por	Como é utilizado
Leitores automáticos de placas	Agências de aplicação da lei nos EUA, incluindo a (Drug Enforcement Administration – DEA) e a agência de Proteção das Alfândegas e Fronteiras (Customs and Border Protection – CBP)	Esses leitores tiram fotos e documentam a localização de veículos; alguns sistemas também podem fotografar motoristas e passageiros. Também são utilizados para localizar fugitivos e para identificar motoristas com mandados de prisão pendentes, multas de estacionamento vencidas e contas de impostos vencidos.
Scanners de imagem de retrodifusão	Autoridades, agências, incluindo a agência de proteção das alfândegas e fronteiras, polícia marítima, segurança geral da aviação e segurança de eventos	Os scanners de retrodifusão podem escanear veículos, indivíduos e multidões em eventos públicos em busca de dinheiro, drogas e explosivos.
Drones	Agências de aplicação da lei, incluindo a agência de proteção das alfândegas e fronteiras dos EUA	Drones são veículos aéreos não tripulados utilizados para apoiar operações que requerem vigilância aérea.
MYSTIC	Agência de Segurança Nacional (National Security Agency – NSA)	O MYSTIC é utilizado pela NSA para interceptar e gravar todas as conversas telefônicas em certos países, como Afeganistão, Bahamas, México, Quênia e Filipinas. Como não há uma maneira prática de excluí-las, as conversas capturadas pelo MYSTIC incluem aquelas de norte-americanos que fazem ligações para ou de países-alvo.[17,18]
Downstream (anteriormente PRISM)	Agência de Segurança Nacional (NSA)	PRISM é um programa de vigilância da NSA que coleta dados da internet, como históricos de pesquisa; fotos enviadas e recebidas; e o conteúdo de e-mail, transferências de arquivos e bate-papos de voz e vídeo dos servidores da AOL, Apple, Facebook, Google, Microsoft, Paltalk, Skype, Yahoo e YouTube.
Programa Secure Flight	Agência de Segurança de Transporte (Transportation Security Agency – TSA)	Secure Flight é um programa de pré-seleção de passageiros de companhias aéreas que verifica as informações pessoais dos viajantes comparando-as com a lista de passageiros vigiados pela TSA.
Stingray	Agências de aplicação da lei	Stingray é um tipo de dispositivo de hardware utilizado para personificar uma torre de celular, forçando todos os telefones celulares dentro do alcance a se conectar a ele. O dispositivo pode então capturar informações que podem ser utilizadas para identificar e localizar usuários e os números de telefone para os quais ligam ou enviam mensagens de texto.
Câmeras de vigilância	Agências de aplicação da lei, Agência de Segurança Nacional, entre outras.	Dezenas de milhões de câmeras de vigilância estão instaladas nos Estados Unidos e mais de 250 milhões em todo o mundo. O morador urbano médio dos EUA é capturado por câmeras mais de 50 vezes por dia. As imagens são utilizadas para coleta de inteligência, prevenção e investigação de crimes e proteção de indivíduos ou objetos.
Upstream	Agência de Segurança Nacional (NSA)	Coleta comunicações à medida que trafegam pelos links de backbone de alta capacidade da internet.

Agência de Inteligência Central
Escritório Nacional de Reconhecimento
Departamento Federal de Investigações
Escritório de Inteligência e Análise
Agência Antidrogas
Departamento de Energia
Agência de Inteligência de Defesa
Agência Nacional de Inteligência Geoespacial
Escritório de Inteligência e Pesquisa
Departamento do Tesouro
Departamento de Segurança Interna
Escritório do Diretor de Inteligência Nacional
Agência de Segurança Nacional
Inteligência e Contraespionagem do Exército,
Inteligência e Contraespionagem da Marinha
Inteligência e Contraespionagem da Força Aérea
Inteligência e Contraespionagem do Corpo de Fuzileiros Navais
Inteligência e Contraespionagem da Guarda Costeira
Departamento de Estado
Escritório de Inteligência de Segurança Nacional
Escritório de Inteligência e Contraespionagem

Leis federais que protegem os cidadãos da vigilância governamental

Existem muitas leis federais que protegem os cidadãos da vigilância do governo. Resumos das leis mais significativos estão incluídos nas seções seguintes deste capítulo.

Foreign Intelligence Surveillance Act (FISA) (50 U.S.C.)

A FISA, aprovada pelo Congresso em 1978, descreve procedimentos para vigilância eletrônica e coleta de informações de inteligência estrangeira em comunicações (por exemplo, ligações, e-mails) entre potências estrangeiras e seus agentes. Inteligência estrangeira é a informação relacionada às capacidades, intenções ou atividades de governos estrangeiros ou agentes de governos ou organizações estrangeiras. A lei permite vigilância, sem ordem judicial, *dentro dos Estados Unidos* por até um ano, a menos que a "vigilância venha a adquirir o conteúdo de uma comunicação da qual um cidadão norte-americano seja parte". Se um cidadão dos EUA estiver envolvido, é exigida autorização judicial dentro de 72 horas após o início da vigilância. A lei também especifica que o procurador-geral dos EUA pode solicitar a uma operadora comum de comunicações específica (uma empresa que fornece serviços de transmissão de comunicações ao público) para fornecer informações, instalações ou assistência técnica para realizar a vigilância eletrônica.

A FISA exige que o governo obtenha uma ordem judicial individualizada antes de ter como alvo intencional um cidadão norte-americano em qualquer parte do mundo para coletar o conteúdo de suas comunicações. A corte da FISA deve estar convencida, com base em um padrão de causa provável, de que o cidadão é agente de uma potência estrangeira ou um oficial ou funcionário de uma potência estrangeira. A FISA também criou a corte da Foreign Intelligence Surveillance Act (FISA), que se reúne secretamente para ouvir pedidos de ordens de aprovação de vigilância eletrônica em qualquer lugar EUA. Cada pedido de mandado de vigilância é feito perante um juiz individual da corte. Esses pedidos raramente são recusados.

A seção 702 da FISA foi adicionada em 2008 e permite que agências de inteligência coletem inteligência estrangeira de não americanos localizados *fora dos Estados Unidos*. Mas se um cidadão norte-americano estiver se comunicando com um cidadão não americano fora dos EUA, suas conversas podem ser monitoradas e gravadas. Essa coleta incidental é um grande ponto de discórdia entre os defensores da privacidade.

Embora muitos argumentem que isso representa uma violação da garantia da Quarta Emenda contra buscas e apreensões injustificadas, uma prorrogação de seis anos dessa emenda controversa foi aprovada em janeiro de 2018.

USA PATRIOT Act (Uniting and Strengthening America by Providing Appropriate Tools Required to Intercept and Obstruct Terrorism) (Lei pública 107-56)

Essa lei foi aprovada apenas cinco semanas após os ataques terroristas de 11 de setembro de 2001. Ela deu novos poderes abrangentes tanto para a aplicação doméstica da lei quanto para as agências de inteligência internacionais dos Estados Unidos. Ela aumentou a capacidade das agências de aplicação da lei de pesquisar registros de telefone, e-mail, médicos, financeiros e outros.

O Título II da Patriot Act alterou a FISA e expandiu bastante o escopo da vigilância permitida pelas leis norte-americanas. Informações de inteligência no estrangeiro agora poderiam ser obtidas de cidadãos norte-americanos e estrangeiros, as agências governamentais não precisavam mais provar que um alvo é agente de uma potência estrangeira e a duração máxima da vigilância e das investigações foi prolongada. Além disso, as agências de aplicação da lei foram autorizadas a invadir e entrar em instalações sem o consentimento do proprietário e fazer investigações secretas sem mandados de busca e apreensão. Escutas telefônicas móveis foram permitidas para que qualquer pessoa que entrasse em contato com um terrorista suspeito pudesse ser ouvida.

Os críticos argumentaram que a lei removeu muitos freios e contrapesos que antes davam aos tribunais a oportunidade de garantir que as agências de aplicação da lei não abusassem de seus poderes. Os críticos também argumentam que muitas de suas disposições não têm nada a ver com o combate ao terrorismo.

USA Freedom Act

Essa "Lei da Liberdade dos EUA" foi aprovada em 2015 após as revelações surpreendentes de Edward Snowden. Ele era um ex-funcionário do governo que copiou e vazou informações confidenciais da Agência de Segurança Nacional (NSA) em 2013. As informações eram sobre programas secretos de vigilância da NSA. Eis uma lista parcial dessas revelações:

- As companhias telefônicas dos EUA vinham fornecendo à NSA *todos* os registros de seus clientes, não apenas metadados. Esses metadados das companhias telefônicas incluíam números de telefone chamados e recebidos, o horário em que o contato foi feito, quanto tempo durou a chamada e o número de caracteres trocados nas mensagens de texto.
- A NSA estava espionando mais de 120 líderes mundiais, incluindo a chanceler alemã Angela Merkel, uma aliada dos EUA.
- A NSA desenvolveu uma variedade de ferramentas para contornar os métodos de criptografia de dados da internet amplamente utilizados.
- Uma equipe de hackers especialistas da NSA chamada Tailored Access Operations invadiu computadores em todo o mundo para infectá-los com malware.
- A Corte de Vigilância da Inteligência Estrangeira repreendeu a NSA por fornecer frequentemente informações enganosas sobre suas práticas de vigilância.

A USA Freedom Act encerrou a coleta em massa de registros telefônicos e metadados da internet pela NSA. Em vez disso, os provedores de telecomunicações agora são obrigados a manter os dados e responder às consultas da NSA sobre os dados. A lei autoriza o governo a coletar das companhias telefônicas até "dois saltos" de registros de chamadas relacionadas a um alvo — desde que o governo possa provar que tem suspeita justificada de que o alvo está ligado a uma organização terrorista.

Durante 2017, a NSA obteve as ordens conforme exigidas por essa lei para atingir 40 indivíduos. Essas autorizações permitiram à agência coletar mais de 500 milhões de registros de chamadas de provedores de telecomunicações, já que as solicitações permitem que a NSA acesse metadados de cada pessoa com quem o alvo entrou em contato.[19] O total de registros de chamadas de 2017 é muito menor do que os bilhões de registros estimados coletados por dia sob o antigo sistema de vigilância em massa da NSA.

Exercício de pensamento crítico

Expressando sua opinião sobre vigilância governamental

▶ QUESTÕES SOCIAIS E ÉTICAS

Você tem um encontro com um senador para expressar sua opinião sobre os programas de vigilância do governo e para compartilhar as mudanças que deseja ver feitas na FISA, na Patriot Act e na Freedom Act.

Perguntas de revisão
1. Existem medidas específicas dessas leis que você apoia? Se sim, quais são elas?
2. Existem medidas específicas dessas leis que você não apoia? Se sim, quais são elas?

Questões de pensamento crítico
1. Que mudanças você recomendaria a essas três leis e ao programa de vigilância governamental em geral?
2. Você recomendaria estatutos federais adicionais relacionados à vigilância governamental? Em caso afirmativo, resuma os principais recursos que deseja ver implementados.

Sistemas de informação e liberdade de expressão

A internet permite a troca mundial de notícias, ideias, opiniões, boatos e informações. Sua ampla acessibilidade, discussões abertas e anonimato tornam a internet um meio de comunicação notável. Ela fornece uma maneira fácil e barata de um palestrante enviar uma mensagem a um grande público — potencialmente milhares ou milhões de pessoas em todo o mundo. Além disso, com os endereços de e-mail corretos, o palestrante pode direcionar sua mensagem com precisão de laser a um subconjunto selecionado de pessoas poderosas e influentes.

Muitas vezes, as pessoas devem tomar decisões éticas sobre como utilizar essa liberdade e poder incríveis. Organizações e governos têm tentado estabelecer políticas e leis para ajudar a orientar as pessoas, bem como para proteger seus próprios interesses. As empresas têm procurado conservar a capacidade da rede corporativa, evitar responsabilidades legais e melhorar a produtividade dos funcionários, limitando o uso não comercial de recursos de TI.

Medidas de proteção à liberdade de expressão

A tecnologia da informação forneceu novas e incríveis maneiras para as pessoas se comunicarem com outras ao redor do mundo. Esta seção discute medidas que foram adotadas para ajudar a proteger nossa capacidade de nos comunicarmos livremente.

Primeira Emenda

O direito à liberdade de expressão é um dos direitos mais importantes para as pessoas livres. A Primeira Emenda da Constituição dos Estados Unidos foi adotada para garantir esse e outros direitos. Ao longo dos anos, muitas leis federais, estaduais e locais foram consideradas inconstitucionais porque violavam um dos princípios dessa emenda. A Primeira Emenda diz o seguinte:

> O Congresso não fará nenhuma lei a respeito do estabelecimento da religião, ou proibindo o seu livre exercício; ou restringindo a liberdade de expressão ou de imprensa; ou o direito do povo de se reunir pacificamente e de fazer petições ao governo para a reparação de queixas.

Primeira Emenda: Protege os direitos dos norte-americanos à liberdade de religião, liberdade de expressão e liberdade de reunião pacífica.

Em outras palavras, a **Primeira Emenda** protege os direitos dos norte-americanos à liberdade de religião, liberdade de expressão e liberdade de reunião pacífica. Ela foi interpretada pela Suprema Corte como aplicável a todo o governo federal, embora se refira expressamente apenas ao Congresso.

Várias decisões judiciais ampliaram a definição de "expressão" para incluir formas de expressão não verbais, visuais e simbólicas, como queima de bandeiras, movimentos de dança e gestos com as mãos. Às vezes, a expressão em questão é impopular ou altamente ofensiva para a maioria das pessoas; no entanto, a Declaração de Direitos fornece proteção para opiniões minoritárias. A Suprema Corte também decidiu que a Primeira Emenda protege o direito de falar anonimamente como parte da garantia de liberdade de expressão.

A Suprema Corte considerou que os seguintes tipos de expressão não são protegidos pela Primeira Emenda e podem ser proibidos pelo governo: perjúrio, fraude, difamação, discurso obsceno, incitação ao pânico, incitação ao crime, "palavras de ordem" e sedição (incitação ao descontentamento ou rebelião contra o governo).

Anonimato na internet

expressão anônima: A expressão de opiniões de pessoas que não revelam sua identidade.

Expressão anônima é a expressão de opiniões de pessoas que não revelam sua identidade. A liberdade de expressar uma opinião sem medo de represálias é um direito importante de uma sociedade democrática. O anonimato é ainda mais importante em países que não permitem a liberdade de expressão. Mas, nas mãos erradas, a comunicação anônima pode ser utilizada como uma ferramenta para cometer atividades ilegais ou antiéticas.

A expressão política anônima desempenhou um papel importante na formação inicial dos EUA. Antes e durante a Revolução Americana, os patriotas que discordavam do domínio britânico costumavam utilizar panfletos e folhetos anônimos para expressar suas opiniões. A Inglaterra tinha uma variedade de leis destinadas a restringir comentários políticos anônimos, e as pessoas consideradas culpadas por violar essas leis estavam sujeitas a punições severas — de chicotadas a enforcamentos. Um caso famoso em 1735 envolveu um impressor chamado John Zenger, que foi processado por difamação sediciosa porque não revelou os nomes de autores anônimos cujos escritos ele publicou. Os autores criticavam o governador de Nova York. Os britânicos ficaram indignados quando os jurados se recusaram a condenar Zenger, no que é considerado um momento decisivo na história da liberdade de imprensa nos EUA.

Outros defensores da democracia costumam publicar seus escritos anonimamente ou sob um pseudônimo. Por exemplo, Thomas Paine foi um escritor, filósofo e estadista influente da era da Guerra da Independência. Ele publicou um panfleto chamado *Senso comum*, no qual criticava a monarquia britânica e exortava as colônias a se tornarem independentes estabelecendo um governo republicano próprio. Publicado anonimamente em 1776, o panfleto vendeu mais de 500 exemplares, numa época em que a população das colônias era estimada em menos de 4 milhões; ele forneceu um estímulo para produzir a Declaração da Independência seis meses depois.

Apesar da importância do anonimato desde cedo nos EUA, levou quase 200 anos para a Suprema Corte proferir decisões que tratavam do anonimato como um aspecto da Declaração de Direitos. Uma das primeiras decisões ocorreu em 1958 no caso da *National Association for the Advancement of Colored People (NAACP) vs. Alabama*, em que a corte decidiu que a NAACP não precisava entregar sua lista de membros ao estado do Alabama. A corte acreditava que os membros poderiam estar sujeitos a ameaças e retaliações se a lista fosse divulgada e que a divulgação restringiria o direito de um membro de se associar livremente, em violação à Primeira Emenda.

Manter o anonimato na internet é importante para alguns usuários de computador. Eles podem estar procurando ajuda em um grupo de suporte on-line, relatando defeitos sobre produtos ou serviços de um fabricante, participando de discussões francas sobre temas delicados, expressando uma opinião minoritária ou antigovernamental em um ambiente político hostil ou participando de salas de bate-papo. Outros usuários da internet, porém, preferem proibir o anonimato na web porque acham que seu uso aumenta os riscos de difamação, fraude e calúnia, bem como a exploração de crianças.

Quando um e-mail é enviado, o software de e-mail (por exemplo, Outlook) insere automaticamente as chamadas informações de cabeçalho em cada pacote da mensagem que identificam a origem do e-mail e quem o enviou. Além disso, os endereços IP são anexados ao e-mail e capturados conforme a mensagem é transferida por meio de vários roteadores e servidores de retransmissão. Os usuários da internet que desejam permanecer anônimos podem enviar e-mail para um serviço de repostador anônimo, que usa um programa de computador para retirar o cabeçalho de origem e/ou o número IP da mensagem. Em seguida, ele encaminha a mensagem para o destinatário pretendido — um indivíduo, uma sala de bate-papo ou um grupo de notícias — sem endereço IP ou com um endereço de IP falso, garantindo que as informações do cabeçalho não possam ser utilizadas para identificar o autor. Alguns repostadores roteiam as mensagens por meio de vários repostadores para fornecer um nível de anonimato virtualmente impossível de rastrear. Os repostadores anônimos não mantêm nenhuma lista de usuários e os rótulos de anonimato correspondentes utilizados por eles; assim, um repostador pode garantir a seus usuários que nenhuma informação interna que possa posteriormente ser utilizada para quebrar a confidencialidade da identidade foi deixada para trás. Mesmo que as agências de aplicação da lei cumpram uma ordem judicial para divulgar as informações, não há nada para entregar.

O uso de um repostador mantém as comunicações anônimas; o que é comunicado, e se é ético ou legal, depende do remetente. O uso de repostadores por pessoas que cometem atos antiéticos ou mesmo ilegais em alguns estados ou países tem gerado polêmica. Os repostadores são frequentemente usados para enviar pornografia, postar ilegalmente material protegido por direitos autorais em grupos de notícias da Usenet e para enviar publicidade não solicitada para um público amplo (*spamming*). O departamento de TI de uma organização pode configurar um firewall para proibir os funcionários de acessar os repostadores ou para enviar mensagem de aviso cada vez que um funcionário se comunica com um repostador.

Como parte de uma operação antiterrorista, no final de 2014, a polícia da Espanha invadiu 14 casas e centros sociais. Sete pessoas detidas naquele dia foram mantidas em uma prisão de Madri sob a suspeita de terrorismo. No caso, o juiz citou três razões para prender as sete pessoas — posse de certos livros, incluindo *Contra a democracia* (um livro que desafia a crença de que a versão de democracia praticada hoje é boa e moral), a produção de publicações e formas de comunicação e sua utilização em repostador anônimo para envio de e-mails. Muitos especialistas em privacidade acreditam que citar o uso de e-mail seguro como um indicador potencial de envolvimento em atividades terroristas é um precedente extremamente perigoso. Como um blogueiro comentou e muitos observadores concordaram: "Segurança não é crime".[20]

Censura na internet

censura na internet: O controle ou supressão da publicação ou do acesso às informações na internet.

Censura na internet é o controle ou supressão da publicação ou do acesso às informações na internet. A expressão na internet requer uma série de intermediários para atingir seu público (ver Figura 3.4), com cada intermediário vulnerável até certo ponto à pressão daqueles que querem silenciar o orador. Os serviços de hospedagem na web são frequentemente os destinatários de difamação ou reclamações de violação de direitos autorais por autoridades governamentais ou detentores dos direitos, exigindo a remoção imediata do material hospedado que é considerado impróprio ou ilegal. As entidades governamentais podem pressionar os provedores de serviços de internet "upstream" para limitar o acesso a certos sites, permitir o acesso a apenas algum conteúdo ou conteúdo modificado em certos sites, rejeitar o uso de certas palavras-chave em mecanismos de busca e rastrear e monitorar as atividades de indivíduos na internet.

Vários países promulgaram os chamados "direitos de três avisos" que exigem que os ISPs encerrem a conexão de um usuário com a internet assim que esse usuário receber uma série de notificações de publicação de conteúdo considerado impróprio ou ilegal. Os esforços de censura também podem se concentrar em servidores do

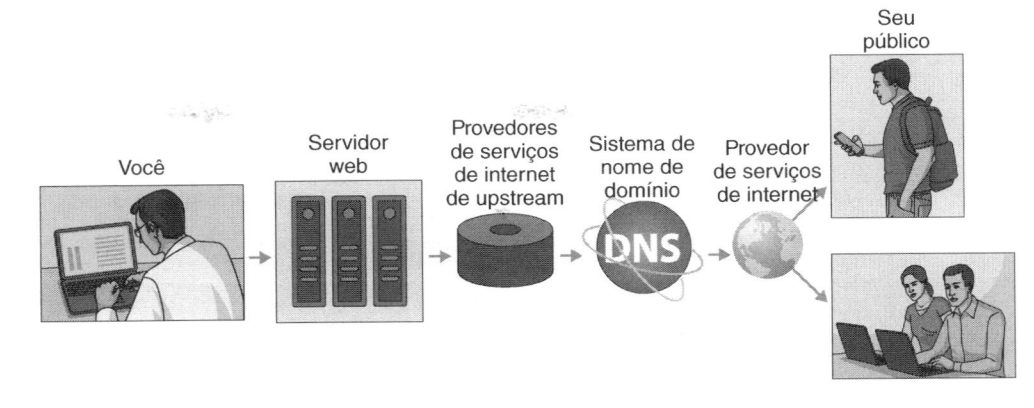

FIGURA 3.4
Censura na internet

Sistema de Nomes de Domínio (*Domain Name System* – DNS), que convertem nomes de host e de domínio legíveis por humanos em endereços de protocolo da internet (IP) numéricos legíveis por máquina, que são utilizados para apontar computadores e outros dispositivos para os servidores corretos na internet. Essa configuração é mostrada na Figura 3.4. Nos locais onde as autoridades têm controle sobre os servidores DNS, funcionários do governo podem "cancelar" o registro de um domínio que hospeda conteúdo considerado impróprio ou ilegal, a fim de que o site fique efetivamente invisível para os usuários que tentarem acessá-lo.

A China tem a maior população on-line do mundo, com mais de 772 milhões de usuários de internet (veja Tabela 3.2, que apresenta os 12 principais países em termos de número de usuários da internet). Observe, porém, que a censura da internet na China é talvez a mais rigorosa do mundo. O governo chinês bloqueia o acesso a sites que discutem qualquer um de uma longa lista de assuntos considerados questionáveis — como o líder budista Dalai Lama, qualquer assunto relacionado com a repressão do governo aos protestos da praça Tiananmen, em 1989, e o movimento

TABELA **3.2** Os 12 principais países com o maior número de usuários da internet (2018)

Posição	País	Usuários da internet (milhões)	População (milhões)	Penetração da internet (% da população)
1	China	772	1.415	54%
2	Índia	462	1.354	34%
3	Estados Unidos	312	327	95%
4	Brasil	149	211	71%
5	Indonésia	143	267	54%
6	Japão	119	127	94%
7	Rússia	110	144	76%
8	Nigéria	98	196	50%
9	México	85	131	65%
10	Bangladesh	81	166	49%
11	Alemanha	79	82	96%
12	Filipinas	67	107	63%

FONTES: "Internet Users by Country (2018)", Internet Live Stats, *https://www.internetworldstats.com/top20.htm*.

espiritual proibido Falun Gongo. Os sites chineses também empregam censores que monitoram e excluem conteúdo questionável. O governo contrata funcionários para postar comentários favoráveis ao governo.[21]

Surpreendentemente, demandas do governo brasileiro fecharam mais contas do Google Gmail e sites de blogueiros do que em qualquer outro país. No Brasil, entrar com uma ação judicial para exigir que o conteúdo da internet seja retirado do ar é relativamente fácil e barato. A capacidade dos litigantes de contestar o conteúdo e exigir que fontes anônimas sejam reveladas sufoca jornalistas brasileiros e blogueiros na internet.[22]

Embora existam argumentos claros e convincentes para apoiar a liberdade de expressão on-line, a questão é complicada pela facilidade com que as crianças podem acessar a internet. Até mesmo alguns defensores da liberdade de expressão reconhecem a necessidade de restringir o acesso das crianças à internet, mas é difícil restringir seu acesso sem restringir também o acesso dos adultos. Na tentativa de resolver esse problema, o governo dos EUA aprovou leis e os fabricantes de software inventaram um software especial para bloquear o acesso a materiais questionáveis. As seções a seguir resumem essas e outras abordagens para bloquear o acesso ao conteúdo.

Communications Decency Act (CDA)

A Telecommunications Act entrou em vigor em 1996. Seu objetivo principal era permitir a livre concorrência entre empresas de telefonia, cabo e TV. A lei foi dividida em sete seções ou títulos principais. O Título V da Telecommunications Act era a Communications Decency Act (CDA), destinada a proteger as crianças da pornografia. A CDA impôs multas de US$ 250 mil e penas de prisão de até dois anos para a transmissão de material "indecente" pela internet.

Em fevereiro de 1996, a American Civil Liberties Union (ACLU) e 18 outras organizações entraram com um processo questionando a criminalização da chamada indecência na web sob a CDA. O problema com a CDA era sua linguagem genérica e definição vaga de *indecência*, um padrão que foi deixado para as comunidades determinarem individualmente. Em junho de 1997, a Suprema Corte considerou a lei inconstitucional e declarou que a internet deve receber a maior proteção disponível de acordo com a Primeira Emenda.[23] A Suprema Corte declarou em sua decisão que "o interesse em encorajar a liberdade de expressão em uma sociedade democrática supera qualquer benefício teórico, mas não comprovado da censura".[24] A decisão aplicou essencialmente as mesmas proteções da liberdade de expressão à comunicação pela internet que existem para a comunicação impressa.

Se a CDA tivesse sido julgada constitucional, teria aberto todos os aspectos do conteúdo on-line ao escrutínio legal. Muitos sites atuais provavelmente não existiriam ou seriam muito diferentes hoje se a lei não tivesse sido anulada. Os sites que podem ter sido considerados indecentes sob a CDA estariam operando sob um risco extremo de responsabilidade.

Seção 230 da CDA: Fornece imunidade a um provedor de serviços de internet (ISP) que publica conteúdo gerado pelo usuário, desde que suas ações não cheguem ao nível de um provedor de conteúdo.

A Seção 230 da CDA, que não foi julgada inconstitucional, confere imunidade ao provedor de serviços de internet (ISP) que publica conteúdo gerado pelo usuário, desde que suas ações não cheguem ao nível de um provedor de conteúdo. Ela afirma que "nenhum provedor ou usuário de um serviço de computador interativo deve ser tratado como editor ou locutor de qualquer informação fornecida por outro provedor de conteúdo de informação" (47 U.S.C. § 230). Em geral, quanto mais próximo um ISP estiver de um provedor de serviços puro do que de um provedor de conteúdo, mais provável será a aplicação da imunidade da Seção 230.[25] Essa parte da CDA protege empresas de redes sociais, como Facebook e Twitter, de processos por difamação relacionados a postagens de usuários que aparecem em seus sites. Por causa da Seção 230, os proprietários de sites e hosts de servidores não são constantemente arrastados para processos intermináveis porque alguém disse algo inflamado em um de seus sites.

O Facebook apresenta uma lista de histórias constantemente atualizada, chamada Feed de Notícias, no meio da página inicial dos seus usuários. Usando um algoritmo baseado nas atividades e conexões de cada usuário no Facebook, o site de rede social tenta escolher o "melhor" conteúdo entre milhares de histórias em potencial, colocando-o no topo, perto do Feed de notícias. O número de comentários e curtidas que uma postagem recebe, bem como o tipo de história (por exemplo, foto, vídeo, artigo de notícias ou atualização de status) influenciam se e com que destaque ela aparecerá no Feed de Notícias dos usuários. O Facebook também realiza pesquisas e grupos de foco para obter informações sobre quais histórias as pessoas acham que deveriam aparecer. Quanto mais envolvente for o conteúdo, mais tempo os usuários passarão no Facebook e mais frequentemente eles retornarão ao site. Isso permite que o Facebook obtenha mais receita de anúncios exibidos no conteúdo do Feed de notícias.[26]

Como um dos papéis tradicionais de um editor é selecionar quais histórias mostrar a seus leitores, os esforços do Facebook para moldar as notícias que seus usuários veem pode fazer com que ele seja visto como um provedor de conteúdo de informação pelos tribunais, resultando em uma perda de proteção de acordo com a Seção 230 da CDA. Se isso acontecer, o Facebook pode ser responsabilizado por difamação com base nas postagens de seus assinantes.

Filtragem da internet

filtro de internet: Software que pode ser utilizado para bloquear o acesso a certos sites que contêm material considerado impróprio ou ofensivo.

Um **filtro de internet** é um software que pode ser utilizado para bloquear o acesso a determinados sites que contêm material considerado impróprio ou ofensivo. Os melhores filtros de internet utilizam uma combinação de URL, palavra-chave e filtragem de conteúdo dinâmico. Com a filtragem de URL, um determinado URL ou nome de domínio é identificado como pertencente a um site questionável e o usuário não tem permissão para acessá-lo. A filtragem de palavras-chave usa palavras-chave ou frases, como *sexo, Satanás,* e *jogo de apostas*, para bloquear sites. Com a filtragem de conteúdo dinâmica, o conteúdo de cada site é avaliado imediatamente antes de ser exibido, usando técnicas como análise de objetos e reconhecimento de imagem.

O lado negativo dos filtros de internet é que eles podem bloquear muito conteúdo, impedindo que os usuários acessem informações úteis sobre direitos civis, saúde, sexo e política, bem como bancos de dados e catálogos de livros on-line.

Algumas organizações optam por instalar filtros nos computadores de seus funcionários para evitar que vejam sites que contenham pornografia ou outro material questionável. Funcionários expostos involuntariamente a tal material teriam um forte caso judicial para assédio sexual. O uso de filtros também pode garantir que os funcionários não percam seu tempo vendo sites não relacionados aos negócios. De acordo com TopTenREVIEWS, os filtros de internet mais bem avaliados para usuários domésticos em 2018 incluem Net Nanny, Spy Agent e Qustodio.[27] Filtros de software de internet também foram desenvolvidos para serem executados em dispositivos móveis, como smartphones Android e iPhone.

Children's Internet Protection Act (CIPA)

Em outra tentativa de proteger as crianças do acesso à pornografia e outros materiais explícitos on-line, o Congresso aprovou a Children's Internet Protection Act (CIPA) em 2000. A lei exigia que escolas e bibliotecas com financiamento federal usassem alguma forma de proteção tecnológica (como um filtro de internet) para bloquear o acesso do computador a material obsceno, pornografia e qualquer outra coisa considerada prejudicial a menores. O Congresso não definiu especificamente quais conteúdos ou sites deveriam ser proibidos ou quais medidas deveriam ser utilizadas — essas decisões foram deixadas para os conselhos escolares individuais e sistemas de bibliotecas. Qualquer escola ou biblioteca que não cumprisse a lei deixaria de ser elegível para receber verba federal por meio do programa E-Rate, que fornece fundos para ajudar a pagar o custo das conexões de internet.

Os opositores da lei temiam que ela transferisse o poder sobre a educação para empresas privadas de software que desenvolvem os filtros de internet e definem quais sites bloquear. Além disso, achavam que os motivos dessas empresas não eram claros — por exemplo, algumas empresas de filtragem rastreiam as atividades on-line dos estudantes e vendem os dados para empresas de pesquisa de mercado. Os opositores também apontaram que algumas versões desses filtros eram ineficazes, bloqueando o acesso a sites legítimos e permitindo o acesso a sites questionáveis. Outra objeção foi que as penalidades associadas à lei podem fazer com que escolas e bibliotecas percam fundos federais do programa E-Rate, que visa ajudar a reduzir a desigualdade digital entre ricos e pobres, moradores urbanos e rurais. A perda de fundos federais levaria a uma versão menos capaz da internet para alunos de escolas mais pobres, que têm alternativas menores ao auxílio federal.

Os proponentes da CIPA argumentaram que proteger as crianças de drogas, discurso de ódio, pornografia e outros assuntos era uma razão suficiente para justificar os filtros. Eles argumentaram que os filtros de internet são altamente flexíveis e personalizáveis e que os críticos exageraram suas limitações. Os proponentes apontaram que escolas e bibliotecas podem optar por não implementar um programa de proteção infantil na internet; elas simplesmente não receberiam verba federal para acesso à internet.

Muitos conselhos escolares implementaram programas consistentes com a CIPA. A aceitação de um sistema de filtragem da internet é mais significativa se o sistema e sua base lógica forem discutidos primeiro com pais, alunos, professores e administradores. Então, o programa pode ser refinado usando o feedback de todos. Um elemento essencial de um programa bem-sucedido é exigir que os alunos, pais e funcionários assinem um contrato delineando as políticas de uso aceitável do conselho escolar para acessar a internet. Controlar o acesso à internet por meio de uma rede central em todo o bairro, em vez de fazer com que cada escola configure seu próprio sistema de filtragem, reduz o esforço administrativo e garante a consistência. Os procedimentos devem ser definidos para bloquear novos sites questionáveis, bem como remover bloqueios de sites que devem ser acessíveis.

Implementar a CIPA em bibliotecas é muito mais difícil porque os serviços de uma biblioteca estão abertos a pessoas de todas as idades, incluindo adultos que têm direitos da Primeira Emenda para acessar uma gama mais ampla de materiais on-line do que os permitidos pela CIPA. Em *United States, et al vs. American Library Association, Inc., et al*, a Associação das Bibliotecas Americanas desafiou a CIPA. Em uma última decisão sobre o caso, a Suprema Corte deixou claro que a constitucionalidade dos esquemas de filtragem exigidos pelo governo depende da capacidade dos usuários adultos de solicitar e receber acesso irrestrito à expressão protegida.[28] Um possível compromisso para as bibliotecas públicas com vários computadores seria permitir o uso irrestrito da internet para adultos, mas fornecer computadores com acesso limitado para crianças.

Processos de difamação

O direito à liberdade de expressão é restringido quando as expressões, sejam faladas ou escritas, são falsas e causam danos a outra pessoa. Fazer uma declaração oral ou escrita de um fato alegado que é falso e que prejudica outra pessoa é difamação. O prejuízo costuma ser de natureza financeira, pois reduz a capacidade da pessoa de ganhar a vida, trabalhar em uma profissão ou concorrer a um cargo eletivo, por exemplo. Tanto uma declaração difamatória oral quanto uma declaração difamatória escrita são consideradas calúnia. Ações judiciais por difamação são movidas com frequência e são uma forma de censura porque procuram impedir discursos orais ou escritos indesejados e impor penalidades financeiras a essas ocorrências.

Como a difamação é definida como uma declaração falsa de um fato, a verdade é uma defesa absoluta contra a acusação de difamação. Embora as pessoas tenham o direito de expressar opiniões, elas devem ter cuidado em suas comunicações on-line para evitar possíveis acusações de difamação. As organizações também devem estar em guarda e preparadas para agir em caso de ataques difamatórios contra elas.

Nos últimos anos, uma mulher foi penalizada por um processo por difamação de US$ 1 milhão depois de postar uma avaliação ruim de um ginecologista no Yelp, Health Grades e ZocDoc. Ela alegou que lhe cobraram mais de US$ 1.300 por uma nova consulta e por serviços de ultrassom que recebeu e por serviços adicionais que não recebeu. Até agora, ela gastou mais de US$ 20 mil se defendendo.[29]

difamação: A elaboração de uma declaração oral ou escrita de um fato alegado que seja falso e que prejudique outra pessoa.

Censura do discurso de ódio

Nos EUA, o discurso que é meramente irritante, crítico, humilhante ou ofensivo goza de proteção da Primeira Emenda. O recurso legal só é possível quando o discurso de ódio se transforma em ameaças claras e intimidação contra cidadãos *específicos*. O assédio persistente ou malicioso dirigido a uma pessoa específica é **discurso de ódio**, que pode ser processado de acordo com a lei, mas declarações gerais e amplas que expressam ódio a um grupo étnico, racial ou religioso não podem. Por exemplo, uma mensagem privada ameaçadora enviada pela internet a uma pessoa, uma mensagem pública exibida em um site descrevendo a intenção de cometer atos de violência motivados pelo ódio contra indivíduos específicos e uma difamação dirigida a uma pessoa específica são todas elas ações que podem ser processadas.

> **discurso de ódio:** Assédio persistente ou malicioso dirigido a uma pessoa específica.

Embora os ISPs e sites de redes sociais não tenham recursos para pré-selecionar o conteúdo (e não assumem qualquer responsabilidade pelo conteúdo fornecido por outros), muitos ISPs e sites de redes sociais se reservam o direito de remover conteúdo que, em sua opinião, não atendem aos seus padrões. A velocidade com que o conteúdo pode ser removido depende da rapidez com que esse conteúdo chama a atenção do ISP ou do site de rede social, de quão notório é o conteúdo e da disponibilidade geral dos recursos da empresa para lidar com tais questões.

Para postar vídeos no YouTube, você deve primeiro criar uma conta do YouTube ou do Google (o Google é o proprietário do YouTube) e concordar em cumprir as diretrizes publicadas do site.[30] As diretrizes do YouTube proíbem a postagem de vídeos que mostrem coisas como pornografia, abuso de animais, violência visual, comportamento predatório e uso de drogas. As diretrizes também proíbem a publicação de material protegido por direitos autorais — como música, programas de televisão ou filmes — que seja propriedade de terceiros. Os membros da equipe do YouTube revisam os vídeos postados por usuários regularmente para encontrar qualquer um que viole as diretrizes da comunidade do site. Aqueles que violam as diretrizes são removidos. Alguns vídeos têm restrição de idade devido ao seu conteúdo. Os usuários são penalizados por violações graves ou repetidas vezes das diretrizes e podem ter sua conta encerrada.[31]

Como essas proibições estão incluídas nos contratos de serviço entre ISPs e sites de redes sociais e seus assinantes e membros — e não envolvem o governo federal — elas não violam os direitos da Primeira Emenda de ninguém. É claro que as pessoas que perdem um ISP ou conta de rede social por violar os regulamentos do provedor podem retomar seu discurso de ódio simplesmente abrindo uma nova conta, seja com um nome diferente ou com algum outro site ou ISP mais permissivo.

As redes de mídias sociais estão cada vez mais sob pressão para remover os discursos de ódio. A Alemanha aprovou uma lei conhecida como NetzDG ou lei aplicável a redes para reprimir postagens ofensivas. A lei exige que o Facebook, Google, Instagram, Snapchat, Twitter e YouTube excluam as postagens com discurso de ódio dentro de 24 horas ou enfrentem uma multa de até € 50 milhões (US$ 57 milhões de dólares) por descumprimento. A preocupação dos críticos é que as redes sociais cometam erros em nome da segurança e excluam conteúdo que realmente não se qualifica como discurso de ódio.[32]

Censura de pornografia na internet

Muitas pessoas, incluindo alguns defensores da liberdade de expressão, acreditam que não há nada ilegal ou errado em ver material pornográfico adulto feito por e para adultos com consentimento. Eles argumentam que a Primeira Emenda protege esse material. Por outro lado, a maioria dos pais, educadores e outros defensores de crianças estão preocupados que possam ser expostas à pornografia on-line. Estão profundamente preocupados com o impacto potencial sobre as crianças e temem que o acesso cada vez mais fácil à pornografia incentive os pedófilos e predadores sexuais.

Obviamente, a internet tem sido uma dádiva para a indústria pornográfica, fornecendo acesso rápido, barato e conveniente a muitos milhões de sites pornôs em todo o mundo.[33] O acesso via internet permite que os consumidores de pornografia evitem ofender outras pessoas ou fiquem constrangidos com outros observando suas compras. Não há dúvida de que a pornografia adulta on-line é um grande negócio (as estimativas de receita variam amplamente entre US$ 1 bilhão e US$ 97 bilhões). O PornHub, um dos maiores e mais populares sites de pornografia hardcore, teve 28,5 bilhões de visitas em 2017 — quase mil por segundo.[34]

Se aquilo que alguém distribui ou exibe é considerado obsceno, eles estão sujeitos a processo de acordo com as leis de obscenidade. As decisões antecedentes sobre obscenidade definidas no caso *Miller versus Califórnia* são anteriores à internet. Os juízes daquele caso decidiram que os padrões da comunidade contemporânea deveriam ser utilizados para julgar o que é obsceno. Os juízes permitiram que diferentes comunidades pudessem ter normas diferentes.

A questão-chave para decidir qual material da internet é obsceno é: "De qual comunidade são os padrões utilizados?". Como os editores de conteúdo da internet não podem direcionar facilmente seu conteúdo para dentro ou para longe de uma área geográfica específica, uma resposta a essa pergunta é que o editor de conteúdo da internet deve obedecer às normas da comunidade mais restritiva. Mas essa linha de raciocínio foi contestada pela corte de Apelações do Terceiro Circuito no caso *Ashcroft versus American Civil Liberties Union*, que envolvia uma objeção a Child Online Protection Act (Copa) de 1998. A Suprema Corte reverteu a decisão da corte de circuito nesse caso — mas com cinco opiniões diferentes e nenhum consenso claro sobre o uso de padrões comunitários locais ou nacionais.[35] Em *Estados Unidos vs. Kilbride,* a corte de Apelações do Nono Circuito decidiu que "um padrão comunitário nacional deve ser aplicado na regulamentação de expressão obscena na internet, incluindo obscenidade disseminada por e-mail".[36] Em *Estados Unidos vs. Little,* a corte de Apelações do Décimo Primeiro Circuito rejeitou o padrão da comunidade nacional e adotou o padrão mais antigo da comunidade local. Atualmente não há um consenso claro nos tribunais sobre a utilização dos padrões da comunidade local ou nacional para julgar obscenidade.

As organizações dos EUA devem ter muito cuidado ao lidar com questões relacionadas à pornografia no local de trabalho. Ao fornecer computadores, acesso à internet e treinamento sobre como utilizar esses computadores e a internet, as empresas podem ser vistas pela lei como fornecedoras de pornografia, pois permitem que os funcionários armazenem material pornográfico e o recuperem sob demanda. Uma pesquisa publicada na revista Archives of Sexual Behavior descobriu que 21% dos homens assistiam a pornografia no trabalho.[37] Se um funcionário observar um colega vendo pornografia em um computador no local de trabalho, ele pode alegar que a empresa criou um ambiente de trabalho hostil. Tal alegação expõe a organização a um processo de assédio sexual que pode custar centenas de milhares de dólares e amarrar gestores e executivos em infindáveis depoimentos e comparecimentos a corte.

Muitas empresas acreditam que têm o dever de impedir a exibição de pornografia no local de trabalho. Se puderem demonstrar que adotaram medidas razoáveis e determinadas ações para evitá-la, elas têm uma defesa válida caso sejam objeto de um processo de assédio sexual. Se for possível provar que uma empresa fez apenas uma tentativa tímida de impedir a exibição de pornografia no local de trabalho, a empresa poderá ter problemas para se defender na corte. Etapas razoáveis incluem estabelecer e comunicar uma política de uso aceitável que proíba o acesso a sites de pornografia, identificando aqueles que violam a política e adotando medidas disciplinares contra aqueles que violam a política, incluindo até demissão.

Algumas empresas assumem o ponto de vista oposto — que não podem ser responsabilizadas se não sabem o que os funcionários estão vendo, baixando e distribuindo pornografia. Portanto, elas acreditam que a melhor abordagem é ignorar o problema nunca o investigando, garantindo assim que podem alegar que nunca souberam que o problema estava acontecendo. Muitas pessoas consideram tal abordagem antiética e acham que a administração estaria se desobrigando da importante responsabilidade de fornecer um ambiente de trabalho livre de assédio sexual. Os funcionários expostos involuntariamente à pornografia teriam um forte caso de assédio sexual, porque poderiam alegar que o material pornográfico estava disponível no local de trabalho e que a empresa tomou medidas inadequadas para controlar a situação.

Diversas leis federais tratam de questões relacionadas à pornografia infantil — tais como leis relativas à posse, produção, distribuição ou venda de imagens ou vídeos pornográficos que exploram ou exibem crianças. A posse de pornografia infantil é um crime federal punível com até cinco anos de prisão. A produção e a distribuição de tais materiais acarretam penalidades mais severas; décadas de prisão ou mesmo a prisão perpétua não são sentenças incomuns. Além desses estatutos federais, todos os estados promulgaram leis contra a produção e a distribuição de pornografia infantil, e todos, exceto alguns estados, proibiram a posse de pornografia infantil. Pelo menos sete estados aprovaram leis exigindo que os técnicos de informática que descobrirem pornografia infantil nos computadores dos clientes relatem a ocorrência às autoridades.

Sexting — enviar mensagens sexuais, fotos nuas ou seminuas ou vídeos de sexo explícito pelo telefone celular — é uma tendência de crescimento rápido entre adolescentes e jovens adultos. Alguns estados adotaram leis que prescrevem penas — uma forma de censura — voltadas especificamente para adolescentes envolvidos em sexting. Cada vez mais, as pessoas que participam de sexting estão sofrendo as consequências dessa moda. Depois que uma imagem ou vídeo é enviado, não há como devolvê-lo nem dizer para quem ele pode ter sido encaminhado. E não são apenas os adolescentes que participam de sexting. Vários educadores, figuras políticas e celebridades foram descobertos em situações embaraçosas de sexting. Os adeptos de sexting também podem ser processados por pornografia infantil, levando a possíveis anos de prisão e décadas de ficha criminal como agressor sexual.

Fake news como forma de censura

fake news: Uma história falsa apresentada como factualmente precisa e que parece ser notícia.

Fake news (notícias falsas) é uma história falsa apresentada como factualmente precisa e que parece ser notícia. Fake news podem ser divulgadas pelos noticiários, pela internet, pelas mídias sociais ou por outros meios. Geralmente são criadas para promover determinada visão ou agenda política. Existem várias estratégias utilizadas para criar fake news[38]:

- Simplesmente fazer uma afirmação que é patentemente falsa.
- Excluir uma informação essencial para a compreensão adequada da situação.
- Não forneça deliberadamente informações importantes até o final da história, quando muitos leitores terão perdido o interesse e parado de ler.
- Fornecer um relato incompleto dos fatos, não apresentando fatos desfavoráveis à posição do escritor.
- Fazer uma afirmação que seja falsa e, em seguida, corrigir a afirmação original de uma maneira que poucas pessoas irão ver (publicar a história inicial na primeira página do jornal e depois publicar a correção no fim de semana enterrada na última seção do jornal).

A proliferação de fontes on-line de informação e opinião significa que a internet está cheia de relatos de "notícias" que são relatos altamente opinativos, ficcionalizados ou satíricos de eventos atuais apresentados em estilo jornalístico. Os críticos de tais sites argumentam que os verdadeiros jornalistas aderem a certos padrões, como checagem de fatos, identificação e verificação de fontes, apresentação de opiniões de ambos os lados de uma questão e prevenção de declarações difamatórias.

O jornalismo, incluindo a forma como as pessoas recebem suas notícias, está passando por um período de rápidas mudanças. A venda de jornais e revistas tradicionais em papel continua caindo, enquanto o consumo on-line de notícias está crescendo. Quase o dobro de adultos (38%) relata que costuma receber notícias on-line em vez da mídia impressa (20%).[39] Muitas notícias on-line continuam a vir de fontes de notícias tradicionais, como os noticiários de ABC, CBS, CNN, Fox e NBC, e os jornais e revistas Chicago Tribune, The New York Times, Newsweek, The Wall Street Journal e US News & World Report. Mas os leitores que procuram notícias e informações on-line também encontrarão uma ampla gama de fontes não tradicionais

— algumas das quais oferecem notícias mais objetivas e verificáveis do que outras — incluindo os seguintes tipos:

- Blogs — Em alguns blogs, os escritores discutem notícias e conteúdo editorial produzido por outros jornalistas e incentivam a participação do leitor. Os blogueiros geralmente relatam coisas pelas quais são muito apaixonados. Como resultado, podem ser menos propensos a permanecer imparciais, em vez de manifestar sua opinião e apoiar os fatos sem apresentar os outros aspectos da discussão. De fato, muitos blogueiros se orgulham de sua falta de objetividade, em vez de se verem como ativistas de uma causa ou ponto de vista específico.
- Sites de fake news — esses sites exibem manchetes grosseiras em um site legítimo (por exemplo, Ivanka Trump saindo da Casa Branca) projetado para atrair sua atenção. Se o visitante do site clicar na manchete (na verdade, um anúncio), ele é levado a um site de fake news que se disfarça todo em um site de notícias legítimo, com imitação do logotipo e design da página. A notícia falsa começa com uma manchete e uma grande foto da personalidade que é o assunto da manchete. Mas, depois de apenas algumas frases, a história muda para o anúncio de algum produto. Os editores de fake news têm sido capazes de utilizar os sistemas automatizados de colocação de anúncios do Facebook, Google e Twitter para colocar seus anúncios no Snopes e no PolitiFact, sites legítimos de checagem de fatos que avaliam a precisão das alegações feitas por políticos e outros. Para o leitor casual que talvez apenas leia as manchetes, tudo isso pode espalhar mensagens falsas, polarizadoras e inflamatórias. Todo esse processo é chamado de camuflagem de tabloide.[40]
- Sites de mídias sociais — os cidadãos comuns estão cada vez mais envolvidos em coleta, reportagem, análise e disseminação de notícias, opiniões e fotos que são postadas em vários sites de mídias sociais. Muitas vezes, cidadãos jornalistas estão "no local" e podem relatar as últimas notícias antes dos repórteres tradicionais. Embora a imediatez dos relatos possa ser uma coisa boa, nem sempre promove precisão, clareza e objetividade. Como relatos, imagens, opiniões e vídeos compartilhados por meio das mídias sociais costumam se espalhar como um incêndio, eles podem às vezes causar confusão, mal-entendidos e controvérsias, em vez de trazer clareza a uma situação.

Exercício de pensamento crítico

Definindo o discurso de ódio

▶ COMUNICAÇÃO ESCRITA E ORAL

Muitos ISPs e sites de redes sociais se reservam o direito de remover conteúdo que, em sua opinião, não atenda aos padrões da comunidade. O administrador de sistema do seu site de rede social pediu para você elaborar uma definição de discurso de ódio a ser incluída nos padrões da comunidade do seu site. O conteúdo considerado discurso de ódio será removido. Os membros que continuarem a violar esse padrão perderão sua assinatura.

Perguntas de revisão

1. Como a remoção do discurso de ódio de um site de rede social não é uma violação dos direitos da Primeira Emenda de um membro?
2. Como você pode distinguir entre um discurso que é diretamente prejudicial e um que é simplesmente desagradável?

Questões de pensamento crítico

1. Desenvolva uma definição clara e concisa de discurso de ódio para se tornar parte da definição dos padrões da comunidade de seu site e que seja adequada para uso por monitores que irão revisar o conteúdo postado em sua rede social.
2. Desenvolva uma declaração para justificar o monitoramento das postagens em seu site.

Questões éticas no desenvolvimento de software de qualidade

sistemas de software de alta qualidade: Sistemas fáceis de aprender e usar, porque funcionam de forma rápida e eficiente; atendem às necessidades de seus usuários; e operam com segurança e confiabilidade para que o tempo de inatividade do sistema seja mínimo.

defeito de software: Qualquer erro que, se não for removido, pode fazer com que um sistema de software não atenda às necessidades de seus usuários ou abrir a porta para um ciberataque.

Sistemas de software de alta qualidade são sistemas fáceis de aprender e utilizar porque têm um desempenho rápido e eficiente; atendem às necessidades de seus usuários; e operam com segurança e confiabilidade para que o tempo de inatividade do sistema seja mínimo. Computadores e software são partes integrantes de quase todos os negócios e a demanda por software de alta qualidade em vários setores está aumentando. Os usuários finais não podem dar-se ao luxo de travar o sistema, perder trabalho ou diminuir a produtividade. Nem podem tolerar brechas de segurança por meio das quais invasores podem espalhar vírus, roubar dados ou derrubar sites. Os fabricantes de software enfrentam desafios econômicos, éticos e organizacionais associados à melhoria da qualidade de seu software.

Um defeito de software é qualquer erro que, se não for removido, pode fazer com que o sistema de software não atenda às necessidades dos usuários ou deixe uma porta aberta para um ataque cibernético. O impacto de um defeito pode variar do trivial ao sério. A Tricentis, uma empresa de testes de software, examinou 606 falhas de software de 314 empresas para entender melhor o impacto comercial e financeiro dos defeitos de software. Ela descobriu que essas 606 falhas de software afetaram 3,6 bilhões de pessoas, causando US$ 1,7 trilhão em perdas financeiras e um total acumulado de 268 anos de paralisação dos negócios.[41] Eis alguns exemplos recentes de defeitos de software:[42]

- A Fiat Chrysler fez um recall de mais de um milhão de caminhões devido a um defeito de software relacionado ao menos a uma fatalidade. O problema foi causado por um código com defeito que desabilitou temporariamente os airbags e a funcionalidade do cinto de segurança.
- Um grande defeito de software que afetou cinco hospitais australianos foi introduzido durante a aplicação de correções de software defeituoso, projetadas para conter possíveis ataques cibernéticos futuros. Demorou mais de duas semanas para os hospitais recuperarem seus sistemas de registros médicos eletrônicos.
- A cada ano, várias companhias aéreas são afetadas por defeitos de software em seus sistemas de emissão de bilhetes e/ou reservas, resultando em cancelamentos massivos de voos locais e atrasos significativos em voos internacionais, incomodando ainda mais os viajantes e resultando em perda de receita.

Os desenvolvedores de software enfrentam constantemente questões éticas sobre quanto dinheiro, tempo e esforço devem investir para garantir o desenvolvimento de software de alta qualidade. Um gestor que adota uma visão de curto prazo orientada para o lucro pode sentir que qualquer tempo e dinheiro adicionais gastos na garantia de qualidade apenas atrasarão o lançamento de um novo produto de software, resultando em atraso na receita de novas vendas e redução dos lucros. Mas um gestor diferente pode considerar antiético não resolver todos os problemas conhecidos antes de colocar um produto no mercado e cobrar dos clientes por ele.

Sistemas de segurança crítica

Embora defeitos em qualquer sistema de software possam causar problemas sérios, as consequências dos defeitos de software em certos sistemas podem ser fatais. Nesses tipos de sistemas, as apostas envolvidas na criação de software de qualidade são elevadas ao nível mais alto possível. As decisões éticas que envolvem uma troca — se for preciso considerar — entre qualidade e fatores como custo, facilidade de uso, confiabilidade e tempo de colocação no mercado exigem um exame extremamente sério.

sistema crítico de segurança: Um sistema cuja falha pode causar ferimentos ou morte.

Um sistema crítico de segurança é aquele cuja falha pode causar danos humanos ou morte. A operação segura de muitos sistemas críticos para a segurança depende do desempenho do software. Esses sistemas controlam uma gama crescente de produtos e aplicações, incluindo freios antibloqueio, funcionalidade de controle de cruzeiro adaptativo e uma infinidade de outros recursos relacionados à segurança encontrados em automóveis, reatores de usinas nucleares, controle de voo de aeronaves, armas militares e uma ampla gama de dispositivos médicos.

A incapacidade de adotar as medidas mais incisivas para garantir a segurança de um sistema crítico de segurança "é, na melhor das hipóteses, não profissional e, na pior, leva a consequências desastrosas".[43] Mas mesmo com esses tipos de precauções, o software associado aos sistemas essenciais para a segurança ainda é vulnerável a erros que podem causar danos ou morte. Eis alguns exemplos de falhas em sistemas críticos de segurança:

- Problemas com aceleração incontrolável e um sistema de freio antibloqueio com defeito resultaram em vidas perdidas e obrigaram a Toyota a emitir três recalls separados, custando quase US$ 3 bilhões.[44]
- Os ventiladores neonatais fabricados pela Covidien foram a recall porque um problema de software fez com que a quantidade de ar fornecida ao paciente fosse menor do que a quantidade especificada pelo médico ou enfermeira. O problema poderia causar danos graves ou morte.[45]
- Até 4,3 milhões de carros e caminhões da General Motors têm airbags potencialmente defeituosos que podem não ser acionados em um acidente devido a falhas no software incorporado nos veículos.[46]

O processo de construção de software para sistemas críticos de segurança leva muito mais tempo e é muito mais caro do que o de sistemas de alta qualidade pelas seguintes razões:

- Os desenvolvedores de software que trabalham em um sistema crítico de segurança devem ser profissionais altamente treinados e experientes que reconheçam que o software é apenas um componente do sistema; outros componentes normalmente incluem usuários ou operadores do sistema, hardware e outros equipamentos. Os desenvolvedores de software precisam trabalhar em estreita colaboração com os engenheiros de segurança e de sistema para garantir que todo o sistema, não apenas o software, funcione de maneira segura.
- Medidas extremas devem ser tomadas para identificar e remover defeitos de software de sistemas críticos de segurança, a começar pelos estágios iniciais de desenvolvimento do software — definição de requisitos e todo o caminho até o teste final. Todas as tarefas — incluindo definição de requisitos, análise de sistemas, design, codificação, análise de falhas, testes, implementação e controle de alterações — exigem etapas adicionais, documentação mais completa e verificação e reverificação vigilantes. Como resultado, o software de segurança crítico leva muito mais tempo para ser concluído e é muito mais caro para desenvolver.
- Muito esforço deve ser feito para identificar o que pode dar errado, a probabilidade e as consequências de tais ocorrências e como esses riscos podem ser evitados, mitigados ou detectados para que os usuários possam ser avisados.

O aumento do tempo e das despesas para concluir o software de segurança crítico pode levar os desenvolvedores a dilemas éticos. Eles devem pesar cuidadosamente os problemas de custo e facilidade de uso ao desenvolver um sistema que seja seguro e que também agrade aos clientes. Por exemplo, o uso de mecanismos de hardware ou software redundante para fazer backup ou verificar funções críticas do software pode ajudar a garantir uma operação segura. Mas esse hardware ou redundância pode tornar o produto final mais caro de fabricar ou mais difícil para o usuário operar — tornando o produto potencialmente menos atraente do que o de um concorrente.

Outra questão importante é decidir quando foi feito teste de software suficiente. Quantos testes são suficientes quando você está construindo um produto cuja falha pode causar a perda de vidas humanas? Em algum ponto, os desenvolvedores de software devem determinar a conclusão dos testes suficientes e, em seguida, assinar para indicar sua aprovação para o lançamento do produto. Determinar quanto teste é suficiente exige uma tomada de decisão cuidadosa.

Exercício de pensamento crítico

Problemas com sistemas de registros eletrônicos de saúde
▶ QUESTÕES SOCIAIS E ÉTICAS

Estima-se que cerca de 250 mil a 440 mil pessoas morrem todos os anos nos EUA devido a erros médicos. Isso torna os erros médicos a terceira causa de morte após as doenças cardíacas e o câncer.[47] Os registros eletrônicos de saúde (*electronic health records* – EHRs) e outras tecnologias têm como objetivo reduzir os erros e melhorar a prestação de cuidados. Mas alguns especialistas do setor acreditam que o uso dessas ferramentas é simplesmente trocar um conjunto de erros por outro. Por exemplo, os usuários de EHR são altamente propensos a esquecer de inserir pedidos de exames de pacientes e a inserir pedidos de medicamentos erroneamente. Esses erros podem resultar em prejuízo à saúde aos pacientes.[48]

Em alguns casos, a corrida de médicos e hospitais para ganhar incentivos em dinheiro sob a lei HITECH levou à adoção de sistemas EHR complexos e propensos a erros. A implementação de sistemas de EHR deficientes, além do treinamento inadequado do usuário, pode deixar os pacientes tão vulneráveis a erros de medicação como quando os profissionais de saúde usavam prontuários de papel. "A segurança do paciente não é melhorada simplesmente pela implementação de TI de saúde. A tecnologia é parte de um sistema sociotécnico maior, que depende não apenas da funcionalidade de hardware e software, mas também de pessoas, fluxo de trabalho e processos".[49]

E tem havido casos de fornecedores de software de EHR exagerando na qualidade de seus sistemas. Por exemplo, o Departamento de Justiça afirma que o fornecedor de software eClinicalWorks obteve falsamente a certificação de seu produto EHR. As despesas incluem supostamente trapacear o teste de certificação de "uso significativo", deixar de fazer atualizações críticas e correções de bugs e não garantir a portabilidade dos dados para permitir que os médicos transfiram os dados do paciente para os sistemas de EHR de outros fornecedores.[50]

Perguntas de revisão

1. Você acredita que os sistemas de EHR devem ser classificados como sistemas críticos de segurança? Por que sim ou por que não?
2. Seu médico utiliza um sistema de EHR durante as suas visitas ao consultório? Você acha que esse sistema melhora a qualidade de sua interação com o médico? Por que sim ou por que não?

Questões de pensamento crítico

1. Explique como as medidas podem ser implementadas no software para reduzir a probabilidade de se esquecer de incluir os testes do paciente. Que lógica de software poderia ser introduzida para reduzir o potencial de que medicamentos errados sejam receitados para o paciente?
2. Que medidas devem ser adotadas para garantir um processo de certificação do software de EHR mais rigoroso?

Resumo

Princípio:

Um processo de tomada de decisão ética e um código de ética podem orientá-lo a enfrentar os muitos dilemas éticos associados aos sistemas de informação.

A ética é o conjunto de princípios sobre o que é certo e errado que os indivíduos utilizam para fazer escolhas e orientar suas decisões.

O comportamento ético está de acordo com as normas geralmente aceitas, que podem mudar com o tempo para atender às necessidades em evolução da sociedade ou de um grupo de pessoas que compartilham leis, tradições e valores semelhantes que fornecem a estrutura que lhes permite viver de maneira organizada.

Os atos jurídicos são atos que estão em conformidade com a lei. Os atos éticos estão de acordo com o que um indivíduo acredita ser a coisa certa a fazer. As leis podem proclamar um ato como legal, embora muitas pessoas possam considerar o ato antiético.

Os profissionais de muitas profissões subscrevem um código de ética que estabelece os princípios e valores fundamentais que são essenciais para o seu trabalho e, portanto, regem o seu comportamento.

As organizações têm cinco boas razões para promover um ambiente de trabalho no qual os funcionários são incentivados a agir com ética: obter a boa vontade da comunidade, criar uma organização que opere de forma consistente, promover boas práticas de negócios, proteger a organização e seus funcionários de ações legais e evitar publicidade desfavorável.

Um processo de tomada de decisão eficaz que inclui consideração ética consiste nestas cinco etapas: desenvolver uma descrição do problema com base em fatos, identificar várias alternativas pedindo ajuda de quem tem conhecimento de primeira mão da situação, escolher uma alternativa com base em uma série de critérios, implementar a decisão com comunicações claras para aqueles que serão afetados e avaliar os resultados para ver se os objetivos desejados foram alcançados.

Um código de ética profissional estabelece os princípios e valores fundamentais que são essenciais para o trabalho de determinado grupo ocupacional.

Seguir um código de ética pode produzir quatro benefícios principais para o indivíduo, a profissão e a sociedade: melhorar a tomada de decisões éticas, fornecer altos padrões de prática e comportamento ético, gerar confiança e respeito do público em geral e fornecer uma referência de avaliação que o profissional pode utilizar como meio de autoavaliação.

Princípio:

O uso da tecnologia requer equilíbrio entre as necessidades daqueles que utilizam as informações coletadas e os direitos daqueles cujas informações estão sendo utilizadas.

As organizações desejam que os sistemas coletem e armazenem informações básicas sobre os clientes para melhor atendê-los. Mas muitas pessoas se opõem às políticas de coleta de dados, alegando que privam os indivíduos do poder de controlar suas próprias informações pessoais. Uma combinação de novas leis, soluções técnicas e políticas de privacidade se faz necessária para equilibrar a balança.

Práticas justas de informação é uma expressão para um conjunto de diretrizes que regem a coleta e o uso de dados. Não existe uma agência de consultoria estabelecida que recomende práticas de privacidade aceitáveis para as empresas.

O Regulamento Geral de Proteção de Dados (GDPR) é um conjunto de requisitos de privacidade que se aplicam a toda a União Europeia, incluindo organizações não pertencentes à UE que comercializam ou processam informações de indivíduos na União Europeia.

Os Estados Unidos não têm uma política nacional de privacidade de dados abrangente e única.

Três áreas temáticas em que foram implementadas leis federais para proteger os dados pessoais de cidadãos dos EUA são a de dados financeiros, informações de saúde e dados pessoais de crianças.

A Fair Credit Reporting Act, a Right to Financial Privacy Act e a Fair and Accurate Credit Transactions Act são três leis federais dos EUA que visam proteger os dados financeiros dos indivíduos.

A Health Insurance Portability and Accountability Act e a American Recovery and Reinvestment Act são duas leis federais dos EUA destinadas a proteger os dados de saúde dos indivíduos.

A Family Educational Rights and Privacy Act e a Children's Online Privacy Protection Act são duas leis federais dos EUA que visam proteger os dados das crianças.

Quatro etapas que os indivíduos podem seguir para proteger sua privacidade pessoal incluem: (1) descobrir o que está armazenado sobre você nos bancos de dados existentes, (2) ter cuidado ao compartilhar informações sobre si mesmo, (3) ser proativo na proteção de sua privacidade e (4) ter cuidado extra ao comprar qualquer coisa em um site.

As leis federais dos EUA protegem os cidadãos da vigilância governamental e, ao mesmo tempo, autorizam o governo a coletar dados.

O escopo da vigilância governamental foi ampliado, passando da coleta de dados sobre o menor número possível de pessoas para a coleta do máximo de dados sobre o maior número possível de pessoas.

O governo federal implementou muitas leis que tratam da privacidade pessoal; no entanto, os programas de coleta de dados levantaram preocupações e debates entre aqueles a favor da coleta de dados como um meio de aumentar a segurança e aqueles que veem esses programas como uma violação de seus direitos.

A tecnologia da informação forneceu novas e incríveis maneiras para as pessoas se comunicarem com outras ao redor do mundo, mas com esses novos métodos vêm novas responsabilidades e novos dilemas éticos relacionados à liberdade de expressão, controle de acesso à informação na internet, anonimato, discurso de ódio, pornografia e fake news.

A Primeira Emenda e o anonimato da expressão protegem nossa liberdade de expressão.

A Primeira Emenda protege os direitos dos norte-americanos à liberdade de religião, liberdade de expressão e liberdade de reunião pacífica.

Anonimato da expressão é a expressão de opiniões de pessoas que não revelam sua identidade. A liberdade de expressar uma opinião sem medo de represálias é um direito importante de uma sociedade democrática.

A seção 230 do Communications Decency Act e a Children's Online Privacy Protection Act têm um grande impacto na operação dos provedores de serviços de internet.

A seção 230 da Communications Decency Act fornece imunidade a um provedor de serviços de internet que publique conteúdo gerado pelo usuário, desde que suas ações não cheguem ao nível de um provedor de conteúdo.

A Children's Online Privacy Protection Act exige que qualquer site que atenda a crianças deve oferecer políticas de privacidade abrangentes, notificar os pais ou responsáveis sobre suas práticas de coleta de dados e receber o consentimento dos pais antes de coletar qualquer informação pessoal de crianças menores de 13 anos.

Para ajudar os pais a controlar o que seus filhos veem na internet, algumas empresas fornecem software de filtragem para ajudar a filtrar o conteúdo da internet.

Escolas e bibliotecas que não cumpram com a Children's Internet Protection Act não seriam mais elegíveis para receber verba federal por meio do programa E-Rate, que fornece fundos para ajudar a pagar o custo das conexões de internet.

A censura na internet é o controle ou a supressão da publicação ou acesso de informações na internet. A expressão na internet requer uma série de intermediários para atingir seu público, e cada intermediário é vulnerável até certo ponto à pressão daqueles que desejam silenciar o orador. A censura da internet na China é talvez a mais rigorosa do mundo.

A liberdade de expressar uma opinião sem medo de represálias é um direito importante de uma sociedade democrática. O uso de repostadores anônimos ajuda a manter a comunicação anônima; o que é comunicado, seja ético ou legal, depende do remetente.

O direito à liberdade de expressão é restrito quando as expressões são falsas e causam danos a outra pessoa, como difamação ou discurso de ódio.

Uma empresa deve desenvolver uma política clara e completa sobre os direitos de privacidade dos clientes, incluindo o acesso ao banco de dados. Essa política também deve abordar os direitos dos funcionários, incluindo sistemas de monitoramento eletrônico e e-mail.

Os desenvolvedores de software devem fazer concessões entre cronogramas de projeto, custos do projeto, confiabilidade do sistema e qualidade do software.

Os sistemas de alta qualidade são fáceis de aprender e utilizar porque funcionam de forma rápida e eficiente; atendem às necessidades de seus usuários; e operam com segurança e confiabilidade para que o tempo de inatividade do sistema seja mínimo.

Um defeito de software é qualquer erro que, se não for removido, pode fazer com que um sistema de software não atenda às necessidades de seus usuários ou deixe uma porta aberta para um ataque cibernético.

Um sistema crítico de segurança é aquele cuja falha pode causar danos humanos ou morte.

Existem três razões pelas quais o processo de construção de software para sistemas críticos de segurança leva muito mais tempo e é muito mais caro do que para sistemas de alta qualidade: (1) requer profissionais altamente treinados e experientes que trabalhem junto com os engenheiros de segurança e sistemas para garantir que todo o sistema opere de maneira segura; (2) medidas extremas devem ser tomadas para identificar e remover defeitos de software desde os primeiros estágios de desenvolvimento do software; e (3) muito esforço deve ser despendido para identificar o que pode dar errado, a probabilidade e as consequências de tais ocorrências, e identificar como esses riscos podem ser evitados, mitigados ou detectados para que os usuários possam ser avisados.

Dois problemas principais que os desenvolvedores de software enfrentam ao desenvolver sistemas críticos de segurança são: (1) como pesar o custo e as questões de facilidade de uso *versus* segurança e apelo do produto, e (2) como decidir quando foram feitos testes de software suficientes.

Termos-chave

Título XIII da American Recovery and Reinvestment Act
expressão anônima
Children's Online Privacy Protection Act (COPPA)
difamação
ética
Fair and Accurate Credit Transactions Act
Fair Credit Reporting Act
práticas justas de informação
fake news
Family Educational Rights and Privacy Act (FERPA)
Primeira Emenda
Quarta Emenda
General Data Protection Regulation (GDPR)

discurso de ódio
Health Insurance Portability and Accountability Act (HIPAA)
sistemas de software de alta qualidade
censura na internet
filtro de internet
descrição do problema
código de ética profissional
Right to Financial Privacy Act
sistema crítico de segurança
Seção 230 da CDA
defeito de software

Teste de autoavaliação

Um processo de tomada de decisão ética e um código de ética podem orientá-lo a enfrentar os muitos dilemas éticos associados aos sistemas de informação.

1. Agir de maneira ética e legal sempre resultará nas mesmas ações. Verdadeiro ou falso?

2. _____ não é um benefício de promover um ambiente de trabalho no qual os funcionários sejam incentivados a agir com ética.
   a. A organização achará mais fácil recrutar e reter os melhores candidatos ao emprego.
   b. Os funcionários agirão de maneira consistente para que os acionistas saibam o que esperar da organização.
   c. A tendência dos funcionários de agir de uma maneira que lhes pareça ética será reprimida e, em vez disso, eles agirão de maneira a protegê-los de punições.
   d. O valor de seu estoque e a forma como seus produtos e serviços são vistos pelos consumidores serão aprimorados.

3. A etapa _____ do processo de tomada de decisão ética é considerada a mais crítica.
   a. desenvolver uma descrição do problema
   b. identificar alternativas
   c. escolher uma alternativa
   d. implementar a decisão

4. A principal intenção de um código de ética é definir o comportamento desejado. Verdadeiro ou falso?

5. O fato de que _____ não é um benefício que se pode esperar de seguir um código de ética profissional.
   a. colegas de um profissional podem utilizar o código para reconhecimento ou censura.
   b. a adesão a um código de ética aumenta a confiança e o respeito pelos profissionais e sua profissão.
   c. um código pode fornecer uma resposta para todos os dilemas éticos.
   d. um código de ética fornece uma referência de avaliação que um profissional pode utilizar como meio de autoavaliação.

O uso da tecnologia requer equilíbrio entre as necessidades daqueles que utilizam as informações coletadas e os direitos daqueles cujas informações estão sendo utilizadas.

6. Uma diferença fundamental entre as práticas justas de informação nos EUA e da UE é que _____.
   a. embora várias leis tenham sido implementadas ao longo do tempo, nenhuma política nacional abrangente de privacidade de dados foi desenvolvida nos Estados Unidos.
   b. leis federais dos EUA impõem às empresas multas monetárias substanciais por abusos de dados.
   c. o GDPR não impõe obrigações às organizações de obter o consentimento das pessoas sobre quais informações coletam e de gerenciar melhor esses dados.
   d. nos Estados Unidos, as organizações que violam as práticas justas de dados estão sujeitas a multas de até 2% da receita global.

7. Três áreas temáticas em que foram implementadas leis federais para proteger os dados pessoais de cidadãos dos EUA incluem dados financeiros, dados pessoais de crianças e _____ informação.

8. Um meio de garantir que você esteja interagindo com um site seguro é procurar um endereço da web que comece com https. Verdadeiro ou falso?

9. Algumas pessoas que pertencem a um grupo étnico, religioso ou social específico têm a preocupação de que os dados de vigilância coletados pelo governo possam ser utilizados para identificar eles e seus associados como alvos. Verdadeiro ou falso?

10. A NSA é obrigada a obter permissão da Foreign Intelligence Surveillance Court (FISC) para acessar os registros de metadados telefônicos de cidadãos norte-americanos, que agora são mantidos por empresas de telecomunicações, e não pelo governo. Verdadeiro ou falso?

11. O direito à liberdade de expressão é um dos direitos mais importantes para as pessoas livres nos Estados Unidos. A _____ foi adotada para garantir esse e outros direitos.
    a. Declaração de Direitos
    b. Primeira Emenda
    c. Quarta Emenda
    d. Constituição

12. Qual das seguintes afirmações sobre qualquer site voltado para crianças não é verdadeira?
    a. Deve oferecer políticas de privacidade abrangentes.
    b. Deve notificar os pais ou responsáveis sobre suas práticas de coleta de dados.
    c. Ele deve receber o consentimento dos pais antes de coletar qualquer informação pessoal de crianças menores de 13 anos.
    d. Deve solicitar a data de nascimento e o número da seguridade social como confirmação.

13. A _____ foi escrita para proteger as crianças da pornografia na internet, mas foi considerada inconstitucional.
    a. As telecomunicações
    b. Seção 230 da Communications Decency Act
    c. Em grande parte na Communications Decency Act
    d. Children's Internet Protection Act

Os desenvolvedores de software devem fazer concessões entre cronogramas de projeto, custos do projeto, confiabilidade do sistema e qualidade do software.

14. Os sistemas essenciais para a segurança são fáceis de aprender e utilizar porque têm um desempenho rápido e eficiente, atendem às necessidades dos usuários e operam com segurança e confiabilidade. Verdadeiro ou falso?

15. O processo de construção de software para sistemas críticos de segurança leva muito mais tempo e é muito mais caro porque _____.
    a. geralmente estão sendo construídos para o governo e há muita burocracia e atrasos.
    b. geralmente envolvem aeronaves ou automóveis e devem atender às exigências adicionais impostas pelo Conselho Nacional de Transporte e Segurança.
    c. medidas extremas devem ser tomadas para identificar e remover defeitos desde os primeiros estágios do desenvolvimento de software.
    d. o software deve ser escrito em linguagens de programação de máquina ou assembly que são extremamente tediosas e demoradas para utilizar.

16. Os construtores de sistemas críticos de segurança devem determinar quando concluíram os testes suficientes e assinaram sua aprovação para liberar o produto. Normalmente, essa é uma decisão fácil e direta. Verdadeiro ou falso?

Respostas de autoavaliação

1. Falso
2. c
3. a
4. Verdadeiro
5. c
6. a
7. saúde
8. Verdadeiro
9. Verdadeiro
10. Verdadeiro
11. b
12. d
13. d
14. Falso
15. c
16. Falso

Questões de revisão e discussão

1. Explique a diferença entre ético e legal.
2. Promover boas práticas de negócios e proteger a organização e seus funcionários de ações judiciais são duas razões para uma organização promover um ambiente de trabalho no qual os funcionários sejam incentivados a agir com ética. Verdadeiro ou falso?
3. Liste as etapas no processo de tomada de decisão ética.
4. Quais são os dois elementos-chave do código de ética de uma organização?
5. Seguir um código de ética profissional pode melhorar a tomada de decisões éticas. Verdadeiro ou falso?
6. Resuma as diferenças entre as práticas de informações justas dos EUA e da UE.
7. Identifique três áreas temáticas em que as leis federais foram implementadas para proteger os dados pessoais de cidadãos dos EUA.
8. Quais são as quatro etapas que você pode seguir para proteger sua privacidade pessoal?
9. Discuta as compensações entre segurança da informação e privacidade.
10. Discuta por que se diz que as leis federais dos EUA protegem os cidadãos da vigilância governamental, mas ao mesmo tempo autorizam o governo a coletar esses dados.
11. Quais são os pontos-chave da Primeira Emenda em termos de proteção de nossa liberdade de expressão?
12. Descreva como a Seção 230 da Communications Decency Act protege as redes de mídia social.
13. Quais medidas as redes de mídias sociais estão tomando para lidar com difamação, discurso de ódio e pornografia na internet?
14. Quais são as diferenças entre um sistema de software de alta qualidade e um sistema crítico de segurança?
15. Identifique três medidas tomadas durante o desenvolvimento de um sistema crítico de segurança que faz com que esses sistemas custem mais e demorem mais para serem concluídos.
16. Identifique dois dilemas éticos que os desenvolvedores de software enfrentam ao construir sistemas de alta qualidade ou de segurança crítica.

Exercícios de tomada de decisão orientados para os negócios

1. Você é membro da organização de RH de uma grande empresa de fabricação de bens de consumo. Certo dia, durante o almoço, um amigo seu que trabalha no depósito menciona que câmeras de vigilância por vídeo foram instaladas na tentativa de impedir o furto desenfreado de produtos acabados. Você fica surpreso quando seu amigo lhe diz que os funcionários do depósito não estão cientes e informados de que as câmeras foram instaladas. Isso constitui uma violação potencial dos direitos dos funcionários à Quarta Emenda? Que ação você deve tomar?
2. Você é o novo contratado em uma grande empresa de software e tem feito horas extras nos últimos dois meses tentando concluir o teste final de uma nova versão de software para o principal produto da empresa, que é utilizado por milhares de organizações em todo o mundo. Infelizmente, o software tem muitos bugs e os testes demoraram semanas a mais do que o esperado. Nessa tarde, seu chefe pediu para você "aprovar" a conclusão de sua parte do teste. Ele explica que o projeto ultrapassou o orçamento e corre o risco de perder a data de lançamento prometida para os clientes. Quando você faz objeção porque acha que o software ainda tem bugs, ele diz para não se preocupar e que os bugs restantes serão corrigidos na próxima versão do software. O que você faz?

Trabalho em equipe e atividades de colaboração

1. A análise de rede organizacional é um método para estudar a comunicação entre indivíduos. Leia o artigo: "Making the Invisible Visible: SNA of the NSA", de Joseph A. E. Shaheen em *https://www.josephshaheen.com/nsa-sna-xkeyscore/370*. A NSA usa as técnicas ali descritas para analisar as comunicações entre os indivíduos. Use um software gráfico para criar uma análise de rede organizacional que descreva as comunicações por e-mail e texto dos membros de sua equipe por uma semana. Se alguém estudasse essa análise de rede, que conclusões eles poderiam tirar sobre os membros de sua equipe?

2. Você e os membros da sua equipe estão criando um site que comercializa livros para colorir e materiais de arte para crianças de 4 a 13 anos. Desenvolva uma lista das ações necessárias para garantir que o seu site não viole a lei de Proteção à Privacidade On-line Infantil (*Children's Online Privacy Protection Act*). O seu site irá processar os pedidos feitos usando o PayPal e os principais cartões de crédito. Elabore uma política de privacidade do site apropriada usando um dos modelos on-line.

Exercícios de carreira

1. É o ano de 2026 e você é um dos cinco membros da câmara municipal de Gotham City. O crime violento é um problema sério em sua cidade há décadas, com mais de 650 homicídios/ano. A cidade está considerando gastar US$ 45 milhões para implementar o novo sistema de vigilância Consciência de Domínio para cobrir as três áreas da comunidade com a maior taxa de homicídios — todas com mais de 125 homicídios por 100 mil residentes.

   O sistema Consciência de Domínio inclui 1 mil câmeras de vigilância de última geração equipadas com dispositivos de detecção de tiro que podem detectar o local do disparo de uma arma em um raio de 16 metros e leitores de placas de veículos e software analítico avançado projetado para reconhecer atividades suspeitas ou crimes em andamento. As câmeras de vigilância são projetadas para serem transmitidas umas às outras, de modo que o rastro de um suspeito possa ser seguido de uma câmera para outra.

   Embora o orçamento anual de Gotham City exceda US$ 3 bilhões, a cidade tem um déficit de mais de US$ 200 milhões/ano e uma crise financeira iminente com déficit de cerca de US$ 300 milhões no fundo de aposentadoria dos servidores municipais. A câmara municipal se reúne em duas semanas para considerar uma proposta para implementar o sistema Consciência de Domínio.

   Quais etapas você executaria para se tornar mais informado sobre as capacidades, pontos fortes e limitações desse sistema? Quais problemas técnicos e não técnicos potenciais estão associados a esse sistema? Como os cidadãos de Gotham City reagiriam à instalação de tal sistema?

2. Você é membro do grupo de RH de uma empresa de consultoria de TI com cerca de três dezenas de consultores. Você está pensando em iniciar um programa para incentivar mais consultores a ingressar em organizações profissionais de TI e obter mais certificações relacionadas a TI. Identifique três benefícios comerciais de fazer isso. Que incentivos você pode oferecer aos consultores para incentivá-los a ingressar em organizações profissionais e obter mais certificações? Que resistência você pode esperar de alguns membros da equipe?

Estudo de caso

▶ QUESTÕES SOCIAIS E ÉTICAS, TECNOLOGIA NA SOCIEDADE

Governo emprega buscas secretas

A Agência Central de Inteligência (*Central Intelligence Agency* – CIA) conduz operações secretas no exterior, operações de contraespionagem e coleta e analisa a inteligência estrangeira para o presidente e sua equipe para auxiliar nas decisões de segurança nacional. A Agência de Segurança Nacional (NSA) é responsável pelo monitoramento, coleta e processamento de informações globais para propósitos de inteligência estrangeira e contraespionagem. O Departamento Federal de Investigação (*Federal Bureau of Investigation* – FBI) conduz operações nacionais de contraespionagem e contraterrorismo, além de seu papel como principal agência de aplicação da lei no país.

Essas três agências implementaram programas sofisticados para capturar, armazenar e analisar comunicações eletrônicas. O programa Downstream (anteriormente chamado PRISM) extrai dados dos servidores de nove grandes empresas norte-americanas de internet, como AOL, Apple, Facebook, Google, Microsoft, Paltalk, Skype, Yahoo e YouTube, para obter acesso direto a áudio, vídeo, fotos, e-mails, documentos e logs de conexão para cada um desses sistemas. O programa Upstream aproveita a infraestrutura da internet para capturar as comunicações on-line de estrangeiros fora dos Estados Unidos enquanto suas comunicações estão em trânsito. Os líderes das agências de inteligência argumentam que esses programas são essenciais para combater o terrorismo. As agências também podem fornecer dezenas de exemplos de como o uso dos dados coletados por esses programas frustrou os esforços de terroristas em todo o mundo.

Os programas são autorizados pela Seção 702 da lei de emendas da FISA, que autoriza a vigilância de qualquer estrangeiro no exterior, desde que o objetivo seja obter "inteligência estrangeira". A lei define vagamente "inteligência estrangeira" como qualquer informação que "se relaciona com" a conduta das relações exteriores. Essa definição ampla significa que o alvo a ser vigiado não precisa ser um terrorista. O alvo precisa apenas ser considerado como possuidor de informações que sejam relevantes para o objetivo de inteligência estrangeira do governo — seja ele qual for.

O processo de coleta de comunicações eletrônicas estrangeiras significa necessariamente a captura acidental de muitas conversas envolvendo um norte-americano (que pode estar nos Estados Unidos) e um alvo estrangeiro. Eles podem estar mantendo uma comunicação totalmente inocente com um amigo estrangeiro, parente ou parceiro de negócios que não seja suspeito de qualquer delito. O número total de comunicações norte-americanas coletadas "incidentalmente" desde a aplicação da Seção 702 está na casa dos milhões.

A seção 702 também permite que o governo reúna todas as mensagens que intercepta em um banco de dados gigante e, em seguida, pesquise esse banco, incluindo conversas envolvendo norte-americanos — sem um mandado. A vigilância sem permissão das comunicações entre norte-americanos e estrangeiros é conhecida como "backdoor search" ("busca pela porta dos fundos"), porque foge efetivamente de outras disposições da lei dos Estados Unidos que exigem um mandado individualizado ou ordem judicial para acesso a tais dados. As agências estão autorizadas a conduzir buscas pela porta dos fundos, ilimitadas e sem mandado dessas comunicações em busca de informações sobre norte-americanos ou indivíduos localizados nos EUA durante a investigação. As agências só precisam obter um mandado para ver os dados de um norte-americano se a investigação não estiver relacionada à segurança nacional.

Há um processo rigoroso pelo qual os agentes da lei devem passar para grampear um telefone, com três requisitos principais bem distintos do método de coleta de dados Downstream e Upstream. Em primeiro lugar, *antes de começar a escuta*, os agentes devem provar a um juiz que têm motivos prováveis para acreditar que grampear um telefone específico os ajudará a solucionar crimes federais graves, como terrorismo, lavagem de dinheiro ou tráfico de drogas. Em segundo lugar, um limite de tempo deve ser definido para o início e o fim da escuta telefônica; ela não pode durar para sempre. Em terceiro lugar, a escuta telefônica é limitada apenas àquelas conversas que provavelmente fornecerão evidências contra o suspeito.

Existem também grandes diferenças entre como os programas Downstream e Upstream coletam dados e como os dados são coletados sob um mandado de busca comum. Downstream e Upstream reúnem todos os dados a ser coletados e criam uma fonte de dados que pode ser consultada para encontrar evidências de um crime. Se um departamento policial obtiver um mandado de busca e apreensão para procurar drogas ilegais em uma casa, os agentes podem entrar legalmente na casa e fazer buscas em todos os cômodos. Mas depois de encontrar (ou não) as drogas, eles não podem vasculhar arquivos em busca de evidências de tráfico sexual e, em seguida, apreender computadores à procura de evidências de sonegação de impostos, mesmo que os policiais estejam legalmente presentes na casa. Eles devem obter um mandado separado para conduzir cada busca antes de qualquer busca.

Questões de pensamento crítico:

1. Muitas pessoas acreditam que a falta de evidências de que um norte-americano está cometendo um delito dificilmente é uma justificativa convincente para uma busca sem mandado em suas comunicações. Ao contrário: se as agências de inteligência não têm uma causa provável para suspeitar de atividade criminosa, não têm por que ler e-mails de norte-americanos e ouvir seus telefonemas. Imagine que você concorda com essa posição, quais mudanças você acha que são necessárias na seção 702 da FISA?

2. Outros acreditam que as agências de inteligência norte-americanas devem capturar todos os dados possíveis para nos proteger de terroristas e se, ao fazer isso, for criada uma fonte de dados que possa ser usada em casos criminais, tanto melhor. Imagine que você concorda com essa posição, quais mudanças você acha que são necessárias na seção 702 da FISA?

3. Você acredita que os programas Downstream e Upstream são exemplos de pender a balança da justiça a favor da segurança em vez da privacidade? Justifique sua resposta.

FONTES: "Surveillance Techniques: How Your Data Becomes Our Data", Domestic Surveillance Directorate, *https://nsa.gov1.info/surveillance*, acesso em 10 de agosto de 2018; "NSA Stops Certain Section 702: Upstream Activities", NSA Statement, 28 de abril de 2017, *https://www.nsa.gov/news-features/press-room/statements/2017-04-28-702-statement.shtml*; "Upstream vs. PRISM", Electronic Frontier Foundation, *https://www.eff.org/pages/upstream-prism*, acesso em 10 de agosto de 2018; "Backdoor Search", Electronic Frontier Foundation, *https://www.eff.org/pages/backdoor-search*, acesso em 10 de agosto de 2018; Robyn Greene, "Americans Wanted More Privacy Protections. Congress Gave Them Fewer.", *New America*, 26 de janeiro de 2018, *https://www.newamerica.org/oti/articles/americans-wanted-more-privacy-protections-congress-gave-them-fewer*; Laura Hautala, "NSA Surveillance Programs Live On, In Case You Hadn't Noticed", *c/net*, 19 de janeiro de 2018, *https://www.cnet.com/news/nsa-surveillance-programs-prism-upstream-live-on-snowden*; e "Guide to Section 702 Value Examples October 2017, *https://www.dni.gov/files/icotr/Guide-to-Section-702-Value-Examples.pdf*.

Notas

Fontes da vinheta de abertura: Michael Riley, Sarah Frier, e Stephanie Baker, "Understanding the Facebook-Cambridge Analytica Story: Quick Take", *The Washington Post*, 9 de abril de 2018, *https://www.washingtonpost.com/business/understanding-the-facebook-cambridge-analytica-story-quicktake/2018/04/09/0f18d91c-3c1c-11e8-955b-7d2e19b79966_story.html?utm_term=.36c34419ce93*; Sam Meredith, "Facebook-Cambridge Analytica: A Timeline of the Data Hijacking Scandal", *CNBC*, 10 de abril de 2018, *https://*

www.cnbc.com/2018/04/10/facebook-cambridge-analytica-a-timeline-of-the-data-hijacking-scandal.html; Andrea Valdez, "Everything You Need to Know About Facebook and Cambridge Analytica", *Wired*, 23 de março de 2018, https://www.wired.com/story/wired-facebook-cambridge-analytica-coverage; e Marguerite Reardon, "Facebook's FTC Consent Decree Deal: What You Need to Know", *c/net*, 14 de abril de 2018, https://www.cnet.com/news/facebooks-ftc-consent-decree-deal-what-you-need-to-know.

1. "2018 BSA Global Software Survey Software Management: Security Imperative, Business Opportunity", The Software Alliance, https://gss.bsa.org, acesso em 27 de julho de 2018.
2. "Bringing hope and help to customers and communities in crisis", Dell, https://www.delltechnologies.com/en-us/microsites/legacyofgood/2018/communities/bringing-hope-and-help-to-customers-and-communities-in-crisis.htm, acesso em 31 de julho de 2018.
3. Shelley McKinley, "Microsoft releases 2017 Corporate Social Responsibility report", Microsoft, 16 de outubro de 2017, https://blogs.microsoft.com/on-the-issues/2017/10/16/microsoft-releases-2017-corporate-social-responsibility-report/.
4. "Oracle Corporate Citizenship Report", Oracle, http://www.oracle.com/us/corporate/citizenship/oracle-corp-citizenship-report-3941904.pdf, acesso em 31 de julho de 2018.
5. Chad Brooks, "Social Responsibility No Longer Optional for Businesses", *Business News Daily*, 22 de maio de 2013, www.businessnewsdaily.com/4528-social-responsibility-not-optional.html.
6. Laura Matthews, "Excedrin Recall 2012 and 5 Other Worse Drug Recalls in FDA History", *International Business Times*, 10 de janeiro de 2012, https://www.ibtimes.com/excedrin-recall-2012-5-other-worse-drug-recalls-fda-history-393656.
7. *United States vs. New York Central & Hudson River R. Co*, 212 U.S. 509 (1909), http://supreme.justia.com/us/212/509/case.html.
8. McCoy, Kevin, "Wells Fargo fined $185M for fake accounts; 5,300 were fired", *USA Today*, 8 de setembro de 2016, http://www.usatoday.com/story/money/2016/09/08/wells-fargo-fined-185m-over-unauthorized-accounts/90003212.
9. Suzanne Vranica e Jack Marshall, "Facebook Overestimated Key Video Metric for Two Years", *Wall Street Journal*, 22 de setembro de 2016, http://www.wsj.com/articles/facebook-overestimated-key-video-metric-for-two-years-1474586951.
10. Matt Burgess, "What is GDPR? The Summary Guide to GDPR in the UK", *Wired UK*, 4 de junho de 2018, https://www.wired.co.uk/article/what-is-gdpr-uk-eu-legislation-compliance-summary-fines-2018.
11. "TransUnion Must Pay $60M For Mistakenly Tagging People As Possible Terrorists", *Consumer Reports*, 21 de junho de 2017, https://www.consumerreports.org/consumerist/transunion-must-pay-60m-for-mistakenly-tagging-people-as-possible-terrorists.
12. "Judge rules in favor of OCR and requires a Texas cancer center to pay $4.3 million in penalties for HIPAA violations", *HHS Press Office*, 18 de junho de 2018, https://www.hhs.gov/about/news/2018/06/18/judge-rules-in-favor-of-ocr-and-requires-texas-cancer-center-to-pay-4.3-million-in-penalties-for-hipaa-violations.html.
13. Miranda Fullmore, "State Requests Lawsuit Against 62 Hospitals Be Dismissed", *Indiana Public Media*, 15 de janeiro de 2018, https://indianapublicmedia.org/news/lawsuit-62-indiana-hospitals-dismissed-137715/.
14. Wendy Davis, "Twitter, comScore Sued for Allegedly Tracking Kids Who Use Disney Apps", *Digital News Daily*, 20 de junho de 2018, https://www.mediapost.com/publications/article/321098/twitter-comscore-sued-for-allegedly-tracking-kids.html.
15. "Sample Privacy Policy", Better Business Bureau, https://www.bbb.org/greater-san-francisco/for-businesses/toolkits1/sample-privacy-policy/, acesso em 9 de agosto de 2018.
16. "How do I get a copy of my credit reports?", Consumer Financial Protection Bureau, www.consumerfinance.gov/askcfpb/5/can-i-review-my-credit-report.html, acesso em 7 de agosto de 2018.
17. "NSA Reportedly Recording All Phone Calls in a Foreign Country", *Associated Press*, 19 de março de 2014, www.foxnews.com/politics/2014/03/19/nsa-reportedly-recording-all-phone-calls-in-foreign-country/.
18. Kia Makarechi, "Julian Assange Goes Where Glenn Greenwald Wouldn't", *Vanity Fair*, 23 de maio de 2014, www.vanityfair.com/on-line/daily/2014/05/julian-assange-glenn-greenwald-nsa-afghanistan.
19. AJ Dellinger, "The NSA Managed to Collect 500 Million US Call Records in 2017 Despite Targeting Just 40 People", *Gizmodo*, 4 de maio de 2018, https://gizmodo.com/the-nsa-managed-to-collect-500-million-us-call-records-1825789394.
20. Ms. Smith, "Judge Cites Use of Secure E-mail Riseup as a Potential Terrorist Indicator", *Network World*, 11 de janeiro de 2015, www.networkworld.com/article/2867329/microsoft-subnet/judge-cites-use-of-secure-e-mail-riseup-as-a-potential-terrorist-indicator.html.
21. Jonathan Zittrain e Benjamin Edelman, "Empirical Analysis of Internet Filtering in China", Berkman Center for Internet & Society, Harvard Law School, https://cyber.harvard.edu/filtering/china/, acesso em 26 de janeiro de 2013.
22. Danny O'Brien, "Is Brazil the Censorship Capital of the Internet? Not Yet", *CPJ Blog*, Committee to Protect Journalists, 28 de abril de 2010, www.cpj.org/blog/2010/04/is-brazil-the-censorship-capital-of-the-internet.php.
23. Courtney Macavinta, "The Supreme Court Today Rejected the Communications Decency Act", *CNET*, 26 de junho de 1997, https://www.cnet.com/news/high-court-rejects-cda/.
24. *Reno, Attorney General of the United States v. American Civil Liberties Union, et al*, 521 U.S. 844 (1997), Legal Information Institute, Cornell University Law School, www.law.cornell.edu/supct/html/96-511.ZS.html, acesso em 26 de janeiro de 2013.
25. "What is Section 230 of the Communication Decency Act (CDA)?", Minc, https://www.minclaw.com/legal-resource-center/what-is-section-230-of-the-communication-decency-act-cda/, acesso em 23 de setembro de 2018.

26. "News Feed", Facebook, https://www.facebook.com/facebookmedia/solutions/news-feed, acesso em 4 de agosto de 2018.
27. Nicole Johnston, "Best Internet Filter Software of 2018", *Top Ten Reviews*, 28 de agosto de 2018, http://www.toptenreviews.com/software/security/best-internet-filter-software
28. Emma Lansso, "Court Flouts First Amendment, OKs Libraries' Internet Censorship Scheme", Center for Democracy & Technology, 13 de abril de 2012, https://cdt.org/blog/court-flouts-first-amendment-oks-libraries-internet-censorship-scheme.
29. Beth Landman e Julia Marsh, "Woman Hit with Defamation Lawsuit by Doctor Over Negative Yelp review", *FoxNews*, 29 de maio de 2018, http://www.foxnews.com/health/2018/05/29/woman-hit-with-defamation-lawsuit-by-doctor-over-negative-yelp-review.html.
30. YouTube, "Terms of Service", www.youtube.com/t/terms, acesso em 11 de março de 2013.
31. YouTube, "YouTube Community Guidelines", www.youtube.com/t/community_guidelines, acesso em 11 de março de 2013.
32. Shona Ghosh, "Germany's New Strict Law About Social Media Hate Speech Has Already Claimed Its First Victim, *Business Insider*, 2 de janeiro de 2018, https://finance.yahoo.com/news/germany-apos-strict-law-social-103322438.html.
33. "The Stats on Internet Pornography", *Information2Share*, 12 de dezembro de 2012, http://information2share.wordpress.com/2012/12/12/the-stats-on-internet-pornography.
34. "How Many People Are On Porn Sites Right Now? (Hint: It's A Lot.)", https://fightthenewdrug.org/by-the-numbers-see-how-many-people-are-watching-porn-today, acesso em 13 de agosto de 2018.
35. *Ashcroft v. American Civil Liberties Union* (03-218), 542 U.S. 656 (2004), Legal Information Institute, Cornell University Law School, www.law.cornell.edu/supct/html/03-218.ZS.html, acesso em 30 de janeiro de 2013.
36. Eric Goldman, "Internet Obscenity Conviction Requires Assessment of National Community Standards—*US v. Kilbride*" Technology & Marketing Law Blog, 30 de outubro de 2009, blog.ericgoldman.org/archives/2009/10/internet_obscen.htm.
37. Megan Purdy, "Why Do People Watch Porn At Work?", Workology, 18 de maio de 2017, https://workology.com/why-do-people-watch-porn-at-work/.
38. "Fake News", *Urban Dictionary*, https://www.urbandictionary.com/define.php?term=Fake%20news, acesso em 1º de setembro de 2018.
39. Monica Anderson e Andrea Caumont, "How Social Media Is Reshaping News", Pew Research Center, 24 de setembro de 2014, http://www.pewresearch.org/fact-tank/2014/09/24/how-social-media-is-reshaping-news/.
40. Daisuke Wakabayashi e Linda Qiu, "Google Serves Fake News Ads in an Unlikely Place: Fact-Checking Sites", *New York Times*, 17 de outubro de 2017, https://www.nytimes.com/2017/10/17/technology/google-fake-ads-fact-check.html.
41. Scott Matteson, "Report: Software failure caused $ 1.7 trillion in financial losses in 2017", *Tech Republic*, 26 de janeiro de 2018, https://www.techrepublic.com/article/report-software-failure-caused-1-7-trillion-in-financial-losses-in-2017.
42. Brian Smith, "Ditch the Glitch, Top Software Failures of 2017", Worksoft, 17 de agosto de 2017, https://www.worksoft.com/top-software-failures-of-2017-so-far.
43. Jonathan P. Bowen, "The Ethics of Safety-Critical Systems", *Communications of the ACM*, 43 (2000): 91–97.
44. Janet Leon, "The True Cost of a Software Bug: Part One", *Celerity Blog*: Breakthroughs in Acceleration, 28 de fevereiro de 2015, http://blog.celerity.com/the-true-cost-of-a-software-bug.
45. "7 Medical Device Failures Causing Serious Recalls", Qmed, 27 de janeiro de 2016, http://www.qmed.com/news/7-medical-device-failures-causing-serious-recalls.
46. Shaun Nichols, "Airbag Bug Forces GM to Recall 4.3M Vehicles – but Eh, Who About Those Self-Driving Cars, Huh?", *The Register*, 9 de setembro de 2016, www.theregister.co.uk/2016/09/09/gm_recalls_airbags_software_bug.
47. Ray Sipherd, "The third-leading cause of death in US most doctors don't want you to know about", *CNBC*, 22 de fevereiro de 2018, https://www.cnbc.com/2018/02/22/medical-errors-third-leading-cause-of-death-in-america.html.
48. "Patient Safety Errors are Common with Electronic Health Record Use", *Health IT Analytics*, 21 de abril de 2017, https://healthitanalytics.com/news/patient-safety-errors-are-common-with-electronic-health-record-use.
49. Jennifer Bresnick, "Patient Safety Errors are Common with Electronic Health Record Use", *HealthIT Analytics*, 21 de abril de 2017, https://healthitanalytics.com/news/patient-safety-errors-are-common-with-electronic-health-record-use.
50. Tom Sullivan, "eClinicalWorks to pay $155 Million to Settle Suit Alleging It Faked Meaningful Use Certification", *Health Care News*, 31 de maio de 2017.

PARTE 2

Infraestrutura de tecnologia

Capítulo 4
Hardware e software

Capítulo 5
Sistemas de banco de dados e gestão de dados

Capítulo 6
Inteligência de negócios: big data e inteligência analítica

Capítulo 7
Redes: um mundo interconectado

Capítulo 8
Computação em nuvem e internet das coisas

CAPÍTULO 4
Hardware e software

Princípios	**Objetivos de aprendizado**
O setor de hardware de computador está mudando rapidamente e é altamente competitivo, o que cria um ambiente propício para avanços tecnológicos.	• Descrever as funções dos quatro componentes de hardware fundamentais de todo computador. • Explicar a diferença entre multiprocessamento, processamento paralelo e computação em grade.
O hardware do computador deve ser cuidadosamente selecionado para atender às necessidades em evolução da organização e seus sistemas de informação de suporte.	• Descrever como cada uma das três classes principais de computadores é utilizada em uma organização. • Identificar as três ou quatro subclasses associadas a cada classe primária de computador.
O setor de hardware de computador e os usuários estão implementando projetos e produtos de computação verde.	• Identificar três recursos principais que distinguem centros de dados de nível 1, 2, 3 e 4. • Declarar os três objetivos principais do programa de "computação verde".
O software é valioso para ajudar indivíduos, grupos de trabalho e empresas inteiras a atingir seus objetivos.	• Listar os dois tipos básicos de software e suas subclasses associadas. • Descrever a função do sistema operacional. • Indicar três benefícios de economia de custo associados à virtualização de servidor. • Descrever como a abordagem da arquitetura orientada a serviços é utilizada para construir software e microsserviços.
Em geral, as organizações utilizam software aplicativo pronto para uso a fim de atender às necessidades comerciais comuns e software aplicativo proprietário para atender às necessidades de negócios exclusivas e fornecer uma vantagem competitiva.	• Identificar três vantagens do software pronto *versus* o software proprietário. • Descrever quatro vantagens principais do modelo de software como serviço. • Dar um exemplo de como o software aplicativo é utilizado na esfera de influência pessoal, do grupo de trabalho e das empresas. • Identificar cinco tarefas para as quais as linguagens de programação são comumente utilizadas. • Identificar os três tipos principais de contratos de licença do usuário final. • Comparar o software de código aberto com o software licenciado em termos de como cada um é utilizado e suportado.

SI em ação

A Pixar agiliza os principais processos de negócios

➤ SISTEMAS E PROCESSOS

A Pixar é um estúdio de cinema de animação por computador que começou em 1979 como Graphics Group. Agora, faz parte da divisão de informática da Lucasfilm. Inicialmente, a Pixar era uma empresa de hardware e computador que desenvolvia dispositivos de processamento de imagem de alta tecnologia. Depois de ser afastado da Apple em 1985, o cofundador da Apple, Steve Jobs, comprou a Pixar e começou a produzir curtas de animação para demonstrar a potência de seu hardware. No entanto, a empresa de hardware não era lucrativa, então a Pixar começou a fazer mais projetos animados. Ela fez um acordo com a Disney para produzir o primeiro longa-metragem inteiramente com imagens geradas por computador (*computer-generated imagery* – CGI) — o *Toy Story*. Como resultado do sucesso do filme, Jobs conseguiu popularizar a Pixar. A Disney acabou comprando a Pixar em 2006 em uma transação de ações avaliada em US$ 7,4 bilhões.

Uma animação típica da Pixar leva de quatro a cinco anos para ser concluída. Os funcionários da Pixar colaboram nos filmes como uma equipe em um processo de design que envolve a troca contínua de produtos de design digital entre designers e animadores. Eles empregam RenderMan, interface de programação de aplicativos de renderização de imagens da própria Pixar, para gerar imagens de alta qualidade.

O software de animação proprietário da Pixar é utilizado para criar modelos tridimensionais por computador de personagens, adereços e cenários. Esses modelos iniciais não têm cor ou textura de superfície — apenas as linhas e contornos dos cubos, blocos e esferas individuais que foram utilizados para construí-los. Esses modelos iniciais são chamados de wireframe. Os modelos recebem então avars, ou estruturas móveis que o animador usa para fazer o objeto ou personagem se mover. (O personagem Woody de *Toy Story* tem cem avars apenas no rosto.) Em seguida, sombras, iluminação, animação, cores e texturas devem ser adicionadas para criar imagens realistas em uma tela. Por fim, computadores poderosos são utilizados para reunir todas as informações digitais que os animadores criaram em um único quadro do filme. O software RenderMan da Pixar desenha a imagem final computando cada pixel da imagem do modelo, sombras, iluminação, animação, cores e dados de textura armazenados em vários arquivos para criar imagens realistas. Se o diretor decidir que um conjunto de quadros não produz os efeitos visuais desejados, os membros da equipe da Pixar repetem algumas dessas etapas.

O tempo que leva para renderizar um quadro depende da complexidade da cena e da velocidade do computador que faz a renderização. *Universidade Monstros* é um filme de 110 minutos lançado em 2013. Os filmes animados da Pixar são produzidos a uma taxa de 24 quadros por segundo, portanto esse filme exigiu a renderização de mais de 150 mil quadros individuais. Com a tecnologia disponível na época, o processamento demorava mais de dois anos para concluir a renderização.

A Pixar construiu o que chama de fazenda de renderização — um grande centro de processamento de dados com mais de 2.000 processadores multicore e uma capacidade de armazenamento de dados superior a 100 terabytes — para reduzir o gargalo de renderização. Isso permite que a Pixar produza filmes com mais rapidez, acelerando assim o fluxo de caixa — os filmes completos da Pixar geram uma receita média de mais de US$ 600 milhões em todo o mundo. Outro fator a ser considerado é o valor do tempo do artista — artistas qualificados podem custar aos estúdios US$ 2.500 por dia. Os diretores de criação devem garantir que esses recursos caros continuem criando formas de arte para filmes de animação 3D, comerciais e efeitos especiais e não fiquem parados esperando que suas imagens terminem de ser renderizadas.

O grupo de operações de sistemas de informação deve compreender o processo criativo, bem como a tecnologia que impulsiona a renderização. Essa compreensão é necessária para que eles possam prever a demanda para o sistema de renderização e manter um alto rendimento de trabalhos de renderização para cumprir os prazos de produção, bem como permanecer dentro do orçamento dos sistemas de informação. Eles devem atualizar constantemente o hardware do computador e ajustar a capacidade para atender à demanda. Quanto mais rápido o computador, mais energia ele consome e mais calor ele gera, então o grupo de operações deve buscar os computadores mais poderosos e eficientes em energia disponíveis e empregar diretrizes de computação verde para controlar suas escolhas.

Ao ler sobre hardware e software, considere o seguinte:

- Quais são as principais vantagens competitivas que as organizações podem obter com o uso eficaz de hardware e software de computador?
- Que impacto os recursos crescentes e os custos decrescentes de hardware ao longo do tempo têm sobre o modo como as organizações usam o hardware do sistema de informação?

Por que aprender sobre hardware e software?

As organizações investem em hardware e software de computador para melhorar a produtividade do trabalhador, aumentar a receita, reduzir custos, fornecer melhor atendimento ao cliente, acelerar o tempo de colocação no mercado e facilitar a colaboração entre os funcionários. As organizações que não fazem investimentos sábios em hardware e software geralmente estão presas a equipamentos desatualizados que não são confiáveis e que não podem aproveitar as vantagens dos avanços de software mais recentes. Esse hardware e software obsoletos podem atrasar o progresso e colocar a organização em desvantagem competitiva. Por outro lado, hardware e software de última geração permitem maior segurança de rede e dados, aumentam a produtividade, melhoram o moral dos funcionários, reduzem custos e permitem que a organização se mantenha competitiva.

O McDonald's está gastando US$ 6 bilhões para atualizar suas lojas nos EUA, com grande parte desse valor destinado a melhorar a experiência do cliente com quiosques digitais de autoatendimento que tornam mais fácil pedir e pagar por uma refeição. A Home Depot está adicionando mil profissionais de tecnologia como parte de um plano de US$ 11 bilhões em três anos para construir alguns dos softwares mais avançados do setor para ajudar os clientes a comprar quando, onde e como quiserem. Os fabricantes de automóveis estão competindo para colocar os mais avançados pacotes de software de navegação, entretenimento e direção autônoma em seus novos modelos.

Espera-se que os gestores, independentemente do campo de sua carreira e formação educacional, ajudem a definir as necessidades de negócios para as quais hardware e software devem oferecer suporte. Além disso, os gestores devem ser capazes de fazer perguntas relevantes e avaliar as opções ao considerar os investimentos em hardware e software para suas áreas de negócios. Essa necessidade é especialmente verdadeira em pequenas organizações, que não podem empregar especialistas em sistemas de informação. Os gerentes de marketing, vendas e recursos humanos geralmente ajudam os especialistas em SI a avaliar as oportunidades de aplicação de hardware e software de computador. Eles ajudam a avaliar as opções e recursos especificados para o software. Os gerentes de finanças e contabilidade devem ficar de olho nos resultados financeiros — protegendo-se contra gastos excessivos — e, ainda assim, estar dispostos a investir em hardware e software de computador quando e onde as condições de negócios o justificarem.

Anatomia de um computador

Os quatro componentes fundamentais de hardware do sistema de computador incluem o processador (também conhecido como CPU), memória, barramentos e dispositivos de entrada/saída, conforme mostrado na Figura 4.1. Cada componente tem um papel fundamental a desempenhar.

FIGURA 4.1
Anatomia básica de um computador
Os componentes de hardware do computador incluem a unidade de processamento central ou CPU, memória, barramento e dispositivos de entrada/saída.

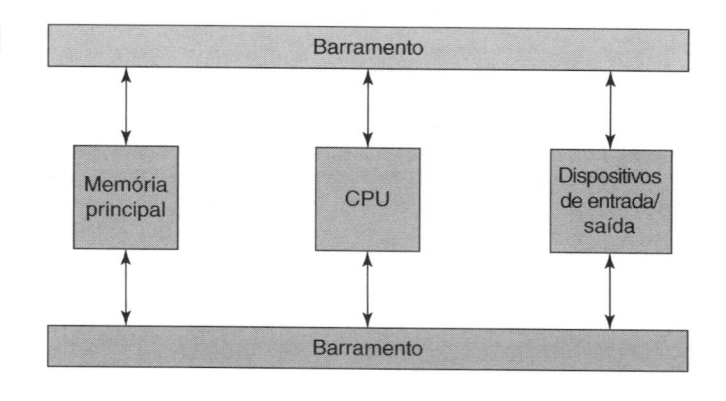

CAPÍTULO 4 • Hardware e software **113**

núcleo: Recebe instruções e executa cálculos, ou ações, com base nessas instruções.

memória: Um componente do computador que fornece ao processador uma área de armazenamento de trabalho para armazenar instruções e dados do programa.

barramento: Um conjunto de circuitos eletrônicos utilizados para rotear dados e instruções de e para os vários componentes de um computador.

dispositivos de entrada/saída: Um componente de computador que fornece dados e instruções ao computador e recebe os resultados dele.

O **núcleo** (core) de um computador recebe instruções e realiza cálculos ou ações com base nessas instruções. O processador conhecido como unidade de processamento central ou (*central processing unit* – CPU) é capaz de executar milhões de instruções por segundo.

Memória fornece ao processador uma área de armazenamento de trabalho para armazenar instruções e dados do programa. Ela fornece dados e instruções rapidamente ao processador. O armazenamento de memória é frequentemente medido em unidades de gigabytes ou bilhões de bytes de dados. Cada byte é capaz de representar um caractere de dados.

Dados e instruções são roteados de e para os vários componentes através do **barramento**, um conjunto de circuitos eletrônicos. A velocidade do barramento determina a velocidade com que os dados são transferidos entre todos os componentes de hardware do computador. Se o computador tiver um barramento lento, o processador terá que esperar para receber as instruções, o que torna o computador mais lento.

Dispositivos de entrada/saída fornecem dados e instruções ao computador e recebe os resultados dele.

Os componentes do computador trabalham juntos para completar as instruções (por exemplo, multiplicar, dividir, adicionar, subtrair, comparar) de um programa de computador para cumprir os objetivos do usuário (por exemplo, enviar/receber e-mail, desenvolver uma previsão de lucro, pagar um fatura). A conclusão de uma instrução envolve duas fases (instrução ou Tempo I e execução ou Tempo E), que são divididas nas quatro etapas a seguir (consulte Figura 4.2):

Fase de instrução:

- **Instrução de captura.** O computador lê a próxima instrução do programa a ser executada — junto com os dados necessários — no processador. A instrução e os dados são normalmente mantidos em um registro de armazenamento.
- **Instrução de decodificação.** A instrução é decodificada e passada para a unidade de execução do processador apropriada.

Fase de execução:

- **Instrução de execução.** O computador executa a instrução por meio de cálculos aritméticos, comparação lógica, lógica binária ou operação vetorial.
- **Armazenamento de resultados.** Os resultados são armazenados em locais de armazenamento temporário chamados registros ou na memória.

Dispositivo de processamento

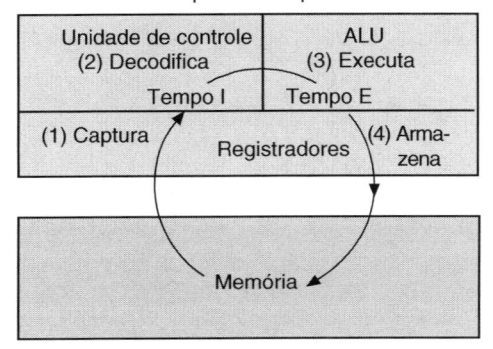

Unidade de controle (2) Decodifica	ALU (3) Executa
Tempo I	Tempo E
(1) Captura Registradores	(4) Armazena

Memória

FIGURA 4.2
Execução de uma instrução
(1) Na fase de instrução, as instruções de um programa e os dados necessários são lidos no processador. (2) A instrução é então decodificada pela unidade de controle da CPU para que o processador central possa entender o que fazer. (3) Na fase de execução, o componente da unidade aritmética e lógica (*arithmetic and logic unit* – ALU) da CPU faz o que é instruído a fazer, como um cálculo aritmético ou uma comparação lógica. (4) Os resultados são então armazenados nos registros ou na memória. As fases de instrução e execução juntas constituem um ciclo da máquina.

Processador

processador multicore: Um processador que possui duas ou mais unidades de processamento independentes, chamadas núcleos, que são capazes de sequenciar e executar instruções.

Um **processador multicore** possui duas ou mais unidades de processamento independentes, chamadas núcleos, que são capazes de sequenciar e executar instruções. Um processador com dois núcleos é chamado de processador dual-core e outro com quatro núcleos é chamado de processador quadcore. Os processadores de computador pessoal estão disponíveis com dois, quatro, seis e oito núcleos. Quanto mais núcleos o processador tiver, mais conjuntos de instruções ele pode receber e processar ao mesmo tempo, permitindo que conclua mais trabalhos por unidade de tempo.

velocidade do clock: Uma série de pulsos eletrônicos produzidos a uma taxa predeterminada que afeta o tempo de ciclo da máquina.

gigahertz (GHz): Uma unidade de frequência igual a 1 bilhão de ciclos por segundo; uma medida da velocidade do clock.

Cada processador produz uma série de pulsos eletrônicos a uma taxa predeterminada, chamada de **velocidade do clock**, que controla a velocidade com que essas etapas são concluídas. A velocidade do clock é medida em **gigahertz (GHz)**, que é uma unidade de frequência igual a 1 bilhão de ciclos por segundo. A maioria dos computadores pessoais atuais opera na faixa de 1–4 GHz. Quanto maior a velocidade do clock, menor o intervalo entre os pulsos e mais rápido as instruções podem ser concluídas.

Infelizmente, quanto mais rápida a velocidade do clock do processador, mais calor ele gera. Esse calor deve ser dissipado para evitar corromper os dados e as instruções que o computador está tentando processar. Assim, os processadores que funcionam em temperaturas mais altas precisam de dissipadores de calor maiores (um dispositivo ou substância para absorver o calor excessivo), ventiladores e outros componentes para eliminar o calor em excesso. Isso aumenta o tamanho e o peso do dispositivo de computação.

Fabricação de processadores

circuito integrado (CI): Um conjunto de circuitos eletrônicos em uma pequena peça de material semicondutor, normalmente silício.

Um **circuito integrado (CI)** — ou chip — é um conjunto de circuitos eletrônicos em uma pequena peça de material semicondutor, normalmente de silício. Os CIs podem ser extremamente pequenos, com até vários bilhões de componentes eletrônicos construídos em uma área do tamanho de uma unha. Processadores e chips de memória são exemplos de circuitos integrados.

planta de fabricação de semicondutores: Uma fábrica em que os circuitos integrados são fabricados; também chamada fab ou fundição.

Uma **fábrica de semicondutores** (também chamada fab ou fundição) é a indústria em que os circuitos integrados são produzidos. A litografia ultravioleta extrema (*extreme ultraviolet lithography* – EUVL) é um processo altamente complexo utilizado na fabricação de chips de computador com recursos de tamanhos extremamente pequenos — medidos em nanômetros (nm) ou bilionésimos de metro. A EUVL envolve direcionar um feixe de laser sob gás xenônio a fim de aquecê-lo e fazê-lo ejetar elétrons para gravar os minúsculos componentes do chip. Todo o processo deve ocorrer no vácuo. A Intel é capaz de criar chips com recursos que medem até 10 nm de diâmetro. Espera-se que a AMD alcance a litografia de 7 nm, uma forma de impressão, até 2020. Só para ter ideia, uma molécula de água tem cerca de 0,5 nm de diâmetro.

Intel, Samsung e STMicroelectronics projetam e fabricam seus chips em suas próprias fábricas*. Algumas organizações operam uma fábrica de semicondutores com o objetivo de fabricar os projetos de outras empresas. Essas organizações são conhecidas como empresas de fundição. Apple, Qualcomm, Nvidia e AMD são exemplos de fabricantes sem fábrica; eles terceirizam sua fabricação para empresas de fundição que fabricam o projeto.

As fábricas são extremamente caras para serem instaladas e requerem muitos dispositivos caros para funcionar. A Intel planeja concluir a fábrica de semicondutores Intel Fab 42 em Chandler, Arizona, a um custo de mais de US$ 7 bilhões até 2021. Quando estiver totalmente operacional, a fábrica empregará cerca de 3 mil engenheiros de processo, técnicos de equipamentos e engenheiros e técnicos de suporte às instalações. A fábrica produzirá chips avançados de 7 nanômetros.[1]

---

*NT: Esse feito tecnológico foi de fato atingido.

Multiprocessamento

Multiprocessamento envolve a execução simultânea de duas ou mais instruções ao mesmo tempo. Uma forma de multiprocessamento usa coprocessadores. Um **coprocessador** acelera o processamento executando tipos específicos de instruções enquanto a CPU trabalha em outra atividade de processamento. Os coprocessadores podem ser internos ou externos à CPU e podem ter velocidades do relógio diferentes da CPU. Cada tipo de coprocessador executa uma função específica. Por exemplo, um chip coprocessador matemático acelera os cálculos matemáticos, enquanto um chip coprocessador gráfico diminui o tempo gasto para manipular gráficos.

O primeiro processador de computador foi o Intel 4004 com um processador único de 740 kHz capaz de processar cerca de 92 mil instruções por segundo. Os processadores atuais são processadores GHz multicore capazes de processar mais de 100 bilhões de instruções por segundo. Todos os computadores são processadores multicore atualmente; até o iPhone 4s tem dois núcleos.

Processamento paralelo

Processamento paralelo é a execução simultânea da mesma tarefa em vários processadores para obter resultados mais rápidos. Sistemas com milhares desses processadores são conhecidos como **sistemas de processamento massivamente paralelos**, uma forma de multiprocessamento que acelera o processamento ao vincular centenas ou mesmo milhares de processadores para operar ao mesmo tempo, ou em paralelo, com cada processador tendo seu próprio barramento, memória, discos, cópia do sistema operacional e aplicativos. Os processadores podem se comunicar entre si para se coordenar ao executar um programa de computador ou podem ser executados independentemente um do outro sob a direção de outro processador que distribui o trabalho para os vários processadores e coleta seus resultados.

Os usos mais frequentes para processamento paralelo incluem modelagem, simulação e análise de grandes quantidades de dados. Por exemplo, o processamento paralelo é utilizado na medicina para desenvolver novos sistemas de imagem que concluem as varreduras de ultrassom em menos tempo e com maior precisão, permitindo que os médicos forneçam diagnósticos melhores e mais rápidos aos pacientes. Em vez de construir modelos físicos de novos produtos, os engenheiros podem criar modelos virtuais e utilizar computação paralela para testar como os produtos funcionam e, em seguida, alterar elementos e materiais do projeto conforme necessário.

No último quarto de século, os cientistas fizeram um rápido progresso no uso do DNA, a molécula da vida, para realizar cálculos semelhantes aos de um computador em células vivas. As moléculas de DNA podem assumir um número astronômico de sequências potenciais, proporcionando a oportunidade de realizar muitas operações computacionais ao mesmo tempo. No futuro, a computação de DNA pode ser capaz de trabalhar dentro de células vivas e se combinar com sua bioquímica existente para fornecer novos métodos de detecção e tratamento de doenças possíveis.

Computação em grade é o uso de uma coleção de computadores, geralmente pertencentes a vários indivíduos ou organizações, que trabalham de maneira coordenada para resolver um problema comum. A computação em grade é uma abordagem de baixo custo para o processamento paralelo. A grade pode incluir dezenas, centenas ou até milhares de computadores que são executados em conjunto para resolver problemas de processamento extremamente grandes. A chave para o sucesso da computação em grade é um servidor central que atua como líder da grade e monitor de tráfego. Esse servidor de controle divide a tarefa de computação em subtarefas e atribui o trabalho a computadores na grade que têm (pelo menos temporariamente) poder de processamento excedente. O servidor central também monitora o processamento e, se um membro da grade falhar em completar uma subtarefa, o servidor reinicia ou reatribui a tarefa. Quando todas as subtarefas são concluídas, o servidor de controle combina os resultados e avança para a próxima tarefa até que todo o trabalho seja concluído.

Cerca de 650 mil indivíduos e 460 organizações doaram a capacidade não utilizada de seus dispositivos de computação à World Community Grid para apoiar vários projetos de pesquisa relacionados a saúde, pobreza e sustentabilidade. Isso inclui projetos como a identificação de novos candidatos a medicamentos para combater o neuroblastoma do câncer infantil, a descoberta de maneiras inovadoras de fornecer água potável a milhões e de novos materiais para captar a energia solar com mais eficiência. Os doadores escolhem uma área de pesquisa de seu interesse, baixam e instalam um kit de ferramentas chamado BOINC e se juntam aos milhares de voluntários que permitem que seu dispositivo execute cálculos de pesquisa quando, de outra forma, estaria ocioso, ajudando os cientistas a obter resultados em meses, em vez de décadas.[2]

Memória principal

memória principal: Componente de um computador que fornece à CPU uma área de armazenamento de trabalho para instruções e dados do programa.

A **memória principal** fornece à CPU uma área de armazenamento de trabalho para instruções e dados do programa. A principal função da memória é fornecer dados e instruções rapidamente à CPU. Para que seus sistemas funcionem com eficiência, as organizações devem investir em uma quantidade suficiente de memória principal. As organizações também precisam de grandes quantidades de armazenamento secundário para armazenar grandes quantidades de dados que não cabem nos limites da memória principal.

Como a CPU, os dispositivos de memória contêm milhares de circuitos impressos em chips de silício. Cada circuito está em de dois estados: ou está conduzindo corrente elétrica (ligado) ou não está conduzindo corrente (desligado). Os dados são armazenados na memória como uma combinação de estados de circuito ligado ou desligado. Normalmente, 8 bits são utilizados para representar um caractere, como a letra *A*. Oito bits juntos formam um **byte (B)**. Na maioria dos casos, a capacidade de armazenamento é medida em bytes, com 1 byte equivalente a um caractere de dados. O conteúdo da Biblioteca do Congresso dos EUA, com mais de 126 milhões de itens e 850 km de estantes, exigiria cerca de 20 petabytes de armazenamento digital. A Tabela 4.1 lista as unidades para medir o armazenamento do computador.

byte (b): Oito bits que, juntos, representam um único caractere de dados.

TABELA 4.1 Unidades de armazenamento do computador

Nome	Abreviação	Número de bytes
Byte	B	1
Kilobyte	KB	1.000
Megabyte	MB	1.000
Gigabyte	GB	1.000
Terabyte	TB	1.000
Petabyte	PB	1.000
Exabyte	EB	1.000
Zetabyte	ZB	1.000
Yottabyte	YB	1.000

RAM e cache

memória de acesso aleatório (RAM): Uma forma de memória na qual instruções ou dados podem ser armazenados temporariamente.

A memória do computador pode assumir várias formas. As instruções ou dados podem ser armazenados temporariamente e lidos a partir de **memória de acesso aleatório** (*random access memory* — **RAM**). Conforme projetados atualmente, os chips de RAM são dispositivos de armazenamento voláteis, o que significa que perdem seu conteúdo se a corrente for desligada ou interrompida, o que pode ser causado por uma oscilação de energia, queda de energia ou ruído elétrico gerado por raios ou máquinas próximas. Os chips de RAM são montados diretamente na placa de circuito principal do computador ou em outros chips montados em placas periféricas que se conectam à placa de circuito principal. Esses chips de RAM consistem em milhões de interruptores que são sensíveis às mudanças na corrente elétrica.

Existem diversos tipos de RAM: a memória de acesso aleatório estática (*static random access memory* – SRAM) é um armazenamento endereçável por byte utilizado para registros e caches de alta velocidade; a memória de acesso aleatório dinâmica (*dynamic random access memory* – DRAM) é um armazenamento endereçável por byte utilizado para a memória principal de um computador; e a memória de acesso aleatório dinâmico síncrono de taxa de dados dupla (*double data rate synchronous dynamic random access memory* – DDR SDRAM) é uma forma aprimorada de DRAM que efetivamente dobra a taxa na qual os dados podem ser movidos para dentro e para fora da memória principal. A DDR foi substituída pela DDR de segunda, terceira e quarta geração, chamadas DDR2, DDR3 e DDR4, respectivamente. A DDR3 requer 1,5 volts de energia elétrica para operar, enquanto a DDR4 precisa de apenas 1,2 volts. A DDR4 também oferece suporte a um modo de desligamento profundo, que permite que o dispositivo hospedeiro entre em espera sem a necessidade de atualizar sua memória — reduzindo o consumo de energia em espera em até 50%. Assim, a DDR4 reduz a energia necessária para operar dispositivos portáteis e servidores. Isso significa vida útil mais longa da bateria para usuários de computadores portáteis e contas de luz mais baixas para organizações que operam fazendas de servidores.[3]

Embora a velocidade do microprocessador tenha praticamente dobrado a cada 24 meses nas últimas décadas, o desempenho da memória não acompanhou o ritmo. Na verdade, a memória se tornou o principal gargalo para o desempenho do sistema. **Memória cache** é um tipo de memória de alta velocidade que o processador pode acessar mais rapidamente do que a memória principal para ajudar a aliviar esse gargalo. Os dados utilizados com frequência são armazenados em uma memória cache facilmente acessível em vez de uma memória mais lenta, como a RAM. Como a memória cache contém menos dados, a CPU pode acessar os dados e instruções desejados mais rapidamente do que selecionando de um conjunto maior no armazenamento primário. Assim, a CPU pode executar instruções mais rapidamente, melhorando o desempenho geral do sistema do computador. A memória cache está disponível em três formas. O cache de nível 1 (level *1* – L1) está no chip da CPU. A memória cache de nível 2 (level *2* – L2) pode ser acessada pela CPU por meio de uma interface dedicada de alta velocidade. Os processadores mais recentes vão um passo além, colocando o cache L2 diretamente no próprio chip da CPU e fornecendo suporte de alta velocidade para um cache externo de nível terciário (level *3* – L3).

Memória somente leitura (*read-only memory* – ROM), outro tipo de memória, é não volátil, o que significa que seu conteúdo não é perdido se a alimentação for desligada ou interrompida. A ROM fornece armazenamento permanente para dados e instruções que não mudam, como programas e dados do fabricante do computador, incluindo as instruções que informam ao computador como inicializar quando a energia é ligada. Também há diversos tipos de memória ROM. A memória somente leitura programável (*programmable read-only memory* – PROM) é utilizada para armazenar dados e instruções que nunca podem ser alterados. A memória somente leitura programável apagável eletricamente (*electrically erasable programmable read-only memory* – EEPROM) é uma memória somente leitura, modificável pelo usuário, que pode ser apagada e reprogramada repetidamente por meio da aplicação de voltagem elétrica superior ao normal.

Armazenamento secundário

Armazenar dados com segurança e eficácia é fundamental para o sucesso de uma organização. Impulsionada por muitos fatores — como a necessidade de reter mais dados por mais tempo para atender às preocupações regulatórias do governo, armazenar novas formas de dados digitais, como áudio e vídeo, e manter os sistemas funcionando sob o ataque de volumes crescentes de e-mail — as informações do mundo estão mais do que dobrando a cada dois anos. Quase 6 zetabytes (6×10^{21} bytes) de informações foram criados e armazenados apenas em 2013.[4] É principalmente o conteúdo digital não estruturado, como vídeo, áudio e objetos de imagem, que está alimentando esse crescimento.

---

memória cache: Tipo de memória de alta velocidade que um processador pode acessar mais rapidamente do que a memória principal.

memória somente leitura (ROM): Uma forma não volátil de memória.

armazenamento secundário: Um dispositivo que armazena grandes quantidades de dados, instruções e informações de forma mais permanente do que o permitido com a memória principal.

Para a maioria das organizações, a melhor solução geral de armazenamento de dados é provavelmente uma combinação de diferentes opções de armazenamento secundário que podem armazenar grandes quantidades de dados, instruções e informações de forma mais permanente do que o permitido com a memória principal. Comparado com a memória, o armazenamento secundário oferece as vantagens de não volatilidade, maior capacidade e maior economia. Com base no custo por megabyte, o armazenamento secundário é consideravelmente mais barato do que a memória principal. A seleção da mídia e dos dispositivos de armazenamento secundário requer a compreensão de suas características principais: método de acesso, capacidade e portabilidade.

Assim como outros componentes do sistema do computador, os métodos de acesso, capacidades de armazenamento e portabilidade exigidos da mídia de armazenamento secundária são determinados pelos requisitos de negócios que devem ser atendidos. O objetivo de uma empresa de cartão de crédito pode ser recuperar rapidamente os dados armazenados do cliente para aprovar as compras do consumidor. Nesse caso, um método de acesso rápido é fundamental. Em outros casos, como munir a equipe de vendas de campo da Coca-Cola com smartphones, portabilidade e robustez, deve ser mais importante pensar na seleção e no uso de dispositivos e mídias de armazenamento secundário.

Além de custo, capacidade, portabilidade e robustez, as organizações devem resolver os problemas de segurança para que apenas pessoas autorizadas tenham acesso a dados confidenciais e programas críticos. Como os dados e programas mantidos em dispositivos de armazenamento secundário são tão essenciais para a maioria das organizações, todas essas questões merecem cuidadosa consideração.

O armazenamento de dados secundários não pode ser acessado diretamente pela CPU. Em vez disso, os computadores geralmente utilizam canais de entrada/saída para acessar o armazenamento secundário e, em seguida, transferir os dados desejados usando áreas intermediárias no armazenamento primário. As formas mais comuns de dispositivos de armazenamento secundário são magnéticos, ópticos e de estado sólido.

Dispositivo de armazenamento óptico

O armazenamento magnético usa dispositivos de fita ou disco cobertos por uma fina camada magnética que permite que os dados sejam armazenados como partículas magnéticas. Fita magnética é um tipo de meio de armazenamento secundário, frequentemente utilizado para armazenar backups de dados organizacionais críticos em caso de desastre. Exemplos de dispositivos de armazenamento de fita incluem cassetes e cartuchos que medem alguns milímetros de diâmetro, exigindo bem pouco espaço de armazenamento. A fita magnética tem sido utilizada como meio de armazenamento desde os primeiros computadores, como o computador Univac de 1951.[5] Os avanços contínuos mantiveram a fita magnética como um meio de armazenamento viável. O projeto High-End Computing Capability (HECC) da Nasa oferece aos cientistas e engenheiros o acesso a serviços de sistemas de supercomputação que são apoiados por um sistema de armazenamento em fita de 132 petabytes.[6] Muitos desses supercomputadores, incluindo os instalados no National Center for Atmospheric Research, utilizam sistemas robóticos de backup em fita. Ver Figura 4.3.

fita magnética: Um tipo de meio de armazenamento secundário sequencial, agora utilizado principalmente para armazenar backups de dados organizacionais críticos em caso de desastre.

Uma unidade de disco rígido (*hard disk drive* – HDD) é um dispositivo de armazenamento de acesso direto utilizado para armazenar e recuperar dados de discos rotativos revestidos com material magnético. Um disco rígido representa bits de dados com pequenas áreas magnetizadas e usa uma cabeça de leitura/gravação para ir diretamente até a parte desejada dos dados. Como o acesso direto permite a recuperação rápida de dados, esse tipo de armazenamento é utilizado por organizações que precisam responder rapidamente às solicitações dos clientes, como companhias aéreas e empresas de cartão de crédito. Por exemplo, as informações sobre o histórico de crédito de um cliente ou sobre os assentos disponíveis em certo voo provavelmente seriam armazenadas em uma unidade de disco rígido de acesso direto para que o vendedor ou gerente de atendimento ao cliente pudesse obter esses dados em segundos. As unidades de disco rígido variam bastante em capacidade e portabilidade.

unidade de disco rígido (HDD): Dispositivo de armazenamento de acesso direto utilizado para armazenar e recuperar dados de discos giratórios revestidos de material magnético.

Colocar os dados de uma organização on-line envolve um sério risco de negócios — a perda de dados críticos pode tirar a empresa do mercado. A preocupação é que os componentes mecânicos mais críticos dentro de um dispositivo de armazenamento HDD — as unidades de disco, os ventiladores e as cabeças de leitura/gravação — possam falhar. Assim, as organizações agora exigem que seus dispositivos de armazenamento de dados sejam tolerantes a falhas, ou seja, que possam continuar

FIGURA 4.3

Sistema robótico de backup em fita

O National Center for Atmospheric Research dos EUA usa um sistema robótico de backup em fita para fazer o backup de uma frota de supercomputadores que resolvem os mais complexos e exigentes problemas de modelagem climática em computação do mundo.

com pouca ou nenhuma perda de desempenho se um ou mais componentes principais falharem. Em resposta, os fabricantes de disco estão continuamente desenvolvendo novas tecnologias que virão melhorar o desempenho e a confiabilidade de suas unidades de disco rígido.

Uma **matriz redundante de discos independentes/baratos** (*redundant array of independent/inexpensive disks* – RAID) é um método de armazenamento de dados que gera bits extras de dados a partir dos dados existentes, permitindo que o sistema crie um "mapa de reconstrução" para que, se um disco rígido falhar, ele possa reconstruir os dados perdidos. Com essa abordagem, os dados podem ser divididos e armazenados em diferentes unidades de disco físico, usando uma técnica chamada striping, que distribui os dados uniformemente. A tecnologia RAID foi aplicada a sistemas de armazenamento para melhorar o desempenho e a confiabilidade do sistema.

O RAID pode ser implementado de várias maneiras. Os subsistemas RAID 1 duplicam dados nos discos rígidos. Esse processo, chamado "espelhamento de disco", fornece uma cópia exata que protege totalmente os usuários em caso de perda de dados. No entanto, para manter cópias completas dos backups atuais, as organizações precisam dobrar a quantidade de sua capacidade de armazenamento. Outros métodos de RAID são mais baratos porque duplicam apenas parte dos dados, permitindo que os gerenciadores de armazenamento minimizem a quantidade de espaço extra em disco que devem adquirir para proteger os dados.

Fita virtual é uma tecnologia de armazenamento adequada para dados utilizados com menos frequência. Com os sistemas de fita virtual, os dados são armazenados inteiramente em cartuchos de fita, embora algumas partes possam, na verdade, estar localizadas em discos rígidos mais rápidos. O software associado a um sistema de fita virtual às vezes é chamado servidor de fita virtual. A fita virtual pode ser utilizada com um sistema sofisticado de gestão de armazenamento que transfere os dados para formas mais lentas, mas menos caras, de mídia de armazenamento, pois as pessoas utilizam os dados com menos frequência. A tecnologia de fita virtual pode diminuir o tempo de acesso aos dados, diminuir o custo total de propriedade e reduzir a quantidade de espaço físico consumido pelas operações de fita.

Dispositivos de armazenamento secundário de estado sólido

Um **dispositivo de armazenamento de estado sólido** (*solid state storage device* – SSD) armazena dados em chips de memória em vez de unidades de disco rígido ou mídia óptica. Esses chips de memória requerem menos energia e fornecem acesso a dados muito mais rápido do que dispositivos de armazenamento de dados magnéticos. Além disso, os SSDs não têm partes móveis, por isso são menos frágeis do que os discos rígidos. Todos esses fatores tornam o SSD a escolha preferida em relação às unidades de disco rígido para computadores portáteis.

---

matriz redundante de discos independentes/baratos (RAID): Um método de armazenamento de dados que gera bits extras de dados a partir dos dados existentes, permitindo que o sistema crie um "mapa de reconstrução" para que, se um disco rígido falhar, o sistema possa reconstruir os dados perdidos.

fita virtual: Um dispositivo de armazenamento para dados utilizados com menos frequência. Com os sistemas de fita virtual, os dados são armazenados inteiramente em cartuchos de fita, embora algumas partes possam, na verdade, estar localizadas em discos rígidos mais rápidos.

dispositivo de armazenamento de estado sólido (SSD): Um dispositivo de armazenamento que armazena dados em chips de memória em vez de unidades de disco rígido ou mídia óptica.

Uma unidade flash USB (*universal serial bus* – barramento serial universal) é um exemplo de SSD comumente utilizado. As unidades flash USB são externas ao computador e são removíveis e regraváveis. A maioria pesa menos de 30 gramas e pode fornecer uma ampla variedade de capacidade de armazenamento.

Dispositivos de entrada e saída

Os dispositivos de entrada e saída são os gateways para o sistema do computador — você os usa para fornecer dados e instruções ao computador e receber os resultados dele. Os dispositivos de entrada e saída fazem parte da interface do usuário de um computador, que inclui outros dispositivos de hardware e software que permitem que você interaja com um sistema de computador.

Em geral, as empresas preferem dispositivos de entrada que permitam inserir dados com precisão e rapidez no sistema e dispositivos de saída que permitam produzir resultados adequados. Algumas organizações têm necessidades muito específicas de entrada e saída, exigindo dispositivos que executam funções específicas. Quanto mais especializado o aplicativo, mais especializados são os dispositivos associados de entrada e saída do sistema.

Inserir dados em um computador — entrada — geralmente requer a transferência de dados legíveis por humanos, como um pedido de venda, para o sistema do computador. "Dados legíveis por humanos" significa os dados que as pessoas podem ler e compreender. A temperatura registrada em um termômetro é um exemplo de dados legíveis por humanos. Um exemplo de dados legíveis por máquina é o código de barras universal em muitos itens de supermercado, que informa o número de identificação da manutenção de estoque daquele item. Para o olho humano, o código de barras universal é ininteligível e se parece com uma série de barras verticais de espessuras variadas. Alguns dados, tal como a tinta magnética em cheques bancários, podem ser lidos por pessoas e máquinas. Normalmente, as pessoas começam o processo de entrada organizando dados legíveis por humanos e transformando-os em dados legíveis por máquina. Cada pressionamento de tecla em um teclado, por exemplo, transforma o símbolo de uma letra de uma linguagem humana em um código digital que a máquina pode manipular.

Os dispositivos de entrada e entrada de dados surgem em muitas formas. Eles variam de dispositivos de uso especial que capturam tipos específicos de dados até dispositivos de entrada de uso mais geral. Alguns dos dispositivos de entrada e entrada de dados de uso especial são discutidos posteriormente neste capítulo. Em primeiro lugar, nos concentramos nos dispositivos utilizados para entrada e inserção de tipos gerais de dados, como texto, áudio, imagens e vídeo em computadores pessoais.

Dispositivos comuns de entrada do computador pessoal

O teclado e o mouse de computador são dispositivos comuns utilizados para entrada e inserção de dados, como caracteres, texto e comandos básicos. Algumas empresas fabricam teclados que são mais confortáveis, mais facilmente ajustados e mais rápidos de serem utilizados do que os teclados padrão. Esses teclados ergonômicos, como o teclado dividido, são projetados para ajudar os usuários a evitar lesões no pulso e nas mãos causadas por horas de digitação. Outros teclados incluem touch pads, que permitem que você insira desenhos no touch pad enquanto ainda está usando as teclas para inserir texto. Ver Figura 4.4. O mouse é utilizado para apontar e clicar em símbolos, ícones, menus e comandos na tela. O computador executa uma série de ações em resposta, como inserir dados no sistema de computador. Muitos mouses e teclados agora são sem fio, ajudando a manter uma área de trabalho física livre de bagunça.

Leitores ópticos de dados

Indivíduos e organizações também podem utilizar um dispositivo de digitalização especial denominado leitor óptico de dados para digitalizar documentos. As duas categorias de leitores ópticos de dados são o reconhecimento óptico de marcas (*optical mark recognition* – OMR) e o reconhecimento óptico de caracteres (*optical character recognition* – OCR). Os leitores OMR são utilizados para tarefas como testes de classificação e digitalização de formulários. Com essa tecnologia, os lápis são utilizados para preencher bolhas ou caixas de seleção no papel OMR, que também é chamado

FIGURA 4.4
Prancheta de desenho e teclado integrado
Uma prancheta de desenho e um teclado integrado podem substituir o teclado e o mouse tradicionais para entrada.

de "formulário de detecção de marca". Os sistemas OMR são utilizados em testes padronizados, como os testes SAT e GMAT, e para registrar votos em eleições.

Em contrapartida, a maioria dos leitores de OCR usa luz refletida para reconhecer e digitalizar vários caracteres gerados por máquina. Com um software especial, os leitores de OCR também podem converter documentos manuscritos ou digitados em dados digitais. Depois que os dados são inseridos, eles podem ser compartilhados, modificados e distribuídos em redes de computadores para centenas ou milhares de pessoas. Anteriormente, o uso da tecnologia OCR exigia um dispositivo de scanner especial que criava uma imagem dos caracteres a serem convertidos. Um software de OCR caro era então necessário para converter essa imagem em texto. No entanto, agora é possível concluir esse processo usando a câmera de um smartphone ou tablet Android. Depois que a imagem é armazenada na câmera ou tablet, você usa o aplicativo Google Drive para Android para copiar a imagem para o Google Drive, em que o software e os servidores do Google farão a conversão com OCR sem nenhum custo.

Leitores de código de barras

Um leitor de código de barras emprega um scanner a laser para ler uma etiqueta com código de barras e passar os dados para um computador. O leitor de código de barras pode ser estacionário ou portátil para suportar uma ampla variedade de usos. Essa forma de entrada é amplamente utilizada para compras em lojas e controle de estoque em armazéns. Os códigos de barras também são utilizados em hospitais, onde uma enfermeira faz a digitalização da pulseira do paciente e, em seguida, do código de barras do remédio a ser administrado para evitar erros de medicação.

Várias empresas criaram aplicativos que convertem a câmera do celular em um leitor de código de barras. Você pode digitalizar o código de barras de um anúncio, embalagem ou etiqueta impressa para abrir sites e comprar itens com apenas alguns cliques.

Etiqueta de identificação por radiofrequência (RFID)

identificação por radiofrequência (RFID): Uma tecnologia que emprega um microchip com uma antena para transmitir seu identificador exclusivo e localização para os receptores.

Identificação por radiofrequência (*radio frequency identification* – RFID) é uma tecnologia que emprega um microchip com uma antena para transmitir seu identificador exclusivo e a localização para os receptores. O objetivo de um sistema RFID é transmitir dados por um dispositivo móvel, chamado tag (ver Figura 4.5), que é lido por um leitor RFID e processado de acordo com as necessidades de um programa de computador. Uma aplicação popular de RFID é colocar microchips em itens de varejo e instalar leitores na loja que rastreiam o estoque nas prateleiras para determinar quando elas devem ser reabastecidas. O chip da etiqueta RFID inclui uma forma especial de memória EPROM que contém dados sobre o item ao qual a etiqueta está fixada. Um sinal de radiofrequência pode atualizar essa memória conforme o *status* do item muda. Os dados transmitidos pela etiqueta podem fornecer identificação, informações de localização ou detalhes sobre o produto etiquetado, como data de fabricação, preço de varejo, cor ou data de compra.

FIGURA 4.5
Etiquetas de RFID
Uma etiqueta de RFID é pequena em comparação com as atuais etiquetas de código de barras utilizadas para identificar itens.

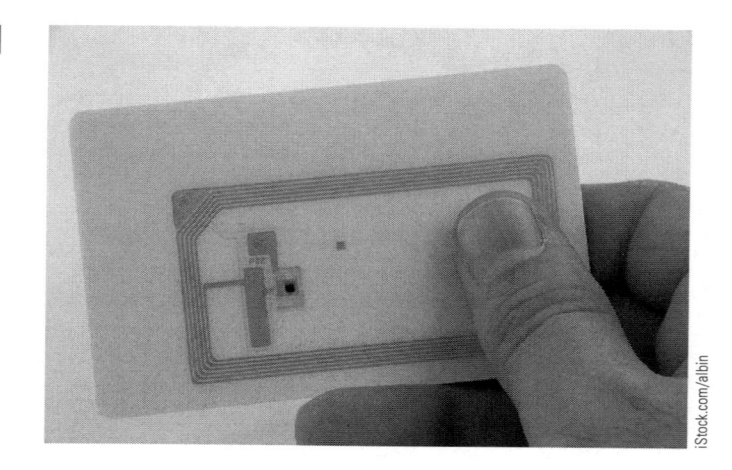

Dispositivo de entrada com caneta

Ao tocar na tela com um dispositivo de entrada com caneta, você pode ativar um comando ou fazer com que o computador execute uma tarefa, insira notas manuscritas e desenhe objetos e figuras. A entrada com caneta requer software e hardware especiais. O software de reconhecimento de escrita, por exemplo, converte a escrita à mão na tela em texto. Muitos tablets podem transformar a escrita à mão em texto digitado e armazenar a "tinta digital" exatamente como uma pessoa a escreve. As pessoas podem utilizar uma caneta para escrever e enviar e-mail, adicionar comentários a documentos, marcar apresentações e até mesmo desenhar tabelas à mão em um documento. Os dados podem ser movidos, destacados, pesquisados e convertidos em texto. Caso seja aperfeiçoada, essa interface provavelmente se tornará amplamente utilizada. A entrada com caneta é especialmente atraente para pessoas que não se sentem confortáveis ao utilizar o teclado. O sucesso da entrada com caneta depende da precisão e do custo com que a escrita à mão pode ser lida e traduzida para a forma digital.

Telas de toque

Os avanços na tecnologia de tela permitem que as telas funcionem tanto como dispositivos de entrada quanto de saída. Ao tocar em certas partes de uma tela sensível ao toque, você pode iniciar um programa ou acionar outros tipos de ação. As telas sensíveis ao toque podem eliminar a necessidade de um teclado, o que economiza espaço e aumenta a portabilidade. Telas sensíveis ao toque são frequentemente utilizadas em postos de gasolina para permitir que os clientes selecionem os tipos de combustível e solicitem um recibo; em fotocopiadoras para selecionar opções; em restaurantes de fast-food para inserir as escolhas do cliente; em centros de informação para encontrar dados sobre restaurantes locais para comer e beber; e em parques de diversões para fornecer instruções aos clientes. Elas também são utilizadas em quiosques em aeroportos e lojas de departamento. Telas de toque também estão sendo utilizadas para coletar os votos em eleições.

À medida que as telas sensíveis ao toque ficam menores, os dedos do usuário começam a bloquear as informações na tela. A tecnologia nanotouch tem sido explorada como meio para superar tal problema. Com essa tecnologia, os usuários controlam a tela sensível ao toque pela parte traseira para que os dedos não bloqueiem a tela. Conforme o dedo do usuário se move na parte de trás da tela, um minúsculo dedo gráfico é projetado na tela de toque. Esses monitores são úteis para reprodutores de áudio móveis que têm o tamanho de uma moeda.

Os desenvolvedores de aplicativos estão ocupados tentando encontrar maneiras de aproveitar as vantagens do recurso 3D Touch da Apple, que a empresa lançou no outono de 2015 com seu smartphone iPhone 6s. O 3D Touch usa uma tela de toque sensível à pressão que mede a força com que você pressiona a tela. O novo recurso adiciona gestos "peek" e "pop" aos gestos de tocar, deslizar e pinçar com os quais a maioria dos usuários de smartphones está familiarizada. O 3D Touch foi projetado para trazer uma nova dimensão de funcionalidade ao iPhone, permitindo que os usuários vejam e sintam o que uma impressora pode fazer. OpenTable, um serviço on-line de reservas e avaliações de restaurantes, incluiu recursos 3D Touch na versão mais recente de seus aplicativos para iPhone. Os usuários podem tocar em 3D no ícone do aplicativo para visualizar rapidamente os restaurantes favoritos e as próximas reservas. No aplicativo, os usuários podem "espiar" os detalhes de um restaurante pressionando levemente o nome do restaurante na lista de resultados de pesquisa. Deslizar para cima oferece a capacidade de ver instantaneamente os horários de reserva disponíveis e pressionar com mais força o nome de um restaurante faz aparecer o perfil completo dele para o usuário.[7]

Dispositivos de saída

Os sistemas de computador fornecem saída para os tomadores de decisão em todos os níveis de uma organização para que possam resolver problemas de negócios ou capitalizar uma oportunidade competitiva. Além disso, a saída de um sistema de computador pode fornecer entrada para outro sistema de computador. A forma desejada dessa saída pode ser visual, de áudio ou mesmo digital. Qualquer que seja o conteúdo ou a forma da saída, os dispositivos de saída são projetados para fornecer as informações certas para a pessoa certa, no formato certo e na hora certa.

Telas de exibição

A tela de exibição é um dispositivo utilizado para mostrar a saída do computador. Hoje, várias telas planas são muito mais leves e finas do que os primeiros tubos de raios catódicos (*cathode-ray tubes* – CRTs) associados aos primeiros computadores. A Tabela 4.2 compara tipos de telas planas.

TABELA 4.2 Vários tipos de monitores de tela plana

Tipo	Descrição	Característica notável
Tela de cristal líquido (*liquid crystal display* – LCD)	Usa várias camadas de cristais líquidos eletricamente carregados, que são inseridos entre placas transparentes, as quais são iluminadas por trás por uma luz fluorescente para criar luz e imagens.	O ângulo de visão tende a ser pior do que as telas de plasma.
Díodo emissor de luz (*light-emitting diode* – LED)	Um display LCD que usa diodos emissores de luz (LEDs) como luz de fundo na tela, em vez de lâmpada fluorescente.	Oferece melhor contraste e menor consumo de energia do que LCDs.
Díodo emissor de luz orgânico (*organic light-emitting diode* – OLED)	Funciona estimulando compostos orgânicos com corrente elétrica para produzir imagens brilhantes e nítidas.	Não emprega luz de fundo, o que permite melhor contraste e menor consumo de energia do que as telas LCD e LED de LCD.
Plasma	Usa eletricidade para excitar átomos de gás para acender fósforos apropriados na tela para emitir luz e cor.	Apresenta bom desempenho em condições escuras, mas não é tão bom em ambientes bem iluminados.

Atualmente, com a ampla escolha de telas, o preço e a qualidade geral podem ser extremamente variados. A qualidade de uma imagem na tela é em grande parte determinada pelo número de pixels horizontal e vertical utilizados para criá-la. As imagens mostradas em seu dispositivo de exibição são compostas de 1 milhão ou mais de pixels. Resolução é o número total de pixels contidos na tela; quanto mais pixels, mais clara e nítida será a imagem. Uma resolução comum é 2.040 pixels horizontais × 1.536 pixels verticais. O tamanho do monitor também afeta a qualidade da visualização. A mesma resolução de pixel de uma tela pequena é mais nítida que a de uma tela maior, em que o mesmo número de pixels é espalhado por uma área maior.

A **placa gráfica do computador** recebe os dados binários da CPU e os traduz na imagem vista em seu dispositivo de exibição. É a placa gráfica do computador que controla a qualidade da imagem e determina quantos dispositivos de exibição podem

placa gráfica do computador: Um componente de um computador que pega dados binários da CPU e os traduz em uma imagem que você vê em seu dispositivo de exibição.

unidade de processamento gráfico (GPU): Um poderoso chip de processamento que gera as imagens na tela.

ser conectados ao computador. A placa gráfica do computador contém a **unidade de processamento gráfico** (*graphics processing unit* – GPU), um poderoso chip de processamento que renderiza as imagens na tela do monitor. Depois que a placa gráfica do computador obtém dados binários da CPU, a GPU decide o que fazer com cada pixel na tela para criar a imagem. Conforme a GPU cria as imagens, ela usa a RAM da placa de vídeo (chamada de RAM de vídeo ou VRAM) para armazenar dados sobre cada pixel, incluindo a cor e a localização na tela. Uma das medidas de desempenho de uma placa de vídeo é a de quantas imagens completas ela pode exibir por segundo, o que é chamado de taxa de quadros. O olho humano pode processar cerca de 25 quadros por segundo; no entanto, muitos videogames exigem uma taxa de quadros de pelo menos 60 quadros por segundo para fornecer uma boa experiência ao usuário.

Como muitos usuários deixam seus computadores ligados por horas a fio, o uso de energia é um fator importante ao decidir que tipo de monitor comprar. Embora o uso de energia varie de modelo para modelo, os monitores OLED são os mais eficientes em termos de energia, com os monitores LCD geralmente consumindo entre 35% e 50% menos energia do que as telas de plasma.

A proporção de tela e o tamanho da tela descrevem o tamanho da tela de exibição. A proporção de tela é a relação entre a largura e a altura da tela. A proporção entre largura e altura de 4:3 ou 5:4 é boa para pessoas que utilizam o computador para visualizar ou criar páginas da web ou documentos. Os monitores widescreen normalmente têm uma proporção de 16:10 ou 16:9 para permitir uma melhor visualização de filmes e videogames.

Impressoras e plotters

Uma das formas mais úteis e comuns de saída é chamada cópia impressa, que é simplesmente a saída em papel de uma impressora. Os dois principais tipos de impressoras são a laser e a jato de tinta, que estão disponíveis com diferentes velocidades, recursos e capacidades. Algumas podem ser configuradas para acomodar formulários de papel, como formulários de cheque em branco e formulários de fatura. As impressoras recentes permitem que as empresas criem saídas impressas em cores, personalizadas e individualizadas com o uso de papel e entrada de dados padrão. Impressoras de recibos de cupons, como as utilizadas em restaurantes, caixas eletrônicos e sistemas de ponto de venda, são amplamente utilizadas.

A velocidade de uma impressora é normalmente medida pelo número de páginas impressas por minuto (ppm). Semelhante a uma tela de exibição, a qualidade ou resolução da saída de uma impressora depende do número de pontos impressos por polegada (dpi). Uma impressora de 600 dpi imprime mais nitidamente do que uma impressora de 300 dpi. Um custo recorrente do uso de uma impressora é o jato de tinta ou cartucho a laser que deve ser substituído periodicamente — a cada poucos milhares de páginas para impressoras a laser e a cada 500-900 páginas para impressoras a jato de tinta.

As impressoras a jato de tinta que podem imprimir de 10 a 40 ppm em preto e branco e de 5 a 20 ppm em cores estão disponíveis por menos de US$ 175. Com um custo inicial muito menor do que as impressoras a laser coloridas, as impressoras a jato de tinta podem imprimir tons vivos e produzir banners, gráficos, cartões comemorativos, cartas, textos e impressões de fotos de alta qualidade.

As impressoras a laser geralmente são mais rápidas do que as impressoras a jato de tinta e podem lidar com um volume de carga de impressão mais pesado. Uma impressora a laser monocromática pode imprimir de 25 a 45 ppm e custa entre US$ 150 e US$ 700. As impressoras a laser coloridas podem imprimir páginas coloridas a uma velocidade de 10-35 ppm e estão disponíveis em uma ampla gama de preços — de US$ 300 a mais de US$ 3.500 para uma impressora laser colorida de alta qualidade.

Vários fabricantes oferecem impressoras multifuncionais que podem copiar, imprimir (em cores ou preto e branco), enviar fax e digitalizar. Esses dispositivos multifuncionais são frequentemente utilizados quando as pessoas precisam fazer um volume relativamente baixo de cópia, impressão, envio de fax e digitalização. Os preços típicos para impressoras multifuncionais variam de US$ 100 a US$ 500, dependendo dos recursos e capacidades. Como esses dispositivos substituem mais de uma peça do equipamento, eles são mais baratos de adquirir e manter do que um fax independente mais uma impressora, copiadora e assim por diante. Além disso, eliminar o equipamento que antes ficava em uma bancada ou mesa libera espaço para outras atividades relacionadas ao trabalho. Como resultado, esses dispositivos são populares em residências e pequenos escritórios.

As soluções de impressão móvel permitem que os usuários enviem sem fio documentos, mensagens de e-mail e anexos, apresentações e até passagens aéreas a partir de qualquer smartphone, tablet ou laptop para qualquer impressora habilitada para celular no mundo. Por exemplo, a PrinterOn Enterprise permite que todas as solicitações de impressão de qualquer dispositivo móvel ou fixo sejam roteadas para qualquer uma das mais de 10 mil impressoras em todo o mundo configuradas com o serviço PrinterOn Enterprise. Os usuários móveis que utilizam o serviço precisam apenas acessar um diretório de impressoras e locais do PrinterOn e enviar um e-mail com o anexo a ser impresso no endereço de e-mail da impressora. American Airlines Admiral Club, Delta Sky Club, Embassy Suites e DoubleTree do Hilton instalaram impressoras PrinterOn em muitos de seus locais.

Plotadoras são um tipo de dispositivo de saída de cópia impressa utilizado para trabalho de design em geral. As empresas normalmente utilizam plotters para gerar projetos, esquemas e desenhos de edifícios ou novos produtos em papel ou acetato. As larguras padrão de plotagem são de 24 polegadas e 36 polegadas e o comprimento pode ser o que atender à necessidade — de alguns centímetros a vários metros.

Impressoras 3D

As impressoras 3D criaram um grande avanço na quantidade de itens que serão "fabricados" (ver Figura 4.6). A tecnologia de impressão 3D recebe o modelo tridimensional de um objeto armazenado em um computador e o envia para uma impressora 3D para criar o objeto usando fios de um filamento de plástico ou pó sintético. O filamento vem em bobinas de várias cores e é alimentado por uma extrusora aquecida que se move em várias direções para colocar camadas superfinas umas sobre as outras. As camadas são então unidas, geralmente usando-se luz ultravioleta, para criar um objeto 3D. As impressoras 3D vêm com uma ampla gama de recursos em termos da rapidez com que podem construir objetos e do tamanho do objeto que podem construir. As impressoras 3D para uso doméstico normalmente custam US$ 1.000 ou mais, enquanto as impressoras 3D comerciais podem custar dezenas de milhares de dólares.

FIGURA 4.6
Impressoras 3D
A tecnologia de impressão 3D está tornando possível imprimir objetos variados, de objetos cotidianos a casas.

A impressão 3D é comumente utilizada por empresas aeroespaciais, fabricantes de automóveis e outras empresas de design intensivo. É especialmente valiosa durante o estágio conceitual do projeto de engenharia, quando as dimensões exatas e a resistência do material do protótipo não são essenciais. Algumas empresas de design arquitetônico estão usando impressoras 3D para criar modelos coloridos de seus projetos para mostrar aos clientes. O Hospital Infantil de Cincinnati usa impressão 3D para criar modelos dos corações dos pacientes para que os médicos possam planejar suas cirurgias.[8]

Os setores automotivo, eletrônico e de brinquedos são os primeiros a adotar o uso da impressão 3D para melhorar os processos de fabricação tradicionais. A Ford Motor Company usa a impressão 3D para projetar a nova tampa do motor de seu Mustang de próxima geração. Seguindo os métodos tradicionais, o engenheiro criaria primeiro um modelo no computador e depois esperaria cerca de quatro meses pela produção de um protótipo, a um custo de US$ 500 mil. Usando a impressão 3D, a Ford pode imprimir o protótipo em apenas quatro dias a um custo de apenas US$ 3.000.[9]

A impressão 3D pode cortar custos e reduzir o desperdício e as emissões de carbono associada à fabricação tradicional. Com a impressão 3D, a produção e a montagem podem ser locais, sem a necessidade de enviar os produtos a milhares de quilômetros até o destino. Somente as matérias-primas necessárias para criar o objeto — fibra de carbono, pó de metal, filamento de plástico ou alguma outra substância — são utilizadas. As peças do produto podem ser substituídas usando-se peças fabricadas com impressão 3D para que o produto inteiro não precise ser descartado e substituído sempre que apresentar defeito.

bioimpressão: O uso de impressoras 3D para construir partes e órgãos humanos a partir de células humanas reais.

Engenheiros biomédicos estão explorando um processo chamado **bioimpressão**, que usa impressoras 3D para construir partes e órgãos humanos a partir de células humanas reais. Por exemplo, a bioimpressão está sendo utilizada para criar implantes e enxertos de mama personalizados para pacientes com câncer, usando a gordura e as células da pele do próprio receptor.[10] A pioneira da medicina regenerativa, Organovo, é capaz de construir vasos sanguíneos e tecido cardíaco por meio de uma impressora 3D que ejeta células em vez de tinta. A empresa planeja começar a vender tecido hepático impresso em 3D.[11]

Exercício de pensamento crítico

É hora de atualizar seu computador

▶ **AGILIDADE DA TECNOLOGIA**

Você vai às compras para fazer uma atualização significativa de seu laptop pessoal e impressora atuais. Você adora jogos, edição de filmes e compra de fotos. Você precisa de um laptop com uma CPU poderosa e tela de alta qualidade, além de uma impressora colorida rápida e de alta qualidade. Você tem um orçamento de US$ 2.500 para o hardware.

Perguntas de revisão

1. Quais recursos e especificações você pode utilizar para avaliar vários laptops, incluindo a CPU e a tela?
2. Quais recursos e especificações você pode utilizar para avaliar várias impressoras?

Questões de pensamento crítico

1. Faça uma pesquisa on-line ou visite sua loja de informática local para pesquisar e definir o preço de um ou dois computadores que melhor atendam às suas necessidades e permaneçam dentro do seu orçamento.
2. Faça o mesmo para pesquisar e definir o preço de uma ou duas impressoras que melhor atendam às suas necessidades.

Classes de sistema de computador

Em geral, os computadores podem ser classificados como de uso especial ou de uso geral. Computadores para uso especial são utilizados para aplicações limitadas, por exemplo, por militares, governo e grupos de pesquisa científica como a CIA e a Nasa. Outras aplicações incluem processadores especializados encontrados em eletrodomésticos, carros e outros produtos. Por exemplo, oficinas de conserto de automóveis conectam computadores de uso especial ao motor do carro para identificar problemas de desempenho específicos. Como outro exemplo, a IBM está desenvolvendo uma nova geração de chips de computador para desenvolver os chamados computadores cognitivos, que são projetados para imitar como o cérebro humano funciona. Em vez de serem programados como os computadores atuais, os computadores cognitivos, como o Watson, da IBM, são capazes de aprender por meio de experiências e resultados e imitar os padrões de aprendizagem humanos.

Os computadores de uso geral são utilizados para vários aplicativos, incluindo os de negócios, que você encontra no trabalho e na faculdade. Os sistemas de computador de uso geral podem ser divididos em três classes principais: computadores portáteis utilizados por um usuário por vez, computadores não portáteis utilizados por uma pessoa por vez e sistemas utilizados por vários usuários simultâneos. A Tabela 4.3 mostra as variações gerais de recursos para várias classes de sistemas de computador.

TABELA 4.3 Classes de computadores

Computadores portáteis de um único usuário: Utilizado para executar software de produtividade pessoal, acessar a internet, ler e redigir e-mails e mensagens instantâneas, jogar, ouvir música, assistir a vídeos, acessar aplicativos e bancos de dados corporativos e inserir dados nos pontos de contato.

Fator	Smartphone	Laptop	Notebook	Tablet
Custo	US$ 120–US$ 1.000	US$ 300–US$ 2.500	US$ 300–US$ 800	US$ 75–US$ 1.500
Peso (kg)	<0,25	<4	<3	<1
Tamanho da tela (polegadas)	2-5,5	<20	<12	<13

Computadores não portáteis de um único usuário: Atendem a uma ampla gama de necessidades de computação pessoal, desde a simples inserção de dados e acesso a aplicativos pela internet para a execução de software de produtividade até a execução de engenharia de uso intensivo de computador, design auxiliado por computador e funções de desenvolvimento de software.

Fator	Cliente leve	Desktop	Nettop	Estação de trabalho
Custo	US$ 200–US$ 500	US$ 500–US$ 3.000	US$ 150–US$ 550	US$ 1.500–US$ 9.500
Peso (kg)	<1,5	10-15	<2	>10

Computadores de multiusuários: Atendem às necessidades de computação de uma organização, oferecendo suporte a funções-chave, como e-mail, impressão, segurança, fornecendo armazenamento e recuperação massivos de dados e executando aplicativos que realizam cálculos intensivos de dados.

Fator	Servidor	Mainframe	Supercomputador
Custo	> US$ 500	> US$ 75.000	> US$ 250.000
Peso (kg)	> 10	> 50	> 50

Computadores portáteis

computadores portáteis: Um computador pequeno o suficiente para transportar facilmente.

Muitos fabricantes de computadores oferecem uma variedade de **computadores portáteis**, que são pequenos o suficiente para serem transportados facilmente. Os computadores portáteis incluem smartphones, laptops, notebooks e tablets.

Smartphones

Embora os recursos e capacidades variem de modelo para modelo e de fabricante para fabricante, com a maioria dos smartphones você pode fazer chamadas, baixar e executar aplicativos (por exemplo, jogos, gerenciador de listas de contatos ou tarefas e gestores de finanças pessoais e empresariais), enviar e receber mensagens de texto e e-mail, ver documentos e arquivos, tirar e enviar fotos e vídeos, obter instruções de direção via GPS, navegar em sites da web e criar uma playlist de músicas digitais. Os smartphones empregam uma combinação de chipset chamada de "sistema em um chip", que inclui núcleos de processador, RAM (memória de acesso aleatório) e ROM (memória somente leitura), controladores de interface e reguladores de voltagem, conforme mostrado na Figura 4.7. Com o sistema em um chip, todos os componentes críticos do smartphone ficam confinados a uma área relativamente pequena, tornando o dispositivo mais rápido e mais eficiente em termos de energia e reduzindo os custos de montagem.

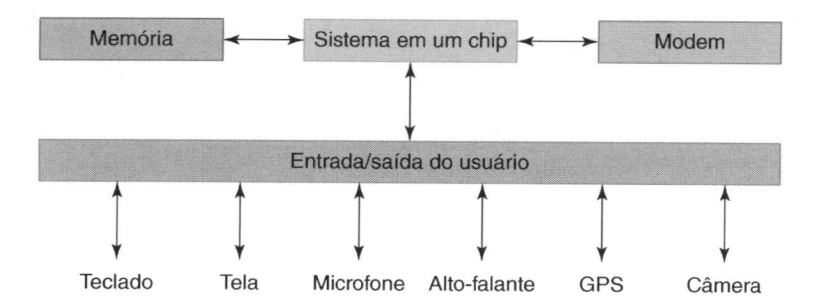

FIGURA 4.7
Anatomia de um smartphone
Os smartphones empregam uma combinação de chipset chamada de "sistema em um chip", que inclui núcleos de processador, memória RAM e ROM, controladores de interface e reguladores de tensão.

laptop: Um computador pessoal projetado para uso por usuários móveis, pequeno e leve o suficiente para apoiar-se confortavelmente no colo do usuário.

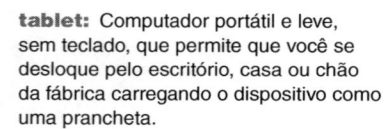

tablet: Computador portátil e leve, sem teclado, que permite que você se desloque pelo escritório, casa ou chão da fábrica carregando o dispositivo como uma prancheta.

Laptop

O **laptop** é um computador pessoal projetado para uso por usuários móveis; é pequeno e leve o suficiente para ser apoiado confortavelmente no colo do usuário. Os laptops utilizam uma variedade de tecnologias, de tela plana a telas leves e finas com boa resolução. Em termos de capacidade de computação, os laptops podem corresponder à maioria dos computadores desktop, pois vêm com CPUs poderosas, bem como memória principal de grande capacidade e armazenamento em disco. Esse tipo de computador é muito popular entre estudantes e trabalhadores que carregam seus laptops em viagens, reuniões e aulas. Muitos usuários de computadores pessoais agora preferem o laptop em vez de um desktop devido à sua portabilidade, menor consumo de energia e menor necessidade de espaço.

Notebooks

Vários computadores portáteis são menores do que um laptop típico e têm vários nomes, como notebook e ultrabook, esse ainda menor. Técnica e tradicionalmente, a diferença entre o laptop, o notebook e o computador ultrabook era uma questão de tamanho e peso. Os avanços da tecnologia resultaram em componentes muito menores e mais leves, de modo que as diferenças de tamanho e peso não são mais tão significativas. Hoje, a diferença entre um laptop, notebook e ultrabook é principalmente o nome que o fabricante escolhe para chamar seu produto.

Tablets

O **tablet** é um computador portátil e leve que pode vir com ou sem teclado e permite que você se desloque pelo escritório, casa ou chão da fábrica carregando o dispositivo como uma prancheta. Você pode inserir texto com uma caneta stylus diretamente na tela, graças ao software integrado de reconhecimento de escrita à mão. Outros métodos de entrada incluem um teclado na tela e reconhecimento de fala.

Tablets que suportam entrada apenas por meio de uma caneta stylus são chamados computadores slate. O tablet PC conversível vem com uma tela giratória e pode ser utilizado como um notebook tradicional ou como um tablet PC com caneta. A maioria dos novos tablets vem com uma câmera frontal para videoconferência e uma segunda câmera para fotos e vídeos instantâneos. Os tablets são especialmente populares entre estudantes e adeptos de jogos eletrônicos. Eles também são frequentemente utilizados nos setores de saúde, varejo, seguros e indústria devido à sua versatilidade. O computador tablet que vem com um teclado removível também é chamado tablet/PC 2 em 1.

O Apple iPad é um tablet capaz de rodar o mesmo software que roda nos dispositivos de toque Apple iPhone e iPod, dando a ele uma biblioteca de mais de um milhão de aplicativos. Ele também executa software desenvolvido especificamente para o iPad. O dispositivo oferece suporte para acesso à internet por meio de redes sem fio e celulares e inclui um teclado na tela, embora um teclado físico também possa ser conectado. A Apple oferece uma variedade de modelos de iPad, que vão desde o iPad mini, que pesa 330 g e tem tela de 7,9 polegadas (20 cm), até o iPad Pro, que pesa 680 g e tem tela de 32,7 cm.

Várias empresas de computadores oferecem tablets para competir com o iPad da Apple, como o Amazon Fire, o Inspiron e Venue da Dell, o Nexus 7 e o Pixel 2 do Google, o Tab 4 e o Yoga 920 da Lenovo, o Surface Pro da Microsoft, o Shield da Nvidia, o Tablet S e Xperia X72 da Sony e o Encore 2 e Excite da Toshiba.

Computadores não portáteis de único usuário

Os computadores não portáteis de um único usuário incluem computadores do tipo cliente leve, desktops, nettop e workstations. Essa classe de computador é utilizada para atender às necessidades exclusivas de processamento de dados dos usuários finais individuais em uma organização.

Clientes leves

Um **cliente leve (thin)** é um computador de baixo custo com gestão centralizada, sem unidades internas ou externas conectadas para armazenamento de dados. Esses computadores têm recursos limitados e executam apenas aplicativos essenciais, portanto, permanecem leves em termos de aplicativos clientes incluídos. Como computadores simplificados, eles não têm a capacidade de armazenamento ou o poder de computação de computadores desktop comuns, nem precisam disso para a função que desempenham. Sem disco rígido, eles nunca pegam vírus ou sofrem uma falha no disco rígido. Ao contrário dos computadores pessoais, os clientes leves baixam dados e software de uma rede quando necessário, tornando o suporte, a distribuição e a atualização de aplicativos de software muito mais fáceis e baratos. Clientes leves funcionam bem em um ambiente de computação em nuvem para permitir que os usuários acessem os recursos de computação e dados disponíveis na nuvem. O Chromebook, que executa o sistema operacional Chrome OS, é um dispositivo altamente portátil, utilizado de forma ampla em muitas escolas, e é um exemplo de cliente leve.

Desde a sua fundação, o Certainty Home Loans ajudou mais de 200 mil famílias a financiar suas moradias. Com sede em Plano, no Texas, a empresa oferece empréstimos para compra, refinanciamento e reforma de residências com escritórios em dez estados do sul e sudoeste. A empresa emprega clientes leves baratos, eficientes em termos de energia e fáceis de gerenciar. Os dados nunca são armazenados no próprio dispositivo, portanto, se um dispositivo apresentar problemas, a solução é simples: desconecte-o, substitua-o por outro cliente leve e envie o dispositivo original de volta à sede para avaliação ou substituição.[12]

Computador desktop

Computadores desktop são sistemas de computador de um único usuário, altamente versáteis e que podem fornecer capacidade de computação, memória e armazenamento suficientes para a maioria das tarefas de computação empresarial.

O Apple iMac é uma família de computadores desktop Macintosh introduzida pela primeira vez em 1998, na qual todos os componentes (incluindo a CPU e as unidades de disco) cabem atrás da tela do monitor. Core i5, i7 e i9 é uma família de computadores desktop Intel com uma ampla variedade em número de núcleos, quantidade de memória cache e velocidades de processador.

Computadores nettop

Computadores nettop são computadores desktop bem pequenos e baratos, normalmente utilizados para acesso à internet, e-mail e aplicativos baseados na web, processamento de documentos e reprodução de áudio/vídeo. Uma característica importante dos computadores nettop é que eles requerem talvez um décimo da quantidade de energia para operar como um computador desktop típico.

Estações de trabalho

As **estações de trabalho** são mais poderosas do que os computadores pessoais, mas ainda pequenas o suficiente para caber em uma mesa. Elas são utilizadas para dar suporte a usuários técnicos e de engenharia que executam computação matemática pesada, design assistido por computador (CAD), edição de vídeo e outros aplicativos que requerem um processador de última geração. Esses usuários precisam de CPUs muito poderosas, grande quantidade de memória principal e telas gráficas de resolução extremamente alta. As estações de trabalho são geralmente mais caras do que os computadores desktop comuns. Alguns fabricantes de computador agora estão fornecendo versões para laptop de suas poderosas estações de trabalho desktop. O Mac Pro é uma série de estações de trabalho e servidores baseados no processador Intel Xeon de alto desempenho.

Cliente leve: Um computador de baixo custo com gestão centralizada, sem unidades internas ou externas conectadas para armazenamento de dados.

computadores desktop: Um computador não portátil que cabe em uma área de trabalho e pode fornecer capacidade de computação, memória e armazenamento suficientes para a maioria das tarefas de computação empresarial.

computadores nettop: Computador desktop muito pequeno e barato, normalmente utilizado para acesso à internet, e-mail, acesso a aplicativos baseados na web, processamento de documentos e reprodução de áudio/vídeo.

estações de trabalho: Um computador pessoal mais poderoso utilizado para computação matemática, design assistido por computador e outros processos de ponta, mas ainda pequeno o suficiente para caber em uma mesa de trabalho.

A Area Sq é uma empresa sediada no Reino Unido que oferece experiência em design de escritórios, reforma e serviços no local de trabalho. Seus consultores de planejamento de espaço criam interiores de escritório inovadores e inspiradores e utilizam poderosas estações de trabalho Dell para executar o Autodesk AutoCAD e software relacionado. A Area Sq precisa de computação de alto desempenho para atender às demandas desafiadoras de criação de modelos 3D e de renderização desses modelos para apresentar opções de design aos clientes. Se o hardware do computador estiver lento, os designers devem esperar que os desenhos sejam gerados novamente quando as alterações forem feitas, o que prejudica o tempo de design. A confiabilidade também é crítica. A renderização pode levar horas em muitos projetos e uma falha de hardware pode significar a perda de um dia inteiro de trabalho.[13]

Servidores, mainframes e supercomputadores

Servidores, mainframes e supercomputadores são projetados para dar suporte a grupos de trabalho de um pequeno departamento de dois ou três funcionários até grandes organizações com dezenas de milhares de funcionários e milhões de clientes. Essa classe de computador atende às necessidades de processamento de dados pesados de uma organização.

Servidor

servidor: Um computador empregado por muitos usuários para realizar uma tarefa específica, como executar aplicativos de rede ou da internet.

Um **servidor** é um computador empregado por muitos usuários para realizar uma tarefa específica, como executar aplicativos de rede ou internet. Embora praticamente qualquer computador possa executar um sistema operacional de servidor e aplicativos de servidor, um computador servidor geralmente possui recursos especiais que o tornam mais adequado para operar em um ambiente multiusuário. Esses recursos incluem maior capacidade de memória e armazenamento, habilidades de comunicação mais rápidas e eficientes e recursos de backup confiáveis. Um servidor web é aquele projetado especificamente para lidar com o tráfego e as comunicações da internet. Um servidor corporativo armazena e fornece acesso a programas que atendem às necessidades de toda a organização. Um servidor de arquivos armazena e coordena arquivos de programas e dados. Os sistemas de servidor consistem em computadores multiusuário, incluindo supercomputadores, mainframes e outros servidores.

Os servidores são frequentemente mantidos em um rack que contém vários servidores empilhados um em cima do outro, simplificando o cabeamento entre os componentes e minimizando o espaço necessário. A unidade de rack é uma unidade de medida utilizada para descrever a altura de um servidor montado em um rack. Uma unidade de rack tem 44,45 mm ou 1,75 polegadas de altura. Um rack de 42U teria uma dimensão de altura da unidade de rack interna de 73,5 polegadas (1,8669 m); mas as dimensões externas de cada rack de servidor do fabricante do rack de 42U são variadas. Em um rack de equipamento repleto de servidores, é necessário um sistema de resfriamento especial para evitar o acúmulo excessivo de calor que, de outra forma, ocorreria com tantos dispositivos de dissipação de energia confinados em um pequeno espaço.

escalabilidade: A habilidade de aumentar a capacidade de processamento de um sistema de computador para que ele possa lidar com mais usuários, mais dados ou mais transações em um determinado período.

Os servidores oferecem ótima **escalabilidade**, ou seja, a habilidade de aumentar a capacidade de processamento de um sistema de computador para que ele possa lidar com mais usuários, mais dados ou mais transações em um determinado período. A escalabilidade é alcançada adicionando mais processadores, ou mais poderosos, de modo a aumentar a capacidade total de processamento de dados. A maioria dos novos servidores inclui recursos de diagnóstico onboard (na placa) que permitem alertar o grupo de operações de SI sobre problemas potenciais, um recurso que costumava estar disponível apenas para computadores mainframe de alta tecnologia.

Computador mainframe

computador mainframe: Um computador grande e poderoso geralmente compartilhado por centenas de usuários simultâneos conectados à máquina por meio de uma rede.

Um **computador mainframe** é um computador grande e poderoso compartilhado por dezenas ou até centenas de usuários simultâneos conectados à máquina em uma rede. Esses computadores do tamanho de uma geladeira ajudaram a Nasa a colocar astronautas na Lua e ainda são amplamente utilizados em grandes organizações e agências governamentais. Eles podem oferecer suporte a milhares de usuários simultaneamente e lidar com todas as funções essenciais de uma empresa. Computadores mainframe fornecem o poder de processamento de dados e a capacidade de armazenamento de dados que permitem que bancos e corretoras forneçam novos serviços móveis, empresas de cartão de crédito detectem roubo de identidade e agências governamentais atendam melhor aos cidadãos. Estima-se que os computadores mainframe armazenem 80% dos dados corporativos do mundo e gerenciem US$ 6 trilhões em transações anuais com cartões de crédito.[14]

compatibilidade com versões anteriores: A capacidade dos mainframes atuais de executar softwares criados há décadas.

Uma característica fundamental dos computadores mainframe é a **compatibilidade com versões anteriores** ou a capacidade dos mainframes atuais de executar software criado há décadas. Muitas organizações, como companhias aéreas, bancos e corretoras, relutam em mudar seu software básico de processamento de transações. Caso sejam forçadas a reescrever esse código cada vez que atualizarem para um hardware mais novo e mais rápido, elas teriam custos consideráveis de desenvolvimento de software e maiores riscos de que o novo software não seja tão confiável quanto o antigo. Computadores pessoais e telefones celulares não são pensados para ter compatibilidade com versões anteriores e, muitas vezes, é impossível executar aplicativos que têm poucos anos.

O computador mainframe mais recente da IBM, o IBM Z, é capaz de executar mais de 12 bilhões de transações criptografadas por dia. O mainframe usa tecnologia de criptografia de transações para conter ataques cibernéticos contra dados pessoais e financeiros que podem custar às empresas um total de US$ 8 trilhões até 2022.[15] O IBM Z não é barato; ele vem com um preço inicial de US$ 500 mil.

Supercomputadores

supercomputadores: Um dos sistemas de computador mais poderosos com as velocidades de processamento mais rápidas.

Supercomputadores são os computadores mais poderosos, com a velocidade de processamento mais rápida e o melhor desempenho. Eles são máquinas de uso especial projetadas para aplicações que requerem recursos computacionais extensos e rápidos. No início, os supercomputadores eram utilizados principalmente por agências governamentais para realizar cálculos numéricos de alta velocidade necessários a previsão do tempo, simulações de terremotos, modelagem climática, pesquisa nuclear, estudo da origem da matéria e do universo e desenvolvimento e teste de armas. Eles, agora, são utilizados de forma mais ampla para fins comerciais nas ciências médicas e na fabricação de medicamentos e novos materiais. Por exemplo, a Procter & Gamble usa supercomputadores na pesquisa e no desenvolvimento de muitas de suas principais marcas comerciais, como Tide e Pampers, para ajudar a desenvolver detergentes com mais espuma de sabão e melhorar a qualidade de suas fraldas.

Supercomputadores também são utilizados para ajudar a estabelecer as classificações de segurança para veículos vendidos nos Estados Unidos. As classificações são baseadas em sofisticadas simulações de computador, durante as quais os supercomputadores criam equações envolvendo muitas variáveis diferentes. Essas simulações geradas por computador são combinadas com dados obtidos de testes de colisão reais e analisadas para determinar as classificações de segurança que muitos consumidores utilizam como um fator para determinar que carro comprar.

A maioria dos novos supercomputadores é baseada em uma arquitetura recente que emprega chips de unidade de processamento gráfico (GPU), além dos tradicionais chips de unidade de processamento central (CPU) para realizar processamento em alta velocidade. A CPU é projetada para processamento serial sequencial, enquanto a GPU é projetada para lidar paralelamente com várias tarefas. Com a computação acelerada por GPU, cálculos sequenciais são realizados na CPU e cálculos altamente complicados são realizados em paralelo na GPU, o que proporciona velocidades bem superiores de processamento para aplicativos como inteligência artificial, simulações complexas, design auxiliado por computador, exames médicos de imagem e edição de vídeo e de imagens médicas.

A velocidade dos supercomputadores é medida em petaflops ou 1×10^{15} operações de ponto flutuante por segundo (*floating point operations per second – FLOPS*). Para ter uma ideia, um petaflop é cerca de um milhão de vezes mais rápido do que um laptop comum. O supercomputador mais rápido do mundo, ao menos até junho de 2018, era o supercomputador Summit instalado no Laboratório Nacional de Oak Ridge, TN. A Tabela 4.4 lista os cinco supercomputadores mais poderosos em uso até junho de 2018.

TABELA 4.4 Cinco supercomputadores operacionais mais poderosos (junho de 2018)

Posição	Nome	Onde implantado	Localização	Velocidade (Petaflops)
1	Summit	Laboratório Nacional de Oak Ridge (ORNL)	Oak Ridge, TN, Estados Unidos	122,3
2	Sunway TaihuLight	Centro Nacional de Supercomputação	Wuxi, China	93
3	Sierra	Laboratório Nacional Lawrence Livermore	Livermore, CA, Estados Unidos	71,6
4	Tianhe-2A	Centro Nacional de Supercomputadores	Guangzho, China	33,9
5	AI Bridging Cloud Infrastructure (ABCI)	Instituto Nacional de Ciência e Tecnologia Industrial Avançada (AIST)	Universidade de Shinagawa, Tóquio, Japão	19,9

FONTE: "Top 500 the List", junho de 2018, https://www.top500.org/lists/2018/06/

Computadores quânticos

Os computadores clássicos, que são os tipos de computador que discutimos até agora, codificam as informações em bits, com cada bit representando o valor 1 ou 0. Esses 1s e 0s representam dados e agem como interruptores do tipo ligado/desligado que controlam o funcionamento do computador. Os computadores quânticos, ao contrário, são baseados em qubits, que operam de acordo com dois princípios-chave da física quântica: superposição e emaranhamento.

A superposição é um princípio da mecânica quântica que diz que, em vez de pensar que uma partícula está em um estado único ou mudando entre uma variedade de estados, as partículas são pensadas como existindo em todos os estados possíveis ao mesmo tempo. Assim, com a superposição, cada qubit pode representar *ambos* os estados, 1 e 0, ao mesmo tempo. Emaranhamento significa que qubits em uma superposição podem ser inter-relacionados entre si; ou seja, o estado de um qubit (seja 1 ou 0) pode depender do estado de outro. Como resultado, os qubits podem funcionar como interruptores muito mais sofisticados, permitindo que os computadores quânticos funcionem de modo que permita resolver problemas difíceis e impossíveis para computadores clássicos ou que levariam muito tempo para serem resolvidos.[16]

A partir de 2018, os pesquisadores construíram computadores quânticos de cinco qubit totalmente programáveis, mas essas máquinas têm recursos limitados. A meta a curto prazo é construir um computador de 50 qubits que alcançaria a supremacia quântica — tal computador quântico forneceria uma capacidade de computação superior a qualquer supercomputador clássico atual ou futuro possível. É provável que tais sistemas estejam disponíveis comercialmente já em 2022. No final da próxima década, estarão disponíveis computadores quânticos da ordem de sistemas de 100 mil qubit.[17] Esses computadores fornecerão quantidades prodigiosas de capacidade computacional e podem ser aplicados das seguintes maneiras:

- Permitir avanços nos setores de materiais, química e medicamentos, tornando possíveis modelos precisos em escala molecular para a descoberta de novos materiais e medicamentos.
- Modelar o comportamento de átomos e partículas em condições incomuns (por exemplo, energias muito altas que só podem ser criadas no Grande Colisor de Hádrons) sem realmente ter que criar essas condições incomuns.
- Melhorar a previsão do tempo, permitindo modelos mais detalhados e precisos

- Analisar as enormes quantidades de dados coletados por satélites e câmeras de vigilância.
- Aprimorar e analisar imagens telescópicas para ajudar os astrônomos a localizar mais exoplanetas e identificar rapidamente quais deles têm maior potencial para abrigar vida.

Uma das principais preocupações é que os computadores quânticos serão tão poderosos que serão capazes de decriptografar e ler mensagens secretas comunicadas pela internet usando as tecnologias de criptografia atuais. Um novo processo de criptografia precisará ser projetado e implementado.

Exercício de pensamento crítico

Justificando o investimento em supercomputadores

▶ PENSAMENTO ANALÍTICO

Você foi nomeado para um comitê encarregado de fazer lobby junto aos governos estadual e federal por US$ 25 milhões em fundos públicos para construir e instalar um novo supercomputador e hardware associado para apoiar a pesquisa realizada pela universidade.

Perguntas de revisão

1. Quais recursos um supercomputador oferece que outras classes de computadores não oferecem?
2. Que hardware além do supercomputador pode ser necessário para apoiar a pesquisa?

Questões de pensamento crítico

1. Quais as vantagens do uso de um supercomputador em relação à criação de uma rede de computação em grade?
2. Em uma única frase para cada projeto, descreva brevemente três projetos de pesquisa diferentes que exigiriam a potência de um supercomputador.

Fazenda de servidores, centros de dados e computação verde

Esta seção abordará três tópicos que fornecem uma boa visão geral do que o setor de computadores e várias organizações estão fazendo para atender às suas necessidades de computação de maneira mais eficiente e ecologicamente correta.

Fazenda de servidores

Frequentemente, uma organização hospeda um grande número de servidores na mesma sala, na qual o acesso às máquinas pode ser controlado e o pessoal de suporte autorizado pode gerenciar e manter os servidores com mais facilidade. Tal instalação é chamada **fazenda de servidores**. Apple, Google, Microsoft, o governo dos EUA e muitas outras organizações construíram fazendas de servidores de bilhões de dólares em pequenas comunidades rurais onde terra e eletricidade são baratos.

Os fabricantes de servidores estão competindo fortemente para reduzir a energia necessária para operar seus servidores e estão fazendo do "desempenho por watt" uma parte importante de sua estratégia de diferenciação de produtos. O baixo consumo de energia é um fator crítico para organizações que mantêm fazendas de servidores compostas de centenas ou mesmo milhares de servidores. Os servidores típicos consomem até 220 watts, embora os novos servidores baseados no microprocessador Atom da Intel consumam 8 watts ou menos. A economia anual de energia com esses servidores de baixo consumo de energia pode chegar a dezenas de milhares de dólares para operadores de uma grande fazenda de servidores. Os operadores de fazendas de servidores também estão procurando fontes de energia renováveis, limpas

fazenda de servidores: Uma instalação que hospeda um grande número de servidores na mesma sala, na qual o acesso às máquinas pode ser controlado e o pessoal de suporte autorizado pode gerenciar e manter os servidores com mais facilidade.

servidor blade: Servidor que hospeda muitas placas-mãe de computador individuais que incluem um ou mais processadores, memória de computador, armazenamento de computador e conexões de rede de computador.

centro de dados: Um edifício com controle de climatização e acesso ou um conjunto de edifícios que abriga o hardware do computador que fornece os serviços de dados e informações de uma organização.

e de baixo custo. Por exemplo, o Google compra energia renovável de fazendas de produção de energia eólica e solar.[18]

Um **servidor blade** abriga muitas placas-mãe de computador que incluem um ou mais processadores, memória, armazenamento e conexões de rede. Todos eles compartilham uma fonte de alimentação comum e uma fonte de resfriamento de ar em um único chassi. Ao colocar muitos blades em um único chassi e, em seguida, montar vários chassis em um único rack, o servidor blade é mais poderoso, mas menos caro do que os sistemas tradicionais baseados em mainframes ou fazendas de servidores de computadores individuais. Além disso, a abordagem do servidor blade requer muito menos espaço físico do que as fazendas de servidores tradicionais.

Centro de dados

O **centro de dados** é um edifício ou conjunto de edifícios com climatização e acesso controlado que abriga o hardware do computador, que fornece os dados e os serviços de informação de uma organização.

A Switch é uma organização de infraestrutura de tecnologia sediada em Las Vegas, cujo negócio principal é o projeto, a construção e a operação de centros de dados avançados. A Switch é o maior provedor de centros de dados em Las Vegas, com mais de 185 mil m² e cujas instalações podem gerar 315 megawatts de energia. Isso é energia suficiente para abastecer mais de 200 mil residências. A empresa é conhecida pelo design especial do seu centro de dados e os interiores futuristas. Os clientes da Switch incluem serviços web de Amazon, eBay, Hulu e Nasa.

Os centros de dados tradicionais consistem em prédios do tamanho de depósitos cheios de fileiras e mais fileiras de racks de servidores e poderosos sistemas de ar-condicionado projetados para remover poeira e umidade do ar e compensar o calor gerado pelos processadores. Esses centros podem utilizar tanta energia quanto uma cidade pequena e gerar uma conta de energia de milhões de dólares por ano. Na verdade, os custos de energia podem chegar a 25% do custo total da operação de um centro de dados e, com despesas de hardware e mão de obra, outros 75%. Empresas e fornecedores de tecnologia estão trabalhando para desenvolver centros de dados que funcionem com mais eficiência e exijam menos energia para processamento e resfriamento.

Cerca de metade do uso de energia de um centro de dados tradicional é usada para operar seus computadores. A outra metade é utilizada para resfriar os computadores, remover poeira e umidade do ar e iluminar as instalações, além de outros sistemas que sustentam o centro de dados. Esse centro de dados tem uma eficácia de uso de energia (PUE) de 2,0. (PUE = energia total consumida/energia necessária para operar os computadores). O objetivo ideal é um PUE de 1,0, o que indicaria que toda a energia é utilizada para o funcionamento dos computadores. O Google conseguiu construir centros de dados que operam com uma PUE de 1,09.[19]

Em uma tentativa adicional de reduzir os custos operacionais, muitas organizações estão estabelecendo seus centros de dados em áreas com climas mais amenos e menores taxas de energia e custos de terras. Para organizações nos Estados Unidos, isso se traduz em áreas rurais no sul e no noroeste. Apple, Google e Facebook operam grandes centros de dados na zona rural da Carolina do Norte.

A capacidade de absorver o impacto de um desastre (por exemplo, furacão, terremoto, ataque terrorista ou guerra) e restaurar serviços rapidamente é uma preocupação crucial quando se trata do planejamento de novos centros de dados. Como resultado, os centros de dados de grandes organizações de serviços de sistemas de informação são frequentemente distribuídos entre vários locais em diferentes áreas do país ou até mesmo em diferentes países para garantir operações contínuas em caso de desastre. Se um centro de dados em tal arranjo for afetado por um desastre, sua carga de trabalho pode ser redirecionada para um ou mais centros distribuídos não afetados. O Google distribuiu seus centros de dados assim: 8 na América do Norte, 1 na América do Sul, 2 na Ásia e 4 na Europa.[20]

A energia elétrica é essencial para que o centro de dados opere não apenas os servidores e computadores, mas também dispositivos de armazenamento de dados, sistemas de proteção contra incêndio, sistemas de segurança física e o sistema HVAC (*heating, ventilation, and air conditioning* – aquecimento, ventilação e ar condicionado) que controla o ambiente (temperatura, umidade, fluxo de ar e filtragem de ar) necessário para a operação segura de todo o hardware. Quedas de energia não são incomuns e podem resultar de mau tempo, desastres naturais, atos de terrorismo, falha de equipamento, danos à rede elétrica e outras causas. Uma organização pode incorrer em perdas financeiras significativas e perda de credibilidade do cliente se não for capaz de conduzir os negócios por um longo período. Como resultado, a maioria dos centros de dados empregam nobreaks, ou fontes de energia ininterrupta (*uninterruptible power sources* – UPS), operados por bateria que podem fornecer energia de reserva desde várias horas até alguns dias. As organizações que precisam de energia de reserva garantida por mais tempo empregarão geradores para garantir que seus sistemas críticos possam continuar a funcionar indefinidamente, mesmo se a concessionária não puder fornecer energia.

O Uptime Institute é um grupo consultivo dos EUA que definiu **quatro níveis de classificação de centros de dados** para permitir que as organizações quantifiquem e qualifiquem sua capacidade de fornecer um nível previsível de desempenho com base no tempo de inatividade anual esperado, tolerância a falhas e proteção contra queda de energia. Esses parâmetros são resumidos na Tabela 4.5.[21] Os níveis 1 e 2 podem ser apropriados para pequenas organizações em que uma interrupção nos negócios de várias horas a alguns dias não teria um impacto sério nos negócios, e as atividades críticas poderiam ser gerenciadas manualmente sem a assistência do computador. Os níveis 3 e 4 são necessários para grandes organizações em que uma interrupção dos negócios de algumas horas teria sérias consequências financeiras devido à incapacidade de processar pedidos de clientes, planejar remessas de produtos, gerenciar operações de produção e realizar outras atividades críticas. Os centros de dados dos níveis 3 e 4 empregam hardware redundante, dispositivos relacionados à energia e fontes de alimentação alternativas. Se o custo não fosse um fator, as organizações implementariam um centro de dados de nível 3 ou 4; no entanto, isso só deve ser feito quando o custo do tempo de inatividade associado a um centro de dados de nível 1 ou 2 exceder o custo de atualização para um centro de nível 3 ou 4.

quatro níveis de classificação de um centro de dados: Um sistema que permite às organizações quantificar e qualificar sua capacidade de fornecer um nível previsível de desempenho.

TABELA **4.5** Classificação de centros de dados por níveis

Recurso	Nível 1	Nível 2	Nível 3	Nível 4
Tempo de inatividade anual esperado	28,8 horas	22 horas	1,6 horas	26,3 minutos
Tolerância a erro	Sem redundância	Parcial	N	2N+1
Proteção contra queda de energia	Nenhuma	Algumas horas	72 horas	96 horas

Computação verde

Dispositivos eletrônicos como computadores e smartphones contêm centenas ou até milhares de componentes, que são, por sua vez, compostos de muitos materiais diferentes, incluindo alguns [como berílio, cádmio, chumbo, mercúrio, retardadores de chama bromados (*brominated flame retardants* – BFRs), selênio e cloreto de polivinila] que são conhecidos por serem potencialmente prejudiciais para as pessoas e o meio ambiente. Os funcionários e os fornecedores da indústria de eletrônicos em todas as etapas da cadeia de suprimentos e do processo de fabricação correm

computação verde: Preocupação com design, fabricação, operação e descarte eficientes e ambientalmente responsáveis de produtos relacionados a TI, incluindo todos os tipos de dispositivos de computação (de smartphones a supercomputadores), impressoras, materiais de impressão, como cartuchos e toner, e dispositivos de armazenamento.

o risco de exposição prejudicial à saúde com essas matérias-primas. Os usuários de tais produtos também podem ser expostos a esses materiais ao utilizar dispositivos mal projetados ou fabricados incorretamente. Cuidado também deve ser tomado ao reciclar ou destruir esses dispositivos para evitar a contaminação do meio ambiente.

A computação verde preocupa-se com design, fabricação, operação e descarte eficientes e ambientalmente responsáveis de produtos relacionados a TI, incluindo todos os tipos de dispositivos de computação (de smartphones a supercomputadores), impressoras, materiais de impressora, como cartuchos e toner, e dispositivos de armazenamento. A computação verde tem três objetivos: (1) reduzir o uso de materiais perigosos, (2) permitir que as empresas reduzam seus custos relacionados à energia, e (3) permitir o descarte seguro ou a reciclagem de computadores e equipamentos relacionados. Muitas organizações reconhecem que ser verde é o melhor para elas em termos de relações públicas, segurança dos funcionários e da comunidade em geral. Essas organizações também reconhecem que a computação verde apresenta uma oportunidade de reduzir substancialmente os custos totais ao longo do ciclo de vida de seus equipamentos de TI.

Os Estados Unidos geram mais lixo eletrônico (inclui telefones celulares, computadores, copiadoras, aparelhos de DVD, aparelhos de fax, monitores, impressoras, TVs, videocassetes descartados) do que qualquer outro país do mundo — 9,4 milhões de toneladas/ano. Apenas cerca de 12,5% disso é reciclado.[22] O lixo eletrônico é o fluxo de lixo municipal de crescimento mais rápido nos Estados Unidos, de acordo com a EPA (*Environmental Protection Agency* – Agência de Proteção Ambiental). Como é impossível para os fabricantes garantir a reciclagem ou o descarte seguro, a prática recomendada seria eliminar o uso de substâncias tóxicas, principalmente porque a reciclagem de computadores, monitores e impressoras usados levantou preocupações sobre a toxicidade e a carcinogenicidade de algumas substâncias. No entanto, até que os fabricantes parem de utilizar essas substâncias tóxicas, as operações seguras de descarte e recuperação devem ser realizadas com cuidado para evitar a exposição em operações de reciclagem e lixiviação de materiais, como metais pesados, de aterros sanitários e cinzas de incineradores. Em muitos casos, as empresas de reciclagem exportam grandes quantidades de eletrônicos usados para empresas em países subdesenvolvidos. Infelizmente, muitos desses países não têm leis ambientais rigorosas e às vezes não reconhecem os perigos potenciais de lidar com materiais perigosos. Em sua defesa, tais países apontam que os Estados Unidos e outros países do Primeiro Mundo puderam desenvolver economias robustas e sair da pobreza sem as restrições de políticas ambientais rígidas.

Electronic Product Environmental Assessment Tool (EPEAT): Um sistema que permite aos compradores avaliar, comparar e selecionar produtos eletrônicos com base em um total de 51 critérios ambientais.

Electronic Product Environmental Assessment Tool (EPEAT) é um sistema que permite aos compradores avaliar, comparar e selecionar produtos eletrônicos com base em um total de 51 critérios ambientais. Os produtos são classificados na EPEAT de acordo com três níveis de desempenho ambiental: Bronze (atende a todos os 23 critérios exigidos), Prata (atende a todos os 23 critérios exigidos mais pelo menos 50% dos critérios opcionais) e Ouro (atende a todos os 23 critérios exigidos mais pelo menos 75% dos critérios opcionais), como mostrado na Tabela 4.6. A EPEAT foi implementada pela primeira vez em 2006 em computadores e monitores (padrão IEEE 1680.1) e agora foi expandida para equipamentos de imagem, sob o padrão IEEE 1680.2 a partir de janeiro de 2013. A EPEAT é gerenciada pelo Green Electronics Council e atualmente avalia mais de 4.400 produtos de mais de 60 fabricantes em 43 países.[23]

Compradores individuais e corporativos de computadores, impressoras, scanners e dispositivos multifuncionais podem utilizar o site da EPEAT (*www.epeat.net*) para selecionar fabricantes e modelos com base em atributos ambientais. Desde 2007, os compradores de agências federais dos EUA foram orientados a cumprir um compromisso anual de compra da EPEAT em 95% ou mais de todas as categorias de produtos cobertas, primeiro por ordem executiva presidencial e depois por exigência regulatória.[24]

TABELA **4.6** Níveis de produto da EPEAT para computadores

Nível	Número de critérios exigidos que devem ser atendidos	Número de critérios opcionais que devem ser atendidos
Bronze	Todos os 23	Nenhum
Prata	Todos os 23	Pelo menos 50%
Ouro	Todos os 23	Pelo menos 75%

FONTE: "EPEAT Criteria", EPEAT, *www.epeat.net/resources/criteria-2*, acesso em 17 de março de 2018.

A Diretiva de Restrição de Substâncias Perigosas da União Europeia (European Union's Restriction of Hazordous Substances Directive), que entrou em vigor em 2006, restringe o uso de muitos materiais perigosos na fabricação de computadores. A diretiva também exige que os fabricantes usem pelo menos 65% de componentes reutilizáveis ou recicláveis, implementem um plano para gerenciar os produtos no final de seu ciclo de vida de maneira ambientalmente segura e reduzam ou eliminem material tóxico em suas embalagens. O estado da Califórnia aprovou uma lei semelhante, chamada Electronic Waste Recycling Act, em português Lei de Reciclagem de Lixo Eletrônico. Por causa desses dois atos, os fabricantes tiveram uma forte motivação para remover retardadores de chama bromados de seus invólucros de PC.

A Lenovo é uma fabricante chinesa de computadores pessoais, tablets, smartphones, estações de trabalho, servidores, dispositivos de armazenamento eletrônico e impressoras. Desde 2007, as equipes de desenvolvimento de produtos da empresa têm utilizado quantidades cada vez maiores de plásticos reciclados para atender aos novos requisitos dos clientes, satisfazer os objetivos e metas ambientais corporativas e obter registros EPEAT Gold para seus produtos. Os esforços da empresa resultaram na prevenção de até 248 milhões de libras de emissões de CO_2 desde 2007.[25]

Exercício de pensamento crítico

Custo/benefícios da computação verde

▶ RESPONSABILIDADE SOCIAL

A sua organização deseja atualizar os laptops de quatro anos de uso utilizados por seus 200 representantes de vendas e atendimento ao cliente com a tecnologia mais recente. Como membro da equipe de vendas, você foi convidado a participar da escolha do dispositivo de computação portátil a ser utilizado. O comitê gastou um tempo considerável definindo os requisitos que o dispositivo de substituição deve atender e reduziu sua escolha a dois candidatos. Ambos são tablets 2 em 1 com CPUs de processador duplo, cada um funcionando a mais de 2,4 MHz. Ambos têm telas com cerca de 12,3 polegadas e vêm com SSD e 128 GB de capacidade de armazenamento. Em outras palavras, ambos os dispositivos são quase idênticos em termos de especificações de hardware; mas um dispositivo atende a todos os requisitos da EPEAT para ser classificado como um produto ouro e custa US$ 150 a mais do que a outra opção classificada como um produto bronze.

Perguntas de revisão

1. Por que o comitê pode decidir que os tablets 2 em 1, em vez de apenas tablets ou laptops comuns, são necessários para os representantes de vendas e atendimento ao cliente?
2. O comitê deve considerar tablets com telas sensíveis ao toque ou uma tela que possa interagir com canetas compatíveis? Por que sim ou por que não?

Questões de pensamento crítico

1. Que etapas adicionais o comitê deve realizar antes de chegar a uma decisão final?
2. O comitê deve escolher um dispositivo mais caro a um custo adicional de US$ 30 mil para a empresa? Em caso afirmativo, como eles podem justificar essa escolha?

Software de sistema

software de sistema: Software que inclui sistemas operacionais, utilitários e middleware que coordenam as atividades e funções do hardware e outros programas em todo o sistema de computador.

software aplicativo: Programas que ajudam os usuários a resolver problemas específicos de computação.

O software consiste em programas de computador que controlam o funcionamento do hardware do computador. O software pode ser dividido em dois tipos: software de sistema e software aplicativo. **Software de sistema** inclui sistemas operacionais, utilitários e middleware que coordenam as atividades e funções do hardware e outros programas em todo o sistema de computador. **Software aplicativo** consiste em programas que ajudam os usuários a resolver problemas de computação. Os exemplos incluem um programa de planilha ou um programa que captura e exibe dados que permitem o monitoramento de um processo de fabricação.

O uso eficaz de software pode ter um impacto profundo nos indivíduos e nas organizações. Pode fazer a diferença entre lucros e perdas e entre saúde financeira e falência. O Gartner estimava que cerca de US$ 421 bilhões seriam gastos em todo o mundo em software empresarial (excluindo gastos do consumidor) em 2019.[26] Isso é muito diferente de quando os computadores foram disponibilizados pela primeira vez; o software era gratuito e os clientes pagavam apenas pelo hardware. Na verdade, o setor de software nasceu em 1969, quando a IBM decidiu desmembrar — e cobrar dos clientes separadamente — seu software e serviços. Embora os computadores comerciais estivessem em uso desde meados da década de 1950, os fabricantes de hardware antes empacotavam o software com seu hardware sem cobrar separadamente por ele.

A principal função do software de sistema é controlar as operações do hardware do computador. O software de sistema também oferece suporte aos recursos de solução de problemas de programas aplicativos. O software de sistema pode ser dividido em três tipos: sistemas operacionais, programas utilitários e middleware.

Sistemas operacionais

sistema operacional (SO): Um conjunto de programas de computador que controla o hardware do computador e atua como uma interface para o software aplicativo.

kernel: O coração do sistema operacional que controla os processos mais críticos do SO.

O **sistema operacional (SO)** é um conjunto de programas que controla o hardware de um computador e atua como uma interface com o software aplicativo (ver Figura 4.8). O **kernel** (núcleo), como o nome sugere, é o coração do sistema operacional e controla seus processos mais críticos. O kernel une todos os componentes do sistema operacional e regula outros programas. Um sistema operacional pode controlar um ou mais computadores, ou permitir que vários usuários interajam com um computador.

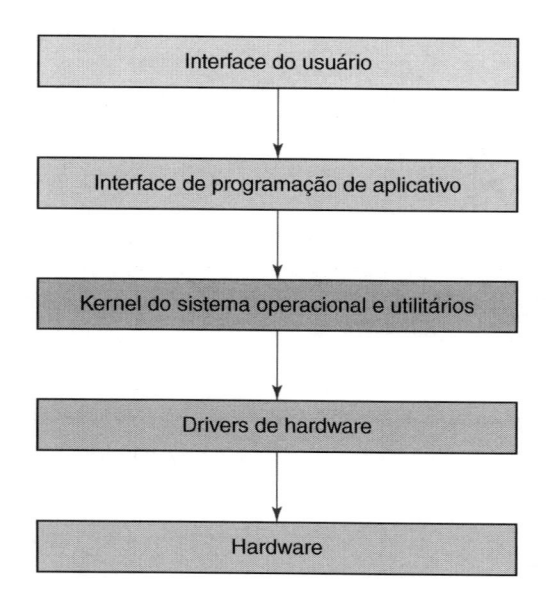

FIGURA 4.8
Função dos sistemas operacionais
A função do sistema operacional é atuar como uma interface entre o software aplicativo e o hardware.

Interface do usuário
↓
Interface de programação de aplicativo
↓
Kernel do sistema operacional e utilitários
↓
Drivers de hardware
↓
Hardware

As várias combinações de sistemas operacionais, computadores e usuários incluem o seguinte:

- Único computador de um único usuário. Esse sistema é comumente utilizado em computadores pessoais, tablets e smartphones que oferecem suporte a um único usuário por vez. Exemplos de sistemas operacionais para essa configuração incluem Microsoft Windows, macOS e Google Android.
- Único computador multiusuários simultâneos. Esse tipo de sistema é utilizado em servidores maiores ou computadores mainframe que suportam centenas ou milhares de pessoas, todas usando o computador ao mesmo tempo. Exemplos de sistemas operacionais que oferecem suporte a esse tipo de sistema incluem UNIX, z/OS e HP-UX.
- Vários computadores multiusuário. Esse tipo de sistema é utilizado em redes de computadores, incluindo redes domésticas com vários computadores conectados, bem como grandes redes de computadores com centenas de computadores conectados, suportando muitos usuários, que podem estar localizados ao redor do mundo. Os sistemas operacionais do servidor de rede incluem Red Hat Enterprise Linux Server, Windows Server e Mac OS X Server.
- Computadores de uso especial. Esse tipo de sistema é típico de vários computadores com funções especializadas, como os que controlam aeronaves militares sofisticadas, câmeras digitais ou eletrodomésticos. Exemplos de sistemas operacionais projetados para esses fins incluem Windows Embedded, Symbian e algumas distribuições do Linux.

Funções desempenhadas pelo sistema operacional

Os programas que compõem o sistema operacional realizam uma variedade de atividades, incluindo as seguintes:

- Controlar funções comuns de hardware de computador, como aceitar entrada do teclado, recuperar dados de um dispositivo de armazenamento e exibir dados na tela.
- Fornecer uma interface de usuário e gerenciar as operações de entrada/saída.
- Fornecer um grau de independência de hardware para que um programa de software possa ser executado em vários computadores, sem se preocupar com o hardware subjacente específico.
- Gerenciar a memória que é acessada, maximizando o uso da memória e armazenamento disponíveis para fornecer eficiência ideal.
- Gerenciar as tarefas de processamento.
- Fornecer recursos de rede para que os computadores possam se unir em uma rede para enviar/receber dados e compartilhar recursos de computação.
- Controlar o acesso aos recursos do sistema para fornecer alto nível de segurança contra acesso não autorizado aos dados e programas dos usuários, bem como registrar quem está usando o sistema e por quanto tempo.
- Gerenciar arquivos para garantir que eles estejam disponíveis quando necessário e que sejam protegidos contra acesso de usuários não autorizados.

Alguns sistemas operacionais fornecem interfaces visuais que permitem que um computador execute diferentes comandos ou operações, dependendo do lugar que a pessoa está olhando na tela. Algumas empresas, como a Neuralink, apoiada por Elon Musk, estão fazendo experiências com sensores ligados ao cérebro humano para criar interfaces que podem detectar ondas cerebrais e controlar um computador como resultado. As interfaces de visão e cérebro podem ser muito úteis para pessoas com deficiência.[27]

Gestão de tarefas

Os sistemas operacionais utilizam as cinco abordagens a seguir para gestão de tarefas para aumentar a quantidade de processamento que pode ser realizada em um determinado período de tempo:

- Multiusuário. Permite que dois ou mais usuários executem programas ao mesmo tempo no mesmo computador. Alguns sistemas operacionais permitem centenas ou até milhares de usuários simultâneos. A capacidade do

computador de lidar com um número crescente de usuários simultâneos é chamada escalabilidade.
- **Multiprocessamento.** Suporta a execução de um programa em mais de uma CPU.
- **Multitarefa.** Permite que mais de um programa seja executado simultaneamente.
- **Multithreading.** Permite que diferentes threads de um único programa sejam executados simultaneamente. Um thread é um conjunto de instruções em um aplicativo independente de outros threads. Por exemplo, em um programa de planilha, o thread para abrir a pasta de trabalho é separado do thread para somar uma coluna de números.
- **Tempo real.** Responde à entrada instantaneamente. Para fazer isso, o agendador de tarefas do sistema operacional pode interromper qualquer tarefa em qualquer ponto de sua execução se determinar que outra tarefa de prioridade mais alta precisa ser executada imediatamente. Os sistemas operacionais em tempo real são utilizados para controlar a operação de motores a jato, a instalação de airbags e a operação de sistemas de freios antitravamento (*antilock braking systems* – ABS) — entre outros usos.

Nem todos os sistemas operacionais empregam todas essas abordagens para a gestão de tarefas. Por exemplo, os sistemas operacionais de uso geral com os quais estamos mais familiarizados (por exemplo, Windows e Mac OS) não podem suportar processamento em tempo real.

Sistemas operacionais atuais

Os sistemas operacionais atuais incorporam recursos e capacidades sofisticados. A Tabela 4.7 classifica alguns sistemas operacionais atuais por esfera de influência.

TABELA 4.7 Sistemas operacionais por esfera de influência

Pessoal	Grupo de trabalho	Empreendimento
Microsoft Windows	Microsoft Windows Server	Microsoft Windows Server
Mac OS X, iOS	Mac OS X, servidor	—
Linux	Linux	Linux
Google Android, Chrome OS	UNIX	UNIX
HP webOS	IBM i e z/OS	IBM i e z/OS
—	HP-UX	HP-UX

De vez em quando, os fabricantes de software abandonam o suporte para sistemas operacionais mais antigos — o que significa que, embora os computadores e softwares executados nesses sistemas continuem a funcionar, o fabricante do sistema operacional não fornecerá mais correções e atualizações de segurança. Sem essas correções de erro, os computadores dos usuários ficam mais suscetíveis a serem infectados por vírus e malware. Por exemplo, o Google abandonou o suporte para usuários do Windows XP e Vista que rodam em seu navegador Chrome.[28]

A interrupção do suporte é um forte motivo para trocar por um novo software; mas muitas organizações adotam a abordagem de que "se não está quebrado, não conserte". Na visão delas, outros projetos têm prioridade sobre atualizações de softwares que ainda funcionam, porém essa abordagem pode levar a interrupções nos sistemas principais. Por exemplo, os aviões ficaram parados por várias horas no movimentado aeroporto de Orly, em Paris, quando um computador que conecta os sistemas de controle de tráfego aéreo ao principal serviço meteorológico da França parou de funcionar. O computador estava rodando, no Windows 3.1, um sistema operacional de 25 anos que deixou de receber suporte da Microsoft há mais de 12 anos.[29]

Sistemas operacionais para PC da Microsoft

Em 1980, executivos da IBM abordaram Bill Gates, da Microsoft, a respeito da criação de um sistema operacional para o primeiro computador pessoal da IBM. Esse sistema operacional, que acabou sendo chamado de Microsoft Disk Operating System (MS-DOS), foi baseado na compra do Quick and Dirty Operating System (QDOS) pela Microsoft, escrito por Tim Paterson, da Seattle Computer Products. A Microsoft comprou os direitos do QDOS por US$ 50 mil. O QDOS, por sua vez, era baseado no Programa de Controle de Microcomputadores de Gary Kildall (CP/M).

Como parte de seu contrato com a Microsoft, a IBM permitiu que a Microsoft retivesse os direitos do MS-DOS e comercializasse o MS-DOS separadamente do computador pessoal da IBM. O resto é história, com Gates e Microsoft ganhando uma fortuna com o licenciamento do MS-DOS e seus descendentes.[30] O MS-DOS, que tinha uma interface baseada em comandos difíceis de aprender e usar, deu lugar em 1985 a um sistema operacional mais amigável, o Windows 1.0. Essa foi a primeira tentativa verdadeira da Microsoft de fornecer uma interface gráfica de usuário, e ela dependia muito do uso de um mouse antes que ele se tornasse um dispositivo comum de entrada de computador.

Com o lançamento do Windows 10, a Microsoft anunciou que está se afastando de sua prática usual de lançar novas versões importantes de seu sistema operacional Windows a cada poucos anos. Em vez disso, a empresa fornece atualizações e melhorias contínuas e de acréscimo, implementadas automaticamente, algumas vezes por ano. A menos que os usuários alterem a configuração de atualizações automáticas, eles recebem essas atualizações assim que são lançadas. As organizações, cujos profissionais de sistemas de informação desejam mudanças mínimas para garantir operações confiáveis dos aplicativos empresariais, têm a opção de desativar essas atualizações frequentes. A Microsoft espera que o ciclo de atualizações rápidas e automáticas force os usuários a se manterem atualizados para que todos dispositivos de hardware funcionem como planejado, novos recursos sejam adicionados ao software existente e a garantia de que as correções mais recentes sejam instaladas para a segurança dos usuários.

O sistema operacional Windows 10 é construído em um único kernel comum chamado OneCore que funciona em vários dispositivos, desde telefones, tablets, computadores pessoais, monitores de tela grande, no Xbox e até mesmo no HoloLens (a bandana da Microsoft que permite que os usuários vejam hologramas). Isso significa que os desenvolvedores de aplicativos que trabalham com o Windows 10 podem visar ao mesmo ambiente central para seus aplicativos, que funcionarão em uma variedade de tamanhos de tela e dispositivos, incluindo computadores, tablets e smartphones. Isso representa a conquista de uma meta que a Microsoft tem há mais de 20 anos: Windows Everywhere com um mercado potencial de 1 bilhão de usuários.[31]

Sistemas operacionais de computador Apple

Em julho de 2001, o Mac OS X foi lançado como um sistema operacional totalmente novo para o Mac. Com base no sistema operacional UNIX, o Mac OS X incluiu uma nova interface de usuário com elementos luminosos e semitransparentes, como botões, barras de rolagem e janelas, além de animação fluida para aprimorar a experiência do usuário.

Desde o lançamento de seu primeiro sistema operacional, o Mac OS X 10.0 em 2001, a Apple atualiza o OS X quase todos os anos. As primeiras oito versões do OS foram nomeadas em homenagem a grandes felinos, e as últimas, a lugares na Califórnia. O OS X 10.13, também conhecido como macOS High Sierra, é o sistema operacional mais recente da Apple. O macOS Sierra oferece muitas atualizações para fornecer segurança e desempenho aprimorados, e também vida útil mais longa da bateria.[32]

Como o macOS é executado em processadores Intel, os usuários de Mac podem configurar seus computadores para executar Windows e macOS e selecionar a plataforma em que desejam trabalhar ao inicializar o computador. Esse arranjo é chamado de inicialização dual. Embora os Macs possam ter inicialização dual no Windows, o oposto não é verdadeiro. O macOS não pode ser executado em nenhuma máquina que não seja um dispositivo da Apple. No entanto, os PCs com Windows podem fazer inicialização dual com Linux e outros SOs.

Linux

Linux é um sistema operacional desenvolvido em 1991 por Linus Torvalds quando era estudante na Finlândia. O sistema operacional é distribuído sob a Licença Pública Geral GNU e seu código-fonte está disponível gratuitamente para todos. É, portanto, chamado de sistema operacional de código aberto.

Indivíduos e organizações podem utilizar o código Linux de código aberto para criar sua própria distribuição (versão) do Linux. Uma distribuição consiste no kernel Linux (o núcleo do sistema operacional) — que controla o hardware, gerencia arquivos, separa processos e executa outras funções básicas — junto com outro software. Esse outro software define a interface do terminal e os comandos disponíveis, produz a interface gráfica do usuário e fornece outros programas utilitários úteis. Um distribuidor Linux pega todo o código desses programas e os combina em um único sistema operacional que pode ser instalado em um computador. O distribuidor também pode adicionar toques finais que determinam a aparência da área de trabalho, quais esquemas de cores e conjuntos de caracteres são exibidos e quais navegadores e outros softwares opcionais estão inclusos no sistema operacional. Normalmente, a distribuição é "otimizada" para funcionar em um ambiente específico, como um computador desktop, servidor ou controlador de caixa de TV a cabo.

Centenas de distribuições de Linux foram criadas, e muitas delas estão disponíveis como downloads gratuitos. Três das distribuições mais utilizadas vêm das empresas de software Red Hat, SUSE e Canonical. Embora o kernel Linux seja um software livre, a Red Hat e a SUSE produzem versões de varejo do sistema operacional que geram receitas por meio da distribuição e manutenção do software. openSUSE é a distribuição patrocinada pela SUSE.

A Paddy Power Betfair é uma grande empresa de apostas on-line com sede em Dublin, Irlanda, que deve lidar com 130 milhões de transações por dia de maneira rápida e segura. Seus sistemas devem operar de forma confiável em um ambiente 24 horas por dia, 7 dias por semana, que forneça atualizações e manutenção sem afetar os clientes. A empresa escolheu o sistema operacional Red Hat Enterprise Linux para fornecer uma plataforma estável e segura para dar suporte ao seu centro de dados.[33]

Google Android e Apple iOS

Os smartphones agora empregam sistemas operacionais de computador pessoal completos, como o Google Android e o Apple iOS, que determinam a funcionalidade do seu telefone e os aplicativos que você pode executar. Esses sistemas operacionais possuem kits de desenvolvimento de software que permitem aos desenvolvedores projetar milhares de aplicativos que fornecem uma infinidade de serviços móveis. Quando se trata de sistemas operacionais para smartphones, o Google Android alcançou mais de 80% de participação no mercado mundial e existem mais de 3,3 milhões de aplicativos disponíveis. O Apple iOS detém a parcela restante do mercado e existem mais de 2,2 milhões de aplicativos disponíveis.[34,35,36] Para os sistemas operacionais de tablets, o Android tem 65% do mercado mundial e o iOS 33% do mercado.[37]

Windows Server

A Microsoft projetou o sistema operacional de grupo de trabalho do Windows Server para executar uma série de tarefas vitais para sites e aplicativos da web corporativos. Por exemplo, o Microsoft Windows Server pode ser utilizado para coordenar e gerenciar grandes centros de dados. O Windows Server oferece benefícios como um poderoso sistema de gestão de servidor web, ferramentas de virtualização que permitem que vários sistemas operacionais sejam executados em um único servidor, recursos de segurança avançados e suporte administrativo robusto. O Windows Home Server permite que os indivíduos conectem vários PCs, dispositivos de armazenamento, impressoras e outros dispositivos em uma rede doméstica. Os servidores domésticos do Windows fornecem uma maneira conveniente para os usuários domésticos armazenarem e gerenciarem fotos, vídeos, músicas e outros conteúdos digitais. Ele também fornece funções de backup e recuperação de dados.

UNIX

UNIX é um poderoso sistema operacional originalmente desenvolvido pela AT&T para minicomputadores — os predecessores dos servidores, que eram maiores e mais poderosos do que os PCs, mas menores e menos poderosos do que os mainframes. O UNIX pode ser utilizado em muitos tipos e plataformas de sistema de computador, incluindo estações de trabalho, servidores e computadores mainframe. O UNIX também facilita a movimentação de programas e dados entre computadores ou a conexão de mainframes e estações de trabalho para compartilhar recursos. Existem muitas versões do UNIX, como o HP-UX da Hewlett-Packard Enterprise, o AIX da IBM e o Solaris da Oracle. A plataforma UNIX (um computador capaz de executar o sistema operacional UNIX mais o próprio sistema operacional) é considerada uma plataforma de alto custo em comparação com Linux e Windows Server.

O Credit Information Bureau India Limited (CIBIL) coleta dados financeiros do consumidor para criar relatórios de crédito e pontuações que são fornecidos aos credores para ajudá-los a avaliar os pedidos de empréstimos. Esse é um negócio de altos volumes, com milhões de relatórios gerados todos os dias. A CIBIL emprega servidores blade que executam o sistema operacional HP-UX para atender a essa demanda.[38]

Mac OS X Server

O Mac OS X Server é o primeiro sistema operacional de servidor moderno da Apple Computer e é baseado no sistema operacional UNIX. Projetado para OS X e iOS, o OS X Server torna mais fácil colaborar, desenvolver software, hospedar sites e wikis, configurar dispositivos Mac e iOS e acessar remotamente uma rede. Os usuários de smartphones que executam iOS agora podem abrir, editar e salvar documentos no OS X Server.

Executando vários sistemas operacionais com virtualização de servidor

Durante a década de 1990, as organizações costumavam dedicar um servidor para cada aplicativo. Isso permitia um backup fácil, embora caro, no caso de uma falha do servidor. O aplicativo seria simplesmente movido para um servidor em espera. Isso também evitava problemas de incompatibilidade de software entre o sistema operacional executado no servidor e o sistema operacional no qual o aplicativo poderia ser executado. O único sistema operacional em execução no servidor seria aquele em que o aplicativo pudesse ser executado. Com os avanços na velocidade e no poder de computação dos servidores, os aplicativos individuais estavam usando apenas 25% ou menos da capacidade do hardware do servidor — um grande desperdício.

Virtualização de servidor é uma abordagem para melhorar a utilização de hardware, dividindo logicamente os recursos de um único servidor físico para criar vários servidores lógicos chamados de máquinas virtuais. Cada máquina virtual atua como sua própria máquina dedicada. O servidor no qual uma ou mais máquinas virtuais estão sendo executadas é chamado de servidor host. Cada máquina virtual inclui seu próprio sistema operacional convidado para gerenciar a interface do usuário e controlar como a máquina virtual usa o hardware do servidor host. Assim, vários sistemas operacionais diferentes podem ser executados em um servidor virtualizado.

O **hipervisor** é um programa de servidor virtual que controla o processador e os recursos do host, aloca os recursos necessários para cada máquina virtual e garante que eles não interrompam uns aos outros. O VMware da Dell Technologies e o Microsoft Hyper-V são os dois fornecedores dominantes de hipervisor. Mais de três quartos das organizações empregam virtualização.[39] A Figura 4.9 descreve o ambiente de virtualização de servidor.

Com a virtualização de servidor, o servidor pode executar vários aplicativos de servidor simultaneamente e operar em um nível muito mais alto de capacidade total — talvez 80% ou mais. Como resultado, um centro de dados com, digamos, 400 servidores físicos poderia ser convertido em um ambiente virtualizado com talvez apenas 24 servidores virtualizados. Haveria uma enorme economia em custos de capital para hardware e, como há menos servidores, haveria uma economia contínua adicional em custos de energia para alimentar os servidores e resfriar o centro de

---

virtualização de servidor: Um método de dividir logicamente os recursos de um único servidor físico para criar vários servidores lógicos, cada um atuando como sua própria máquina dedicada.

hipervisor: Um programa de servidor virtual que controla o processador e os recursos do host, aloca os recursos necessários para cada sistema virtual e garante que eles não interrompam uns aos outros.

FIGURA 4.9
Virtualização de servidor
A virtualização é uma abordagem para melhorar a utilização de hardware, dividindo logicamente os recursos de um único servidor físico para criar vários servidores lógicos chamados de máquinas virtuais.

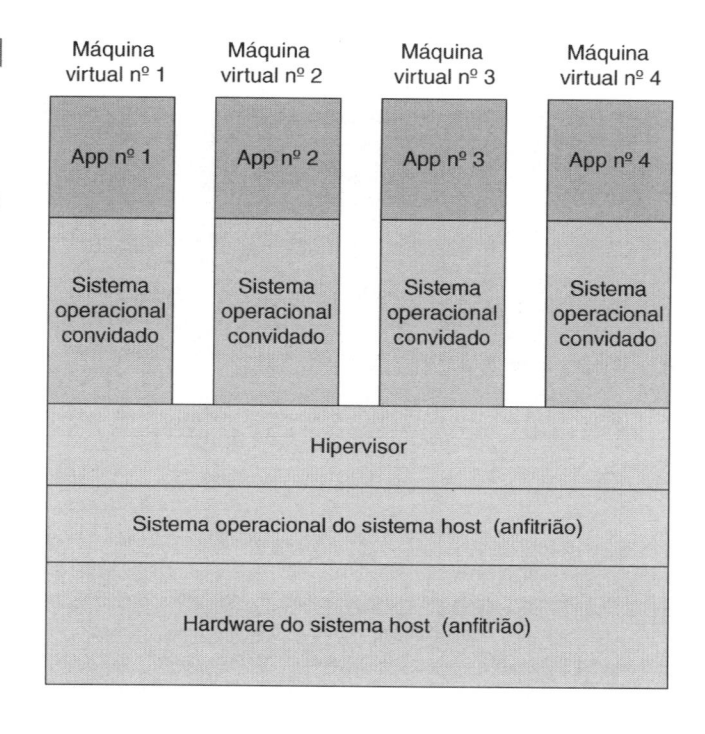

```
Máquina          Máquina          Máquina          Máquina
virtual nº 1     virtual nº 2     virtual nº 3     virtual nº 4

App nº 1         App nº 2         App nº 3         App nº 4

Sistema          Sistema          Sistema          Sistema
operacional      operacional      operacional      operacional
convidado        convidado        convidado        convidado

                          Hipervisor

            Sistema operacional do sistema host (anfitrião)

              Hardware do sistema host (anfitrião)
```

dados. Além disso, são necessárias menos licenças de software para menos máquinas físicas e menos pessoal para operar e manter os servidores. Assim, a virtualização de servidor oferece três benefícios: (1) redução dos custos de capital para hardware, (2) economia nos custos de energia para operar e resfriar o centro de dados, e (3) economia em licenças de software e custos de pessoal.

PKO Bank Polski SA é o maior banco comercial da Polônia, que presta serviços para mais de 9 milhões de clientes. Os sistemas de informação do banco devem operar 24 horas por dia, 7 dias por semana, com uma meta de menos de 1 hora de inatividade não programada por ano. A virtualização de servidor agora é um padrão para aplicativos críticos no banco e essa estratégia reduziu os custos relacionados ao hardware, cortou o tempo de inatividade não programado dos aplicativos e reduziu o tempo gasto na solução de problemas.[40]

Sistemas operacionais corporativos

Os computadores mainframe, muitas vezes chamados de "Big Iron", fornecem a capacidade de computação e armazenamento necessária para ambientes de processamento de dados massivos e fornecem sistemas que podem suportar muitos usuários, oferecendo alto desempenho e excelente disponibilidade de sistema, segurança forte e escalabilidade. Uma ampla variedade de softwares aplicativos foi desenvolvida para executar no ambiente de mainframe, tornando possível comprar softwares para resolver quase todos os problemas de negócios. Exemplos de sistemas operacionais de mainframe incluem o z/OS da IBM, o HP-UX da Hewlett-Packard e o Linux. O z/OS é o primeiro sistema operacional corporativo de 64 bits da IBM e é capaz de lidar com cargas de trabalho bem pesadas, como servir a milhares de usuários simultâneos e executar os aplicativos essenciais de uma organização. (O z significa tempo de inatividade zero.)

Sistemas operacionais embarcados

sistema embarcado: Um sistema de computador (incluindo algum tipo de processador) que é implantado e dedicado ao controle de outro dispositivo.

Um **sistema embarcado** é o sistema de computador implantado e dedicado ao controle de outro dispositivo, geralmente em um sistema mecânico ou elétrico maior. Um sistema embarcado é projetado com um propósito em mente, enquanto um computador de uso geral pode ser utilizado para muitas tarefas. Os sistemas embarcados controlam muitos dispositivos de uso comum hoje, incluindo consoles de videogame, caixas eletrônicos, caixas de TV a cabo, relógios digitais, câmeras digitais, reprodutores de MP3, calculadoras, fornos de micro-ondas, máquinas de lavar e semáforos. Um carro comum contém muitos sistemas embarcados, incluindo os que controlam os freios antitravamento, a instalação de air bag, injeção de combustível, dispositivos de suspensão ativa, controle de transmissão e controle de direção.

A rede elétrica dos EUA é extremamente complexa, consistindo em mais de 320 mil quilômetros de linhas de transmissão administradas por cerca de 500 empresas. A rede é projetada de forma que o pico de demanda de energia em uma área do país possa ser atendido usando eletricidade gerada em outro lugar. Os computadores embarcados são utilizados para monitorar geração, transmissão, distribuição e uso de energia, permitindo, assim, decisões inteligentes em tempo real sobre sua operação (ver Figura 4.10). De forma alarmante, como Ted Koppel aponta em seu livro *Lights Out*, um ataque cibernético bem planejado poderia paralisar nossa rede elétrica, afetando dezenas de milhões de pessoas.

FIGURA 4.10
Rede elétrica perto de área urbana
A rede elétrica dos EUA depende de sistemas integrados para ajudar a controlar e gerenciar sua operação.

Um sistema operacional embarcado é projetado para funcionar em computadores com quantidade limitada de memória e deve ser altamente confiável. Como resultado, pode não executar muitas das funções fornecidas por sistemas operacionais não embarcados, apenas as funções exigidas pelo aplicativo especializado em execução. Além disso, ao contrário de outros sistemas, um sistema operacional embarcado não carrega nem executa vários aplicativos. Um sistema operacional embarcado só pode executar um único aplicativo. Alguns dos sistemas operacionais mais populares para sistemas embarcados são o Google Android Things, a família Windows IoT de sistemas operacionais embarcados da Microsoft, muitas variações de Linux embarcado, o LynxOS do Lynx Software, o QNX da Blackberry, usado para construir carros autônomos, e o VxWorks da Wind River.

A Liebherr, com sede na Suíça, colaborou com a Microsoft na criação do SmartDeviceBox para fornecer recursos novos e interessantes para seus refrigeradores. Com base no sistema operacional Windows 10 IoT Core, o SmartDeviceBox tem cerca de duas vezes o tamanho de uma grande unidade USB e se conecta diretamente a uma porta na maioria dos refrigeradores mais novos da marca. Com ele você pode visualizar o *status* de sua geladeira on-line e alterar as configurações a partir de qualquer local. Se ocorrer um problema com o seu refrigerador (por exemplo, a temperatura está fora da configuração desejada), você será notificado por meio de uma mensagem de alarme enviada para o seu smartphone ou tablet. O módulo de voz Media Intelligence Assistant permite incluir verbalmente mantimentos adicionais à sua lista de compras, que pode ser acessada por um aplicativo móvel enquanto você estiver no supermercado.[41]

O console de jogos Wii usa um sistema operacional embarcado baseado no kernel Linux. O Linux é uma escolha popular para sistemas embarcados porque é gratuito e altamente configurável. Ele tem sido utilizado em muitos sistemas embarcados, como leitores de e-book, caixas eletrônicos, smartphones, dispositivos de rede e reprodutores de mídia.

Programas utilitários

programas utilitários: Um programa que ajuda a realizar a manutenção ou corrigir problemas em um sistema de computador.

Programas utilitários executam uma variedade de tarefas normalmente relacionadas à manutenção do sistema ou correção de problemas. Por exemplo, existem programas utilitários projetados para mesclar e classificar conjuntos de dados, controlar os trabalhos do computador em execução, compactar arquivos de dados antes de serem armazenados ou transmitidos pela rede (economizando espaço e tempo), e realizar outras tarefas importantes.

Assim como o motor do seu carro funciona melhor se tiver manutenção regular, os computadores também precisam de manutenção regular para garantir o desempenho ideal. Com o tempo, o desempenho do seu computador pode começar a diminuir à medida que ocorrem erros no sistema, arquivos desorganizam seu disco rígido e vulnerabilidades de segurança se materializam. Sysinternals Suite é uma coleção de utilitários do Windows que podem ser baixados gratuitamente no site da Microsoft TechNet. Esses utilitários podem ser utilizados para aumentar o desempenho de um PC lento, reparar erros no registro e no disco rígido, remover arquivos desnecessários, melhorar a segurança e a privacidade do sistema e otimizar processos lentos do sistema.

Embora muitos programas utilitários para PC venham instalados nos computadores, você também pode adquirir esses programas separadamente. Existem utilitários de hardware que podem ser utilizados para verificar o *status* de todas as partes do PC, incluindo discos rígidos, memória, modems, alto-falantes e impressoras. Os utilitários de disco verificam o setor de inicialização do disco rígido, as tabelas de alocação de arquivos e os diretórios e os analisam para garantir que o disco rígido não esteja danificado. Utilitários antivírus e antimalware podem ser utilizados para monitorar e proteger constantemente o computador. Se um vírus ou outro malware for encontrado, ele geralmente pode ser removido. Os utilitários de compactação de arquivo podem reduzir a quantidade de espaço em disco necessária para armazenar um arquivo ou reduzir o tempo que leva para transferir um arquivo pela internet. Os sistemas operacionais Windows e Mac permitem compactar ou descompactar arquivos e pastas. Uma ampla variedade de softwares utilitários de gestão de rede e sistemas está disponível para monitorar o desempenho do hardware e da rede e disparar um alerta quando um servidor está travando ou ocorre um problema de rede. O Tivoli Netcool Network Management da IBM, o Automated Network Management Suite da Hewlett-Packard e o PRTG Network Monitor da Paessler podem ser utilizados para resolver problemas de rede de computadores e ajudar a economizar dinheiro (consulte Figura 4.11).

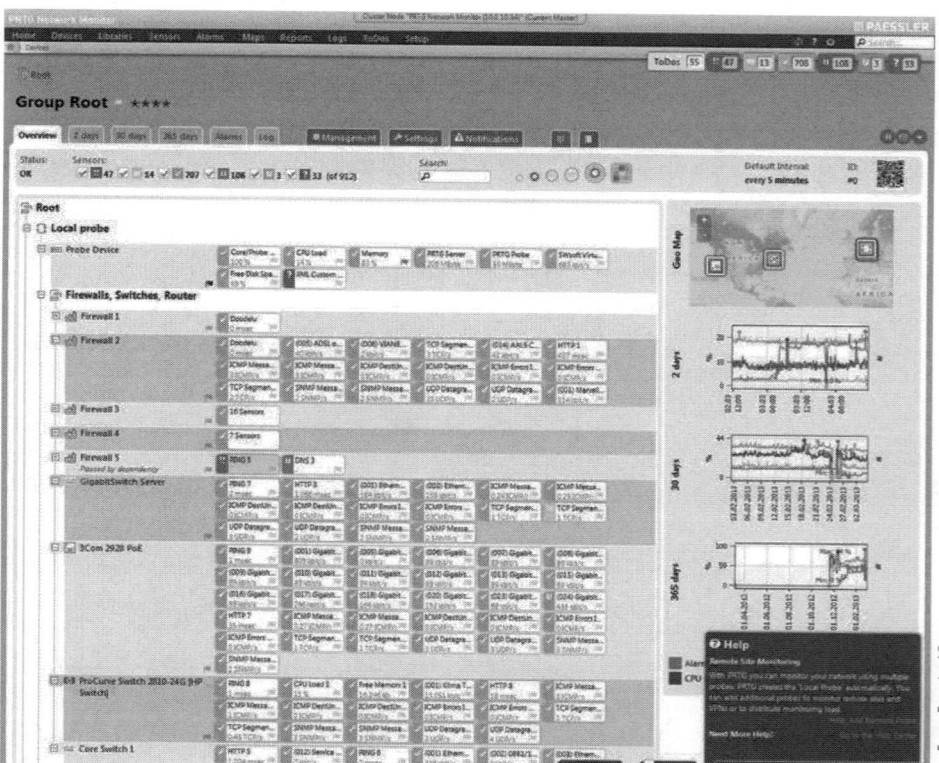

FIGURA 4.11
Monitor de rede PRTG
O monitor de rede PRTG e outros softwares utilitários de rede podem ajudá-lo a controlar os componentes da rede, os fluxos de tráfego e o desempenho da rede.

Fonte: Paessler AG

Gerenciar a vasta gama de sistemas operacionais para smartphones e dispositivos móveis tem sido difícil para muitas empresas. Muitas organizações imprudentemente permitem que funcionários se conectem a bancos de dados corporativos usando smartphones e dispositivos móveis com pouca ou nenhuma orientação. Programas utilitários chamados de software de gestão de dispositivo móvel (*mobile device management* – MDM) podem ajudar uma empresa a gerenciar a segurança, aplicar estratégias corporativas e controlar downloads e streaming de conteúdo de bancos de dados corporativos para smartphones e dispositivos móveis. Podem até ser utilizados para limpar um dispositivo de todos os aplicativos e dados se ele for perdido ou roubado. A Brookdale Senior Living é uma grande proprietária e operadora de comunidades para idosos, operando mais de 1.100 comunidades para idosos e comunidades para aposentados nos Estados Unidos. A organização emprega o software MDM para permitir que a equipe clínica acesse e atualize com segurança os registros médicos de locais remotos e garanta que os dados confidenciais dos pacientes estejam sempre protegidos.[42]

Middleware

middleware: Software que permite que vários sistemas se comuniquem e troquem dados.

Middleware é um software que fornece serviços de mensagens que permitem que diferentes aplicativos se comuniquem e troquem dados. Middleware é um software que fica entre um sistema operacional e os aplicativos executados nele. Por exemplo, ele pode ser utilizado para transferir uma solicitação de informações de um cliente corporativo no site da empresa para um banco de dados tradicional em um computador mainframe e retornar os resultados dessa solicitação de informações ao cliente na internet.

arquitetura orientada a serviços (SOA): Uma abordagem de design de software baseada no uso de peças distintas de software (módulos) para fornecer funções específicas como serviços para outros aplicativos.

O uso de middleware para conectar sistemas distintos evoluiu para uma abordagem de desenvolvimento de software e sistemas chamada SOA. A arquitetura orientada a serviços (*service-oriented architecture* – SOA) é uma abordagem de design de software baseada no uso de partes distintas de software (módulos) para fornecer funções específicas (como exibir a fatura de um cliente), como serviços para outros aplicativos. Cada módulo é construído de forma a garantir que o serviço que ele fornece possa trocar informações com qualquer outro serviço sem interação humana e sem a necessidade de fazer alterações no próprio programa subjacente. Dessa forma, vários módulos podem ser combinados para fornecer a funcionalidade completa de um aplicativo de software grande e complexo. Os sistemas desenvolvidos com SOA são altamente flexíveis, pois permitem a adição de novos módulos que fornecem novos serviços exigidos para atender às necessidades do negócio à medida que evoluem e mudam ao longo do tempo.

interfaces de programação de aplicativos (API): Um conjunto de instruções de programação e padrões que permitem que um microsserviço acesse e use os serviços de outro microsserviço.

Muitas organizações levaram a abordagem SOA ao extremo e criaram aplicativos complexos usando uma série de aplicativos especializados menores chamados microsserviços. Cada microsserviço executa uma única função bem definida. Os microsserviços se comunicam entre si usando interfaces combinadas chamadas interfaces de programação de aplicativos (*application programming interfaces* – API). Isso permite que muitos microsserviços sejam vinculados no estilo Lego para criar um aplicativo grande, complexo e multifuncional. A grande vantagem da abordagem SOA é que um microsserviço criado para um aplicativo pode ser reutilizado em outro aplicativo para executar a mesma função. A reaplicação de microsserviços comprovados reduz muito o tempo de desenvolvimento de software e melhora a qualidade do software.

A Expedia, Inc., empresa de viagens dos EUA, emprega uma estratégia de desenvolvimento de software baseada em microsserviços. Sua função de pagamento on-line Checkout, que suporta bilhões de dólares em transações e tem um grande número de recursos, foi subdividida em uma série de conjuntos de microsserviços muito menores e mais lógicos. A vantagem de aplicativos menores e segmentados é que a Expedia pode atualizar esses microsserviços mais rapidamente ou adicionar novos microsserviços fornecendo novos serviços. Atualmente, a Expedia segue um ciclo de implantação semanal, mas acabará reduzindo isso para lançamentos diários de software, permitindo que os desenvolvedores experimentem novas ideias e adicionem novos recursos rapidamente.[43]

Exercício de pensamento crítico

Sistema embarcado para forno inteligente

▶ AGILIDADE DA TECNOLOGIA

Você está projetando um aplicativo e um forno "inteligente" de última geração que pode ser controlado remotamente por meio de smartphone. O aplicativo permite ao usuário selecionar o tempo de cozimento, temperatura, iniciar, parar, definir a hora do dia e cancelar. O forno possui um visor para mostrar o tempo restante de cozimento, a temperatura e a hora do dia. Além disso, o forno possui um elemento de aquecimento para cozinhar os alimentos, um sensor de porta para detectar quando ela está aberta e um sensor de peso para detectar se há algum alimento no forno. Um bipe soa quando o tempo de cozimento termina. É possível cozinhar um alimento por um período em uma temperatura, parar e, em seguida, reajustar a temperatura e cozinhar por um tempo em outra temperatura. O cozimento só é permitido com a porta fechada e quando há algo no forno. Ele pode ser interrompido a qualquer momento abrindo-se a porta do forno ou digitando-se o comando "parar" no aplicativo. O cozimento é encerrado quando o tempo termina. Quando a porta é aberta, acende-se uma lâmpada dentro do forno; quando a porta é fechada, a lâmpada apaga-se.

Perguntas de revisão

1. Quais sistemas operacionais podem ser empregados no smartphone?
2. Quais sistemas operacionais podem ser empregados no sistema embarcado para controlar o forno? Deve ser um sistema operacional em tempo real? Por que sim ou por que não?

Questões de pensamento crítico

1. Quais recursos de segurança devem ser projetados no software? Esses recursos devem ser programados no aplicativo do smartphone ou no software que opera o fogão ou em ambos?
2. Quais são alguns recursos adicionais criativos que podem ser embarcados no forno?

Software aplicativo

A principal função do software aplicativo é aplicar o poder de um sistema de computador para permitir que pessoas, grupos de trabalho e empresas inteiras resolvam problemas e realizem tarefas específicas. Milhões de software aplicativos foram criados para executar uma diversidade de funções em uma ampla gama de sistemas operacionais e tipos de dispositivos. A seguir estão algumas das dezenas de categorias de aplicativos:

Negócios	Genealogia	Sistema de informação pessoal
Comunicações	Idioma	Fotografia
Design auxiliado por computador (CAD)	Jurídica	Segurança pública
Editoração eletrônica	Biblioteca	Ciência
Educacional	Médica	Simulação
Entretenimento	Multimídia	Vídeo
Jogos	Música	Videogames

Praticamente em qualquer categoria de software, você encontrará muitas opções para escolher. Por exemplo, Microsoft Internet Explorer e Edge, Mozilla Firefox, Google Chrome, Apple Safari e Opera são navegadores populares que permitem aos usuários navegar na web. A disponibilidade de muitas opções de software permite que os usuários selecionem o software que melhor atenda às suas necessidades, do grupo de trabalho ou da empresa. Por exemplo, a Procter & Gamble Company, grande organização multinacional, escolheu o software SAP Enterprise Resource Planning com sua vasta gama de opções, recursos e funcionalidades, para atender às suas complexas necessidades de contabilidade global. No entanto, uma pequena padaria de bairro pode decidir que o QuickBooks da Intuit, um pacote de software de contabilidade projetado para pequenas empresas, atende às suas necessidades de contabilidade simples.

Visão geral do software aplicativo

O software proprietário e o software pronto são dois tipos importantes de software aplicativo. As vantagens e as desvantagens relativas do software proprietário e do software pronto são resumidas na Tabela 4.8. As principais vantagens do software proprietário são que você está diretamente envolvido no desenvolvimento do software e, portanto, tem maior probabilidade de obter os recursos necessários. Você também tem controle sobre as alterações feitas no software para atender às necessidades em evolução. As desvantagens do software proprietário são que ele pode consumir muito tempo e recursos para ser desenvolvido, a equipe interna de desenvolvimento de sistemas pode ter dificuldade em fornecer o nível exigido de suporte e manutenção contínuos e existe um risco significativo de que o projeto possa exceder o orçamento e o cronograma. As vantagens do software pronto são que provavelmente o custo inicial é menor, os usuários podem avaliar os recursos do software para garantir que ele atenda às suas necessidades e é provável que seja de alta qualidade. As desvantagens do software pronto são que ele pode vir com recursos desnecessários, pode não ter recursos importantes que exigem personalização cara e pode não corresponder aos processos de trabalho e aos padrões de dados atuais.

TABELA 4.8 Comparação entre software proprietário e pronto

Software proprietário		Software pronto	
Vantagens	**Desvantagens**	**Vantagens**	**Desvantagens**
Você pode obter exatamente o que precisa em termos de recursos, relatórios e assim por diante.	Pode levar muito tempo e uma quantidade significativa de recursos para desenvolver os recursos necessários.	O custo inicial é menor porque a empresa de software pode distribuir os custos de desenvolvimento entre muitos clientes.	Uma organização pode ter que pagar por recursos que não são necessários e nunca são utilizados.
Estar envolvido no desenvolvimento oferece mais controle sobre os resultados.	A equipe interna de desenvolvimento de sistemas pode ter dificuldade em fornecer o nível necessário de suporte e manutenção contínuos devido à pressão para avançar para outros novos projetos.	O software provavelmente atenderá às necessidades básicas de negócios. Os usuários têm a oportunidade de analisar de forma mais completa os recursos existentes e o desempenho do pacote antes de comprar.	O software pode não ter recursos importantes, exigindo modificações ou personalizações futuras. Isso pode ser muito caro e, como os usuários eventualmente serão obrigados a adotar versões futuras do software, o trabalho de personalização pode precisar ser repetido.
Você pode modificar o software e adicionar recursos com mais facilidade. Isso pode ajudá-lo a neutralizar a iniciativa dos concorrentes ou atender às demandas de novos fornecedores ou clientes.	Os recursos e o desempenho do software que ainda não foi desenvolvido apresentam mais risco potencial.	É provável que o pacote seja de alta qualidade porque muitas empresas-clientes testaram o software e ajudaram a identificar seus erros.	O software pode não corresponder aos atuais processos de trabalho e padrões de dados.

software proprietário: Software único projetado para um aplicativo específico e para uma empresa, organização ou pessoa individual que o utiliza.

Software proprietário é um software único projetado para um aplicativo específico e para uma empresa, organização ou pessoa que o utiliza. O software proprietário pode dar a uma empresa vantagem competitiva, fornecendo serviços ou resolvendo problemas de maneira única — melhor do que os métodos utilizados por um concorrente. Por exemplo, o software de comércio eletrônico proprietário da Amazon emprega seu processo patenteado de checkout 1-Click, que permite aos clientes concluir uma compra com um único clique usando credenciais de pagamento e informações de envio previamente armazenadas na Amazon. Isso elimina a etapa tediosa e propensa a erros de inserir manualmente as informações do cartão de

software pronto: Software produzido por fornecedores de software para atender às necessidades comuns de empresas, organizações ou indivíduos.

pagamento e do endereço de entrega. O 1-Click também permite que os proprietários do Amazon Echo concluam uma compra com um único comando de voz. Outras empresas que desejam empregar o processo de checkout 1-Click devem pagar uma taxa de licença para a Amazon, portanto, o software criou uma vantagem competitiva. Estima-se que o controle exclusivo da Amazon sobre esse processo rendeu bilhões em taxas de licenciamento.[44]

Software pronto, ou software de prateleira, é produzido por fornecedores de software para atender às necessidades comuns de empresas, organizações ou indivíduos. Literalmente, milhares de pequenas, médias e grandes empresas em todo o mundo empregam software pronto da fabricante alemã SAP para apoiar seus processos de negócios de rotina, manter registros sobre esses processos e fornecer relatórios abrangentes e recursos de análise de dados.

Software como serviço (SaaS)

software como serviço (SaaS): Um modelo de distribuição de software sob o qual um provedor terceirizado hospeda aplicativos e os disponibiliza para assinantes pela internet.

Software como serviço (*software as a service* – SaaS) é um modelo de distribuição de software sob o qual um provedor de terceiros hospeda aplicativos e os disponibiliza para assinantes pela internet, conforme mostrado na Figura 4.12. Na maioria dos casos, os assinantes pagam uma taxa de serviço mensal ou uma taxa por uso. Muitas atividades de negócios são suportadas por SaaS. Os provedores de SaaS incluem Oracle, SAP, NetSuite, Salesforce, Google e muitos outros. Existem várias vantagens associadas ao modelo SaaS, como a seguir:

- Os aplicativos SaaS estão disponíveis em qualquer computador ou dispositivo — a qualquer hora, em qualquer lugar. Os usuários simplesmente fazem logon no site do fornecedor do SaaS e inserem um logon e uma senha para acessar o software e seus dados.
- Como o provedor do SaaS gerencia todas as atualizações e novos lançamentos, não há correções de software para os clientes baixarem ou instalarem. Isso libera tempo para os membros de SI da organização e garante que os usuários sempre tenham acesso à versão mais recente do software.
- O custo associado a atualizações e novos lançamentos é menor do que o modelo tradicional de licenciamento de software que geralmente força o usuário a comprar um pacote de atualização e instalá-lo.
- O provedor do SaaS gerencia os níveis de serviço e disponibilidade, portanto não é preciso que os assinantes adicionem hardware, software ou capacidade de comunicação conforme o número de usuários aumenta.

FIGURA 4.12
Software como serviço

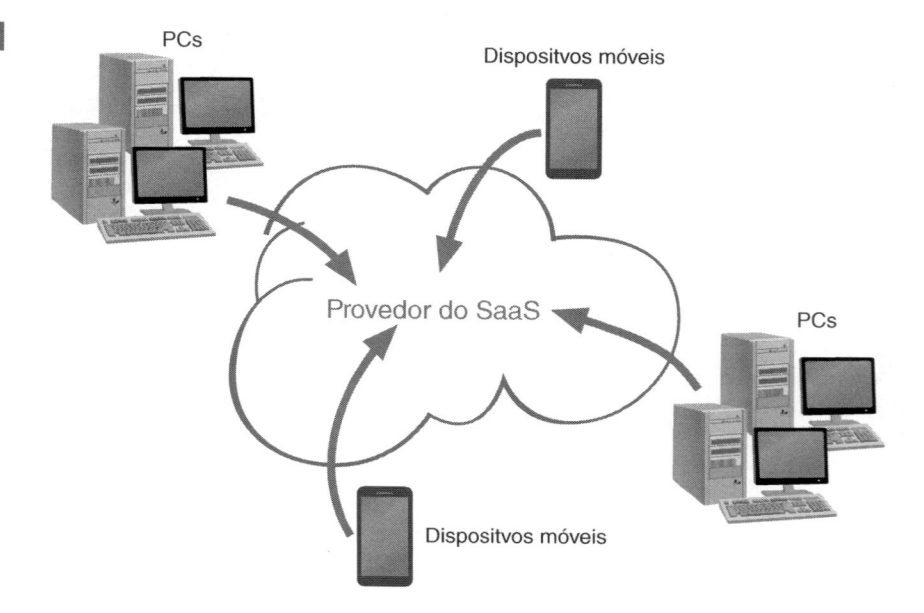

A linha de computadores pessoais do Chromebook do Google emprega o modelo SaaS. Construídos pela Samsung e Acer, os Chromebooks incluem apenas um navegador de internet — com todos os aplicativos de software acessados por meio de uma conexão de internet. Em vez de instalar, armazenar e executar software no Chromebook, os usuários acessam o software, que é armazenado e entregue a partir de um servidor da web. Normalmente, os dados gerados pelo software também são armazenados no servidor web.

Software aplicativo pessoal

Centenas de milhares de software aplicativo pessoal estão disponíveis para atender às necessidades de indivíduos na escola, em casa e no trabalho — com novos aplicativos lançados diariamente. Um novo software de computador em desenvolvimento, junto com a tecnologia GPS existente, por exemplo, permitirá que as pessoas vejam imagens em 3D de onde elas estiverem, além de direções e mapas 3D de lugares que gostariam de ir. Os recursos de alguns tipos populares de software aplicativo pessoal são resumidos na Tabela 4.9. Além desses programas de uso geral, milhares de outros aplicativos para computador pessoal realizam tarefas especializadas que ajudam os usuários a preparar seus impostos, entrar em forma, perder peso, obter aconselhamento médico, escrever testamentos e outros documentos legais, consertar seus computadores e seus carros, escrever música e editar fotos e vídeos. Esse tipo de software, geralmente denominado software de usuário ou software de produtividade pessoal, inclui ferramentas e programas de uso geral que atendem às necessidades individuais.

TABELA 4.9 Exemplos de software aplicativo pessoal

Tipo de software	Uso	Exemplo
Editor de texto	Criar, editar e imprimir documentos de texto	Apache OpenOffice Writer, Apple Pages, Corel Write, Google Docs, Microsoft Word, WordPerfect
Planilha	Realizar cálculos estatísticos, financeiros, lógicos, de banco de dados, gráficos e cálculos de data e hora usando uma ampla gama de funções integradas	Apache OpenOffice Calc, Apple Numbers, Google Sheets, IBM Lotus 1-2-3, Microsoft Excel
Banco de dados	Armazenar, manipular e recuperar dados	Apache OpenOffice Base, Microsoft Access, IBM Lotus Approach
Gráficos	Desenvolver gráficos, ilustrações, desenhos e apresentações	Adobe FreeHand, Adobe Illustrator, Apache OpenOffice. Impress. Microsoft PowerPoint
Gestão de informações pessoais	Ajudar pessoas, grupos e organizações a armazenar informações úteis, como uma lista de tarefas a serem concluídas ou um conjunto de nomes e endereços	Google Calendar, Microsoft Calendar, Microsoft Outlook, One Note
Gestão de projetos	Planejar, programar, alocar e controlar pessoas e recursos (dinheiro, tempo e tecnologia) necessários para concluir um projeto de acordo com o cronograma	Microsoft Project, Scitor Project Scheduler
Gestão financeira	Controlar receitas e despesas e gerar relatórios para criar e monitorar orçamentos (alguns programas também têm recursos de gestão de portfólio de investimentos)	GnuCash, Intuit Mint, Intuit Quicken, Moneydance, You Need a Budget (YNAB)
Editoração eletrônica (DTP)	Usar computadores pessoais e impressoras de alta resolução para criar resultados impressos de alta qualidade, incluindo texto e gráficos; vários estilos de páginas podem ser dispostos; arquivos de arte e texto de outros programas também podem ser integrados em páginas publicadas	Adobe InDesign, Apple Pages, Corel Ventura Publisher, Microsoft Publisher, QuarkXpress

Software suite e pacotes de software integrados

software suite: Uma coleção de programas agrupados juntos e vendidos em um pacote.

Um **software suite** é uma coleção de programas agrupados e vendidos em um pacote. Um software suite pode incluir um editor de texto, um programa de planilha, um sistema de gestão de banco de dados, um programa gráfico, ferramentas de comunicação e anotações e organizadores. Algumas suites oferecem suporte ao desenvolvimento de páginas da web; outras oferecem um recurso de reconhecimento de fala — para que os aplicativos do pacote possam aceitar comandos de voz e gravar ditados. Os software suites fornecem muitas vantagens. Os programas de software de uma suite foram desenvolvidos para funcionar de maneira semelhante — depois que você aprender o básico de um aplicativo, os outros aplicativos serão fáceis de aprender e utilizar. Comprar software em uma suite é econômico; os programas geralmente são vendidos por uma fração do que custariam individualmente.

A Tabela 4.10 lista as suites mais populares de software de uso geral para usuários de computadores pessoais. A maioria dessas software suites inclui um programa de planilha, um editor de texto, um programa de banco de dados e um software de apresentação de gráficos. Todos podem trocar documentos, dados e diagramas. Em outras palavras, você pode criar uma planilha e, em seguida, recortá-la e colá-la em um documento criado com o aplicativo de processamento de texto.

TABELA 4.10 Componentes básicos das principais software suites

Software de produtividade pessoal	Microsoft Office	Corel WordPerfect Office	Apache OpenOffice	Apple iWork	G Suite (Google Apps)
Editor de texto	Word	WordPerfect	Writer	Pages	Docs
Planilha	Excel	Quattro Pro	Calc	Numbers	Folhas
Apresentação gráfica	PowerPoint	Presentations	Impress and Draw	Keynote	Slides
Banco de dados	Access	Paradox	Base	N	N

Microsoft, Apple e Google também oferecem software suites de produtividade baseados na web, que não requerem a instalação de nenhum software em seu dispositivo, exceto um navegador web. A Figura 4.13 descreve o software Microsoft Office 365 como um serviço. Esses aplicativos baseados em nuvem de software como serviço custam cerca de US$ 10 por usuário por mês, dependendo dos recursos e da quantidade solicitada de armazenamento baseado em nuvem.

A Whirlpool é líder em fabricação e comercialização dos principais eletrodomésticos, com 68 mil funcionários e 66 centros de produção e pesquisa de tecnologia em todo o mundo. Um dos principais desafios que enfrenta é a necessidade de inovar com mais rapidez. Seu CIO acredita que o Google Apps ajuda a conectar seus funcionários para pensar, compartilhar ideias e agir com mais rapidez para levar produtos ao mercado. Isso permite que a Whirlpool liberte o talento da empresa sem muito suporte de TI.[45]

Outros softwares aplicativo pessoal

Além do software já discutido, muitas outras ferramentas de software aplicativo interessantes e poderosas estão disponíveis para uso pessoal e comercial, como segue:

- CreditKarma Tax, TaxAct, Tax Slayer e TurboTax são programas populares de declaração de impostos que, a cada ano, economizam muitas horas e até dólares para milhões de pessoas.
- Com apenas uma rápida pesquisa on-line, você pode encontrar software para criar sites, compor músicas e editar fotos e vídeos. O MuseScore, por exemplo, permite criar, reproduzir e imprimir partituras.

FIGURA 4.13
Office 365 como serviço
O Microsoft Office 365 é uma suite de aplicativos baseados na web que oferece os recursos básicos do software suite via internet usando a computação em nuvem.

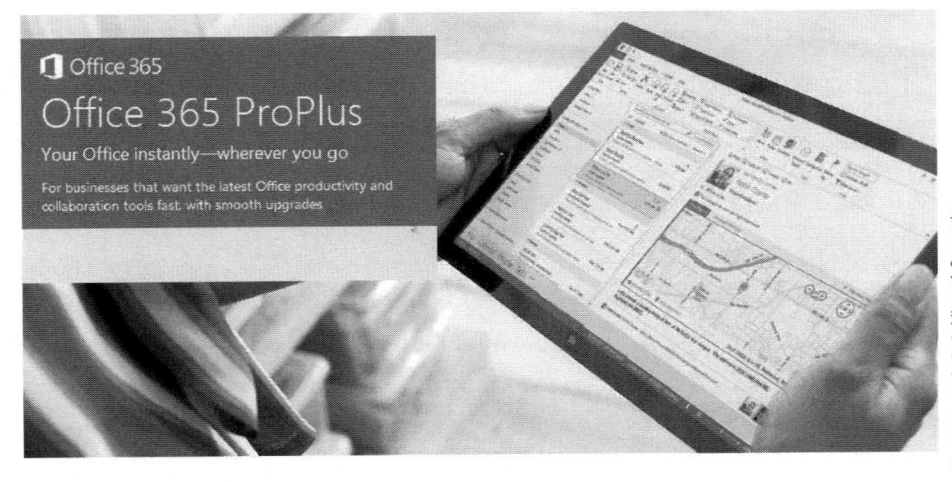

- Muitas pessoas utilizam software educacional e de referência e software para entretenimento, jogos e atividades de lazer. O software de jogos é popular e pode ser muito lucrativo para empresas que desenvolvem jogos e vários acessórios de jogos, incluindo avatares virtuais como animais coloridos, peixes e pessoas.
- Algumas organizações lançaram programas destinados a promover a atividade física incorporando o uso de videogames ativos (por exemplo, Wii Boxing e Dance Dance Revolution) em programas de educação física mais amplos. Comunidades de aposentados também utilizam videogames para manter os idosos fisicamente ativos.
- Engenheiros, arquitetos e designers costumam utilizar software de design assistido por computador (CAD) para projetar e desenvolver edifícios, sistemas elétricos, sistemas de encanamento e muito mais. Autosketch, CorelCAD e AutoCad são exemplos de software de CAD.
- Outros programas realizam uma ampla variedade de testes estatísticos. Faculdades e universidades oferecem muitos cursos de estatística que utilizam esse tipo de software aplicativo. Dois aplicativos de análise estatística populares nas ciências sociais são SPSS e SAS.

As empresas de software estão até desenvolvendo aplicativos móveis que estão mudando todo o cenário dos namoros. Por exemplo, o SceneTap, um aplicativo para iPhones e dispositivos Android, pode determinar o número de pessoas que frequentam bares, pubs ou estabelecimentos semelhantes e a proporção de homens e mulheres. O aplicativo usa câmeras de vídeo e software de reconhecimento facial para identificar homens e mulheres. O SocialCamera, um aplicativo para telefones Android, permite que as pessoas tirem uma foto de alguém e, em seguida, procurem seus amigos do Facebook por uma correspondência. No entanto, muitas pessoas consideram o software de reconhecimento facial uma invasão potencial à privacidade.

Software aplicativo móvel

O número de aplicativos (apps) para smartphones e outros dispositivos móveis explodiu nos últimos anos. Além dos aplicativos proprietários que vêm com esses dispositivos, centenas de milhares de aplicativos móveis foram desenvolvidos por terceiros. Em abril de 2018, a App Store da Apple tinha mais de 2,1 milhões de aplicativos disponíveis para usuários de dispositivos iOS. Os usuários do Android podem escolher entre mais de 2,8 milhões de aplicativos móveis na Play Store do Google. A loja do Windows tinha 700 mil aplicativos e a Amazon tinha 400 mil aplicativos disponíveis.[46]

A Tabela 4.11 lista algumas categorias de aplicativos móveis. Muitos aplicativos são gratuitos, enquanto outros variam de preço, de 99 centavos a centenas de dólares.

TABELA 4.11 Categorias de aplicativos para celular

Categoria	Descrição
Livros e referência	Acessar e-books, assinar periódicos ou procurar informações nos sites da Merriam-Webster ou da Wikipedia
Negócios e finanças	Controlar despesas, negociar ações e acessar sistemas de informação corporativos
Entretenimento	Acessar todas as formas de entretenimento, incluindo filmes, programas de televisão, videoclipes e informações sobre a vida noturna local
Jogos	Jogar uma variedade de games, desde jogos 2D, como Pacman e Tetris, até jogos 3D, como Need for Speed, Call of Duty e Minecraft
Saúde e fitness	Acompanhar o progresso do treino e do condicionamento físico, calcular calorias e até mesmo monitorar sua velocidade e progresso com um tênis Nike conectado sem fio
Estilo de vida	Encontrar bons restaurantes, fazer uma reserva para um jantar, selecionar vinhos para uma refeição e muito mais
Música	Encontrar, ouvir e criar música
Notícias e clima	Acessar os principais portais de notícias e a previsão do tempo, incluindo Reuters, AP, o *New York Times* e o Weather Channel
Fotografia	Organizar, editar, visualizar e compartilhar fotos tiradas com a câmera do celular
Produtividade e utilidades	Criar listas de compras, praticar apresentações em PowerPoint, trabalhar com planilhas, sincronizar com os arquivos de PC e muito mais
Redes sociais	Conectar-se com outras pessoas por meio das principais redes sociais, incluindo Facebook, Twitter e Instagram
Esportes	Acompanhar seu time favorito ou acompanhar suas próprias pontuações no golfe
Viagem e navegação	Usar o GPS em seu smartphone para obter instruções passo a passo, encontrar lugares interessantes para visitar, acessar roteiros de viagem e muito mais

Software aplicativo de grupo de trabalho

software aplicativo de grupo de trabalho: Software projetado para apoiar o trabalho em equipe, estejam os membros da equipe no mesmo local ou espalhados pelo mundo.

O **software aplicativo de grupo de trabalho** foi projetado para apoiar o trabalho em equipe, estejam os membros da equipe no mesmo local ou espalhados pelo mundo. Exemplos de software de grupo de trabalho incluem software de agendamento de grupo, correio eletrônico, mensagens instantâneas, gestão de projetos e outros softwares que permitem que as pessoas compartilhem ideias. IBM Notes e Domino são exemplos de software de grupo de trabalho da IBM. (O Notes é executado no dispositivo de computação do usuário final, enquanto o Domino é executado em um servidor e oferece suporte ao usuário final). O software baseado na web é ideal para uso em grupo. Como os documentos são armazenados em um servidor de internet, qualquer pessoa com conexão à internet pode acessá-los facilmente.

O software aplicativo pessoal pode se estender para a arena de aplicativos de grupo de trabalho. Por exemplo, Apple, Google e Microsoft fornecem opções de grupo de trabalho de seus aplicativos on-line, que permitem aos usuários compartilhar documentos, planilhas, apresentações, calendários e notas com outros usuários específicos ou qualquer pessoa na web. Esse compartilhamento torna conveniente que várias pessoas contribuam para um documento sem se preocupar com a compatibilidade ou armazenamento do software.

Software aplicativo empresarial

Um **aplicativo empresarial** é um software utilizado para atender às necessidades de negócios de toda a organização e normalmente compartilha dados com outros aplicativos empresariais utilizados na organização. Os aplicativos empresariais oferecem suporte aos processos de logística, produção, recursos humanos, marketing e vendas, processamento de pedidos, contabilidade, controle de estoque, gestão de relacionamento com o cliente e outras funções essenciais de negócios. Esses processos requerem colaboração multifuncional com funcionários de várias unidades organizacionais e até mesmo pessoas de fora da organização, como clientes, fornecedores e agências governamentais. Os aplicativos empresariais devem estar em conformidade com as diretrizes de segurança de uma organização e também pode ser exigida a conformidade com os padrões definidos por agências governamentais ou grupos do setor ao qual a organização pertence. Por exemplo, todas as organizações que armazenam, processam e transmitem dados do titular do cartão esforçam-se para atender ao Padrão de Dados do Setor de Cartões de Pagamento (*Payment Card Industry Data Standard*), que fornece uma estrutura de especificações, ferramentas, medições e recursos de suporte para ajudar as organizações a garantir a administração segura das informações do titular do cartão.

O custo total, a facilidade de instalação, o nível de treinamento e suporte necessários e a capacidade de integrar o software a outros aplicativos empresariais são as principais considerações das organizações ao selecionar um software empresarial. A capacidade de executar aplicativos empresariais em smartphones e outros dispositivos móveis está se tornando uma prioridade para muitas organizações.

O software empresarial também ajuda os gestores e os funcionários a se manterem conectados. Em certa época, gestores e funcionários dependiam do e-mail para manter contato uns com os outros, mas a colaboração dos negócios e as ferramentas de rede social corporativa — como Asana, blueKiwi, Yammer e Jive — estão substituindo o e-mail tradicional e as mensagens de texto.

No entanto, como todos esses sistemas são realmente desenvolvidos e construídos? A resposta é: por meio do uso de linguagens de programação, algumas das quais são discutidas na próxima seção.

aplicativo empresarial: Software utilizado para atender às necessidades de negócios de toda a organização que normalmente compartilha dados com outros aplicativos empresariais utilizados na organização.

Linguagens de programação

Tanto o sistema quanto o software aplicativo são escritos em esquemas de codificação chamados linguagens de programação, que fornecem instruções ao hardware do computador para que ele possa realizar atividades de processamento. Profissionais de sistemas de informação trabalham com diferentes **linguagens de programação**, que são conjuntos de palavras-chave, comandos, símbolos e regras para construir instruções que as pessoas podem utilizar para comunicar instruções ao computador. A programação envolve traduzir o que um usuário deseja realizar em um código que o computador possa entender e executar. Código de programa é o conjunto de instruções que sinalizam à CPU para realizar operações de comutação de circuitos. Nos esquemas de codificação mais simples, uma linha de código normalmente contém uma única instrução, como "Recuperar os dados no endereço de memória X". A instrução é então decodificada durante a fase de instrução do ciclo da máquina.

Tal como escrever um relatório ou artigo em português, escrever um programa de computador em linguagem de programação exige que o programador siga um conjunto de regras. Cada linguagem de programação usa símbolos, palavras-chave e comandos que têm significados e usos especiais. Cada linguagem também tem seu próprio conjunto de regras, chamado de sintaxe da linguagem. A sintaxe da linguagem determina como os símbolos, as palavras-chave e os comandos devem ser combinados em instruções capazes de transmitir instruções significativas para a CPU. Regras como "as instruções devem terminar com ponto-e-vírgula" e "nomes de variáveis devem começar com uma letra" são exemplos de uma sintaxe de linguagem. Uma variável é uma quantidade que pode assumir diferentes valores. Nomes de variáveis de programa como VENDA, TAXA e TOTAL seguem a regra de exemplo mencionada anteriormente, porque começam com uma letra, enquanto variáveis como %JUROS, R$TOTAL e #KILOS não.

linguagens de programação: Conjuntos de palavras-chave, comandos, símbolos e regras para a construção de declarações pelas quais humanos podem comunicar instruções a um computador.

compilador: Um programa de software especial que converte o código-fonte do programador em instruções em linguagem de máquina, que consistem em dígitos binários.

Com linguagens de programação de alto nível, cada instrução na linguagem se traduz em várias instruções em linguagem de máquina. Um programa de software especial chamado de **compilador** traduz o código-fonte do programador em instruções em linguagem de máquina, que consistem em dígitos binários. O compilador cria um processo de dois estágios para a execução do programa. Primeiro, o compilador traduz o programa em uma linguagem de máquina; segundo, a CPU executa esse programa. Outra abordagem de programação é utilizar um interpretador, que é um tradutor de linguagem que realiza as operações solicitadas pelo código-fonte. Um interpretador não produz um programa completo em linguagem de máquina. Depois que a instrução é executada, a instrução em linguagem de máquina é descartada, o processo continua para a próxima instrução e assim por diante.

A maioria dos softwares atualmente é criada usando-se um ambiente de desenvolvimento integrado. Um ambiente de desenvolvimento integrado (*integrated development environment* – IDE) combina todas as ferramentas necessárias para a engenharia de software em um só pacote. Por exemplo, o popular IDE Microsoft Visual Studio inclui um editor que suporta várias interfaces e linguagens de programação visual (aquela que usa uma interface gráfica ou "visual" combinada com comandos baseados em texto), um compilador e um interpretador, ferramentas de automação de programação, um depurador (ferramenta para localizar erros no código) e outras ferramentas que fornecem conveniência ao desenvolvedor. Os desenvolvedores de software para a plataforma de smartphone Android do Google utilizam a linguagem de programação Java, além do Android Studio com ferramentas de desenvolvedor Android integradas para agilizar o desenvolvimento de seus aplicativos Android. Esse é um exemplo de kit de desenvolvimento de software (*software development kit* – SDK), que é um conjunto de ferramentas que permite a criação de software para uma determinada plataforma. Eles também podem utilizar bibliotecas de código especiais fornecidas pelo Google para a funcionalidade do Android e testar seus aplicativos em um emulador Android.[47]

IDEs e SDKs tornaram o desenvolvimento de software mais fácil do que nunca. Muitos programadores novatos, incluindo alguns que nunca pensaram em desenvolver software, estão publicando aplicativos para plataformas populares como o Facebook e o iPhone.

A Tabela 4.12 lista algumas das linguagens de programação mais comumente utilizadas e identifica como são utilizadas.

TABELA 4.12 Linguagens populares de programação e suas funcionalidades

Linguagem	Software aplicativo	Software de sistema	Sistema embarcado	Sites	Análise de dados	Jogos
Assembly		X				
C	X	X	X	X	X	X
C++	X		X		X	X
CSS				X		
HTML				X		
Java	X		X	X	X	X
Java Script				X		
Perl					X	
PHP				X		
Python			X		X	X
R					X	
SAS					X	
SQL					X	

Licenças de software

contrato de licença de usuário final (EULA): O acordo legal entre o fabricante do software e o usuário do software que estipula os termos de uso.

Quando as pessoas compram software, elas não são proprietárias, mas têm licença para usá-lo em um computador. O **Contrato de Licença de Usuário Final** (*End User License Agreement* – EULA) é o acordo legal entre o fabricante do software e o usuário do software que estipula os termos de uso. O EULA é exibido em uma caixa de diálogo de instalação e exige que o usuário "Aceite" os termos do EULA para concluir a instalação. O EULA foi escrito para proteger o fabricante do software e geralmente isentá-lo de todas as responsabilidades por perda de dados e erros de cálculo durante a execução do software. Os usuários do software também estão proibidos de copiar o software ou fornecê-lo a terceiros. As licenças que abrangem vários usuários geralmente são fornecidas com desconto. Existem três tipos principais de licenças de usuário final:

- Uma licença de um único usuário permite que o programa seja instalado e utilizado em uma CPU que não é acessada por outros usuários em uma rede. O software pode ser utilizado apenas em um único computador e outros usuários não podem acessar ou executar o software enquanto estiverem conectados ao seu computador.
- Licenças individuais/multiusuário são licenças por volume que permitem ao licenciado instalar o software em um determinado número de computadores. O licenciado deve cumprir um requisito mínimo de compra para receber um preço reduzido. Ao adquirir as licenças, o licenciado geralmente recebe uma cópia da mídia e da documentação, com a opção de adquirir mais.
- As licenças de rede/multiusuário exigem que você tenha uma única cópia do software residente em um servidor de arquivos. Com o licenciamento por servidor, um número especificado de licenças de acesso para cliente (*client access licenses* – CALs) é associado a um servidor específico. O número de dispositivos que podem acessar legalmente aquele servidor simultaneamente é limitado ao número de CALs adquiridas para aquele servidor específico.

A Bitmanagement Software, fabricante alemã de software, acusou a Marinha dos EUA de fazer cerca de 558 mil cópias de seu software de modelagem 3D BS Contract sem adquirir as licenças de software necessárias. A empresa entrou com uma ação na justiça dos EUA, buscando indenização de US$ 596 milhões ou cerca de US$ 1.067 por cópia.[48]

Software livre

software livre: Software que é distribuído, normalmente de graça, com o código-fonte também disponível para que possa ser estudado, alterado e melhorado por seus usuários.

Software livre é um software que é distribuído, normalmente de graça, com o código-fonte também disponível para que possa ser estudado, alterado e melhorado por seus usuários. Ao longo do tempo, o software livre evolui em resposta às contribuições combinadas de seus usuários. A organização Code For America (CFA), por exemplo, usou um software livre para desenvolver um aplicativo baseado em mapas para a cidade de Boston que permite que indivíduos, pequenas empresas e organizações comunitárias se ofereçam para limpar hidrantes específicos que possam estar completamente cobertos de neve no inverno. Depois de criar o aplicativo para Boston, a CFA disponibilizou seus esforços gratuitamente para outras cidades e municípios. A Tabela 4.13 fornece exemplos de aplicativos de software livre populares.

O software livre não é totalmente isento de restrições. Muitos dos populares softwares gratuitos em uso atualmente são protegidos pela Licença Pública Geral GNU (GPL). A GPL concede a você o direito de fazer o seguinte:

- Executar o programa para qualquer propósito.
- Estudar como o programa funciona e adaptá-lo às suas necessidades.
- Redistribuir cópias para que você possa ajudar outras pessoas.
- Aprimorar o programa e liberar melhorias para o público.

Por que uma organização administraria seus negócios usando software gratuito? Algo distribuído pela internet pode ser estável, confiável ou com suporte suficiente para ser colocado no centro das operações diárias de uma empresa? A resposta é surpreendente — muitos acreditam que o software livre é muitas vezes *mais* confiável

TABELA **4.13** Exemplos de software livre

Software	Categoria
Servidor Apache HTTP	Servidor web
Apache OpenOffice	Software aplicativo
Drupal	Publicação na web
Firefox	Navegador da web
Gimp	Edição de fotos
Grisbi	Contabilidade pessoal
Linux	Sistema operacional
MySQL	Software de banco de dados
ProjectLibre Open Project	Gestão de projetos

e seguro do que o software comercial. Como pode ser isso? Em primeiro lugar, como o código-fonte de um programa está prontamente disponível, os usuários podem corrigir quaisquer problemas que encontrarem. Muitas vezes, a correção está disponível poucas horas após a descoberta do problema. Em segundo lugar, como o código-fonte de um programa é acessível a milhares de pessoas, as chances de um erro ser descoberto e corrigido antes de causar algum dano são muito maiores do que com os pacotes de software tradicionais.

No entanto, o uso de software livre apresenta algumas desvantagens. Embora os sistemas livres possam ser obtidos por quase nada, os custos iniciais são apenas uma pequena parte do custo total de propriedade acumulado ao longo dos anos em que o sistema está em funcionamento. Alguns afirmam que os sistemas livres contêm muitos custos ocultos, especialmente em termos de suporte ao usuário e depuração. O software licenciado vem com garantias e serviços de suporte, enquanto o software livre não. Ainda assim, muitas empresas apreciam a liberdade adicional oferecida pelo software livre. A questão do suporte de software é normalmente o maior obstáculo para a aceitação do software livre no nível corporativo. Obter suporte para pacotes de software tradicionais é fácil — você liga para o número de suporte gratuito de uma empresa ou acessa seu site. No entanto, como você consegue ajuda se um pacote livre não funciona conforme o esperado? Como a comunidade do código aberto vive na internet, você procura ajuda lá. Por meio do uso de grupos de discussão na internet, você pode se comunicar com outras pessoas que utilizam o mesmo software e pode até mesmo entrar em contato com alguém que ajudou a desenvolvê-lo. Idealmente, os usuários de pacotes livres populares podem obter respostas corretas para suas perguntas técnicas poucas horas depois de pedir ajuda no fórum da internet apropriado. Outra abordagem é entrar em contato com uma das muitas empresas emergentes que oferecem suporte e serviços para esse software — por exemplo, Red Hat para o Linux e Sendmail, Inc., para o Sendmail. Essas empresas oferecem assistência técnica de alta qualidade e mediante pagamento.

A Burton Snowboards foi fundada em 1977 por Jake Burton, que vendeu as primeiras pranchas de snowboard em seu celeiro em Vermont. Como parte de uma atualização dos aplicativos SAP e Oracle usados na empresa, Burton decidiu migrar sua plataforma operacional para o SUSE Linux Enterprise Server, uma solução livre. O SUSE, que é certificado pela SAP e pela Oracle, ofereceu à empresa uma plataforma altamente confiável e flexível para seus sistemas de negócios críticos. Com o SUSE, a Burton é capaz de fazer rapidamente suas próprias atualizações para se adaptar às necessidades dos negócios em constante mudança, mas a empresa também tem acesso a suporte contínuo, incluindo informações técnicas e conselhos de especialistas disponíveis no site da SUSE — tudo isso com um custo de software mais baixo do que uma solução livre oferece.[49]

Upgrades de software

As empresas de software revisam seus programas periodicamente. As atualizações (ou upgrades) de software, que são uma importante fonte de aumento de receita para os fabricantes de software, variam amplamente nos benefícios que fornecem, e o que algumas pessoas chamam de benefício, outras podem chamar de desvantagem. Decidir se deseja atualizar para uma nova versão de software pode ser um desafio para empresas e pessoas com grandes investimentos em software. Algumas organizações optam por não baixar imediatamente a versão mais atual do software ou uma atualização, a menos que inclua melhorias ou recursos significativos. A maioria das organizações tem recursos de SI limitados e deve equilibrar o esforço gasto em atualizações de software e em novos projetos que devem gerar novos benefícios de negócios. Frequentemente, os projetos de atualização de software recebem menor prioridade.

O desenvolvimento de uma estratégia de atualização de software é importante para muitas empresas. A American Express, por exemplo, padronizou seu processo de atualização de software em todo o mundo para tornar a instalação de software atualizado mais rápida e eficiente. O processo padronizado também ajuda a empresa a garantir que o software atualizado seja mais estável, com menos erros e problemas.

Exercício de pensamento crítico

Empresas de arquitetura estão considerando o software como um serviço

▶ FINANÇAS

Você é analista financeiro de uma empresa de arquitetura de médio porte com cerca de cem funcionários localizados em três cidades dos EUA. A empresa ganha de forma consistente mais de US$ 30 milhões em receita anual, fornecendo serviços de engenharia e design que cobrem uma variedade de estruturas e sistemas, desde construir novas instalações até renovar e reabilitar aquelas já existentes. Ela é especializada em fornecer serviços de design excepcionais para sistemas de HVAC, elétricos, de tubulação, proteção contra incêndio e iluminação.

A empresa atualmente tem uma licença perpétua para software de design e desenho auxiliado por computador de última geração para seus 50 arquitetos e engenheiros a um custo de US$ 6.000 para cada cópia. O software precisa periodicamente de ajustes de software para corrigir erros e/ou problemas de segurança. Eles são fornecidos sem custo adicional. No entanto, há uma cobrança de US$ 400/ano por usuário para suporte técnico. As correções são gerenciadas centralmente e aplicadas trimestralmente a todas as cópias por um membro da equipe de TI da empresa. Isso normalmente requer que um profissional de suporte de TI gaste cerca de uma hora com cada usuário e seu computador. O fabricante do software fornece uma nova versão importante a cada três anos a um custo por atualização de US$ 4.000.

Você foi solicitado a avaliar a conveniência de mudar para uma solução de software como serviço e pagar uma taxa mensal de US$ 300 por usuário, o que inclui todo o suporte técnico, suporte de software e atualizações para novos lançamentos.

Perguntas de revisão

1. Quais são os custos em um período de seis anos associados à configuração atual? Quais seriam os custos com a solução de software como serviço?
2. Quais vantagens estão associadas à abordagem de software como serviço?

Questões de pensamento crítico

1. Que problemas potenciais estão associados à abordagem de software como serviço?
2. Você recomendaria à empresa que mudasse o arranjo atual para uma abordagem de software como serviço? Por que sim ou por que não?

Resumo

Princípio:

O setor de hardware de computador está mudando rapidamente e é altamente competitivo, o que cria um ambiente propício para avanços tecnológicos.

O hardware do computador deve ser selecionado para atender aos requisitos específicos do usuário e do negócio. Esses requisitos podem evoluir e mudar com o tempo.

Os componentes de hardware do sistema de computador incluem dispositivos que executam entrada, processamento, armazenamento de dados e saída. Isso inclui o processador, a memória, os barramentos e os dispositivos de entrada/saída que cooperam para executar instruções do programa após um processo de captura, decodificação, execução e armazenamento.

Um processador multicore é aquele que combina dois ou mais processadores independentes em um único computador para que os processadores independentes possam compartilhar a carga de trabalho.

A velocidade de processamento do sistema do computador é afetada pela velocidade do clock, que é medida em gigahertz (GHz). À medida que aumenta a velocidade do clock da CPU, mais calor é gerado, o que pode corromper os dados e as instruções que o computador está tentando processar. Dissipadores de calor maiores, ventiladores e outros componentes são necessários para eliminar o excesso de calor. Os designers e os fabricantes de chips estão explorando vários meios para evitar problemas de aquecimento em seus novos projetos.

O circuito integrado — como o processador ou chip de memória — é um conjunto de circuitos eletrônicos em um pequeno chip de material semicondutor. Uma fábrica ou fundição é o local onde os circuitos integrados são produzidos. Os fabricantes da Fabless terceirizam sua produção para empresas de fundição que fabricam o projeto.

O multiprocessamento envolve a execução simultânea de duas ou mais instruções ao mesmo tempo.

O processamento paralelo é a execução simultânea da mesma tarefa em vários processadores para obter resultados mais rápidos. O processamento massivamente paralelo envolve a vinculação de muitos processadores para trabalharem juntos na solução de problemas complexos.

A computação em grade é o uso de uma coleção de computadores, geralmente pertencentes a vários indivíduos ou organizações que trabalham de maneira coordenada para resolver um problema comum.

Princípio:

O hardware do computador deve ser cuidadosamente selecionado para atender às necessidades em evolução da organização e seus sistemas de informação de suporte.

Os sistemas de computador geralmente são divididos em três classes: computadores portáteis de um único usuário, sistemas não portáteis de um único usuário e sistemas multiusuário.

Os sistemas de computador portátil de um único usuário incluem smartphones, laptops, notebooks e tablets.

Os sistemas não portáteis de um único usuário incluem computadores cliente leve, desktop, nettop e estações de trabalho. Alguns clientes leves são projetados para serem altamente portáteis.

Os sistemas multiusuário incluem servidores, servidores blade, mainframes e supercomputadores.

Escalabilidade é a habilidade de aumentar a capacidade de processamento do computador para que ele possa lidar com mais usuários, mais dados ou mais transações em um determinado período.

Princípio:

O setor de hardware de computador e os usuários estão implementando projetos e produtos de computação verde.

Uma fazenda de servidores hospeda um grande número de servidores na mesma sala, onde o acesso às máquinas pode ser controlado e a equipe de suporte autorizada pode gerenciar e manter os servidores com mais facilidade.

Um centro de dados é uma edificação ou conjunto de edificações com controle climático e de acesso que abriga o hardware do computador que fornece os serviços de dados e informações de uma organização. O rápido crescimento dos centros de dados é estimulado pelo aumento da demanda por capacidade adicional de computação e armazenamento de dados e pela tendência de consolidação de muitos centros de dados para poucos.

Organizações e fornecedores de tecnologia estão experimentando várias estratégias para reduzir o custo contínuo das operações dos centros de dados.

A capacidade de absorver o impacto de um desastre e restaurar rapidamente os serviços é uma preocupação crítica quando se trata de planejamento para novos centros de dados. Como resultado, as organizações podem distribuir seus centros de dados em uma ampla área geográfica.

O Uptime Institute definiu quatro níveis de classificação de centro de dados para permitir que as organizações quantifiquem e qualifiquem sua capacidade de fornecer um nível previsível de desempenho. As classificações são baseadas no tempo de inatividade anual esperado, tolerância a falhas e proteção contra queda de energia.

A computação verde preocupa-se com o design, a fabricação, a operação e o descarte eficientes e ambientalmente responsáveis de produtos relacionados a TI.

Muitas organizações empresariais reconhecem que se tornarem ecológicas pode reduzir custos e atender aos seus melhores interesses em termos de relações públicas, segurança dos funcionários e da comunidade em geral.

Três objetivos específicos da computação verde são reduzir o uso de materiais perigosos, diminuir os custos relacionados à energia e permitir o descarte seguro e/ou a reciclagem de produtos de TI.

A Electronic Product Environmental Assessment Tool pode ser utilizada por compradores de produtos eletrônicos para avaliar, comparar e selecionar produtos com base em um conjunto de critérios ambientais.

Princípio:

O software é valioso para ajudar indivíduos, grupos de trabalho e empresas inteiras a atingir seus objetivos.

O software pode ser dividido em dois tipos: software de sistema e software aplicativo.

O software do sistema inclui o sistema operacional, programas utilitários e middleware que coordenam as atividades e funções do hardware e outros programas em todo o sistema do computador.

O software aplicativo consiste em programas que ajudam os usuários a resolver problemas do computador.

O sistema operacional é um conjunto de programas que controla o hardware de um computador e atua como uma interface com o software aplicativo. Ele executa várias funções.

Uma interface de programação de aplicativo é um conjunto de instruções e padrões de programação que permitem que um programa de software acesse e use os serviços de outro programa de software.

Existem muitos sistemas operacionais diferentes projetados para funcionar na esfera de influência pessoal, de grupo de trabalho e empresarial.

A virtualização de servidor é uma abordagem que melhora a utilização de hardware, dividindo logicamente os recursos de um único servidor para criar servidores virtuais. Cada servidor virtual atua como sua própria máquina dedicada.

A virtualização de servidor pode fornecer economia em quatro áreas: custos mais baixos de capital para hardware, custos de energia reduzidos para alimentar os servidores e resfriar o centro de dados, menor número de licenças de software que devem ser adquiridas e menor número de pessoal necessário para operar e dar suporte aos servidores.

Os programas utilitários executam uma variedade de tarefas normalmente relacionadas à manutenção do sistema ou à correção de problemas.

Middleware é um software que fornece serviços de mensagens que permitem que diferentes aplicativos se comuniquem e troquem dados.

A arquitetura orientada a serviços é uma abordagem de design de software baseada no uso de partes distintas de software para fornecer funções específicas como serviços para outros aplicativos.

Princípio:

As organizações normalmente utilizam software aplicativo pronto para uso para atender às necessidades comerciais comuns e software aplicativo proprietário para atender às necessidades de negócios exclusivas e fornecer uma vantagem competitiva.

O custo inicial do software pronto para uso é menor, sendo mais provável que ele atenda às necessidades básicas de negócios e seja de alta qualidade.

O software proprietário pode levar muito tempo para ser desenvolvido, a equipe interna pode ter dificuldade em fornecer o nível de suporte necessário e existe um risco maior de ele deixar de funcionar conforme necessário.

Software como serviço (SaaS) é um modelo de distribuição de software no qual um provedor terceirizado hospeda aplicativos e os disponibiliza aos assinantes pela internet. Essa abordagem tem as seguintes vantagens: os aplicativos SaaS estão disponíveis em qualquer dispositivo, em qualquer lugar, a qualquer hora; o provedor de SaaS gerencia todas as atualizações e novos lançamentos; os custos associados a atualizações e novos lançamentos são menores do que o modelo tradicional de licenciamento de software; o provedor do SaaS gerencia os níveis e a disponibilidade dos serviços.

Existem muitas linguagens de programação. Elas são utilizadas para construir software aplicativo, software de sistema, sistemas embarcados, sites e jogos. Elas também são utilizadas para realizar análises de dados.

Existem três tipos de contratos de licença de usuário final — licença de um único usuário, licença individual/multiusuário e licença de rede/multiusuário.

Software livre é aquele que é distribuído, normalmente de graça, com o código-fonte também disponível para que possa ser estudado, alterado e melhorado por seus usuários.

Como o código-fonte de um programa livre está disponível, os usuários podem corrigir os problemas descobertos. O software livre não vem com garantias e serviços de suporte.

As atualizações de software são uma fonte importante de aumento de receita para os fabricantes de software. As organizações devem equilibrar os esforços gastos em atualizações de software com aqueles gastos em novos projetos que deverão gerar novos benefícios de negócios.

Termos-chave

interfaces de programação de aplicativos (API)
software aplicativo
compatibilidade com versões anteriores
bioimpressão
servidor blade
barramento
byte (B)
memória cache
velocidade do clock
compilador
placa gráfica de computador
coprocessador
núcleo
centro de dados

computador desktop
Electronic Product Environmental Assessment Tool (EPEAT)
sistema embarcado
Contrato de Licença de Usuário Final (EULA)
aplicativo empresarial
quatro níveis de classificação de um centro de dados
gigahertz (GHz)
unidade de processamento gráfico (GPU)
computação verde
computação em grade
unidade de disco rígido (HDD)
hipervisor
dispositivos de entrada/saída

circuito integrado (IC)
kernel
laptop
fita magnética
memória principal
computador mainframe
sistema de processamento massivamente paralelo
memória
middleware
processador multicore
multiprocessamento
computadores nettop
software pronto
software livre
sistema operacional (SO)
processamento paralelo
linguagens de programação
computadores portáteis
software proprietário
Radio Frequency Identification (RFID)
memória de acesso aleatório (RAM)

memória somente leitura (ROM)
matriz redundante de discos independentes/baratos (RAID)
escalabilidade
armazenamento secundário
planta de fabricação de semicondutores
servidor
fazenda de servidores
arquitetura orientada a serviços (SOA)
virtualização de servidor
software como serviço (SaaS)
pacote de software
dispositivo de armazenamento de estado sólido (SSD)
software de sistema
supercomputadores
tablet
cliente leve
programa utilitário
fita virtual
software aplicativo de grupo de trabalho
estação de trabalho

Teste de autoavaliação

O setor de hardware de computador está mudando rapidamente e é altamente competitivo, o que cria um ambiente propício para avanços tecnológicos.

1. O principal componente de hardware do computador responsável por rotear dados e instruções de/para os vários componentes do computador é o(a) _____.

2. O(A) _____ fornece dados e instruções ao computador e recebe os resultados dele.

3. A principal diferença entre computação em grade, multiprocessamento e processamento paralelo é que _____.
   a. o processamento paralelo só é empregado com supercomputadores
   b. a computação em grade é empregada apenas com supercomputadores
   c. o multiprocessamento só se aplica a computadores servidores
   d. a computação em grade depende de uma comunidade de computadores atuando juntos

O hardware do computador deve ser cuidadosamente selecionado para atender às necessidades em evolução da organização e seus sistemas de informação de suporte.

4. Um _____ é uma classe de computador utilizada por pessoas em trânsito para executar software de produtividade pessoal, acessar a internet, ler e preparar e-mail e mensagens instantâneas, jogar, ouvir música, acessar aplicativos e bancos de dados corporativos e inserir dados no ponto de contatos.
   a. computador não portável de um único usuário
   b. computador portátil de um único usuário
   c. multiusuário
   d. notebook

5. _____ são três subclasses de computadores associados ao computador de vários usuários.
   a. Smartphone, laptop, notebook e tablet
   b. Cliente leve, desktop, nettop e estação de trabalho
   c. Servidor, mainframe e supercomputador
   d. Notebook, servidor e nettop

O setor de hardware de computador e os usuários estão implementando projetos e produtos de computação verde.

6. A classe de computador utilizada para apoiar desde grupos de trabalho de um pequeno departamento de dois ou três trabalhadores até grandes organizações com dezenas de milhares de funcionários e milhões de clientes é o(a) _____.

7. Um centro de dados projetado para ter um tempo de inatividade anual esperado de menos de 30 minutos e capaz de lidar com uma queda de energia de até quatro dias é um centro de dados de nível _____.

a. 1
b. 2
c. 3
d. 4

8. _____ não é um objetivo específico da computação verde.
   a. Reduzir o uso de materiais perigosos
   b. Reduzir os custos relacionados à energia
   c. Combater a mudança climática global
   d. Permitir o descarte seguro e/ou reciclagem de produtos de TI

O software é valioso para ajudar indivíduos, grupos de trabalho e empresas inteiras a atingir seus objetivos.

9. Os dois tipos básicos de software são software aplicativo e software _____.

10. O sistema operacional não desempenha nenhum papel no controle do acesso aos recursos do sistema para fornecer alto nível de segurança contra o acesso não autorizado aos dados e programas dos usuários, bem como para registrar quem está usando o sistema e por quanto tempo. Verdadeiro ou falso?

11. Qual das opções a seguir não está associada à implementação da virtualização de servidor?
    a. Custos mais baixos de capital para hardware.
    b. Custos reduzidos de energia para alimentar os servidores e resfriar o centro de dados.
    c. Aumentar o número de licenças de software que devem ser adquiridas.
    d. Menos pessoal necessário para operar e dar suporte aos servidores.

12. _____ é uma abordagem de design de software baseada no uso de partes distintas de software (módulos) para fornecer funções específicas (como exibir a fatura de um cliente) como serviços para outros aplicativos.
    a. Virtualização de servidor
    b. Multiprocessamento
    c. Computação em grade
    d. SOA (arquitetura orientada a serviços)

13. _____ é uma classe de software utilizada para atender às necessidades de negócios de toda a organização e normalmente compartilha dados com outros aplicativos empresariais utilizados na organização.

As organizações normalmente utilizam software aplicativo pronto para uso para atender às necessidades comerciais comuns e software aplicativo proprietário para atender às necessidades de negócios exclusivas e fornecer uma vantagem competitiva.

14. Ao comparar o software pronto com o software proprietário, qual das seguintes afirmações *não* é verdadeira?
    a. O software pronto pode não corresponder aos processos de trabalho e aos padrões de dados atuais.
    b. O custo inicial do software pronto é provavelmente maior.
    c. O software pronto pode incluir recursos que a organização ou o usuário não necessita e nunca são utilizados.
    d. O software pronto pode necessitar de recursos importantes, exigindo modificações ou personalizações futuras.

15. Qual das alternativas a seguir não é uma afirmação verdadeira sobre o modelo de software como serviço?
    a. Os aplicativos SaaS estão disponíveis em qualquer computador ou dispositivo — a qualquer hora, em qualquer lugar.
    b. Não há atualizações de software para os clientes baixarem ou instalarem.
    c. O custo associado a atualizações e novos lançamentos é menor do que o modelo tradicional.
    d. O assinante de SaaS deve gerenciar os níveis de serviço e disponibilidade, portanto, pode haver necessidade de adicionar hardware, software ou capacidade de comunicação à medida que aumenta o número de usuários.

16. Programas de planilha, editor de texto e software de apresentação de gráficos são utilizados na esfera de influência _____.

17. Linguagens de programação são comumente utilizadas para realizar análise de dados e construir software aplicativo, software de sistema, sistemas embarcados, sites e _____.

18. Os três tipos principais de contratos de licença de usuário final são individual/multiusuário, rede/multiusuário e _____.

19. _____ é uma forma de software distribuído, normalmente de graça, com o código-fonte estudado, alterado e aprimorado apenas pelos desenvolvedores originais.
    a. Software como serviço
    b. Software licenciado
    c. Um software suite
    d. Software livre

Respostas do teste de autoavaliação

1. barramento
2. dispositivos de entrada/saída
3. d
4. b
5. c
6. Computador multiusuário
7. d
8. c
9. sistema
10. falso

11. c
12. d
13. empresarial
14. b
15. d
16. usuário único
17. jogos
18. de um único usuário
19. d

Perguntas de revisão e discussão

1. Qual componente de hardware fundamental fornece ao processador uma área de armazenamento de trabalho para guardar instruções e dados do programa?
2. Qual é a função do processador de um computador?
3. Explique a diferença entre multiprocessamento, processamento paralelo e computação em grade.
4. A classe de computadores portáteis de um único usuário inclui quais quatro subclasses de computadores comumente utilizadas?
5. Qual classe de computador inclui servidores, mainframes e supercomputadores?
6. Qual subclasse de computador é um computador de baixo custo, gerenciado centralmente, sem unidades internas ou externas conectadas para armazenamento de dados?
7. Identifique três recursos que distinguem os centros de dados de nível 1, 2, 3 e 4.
8. Descreva três objetivos principais do programa de "computação verde".
9. Cite dois tipos básicos de software e identifique suas subclasses associadas.
10. Identifique pelo menos quatro funções executadas pelo sistema operacional.
11. Indique três benefícios de economia de custo associados à virtualização de servidor.
12. Descreva como a abordagem da arquitetura orientada a serviços é utilizada para construir software e microsserviços.
13. Identifique três vantagens do software pronto em relação ao software proprietário.
14. Descreva quatro vantagens principais do modelo de software como serviço.
15. Dê um exemplo de como o software aplicativo é utilizado na esfera de influência do grupo de trabalho.
16. Para que servem as linguagens de programação que não são para construir software aplicativo, software de sistemas, sistemas embarcados e sites?
17. Identifique os três tipos principais de contratos de licença do usuário final.
18. Em comparação com o software licenciado, como o software livre é utilizado e suportado?

Exercícios de tomada de decisão orientados para negócios

1. Você é um novo comprador no departamento de compras de uma grande empresa multinacional com operações na América do Norte, Europa e Ásia. Uma de suas responsabilidades inclui trabalhar com o departamento de sistemas de informação para adquirir os computadores portáteis de um único usuário de melhor valor para a empresa. A empresa está em um ciclo de substituição em três anos desses dispositivos e a cada ano adquire cerca de 7.000 portáteis e acessórios associados a um custo de cerca de US$ 10 milhões. Ao revisar a recomendação de compra do ano anterior, você percebe que a escolha dos fornecedores de hardware foi baseada exclusivamente na obtenção de computadores mais potentes pelo menor preço possível. Não foi considerado o impacto ambiental desses dispositivos, sua eficiência energética e o nível de esforço de manutenção de hardware necessário para mantê-los funcionando. Você deve tentar introduzir esses fatores na decisão de compra? Você está preocupado com o fato de que outras pessoas envolvidas na seleção de fornecedores de laptop possam ignorar suas sugestões e vê-lo como um recém-chegado crítico das práticas anteriores. Você deve abandonar essa linha de pensamento? Se não, qual é a melhor maneira de proceder para garantir que esses fatores sejam levados em consideração?
2. Sua organização está considerando utilizar software de um fabricante que oferece três opções de licenciamento diferentes: (1) uma licença perpétua a um custo de US$ 3.750 com uma taxa de atualização para o próximo lançamento de US$ 2.500; (2) uma licença de assinatura mensal a um custo de US$ 175 por mês; e (3) uma licença de assinatura anual a um custo de US$ 1.500 por ano. O suporte técnico e acesso completo a todos os novos lançamentos do software estão incluídos nas licenças de assinatura, mas custam US$ 35 adicionais por mês com a opção de licença perpétua. O fabricante do software pretende fazer uma grande atualização dentro dos próximos um ou dois anos. Sua organização precisará de 20 cópias do software e pretende usá-lo por pelo menos cinco anos. Qual opção de licenciamento é melhor para sua organização?

Trabalho em equipe e atividades de colaboração

1. Você e os membros de sua equipe foram designados para avaliar a viabilidade econômica de atualizar a fazenda de servidores de sua organização, de uma coleção de vários modelos de computadores autônomos para um número menor de servidores virtualizados. O conjunto atual de 500 servidores tem de três a sete anos. O plano é leiloar os servidores antigos e substituí-los por servidores novos, mais poderosos e mais eficientes em termos de energia. Por causa da virtualização, serão necessários menos servidores e menos espaço físico, o custo de operação de menos servidores, mais eficientes, será reduzido, e o custo para resfriar o centro de dados também será. Quais fatos básicos sua equipe deve reunir para fazer uma comparação entre os custos (custo inicial de todas as licenças de hardware e software, custos operacionais contínuos para executar os servidores e resfriar o centro de dados) de continuar a executar a fazenda de servidores como ela é *versus* atualizar para servidores virtualizados novos? Desenvolva uma planilha que permita fazer essa comparação.

2. Com os outros membros de sua equipe, identifique três causas humanitárias ou programas científicos que poderiam se beneficiar da computação em grade. Para cada causa ou programa, identifique um objetivo específico a ser alcançado por meio da computação em grade. Que vantagens podem favorecer o uso de computação em grade com envolvimento público em comparação com o uso de um supercomputador com financiamento privado?

Exercícios de carreira

1. Você é um membro com funções financeiras na sua empresa e foi designado para trabalhar com uma equipe multifuncional para avaliar a confiabilidade do grande centro de dados da organização. Quais outras funções da empresa devem ser representadas nessa equipe? Desenvolva um conjunto básico de quatro ou cinco perguntas que você faria para determinar se a organização precisa atualizar seu centro de dados de nível 2 para um de nível 3 ou 4. Quem são as pessoas-chave (por cargo e função comercial) que precisam responder a essas perguntas? Alguém de fora da equipe deve ser entrevistado? Em caso afirmativo, quem (novamente, por cargo e função comercial)?

2. "Todas as planilhas, mesmo após um desenvolvimento cuidadoso, contêm erros em 1% ou mais em todas as células da fórmula", de acordo com Ray Panko, professor de gestão de TI da Universidade do Havaí e autoridade em práticas incorretas de planilhas. Isso significa que em planilhas grandes pode haver dezenas de erros não detectados. Imagine que você seja um membro com funções de auditoria interna de sua organização. Você deseja tornar a administração mais ciente desse problema potencial e implementar medidas que devem ser adotadas para garantir a precisão das planilhas que são utilizadas na tomada de decisão de negócios importantes. Como você começaria a resolver esse problema?

Estudo de caso

▶ **TOMADA DE DECISÃO**

Facebook constrói centros de dados eficientes e confiáveis

O Facebook é um site e serviço de rede social em que os usuários podem postar comentários, compartilhar fotos e links para notícias ou outro conteúdo interessante na web, jogar, conversar ao vivo e até mesmo transmitir vídeo ao vivo. Em junho de 2017, o Facebook tinha 2 bilhões de usuários ativos por mês e esse número está aumentando a uma taxa de 17% ao ano. Dois de seus outros aplicativos, Facebook Messenger e WhatsApp, têm mais de 1,2 bilhão de usuários ativos.

Todos esses usuários exigem muita capacidade de computação para atender às suas necessidades de processamento de dados e quantidades enormes de armazenamento para armazenar todos os seus dados, fotos e vídeos. Por exemplo, apenas carregar a página inicial de um usuário pode exigir a extração de dados de centenas de servidores, o processamento de dezenas de milhares de dados individuais e a entrega dos dados selecionados em menos de um segundo. Com mais pessoas apresentando-se ao vivo e compartilhando vídeos, o Facebook deve adicionar continuamente novos centros de dados para acompanhar a demanda. O Facebook gastou US$ 2,5 bilhões em centros de dados, servidores, infraestrutura de rede e prédios de escritórios em 2015.

O Facebook já possui centros de dados em Prineville, no Oregon; Forest City, na Carolina do Norte; Lulea, na Suécia; e Altoona, em Iowa. Centros de dados adicionais estão sendo construídos ou planejados para Fort Worth, no Texas; Clonee, na Irlanda; Los Lunas, no Novo México; Papillon, em Nebraska; New Albany, em Ohio; Ashburn, na Virgínia; e Odense, na Dinamarca. Esses centros de dados são grandes edificações do tamanho de um campo de futebol, cada uma delas abrigando dezenas de milhares de servidores, todos interligados em rede e com o mundo exterior. Construir e equipar cada centro de dados é um grande projeto que normalmente leva 12 meses ou mais e custa mais de US$ 500 milhões.

Um pequeno grupo de engenheiros do Facebook passou dois anos projetando e construindo o primeiro centro de dados do Facebook em Prineville, incluindo software, servidores, racks, fontes de alimentação e refrigeração. Quando concluído, o centro de dados era 38% mais eficiente em termos de energia para construir e 24% mais barato para operar do que os centros de dados que o Facebook alugava de outras organizações.

O Facebook usa servidores alimentados por chips Intel e AMD com placas-mãe e chassis personalizados. A empresa também faz pesquisas com servidores ARM com consumo eficiente de energia. Os engenheiros de hardware do Facebook removem dos servidores tudo o que não é necessário, por exemplo, encaixes, tintas, slots de expansão extras, parafusos de montagem. Os servidores são montados em um rack que comporta 90 servidores em três colunas. O cabeamento e as fontes de alimentação são transferidos para a frente dos servidores, de modo que os técnicos do Facebook possam trabalhar com o equipamento no corredor frio, em vez da parte traseira fechada e mais quente do servidor, a 37 °C. Os servidores são equipados com fontes de alimentação personalizadas que permitem obter energia diretamente da fonte, eliminando a necessidade de unidades redutoras à medida que a energia passa pelos sistemas de nobreak e unidades de distribuição de energia. Em caso de queda de energia, as baterias mantêm os servidores funcionando até que os geradores de reserva da edificação possam ser ligados.

Em abril de 2011, o Facebook, junto com Intel, Rackspace, Goldman Sachs e Andy Bechtolsheim (bilionário cofundador da Arista Networks e da Sun Microsystems), lançou a Open Compute Project Foundation. A Fundação tem como objetivo redesenhar o hardware para dar suporte às crescentes demandas dos usuários por hardware e centro de dados mais eficientes, flexíveis e escaláveis. Isso foi possível pelo compartilhamento de detalhes do seu projeto de centro de dados com uso eficiente de energia, bem como os designs personalizados para servidores, switches de rede, fontes de alimentação e unidades de nobreak. Essa abordagem marca um afastamento radical da prática do setor, que normalmente considera essas informações como propriedade intelectual a ser rigidamente protegida. Os servidores da Open Compute representam uma melhoria significativa na eficiência energética e uma redução substancial no custo do servidor.

Questões de pensamento crítico

1. Identifique três boas razões pelas quais um centro de dados de nível 2 não atenderia às necessidades do Facebook.
2. Sua organização decidiu terceirizar suas operações de centro de dados. Você é responsável pela realização de uma avaliação inicial das organizações de serviço que desejam competir por esse negócio. Desenvolva um conjunto de seis perguntas que você pode utilizar para determinar se o centro de dados de uma organização é de nível 1, 2, 3 ou 4.
3. Com base nas necessidades de negócios, o centro de dados em seu local de trabalho (ou universidade) deve ser projetado e operado como um centro de nível 1, 2, 3 ou 4? Explique por quê.

FONTES: "The Facebook Data Center FAQ", AQS Data Center, 27 de setembro de 2010, *http:www.datacenterknowledge.com/data-center-faqs/facebook-data-center-faq*; Julia Horowitz, "Facebook is Building a New $750 Million Data Center in Ohio", *CNN Money*, 15 de agosto de 2017, *http://money.cnn.com/2017/08/15/technology/facebook-ohio-data-center/index.html*; Julia Horowitz, "Facebook Invests $1 billion in Virginia", *CNN Money*, 5 de outubro de 2017, *http://money.cnn.com/2017/10/05/technology/facebook-data-center-virginia/index.html*; Josh Constine, "Facebook Now Has 2 Billion Monthly Users… and Responsibility", *Tech Crunch*, 27 de junho de 2017, *https://techcrunch.com/2017/06/27/facebook-2-billion-users*.

Notas

Fontes da vinheta de abertura: "Pixar Our Story", *https://www.pixar.com/our-story-1#our-story*, acesso em 20 de abril de 2018; Dave Roos, "How Computer Animation Works", HowStuffWorks, *https://entertainment.howstuffworks.com/computer-animation5.htm*, acesso em 23 de setembro de 2018.; "The Science Behind Pixar", *http://sciencebehindpixar.org/pipeline/rendering*, acesso em 10 de abril de 2018; Ryan Salazar, "Pixar Talks Render Farms with Ryan Salazar", *Broadcast Beat Magazine*, *http://www.broadcastbeat.com/pixar-talks-render-farms-ryan-salazar*, acesso em 10 de abril de 2018; "Pixar Animation Studios", *https://www.crunchbase.com/organization/pixar#section-overview*, acesso em 11 de abril de 2018.

1. Jessica Conditt, "Intel Finally Plans to Finish its Fab 42 Factory in Arizona", *engadget*, 8 de fevereiro de 2017, *https://www.engadget.com/2017/02/08/intel-arizona-factory-7-billion-3000-jobs-fab-42*.
2. "World Community Grid", IBM, *https://www.worldcommunitygrid.org/discover.action*, acesso em 2 de agosto de 2017.
3. Andy, Patrizio, "All about DDR4, the Next-Gen Memory Coming Soon for PCs and Mobile Devices", *PC World*, 24 de junho de 2014, *www.pcworld.com/article/2365823/next-gen-memory-is-coming-fast-here-s-what-you-need-to-know-about-ddr4.html*.
4. Jean-Pierre Malle, "Big Data: Farewell to Cartesian Thinking?" *Paris Tech Review*, 15 de março de 2013, *paristechreview.com/2013/03/15/big-data-cartesian-thinking*.
5. Christopher Mims, "And the Longest Running Digital Storage Medium Is…", *MIT Technology Review*, 13 de julho de 2011, *www.technologyreview.com/view/424669/and-the-longest-running-digital-storage-medium-is*.
6. "High-End Computing Capability: Archival Storage System", NASA, *www.nas.nasa.gov/hecc/resources/storage_systems.html*, acesso em 11 de dezembro de 2015.
7. Alexa Andrzejewski, "OpenTable for iOS 9: The Shortest Path between You + Dining", OpenTable, 25 de dezembro de 2015, *http://blog.opentable.com/2015/opentable-for-ios-9-the-shortest-path-between-you-dining*.
8. Anne Saker, "Printing a 3D Heart to Save a Heart", *Cincinnati.com*, 21 de fevereiro de 2015, *www.cincinnati.com/story/news/2015/02/21/printing-heart-save-heart/23852579*.

9. "3D Printing in the Automotive Industry", *FunTech*, 7 de janeiro de 2015, https://www.zdnet.com/article/ford-taps-in-to-3d-printer-technology-for-our-future-vehicles/.
10. Rich Benvin, "Biotech Startup Uses 3D Bioprinting to Create Custom Breast Implants and Grafts", *Bioprinting World*, 27 de julho de 2015, http://bioprintingworld.com/biotech-startup-uses-3d-bioprinting-to-create-custom-breast-implants-and-grafts.
11. Rich Benvin, "3D Organ Bioprinting—Who Wants to Live Forever?", *Bioprinting World*, 24 de março de 2015, http://bioprintingworld.com/3d-organ-bioprinting-who-wants-to-live-forever.
12. "Starkey Mortgage", HP Success Stories, https://www8.hp.com/au/en/thin-clients/financial.html, acesso em 19 de agosto de 2017.
13. "Area Sq Creating Innovative Workspaces with Dell Precision Workstations", Dell Customer Stories, http://www.dell.com/uk/business/p/workstations, acesso em 27 de agosto de 2017.
14. Stephen Melendez, "Why We're Still Working With Mainframes in 2017", *It Still Works*, 1 de agosto de 2017, http://itstillworks.com/13399693/why-were-still-working-with-mainframes-in-2017.
15. Ryan Browne, "IBM Unveils New Mainframe Capable of Running More than 12 Billion Encrypted Transactions a Day", CNBC, 17 de julho de 2017, https://www.cnbc.com/2017/07/17/ibm-unveils-new-mainframe-capable-of-running-more-than-12-billion-encrypted-transactions-a-day.html.
16. Tristan Greene, "IBM's Quantum Computer Conducts Record Breaking Chemistry Simulation", *The Next Web*, 14 de setembro de 2017, https://thenextweb.com/insider/2017/09/14/1076900/#.tnw_NybswZZK
17. Russ Juskalian, "Practical Quantum Computers, *MIT Technology Review*, https://www.technologyreview.com/s/603495/10-breakthrough-technologies-2017-practical-quantum-computers, acesso em 15 de setembro de 2017.
18. "Renewable Energy", Google Data Centers, https://www.google.com/about/datacenters/renewable/index.html, acesso em 22 de agosto de 2017.
19. "Efficiency: How We Do It", Google Data Centers, https://www.google.com/about/datacenters/efficiency/internal, acesso em 22 de agosto de 2017.
20. "Google Centro de dados Locations", https://www.google.com/about/datacenters/inside/locations/index.html, acesso em 22 de agosto de 2017.
21. "Data Center Standards (Tiers I – IV), Colcation America, https://www.colocationamerica.com/data-center/tier-standards-overview.htm, acesso em 11 de outubro de 2017.
22. Kimberly Button, "20 Staggering E-Waste Facts", Earth911, 24 de fevereiro de 2016, http://earth911.com/eco-tech/20-e-waste-facts/.
23. "About EPEAT", EPEAT, www.epeat.net/about-epeat, acesso em 18 de agosto de 2017.
24. "EPEAT Purchasers", EPEAT, www.epeat.net/participants/purchasers, acesso em 18 de agosto de 2017.
25. "Lenovo Think Green Products—Materials", Lenovo, https://www.lenovo.com/us/en/social_responsibility/materials/, acesso em 18 de agosto de 2017.
26. "Gartner Says Global IT Spending to Reach $3.7 Trillion in 2018", 16 de janeiro de 2018, *Gartner Press Release*, https://www.gartner.com/newsroom/id/3845563.
27. Jordan Novet, "Elon Musk's brain implant start-up reportedly planned to test on animals", *CNBC*, 28 de março de 2018, https://www.cnbc.com/2018/03/28/elon-musk-brain-start-up-neuralink-applied-for-animal-tests-report.html.
28. Catalin Cimpanu, "Gmail Drops Support for Windows XP and Vista Users on Chrome, Bleeping Computer, 2 de fevereiro de 2017, https://www.bleepingcomputer.com/news/software/gmail-drops-support-for-windows-xp-and-vista-users-on-chrome/.
29. Zack Whittaker, "A 23-Year-Old Windows 3.1 System Failure Crashed Paris Airport", *ZD Net*, 16 de novembro de 2015, www.zdnet.com/article/a-23-year-old-windows-3-1-system-failure-crashed-paris-airport.
30. Mary Bellis, "Putting Microsoft on the Map", *About.com*, http://inventors.about.com/od/computersoftware/a/Putting-Microsoft-On-The-Map.htm, acesso em 17 de novembro de 2015.
31. Ryan Daws, "OneShell Will Join OneCore in Uniting Windows Devices", *Developer*, 18 de janeiro de 2017, https://www.developer-tech.com/news/2017/jan/18/oneshell-will-join-onecore-uniting-windows-devices.
32. Karen Haslam, "macOS High Sierra: latest update, problems, fixes, features", *Macworld*, 4 de junho de 2018 https://www.macworld.co.uk/news/mac-software/macos-high-sierra-latest-3647580/.
33. "Paddy Power Betfair Delivers On-line Bets Fast and Reliably", Redhat Customer Success Stories, https://www.redhat.com/en/success-stories/paddy-power-betfair, acesso em 9 de setembro de 2017.
34. James Vincent, "99.6 Percent of New Smartphones Run Android or iOS", The Verge, 16 de fevereiro de 2017, https://www.theverge.com/2017/2/16/14634656/android-ios-market-share-blackberry-2016.
35. "Number of Android Applications", AppBrain, 17 de setembro de 2017, https://www.appbrain.com/stats/number-of-android-apps.
36. Sam Costello, "How Many Apps Are in the App Store?", *Livewire*, 7 de maio de 2017, https://www.lifewire.com/how-many-apps-in-app-store-2000252.
37. "Mobile/Tablet Operating System Market Share", Netmarketshare, August 2017, https://www.netmarketshare.com/operating-system-market-share.aspx?qprid=8&qpcustomd=1.
38. "CIBIL Boost Customer Experience by Doubling IT Performance", Hewlett-Packard Enterprise, http://cdn.cnetcontent.com/b6/8e/b68e66a4-a687-4c46-ae92-05900f3da3f4.pdf, acesso em 30 de outubro de 2017.
39. Peter Tsai, "Server Virtualization and OS Trends", Spiceworks, 30 de agosto de 2016, https://community.spiceworks.com/networking/articles/2462-server-virtualization-and-os-trends.
40. "PKO Bank Polski S.A. Delivers Reliable, Secure and Convenient Banking for the Digital Era", https://www.vmware.com/content/dam/digitalmarketing/vmware/en/pdf/customers/vmware-pko-bp-bank-case-study-english.pdf, acesso em 28 de outubro de 2017.
41. "Liebherr works with Microsoft to Create SmartBoxDevice", The Fabric of Things, 10 de abril de

42. "Success Story: Brookdale Senior Living", Mobil Village, *http://www.mobilevillage.com/success-story-american-airlines-brookdale*, acesso em 19 de setembro de 2017.

43. Matthew Finnegan, "Cloud and Microservices Help Expedia Innovate Quickly", *Computerworld UK*, 22 de março de 2016, *https://www.computerworlduk.com/cloud-computing/expedia-ditches-huge-code-monoliths-for-cloud-microservices-3637066*.

44. "Amazon's Patent on One-Click Payments to Expire", Business Insider, 5 de janeiro de 2017, *http://www.businessinsider.com/amazons-patent-on-one-click-payments-to-expire-2017-1*.

45. "Whirlpool Corporation Moves to Google Apps to Build Its "Winning Workplace", *https://gsuite.google.com/customers/whirlpool*, acesso em 2 de novembro de 2017.

46. "Number of Apps Available in Leading App Stores as of 1st Quarter 2018, Statista, *https://www.statista.com/statistics/276623/number-of-apps-available-in-leading-app-stores*, acesso em 20 de agosto de 2018.

47. "Android Studio", Android, *http://developer.android.com/sdk/index.html*, acesso em 28 de novembro de 2015.

48. Shaun Nichols, "How's This for Irony? US Navy Hit with $600m Software Piracy Claim", *The Register*, 20 de julho de 2016, *https://www.theregister.co.uk/2016/07/20/navy_software_pirates/*.

49. "Customer Success: The Burton Corporation", *https://www.suse.com/c/?s=customer+success+burton*, acesso em 11 de janeiro de 2016.

CAPÍTULO 5
Sistemas de banco de dados e gestão de dados

Princípios	Objetivos de aprendizagem
Um banco de dados bem projetado e gerenciado é uma ferramenta extremamente valiosa no apoio à tomada de decisões.	• Fazer a distinção entre dados de informação e conhecimento. • Identificar seis benefícios obtidos com o uso de dados de alta qualidade. • Definir os componentes da hierarquia de dados, incluindo atributo, entidade, registro, arquivo e banco de dados. • Definir o termo sistema de gestão de banco de dados. • Identificar seis funções executadas por um sistema de gestão de banco de dados. • Definir as funções do esquema de banco de dados, linguagem de definição de dados e linguagem de manipulação de dados. • Definir o termo limpeza de dados. • Identificar sete questões-chave que devem ser respondidas ao projetar um banco de dados. • Identificar seis características fundamentais do modelo de banco de dados relacional. • Indicar o propósito da normalização de dados. • Identificar dois benefícios principais de impor as propriedades ACID em bancos de dados SQL. • Identificar duas vantagens associadas ao banco de dados como serviço (DaaS).
Um programa de gestão de dados poderoso é necessário para garantir dados de alta qualidade.	• Distinguir entre gestão de dados e governança de dados. • Identificar três fatores que impulsionam a necessidade de gestão de dados. • Identificar quatro responsabilidades principais da equipe de governança de dados. • Definir a função de um administrador de banco de dados.

SI em ação

Genomics England encontra ideias científicas por meio de banco de dados como serviço

▶ TECNOLOGIA DA INFORMAÇÃO

Uma das maiores colaborações científicas da história, o Projeto Genoma Humano foi dedicado à leitura do código genético completo, ou genoma, do ser humano. O Projeto 100.000 Genomas está baseando-se nas descobertas do Projeto Genoma Humano para desenvolver tratamentos para salvar vidas de pacientes com doenças que vão de câncer a doenças raras. A Genomics England, que pertence ao *Departamento de Saúde e Assistência Social do Reino Unido*, administra o Projeto 100.000 Genomas como parte do Serviço Nacional de Saúde (*National Health Service* – NHS) do país.

Um genoma consiste em DNA, que os cientistas leem letra por letra em um processo conhecido como sequenciamento. O primeiro sequenciamento do genoma levou 13 anos e custou cerca de £ 2 bilhões (US$ 2,6 bilhões), mas, com os avanços na tecnologia, um genoma humano agora pode ser sequenciado em poucos dias por menos de US$ 1.300. O objetivo do Projeto 100.000 Genomas é levar os benefícios da análise de dados genômicos para os principais serviços de saúde.

Para atingir esse objetivo, os organizadores do projeto precisam de acesso a dados de alta qualidade armazenados em um banco de dados seguro, que é uma coleção de dados bem projetada, organizada e cuidadosamente gerenciada. Além de dados técnicos genômicos, o Projeto 100.000 Genomas armazena detalhes pessoais e confidenciais sobre pacientes com câncer e doenças raras. Os dados coletados para o projeto incluem idade, condições médicas, diagnóstico, sintomas e resultados do tratamento de cada paciente, para que os pesquisadores possam associar detalhes de saúde com informações genéticas. Conectar os detalhes em um banco de dados permite que os profissionais de saúde tomem melhores decisões. Por exemplo, se um participante do projeto teve um resultado ruim que os pesquisadores conseguiram vincular a uma característica genética específica, os médicos podem decidir prescrever tratamentos mais poderosos para futuros pacientes com genes semelhantes.

Como os pesquisadores do Projeto 100.000 Genomas lidam com informações de saúde confidenciais, eles enfrentam requisitos especiais para armazenar os dados. Um banco de dados típico é um arquivo que contém dados sobre uma entidade (pessoa, lugar ou coisa) e seus atributos (características da entidade). Número do paciente, nome, endereço, número de telefone e data de nascimento são exemplos de atributos do paciente. Em um banco de dados, pelo menos um dos atributos, como o número do paciente, identifica cada entidade de maneira exclusiva. Para proteger a privacidade dos participantes do projeto, porém, os pesquisadores devem remover dados pessoais de identificação, como nome e data de nascimento. Eles atribuem a cada participante um código exclusivo que permite rastrear os dados, mantendo-os privados e seguros.

Além da privacidade, os pesquisadores do projeto se preocupam em manter a qualidade dos dados. O projeto recebe dados digitais — incluindo registros eletrônicos de saúde, resultados de exames e anotações médicas — de muitos hospitais e clínicas diferentes. Para evitar erros, como informações incompletas e corrupção na transmissão, os dados são submetidos à limpeza de dados, um processo de detecção e correção ou exclusão de registros incompletos, incorretos, imprecisos ou irrelevantes do banco de dados.

Adquirir e armazenar dados de pacientes apresenta um conjunto de desafios; coletar, analisar e gerenciar o volume de dados genômicos apresenta outros. Em julho de 2018, o Projeto 100.000 Genomas havia trabalhado com 70 mil pacientes e familiares no Reino Unido para coletar 21 petabytes de dados (ou 21 quatrilhões de bytes de dados). Para avaliar o risco de câncer de um paciente, por exemplo, os pesquisadores primeiro sequenciam o genoma do paciente, que produz cerca de 200 GB de dados brutos. Em seguida, os cientistas analisam o genoma para determinar como ele difere de um genoma de referência, uma aproximação padrão do DNA de uma pessoa. Quanto mais rápida e precisamente os cientistas puderem processar as consultas complexas que analisam os dados genômicos, mais rapidamente eles podem determinar como tratar os pacientes e ajudá-los a evitar doenças fatais.

O Projeto 100.000 Genomas sequencia uma média de mil genomas por semana, ou 10 terabytes de dados por dia, volume enorme para um banco de dados. Para gerenciar essa quantidade de dados complexos e confidenciais, a Genomics England recorreu à MongoDB, empresa com sede em Nova York que oferece banco de dados como serviço (*database as a service* – DaaS), uma configuração em que um banco de dados é armazenado nos servidores de um provedor de serviços e acessado pelo assinante do serviço pela internet. Usando uma plataforma de computação que inclui o MongoDB como seu DaaS, a Genomics England conseguiu cortar seus gastos com hardware e software e transferir as tarefas de administração e manutenção do banco de dados para o MongoDB, tudo isso enquanto reduzia o tempo de processamento de horas para milissegundos.

Utilizar um DaaS permitiu que 1.500 profissionais de saúde do NHS e 2.500 pesquisadores e estagiários em todo o mundo acessassem os dados genômicos de qualquer lugar e a qualquer hora. "Gerenciar dados clínicos e genômicos nessa escala e complexidade apresentou desafios interessantes", disse August Rendon, diretor de bioinformática da Genomics England. "É por isso que adotar o MongoDB foi vital para lançar o Projeto 100.000 Genomas. Isso nos deu grande flexibilidade para armazenar e analisar esses conjuntos de dados complexos juntos. Em última análise, isso nos ajudará a perceber os benefícios do projeto — entregando melhores abordagens diagnósticas para pacientes e novas descobertas para a comunidade de pesquisa."

O DaaS oferece flexibilidade, menores gastos com hardware e software e menores custos operacionais que um banco de dados tradicional — considerações importantes para uma agência governamental. Outra vantagem significativa de utilizar um DaaS como o MongoDB é que ele fornece mais segurança do que uma solução local. Um provedor de DaaS hospeda dados em um ambiente seguro, criptografa e faz backup dos dados e permite que os usuários os acessem apenas por meio de uma autenticação multifator. O MongoDB garante os mais altos níveis de proteção para os dados confidenciais coletados pelo Projeto 100.000 Genomas.

Mesmo após o término do Projeto 100.000 Genomas, pesquisadores de instituições acadêmicas e organizações de biotecnologia continuarão trabalhando com os dados genômicos para desenvolver novos tratamentos, diagnósticos, dispositivos e medicamentos para pacientes em todo o mundo. Esses pacientes beneficiarão-se dos esforços iniciais do Projeto 100.000 Genomas para armazenar dados de alta qualidade em um banco de dados que conecta informações genômicas e de pacientes.

Ao ler mais sobre sistemas e gestão de banco de dados, considere o seguinte:

- Quais são as principais vantagens competitivas que as organizações podem obter com o uso eficaz do banco de dados como serviço (DaaS)?
- Que desafios as organizações, especialmente aquelas nas áreas de saúde, enfrentam ao coletar e gerenciar dados de clientes ou clientes?

Por que aprender sobre sistemas de banco de dados e gestão de dados?

O mundo ao nosso redor está em constante mudança e evolução. Isso cria novos desafios e oportunidades de inovação para organizações em todo o mundo. Os sistemas de banco de dados permitem capturar dados sobre essas mudanças, armazená-los, atualizá-los e disponibilizá-los para análise e tomada de decisão. Os dados podem ser utilizados para reconhecer esses novos desafios e oportunidades. Eles também podem ser utilizados para rastrear o progresso em direção ao cumprimento das principais metas organizacionais e identificar quando uma mudança nas táticas ou estratégia é necessária.

O McDonald's implementou um sistema de banco de dados para capturar e relatar dados do consumidor para medir sua satisfação desde o nível nacional até os restaurantes individuais. Os dados são analisados para detectar tendências e identificar oportunidades, bem como áreas com problemas em potencial. A grande petrolífera Exxon tem vários projetos de bilhões de dólares em andamento ao mesmo tempo para desenvolver um novo campo de petróleo ou construir uma nova plataforma de perfuração em alto-mar. Ela emprega tecnologia de banco de dados para acompanhar o *status* desses projetos críticos. As pesquisas Harris Poll reúnem dados sobre eleitores e clientes. Os resultados são armazenados em um banco de dados para que possam ser analisados por um conjunto de dados demográficos padrão, incluindo sexo, idade, região, renda e educação. A Food and Drug Administration (FDA) dos Estados Unidos implementou um banco de dados que contém informações sobre eventos adversos e relatórios sobre erros de medicação enviados à FDA. O banco de dados é uma ferramenta útil para a FDA identificar novas questões de segurança que podem estar relacionadas a um produto comercializado.

Além desses aplicativos específicos, quase todas as organizações empregam vários aplicativos de banco de dados. O departamento de contabilidade de uma organização usa vários bancos de dados para rastrear compras, registrar vendas, gerar faturas e fazer pagamentos. O de recursos humanos utiliza um banco de dados para gerenciar registros de funcionários e fornecer os dados necessários para agências governamentais. A área de fabricação usa vários bancos de dados para rastrear a produção, o estoque e a distribuição. O departamento de vendas usa bancos de dados para capturar informações sobre vendas de produtos, promoções e clientes, para medir a eficácia de suas estratégias de marketing e planejar novas estratégias.

Antes que esses bancos de dados possam ser construídos, eles devem ser cuidadosamente projetados para garantir que atendam às necessidades da organização. Uma equipe de funcionários de SI e de outras áreas trabalham juntos para definir os processos pelos quais os dados são obtidos, certificados para uso, armazenados, protegidos e processados. O objetivo é garantir que acessibilidade, confiabilidade e oportunidade dos dados atendam às necessidades dos usuários de dados dentro da organização. Se você se envolver no projeto de um aplicativo de banco de dados, na captura e no fornecimento de dados ou utiliza o banco de dados para análise e tomada de decisão, você precisa entender os sistemas de banco de dados e a gestão de dados.

Fundamentos de banco de dados

Sem dados e a capacidade de processá-los, uma organização não pode concluir com êxito suas atividades de negócios. Ela não pode pagar funcionários, enviar contas, solicitar novo estoque ou produzir informações para auxiliar os gestores na tomada de decisões. Lembre-se de que os dados consistem em fatos brutos, como números de funcionários e números de vendas. Para que os dados sejam transformados em informações úteis, eles devem primeiro ser organizados de maneira significativa.

banco de dados: Uma coleção de dados bem projetados, organizados e cuidadosamente gerenciados.

Um **banco de dados** é uma coleção de dados bem projetados, organizados e cuidadosamente gerenciados. Assim como outros componentes de um sistema de informação, o banco de dados deve ajudar uma organização a atingir seus objetivos. Um banco de dados pode contribuir para o sucesso organizacional ao fornecer aos gestores e tomadores de decisão informações oportunas, precisas e relevantes baseadas nos dados. As organizações capturam e armazenam rotineiramente dados sobre clientes, pedidos, produtos e funcionários em bancos de dados. Esses bancos de dados ajudam as empresas a analisar informações para reduzir custos, aumentar lucros, agregar novos clientes, rastrear atividades comerciais anteriores, melhorar o atendimento ao cliente e identificar novas oportunidades de mercado.

A Starbucks coleta dados de aproximadamente cem milhões de transações de todas as semanas de compras de clientes em suas 29 mil lojas em todo o mundo. Esses dados são coletados e armazenados em um banco de dados onde são utilizados para apoiar muitas decisões de negócios — quanto estoque armazenar em cada loja, quantos trabalhadores contratar com base na demanda esperada, onde abrir novas lojas para minimizar a canibalização de vendas das lojas próximas e quais descontos e recompensas enviar aos clientes para estimular a demanda.[1]

Os bancos de dados estão se tornando cada vez mais importantes para as organizações à medida que lidam com quantidades cada vez maiores de informações. Na verdade, a maioria das organizações tem vários bancos de dados (por exemplo, banco de dados de clientes, banco de dados de produtos, banco de dados de funcionários).

dados: Fatos brutos como o número do funcionário ou o total de horas trabalhadas em uma semana.

informação: Uma coleção de dados organizados e processados de forma que tenham valor adicional além do valor dos fatos individuais.

Dados, informações e conhecimento

Dados consistem em fatos brutos, como o número de um funcionário, o total de horas trabalhadas em uma semana, um número de uma peça no estoque ou o número de unidades produzidas em uma linha de produção. Como mostrado na Tabela 5.1, vários tipos de dados podem representar esses fatos. **Informação** é uma coleção de dados organizados e processados de forma que tenham valor adicional além do valor dos fatos individuais. Por exemplo, um gestor de vendas pode desejar que os dados de vendas individuais sejam resumidos de forma que mostrem o total de vendas do mês, vendas por vendedor ou vendas por linha de produto. Fornecer informações aos clientes também pode ajudar as empresas a aumentar suas receitas e lucros. Por exemplo, o site de compras sociais Kaboodle reúne compradores e vendedores eletronicamente para que possam compartilhar informações e fazer recomendações enquanto fazem compras on-line. A livre troca de informações estimula as vendas e ajuda a garantir que os compradores encontrem os melhores valores.

TABELA 5.1 Tipos de dados

Dados	Representados por
Dados alfanuméricos	Números, letras e outros caracteres
Dados de áudio	Sons, ruídos ou tons
Dados de imagem	Imagens gráficas e fotos
Dados de vídeo	Imagens ou fotos em movimento

Outra maneira de avaliar a diferença entre dados e informações é pensar nos dados como itens individuais de uma lista de compras — biscoitos, pão, sopa, cereais, café, detergente para lavar louça e assim por diante. A lista de compras torna-se muito mais valiosa se os itens da lista forem organizados na ordem do corredor em que são encontrados na loja — pão e cereais no corredor 1, biscoitos e sopa no corredor 2 e assim por diante. Dados e informações funcionam da mesma maneira. Regras e relacionamentos podem ser configurados para organizar os dados de forma que se tornem informações úteis e valiosas.

O valor das informações criadas depende das relações definidas entre os dados existentes. Por exemplo, você pode adicionar identificadores específicos aos itens da lista para garantir que o comprador leve para casa o item correto — pão integral e cereal Corn Flakes no corredor 1, biscoitos salgados e sopa de macarrão com frango no corredor 2 e assim por diante. Ao fazer isso, você cria uma lista de compras mais útil.

Transformar dados em informações é um processo ou um conjunto de tarefas logicamente relacionadas realizado para atingir um resultado definido. O processo de definição das relações entre os dados para criar informações úteis requer **conhecimento**, que é a consciência e a compreensão de um conjunto de informações e as maneiras como essas informações podem ser úteis para apoiar uma tarefa específica ou para chegar a uma decisão. Em outras palavras, a informação é essencialmente um dado tornado mais útil por meio da aplicação do conhecimento. Por exemplo, existem muitas marcas e variedades na maioria dos itens de uma lista normal de supermercado. Para fazer compras de forma eficaz, o comprador deve compreender as necessidades e desejos daqueles para os quais está comprando, por isso ele sabe que deve comprar uma lata de sopa de macarrão com frango com baixo teor de sódio da Campbell (não a marca da loja!) para o membro diabético da família, além de duas latas normais da Campbell para todos os outros.

conhecimento: A consciência e a compreensão de um conjunto de informações e como as informações podem ser úteis para apoiar uma tarefa específica ou chegar a uma decisão.

Em alguns casos, as pessoas organizam ou processam dados em um processo simples de três etapas para coleta, organização e análise de dados.

O valor da informação

O valor da informação está diretamente vinculado à maneira como ela ajuda os tomadores de decisão a atingir os objetivos de sua organização. Informações valiosas podem ajudar as pessoas a realizar tarefas com mais eficiência e eficácia. Muitas empresas presumem que os relatórios são baseados em informações corretas e de qualidade, mas, infelizmente, isso nem sempre é verdade. Por exemplo, a Experian (uma empresa global de serviços de informações que fornece serviços de crédito, serviços de marketing, análise de decisão e serviços ao consumidor) estima que, em média, 22% dos dados de contato do cliente de uma organização estão errados.[2] As empresas podem facilmente desperdiçar mais de US$ 100 por registro impreciso de dados de contato do cliente em coisas como marketing por mala direta enviada para endereços errados e a incapacidade de rastrear corretamente os contatos. Para uma organização com 100 mil clientes e uma taxa de erro de 22%, isso corresponde a uma perda de US$ 2,2 milhões. Um estudo mais recente revela que 84% dos CEOs estão preocupados com a qualidade dos dados nos quais estão baseando suas decisões.[3]

Benefícios obtidos com o uso de dados de alta qualidade

Fundamental para a qualidade de uma decisão é a qualidade dos dados utilizados para chegar a essa decisão. Qualquer organização que enfatiza o uso de sistemas de informação avançados e análises de dados sofisticadas antes da qualidade dos dados está condenada a tomar muitas decisões erradas. A Tabela 5.2 lista as características que determinam a qualidade dos dados. A importância de cada uma dessas características varia dependendo da situação e do tipo de decisão que você está tentando tomar. Por exemplo, com dados de inteligência de mercado, alguma imprecisão e incompletude são aceitáveis, mas a oportunidade é essencial. Os dados de inteligência de mercado podem alertá-lo de que um concorrente está prestes a fazer uma grande liquidação de preços. Os detalhes exatos e o momento da liquidação podem não ser tão importantes quanto o de ser avisado com antecedência suficiente para permitir que sua organização planeje como reagir. Por outro lado, a precisão e a integridade são críticas para os dados utilizados na contabilidade para a gestão dos ativos da empresa, como dinheiro, estoque e equipamentos.

Dados de alta qualidade representam um bem precioso de qualquer organização. Os dados de alta qualidade não apenas melhoram a tomada de decisões, aumentam a satisfação do cliente, aumentam as vendas, e melhoram a inovação e a produtividade, mas também garantem que você cumpra totalmente os requisitos regulatórios que podem se aplicar à sua organização.

Melhorar a tomada de decisão

Os dados orientam todas as principais decisões do mundo atual, desde atender às necessidades do cliente até desenvolver estratégias para obter vantagem competitiva. Sem dados de alta qualidade, qualquer decisão que tomemos é baseada em inferência e conjectura, com poucas evidências para apoiar uma boa tomada de decisão. Com dados de alta qualidade, as conjecturas sobre os riscos na tomada de decisões são eliminadas. Quanto melhor a qualidade dos dados, mais confiança os usuários têm nas decisões tomadas, menor é o risco de uma decisão ruim e maior a probabilidade de que a decisão atinja os resultados desejados.

Aumentar a satisfação do cliente

Atualmente, os clientes esperam uma experiência de compra personalizada e, quanto melhor for a qualidade de seus dados, mais fácil será fornecer a abordagem personalizada que seus clientes exigem. Por outro lado, a satisfação do cliente com sua loja, site ou produto certamente será menor se a qualidade dos dados for ruim. Cada

TABELA 5.2 Nove características da informação de qualidade

Característica	Definição
Acessível	As informações devem ser facilmente acessíveis por usuários autorizados para que possam obtê-las no formato certo e no momento certo para atender às suas necessidades.
Precisa	Informações precisas estão livres de erros. Em alguns casos, informações imprecisas são geradas porque dados imprecisos são alimentados no processo de transformação de dados em informações. Isso é comumente chamado de lixo que entra, lixo que sai.
Completa	As informações completas contêm todos os fatos importantes. Por exemplo, um relatório de investimento que não inclui todos os custos importantes não está completo.
Econômica	A produção de informações também deve ser relativamente econômica. Os tomadores de decisão devem sempre equilibrar o valor da informação com o custo de produzi-la.
Relevante	As informações relevantes são importantes para o tomador de decisão. As informações que mostram que os preços da madeira podem cair provavelmente não são relevantes para um fabricante de chips de computador.
Confiável	Informações confiáveis podem ter crédito para os usuários. Em muitos casos, a confiabilidade das informações depende da confiabilidade do método de coleta de dados. Em outros casos, a confiabilidade depende da fonte das informações. Um boato de uma fonte desconhecida de que os preços do petróleo podem subir pode não ser confiável.
Segura	As informações devem ser protegidas contra acesso de usuários não autorizados.
Oportuna	As informações oportunas são fornecidas quando necessário. Saber as condições meteorológicas da semana passada não ajudará na hora de decidir que casaco vestir hoje.
Verificável	As informações devem ser verificáveis. Isso significa que você pode verificar se estão corretas, talvez verificando várias fontes para obter as mesmas informações.

cliente deseja pagar um preço justo e correto pelo produto que deseja, sem enfrentar os problemas que dados incorretos podem causar. Os clientes ficam bastante chateados quando há erros de faturamento em seus extratos, mesmo que o valor seja relativamente pequeno. A indisposição do cliente é criada quer os erros de faturamento tenham sido intencionais ou não.

Aumentar as vendas

Dados de alta qualidade podem aumentar as vendas, permitindo uma segmentação e comunicação mais precisas do consumidor. Isso é especialmente importante em um ambiente omnicanal, em que a organização utiliza a mesma estratégia de negócios em todos os canais de marketing, incluindo internet, lojas físicas, televisão, rádio e mala direta. É essencial que um banco de dados com dados de alta qualidade sobre clientes, produtos, preços, promoções e assim por diante esteja disponível em todos os canais.

Dados de alta qualidade também podem aumentar as vendas, permitindo que os vendedores façam sugestões de vendas casadas e cruzadas com sucesso. Vendas cruzadas envolvem convidar os clientes a comprar um item relacionado àquele em que eles estão primariamente interessados. A venda incrementada envolve encorajar os clientes a comprar um produto comparável, mas de ponta. As sugestões do vendedor para uma venda cruzada ou casada completamente despropositada não só frustrarão os clientes, mas também poderão colocar em risco o relacionamento deles com sua empresa. Os vendedores precisam de dados de alta qualidade sobre o cliente e todas as interações dele com a sua organização para garantir que suas sugestões sejam consistentes com as necessidades e circunstâncias do cliente.

Melhorar a inovação

Dados de alta qualidade sobre as operações da empresa são o ingrediente principal de qualquer esforço de melhoria de processo. Esses esforços geralmente têm como objetivo melhorar a eficiência do funcionário, a qualidade do produto e/ou serviço ou a experiência do cliente. A inovação bem-sucedida melhora as perspectivas da empresa e atrai novos negócios, ao mesmo tempo em que aumenta a capacidade de reter os clientes e consumidores. As organizações que podem utilizar seus ativos de dados para impulsionar inovações de negócios críticos ganharão uma vantagem distinta nos próximos anos.

Aumentar a produtividade

Dados de boa qualidade permitem que os funcionários sejam mais produtivos. Em vez de perder tempo pesquisando os motivos e corrigindo erros de dados, eles podem concentrar-se em sua missão principal. Se dados incorretos escaparem e atualizarem as informações em um banco de dados, isso pode resultar em ações que exijam um esforço considerável para corrigi-los (por exemplo, contas incorretas enviadas aos clientes, contagens de estoque imprecisas, resultando em pedidos de compra desnecessários etc.).

Garantir a conformidade

Existem várias regulamentações governamentais e do setor, como o Regulamento Geral de Proteção de Dados (GDPR), a Lei de Portabilidade e Responsabilidade de Seguro Saúde (*Health Insurance Portability and Accountability Act* – HIPAA) e o Padrão de Segurança de Dados do Setor de Cartões de Pagamento (PCI-DSS). Esses regulamentos e muitos outros impõem requisitos específicos quanto à maneira como certos tipos de dados são gerenciados, protegidos e relatados. Se os dados não forem precisos, pode haver consequências graves, incluindo multas significativas e muito mais. No caso de um hospital ou prática médica, erros de codificação e faturamento médicos podem desencadear auditorias e investigações. Esses erros podem até levar a acusações de fraude, prejudicando para sempre a reputação do hospital ou da prática médica.

A hierarquia de dados

entidade: Uma pessoa, lugar ou coisa para a qual os dados são coletados, armazenados e mantidos.

arquivo: Uma coleção de entidades semelhantes.

atributo: Uma característica de uma entidade.

domínio: O intervalo de valores permitidos para um atributo de dados.

Uma **entidade** é a pessoa, lugar ou coisa (objeto) para a qual os dados são coletados, armazenados e mantidos. Exemplos de entidades incluem funcionários, produtos e clientes. A maioria das organizações organiza e armazena os dados como coleções de entidades ou como um **arquivo**.

Um **atributo** é uma característica da entidade. Por exemplo, número do funcionário, sobrenome, nome, data de contratação e número do departamento são atributos de um funcionário. O número do estoque, descrição, número de unidades disponíveis e localização do item de estoque no armazém são atributos dos itens no estoque. Número do cliente, nome, endereço, número de telefone, classificação de crédito e pessoa de contato são atributos dos clientes. Os atributos geralmente são selecionados para refletir as características relevantes de entidades, como funcionários ou clientes. Cada atributo pode ser restringido a uma gama de valores permitidos, chamados de **domínio**. Por exemplo, o domínio para um atributo como o tipo de funcionário poderia ser limitado a três caracteres: I (tempo integral), P (tempo parcial) ou C (contratado). Se alguém tentasse digitar "1" no campo tipo de funcionário, os dados não seriam aceitos. O domínio para pagar taxas não incluiria números

item de dados: O valor específico de um atributo.

negativos. Dessa forma, definir um domínio pode aumentar a precisão dos dados. O valor específico de um atributo, chamado **item de dados**, pode ser encontrado no registro que descreve a entidade. A hierarquia de dados de atributo, entidade, arquivo e banco de dados é mostrada na Figura 5.1. A Tabela 5.3 mostra um banco de dados simples com a ID do funcionário como a chave primária para cada entidade no banco de dados.

FIGURA 5.1
A hierarquia de dados

- Banco de dados
- Arquivo
- Entidade
- Atributo

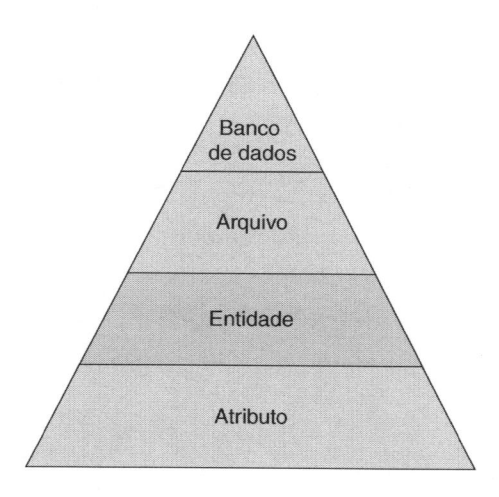

TABELA 5.3 Chaves e atributos

O campo principal é a identificação do funcionário, que identifica cada um deles de maneira única. Os atributos incluem nome do funcionário, sobrenome e nome do meio, data da contratação, departamento atual etc.

ID do funcionário	Sobrenome	Nome	Nome do meio	Data da contratação	Depto. atual	Etc.
041287	Baker	James	Francis	30/09/2010	215	
051345	Andersen	James	Scott	23/01/2011	314	
062345	Castanho	Alison	Sarah	25/03/2011	222	
062437	Sanders	Joanne	Amélia	23/03/2012	215	

Muitas organizações criam bancos de dados de atributos e inserem itens de dados para armazenar os dados necessários para executar suas operações diárias. Por exemplo, a tecnologia de banco de dados é uma arma importante na luta contra o crime e o terrorismo, conforme discutido nos seguintes exemplos:

- O Offshore Leaks Database contém os dados em torno de 680 mil empresas offshore secretas, trustes e fundos criados em 200 países ao redor do mundo. Embora a criação de contas offshore seja legal na maioria dos países, essas contas também são abertas para permitir que indivíduos e organizações evitem pagar impostos que de outra forma são devidos. O banco de dados tem sido utilizado por autoridades legais e fiscais para identificar possíveis sonegadores de impostos.[4]
- *A Rede Nacional Integrada de Informações Balísticas* (*National Integrated Ballistic Information Network* – NIBIN) é administrada pelo Departamento de Álcool, Tabaco, Armas de Fogo e Explosivos. Um elemento-chave da rede é o banco de dados de imagens digitais de balas e cartuchos usados que foram recuperados de cenas de crime ou testados com armas encontradas em uma cena ou com um suspeito.[5]
- O *Banco de Dados de Terrorismo Global* (*Global Terrorism Database* – GTD) é um banco de dados que inclui dados sobre mais de 140 mil eventos terroristas ocorridos em todo o mundo. Para cada evento terrorista, estão disponíveis informações sobre a data e o local do evento, as armas usadas, a natureza do alvo, o número de vítimas e, quando identificável, o grupo ou indivíduo responsável.[6]

- As casas de penhores são obrigadas por lei a relatar suas aquisições às autoridades, fornecendo uma descrição de cada item penhorado ou vendido com números de identificação, como um número serial. O Leads On-line é um sistema de banco de dados on-line de âmbito nacional que pode ser utilizado para cumprir essa responsabilidade de relatar e permitir que as autoridades rastreiem mercadorias vendidas ou penhoradas em lojas de todo o país.[7]

A coleção de atributos sobre uma entidade específica é um registro. Uma chave primária é um atributo ou conjunto de atributos que identifica exclusivamente o registro. Nenhum outro registro pode ter a mesma chave primária. Para registros de funcionários, como os mostrados na Tabela 5.3, a ID do funcionário é um exemplo de chave primária. A chave primária é utilizada para distinguir os registros para que possam ser acessados, organizados e manipulados. As chaves primárias garantem que cada registro em um arquivo seja único. Por exemplo, o eBay atribui um "número do item" como sua chave primária para os itens de forma a garantir que os lances sejam associados ao item correto. Ver Figura 5.2.

registro: Uma coleção de atributos sobre uma entidade específica.

chave primária: Um atributo ou conjunto de atributos que identifica exclusivamente o registro.

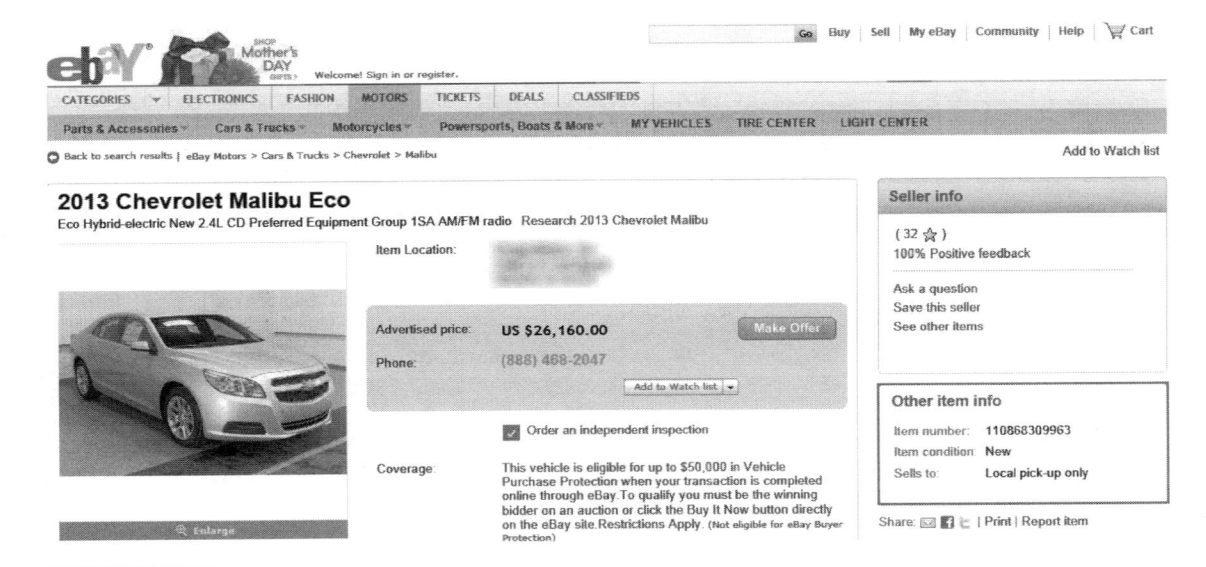

FIGURA 5.2
Chave primária
O eBay atribui a um número de item uma chave primária para manter o controle de cada item em seu banco de dados.
www.ebay.com

chave estrangeira: Um atributo em uma tabela que se refere à chave primária em outra tabela.

Uma chave estrangeira é o atributo em uma tabela que se refere à chave primária em outra tabela. Ela serve como uma referência cruzada permitindo que os dados nas duas tabelas sejam relacionados. Por exemplo, imagine um banco de dados relacional que inclui uma tabela de clientes e uma tabela de pedidos. Um relacionamento pode ser criado entre as tabelas mediante a inclusão da ID do cliente da chave estrangeira na tabela de pedidos. A ID do cliente é a chave primária da tabela do cliente. A ID do cliente na tabela de pedidos permite que os pedidos tenham referências cruzadas dos clientes.

A abordagem do banco de dados

abordagem de banco de dados para gestão de dados: Uma abordagem de gestão de dados em que vários sistemas de informação compartilham um conjunto de dados relacionados.

Atualmente, a maioria das organizações emprega a abordagem de banco de dados para gestão de dados, em que vários sistemas de informação compartilham um grupo de dados relacionados. Um banco de dados oferece a capacidade de compartilhar recursos de dados e informações. Os bancos de dados das autoridades federais, por exemplo, geralmente incluem os resultados de testes de DNA como um atributo para criminosos condenados. As informações podem ser compartilhadas com as autoridades em todo o país. Frequentemente, bancos de dados distintos, porém relacionados, são vinculados para fornecer bancos de dados para toda a empresa. Por exemplo, muitas lojas da Walgreens incluem clínicas médicas para clientes. A Walgreens usa

sistema de gestão de banco de dados (SGBD): Grupo de programas utilizados para acessar e gerenciar um banco de dados, bem como fornecer uma interface entre o banco de dados e seus usuários e outros programas aplicativos.

um banco de dados de registros eletrônicos de saúde que armazena as informações de todos os pacientes em todas as suas lojas. O banco de dados fornece informações sobre as interações dos clientes com as clínicas e farmácias.

Para utilizar a abordagem de banco de dados para gestão de dados, um software adicional — um sistema de gestão de banco de dados (SGBD) — é necessário. Um **sistema de gestão de banco de dados (SGBD)** consiste em um grupo de programas fornecidos pelo fornecedor de SGBD que são utilizados para acessar e gerenciar um banco de dados e também fornecer uma interface entre o banco de dados e seus usuários e outros programas aplicativos. Um SGBD fornece um único ponto de gestão e controle sobre os recursos de dados, o que pode ser crítico para manter a integridade e a segurança dos dados. Os bancos de dados de uma organização, seu SGBD e os programas aplicativos que criam e acessam os bancos de dados constituem o ambiente de um banco de dados. A Figura 5.3 ilustra a abordagem de banco de dados.

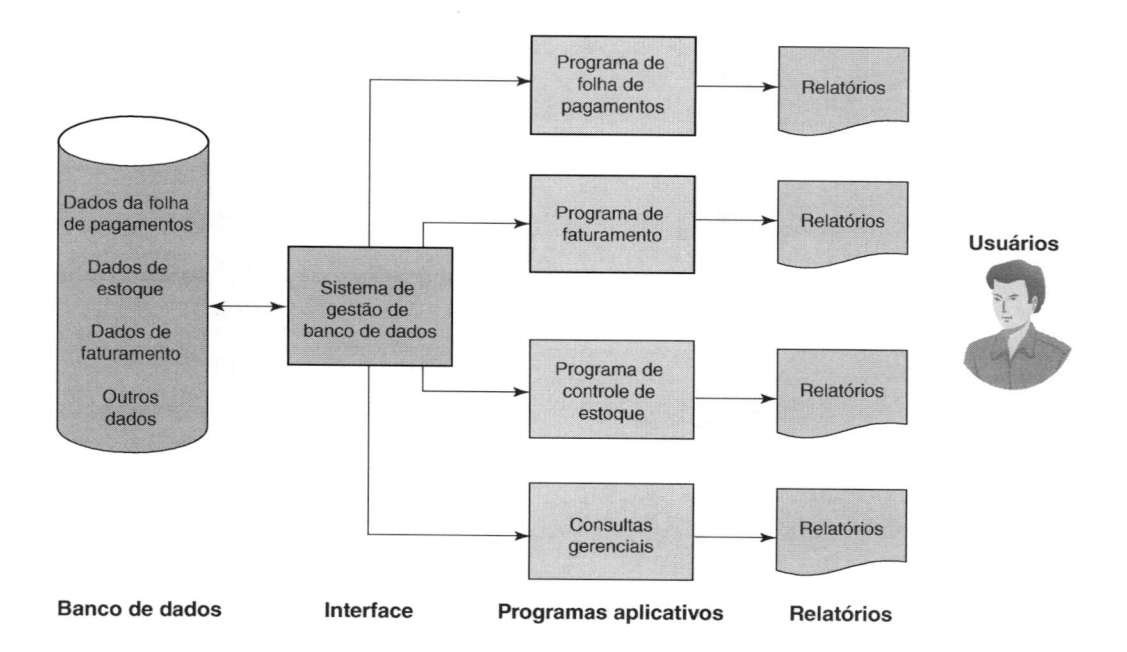

FIGURA 5.3
Abordagem baseada em banco de dados para gestão de dados
Em uma abordagem de banco de dados para gestão de dados, vários sistemas de informação compartilham um conjunto de dados relacionados.

Atividades de banco de dados

Os bancos de dados são utilizados para fornecer uma visão do usuário do banco de dados, adicionar e modificar dados, armazenar e recuperar dados, manipular os dados e gerar relatórios, fornecer gestão de segurança e fornecer backup de banco de dados e serviços de recuperação. Cada uma dessas atividades é discutida em mais detalhes nas seções a seguir.

Fornecer uma visão do usuário

Como o SGBD é responsável por fornecer acesso a um banco de dados, uma das primeiras etapas na instalação e no uso de um grande banco de dados relacional envolve "informar" ao SGBD a estrutura lógica e física dos dados e as relações entre os dados para cada usuário. Essa descrição é chamada de esquema (como em um diagrama esquemático). Em um banco de dados relacional, o **esquema** define as tabelas, os atributos em cada tabela e as relações entre atributos e tabelas. Os sistemas de gestão de banco de dados, como Oracle ou Access, geralmente utilizam esquemas para definir as tabelas e outros recursos de banco de dados associados a uma pessoa ou a um usuário. O SGBD pode referenciar um esquema para descobrir onde acessar os dados solicitados em relação a outro dado. Um esquema de banco de dados pode ser

esquema: Uma descrição que define a estrutura lógica e física do banco de dados, identificando as tabelas, os atributos em cada tabela e as relações entre os atributos e as tabelas.

representado em um diagrama visual mostrando os objetos do banco de dados e sua relação uns com os outros, conforme mostrado na Figura 5.4.

FIGURA 5.4
Esquema de banco de dados representado em um diagrama visual

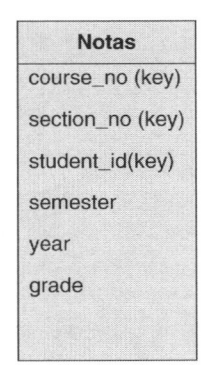

Alunos	Cursos	Notas
student_id (key)	course_no (key)	course_no (key)
last_name	section_no (key)	section_no (key)
first_name	title	student_id(key)
middle_name	professor	semester
Salutation	days	year
date_of_birth	times	grade
address_line1	prereq	

Criação e modificação do banco de dados

O esquema do banco de dados também pode ser definido com o uso de uma linguagem de definição de dados. Uma linguagem de definição de dados (*data definition language* – DDL) é uma coleção de instruções e comandos usados para definir e descrever dados e relacionamentos em um banco de dados específico. A Tabela 5.4 mostra o exemplo simplificado de uma DDL usada para definir uma única tabela de banco de dados.

linguagem de definição de dados (DDL): Uma coleção de instruções e comandos utilizados para definir e descrever dados e relacionamentos em um banco de dados específico.

TABELA 5.4 Esquema de banco de dados da tabela de estudantes expresso em DDL

CREATE TABLE students (		
student_id	INTEGER (9)	PRIMARY KEY
last_name	VARCHAR (40)	not null
first_name	VARCHAR (20)	not null
middle_name	VARCHAR (20)	not null
salutation	VARCHAR (8)	not null
date_of_birth	DATE	not null
gender	INTEGER (1)	not null
address-line1	VARCHAR (30)	not null
etc.		
);		

dicionário de dados: Uma descrição detalhada dos dados armazenados no banco de dados.

Outra etapa importante na criação de um banco de dados é formar um dicionário de dados, uma descrição detalhada dos dados armazenados no banco de dados. Entre outros detalhes, o dicionário de dados contém as seguintes informações para cada item de dados:

- Nome do atributo de dados.
- Apelidos ou outros nomes que podem ser utilizados para descrever o item.
- Intervalo de valores que podem ser utilizados (domínio).
- Tipo de dados (como alfanuméricos ou numéricos).
- Número de bytes de armazenamento necessários para o item.

O dicionário de dados é uma ferramenta valiosa para manter um banco de dados eficiente, que armazena informações confiáveis sem redundância, e para simplificar o processo de modificação do banco de dados quando necessário. Os dicionários de dados também ajudam os programadores de computador e de sistema que requerem uma descrição detalhada dos elementos de dados armazenados no banco de dados para criar o código para acessar os dados.

A adesão aos padrões definidos no dicionário de dados também facilita o compartilhamento de dados entre várias organizações. Por exemplo, o *Programa Nacional de Vigilância Sindrômica (National Syndromic Surveillance Program – NSSP)* é projetado para permitir a detecção precoce de surtos resultantes de terrorismo biológico ou doenças altamente contagiosas de ocorrência natural. O sistema permite que os Centros de Controle e Prevenção de Doenças rastreiem o número de pessoas afetadas e as taxas de transmissão e de mortalidade. A esperança é de que esse alerta precoce permita aos profissionais de saúde mobilizar uma resposta rápida e, assim, reduzir o número de mortes. O sucesso do sistema depende da capacidade de coletar, avaliar, compartilhar e armazenar rapidamente dados de vigilância sindrômica. Um dicionário de dados (versão atual NSSP v32 documentado em *https://www.cdc.gov/nssp/biosense/docs/NSSP-Data-Dictionary.xlsx*) foi criado para garantir a padronização e a definição consistente de todos os elementos-chave capturados por esse sistema para garantir o compartilhamento fácil de dados de alta qualidade.[8]

Armazenamento e recuperação de dados

Uma função de um SGBD é ser uma interface entre um programa aplicativo e o banco de dados. Quando um usuário, aplicativo ou outro software precisam do banco de dados, solicitam os dados por meio do SGBD. Suponha que, para calcular o preço total de um carro novo, um programa de precificação precise de dados de preço sobre a opção de motor — por exemplo, seis cilindros em vez dos quatro cilindros padrão. O programa aplicativo solicita esses dados do SGBD. Ao fazer isso, o programa aplicativo segue um caminho de acesso lógico (LAP). Em seguida, o SGBD, trabalhando com vários programas do sistema, acessa um dispositivo de armazenamento, como uma unidade de disco ou dispositivo de armazenamento de estado sólido (SSD), onde os dados são armazenados. Quando o SGBD vai para esse dispositivo de armazenamento para recuperar os dados, ele segue um caminho para o local físico — caminho de acesso físico — onde o preço dessa opção está armazenado. No exemplo dos preços, o SGBD pode ir a uma unidade de disco para recuperar os dados de preços para motores de seis cilindros. Essa relação é mostrada na Figura 5.5.

Esse mesmo processo é utilizado caso um usuário deseje obter informações do banco de dados. Primeiro, o usuário solicita os dados ao SGBD. Por exemplo, o usuário pode dar um comando, como LISTAR TODAS AS OPÇÕES PARA AS QUAIS O PREÇO É MAIOR QUE US$ 200. Esse é o caminho de acesso lógico. Em seguida, o SGBD pode ir para a seção do disco com as de opções de preços para obter as informações para o usuário. Esse é o caminho de acesso físico.

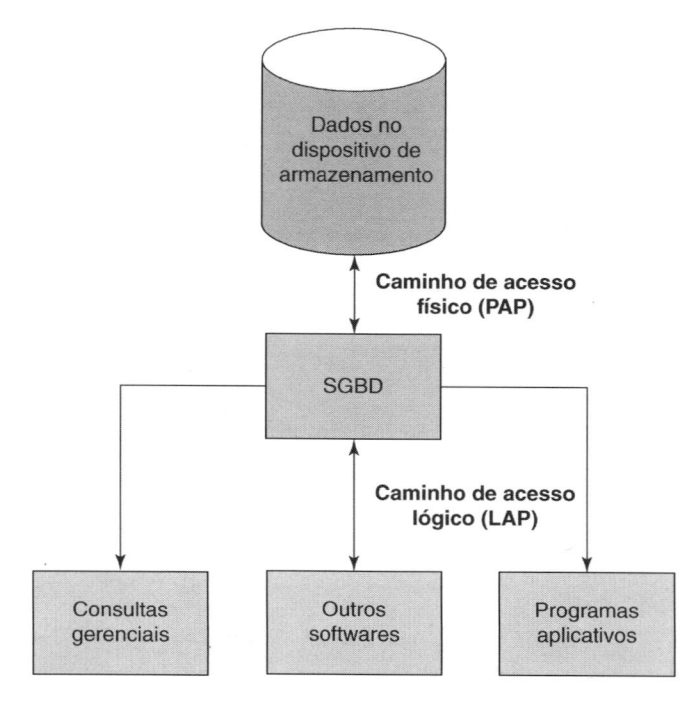

FIGURA 5.5
Caminhos de acesso lógico e físico
Quando um aplicativo solicita dados do SGBD, ele segue um caminho de acesso lógico aos dados. Quando o SGBD recupera os dados, ele segue o caminho de acesso físico aos dados.

controle de simultaneidade: Um método de lidar com uma situação em que dois ou mais usuários ou aplicativos precisam acessar o mesmo registro ao mesmo tempo.

Duas ou mais pessoas ou programas tentando acessar o mesmo registro ao mesmo tempo podem causar problemas. Por exemplo, um programa de controle de estoque pode tentar reduzir o nível de estoque de um produto em dez unidades porque dez unidades acabaram de ser enviadas para um cliente. Ao mesmo tempo, um programa de compra pode tentar aumentar o nível de estoque para o mesmo produto em 200 unidades porque o estoque acabou de ser recebido. Sem o controle adequado do banco de dados, uma das atualizações de estoque pode estar incorreta, resultando em um nível de estoque impreciso do produto. O **controle de simultaneidade** pode ser utilizado para evitar esse problema potencial. Uma abordagem é bloquear o acesso de todos os outros programas aplicativos a um registro que estiver sendo atualizado ou utilizado por outro programa.

Manipular dados e gerar relatórios

Após a instalação de um SGBD, funcionários, gestores e outros usuários autorizados podem usá-lo para revisar relatórios e obter informações importantes. Usando um SGBD, uma empresa pode gerenciar esse requisito. Alguns bancos de dados utilizam Query by Example (QBE, consulta com base em exemplos), que é uma abordagem visual para desenvolver consultas ou solicitações de banco de dados. Com a QBE, você pode realizar consultas e outras tarefas de banco de dados abrindo janelas e clicando nos dados ou recursos que deseja — semelhante à maneira como você trabalha com o Windows e outros sistemas operacionais e aplicativos GUI (*graphical user interface* – interface gráfica do usuário). Ver Figura 5.6.

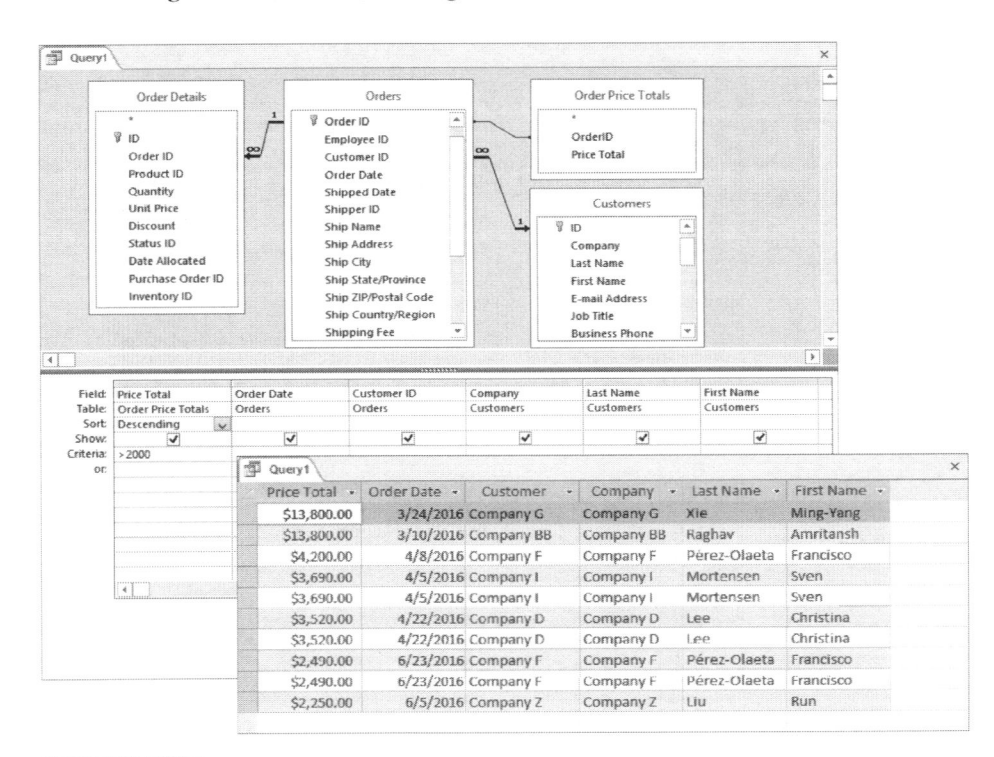

FIGURA 5.6
Consulta com base em exemplos
Alguns bancos de dados usa consulta com base em exemplos (QBE) para gerar relatórios e informações.
Capturas de tela do produto Microsoft utilizadas com permissão da Microsoft Corporation.

Em outros casos, os comandos de banco de dados podem ser utilizados em uma linguagem de programação. Por exemplo, comandos escritos na linguagem de programação C++ podem ser utilizados em programas simples que irão acessar ou manipular certas partes de dados no banco de dados. Eis outro exemplo de uma consulta SGBD:

SELECT * FROM EMPLOYEE WHERE JOB_CLASSIFICATION = "C2".

linguagem de manipulação de dados (DML): Uma linguagem específica, fornecida com um SGBD, que permite aos usuários acessar e modificar os dados, fazer consultas e gerar relatórios.

O asterisco (*) informa ao programa para incluir todas as colunas da tabela EMPLOYEE. Em geral, os comandos que são utilizados para manipular o banco de dados fazem parte da **linguagem de manipulação de dados (DML)**. Essa linguagem específica, fornecida com o SGBD, permite que os gestores e outros usuários do banco de dados acessem e modifiquem os dados, façam consultas e gerem relatórios. Novamente, os programas de aplicativos passam por esquemas e pelo SGBD antes de obter os dados armazenados em um dispositivo, como um disco.

Após o banco de dados ser configurado e carregado com os dados, ele pode produzir relatórios, documentos e outras saídas desejadas, como mostrado na Tabela 5.5. Essas saídas geralmente aparecem em telas ou em cópias impressas. Os recursos de controle de saída de um programa de banco de dados permitem que o usuário selecione os registros e campos que aparecerão em um relatório. Os controles de formatação e as opções de organização (como cabeçalhos de relatório) ajudam os usuários a personalizar relatórios e criar ferramentas flexíveis, convenientes e poderosas para o tratamento das informações.

TABELA 5.5 Relatório da amostra dos dez maiores pedidos para 2020

#	Fatura #	Data do pedido	Empresa	Vendedor	Quantidade de vendas
1	102345	12/03/2020	Acme Plumbing	Davis	US$ 132.432
2	104256	12/06/2020	Joiner Appliances	Kohl	US$ 122.567
3	100345	04/05/2020	Smith Bros	Ruberg	US$ 120.432
4	104557	03/07/2020	City-Wide Appliances	Castanho	US$ 109.356
5	103678	21/05/2020	Joiner Appliances	Kohl	US$ 100.452
6	104125	07/06/2020	Acme Plumbing	Davis	US$ 100.234
7	104892	02/08/2020	Smith Bros	Davis	US$ 97.179
8	103885	22/06/2020	City-Wide Appliances	Castanho	US$ 95.234
9	105894	30/09/2020	Joiner Appliances	Kohl	US$ 92.341
10	102634	01/04/2020	Smith Bros	Ruberg	US$ 90.007

Um SGBD pode produzir uma ampla variedade de documentos, relatórios e outras saídas que podem ajudar as organizações a tomar decisões e atingir seus objetivos. Frequentemente, as organizações têm relatórios padrão que são executados regularmente. Os relatórios mais comuns selecionam e organizam dados para apresentar informações resumidas sobre alguns aspectos das operações da empresa. Por exemplo, os relatórios de contabilidade geralmente resumem dados financeiros, como contas correntes e vencidas. Muitas empresas baseiam suas decisões operacionais de rotina em relatórios regulares de *status* que mostram o progresso de pedidos específicos em direção a conclusão e entrega.

Gestão de segurança

A função de gestão de segurança do SGBD ajuda a garantir que os dados sejam protegidos contra acesso de usuários não autorizados, danos físicos, falha do sistema operacional e atualização simultânea dos mesmos dados por vários usuários. Um recurso especialmente poderoso da função de segurança do SGBD é a capacidade de definir e impor privilégios de acesso do usuário que controlam quem pode acessar quais dados e o que eles podem fazer com esses dados (por exemplo, somente leitura, adicionar/excluir/alterar os dados). Boas práticas de segurança recomendam que os usuários recebam privilégios mínimos para realizar seus trabalhos. Por exemplo, um funcionário de pagamento iniciante na função de contas a pagar não deve ter a capacidade de modificar o valor do pagamento ou o beneficiário para evitar fraude potencial. Mas esse privilégio pode ser concedido ao supervisor de contas a pagar. As funções de segurança do SGBD são geralmente planejadas, implementadas e mantidas por um administrador de banco de dados e/ou outro profissional de segurança da informação.

Restaurar e recuperar

O SGBD também oferece serviços de backup e recuperação. Por exemplo, se houver uma queda de energia, a gestão de recuperação permite que o banco de dados seja restaurado com segurança e sem perda de dados após a queda. A gestão de backup refere-se à geração de cópias de backup de todo o banco de dados ou partes dele. Caso o banco de dados seja perdido, danificado ou destruído, as cópias de backup podem ser utilizadas para restaurá-lo.

Limpeza de dados

Os dados utilizados na tomada de decisões devem ser precisos, completos, econômicos, flexíveis, confiáveis, relevantes, simples, oportunos, verificáveis, acessíveis e seguros. Limpeza de dados é o processo de detecção e correção ou exclusão de registros incompletos, incorretos, imprecisos ou irrelevantes que residem em um banco de dados. O objetivo da limpeza de dados é melhorar a qualidade dos dados utilizados na tomada de decisão. Os "dados inválidos" podem ter sido causados por erros de entrada de dados do usuário ou por corrupção de dados durante a transmissão ou o armazenamento dos dados. A limpeza de dados é diferente da validação de dados, que envolve a identificação de "dados ruins" e sua rejeição no momento da entrada dos dados.

Uma solução de limpeza de dados é identificar e corrigir os dados comparando-os com um conjunto validado de dados. Por exemplo, entradas de número de rua, nome de rua, cidade, estado e código postal no banco de dados de uma organização podem ser comparados com o banco de dados de CEPs no Brasil ou nos EUA. A limpeza de dados também pode envolver a padronização de dados, como a conversão de várias abreviações possíveis (*St., St, st., st*) em um nome padrão (*Street*).

O aprimoramento de dados aumenta os dados em um banco de dados ao adicionar informações relacionadas — como utilizar as informações do código postal de um determinado registro para anexar o código do município ou o código do setor censitário. O custo de realizar uma limpeza de dados pode ser bastante alto. É proibitivamente caro eliminar todos os "dados ruins" para atingir 100% de precisão do banco de dados.

Design de banco de dados

Como as organizações de hoje devem acompanhar e analisar muitos dados, é necessário mantê-los bem organizados para que possam ser utilizados com eficácia. Um banco de dados deve ser projetado para armazenar todos os dados relevantes para o negócio e fornecer acesso rápido e fácil modificação. Além disso, deve refletir os processos de negócios da organização. Ao projetar um banco de dados, a organização deve considerar cuidadosamente as seguintes questões:

- **Conteúdo.** Quais dados devem ser coletados e a que custo?
- **Acesso.** Quais dados devem ser fornecidos a quais usuários e quando?
- **Estrutura lógica.** Como os dados devem ser organizados para que sejam entendidos por um determinado usuário?
- **Organização física.** Onde os dados devem estar localizados fisicamente?
- **Tempo de resposta.** Com que rapidez os dados devem ser atualizados e recuperados para que possam ser visualizados pelos usuários?
- **Arquivamento.** Por quanto tempo esses dados devem estar armazenados?
- **Segurança.** Como esses dados podem ser protegidos contra acesso não autorizado?

Uma das ferramentas utilizadas para projetar um banco de dados é o modelo de dados. A modelagem de dados é comumente feita no nível organizacional ou no nível de um aplicativo de negócios específico. Quando feita no nível organizacional, esse procedimento é chamado de modelagem de dados corporativos. A modelagem de dados corporativos é uma abordagem que começa investigando as necessidades gerais de dados e informações da organização no nível estratégico e, em seguida, passa a examinar as necessidades de dados e informações mais específicas para as áreas funcionais e departamentos da organização.

---

limpeza de dados: O processo de detecção e correção ou exclusão de registros incompletos, incorretos, imprecisos ou irrelevantes que residem em um banco de dados.

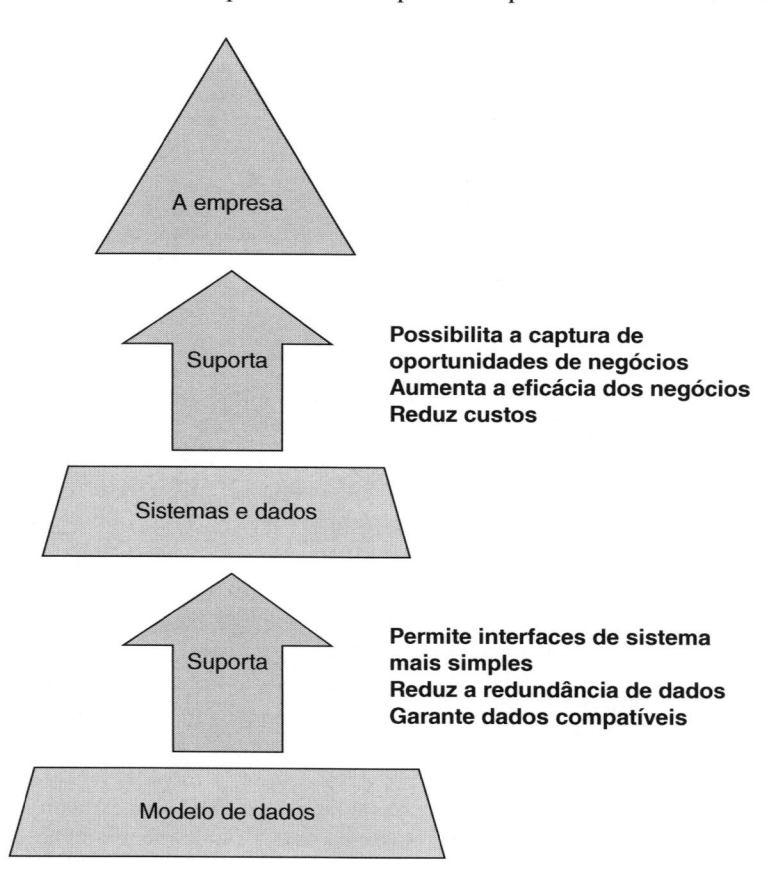

modelo de dados corporativos: Um modelo de dados que identifica as entidades de dados e atributos de dados de maior interesse para a organização, além de suas definições de dados padrão associadas, tamanho e formato de dados, domínio de valores válidos e quaisquer regras de negócios para seu uso.

O **modelo de dados corporativos** identifica as entidades de dados e atributos de dados de maior interesse para a organização, além de suas definições de dados padrão associadas, comprimento e formato de dados, domínio de valores válidos e quaisquer regras de negócios para seu uso (por exemplo, se o tipo de produto for 123, os dias para envio devem ser maior que 5). O modelo de dados corporativos, conforme mostrado na Figura 5.7, é um recurso valioso com os seguintes benefícios:

- Fornece um roteiro dos dados atuais e futuros da organização que serve como um ponto de partida inicial para o desenvolvimento de novos aplicativos que serão capazes de integrar e trocar dados.
- Evita redundância de dados onerosa e ineficiente, em que as mesmas entidades ou atributos de dados são capturados em mais de um aplicativo ou armazenados em mais de um banco de dados.
- Identifica lacunas nos dados necessários para apoiar a organização, de forma que os planos possam ser feitos para capturar ou adquirir os dados necessários.
- Fornece uma referência para avaliar até que ponto o pacote de software de um fornecedor atende às necessidades de dados da organização.

Ocasionalmente, a organização adquire um modelo corporativo padrão do setor de um fornecedor ou grupo de fabricantes. Por exemplo, o IBM Healthcare Provider Data Model é um modelo de dados corporativo que pode ser adotado por uma organização provedora de assistência médica para organizar e integrar dados clínicos, de pesquisa, operacionais e financeiros.[9] Antigamente, o *Sistema de Saúde da Universidade da Carolina do Norte* tinha uma miscelânea de hardware e software do sistema de informações que dificultava a integração de dados de seus sistemas legados existentes. A organização usou o IBM Healthcare Provider Data Model para orientar seus esforços para simplificar o ambiente de seu sistema de informações e melhorar a integração dos dados. Como resultado, a instituição foi capaz de eliminar sua dependência de tecnologias desatualizadas, construir um ambiente que oferece suporte à gestão eficiente dos dados e integrar os dados de seus sistemas legados a fim de criar uma fonte de dados para oferecer suporte a requisitos de análise de dados futuros.[10]

FIGURA 5.7
Modelo de dados corporativos
O modelo de dados corporativos fornece um roteiro para a construção de bancos de dados e sistemas de informação.

A empresa

Suporta → Possibilita a captura de oportunidades de negócios
Aumenta a eficácia dos negócios
Reduz custos

Sistemas e dados

Suporta → Permite interfaces de sistema mais simples
Reduz a redundância de dados
Garante dados compatíveis

Modelo de dados

diagrama entidade-relacionamento (ER): Um modelo de dados que utiliza símbolos gráficos básicos para mostrar a organização e os relacionamentos entre os dados.

O **diagrama entidade-relacionamento (ER)** é um modelo de dados utilizado para analisar e comunicar as necessidades de dados no nível de projeto ou aplicativo individual usando símbolos gráficos para identificar entidades de dados e seus atributos de dados associados e também os relacionamentos entre as entidades de interesse. Existem muitos estilos de notação que podem ser utilizados no desenho de um diagrama ER.

Os diagramas ER garantem que os relacionamentos entre as entidades de dados em um banco de dados sejam estruturados corretamente para que quaisquer programas aplicativos desenvolvidos sejam consistentes com as operações de negócios e as necessidades do usuário. Além disso, os diagramas ER podem servir como documentos de referência depois que um banco de dados está em uso. Se forem feitas alterações no banco de dados, os diagramas ER ajudam a projetá-las. A Figura 5.8 mostra um diagrama ER de um banco de dados de pedidos para uma organização específica. Nesse design de banco de dados, um vendedor atende a muitos clientes. Esse é um exemplo de relacionamento de um-para-muitos, conforme indicado pelo símbolo de um-para-muitos (o "pé de corvo") mostrado na figura. O diagrama ER também mostra que cada cliente pode fazer pedidos de um-para-muitos, que cada pedido inclui itens de linha um-para-muitos e que muitos itens de linha podem especificar o mesmo produto (um relacionamento de muitos-para-um). Esse banco de dados também pode ter relacionamentos de um-para-um. Por exemplo, um pedido gera uma fatura.

FIGURA 5.8
Diagrama entidade-relacionamento (ER) para um banco de dados de pedidos de clientes
O desenvolvimento de diagramas ER ajuda a garantir que a estrutura lógica dos programas aplicativos seja consistente com os relacionamentos de dados no banco de dados.

Exercício de pensamento crítico

Limpar o banco de dados de gestão de relacionamento com o cliente

▶ TOMADA DE DECISÃO

Vários gestores de vendas e marketing estão solicitando uma operação de limpeza de dados no banco de dados de gestão de relacionamento com o cliente (CRM). Esse é um banco de dados crucial para a organização que armazena e gerencia dados de clientes e clientes potenciais, como dados de contato e atividades da conta, incluindo compras, interações com a organização e respostas a iniciativas de marketing anteriores. Ele também captura e armazena dados sobre contatos de vendas e oportunidades de vendas. Membros das áreas de vendas e marketing desejam que os registros de todos os clientes que não compraram nenhum produto nos últimos seis meses sejam eliminados do banco de dados. Da mesma forma, todos os contatos que não responderam a nenhuma iniciativa de marketing nos últimos seis meses devem ser eliminados. Eles também querem que todos os contatos e clientes com endereços de e-mail inválidos sejam excluídos.

Perguntas de revisão

1. O que mais está envolvido na limpeza de dados além de limpar registros considerados desnecessários?
2. Qual das questões fundamentais de design de banco de dados precisa ser revisada?

Questões de pensamento crítico

1. Identifique três ou quatro atributos de dados que podem precisar ser atualizados e/ou corrigidos no banco de dados CRM.
2. É possível que a limpeza de dados solicitada possa resultar na perda de dados valiosos? Explique sua resposta.

Bancos de dados relacionais

modelo de banco de dados relacional: Uma maneira simples, mas altamente útil de organizar dados em coleções de tabelas bidimensionais chamadas relações.

O **modelo de banco de dados relacional** é uma maneira simples, mas muito útil de organizar dados em coleções de tabelas bidimensionais chamadas relações, conforme mostrado na Figura 5.9. Um banco de dados relacional tem seis características fundamentais:

1. Os dados são organizados em coleções de tabelas bidimensionais chamadas relações.
2. Cada linha da tabela representa uma entidade e cada coluna representa um atributo dessa entidade.
3. Cada linha em uma tabela é identificada exclusivamente por uma chave primária.
4. O tipo de dados que uma coluna da tabela pode conter é especificado como número inteiro, número decimal, data, texto etc.
5. Os dados em uma coluna da tabela podem ser restritos a certo tipo (inteiro, número decimal, dados, caracteres etc.), a certo tamanho ou ter um valor entre dois limites.
6. As chaves primárias e estrangeiras permitem que as relações entre as tabelas sejam definidas.
7. As consultas dos usuários são utilizadas para realizar operações no banco de dados, como adicionar, alterar ou excluir dados e selecionar, projetar e juntar dados existentes em tabelas existentes.

Tabela de dados 1: Tabela de projetos

Projeto	Descrição	Depto. (número)
155	Folha de Pagto	257
498	Ferramentas	632
226	Manual de vendas	598

Tabela de dados 2: Tabela de departamentos

Depto. (número)	Depto. (nome)	Gerente (registro)
257	Contabilidade	005-10-6321
632	Manufatura	549-77-1001
598	Marketing	098-40-1370

Tabela de dados 3: Tabela de gerentes

Registro	Sobrenome	Nome	Data de contratação	Depto. (número)
005-10-6321	Johns	Francine	10-07-2013	257
549-77-1001	Buckley	Bill	02-17-1995	632
098-40-1370	Fiske	Steven	01-05-2001	598

FIGURA 5.9
Modelo de banco de dados relacional

No modelo relacional, os dados são colocados em tabelas bidimensionais ou relações. Contanto que compartilhem pelo menos um atributo comum, essas relações podem ser vinculadas para fornecer informações úteis de saída. Nesse exemplo, todas as três tabelas incluem o atributo Depto. (número).

Manipulando dados em um banco de dados relacional

Após inserir os dados em um banco de dados relacional, os usuários podem fazer consultas e analisar os dados. As manipulações básicas de dados incluem seleção, projeção e junção.

Seleção envolve a eliminação de linhas de acordo com certos critérios. Suponha que o gerente de departamento de uma empresa deseja utilizar a tabela de um projeto que contém o seu número, a descrição e o número do departamento de todos os projetos que a empresa está executando. O gerente de departamento pode desejar encontrar o número do departamento do Projeto 226, de um manual de vendas. Usando a seleção, o gerente pode eliminar todas as linhas, exceto a do Projeto 226 e ver se o número do departamento para o qual está concluindo o projeto do manual de vendas é o 598.

Projeção envolve a eliminação de colunas em uma tabela. Por exemplo, uma tabela de departamento pode conter o número do departamento, o nome do departamento e o registro do seguro social do gerente responsável pelo projeto. Um gerente de vendas pode desejar criar uma nova tabela que contenha apenas o número do departamento e o número do seguro social do gerente responsável pelo projeto do manual de vendas. O gerente de vendas pode usar a projeção para eliminar a coluna do nome do departamento e criar uma nova tabela contendo apenas o número do departamento e o número do seguro social.

Contanto que as tabelas compartilhem pelo menos um atributo de dados comum, as tabelas em um banco de dados relacional podem ser vinculadas para fornecer informações e relatórios úteis. **Junção** é a combinação de duas ou mais tabelas por meio de atributos de dados comuns para formar uma nova tabela com apenas os atributos de dados exclusivos. É uma das chaves para a flexibilidade e o poder dos bancos de dados relacionais. Suponha que o presidente de uma empresa queira descobrir o nome do gerente do projeto do manual de vendas e também há quanto tempo ele está na empresa. Suponha que a empresa tenha as tabelas de gerentes, departamentos e projetos, conforme mostrado na Figura 5.10.

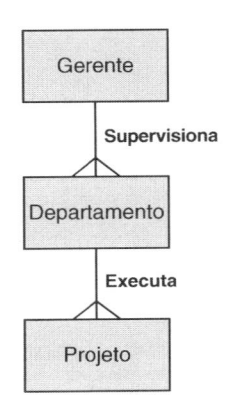

seleção: Manipular dados para eliminar linhas de acordo com certos critérios.

projeção: Manipular dados para eliminar colunas em uma tabela.

junção: Combinar duas ou mais tabelas por meio de atributos de dados comuns para formar uma nova tabela com apenas os atributos de dados exclusivos.

FIGURA 5.10
Diagrama ER
Esse diagrama mostra o relacionamento entre as tabelas de gerente, departamento e projeto.

Observe o pé de corvo na tabela de projetos. Esse símbolo indica que um departamento pode ter muitos projetos. O gerente faria a consulta ao banco de dados, talvez por meio de um laptop. O SGBD começaria com a descrição do projeto e pesquisaria a tabela de projetos para descobrir o número do departamento do projeto. Em seguida, ele usaria o número do departamento para pesquisar na tabela de departamentos o número do seguro social do gerente. O número do departamento também está na tabela de departamentos, sendo o elemento comum que vincula a tabela de projetos à tabela de departamentos. O SGBD usa o número do seguro social do gerente para pesquisar a data de contratação do gestor na tabela do gestor. O número do seguro social do gerente é o elemento comum entre a tabela de departamentos e a tabela de gerentes. O resultado final é a apresentação do nome do gerente e a data de contratação ao presidente em resposta à consulta. A Figura 5.11 mostra a vinculação entre as tabelas de projetos, departamentos e gerentes, necessárias para responder a essa consulta.

Tabela de dados 1: Tabela de projetos

Projeto	Descrição	Depto. (número)
155	Folha de pagamento	257
498	Ferramentas	632
226	Manual de vendas	598

Tabela de dados 2: Tabela de departamentos

Depto. (número)	Depto. (nome)	Gerente (registro)
257	Contabilidade	005-10-6321
632	Manufatura	549-77-1001
598	Marketing	098-40-1370

Tabela de dados 3: Tabelas de gerentes

Registro	Sobrenome	Nome	Data de contratação	Depto. (número)
005-10-6321	Johns	Francine	10-07-2013	257
549-77-1001	Buckley	Bill	02-17-1995	632
098-40-1370	Fiske	Steven	01-05-2001	598

FIGURA 5.11
Vinculando tabelas de dados para responder a uma consulta
Para encontrar o nome e a data de contratação do gerente que trabalha no projeto do manual de vendas, o presidente necessita de três tabelas: projeto, departamento e gerente. A descrição do projeto (manual de vendas) leva ao número do departamento (598) na tabela do projeto, que leva ao registro do seguro social do gerente (098-40-1370) na tabela do departamento, que leva ao sobrenome do gerente (fiske) e data de contratação (01-05-2001) na tabela do gerente.

Uma das principais vantagens de um banco de dados relacional é que ele permite que as tabelas sejam vinculadas, conforme mostrado na Figura 5.11. Essa vinculação reduz a redundância de dados e permite que os dados sejam organizados de forma mais lógica. A capacidade de vincular o registro do seguro social do gerente armazenado uma vez na tabela de gerentes elimina a necessidade de armazená-lo várias vezes na tabela de projetos.

O modelo de banco de dados relacional é amplamente utilizado. É mais fácil de controlar, mais flexível e mais intuitivo do que outras abordagens porque organiza os dados em tabelas. Como mostrado na Figura 5.12, um sistema de gestão de banco de dados relacional, como o Microsoft Access, pode ser utilizado para armazenar dados em linhas e colunas. Nesta figura, as ferramentas de hiperlink disponíveis na faixa de opções/barra de ferramentas podem ser utilizadas para criar, editar e manipular o banco de dados. A capacidade de vincular tabelas relacionais também permite que os usuários relacionem dados de novas maneiras, sem a necessidade de redefinir relacionamentos complexos. Devido às vantagens do modelo relacional, muitas empresas utilizam-no para grandes bancos de dados corporativos, como aqueles de marketing e contabilidade.

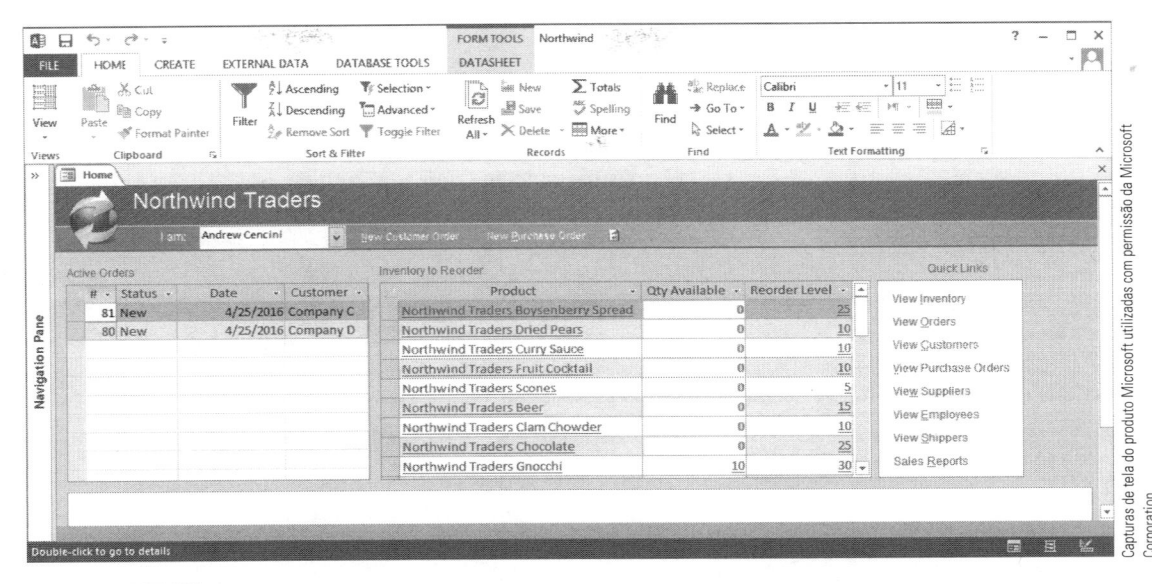

FIGURA 5.12
Construindo e modificando um banco de dados relacional
Os bancos de dados relacionais fornecem muitas ferramentas, dicas e atalhos para simplificar o processo de criação e modificação de um banco de dados.

Os bancos de dados baseados no modelo relacional são Oracle, IBM DB2, Microsoft SQL Server, Microsoft Access, MySQL, Sybase e outros. O modelo de banco de dados relacional tem sido um grande sucesso e é dominante no mundo comercial atualmente, embora muitas organizações comecem a utilizar novos modelos não relacionais para atender a algumas de suas necessidades de negócios.

Normalização de dados é o processo de organizar os dados em um banco de dados relacional para eliminar a redundância (todos os dados são armazenados em apenas um lugar) e garantir que as dependências de dados façam sentido (apenas armazenar dados relacionados em uma tabela). A normalização de dados é um processo rigoroso de várias etapas que garante que os bancos de dados relacionais ocupem o mínimo de espaço de armazenamento, resultando em melhor desempenho. Isso envolve a divisão de um banco de dados relacional em duas ou mais tabelas e a definição de relacionamentos entre as tabelas. A normalização de dados também isola os dados para que adições, exclusões e modificações de um atributo possam ser feitas em apenas uma tabela e, em seguida, propagadas pelo restante do banco de dados por meio dos relacionamentos definidos. Isso simplifica a manutenção do banco de dados à medida que vários atributos mudam.

normalização de dados: O processo de organizar os dados em um banco de dados relacional para eliminar a redundância (todos os dados são armazenados em apenas um lugar) e garantir que as dependências de dados façam sentido (apenas armazenar dados relacionados em uma tabela).

Bancos de dados SQL

SQL é uma linguagem de programação com o propósito especial de acessar e manipular dados armazenados em um banco de dados relacional. O SQL foi originalmente definido por Donald D. Chamberlin e Raymond Boyce do *IBM Research Center*, e descrito em seu artigo "SEQUEL: A Structured English Query Language", publicado em 1974. Seu trabalho foi baseado no modelo de banco de dados relacional descrito por Edgar F. Codd em um artigo pioneiro de 1970, intitulado "A relational model of data for large shared data banks". Ele apresentou um conjunto de 13 regras do sistema de gestão de banco de dados que considerava pré-requisitos para que um sistema seja considerado um sistema de gestão de banco de dados relacional.

SQL: Uma linguagem de programação de propósito especial para acessar e manipular dados armazenados em um banco de dados relacional.

Os bancos de dados SQL estão em conformidade com as **propriedades ACID** (atomicidade, consistência, isolamento, durabilidade), que foram definidas por Jim Gray logo após a publicação do trabalho de Codd. Essas propriedades garantem que as transações do banco de dados sejam processadas de forma confiável e garantem a integridade dos dados no banco de dados. Basicamente, esses princípios significam que os dados são divididos em valores atômicos — ou seja, valores que não têm partes componentes — como ID_empregado, sobrenome, nome, endereço_linha_1, endereço_linha_2 e cidade. Os dados nesses valores atômicos permanecem

Propriedades ACID: Propriedades (atomicidade, consistência, isolamento e durabilidade) que garantem que as transações do banco de dados relacional sejam processadas de forma confiável e garantem a integridade dos dados no banco de dados.

consistentes em todo o banco de dados. Os dados são isolados de outras transações até que a transação atual seja concluída, e é durável no sentido de que os dados nunca devem ser perdidos.[11]

Os bancos de dados SQL dependem do controle de simultaneidade, bloqueando os registros para garantir que outras transações não modifiquem o banco de dados até que a primeira transação seja bem-sucedida ou falhe. Como resultado, os bancos de dados SQL 100% compatíveis com ACID podem sofrer com o desempenho lento.

Em 1986, o *American National Standards Institute* (ANSI) adotou o SQL como a linguagem de consulta padrão para bancos de dados relacionais. Desde a aceitação do SQL pelo ANSI, aumentou o interesse em tornar o SQL uma parte integrante dos bancos de dados relacionais, tanto no mainframe quanto nos computadores pessoais. O SQL tem muitas funções integradas, como média (AVG), o maior valor (MAX) e o menor valor (MIN). A Tabela 5.6 contém exemplos de comandos SQL.

TABELA 5.6 Exemplos de comandos SQL

Comando SQL	Descrição
SELECT ClientName, Debt FROM Client WHERE Debt > 1000	Essa consulta exibe os clientes (ClientName) e o valor que eles devem à empresa (Debt) de uma tabela do banco de dados *chamada Client*; a consulta exibirá apenas clientes que devem à empresa mais de US$ 1.000 (WHERE Debt > 1000).
SELECT ClientName, ClientNum, OrderNum FROM Client, Order WHERE Client.ClientNum=Order.ClientNum	Esse comando é um exemplo de comando de junção que combina dados de duas tabelas: a tabela Client e a tabela Order (FROM Client, Order). O comando cria uma nova tabela com o nome do cliente, número do cliente e número do pedido (SELECT ClientName, ClientNum, OrderNum). Ambas as tabelas incluem o número do cliente, o que permite que sejam unidas. Essa capacidade é indicada na cláusula WHERE, que afirma que o número do cliente na tabela Client é o mesma que o (igual ao) número do cliente na tabela Order (WHERE Client.ClientNum=Order.ClientNum).
GRANT INSERT ON Client to Guthrie	Esse comando é um exemplo de comando de segurança. Ele permite que Bob Guthrie insira novos valores ou linhas na tabela *Cliente*.

O SQL permite que os programadores aprendam uma poderosa linguagem de consulta e usem-na em sistemas que vão desde PCs até os maiores computadores mainframe. Ver Figura 5.13. Os programadores e usuários de banco de dados também consideram o SQL valioso, porque as instruções SQL podem ser incorporadas a muitas linguagens de programação, como as amplamente utilizadas C++ e Java. Como o SQL usa procedimentos padronizados e simplificados para recuperar, armazenar e manipular dados, muitos programadores o consideram fácil de entender e utilizar — daí sua popularidade.

Sistemas populares de gestão de banco de dados relacional

Muitos sistemas de gestão de banco de dados populares atendem a uma ampla gama de necessidades individuais, de grupos de trabalho e empresariais, conforme mostrado na Tabela 5.7. O mercado de SGBD completo abrange software utilizado por pessoas que vão de indivíduos não técnicos a programadores profissionais altamente treinados e é executado em todos os tipos de computadores, de tablets a supercomputadores. Todo o mercado gera bilhões de dólares por ano em receitas para empresas como IBM, Oracle e Microsoft.

A seleção de um SGBD começa pela análise das necessidades de informação da organização. Características importantes dos bancos de dados incluem o seu tamanho, o número de usuários simultâneos, o desempenho exigido do banco de dados, a capacidade do SGBD de ser integrado a outros sistemas, os recursos do SGBD, as considerações do fornecedor e o custo do sistema de gestão de banco de dados.

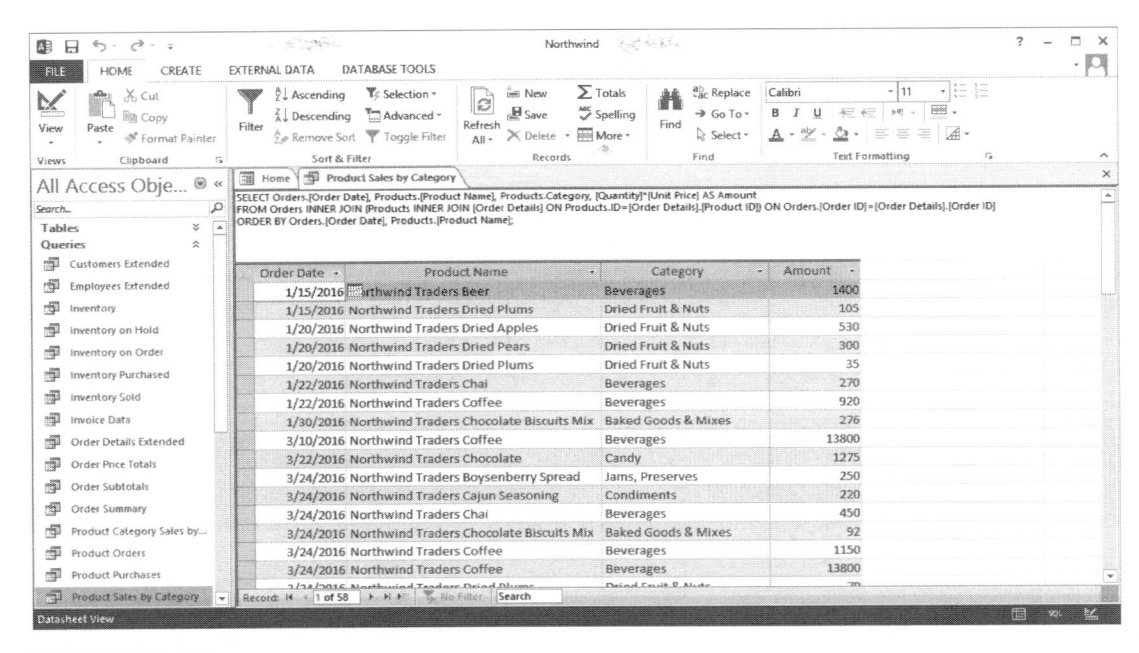

FIGURA 5.13
Structured Query Language (SQL)
A SQL tornou-se parte integrante da maioria dos bancos de dados relacionais, conforme mostrado nesse exemplo do Microsoft Access 2016.
Capturas de tela do produto Microsoft utilizadas com permissão da Microsoft Corporation.

TABELA 5.7 Sistemas populares de gestão de banco de dados

SGBD relacional livre	SGBD relacional para indivíduos e grupos de trabalho	SGBD relacional para grupos de trabalho e empresas
MySQL	Microsoft Access	Oracle
PostgreSQL	IBM Lotus Approach	IBM DB2
MariaDB	Google Base	Sybase Adaptive Server
SQL Lite	OpenOffice Base	Teradata
CouchDB	Airtable	Microsoft SQL Server
MongoDB	Knack	Progress OpenEdge

Zillow.com é uma comunidade imobiliária on-line onde proprietários, compradores, vendedores e agentes imobiliários podem ver quanto valem as casas, o que está à venda e o que os especialistas locais têm a dizer sobre imóveis e casas individuais. A Zillow precisava de um banco de dados confiável que lhe permitisse processar e gerenciar rapidamente grandes quantidades de dados. A Zillow escolheu o MySQL Cluster, uma versão especial de alta disponibilidade do banco de dados relacional de código aberto MySQL.[12]

Com o **banco de dados como serviço (DAAS)**, o banco de dados é armazenado nos servidores de um provedor de serviços e acessado pelo assinante do serviço pela internet, com a administração do banco de dados feita pelo provedor de serviços. A grande vantagem do DaaS é que ele elimina a instalação, manutenção e monitoramento de bancos de dados internos, reduzindo assim os custos relacionados a hardware, software e pessoal. Além disso, o provedor de serviços pode alocar mais ou menos capacidade de armazenamento do banco de dados com base nas necessidades de mudança de um cliente individual. Os clientes devem depender do provedor de serviços para fornecer recursos de backup do sistema e proteger os dados do cliente contra acesso não autorizado. Mais de uma dúzia de empresas estão oferecendo serviços de DaaS, incluindo Amazon, Clustrix, Google, Heroku, IBM, Microsoft, MongoDB e Oracle. O Amazon Relational Database Service (Amazon RDS)

banco de dados como serviço (DAAS): Um arranjo onde o banco de dados é armazenado nos servidores de um provedor de serviços e acessado pelo assinante do serviço em uma rede, normalmente a internet, com a administração do banco de dados feita pelo provedor de serviços.

é um DaaS que permite que as organizações configurem e operem sua escolha de um banco de dados relacional MySQL, Microsoft SQL, Oracle ou PostgreSQL na nuvem. O serviço faz backup automático do banco de dados e armazena esses backups com base em um período de retenção definido pelo usuário.

O Airbnb é um mercado on-line que permite que as pessoas obtenham hospedagem de curto prazo, incluindo aluguel por temporada, aluguel de apartamento, casa de família, camas em albergue ou quartos de hotel em mais de 65 mil cidades e 191 países.[13] A empresa emprega o Amazon Web Services (AWS) para permitir que ela suporte o rápido crescimento dos usuários sem ter que dedicar tempo e esforços constantes para organizar e configurar sua infraestrutura de sistemas de informação. Isso inclui a capacidade de processar e analisar cerca de 50 gigabytes de dados diariamente e armazenar mais de 10 terabytes de fotos dos usuários.[14]

Exercício de pensamento crítico

Banco de dados para apoiar um Festival de Cinema

▶ TOMADA DE DECISÃO

Você é membro do Centro de Convenções e Visitantes de Palm Springs. A cidade realiza um festival de cinema a cada primavera que atrai cerca de 150 mil pessoas, incluindo celebridades da indústria cinematográfica e cineastas. O festival oferece uma grande oportunidade para os visitantes verem uma prévia de mais de cem filmes em um período de duas semanas. Os participantes também podem optar por participar de eventos noturnos especiais de abertura e encerramento.

Esse ano, deseja-se coletar dados sobre os visitantes e sua participação no festival, bem como um feedback obtido em cartões de comentários enviados pelos espectadores de cada filme. Os dados seriam utilizados para muitos propósitos. O objetivo principal é decidir quais filmes e cineastas são mais populares para que os estúdios de cinema possam preparar campanhas de marketing adequadas. Outro objetivo é obter as informações de contato dos visitantes, para que possam receber um lembrete de inscrição no festival do próximo ano com várias semanas de antecedência. Os cineastas também gostariam de utilizar as informações de contato dos visitantes para enviar-lhes uma carta de agradecimento por assistirem a seu filme e incentivos para estimulá-los a falar sobre ele com seus amigos. Você foi solicitado a liderar os esforços para desenvolver um banco de dados relacional simples que atenda a essas necessidades.

Perguntas de revisão

1. Que perguntas-chave precisam ser respondidas para iniciar o design desse banco de dados?
2. O Centro de Convenções e Visitantes emprega o software de produtividade pessoal Microsoft Office 365. Você é proficiente em Excel e está pensando em criar uma série de planilhas do Excel com os dados necessários para atender a essas necessidades. É esse o caminho a percorrer? Por que sim ou por que não?

Questões de pensamento crítico

1. Identifique três tabelas necessárias para capturar os dados necessários para dar suporte às necessidades identificadas. Identifique uma chave primária e pelo menos dois ou três atributos adicionais para cada tabela.
2. Em que estágio desse projeto você deve envolver outras partes interessadas? Por que isso pode ser necessário?

Gestão de dados

Gestão de dados é um conjunto integrado de funções que define os processos pelos quais os dados são obtidos, certificados para uso, armazenados, protegidos e processados de forma a garantir que a acessibilidade, a confiabilidade e a oportunidade dos dados atendam às necessidades dos usuários de dados dentro de uma organização.

CAPÍTULO 5 • Sistemas de banco de dados e gestão de dados **195**

gestão de dados: Um conjunto integrado de funções que define os processos pelos quais os dados são obtidos, certificados para uso, armazenados, protegidos e processados de forma a garantir que a acessibilidade, a confiabilidade e a oportunidade dos dados atendam às necessidades dos dados usuários dentro de uma organização.

A Data Management Association (DAMA) é uma associação sem fins lucrativos, independente de fornecedores, cujos membros promovem a compreensão, o desenvolvimento e a prática da gestão de dados como um ativo empresarial essencial. Essa organização identificou as principais funções da gestão de dados, conforme mostrado na Figura 5.14.

FIGURA 5.14
Gestão de dados
A DAMA identificou funções básicas associadas à gestão de dados.
Fonte: "Body of Knowledge", DMA International, *https://www.dama.org/content/body-knowledge*. Copyright DMA International.

Diagrama circular com "Dados Governança" no centro, rodeado pelos segmentos: Gestão da arquitetura dos dados; Desenvolvimento de dados; Gestão das operações de banco de dados; Gestão da segurança dos dados; Gestão dos dados de referência e dos dados mestre; Gestão do data warehousing & inteligência do negócio; Gestão de documentos e conteúdo; Gestão de metadados; Gestão da qualidade dos dados.

governança de dados: O principal componente da gestão de dados; define as funções, responsabilidades e processos para garantir que os dados possam ser confiáveis e utilizados por toda a organização, com pessoas identificadas e posicionadas que são responsáveis por corrigir e prevenir problemas com os dados.

A **governança de dados** é o componente principal da gestão de dados; define as funções, responsabilidades e processos para garantir que os dados possam ser confiáveis e utilizados por toda a organização, com pessoas identificadas e posicionadas responsáveis por corrigir e prevenir problemas com os dados.

A necessidade de gestão de dados é impulsionada por uma variedade de fatores, incluindo a necessidade de atender a regulamentações externas projetadas para gerenciar o risco associado à distorção de dados financeiros, a necessidade de evitar a liberação acidental de dados confidenciais e garantir que as principais decisões de negócios sejam feitas usando-se dados de alta qualidade. Processos e controles de negócios aleatórios ou incompletos simplesmente não atenderão a esses requisitos. Processos de gestão rigorosos são necessários para controlar os dados.

A governança de dados eficaz requer liderança de negócios e participação ativa, sendo um esforço melhor conduzido por gestores de negócios e não pela organização do sistema de informações. A equipe de governança de dados deve ser multifuncional e multinível, composta de executivos, gerentes de projeto, gestores de linha de negócios e gestores de SI provenientes de várias áreas da empresa. O uso de uma equipe multifuncional é recomendado porque os dados e os sistemas de informação são utilizados por muitos departamentos diferentes e nenhum indivíduo tem uma visão completa das necessidades de dados da organização.

A equipe de governança de dados desenvolve uma política que especifica o responsável por várias partes ou aspectos dos dados, incluindo sua precisão, acessibilidade, consistência, integridade, atualização e arquivamento. A equipe define os processos de armazenamento, arquivamento, backup e proteção dos dados contra ataques cibernéticos, destruição, divulgação inadvertida ou roubo. Ela desenvolve padrões e procedimentos que definem quem está autorizado a atualizar, acessar e utilizar os dados. A equipe também implementa um conjunto de controles e procedimentos de auditoria para garantir a conformidade contínua com as políticas de

administrador de banco de dados (DBA): Um profissional de SI habilitado e treinado que mantém discussões com usuários de negócios para definir suas necessidades de dados; aplica linguagens de programação de banco de dados a fim de criar um conjunto de bancos de dados para atender a essas necessidades; testa e avalia bancos de dados; implementa mudanças para melhorar o desempenho dos bancos de dados; e garante que os dados estejam protegidos contra acesso não autorizado.

dados organizacionais e regulamentações governamentais. Dois membros principais da equipe de governança de dados são o administrador de banco de dados e os gestores de dados.

O **administrador de banco de dados** (*database administrator* – DBA) é um profissional de SI habilitado e treinado que mantém discussões com usuários de negócios para definir suas necessidades de dados; aplica linguagens de programação para criar um conjunto de bancos de dados que atenda a essas necessidades; testa e avalia bancos de dados; monitora seu desempenho e implementa mudanças para melhorar o tempo de resposta às consultas dos usuários; e garante que os dados estejam protegidos contra acesso não autorizado. Os sistemas de banco de dados requerem um DBA habilidoso, que deve ter uma compreensão clara dos negócios fundamentais da organização, ser proficiente no uso de sistemas de gestão de banco de dados selecionados e estar atualizado com as tecnologias emergentes e novas abordagens de design. Normalmente, um DBA tem diploma em ciência da computação ou sistemas de informação empresarial e algum treinamento prático com um produto de sistema de gestão de banco de dados específico ou experiência mais extensa com vários produtos de banco de dados. Ver Figura 5.15.

FIGURA 5.15
Administrador de banco de dados
A função do administrador de banco de dados (DBA) é planejar, projetar, criar, operar, proteger, monitorar e manter bancos de dados.

Uma importante responsabilidade do DBA é proteger o banco de dados de ataques ou outras formas de falha. Os DBAs utilizam software de segurança, medidas preventivas e sistemas redundantes para manter os dados seguros e acessíveis. Apesar dos melhores esforços dos DBAs, as violações de segurança de bancos de dados são muito comuns. Por exemplo, 143 milhões de consumidores norte-americanos tiveram suas informações pessoais confidenciais (nome, endereço, data de nascimento, número do seguro social) expostas em uma violação de dados em 2017 na Equifax, uma das três principais agências de crédito do país.[15]

gestor de dados: Um indivíduo responsável pela gestão de elementos de dados críticos, incluindo identificação e aquisição de novas fontes de dados; criação e manutenção de dados de referência e definições de dados consistentes; e análise de dados para qualidade e reconciliação de problemas de dados.

O **gestor de dados** normalmente é um funcionário não pertencente ao SI que assume a responsabilidade pela gestão de entidades ou atributos de dados críticos. Isso inclui identificar e adquirir novas fontes de dados para obter a entidade ou atributo de dados desejado; criar e manter dados de referência e definições de dados mestre consistentes; analisar a qualidade dos dados e reconciliar problemas com dados. Os usuários de dados consultam o gestor de dados quando precisam saber quais dados utilizar para responder a uma pergunta de negócios ou para confirmar a precisão, a integridade ou a solidez dos dados em um contexto de negócios. Os gestores de dados aconselham e orientam os usuários, ajudando-os a obter o máximo valor do data warehouse empresarial.

gestão do ciclo de vida dos dados (DLM): Uma abordagem baseada em políticas para gerenciar o fluxo de dados de uma empresa, desde sua aquisição inicial ou criação e armazenamento até o momento em que se torna desatualizado e é excluído.

Gestão do ciclo de vida de dados (*data lifecycle management* – DLM) é uma abordagem baseada em políticas para gerenciar o fluxo de dados de uma empresa, desde sua aquisição ou criação inicial e armazenamento até o momento em que se torna desatualizado e é excluído (ver Figura 5.16). Vários fornecedores oferecem produtos de software para suportar DLM, como a suite de produtos de software IBM Information Lifecycle Governance.

FIGURA 5.16
O ciclo de vida dos dados
Uma abordagem baseada em políticas para gerenciar o fluxo de dados de uma empresa, desde sua aquisição inicial ou criação e armazenamento até o momento em que se torna desatualizado e é excluído.

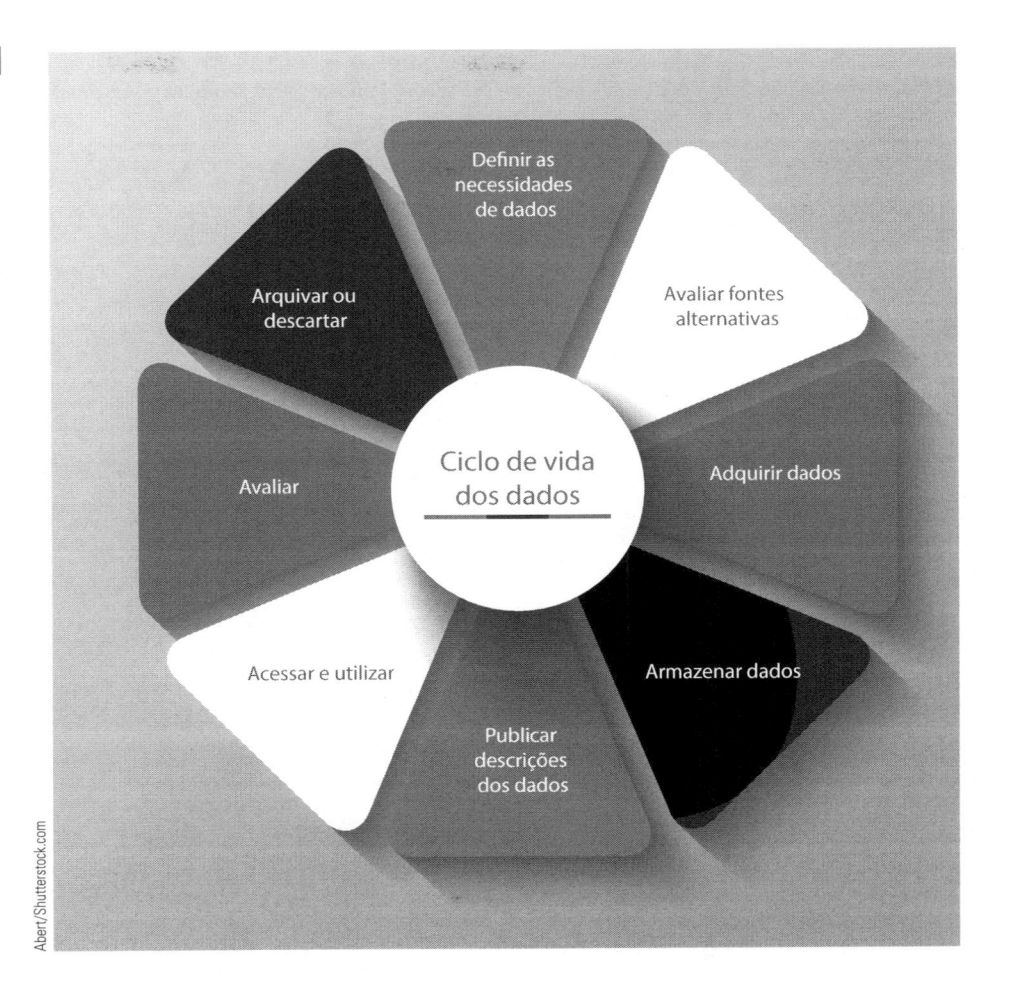

Ciclo de vida dos dados:
- Definir as necessidades de dados
- Avaliar fontes alternativas
- Adquirir dados
- Armazenar dados
- Publicar descrições dos dados
- Acessar e utilizar
- Avaliar
- Arquivar ou descartar

Abert/Shutterstock.com

Exercício de pensamento crítico

Iniciando um programa de gestão de dados

▶ TOMADA DE DECISÃO

Você é um gerente de segundo nível no departamento financeiro de uma companhia industrial de médio porte que implementou bancos de dados de funcionários, clientes, produtos, pedidos e fornecedores. Todos os bancos de dados são executados em um sistema de gestão de banco de dados Oracle instalado em um servidor que pertence e é gerenciado pela pequena organização de TI de sua empresa. Recentemente, você tem recebido uma série de reclamações de usuários do banco de dados sobre o tempo de resposta extremamente lento às suas consultas e solicitações de relatório. A gerência pediu que você preparasse um conjunto de propostas de soluções.

Perguntas de revisão

1. Que vantagens podem ser obtidas com a mudança para um ambiente de banco de dados como serviço?
2. Você consegue pensar nas possíveis desvantagens dessa abordagem?

Questões de pensamento crítico

1. Que perguntas adicionais precisam ser respondidas antes que você possa decidir se a abordagem de banco de dados como serviço é a certa para sua empresa?
2. Como tal movimento pode afetar você e sua função?

Resumo

Princípio:

Um banco de dados bem projetado e gerenciado é uma ferramenta extremamente valiosa no apoio à tomada de decisões.

Um banco de dados é uma coleção de dados bem projetados, organizados e cuidadosamente gerenciados.

Os dados consistem em fatos brutos; informação é uma coleção de dados organizados e processados de forma que tenham valor adicional além do valor dos fatos individuais. Transformar dados em informações é um processo executado para atingir um resultado definido. Esse processo requer conhecimento, que é a consciência e a compreensão de um conjunto de informações e as maneiras pelas quais essas informações podem ser úteis para apoiar uma tarefa específica ou para se chegar a uma decisão.

Os dados de qualidade têm nove características. Eles podem ser acessíveis, precisos, completos, econômicos de produzir, relevantes, confiáveis, seguros, oportunos e verificáveis. A importância de cada uma dessas características varia dependendo da situação e do tipo de decisão que você está tentando tomar. O valor da informação está diretamente ligado à maneira como ela ajuda as pessoas a atingirem os objetivos de suas organizações.

A alta qualidade pode fornecer cinco benefícios: melhorar a tomada de decisões, aumentar a satisfação do cliente, aumentar as vendas, melhorar a inovação, aumentar a produtividade e garantir a conformidade.

Uma entidade é uma classe generalizada de objetos (como uma pessoa, lugar ou coisa) para a qual os dados são coletados, armazenados e mantidos. O atributo é uma característica da entidade. Valores específicos de atributos — chamados de itens de dados — podem ser encontrados nos campos do registro que descrevem uma entidade. Uma chave de dados é o campo dentro de um registro que é utilizado para identificar o registro. Uma chave primária identifica exclusivamente um registro, enquanto uma chave secundária é o campo em um registro que não identifica exclusivamente o registro.

Um sistema de gestão de banco de dados consiste em um grupo de programas utilizados para acessar e gerenciar um banco de dados, bem como fornecer uma interface entre o banco de dados e seus usuários e outros programas aplicativos.

Os esquemas são usados para descrever todo o banco de dados, os tipos de registro e relacionamentos com o SGBD. Os esquemas são inseridos no computador por meio de uma linguagem de definição de dados, que descreve os dados e os relacionamentos em um banco de dados específico. Outra ferramenta utilizada na gestão de banco de dados é o dicionário de dados, que contém descrições detalhadas de todos os dados do banco de dados.

Um SGBD fornece seis funções básicas: oferecer visualizações do usuário, criar e modificar o banco de dados, armazenar e recuperar dados, manipular dados e gerar relatórios, habilitar a gestão de segurança e fornecer recursos de backup e recuperação. Após a instalação de um SGBD, o banco de dados pode ser acessado, modificado e consultado por meio de uma linguagem de manipulação de dados.

Um tipo de linguagem de manipulação de dados especializada é a linguagem de consulta, sendo a mais comum a Structured Query Language (SQL). A SQL é utilizada em vários pacotes de banco de dados populares atualmente e pode ser instalada em PCs e mainframes.

A limpeza de dados é o processo de detecção e correção ou exclusão de registros incompletos, incorretos, imprecisos ou irrelevantes que residem no banco de dados. O objetivo da limpeza de dados é melhorar a qualidade dos dados utilizados na tomada de decisão.

Ao construir um banco de dados, uma organização deve considerar conteúdo, acesso, estrutura lógica, organização física, arquivamento e segurança do banco.

A modelagem de dados corporativos envolve a análise das necessidades de dados e informações de toda a organização e fornece um roteiro para a construção de banco de dados e sistemas de informação, criando uma única definição e formato de dados que podem garantir a compatibilidade e a capacidade de trocar e integrar dados entre sistemas.

Os diagramas entidade-relacionamento (ER) podem ser utilizados para mostrar os relacionamentos entre as entidades na organização.

O modelo de banco de dados relacional coloca os dados em tabelas bidimensionais. As tabelas podem ser vinculadas por elementos de dados comuns, que são utilizados para acessar os dados quando o banco de dados é consultado. Cada linha em uma tabela do banco de dados relacional representa um registro e cada coluna representa um atributo (ou campo). Os valores permitidos para cada atributo são chamados de domínio do atributo.

A normalização de banco de dados é o processo de organização dos dados em um banco de dados relacional para eliminar a redundância e garantir que as dependências de dados façam sentido. Se feito corretamente, a normalização de dados garantirá que o banco de dados ocupe o mínimo de armazenamento de dados e forneça desempenho aprimorado.

Um banco de dados relacional tem seis características fundamentais: 1. Os dados são organizados em coleções de tabelas bidimensionais chamadas relações; 2. cada linha da tabela representa uma entidade e cada coluna representa um atributo dessa entidade; 3. cada linha da tabela é identificada exclusivamente por uma chave primária; 4. o tipo de dados que uma coluna da tabela pode conter pode ser especificado como um número inteiro, número decimal, data, texto etc.; 5. os dados em uma coluna da tabela podem ser restritos a um certo tipo (inteiro, decimal, dados, caracteres etc.), um certo comprimento ou ter um valor entre dois limites; 6. as chaves primárias e estrangeiras permitem definir as relações entre as tabelas; e 7. as consultas do usuário são utilizadas para realizar operações no banco de dados, como adicionar, alterar ou excluir dados e selecionar, projetar e juntar os dados nas tabelas.

SQL é uma linguagem de programação de propósito especial para acessar e manipular dados armazenados em um banco de dados relacional.

Os bancos de dados SQL estão em conformidade com as propriedades ACID de atomicidade, consistência, isolamento e durabilidade. Essas propriedades garantem que as transações do banco de dados sejam processadas de forma confiável e garantam a integridade dos dados.

A seleção de um SGBD começa pela análise das necessidades de informação da organização. Características importantes dos bancos de dados incluem o seu tamanho, o número de usuários simultâneos, o desempenho, a capacidade do SGBD de ser integrado a outros sistemas, os recursos do SGBD, as considerações do fornecedor e o custo do sistema de gestão de banco de dados.

No arranjo de banco de dados como serviço (DaaS), o banco de dados é armazenado nos servidores de um provedor de serviços e acessado pelo assinante em uma rede, normalmente a internet. Uma vantagem do DaaS é que ele elimina a instalação, manutenção e monitoramento de bancos de dados internos, reduzindo assim os custos relacionados a hardware, software e pessoal. Uma segunda vantagem é que os provedores de serviço podem alocar mais ou menos capacidade de processamento de armazenamento do banco de dados com base nas necessidades de mudança de um cliente individual.

Princípio:

Um programa de gestão de dados poderoso é necessário para garantir dados de alta qualidade.

A gestão de dados é um conjunto integrado de dez funções que definem os processos pelos quais os dados são obtidos, certificados para uso, armazenados, protegidos e processados de forma a garantir que a acessibilidade, a confiabilidade e a oportunidade dos dados atendam às necessidades dos usuários de dados dentro de uma organização.

A governança de dados é o componente central da gestão de dados; ela define as funções, responsabilidades e processos para garantir que os dados possam ser confiáveis e usados por toda a organização com pessoas identificadas e posicionadas que são responsáveis por corrigir e prevenir problemas com os dados.

A necessidade de gestão de dados é impulsionada por três fatores: 1. a necessidade de atender às regulamentações externas projetadas para gerenciar o risco associado à distorção de dados financeiros; 2. a necessidade de evitar a liberação acidental de dados confidenciais; e 3. a necessidade de garantir que as principais decisões de negócios sejam tomadas usando-se dados de alta qualidade.

Um administrador de banco de dados (DBA) planeja, projeta, cria, opera, protege, monitora e mantém bancos de dados. Um gestor de dados normalmente é um funcionário não pertencente ao SI que assume a responsabilidade pela gestão de entidades ou atributos de dados críticos.

Quatro responsabilidades principais da governança de dados incluem: 1. desenvolver uma política que especifique o responsável por várias partes ou aspectos dos dados; 2. definir processos para a maneira como os dados são armazenados, arquivados, copiados e protegidos contra ataques cibernéticos, destruição ou divulgação inadvertida ou roubo; 3. desenvolver padrões e procedimentos que definam quem está autorizado a atualizar, acessar e utilizar os dados; e 4. implementar um conjunto de controles e procedimentos de auditoria para garantir a conformidade contínua.

A gestão do ciclo de vida dos dados é uma abordagem baseada em políticas para gerenciar o fluxo de dados de uma empresa, desde sua aquisição inicial ou criação e armazenamento até o momento em que se torna desatualizado e é excluído.

Termos-chave

propriedades ACID
atributo
controle da concorrência
dados
limpeza de dados
linguagem de definição de dados (DDL)
dicionário de dados
governança de dados
item de dados
gestão de ciclo de vida de dados (DLM)
gestão de dados
linguagem de manipulação de dados (DML)
normalização de dados
administrador de dados
banco de dados
administrador de banco de dados (DBA)
abordagem baseada em banco de dados para gestão de dados

banco de dados como serviço (DaaS)
sistema de gestão de banco de dados (SGBD)
domínio
modelo de dados corporativos
entidade
diagrama entidade-relacionamento (ER)
arquivo
chave estrangeira
informação
junção
conhecimento
chave primária
projeção
registro
modelo de banco de dados relacional
esquema
selecionar
SQL

Teste de autoavaliação

Um banco de dados bem projetado e gerenciado é uma ferramenta extremamente valiosa no apoio à tomada de decisões.

1. Uma coleção de fatos brutos é chamada de _____.
   a. atributo
   b. informação
   c. dados
   d. conhecimento

2. Uma organização pode exigir dados de alta qualidade para evitar multas e penalidades por não conformidade com os requisitos regulatórios. Verdadeiro ou falso?

3. Uma coleção de atributos sobre uma entidade específica é um _____.
   a. registro
   b. banco de dados
   c. domínio
   d. arquivo

4. Um _____ é uma pessoa, lugar ou coisa (objeto) para a qual os dados são coletados, armazenados e mantidos.

5. Um(a) _____ é uma coleção de entidades semelhantes, enquanto um(a) _____ é uma característica de uma entidade.

a. domínio e registro
b. banco de dados e chave
c. registro e chave estrangeira
d. arquivo e atributo

6. Qual das opções a seguir não é uma função do sistema de gestão de banco de dados _____?
   a. normalização de dados de banco de dados e limpeza de dados
   b. backup de banco de dados
   c. recuperação de banco de dados
   d. segurança de banco de dados

7. Um banco de dados e um sistema de gestão de banco de dados são a mesma coisa. Verdadeiro ou falso?

8. Uma coleção de instruções e comandos para definir e descrever dados e relacionamentos em um banco de dados específico é um _____.
   a. esquema de banco de dados
   b. linguagem de definição de dados
   c. modelo de dados
   d. linguagem de manipulação de dados (DML)

9. O processo de detecção e correção ou exclusão de registros incompletos, incorretos, imprecisos ou irrelevantes que residem em um banco de dados é chamado _____.
   a. normalização de dados
   b. controle de simultaneidade de dados
   c. gestão de dados
   d. limpeza de dados

10. No projeto de um banco de dados, não é necessário saber por quanto tempo os dados devem ser armazenados. Verdadeiro ou falso?

11. O uso de chaves primárias e chaves estrangeiras torna impossível definir relacionamentos entre os dados em duas tabelas de um banco de dados relacional. Verdadeiro ou falso?

12. O objetivo da normalização de dados é _____.
    a. remover quaisquer dados imprecisos ou incompletos do banco de dados
    b. inserir dados mais novos e atuais no banco de dados
    c. eliminar redundâncias de dados e garantir que as dependências de dados façam sentido
    d. excluir dados antigos e obsoletos do banco de dados

13. As propriedades _____ dos bancos de dados SQL ajudam a garantir a integridade dos dados.

14. Qual das opções a seguir não é uma vantagem associada ao banco de dados como serviço (DaaS)?
    a. Elimina a instalação, manutenção e monitoramento de bancos de dados internos.
    b. Reduz os custos relacionados a hardware, software e pessoal.
    c. O provedor de serviços pode alocar mais ou menos capacidade de armazenamento de banco de dados com base nas necessidades de mudança de um cliente individual.
    d. O cliente tem total responsabilidade pelo acesso à segurança e ao backup do banco de dados.

15. A governança de dados é um subconjunto da gestão de dados. Verdadeiro ou falso?

16. Um dos motivos principais por trás da necessidade de gestão de dados é gerenciar o risco associado à distorção de dados financeiros. Verdadeiro ou falso?

17. O indivíduo responsável por planejar, projetar, criar, operar, proteger, monitorar e manter bancos de dados é o _____.

18. Qual das seguintes não é uma responsabilidade principal da equipe de governança de dados?
    a. Desenvolver política que especifica quem é responsável por vários aspectos dos dados.
    b. Decidir qual tecnologia de banco de dados deve ser utilizada.
    c. Definir processos para a maneira como os dados são armazenados, arquivados, copiados e protegidos contra ataques cibernéticos.
    d. Desenvolver padrões e procedimentos que definam quem está autorizado a atualizar, acessar e utilizar os dados.

Respostas do teste de autoavaliação

1. C
2. Verdadeiro
3. a
4. entidade
5. d
6. a
7. Falso
8. a
9. d
10. Falso
11. Falso
12. C
13. ACID
14. d
15. Falso
16. Verdadeiro
17. administrador de banco de dados
18. b

Questões de revisão e discussão

1. Explique a diferença entre dados, informações e conhecimento.
2. Quais são os seis benefícios de utilizar dados de alta qualidade?
3. Defina o termo banco de dados. Defina o termo sistema de gestão de banco de dados. Identifique seis funções executadas pelo sistema de gestão de banco de dados.
4. Quais funções desempenham o esquema de banco de dados, a linguagem de definição de dados e a manipulação de dados?
5. Qual é o propósito da limpeza de dados?
6. Você está trabalhando com um administrador de banco de dados para criar um novo banco de comentários do cliente. Quais são as sete perguntas principais que devem ser respondidas para realizar um bom design?
7. Quais são as seis características fundamentais de um modelo de banco de dados relacional?
8. Por que uma organização pode desejar passar pelo processo de normalização de banco de dados para bancos de dados operacionais importantes?
9. Quais são os benefícios associados à aplicação das propriedades ACID dos bancos de dados SQL?
10. Cite dois motivos pelos quais uma organização pode desejar implementar o banco de dados como serviço. Você pode identificar quaisquer problemas potenciais com essa abordagem?
11. Com suas próprias palavras, descreva a diferença entre gestão de dados e governança de dados.
12. Quais são os três fatores que impulsionam a necessidade de gestão de dados?
13. Como você definiria a função do administrador do banco de dados?
14. Faça a distinção entre as principais responsabilidades da equipe de governança de dados e as do administrador de banco de dados.

Exercícios de tomada de decisão de negócio

1. A Ticketmaster é um varejista global de ingressos que vende centenas de milhões de ingressos para todos os tipos de shows e locais, com receita total superior a US$ 8 bilhões/ano. Em 2010, fundiu-se com a Live Nation para se tornar a Live Nation Entertainment. A demanda dos clientes por ingressos é muito desigual, com uma demanda extremamente alta durante as primeiras horas de disponibilidade dos ingressos para um evento popular, seguida por um declínio significativo na demanda. Isso resulta em uma demanda muito desigual de recursos de computação que é difícil de atender. Além disso, qualquer tempo de inatividade do sistema é extremamente caro e pode resultar em vendas perdidas de aproximadamente US$ 1 milhão por hora.[16,17] Quais são os prós e os contras da Ticketmaster para mover suas operações de banco de dados para um provedor de banco de dados como serviço? Quais possíveis problemas de gestão de dados podem surgir nessa transição? Quem deve estar envolvido na tomada dessa decisão?

2. Sua organização tem um grande problema para cobrar contas a receber vencidas com US$ 10 milhões em dívidas pendentes. Como resultado, está considerando fazer um investimento de US$ 100 mil para melhorar a precisão dos dados de suas contas a receber. Com base nos resultados dos concorrentes do setor, você pode esperar coletar cerca de 30% da dívida pendente ou US$ 3 milhões, identificando com precisão os dados de contato de clientes inadimplentes. Os US$ 7 milhões restantes da dívida pendente seriam repassados a uma agência de cobrança. A taxa de recuperação esperada é de 25%.

   Quanto da dívida pendente seria recuperada por meio de uma combinação de melhoria da qualidade dos dados e esforços da agência de cobrança? Quanta dívida seria recuperada se todos os US$ 10 milhões em dívida pendente fossem entregues à agência de cobrança? Qual é a receita líquida adicional gerada a partir de uma combinação de melhoria da qualidade dos dados e esforços da agência de cobrança?

Trabalho em equipe e atividades de colaboração

1. Como uma equipe, entreviste um grupo de gerentes de sua escola, local de trabalho, banco ou outra organização sugerida pelo instrutor e que recentemente implementou um grande banco de dados. Seu objetivo é entender o processo pelo qual a organização passou para desenvolver o banco de dados. Você também deseja identificar as pessoas de SI e as pessoas que não estão envolvidas e suas funções. Descubra o nome do banco de dados e as entidades de dados e atributos de dados contidos no banco de dados. Qual sistema de gestão de banco de dados cada empresa selecionou para implementar seu banco de dados e por quê? Os gestores e sua equipe receberam treinamento em alguma ferramenta de consulta ou relatório? O que eles gostam em seu banco de dados e o que pode ser melhorado? Olhando para trás depois do fato e com uma melhor visão de tudo, há algo que eles teriam mudado?

2. Uma empresa que fornece serviço de assinatura de streaming de filmes usa um banco de dados relacional para armazenar informações sobre os filmes e responder às perguntas dos clientes. Cada entrada no banco de dados contém os seguintes itens: ID do filme (a chave primária), título do filme, ano de realização, tipo de filme, classificação MPAA, estrelado pelo ator nº 1, estrelado pelo ator nº 2, estrelado pelo ator nº 3 e diretor. Os tipos de filmes são ação, comédia, família, drama, terror, ficção científica e faroeste. As classificações da Motion Picture Producers and Distributors of America (MPAA) são G, PG, PG-13, R, NC-17 e NR (não classificado). Trabalhe com sua equipe e use um sistema de gestão de banco de dados para construir uma tela de entrada de dados para inserir esses dados. Crie um pequeno banco de dados com pelo menos uma dezena de entradas. Agora que o banco de dados foi construído, os funcionários da empresa de streaming de filmes propuseram várias alterações já consideradas para o banco de dados no exercício anterior. Na lista a seguir, escolha duas modificações do banco de dados e, na sequência, modifique a tela de entrada de dados para capturar e armazenar essas novas informações. As alterações propostas são as seguintes: a) adicionar a data em que o filme foi lançado pela primeira vez no cinema; b) adicionar o nome do produtor executivo; c) adicionar uma avaliação do cliente de uma, duas, três, quatro ou cinco estrelas, com base no número de locações; e d) adicionar o número de indicações ao Oscar.

Exercícios de carreira

1. Descreva a função de um administrador de banco de dados. Quais habilidades, treinamento e experiências são necessárias para cumprir essa função? Crie um currículo fictício que garanta a forte consideração do candidato para um cargo de administrador de banco de dados em um grande fabricante de bens de consumo embalados, como Procter & Gamble, Unilever, Kimberly-Clark etc.
2. *Dice.com* é um dos muitos sites de carreiras que atendem àqueles que buscam carreiras técnicas. Vá até o site, digite "database administrator" na caixa de pesquisa e leia oito dos resultados da pesquisa. Quais são alguns dos requisitos comuns entre os resultados da pesquisa? Quais produtos de banco de dados você vê recebendo grande ênfase nas listas de emprego? Com essas informações, como você poderia se preparar melhor para uma carreira como administrador de banco de dados ou para trabalhar com bancos de dados em sua linha de negócios?

Estudo de caso

▶ PROTEÇÃO DE DADOS

Bancos de dados biométricos capturam criminosos

Até o ano 2021, a União Europeia (UE) terá um banco de dados de impressões digitais, fotografias para reconhecimento facial, números de passaporte e datas de nascimento de todos os seus 350 milhões de cidadãos. Os dados que são medidas do corpo de uma pessoa, como a fotografia do rosto, são conhecidos como dados biométricos. Na UE, o banco de dados biométrico será designado CIR, de Common Identity Repository. O banco de dados também permitirá pesquisas em outros bancos de dados para comparar os cidadãos que posam com identidades múltiplas, o que ajudará o controle de fronteiras e as agências de segurança. Os críticos estão preocupados com o fato de que, com tantas informações em um banco de dados, ele será um alvo para violações de segurança. Com muitas agências tendo acesso compartilhado ao banco de dados biométrico, poderia haver mais exposição e risco ao crime cibernético e nenhuma entidade, seja ela privada ou governamental, é invulnerável a violações de segurança.

Embora os Estados Unidos não tenham um banco de dados biométrico em todo o país, como o CIR da UE, as agências de aplicação da lei em todo o país têm acesso a vários bancos de dados contendo dados biométricos, como fotografias. Muitas dessas agências agora estão usando software de reconhecimento facial para pesquisar um criminoso específico no banco de dados. Essa busca é controversa porque os EUA não possuem muitas leis que regem o uso de buscas em bancos de dados para uma correspondência facial. Por exemplo, nos estados de Maryland e Indiana, a polícia tem permissão para pesquisar um banco de dados de fotos de carteiras de motorista para reconhecer um possível criminoso, enquanto no Oregon, apenas o banco de dados de fotos da polícia pode ser pesquisado. Legalmente, as fotografias das carteiras de habilitação não são consideradas registro público, o que representa um dilema para as autoridades.

Na primavera de 2019, São Francisco proibiu o uso de reconhecimento facial pela polícia e pelas agências municipais. Os advogados estão começando a intervir na discussão. No Centro Jurídico de Privacidade e Tecnologia de Georgetown, uma porta-voz, a senhorita Garvie, disse: "Há uma ausência fundamental de transparência sobre quando e como a polícia usa a tecnologia de reconhecimento facial. Os riscos de identificação incorreta são substanciais" (Bosman & Kovaleski, 2019). Cidadãos e advogados dos EUA não são os únicos grupos a se preocupar com o uso de bancos de dados biométricos pelo governo. Em 2019, o Comitê de Supervisão da Câmara dos Representantes teve apoio de grupos bipartidários para controlar o uso da biometria em agências governamentais.

Embora os EUA possam não ter um banco de dados biométrico doméstico para a aplicação da lei, outras agências estão pesquisando bancos de dados biométricos para capturar criminosos. O Departamento de Segurança Interna dos EUA criou um grande banco de dados biométrico chamado HART, abreviação de Homeland Advanced Technical System. A biometria nesse banco de dados inclui fotos faciais, impressões digitais, íris e outras características distintas, como tatuagens. Além disso, o HART pode compartilhar dados de outras agências, como o FBI e o Departamento de Estado.

O banco de dados HART é armazenado no Amazon's Web Services, AWS. A Amazon atende às necessidades de armazenamento de dados do governo por meio do GovCloud. Outras agências governamentais utilizam o GovCloud, como a Nasa, a CIA e o Departamento de Defesa. GovCloud cumpre todos os requisitos regulatórios do governo e também os padrões de segurança comercial e privacidade. Os bancos de dados físicos são armazenados em diferentes zonas nos Estados Unidos para garantir a disponibilidade contínua dos dados e baixa latência (latência é o tempo que leva para os dados viajarem do centro de dados até o usuário). Cada local tem sua própria fonte de alimentação, incluindo ar-condicionado em um ambiente seguro. Várias cópias de dados são armazenadas (redundância).

"O uso da tecnologia e dos dados está se tornando cada vez mais importante para a aplicação da lei", disse o major Mike White, chefe adjunto do Departamento de Polícia do Estado de Indiana. "Com os avanços, surge a necessidade de conectividade e armazenamento seguros sem esgotar o orçamento. O armazenamento de bancos de dados, relatórios e vídeos faz parte dos desafios atuais para os gestores de tecnologia de aplicação da lei. A AWS está se tornando rapidamente uma solução ideal para necessidades de tecnologia que não quebram o banco" (*Business Wire*, 2018).

Questões de pensamento crítico

1. Diferencie os termos gestão de dados e governança de dados. Como os bancos de dados biométricos estão sendo gerenciados e controlados? Quais são as preocupações em cada segmento?
2. Descreva o dilema ético de utilizar o reconhecimento facial pelas agências de aplicação da lei. Se estiver na sala de aula, faça um debate sobre os prós e os contras.
3. Pesquise como os criminosos são descobertos e presos usando um banco de dados biométrico. Encontre um exemplo e relate isso. Cite sua fonte. Pesquise a proibição do uso de bancos de dados biométricos em São Francisco em 2019 para incluir em seu relatório.

Fontes: "Half of American adults are in a little regulated police face recognition database", Homeland Security News Wire, 20 de dezembro de 2016. Acesso em 22 de junho 2019 *http://www.homelandsecuritynewswire.com/dr20161020-half-of-american-adults-are-in-a-little-regulated-police-face-recognition-database*; Angelica Mari "European Union to create central biometrics database", *Computer Weekly Com*. 25 de abril de 2019. Acesso em 22 de junho 2019 em *https://www.computerweekly.com/news/252462245/European-Union-to-create-central-biometrics-database*; Emma Woollacott "Security experts weigh in on EU biometrics database plan", *The Daily Swig*, 30 de abril de 2019. Acesso em 22 de junho de 2019 em *https://portswigger.net/daily-swig/security-experts-weigh-in-on-eu-biometrics-database-plan*; Julie Bosman e Serge F. Kovaleski. "Facial Recognition: Dawn of Dystopia, or Just the New Fingerprint?", *New York Times*, 18 de maio de 2019, acesso em 22 de junho de 2019 em *https://www.nytimes.com/2019/05/18/us/facial-recognition-police.html*; Jack Corrigan "DHS to Move Biometric Data on Hundreds of Millions of People to Amazon Cloud", Nextgov, 19 de junho de 2019. Acesso em 22 de junho de 2019 em *https://www.nextgov.com/it-modernization/2019/06/dhs-move-biometric-data-hundreds-millions-people-amazon-cloud/157837/*; John E. Dunn "US Government's biometric database worries privacy advocates", *Naked Security*, 11 de junho de 2018. Acesso em 22 de junho de 2019 em *https://nakedsecurity.sophos.com/2018/06/11/us-governments-biometric-database-worries-privacy-advocates/*; "Amazon Web Services Launches Second GovCloud Region in the United States", *Business Wire*, 12 de novembro de 2018. Acesso em 22 de junho de 2019 em *https://www.businesswire.com/news/home/20181112005823/en/Amazon-Web-Services-Launches-GovCloud-Region-United*

Notas

Fontes da vinheta de abertura: "The 100,000 Genomes Project", Genomics England, *https://www.genomicsengland.co.uk/about-genomics-england/the-100000-genomes-project*, acesso em 10 de fevereiro de 2019; "As the NHS Celebrates 70 Years Genomics England Sequences Its 70,000th Genome", Genomics England, *https://www.genomicsengland.co.uk/as-the-nhs-celebrates-70-years-genomics-england-sequences-its-70000th-genome/*, 4 de julho de 2018; "NHS Digital Data Release Register", National Health Organization, *https://theysolditanyway.com/organisations/genomics_england/*, acesso em 29 de maio de 2019; "A New Milestone in British Genomics", Front Line Genomics, *http://www.frontlinegenomics.com/news/10364/new-milestone-british-genomics/*, 7 de março de 2017; "Data types and storage in the 100,000 Genomes Project", Genomics England, *https://www.genomicsengland.co.uk/understanding-genomics/data/data-types-and-storage/*, acesso em 29 de maio de 2019; "Genomics England Uses MongoDB to Power the Data Science Behind the 100,000 Genomes Project", MongoDB, *https://www.mongodb.com/press/genomics-england-uses-mongodb-to-power-the-data-science-behind-the-100000-genomes-project*, acesso em 10 de fevereiro de 2019; "Reference Genome: Defining Human Difference", Genomics Education Programme NHS England, 20 de janeiro de 2017; *https://www.genomicseducation.hee.nhs.uk/news/item/328-reference-genome-defining-human-difference*.

1. "Starbucks Reports Record Q3 Fiscal 2018 Revenues and EPS", *https://s22.q4cdn.com/869488222/files/doc_news/Starbucks-Q3-FY18-Earnings-Release.pdf*, acesso em 28 de agosto de 2018.
2. "The State of Data Quality", An Experian Data Quality White Paper, *https://www.experian.com/assets/decision-analytics/white-papers/the%20state%20of%20data%20quality.pdf*, acesso em 15 de outubro de 2018.
3. "Poor-Quality Data Imposes Costs and Risks on Businesses, Says New Forbes Insights Report", *Forbes*, 31 de maio de 2017, *https://www.forbes.com/sites/forbespr/2017/05/31/poor-quality-data-imposes-costs-and-risks-on-businesses-says-new-forbes-insights-report/#6797e8d3452b*.
4. "Offshore Leaks Database", International Consortium of Investigative Journalists, *https://offshoreleaks.icij.org/pages/about*, acesso em 8 de fevereiro de 2018.
5. "National Integrated Ballistic Database Network", Bureau of Alcohol, Tobacco, Firearms, and Explosives, *https://www.atf.gov/firearms/*.

6. "Overview of the GTD", Global Terrorism Database, www.start.umd.edu/gtd/about, acesso em 8 de fevereiro de 2018.
7. "About LeadsOnline", LeadsOnline, https://www.leadsonline.com/main/about-leadsonline.php, acesso em 30 de agosto de 2018.
8. "The National Syndromic Surveillance Program (NSSP)", Centers for Disease Control and Prevention, https://www.cdc.gov/nssp/overview.html, acesso em 30 de agosto de 2018.
9. "Healthcare Provider Data Model and Analytics Solution Healthcare Datamodel", IBM Global Solutions Directory, http://www-304.ibm.com/partnerworld/gsd/solutiondetails.do?solution=44587&expand=true&lc=en, acesso em 7 de março de 2018.
10. "IBM Health Analytics Solution", http://www-03.ibm.com/industries/ca/en/healthcare/documents/IBM_Health_Analytics_Solutions.pdf, acesso em 8 de março de 2018.
11. Brian Proffitt, "FoundationDB's NoSQL Breakthrough Challenges Relational Database Dominance", *Read Write*, 8 de março de 2013, http://readwrite.com/2013/03/08/foundationdbs-nosql-breakthrough-challenges-relational-database-dominance#awesm=~oncfIkqw3jiMOJ.
12. "Zillow.com Deploys MySQL Cluster for High Growth with High Availability", https://www.mysql.com/why-mysql/case-studies/mysql-cs-zillow.html, acesso em 6 de março de 2017.
13. "About Us", https://www.airbnb.com/about/about-us, acesso em 23 de novembro de 2017.
14. "Airbnb Case Study", https://aws.amazon.com/solutions/case-studies/airbnb/, acesso em 23 de novembro de 2017.
15. Allen St. John, "Equifax Data Breach: What Consumers Need to Know", *Consumer Reports*, 21 de setembro de 2017, https://www.consumerreports.org/privacy/what-consumers-need-to-know-about-the-equifax-data-breach.
16. Daniel D. Gutierrez, "Inside Big Data: Ticketmaster: Using the Cloud Capitalizing on Performance, Analytics, and Data to Deliver Insights", © 2018 inside BigData LLC, http://assets.teradata.com/resourceCenter/downloads/CaseStudies/EB2694_InsideBigData_Ticketmaster.pdf.
17. Peter Cohen, "Amazon Seeks To Snag $5 Billion Market From Ticketmaster", *Forbes*, 11 de agosto de 2017, https://www.forbes.com/sites/petercohan/2017/08/11/amazon-seeks-to-snag-5-billion-market-from-ticketmaster/2/#42d8e6a9f9ae.

CAPÍTULO 6
Inteligência de negócios: big data e inteligência analítica

Princípios	Objetivos de aprendizagem
Entramos em uma era em que as organizações estão se debatendo com um enorme crescimento na quantidade de dados disponíveis e lutando para entender como gerenciá-los e fazer uso eficaz deles.	• Identificar cinco características principais associadas ao big data. • Identificar cinco desafios principais associados ao big data.
Uma série de ferramentas e tecnologias disponíveis permite que as organizações aproveitem as oportunidades oferecidas pelo big data.	• Distinguir entre os termos data warehouse, data mart e data lake. • Explicar a finalidade de cada etapa do processo de extração, transformação e carregamento. • Indicar quatro maneiras pelas quais um banco de dados NoSQL difere de um banco de dados SQL. • Identificar os dois componentes principais do ambiente de computação Hadoop. • Identificar a principal vantagem do banco de dados na memória no processamento de big data.
Existem muitas técnicas de inteligência de negócios (*business intelligence* – BI) e inteligência analítica que podem ser utilizadas para apoiar a tomada de decisão aprimorada.	• Estabelecer a principal diferença entre inteligência de negócios e inteligência analítica. • Definir a função de um cientista de dados. • Identificar os três principais componentes organizacionais que devem estar no lugar para que uma organização obtenha o valor real de seus esforços de BI/analítica. • Identificar cinco categorias amplas de técnicas de inteligência de negócios/analítica, incluindo as técnicas específicas utilizadas em cada uma. • Identificar quatro problemas potenciais que surgem com o uso de análises de autoatendimento.

SI em ação

Acelere o crescimento com ciência de dados

▶ TECNOLOGIA DA INFORMAÇÃO

Líder na economia compartilhada, o Airbnb cresceu de uma pequena empresa operando em um sótão em São Francisco para uma empresa de grande importância estimada, no início de 2019, em pelo menos US$ 38 bilhões. Originalmente chamada de Airbed & Breakfast, o negócio foi concebido pelos fundadores Brian Chesky e Joe Gebbia como uma forma de pagar o próprio aluguel, oferecendo hospedagem temporária para hóspedes pagantes. Eles expandiram seus negócios desenvolvendo um site no qual outros anfitriões poderiam mostrar seus espaços residenciais e os visitantes poderiam reservar e pagar por eles. O site e o serviço provaram ser mais populares do que Chesky e Gebbia jamais imaginaram, levando a um rápido crescimento e reconhecimento de marca invejável.

Na primavera de 2019, o Airbnb tinha mais de 6 milhões de propriedades — variando de quartos compartilhados a casas inteiras — listadas em mais de 80 mil cidades em todo o mundo. (São mais listas do que as cinco principais marcas de hotel combinadas.) De acordo com a empresa, mais de 2 milhões de pessoas ficam em propriedades do Airbnb todas as noites. A empresa revolucionou o setor hoteleiro ao oferecer uma alternativa à hospedagem tradicional, especialmente em locais de viagens populares durante os períodos de pico, quando os hotéis costumam esgotar e cobram tarifas altas pelos quartos.

O Airbnb credita muito de seu crescimento surpreendente à ciência de dados, à prática de coletar ideias e informações úteis de dados digitais. O cientista de dados é um profissional que combina forte visão de negócios, um profundo entendimento de análises e uma apreciação útil das limitações de dados, ferramentas e técnicas para entregar melhorias reais na tomada de decisões. Os cientistas de dados examinam um problema de negócios de vários pontos de vista, determinam quais tipos de dados podem ajudar a resolver o problema e, em seguida, selecionam as ferramentas certas para extrair os dados e ter ideias para tomar decisões organizacionais.

Uma das sete primeiras pessoas contratadas no Airbnb foi Riley Newman, um cientista de dados. "No passado", diz Newman, "os dados eram frequentemente referenciados em termos frios e numéricos... quantas listagens nós temos em Paris? Quais são os dez principais destinos na Itália?" Agora, continua Newman, "usamos estatísticas para entender as experiências individuais e agregar essas experiências para identificar tendências em toda a comunidade; essas tendências informam sobre as decisões para onde conduzir os negócios".

No centro da experiência do Airbnb está o sistema de pesquisa, que combina dezenas de dados para ajudar os hóspedes a encontrar listagens que atendam aos seus requisitos. No início, a ferramenta de busca do Airbnb retornava listagens com base principalmente na localização, porque a empresa presumia que as pessoas gostariam de ficar em acomodações perto do centro da cidade. Um problema com essa abordagem era que o raio das localizações desejáveis variava amplamente ao redor do mundo. Outro era que as pessoas geralmente queriam ficar em outros bairros, como o Brooklyn, e não no centro de Manhattan, em Nova York.

"Decidimos deixar nossa comunidade resolver o problema para nós", diz Newman. Depois de construir um conjunto de dados robusto de interações entre hóspedes e anfitriões, o Airbnb foi capaz de fornecer resultados de pesquisa baseados onde as pessoas à procura de um local específico acabaram reservando um quarto. A empresa continua a refinar o sistema de pesquisa para ajudar os usuários a encontrar experiências únicas em todo o mundo.

O Airbnb usa a ciência de dados não apenas para melhorar sua ferramenta de pesquisa, mas também para agilizar o processo de conversão: procurar acomodações, contatar um anfitrião e fazer uma reserva. A empresa também conta com a ciência de dados para medir e avaliar a experiência do Airbnb, já que isso determina se os hóspedes usarão o Airbnb novamente e recomendarão o serviço para outra pessoa. Além disso, ao coletar e organizar dados, fazer perguntas, realizar análises estatísticas hipotéticas e desafiar a sabedoria convencional, os cientistas de dados do Airbnb ajudam as pessoas em toda a empresa a tomar decisões que envolvem a diversidade nas práticas de contratação, ofertas de produtos, projeto do site e experiência do cliente.

O Airbnb também recorreu a cientistas de dados para resolver um problema interno da empresa em relação à gestão de dados. À medida que a empresa continuava a crescer, o número de ferramentas utilizadas para tomar decisões com base em dados — principalmente dados de usuários

— também aumentava. Esses recursos incluíam tabelas de dados, painéis e relatórios. Mas os funcionários muitas vezes não sabiam que recurso utilizar para encontrar os dados de que precisavam. E, se eles pensavam que um recurso estava desatualizado ou impreciso, às vezes criavam um novo recurso, o que complicava o problema.

Para fornecer uma solução, um grupo de cientistas de dados do Airbnb desenvolveu o Dataportal, um sistema que integra os recursos de dados da empresa, tornando mais fácil para os funcionários da Airbnb identificar e analisar dados para informar a tomada de decisões. Todos os dados que fluem de usuários e funcionários para o Airbnb agora são direcionados ao Dataportal. A pesquisa do Dataportal retorna informações, geralmente em formato gráfico, junto com detalhes do cenário que fornecem contexto para os dados e mostram como eles estão conectados a outros dados, geralmente levando a novas ideias e economizando tempo de pesquisa.

Dessa forma, o Airbnb reuniu os três principais componentes de que precisa para derivar valor real de seus esforços de inteligência de negócios e inteligência analítica: um programa de gestão de dados sólido, cientistas de dados criativos e um forte compromisso com a tomada de decisão baseada em dados.

Ao ler este capítulo, considere o seguinte:

- Como um cientista de dados aborda os dados? Qual é o papel do cientista de dados no apoio às decisões organizacionais?
- Quais são as características de um cientista de dados de sucesso? De quais ferramentas e conhecimento um cientista de dados precisa para entregar melhorias a uma organização?

Por que aprender sobre big data e inteligência analítica?

Estamos vivendo na era do big data, com novos dados nos inundando de todas as direções à velocidade incompreensível de quase 1 zetabyte (1 trilhão de gigabytes ou 1 seguido de 21 zeros) por ano. O mais empolgante nesses dados não é sua quantidade, mas sim o fato de que estamos adquirindo as ferramentas e o entendimento para fazer algo realmente significativo com eles. As organizações estão aprendendo a analisar grandes quantidades de dados não apenas para medir o desempenho passado e atual, mas também para fazer previsões sobre o futuro. Essas previsões conduzirão a ações antecipatórias para melhorar as estratégias de negócios, fortalecer as operações e enriquecer a tomada de decisões — permitindo que a organização se torne mais competitiva.

Uma ampla gama de usuários corporativos pode obter benefícios do acesso aos dados, mas a maioria deles carece de sistemas de informação profundos ou habilidades de ciência de dados. Os usuários corporativos precisam de maneiras mais fáceis e rápidas de descobrir padrões e ideias relevantes sobre os dados para melhor apoiar sua tomada de decisão e tornar suas empresas mais ágeis. As empresas que têm acesso ao mesmo tipo de dados que seus concorrentes, mas podem analisá-los antecipadamente para agir com mais rapidez, podem ultrapassar seus pares. Fornecer ferramentas de inteligência de negócios (*business intelligence* – BI) e tornar a análise de negócios mais compreensível e acessível para esses usuários deve ser uma estratégia-chave das organizações.

A Bristol-Myers Squibb e muitas outras empresas farmacêuticas estão usando big data e inteligência analítica para passar do desenvolvimento de terapias em massa para a pessoa comum na rua a terapias personalizadas. Essa abordagem do tratamento e prevenção de doenças leva em consideração a variabilidade individual em genes, ambiente e estilo de vida para definir uma solução para um indivíduo específico. A United Parcel Service, gigante da entrega de pacotes, está usando big data e inteligência analítica para cortar custos enquanto lida com um aumento nos pacotes de comércio eletrônico. Ela reúne e analisa mais de 1 bilhão de pontos de dados diariamente, incluindo dados sobre peso, origem/destino, formato e tamanho do pacote para otimizar o fluxo de pacotes em toda a sua rede. A Home Depot emprega big data e inteligência analítica para vascular os dados de mídia social, especialmente os pins "Shop the Look" do Pinterest. Os dados permitem que a empresa atinja compradores em potencial que estão apenas começando sua jornada de reforma da casa, captando os principais sinais que estão emitindo, como dicas de estilo, gostos de produtos ou interesses em projetos.

Independentemente de seu campo de estudo na escola e de sua carreira futura, o uso de big data e inteligência analítica provavelmente será um componente significativo do seu trabalho. Ao ler este capítulo, preste atenção em como diferentes organizações utilizam a análise de negócios. Este capítulo começa apresentando os conceitos básicos relacionados a BI e à inteligência analítica. Posteriormente neste capítulo, várias ferramentas e estratégias de BI e inteligência analítica são discutidas.

Big data

big data: O termo utilizado para descrever coleções de dados que são tão enormes (terabytes ou mais) e complexas (desde dados de sensores até dados de mídia social) que o software de gestão de dados, hardware e processos de análise tradicionais de dados são incapazes de lidar com eles.

Big data é o termo utilizado para descrever coleções de dados que são tão enormes (terabytes ou mais) e complexas (de dados de sensores a dados de mídia social) que o software, o hardware e os processos de análise tradicionais de gestão de dados são incapazes de lidar com eles. Existem cinco características principais associadas ao big data: volume, velocidade, valor, variedade e veracidade.

- **Volume.** Em 2017, estimou-se que o volume de dados existente no universo digital era de 16,1 zetabytes (1 zetabyte equivale a 1 trilhão de gigabytes). O universo digital deve crescer dez vezes, para incríveis 163 zetabytes até 2025, conforme mostrado na Figura 6.1. A maioria desses novos dados deve vir de dados coletados por sistemas embarcados em dispositivos como medidores inteligentes, câmeras de segurança, chips RFID, automóveis autônomos, motores de aeronaves, dispositivos médicos e eletrodomésticos.[1]
- **Velocidade.** Velocidade refere-se à taxa na qual novos dados estão sendo gerados — agora estimada em cerca de 2,5 quintilhões de bytes por dia (isso é 2.500 seguido por 15 zeros). Essa taxa está acelerando rapidamente, com 90% dos dados do mundo gerados apenas nos últimos dois anos![2]
- **Valor.** Valor, nesse contexto, refere-se ao valor dos dados na tomada de decisão. A aceleração no volume de dados torna imperativo rapidamente "separar o joio do trigo" e identificar os dados realmente necessários para um cenário de tomada de decisão específico, processar esses dados e agir.
- **Variedade.** Hoje, os dados assumem vários formatos. Alguns dados são o que os cientistas da computação chamam de dados estruturados — seu formato é conhecido com antecedência e se encaixa perfeitamente nos bancos de dados tradicionais. Por exemplo, os dados gerados pelas transações comerciais bem definidas que são usadas para atualizar muitos bancos de dados corporativos de clientes, produtos, estoque, financeiros e de funcionários são geralmente dados estruturados. Mas a maioria dos dados com os quais uma organização deve lidar são dados não estruturados, o que significa que não são organizados de nenhuma maneira predefinida. Os dados não estruturados vêm de fontes

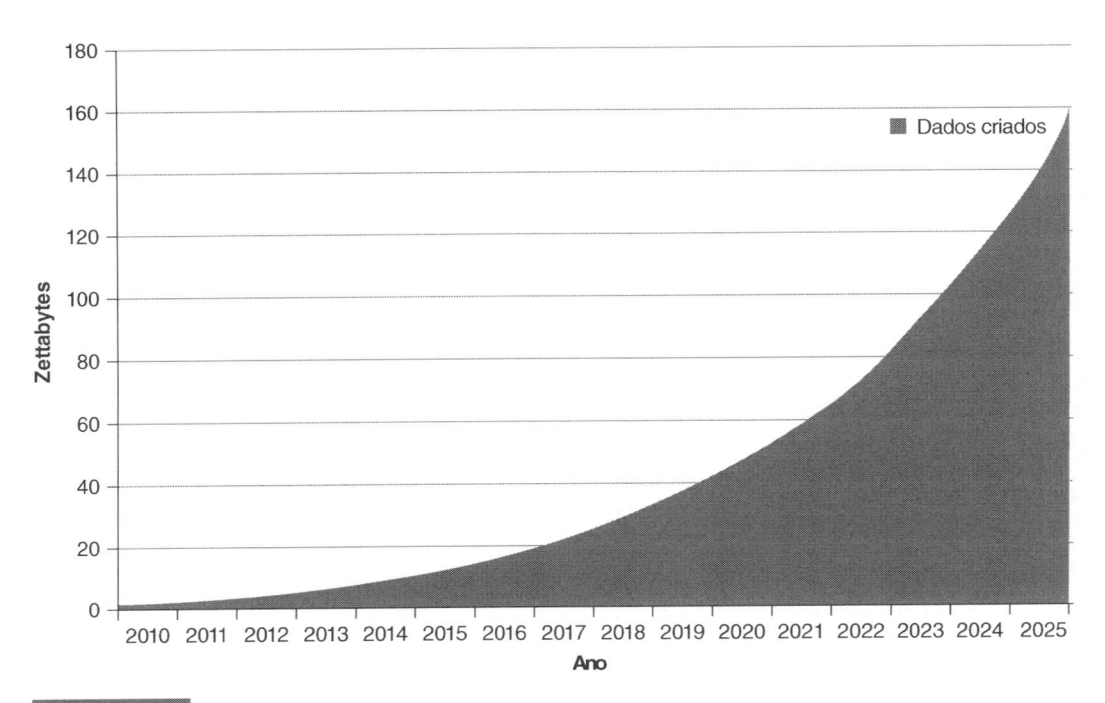

FIGURA 6.1
Aumento do tamanho da esfera de dados global
Fonte: "Total WW Data to Reach 163ZB by 2025", *Storage Newsletter*, 5 de abril de 2017, https://www.storagenewsletter.com/2017/04/05/total-ww-data-to-reach-163-zettabytes-by-2025-idc.

como documentos de processamento de texto, mídia social, e-mail, fotos, câmeras de vigilância e mensagens telefônicas.
- **Veracidade.** A veracidade é uma medida da qualidade dos dados. Os dados são suficientemente precisos, completos e atuais para que possam ser confiáveis para formar a base de uma boa tomada de decisão?

Fontes de big data

As organizações coletam e utilizam dados de diversas fontes, incluindo aplicativos empresariais, mídias sociais, sensores e controladores usados no processo de produção, sistemas que gerenciam o ambiente físico em fábricas e escritórios, fontes de mídia (como transmissões de áudio e vídeo), registros de máquinas que registram eventos e dados de chamadas de clientes, fontes públicas (como sites do governo) e arquivos de registros históricos de transações e comunicações (veja a Figura 6.2). Muitos desses dados coletados não são estruturados e não se encaixam perfeitamente nos sistemas tradicionais de gestão de banco de dados relacional. A Tabela 6.1 fornece uma lista inicial de alguns dos muitos portais da web que fornecem acesso a fontes gratuitas de conjuntos úteis de big data.

FIGURA 6.2
Fontes de dados úteis de uma organização
Uma organização possui muitas fontes de dados úteis.

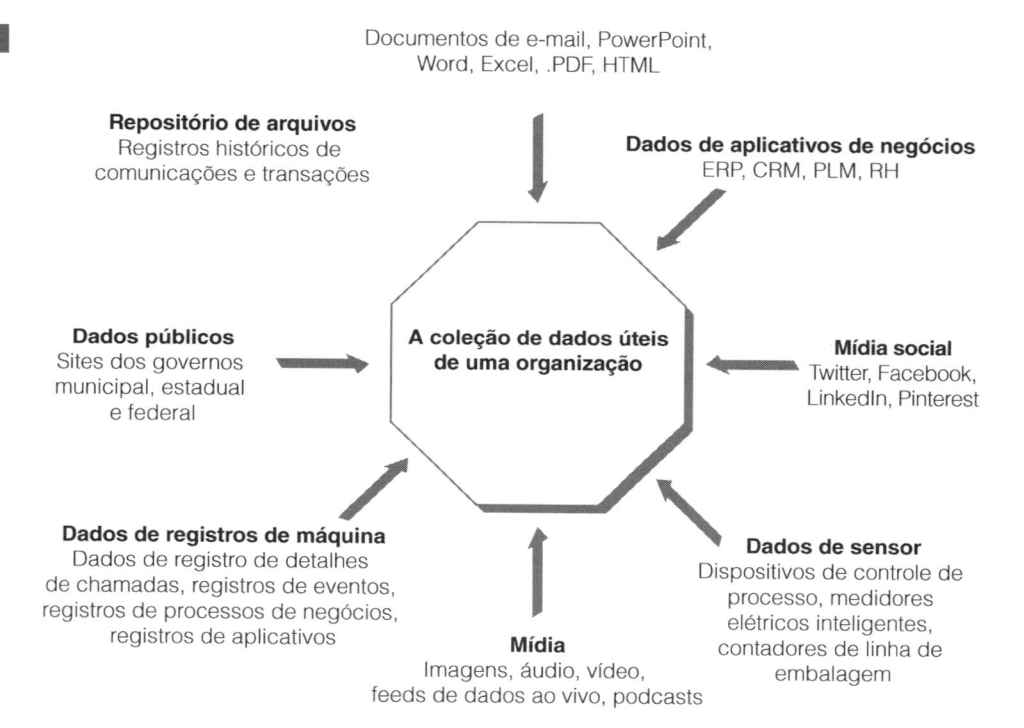

- **Repositório de arquivos**: Registros históricos de comunicações e transações
- Documentos de e-mail, PowerPoint, Word, Excel, .PDF, HTML
- **Dados de aplicativos de negócios**: ERP, CRM, PLM, RH
- **Dados públicos**: Sites dos governos municipal, estadual e federal
- **A coleção de dados úteis de uma organização**
- **Mídia social**: Twitter, Facebook, LinkedIn, Pinterest
- **Dados de registros de máquina**: Dados de registro de detalhes de chamadas, registros de eventos, registros de processos de negócios, registros de aplicativos
- **Mídia**: Imagens, áudio, vídeo, feeds de dados ao vivo, podcasts
- **Dados de sensor**: Dispositivos de controle de processo, medidores elétricos inteligentes, contadores de linha de embalagem

TABELA 6.1 Portais que fornecem acesso a fontes gratuitas de big data úteis

Fonte de dados	Descrição	URL
Conjuntos de dados públicos da Amazon Web Services (AWS)	Portal para um enorme repositório de dados públicos, incluindo dados climáticos, o conjunto de dados de um milhão de músicas e dados do projeto 1000 Genomas.	http://aws.amazon.com/datasets
Bureau of Labor Statistics (BLS)	Fornece acesso a dados sobre inflação e preços, salários e benefícios, emprego, gasto e uso do tempo, produtividade e acidentes de trabalho.	www.bls.gov
CIA World Factbook	Portal de informações sobre economia, governo, história, infraestrutura, forças armadas e população de 267 países.	https://cia.gov/library/publications/the-world-factbook

Fonte de dados	Descrição	URL
Data.gov	Portal que fornece acesso a mais de 186 mil conjuntos de dados do governo, relacionados a tópicos como agricultura, educação, saúde e segurança pública.	http://data.gov
Facebook Graph	Fornece um meio de consultar dados de perfil do Facebook não classificados como privados.	https://developers.facebook.com/docs/graph-api
FBI Uniform Crime Reports	Portal de dados sobre crimes nos Estados Unidos, policiais mortos e agredidos e estatísticas de crimes de ódio.	https://www.fbi.gov/about-us/cjis/ucr/ucr/
Reports	Um banco de dados gratuito de pesquisa de opiniões em texto integral e ordenações de processos civis ouvidos nos tribunais de distritos federais dos EUA.	http://law.justia.com/cases/federal/district-courts
Gapminder	Portal de dados da Organização Mundial da Saúde e do Banco Mundial sobre questões econômicas, médicas e sociais.	www.gapminder.org/data
Google Finance	Portal com 40 anos de dados do mercado de ações.	http://google.com/finance
Healthdata.gov	Portal com 125 anos de dados de saúde dos EUA, incluindo gastos nacionais com saúde, dados do Medicare sobre processos judiciais e dados relacionados à qualidade de saúde, epidemiologia e população, entre muitos outros tópicos.	www.healthdata.gov
National Centers for Environmental Information	Portal para acessar uma variedade de conjuntos de dados climáticos e meteorológicos.	www.ncdc.noaa.gov/data-access/quick-links#loc-clim
New York Times	Portal que fornece aos desenvolvedores acesso a artigos, resenhas de livros e filmes, dados sobre contribuições de campanhas políticas e outros materiais do *NYT*.	http://developer.nytimes.com/docs
Pew Research Center Internet & Technology	Portal para pesquisar política, mídia e notícias dos EUA, tendências sociais, religião, internet e tecnologia, ciência, América Latina e assuntos globais.	http://www.pewinternet.org/datasets
US Census Bureau	Portal para uma grande variedade de estatísticas e dados do governo relacionados à economia e à população dos EUA.	www.census.gov/data.html

Usos de big data

Aqui estão apenas alguns exemplos de como as organizações estão empregando big data para melhorar suas operações, planejar e tomar decisões do dia a dia:

- As organizações de varejo monitoram redes sociais como Facebook, Google, LinkedIn, Twitter e Yahoo para envolver os defensores da marca, identificar os adversários da marca (e tentar reverter suas opiniões negativas) e até mesmo permitir que clientes entusiasmados vendam seus produtos.
- As agências de publicidade e marketing rastreiam comentários nas mídias sociais para entender a capacidade de resposta dos consumidores a anúncios, campanhas e promoções.
- Os hospitais analisam os dados médicos e os registros dos pacientes para tentar identificar os pacientes que provavelmente precisarão de readmissão dentro de alguns meses após a alta, com o objetivo de se envolver com esses pacientes para evitar outra internação dispendiosa.
- As empresas de produtos de consumo monitoram as redes sociais para obter ideias sobre o comportamento do cliente, gostos e aversões, e percepção do produto para identificar as mudanças necessárias em seus produtos, serviços e publicidade.
- Organizações de serviços financeiros utilizam dados de interações com clientes para identificar clientes que provavelmente serão atraídos por ofertas cada vez mais direcionadas e sofisticadas.
- Os fabricantes analisam os dados de vibração por minuto dos equipamentos, que mudam ligeiramente à medida que se desgastam, para prever o momento ideal para realizar a manutenção ou substituir o equipamento para evitar reparos caros ou falha potencialmente catastrófica.

Desafios do big data

Os indivíduos, as organizações e a sociedade em geral devem encontrar uma maneira de lidar com esse tsunami de dados sempre crescente para escapar dos riscos da sobrecarga de informações. O desafio é múltiplo, com uma série de perguntas que devem ser respondidas, incluindo como escolher qual subconjunto de dados armazenar, onde e como armazenar os dados, como encontrar os fragmentos de dados que são relevantes para a tomada de decisão em questão, como derivar valor dos dados relevantes e como identificar quais dados precisam ser protegidos contra acesso não autorizado. Com tantos dados disponíveis, os usuários corporativos podem ter dificuldade em encontrar as informações de que precisam para tomar decisões e podem não confiar na validade dos dados que podem acessar.

Tentar lidar com todos esses dados de tantas fontes diferentes, muitas delas de fora da organização, também pode aumentar o risco de a organização deixar de cumprir as regulamentações governamentais ou controles internos (consulte Tabela 6.2). Os esforços da *Security and Exchange Commission* para monitorar agressivamente as demonstrações

TABELA 6.2 Lista parcial de regras, regulamentos e padrões que as organizações de sistemas de informação dos EUA devem cumprir

Regra, regulamento ou padrão	Objetivo
Bank Secrecy Act	Detecta e evita a lavagem de dinheiro, exigindo que as instituições financeiras relatem certas transações a agências governamentais e informem os clientes que tais relatórios foram feitos sobre eles.
Acordo de Basileia II	Cria padrões internacionais que fortalecem o capital global e as regras de liquidez, com o objetivo de promover um setor bancário mais resiliente em todo o mundo.
Projeto de lei 1.386 do Senado da Califórnia	Protege contra roubo de identidade, impondo requisitos de divulgação para empresas e agências governamentais enfrentando violações de segurança que podem colocar em risco as informações pessoais dos residentes da Califórnia; a primeira de muitas leis estaduais que visam proteger os consumidores contra roubo de identidade.
Regulamento Global de Proteção de Dados	Um conjunto de requisitos de privacidade de dados que se aplicam a toda a União Europeia, incluindo organizações não pertencentes à UE que comercializam ou processam informações de indivíduos na UE. De maneira geral, o regulamento aumenta os direitos dos indivíduos e lhes dá mais controle sobre suas informações. Também impõe às organizações a obrigação de obter o consentimento das pessoas sobre as quais coletam informações e de gerenciar melhor esses dados.
Foreign Account Tax Compliance Act	Identifica os contribuintes dos EUA que possuem ativos financeiros em instituições financeiras fora dos EUA e contas offshore, para garantir que eles não burlem suas obrigações fiscais nos EUA.
Foreign Corrupt Practices Act	Impede que certas classes de pessoas e entidades façam pagamentos a funcionários de governos estrangeiros na tentativa de obter ou manter negócios.
Gramm–Leach–Bliley Act	Protege a privacidade e a segurança de informações financeiras individualmente identificáveis coletadas e processadas por instituições financeiras.
Health Insurance Portability and Accountability Act (HIPAA)	Protege as informações de saúde (PHI) e os dados eletrônicos de saúde (ePHI) coletados no processo de saúde e padroniza certas transações eletrônicas dentro do setor de saúde.
Padrão de segurança de dados do setor de cartões de pagamento (PCI)	Protege os dados do titular do cartão e garante que os comerciantes e prestadores de serviços mantenham padrões rígidos de segurança da informação.
Lei de Proteção de Informações Pessoais e Documentos Eletrônicos (Canadá)	Rege a coleta, uso e divulgação de informações de identificação pessoal no curso de transações comerciais; criada em resposta às diretivas de proteção de dados da União Europeia.
Sarbanes–Oxley Act	Protege os interesses dos investidores e consumidores, exigindo que os relatórios anuais das empresas públicas incluam uma avaliação da eficácia do controle interno sobre os relatórios financeiros; exige que o CEO e o CFO da empresa atestem e relatem essa avaliação.
USA PATRIOT Act	Essa lei abrangente tem muitas facetas; uma parte da lei relacionada à conformidade do sistema de informação é chamada de Financial Anti-Terrorism Act e é projetada para combater o financiamento do terrorismo por meio de lavagem de dinheiro e outros crimes financeiros.

financeiras e garantir a conformidade com todos os padrões contábeis vêm de uma longa história de empresas como Waste Management (1998), Enron (2001), WorldCom (2002), Freddie Mac (2003), American Insurance (2005), Lehman Brothers (2008), Satyam Computer Services (2009), MF Global Holdings (2011) e Tesco (2014), nas quais a fraude contábil levou dezenas de milhares de funcionários a perderem seus empregos e acionistas a perderem bilhões de dólares. Algumas empresas tiveram de declarar falência e os funcionários de várias dessas empresas foram condenados à prisão.

Os otimistas acreditam que podemos vencer esses desafios e que mais dados levarão a análises mais precisas e melhores tomadas de decisão, o que por sua vez resultará em ações deliberadas que melhoram as coisas.

Nem todo mundo, porém, está feliz com os aplicativos de big data. Algumas pessoas se preocupam com a privacidade porque as empresas estão coletando grandes quantidades de dados pessoais que podem ser compartilhados com outras organizações. Com todos esses dados, as organizações podem desenvolver extensos perfis das pessoas sem seu conhecimento ou consentimento. O big data também apresenta questões de segurança. As organizações são capazes de manter o big data protegido de concorrentes e hackers mal-intencionados? Alguns especialistas acreditam que as empresas que coletam e armazenam big data podem estar sujeitas a ações judiciais de responsabilização de indivíduos e organizações. Mesmo com essas potenciais desvantagens, muitas empresas estão correndo para o big data atraídas por um potencial tesouro de informações e novos aplicativos.

Espaço musical utiliza BI/inteligência analítica para entender seus clientes

▶ APLICAÇÃO

O Gotham City Music Hall é uma casa de shows independente, pertencente e administrada por um pequeno grupo de investidores. Tem 3.050 lugares e serve como sede da orquestra sinfônica e da companhia de balé de Gotham City, que fazem cerca de 55 apresentações por ano. As datas dessas apresentações são marcadas com pelo menos um ano de antecedência. O grupo de investidores tenta preencher as datas em aberto com apresentações de grupos musicais ecléticos dos gêneros clássico, country, jazz, pop, R&B e rock. Grupos estabelecidos, novos ou locais, são selecionados para tocar. Os investidores fazem uso intenso de dados de várias fontes para conseguir entender melhor seus clientes, especialmente seu gosto musical. Eles coletam dados sobre os hábitos de compra de mais de 300 mil clientes que vêm ao Music Hall a cada ano por meio de ingressos, concessões e dados de vendas no varejo. Esses dados são utilizados para otimizar as vendas em todas as linhas de negócios. Os investidores também coletam dados sobre o que os fãs estão dizendo em sites de mídia social. Através de pesquisas e outros meios, os investidores acumulam dados sobre a frequência com que os clientes vão à área de entretenimento onde o Music Hall está localizado e o que experimentam por lá. Todos esses dados estão sendo utilizados para identificar quais gêneros e grupos musicais seriam mais atraentes para seus clientes. Usando todos esses dados e técnicas analíticas, os investidores são capazes de prever as vendas futuras de ingressos para os eventos com uma precisão de mais ou menos 20%. A exatidão das previsões proporciona aos investidores uma vantagem na negociação de receitas mínimas garantidas com os diversos grupos musicais.

Perguntas de revisão

1. Os investidores do Music Hall estão coletando muitos dados de muitas fontes diferentes. Que características essa grande coleção de dados tem em comum com outras grandes coleções de dados?
2. Quais são os desafios dos investidores para lidar com esse grande volume de dados?

Questões de pensamento crítico

1. Como os investidores podem se beneficiar em saber com que frequência os fãs visitam a área de entretenimento e o que eles fazem nessas visitas?
2. Que dados adicionais podem ser coletados para melhorar ainda mais a precisão das futuras vendas de ingressos? Como esses dados podem ser capturados?

Tecnologias utilizadas para gerenciar e processar big data

Por definição, big data é um conjunto de dados tão enorme e complexo que o software, o hardware e os processos de análise tradicionais de gestão de dados são incapazes de lidar com eles. Como resultado, várias tecnologias interessantes e poderosas surgiram para gerenciar e processar big data. Esta seção discutirá data warehouses, processo Extrair/Transformar/Carregar, data marts, data lakes, bancos de dados NoSQL, Hadoop e bancos de dados na memória.

Data warehouses, data marts e data lakes

Os dados brutos necessários para tomar decisões de negócios sólidas são normalmente armazenados em vários locais e formatos. Muitos desses dados são inicialmente capturados, armazenados e gerenciados por sistemas de processamento de transações projetados para dar suporte às operações diárias de uma organização. Por décadas, as organizações coletaram dados operacionais, de vendas e finanças com seus sistemas de processamento de transações on-line (*online transaction processing* – OLTP). Esses sistemas OLTP colocam dados em bancos de dados de maneira muito rápida, confiável e eficiente, mas não oferecem suporte aos tipos de análise de dados que as empresas e organizações atuais exigem. Com data warehouses e data marts, as organizações agora podem acessar os dados coletados por meio de sistemas OLTP e outras fontes e usá-los de forma mais eficaz para apoiar a tomada de decisões. A Tabela 6.3 resume essas características básicas de um data warehouse.

TABELA 6.3 Características de um data warehouse

Característica	Descrição
Grande	Detém bilhões de registros e petabytes de dados
Várias fontes	Os dados vêm de muitas fontes internas e externas, portanto, um processo de extração, transformação e carregamento é necessário para garantir a qualidade dos dados
Histórico	Normalmente cinco anos de dados ou mais
Acesso e análise entre organizações	Dados acessados, utilizados e analisados por usuários em toda a organização para dar suporte a vários processos de negócios e tomada de decisões
Suporta vários tipos de análises e relatórios	Análise detalhada, desenvolvimento de métricas, identificação de tendências

Data warehouses

data warehouse: Um grande banco de dados que contém informações de negócios de várias fontes na empresa, cobrindo todos os aspectos dos processos, produtos e clientes da empresa.

Um **data warehouse** é um grande banco de dados que contém informações de negócios de várias fontes na empresa, cobrindo todos os aspectos dos processos, produtos e clientes da empresa. Não é incomum que um data warehouse contenha dados de mais de uma dezena de sistemas de origem — sistemas internos da organização e dados obtidos potencialmente de fontes externas à organização (por exemplo, agregadores de dados, sites de mídia social, bancos de dados governamentais etc.), como mostrado na Figura 6.3. Esses dados são utilizados pelos funcionários em toda a organização para apoiar vários processos e tomadas de decisão. Os dados em um data warehouse são dados históricos que geralmente remontam a cinco anos ou mais. Os dados podem ser analisados de várias maneiras. Por exemplo, os data warehouses permitem que os usuários "se aprofundem" para obter mais detalhes ou "tenham uma visão geral" para gerar relatórios agregados ou resumidos. O objetivo principal é relacionar as informações de formas inovadoras e ajudar os gestores e executivos a tomarem melhores decisões.

Bancos, instituições financeiras, agências governamentais, fabricantes e grandes varejistas estavam entre os primeiros a adotar a tecnologia de data warehouse no final dos anos 1980. O Wal-Mart, o maior varejista do mundo, desenvolveu um domínio de gestão da cadeia de suprimentos que lhe proporcionou uma nítida vantagem competitiva no início dos anos 1990. A chave para esse domínio era seu data warehouse, que mantinha os dados de transações coletados por seus sistemas de ponto de vendas. Esses dados forneceram profundo entendimento dos hábitos de compra de mais de 100 milhões de clientes em suas 6 mil lojas abastecida por 25 mil fornecedores. O data warehouse do Wal-Mart foi o primeiro data warehouse comercial a atingir 1 terabyte de dados em 1992. Eis alguns exemplos adicionais de empresas que utilizam data warehouses.

WHOOP é um dispositivo vestível utilizado por atletas profissionais da Liga Principal de Baseball, da Liga Nacional de Futebol e da Associação Nacional de Basquete. Há uma demanda crescente de atletas não profissionais, como atletas do ensino médio e universitário, ciclistas, corredores, triatletas e outros entusiastas de fitness por esse dispositivo. Os jogadores utilizam um WHOOP no pulso, antebraço ou bíceps que mede a frequência cardíaca, movimento, condutividade da pele e temperatura ambiente. O que distingue o WHOOP de outros dispositivos vestíveis é a enorme quantidade de dados que ele coleta e transmite aos servidores para processamento e análise. Seus cinco sensores coletam dados cem vezes por segundo. Os dados são transmitidos via Bluetooth para o dispositivo móvel do usuário e, de lá, para a nuvem. O software de análise WHOOP converte os dados em três pontuações, avaliando a tensão do exercício, recuperação e sono. Os resultados ajudam os usuários a evitar treinamento excessivo, reduzir lesões, ter melhor desempenho e até mesmo desfrutar de uma vida mais saudável após a aposentadoria.[3] Cerca de 24 mil comissários de bordo da American Airlines podem utilizar o software em seus dispositivos móveis para acessar um data warehouse com informações do cliente — para onde e com que frequência você voa, se houve atraso ou cancelamento, ou se o obrigaram a mudar de assento ou derramaram café em você. Agora, os atendentes podem utilizar essas informações para tomar decisões que ajudem a resolver problemas de atendimento ao cliente durante o voo, emitindo milhas ou vouchers de viagem gratuitos para passageiros frequentes.[4]

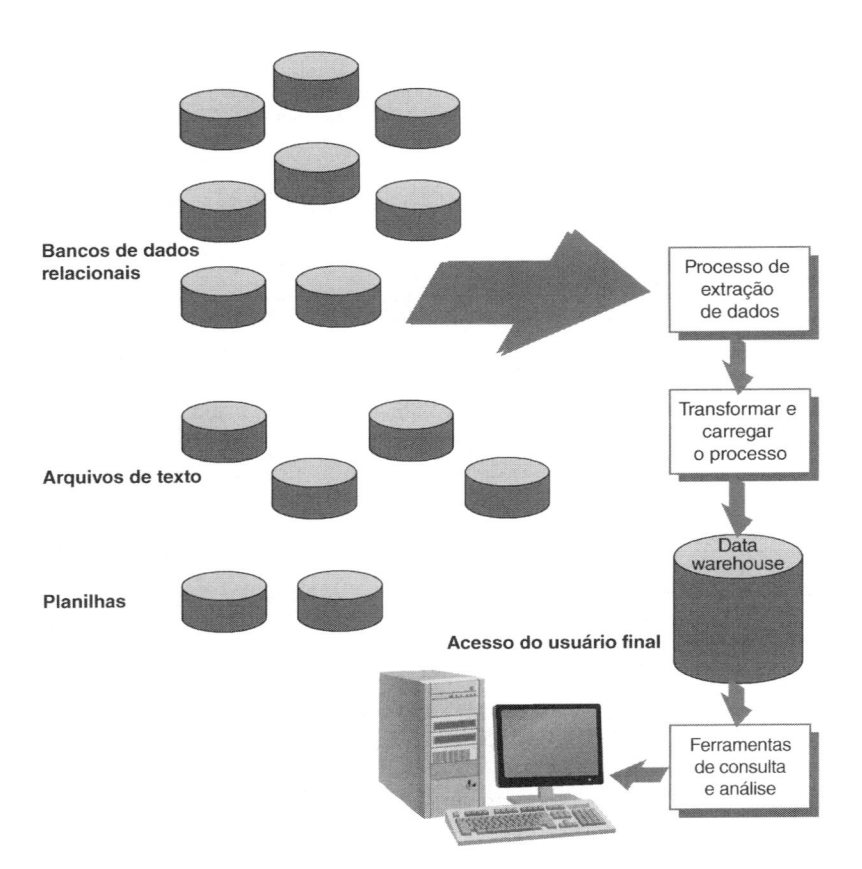

FIGURA 6.3
Elementos de um data warehouse
Um data warehouse pode ajudar gestores e executivos a relacionar informações de maneiras inovadoras para tomar decisões melhores.

processo Extrair/Transformar/Carregar (*Extract Transform Load* – ETL): Um processo de tratamento de dados que recebe os dados de uma variedade de fontes, edita e os transforma no formato utilizado no data warehouse e, em seguida, carrega esses dados no armazém.

Como os data warehouses são utilizados para a tomada de decisões, manter uma alta qualidade dos dados é vital para que as organizações evitem conclusões erradas. Por exemplo, informações duplicadas ou ausentes produzirão estatísticas incorretas ou enganosas ("entra lixo, sai lixo"). Devido à ampla gama de possíveis inconsistências de dados e ao grande volume, a qualidade dos dados é considerada um dos maiores problemas no armazenamento de dados.

Os data warehouses são continuamente atualizados com grandes quantidades de dados de várias fontes, portanto, a probabilidade de que algumas das fontes contenham "dados sujos" é alta. O processo Extrair/Transformar/Carregar (*Extract/Transform/Load* – ETL) recebe dados de várias fontes, edita e os transforma para o formato utilizado no data warehouse e, então, carrega esses dados no data warehouse, conforme mostrado na Figura 6.3. Esse processo é essencial para garantir a qualidade dos dados no data warehouse.

- **Extrair.** Os dados de origem para o data warehouse vêm de muitas fontes e sistemas. O objetivo desse processo é extrair os dados de origem de todas as várias fontes e convertê-los em um único formato adequado para processamento. Durante a etapa de extração, os dados que não atendem aos padrões ou valores esperados podem ser rejeitados para processamento posterior (por exemplo, dados em branco ou não numéricos no campo de vendas líquidas ou um código de produto fora da faixa definida de códigos válidos).

- **Transformar.** Durante esse estágio do processo ETL, uma série de regras ou algoritmos é aplicada aos dados extraídos para derivar os dados que serão armazenados no data warehouse. Um tipo comum de transformação é converter o endereço, a cidade, o estado e o código postal de um cliente em uma área de vendas atribuída pela organização ou setor censitário do governo. Além disso, os dados são frequentemente agregados para reduzir o tempo de processamento necessário para criar relatórios antecipados. Por exemplo, as vendas totais podem ser acumuladas por loja ou área de vendas.

- **Carregar.** Durante esse estágio do processo ETL, os dados extraídos e transformados são carregados no data warehouse. Conforme os dados são carregados, novos índices são criados e os dados são verificados em relação às restrições definidas no esquema do banco de dados para garantir sua qualidade. Como resultado, o estágio de carregamento de dados para um grande data warehouse pode levar dias.

Diversas ferramentas de software estão disponíveis para suportar essas tarefas de ETL, como Ab Initio, IBM InfoSphere Datastage, Oracle Data Integrator e SAP Data Integrator. Várias ferramentas ETL de código aberto também estão disponíveis, incluindo Apatar, Clover ETL, Pentaho e Talend.

Data marts

data mart: Um subconjunto de um data warehouse utilizado por empresas de pequeno e médio porte e departamentos de grandes empresas para apoiar a tomada de decisões.

Um data mart é um subconjunto de um data warehouse. Os data marts trazem o conceito de data warehouse — muitos dados de muitas fontes — para pequenas e médias empresas e para departamentos de empresas maiores. Em vez de armazenar todos os dados corporativos em um banco de dados monolítico, os data marts contêm um subconjunto dos dados para um único aspecto dos negócios de uma empresa — por exemplo, finanças, estoque ou pessoal.

Data lakes

data lake: Uma abordagem de "armazenar tudo" para big data que salva todos os dados em sua forma bruta e inalterada.

Um data warehouse tradicional é criado extraindo (e descartando alguns dados no processo), transformando (modificando) e carregando dados de entrada para análises e aplicativos predeterminados e específicos. Esse processo pode ser demorado e exigir muito do computador, levando dias para ser concluído. Um data lake adota uma abordagem de "armazenar tudo" em big data, salvando todos os dados em sua forma bruta e inalterada. Os dados brutos que residem em um data lake ficam disponíveis apenas quando os usuários decidem como desejam utilizar os dados para obter novas ideias. Somente quando os dados são acessados para uma análise específica é que eles são extraídos do data lake, classificados, organizados, editados ou transformados. Assim, um data lake serve como fonte definitiva de dados em sua forma original inalterada. Seu conteúdo pode incluir transações de negócios, dados de clickstream, dados de sensor, registros de servidor, mídia social, vídeos e muito mais.

A Bechtel é uma empresa global de engenharia, construção e gestão de projetos cujas realizações incluem a construção da Represa Hoover, do Túnel do Canal da Mancha e outras maravilhas da engenharia. A empresa construiu um data lake de 5 petabytes de dados que consolida anos de dados de centenas de projetos em todo o mundo, fornece ideias de projetos antigos e atuais e permite melhores previsões dos resultados dos projetos atuais. Essa análise fornece ideias viáveis que ajudam a empresa a cortar custos, aumentar sua competitividade e permitir que ela ganhe mais contratos.[5]

Bancos de dados NoSQL

> **banco de dados NoSQL:** Uma maneira de armazenar e recuperar dados que são modelados utilizando algum meio diferente das simples relações tabulares bidimensionais utilizadas em bancos de dados relacionais.

Um **banco de dados NoSQL** difere de um banco de dados relacional porque fornece meios de armazenar e recuperar dados que são modelados usando algum meio diferente das relações tabulares bidimensionais simples utilizadas em bancos de dados relacionais. Esses bancos de dados estão sendo utilizados para lidar com a variedade de dados encontrados em big data e aplicativos da web. Uma segunda diferença é que os bancos de dados NoSQL têm a capacidade de propagar dados por vários servidores, de forma que cada servidor contenha apenas um subconjunto dos dados totais. Esse recurso, chamado dimensionamento horizontal, permite que centenas ou até milhares de servidores operem nos dados, proporcionando tempos de resposta mais rápidos para consultas e atualizações. A maioria dos sistemas de gestão de banco de dados relacional tem problemas com esse dimensionamento horizontal e, em vez disso, exige servidores proprietários grandes, poderosos e caros e grandes sistemas de armazenamento.

Uma terceira diferença entre os bancos de dados relacionais e o NoSQL é que este último não requer um esquema predefinido; entidades de dados podem ter atributos editados ou atribuídos a elas a qualquer momento. Se uma nova entidade ou atributo for descoberto, ele pode ser adicionado ao banco de dados dinamicamente, estendendo o que já está modelado no banco de dados.

Uma quarta diferença é que os bancos de dados NoSQL não estão em conformidade com as propriedades ACID verdadeiras ao processar transações. Em vez disso, eles fornecem "consistência eventual" na qual as alterações do banco de dados são eventualmente propagadas para todos os nós (normalmente em milissegundos), portanto, é possível que as consultas de dados pelo usuário não retornem os dados mais atuais.

A escolha de um sistema de gestão de banco de dados relacional *versus* uma solução NoSQL depende do problema que precisa ser resolvido. Frequentemente, as estruturas de dados utilizadas pelos bancos de dados NoSQL são mais flexíveis do que as tabelas de banco de dados relacionais e, em muitos casos, podem fornecer velocidade de acesso e redundância melhores.

As quatro categorias principais de bancos de dados NoSQL e ofertas para cada categoria são mostradas na Tabela 6.4 e resumidas a seguir. Observe que alguns produtos de banco de dados NoSQL podem atender às necessidades de mais de uma categoria.

- Os bancos de dados NoSQL "chave-valor" são semelhantes aos bancos de dados SQL, mas têm apenas duas colunas ("chave" e "valor"), com informações mais complexas às vezes armazenadas nas colunas de "valor".
- Os bancos de dados NoSQL "documento" são utilizados para armazenar, recuperar e gerenciar informações orientadas a documentos, como postagens em mídias sociais e multimídia, também conhecidos como dados semiestruturados.
- Os bancos de dados NoSQL "grafo" são utilizados para entender as relações entre eventos, pessoas, transações, locais e leituras de sensores e são adequados para analisar interconexões, como na extração de dados de mídia social.
- Os bancos de dados NoSQL "coluna" armazenam dados em colunas, em vez de linhas, e podem fornecer tempos de resposta rápidos para grandes volumes de dados.

Predix é uma plataforma de software criada pela General Electric para coleta e análise de grandes volumes de dados de dispositivos industriais. O Couchbase Mobile, um banco de dados NoSQL, é utilizado para armazenar os dados.[6] A Qantas construiu um aplicativo de voo usando Predix para coletar dados (velocidades do vento, temperatura

TABELA 6.4 Produtos populares do banco de dados NoSQL, por categoria

Valor-chave	Documento	Grafo	Coluna
Redis	Lotus Notes	Allegro	Accumulo
Couchbase Server	Couchbase Server	Neo4J	Cassandra
Oracle NoSQL Database	Oracle NoSQL Database	InfiniteGraph	Druid
OrientDB	OrientDB	OrientDB	Vertica
HyperDEX	MongoDB	Virtuoso	HBase

ambiente, peso do avião, empuxo máximo, consumo de combustível etc.) sobre cada uma de suas aeronaves durante o voo. Esses dados são analisados para ajudar os pilotos a tomarem decisões para minimizar o consumo de combustível e reduzir as emissões de carbono, enquanto ainda estão cumprindo os itinerários de voos.[7]

O Amazon DynamoDB é um banco de dados NoSQL que oferece suporte a modelos de armazenamento de documentos e valores-chave. A MLB Advanced Media (MLBAM) usou o DynamoDB para construir seu inovador Player Tracking System, que revela informações detalhadas sobre as nuances e a capacidade atlética do jogo. Fãs, emissoras e equipes estão achando esses novos dados divertidos e úteis. O sistema obtém dados de estádios em toda a América do Norte e fornece capacidade de computação suficiente para suportar análises em tempo real e produzir resultados em segundos.[8]

Hadoop

Hadoop é uma estrutura de software livre que inclui vários módulos que fornecem meios para armazenar e processar conjuntos de dados extremamente grandes, conforme mostrado na Figura 6.4. O Hadoop tem dois componentes principais: um componente de processamento de dados (um sistema baseado em Java chamado MapReduce, que é discutido na próxima seção) e um sistema de arquivos distribuído

Hadoop: Uma estrutura de software de código aberto que inclui vários módulos de software que fornecem um meio para armazenar e processar conjuntos de dados extremamente grandes.

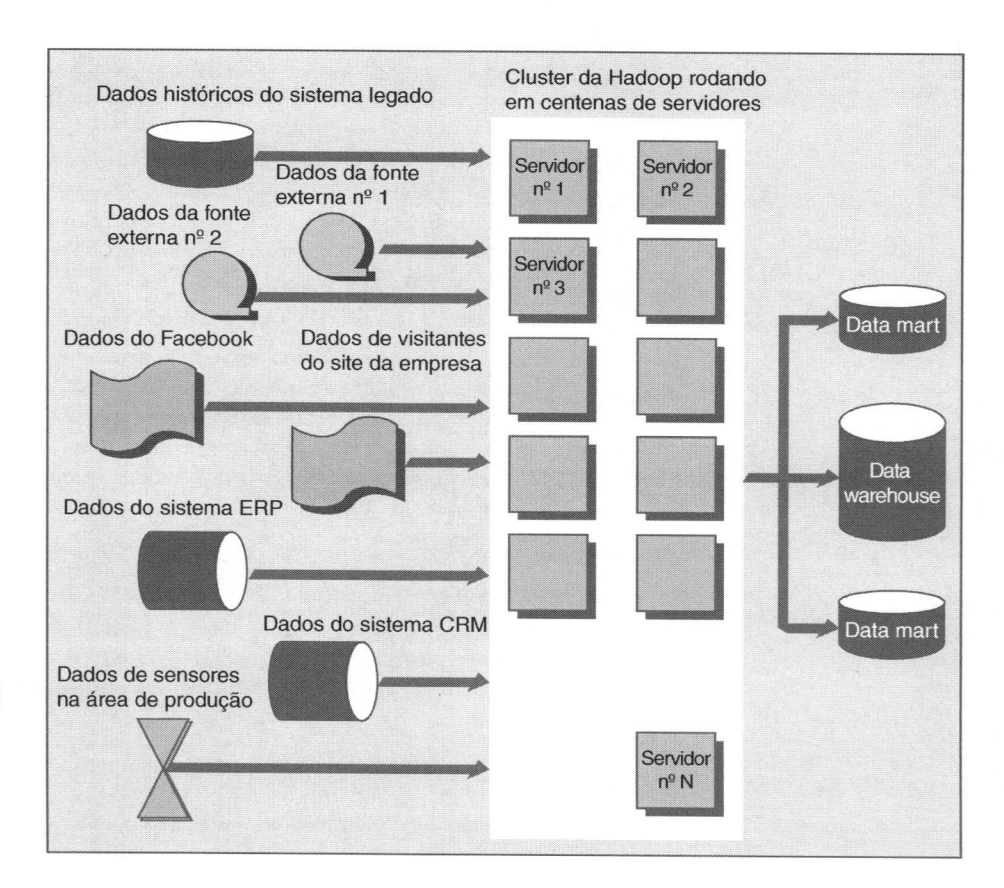

FIGURA 6.4
Ambiente Hadoop
O Hadoop pode ser utilizado como uma área de teste para os dados serem carregados em um data warehouse ou data mart.

Hadoop Distributed File System (HDFS): Um sistema utilizado para armazenamento de dados que divide os dados em subconjuntos e os distribui em diferentes servidores para processamento.

chamado **Hadoop Distributed File System (HDFS)** para armazenamento de dados. O Hadoop divide os dados em subconjuntos e os distribui em diferentes servidores para processamento. Um cluster Hadoop pode consistir em milhares de servidores. Em um cluster de Hadoop, um subconjunto dos dados dentro do HDFS e do sistema MapReduce é alojado em cada servidor no cluster. Isso coloca o software de processamento de dados nos mesmos servidores onde os dados são armazenados, agilizando a recuperação dos dados. Essa abordagem cria um ambiente de computação altamente redundante que permite que o aplicativo continue em execução mesmo se os servidores individuais falharem.

Um **programa MapReduce** é composto de um procedimento Map que realiza filtragem e classificação (como classificar pedidos de clientes por ID de produto em filas, com uma fila para cada ID de produto) e um método Reduce que executa uma operação de resumo (como contar o número de pedidos em cada fila, determinando assim as frequências de identificação do produto). O MapReduce emprega um JobTracker, que reside no servidor mestre Hadoop, bem como um TaskTrackers, que ficam em cada servidor dentro do cluster de servidores Hadoop. O JobTracker divide o trabalho de computação em tarefas bem definidas e transfere essas tarefas para os TaskTrackers individuais nos servidores do cluster do Hadoop, em que residem os dados necessários. Esses servidores operam em paralelo para completar a computação necessária. Assim que o trabalho deles estiver concluído, o subconjunto de dados resultante é reduzido de volta ao nó central do cluster do Hadoop.

programa MapReduce: Um programa composto que consistindo um procedimento Map, que executa a filtragem e a classificação, e um método Reduce, que executa uma operação de resumo.

Por anos, o Yahoo! usou o Hadoop para personalizar melhor os anúncios e artigos que seus visitantes visualizavam. Agora, o Hadoop é utilizado por muitos sites e serviços populares (como eBay, Etsy, Twitter e Yelp). A Verizon Wireless usa big data para realizar análises de rotatividade de clientes para ter uma ideia melhor de quando um cliente fica insatisfeito. O Hadoop permite que a Verizon inclua dados mais detalhados sobre cada cliente, incluindo dados de clickstream, chats e até pesquisas de mídia social, para prever quando um cliente pode mudar para uma nova operadora.

O Hadoop tem uma limitação, pois só pode executar processamento em lote; ele não pode processar dados de streaming em tempo real, como o fluxo dos preços de ações nas várias bolsas de valores. Mas o Apache Storm e o Apache Spark são frequentemente integrados ao Hadoop para fornecer processamento de dados em tempo real. O Apache Storm é um sistema de computação em tempo real distribuído, livre e gratuito. O Storm facilita o processamento confiável de fluxos ilimitados de dados. O Apache Spark é uma estrutura para realizar análises gerais de dados em um ambiente de cluster de computação distribuída como o Hadoop. Ele fornece cálculos de memória para aumentar a velocidade de processamento dos dados. Tanto o Storm quanto o Spark são executados em um cluster Hadoop existente e acessam dados em um armazenamento de dados Hadoop (HDFS).

O Medscape MedPulse é um aplicativo de notícias médicas para usuários de iPhone e iPad que permite que os profissionais de saúde se mantenham atualizados com as últimas notícias médicas e os pontos de vista dos especialistas. O aplicativo usa o Apache Storm para incluir um feed automático do Twitter (cerca de 500 milhões de tweets por dia são tuitados no Twitter) para ajudar os usuários a se manterem informados sobre tendências médicas importantes compartilhadas em tempo real por médicos e outros importantes comentaristas médicos.[9,10]

Bancos de dados na memória

banco de dados na memória (IMDB): Um sistema de gestão de banco de dados que armazena todo o banco de dados na memória de acesso aleatório (RAM).

Um **banco de dados na memória** (*in-memory database* – IMDB) é um sistema de gestão que armazena todo o banco de dados na memória de acesso aleatório (RAM). Essa abordagem fornece acesso aos dados a taxas muito mais rápidas do que armazenar dados em alguma forma de armazenamento secundário (por exemplo, um disco rígido ou unidade flash), como é feito com os sistemas tradicionais de gestão de banco de dados. Os IMDBs permitem a análise de big data e outros aplicativos desafiadores de processamento de dados, o que os tornaram viáveis devido ao aumento nas capacidades de RAM e diminuição correspondente nos custos de RAM. Os bancos de dados na memória têm melhor desempenho em CPUs de vários núcleos que podem processar solicitações paralelas de dados, acelerando ainda mais o acesso e o processamento de grandes quantidades de dados.[11] Além disso, o advento dos processadores de 64 bits permitiu o endereçamento direto de grandes quantidades de dados da memória principal. Alguns dos principais fornecedores de IMDBs são mostrados na Tabela 6.5.

TABELA 6.5 Fornecedores de IMDB

Fabricante de software de banco de dados	Nome do produto	Principais clientes
Altibase	HDB	E*Trade, China Telecom
Oracle	Times Ten	Lockheed Martin, Verizon Wireless
SAP	High-Performance Analytic Appliance (HANA)	eBay, Colgate
Software AG	Terracotta Big Memory	AdJuggler

A KDDI Corporation é uma empresa japonesa de telecomunicações que fornece serviços de telefonia móvel para cerca de 40 milhões de clientes. A empresa consolidou 40 servidores existentes em um único Oracle SuperCluster, executando o banco de dados na memória Oracle Times Ten para fazer com que seu sistema de autenticação que gerencia assinantes e dados de conectividade seja executado com mais rapidez e eficiência. Essa mudança reduziu a área ocupada pelo centro de dados em 83% e o consumo de energia em 70%, melhorando o desempenho geral e a disponibilidade do sistema. Como resultado, os custos do sistema foram reduzidos e o atendimento ao cliente melhorado.[12]

Exercício de pensamento crítico

Netflix utiliza inteligência analítica para escolher vencedores

▶ PENSAMENTO ANALÍTICO

Os usuários da Netflix geram uma grande quantidade de informações detalhadas sobre seus interesses, gostos e hábitos de visualização. Ela usa esses dados e inteligência analítica para gerar recomendações de visualização que os usuários apreciam porque geralmente estão certos. A Netflix também usa dados e inteligência analítica para prever a demanda do usuário para as muitas produções que está considerando adicionar à programação. Quando a Netflix fecha um acordo com talentos como Martin Scorsese, Ryan Reynolds ou os Obamas, ele é baseado em um modelo de dados que prevê a probabilidade de sucesso de certa combinação de talentos, tramas prováveis e outros fatores. A Netflix não apenas pode prever a probabilidade de sucesso, mas também pode prever com alto grau de precisão quais de seus assinantes assistirão a uma determinada série.

Perguntas de revisão
1. Quais ferramentas e tecnologias a Netflix pode utilizar para armazenar e processar todos esses dados?
2. Por que pode ter sido necessário executar um processo ETL em todos esses dados?

Questões de pensamento crítico
1. A Netflix eliminou recentemente seu sistema de avaliação de cinco estrelas e parou de capturar avaliações enviadas por usuários. Em vez disso, agora emprega um recurso mais simples de "polegar para cima/polegar para baixo". A Netflix também implementou uma pontuação de correspondência personalizada que visa unir os espectadores com seu conteúdo ideal com base em seus hábitos de visualização. Essa mudança parece quase contraintuitiva para uma organização que deseja entender os interesses de seus telespectadores. Você pode oferecer uma explicação para essa mudança?
2. Haveria valor em aumentar os dados originados da Netflix com dados de redes de mídia social ou pesquisas na internet? Que valor adicional esses dados podem agregar?

Inteligência analítica e de negócios

Os termos inteligência de negócios (BI) e inteligência analítica são frequentemente utilizados de forma intercambiável, porém, há uma diferença. A BI é utilizada para

inteligência de negócios (BI): Uma ampla gama de aplicativos, práticas e tecnologias para a extração, transformação, integração, visualização, análise, interpretação e apresentação de dados para apoiar a tomada de decisão aprimorada.

inteligência analítica: O uso extensivo de dados e análises quantitativas para apoiar a tomada de decisão baseada em fatos dentro das organizações.

analisar dados históricos para contar o que aconteceu ou está acontecendo agora em seu negócio. A BI ajuda a organização a aprender com os erros do passado, construir sobre os sucessos do passado. Esse conhecimento pode, então, ser inserido no processo de planejamento da iniciativa, imitando o que funciona e alterando o que não funciona. A inteligência analítica emprega algoritmos para determinar relações entre dados e desenvolver previsões do que acontecerá no futuro. Isso permite que a organização antecipe novos desenvolvimentos e faça mudanças agora para melhorar os resultados futuros.

A inteligência de negócios (*business intelligence* – BI) inclui uma ampla gama de aplicativos, práticas e tecnologias para extração, transformação, integração, visualização, análise, interpretação e apresentação de dados para apoiar a tomada de decisão aprimorada. Os dados utilizados em BI são frequentemente extraídos de várias fontes e podem vir de fontes internas ou externas à organização. Muitas organizações utilizam esses dados para construir data warehouses, data marts e data lakes, para uso em aplicativos de BI. Os usuários, incluindo funcionários, clientes e fornecedores autorizados e parceiros de negócios, podem acessar os dados e aplicativos de BI pela web ou por intranets e extranets organizacionais — muitas vezes usando dispositivos móveis, como smartphones e tablets. O objetivo da inteligência de negócios é obter o máximo valor das informações e apresentar os resultados da análise de uma maneira fácil de entender até para um leigo.

Inteligência analítica pode ser definida como o uso extensivo de dados e análise quantitativa para apoiar a tomada de decisão baseada em fatos dentro das organizações. A análise de negócios pode ser utilizada para obter uma melhor compreensão do desempenho atual dos negócios, revelar novos padrões e relacionamentos de negócios, explicar por que certos resultados ocorreram, otimizar as operações atuais e prever os resultados futuros dos negócios.

Frequentemente, os dados utilizados em BI e inteligência analítica devem ser coletados de várias fontes. Envoy é um produto de registro de visitantes que elimina o processo tradicional de entrada com papel e caneta e o substitui por um processo de entrada eficiente com um iPad. Notificações instantâneas acionadas ao entrar alertam seus funcionários de que o visitante chegou. Os visitantes podem ser notificados sobre as políticas específicas do seu site assim que entrarem. Todos os formulários necessários para a visita (por exemplo, não divulgação confidencial) podem ser apresentados para assinatura e um registro capturado para fins legais.

A Envoy tinha muitos dados sobre como os clientes em potencial passavam pelos vários funis de vendas da empresa, incluindo Google, Facebook, site da empresa, assinatura de avaliação gratuita e conversa com o vendedor. O problema era que esses dados eram armazenados em cinco sistemas diferentes e não podiam ser facilmente compartilhados ou combinados. Como resultado, a empresa não tinha uma visão clara de como os clientes passavam por qualquer um de seus funis de conversão. A organização mudou para uma solução de data warehouse a fim de armazenar todos esses dados e torná-los utilizáveis por toda a organização. Isso deu à equipe da Envoy uma visão completa de como ela convertia consumidor potencial em cliente. A empresa descobriu que seus testes para conversões pagas de clientes eram muito menores do que se pensava originalmente. Ficou claro que seu processo de integração não era tão eficaz como era preciso para ter os usuários totalmente ativados. Portanto, a empresa criou um novo guia de configuração para orientar as pessoas pelas etapas de integração.[13]

Benefícios obtidos com BI e inteligência analítica

BI e inteligência analítica são utilizadas para alcançar uma série de benefícios, conforme demonstrado nos seguintes exemplos:

- **Detectar fraude.** A MetLife implementou um software analítico para ajudar sua unidade de investigações especiais a identificar fraudes em prestadores de serviços médicos, advogados e oficinas. Embora uma reclamação de acidente possa não ter dados suficientes para ser sinalizada como suspeita quando é apresentada pela primeira vez, à medida que mais dados de reclamação são adicionados, a reclamação é continuamente refeita pelo software. Após os primeiros seis meses de uso do software, o número de reclamações sob investigação da unidade aumentou em 16%.[14]

- **Melhorar a previsão.** A Kroger atende clientes em 2.422 supermercados e 1.950 farmácias. A empresa descobriu que, ao prever melhor a demanda dos clientes das farmácias, poderia reduzir o número de receitas médicas que não era possível atender porque um medicamento estava fora de estoque. Para tanto, a Kroger desenvolveu um sistema sofisticado de gestão de estoque que poderia fornecer aos funcionários uma visualização dos níveis de estoque, adaptar-se ao feedback do usuário e oferecer suporte a análises hipotéticas. As prescrições fora de estoque foram reduzidas em 1,5 milhão por ano, com um aumento resultante nas vendas de US$ 80 milhões por ano. Além disso, ao transportar os medicamentos certos nas quantidades certas, a Kroger conseguiu reduzir seus custos gerais de estoque em US$ 120 milhões por ano.[15]
- **Aumentar as vendas.** A DaimlerChrysler e muitos outros fabricantes de automóveis definem seus preços sugeridos de varejo e atacado para o ano e, em seguida, ajustam os preços por meio de incentivos sazonais com base no impacto de oferta e demanda. A DaimlerChrysler implementou um modelo de elasticidade de preço para otimizar as decisões de preço da empresa. O sistema permite que os gestores avaliem muitos incentivos potenciais para cada combinação de modelo de veículo (por exemplo, Jeep Grand Cherokee), método de aquisição (dinheiro, financiamento ou leasing) e programa de incentivos (devolução de dinheiro, taxa de juros promocional e uma combinação de ambos). A empresa estima que o uso do sistema gerou vendas anuais adicionais de US$ 500 milhões.[16]
- **Otimizar as operações.** A Chevron é uma das empresas líderes mundiais de energia integrada. Suas refinarias trabalham com petróleo bruto, que é utilizado para fazer uma ampla gama de derivados de petróleo, incluindo gasolina, combustível de aviação, diesel, lubrificantes e produtos especiais, como aditivos. Com os preços de mercado do petróleo bruto e seus vários produtos em constante mudança, determinar quais produtos refinar em determinado momento é bastante complexo. A Chevron usa um sistema analítico chamado Petro para auxiliar os analistas a aconselhar as refinarias e comerciantes de petróleo sobre o mix de produtos para produzir, comprar e vender a fim de maximizar o lucro.[17]
- **Reduzir custos.** A Coca-Cola Enterprises é a maior engarrafadora e distribuidora de bebidas do mundo. Sua frota de entrega de 54 mil caminhões é a segunda em tamanho, atrás apenas dos Correios dos EUA. Usando software de análises, a empresa implementou um sistema de otimização de roteamento de veículos que resultou em uma economia de US$ 45 milhões por ano com a redução do consumo de gás e no número de motoristas necessários.[18]

O papel de um cientista de dados

cientista de dados: Um indivíduo que combina forte visão de negócios, um profundo entendimento de análises e uma apreciação saudável das limitações de dados, ferramentas e técnicas para entregar melhorias reais na tomada de decisões.

Um cientista de dados é o indivíduo que combina forte visão de negócios, um profundo entendimento de análises e uma apreciação saudável das limitações de dados, ferramentas e técnicas para entregar melhorias reais na tomada de decisões. Os cientistas de dados não se limitam a coletar e relatar os dados; eles veem uma situação de vários ângulos, determinam quais dados e ferramentas podem ajudar a compreender melhor a situação e, em seguida, aplicam os dados e ferramentas apropriados. Eles geralmente trabalham em equipe com gestores corporativos e especialistas da área de negócios que está sendo estudada, com analistas de pesquisa de mercado e finanças, administradores de dados, recursos de sistema de informação e especialistas com alto conhecimento sobre os concorrentes, mercados, produtos e serviços da empresa. O objetivo do cientista de dados é descobrir ideias valiosas que influenciarão as decisões organizacionais e ajudarão a organização a obter vantagem competitiva.

Os cientistas de dados são altamente curiosos, fazendo perguntas continuamente, realizando análises hipotéticas e desafiando suposições e processos existentes. Cientistas de dados bem-sucedidos têm a capacidade de comunicar suas descobertas aos líderes organizacionais de maneira tão convincente que são capazes de influenciar fortemente como uma organização aborda uma oportunidade de negócio.

Os requisitos educacionais para ser um cientista de dados são bastante rigorosos — exigindo um domínio de estatística, matemática e programação de computadores. A maioria dos cargos de cientista de dados exige um grau avançado, como mestrado ou doutorado. Algumas organizações aceitam cientistas de dados com graduação em especialização em inteligência analítica, como ciência da computação, matemática e estatística, sistemas de informação gerencial, economia e engenharia. Universidade American, Universidade de Boston, Universidade Técnica do Colorado, Universidade George Washington, Universidade Syracuse, Universidade da California em Berkeley e Universidade Villanova estão entre as muitas universidades nos EUA que oferecem programas de mestrado relacionados a BI e inteligência analítica.

Muitas universidades também oferecem cursos focados em carreiras, diplomas e certificados em disciplinas relacionadas à análise, como gestão de banco de dados, análise preditiva, BI, análise de big data e mineração de dados. Esses cursos fornecem uma ótima maneira para que os atuais profissionais de negócios e de sistemas de informação aprendam as habilidades do cientista de dados. A maioria dos cientistas de dados tem habilidades de programação de computadores e está familiarizada com linguagens e ferramentas utilizadas para processar big data, como Hadoop, Hive, SQL, Python, R e Java.

As perspectivas de trabalho para cientistas de dados são extremamente brilhantes. O McKinsey Global Institute (braço de pesquisa de negócios e economia da empresa de consultoria de gestão McKinsey & Co.) estima que a demanda por cientistas de dados pode superar a oferta em até 250 mil empregos em 2024.[19] O salário médio de um cientista de dados é de US$ 119 mil. Cientistas de dados altamente talentosos, com ótima formação e experientes podem esperar ganhar algo em torno de US$ 175 mil.[20]

Componentes necessários para BI e inteligência analítica eficazes

Três componentes principais devem estar disponíveis para que uma organização obtenha valor real de seus esforços de BI e análises. Em primeiro lugar, está a existência de um programa de gestão de dados sólido, incluindo governança de dados. Lembre-se de que a gestão de dados é um conjunto integrado de funções que define os processos pelos quais os dados são obtidos, certificados para uso, armazenados, protegidos e processados de forma a garantir que acessibilidade, confiabilidade e oportunidade dos dados atendam às necessidades dos usuários de dados em uma organização. A governança de dados é o componente central da gestão de dados; ela define as funções, responsabilidades e processos para garantir que os dados possam ser confiáveis e utilizados por toda a organização, com pessoas identificadas e posicionadas que são responsáveis por corrigir e prevenir problemas com os dados.

Outro componente importante de que uma organização precisa são cientistas de dados criativos — pessoas que compreendam o negócio e a tecnologia de análise de negócios, ao mesmo tempo em que reconhecem as limitações de seus dados, ferramentas e técnicas. Um cientista de dados reúne tudo isso para fornecer melhorias reais na tomada de decisões em uma organização.

Finalmente, para garantir o sucesso de um programa de BI e análises, a equipe de gestão da organização deve ter um forte compromisso com a tomada de decisão baseada em dados. As organizações que podem colocar os componentes necessários no lugar podem agir rapidamente para tomar decisões superiores em ambientes incertos e em mudança para obter uma forte vantagem competitiva.

Exercício de pensamento crítico

Localização, localização, localização
▶ PENSAMENTO ANALÍTICO

O nome Marriott abrange várias marcas, como Courtyard, Element by Westin, Fairfield Inn and Suites, Residence Inn, Sheraton Four Points e Starwood Hotels & Resorts. Coletivamente, essas marcas abrirão mais de 300 hotéis a cada ano. Construir o tipo certo de hotel no local certo é um elemento essencial para o sucesso da Marriott. A Marriott emprega big data e análises, além da Buxton, uma empresa de análise de clientes, para garantir seu sucesso contínuo. A Buxton coleta dados de 116 milhões de famílias, incluindo o perfil delas; tipo de empregos ocupados por membros da família; salários; onde e como gastam seu dinheiro; e até o tipo de jeans que compram. A empresa combina esses dados com informações sobre viagens — com que frequência alguém viaja, seja a negócios ou lazer, onde eles moram e para onde viajam. Os dados de informações dos hóspedes de cada visita a um hotel Marriott também são coletados — duração da estadia, tipo de quarto, detalhes de gastos no bar ou restaurante do hotel. A análise de todos esses dados permite que a Bruxton avise a Marriott onde há demanda não atendida de hotéis adicionais. A Marriott pode, então, tomar decisões informadas relacionadas ao desenvolvimento futuro, como "Que tipo de hotel devemos construir em Dakota do Sul em torno de um campo de petróleo? Quantos e que tipo de hotéis devemos construir perto das praias no Caribe?"[21]

Perguntas de revisão

1. Quais são os principais componentes que a Buxton deve colocar em prática para criar o ambiente para um programa de BI e inteligência analítica bem-sucedido?
2. Que complicações podem surgir ao tentar combinar dados domésticos, informações de viagens e dados de hóspedes de hotéis das várias marcas da Marriott?

Questões de pensamento crítico

1. Como você distinguiria entre BI e inteligência analítica? Como a Marriott pode empregar BI para monitorar o que está acontecendo agora em seus negócios?
2. Por que a Marriott confiaria na Bruxton para aconselhá-la sobre uma decisão tão importante? A Marriott deve desenvolver os próprios recursos internos para assumir essa função? Por que sim ou por que não?

Ferramentas de inteligência de negócios e inteligência analítica

Esta seção apresenta exemplos de muitas ferramentas de BI e inteligência analítica. Essas ferramentas podem ser classificadas em cinco grandes categorias: análise descritiva, análise preditiva, otimização, simulação e análise de texto e vídeo, conforme mostrado na Tabela 6.6.

TABELA 6.6 Categorias gerais de técnicas de BI/inteligência analítica

Categorias gerais de técnicas de BI/ inteligência analítica				
Análise descritiva	Análise preditiva	Otimização	Simulação	Análise de texto e vídeo
Técnicas específicas				
Inteligência analítica visual	Análise de série temporal	Algoritmo genético	Análise de cenário	Análise de texto
Análise de regressão	Mineração de dados	Programação linear	Simulação de Monte Carlo	Análise de vídeo

Análise descritiva

análise descritiva: Um estágio preliminar de processamento de dados utilizado para identificar padrões nos dados e responder a perguntas sobre quem, o quê, onde, quando e em que extensão.

Análise descritiva é um estágio preliminar de processamento de dados utilizado para identificar padrões nos dados e responder a perguntas sobre quem, o quê, onde, quando e em que extensão. É utilizada para fornecer informações sobre o que aconteceu e por quê. Você pode entender, por exemplo, o aumento no preço das ações após uma série de tweets positivos no Twitter por populares analistas de mercado. Existem muitas técnicas de análise descritiva. Abordaremos duas delas: inteligência analítica visual e análise de regressão.

Inteligência analítica visual

inteligência analítica visual: A apresentação de dados em formato pictórico ou gráfico.

Inteligência analítica visual é a apresentação de dados em formato pictórico ou gráfico. O cérebro humano funciona de forma que a maioria das pessoas seja mais capaz de ver tendências, padrões e relacionamentos significativos em dados apresentados em formato gráfico, em vez de relatórios tabulares e planilhas. Como resultado, os tomadores de decisão aceitam bem os softwares de visualização de dados que apresentam resultados analíticos visualmente. Além disso, representar dados em formato visual é uma técnica reconhecida por causar impacto imediato a números maçantes e enfadonhos. Uma grande variedade de ferramentas e técnicas está disponível para criar representações visuais que podem revelar imediatamente padrões ou relações que de outra forma seriam difíceis de perceber nos dados subjacentes.

Muitas empresas agora utilizam Facebook, Google Plus, LinkedIn, Pinterest, Tumblr, Twitter e outros feeds de mídia social para monitorar qualquer menção a sua empresa ou produto. As ferramentas de inteligência analítica visual podem pegar esses dados brutos e fornecer imediatamente um visual rico que revela precisamente quem está e o que estão falando sobre o produto. Técnicas tão simples e intuitivas como uma nuvem de palavras podem fornecer um resumo visual surpreendentemente eficaz de conversas, análises e feedback do usuário sobre um novo produto. Uma nuvem de palavras é uma representação visual de um conjunto de palavras que foram agrupadas devido à frequência com que ocorrem. As nuvens de palavras são geradas a partir de análises de documentos de texto ou páginas da web. Usando o texto dessas fontes, é realizada uma contagem simples do número de vezes que uma palavra ou frase aparece. Palavras ou frases que foram mencionadas com mais frequência do que outras palavras ou frases são mostradas em um tamanho de fonte maior e/ou uma cor mais escura, conforme mostrado na Figura 6.5. ABCya, Image Chef, TagCloud, ToCloud, Tagul e Wordle são exemplos de software gerador de nuvem de palavras.

nuvem de palavras: Uma representação visual de um conjunto de palavras que foram agrupadas devido à frequência com que ocorrem.

FIGURA 6.5
Nuvem de palavras
Essa nuvem de palavras mostra os tópicos abordados neste capítulo.

funil de conversão: Uma representação gráfica que resume os passos seguidos por um consumidor ao tomar a decisão de comprar um produto e se tornar cliente de uma empresa.

Um funil de conversão é uma representação gráfica que resume as etapas percorridas por um consumidor ao tomar a decisão de comprar seu produto e se tornar um cliente. Ele fornece uma representação visual dos dados de conversão entre cada etapa e permite que os tomadores de decisão vejam quais etapas estão causando confusão ou problemas aos clientes. A Figura 6.6 mostra um funil de conversão para uma organização de vendas on-line. Ele mostra onde os visitantes de um site estão saindo do caminho de vendas bem-sucedidas.

FIGURA 6.6
Funil de conversão
O funil de conversão mostra as principais etapas na conversão de um consumidor em um comprador.

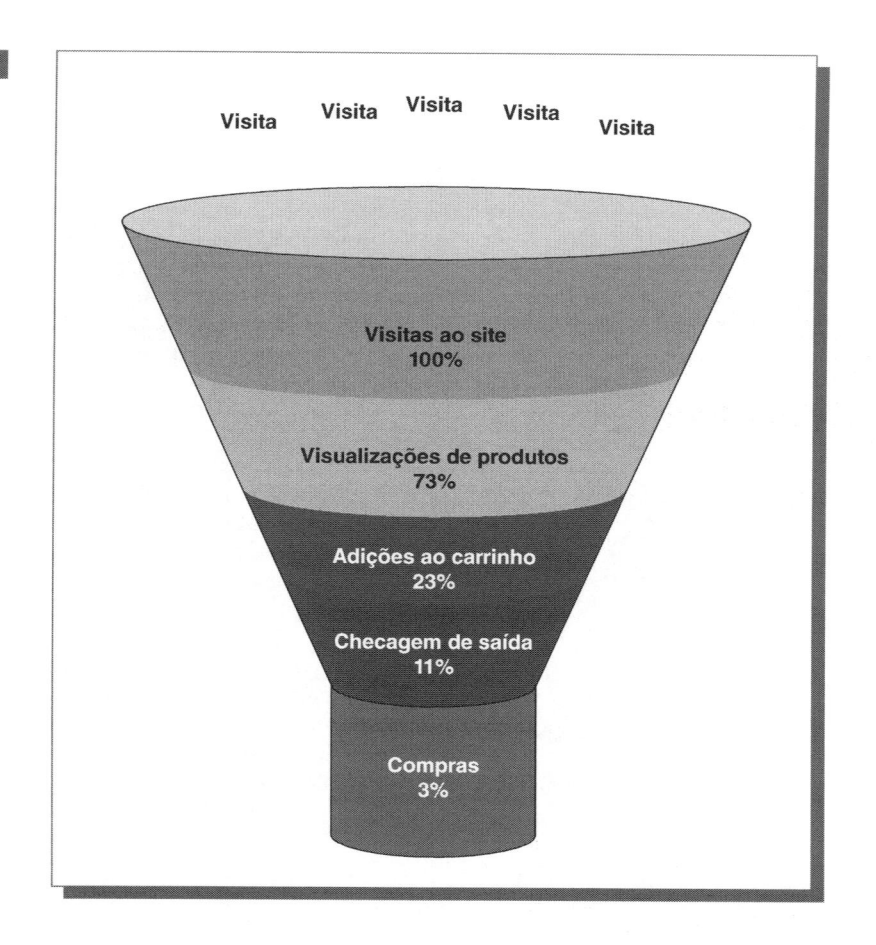

Visita Visita Visita Visita Visita

- Visitas ao site 100%
- Visualizações de produtos 73%
- Adições ao carrinho 23%
- Checagem de saída 11%
- Compras 3%

Dezenas de produtos de software de visualização de dados estão disponíveis para a criação de vários gráficos, infográficos e mapas de dados (consulte a Figura 6.7). Alguns dos produtos mais comuns incluem Google Charts, iCharts, Infogram, Modest Maps, SAS Visual Statistics e Tableau. Essas ferramentas tornam mais fácil explorar os dados visualmente em tempo real, detectar padrões e ter ideias rapidamente.

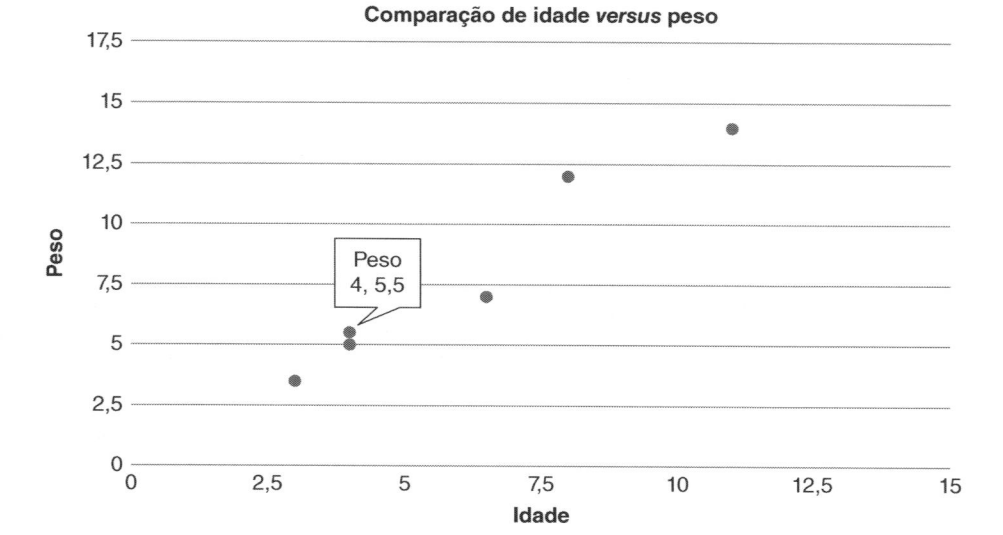

FIGURA 6.7
Visualização de dados
Este diagrama de dispersão mostra a relação entre idade e peso.
Fonte: "Visualization: Scatter Chart", Google Charts, https://developers.google.com/chart/interactive/docs/gallery/scatterchart, acesso em 10 de abril de 2019.

Comparação de idade *versus* peso

Análise de regressão

análise de regressão: Um método para determinar a relação entre uma variável dependente e uma ou mais variáveis independentes.

Análise de regressão envolve determinar a relação entre uma variável dependente (y) e uma ou mais variáveis independentes ($x_1, x_2, \cdots x_n$). É um método comprovado para determinar quais variáveis têm impacto na variável dependente. Também permite determinar quais fatores (variáveis independentes) são mais importantes, quais fatores podem ser ignorados e como esses fatores influenciam entre si. A análise de regressão produz uma equação de regressão em que os coeficientes representam a relação entre cada variável independente e a variável dependente. A equação de regressão pode ser utilizada para fazer previsões.

Uma empresa farmacêutica pode utilizar a análise de regressão para prever sua vida útil a fim de atender aos regulamentos da FDA e identificar uma data de validade adequada para o medicamento. A variável dependente seria a vida útil. As variáveis independentes podem ser a temperatura média e a umidade relativa nas quais o medicamento será armazenado.

$$\text{Vida útil estimada} = a + b \times \text{temperatura} + c \times \text{umidade relativa}$$

Estimativas dos valores dos parâmetros (a, b e c) são utilizadas para desenvolver uma equação de regressão provisória. Vários testes são utilizados para avaliar se o modelo é suficientemente preciso. Se o modelo for considerado satisfatório, a equação de regressão pode ser utilizada para prever o valor da variável dependente considerados os valores para as variáveis independentes.

Análise preditiva

análise preditiva: Um conjunto de técnicas utilizadas para analisar dados atuais a fim de identificar probabilidades e tendências futuras, bem como fazer previsões sobre o futuro.

Análise preditiva é um conjunto de técnicas utilizadas para analisar dados atuais a fim de identificar probabilidades e tendências futuras, bem como fazer previsões sobre o futuro. A análise preditiva pode empregar muitas técnicas diferentes. Essas técnicas capturam relacionamentos entre as muitas variáveis em um problema e permitem avaliar o risco ou a oportunidade potencial associada a um conjunto específico de condições. Esta seção discutirá duas técnicas de análise preditiva — análise de série temporal e mineração de dados.

Análise de série temporal

Os dados de série temporal são uma sequência de pontos de dados bem definidos medidos em intervalos de tempo uniformes durante um longo período. Um exemplo seria a temperatura, a umidade e a pressão barométrica de hora em hora no final do píer na praia de Malibu, Califórnia, que remonta a 1976. Outros exemplos incluem preços diários de alta e baixa de ações, uso diário de energia em casa e seu peso às 11 da manhã todos os dias. Todos são exemplos de dados de séries temporais que podem ser coletados em intervalos regulares.

análise de série temporal: O uso de métodos estatísticos para analisar dados de séries temporais e determinar estatísticas úteis e características sobre os dados.

Análise de série temporal é o uso de métodos estatísticos para analisar dados de séries temporais e extrair estatísticas e características significativas sobre os dados. A análise de série temporal pode ser utilizada para resolver tais problemas, como prever a cada hora o número de pacientes em uma sala de emergência de hospital para que os níveis de pessoal possam ser otimizados, prever a demanda futura de produtos para determinar quanta produção e matérias-primas são necessárias e assim por diante. A análise de série temporal nos ajuda a entender quais são as forças subjacentes que levam a uma tendência específica nos pontos de dados da série temporal. É utilizada na previsão e no monitoramento dos pontos de dados ajustando modelos apropriados a eles. A análise de série temporal pode ser utilizada para entender o passado e também prever o futuro.

Mineração de dados

mineração de dados: Uma ferramenta de BI e inteligência analítica utilizada para explorar grandes quantidades de dados em busca de padrões ocultos para prever tendências e comportamentos futuros para uso na tomada de decisões.

Mineração de dados é uma ferramenta de BI e inteligência analítica utilizada para explorar grandes quantidades de dados em busca de padrões ocultos para prever tendências e comportamentos futuros para uso na tomada de decisões. Utilizadas apropriadamente, as ferramentas de mineração de dados permitem que as organizações façam previsões sobre o que acontecerá para que os gestores possam ser proativos ao capitalizar as oportunidades e evitar problemas potenciais.

Entre as três técnicas de mineração de dados mais comumente utilizadas estão a análise de associação (um conjunto especializado de algoritmos classifica os dados e cria regras estatísticas sobre as relações entre os itens), a computação neural (os dados históricos são examinados em busca de padrões que são utilizados para fazer previsões), e o raciocínio baseado em caso (casos if-then-else históricos são utilizados para reconhecer padrões).

O **Cross-Industry Process for Data Mining (CRISP-DM)** – processo entre indústrias para mineração de dados – é uma abordagem estruturada de seis fases para o planejamento e execução de um projeto de mineração de dados (ver Figura 6.8). É uma metodologia robusta e comprovada e, embora tenha sido concebida pela primeira vez em 1999, continua a ser a metodologia mais utilizada para projetos de mineração de dados.[22] Os objetivos para cada etapa do processo são resumidos na Tabela 6.7.

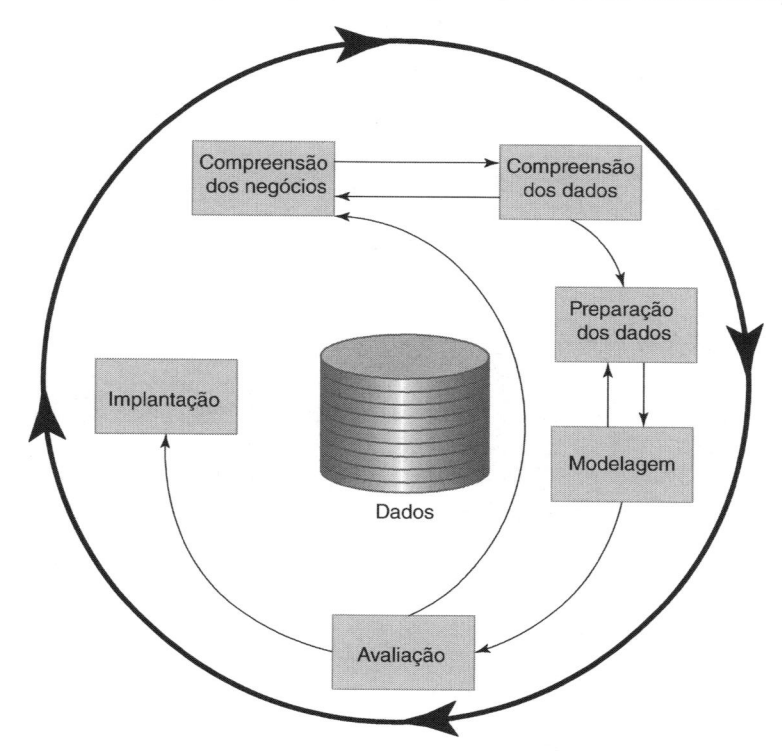

Cross-Industry Process for Data Mining (CRISP-DM): Uma abordagem estruturada em seis fases para o planejamento e execução de um projeto de mineração de dados.

FIGURA 6.8 Cross-Industry Process for Data Mining (CRISP-DM)

O CRISP-DM fornece uma abordagem estruturada para planejar e executar um projeto de mineração de dados.

Fonte: Gregory Piatetsky, "CRISP-DM, Still the Top Methodology for Analytics, Data Mining, or Data Science Projects", KDNuggets, 28 de outubro de 2014, www.kdnuggets.com/2014/10/crisp-dm-top-methodology-analytics-data-mining-data-science-projects.html.

TABELA 6.7 Metas para cada fase de CRISP-DM

Fase	Meta
Compreensão dos negócios	• Esclarecer as metas de negócios para o projeto de mineração de dados, converter as metas em um problema de análise preditiva e elaborar um plano de projeto para atingir esses objetivos.
Compreensão dos dados	• Reunir os dados a serem utilizados (pode envolver várias fontes), familiarizar-se com os dados e identificar problemas de qualidade dos dados (falta de dados, dados ausentes, ajustes de dados necessários, etc.) que devem ser tratados.
Preparação dos dados	• Selecionar um subconjunto de dados a ser utilizado, limpar os dados para tratar os problemas de qualidade e transformar os dados em um formato adequado para análise.
Modelagem	• Aplicar as técnicas de modelagem selecionadas.
Avaliação	• Avaliar se o modelo atinge as metas de negócios.
Implantação	• Aplicar o modelo no processo de tomada de decisão da organização.

FONTE: Nicole Leaper, "A Visual Guide to CRISP-DM Methodology", https://exde.files.wordpress.com/2009/03/crisp_visualguide.pdf, acesso em 9 de setembro de 2018.

Eis alguns exemplos que mostram como a mineração de dados pode ser utilizada:

- Com base em respostas anteriores a correspondências promocionais, identificar os consumidores com maior probabilidade de tirar proveito de correspondências futuras.
- Examinar os dados de vendas no varejo para identificar produtos aparentemente não relacionados que são frequentemente comprados juntos.
- Monitorar as transações de cartão de crédito para identificar prováveis solicitações fraudulentas de autorização.
- Usar os dados de reserva de hotel para ajustar as taxas de quarto para maximizar a receita.
- Analisar dados demográficos e dados de comportamento sobre clientes em potencial para identificar aqueles que seriam os clientes mais lucrativos a serem recrutados.
- Estudar dados demográficos e as características dos funcionários mais valiosos de uma organização para ajudar a concentrar esforços de recrutamento futuros.
- Reconhecer como as mudanças na sequência de DNA de um indivíduo afetam o risco de desenvolver doenças comuns, como Alzheimer ou câncer.

Otimização

Técnicas de otimização são utilizadas todos os dias na organização, muitas vezes para alocar recursos escassos de forma a minimizar custos ou maximizar lucros.

Algoritmo genético

O darwinismo é uma teoria da evolução biológica creditada ao naturalista inglês Charles Darwin. A teoria sustenta que todas as espécies de organismos surgem e se desenvolvem por meio da seleção natural de pequenas variações herdadas. Essas variações aumentam a capacidade do indivíduo de sobreviver, competir e se reproduzir. Como mutações genéticas aleatórias ocorrem dentro do código genético de um organismo, as mutações benéficas são preservadas e passadas para a próxima geração porque ajudam na sobrevivência. Esse processo é conhecido como "seleção natural".

O **algoritmo genético** é uma técnica que emprega um processo semelhante à seleção natural para encontrar soluções *aproximadas* para problemas de otimização e pesquisa. Os algoritmos genéticos são normalmente implementados como simulação de computador. A simulação começa com uma população de representações abstratas (chamadas de cromossomos) de soluções candidatas (chamadas de indivíduos) para um problema de otimização. Por meio de simulação de computador, essa população inicial evolui gradualmente em direção a soluções cada vez melhores. Em cada geração, a aptidão de toda a população é avaliada. Em seguida, vários indivíduos são selecionados da população atual (com base em sua aptidão) e modificados (mutados ou recombinados) para formar uma nova população. A nova população é, então, utilizada na próxima iteração do algoritmo. Esse processo é descrito na Figura 6.9.

O Facebook tem grandes centros de dados espalhados pelos Estados Unidos. Esses centros de dados transferem muitos dados em sua rede de um local para outro. O volume de tráfego varia de acordo com a hora do dia e o dia do mês. O Facebook usou um algoritmo genético para projetar e construir essa rede. O algoritmo determinou onde colocar os vários nós da rede, quantos roteadores de dados utilizar e onde colocá-los. Em apenas alguns minutos, o algoritmo genético foi capaz de chegar a uma solução 25% mais barata do que as soluções manuais anteriores.[23]

Programação linear

Programação linear é uma técnica para encontrar o valor ótimo (maior ou menor, dependendo do problema) de uma expressão linear (chamada de função objetivo), que é calculada com base no valor de um conjunto de variáveis de decisão que estão sujeitas a um conjunto de restrições. Para um problema ser de programação linear, as variáveis de decisão, a função objetivo e as restrições devem ser todas funções lineares.

O Solver é um programa suplementar do Microsoft Excel para resolver problemas de programação linear. Ele pode encontrar um valor ideal (máximo ou mínimo)

---

algoritmo genético: Uma técnica que emprega um processo semelhante à seleção natural para encontrar soluções *aproximadas* para problemas de otimização e pesquisa.

programação linear: Uma técnica para encontrar o valor ótimo (maior ou menor, dependendo do problema) de uma expressão linear (chamada de função objetivo), que é calculada com base no valor de um conjunto de variáveis de decisão que estão sujeitas a um conjunto de restrições.

FIGURA 6.9
Processo em várias etapas do algoritmo genético

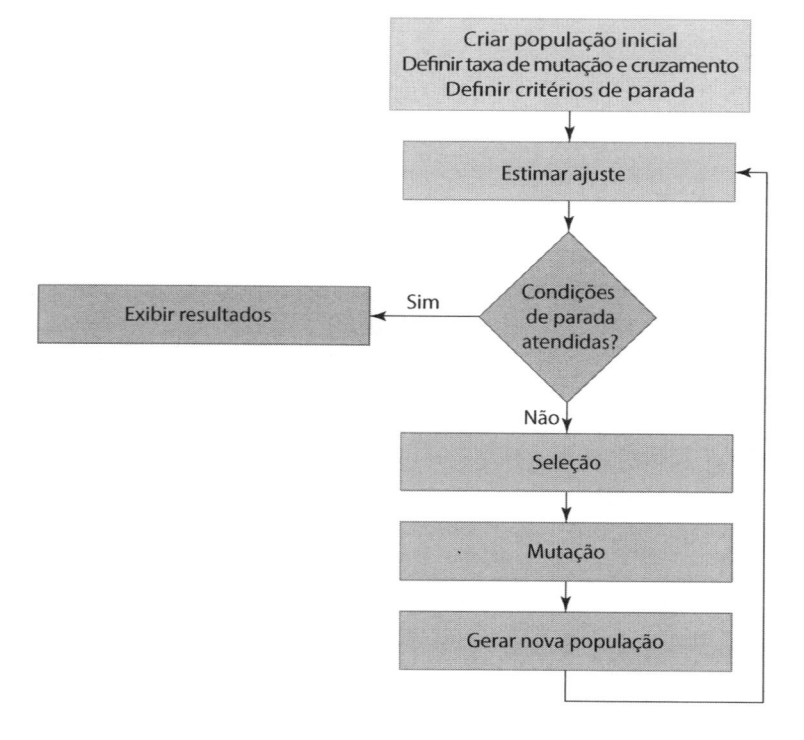

[Fluxograma: Criar população inicial / Definir taxa de mutação e cruzamento / Definir critérios de parada → Estimar ajuste → Condições de parada atendidas? — Sim → Exibir resultados; Não → Seleção → Mutação → Gerar nova população → (retorna a Estimar ajuste)]

para uma fórmula em uma célula (a célula objetivo) sujeita a restrições, ou limites, definidas com base nos valores de outras variáveis (variáveis de decisão) utilizadas para calcular as fórmulas nas células objetivo e na célula de restrição. O Solver ajusta os valores nas células da variável de decisão para satisfazer os limites definidos pelas células de restrição e produzir o valor ideal para a célula objetivo.

Simulação

A simulação de computador envolve o uso de um modelo expresso na forma de um programa de computador para emular as respostas dinâmicas de um sistema do mundo real a várias entradas. O modelo é composto de equações que duplicam as relações funcionais dentro do sistema real. A simulação tem sido utilizada para analisar e compreender muitos sistemas, incluindo a formação do universo, o comportamento das moléculas, a operação de processos complexos de produção, a propagação de doenças, o desempenho de aeronaves e automóveis e os padrões do fluxo de tráfego em um sistema rodoviário — esses são apenas alguns exemplos.

Análise de cenário

análise de cenário: Um processo para prever valores futuros com base em certos eventos potenciais.

Análise de cenário é um processo para prever valores futuros com base em certos eventos potenciais. Por exemplo, os analistas de marketing utilizam a análise de cenário para prever os resultados de uma nova campanha de marketing se eventos específicos ocorrerem ou não. O ato de criar cenários força os tomadores de decisão a examinar suas suposições sobre o futuro. Ao moldar seus planos e decisões com base nos cenários mais prováveis, eles podem garantir que suas decisões sejam flexíveis, mesmo que as circunstâncias mudem. A análise de cenário também ajuda a identificar problemas em potencial e permite que as pessoas planejem e se preparem para lidar com eles. É utilizada para ajudar a decidir qual dos vários cursos de ação tomar.

O método faz com que os tomadores de decisão definam vários cenários que geram diferentes resultados possíveis. Cada cenário é diferente — enquanto alguns são pessimistas, outros podem ser otimistas, mas cada um deve ser plausível. A maioria dos especialistas recomenda que o número mais apropriado de cenários diferentes ao discutir estratégias futuras é três. Quatro ou mais cenários tornam a análise muito complicada.

Simulação de Monte Carlo

A **simulação de Monte Carlo** é uma simulação que permite ver o espectro de milhares de resultados possíveis, considerando não apenas as muitas variáveis envolvidas, mas também a faixa de valores potenciais para cada uma dessas variáveis. Dependendo do número de variáveis e sua distribuição de probabilidade (uma função estatística que descreve todos os valores e probabilidades possíveis que uma variável aleatória pode assumir dentro de um determinado intervalo), a simulação de Monte Carlo pode envolver milhares ou dezenas de milhares de previsões individuais ou iterações antes de ser concluída. A técnica é utilizada por tomadores de decisão em muitos campos, especialmente finanças, gestão de projetos, produção, engenharia, seguros, petróleo e gás, transporte e meio ambiente.

A simulação de Monte Carlo é a principal técnica utilizada no planejamento financeiro para analisar quanto tempo a poupança de um aposentado vai durar com base em uma determinada taxa de retirada de carteira, valor de carteira atual e a porcentagem da carteira investida em cada classe de ativos (por exemplo, ações e títulos). Uma distribuição de probabilidade é determinada para o retorno de cada classe de ativo com base em dados que remontam a 1926. A simulação então escolhe um valor para o retorno de cada classe de ativos com base em sua distribuição de probabilidade e calcula o valor do portfólio no final do ano usando a taxa de retirada dada. Isso completa a simulação do ano 1 para a iteração número 1. A simulação é repetida novamente para o ano 2, ano 3,... ano n com um novo valor selecionado para o retorno de cada classe de ativos para cada ano. Essa simulação é repetida várias vezes para a iteração 2 (ano 2), iteração 3 (ano 3)... iteração n (ano n). Após a conclusão, é apresentado ao planejador financeiro uma distribuição completa de resultados mostrando quanto tempo o portfólio pode durar. Por exemplo, os resultados podem mostrar que, das 10 mil iterações executadas, em apenas 20% das simulações o portfólio durou 20 anos ou mais.

Análise de texto e vídeo

A análise de texto e vídeo envolve várias técnicas de exibição de texto e vídeo para coletar ideias e dados relevantes para a tomada de decisão.

Análise de texto

Análise de texto é um processo para extrair valor de grandes quantidades de dados de texto não estruturados, como comentários de consumidores, publicações em mídias sociais e avaliações de clientes. Ela pode ser utilizada para reconhecer padrões, realizar análises de sentimentos, marcar e anotar dados e para recuperar informações (a análise de sentimentos visa determinar a atitude de um indivíduo ou grupo em relação a um determinado tópico ou contexto geral).

A Oshkosh Corporation é uma empresa industrial dos EUA que projeta e constrói caminhões especializados, veículos militares, carrocerias de caminhões, aparelhos anti-incêndio em aeroportos e equipamentos de acesso. A empresa usa registros de chamadas de serviço em formato livre para sistematizar as operações de suporte técnico e priorizar melhorias na engenharia. Dados de texto não estruturados de chamadas de suporte são utilizados para identificar problemas comuns e corresponder fontes de mau funcionamento com soluções verificadas que tiveram sucesso no passado. Isso levou a uma grande redução no tempo de resolução de incidentes, reduzindo os custos de mão de obra e melhorando a satisfação do cliente. Além disso, as ideias obtidas com a análise de dados ajudam a orientar os esforços de engenharia para prevenir problemas mecânicos em produtos atualmente em desenvolvimento.[24]

Análise de vídeo

Análise de vídeo é o processo de obtenção de informações ou ideias a partir de filmagens de vídeo. É utilizada para identificar tendências e padrões. Muitos aeroportos utilizam tecnologia de inteligência analítica visual para aliviar o congestionamento quando os passageiros passam pela segurança do aeroporto. O Aeroporto Internacional de Orlando é um dos mais movimentados do país, com mais de 44 milhões de passageiros a cada ano. O aeroporto implementou um sistema de inteligência analítica visual que emprega Bluetooth, câmeras e sensores Wi-Fi para calcular o fluxo de passageiros. Esses dados alimentam vários algoritmos que preveem os tempos de espera dos passageiros nos pontos de verificação de segurança. O aeroporto afirma que o sistema reduziu os tempos de espera, permitindo que a Administração de Segurança do Transporte reorganize os recursos.[25]

Softwares populares de BI/inteligência analítica

Os produtos de software de BI amplamente utilizados vêm de muitos fornecedores diferentes, incluindo Hewlett Packard, IBM, Information Builders, Microsoft, Oracle e SAP, conforme mostrado na Tabela 6.8. Fornecedores como JasperSoft e Pentaho também fornecem software de BI livre, o que é atraente para algumas organizações.

TABELA 6.8 Produtos de software de BI amplamente utilizados

Fornecedor	Produto	Descrição
HP	Autonomy IDOL	Permite que as organizações processem dados não estruturados e também estruturados; o software pode examinar as relações intrincadas entre os dados para responder à pergunta crucial "Por que isso aconteceu?".
IBM	Cognos Business Intelligence	Transforma dados em visualizações do passado, presente e futuro das operações e desempenho de uma organização para que os tomadores de decisão possam identificar oportunidades e minimizar riscos; instantâneos do desempenho dos negócios são fornecidos em relatórios e painéis montados de forma independente.
Microsoft	Power BI for Office 365	Permite que os usuários modelem e analisem dados e consultem grandes conjuntos de dados com poderosas consultas de linguagem natural; também permite que os usuários visualizem facilmente os dados no Excel.
Oracle	Business Intelligence	Oferece uma coleção de tecnologia e aplicativos de BI corporativos; ferramentas, incluindo um conjunto integrado de consultas, relatórios, análises, inteligência analítica móvel, integração e gestão de dados, integração de desktops e aplicativos de gestão de desempenho financeiro; aplicações operacionais de BI; e armazenamento de dados.
Oracle	Hyperion	Fornece módulos de software para habilitar a gestão financeira; os módulos incluem os de orçamento, planejamento e previsão; relatório financeiro; gestão de banco de dados; consolidação financeira; gestão de tesouraria; e análises.
SAS	Enterprise BI Server	Fornece módulos de software para oferecer suporte a consultas e análises, realizar processamento OLAP e criar painéis personalizáveis; o software se integra ao Microsoft Office.
SAP	Business Objects	Oferece uma suite de aplicativos que permite aos usuários projetar e gerar relatórios, criar painéis interativos que contêm tabelas e gráficos para visualizar dados e criar consultas e análises *ad hoc* de dados; também permite que os usuários pesquisem em fontes de dados de BI.

inteligência analítica de autoatendimento: Treinamento, técnicas e processos que capacitam os usuários finais a trabalhar de forma independente para acessar dados de fontes aprovadas a fim de realizar suas próprias análises utilizando um conjunto de ferramentas aprovado.

Inteligência analítica de autoatendimento

Inteligência analítica de autoatendimento inclui treinamento, técnicas e processos que capacitam os usuários finais a realizar suas próprias análises usando um conjunto de ferramentas aprovado. A inteligência analítica de autoatendimento incentiva os usuários finais não técnicos a tomar decisões com base em fatos e análises, em vez de intuição. Usando um aplicativo de inteligência analítica de autoatendimento, os usuários finais podem reunir ideias, analisar tendências, descobrir oportunidades e problemas e acelerar a tomada de decisões criando rapidamente relatórios, gráficos, painéis e documentos a partir de qualquer combinação de ativos de informação. A inteligência analítica de autoatendimento elimina atrasos na tomada de decisões que podem surgir se todas as solicitações de análises de dados tiverem de ser feitas por meio de um número limitado de cientistas de dados e/ou recursos de sistema de informação. Ela também libera esses recursos para fazer trabalho de análise de alto nível. Idealmente, a inteligência analítica de autoatendimento levará a uma tomada de decisão melhor e mais rápida.

Uma organização pode realizar várias ações para garantir um programa analítico de autoatendimento eficaz. Em primeiro lugar, para mitigar os riscos associados à inteligência analítica de autoatendimento, os gestores de dados devem trabalhar com as unidades de negócios para determinar as principais métricas, um vocabulário acordado, processos para criar e publicar relatórios, os privilégios necessários para acessar dados confidenciais e como definir e implementar políticas de segurança e privacidade. A organização dos sistemas de informação deve ajudar os usuários a entender quais dados estão disponíveis e são recomendados para análise de negócios. Uma abordagem para fazer isso é fornecer aos usuários finais um dicionário de dados para uso. O treinamento, tanto dos dados quanto do uso de aplicativos de autoatendimento, é fundamental para que os trabalhadores saibam como podem utilizar as informações no sistema de BI. Por fim, as medidas de privacidade e segurança de dados devem ser implementadas para garantir que o uso dos dados atenda aos requisitos legais, regulatórios e de conformidade.

Um programa de inteligência analítica de autoatendimento bem gerenciado permite que os profissionais de tecnologia retenham o controle e a governança dos dados finais, enquanto limita o envolvimento da equipe de sistemas de informação em tarefas de rotina. A gestão de dados moderna requer um verdadeiro equilíbrio entre permitir a inteligência analítica de autoatendimento e proteger as informações comerciais confidenciais.

As vantagens de BI e inteligência analítica no autoatendimento são que colocam dados valiosos nas mãos dos usuários finais, incentivam a tomada de decisão baseada em fatos com base em análises, aceleram a tomada de decisão e fornecem uma solução para a escassez de cientistas de dados. As desvantagens aumentam o potencial para análises errôneas, podem levar a análises com conclusões inconsistentes, podem causar gastos excessivos em fontes de dados e ferramentas de inteligência analítica não aprovadas e podem ignorar as verificações e balanços necessários na preparação e no uso dos dados. A Tabela 6.9 apresenta as vantagens e desvantagens associadas a BI e inteligência analítica de autoatendimento.

TABELA 6.9 Vantagens e desvantagens associadas a BI e inteligência analítica de autoatendimento

Vantagens	Desvantagens
Colocam dados valiosos nas mãos das pessoas que mais precisam deles — os usuários finais.	Se não forem bem gerenciados, podem criar o risco de análises e relatórios errados, levando a decisões potencialmente prejudiciais dentro de uma organização.
Incentivam os usuários finais não técnicos a tomar decisões com base em fatos e análises, em vez de intuição.	Análises diferentes podem produzir conclusões inconsistentes, resultando em perda de tempo tentando explicar as diferenças. A inteligência analítica de autoatendimento também pode resultar na proliferação de "ilhas de dados", com duplicações de tempo e dinheiro gastos em análises.
Aceleram e melhoram a tomada de decisões.	Podem levar a gastos excessivos com fontes de dados e ferramentas de análise de negócios não aprovadas.
Os empresários podem acessar e utilizar os dados de que precisam para a tomada de decisões, sem precisar recorrer aos especialistas em tecnologia cada vez que têm uma nova dúvida, preenchendo assim a lacuna causada pela falta de cientistas de dados treinados.	Pode exacerbar os problemas, removendo os freios e contrapesos na preparação e uso dos dados. Sem uma forte governança de dados, as organizações podem acabar com muitos silos de informações, análises ruins e custos extras.

Para que as ferramentas de inteligência analítica de autoatendimento sejam eficazes, elas devem ser intuitivas e fáceis de utilizar. Os usuários corporativos simplesmente não têm tempo para aprender a trabalhar com ferramentas complexas ou interfaces sofisticadas. Um aplicativo de inteligência analítica de autoatendimento só será adotado pelos usuários finais se permitir que eles acessem facilmente suas próprias informações personalizadas, sem treinamento extensivo. Microstrategy, Power BI, Qlik, SAS Analytics, Tableau e TIBCO Software são apenas alguns exemplos das várias opções de software disponíveis para inteligência analítica de autoatendimento.

O Expert Storybooks, um serviço de inteligência analítica de autoatendimento baseado em nuvem da linha Watson Analytics da IBM, fornece modelos de análise de dados que oferecem conexões a uma variedade de fontes de dados, além de conexões seguras para dados corporativos. Expert Storybooks são ferramentas para a criação de visualizações de dados sofisticados para ajudar os usuários a encontrar fatos relevantes e descobrir padrões e relacionamentos para tomar decisões preditivas. Existem vários Expert Storybooks disponíveis, incluindo um que usa estatísticas de beisebol da Scoutables para construir previsões de desempenho do jogador, permitindo aos usuários obter uma vantagem sobre seus concorrentes de beisebol de fantasia. Uma variedade de outros Storybooks ajuda os usuários finais a incorporar dados meteorológicos na análise de receita, analisar dados sociais para medir o risco de reputação, analisar dados de campanha de marketing, identificar e analisar tendências na lucratividade do cliente, analisar tendências de mercado para estratégia de investimento e examinar as relações entre pagamento, desempenho e risco de crédito.[26]

Exercício de pensamento crítico

Universidade de Miami (Oxford, Ohio)

▶ PENSAMENTO ANALÍTICO

A Universidade de Miami tem cerca de 20 mil alunos matriculados no campus principal em Oxford, Ohio. O custo das mensalidades e taxas é de cerca de US$ 15 mil, mais US$ 13 mil para hospedagem e alimentação. Estudantes de fora do estado pagam quase US$ 20 mil adicionais no primeiro ano. O *U.S. News & World Report* classificou a Universidade de Miami entre as cinco melhores escolas de ensino de graduação desde 2011. Ele também descreveu a Universidade de Miami como tendo um campus "incrivelmente bonito".

O corpo docente e os administradores da Universidade de Miami estão coletando dados para melhorar as taxas de sucesso, retenção e graduação dos alunos. Isso inclui dados para medir o espectro de alunos que eles recrutam no ensino médio, dados para mostrar o progresso do aluno em direção à formatura, dados para mostrar quando e como a universidade pode apoiá-los durante a carreira universitária e dados para medir o sucesso deles na graduação e depois dela. A análise preditiva é utilizada para analisar muitos desses dados para permitir que a Universidade de Miami dê um melhor suporte aos alunos e, em muitos casos, tome medidas preventivas antes de o aluno deixar a instituição.

Perguntas de revisão

1. Como você definiria a análise preditiva? Quais técnicas de análise preditiva podem ser utilizadas na Universidade de Miami?
2. Quais são os três principais componentes organizacionais que devem ser implementados para que a Universidade de Miami obtenha valor real de seu programa de análise preditiva?

Questões de pensamento crítico

1. Identifique cinco fontes prováveis de dados que seriam úteis para rastrear e/ou melhorar o sucesso acadêmico, retenção e taxa de graduação de um aluno individual.
2. Desenvolva três exemplos de como a análise preditiva pode ser utilizada para acionar uma interação planejada aluno-professor ou administrador para ajudar um aluno com dificuldades antes que o problema se torne muito sério.

Resumo

Princípio:

Entramos em uma era em que as organizações estão lutando com um enorme crescimento na quantidade de dados disponíveis e lutando para gerenciá-los e utilizá-los.

"Big data" é o termo utilizado para descrever coleções de dados tão enormes e complexas que o software, o hardware e os processos de análise tradicionais de gestão de dados são incapazes de lidar com elas. Big data tem cinco características distintas: volume, velocidade, valor, variedade e veracidade.

As organizações utilizam big data para melhorar suas operações, planejamento e tomada de decisões do dia a dia.

Existem muitos desafios associados a big data, incluindo como escolher qual subconjunto de dados armazenar, onde e como armazenar os dados, como encontrar os fragmentos de dados que são relevantes para a tomada de decisão em questão, como derivar valor dos dados relevantes e como identificar quais dados precisam ser protegidos contra acesso não autorizado.

Princípio:

Uma série de ferramentas e tecnologias disponíveis permite que as organizações aproveitem as oportunidades oferecidas pelo big data.

Os sistemas tradicionais de processamento de transações on-line (OLTP) inserem os dados nos bancos de dados de maneira muito rápida, confiável e eficiente, mas não oferecem suporte aos tipos de análise de dados que as empresas e organizações atuais exigem. Para atender a essa necessidade, as organizações estão construindo data warehouses projetados especificamente para apoiar a tomada de decisões de gestão.

Um data warehouse é um grande banco de dados que contém informações de negócios de várias fontes na empresa, cobrindo todos os aspectos dos processos, produtos e clientes da empresa.

Um processo de extração, transformação e carregamento obtém dados de várias fontes, edita e os transforma no formato a ser utilizado no data warehouse e, em seguida, carrega os dados no armazém.

Data marts são subdivisões de data warehouses e são comumente dedicados a finalidades específicas ou áreas funcionais de negócios.

Um data lake adota uma abordagem de "armazenar tudo" como big data, salvando todos os dados em sua forma bruta e inalterada.

Um banco de dados NoSQL fornece um meio de armazenar e recuperar dados que são modelados usando algum meio diferente das relações tabulares bidimensionais simples utilizadas em bancos de dados relacionais. Esse banco de dados tem a capacidade de distribuir dados por vários servidores, de forma que cada servidor contenha apenas um subconjunto dos dados totais. O NoSQL não requer um esquema predefinido, entidades de dados podem ter atributos editados ou atribuídos a eles a qualquer momento. Os bancos de dados NoSQL não estão em conformidade com as propriedades ACID verdadeiras ao processar transações.

Existem categorias de bancos de dados NoSQL — valor-chave, documento, gráfico e coluna.

Hadoop é uma estrutura de software livre que inclui vários módulos de software que fornecem meios para armazenar e processar conjuntos de dados extremamente grandes. O Hadoop tem dois componentes principais — um componente de processamento de dados (MapReduce) e um sistema de arquivos distribuído (*Hadoop Distributed File System* – HDFS) para armazenamento de dados. O Hadoop divide os dados em subconjuntos e os distribui em diferentes servidores para processamento. Um cluster Hadoop pode consistir em milhares de servidores. Um subconjunto dos dados dentro do HDFS e do sistema MapReduce são alojados em cada servidor no cluster.

Um banco de dados na memória (IMDB) é um sistema de gestão de banco de dados que armazena todo o banco de dados na memória de acesso aleatório para melhorar o armazenamento e a velocidade de recuperação.

Existem muitas técnicas de inteligência de negócios (BI) e inteligência analítica que podem ser utilizadas para apoiar a tomada de decisão aprimorada.

A inteligência de negócios inclui uma ampla gama de aplicativos, práticas e tecnologias para extração, transformação, integração, visualização, análise, interpretação e apresentação de dados para apoiar a tomada de decisão aprimorada. É utilizada para contar o que aconteceu e o que está acontecendo agora na organização.

Inteligência analítica é o uso extensivo de dados e análise quantitativa para apoiar a tomada de decisão baseada em fatos dentro da organização. Muitas vezes é utilizada para desenvolver previsões do que acontecerá no futuro.

BI e inteligência analítica ajudam a alcançar os seguintes tipos de benefícios: detectar fraudes, melhorar as previsões, aumentar as vendas, otimizar operações e reduzir custos.

Um cientista de dados é um profissional que combina forte visão de negócios, um profundo entendimento de análises e uma apreciação saudável das limitações dos dados, ferramentas e técnicas para entregar melhorias reais na tomada de decisões.

As técnicas de BI/inteligência analítica podem ser divididas em cinco categorias: análise descritiva, inteligência analítica preditiva, otimização, simulação e análise de texto e vídeo.

As técnicas de análise descritiva incluem inteligência analítica visual e análise de regressão utilizada para realizar análises preliminares para identificar padrões nos dados e responder a perguntas sobre quem, o quê, onde, quando e em que extensão.

As técnicas de análise preditiva incluem análise de série temporal e mineração de dados utilizada para analisar dados atuais a fim de identificar probabilidades e tendências futuras, bem como fazer previsões sobre o futuro.

As técnicas de otimização incluem algoritmos genéticos e programação linear utilizados para alocar recursos escassos de modo a minimizar custos ou maximizar lucros.

As técnicas de simulação incluem análise de cenário e simulação de Monte Carlo utilizadas para emular as respostas dinâmicas de um sistema do mundo real a várias entradas.

As técnicas de análise de texto e vídeo incluem análises de texto e vídeo utilizadas para coletar ideias e dados relevantes para a tomada de decisão.

A inteligência analítica de autoatendimento inclui treinamento, técnicas e processos que capacitam os usuários finais a trabalhar de forma independente para acessar dados de fontes aprovadas para realizar suas próprias análises usando um conjunto de ferramentas aprovado.

As vantagens de BI e inteligência analítica de autoatendimento são que ambos colocam dados valiosos nas mãos dos usuários finais, incentivam a tomada de decisão baseada em fatos com base em análises, aceleram a tomada de decisão e fornecem uma solução para a escassez de cientistas de dados.

As desvantagens são que aumentam o potencial para análises errôneas, podem levar a análises com conclusões inconsistentes, causar gastos excessivos em fontes de dados e ferramentas inteligência analíticas não aprovadas e ignorar as verificações e balanços necessários na preparação e uso dos dados.

Termos-chave

inteligência analítica
big data
inteligência de negócios (BI)
funil de conversão
Cross-Industry Process for Data Mining (CRISP-DM)
data lake
data mart
mineração de dados
cientista de dados
data warehouse
análise descritiva
processo Extract Load Transform (ETL)
algoritmo genético
Hadoop
Hadoop Distributed File System (HDFS)
banco de dados na memória (IMDB)

programação linear
MapReduce, programa
simulação de Monte Carlo
banco de dados NoSQL
análise preditiva
análise de regressão
análise de cenário
inteligência analítica de autoatendimento
análise de texto
análise de série temporal
análise de vídeo
análise visual
nuvem de palavras

Teste de autoavaliação

Entramos em uma era em que as organizações estão enfrentando um enorme crescimento na quantidade de dados disponíveis e lutando para entender como gerenciá-los e usá-los.

1. _____ é uma medida da qualidade do big data.

2. O fato de que o big data apresenta muitos formatos e pode ser estruturado ou não é um indicador de seu (sua) _____.

3. Escolher quais dados armazenar, onde e como armazená-los são os dois principais desafios associados ao big data. Verdadeiro ou falso?

4. _____ não é um desafio importante associado ao big data.
   a. Como derivar valor dos dados relevantes
   b. Em qual formato os dados devem ser armazenados
   c. Como identificar quais dados precisam ser protegidos contra acesso não autorizado
   d. Como encontrar os pedaços de dados que são relevantes para a tomada de decisão em questão

Uma série de ferramentas e tecnologias disponíveis permite que as organizações aproveitem as oportunidades oferecidas pelo big data.

5. Um _____ é um grande banco de dados que contém informações de negócios de várias fontes na empresa, cobrindo todos os aspectos dos processos, produtos e clientes da empresa.
   a. banco de dados relacional
   b. data lake
   c. data warehouse
   d. data mart

6. O objetivo da etapa _____ do processo ETL é pegar os dados de origem de todas as várias fontes e convertê-los em um único formato adequado para processamento.

7. Um banco de dados _____ permite que centenas ou mesmo milhares de servidores operem nos dados, proporcionando tempos de resposta mais rápidos para consultas e atualizações.
   a. NoSQL
   b. normalizado
   c. SQL
   d. relacional

8. Um _____ difere de um _____ na medida em que fornece meios para armazenar e recuperar dados que são modelados usando alguns meios diferentes das relações tabulares bidimensionais simples.
   a. data mart e banco de dados NoSQL
   b. data mart e data warehouse
   c. banco de dados NoSQL e banco de dados relacional
   d. data warehouse e data lake

9. O componente _____ do ambiente Hadoop é composto de um procedimento que executa a filtragem e classificação e um método que executa uma operação de resumo.
   a. ETL
   b. Programa Map/Reduce
   c. JobTracker
   d. HDFS (*Hadoop Distributed File System*)

10. A principal vantagem associada ao uso de um banco de dados na memória para processar big data é que _____.
    a. é muito mais barato do que o armazenamento secundário
    b. fornece acesso aos dados a taxas muito mais rápidas do que armazenar dados em alguma forma de armazenamento secundário
    c. permite o armazenamento de quantidades muito maiores de dados
    d. permite o uso de procedimentos Hadoop para processar os dados

Existem muitas técnicas de inteligência de negócios (BI) e inteligência analítica que podem ser utilizadas para apoiar a tomada de decisão aprimorada.

11. A principal diferença entre inteligência de negócios e inteligência analítica é que _____.
    a. BI é utilizada para analisar dados históricos para dizer o que aconteceu ou está acontecendo agora em seu negócio, enquanto a inteligência analítica emprega algoritmos para determinar as relações entre os dados para desenvolver previsões do que acontecerá no futuro.
    b. a inteligência analítica emprega técnicas como otimização, análise preditiva e simulação, enquanto BI emprega análise descritiva, texto e inteligência analítica visual.
    c. um cientista de dados deve empregar inteligência analítica adequadamente, enquanto um usuário final que trabalha com um administrador de banco de dados pode empregar BI.
    d. as organizações costumavam empregar BI, mas agora estão mudando para um uso maior de inteligência analítica.

12. Um indivíduo que combina forte visão de negócios, um profundo entendimento de análises e uma apreciação saudável das limitações de seus dados, ferramentas e técnicas para fornecer melhorias reais na tomada de decisão é um _____.
    a. analistas de sistemas
    b. administrador de banco de dados
    c. cientista de dados
    d. administrador de dados

13. As cinco categorias amplas de técnicas de BI/inteligência analítica incluem _____.
    a. heurística, análise preditiva, simulação, mineração de dados e programação linear
    b. otimização, análise descritiva e análise de texto e vídeo, simulação e análise preditiva
    c. análise de regressão, mineração de dados, simulação de Monte Carlo, otimização e análise de série temporal
    d. análise preditiva, análise de cenário, análise de imagem, otimização e análise de regressão
14. Duas técnicas específicas de BI/inteligência analítica que estão na categoria geral de inteligência analítica descritiva são _____.
    a. mineração de dados e programação linear
    b. análise de cenário e análise de série temporal
    c. análise de regressão e inteligência analítica visual
    d. simulação de Monte Carlo e algoritmo genético
15. Mineração de dados e séries temporais pertencem à categoria geral de _____ de BI/inteligência analítica.
    a. análise preditiva
    b. heurística
    c. análise de cenário
    d. otimização
16. Algoritmo genético e programação linear pertencem a categoria geral de _____ em BI/inteligência analítica.
    a. otimização
    b. análise de cenário
    c. heurística
    d. análise preditiva
17. Embora existam três componentes principais que devem estar em vigor para uma organização obter valor real de seus esforços de BI e inteligência analítica, que é, acima de tudo, a existência de um sólido programa de gestão de dados. Verdadeiro ou falso?
18. O incentivo à inteligência analítica de autoatendimento quase com certeza eliminará o risco de análises e relatórios errados e o problema de diferentes análises produzirem conclusões inconsistentes. Verdadeiro ou falso?
19. Qual das opções a seguir não é uma desvantagem da inteligência analítica de autoatendimento?
    a. Aumenta o potencial para análises errôneas.
    b. Pode levar a análises com conclusões inconsistentes.
    c. Pode causar gastos excessivos em fontes de dados e ferramentas inteligência analíticas não aprovadas.
    d. Pode colocar dados valiosos nas mãos dos usuários finais.

Respostas do teste de autoavaliação

1. Veracidade
2. variedade
3. Verdadeiro
4. b
5. c
6. extrair
7. a
8. c
9. b
10. b
11. a
12. c
13. b
14. c
15. a
16. a
17. Verdadeiro
18. Falso
19. d

Questões de revisão e discussão

1. Identifique as cinco principais características associadas a big data discutidas neste capítulo.
2. Este capítulo apresentou cinco desafios principais associados a big data. Proponha um sexto desafio-chave. Por que você acredita que isso representa um grande desafio?
3. Em que um data lake difere de um data warehouse? Em que um data mart difere de um data lake e de um data warehouse? Discuta resumidamente qualquer experiência que você tenha trabalhado com um data mart, data warehouse ou data lake.
4. Descreva resumidamente o propósito de cada etapa do processo ETL. A compra de dados de alta qualidade de um terceiro respeitável eliminaria a necessidade de qualquer uma das etapas do processo de ETL? Explique.
5. Em que um banco de dados SQL difere de um banco de dados NoSQL?
6. Identifique os dois principais componentes do ambiente Hadoop e a função que cada um desempenha.
7. Qual é o principal motivo pelo qual uma organização pode optar por empregar um banco de dados na memória para processar big data?
8. Os termos inteligência de negócios e inteligência analítica são frequentemente utilizados de maneira intercambiável. Para você, os termos são iguais ou diferentes? Explique.
9. Como você descreveria o papel de um cientista de dados? Essa função é do seu interesse? Por que sim ou por que não?

10. Que ampla categoria de BI/inteligência analítica o Walmart pode empregar para analisar o fluxo de compradores em suas lojas? Qual pode ser o propósito de tal análise? Que ampla categoria de BI/inteligência analítica o Walmart pode usar para analisar comentários e perguntas do consumidor e para capturar e quantificar os dados de sentimento do consumidor?
11. Qual das técnicas de BI/inteligência analítica específicas discutidas neste capítulo você empregou? Descreva resumidamente a situação em que você usou a(s) técnica(s) específica(s). Você ficou satisfeito com o processo necessário para utilizar essa técnica e os resultados que ela produziu? Por que sim ou por que não? Sobre quais técnicas específicas você tem interesse em aprender mais?
12. Quais são os dois principais componentes, além de um sólido programa de gestão de dados, para que uma organização obtenha valor real de seus esforços de BI e inteligência analítica?
13. O uso de inteligência analítica de autoatendimento pode introduzir alguns novos problemas para uma organização. Você pode identificar quatro problemas potenciais?

Exercícios de tomada de decisão de negócio

1. Use uma das técnicas de BI/inteligência analítica para encontrar a solução ideal para esse problema. Você faz camisetas personalizadas com frases inspiradoras estampadas nelas. Você acabou de descobrir uma liquidação que começa amanhã no mercado de pulgas da comunidade. Você tem apenas oito horas para preparar o produto para essa venda. Você começa com uma camiseta branca lisa. Essa é a sua cor mais popular. Porém, você pode tingir a camiseta branca de azul, amarelo ou vermelho — mas apenas uma de cada vez. Seu estoque atual é de 50 camisetas brancas e você tem tinta suficiente para fazer 12 camisas vermelhas, 10 amarelas e 15 azuis. Você leva as camisas de várias cores à venda e então cria um frase inspiradora — o que quer que o cliente queira, com até 35 caracteres.

   Com base na experiência, você sabe que em uma promoção como essa, você poderá vender todas as 50 camisetas. Use os dados da tabela a seguir para determinar quantas camisas de cada cor você deve levar à venda para maximizar seus lucros.

Cor	Tempo necessário para tingir (minutos)	Seu custo de materiais, incluindo tinta e estêncil	Você tem tinta suficiente para fazer tantas camisetas	Preço de venda	Lucro
Branco	0	US$ 5	50	US$ 12	US$ 7
Azul	20	US$ 7	15	US$ 15	US$ 8
Amarelo	20	US$ 7	10	US$ 15	US$ 8
Vermelho	40	US$ 10	12	US$ 16	US$ 6

2. Você e muitos de seus colegas de classe estão de luto pela perda de um amigo da faculdade. Seu amigo era muito bem-sucedido no mundo dos negócios e era uma pessoa verdadeiramente humanitária, que dedicava grande parte do tempo e recursos dele àqueles que precisavam de ajuda. Você deseja propor a seus colegas de classe que criem uma fundação em seu nome para fornecer uma bolsa de US$ 3 mil a cada ano a um aluno merecedor. Identifique os dados e duas técnicas de inteligência analíticas que você pode utilizar para estimar quanto dinheiro é necessário para a fundação.

Trabalho em equipe e atividades de colaboração

1. Imagine que você e sua equipe tenham sido contratados pelo técnico de futebol da universidade local para desenvolver um processo que preveja o sucesso acadêmico dos alunos considerados para uma bolsa de estudos esportiva. A escola está atualmente sob provação devido às baixas taxas de graduação de seus jogadores de futebol. O treinador precisa fazer uma grande melhoria ou provavelmente perderá o emprego. Que dados você pode utilizar para desenvolver uma estimativa do sucesso acadêmico de um atleta? Quais técnicas de BI/inteligência analítica você pode utilizar?
2. Leia o artigo *Why 'Big Data' Is a Big Deal*, de Jonathan Shaw, na Harvard Magazine de março-abril de 2014. O que Shaw acha que é a revolução do big data? Qual dos muitos aplicativos de big data que ele menciona você acha o mais interessante? Por quê? Você e sua equipe foram selecionados para fazer uma apresentação de dez minutos resumindo os pontos principais desse artigo.

Exercícios de carreira

1. Você é um planejador financeiro certificado que trabalha para um grande banco especializado em administrar fundos de aposentadoria de seus clientes. Uma das perguntas mais frequentes deles é "Quanto tempo durarão meus fundos de aposentadoria?" Qual categoria geral de ferramentas de BI/inteligência analítica você usaria para responder a essa pergunta? Quais ferramentas específicas seriam úteis?

2. Leia o artigo e os comentários sobre *There's No Such Thing as Big Data in HR*, de Peter Cappelli, na Harvard Business Review de junho de 2017. Você concorda com as opiniões expressas pelo autor? Por que sim ou por que não? Você consegue identificar se uma unidade funcional de uma grande organização tem pouco ou nenhum uso para análises?

Estudo de caso

▶ PENSAMENTO ANALÍTICO, APLICAÇÃO

Inteligência de negócios e inteligência analítica na Liga Principal de Beisebol

No início deste século, o Oakland Athletics usou estatísticas de desempenho de jogadores tradicionais prontamente disponíveis, de novas maneiras para decidir quais jogadores colocar em campo, e essa mudança levou a jogos melhores e a várias temporadas de vitórias na divisão. Seus esforços foram homenageados no livro de Michael Lewis, *Moneyball*, e no filme de 2011 com o mesmo nome.

As equipes da liga principal agora estão usando análise de dados para melhorar a seleção e o desempenho dos jogadores, a tomada de decisões no jogo e o desenvolvimento dos jogadores. As técnicas e ferramentas agora em uso foram muito além do que foi descrito em *Moneyball*. Agora, os dados de cada arremesso são capturados por um sistema de radar doppler que faz a amostragem da posição da bola duas mil vezes por segundo. Ao mesmo tempo, o swing do batedor é registrado, capturando dados sobre a velocidade da bola quando ela sai do taco e o ângulo de lançamento da bola. Câmeras atrás da terceira base registram a posição dos jogadores em campo 30 vezes por segundo. Um terabyte de dados é capturado a cada jogo. Isso agora é feito em todos os campos das ligas principais e secundárias, na maioria em campos de universidades da Divisão 1 e até mesmo em algumas escolas secundárias.

Essa riqueza de dados de desempenho é utilizada como entrada para o software analítico para uma variedade de propósitos. Eis alguns exemplos:

- *Tomada de decisão no jogo:* As equipes podem ver em que lugar do campo cada batedor tende a acertar a bola e agora posicionam os defensores de acordo. Portanto, agora você frequentemente vê três infielders à direita (ou esquerda, conforme o caso) da segunda base, ou quatro defensores no campo externo. Essas configurações defensivas não tradicionais — raramente vistas nos 150 anos de história do beisebol — parecem estranhas para o torcedor comum, mas são muito eficazes na redução de rebatidas de base.
- *Seleção de jogadores:* As equipes podem adquirir jogadores de outras equipes ou assinar com jogadores cujos contratos com as equipes terminaram. As equipes têm uma ideia aproximada de quais arremessadores enfrentarão em um ano e quais campos de beisebol têm diferentes dimensões. A partir dos dados coletados em cada jogo, uma equipe pode simular como um batedor se sairia contra esses arremessadores nesses campos durante uma temporada inteira. Dessa forma, uma equipe pode projetar quais jogadores teriam sucesso com eles e quais não.
- *Melhor desempenho:* Dados gerados por radar Doppler mostram em detalhes como cada arremesso foi lançado — o giro da bola, a forma como a bola foi lançada pelo arremessador, a direção e o caminho tomado pela bola e outras medidas. Os analistas agora podem mostrar a um arremessador como alterar sua entrega ou movimento para certos tipos de arremessos. Ao analisar dados sobre seu arremesso, Justin Verlander reviveu sua carreira após ser negociado com o Houston Astros.

Em 2011, o Houston Astros foi um dos piores times do beisebol. Eles contrataram Jeff Luhnow, do St. Louis Cardinals, um dos primeiros líderes no uso da análise de dados, para estabelecer um programa para os Astros. Em entrevista de duas partes para o *McKinsey Quarterly*, Luhnow descreveu esse trabalho. Inicialmente, muitos jogadores resistiram a mudanças, por exemplo, a novas configurações defensivas. Mas a alta administração deixou claro para todos que o programa continuaria. Um avanço ocorreu quando (1) o clube mostrou aos jogadores como os dados foram coletados e utilizados, e (2) designou ex-jogadores com habilidades de software como treinadores para as equipes da liga secundária para explicar o programa aos novos jogadores. Esses movimentos geraram confiança e adesão em todos os níveis. Hoje, o programa do Astros é reconhecido como um dos melhores do beisebol, e o Astros têm sido um dos times de maior sucesso em campo. Muitos dos funcionários de Luhnow foram contratados por outras equipes.

Luhnow diz que a análise de dados no beisebol continuará a evoluir. No futuro, diz ele, o big data e a inteligência artificial serão cada vez mais importantes. Uma área de interesse é o uso de dados biométricos para prever e, assim, prevenir lesões, principalmente em arremessadores.

Questões:

1. Os executivos do beisebol normalmente chamam seus programas de análise de "analytics" (ou "inteligência analítica"). Com base nas definições de BI e inteligência analítica deste capítulo, você diria que seus programas são mais de inteligência de negócios ou mais de inteligência analítica? Ou um pouco de ambos?
2. O Excel é um programa popular e poderoso com um bom pacote estatístico. Por que você acha que os times de beisebol utilizam aplicativos de software personalizados para a análise de dados, em vez do Excel?

3. Os times de beisebol têm utilizado "olheiros" para assistir aos jovens jogarem no ensino médio e na faculdade. Os olheiros reportavam as avaliações à diretoria e os jogadores eram contratados com base nesses relatórios. As equipes ainda empregam olheiros para fazer isso, mas cada vez mais o potencial do jogador é baseado em uma análise de doppler e dados de vídeo. Você acha que chegará o dia em que os olheiros não serão mais necessários para os times da liga principal?
4. A maioria das equipes tem pelo menos uma dezena de cientistas de dados e outros analistas em seus programas. Os analistas ganham altos salários e benefícios. O espaço do escritório, o equipamento, o hardware e o software também são caros. Quanto você acha que o programa de análise de dados custaria a um time da liga principal a cada ano?

FONTES: "How the Houston Astros are winning through advanced analytics", https://www.mckinsey.com/business-functions/organization/our-insights/how-the-houston-astros-are-winning-through-advanced-analytics, acesso em 28 de junho de 2019; "The Houston Astros and the Transformative Power of Analytics", https://blogs.wsj.com/cio/2018/07/20/the-houston-astros-a-case-study-of-the-transformative-power-of-analytics/, acesso em 28 de junho de 2019; "Analytics pay off in big way for Astros pitchers", https://www.mlb.com/news/how-astros-analytics-improved-their-pitchers-c297698084, acesso em 28 de junho de 2019; "The Evolution of MLB Scouting Is a Threat to the Profession Itself", https://www.theringer.com/mlb/2019/3/8/18255453/cincinnati-reds-scouting-reports-series-part-3, acesso em 28 de junho de 2019; "How data analytics changed baseball and how it can change your business", https://www.flonomics.com/data-analytics-changed-baseball-and-business/, acesso em 28 de junho de 2019; "The surprising places MLB teams get their information from in the post Moneyball era", https://www.cbssports.com/mlb/news/the-surprising-places-mlb-teams-get-their-information-from-in-the-post-moneyball-era/, acesso em 28 de junho de 2019; and "Major League Baseball Fields Big Data, and Excitement, with AWS", https://aws.amazon.com/solutions/case-studies/major-league-baseball-mlbam/, acesso em 28 de junho de 2019.

Notas

Fontes da vinheta de abertura: "As a Rare Profitable Unicorn, Airbnb Appears to Be Worth at Least $38 Billion", *Forbes*, https://www.forbes.com/sites/greatspeculations/2018/05/11/as-a-rare-profitable-unicorn-airbnb-appears-to-be-worth-at-least-38-billion/#478781212741, 11 de maio de 2018; "Fast Facts", Airbnb, https://press.airbnb.com/fast-facts/, acesso em 16 de março de 2010; "How Airbnb Uses Data Science to Improve Their Product and Marketing", Neil Patel (blog), https://neilpatel.com/blog/how-airbnb-uses-data-science, acesso em 10 de fevereiro de 2019; "Airbnb: The Growth Story You Didn't Know", Growth Hackers, https://growthhackers.com/growth-studies/airbnb, acesso em 10 de fevereiro de 2019; Riley Newman, "How We Scaled Data Science to All Sides of Airbnb Over Five Years of Hypergrowth", Venture Beat, 30 de junho de 2015, https://venturebeat.com/2015/06/30/how-we-scaled-data-science-to-all-sides-of-airbnb-over-5-years-of-hypergrowth; "The Airbnb Story", Medium, 31 de janeiro de 2018, https://medium.com/daily-book-notes/the-airbnb-story-d6267a09c3c1; Chris Williams "Democratizing Data at Airbnb", https://medium.com/airbnb-engineering/democratizing-data-at-airbnb-852d76c51770, 12 de maio de 2017.

1. "Total WW Data to Reach 163ZB by 2025", *Storage Newsletter*, 5 de abril de 2017, https://www.storagenewsletter.com/2017/04/05/total-ww-data-to-reach-163-zettabytes-by-2025-idc.
2. Bernard Marr, "How Much Data Do We Create Every Day? The Mind-Blowing Stats Everyone Should Read", *Forbes*, 21 de maio de 2018, https://www.forbes.com/sites/bernardmarr/2018/05/21/how-much-data-do-we-create-every-day-the-mind-blowing-stats-everyone-should-read/#31e314f160ba.
3. Johnathan Shieber, "WHOOP Raises $25 Million to Tell Everyone from Athletes to Execs About Their Health", Tech Crunch, março de 2018, https://techcrunch.com/2018/03/06/whoop-raises-25-million-to-tell-everyone-from-athletes-to-execs-about-their-health.
4. Justin Bachman, "Airlines Have Your Personal Data, and They're Using It", *Information Management*, 16 de novembro de 2017, https://www.bloomberg.com/news/articles/2017-11-16/airlines-have-your-personal-data-and-they-re-using-it.
5. "CIO 100 2017 Winner", CIO, https://www.cio.com/cio100/detail/2711, acesso em 28 de novembro de 2017.
6. Alyssa Provazza, "GE Enlists Couchbase to Enable Offline Mobile Apps Across Industries", *Mobile Computing*, 10 de janeiro de 2017, http://searchmobilecomputing.techtarget.com/news/450410438/GE-enlists-Couchbase-to-enable-offline-mobile-apps-across-industries.
7. "Qantas pilots work with GE Aviation to develop new flight data app", GE Aviation, 7 de setembro de 2017, https://www.geaviation.com/press-release/digital-solutions/qantas-pilots-work-ge-aviation-develop-new-flight-data-app.
8. "AWS Case Study: MLB Advanced Media", Amazon Web Services, aws.amazon.com/solutions/case-studies/major-league-baseball-mlbam, acesso em 9 de setembro de 2018.
9. Eugene Dvorkin, "Scalable Big Data Stream Processing with Storm and Groovy", 4 de novembro de 2014, www.slideshare.net/SpringCentral/storm-twttterwebmd.
10. "Press Release: WebMD Medscape", *Newswire*, 24 de abril de 2014, www.multivu.com/mnr/7040259-medscape-launches-new-medpulse-app-for-iphone-and-ipad.
11. Jan vom Brocke, "In-Memory Database Business Value", *Business Innovation*, 26 de julho de 2013, www.business2community.com/business-innovation/in-memory-database-business-value-0564636.
12. "Oracle Press Release: KDDI Selects Oracle SuperCluster to Strengthen Authentication System for Mobile Core Network and Support Rapid Data Growth", Oracle, 22 de janeiro de 2014, www.oracle.com/us/corporate/press/2111600.
13. Arvind Ramish, "Envoy", Heap Success Story, https://heapanalytics.com/customer-stories/envoy, acesso em 21 de setembro de 2018.

14. "MetLife Auto & Home Puts Brakes on Fraud with CSC's Fraud Evaluator", CSC, *www.csc.com/p_and_c_general_insurance/success_stories/45406-metlife_auto_and_home_puts_brakes_on_fraud_with_csc_s_fraud_evaluator*, acesso em 8 de janeiro de 2016.
15. "Getting Started with Analytics: Kroger Uses Simulation Optimization to Improve Pharmacy Inventory Management", INFORMS, *www.informs.org/Sites/Getting-Started-With-Analytics/Analytics-Success-Stories/Case-Studies/Kroger*, acesso em 8 de janeiro de 2016.
16. "Getting Started with Analytics: DaimlerChrysler: Using a Decision Support System for Promotional Pricing at the Major Auto Manufacturer", INFORMS, *www.informs.org/Sites/Getting-Started-With-Analytics/ Analytics-Success-Stories/Case-Studies/DaimlerChrysler*, acesso em 8 de janeiro de 2016.
17. "Getting Started with Analytics: Optimizing Chevron's Refineries", INFORMS, *https://www.informs.org/Sites/Getting-Started-With-Analytics/ Analytics-Success-Stories/Case-Studies/Chevron*, acesso em 8 de janeiro de 2016.
18. "Getting Started with Analytics: Coca-Cola Enterprises: Optimizing Product Delivery of 42 Billon Soft Drinks a Year", INFORMS, *www.informs.org/Sites/Getting-Started-With-Analytics/ Analytics-Success-Stories/Case-Studies/Coca-Cola-Enterprises*, acesso em 8 de janeiro de 2016.
19. "Data Scientist Overview", U.S. News & World Report, *https://money.usnews.com/careers/best-jobs/data-scientist*, acesso em 18 de setembro de 2018.
20. Sarah K. White, "The 7 most in-demand tech jobs for 2018: and how to hire for them", CIO, 5 de junho de 2018, *https://www.cio.com/article/3235944/hiring-and-staffing/hiring-the-most-in-demand-tech-jobs-for-2018.html*.
21. David Eisen, "Marriott bets on predictive analytics for brand growth", Hotel Management, 31 de janeiro de 2018, *https://www.hotelmanagement.net/tech/marriott-builds-its-brands-by-knowing-more-about-you*.
22. Gregory Piatetsky, "CRISP-DM, Still the Top Methodology for Analytics, Data Mining, or Data Science Projects", KDNuggets, 28 de outubro de 2014, *www.kdnuggets.com/2014/10/crisp-dm-top-methodology-analytics-data-mining-data-science-projects.html*.
23. Daniel Faggella, "Genetic Algorithms Evolve Simple Solutions Across Industries", Techemergence, 3 de dezembro de 2017, *https://www.techemergence.com/genetic-algorithms-evolve-simple-solutions-across-industries/*.
24. "Text mining revolutionizes a 24/7 customer support network", *https://www.jmp.com/en_us/customer-stories/oshkosh-corporation.html*, acesso em 15 de setembro de 2018.
25. Tammy Waitz, "How Tech & People Together Provide a More Secure Traveling Environment", *American Security Today*, 27 de junho de 2018, *https://americansecuritytoday.com/tech-people-together-provide-secure-traveling-environment*.
26. Marc Ferranti, "IBM's Watson Analytics Offers New Data Discovery Tools for Everyday Business Users", *PC World*, 13 de outubro de 2015, *www.pcworld.com/article/2992124/ibms-watson-analytics-offers-new-data-discovery-tools-for-everyday-business-users.html*.

CAPÍTULO 7
Redes: um mundo interconectado

Princípios	Objetivos de aprendizagem
Uma rede tem muitos componentes fundamentais que — quando cuidadosamente selecionados e efetivamente integrados — permitem que as pessoas atendam a objetivos pessoais e organizacionais.	• Descrever três topologias de rede e quatro tipos de rede em uso comum hoje. • Citar três vantagens que as comunicações sem fio 5G fornecerão em relação às comunicações 4G. • Identificar três vantagens associadas à rede definida por software.
Juntas, a internet e a world wide web fornecem uma infraestrutura altamente eficaz para fornecer e acessar informações e serviços.	• Descrever como a internet funciona, incluindo as funções de backbone (eixo central), protocolo TCP/IP, endereço IP, switches e roteadores. • Descrever como a web funciona, incluindo as funções da arquitetura cliente/servidor, sistema de nomes de domínio, URL, hiperlinks, navegador web, HTML, XML e CSS. • Explicar a finalidade da programação do lado do cliente e do lado do servidor. • Identificar três linguagens de programação do lado do cliente e três do lado do servidor comumente utilizadas. • Descrever o processo e as ferramentas utilizadas no desenvolvimento de conteúdo e aplicativos web. • Descrever cinco aplicativos comuns da internet e da web. • Explicar como as intranets e extranets utilizam as tecnologias da internet.

SI em ação

Comunicações em tempos de desastres naturais

▶ GLOBAL

Os desastres podem ocorrer em qualquer lugar e a qualquer hora. Vários desastres naturais graves ocorreram em todo o mundo em 2017 e 2018. Furacões poderosos atingiram Carolina do Norte e Carolina do Sul, Houston, sul da Flórida, Havaí, Porto Rico e o Panhandle da Flórida. Fortes tufões atingiram Japão, Austrália, Hong Kong e Filipinas. Os ventos violentos, a chuva torrencial e a tempestade derrubaram postes de energia e árvores como palitos de dente, jogaram bairros inteiros no mar, causaram inundações generalizadas e resultaram em perdas de vidas e centenas de bilhões de dólares em prejuízo. China, Indonésia, Irã, Itália, Honduras, Papua-Nova Guiné, Venezuela, México e Peru foram atingidos por poderosos terremotos de magnitude 7,0 ou maior. Em alguns casos, esses terremotos desencadearam tsunamis cujas ondas altas e fortes podem viajar a mais de 800 km/h nas águas profundas do oceano. Quando o tsunami atinge a costa, ele lava tudo em seu caminho por quilômetros, com um número de mortos frequentemente medido na casa dos milhares.

Não importa onde o desastre esteja ocorrendo, operações de resgate e socorro são necessárias para encontrar e resgatar as vítimas, bem como cuidar dos sobreviventes. O primeiro passo para coordenar e gerenciar uma operação de resgate e socorro bem-sucedida é estabelecer uma base central, em que todas as informações são coletadas e distribuídas para as equipes de primeiros socorros, incluindo policiais, bombeiros e técnicos de emergência médica. Essa base central, ou centro de comando e controle, é a chave para garantir que os primeiros socorros nos locais do desastre recebam as informações mais atualizadas e que seus esforços sejam direcionados para onde são mais urgentes. Como você pode imaginar, uma comunicação confiável é a chave para o sucesso dessas operações.

Infelizmente, desastres naturais destroem linhas telefônicas e torres de celular, tornando inúteis todas as redes de comunicação fixa, sem fio e Wi-Fi. Como resultado, as pessoas que pedem socorro dependem cada vez mais de telefones especiais de comunicação por satélite movidos a bateria que não requerem nenhuma infraestrutura local baseada em terra. Por exemplo, a empresa norte-americana Iridium opera a constelação de satélites Iridium, que é uma rede de 66 satélites em baixa órbita terrestre (*low-earth orbit* – LEO) utilizada para comunicação mundial de voz e dados de telefones portáteis por satélite e outras unidades transceptoras. Esses satélites servem como uma torre de celular no céu e permitem que os primeiros respondentes usem telefones via satélite para transferir fluxos de voz e vídeo ao vivo das áreas afetadas de novo no centro. Aeronaves de vigilância ou drones circulando pela zona do desastre com câmeras a bordo também podem capturar e transmitir vídeos e imagens. Todos esses dados fornecem ao posto de comando uma imagem mais completa do que está acontecendo e permitem que os funcionários tomem decisões com base nessas informações. Uma capacidade completa de percepção de uma situação como essa, habilitada por uma rede de comunicação de área ampla por satélite, é vital para o sucesso de qualquer operação de resgate.

Ao ler este capítulo, considere o seguinte:

- Como as organizações estão usando redes para apoiar suas estratégias de negócios e atingir os objetivos organizacionais?
- Quais recursos os mecanismos de busca, redes sociais e outros serviços de internet fornecem para tornar as organizações bem-sucedidas?

Por que aprender sobre redes?

Hoje, os tomadores de decisão precisam acessar os dados onde quer que eles residam. Eles devem ser capazes de estabelecer conexões rápidas e confiáveis para trocar mensagens, baixar e enviar dados e software, encaminhar transações de negócios para processadores, conectar-se a bancos de dados e serviços de rede e enviar resultados para onde for necessário. Independentemente do campo de carreira principal ou futuro escolhido, você fará uso dos recursos de comunicação fornecidos por redes, incluindo a internet, intranets e extranets. Isso é especialmente verdadeiro para aqueles envolvidos na cadeia de suprimentos e que dependem fortemente das redes para apoiar a cooperação e comunicação entre os profissionais e, sobretudo, entre clientes, fornecedores e transportadores — o que envolve tanto a logística de entrada, depósito e armazenamento da matéria-prima, como produção, armazenamento e logística de saída do produto acabado. Muitas organizações da cadeia de suprimentos utilizam a internet para comprar matérias-primas, peças e suprimentos a preços competitivos. Todos os membros da cadeia de suprimentos devem trabalhar juntos de forma eficaz para aumentar o valor percebido pelo cliente, portanto os parceiros devem se comunicar bem. Outros funcionários em cargos de recursos humanos, finanças, pesquisa e desenvolvimento, marketing, produção e vendas também devem utilizar a tecnologia de comunicação para se comunicar com pessoas dentro e fora da organização. Para ser um membro bem-sucedido de qualquer organização, você deve ser capaz de aproveitar as vantagens dos recursos que essas tecnologias oferecem. Este capítulo começa discutindo a importância de comunicações eficazes.

Hoje, no mundo dos negócios globais de alta velocidade, as organizações precisam de computação sempre ativa e sempre conectada para funcionários em viagem e para conexões de rede com seus principais parceiros de negócios e clientes. As organizações com visão de futuro esforçam-se para aumentar a receita, reduzir o tempo de entrada no mercado e permitir a colaboração com seus fornecedores, clientes e parceiros de negócios usando as redes. Eis apenas alguns exemplos de organizações que utilizam redes para se desenvolverem:

- Muitos bancos e organizações de varejo lançaram seu próprio sistema de pagamento móvel, com a esperança de reduzir os pagamentos a organizações de serviços financeiros e, ao mesmo tempo, aumentar a fidelidade do cliente. Alguns desses novos sistemas incluem o Android Pay, Apple Pay, Chase Pay, PayPal, Samsung Pay, Urban Airship e Walmart Pay.

- As redes possibilitam que você acesse uma série de conteúdos educacionais e obtenha certificações ou um diploma on-line. Uma ampla variedade de cursos está disponível on-line nas principais instituições educacionais como Cornell, Carnegie Mellon, Harvard, MIT e Yale. Muitas organizações educacionais como Coursera, ed2Go e Kahn Academy oferecem educação continuada, programas de certificação e cursos de desenvolvimento profissional. É possível obter um diploma fazendo cursos on-line de instituições de ensino totalmente credenciadas, incluindo: Universidade do Estado do Arizona, Universidade do Estado do Colorado, Universidade Aeronáutica Embry-Riddle, Universidade do Estado do Ohio, Universidade do Estado do Oregon, Universidade do Estado da Pensilvânia, Universidade Temple, Universidade de Oklahoma, Universidade do Estado do Utah e muitas outras.

- Operadores sagazes de grandes instalações esportivas descobriram que transmitir ações emocionantes aos amigos em tempo real nas redes sociais se tornou uma parte importante da experiência geral dos torcedores. Esses recursos estão provando ser cada vez mais essenciais para atrair fãs para os jogos. Como resultado, muitos locais estão instalando redes celulares e sem fio de alto desempenho para atender a essa necessidade. Eles também estão fornecendo aplicativos que permitem aos fãs escanear seus ingressos, pedir comida e bebidas, baixar um vídeo do estádio em 360 graus ou até mesmo receber atualizações em tempo real sobre o comprimento das filas do banheiro. Há uma grande recompensa potencial, pois foi estimado que os fãs gastariam US$ 20 extras se o tempo de espera nos quiosques fosse reduzido pela metade.[1]

- A telemedicina é um meio de fornecer assistência médica clínica a um paciente a distância usando telecomunicações e tecnologia da informação. Durante uma sessão de telemedicina, as informações do paciente são capturadas automaticamente usando serviços de telemedicina como sensores e aplicativos móveis. Os sensores podem rastrear a atividade elétrica do coração do paciente (ECG) e enviar os resultados aos médicos. Isso fornece uma ferramenta inestimável para os profissionais de saúde monitorarem a atividade cardiovascular. A coleta de dados do paciente pode ajudar a identificar os fatores de risco para certas doenças e auxiliar os médicos a recomendar tratamentos apropriados. Como a telemedicina é um dos segmentos de crescimento mais rápido no setor de saúde, muitas organizações estão investindo nela.[2]

Os avanços na tecnologia de rede nos permitem nos comunicar em tempo real com consumidores, clientes, parceiros de negócios e colegas de trabalho em praticamente qualquer lugar do mundo. As redes também reduzem o tempo exigido para transmitir as informações necessárias para conduzir e concluir transações comerciais.

Fundamentos de rede

rede de computadores: Os meios de comunicação, dispositivos e software que conectam dois ou mais sistemas ou dispositivos de computador.

meio de comunicação: Qualquer substância material que carregue um sinal eletrônico para dar suporte às comunicações entre um dispositivo de envio e recebimento.

Uma **rede de computadores** consiste em meios de comunicação, dispositivos e software conectando dois ou mais sistemas ou dispositivos de computador. **Meios de comunicação** são quaisquer substâncias materiais que transportam um sinal eletrônico para dar suporte às comunicações entre um dispositivo de envio e de recebimento. Os computadores e dispositivos nas redes também são chamados de nós de rede. As organizações podem utilizar redes para compartilhar hardware, programas e bancos de dados e para transmitir e receber informações, permitindo maior eficácia e eficiência organizacional. As redes permitem que grupos de trabalho separados geograficamente compartilhem documentos e opiniões, o que estimula trabalho em equipe, ideias inovadoras e novas estratégias de negócios. O uso eficaz de redes pode ajudar uma empresa a crescer e se tornar uma organização ágil, poderosa e criativa, dando a ela uma vantagem competitiva de longo prazo.

Topologia de rede

topologia de rede: Forma ou estrutura de uma rede, incluindo a disposição dos links de comunicação e dispositivos de hardware na rede.

Topologia de rede é a forma ou estrutura de uma rede, incluindo o arranjo dos links de comunicação e dispositivos de hardware na rede. As taxas de transmissão, distâncias entre dispositivos, tipos de sinais e interconexão física podem ser diferentes entre as redes, mas podem ter a mesma topologia. As três topologias de rede mais comuns em uso atualmente são estrela, barramento e malha.

rede em estrela: Rede na qual todos os dispositivos de rede se conectam uns aos outros por meio de um único dispositivo central denominado nó ou hub central.

Em uma **rede em estrela**, todos os dispositivos de rede se conectam uns aos outros por meio de um único dispositivo central denominado hub central (ver a Figura 7.1). Muitas redes domésticas empregam a topologia em estrela. Uma falha em qualquer link da rede em estrela isolará apenas o dispositivo conectado a esse link. No entanto, se o hub falhar, todos os dispositivos na rede inteira não serão capazes de se comunicar.

FIGURA 7.1
Rede em estrela
Em uma rede em estrela, todos os dispositivos de rede se conectam uns aos outros por meio de um único nó do hub central.

Vlad Kochelaevskiy/Shutterstock.com

rede de barramento: Uma rede na qual todos os dispositivos de rede estão conectados a um backbone (eixo central) comum que serve como meio de comunicação compartilhado.

Em uma **rede de barramento**, todos os dispositivos de rede são conectados a um backbone (eixo central) comum que serve como um meio de comunicação compartilhado (ver a Figura 7.2). Para se comunicar com qualquer outro dispositivo na rede, um dispositivo envia uma mensagem de transmissão para o meio de comunicação. Todos os dispositivos da rede podem "ver" a mensagem, mas apenas o destinatário pretendido realmente aceita e processa a mensagem.

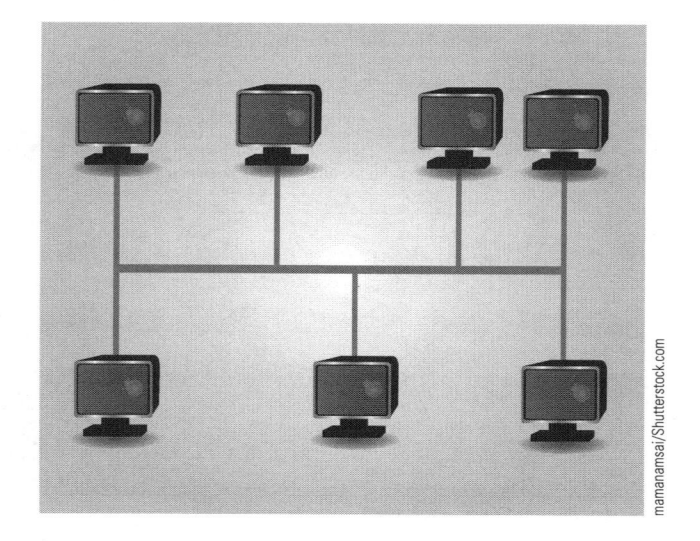

FIGURA 7.2
Rede de barramento
Em uma rede de barramento, todos os dispositivos de rede são conectados a um backbone (eixo central) comum que serve como meio de comunicação compartilhado.

rede de malha: Uma rede que utiliza vários pontos de acesso para conectar uma série de dispositivos que se comunicam para formar uma conexão de rede em uma grande área.

Redes de malha usam vários pontos de acesso para conectar uma série de dispositivos que se comunicam para formar uma conexão de rede em uma grande área (ver a Figura 7.3). As comunicações são roteadas entre os nós da rede, permitindo conexões contínuas e contornando os caminhos bloqueados "pulando" de um nó para outro até que uma conexão possa ser estabelecida. As redes de malha são muito robustas: se um nó falhar, todos os outros nós ainda podem se comunicar entre si, diretamente ou por meio de um ou mais nós intermediários.

FIGURA 7.3
Rede de malha
As redes de malha utilizam vários pontos de acesso para conectar uma série de dispositivos que se comunicam para formar uma conexão de rede em uma grande área.

O bonde QLine abrange 20 estações em 12 locais no centro de Detroit. Ele desempenha um papel crucial na conexão da cidade e provavelmente passará por mais melhorias e expansão. Os usuários do QLine podem acessar serviços Wi-Fi gratuitos por meio de uma rede de malha com nós de rede colocados a cerca de 500 metros de distância ao longo do percurso.[3]

Tipos de rede

Uma rede pode ser classificada como uma rede de área pessoal, local, metropolitana ou ampla, dependendo da distância física entre os nós da rede e as comunicações e serviços que ela fornece.

Redes de área pessoal

Uma **rede de área pessoal** (*personal area network* – PAN) é uma rede sem fio que conecta dispositivos de tecnologia da informação perto de uma pessoa. Com uma PAN, você pode conectar um laptop, câmera digital e impressora portátil sem cabos. Você pode baixar dados de imagem digital da câmera para o laptop e depois imprimi-los em uma impressora de alta qualidade — tudo sem fio. Uma PAN também pode ser utilizada para permitir que os dados capturados por sensores colocados em seu corpo sejam transmitidos ao smartphone como entrada para aplicativos que podem servir como rastreadores de calorias, monitores cardíacos, monitores de glicose e pedômetros.

rede de área pessoal (PAN): Uma rede que suporta a interconexão de dispositivos de tecnologia da informação próximos a uma pessoa.

Redes locais

Uma rede que conecta sistemas de computador e dispositivos em uma pequena área, como um escritório, casa ou vários andares de um edifício é uma **rede local** (*local area network* – LAN). Normalmente, as LANs são conectadas a prédios de escritórios e fábricas, conforme mostrado na Figura 7.4. Embora as LANs geralmente usem cabos de cobre de par trançado não blindado, outros meios — incluindo cabo de fibra óptica — também são populares. Cada vez mais, as LANs utilizam alguma forma de comunicação sem fio. Você pode construir LANs para conectar computadores pessoais, laptops ou computadores mainframe poderosos.

rede local (LAN): Uma rede que conecta sistemas de computador e dispositivos em uma pequena área, como um escritório, casa ou vários andares de um edifício.

FIGURA 7.4
LAN típica

Todos os usuários da rede em um prédio de escritórios podem se conectar aos dispositivos uns dos outros para comunicação rápida. Por exemplo, um usuário em pesquisa e desenvolvimento pode enviar um documento de seu computador para ser impresso em uma impressora localizada no centro de editoração eletrônica. A maioria dos laboratórios de informática emprega uma LAN para permitir que os usuários compartilhem o uso de impressoras e plotters de alta velocidade e/ou coloridas, e também para baixar aplicativos de software e salvar arquivos.

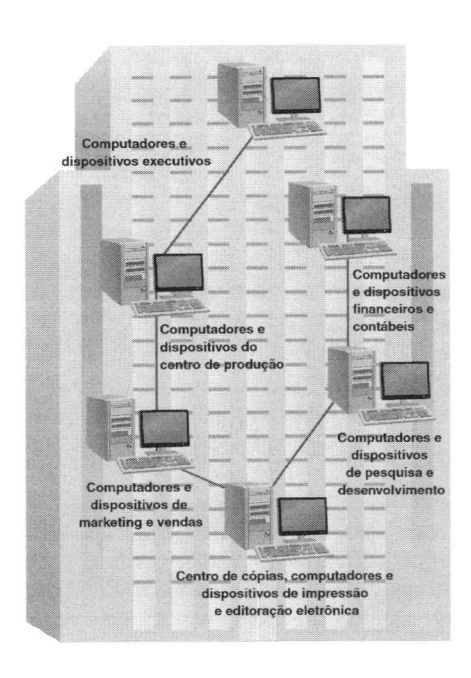

Um tipo básico de LAN é uma rede ponto a ponto simples que uma pequena empresa pode utilizar para compartilhar arquivos e dispositivos de hardware, como impressoras. Em uma rede ponto a ponto, você configura cada computador como um computador independente, mas permite que outros computadores acessem arquivos específicos em seu disco rígido ou compartilhem sua impressora. Esses tipos de rede não têm servidor. Em vez disso, cada computador é conectado à máquina seguinte. Exemplos de redes ponto a ponto incluem ANts, BitTorrent, StealthNet, Tixati e Windows 10 Homegroup. O desempenho dos computadores em uma rede ponto a ponto geralmente é mais lento porque um computador está, na verdade, compartilhando os recursos de outro computador.

Cada vez mais as redes domésticas e de pequenas empresas estão sendo configuradas para conectar computadores, impressoras, scanners e outros dispositivos. Uma pessoa que trabalha com o computador em uma rede doméstica, por exemplo, pode utilizar os dados e programas armazenados no disco rígido de outro computador. Além disso, vários computadores na rede podem compartilhar uma única impressora.

Rede de área metropolitana

rede de área metropolitana (MAN): Uma rede que conecta usuários e seus computadores em uma área geográfica que abrange um campus ou uma cidade.

Uma **rede de área metropolitana** (*metropolitan area network* – MAN) é uma rede que conecta usuários e seus computadores em uma área geográfica que abrange um campus ou cidade. Uma MAN pode redefinir as muitas redes em uma cidade em uma única rede maior ou conectar várias LANs em uma MAN de um único campus. Frequentemente, a MAN pertence a um consórcio de usuários ou a um único provedor de rede que vende o serviço aos usuários. Exemplos de MAN incluem uma MAN para interconectar delegacias de polícia ou um grupo relacionado de faculdades comunitárias espalhadas por uma cidade ou estado.

Redes de longa distância

rede de longa distância (WAN): Uma rede que conecta grandes regiões geográficas.

Uma **rede de longa distância** (*wide area network* – WAN) é uma rede que conecta grandes regiões geográficas. Uma WAN pode ser de propriedade privada ou alugada e inclui redes públicas (usuários compartilhados). Ao fazer uma chamada de longa distância ou acessar a internet, você está usando uma WAN. As WANs geralmente consistem em equipamentos de informática de propriedade do usuário, juntamente com equipamentos de comunicação de dados e links de rede fornecidos por várias operadoras e provedores de serviços. O Bank of America, o JP Morgan Chase e o Wells Fargo contam com uma rede de longa distância para conectar suas milhares de agências nos Estados Unidos.

As WANs geralmente fornecem comunicações além das fronteiras nacionais, o que envolve leis nacionais e internacionais que regulam o fluxo eletrônico de dados através das fronteiras internacionais, geralmente chamado de fluxo transfronteiriço de dados. Alguns países têm leis rígidas que limitam o uso de redes e bancos de dados, tornando transações comerciais normais, como o processamento da folha de pagamento, dispendiosas, lentas ou até impossíveis.

Largura de banda do canal

largura de banda do canal: A capacidade de um canal de comunicação de transportar tráfego, geralmente medida em megabits ou gigabits por segundo (Gbps).

Os profissionais de rede consideram a capacidade do caminho ou canal de comunicação quando recomendam os meios de transmissão para uma rede. **Largura de banda do canal** refere-se à capacidade de um canal de comunicação de transportar tráfego, geralmente medida em megabits de bits por segundo (1 milhão de bits por segundo, abreviado Gbps). Quanto maior a largura de banda, mais tráfego pode ser transportado (por exemplo, mais conversas simultâneas). A maioria das organizações precisa de alta largura de banda para acomodar o volume de transações e a velocidade de transmissão necessária para realizar suas funções diárias. Uma largura de banda maior significa que mais tráfego pode ser transportado (por exemplo, mais conversas simultâneas). Isso independe da rapidez com que essa comunicação ocorrerá (embora se você tentar colocar mais tráfego na rede do que a largura de banda disponível, seus pacotes de dados acabarão sendo descartados e retransmitidos posteriormente, o que degradará seu desempenho).

Latência da rede

latência da rede: Uma medida de quanto tempo leva para uma unidade de dados chegar ao seu destino e voltar novamente.

Latência da rede mede quanto tempo leva para uma unidade de dados chegar ao seu destino e voltar novamente. Normalmente é medida em milissegundos (ms) ou milésimos de segundo. As conexões de rede em que ocorrem pequenos atrasos são chamadas de redes de baixa latência (por exemplo, rede celular 4G com latência de 60 ms), enquanto as conexões de rede que sofrem longos atrasos são chamadas de redes de alta latência (por exemplo, rede de satélite com latência de 800 ms). A alta latência cria gargalos em qualquer comunicação de rede. A latência da rede é afetada pela distância entre o emissor e o receptor, o meio de transmissão utilizado, o número e a velocidade dos switches e/ou roteadores intermediários pelos quais as comunicações devem passar e outros fatores.

Meios de comunicação

Os meios de comunicação selecionados para uma rede dependem da quantidade de informações a serem trocadas, da velocidade com que os dados devem ser trocados, do nível de preocupação com a privacidade dos dados, se os usuários são fixos ou móveis e uma variedade de requisitos de negócios. Os meios de transmissão podem ser divididos em duas grandes categorias de meios de transmissão guiados (também chamados com fio), nos quais os sinais de comunicação são guiados ao longo de um meio sólido, e sem fio (wireless), nos quais o sinal de comunicações é transmitido por ondas aéreas como uma forma de radiação eletromagnética.

Tipos de meio de transmissão guiado

Existem muitos tipos diferentes de meios de transmissão guiados. A Tabela 7.1 resume os tipos de meio guiado por uma forma de meio físico. Os três tipos de meio de transmissão guiado mais comuns são mostrados na Figura 7.5.

TABELA 7.1 Tipos de meio de transmissão guiado

Forma de mídia	Descrição	Vantagens	Desvantagens
Cabo de par trançado	Pares trançados de fio de cobre, blindado ou não; utilizado pelo serviço telefônico	Amplamente disponível	Limitações na velocidade de transmissão e distância
Cabo coaxial	Fio condutor interno cercado por isolamento	Transmissão de dados mais limpa e rápida do que o cabo de par trançado	Mais caro do que o cabo de par trançado
Cabo de fibra óptica	Muitos fios de vidro extremamente finos unidos por uma capa; usa feixes de luz para transmitir sinais	O diâmetro do cabo é muito menor do que o cabo coaxial; há menos distorção de sinal; capaz de altas taxas de transmissão	Caro para comprar e instalar

FIGURA 7.5
Tipos de meio de transmissão guiado
Os meios de transmissão guiados comuns incluem cabo de par trançado, cabo coaxial e cabo de fibra óptica.

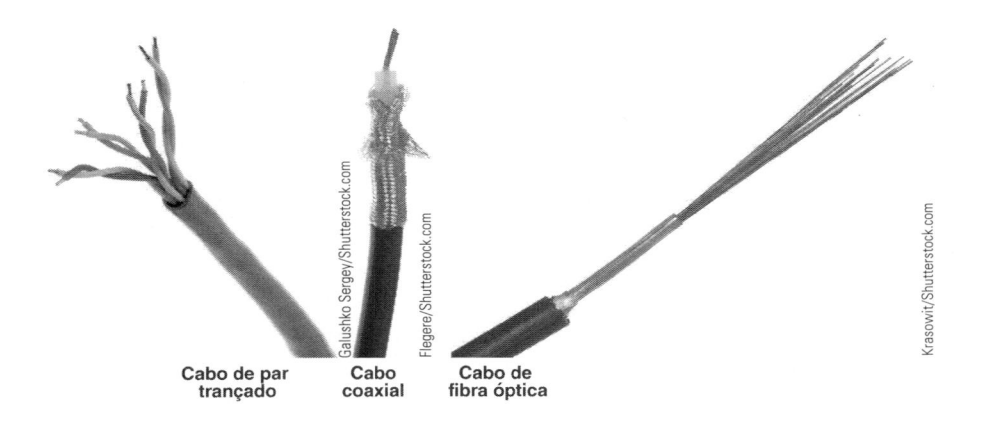

Cabo de par trançado — Cabo coaxial — Cabo de fibra óptica

Ethernet de 10 Gigabit é um padrão para transmissão de dados à velocidade de 10 bilhões de bps para distâncias limitadas em cabos de par trançado de alta qualidade. O cabo Ethernet de 10 Gigabit pode ser utilizado para links de alta velocidade que conectam grupos de computadores ou para mover dados armazenados em grandes bancos de dados em grandes computadores para dispositivos de armazenamento autônomos.

Transmissão sem fio

As comunicações sem fio (wireless) combinadas com a internet estão revolucionando como e onde coletamos e compartilhamos informações, colaboramos em equipes, ouvimos música ou assistimos a vídeos e mantemos contato com nossas famílias e

comunicação sem fio: A transferência de informações entre dois ou mais pontos que não estão conectados por um condutor elétrico.

colegas de trabalho enquanto viajamos. Com a capacidade sem fio, uma cafeteria pode se tornar nossa sala de estar e as arquibancadas de um estádio podem se tornar nosso escritório. As muitas vantagens e liberdades proporcionadas pelas comunicações sem fio estão levando muitas organizações a pensar na mudança para um ambiente totalmente sem fio.

Comunicação sem fio é a transferência de informações entre dois ou mais pontos que não estão conectados por um condutor elétrico. Todos os sinais de comunicação sem fio são enviados em uma faixa de frequências do espectro eletromagnético que representa toda a faixa de luz que existe de ondas longas a raios gama, conforme mostrado na Figura 7.6.

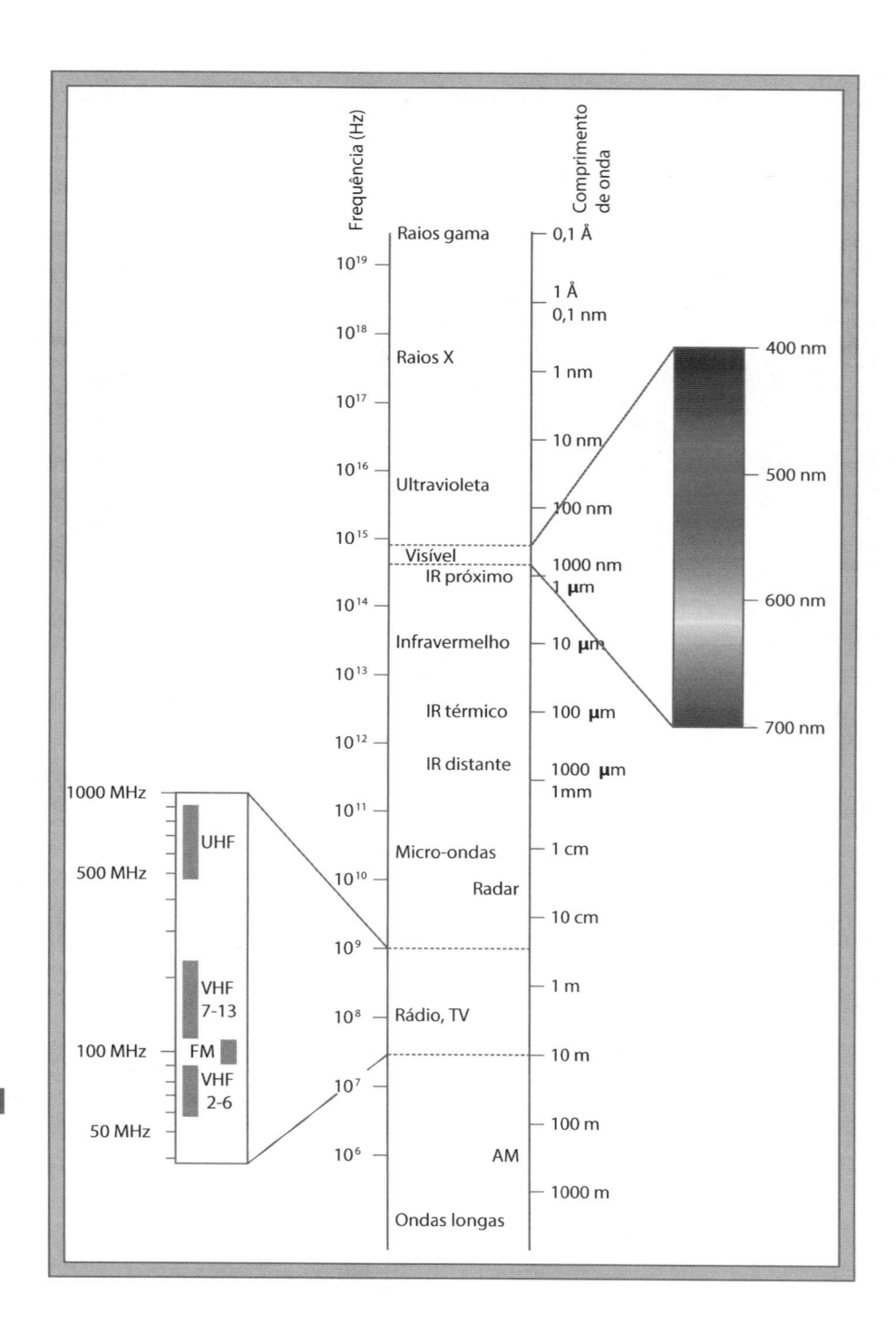

FIGURA 7.6
O espectro eletromagnético
A faixa de todas as frequências possíveis de radiação eletromagnética.
Fonte: *https//upload.wikimedia.org/wikipedia/commons/2/25/Electromagnetic-Spectrum.svg.*

A propagação da luz é como ondas cruzando um oceano. Como qualquer outra onda, a luz tem duas propriedades fundamentais que a descrevem. Uma é a frequência, medida em hertz (Hz), que conta o número de ondas que passam por um ponto estacionário em um segundo. A segunda propriedade fundamental é o comprimento de onda, que é a distância do pico de uma onda ao pico da próxima. Esses dois atributos estão inversamente relacionados, portanto, quanto maior a frequência, menor o comprimento de onda.

Todos os dispositivos de comunicação sem fio funcionam de maneira semelhante. Um transmissor gera um sinal, que contém voz, vídeo ou dados codificados em uma frequência específica, que é transmitido para o ambiente por uma antena. Esse sinal se espalha no ambiente e é apenas uma pequena parte capturada pela antena do dispositivo receptor, que então decodifica a informação. Dependendo da distância envolvida, da frequência do sinal transmitido e de outras condições, o sinal recebido pode ser incrivelmente fraco, talvez um trilionésimo da intensidade do sinal original.

Os sinais utilizados em redes sem fio são transmitidos em uma das três faixas de frequência: micro-ondas, rádio e infravermelho, conforme mostrado na Tabela 7.2.

TABELA 7.2 Faixas de frequência utilizadas para comunicações sem fio

Tecnologia	Descrição	Vantagens	Desvantagens
Faixa de radiofrequência	Opera na faixa de 3 kHz a 300 MHz	Suporta usuários móveis; os custos estão caindo	O sinal é altamente suscetível a interceptação
Micro-ondas — faixa de frequência terrestre e de satélite	Sinal de rádio de alta frequência (300 MHz — 300 GHz) enviado através da atmosfera e do espaço (geralmente envolve satélites de comunicação)	Evita custo e esforço para instalar cabos ou fios; capaz de transmissão de alta velocidade	Deve haver uma linha de visão desobstruída entre o emissor e o receptor; o sinal é altamente suscetível à interceptação
Faixa de frequência infravermelha	Sinais na faixa de frequência 300 GHz–400 THz	Deixa você mover, remover e instalar dispositivos sem cabeamento dispendioso	Deve haver uma linha de visão desobstruída entre o emissor e o receptor; a transmissão é eficaz apenas para distâncias curtas

Como há tantos usos concorrentes para a comunicação sem fio, regras estritas são necessárias para evitar que um tipo de transmissão interfira no próximo. E como o espectro é limitado — existem apenas algumas bandas de frequência — os governos devem supervisionar o licenciamento apropriado desse valioso recurso para facilitar o uso em todas as bandas. Nos Estados Unidos, a Federal Communications Commission (FCC) decide quais frequências do espectro de comunicações podem ser utilizadas para quais propósitos. Por exemplo, a parte do espectro eletromagnético entre 700 MHz e 2,6 GHz foi alocada para uso por telefones celulares. A maior parte do espectro nessa faixa já foi alocada para uso. Isso significa que, quando uma empresa sem fio deseja adicionar mais espectro ao seu serviço para aumentar sua capacidade, pode ter problemas em obter as licenças necessárias porque outras empresas já estão usando as frequências disponíveis.

Algumas das opções de comunicação sem fio mais amplamente utilizadas são discutidas a seguir.

Comunicação de campo próximo (*near field communication* – NFC) é uma tecnologia de conectividade sem fio de curto alcance que permite que dois dispositivos colocados a poucos centímetros um do outro troquem dados. Com a NFC, os consumidores podem passar seus cartões de crédito — ou até mesmo seus smartphones — a poucos centímetros dos terminais de ponto de venda NFC para

comunicação de campo próximo (NFC): Uma tecnologia de conectividade sem fio de curto alcance que permite que dois dispositivos colocados a poucos centímetros um do outro troquem dados.

Bluetooth: Uma especificação de comunicação sem fio que descreve como telefones celulares, computadores, fax, impressoras e outros dispositivos eletrônicos podem ser interconectados em distâncias de 3 a 9 metros a uma taxa em cerca de 2 Mbps.

Wi-Fi: Uma marca de tecnologia de comunicação sem fio de médio alcance de propriedade da Wi-Fi Alliance.

pagar as compras. O Apple Pay, serviço de pagamento móvel e carteira digital que permite aos usuários fazer pagamentos usando um iPhone, um iPad ou um dispositivo compatível com o Apple Watch, usa NFC para se comunicar entre o dispositivo do usuário e o terminal de ponto de venda.

Muitos varejistas, incluindo Target, Macys e Walgreens, já possuem terminais de pagamento sem contato baseados em NFC. Os compradores nessas lojas também podem utilizar seus smartphones e NFC para obter acesso a programas de fidelidade para ganhar pontos, visualizar informações de marketing, compartilhar conteúdo e interagir com marcas por meio da mídia social.

Bluetooth é uma especificação de comunicação sem fio que descreve como telefones celulares, computadores, impressoras e outros dispositivos eletrônicos podem ser interconectados em distâncias de 10 a 30 pés a uma taxa de transmissão de cerca de 2 Mbps. Usando a tecnologia Bluetooth, os usuários de dispositivos multifuncionais podem sincronizar dados em seus dispositivos com informações armazenadas em um computador desktop, enviar ou receber faxes e imprimir. O relógio G-Shock com Bluetooth permite que você faça uma conexão entre o relógio e o smartphone. Com um relógio G-Shock, você pode controlar o reprodutor de música do seu telefone a partir do relógio e as funções de cronometragem do relógio a partir do telefone.

Wi-Fi é uma marca de rede sem fio de propriedade da Wi-Fi Alliance, que consiste em cerca de 300 empresas de tecnologia, incluindo AT&T, Dell, Microsoft, Nokia e Qualcomm. A aliança existe para melhorar a interoperabilidade de produtos de rede local sem fio com base na série IEEE 802.11 de padrões de comunicação. IEEE (Institute of Electrical and Electronics Engineers) é o Instituto de Engenheiros Elétricos e Eletrônicos, uma organização sem fins lucrativos e uma das principais organizações de definição de padrões. A Tabela 7.3 resume diversas variações do padrão IEEE 802.11.

TABELA 7.3 Padrões de rede local sem fio IEEE 802.11

Protocolo de rede sem fio	Taxa máxima de dados por fluxo de dados	Comentários
IEEE 802.11a	54 Mbps	Transmite a 5 GHz, o que significa que é incompatível com 802.11b e 802.11g.
IEEE 802.11b	11 Mbps	Primeiro padrão de rede sem fio amplamente aceito e transmite a 2,4 GHz; o equipamento que usa esse protocolo pode ocasionalmente sofrer interferência de fornos de micro-ondas, telefones sem fio e dispositivos Bluetooth.
IEEE 802.11g	54 Mbps	O equipamento que usa esse protocolo transmite a 2,4 GHz e pode ocasionalmente sofrer interferência de fornos de micro-ondas, telefones sem fio e dispositivos Bluetooth.
IEEE 802.11n	300 Mbps	Emprega tecnologia de múltipla entrada e múltipla saída (*multiple input, multiple output* – MIMO), que permite que vários fluxos de dados sejam transmitidos no mesmo canal usando a mesma largura de banda utilizada para apenas um único fluxo de dados nos padrões 802.11a/b/g.
IEEE 802.11ac	400 Mbps – 1,3 Gbps	Um padrão 802.11 que fornece velocidades de transmissão de dados mais altas e conexões mais estáveis; pode transmitir a 2,4 GHz ou 5 GHz.

Em uma rede Wi-Fi sem fio, o computador, smartphone ou outro dispositivo móvel do usuário possui um adaptador sem fio que traduz os dados em um sinal de rádio e os transmite usando uma antena. Um ponto de acesso sem fio, que consiste em um transmissor com uma antena, recebe o sinal e o decodifica. O ponto de acesso então envia as informações para a internet por meio de uma conexão com fio (ver Figura 7.7).

Ao receber os dados, o ponto de acesso sem fio obtém as informações da internet, as traduz em um sinal de rádio e as envia para o adaptador sem fio do dispositivo. Esses dispositivos normalmente vêm com transmissores sem fio integrados e software para permitir que alertem o usuário sobre a existência de uma rede Wi-Fi. A área coberta por um ou mais pontos de acesso sem fio interconectados é chamada de "ponto de acesso". O Wi-Fi provou ser tão popular que pontos de acesso estão surgindo em lugares como aeroportos, cafés, campi universitários, bibliotecas e restaurantes. A disponibilidade de Wi-Fi gratuito nas instalações de um hotel se tornou muito popular entre os viajantes de negócios. Enquanto isso, centenas de cidades nos Estados Unidos implementaram redes Wi-Fi municipais para uso por leitores de medidores e outros funcionários municipais e para fornecer acesso à internet a seus cidadãos e visitantes.

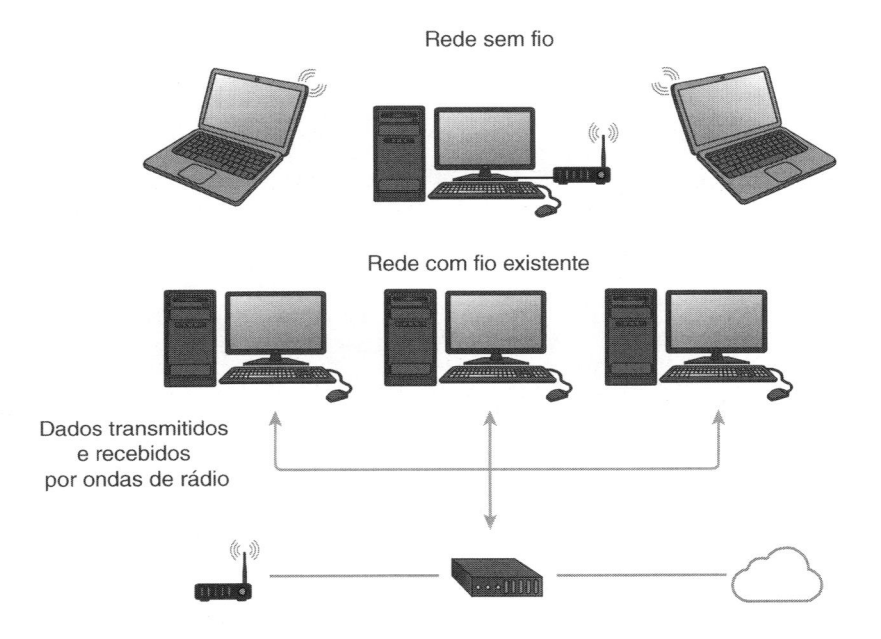

FIGURA 7.7
Rede Wi-Fi
Em uma rede Wi-Fi, o computador, smartphone ou telefone celular do usuário tem um adaptador sem fio que traduz os dados em um sinal de rádio e os transmite por meio de uma antena.

Transmissão de micro-ondas

Micro-ondas é um sinal de alta frequência (300 MHz a 300 GHz) enviado pelo ar. As micro-ondas terrestres (ligadas à Terra) são transmitidas por dispositivos de linha de visão, portanto a linha de visão entre o transmissor e o receptor deve ser desobstruída. Normalmente, as estações de micro-ondas são colocadas em série — uma estação recebe um sinal, amplifica-o e retransmite-o para a próxima torre de transmissão de micro-ondas. Essas estações podem estar localizadas a cerca de 30 milhas uma da outra antes que a curvatura da Terra torne impossível que as torres se "vejam". Por serem dispositivos de transmissão de linha de visão, as antenas de micro-ondas são frequentemente colocadas em locais relativamente altos, como montanhas, torres ou edifícios altos.

Um satélite de comunicações também opera na faixa de frequência de micro-ondas (ver Figura 7.8). O satélite recebe o sinal da estação terrestre, amplifica o sinal relativamente fraco e o retransmite em uma frequência diferente. A vantagem das comunicações por satélite é que os satélites podem receber e transmitir em grandes regiões geográficas. Problemas como a curvatura da Terra, montanhas e outras estruturas que bloqueiam a transmissão de micro-ondas na linha de visão tornam os satélites uma alternativa atraente. Pequenas estações de satélite geoestacionárias, em baixa órbita terrestre, são as formas mais comuns de comunicação por satélite.

FIGURA 7.8
Transmissão via satélite
Os satélites de comunicações são estações retransmissoras que recebem sinais de uma estação terrestre e os retransmitem para outra.

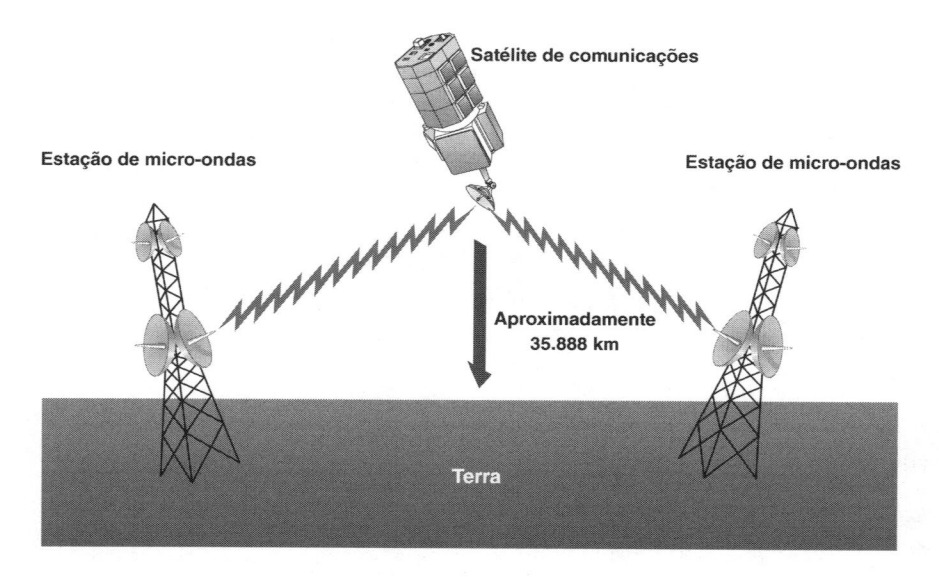

Um satélite geoestacionário orbita a Terra diretamente sobre o Equador, a cerca de 35.388 km acima da Terra, de modo que parece estacionário. O Serviço Nacional de Meteorologia dos EUA depende do programa Geostationary Operational Environmental Satellite para obter imagens do tempo e dados quantitativos para apoiar a previsão do tempo, rastreamento de tempestades severas e pesquisa meteorológica.

O Projeto Loon do Google planeja lançar uma série de balões de ar quente na alta atmosfera a cerca de 20 km acima da superfície da Terra. De lá, eles enviarão um sinal para estações de rede na superfície da Terra. O objetivo principal é fornecer acesso à internet em todo o mundo para todos, em qualquer lugar. No entanto, o projeto também permitirá o serviço de telefone celular e acesso à internet para aqueles que trabalham com ajuda humanitária e para habitantes de áreas de desastre até que as fontes locais fiquem de novo disponíveis. Essa abordagem é semelhante ao lançamento de satélites geoestacionários, mas muito mais barata.[4]

Comunicações 4G sem fio

As comunicações sem fio evoluíram ao longo de quatro gerações de tecnologia e serviços e agora estão entrando na quinta geração. A primeira geração (1G) de padrões de comunicação sem fio originou-se na década de 1980 e era baseada nas comunicações analógicas. As redes de segunda geração (2G) eram totalmente digitais, substituindo as redes 1G no início dos anos 1990. Com as redes 2G, as conversas telefônicas foram criptografadas, o uso do celular foi expandido e os serviços de mensagens curtas (SMS) — ou mensagens de texto — foram introduzidos. As comunicações sem fio 3G oferecem suporte a voz sem fio e comunicações de dados com velocidade de banda larga em um ambiente móvel com velocidades de 2 a 4 Mbps. Recursos adicionais incluem vídeo móvel, comércio eletrônico móvel, serviços baseados em localização, jogos móveis, download e reprodução de música.

O padrão 4G de banda larga móvel sem fio oferece versões mais avançadas de multimídia aprimorada, streaming de vídeo suave, acesso universal e portabilidade em todos os tipos de dispositivos; o 4G também torna possível o roaming mundial. O 4G pode fornecer 3 a 20 vezes a velocidade das redes 3G para dispositivos móveis, como smartphones, tablets e laptops.

Cada uma das quatro principais operadoras de rede sem fio dos EUA (AT&T, Verizon, Sprint e T-Mobile) expandiu rapidamente suas redes 4G com base no padrão Long Term Evolution (LTE). **Long Term Evolution (LTE)** é um padrão para comunicações sem fio para celulares com base em comutação de pacotes, que é uma abordagem totalmente diferente da abordagem de comutação de circuitos empregada em redes de comunicações 3G. Para converter para o padrão LTE, as operadoras tiveram que reformular suas redes de chamadas de voz.

O maior benefício do LTE é a rapidez com que um dispositivo móvel pode se conectar com a internet e a quantidade de dados que ele pode baixar ou carregar em um determinado período de tempo. O LTE torna razoável transmitir vídeo para o seu telefone, usando serviços como Amazon Prime Instant Video, Hulu Plus, Netflix

Long Term Evolution (LTE): Um padrão para comunicações sem fio para telefones celulares com base na comutação de pacotes.

ou YouTube. Ele também acelera a navegação na web, com a maioria das páginas sendo carregada em segundos. O LTE permite chamadas de vídeo usando serviços como Skype ou Google Hangouts. A velocidade mais rápida do LTE também torna o compartilhamento de fotos e vídeos de seu telefone rápido e fácil.

Comunicações 5G sem fio

Uma nova geração de comunicações móveis entra em cena a cada dez anos desde o primeiro sistema 1G. 5G é o termo utilizado para identificar a próxima fase principal dos padrões de comunicações móveis além do 4G. AT&T e Verizon têm planos de lançar redes 5G em várias cidades até o final de 2018. A T-Mobile planejava construir uma rede 5G em todo o país a partir de 2019 com cobertura nacional total até 2020. As redes 5G terão três vantagens em relação às redes 4G atuais. Em primeiro lugar, elas terão largura de banda para transmitir mais dados (da ordem de 20 Gbps). Nessa largura de banda, um filme de duas horas pode ser transmitido em menos de três segundos. Em segundo lugar, elas terão latência menor — menos de 1 ms em comparação com 10 ms. Isso significa que os dados passarão pela rede muito mais rápido. Em terceiro lugar, as redes 5G terão a capacidade de suportar muitos mais dispositivos (milhares) ao mesmo tempo.

As redes 5G permitirão diversos novos aplicativos interessantes. A geração atual de carros autônomos é independente e toma decisões de direção com base em seu conhecimento das condições atuais do tráfego e da estrada. Carros autônomos de última geração interagem bem com outros veículos e "estradas inteligentes", trocando informações diretamente com outros carros e/ou dispositivos inteligentes estrategicamente posicionados ao longo das rodovias. Eles usarão esses dados para melhorar ainda mais a segurança do motorista e o fluxo geral do tráfego. A latência de menos de 1 milissegundo das redes 5G será necessária para suportar essas breves rajadas de dados.

A realidade aumentada (*augmented reality* – AR) adiciona uma camada virtual sobre o mundo real, abrindo a porta para uma ampla gama de aplicações potenciais. AR pode ser utilizada para ver como você ficaria se perdesse dez quilos, experimentasse roupas novas ou redecorasse sua casa; para ajudá-lo a encontrar amigos em uma multidão ou obter uma descrição das lojas em uma rua ou em um shopping, mesmo sem entrar nelas. A largura de banda, latência e falta de uniformidade (a consistência da conexão móvel) das redes 4G limita muito do que pode ser feito com AR e realidade virtual (*virtual reality* – VR). No entanto, as redes 5G com uma latência de menos de 1 ms virão melhorar muito a experiência de AR/VR. Os entusiastas de AR/VR poderão emparelhar um smartphone 5G e um headset de AR/VR completo com um controle que monitora a posição e a localização de suas mãos para transmitir conteúdo de VR e jogar games de VR on-line onde quer que estejam.

FIGURA 7.9
Novos smartphones 5G emparelhados com redes 5G serão capazes de oferecer experiência de VR
Fonte: JFCfotografic/Shutterstock.com

As redes 5G terão algumas desvantagens iniciais que devem ser superadas. Mais torres de celular serão necessárias, porque os celulares 5G não são capazes de transmitir a uma distância tão grande quanto um celular 3G ou 4G. Como mais celulares precisarão ser instalados, os usuários de 5G podem prever que sua cobertura não seja tão ampla no início. Pelo menos inicialmente, os dispositivos 5G devem ser projetados para funcionar em redes 4G mais lentas e redes 5G. O equipamento 5G é caro, portanto a implantação e a manutenção serão caras.

Software de comunicação

O **sistema operacional de rede** (*network operating system* – NOS) é um software de sistemas que controla os sistemas e dispositivos de computador em uma rede e permite que eles se comuniquem entre si. O NOS executa para a rede funções semelhantes que o software do sistema operacional faz para um computador, como memória e gerenciamento de tarefas e coordenação de hardware. Quando o equipamento de rede (como impressoras, plotters e drives de disco) é necessário, o NOS garante que esses recursos sejam utilizados corretamente. Linux (usado em estações de trabalho), OS X (usado em Apple MACs), UNIX (usado em servidores) e Windows Server (usado em estações de trabalho e servidores) são sistemas operacionais de rede comuns.

Como as empresas utilizam redes para se comunicar com clientes, parceiros de negócios e funcionários, interrupções na rede ou desempenho lento podem significar perda de negócios. O gerenciamento de rede inclui uma ampla gama de tecnologias e processos que monitoram a rede e ajudam a identificar e resolver problemas antes que possam causar um impacto sério.

Ferramentas e utilitários de software estão disponíveis para o gerenciamento de redes. Com o **software de gerenciamento de rede**, um gestor em um computador pessoal em rede pode monitorar o uso de computadores individuais e hardware compartilhado (como impressoras), fazer a varredura em busca de vírus e garantir a conformidade com as licenças de software. O software de gerenciamento de rede também simplifica o processo de atualização de arquivos e programas em computadores da rede — um administrador pode fazer alterações por meio de um servidor de comunicação em vez de ter que visitar cada computador individualmente. Além disso, o software de gerenciamento de rede protege o software contra cópia, modificação ou download ilegal. Ele também pode localizar erros de comunicação e possíveis problemas de rede. Alguns dos muitos benefícios do software de gerenciamento de rede incluem menos horas gastas em tarefas de rotina (como a instalação de um novo software), resposta mais rápida aos problemas e maior controle geral da rede.

Os bancos utilizam uma forma especial de software de gerenciamento de rede para monitorar o desempenho de seus caixas eletrônicos (*automated teller machines* – ATMs). As mensagens de status podem ser enviadas pela rede para um local de monitoramento central a fim de informar as pessoas de suporte sobre situações como baixos níveis de dinheiro ou de papel de recibo, problemas de leitura de cartão e atolamentos de papel da impressora. Assim que uma mensagem de status é recebida, um provedor de serviços ou funcionário da filial pode ser enviado para corrigir o problema do caixa eletrônico.

Hoje, a maioria das organizações de SI usa software de gerenciamento de rede para garantir que sua rede permaneça ativa e funcionando e que todos os componentes e aplicativos de rede tenham um desempenho aceitável. O software permite que a equipe de SI identifique e resolva problemas de falha e desempenho antes que afetem os usuários finais. A mais recente tecnologia de gerenciamento de rede incorpora até mesmo correções automáticas: o sistema de gerenciamento de rede identifica um problema, notifica o gestor de SI e corrige automaticamente o problema antes que alguém fora do departamento de SI o perceba.

O Covell Group é um pequeno grupo de consultoria de TI em San Diego que fornece monitoramento de servidores e sites para empresas de pequeno e médio porte. A empresa usa software de monitoramento de rede para observar sensores e sondas remotas que rastreiam CPU, espaço em disco e serviços do Windows. O monitoramento constante permite que a empresa detecte se uma linha de comunicação está desligada ou se há uma queda de energia durante a noite para que tudo esteja pronto no início do próximo dia útil.[5]

Um **software de gerenciamento de dispositivos móveis** (*mobile device management* – MDM) gerencia e soluciona problemas de dispositivos móveis remotamente, distribuindo aplicativos, dados, correções de erros e configurações. Com o software, um grupo de controle central pode manter políticas de grupo para segurança, controlar as configurações do sistema, garantir que a proteção contra malware esteja em vigor para dispositivos móveis utilizados na rede e tornar obrigatório o uso de senhas para acessar a rede. Além de smartphones e tablets, laptops e desktops às vezes são suportados usando-se software MDM, pois a gerenciamento de dispositivos móveis se volta mais para a gestão básica de dispositivos e menos para a plataforma móvel específica.

A Jet Story é uma companhia aérea polonesa que oferece serviços de aluguel de jatos particulares e serviços de consultoria de compra de aeronaves profissionais,

---

sistema operacional de rede (NOS): Software de sistemas que controla os sistemas e dispositivos de computador em uma rede e permite que eles se comuniquem entre si.

software de gerenciamento de rede: Software que permite que um gerente, em uma área de trabalho em rede, monitore o uso de computadores individuais e hardware compartilhado (como impressoras), faça a varredura em busca de vírus e garanta a conformidade com as licenças de software.

software de gerenciamento de dispositivo móvel (MDM): Software que gerencia e soluciona problemas de dispositivos móveis remotamente, distribuindo aplicativos, dados, correções e configurações enquanto aplica políticas de grupo para segurança.

bem como manutenção e gestão de aeronaves. A empresa emprega cerca de 120 pessoas, incluindo 50 pilotos e 20 comissários de bordo.[6] Ela precisava gerenciar e controlar os iPads que seus pilotos utilizam a bordo da aeronave nas cabines. Os iPads especialmente equipados, chamados Electronic Flight Bags, fornecem aos pilotos acesso a toda a documentação e manuais necessários. A Jet Story empregou um software de monitoramento de dispositivo móvel para garantir que cada dispositivo fosse gerenciado adequadamente, por exemplo, protegido com uma senha. O software MDM facilita a verificação da memória disponível em cada dispositivo e lista todos os aplicativos instalados. Isso cumpre os regulamentos da Agência Europeia de Segurança da Aviação (*European Aviation Safety Agent* – EASA), garantindo que os pilotos sempre tenham iPads em pleno funcionamento com toda a documentação necessária disponível.[7]

Rede definida por software (SDN)

Uma rede típica é composta de centenas ou milhares de dispositivos de rede que realizam tarefas como roteamento e comutação de dados pela rede, fornecimento de acesso e controle à rede e permissão de acesso a uma variedade de aplicativos e serviços. Hoje, no atual ambiente de rede, cada dispositivo de rede deve ser configurado individualmente, geralmente por meio de entrada manual do teclado. Para uma rede de qualquer tamanho, isso se torna um esforço trabalhoso e sujeito a erros, tornando difícil mudar a rede para que ela possa atender às necessidades de mudança da organização.

Rede definida por software (*software-defined networking* – SDN) é uma abordagem emergente de rede que permite aos administradores de rede gerenciar uma rede por meio de um controlador que não requer acesso físico a todos os dispositivos de rede. Essa abordagem automatiza tarefas como configuração e gestão de políticas e permite que a rede responda dinamicamente aos requisitos do aplicativo. Como resultado, novos aplicativos podem ser disponibilizados mais cedo, o risco de erro humano (um dos principais responsáveis para o tempo de inatividade da rede) é reduzido e tanto o suporte geral da rede como os custos operacionais são reduzidos.

A ProMedica é uma organização de saúde sem fins lucrativos com 13 hospitais que atende os residentes de Indiana, Kentucky, Michigan, Ohio, Pensilvânia e West Virginia. A organização tomou uma decisão importante ao implementar o sistema Epic Electronic Health Record (EHR) e substituir muitos sistemas de legados. Como a Epic oferece suporte a quase todas as atividades de saúde, a ProMedica precisava garantir sua disponibilidade contínua. Para atingir esse objetivo, os dois centros de dados da ProMedica, separados por cerca de 20 milhas, foram interligados em rede e gerenciados como um só para criar um ambiente de computação totalmente redundante. Isso exigiu uma importante revisão do ambiente de rede do centro de dados, composto de cerca de 3.500 servidores e vários hubs, switches e roteadores. A única solução prática era converter para uma arquitetura de rede SDN. Mudanças na rede e no centro de dados são mais rápidas, fáceis e menos arriscadas com SDN. Não há mais a preocupação de que, quando algo for atualizado, outra coisa possa ser afetada negativamente. Não há necessidade de ir fisicamente a um dispositivo de rede para fazer uma alteração, reduzindo significativamente a gestão de alterações e os esforços de reparo.[8]

rede definida por software (SDN): Uma abordagem emergente para a rede que permite aos administradores de rede terem controle central programável da rede por meio de um controlador sem exigir acesso físico a todos os dispositivos da rede.

Exercício de pensamento crítico

Uma rede de atualizações hospitalares locais

▶ APLICAÇÃO

Smallville, Kansas, é uma pequena comunidade agrícola de pouco menos de 50 mil habitantes. A comunidade está construindo uma unidade de atendimento de emergência para tratar pacientes com ferimentos ou doenças que requerem atendimento imediato, mas não graves o suficiente para serem transferidos ao departamento de emergência. A instalação terá médicos e enfermeiras em número suficiente para atender a um máximo de quatro pacientes por hora e 50 pacientes por dia. Também terá uma pequena equipe administrativa para lidar com a manutenção e a cobrança dos registros dos pacientes. Um consultor de TI local foi contratado para definir como atender às necessidades de computação e rede da instalação. Os consultores recomendam que uma pequena rede local em estrela seja utilizada para conectar todos os seis laptops, dois aparelhos de fax e duas impressoras. Os dispositivos se conectarão ao nó central da rede usando um cabo de fibra óptica. Eles também recomendam que o software de gerenciamento de rede seja instalado para que possam monitorar a operação da rede de seus escritórios localizados na cidade. O software de gerenciamento de dispositivos móveis será instalado em todos os dispositivos de computação portáteis.

Perguntas de revisão

1. Quais as vantagens/desvantagens de instalar uma rede em estrela com fio para conectar todos os dispositivos? Você concorda com a recomendação do consultor de TI a esse respeito? Por que sim ou por que não?
2. Que benefícios específicos seriam obtidos com a instalação de um software de gerenciamento de rede?

Questões de pensamento crítico

1. Há algum elemento da recomendação do consultor de TI que você não apoia? Se sim, qual e por quê?
2. Que sugestões específicas você tem para melhorar a recomendação do consultor de TI?

A internet e a world wide web

A internet cresceu rapidamente (veja Figura 7.10) e é verdadeiramente internacional em escopo, com usuários em todos os continentes, incluindo a Antártida. Em novembro de 2015, os cidadãos de países asiáticos representavam cerca de 49%, os europeus cerca de 17%, a América Latina/Caribe cerca de 10% e os norte-americanos cerca de 8% de todos os usuários da internet. A China é o país com mais usuários de internet, com 772 milhões — ou seja, mais usuários do que os dois países seguintes juntos (Índia 462 milhões e Estados Unidos 312 milhões).[9] Estar conectado à internet oferece oportunidades econômicas globais para indivíduos, empresas e países.

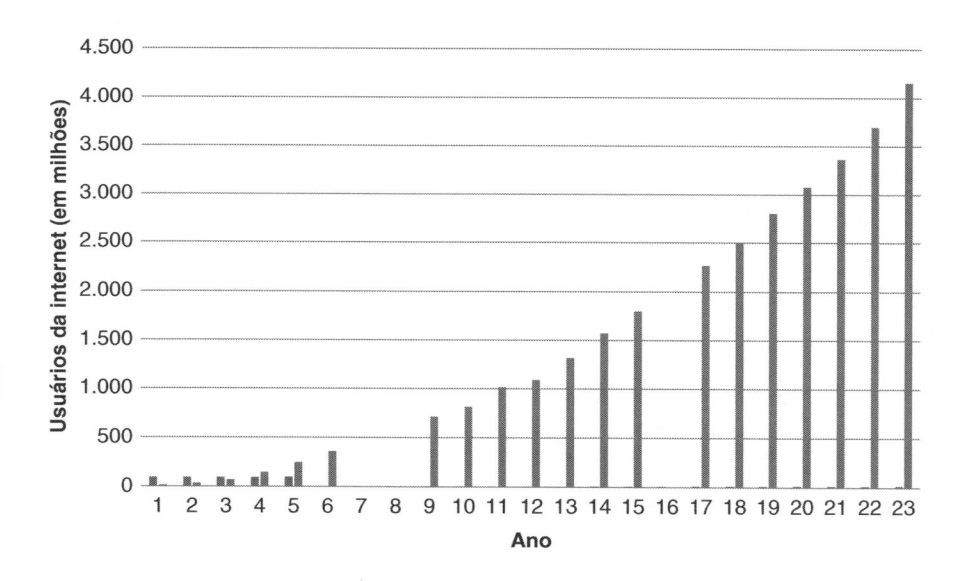

FIGURA 7.10
Número de usuários da internet em todo o mundo
Fonte: "Internet Growth Statistics", https://www.internetworldstats.com/emarketing.htm, acesso em 27 de setembro de 2018.

O antecessor da internet foi a ARPANET, um projeto iniciado pelo Departamento de Defesa dos Estados Unidos (DoD) em 1969. A ARPANET foi um experimento em rede confiável e um meio de conectar o DoD e os contratantes de pesquisa militar, incluindo muitas universidades que fazem pesquisas financiadas por militares. (ARPA – Advanced Research Projects Agency – significa Agência de Projetos de Pesquisa Avançada, a divisão do DoD responsável pela concessão de verbas de subvenção. A agência agora é conhecida como DARPA – Defense Advanced Research Projects Agency

— o *D* é de Defesa.) A ARPANET foi um grande sucesso e todas as universidades do país queriam usá-la. Esse crescimento acelerado dificultou a gestão da ARPANET, especialmente pelo rapidamente crescente número de sites universitários. Portanto, a ARPANET foi dividida em duas redes: a MILNET, que incluía todos os sites militares, e uma nova ARPANET menor, que incluía todos os sites não militares. Porém as duas redes permaneceram conectadas por meio do uso do protocolo da internet (IP), que permite que o tráfego seja roteado de uma rede para outra, conforme necessário. Todas as redes conectadas à internet utilizam IP para que todas possam trocar mensagens.

Como a internet funciona

Nos primórdios da internet, as principais empresas de comunicações em todo o mundo concordaram em conectar suas redes para que os usuários de todas as redes pudessem compartilhar informações pela internet. Os meios de comunicação, roteadores, switches, torres de comunicação e satélites que constituem essas redes são o hardware pelo qual o tráfego da internet flui. O hardware combinado dos provedores de serviços de rede formam os links de comunicação de alta velocidade que cobrem o globo por terra e mar e constituem o **backbone (eixo central) da internet**.

backbone (eixo central) da internet: Um dos links de comunicação de alta velocidade e longa distância da internet.

Transmission Control Protocol/Internet Protocol (TCP/IP): Uma coleção de protocolos de comunicação utilizados para interconectar dispositivos de rede em redes de comutação de pacotes, como a internet.

A internet funciona dividindo as mensagens em pacotes de dados que são roteados pela rede até chegarem ao destino desejado, conforme mostrado na Figura 7.11. O **Transmission Control Protocol/Internet Protocol (TCP/IP)** é uma coleção de protocolos de comunicação utilizados para interconectar dispositivos de rede em uma rede de comutação de pacotes, como a internet. O TCP define como os aplicativos podem criar canais de comunicação em uma rede. O TCP também gerencia como uma mensagem é montada em pacotes menores antes de serem transmitidos pela internet e remontados na sequência apropriada no endereço de destino. O IP especifica como endereçar e rotear cada pacote para garantir que ele alcance o destino desejado. Uma rede que segue esses padrões pode se conectar ao backbone (eixo central) da internet e se tornar parte da comunidade mundial da internet.

Endereço IP e endereço MAC

endereço IP: Um número de 64 bits que identifica um computador na internet.

Como a internet é uma rede global de computadores, cada computador conectado à internet deve ter um endereço exclusivo denominado endereço IP. O **endereço IP** é um número de 64 bits que identifica exclusivamente um computador na internet. IP significa internet protocol. O endereço IP fica vinculado a todas as atividades on-line que você faz. O número de 64 bits é normalmente dividido em 4 bytes e convertido em decimal; por exemplo, 69.32.133.79. A internet está migrando para o protocolo da internet versão 6 (IPv6), que usa endereços de 128 bits para fornecer muitos outros dispositivos.

Uma placa de interface de rede (*network interface card* – NIC) é uma placa ou cartão de circuitos que se instala em um dispositivo de hardware para que ele possa se conectar a uma rede. Durante o processo de fabricação, o fabricante grava um endereço MAC específico na memória somente leitura (ROM) de cada placa de rede.

Hardware de rede

Os termos switch e roteador são frequentemente utilizados intercambiavelmente, mas cada um desses dispositivos desempenha funções diferentes, como será discutido agora.

switch: é um dispositivo de rede que mantém um registro do endereço MAC de todos os dispositivos conectados a ele e usa essas informações para determinar para qual porta um lote de dados deve ser direcionado.

O **switch** é um dispositivo de rede que mantém um registro do endereço de controle de acesso à mídia (*media access control* – MAC) de todos os dispositivos conectados a ele. Este usa essas informações para determinar para qual porta um pacote de dados deve ser direcionado. Quando o switch recebe um pacote, ele sabe exatamente para qual porta enviá-lo, sem aumento significativo nos tempos de resposta da rede. As redes atuais utilizam switches para conectar computadores, impressoras, telefones, câmeras, luzes e servidores em um prédio ou campus.

roteador: Um dispositivo de rede que direciona pacotes de dados para outras redes até que cada pacote chegue ao seu destino.

O **roteador** é um dispositivo de rede que direciona pacotes de dados para outras redes até que cada pacote chegue ao seu destino. Um dos principais recursos de um pacote de dados é que ele não contém somente dados, mas também o endereço de destino. As informações necessárias para levar os pacotes de dados a seus destinos são armazenadas em tabelas de roteamento mantidas por cada roteador conectado à internet. Um roteador geralmente conecta duas redes diferentes e roteia pacotes de dados entre elas. Cada roteador conhece suas sub-redes e quais endereços IP eles utilizam. Os maiores e mais poderosos roteadores de rede formam o backbone da internet.

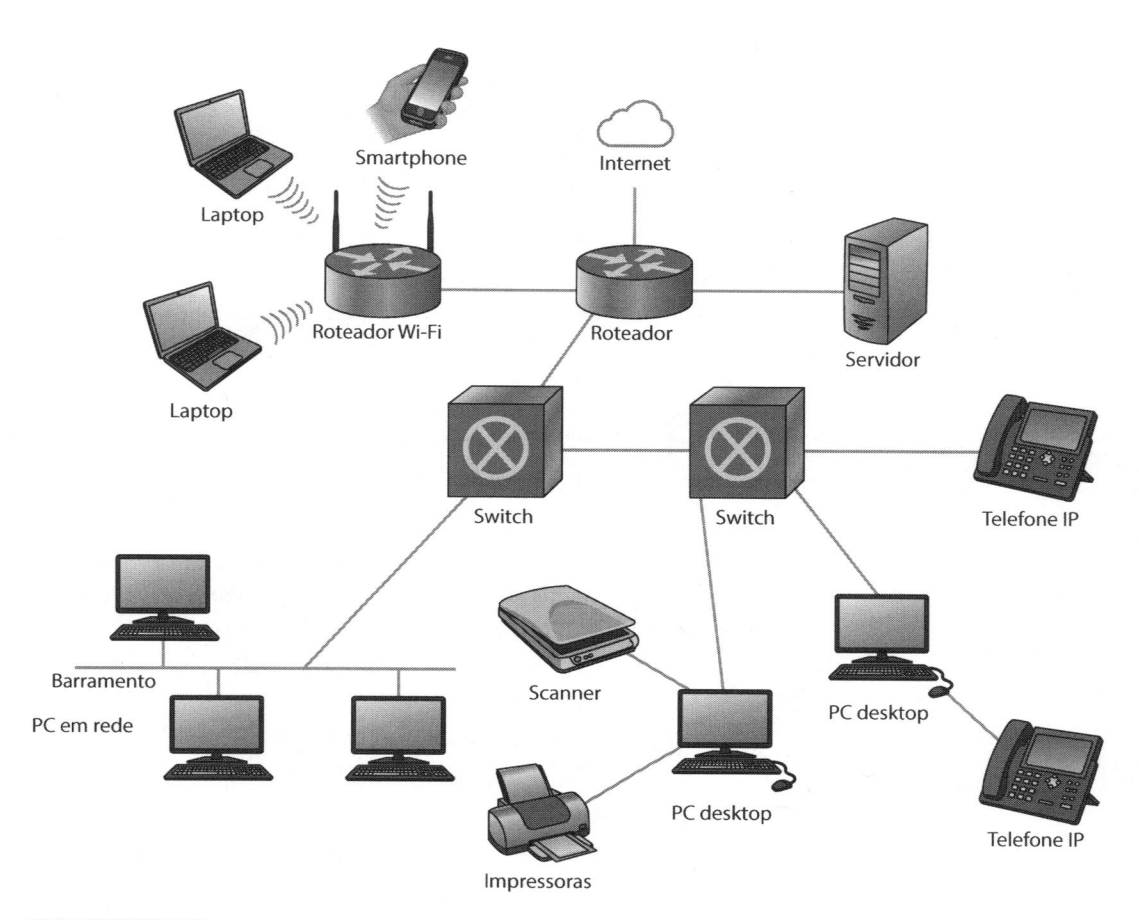

FIGURA 7.11
Como a internet funciona
Os dados são transmitidos de um computador hospedeiro (host) para outro na internet.

Roteamento

Os roteadores na rede obtêm o endereço de destino de cada cabeçalho do pacote de dados e o encontram em sua tabela de pesquisa. A tabela de pesquisa especifica o próximo roteador para o qual enviar o pacote para movê-lo um passo mais perto de seu destino. No entanto, os roteadores são programados para "antecipar" e equilibrar a carga de transmissão de dados entre os vários dispositivos de rede a cada milissegundo. Se houver muitos pacotes de dados seguindo um determinado caminho, o roteador escolherá um caminho alternativo. Os roteadores são capazes até mesmo de detectar se há um problema com um equipamento na rede e redirecionar os pacotes de dados perto do problema, o que garantirá a entrega final de toda a mensagem. É inteiramente possível que, por causa desse roteamento dinâmico, os pacotes cheguem ao dispositivo de destino fora de ordem. Assim, uma vez que os pacotes chegam ao seu destino, esse dispositivo retira as informações do cabeçalho e do rodapé e remonta a mensagem inteira com base na sequência numerada dos pacotes.

CAPÍTULO 7 • Redes: um mundo interconectado

Acessando a internet

Você pode se conectar à internet de várias maneiras. O método de acesso que escolher é determinado por onde você estiver localizado e pelos equipamentos e serviços disponíveis para você.

Conectando-se por meio de provedores de serviços de internet

Os usuários em organizações ou em casa acessam a internet por meio de um **provedor de serviços de internet** (*internet service provider* – ISP), uma organização que fornece acesso à internet para as pessoas. Milhares de organizações atuam como ISPs, desde universidades que disponibilizam a internet para alunos e professores a pequenas empresas da internet e grandes gigantes da comunicação, como AT&T e Comcast. Para se conectar à internet por meio de um ISP, você deve ter uma conta com o provedor de serviços (pelo qual você geralmente paga), além de software (como um navegador) e dispositivos (como um computador ou smartphone) que suportam uma conexão via TCP/IP.

> **provedor de serviços de internet (ISP):** Qualquer organização que forneça acesso à internet para pessoas.

Vários serviços de internet de alta velocidade estão disponíveis para uso doméstico e corporativo. Eles incluem conexões de modem a cabo por empresas de TV a cabo, conexões DSL por empresas de telefonia e conexões de satélite por empresas de TV via satélite.

Conexão sem fio

Além de se conectar com a internet por meio de sistemas com fio, como linhas telefônicas e cabos de fibra óptica, o serviço de internet sem fio nos celulares e em redes de Wi-Fi se tornou comum. Milhares de serviços públicos de Wi-Fi estão disponíveis em cafeterias, aeroportos, hotéis e outros lugares onde o acesso à internet é fornecido gratuitamente, por uma taxa horária ou por uma taxa de assinatura mensal. O Wi-Fi chegou até mesmo às aeronaves, permitindo que os viajantes a negócios sejam produtivos durante as viagens aéreas, acessando e-mail e redes corporativas.

As operadoras de telefonia celular também oferecem acesso à internet para smartphones, notebooks e tablets. Os serviços de telefonia móvel 4G rivalizam com as conexões com fio de alta velocidade utilizadas em casa e no trabalho. As principais empresas de comunicações sem fio, incluindo AT&T, Sprint, T-Mobile e Verizon, trouxeram o serviço 4G quase total para assinantes em áreas populosas dos EUA.

Como funciona a world wide web

A world wide web foi desenvolvida por Tim Berners-Lee no CERN, a Organização Europeia para Pesquisa Nuclear em Genebra. Ele a concebeu originalmente como um sistema interno de gestão de documentos. A partir desse começo modesto, a web cresceu e se tornou uma fonte primária de notícias e informações, um canal indispensável para o comércio e um centro popular para interação social, entretenimento e comunicação.

Embora os termos internet e web sejam comumente utilizados de maneira intercambiável, tecnicamente os dois são tecnologias diferentes. A internet é a infraestrutura na qual a web existe. A internet é composta de computadores, hardware de rede, como switches, roteadores, meios de comunicação, software e protocolos TCP/IP. A world wide web (web), por outro lado, consiste no software que roda no servidor e no cliente, além do protocolo de transferência de hipertexto (http), e os padrões e linguagens de marcação que se combinam para fornecer informações e serviços pela internet.

Arquitetura cliente/servidor

Arquitetura cliente/servidor é uma abordagem de rede em que muitos clientes (dispositivos de computação do usuário final) solicitam e recebem serviços de servidores (computadores host, ou hospedeiros) na rede. Os servidores recebem solicitações de usuários clientes, processam essas solicitações e enviam os resultados solicitados. Isso pode exigir consultas a um banco de dados e codificação dos dados no formato HTML. Esse é o modelo de computação empregado para dar suporte à web. A Figura 7.12 ilustra essa arquitetura cliente/servidor.

> **arquitetura cliente/servidor:** Esta é uma abordagem de rede em que muitos clientes (dispositivos de computação do usuário final) solicitam e recebem serviços de servidores (computadores host) na rede.

Os computadores clientes fornecem uma interface que permite ao usuário do computador cliente solicitar serviços dos computadores servidores. Os computadores clientes também exibem os resultados (páginas web) retornados pelos servidores. JavaScript, VBA Script, HTML, CSS e Ajax estão entre outras linguagens de programação amplamente utilizadas no lado do cliente.

A programação do lado do servidor cria um programa que é executado no servidor e lida com a geração do conteúdo de uma página da web para satisfazer a solicitação do cliente. O site usa programação do lado do servidor para exibir dinamicamente diferentes dados conforme necessário. Os dados são extraídos de um banco de dados armazenado no servidor e enviados ao cliente para serem exibidos pelo código do lado do cliente. A programação do lado do servidor permite que os designers de sites personalizem o conteúdo do site para usuários individuais. Os sites de compras on-line, como o da Amazon, utilizam programação do lado do servidor para fazer recomendações ao cliente com base nas preferências do cliente e em compras anteriores. Sites de mídia social como o Facebook utilizam programação do lado do servidor para destacar, compartilhar e controlar o acesso ao conteúdo considerado interessante para o usuário. PHP, C++, Java, Python e Ruby on Rails estão entre as linguagens de programação do lado do servidor mais amplamente utilizadas.

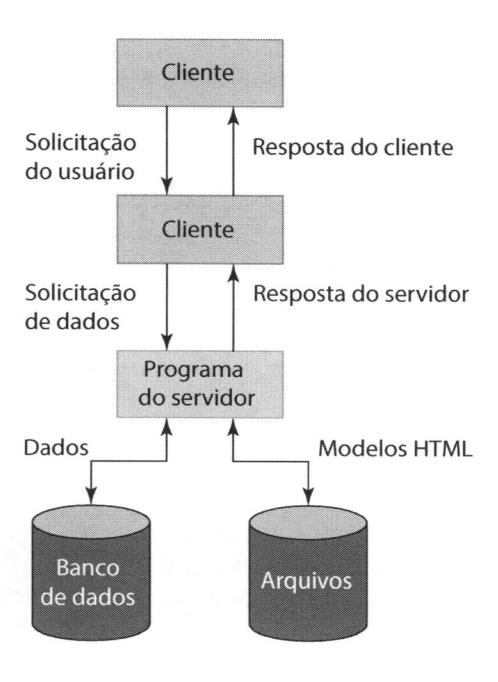

FIGURA 7.12
Arquitetura cliente/servidor

Sistema de nomes de domínio (DNS)

sistema de nomes de domínio: Um sistema que mapeia o nome que as pessoas utilizam para localizar um site para o endereço IP que um computador usa para localizar um site.

Uniform Resource Locator (URL): Um endereço da Web que especifica a localização exata de uma página da Web utilizando letras e palavras que mapeiam para um endereço IP e uma localização no host.

O sistema de nomes de domínio (*domain name system* – DNS) mapeia o nome que as pessoas utilizam para localizar um site para o endereço IP que o computador usa para localizar um site. Por exemplo, se você digitar *TechTarget.com* em um navegador web, um servidor nos bastidores mapeia esse nome para o endereço IP 206.19.49.149.

Um Uniform Resource Locator (URL) é um endereço da web que especifica a localização exata de uma página da web usando letras e palavras que mapeiam para um endereço IP e uma localização no servidor. O URL oferece àqueles que fornecem informações pela internet uma forma padrão de designar onde os recursos da internet, como servidores e documentos, estão localizados. Considere o URL da Cengage Learning, *http://www.cengage.com/us*.

O "http" especifica o método de acesso e informa ao software para acessar um arquivo usando o protocolo de transporte de hipertexto. Esse é o principal método de interação com a internet. Em muitos casos, você não precisa incluir http:// em um URL porque esse é o protocolo padrão. A parte "www" do endereço às vezes significa que o endereço está associado ao serviço da world wide web. O URL *www.cengage.com* é o nome de domínio que identifica o site host da internet. A parte do endereço após o nome de domínio —/us — especifica uma localização exata no site host.

Os nomes de domínio devem seguir regras rígidas. Eles sempre têm pelo menos duas partes, com cada parte separada por um ponto (ponto). Para alguns endereços da internet, a parte mais à direita do nome de domínio é o código do país, como au para Austrália, ca para Canadá, dk para Dinamarca, fr para França, de (Deutschland) para Alemanha e jp para Japão. Muitos endereços da internet têm um código que indica as categorias de afiliação, como "com" para sites de negócios e "edu" para sites de educação. A Tabela 7.4 contém algumas categorias de afiliação de domínio populares. A parte mais à esquerda do nome de domínio identifica a rede ou provedor de hospedagem, que pode ser o nome de uma universidade ou empresa. Outros países utilizam afiliações de domínio de nível superior diferentes daquelas dos EUA descritas na tabela.

TABELA 7.4 Número de domínios em afiliações de domínio de nível superior nos EUA

ID de afiliação	Afiliação
Biz	Sites de negócios
Com	Todos os tipos de entidades, incluindo organizações sem fins lucrativos, escolas e particulares
Edu	Sites educacionais universitários
Gov	Sites governamentais
Net	Sites de redes
Org	Sites de organizações sem fins lucrativos

FONTE: Domain Count Statistics for TLDs, *http//research.domaintools.com/statistics/tld-counts*.

A Internet Corporation for Assigned Names and Numbers (ICANN) é responsável pela gestão de endereços IP e nomes de domínio da internet. Uma das principais preocupações da ICANN é garantir que cada nome de domínio represente apenas um indivíduo ou entidade — aquela que o registra legalmente. Por exemplo, caso seu professor queira utilizar *www.cengage.com* para o site de um curso, ele descobrirá que o nome de domínio já foi registrado pela Cengage Learning e não está disponível. A ICANN usa empresas credenciadas, chamadas registradores de nomes de domínio, para lidar com o negócio de registro de nomes de domínio. Por exemplo, você pode visitar *www.namecheap.com*, um registrador credenciado, para descobrir se um determinado nome já foi registrado. Caso contrário, você pode registrar o nome por cerca de US$ 9 por ano. Depois de fazer isso, a ICANN não permitirá que ninguém mais use esse nome de domínio, desde que você pague a taxa anual.

Hiperlinks

A web foi projetada para tornar as informações fáceis de encontrar e organizar. Ela conecta bilhões de documentos, chamados de páginas web, armazenados em milhões de servidores em todo o mundo. As páginas web são conectadas entre si usando **hiperlinks**, texto ou imagens gráficas especialmente indicados em uma página da web que, ao serem clicados, abrem uma nova página da web com conteúdo relacionado. Usando hiperlinks, os usuários podem saltar entre páginas armazenadas em vários servidores da web — criando a ilusão de interagir com um grande computador. Devido à grande quantidade de informações disponíveis na web e à grande variedade de mídias, a web se tornou hoje o meio mais popular de acesso à informação no mundo.

hiperlink: Texto ou gráficos realçados em um documento da web que, ao ser clicado, abre uma nova página da web com conteúdo relacionado.

navegador da web: Software cliente da web — como Chrome, Edge, Firefox, Internet Explorer e Safari — utilizado para visualizar páginas da web.

Resumindo, a web é um sistema baseado em hiperlink que usa o modelo cliente/servidor. Ela organiza os recursos da internet no mundo todo em uma série de arquivos vinculados, chamados de páginas, que são acessados e visualizados usando um software cliente da web chamado navegador web ou apenas navegador. Google Chrome, Mozilla Firefox, Microsoft Edge, Internet Explorer, Apple Safari e Opera são navegadores populares da web (ver Figura 7.13). Uma coleção de páginas sobre um determinado tópico, acessada em um domínio da web, é chamada de site. A web foi originalmente projetada para oferecer suporte a texto formatado e imagens em uma página. Ela evoluiu para oferecer suporte a muitos outros tipos de informação e comunicação, incluindo animação, jogos, mídia social e vídeo. Os plug-ins da web ajudam a fornecer recursos adicionais para sites da web padrão. Adobe Flash e Real Player são exemplos de plug-ins da web.

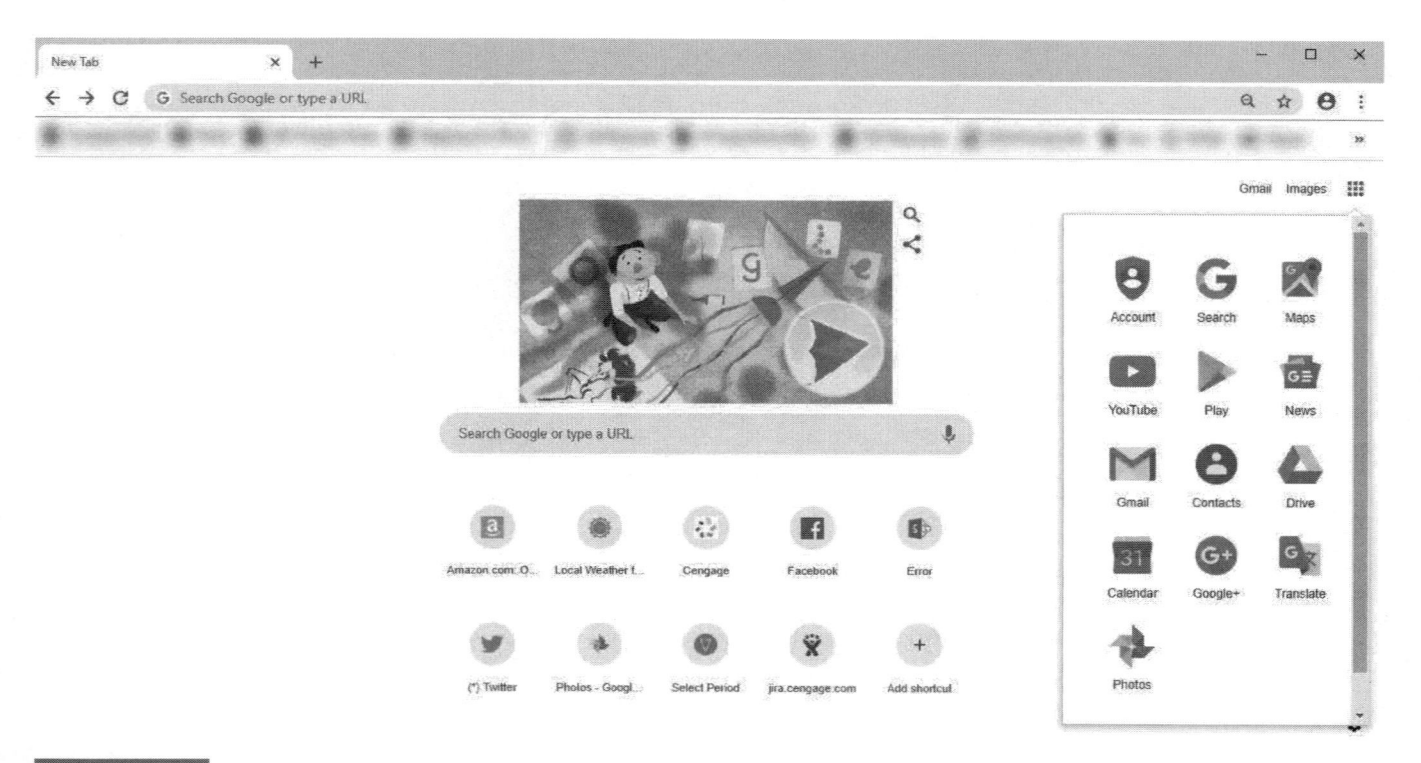

FIGURA 7.13
Google Chrome
Navegadores da web, como o Google Chrome, permitem que você acesse recursos da internet, como e-mail e outros aplicativos on-line. Fonte: Google Inc.

Hypertext Markup Language (HTML)

Hypertext Markup Language (HTML): A linguagem de descrição de página padrão para páginas da web.

tag HTML: Código que informa ao navegador da web como formatar o texto — como título, lista ou corpo do texto — e se imagens, som e outros elementos devem ser inseridos.

Hypertext Markup Language (HTML) é a linguagem de descrição de página padrão para páginas web. A HTML é definida pelo World Wide Web Consortium (referido como "W3C") e foi desenvolvida por meio de várias revisões. Ela está atualmente em sua quinta revisão — HTML5. A HTML instrui o navegador sobre como exibir características de fonte, formatação de parágrafo, layout de página, posicionamento de imagem, hiperlinks e o conteúdo de uma página da web. A HTML usa tags HTML, também chamadas de apenas tags, que são códigos que informam ao navegador como formatar o texto ou gráficos como título, lista ou corpo de texto, por exemplo.

Os criadores de sites "marcam" uma página colocando tags HTML antes e depois de uma ou mais palavras. Por exemplo, para que o navegador exiba uma frase como título, você coloca a tag <h1> no início da frase e uma tag </h1> no final da frase. Quando essa página é exibida no navegador, a frase é exibida como um título. A

HTML também fornece tags para importar objetos armazenados em arquivos — como fotos, gráficos, áudio e filmes — para uma página da web. Resumindo, uma página da web é composta de três componentes: texto, tags e referências a arquivos. O texto é o conteúdo da sua página da web, as tags são códigos que marcam como as palavras serão exibidas e as referências a arquivos inserem fotos e mídia na página da web em locais específicos. Todas as tags HTML são colocadas entre colchetes angulares (< e >), como <h2>. A tag de fechamento tem uma barra, como </b> para fechar negrito. Considere o texto e as tags a seguir.

Extensible Markup Language (XML)

Extensible Markup Language (XML): A linguagem de marcação projetada para transportar e armazenar dados na web.

Extensible Markup Language (XML) é uma linguagem de marcação para documentos da web que contêm informações estruturadas, incluindo palavras e imagens. XML não tem um conjunto de tags predefinido. Com a HTML, por exemplo, a tag sempre significa um título de primeiro nível. O conteúdo e a formatação estão contidos no mesmo documento HTML. Documentos web XML contêm o conteúdo de uma página da web. A formatação do conteúdo está contida em uma folha de estilo. Seguem algumas instruções típicas em XML:

```
<book>
<chapter>Hardware</chapter>
<topic>Dispositivos de entrada</topic>
<topic>Dispositivos de processamento e armazenamento</topic>
<topic>Dispositivos de saída</topic>
</book>
```

Cascading Style Sheet (CSS)

Cascading Style Sheet (CSS): Uma linguagem de marcação para definir o design visual de uma página da web ou grupo de páginas.

Uma **Cascading Style Sheet (CSS)** é um arquivo ou parte de um arquivo HTML que define a aparência visual do conteúdo em uma página da web. Utilizar CSS é conveniente porque você só precisa definir os detalhes técnicos da aparência da página uma vez, e não em cada tag HTML. CSS usa tags HTML especiais para definir globalmente as características de vários elementos da página, bem como esses elementos são dispostos na página da web. Em vez de especificar uma fonte para cada ocorrência de um elemento no documento, a formatação pode ser especificada uma única vez e aplicada a todas as ocorrências. Os estilos CSS são geralmente definidos em um arquivo separado e podem ser aplicados a várias páginas de um site.

Por exemplo, a aparência visual do conteúdo XML anterior pode estar contida na seguinte folha de estilo:

```
chapter (font-size 18pt; color blue; font-weight bold;
display block; font-family Arial;
margin-top 10pt; margin-left 5pt)
topic (font-size 12pt; color red; font-style italic;
display block; font-family Arial;
margin-left 12pt)
```

Essa folha de estilo especifica que o título do capítulo "Hardware" seja exibido na página da web em uma fonte Arial grande (18 pontos). "Hardware" também aparecerá em texto azul e negrito. O título "Dispositivos de entrada" aparecerá em uma fonte Arial menor (12 pontos) em texto vermelho e itálico.

O XML é extremamente útil para organizar o conteúdo da web e tornar os dados fáceis de encontrar. Muitos sites utilizam CSS para definir o design e o layout das páginas web, XML para definir o conteúdo e HTML para unir o design (CSS) ao conteúdo (XML). Ver Figura 7.14. Essa abordagem modular ao design da web permite que os desenvolvedores de sites alterem o design visual sem afetar o conteúdo e alterem o conteúdo sem afetar o design visual.

FIGURA 7.14
XML, CSS e HTML
Os sites de hoje são criados usando XML para definir o conteúdo, CSS para definir o estilo visual e HTML para colocar tudo junto.

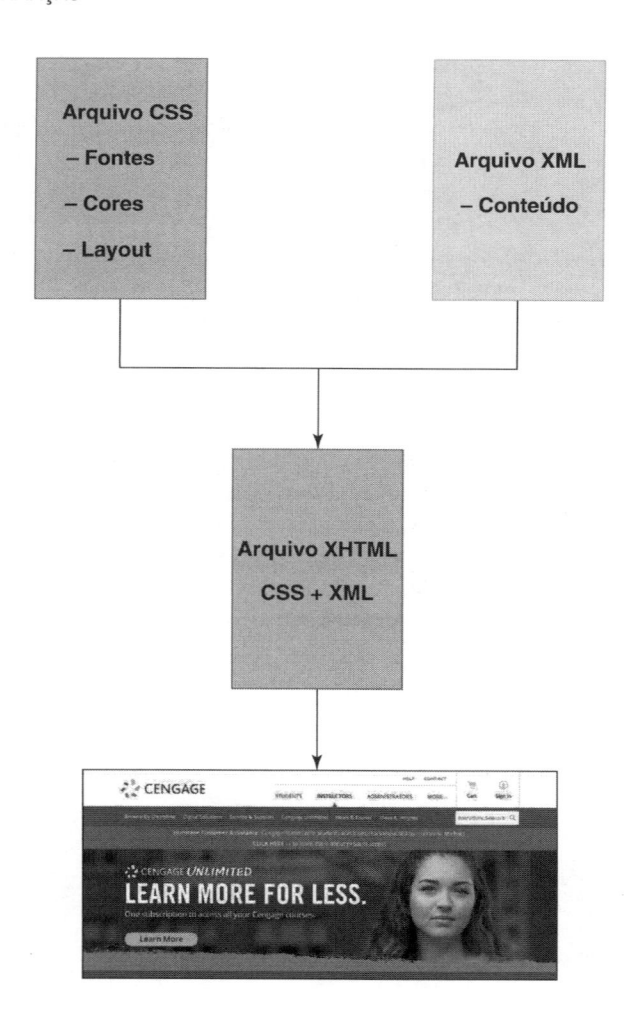

Arquivo CSS
– Fontes
– Cores
– Layout

Arquivo XML
– Conteúdo

Arquivo XHTML
CSS + XML

Desenvolvimento de conteúdo e aplicativos da web

Se precisar criar um site da web, você terá muitas opções. Você pode contratar alguém para projetar e construir ou pode fazer você mesmo. Se você mesmo fizer, poderá utilizar um serviço on-line para criar as páginas web, utilizar uma ferramenta de software de criação de páginas web ou utilizar um editor de texto simples para criar o site.

Ferramentas populares para a criação de páginas web e gestão de sites incluem Adobe Dreamweaver, RapidWeaver (para desenvolvedores Mac) e Nvu (pronuncia-se n-view). Ver Figura 7.15. Os atuais aplicativos de desenvolvimento da web permitem que os desenvolvedores criem sites usando um software que se assemelha a um editor de texto. O software inclui recursos que permitem ao desenvolvedor trabalhar diretamente com o código HTML ou utilizar código gerado automaticamente. O software de desenvolvimento da web também ajuda o designer a controlar todos os arquivos de um site e os hiperlinks que os conectam.

Muitos produtos facilitam o desenvolvimento de conteúdo da web e a interconexão de serviços da web, conforme discutido na próxima seção. A Microsoft, por exemplo, fornece uma plataforma de desenvolvimento e serviços da web chamada .NET, que permite aos desenvolvedores utilizar várias linguagens de programação para criar e executar programas, incluindo aqueles para a web. A plataforma .NET também inclui uma rica biblioteca de código de programação para ajudar a construir aplicativos XML da web. Outras plataformas populares de desenvolvimento da web incluem JavaServer Pages, Microsoft ASP.NET e Adobe ColdFusion.

Depois de criar páginas web, a próxima etapa é colocar ou publicar o conteúdo em um servidor da web. As opções de publicação populares incluem o uso de ISPs, sites gratuitos e serviços de hospedagem na web. Os serviços de hospedagem na web fornecem espaço em seus servidores web para pessoas e empresas que não têm recursos financeiros, tempo ou habilidades para hospedar seus próprios sites. Um host da web pode cobrar US$ 15 ou mais por mês, dependendo dos serviços. Alguns sites de hospedagem na web incluem registro de nome de domínio, software de criação na

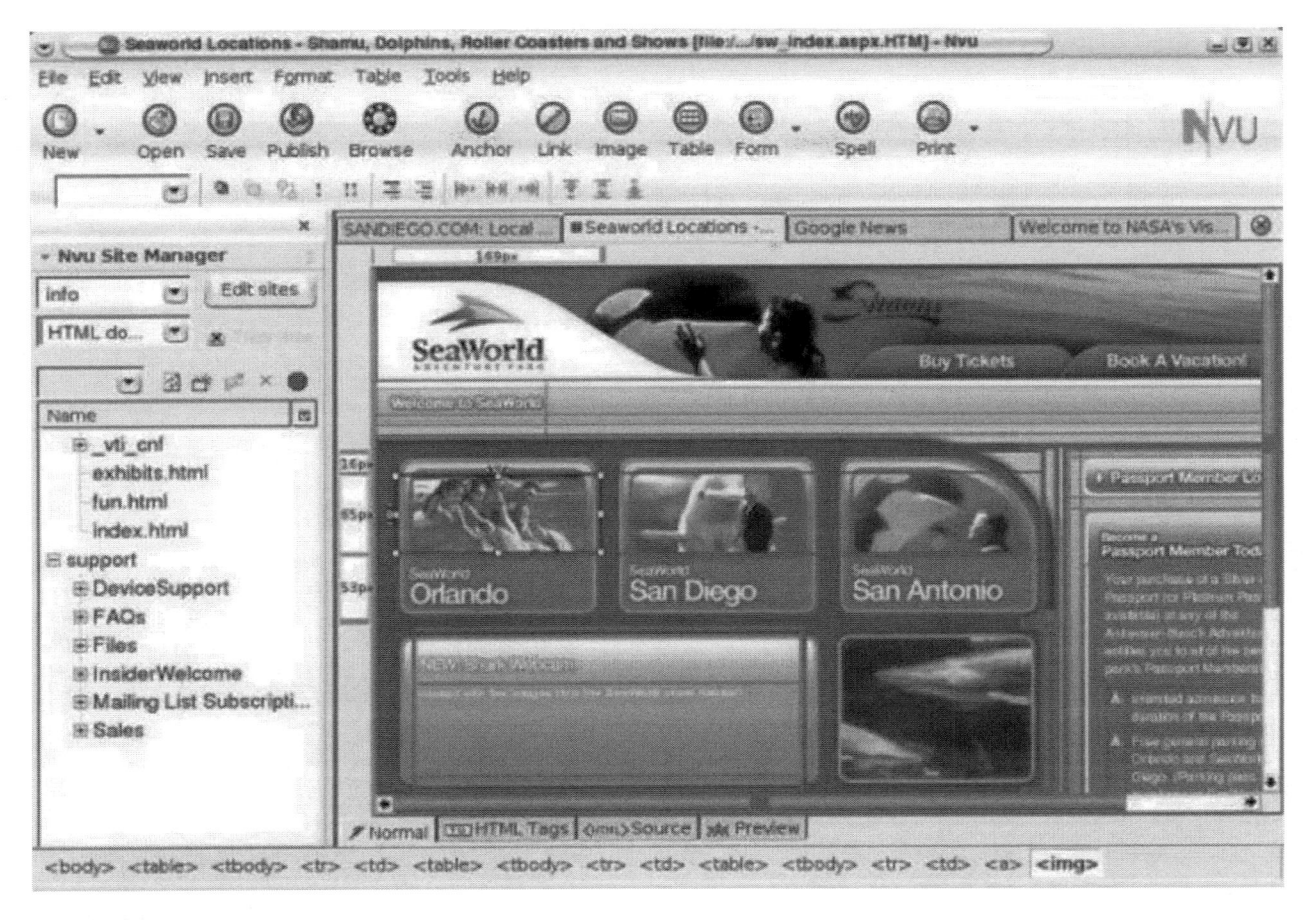

FIGURA 7.15
Criação de páginas web
O Nvu torna o design da web quase tão fácil quanto utilizar um editor de texto.
Fonte: SOFTONIC INTERNATIONAL SA.

web, relatórios de atividades e monitoramento de sites. Alguns ISPs também oferecem espaço de armazenamento limitado, normalmente de 1 a 6 megabytes, como parte de sua taxa mensal. Se mais espaço em disco for necessário, taxas adicionais serão cobradas. Os sites gratuitos oferecem espaço limitado para um site. Em troca, os sites gratuitos geralmente exigem que o usuário visualize anúncios ou concorde com outros termos e condições.

Alguns desenvolvedores da web estão criando programas e procedimentos para combinar dois ou mais aplicativos web em um novo serviço, chamado de mashup — nomeado após o processo de mistura de duas ou mais músicas de hip-hop em uma só música. Os aplicativos de mapas, como o Google Maps, fornecem kits de ferramentas que permitem que sejam combinados com outros aplicativos web. Por exemplo, o Google Maps pode ser utilizado com o Twitter para exibir o local onde vários tweets foram postados. Da mesma forma, o Google Maps combinado com o Flickr pode sobrepor fotos de localizações geográficas específicas.

Internet e aplicativos da web

A variedade de aplicativos da internet e da web disponíveis para indivíduos e organizações em todo o mundo é vasta e está em constante expansão.

Web 2.0 e a web social

Ao longo dos anos, a web evoluiu de um recurso unidirecional em que os usuários apenas obtêm informações para um recurso bidirecional em que os usuários obtêm e contribuem com informações. Considere sites como YouTube, Wikipedia e Facebook como apenas alguns exemplos. A web também cresceu em poder para dar suporte

Web 2.0: A web como plataforma de computação que suporta aplicações de software e compartilha informação entre os usuários.

a aplicativos de software completos, como o Google Docs, e está se tornando uma plataforma de computação em si. Essas duas tendências principais na maneira como a web é usada e percebida criaram mudanças dramáticas em como pessoas, empresas e organizações utilizam a web, criando uma mudança de paradigma para a **web 2.0**.

A web original — Web 1.0 — forneceu uma plataforma para desenvolvedores experientes em tecnologia e as empresas e as organizações que os contrataram para publicar informações para o público em geral ver. Sites como YouTube e Flickr permitem que os usuários compartilhem vídeos e fotos com outras pessoas, grupos e com o mundo. Sites de microblogs como o Twitter permitem que as pessoas postem pensamentos e ideias ao longo do dia para os amigos lerem (ver Figura 7.16).

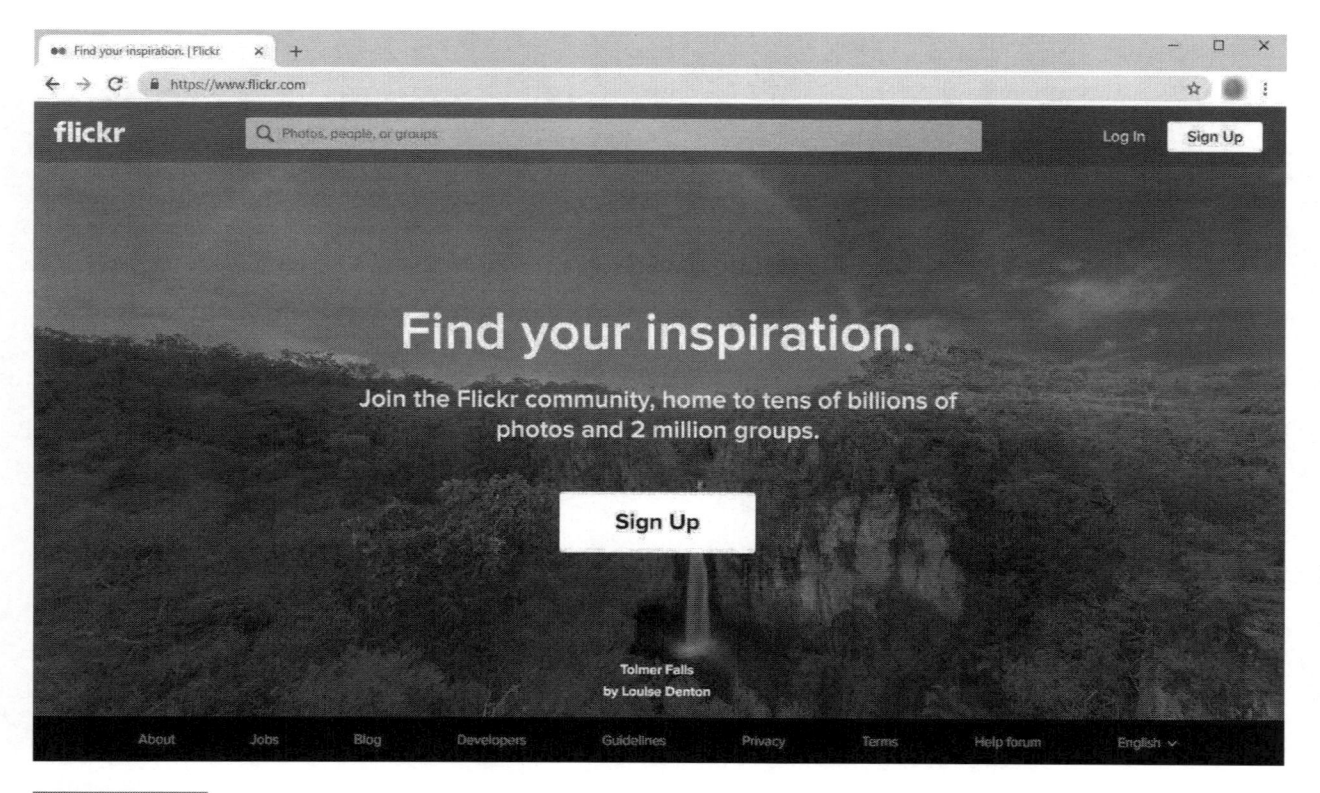

FIGURA 7.16
Flickr
O Flickr permite aos usuários compartilharem fotos com outras pessoas ao redor do mundo.
Fonte: Flickr

Os sites de redes sociais fornecem ferramentas baseadas na web para que os usuários compartilhem informações sobre eles mesmos e procurem, encontrem e conversem com outros membros. O Instagram é um serviço de rede social popular por meio do qual os usuários podem compartilhar fotos e vídeos — publicamente ou com um grupo de amigos. Outra rede social, o LinkedIn, é projetada para uso profissional para ajudar seus membros a criar e manter conexões profissionais valiosas. O Ning fornece ferramentas para os usuários da web criarem suas próprias redes sociais dedicadas a um assunto ou interesse.

As redes sociais se tornaram muito populares para encontrar velhos amigos, manter contato com amigos atuais e familiares e fazer novos amigos. Além de seu valor pessoal, essas redes fornecem uma riqueza de informações ao consumidor e também oportunidades para negócios. Algumas empresas estão incluindo recursos de rede social em seus locais de trabalho.

O uso de mídia social em negócios é denominado Enterprise 2.0. Os aplicativos Enterprise 2.0, como o Chatter da Salesforce, o Engage Dialog da Jive Software e o Yammer permitem que os funcionários criem wikis de negócios, apoiem redes sociais, façam blogs e criem marcadores sociais para encontrar informações rapidamente. A Tyco, uma empresa de proteção e segurança contra incêndio, passou recentemente por uma grande reestruturação, mudando de um conglomerado de holdings a uma empresa global unida com mais de 69 mil funcionários em 50 países. Ao longo de sua transição, a Tyco confiou no Yammer em vez do e-mail para educar sua força de trabalho sobre as diferenças entre a antiga Tyco e a nova Tyco e para aumentar o envolvimento dos funcionários em toda a empresa.[10]

No entanto, nem todo mundo está feliz com os sites de redes sociais. Os empregadores podem utilizar sites de redes sociais para obter informações pessoais sobre você. Algumas pessoas temem que sua privacidade seja invadida ou que suas informações pessoais sejam utilizadas sem seu conhecimento ou consentimento.

Notícias

A web é uma ferramenta poderosa para se manter informado sobre notícias locais, estaduais, nacionais e globais. Ela tem uma ampla cobertura de interesses especiais e fornece a capacidade de fornecer uma análise mais profunda do assunto. Texto e fotos são suportados pelo padrão HTML. Vídeo (às vezes chamado de webcast) e áudio são fornecidos em um navegador por meio de tecnologia de plug-in e em podcasts.

À medida que as fontes de notícias tradicionais migram para a web, novas fontes estão surgindo de empresas on-line. Os sites de notícias do Google, Yahoo!, Digg e Newsvine fornecem histórias populares ou interessantes de várias fontes de notícias. Em uma tendência que alguns chamam de jornalismo social ou jornalismo cidadão, os cidadãos comuns estão mais envolvidos em relatar as notícias do que nunca. Embora o jornalismo social forneça notícias importantes não disponíveis em outros lugares, suas fontes podem não ser tão confiáveis quanto as fontes da mídia convencional. Às vezes também é difícil distinguir notícias de opiniões.

Educação e treinamento

Hoje, instituições e organizações em todos os níveis oferecem educação e treinamento on-line que podem ser acessados por meio de PCs, tablets e smartphones. A Kahn Academy, por exemplo, oferece treinamento e aprendizado on-line gratuitos em economia, matemática, economia e finanças, biologia, química, história e muitos outros assuntos.[11] A NPower ajuda organizações sem fins lucrativos, escolas e indivíduos a desenvolver habilidades em sistemas de informação. A organização sem fins lucrativos oferece treinamento a centenas de jovens adultos desfavorecidos por meio de um programa de treinamento de 22 semanas que pode resultar na certificação de empresas como Microsoft e Cisco.[12]

Alunos do ensino médio e universitários também estão usando dispositivos móveis para ler livros eletrônicos em vez de carregar livros impressos pesados para as aulas. E os produtos de suporte educacional, como o Blackboard, fornecem um ambiente da web integrado que inclui bate-papo virtual para os alunos; um grupo de discussão para postar perguntas e comentários; acesso ao plano de aula e agenda da classe, notas dos alunos e anúncios da classe; e links para materiais relacionados às aulas. Dar aulas pela web sem reuniões presenciais da classe é chamado de ensino a distância.

Informação de trabalho

A web também é uma excelente fonte de informações relacionadas ao trabalho. As pessoas que procuram o primeiro emprego ou dados sobre novas oportunidades de emprego podem encontrar uma grande variedade de informações on-line. Mecanismos de busca, como Google ou Bing (discutidos a seguir), podem ser um bom ponto de partida para pesquisar empresas ou setores específicos. Você pode utilizar um diretório na página inicial do Yahoo, por exemplo, para explorar setores e carreiras. A maioria das empresas de médio e grande portes possui sites que listam vagas abertas, salários, benefícios e pessoas a contatar para obter mais informações. O site da IBM, www.ibm.com, tem um link para "Carreiras". Ao clicar nesse link, você pode encontrar informações sobre empregos na IBM em todo o mundo. Além disso, vários sites se especializam em ajudá-lo a encontrar informações sobre empregos e até mesmo a se candidatar a empregos on-line, incluindo *www.linkedin.com* (ver Figura 7.17), *www.monster.com*, e *www.careerbuilder.com*.

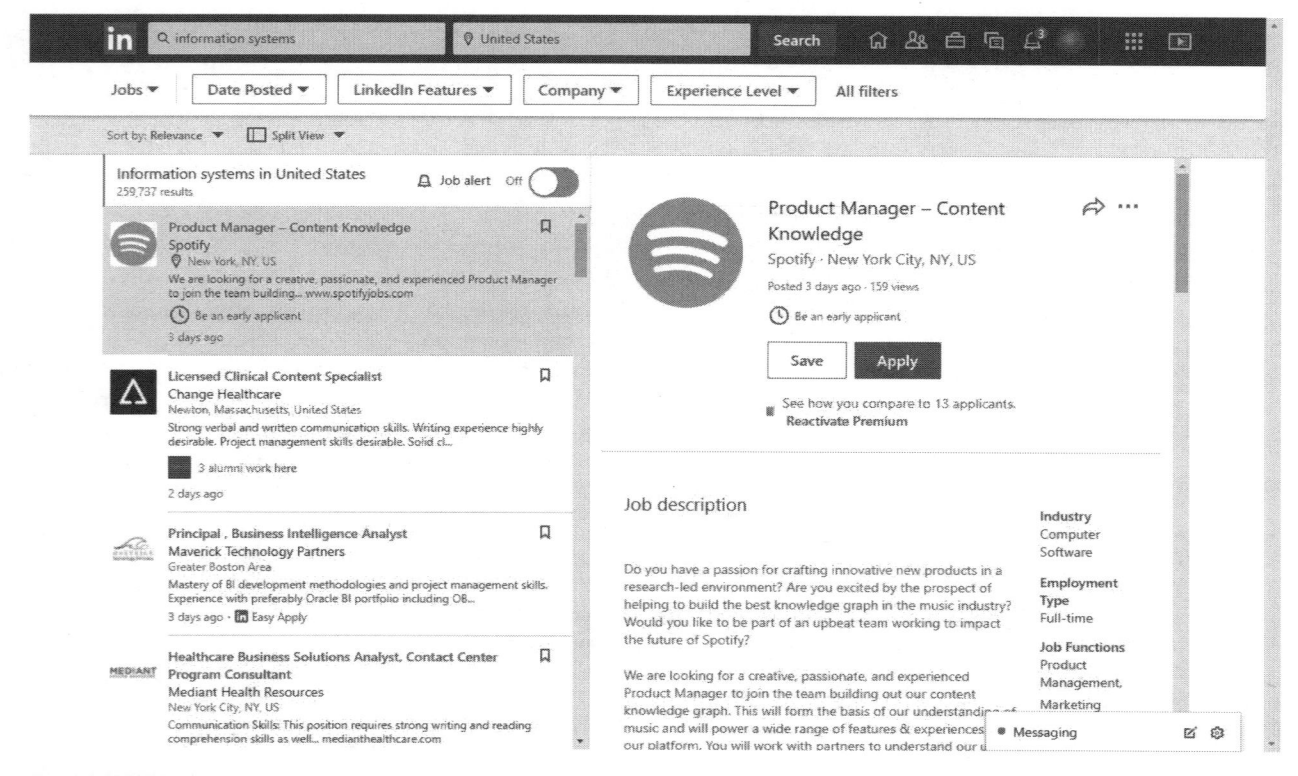

FIGURA 7.17
Lista de empregos do LinkedIn
O LinkedIn e muitos outros sites da web se especializam em ajudar as pessoas a obter informações sobre empregos e se candidatar a vagas on-line.
Fonte: LinkedIn Corporation

Mecanismos de busca e pesquisa na web

mecanismo de busca: Ferramenta valiosa que permite encontrar informações na web especificando palavras que são essenciais para um tópico de interesse, conhecidas como palavras-chave.

Um **mecanismo de busca** é uma ferramenta valiosa que permite encontrar informações na web especificando palavras ou frases conhecidas como palavras-chave, que estão relacionadas a um tópico de interesse. Você também pode utilizar operadores como AND, OR e NOT para resultados de pesquisa mais precisos.

O mercado de mecanismos de busca é dominado pelo Google. Outros mecanismos de busca populares incluem Yahoo! Search, Bing, Ask, Dogpile e Baidu, da China. O Google aproveitou seu domínio de mercado para se expandir para outros serviços baseados na web, principalmente e-mail, agendamento, mapas, redes sociais, aplicativos baseados na web e software para dispositivos móveis. Mecanismos de busca como o Google frequentemente precisam modificar como exibem os resultados da pesquisa, dependendo de litígios pendentes de outras empresas da internet e do escrutínio do governo, tal como investigações antitruste.

O mecanismo de busca Bing tentou inovar com seu design. O Bing se refere a si mesmo como um mecanismo de decisão porque tenta minimizar a quantidade de informações que retorna em suas pesquisas que não são úteis ou pertinentes. O Bing também inclui mídia — música, vídeos e jogos — em seus resultados de pesquisa.

Operadores experientes de sites sabem que os resultados do mecanismo de busca são ferramentas que podem atrair visitantes para determinados sites. Muitas empresas investem em **otimização de mecanismo de pesquisa** (*search engine optimization – SEO*) — um processo para direcionar o tráfego para um site usando técnicas que

otimização de mecanismo de busca (SEO): Um processo para direcionar o tráfego para um site utilizando técnicas que melhoram a classificação do site nos resultados de pesquisa.

melhoram a classificação do site nos resultados de pesquisa. Normalmente, quando um usuário obtém uma lista de resultados de uma pesquisa na web, os links listados mais acima na primeira página de resultados de pesquisa têm uma chance muito maior de serem clicados. Profissionais de SEO, portanto, tentam fazer com que os sites de seus negócios sejam listados com o maior número possível de palavras-chave apropriadas. Eles estudam os algoritmos que os mecanismos de busca utilizam e, em seguida, alteram o conteúdo de suas páginas web para aumentar a chance de que a página seja classificada em primeiro lugar. Os profissionais de SEO utilizam software de análise da web para estudar estatísticas detalhadas sobre os visitantes de seus sites.

Os mecanismos de busca oferecem apenas uma opção para realizar pesquisas na web. As bibliotecas normalmente fornecem acesso a catálogos on-line, bem como links para bancos de dados de pesquisa públicos e às vezes privados na web. Os bancos de dados de pesquisa on-line permitem que os visitantes pesquisem informações em milhares de jornais, revistas e artigos de jornais. Os serviços de banco de dados de informações são valiosos porque oferecem o melhor em qualidade e conveniência. Eles convenientemente fornecem artigos de texto completo de fontes confiáveis na web. Bibliotecas universitárias e públicas normalmente assinam vários bancos de dados para apoiar a pesquisa. Um dos bancos de dados privados mais populares é o LexisNexis Academic Universe (ver Figura 7.18).

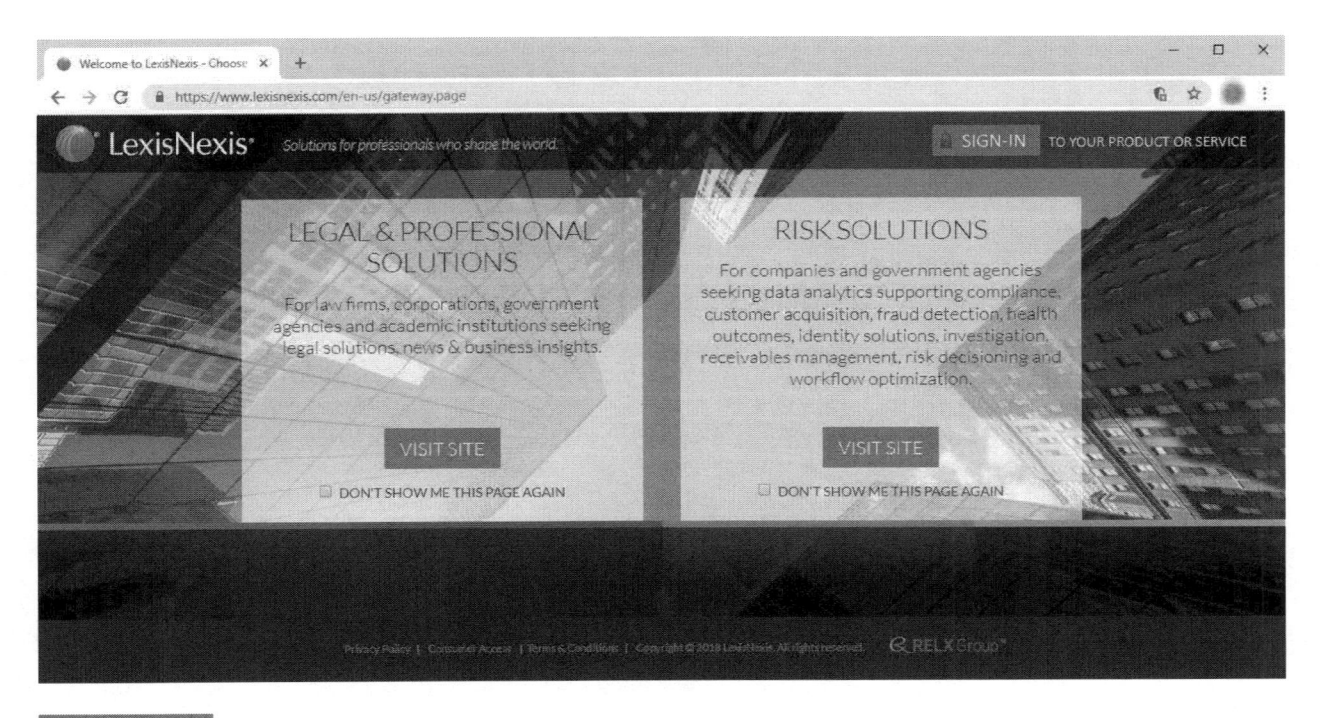

FIGURA 7.18
LexisNexis
No LexisNexis Academic Universe, você pode pesquisar notícias, casos jurídicos, informações sobre empresas, pessoas ou uma combinação de categorias.
Fonte: LexisNexis

Mensagem instantânea

mensagem instantânea: A comunicação on-line em tempo real entre duas ou mais pessoas conectadas por meio da internet.

Mensagem instantânea é a comunicação on-line em tempo real entre duas ou mais pessoas conectadas pela internet. Com a mensagem instantânea, os participantes criam listas de contatos de pessoas com quem desejam conversar. Alguns aplicativos permitem que você veja quais de seus contatos estão conectados à internet e disponíveis para bater papo. Se você enviar mensagens para um de seus contatos, essa mensagem aparecerá no aplicativo de mensagens em um smartphone ou outro dispositivo móvel ou, para aqueles que trabalham em PCs, a mensagem será aberta em uma pequena caixa de diálogo no computador do destinatário. Embora o bate-papo normalmente envolva a troca de mensagens de texto com outra pessoa, muitos aplicativos de mensagens permitem bate-papos em grupo. E o software de mensagem instantânea atual suporta não somente mensagens de texto, mas também o compartilhamento de imagens, vídeos, arquivos e comunicações de voz. Os serviços populares de mensagem instantânea incluem Facebook Messenger, KIK Messenger, Instagram, Skype, Snapchat, WhatsApp e WeChat. Estima-se que as operadoras de telefonia móvel perderam US$ 23 bilhões só em 2012, à medida que os adolescentes substituíram as mensagens de texto via redes de celular pela comunicação com os amigos via internet usando aplicativos de mensagem instantânea.[13]

Microblogs, atualizações de status e feeds de notícias

Conhecido como serviço de microblog, o Twitter é um aplicativo da web que permite aos usuários enviarem atualizações de texto curtas (até 280 caracteres) de um smartphone ou navegador da web para seus seguidores no Twitter. Embora o Twitter tenha obtido um enorme sucesso para uso pessoal, muitas empresas também estão encontrando valor no serviço. Os empresários utilizam o Twitter para manter contato com os associados, compartilhando sua localização e atividades ao longo do dia. As empresas também consideram o Twitter uma fonte rica de sentimentos do consumidor, que pode ser aproveitada para melhorar o marketing, as relações com o cliente e o desenvolvimento de produtos. Muitas empresas estão presentes no Twitter, dedicando pessoal para se comunicar com os clientes, postando anúncios e alcançando usuários individuais. A Village Books, uma livraria independente em Bellingham, Washington, usa o Twitter para construir relacionamentos com seus clientes e fazer com que se sintam parte da comunidade.

A popularidade do Twitter fez com que as redes sociais, como Facebook, LinkedIn e Tumblr, incluíssem feeds de notícias ou postagens em blogs, como o Twitter. Anteriormente conhecido como atualizações de status, os usuários do Facebook compartilham seus pensamentos e atividades com os amigos, postando mensagens no feed de notícias do Facebook.

Conferência

Algumas tecnologias da internet oferecem suporte a conferências on-line em tempo real. Os participantes discam para um número de telefone comum para compartilhar uma conversa telefônica com vários participantes e, em muitos casos, um vídeo ao vivo dos participantes. A internet possibilitou que os envolvidos em teleconferências compartilhassem desktops de computador. Usando serviços como WebEx ou GoToMeeting, os participantes da conferência se conectam a um software comum que permite transmitir a tela do computador para o grupo. Essa capacidade é bastante útil para apresentações em PowerPoint, demonstração de software, treinamento ou colaboração em documentos. Os participantes se comunicam verbalmente por telefone ou microfone do PC.

Athena Software é a desenvolvedora do Penelope, software de gestão de casos que permite que seus usuários monitorem todas as informações de um cliente em um só lugar. Isso inclui compromissos, faturamento, notas de casos, comunicação com o cliente e o agendamento. A Athena fez uma grande venda de produto que exigiu o treinamento de 11 mil novos usuários em seu produto em apenas 30 dias. A Athena empregou o GoToMeeting para registrar, publicar e distribuir muitas sessões de treinamento breves e focadas que os novos usuários podiam ver a qualquer momento para se tornarem usuários efetivos do software.[14]

Não é preciso ser um grande negócio para aproveitar os benefícios das conversas por vídeo. O software gratuito está disponível para tornar o bate-papo por vídeo fácil de utilizar por qualquer pessoa com um computador, uma webcam e uma conexão de internet de alta velocidade. Aplicativos on-line como o Google Voice oferecem suporte a conexões de vídeo entre usuários da web. Para um bate-papo por vídeo espontâneo e aleatório com estranhos, você pode acessar o site Chatroulette. Softwares, como FaceTime e Skype, fornecem bate-papo por vídeo de computador a computador para que os usuários possam falar face a face. Além de oferecer texto, áudio e bate-papo por vídeo em computadores e dispositivos móveis, o Facetime e o Skype oferecem serviço de videofone para TVs conectadas à internet. Os recentes aparelhos conectados à internet da Panasonic e Samsung são fornecidos com o software Skype pré-carregado. Você conecta uma webcam à sua TV para ter um bate-papo por vídeo em seu sofá.

Blogs e podcasts

blog: Um site que pessoas e empresas utilizam para compartilhar suas observações, experiências e opiniões sobre uma ampla variedade de assuntos.

Um **blog** é um site que pessoas e empresas utilizam para compartilhar suas observações, experiências e opiniões sobre uma ampla variedade de assuntos. A comunidade de blogs e blogueiros costuma ser chamada de blogosfera. Um blogueiro é uma pessoa que cria um blog, enquanto blogging se refere ao processo de inserção de entradas em um site de blog. O blog é como um diário. Quando as pessoas postam informações em um blog, elas são colocadas no topo da página do blog. Os blogs podem incluir links para informações externas e uma área para comentários enviados pelos visitantes. Muitas organizações lançam blogs como uma forma de se comunicar com os clientes e gerar novos negócios. O conteúdo de vídeo também pode ser colocado na internet usando a mesma abordagem de um blog. Isso geralmente é chamado de *video log* ou *vlog*.

podcast: Uma transmissão de áudio que você pode ouvir pela internet.

Um **podcast** é uma transmissão de áudio que você pode ouvir pela internet. O nome podcast originou-se do *iPod* da Apple combinado com a palavra *broadcast* (transmissão). Um podcast é como um blog de áudio. Usando PCs, software de gravação e microfones, você pode gravar programas de podcast e colocá-los na internet. O iTunes da Apple oferece acesso gratuito a dezenas de milhares de podcasts que são classificados por assunto e pesquisáveis por palavra-chave. Depois de encontrar um podcast, você pode baixá-lo para o seu PC (Windows ou Mac), para um reprodutor de MP3, como um iPod, ou para qualquer smartphone ou tablet. Você também pode assinar podcasts usando o software RSS incluído no iTunes e outro software de áudio digital.

Mídia on-line e entretenimento

Como as notícias e as informações, todas as formas de mídia e entretenimento seguiram seu público on-line. Músicas, filmes, episódios de séries de televisão, vídeos gerados por usuários, e-books e livros de áudio estão disponíveis on-line para download, compra ou streaming.

streaming de conteúdo: Um método para transferir grandes arquivos de mídia pela internet para que o fluxo de dados de voz e imagens seja reproduzido mais ou menos continuamente enquanto o arquivo é baixado.

Streaming de conteúdo é um método de transferência de grandes arquivos de mídia pela internet para que o fluxo de dados de voz e imagens seja reproduzido mais ou menos continuamente enquanto o arquivo é baixado. Por exemplo, em vez de esperar o download completo de um videoclipe de 5 MB antes de reproduzi-lo, os usuários podem começar a ver o vídeo transmitido à medida que é recebido. O streaming de conteúdo funciona melhor quando a transmissão de um arquivo pode acompanhar a reprodução do arquivo.

Música

A internet e a web tornaram a música mais acessível do que nunca, com artistas distribuindo suas músicas por meio de rádios on-line, serviços de assinatura e serviços de download. Spotify, Pandora, Napster e Google Play Music são apenas alguns exemplos de sites de música na internet. A música na internet ajudou até mesmo as vendas de música clássica de Mozart, Beethoven e outros. As empresas de internet, incluindo o Facebook, estão começando a disponibilizar músicas, filmes e outros conteúdos digitais em seus sites. O Facebook, por exemplo, permite que empresas de música on-line, como Spotify e Radio, publiquem notícias relacionadas à música em seu site.

O iTunes da Apple foi um dos primeiros serviços de música on-line a ter sucesso. Microsoft, Amazon, Walmart e outros varejistas também vendem música on-line. A música baixada pode incluir tecnologia de gestão de direitos digitais (*digital rights management* – DRM) que impede ou limita a capacidade do usuário de fazer cópias ou reproduzir a música em vários reprodutores.

Os podcasts são outra forma de acessar músicas na web. Muitos artistas independentes fornecem amostras de suas músicas por meio de podcasts. O Podcast Alley inclui podcasts de artistas não contratados.

Filmes, vídeo e televisão

A televisão e os filmes estão expandindo-se para a web aos trancos e barrancos. Serviços on-line como Amazon Prime Video, Hulu e Netflix fornecem programação de televisão de centenas de provedores, incluindo a maioria das redes de televisão convencionais. A aquisição da Vudu pelo Walmart permitiu ao grande varejista de descontos entrar com sucesso no mercado de filmes na internet. Cada vez mais, as redes de TV oferecem aplicativos para streaming de conteúdo de TV para tablets e outros dispositivos móveis. Algumas redes de TV cobram dos espectadores para assistir aos episódios de seus programas favoritos on-line. O Roku LT Streaming Media Box se conecta sem fio à sua TV e transmite programas de TV e filmes de fontes on-line como Amazon Prime, Sony Crackle, Disney, Hulu, Netflix e Xfinity TV.

Nenhuma discussão sobre vídeo na internet estaria completa sem mencionar o YouTube. O YouTube oferece suporte ao compartilhamento on-line de vídeos criados por usuários. Os vídeos do YouTube tendem a ser relativamente curtos e cobrem uma ampla gama de categorias, de coisas sem sentido a palestras universitárias. Estima-se que 400 horas de vídeo são enviadas ao YouTube a cada minuto e que mais de 1 bilhão de horas de vídeo são assistidas por dia no YouTube.[15] Outros sites de streaming de vídeo incluem Veoh, Metacafe, Internet Archive, Sony Crackle e Vimeo. À medida que mais empresas criam e publicam vídeos em sites como o YouTube, alguns departamentos de SI estão criando uma nova posição — gestor de conteúdo de vídeo.

Jogos on-line e entretenimento

Os videogames se tornaram um setor enorme, com receita anual mundial que já era projetada para ultrapassar US$ 138 bilhões até o final de 2018.[16] O mercado de jogos on-line é muito competitivo e está em constante mudança. Depois que o Google incluiu jogos on-line em seu site, o Facebook atualizou suas ofertas de jogos on-line. Muitos videogames estão disponíveis on-line. Eles incluem jogos de um único usuário, jogos multiusuário e jogos multiusuário em massa. A web oferece uma infinidade de jogos para todas as idades, incluindo jogos de RPG, jogos de estratégia e jogos de simulação. Entre os jogos on-line mais populares de 2018 estão Fortnite Battle Royale, Campos de Batalha do Jogador Desconhecido, League of Legends, Splatoon 2 e Hearthstone.

Os consoles de jogos como PlayStation, Wii e Xbox oferecem opções multijogador para jogos on-line pela internet. Os assinantes podem jogar com, ou contra, outros assinantes em ambientes virtuais 3D. Eles podem até falar entre si usando um fone de ouvido com microfone.

Compras on-line

As compras na web podem ser convenientes, fáceis e econômicas. Você pode comprar quase tudo on-line, de livros e roupas a carros e equipamentos esportivos. O Groupon, por exemplo, oferece descontos em restaurantes, spas, oficinas mecânicas, apresentações musicais e praticamente qualquer outro produto ou serviço oferecido em sua área ou cidade. As receitas do Groupon foram de quase US$ 3 bilhões em 2017.[17]

Outras empresas on-line oferecem serviços diferentes. A Dell e muitos outros varejistas de computador fornecem ferramentas que permitem aos clientes especificar cada aspecto e componente de um sistema de computador para compra. A *ResumePlanet.com* ficaria feliz em criar seu currículo profissional. AmazonFresh, Costco, Kroger, Safeway, Trader Joe's, Walmart e Whole Foods todas elas têm algumas lojas pelo menos em alguns estados que entregam produtos em sua porta. Produtos e serviços abundam on-line.

A Amazon adquiriu a Whole Foods em 2017 por US$ 13,7 bilhões, em uma mudança que abalou todo o setor de alimentos. A Amazon logo começou a vender seus dispositivos como o Echo nas lojas e reservou armários para entrega em certas lojas da Whole Foods. Em algumas lojas da Whole Foods agora existem avisos de descontos especiais para membros do Amazon Prime. Esses descontos provavelmente se tornarão nacionais. A Whole Foods também começou a oferecer entrega gratuita para membros Prime.

Muitas opções de compras on-line estão disponíveis para usuários da web. As versões on-line de lojas de varejo geralmente fornecem acesso a produtos que podem não estar disponíveis nas lojas locais. BestBuy, Target, Walmart e muitos outros carregam apenas uma porcentagem de seu estoque nas lojas de varejo; o outro estoque está disponível on-line. Para aumentar suas outras conveniências, muitos sites oferecem remessa e coleta grátis para itens devolvidos que não servem ou não atendem às necessidades do cliente.

Sites como *www.mySimon.com*, *www.DealTime.com*, *www.PriceSCAN.com*, *www.PriceGrabber.com* e *www.NexTag.com* fornecem cotações de preços dos produtos de vários varejistas on-line para ajudá-lo a encontrar o melhor negócio. Aplicativos como BuyVia, Purchx, RedLaser e Shop Savvy permitem que os usuários comparem preços em pontos de venda nacionais e locais e permitem que você configure alertas (como aqueles que se baseiam na sua localização) para produtos. Você está em uma loja e em dúvida se o preço na prateleira é o mais baixo que você pode encontrar? Use o leitor de código de barras UPC para obter uma resposta na hora.

Câmaras de compensação on-line, leilões na web e mercados oferecem uma plataforma para empresas e indivíduos venderem seus produtos e pertences. As câmaras de compensação on-line, como *www.uBid.com*, fornecem um método para os fabricantes liquidarem estoques e para os consumidores encontrarem um bom negócio. Itens desatualizados ou com excesso de estoque são colocados no bloco de leilão virtual e os usuários dão lances nos itens. Quando o leilão é encerrado, quem deu o lance mais alto recebe a mercadoria — geralmente por menos de 50% do preço de varejo anunciado.

O site de leilão on-line mais popular é o eBay, mostrado na Figura 7.19. O site oferece uma plataforma pública de comércio global onde qualquer pessoa pode comprar, vender ou negociar praticamente qualquer coisa. Ele oferece uma ampla variedade de recursos e serviços que permitem aos membros comprar e vender no site de forma rápida e conveniente. Os compradores têm a opção de comprar itens a um preço fixo ou em formato de leilão, em que o lance mais alto ganha o produto.

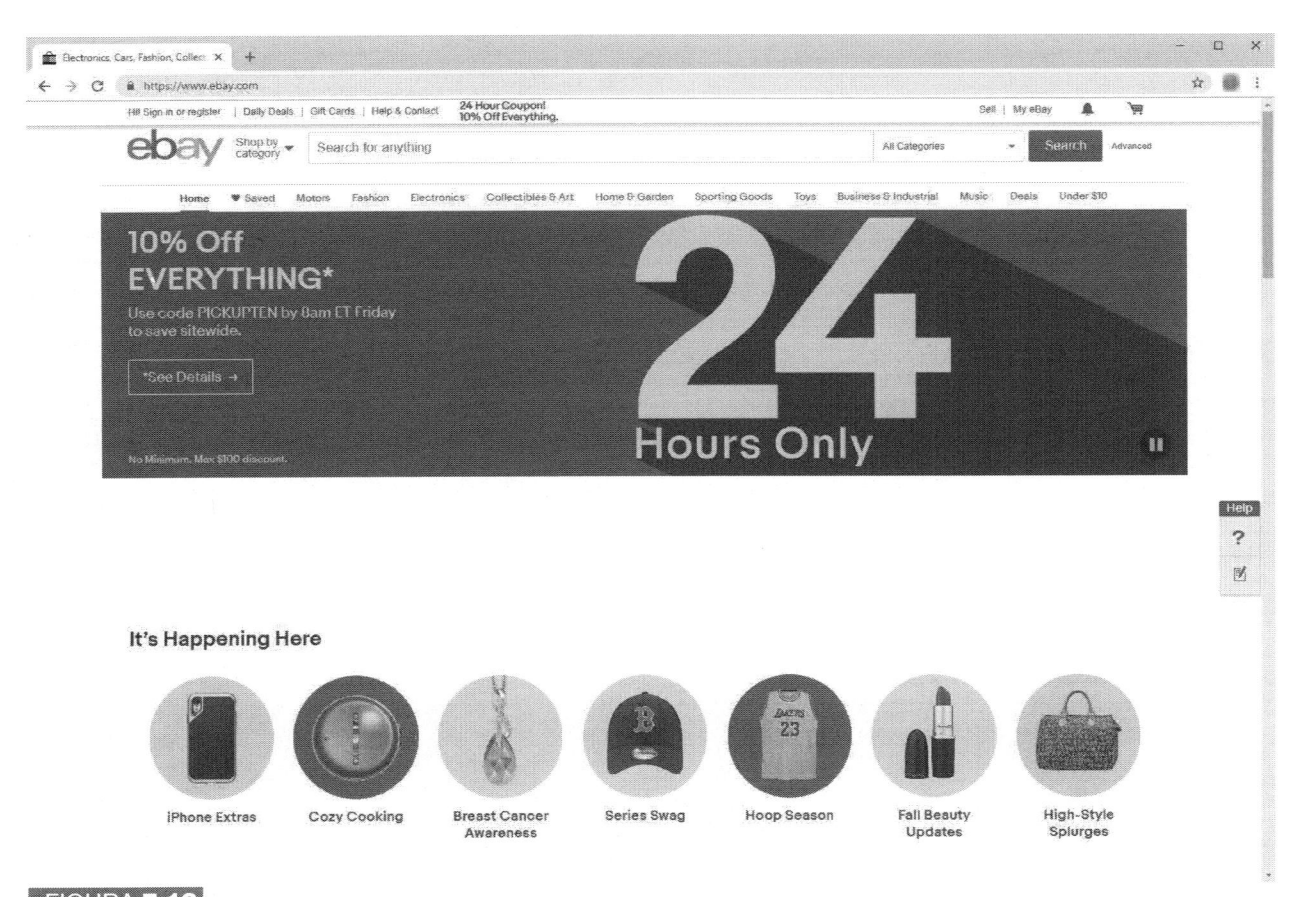

FIGURA 7.19

eBay

O eBay oferece um mercado on-line onde qualquer pessoa pode comprar, vender ou negociar praticamente qualquer coisa.
Fonte: eBay, Inc.

As casas de leilão como o eBay aceitam responsabilidade limitada por problemas que os compradores ou vendedores possam enfrentar em suas transações. As transações que fazem uso do serviço do PayPal são protegidas no eBay. Outras, porém, podem ser mais arriscadas. Os participantes devem estar cientes de que fraudes em leilão é o tipo de golpe mais comum na internet.

O Craigslist é uma rede de comunidades on-line que fornece anúncios classificados on-line gratuitos. É um mercado on-line popular para a compra de itens de indivíduos locais. Muitos compradores recorrem ao Craigslist em vez de consultar os classificados do jornal local.

As empresas também se beneficiam das compras on-line. Os serviços on-line de gestão de suprimento global fornecem métodos para que as empresas encontrem as melhores ofertas no mercado global de matérias-primas e suprimentos necessários para a fabricação de seus produtos. As trocas eletrônicas fornecem um recurso da web específico do setor criado para fornecer uma plataforma centralizada conveniente para comércio eletrônico B2B entre fabricantes, fornecedores e clientes.

Viagens, geolocalização e navegação

A web teve um efeito profundo no setor de viagens e na maneira como as pessoas planejam e preparam-se para viagens. Desde obter assistência em viagens curtas pela cidade até o planejamento de longas férias no exterior, os viajantes estão recorrendo à web para economizar tempo e dinheiro e para superar muitos dos riscos envolvidos em visitar lugares desconhecidos.

Os sites de viagens, como Travelocity, Expedia, Kayak e Priceline, ajudam os viajantes a encontrar as melhores ofertas em voos, hotéis, aluguel de carros, pacotes de férias e cruzeiros. O Priceline oferece uma abordagem ligeiramente diferente dos outros sites. Ele permite que os compradores indiquem um preço que desejam pagar por uma passagem aérea ou um quarto de hotel e, em seguida, trabalha para encontrar uma companhia aérea ou hotel que possa atender a esse preço.

As ferramentas de mapeamento e geolocalização estão entre os aplicativos web mais populares e bem-sucedidos. MapQuest, Google Maps e Bing Maps são exemplos (ver Figura 7.20). Ao oferecer mapas de ruas gratuitos para locais em todo o mundo, essas ferramentas ajudam os viajantes a encontrar o seu caminho. Forneça seu local de partida e destino, e esses aplicativos on-line produzem um mapa que exibe a rota mais rápida. Usando tecnologias GPS, essas ferramentas podem detectar sua localização atual e fornecer instruções sobre o lugar em que você está.

FIGURA 7.20
Google Maps
Softwares de mapeamento, como o Google Maps, fornecem uma vista de Camelback Mountain em Phoenix.
Fonte: Google Inc.

O Google Maps também fornece extensas informações comerciais específicas da localização, imagens de satélite, relatórios de trânsito atualizados e Street View. Este último é o resultado de funcionários do Google dirigindo pelas ruas de cidades do mundo em veículos com câmeras de alta tecnologia, tirando imagens de 360 graus. Essas imagens são integradas ao Google Maps para permitir que os usuários obtenham uma "visão da rua" de uma área que pode ser manipulada como se o observador estivesse realmente andando na rua e olhando ao redor. O Bing Maps e o Google Maps oferecem fotos aéreas de alta resolução e fotos 3D no nível da rua.

Um sistema de informações geográficas (*geographic information system* – GIS) fornece informações geográficas em camadas sobre um mapa. Por exemplo, o Google Earth oferece opções para visualizar o trânsito, clima, fotos e vídeos locais, recursos subaquáticos como naufrágios e vida marinha, atrações locais, empresas e locais de interesse. Softwares como Connect, Find My Friends, Phone Tracker e Tracker permitem que você encontre seus amigos em um mapa — com a permissão deles — e o notifiquem automaticamente se um amigo estiver por perto.

Geotagging é uma tecnologia que permite marcar informações com um local associado. Por exemplo, o Flickr e outros softwares e serviços de fotos permitem que as fotos sejam marcadas com o local em que foram tiradas. Depois de marcadas, fica fácil pesquisar fotos tiradas, por exemplo, na Flórida. A geomarcação também facilita a sobreposição de fotos em um mapa, como fizeram o Google Maps e o Bing Maps. Facebook, Instagram, Snapchat, Twitter e muitas outras redes sociais também possibilitaram aos usuários georreferenciar fotos, comentários, tweets e postagens.

As informações de geolocalização representam um risco para a privacidade e a segurança. Muitas pessoas preferem que sua localização permaneça desconhecida, pelo menos para estranhos e muitas vezes para conhecidos e até amigos. Recentemente, criminosos têm feito uso das informações de localização para determinar quando as pessoas estão fora de suas residências, de modo que possam invadi-las sem medo de serem flagrados.

Intranets e extranets

intranet: Uma rede corporativa interna construída utilizando padrões e produtos da internet e da world wide web.

A **intranet** é uma rede corporativa interna construída usando os padrões e produtos da internet e da world wide web. Os funcionários de uma organização podem utilizar uma intranet para obter acesso às informações corporativas. Depois de começar a trabalhar com sites públicos que promovem os produtos e serviços da empresa, as corporações estão invadindo a web como uma maneira rápida de otimizar — até mesmo transformar — suas organizações. Essas redes privadas utilizam a infraestrutura e os padrões da internet e da world wide web. Utilizar uma intranet oferece uma vantagem considerável: muitas pessoas já estão familiarizadas com a tecnologia da internet e, portanto, precisam de pouco treinamento para fazer uso eficaz de sua intranet corporativa.

Uma intranet é uma alternativa econômica, mas poderosa, para outras formas de comunicação interna, incluindo configurações convencionais de computador. Uma das virtudes mais óbvias da intranet é sua capacidade de reduzir a necessidade de papel. Como os navegadores da web são executados em todos os tipos de computadores, as mesmas informações eletrônicas podem ser visualizadas por qualquer funcionário. Isso significa que todos os tipos de documentos (como catálogos telefônicos internos, manuais de procedimentos e de treinamento e formulários de requisição) podem ser convertidos de forma econômica para a versão eletrônica, postados on-line e facilmente atualizados. Uma intranet oferece aos funcionários uma abordagem fácil e intuitiva para acessar informações que antes eram difíceis de obter. Por exemplo, é uma solução ideal para fornecer informações a uma equipe de vendas móvel que precisa de acesso a informações que mudam rapidamente.

extranet: Uma rede construída utilizando tecnologias da web que conecta recursos selecionados da intranet de uma empresa com seus clientes, fornecedores ou outros parceiros de negócios.

Um número crescente de empresas oferece acesso limitado à rede para clientes e fornecedores selecionados. Essas redes são chamadas de extranets, que conectam pessoas externas à empresa. Uma **extranet** é uma rede construída usando tecnologias da web que vincula recursos selecionados da intranet de uma empresa com seus clientes, fornecedores ou outros parceiros de negócios.

Os executivos corporativos de uma conhecida rede global de fast food queriam melhorar sua compreensão do que estava acontecendo em cada restaurante local e precisavam se comunicar com os franqueados para atender melhor seus clientes. A empresa implementou uma extranet, permitindo que franqueados individuais ajustassem sua publicidade específica do local e a aprovassem rapidamente pela equipe de nível corporativo. Além disso, com a extranet, os funcionários corporativos agora têm uma compreensão bem melhor dos clientes, tanto por localização quanto de forma agregada, com base nas informações que recebem dos franqueados.

As preocupações com segurança e desempenho são diferentes para uma extranet e para um site ou intranet baseada em rede. A autenticação e a privacidade do usuário são essenciais em uma extranet para que as informações sejam protegidas. Obviamente, a rede também deve ser confiável e fornecer resposta rápida aos clientes e fornecedores. A Tabela 7.5 resume as diferenças entre usuários da internet, intranets e extranets.

TABELA 7.5 Resumo dos usuários de internet, intranet e extranet

Tipo	Usuário	Precisa de ID de usuário e senha?
Internet	Qualquer um	Não
Intranet	Funcionários	Sim
Extranet	Parceiros de negócios	Sim

rede privada virtual (VPN): Uma conexão segura entre dois pontos na internet; as VPNs transferem informações encapsulando o tráfego em pacotes IP e enviando os pacotes pela internet.

Aplicativos seguros de acesso à intranet e extranet geralmente requerem o uso de uma **rede privada virtual** (*virtual private network* – VPN), que é uma conexão segura entre dois pontos na internet. As VPNs transferem informações encapsulando o tráfego em pacotes IP e enviando os pacotes pela internet, uma prática chamada tunelamento. A maioria das VPNs é construída e operada por ISPs. As empresas que utilizam VPN de um ISP basicamente terceirizaram suas redes para economizar dinheiro em equipamentos e pessoal de rede de longa distância. Para limitar o acesso à VPN apenas a indivíduos autorizados a usá-la, os usuários autorizados podem receber uma ID de logon e um token de segurança atribuído a essa ID de logon. O token de segurança exibe uma senha de 10 a 12 dígitos que muda a cada 30 segundos ou mais. O usuário deve inserir sua ID de logon e a senha de segurança válida para essa ID de logon naquele momento.

Exercício de pensamento crítico

Site de suporte à recuperação de peças de automóveis

▶ APLICAÇÃO

Você trabalha meio período para um parente que possui quatro depósitos de ferro-velho de peças automotivas na área circundante de três estados. Cada depósito do ferro-velho tem centenas de automóveis destruídos e dezenas de milhares de peças. Hoje, quando um cliente está procurando uma peça, ele e um balconista saem e percorrem o ferro-velho até encontrarem a peça desejada ou desistirem por não conseguir encontrá-la. Embora cada depósito de ferro-velho seja organizado por ano, marca e modelo de carro, pode levar até uma hora para encontrar a peça desejada.

Você tem a ideia de criar um banco de dados que inclui uma descrição das peças disponíveis nos quatro depósitos de sucata. A descrição incluirá o ano, marca e modelo do carro, nome da peça e sua condição, bem como a identificação da localização da peça no depósito de ferro-velho. Pode haver uma foto de algumas peças (por exemplo, painéis laterais, portas, capô do carro, grade etc.). Quando um cliente liga ou vai ao ferro-velho, um funcionário consulta o banco de dados para encontrar disponibilidade, condição e localização das peças desejadas. Se a peça estiver em estoque, mas em outro depósito, o balconista pode enviar uma mensagem instantânea aos funcionários desse depósito para enviar a peça. O banco de dados será atualizado continuamente conforme as peças são adicionadas ou vendidas em cada depósito de sucata. Agora você deve estar pensando que basta uma intranet utilizada apenas pelos funcionários dos quatro depósitos de ferro-velho para o negócio funcionar.

Perguntas de revisão

1. Quais vantagens o uso de um banco de dados centralizado acessado por uma intranet oferece em comparação com a abordagem atual?
2. Que medidas você pode tomar para controlar o acesso ao banco de dados para que apenas funcionários autorizados possam inserir seus dados? Você consegue identificar as medidas que precisam ser tomadas para garantir a precisão, a integridade e a consistência da descrição das peças no banco de dados?

Questões de pensamento crítico

1. Quais possíveis problemas iniciais podem estar envolvidos na preparação dos funcionários para utilizar esse novo sistema? Como você vai superar esses problemas?
2. Se essa ideia for bem-sucedida, você pode delinear uma abordagem para vender seu sistema a outros proprietários de depósitos de ferro-velho? Que medidas adicionais você precisaria implementar para fazer isso funcionar?

Resumo

Princípio:

Uma rede tem muitos componentes fundamentais que — quando cuidadosamente selecionados e efetivamente integrados — permitem que as pessoas atendam a objetivos pessoais e organizacionais.

Uma rede de computadores consiste em meios de comunicação, dispositivos e software conectando dois ou mais sistemas ou dispositivos de computador. Meio de comunicação é qualquer substância material que transporta um sinal eletrônico para dar suporte à comunicação entre um dispositivo de envio e um de recebimento.

O uso eficaz de redes pode ajudar uma empresa a crescer e se tornar uma organização ágil, poderosa e criativa, dando uma vantagem competitiva de longo prazo. As redes permitem que os usuários compartilhem hardware, programas e bancos de dados em toda a organização. Elas podem transmitir e receber informações para melhorar a eficácia e a eficiência organizacional. Elas permitem que grupos de trabalho separados geograficamente compartilhem documentos e opiniões, o que estimula o trabalho em equipe, ideias inovadoras e novas estratégias de negócios.

A topologia da rede indica como os links de comunicação e os dispositivos de hardware da rede são organizados. As três topologias de rede mais comuns são estrela, barramento e malha.

Uma rede pode ser classificada como área pessoal, área local, metropolitana ou rede de longa distância, dependendo da distância física entre os nós da rede e das comunicações e serviços fornecidos.

A largura de banda do canal se refere à capacidade de transmissão, geralmente medida em megabits por segundo (Gbps).

A latência da rede mede quanto tempo leva para uma unidade de dados chegar ao seu destino e voltar, e é medida em milissegundos (ms).

Os meios de comunicação podem ser divididos em duas grandes categorias: meios de transmissão guiados, nos quais um sinal de comunicação viaja ao longo de um meio sólido, e meios sem fio, nos quais o sinal de comunicação é enviado por ondas aéreas. O meio de transmissão guiado inclui cabo de par trançado, cabo coaxial e cabo de fibra óptica.

A comunicação sem fio é a transferência de informações entre dois ou mais pontos que não estão conectados por um condutor elétrico. As comunicações sem fio envolvem a transmissão de comunicações em uma das três faixas de frequência: micro-ondas, rádio e infravermelho. As opções de comunicação sem fio incluem comunicações de campo próximo, Bluetooth, Wi-Fi, micro-ondas e uma variedade de opções de comunicação 3G, 4G e 5G.

Long Term Evolution (LTE) é um padrão para comunicações sem fio para celulares baseado na comutação de pacotes.

Um sistema operacional de rede (NOS) controla os sistemas de computador e dispositivos em uma rede, permitindo que eles se comuniquem entre si. O software de gerenciamento de rede permite que um gestor monitore o uso de computadores individuais e hardware compartilhado, faça a varredura em busca de vírus e garanta a conformidade com as licenças de software.

O software de gestão de dispositivo móvel (MDM) gerencia e soluciona problemas de dispositivos móveis remotamente, distribuindo aplicativos, dados, correções e configurações.

Rede definida por software (SDN) é uma abordagem emergente de rede que permite que os administradores de rede gerenciem uma rede por meio de um controlador que não requer acesso físico a todos os dispositivos de rede.

Princípio:

Juntas, a internet e a world wide web fornecem uma infraestrutura altamente eficaz para fornecer e acessar informações e serviços.

A internet tem um escopo verdadeiramente internacional com usuários em todos os continentes. É a maior rede de computadores do mundo. É uma coleção de redes interconectadas, todas trocando informações livremente.

A internet transmite dados de um computador (denominado host) para outro. O conjunto de convenções utilizado para passar pacotes de um host para outro é conhecido como Internet Protocol (IP). Muitos outros protocolos são utilizados com o IP. O mais conhecido é o Transmission Control Protocol (TCP), que define como os aplicativos podem criar canais de comunicação na rede. O TCP é utilizado tão amplamente que muitas pessoas se referem ao protocolo da internet como TCP/IP, a combinação de TCP e IP utilizada pela maioria dos aplicativos da internet.

Cada computador na internet possui um endereço IP atribuído para fácil identificação.

Um switch é um dispositivo de hardware de rede que mantém o registro MAC de todos os dispositivos conectados a ele para que possa determinar para qual porta um pacote de dados deve ser enviado.

O roteador é um dispositivo de hardware de rede que direciona pacotes de dados para outras redes até que cada pacote chegue ao seu destino.

Um sistema cliente/servidor é uma abordagem de rede em que muitos clientes solicitam e recebem serviços de servidores na rede. Os servidores recebem solicitações de usuários clientes, processam essas solicitações e enviam os resultados solicitados.

Linguagens de programação do lado do cliente, como JavaScript, VBA Script, HTML, CSS e Ajax, são utilizadas para fornecer uma interface para permitir que o computador cliente solicite os serviços dos computadores servidores e exiba os resultados.

Linguagens de programação do lado do servidor, como PHP, C++, Java, Python e Ruby on Rails, são utilizadas para criar programas que são executados no servidor e lidam com a geração do conteúdo de uma página da web para satisfazer uma solicitação do cliente.

O sistema de nomes de domínio mapeia o nome que as pessoas utilizam para localizar um site para o endereço IP que os usuários de computador utilizam para localizar um site.

Uniform Resource Locator (URL) é um endereço da web que especifica a localização exata de uma página usando letras e palavras que mapeiam para um endereço IP e uma localização no host.

Um provedor de serviços de internet (ISP) é qualquer empresa que fornece acesso à internet. Para se conectar à internet por meio de um ISP, você deve ter uma conta com o provedor de serviços e um software que permite um link direto via TCP/IP.

A web foi projetada para tornar as informações fáceis de encontrar e organizar. A rede conecta bilhões de documentos, que agora são chamados de páginas web, armazenados em milhões de servidores em todo o mundo. As páginas web são conectadas entre si por meio de hiperlinks, especialmente textos ou gráficos em uma página que, ao serem clicados, abrem uma nova página da web com conteúdo relacionado. As páginas são acessadas e visualizadas usando um software cliente da web denominado navegador web.

Muitos sites utilizam Cascading Style Sheets (CSS) para definir o design e layout de páginas web, Extensible Mark-up Language (XML) para definir o conteúdo e Hypertext Mark-up Language (HTML) para unir o conteúdo (XML) com o design (CSS).

Ferramentas populares para a criação de páginas web e gestão de sites da web incluem a plataforma .NET, JavaServer Pages, Microsoft ASP.NET e Adobe Cold Fusion.

Empresas de internet, incluindo Amazon, eBay e Google, utilizam serviços da web para agilizar e simplificar a comunicação entre sites.

A XML também é utilizada em uma página da web para descrever e transferir dados entre aplicativos de serviço da web.

Os aplicativos de desenvolvimento da web atuais permitem que os desenvolvedores criem sites usando um software que se assemelha a um editor de texto. O software inclui recursos que permitem ao desenvolvedor trabalhar diretamente com o código HTML ou utilizar código gerado automaticamente.

O uso de mídia social em negócios é denominado Enterprise 2.0. Os aplicativos Enterprise 2.0, como o Chatter da Salesforce, o Engage Dialog da Jive Software e o Yammer, permitem que os funcionários criem wikis de negócios, apoiem redes sociais, façam blogs e criem marcadores sociais para encontrar informações rapidamente.

O jornalismo social fornece notícias importantes não disponíveis em outros lugares; contudo, suas fontes podem não ser tão confiáveis quanto as fontes da mídia convencional.

Hoje, as escolas em todos os níveis oferecem educação e treinamento on-line. A web também é uma excelente fonte de informações relacionadas ao trabalho.

Um mecanismo de busca é uma ferramenta valiosa que permite encontrar informações na web, especificando palavras ou frases conhecidas como palavras-chave, que estão relacionadas a um tópico de interesse. A otimização do mecanismo de busca (SEO) é um processo para direcionar o tráfego para um site da web usando técnicas que melhoram a classificação do site nos resultados de pesquisa.

Mensagem instantânea é a comunicação on-line em tempo real entre duas ou mais pessoas conectadas pela internet.

O Twitter é um aplicativo da web que permite aos usuários enviar atualizações de texto curtas (até 280 caracteres) de um smartphone ou navegador da web para seus seguidores no Twitter.

As tecnologias da internet suportam conferências on-line em tempo real, em que os participantes discam para um número de telefone comum para compartilhar uma conversa telefônica com vários participantes e, em muitos casos, com vídeo ao vivo dos participantes.

Um web log, normalmente chamado de blog, é um site que pessoas e empresas utilizam para compartilhar suas observações, experiências e opiniões sobre uma ampla variedade de assuntos.

Um podcast é uma transmissão de áudio que você pode ouvir na internet.

Streaming de conteúdo é um método de transferência de grandes arquivos de mídia pela internet para que o fluxo de dados de voz e imagens seja reproduzido mais ou menos continuamente enquanto o arquivo é baixado.

A internet e a web tornaram a música mais acessível do que nunca, com artistas distribuindo suas músicas por meio de rádios on-line, serviços de assinatura e serviços de download.

A televisão e os filmes estão se expandindo para a web aos trancos e barrancos. Serviços on-line como Amazon Prime Video, Hulu e Netflix fornecem programação de televisão de centenas de provedores, incluindo a maioria das redes de televisão convencionais.

Os videogames se tornaram um setor enorme com receita anual mundial que já era projetada para ultrapassar US$ 138 bilhões em 2018.

Você pode comprar quase tudo pela web, de livros e roupas a carros e equipamentos esportivos.

Os sites de viagens ajudam os viajantes a encontrar as melhores ofertas em voos, hotéis, aluguel de carros, pacotes de férias e cruzeiros. Eles mudaram profundamente o setor de viagens e a maneira como as pessoas planejam viagens e férias.

Uma intranet é uma rede corporativa interna construída usando os padrões e produtos da internet e da world wide web. Os funcionários de uma organização podem utilizar uma intranet para acessar informações corporativas.

Um número crescente de empresas oferece acesso limitado à rede para clientes e fornecedores selecionados. Essas redes são chamadas de extranets, que conectam pessoas externas à empresa.

Os aplicativos de acesso seguro à intranet e à extranet geralmente requerem o uso de uma rede privada virtual, que é uma conexão segura entre dois pontos na internet.

Termos-chave

- blog
- Bluetooth
- rede de barramento
- Cascading Style Sheet (CSS)
- largura de banda do canal
- arquitetura cliente/servidor
- meios de comunicação
- rede de computadores
- streaming de conteúdo
- sistema de nomes de domínio
- Extensible Markup Language (XML)
- extranet
- tag HTML
- hiperlink
- Hypertext Markup Language (HTML)
- mensagem instantânea
- backbone da internet
- provedor de serviços de internet (ISP)
- intranet
- endereço IP
- rede local (LAN)
- Long Term Evolution (LTE)
- rede de malha
- rede de área metropolitana (MAN)
- gestão de dispositivo móvel (MDM), software
- comunicação de campo próximo (NFC)
- latência da rede
- sistema operacional de rede (NOS)
- software de gestão de rede
- topologia de rede
- rede de área pessoal (PAN)
- podcast
- roteador
- motor de busca
- otimização de mecanismo de pesquisa (SEO)
- rede definida por software (SDN)
- rede em estrela
- switch
- Transmission Control Protocol/Internet Protocol (TCP/IP)
- Uniform Resource Locator (URL)
- rede privada virtual (VPN)
- Web 2.0
- navegador da web
- Wi-Fi
- rede de longa distância (WAN)
- comunicação sem fio

Teste de autoavaliação

Uma rede tem muitos componentes fundamentais — que, quando cuidadosamente selecionados e efetivamente integrados, permitem que as pessoas atendam aos objetivos pessoais e organizacionais.

1. Uma topologia de rede na qual todos os dispositivos de rede se conectam uns aos outros por meio de um único dispositivo central chamado hub central é uma_____.
   a. rede de barramento
   b. rede de malha
   c. rede de comutação de pacotes
   d. rede em estrela

2. _____ é uma rede sem fio que conecta dispositivos de tecnologia da informação perto de uma pessoa.
   a. Rede de malha
   b. Rede de área pessoal
   c. Rede local
   d. Comutação de pacotes

3. Uma rede que conecta grandes regiões geográficas é um(a) _____.
   a. MAN
   b. rede de barramento
   c. rede cliente/servidor
   d. WAN

4. Uma rede 5G terá as seguintes vantagens em relação a uma rede 4G:
   a. O suporte de rede geral e os custos operacionais são reduzidos, novos aplicativos podem ser disponibilizados mais cedo e o risco de erro humano é reduzido.
   b. Capacidade de oferecer suporte a mais dispositivos simultâneos, mínimas alterações na infraestrutura e menor latência.
   c. Latência mais baixa, maior largura de banda e capacidade de suportar mais dispositivos.
   d. Capacidade de oferecer suporte a novos aplicativos interessantes, maior largura de banda e segurança aprimorada.

5. Três vantagens associadas a uma rede definida por software incluem _____.
   a. o risco de erro humano é reduzido, o suporte de rede geral e os custos operacionais são reduzidos e novos aplicativos podem ser disponibilizados mais cedo
   b. a capacidade de oferecer suporte a mais dispositivos simultâneos, alterações mínimas de infraestrutura e menor latência
   c. a capacidade de oferecer suporte a novos aplicativos interessantes, maior largura de banda e segurança aprimorada
   d. menor latência, maior largura de banda e capacidade de suportar mais dispositivos

Juntas, a internet e a world wide web fornecem uma infraestrutura altamente eficaz para fornecer e acessar informações e serviços.

6. _____ especifica como endereçar e rotear cada pacote para garantir que ele alcance o destino desejado.
   a. TCP/IP
   b. TCP
   c. IP
   d. MAC

7. Um número de 64 bits que identifica exclusivamente um computador na internet é um _____.
   a. URL
   b. endereço MAC
   c. endereço IP
   d. endereço TCP

8. Um dispositivo de rede que direciona pacotes de dados para outras redes até que cada pacote chegue ao seu destino é um _____.
   a. roteador
   b. hub
   c. switch
   d. cliente/servidor

9. Uma abordagem de rede em que muitos clientes (dispositivos de computação do usuário final) solicitam e recebem serviços de servidores (computadores host) na rede é _____.
   a. ponto a ponto
   b. cliente/servidor
   c. malha
   d. distribuída

10. O _____ mapeia o nome que as pessoas utilizam para localizar um site para o endereço IP que o computador usa a fim de localizar um site.
    a. URL
    b. endereço MAC
    c. sistema de nomes de domínio
    d. IPL

11. O(A) _____ é um endereço da web que especifica a localização exata de uma página usando letras e palavras que mapeiam para um endereço IP e uma localização no host.
    a. URL
    b. endereço MAC
    c. hiperlink
    d. CSS

12. _____ são textos ou gráficos especialmente indicados em uma página da web que, quando clicados, abrem uma nova página com conteúdo relacionado.
    a. URLs
    b. Hiperlinks
    c. XMLs
    d. endereços MAC

13. O software cliente da web utilizado para visualizar as páginas web é denominado _____.
    a. HTML
    b. CSS
    c. XML
    d. navegador

14. _____ é uma linguagem de descrição de página padrão para páginas web que informa ao navegador como exibir características de fonte, formatação de parágrafo, layout de página, posicionamento de imagem, hiperlinks e o conteúdo de uma página da web. Utiliza tags, que são códigos que instruem o navegador sobre como formatar o texto ou gráficos como um título, lista ou corpo de texto.
    a. XML
    b. CSS
    c. HTML
    d. URL

15. Muitos sites utilizam Cascading Style Sheets (CSS) para definir o design e o layout das páginas web e Extensible Markup Language (XML) para definir o conteúdo e a linguagem de marcação de hipertexto (HTML) para montar o conteúdo de acordo com o design. Verdadeiro/Falso

16. O objetivo da programação do lado do cliente é _____.
    a. lidar com a geração de uma página da web para atender à solicitação do cliente
    b. extrair dados de um banco de dados armazenado no servidor
    c. personalizar o conteúdo do site para usuários individuais
    d. fornecer uma interface para permitir que o computador cliente solicite serviços do computador servidor

17. JavaScript, VBA Script, HTML, CSS e Ajax são linguagens de programação do lado do servidor, enquanto PHP, C++, Java, Python e Ruby on Rails são linguagens de programação do lado do cliente. Verdadeiro ou falso?

18. Um(a) _____ é uma rede corporativa interna construída usando os padrões e produtos da internet e da world wide web, enquanto uma _____ é um meio de oferecer acesso limitado à rede para pessoas externas à organização, como clientes e fornecedores selecionados.

Respostas do teste de autoavaliação

1. d
2. b
3. d
4. c
5. a
6. c
7. c
8. c
9. b
10. c
11. a
12. b
13. d
14. c
15. Verdadeiro
16. d
17. Falso
18. intranet, extranet

Questões de revisão e discussão

1. Descreva três topologias de rede comuns e quatro tipos de rede em uso comum hoje.
2. Quais as vantagens das comunicações sem fio 5G em relação às 4G?
3. O que é rede definida por software (SDN) e quais as vantagens que ela oferece?
4. Descreva como a internet funciona, identificando e explicando a função de seus componentes principais.
5. Descreva como a web funciona, identificando e explicando a função de seus componentes principais.
6. Descreva resumidamente o processo utilizado no desenvolvimento de conteúdo e aplicativos web. Descreva meia dúzia de ferramentas utilizadas para desenvolver conteúdo e aplicativos web.
7. Qual é o propósito da computação do lado do cliente? E a do lado do servidor?
8. Identifique três linguagens de programação do lado do cliente e três do lado do servidor comumente utilizadas.
9. Descreva cinco aplicativos comuns da internet e da web.
10. Defina os termos intranet e extranet. Qual é a semelhança entre eles? Qual é a diferença entre eles?
11. Desenvolva uma planilha para controlar a quantidade de tempo que você gasta todos os dias no Twitter, Instagram, Facebook e outras redes sociais. Registre seus tempos em cada rede por um período de duas semanas. Que porcentagem desse tempo você consideraria informativo e valioso? Quanto tempo é apenas socialização ou entretenimento?.

Exercícios de tomada de decisão de negócio

1. Você é membro do grupo de suporte de SI da sua organização. A gerente de vendas é muito experiente em tecnologia e adota rapidamente novas tecnologias. Hoje, ela enviou uma mensagem de texto dizendo que gostaria de atualizar os telefones 4G para telefones 5G para os 45 membros do departamento de vendas o mais rápido possível. Quais são algumas das vantagens e desvantagens de tal abordagem? Não seria mais sensato esperar até que a nova tecnologia 5G estivesse mais desenvolvida? Por que sim ou por que não? Como você responde a essa gerente?

2. Pense em um negócio que você gostaria de abrir. Use um editor de texto para definir a empresa em termos de quais produtos ou serviços ela oferece, onde está localizada e seu nome. Vá em *www.godaddy.com* e encontre um nome de domínio apropriado para sua empresa que ainda não tenha sido utilizado. Pesquise on-line para obter as melhores ofertas em hospedagem de sites. Escreva um parágrafo sobre sua experiência em encontrar um nome, por que escolheu esse nome e quanto custaria para registrar o nome e hospedar o site.

Trabalho em equipe e atividades de colaboração

1. Planeje, configure e execute uma reunião com outra equipe na qual você se reúne por meio do uso de um serviço da web como GoToMeeting ou WebEx. Desenvolva uma agenda, objetivos e um tempo limite para essa reunião e os compartilhe com os membros de cada equipe com antecedência. Quais são alguns dos problemas que você encontrou ao configurar e realizar a reunião? Como você avalia a eficácia da reunião? O que poderia ter sido feito para tornar a reunião mais eficaz?

2. Neutralidade da rede é o princípio de que os provedores de serviços de internet devem ser obrigados a tratar todo o tráfego da internet em suas redes com e sem fio da mesma forma — sem favorecer o conteúdo de algumas fontes e/ou bloquear ou desacelerar (também conhecido como throttling) o conteúdo de outras. O debate sobre a neutralidade da rede levanta questões sobre a melhor forma de manter a internet aberta e imparcial e, ao mesmo tempo, oferecer aos provedores de serviços de internet incentivos para expandir suas redes a fim de atender a mais clientes e oferecer suporte a novos serviços. Você e sua equipe tem que fazer uma pesquisa para descobrir o status de neutralidade da rede nos Estados Unidos. Prepare um breve relatório resumindo suas descobertas.

Exercícios de carreira

1. Explore o LinkedIn, uma rede de mídia social para relacionamento profissional. Use alguns de seus recursos para encontrar ex-colegas ou colegas de trabalho. Quais são algumas das vantagens de utilizar esse site? Quais são alguns dos problemas em potencial? Você consideraria entrar no LinkedIn? Por que sim ou por que não?

2. Faça pesquisas sobre Mark Zuckerberg e Jeff Bezos. (Você pode escolher ler o livro *The Boy Billionaire*, ou *Jeff Bezos, The Force Behind the Man*. O primeiro livro oferece impressões sobre Mark Zuckerberg, o fundador do Facebook. O segundo livro é sobre Jeff Bezos, fundador da Amazon e o homem mais rico do mundo). Como Zuckerberg reconheceu o potencial das redes sociais? Como Bezos reconheceu o potencial das compras on-line? O que há sobre esses dois indivíduos que os tornaram super empreendedores? De que forma você é como eles, de que maneira você é diferente deles? O que você pode aprender com eles?

Estudo de caso

▶ TRABALHO EM EQUIPE

T-Mobile implanta o Enterprise 2.0
Os operadores de serviços de telefonia sem fio estão classificados em quinto lugar, em termos dos setores mais odiados nos EUA. Pesquisas mostram que há três áreas principais nas quais é necessário melhorar. Em primeiro lugar, os clientes acham que os membros da equipe do atendimento podem ser rudes e inúteis. Em segundo lugar, os clientes não estão satisfeitos com o atendimento ao cliente, a cobrança ou a assistência técnica. Terceiro, os clientes não estão satisfeitos com a variedade de planos de voz e/ou dados sem fio disponíveis.

A T-Mobile, com 51 mil funcionários, 73 milhões de clientes e mais de US$ 40 bilhões em receita anual, é a terceira maior operadora sem fio dos Estados Unidos. Ela reconhece que deve tomar medidas vigorosas para eliminar os pontos problemáticos para o cliente. Algumas mudanças recentes incluem a eliminação de contratos de serviço de dois anos, o fim da limitação das franquias de uso de dados, a abolição das taxas imprevisíveis de roaming internacional e a inclusão de impostos e taxas nas tarifas cotadas para os clientes. Tudo isso faz parte da "estratégia não operadora" da T-Mobile, que visa colocar as pessoas em primeiro lugar e melhorar a experiência geral do cliente.

A maior reclamação dos clientes sobre seu provedor de serviços de telefonia sem fio é o serviço ruim que recebem ao entrar em contato com o centro de serviço — longos períodos de espera, atendentes rudes e impacientes e respostas ambíguas às suas perguntas. A T-Mobile está usando a ferramenta comercial de colaboração e gestão de conhecimento Enterprise 2.0 para melhorar a experiência geral do cliente quando ele faz contato com o centro de atendimento ao cliente. A solução Enterprise 2.0 ajuda os clientes da T-Mobile e permite que a organização alcance grandes aumentos em produtividade, trabalho em equipe dos funcionários e satisfação do cliente. A T-Mobile usou o software Enterprise 2.0 como base para construir sua "T-Community", que serve como fonte central de conhecimento para serviços e suporte ao cliente. A nova plataforma foi bem recebida pelos clientes e também melhorou significativamente a produtividade. O esforço necessário para publicar conteúdo em comparação com os meios anteriores foi reduzido em 70%, economizando US$ 8 milhões em um período de três anos. A T-Mobile economiza US$ 3 milhões adicionais a cada ano em custos de atendimento de chamadas, fornecendo aos representantes do call center acesso fácil a informações atuais e mais completas. Isso diminui o tempo gasto na busca de respostas e reduz o tempo da chamada do cliente.

A T-Mobile também usou a tecnologia Enterprise 2.0 para criar uma intranet corporativa que permita aos funcionários se conectar, se comunicar e trabalhar juntos como uma equipe. Essa plataforma de colaboração fornece um local central para as pessoas colaborarem de forma segura e aberta entre diferentes organizações, áreas geográficas, sistemas e dispositivos. A plataforma reúne todas as pessoas, informações e ferramentas necessárias para fazer o negócio crescer. A intranet fornece uma plataforma única para comunicações da empresa, colaboração em equipe, envolvimento e integração de funcionários, compartilhamento de conhecimento, pesquisa corporativa e análise organizacional. Permite que os funcionários criem wikis de negócios, ofereçam suporte a redes sociais, façam blogs e criem marcadores sociais para encontrar informações rapidamente. A intranet pode ser acessada por meio de navegadores e um aplicativo de intranet móvel que permite aos funcionários trabalhar em qualquer lugar. Com a intranet Enterprise 2.0, fazer o trabalho entre departamentos — ou fusos horários — é mais fácil, mais eficiente e mais transparente. As decisões são tomadas rapidamente e os projetos são concluídos com mais rapidez.

Questões de pensamento crítico:

1. Que reclamações você tem ao lidar com seu provedor de serviços sem fio?
   Como a empresa 2.0 pode ajudar a melhorar esse relacionamento?
2. Você consegue identificar alguma ideia inovadora para permitir que a T-Mobile melhore a velocidade e/ou a qualidade do serviço na loja? Descreva resumidamente seus pensamentos.
3. A T-Mobile deve considerar permitir o acesso à sua intranet para clientes, fornecedores ou outras partes? Qual pode ser o valor em fazer isso? Que problemas potenciais isso levanta?

FONTES: "2017 Annual Report", https://s22.q4cdn.com/194431217/files/doc_financials/2017/annual/1500109984.pdf, acesso em 18 de outubro de 2018; "T-Mobile: Jive-n Drives Customer Knowledge for Better Service and Sales, Massive Savings", https://www.jivesoftware.com/resource-library/customer-success/t-mobile-jive-n-drives-customer-knowledge-better-service-sales-massive-savings/#, acesso em 18 de outubro de 2018; Shelresa Ngo, "This Is the No. 1 Most Hated Industry in America, According to Real Customers", Cheat Sheet, 8 de fevereiro de 2018, https://www.cheatsheet.com/money-career/most-hated-industries-in-america-according-to-customers.html.

Notas

1. Tomrod Larsen, "The Connected Stadium: Top3 Considerations for Venue Owners", ECN Magazine, 29 de janeiro de 2018, https://www.ecnmag.com/blog/2018/01/connected-stadium-top-3-considerations-venue-owners.
2. "What Are The Latest Trends In Telemedicine In 2018?", Forbes, 31 de julho de 2018, https://www.forbes.com/sites/quora/2018/07/31/what-are-the-latest-trends-in-telemedicine-in-2018/#28c713d66b9e.
3. "Fluidmesh Enables Onboard Wi-Fi on the New QLine in Detroit", https://www.fluidmesh.com/success-stories/wifi-onboard-qline-train, acesso em 25 de setembro de 2018.
4. Philip Perry, "Internet access for all: How close are we to global satellite internet?", Big Think, 25 de fevereiro de 2018, https://bigthink.com/philip-perry/internet-access-for-all-how-close-are-we-to-a-global-high-speed-web.
5. "PRTG Network Monitor Helps Small, Family-Owned IT Consulting Business Provide World-Class Reliability", Paessler, www.paessler.com/company/casestudies/covell_group_uses_prtg, acesso em 16 de dezembro de 2015.
6. "About Us", Jet Story, http://jetstory.com/en/about-us, acesso em 26 de setembro de 2018.
7. "Jet Story Secures iPads in Aircraft Cockpits with Miradore On-line", https://www.miradore.com/blog/success-story-blue-jet, acesso em 26 de setembro de 2018.
8. "Software-defined network fabric reinforces mission-critical healthcare application", Cisco Case Study, https://www.cisco.com/c/dam/en_us/about/case-studies-customer-success-stories/promedica-case-study.pdf, acesso em 27 de setembro de 2018.
9. "Internet World Stats", Internet World Stats, https://www.internetworldstats.com/stats3.htm, acesso em 27 de setembro de 2018.
10. "Transforming Tyco with Yammer", Yammer, https://about.yammer.com/customers/tyco, acesso em 13 de janeiro de 2014.

11. "About Khan Academy", Khan Academy, *www.khanacademy.org/about*, acesso em 3 de outubro de 2018.
12. "About Us", NPower, *www.npower.org/Our-Purpose/Our-Purpose.aspx*, acesso em 3 de outubro de 2018.
13. Ignatescu, "Most Popular Instant Messaging Apps in 2014 – Review & Infographic", TechChangers, *www.techchangers.com/instant-messaging-apps-review-most-popular-2014-top10*
14. Athena Software, *https://www.gotomeeting.com/meeting/resources/athena-software-customer-success*, acesso em 1 de outubro de 2018.
15. Kit Smith, "39 Fascinating and Incredible YouTube Statistics", Brandwatch, 12 de abril de 2018, *https://www.brandwatch.com/blog/39-youtube-stats*
16. Kellie Ell, "Video game industry is booming with continued revenue", CNBC, 18 de julho de 2018, *https://www.cnbc.com/2018/07/18/video-game-industry-is-booming-with-continued-revenue.html*.
17. "Global revenue of Groupon from 2008 to 2017 (in million U.S. dollars)", Statista, *https://www.statista.com/statistics/273251/groupons-annual-global-revenue*

CAPÍTULO 8
Computação em nuvem e internet das coisas

Princípios	**Objetivos de aprendizagem**
• A computação em nuvem fornece acesso a tecnologia de ponta por uma fração do custo de propriedade e sem os longos atrasos que podem ocorrer quando uma organização tenta adquirir seus próprios recursos.	• Identificar três abordagens comumente utilizadas para computação em nuvem. • Identificar três benefícios principais associados à computação em nuvem. • Resumir quatro problemas comuns que as organizações encontram ao migrar para a computação em nuvem pública. • Discutir os prós e os contras da computação em nuvem pública, privada e híbrida.
• As organizações estão usando a internet das coisas (IoT) para capturar e analisar fluxos de dados de sensores a fim de detectar padrões e anomalias — não após o fato, mas enquanto eles ocorrem —, de modo que tenham um impacto considerável no resultado do evento.	• Definir o que se entende por internet das coisas (IoT). • Discutir quatro aplicações de IoT e dispositivos conectados associados. • Descrever como as redes 5G transformarão os desenvolvimentos com IoT. • Identificar quatro benefícios associados à IoT. • Indicar o grau de detecção e o grau de ação associado a quatro tipos de aplicações da IoT. • Identificar dois problemas potenciais associados à expansão da IoT.

SI em ação

Considerações empresariais ao mudar para a nuvem

▶ SISTEMAS E PROCESSOS

À medida que as empresas migram suas ferramentas de e-mail, produtividade e colaboração para a nuvem, o Microsoft Office 365 e o G Suite do Google são duas das principais soluções on-line frequentemente consideradas. O pacote Office 365 da Microsoft inclui Outlook para e-mail e calendários compartilhados; OneDrive para armazenamento em nuvem; e Word, Excel, PowerPoint e OneNote para produtividade. Os usuários corporativos costumam utilizar aplicativos adicionais, incluindo Teams, uma plataforma de colaboração; Skype for Business, um aplicativo de conferência de áudio e vídeo; Yammer, uma rede social corporativa; e Planner, um aplicativo de gestão de trabalho e projeto.

O G Suite do Google inclui o Gmail e a Agenda para e-mail e agendas compartilhadas; o Google Drive para armazenamento em nuvem; Documentos, Planilhas e Apresentações Google para produtividade; e Hangouts para reuniões e bate-papo on-line. Alguns usuários corporativos também utilizam o Currents para reuniões em toda a empresa. Os administradores de rede podem utilizar o aplicativo Admin do G Suite para adicionar usuários, gerenciar dispositivos e definir configurações de segurança, como a verificação em duas etapas, em toda a organização. Os administradores também podem especificar quais centros de dados do Google em todo o mundo podem ser utilizados para armazenar os dados de suas organizações.

Os provedores de serviços em nuvem, como a Microsoft e o Google, fornecem aplicativos e atualizações do sistema operacional diretamente aos dispositivos dos usuários pela internet, usando um modelo de assinatura SaaS (software como serviço). Normalmente, os usuários acessam aplicativos em nuvem por meio de um navegador. No local de trabalho de hoje, os funcionários acessam dados corporativos armazenados na nuvem em dispositivos móveis, tablets e laptops executando Windows, Mac, iOS, Android e outros sistemas operacionais. Como os aplicativos e serviços são hospedados na nuvem, os funcionários podem trabalhar onde quer que estejam on-line.

A migração para a nuvem permite que os funcionários se concentrem nas principais tarefas de seus trabalhos, em vez de configurar e manter servidores ou instalar atualizações de software em seus dispositivos. Antes do lançamento dos serviços baseados em nuvem, as organizações tinham que realizar testes significativos ao atualizar um sistema operacional. Normalmente, as novas versões principais eram lançadas uma vez a cada dois ou três anos e continham muito mais alterações, exigindo testes significativos para garantir a compatibilidade contínua com os recursos de hardware e software existentes. Embora os aplicativos SaaS, como o Office 365 e o G Suite, mudem com frequência, exigindo que as organizações desenvolvam estratégias para avaliar e testar essas atualizações antes de enviá-las aos computadores e dispositivos dos usuários, o processo de implementação de atualizações em toda a empresa é muito mais rápido com serviços baseados em nuvem. Os provedores de serviços em nuvem fornecem atualizações de software e sistemas operacionais à medida que se tornam disponíveis, e as ferramentas de análise monitoram quando essas atualizações ocorrem.

Mover recursos que tradicionalmente eram hospedados e gerenciados internamente para a nuvem exige que a organização considere muitos fatores, incluindo infraestrutura de rede, segurança e treinamento. Embora as informações e os aplicativos possam ser hospedados na nuvem, a infraestrutura de tecnologia de uma organização também deve ser robusta o suficiente para lidar com o tráfego adicional quando toda a organização trabalha on-line. As organizações devem determinar se os dados serão armazenados apenas na nuvem ou em uma configuração de nuvem híbrida, com alguns dados armazenados no local e alguns dados armazenados na nuvem. Isso também envolveu o estabelecimento de configurações de segurança, incluindo a especificação de quais arquivos e dados podem ser acessados internamente e remotamente e por quem.

Como os dados e os servidores que os armazenam não estão mais no local, as empresas devem considerar possíveis atrasos no desempenho, ou latência, ao utilizar aplicativos em nuvem pela internet e aceitar a possível perda de controle sobre a gestão virtual de um ambiente de computação. Em uma pesquisa recente, mais de 80% das empresas relataram níveis moderados a altos de preocupação em ficar presas a uma única plataforma de nuvem pública. Algumas empresas escolhem vários provedores de nuvem para manter seus aplicativos portáveis e alternar entre eles conforme necessário; outros optam por tirar proveito de recursos específicos da plataforma de um fornecedor para economizar tempo de desenvolvimento.[1]

A segurança dos dados de uma empresa é um dos maiores desafios ao migrar para a nuvem. Muitos usuários acreditam que seus dados estão mais seguros em seus próprios servidores, onde têm mais controle sobre eles. No entanto, os provedores de nuvem devem cumprir regulamentos rígidos ao armazenar informações confidenciais, como registros médicos de pacientes ou números de cartão de crédito. Além disso, as políticas BYOD (traga seu próprio dispositivo) que permitem, e em alguns casos incentivam, o uso de dispositivos móveis pessoais no trabalho exigem que as organizações detalhem como os funcionários podem acessar arquivos e serviços corporativos com segurança em seus próprios dispositivos. Se o dispositivo móvel de um usuário for perdido ou roubado, as ferramentas de gestão podem ser utilizadas para limpar dados confidenciais remotamente do dispositivo móvel de um usuário para manter os dados da empresa seguros. Por fim, os dados armazenados em servidores localizados em outros países estão sujeitos às regras locais de privacidade e segurança de dados, que podem ser diferentes do país de origem da empresa.

e-discovery (descoberta eletrônica): O processo de identificação, coleta e produção de informações armazenadas eletronicamente para uso em processos judiciais.

Os serviços corporativos em nuvem para escritórios também incluem recursos para identificar e fornecer informações eletrônicas que podem ser utilizadas como evidências em processos judiciais. Esse processo, conhecido como e-discovery (descoberta eletrônica), envolve a identificação, coleta e produção de informações de e-mail arquivado, arquivos e documentos em armazenamento em nuvem, aplicativos de colaboração e outros serviços em nuvem. As informações eletrônicas geralmente contêm metadados, como carimbos de data/hora, dados de localização, informações do remetente e do destinatário, e propriedades de arquivos, que não são evidentes em materiais impressos, mas podem fornecer evidências relevantes em questões judiciais.

ferramentas de virtualização: Um conjunto de ferramentas que permite aos usuários acessar seu sistema operacional desktop hospedado na nuvem em um servidor centralizado — o que significa que os usuários podem interagir com arquivos e aplicativos como se estivessem armazenados em um dispositivo local.

Ferramentas de virtualização permitem que os usuários acessem seu sistema operacional de desktop hospedado na nuvem em um servidor centralizado — o que significa que os usuários podem interagir com arquivos e aplicativos como se estivessem armazenados em um dispositivo local. Essa abordagem economiza dinheiro porque os aplicativos, dados e sistemas operacionais são armazenados na nuvem. As organizações não precisam mais manter servidores físicos ou instalações para hospedá-los nem gastar com eletricidade para fornecer energia e resfriá-los.

Em março de 2018, os serviços de e-mail em nuvem da Microsoft e do Google eram adotados por mais de 40% das empresas públicas. A popularidade do Google aumentou entre as empresas menores, enquanto as organizações maiores tendem a utilizar produtos e serviços da Microsoft. O relatório de 2018 de adoção da nuvem da BitGlass, uma empresa de segurança em nuvem, mostra que o uso do Office 365 aumentou de 34,3% para 56,3% em 2018, enquanto o uso do G Suite permaneceu estável em cerca de 25% desde 2018. O Gartner prevê que até 2021 mais de 70% das empresas terão concluído uma transição para fornecer serviços de escritório baseados em nuvem para seus funcionários.

Ao ler este capítulo, considere o seguinte:

- Que fatores as organizações devem considerar ao implementar e implantar soluções de computação em nuvem para apoiar suas estratégias de negócios e atingir os objetivos organizacionais?
- Que desafios e oportunidades a internet das coisas (IoT) apresenta para indivíduos e organizações?

Por que aprender sobre computação em nuvem e a internet das coisas (IoT)?

Profissionais em muitas organizações operam em um ambiente de computação em nuvem no qual software, armazenamento de dados e outros serviços são acessados pela internet ("a nuvem"). Os serviços são executados no hardware de computador de outra organização e o software e os dados são facilmente acessados. Exemplos de provedores de serviços de nuvem pública que disponibilizam seus serviços ao público em geral incluem Amazon Elastic Compute Cloud (EC2), Blue Cloud da IBM, DigitalOcean, Google Cloud Platform, Rackspace's Managed Cloud e Microsoft Azure. Os usuários da nuvem pública podem realizar uma economia de custos considerável porque os altos custos iniciais de hardware, aplicativo e comunicações são pagos pelo provedor de serviços e repassados aos usuários como uma taxa mensal ou por uso relativamente pequena. Além disso, as empresas podem facilmente aumentar ou diminuir a quantidade de serviços utilizados, dependendo da demanda do usuário pelos serviços. A computação em nuvem também oferece o benefício de facilitar a colaboração dos funcionários, compartilhando documentos na internet.

Computação em nuvem

computação em nuvem: Um ambiente de computação onde o software e o armazenamento são fornecidos como um serviço de internet e são acessados com um navegador da web.

Computação em nuvem refere-se a um ambiente de computação no qual software e armazenamento são fornecidos como um serviço de internet e acessados pelos usuários com um navegador da web (consulte a Figura 8.1). Muitas organizações estão voltando-se para a computação em nuvem como uma abordagem para terceirizar algumas ou todas as suas operações de TI. Essa seção define a computação em nuvem e suas variações e aponta algumas de suas vantagens, bem como alguns problemas potenciais, incluindo problemas associados a custo, escalabilidade, segurança e conformidade regulatória.

FIGURA 8.1
Computação em nuvem
A computação em nuvem permite que aplicativos como compartilhamento de arquivos, armazenamento e backup de dados, streaming de mídia, hospedagem de sites, segurança da informação e serviços de comunicação sejam fornecidos pela web.

A computação em nuvem pode ser implementada de várias maneiras diferentes, incluindo computação em nuvem pública, computação em nuvem privada e computação em nuvem híbrida. A computação em nuvem pública refere-se a uma implantação na qual um provedor de serviços em nuvem oferece seus serviços baseados em nuvem ao público. Exemplos de computação em nuvem pública incluem um indivíduo usando o Google Agenda e uma empresa usando o aplicativo Salesforce.com. Em uma implantação de nuvem privada, a tecnologia de nuvem é utilizada dentro dos limites de uma rede privada. A computação em nuvem híbrida combina elementos de computação em nuvem pública e privada, acessados por meio de uma rede privada.

Computação em nuvem pública

Em um ambiente de computação em nuvem pública, uma organização prestadora de serviços possui e gerencia a infraestrutura (incluindo computação, rede, dispositivos de armazenamento e pessoal de suporte) com organizações de usuários de nuvem (chamadas de locatários) acessando fatias de recursos compartilhados por meio da internet. O provedor de serviços pode fornecer quantidades crescentes de capacidade de computação, rede e armazenamento sob demanda, sem exigir nenhum investimento de capital por parte dos usuários da nuvem. Assim, a computação em nuvem pública é uma ótima solução para organizações cujas necessidades de computação variam muito, dependendo das mudanças na demanda. Amazon, Google e Microsoft estão entre os maiores provedores de serviços de computação em nuvem pública. Essas empresas geralmente oferecem um modelo de serviço de assinatura mensal ou anual; elas também podem fornecer treinamento, suporte e serviços de integração de dados.

ambiente de computação em nuvem pública: Um ambiente de computação no qual uma organização prestadora de serviços possui e gerencia a infraestrutura (incluindo computação, rede, dispositivos de armazenamento e pessoal de suporte) com organizações de usuários da nuvem (chamados locatários) acessando fatias de recursos compartilhados através da internet.

Benefícios da computação em nuvem pública

A computação em nuvem pública oferece três benefícios principais para as organizações — custos reduzidos, capacidade de computação flexível e maior redundância em caso de desastre. Com a computação em nuvem pública, as organizações evitam grandes investimentos iniciais em hardware. A computação em nuvem pública também pode reduzir o investimento contínuo nas pessoas e em outros recursos necessários para gerenciar esse hardware. As organizações podem solicitar o tipo e a capacidade de certos recursos de sistema de informação de seu provedor de computação em nuvem, pagar por isso continuamente e deixar que o provedor de serviço cuide do suporte e da manutenção do sistema.

Se as necessidades de computação de uma organização mudarem, ela pode solicitar que seu provedor de serviços de computação em nuvem forneça mais ou menos capacidade, com um aumento ou redução correspondente nas cobranças mensais. Isso evita longos atrasos (possivelmente meses) que podem ocorrer quando uma organização tenta adquirir seus próprios recursos. Essa flexibilidade pode aumentar a velocidade e reduzir os custos de lançamento de novos produtos e serviços. Uma organização pode adquirir rapidamente a maior capacidade de computação necessária para testar um novo produto ou serviço oferecido literalmente da noite para o dia. Se o teste for bem-sucedido, ainda mais capacidade de computação pode ser solicitada para dar suporte ao lançamento do novo produto ou serviço. Por outro lado, caso o teste seja malsucedido, a organização pode simplesmente solicitar que o provedor de serviços de computação em nuvem desative a capacidade adicional.

Os provedores de serviços de nuvem pública operam vários centros de dados distribuídos geograficamente. Eles também salvam várias cópias dos dados dos locatários em máquinas diferentes. Essa redundância garante que as informações dos locatários e o poder de processamento do provedor de serviços permaneçam disponíveis com o mínimo de interrupção. A continuidade das operações pode ser garantida mesmo no caso de um desastre natural atingir uma determinada região (por exemplo, um furacão), uma falha local de hardware ou software ocorrer em um dos centros de dados ou um software ou componente de hardware precisar ser atualizado ou substituído.

A Zulily, sediada em Seattle, é uma varejista on-line que vende roupas, brinquedos e produtos para o lar. Em 2018, a varejista mudou vários de seus principais processos de negócios para a plataforma de serviço de nuvem pública da Amazon para aprimorar a experiência de compra on-line de seus mais de 6 milhões de clientes ativos. A aprendizagem de máquina ajuda a Zulily a apresentar aos clientes uma experiência personalizada, e os dados estão no centro das operações da empresa. Ao mover vários de seus bancos de dados de produção para a nuvem, a Zulily obtêve maior tolerância a falhas e melhor desempenho — ambos essenciais para o sucesso contínuo da empresa. A empresa também está economizando milhares de dólares por mês com a computação em nuvem. Além disso, a mudança para a nuvem resultou em uma melhoria de desempenho de 30% a 40% para cada solicitação de dados dos bancos de dados on-line da empresa feita por meio de seu site e aplicativo móvel.[2]

Serviços de computação em nuvem

A computação em nuvem pública pode ser dividida em três tipos principais de serviços (ver Figura 8.2):

- **Infraestrutura como serviço (infrastructure as a service – IaaS)** é um modelo de sistema de informação no qual uma organização terceiriza o equipamento utilizado para suportar suas operações de processamento de dados, incluindo servidores, dispositivos de armazenamento e componentes de rede. O provedor de serviços possui o equipamento e é responsável por abrigá-lo, operá-lo e mantê-lo. A organização de terceirização pode pagar por uso ou mensalmente.

- **Plataforma como serviço (platform as a service – PaaS)** é um modelo de sistema de informação no qual os usuários recebem uma plataforma de computação, geralmente incluindo sistema operacional, ambiente de execução de linguagem de programação, serviços de banco de dados e um servidor da web. O usuário pode criar um aplicativo ou serviço usando ferramentas e/ou bibliotecas do provedor. O usuário também controla a implantação do software e as definições de configuração. O provedor de PaaS fornece os sistemas de rede,

infraestrutura como serviço (IaaS): Um modelo de sistema de informação no qual uma organização terceiriza o equipamento utilizado para suportar suas operações de processamento de dados, incluindo servidores, dispositivos de armazenamento e componentes de rede.

plataforma como serviço (PaaS): Um modelo de sistema de informação no qual os usuários recebem uma plataforma de computação, geralmente incluindo um sistema operacional, um ambiente de execução de linguagem de programação, serviços de banco de dados e servidor web.

servidor e armazenamento, além de outros serviços necessários para hospedar o aplicativo do consumidor. O PaaS permite que os desenvolvedores de aplicativos desenvolvam, testem e executem suas soluções de software em uma plataforma de nuvem sem o custo e a complexidade de comprar e gerenciar o hardware e o software subjacentes.

- **Software como serviço (software as a service – SaaS)** é uma abordagem de entrega de software que fornece aos usuários acesso ao software remotamente como um serviço baseado na web. O preço do SaaS é baseado em uma taxa mensal por usuário e normalmente resulta em custos mais baixos do que um aplicativo licenciado. Outra vantagem do SaaS é que, como o software é hospedado remotamente, os usuários não precisam comprar e instalar hardware adicional para fornecer maior capacidade. Além disso, o provedor de serviços cuida da manutenção e atualizações de software necessárias.

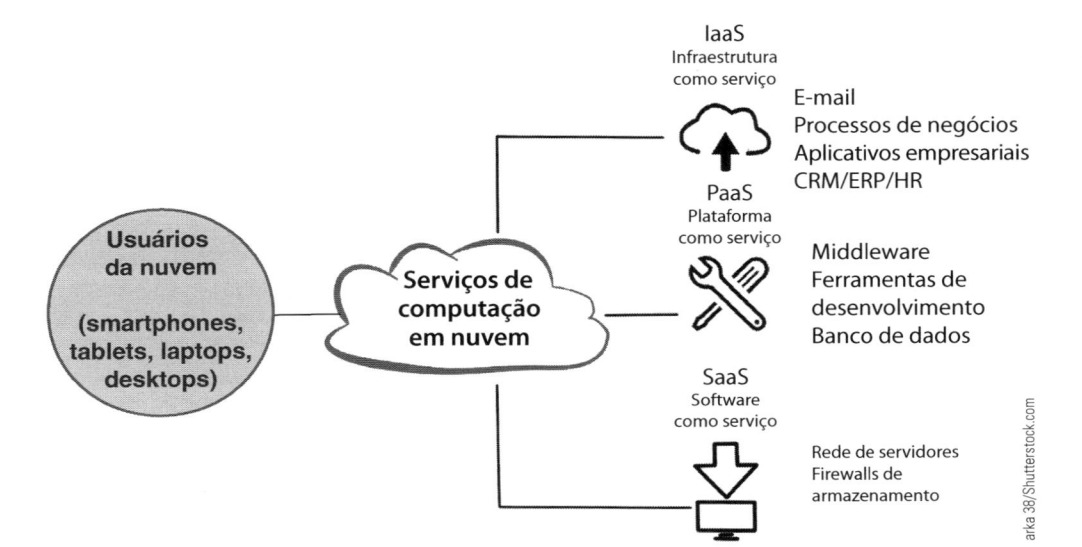

software como serviço (SaaS): Uma abordagem de entrega de software que fornece aos usuários acesso ao software remotamente como um serviço baseado na web.

FIGURA 8.2
Ambiente de computação em nuvem pública
A computação em nuvem pode ser dividida em três tipos principais de serviços: infraestrutura como serviço (IaaS), plataforma como serviço (PaaS) e software como serviço (SaaS).

Problemas da computação em nuvem pública

Embora a computação em nuvem pública ofereça os benefícios de custos reduzidos, capacidade de computação flexível e maior redundância em caso de desastre, as empresas que estão pensando em mudar para a nuvem são aconselhadas a agir com cuidado, pois as organizações costumam deparar-se com grandes desafios durante a transição. Os problemas comuns incluem arranjos de preços complexos, grandes variações no desempenho ao longo do tempo, segurança de dados inadequada e dependência do fornecedor.

Os arranjos de computação em nuvem podem ser longos e complexos e frequentemente estão sujeitos a mais de uma interpretação. As organizações são aconselhadas a empregar pessoal experiente nos setores jurídico, de compras e SI para revisar e modificar, quando necessário, o contrato padrão de um provedor de serviços em nuvem. Não fazer isso pode resultar em custos inesperados que reduzem a economia de custos esperada.

Os problemas de desempenho do provedor de serviços em nuvem podem resultar em grandes variações no desempenho ao longo do tempo e tempo de inatividade maior do que o esperado para os locatários. Os locatários contam com o provedor de serviços para fornecer a capacidade valiosa de aumentar ou diminuir rapidamente a quantidade de capacidade de computação disponibilizada para eles. A falha em responder rapidamente a uma solicitação de mudança de capacidade pode reduzir muito o valor da computação em nuvem. Além disso, os recursos de recuperação de desastres do provedor de serviços devem ser adequados para atender às necessidades de cada locatário. A perda de capacidade por mais do que alguns minutos pode ser desastrosa para os locatários que executam aplicativos de missão crítica na nuvem e pode impactar rapidamente a geração de receita e os recursos de atendimento ao cliente.

A segurança dos dados é outra preocupação importante ao utilizar um serviço de computação em nuvem pública, porque você depende de outra pessoa para proteger seus dados, que podem até residir no mesmo dispositivo de armazenamento que os dados de outra organização (talvez até mesmo de um concorrente). Todos esses problemas potenciais devem ser investigados completamente antes de entrar em um acordo de computação em nuvem pública. As organizações sujeitas a requisitos regulatórios complexos (por exemplo, organizações financeiras, de saúde e de utilidade pública) devem garantir que seus próprios processos e aplicativos — bem como os do provedor de nuvem — estejam em conformidade com esses regulamentos.

Um grande problema inicial que as organizações também devem considerar é a quantidade de esforço envolvida na mudança para a nuvem em primeiro lugar. Isso introduz o problema de dependência de fornecedor — ou seja, uma vez que uma organização tenha feito o esforço necessário para fazer a transição de sua infraestrutura e/ou dados para um provedor de nuvem pública, provavelmente ficará muito relutante em passar pelo demorado processo de migração de segunda vez, mesmo que surjam preocupações com o fornecedor com quem estão trabalhando. Por causa disso, as organizações devem escolher seu provedor de nuvem com sabedoria, pois é um relacionamento comercial com o qual a organização provavelmente precisará conviver em um futuro próximo.

Computação em nuvem privada

ambiente de computação em nuvem privada: Uma nuvem de um único locatário.

Um **ambiente de computação em nuvem privada** é uma nuvem de locatário único. As organizações que implementam uma nuvem privada geralmente o fazem porque temem que seus dados não fiquem seguros em uma nuvem pública. Uma organização pode estabelecer várias nuvens privadas com uma para finanças, outra para desenvolvimento de produtos e uma terceira para vendas, por exemplo. Cada nuvem privada tem um conjunto definido de recursos e usuários disponíveis, com cotas predefinidas que limitam a quantidade de capacidade que os usuários dessa nuvem podem consumir. As nuvens privadas podem ser divididas em dois tipos distintos. Algumas organizações constroem sua própria nuvem privada local e outras optam por ter um provedor de serviços que construa e gerencie sua nuvem privada (às vezes chamada de nuvem privada virtual). Ao considerar o custo total de propriedade, que inclui a plataforma de TI, aplicativos e serviços, muitas organizações descobriram que uma nuvem privada é comparável ou inferior ao custo total de um ambiente local, ao mesmo tempo que oferece benefícios, como ser capaz de trabalhar em qualquer lugar e em qualquer dispositivo. Algumas empresas descobriram que podem economizar mais de 70% em despesas de computação ao longo de cinco anos mudando para a nuvem.[3] Muitas complicações, no entanto, devem ser superadas — e habilidades técnicas profundas e software sofisticado são necessários — para construir e gerenciar com sucesso uma nuvem privada.

A Pfizer, líder global no setor farmacêutica, queria abordar como lidava com as necessidades de computação em horários de pico. A empresa encontrou uma solução na Amazon's VPC (Virtual Private Cloud), que foi configurada para aprimorar os sistemas de computação de alto desempenho da Pfizer e melhorar o desempenho durante os picos de demanda.[4] O Amazon VPC ofereceu à Pfizer níveis adicionais de segurança e capacidade de integração com a infraestrutura de tecnologia existente da empresa. A Pfizer agora usa o VPC para fornecer um ambiente seguro no qual realiza cálculos de pesquisa complexos. A função de agendador de tarefas do VPC gerencia a carga de trabalho e adiciona instâncias adicionais conforme necessário para atender à demanda. Como resultado, a Pfizer evitou a necessidade de alguns investimentos adicionais em hardware e software, o que liberou mais dinheiro para investir nas atividades de pesquisa e desenvolvimento da empresa.[5]

Computação em nuvem híbrida

Muitos observadores do setor de TI acreditam que o desejo por agilidade e segurança acabará levando muitas organizações a adotar uma abordagem de nuvem híbrida. Um **ambiente de computação em nuvem híbrida** é composto por nuvens públicas e privadas, integradas por meio de uma rede privada, conforme mostrado na Figura 8.3.

ambiente de computação em nuvem híbrida: Ambiente de computação em nuvem é composto de nuvens privadas e públicas integradas por meio de rede.

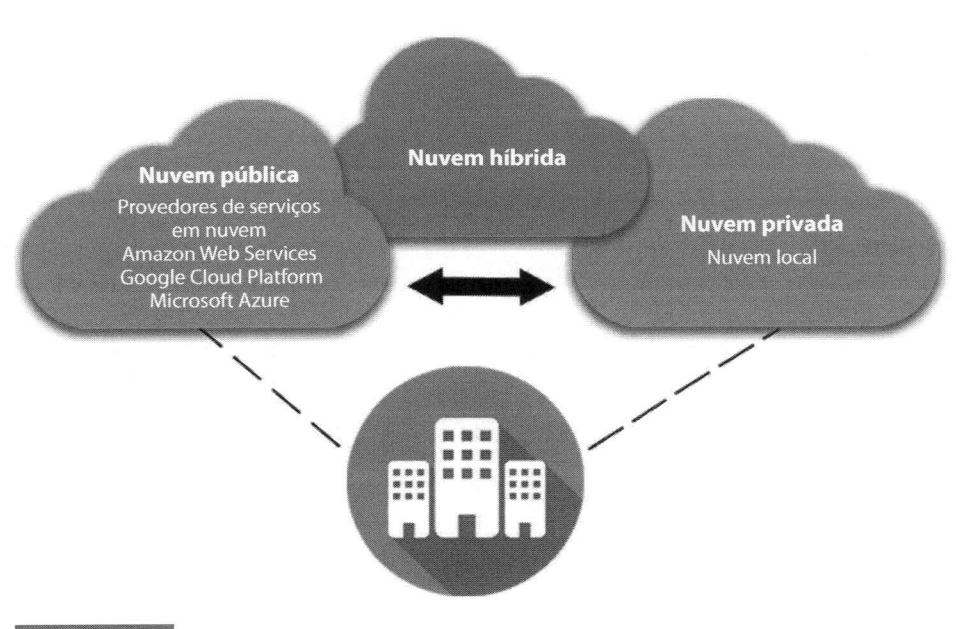

Nuvem pública
Provedores de serviços em nuvem
Amazon Web Services
Google Cloud Platform
Microsoft Azure

Nuvem híbrida

Nuvem privada
Nuvem local

FIGURA 8.3
Ambiente de nuvem híbrida
Fonte: *https://avinetworks.com/glossary/hybrid-cloud/*

A integração de dados entre aplicativos, incluindo dados de diferentes fornecedores ou localizados em diferentes centros de dados, é comum em ambientes de computação em nuvem. As organizações normalmente utilizam a nuvem pública para executar aplicativos com requisitos de segurança menos sensíveis e necessidades de capacidade altamente flutuantes, mas executam aplicativos mais críticos, como aqueles com requisitos de conformidade significativos, na parte privada de sua nuvem híbrida. Portanto, um hospital pode executar seus aplicativos de webconferência e e-mail em uma nuvem pública, enquanto executa seus aplicativos que acessam os registros dos pacientes em uma nuvem privada para atender à Lei de Responsabilidade e Portabilidade de Seguro de Saúde (*Health Insurance Portability and Accountability Act* – HIPAA) e outros requisitos de conformidade. A rede utilizada com uma nuvem híbrida deve fornecer uma conexão privada segura, confiável e de baixa latência entre os ambientes de nuvem pública e privada do usuário e qualquer local de negócios. A segurança é uma responsabilidade crítica compartilhada entre os provedores de rede, o provedor de nuvem e o usuário. Conforme as demandas de computação e processamento aumentam e diminuem, um ambiente híbrido permite que as empresas dimensionem sua infraestrutura de computação interna para a nuvem pública para lidar com qualquer demanda adicional de recursos. Dados e aplicativos podem ser compartilhados entre as duas nuvens, já que as organizações utilizam a nuvem pública para tarefas básicas enquanto mantêm dados e aplicativos confidenciais no local, protegidos por um firewall. As empresas pagam apenas pelos recursos adicionais que utilizam durante os horários de pico, em vez de ter que comprar, configurar e manter servidores adicionais necessários para lidar com demandas temporárias de computação. A computação em nuvem híbrida oferece flexibilidade, escalabilidade e economia com baixos riscos de segurança.[6]

Nuvem pública, nuvem privada local, nuvem privada virtual e nuvem híbrida são quatro formas principais de computação em nuvem. De acordo com o Relatório do Estado da Nuvem de 2019 da Flexera, cerca de 84% das empresas agora utilizam soluções multicloud, e as empresas com uma estratégia híbrida combinando nuvens públicas e privadas aumentaram para 58% em 2019. Estima-se que 91% utilizam nuvem pública, 72% utilizam nuvem privada hospedada e 69% utilizam pelo menos uma nuvem pública e uma privada. Menos de 10% das grandes organizações empregam apenas uma única nuvem pública e apenas cerca de 4% empregam uma única nuvem privada.[7,8]

Ao mudar para um ambiente multicloud, as organizações devem considerar o desempenho esperado de seus aplicativos, questões de segurança, conformidade regulamentar, requisitos de disponibilidade e economia total de custos.

Computação autonômica

Uma tecnologia que permite a computação em nuvem é a **computação autonômica** ou a capacidade dos sistemas de TI de se gerenciarem e se adaptarem às mudanças no ambiente de computação, nas políticas de negócios e nos objetivos operacionais. O objetivo da computação autonômica é criar sistemas complexos que funcionam sozinhos, enquanto mantém a complexidade do sistema invisível para o usuário final. A computação autonômica aborda quatro funções principais: autoconfiguração, autoconserto, auto-otimização e autoproteção. À medida que os ambientes de computação em nuvem se tornam cada vez mais complexos, o número de pessoas qualificadas necessárias para gerenciar esses ambientes também aumenta. Software e hardware que implementam computação autonômica são necessários para reduzir o custo geral de operação e gestão de ambientes complexos de computação em nuvem. Embora ela seja uma área emergente, produtos de software como o Tivoli da IBM estão parcialmente atendendo à necessidade.

computação autonômica: Capacidade dos sistemas de TI de se gerenciarem e se adaptarem às mudanças no ambiente de computação, nas políticas de negócios e nos objetivos operacionais.

Exercício de pensamento crítico

DoD implementa solução JEDI

▶ APLICAÇÃO

O Departamento de Defesa (Department of Defense – DoD) é responsável por coordenar e supervisionar todas as agências e funções do governo relacionadas diretamente com a segurança nacional e as Forças Armadas dos Estados Unidos. Tem um orçamento anual de US$ 716 bilhões e emprega 287 milhões de funcionários em serviços e 732 mil funcionários civis.[9]

O DoD atualmente depende de uma solução de armazenamento e computação local amplamente fragmentada, com centros de dados e instalações de computação localizadas em centenas de locais ao redor do mundo. Processos tediosos de gestão de dados e aplicativos são necessários para adicionar capacidade de computação e armazenamento, forçando o DoD a renunciar à nova capacidade de computação e armazenamento para atender às necessidades de novos programas do DoD ou se arrastar por um longo processo de aquisição, implementação e provisionamento.

O DoD propôs um programa Joint Enterprise Defense Infrastructure (JEDI) de dez anos e US$ 10 bilhões para mover sua capacidade de computação e armazenamento para a nuvem. O contrato foi elaborado para estabelecer a estratégia de tecnologia em nuvem para os militares nos próximos dez anos, à medida que começa a capitalizar as inovações mais recentes, como a internet das coisas (IoT), inteligência artificial e big data. O projeto JEDI será responsável por 20% dos gastos do DoD em serviços e infraestrutura em nuvem.[10]

O DoD gostaria que um único fornecedor de nuvem desenvolvesse sua nuvem corporativa porque acredita que essa é a melhor maneira de manter o foco e o controle de sua estratégia de nuvem. O DoD também acredita que tal abordagem aumenta a segurança, melhora a acessibilidade aos dados e simplifica sua capacidade de adotar e utilizar serviços em nuvem, mas ela é contrária à abordagem de muitas grandes organizações em todo o mundo que estão adotando soluções multicloud.

Em 2019, a mudança do DoD para a nuvem tornou-se mais complicada depois que a Oracle apresentou um protesto alegando que o processo de revisão da oferta favorece injustamente a Amazon, porque o DoD tem um contrato existente com a

Amazon Web Services (AWS) para fornecer serviços sigilosos de nuvem e infraestrutura, dando um domínio do vendedor no setor governamental. Tanto o DoD quanto o US Government Accountability Office rejeitaram esse argumento.[11]

Perguntas de revisão

1. Quais benefícios o DoD provavelmente obterá ao passar de uma solução de armazenamento e computação fragmentada e local para um ambiente de computação baseado em nuvem?
2. Quais são alguns dos problemas que o DoD enfrenta ao fazer essa mudança para a nuvem?

Questões de pensamento crítico

1. Quais são os prós e contras de adotar uma única solução de fornecedor de nuvem em comparação com o envolvimento de vários provedores de nuvem para atender às necessidades do DoD?
2. Pesquisar desenvolvimentos recentes no projeto DoD JEDI. Que lições as organizações podem aprender com o projeto DoD JEDI ao selecionar provedores de serviços em nuvem?

A internet das coisas (IoT)

A internet das coisas (IoT) é uma rede de objetos físicos ou "coisas" incorporadas com sensores, processadores, software e capacidade de conectividade de rede para permitir que eles troquem dados com o fabricante do dispositivo, operadores de dispositivo e outros dispositivos conectados (ver Figura 8.4).

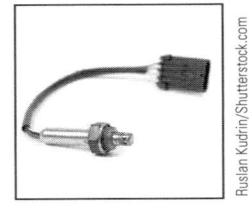

FIGURA 8.4
A internet das coisas
A IoT é uma rede de objetos físicos ou "coisas" incorporadas com sensores, processadores, software e capacidade de conectividade de rede para permitir que eles troquem dados com o fabricante do dispositivo, operadores de dispositivo e outros dispositivos conectados.

1. Sensores coletam dados
2. Dados são transmitidos pela rede
3. Dados de toda a IoT são coletados e armazenados frequentemente na nuvem
4. Os dados são combinados com outros dados de outros sistemas
5. Os dados são analisados para obter ideias sobre a operação de dispositivos na IoT
6. Alertas enviados a pessoas, sistemas empresariais ou dispositivos IoT baseados nesses insights

Um sensor é um dispositivo capaz de detectar algo ao seu redor, como pressão, temperatura, umidade, nível de pH, movimento, vibração ou nível de luz. O sensor detecta um evento, como uma mudança na temperatura ou umidade, e produz uma saída correspondente, geralmente um sinal elétrico ou óptico. Os sensores estão sendo instalados em uma variedade de máquinas e produtos, desde eletrodomésticos e garagens de estacionamento até roupas e produtos de mercearia. Para fazer realmente parte da IoT, esses dispositivos em rede precisam de endereços IP e uma conexão com a internet pública, o que permite que os dados sejam transmitidos para um banco de dados histórico operacional contendo dados de vários sensores. O banco de dados pode estar em um dispositivo de armazenamento de dados em uma sala de controle local, em um data center corporativo em outro estado ou a centenas de quilômetros de distância na nuvem. Os dados operacionais podem ser acessados pela internet e analisados pelos usuários em computadores pessoais ou dispositivos móveis. Atualizações, alertas ou mesmo ajustes automáticos podem ser enviados aos dispositivos na IoT com base nessa análise. A IoT leva a automação a um nível amplo e profundo — em que a interconectividade entre vários dispositivos existe de uma forma nunca antes vista.

Espera-se que o número de dispositivos conectados em todo o mundo continue a aumentar, conforme mostrado na Figura 8.5.

FIGURA 8.5
Número estimado de dispositivos conectados à IoT em todo o mundo

Fonte: "Internet of Things (IoT) connected devices installed base worldwide from 2015 to 2025 (in billions), Statistica, *https://www.statista.com/statistics/471264/iot-number-of-connected-devices-worldwide/*, acesso em 26 de outubro de 2018.

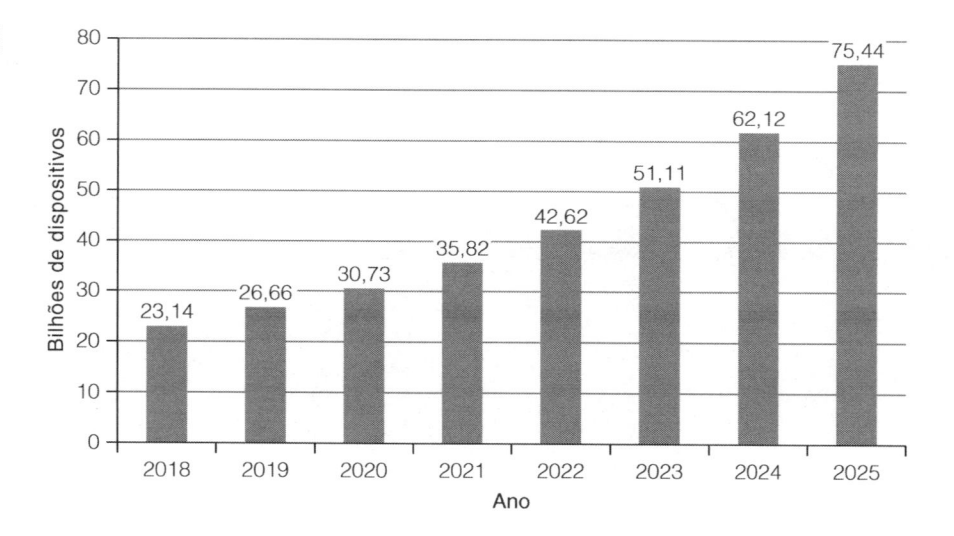

Ano	Bilhões de dispositivos
2018	23,14
2019	26,66
2020	30,73
2021	35,82
2022	42,62
2023	51,11
2024	62,12
2025	75,44

Exemplos de IoT

A tecnologia IoT está encontrando seu caminho em casas automatizadas, dispositivos vestíveis, cidades inteligentes e veículos autônomos, conforme descrito nos seguintes parágrafos:

- **Automação residencial.** Casas inteligentes estão se tornando mais populares à medida que as tecnologias capacitadoras tornam-se mais acessíveis e fáceis de configurar. Alto-falantes inteligentes, como Google Home e Amazon Alexa, se conectam à internet e respondem aos seus comandos de voz para realizar funções como revisar compromissos da agenda, realizar pesquisas, ouvir música por streaming, e ligar ou desligar luzes conectadas a tomadas inteligentes. A automação residencial em rede também permite que os usuários ajustem o termostato, monitorem um sistema de segurança residencial, liguem ou desliguem uma televisão ou outros aparelhos e ajustem janelas ou persianas usando aplicativos em seus smartphones.
- **Dispositivos vestíveis.** Os dispositivos vestíveis incluem sensores que podem coletar informações como sua localização e sinais vitais. Smartwatches (relógios inteligentes) rastreiam sua localização e permitem que você verifique e-mails, leia mensagens de texto e faça ligações. Monitores de condicionamento físico, como o Fitbit, podem monitorar sua frequência cardíaca e comunicar esses dados ao seu dispositivo móvel para terapia de biofeedback e monitoramento de exercícios. Provedores de serviços médicos, incluindo hospitais, seguradoras e empresas de dispositivos médicos, geralmente têm acesso a esses dados, tornando a precisão e a privacidade considerações importantes para os usuários de dispositivos vestíveis.
- **Cidades inteligentes.** A IoT também está influenciando o planejamento da cidade. Uma **cidade inteligente** usa dados de sensores combinados com inteligência artificial para melhorar sua infraestrutura e gerenciar com eficiência semáforos, usinas de energia, abastecimento de água, redes, uso de energia e outros recursos. Os sistemas de automação monitoram e melhoram

cidade inteligente: Cidades que utilizam dados de sensores combinados com inteligência artificial para melhorar a infraestrutura e gerenciar com eficiência semáforos, usinas elétricas, abastecimento de água, redes, uso de energia e outros recursos.

a iluminação e o ar condicionado em prédios de escritórios, e essas melhorias podem aumentar a produtividade do local de trabalho. Os sistemas de transporte inteligentes monitoram os padrões de tráfego e fornecem informações atualizadas aos motoristas, facilitando o deslocamento pela cidade. Lixeiras inteligentes colocadas nas ruas da cidade são equipadas com sensores que enviam uma notificação ao departamento de obras públicas da cidade quando estão cheias, agilizando as operações e economizando mão de obra e desgaste do veículo, já que as lixeiras só precisam ser esvaziadas quando estão cheias. Barcelona, na Espanha, foi nomeada a primeira "Cidade Inteligente" da Europa por causa de seu transporte público eficiente, uso de dados para monitorar tráfego e padrões de estacionamento e uso inovador de energia solar.

- **Veículos autônomos.** Os carros inteligentes têm sensores que capturam dados como localização do veículo e consumo de combustível e relatam essas informações ao celular do proprietário ou a um provedor de serviços. Outros sensores monitoram objetos nos pontos cegos do carro e na parte dianteira e traseira do carro para ajudar na direção ou no estacionamento. Os veículos que dirigem sozinhos dependem de mapas, informações de tráfego e dados meteorológicos armazenados na nuvem, juntamente com câmeras e sensores que coletam dados que os sistemas do veículo podem analisar rapidamente para determinar quando ele deve acelerar, desacelerar, mudar de faixa ou virar. A Tesla e o Google foram pioneiros no desenvolvimento de veículos autônomos.

Habilitando a conectividade com 5G

5G (5ª geração): Última geração de comunicações móveis, apresentando altas velocidades de transferência de dados em altas frequências com latência mínima e exigindo baixa energia.

Os avanços na tecnologia 5G estão mudando como os consumidores e as grandes empresas utilizam a IoT. **5G (5ª geração)** é a última geração de comunicações móveis, apresentando altas velocidades de transferência de dados em altas frequências com latência mínima (atrasos no tempo de resposta) e exigindo baixo consumo de energia. O 5G usa ondas milimétricas, uma banda de frequência mais alta do espectro sem fio, que permite que os dados sejam transferidos a taxas mais rápidas do que as bandas de frequência mais baixas utilizadas por redes 4G. No entanto, como os sinais de ondas milimétricas não viajam tanto quanto os sinais 4G, as operadoras devem colocar as antenas 5G mais próximas do que era necessário para as gerações anteriores de redes sem fio.

O 5G permite que muitos dispositivos transmitam dados rapidamente para a nuvem, onde podem ser armazenados ou analisados, e a tecnologia possibilitará novos serviços que podem transformar setores, como realização de cirurgia remota, streaming de filmes de alta definição, operação de drones para entrega de suprimentos médicos e condução de operações de segurança e vigilância.[12] Os carros autônomos contarão com 5G para seus sensores, que interagem com outros carros na estrada e processam informações de tráfego e mapeamento em tempo real. Smartphones operando em redes 5G oferecerão suporte a experiências imersivas aprimoradas com realidade aumentada e virtual.

As principais operadoras de telefonia móvel dos Estados Unidos estão investindo bilhões de dólares para atualizar suas redes para oferecer suporte à conectividade 5G. As implementações controladas começaram nas principais cidades em 2019 e a disponibilidade deve aumentar rapidamente nos anos subsequentes.[13]

A Tabela 8.1 fornece alguns antecedentes históricos mostrando os desenvolvimentos em tecnologia de rede que conduzem a redes 5G.[14]

TABELA 8.1 Desenvolvimentos que levam a capacidades de rede 5G

Geração	Ano de introdução	Capacidades	Velocidade
1G	1986	Chamadas de voz analógicas em telefones celulares	2,4 kb/s
2G	1991	Voz digital, mensagens de texto	64 kb/s
3G	2001	Dados móveis, conectividade com a internet	2 MB/s
4G/LTE	2011	Velocidades aprimoradas com capacidade de streaming de vídeo em banda larga	100 MB/s
5G	2020	Transferência rápida de dados, com latência mínima e capacidade de conectar muitos dispositivos IoT	1–10 Gbps

Benefícios de negócios da IoT

A aplicação da IoT pode trazer quatro benefícios principais para uma organização:

1. **Reduzir custos para obter uma vantagem competitiva.** Os fabricantes podem utilizar dispositivos IoT para monitorar o equipamento de produção e minimizar o tempo de inatividade, prevendo falhas e programando a manutenção preventiva necessária. Sensores habilitados para IoT em equipamentos, como uma linha de transporte, podem alertar o pessoal do chão de fábrica sobre problemas em tempo real. Os dados também podem ser analisados para descobrir padrões que permitem aos técnicos prever possíveis falhas ou reimplantar recursos de uma maneira mais otimizada. As organizações também podem reduzir os custos de energia usando IoT e sistemas de edifícios inteligentes para monitorar e controlar o uso desnecessário de sistemas elétricos. Os dispositivos IoT podem ajudar as indústrias a avaliar com precisão a demanda e gerenciar com eficiência vários estágios de produção por meio do monitoramento em tempo real de peças e matérias-primas.
2. **Aprofundar a compreensão da organização sobre as preferências e comportamentos do consumidor.** A chave para o sucesso de qualquer negócio, especialmente no setor de bens de consumo e varejo, é entender as preferências e o comportamento do cliente. Os dispositivos IoT podem coletar, monitorar e analisar dados de vigilância por vídeo, mídia social, dispositivos móveis e uso da internet. Com esses dados, os analistas de marketing podem prever preferências e tendências, para que a empresa possa projetar produtos e oferecer serviços personalizados de valor agregado a fim de melhor engajamento do cliente, com o objetivo de reter os consumidores-alvo e fomentar a fidelidade à marca.
3. **Melhorar a experiência e o atendimento ao cliente.** Um atendimento superior ao cliente é um fator-chave para garantir o sucesso de qualquer serviço. Leitores de cartão móveis que podem conectar-se a smartphones para processar transações e monitores inteligentes que permitem que os consumidores acompanhem seus produtos enviados podem melhorar a experiência do cliente e a satisfação geral. Por exemplo, os sensores de IoT são utilizados extensivamente no setor de serviços públicos para capturar dados operacionais a fim de atingir o tempo de atividade 24 horas por dia, sete dias por semana. Os dados do sensor são analisados cuidadosamente para prever quando peças críticas do equipamento ou linhas de energia estão prestes a falhar a fim de que uma ação corretiva antecipada e rápida possa ocorrer antes de qualquer falha.
4. **Melhorar a segurança no local de trabalho.** Os dispositivos IoT podem ajudar os empregadores a garantir a segurança do trabalhador e aumentar a segurança geral do local de trabalho. Com sensores embarcados em capacetes de segurança e pulseiras, os trabalhadores em ambientes de alto risco, como mineração, indústria pesada e construção podem ser monitorados continuamente para proteção contra possíveis acidentes de trabalho e exaustão. As organizações podem empregar câmeras de vigilância por vídeo e travas inteligentes para monitorar as instalações do escritório e garantir a proteção de ativos importantes.

Tipos de aplicativos IoT

Os aplicativos IoT podem ser classificados em um dos quatro tipos, conforme mostrado na Tabela 8.2.

Considere os seguintes exemplos dos quatro tipos básicos de aplicativos IoT:

- **Conectar e monitorar.** Os fabricantes de alimentos e medicamentos podem monitorar os contêineres de remessa quanto a mudanças nas temperaturas que podem afetar a qualidade e a segurança do produto usando sensores baratos alimentados por bateria e conectividade 4G LTE ou 5G.
- **Controlar e reagir.** Os varejistas utilizam sensores para detectar o comportamento dos clientes na loja, permitindo que eles otimizem a experiência de compra a fim de aumentar a receita e a participação no mercado. Os dados de streaming de sensores são analisados junto a outras informações, incluindo dados de estoque, bate-papo de mídia social e perfis de usuários de compras on-line, para enviar ofertas personalizadas aos compradores enquanto eles estão no processo de tomada de decisão de compra.

TABELA 8.2 Tipos de aplicativos IoT

Tipo de aplicativo IoT	Grau de detecção	Grau de ação
Conectar e monitorar	Cada dispositivo individual coleta uma pequena quantidade de dados	Permite o monitoramento manual usando alertas de exceção simples baseados em limites
Controlar e reagir	Cada dispositivo individual coleta uma pequena quantidade de dados	Monitoramento automático combinado com controle remoto com análise de tendências e relatórios
Prever e adaptar	Os dados externos são utilizados para aumentar os dados do sensor	Dados utilizados para realizar análises preditivas e iniciar ações preventivas
Transformar e explorar	Dados do sensor combinados com dados externos são utilizados para fornecer novos insights	Novos modelos de negócios, produtos e serviços são criados

- **Prever e adaptar.** A Compology é uma empresa que fornece software de monitoramento de lixeira para transportadores de lixo a fim de otimizar suas operações e melhorar o atendimento ao cliente. O software é alimentado por sensores baseados em câmeras e dispositivos GPS que rastreiam a carga, localização e movimento do contêiner de lixo. Os motoristas são equipados com tablets com aplicativos customizados que fornecem dados em tempo real sobre os contêineres de lixo que precisam de atendimento, bem como os caminhos mais rápidos para fazê-lo.[15]
- **Transformar e explorar.** Organizações esclarecidas aplicam análises aos fluxos de dados coletados por dispositivos IoT — mesmo antes de os dados serem armazenados para análise pós-evento. Isso permite que os trabalhadores detectem padrões e problemas potenciais à medida que ocorrem e façam os ajustes apropriados na operação dos dispositivos sendo medidos. Por exemplo, sensores embarcados em motores de aeronaves General Electric (GE) coletam cerca de 5 mil pontos de dados individuais por segundo. Esses dados são analisados enquanto a aeronave está em voo para ajustar o desempenho da aeronave, reduzindo assim o consumo de combustível. Os dados também são utilizados para planejar a manutenção preditiva dos motores com base no desgaste dos componentes do motor. Essa tecnologia ajudou a GE a ganhar US$ 1 bilhão em receita incremental, proporcionando melhorias de desempenho, menos tempo de inatividade e mais milhas de voo.[16]

Problemas potenciais com aplicativos IoT

Infelizmente, pode haver muitos problemas com o recebimento e a usabilidade dos dados do sensor. Às vezes, um sensor com defeito ou uma conexão de rede ruim resulta na perda de dados ou na falta de um registro de data/hora indicando quando a leitura ocorreu. Como resultado, os dados do sensor podem estar incompletos ou conter valores inconsistentes, indicando uma falha potencial do sensor ou uma queda na rede. Os desenvolvedores de sistemas IoT devem estar preparados e ser capazes de detectar dados de sensor com defeito.

A segurança é um problema muito importante com os aplicativos IoT. No ambiente industrial de hoje, a rede da fábrica é um ambiente fechado projetado para se comunicar com os sensores e dispositivos da fábrica, mas não normalmente com o mundo externo. Portanto, há uma decisão importante que as organizações devem tomar ao considerar a implementação de uma IoT: Os benefícios de fazer isso são suficientes para superar o risco de tornar as informações detalhadas da empresa acessíveis através da internet e expor os sistemas internos a hackers, vírus e malware destrutivo? Os hackers que obtêm acesso à IoT de uma organização podem roubar dados, transferir dinheiro de contas e fechar sites. Eles também podem causar estragos físicos ao adulterar a infraestrutura crítica, como sistemas de controle de tráfego aéreo, dispositivos de saúde, redes de energia e sistemas de controle de supervisão e aquisição de dados (Supervisory Control and Data Acquisition – SCADA). Uma das primeiras coisas nas quais os desenvolvedores de aplicativos IoT devem se concentrar é na implantação de segurança desde o início. Isso precisa incluir maneiras de atualizar o sistema com segurança.

Exercício de pensamento crítico

Indústria avalia a conversão para a internet das coisas (IoT)

▶ PENSAMENTO REFLEXIVO

Tradicionalmente, os prêmios de seguro de automóveis são definidos com base no tipo de veículo e na demografia do motorista. Como resultado, os jovens motoristas pagam prêmios muito mais elevados. Diversas seguradoras de automóveis estão agora empregando sensores automotivos de baixo custo com a capacidade de fornecer dados em tempo real e avanços em técnicas de modelagem matemática para melhorar seus modelos de avaliação de risco. Os sensores podem registrar grandes quantidades de dados relacionados ao veículo e ao motorista. As seguradoras e os segurados podem utilizar esses dados para julgar o risco com base em critérios muito mais individuais do que jamais antes.

A sua seguradora ofereceu a opção de instalar um pequeno dispositivo telemático na porta de diagnóstico do seu carro. Esse dispositivo registra dados como velocidade do veículo, distância percorrida, hora do dia e taxa de aceleração e frenagem. Ao analisar esses dados, a seguradora pode determinar o estilo do motorista e ajustar o prêmio conforme necessário. Embora nenhuma garantia tenha sido feita, seu corretor diz que existe a possibilidade de que seu prêmio possa ser reduzido.

Perguntas de revisão

1. Qual dos quatro tipos de aplicativo IoT esse dispositivo representa?
2. Que preocupações de segurança podem surgir com o uso desse dispositivo?

Questões de pensamento crítico

1. Que benefícios adicionais podem ser obtidos com o uso desse dispositivo?
2. Se você tivesse acesso a um dispositivo telemático, você o usaria em seu carro em troca de prêmios de seguro potencialmente menores? Como o uso desse dispositivo afeta sua privacidade?

Resumo

Princípio:

A computação em nuvem fornece acesso a tecnologia de ponta por uma fração do custo de propriedade e sem os longos atrasos que podem ocorrer quando uma organização tenta adquirir seus próprios recursos.

A computação em nuvem se refere a um ambiente de computação no qual o software e o armazenamento são fornecidos como um serviço de internet e podem ser acessados pelos usuários com seu navegador da web. As atividades de computação estão cada vez mais sendo distribuídas pela internet, em vez de softwares instalados em PCs.

A computação em nuvem oferece três benefícios principais — custos reduzidos, capacidade de computação flexível e maior redundância em caso de desastre.

Um provedor de serviços em nuvem pode fornecer capacidades crescentes de computação, rede e armazenamento sob demanda, sem exigir qualquer investimento de capital por parte dos usuários da nuvem. A computação em nuvem também pode reduzir o investimento contínuo em pessoas e outros recursos necessários para gerenciar o hardware. Os provedores de serviços em nuvem operam vários centros de dados espalhados geograficamente e salvam várias cópias dos dados dos locatários em máquinas diferentes.

A computação em nuvem pode ser implementada de várias maneiras diferentes, incluindo computação em nuvem pública, computação em nuvem privada e computação em nuvem híbrida.

Em um ambiente de computação em nuvem pública, um provedor de serviços possui e gerencia a infraestrutura (incluindo rede de computação, dispositivos de armazenamento e pessoal de suporte) e as empresas dos usuários da nuvem (chamadas locatários) acessam fatias de recursos compartilhados através da internet. Em uma implantação de nuvem privada, a tecnologia de nuvem é utilizada dentro dos limites de uma rede privada. As organizações que implementam uma nuvem privada geralmente o fazem porque temem que seus dados não fiquem seguros em uma nuvem pública.

Uma nuvem híbrida é composta por nuvens privadas e públicas integradas por meio de rede. As organizações normalmente utilizam a nuvem pública para executar aplicativos com requisitos de segurança menos sensíveis e necessidades de capacidade altamente flutuantes, enquanto executam aplicativos mais críticos, como aqueles com requisitos de conformidade significativos, na parte privada de sua nuvem híbrida.

A maioria das organizações implementa uma estratégia multicloud para equilibrar o alto desempenho do aplicativo, questões de segurança, conformidade regulamentar, requisitos de disponibilidade e custos totais. A computação autonômica é uma tecnologia capacitadora para a computação em nuvem que permite que os sistemas se gerenciem e se adaptem às mudanças no ambiente de computação, nas políticas de negócios e nos objetivos operacionais.

A computação em nuvem pode ser dividida em três tipos principais de serviços: infraestrutura como serviço (IaaS), software como serviço (SaaS) e plataforma como serviço (PaaS).

As organizações que estão pensando em mudar para a nuvem são aconselhadas a proceder com cuidado, já que quase uma em cada três organizações encontra grandes desafios ao fazer a transição para a nuvem. Os problemas comuns incluem arranjos de preços complexos e custos ocultos que reduzem as economias de custo esperadas, problemas que causam grandes variações no desempenho ao longo do tempo, segurança de dados inadequada, suporte ao usuário insatisfatório e tempo de inatividade maior do que o esperado.

Princípio:

As organizações estão usando a internet das coisas (IoT) para capturar e analisar fluxos de dados do sensor a fim de detectar padrões e anomalias — não após o fato, mas enquanto eles estão ocorrendo — a fim de ter um impacto considerável no resultado do evento.

A internet das coisas (IoT) é uma rede de objetos físicos ou "coisas" incorporadas com sensores, processadores, software e capacidade de conectividade de rede que permitem que eles troquem dados com o fabricante do dispositivo, operadoras do dispositivo e outros dispositivos conectados.

As organizações que implementaram soluções de IoT encontraram quatro benefícios principais: custos reduzidos, uma compreensão mais profunda das preferências e comportamentos do consumidor, atendimento e experiências aprimoradas ao cliente e segurança no local de trabalho aprimorada.

À medida que as redes 5G continuam a evoluir, elas permitirão transferência rápida de dados e maior capacidade de conectar muitos dispositivos IoT que têm o potencial de transformar setores por meio de novos serviços que antes não eram possíveis.

Os tipos de aplicativos IoT incluem conectar e monitorar e controlar e reagir, em que cada dispositivo individual coleta uma pequena quantidade de dados; prever e adaptar, em que os dados externos aumentam os dados do sensor; e transformar e explorar, em que os dados do sensor combinados com dados externos são utilizados para fornecer novos insights, permitindo a criação de novos modelos de negócios, produtos e serviços.

Termos-chave

5G (5ª geração)
computação autonômica
computação em nuvem
e-discovery (descoberta eletrônica)
ambiente de computação em nuvem híbrida
infraestrutura como serviço (IaaS)

plataforma como serviço (PaaS)
ambiente de computação em nuvem privada
ambiente de computação em nuvem pública
cidade inteligente
software como serviço (SaaS)
ferramentas de virtualização

Teste de Autoavaliação

A computação em nuvem fornece acesso a tecnologia de ponta por uma fração do custo de propriedade e sem os longos atrasos que podem ocorrer quando uma organização tenta adquirir seus próprios recursos.

1. Três abordagens comumente utilizadas para computação em nuvem são computação em nuvem pública, computação em nuvem privada e computação em nuvem _____.
2. A computação em nuvem pública oferece três benefícios principais para as organizações, incluindo _____.
   a. custos reduzidos, maior privacidade e segurança de dados e dependência de fornecedor.
   b. capacidade de computação flexível, ausência de problemas de desempenho e maior redundância em caso de desastre.
   c. ausência de problemas de desempenho, custos reduzidos e dependência do fornecedor.
   d. maior redundância em caso de desastre, custos reduzidos e capacidade de computação flexível.
3. Os problemas comuns encontrados na mudança para a computação em nuvem pública incluem arranjos de preços complexos, problemas de desempenho, segurança de dados inadequada e _____.
4. Um ambiente de computação em nuvem privada pode fornecer mais segurança de dados do que um ambiente de computação em nuvem pública. Verdadeiro ou falso?

As organizações estão usando a internet das coisas (IoT) para capturar e analisar fluxos de dados do sensor no intuito de detectar padrões e anomalias — não após o fato, mas enquanto eles ocorrem — a fim de ter um impacto considerável no resultado do evento.

5. A conectividade de rede não é necessária para objetos com sensores a fim de trocar dados com outros dispositivos conectados. Verdadeiro ou falso?
6. Um sensor com defeito ou uma conexão de rede ruim podem resultar em _____ ou na falta de um registro de data/hora indicando quando a leitura ocorreu.
7. Uma das primeiras coisas em que os desenvolvedores de aplicativos IoT devem se concentrar na implantação de _____ desde o início.
   a. redundância e backup
   b. controles de custos
   c. segurança
   d. recuperação de desastre

Respostas do teste de autoavaliação

1. híbrida
2. d
3. dependência do fornecedor
4. Verdadeiro
5. Falso
6. perda de dados
7. c

Questões de revisão e discussão

1. O que é computação em nuvem? Identifique três abordagens para implantar a computação em nuvem.
2. Soluções de escritório baseadas em nuvem, incluindo ferramentas de produtividade, colaboração e comunicação, têm sido amplamente utilizadas desde que foram apresentadas aos consumidores. Identifique vários fatores que as organizações devem considerar ao implementar essas ferramentas em toda a empresa.
3. O que é computação autonômica e como ela beneficia a computação em nuvem? O que é a internet das coisas (IoT) e como ela é utilizada?
4. Identifique alguns dos problemas e preocupações associados à conexão de dispositivos à internet das coisas (IoT).
5. Identifique e discuta brevemente quatro problemas encontrados com frequência por organizações que migram para a nuvem.
6. Identifique vários benefícios que as empresas podem experimentar ao migrar para a nuvem.
7. Identifique os quatro tipos de aplicativos IoT e dê um exemplo de cada um.
8. Resuma e discuta os prós e os contras dos diferentes modelos de computação em nuvem.

Exercícios de tomada de decisão de negócio

1. Você trabalha para um escritório de advocacia de médio porte e seu chefe pediu que você pesquisasse os serviços de computação em nuvem Amazon Web Services (AWS), Google Compute Engine e Windows Azure. Escreva um parágrafo resumindo cada serviço. Prepare uma planilha para comparar os três serviços com base na facilidade de uso, custo e outros critérios-chave de sua escolha. Com base em suas descobertas, qual provedor de serviços você recomendaria para sua empresa?

2. Você foi contratado para desenvolver um plano a fim de melhorar o fluxo de tráfego, gestão de resíduos, segurança e outros serviços municipais em uma grande área urbana. Descreva as abordagens, tecnologias de IoT ou soluções de rede que você pode propor para criar uma "cidade inteligente" que permitirão que entidades governamentais usem os dados coletados a fim de tomar decisões melhores e mais bem fundamentadas.

Trabalho em equipe e atividades de colaboração

1. Forme uma equipe para identificar sensores IoT em alta demanda no setor de dispositivos médicos/farmacêuticos/biomédicos. Como esses sensores estão sendo utilizados? Quais empresas os fabricam? Quanto custam se forem comprados em grandes quantidades? Escreva um resumo das descobertas de sua equipe.

2. Forme uma equipe para planejar uma visita a uma cidade que foi considerada uma "cidade inteligente". Cada membro da equipe deve pesquisar uma iniciativa que a cidade tomou em áreas como sustentabilidade, segurança pública, transporte e outros fatores influenciados pelos desenvolvimentos da IoT. Prepare uma apresentação digital usando uma ferramenta baseada em nuvem como Pinterest, PowerPoint On-line ou Google Slides para compartilhar suas descobertas com sua equipe.

3. Você é o CIO de uma empresa startup "FinTech" (serviços financeiros/tecnologia) que atualmente tem 12 funcionários e espera crescer para 50 funcionários até o final do ano. Forme uma equipe para pesquisar e recomendar um serviço de escritório baseado em nuvem, como o Office 365 ou o G Suite para a empresa. Prepare seu relatório com a equipe usando uma ferramenta baseada em nuvem, como Google Docs ou Word On-line, e se você tiver acesso ao G Suite ou ao Microsoft Teams, use uma dessas ferramentas para facilitar sua colaboração.

Exercícios de carreira

1. Você trabalha para uma pequena empresa imobiliária que está considerando a migração de uma infraestrutura de tecnologia local para uma hospedada na nuvem. Que benefícios você pode identificar quando uma empresa imobiliária muda para a nuvem? Quais tecnologias e plataformas de nuvem você pode pesquisar? Que informações você gostaria de saber antes de recomendar se uma arquitetura de nuvem pública, híbrida ou privada é apropriada? Quais treinamentos, certificações ou experiências de trabalho anteriores você pode procurar se precisar de treinamento adicional para orientar a mudança da empresa para a nuvem?

2. A TechWatch é uma empresa de IoT que cria novas soluções de consumo para automação residencial e dispositivos vestíveis. Escreva descrições de cargos para uma posição de nível básico, bem como uma posição mais sênior que a empresa possa postar no monster.com ou outro site de lista de empregos a fim de recrutar candidatos. Descreva as responsabilidades do cargo, a experiência e a formação exigidas e as possíveis faixas salariais em sua área.

Estudo de caso

▶ GLOBAL

A Coca-Cola se beneficia da IoT

A Coca-Cola Company lidera um sistema de franquia mundial baseado em engarrafadores locais. Seus muitos sabores de Coca — além da Fanta, Powerade, Dr. Pepper e Sprite — são apreciados em todo o mundo. Coletivamente, a Coca-Cola tem mais de 100 mil funcionários nos Estados Unidos, cerca de 70 engarrafadores independentes da Coca-Cola nos Estados Unidos e outros 225 parceiros de engarrafamento em todo o mundo. A Coca-Cola fabrica e vende concentrados, bases para bebidas e xaropes para os engarrafadores. Ele também possui as marcas e é responsável por iniciativas de marketing de marcas de consumo.

Os parceiros de engarrafamento da Coca-Cola trabalham em estreita colaboração com as empresas locais, incluindo parques de diversões, lojas de conveniência, mercearias, cinemas, restaurantes e vendedores ambulantes, para executar estratégias localizadas desenvolvidas em parceria com a Coca-Cola. Esses pontos de venda vendem refrigerantes da marca Coca-Cola aos consumidores a uma taxa de mais de 1,9 bilhão de porções por dia. Essa abordagem permitiu à Coca-Cola criar um alcance global com foco local.

Nos últimos anos, a Coca-Cola tem desenvolvido refrigeradores inteligentes conectados à IoT que fornecem dados que a empresa espera que melhorem a produtividade e aumentem as vendas nos pontos de venda locais. Essas unidades de refrigeração, que vendem e dispensam produtos da Coca-Cola, estabelecem conexões de rede seguras com uma plataforma IoT baseada em nuvem sobre a qual os dados podem ser processados e analisados. Os refrigeradores, que a Coca-Cola testou pela primeira vez na Bulgária em 2015, estão atualmente sendo testados em redes varejistas menores em Chicago e Dallas, e espera-se que forneçam à empresa, aos engarrafadores e a varejistas vários benefícios.

Um resfriador conectado à IoT captura e relata dados como temperatura do produto, ciclos do compressor e consumo de energia que podem ser utilizados para acionar a manutenção preventiva e evitar interrupções do resfriador. Por exemplo, os varejistas podem identificar um compressor que está funcionando continuamente e trabalhar para resolver o problema rapidamente. Os dados dos refrigeradores habilitados para IoT também identificarão os locais mais movimentados e as bebidas mais populares, ajudando os varejistas a definir com precisão os níveis de estoque e calcular a lucratividade da máquina. Câmeras e sensores podem monitorar aberturas de portas mais frias e movimento de produtos para otimizar as vendas. Por exemplo, os varejistas podem descobrir que dois grandes refrigeradores de uma porta têm menos atividade combinada do que um pequeno resfriador de uma porta. Os refrigeradores conectados também permitirão que os varejistas detectem mudanças nos padrões dos consumidores que podem ser vinculados aos números diários de vendas, promoções e mudanças no local ou na temperatura do resfriador.

A Coca-Cola Company fez parceria com as empresas de tecnologia AirWatch, SAP e Salesforce para testar o uso desses refrigeradores em mercados selecionados. A Coca-Cola está propositalmente começando devagar, lançando partes do programa e incluindo equipes de vendas de treinamento para garantir que o fluxo de dados correto seja feito antes de uma expansão mais ampla. O sucesso do piloto será determinado pela capacidade dos refrigeradores conectados de ajudar na manutenção preventiva do equipamento, na otimização de estoque e na comunicação personalizada com o cliente.

A Coca-Cola Hellenic Bottling Company (Coca-Cola HBC) é uma das maiores engarrafadoras do mundo para a Coca-Cola Company. Possui operações na Rússia, na Nigéria e em 26 países da Europa, atendendo a cerca de 595 milhões de consumidores. A Coca-Cola HBC está adotando uma abordagem muito mais agressiva para implantar refrigeradores conectados, fazendo parceria com a Atos Codex (uma empresa europeia de serviços de TI), eBest IoT e Microsoft. No final de 2018, a Coca-Cola HBC implantou mais de 300 mil unidades de refrigeração. Ao adicionar sensores e câmeras IoT aos refrigeradores, o software de inteligência artificial pode processar os dados recebidos dos sensores e câmeras em tempo real e, em seguida, recomendar processos para agilizar o estoque, identificar refrigeradores com falha, melhorar a otimização de ativos e prever os níveis de estoque. As vendas da Coca-Cola HBC aumentaram 10% como resultado do projeto piloto.

Os refrigeradores inteligentes também permitem a interação de proximidade com o uso de aplicativos móveis, permitindo que a Coca-Cola HBC se envolva com os clientes em tempo real, oferecendo descontos personalizados e promoções perto do cliente. No longo prazo, prevê Atos, a tecnologia conectará toda a frota de 1,6 milhão de refrigeradores da Coca-Cola HBC.

Questões de pensamento crítico

1. Como a Coca-Cola Company e/ou seus engarrafadores podem utilizar refrigeradores conectados para interagir com os clientes em tempo real? Que vantagens esse recurso pode oferecer?
2. Os muitos engarrafadores da Coca-Cola em todo o mundo podem empregar diferentes parceiros de tecnologia e diferentes soluções de tecnologia para implementar os refrigeradores conectados. Eles provavelmente implementarão a tecnologia em diferentes períodos de tempo. Essa falta de padronização prejudicará o sucesso dessa iniciativa?
3. É necessário compartilhar os dados coletados dos vários engarrafadores? Que problemas podem surgir ao tentar compartilhar esses dados?

FONTES: "Intelligent Equipment: Global Connected Coolers", Coke Solutions, 10 de janeiro de 2017, https://www.cokesolutions.com/equipment/articles/intelligent-equipment-global-connected-coolers; Svetlana Pyatakova, "4 Real-Life IoT Examples Proven to Transform Business", Itransition, 9 de junho de 2018, https://www.itransition.com/blog/4-real-life-iot-success-cases-proven-to-transform-business; Jay Moye, "Connected Coolers: How the 'Internet of Things' is Powering Coke's Fleet of Cold Drink Equipment", Coca-Cola Company, 20 de março de 2018, https://www.coca-colacompany.com/stories/connected-coolers-how-the-internet-of-things-is-powering-coke-s-fleet-of-cold-drink-equipment; Tim Cole, "Atos and Coca-Cola Are Turning Connected Cooler Data into Valuable Business Insights", *Smart Industry*, 12 de julho de 2018, https://www.smart-industry.net/atos-and-coca-cola-turning-connected-cooler-data-into-valuable-business/; Claire Swedberg, "Coca-Cola Hellenic Bottling Co. Achieves 10 Percent Sales Boost with IoT-Based Coolers", *RFID Journal*, 10 de outubro de 2018, https://www.rfidjournal.com/purchase-access?type=Article&id=17903&r=%2Farticles%2Fview%3F17903.

Notas

Fontes da vinheta de abertura: Jeffrey Mann, "The Most Common Justifications for a Move to Cloud Office", Gartner, 6 de dezembro de 2018, https://www.gartner.com/document/3895165?ref=solrAll&refval=223408025&qid=aec90bd8f48a4da65ccb0; Chris Singleteon, "Office 365 Vs G Suite (2019)—Which Is Best For Your Business?", 14 de maio de 2019, StyleFactory, https://www.stylefactoryproductions.com/blog/office-365-vs-google-apps; Dan Gallagher, "Amazon's Cloud Hasn't Obscured Microsoft", *Wall Street Journal*, 7 de dezembro de 2018; "Behind the Shift", *Forbes*, 30 de abril de 2019, https://www.forbes.com/sites/microsoft365/2019/04/30/behind-the-shift/; Joe Davies, Denise Vangel, and Robert Mazzoli, "Deploy Office 365 Enterprise for Your Organization", Microsoft, 20 de maio de 2019, https://docs.microsoft.com/en-us/office365/enterprise/setup-overview-for-enterprises; Ian Barker, "Bitglass 2018 Report: Cloud Security Adoption Trails Cloud Usage,

Leaving Two Thirds of Organizations Vulnerable", BitGlass, 30 de maio de 2018, *https://www.bitglass.com/press-releases/bitglass-2018-report-cloud-security-adoption-trails-usage*.

1. "Cloud Academy Team, New Whitepaper: Separating Multi-Cloud Strategy from Hype, Cloud Academy", Cloud Academy Team, 25 de janeiro de 2018. *https://cloudacademy.com/blog/separating-multi-cloud-strategy-from-hype-whitepaper/*.
2. "zulily Selects AWS for the Vast Majority of its Cloud Infrastructure", Amazon Press Center, 12 de junho de 2018, *https://press.aboutamazon.com/news-releases/news-release-details/zulily-selects-aws-vast-majority-its-cloud-infrastructure*.
3. Eric Brinkman, "IaaS vs. On-Premise Server Cost Comparison", ServerMania (blog), *https://blog.servermania.com/iaas-vs-on-premi'se-server-cost-comparison/*.
4. "6 AWS Cloud Use Cases which are Revolutionizing Business", Edureka, *https://blog.servermania.com/iaas-vs-on-premise-server-cost-comparison/*, acesso em 30 de junho de 2019.
5. "AWS Case Study: Pfizer", Amazon Web Services, *https://www.iotone.com/files/pdf/casestudy/IoT-ONE_PDFs_Case+Studies/IoT-ONE_Amazon_AWS-Case-Study-Pfizer_Case-Study_c18.pdf*, acesso em 17 de junho de 2019.
6. "What is a hybrid cloud?", Microsoft Azure, *https://azure.microsoft.com/en-us/overview/what-is-hybrid-cloud-computing/*, acesso em 30 de junho de 2019.
7. "RightScale 2019 State of the Cloud Report from Flexera", Flexera, *https://media.flexera.com/documents/rightscale-2019-state-of-the-cloud-report-from-flexera.pdf*, acesso em 30 de junho de 2019.
8. Alison DeNisco Rayome, "Why 86% of Enterprises Employ a Multicloud Strategy and How It Impacts Business", Tech Republic, 12 de julho de 2018, *https://www.techrepublic.com/article/why-86-of-enterprises-employ-a-multi-cloud-strategy-and-how-it-impacts-business/*.
9. "Our story", US. Dept. of Defense, *https://www.defense.gov/our-story/*, acesso em 30 de junho de 2019.
10. "From JEDI to DEOS and ECAPS: Why DEOS May Be the Biggest DOD Cloud Contract", Agile IT, *https://www.agileit.com/news/jedi-deos-ecaps-deos-biggest-dod-cloud-contract/*, acesso em 30 de junho de 2019.
11. Aaron Gregg e Christian Davenport, "Pentagon to review Amazon employee's influence over $10 billion government contract", *Washington Post*, 24 de janeiro de 2019, *https://www.washingtonpost.com/business/2019/01/24/pentagon-review-amazon-employees-influence-over-billion-government-contract/?noredirect=on&utm_term=.c9211121b52d*, acesso em 30 de junho de 2019.
12. Nicol Turner Lee, "Enabling opportunities: 5G, the Internet of things, and communities of color", *Brookings*, 9 de janeiro de 2019, *https://www.brookings.edu/research/enabling-opportunities-5g-the-internet-of-things-and-communities-of-color/*.
13. Caitli McGarry, "The Truth about 5g: What's Coming (and What's Not) in 2019", Tom's Guide, 17 de junho de 2019, *https://www.tomsguide.com/us/5g-release-date,review-5063.html*.
14. Adam Fendelman, "1G, 2G, 3G, 4G, & 5G Explained: Understand the technology behind your cell phone", *Lifewire*, 12 de maio de 2019, *https://www.lifewire.com/1g-vs-2g-vs-2-5g-vs-3g-vs-4g-578681*, acesso em 30 de junho de 2019.
15. "Compology", *Crunchbase*, *https://www.crunchbase.com/organization/compology#section-overview*, acesso em 26 de outubro de 2018.
16. Ben Kepes, "The Internet of Things, Coming Soon to an Airline near You", *Runway Girl Network*, 14 de março de 2015, *www.runwaygirlnetwork.com/2015/03/14/the-internet-of-things-coming-soon-to-an-airline-near-you*.

PARTE 3

Sistemas de informação de negócios

Capítulo 9
Comércio eletrônico

Capítulo 10
Sistemas empresariais

Capítulo 11
Inteligência artificial (IA) e automação

CAPÍTULO 9
Comércio eletrônico

Princípios	Objetivos de aprendizagem
• As organizações devem definir e executar uma estratégia eficaz para ter sucesso no comércio eletrônico.	• Descrever os conceitos básicos do comércio eletrônico. • Descrever um modelo de multiestágios para compras que descreva como funciona o comércio eletrônico. • Descrever os principais componentes de uma estratégia de negócios de comércio eletrônico bem-sucedida.
• O comércio eletrônico está evoluindo, fornecendo novas formas de conduzir os negócios que apresentam potenciais benefícios e potenciais problemas.	• Discutir os tipos comuns de aplicativos de comércio eletrônico.
• O comércio eletrônico pode ser utilizado de muitas maneiras inovadoras para melhorar as operações de uma organização.	• Discutir os principais recursos dos sistemas de pagamento eletrônico necessários para oferecer suporte ao comércio eletrônico.
• O comércio eletrônico requer o planejamento cuidadoso e a integração de muitos componentes da infraestrutura de tecnologia.	• Identificar os principais componentes da infraestrutura de tecnologia que devem estar disponíveis para que o comércio eletrônico funcione.

SI em ação

O comércio eletrônico está no seu campus agora

▶ **PENSAMENTO ANALÍTICO, APLICAÇÃO**

Tantos estudantes universitários atingiram um nível de agilidade tecnológica que as universidades podem ter dificuldade em desenvolver sistemas de informação que atendam às suas expectativas. Muitos concordariam que os estudantes de hoje em dia viveram com smartphones e com a web durante toda a sua vida e podem ter uma compreensão melhor do papel da tecnologia na sociedade e nos negócios do que as gerações anteriores que estão criando os aplicativos de comércio eletrônico atuais. As universidades são organizações e entendem que os alunos são os consumidores de seus produtos — não apenas acadêmicos, mas também serviços de alimentação, habitação, livros didáticos, uniformes escolares e uma série de outros produtos/serviços.

Vamos nos concentrar na solução de uma instituição de ensino para seu comércio eletrônico de venda de uniformes escolares e, em seguida, focar em um pequeno grupo de instituições que estão tratando da entrega de alimentos para seus alunos. A Universidade de Oregon tem alunos, ex-alunos e amigos que apoiam fortemente suas equipes atléticas. Quando chegaram ao Torneio Sweet Sixteen da NCAA em março de 2017, a demanda por camisetas, moletons e outras recordações aumentou. A Duck Store — ex-Universidade de Oregon Bookstore — tem 11 lojas em todo Oregon, bem como vendas on-line. As vendas on-line são uma faceta do esforço total de vendas que se conecta ao mesmo sistema de planejamento de recursos empresariais, sistema de ponto de venda, sistema de estoque e sistema de marketing utilizado para todas as vendas.

As vendas on-line estão sujeitas a picos intensos e repentinos de atividade, como a vitória do Oregon sobre o Kansas que impulsionou os Ducks para o quadrangular final do torneio. O volume de pedidos para a Duck Store aumentou 350% durante esse período em comparação com os pedidos do mesmo período do ano anterior. As visualizações da página na web aumentaram 127%. Como um sistema on-line para uma livraria lida com aumentos tão grandes e repentinos na atividade? Planejando com antecedência.

Em 2014, a Duck Store migrou para o NetSuite da Oracle como um provedor de comércio eletrônico que integra as vendas on-line com todos os outros canais de vendas. Isso permitiu que a Duck Shop migrasse de uma coleção de sistemas legados mais antigos que muitas vezes não se comunicavam digitalmente uns com os outros. A integração permite uma resposta rápida às vendas on-line, como puxar o estoque das lojas físicas de varejo para atender ao aumento repentino das vendas on-line. Vendas que poderiam não se realizar se o sistema não fosse integrado.

As compras de camisetas pelos alunos aumentam à medida que suas equipes ganham, mas as refeições são compradas todos os dias. Os alunos trazem para a universidade as mesmas expectativas quanto às opções de serviços de alimentação que tinham antes de chegarem à faculdade. Eles esperam um aplicativo que anote o pedido e que o pedido seja entregue. A tendência de ter grandes cadeias de alimentos no campus é história antiga. A pré-encomenda de comida para retirada melhorou a experiência nos restaurantes do campus, mas não mudou realmente o processo de pedir uma refeição. O quiosque mudou da porta de entrada da tomada para o seu telefone.

Em vez de "ir a" um lugar para uma refeição, o processo agora tende a "trazer uma refeição" *para* o estudante. Esse comércio eletrônico é baseado no smartphone, onde o aplicativo e os sistemas de pagamento são carregados no telefone do aluno e uma refeição entregue ao aluno está a apenas alguns cliques de distância. Será?

As universidades estão mais preocupadas com a segurança agora do que há cinco anos. Conseguir que uma refeição fosse entregue em um dormitório frequentemente significava que o aluno encontraria o entregador no saguão do dormitório. Mas não na Universidade de Boston (UB). A Stoovy Snacks é uma startup sancionada pela instituição que usa alunos da Universidade de Boston para entregar comida nos dormitórios. Como os alunos de entrega têm carteiras de estudante da UB, eles podem entregar na porta do quarto do dormitório. Atualmente, o serviço oferece apenas refeições noturnas das 17h à meia-noite. A Universidade de Boston compara suas operações com restaurantes locais, não com outras universidades.

A Universidade Emory em Atlanta concentra-se na entrega de pedidos dos refeitórios aos alunos. O aplicativo foi utilizado para apenas algumas centenas de pedidos móveis por dia durante seu primeiro ano, mas seu uso deve aumentar rapidamente neste ano. À medida que as receitas das universidades diminuem, é importante que os lucros dos serviços de alimentação fiquem no campus em vez de irem para os restaurantes locais. A Universidade de Massachusetts, em Amherst, usa a tecnologia de pedidos para gerenciar a preparação de alimentos por sua equipe de cozinha. Uma melhor gestão do pessoal da cozinha resulta em maiores lucros.

A conveniência na seleção e na entrega das refeições tem sido a grande ênfase até agora, mas há uma nova preocupação no horizonte. Alimentos veganos, de origem local, culinária internacional, refeições de férias e fontes de alimentos sustentáveis são apenas algumas das novas preocupações que hoje impulsionam as escolhas alimentares dos estudantes. As refeições para os alunos são em grande parte impulsionadas pela demanda, e os alunos desejam utilizar o telefone para interagir com o serviço de alimentação. Tudo isso e muito mais em breve será um aplicativo no seu telefone.

Ao ler sobre comércio eletrônico neste capítulo, considere as perguntas abaixo:

- Alguns tipos de comércio eletrônico concentram-se não apenas em um conjunto conhecido de produtos, mas também em uma quantidade desconhecida de demanda por esses produtos. Como o comércio eletrônico afeta os processos dentro da organização para lidar efetivamente com níveis incertos de demanda?
- Alguns tipos de comércio eletrônico são definidos pelas mudanças nas demandas dos consumidores de produtos on-line. Como as organizações se tornam ágeis e reestruturam seu comércio eletrônico para se adaptar rapidamente às mudanças nas demandas dos clientes?

Ao ler este capítulo, considere o seguinte:

- Quais são as vantagens do comércio eletrônico?
- Como as inovações em tecnologia e infraestrutura afetam as regiões em todo o mundo?
- Como você constrói o comércio eletrônico que considera a disponibilidade e o custo da tecnologia em mercados desenvolvidos, mercados em desenvolvimento e mercados subdesenvolvidos?

Por que aprender sobre comércio eletrônico?

Nas últimas décadas, o comércio eletrônico transformou muitas áreas de nossas vidas e carreiras. Uma mudança fundamental foi a maneira como as organizações interagem com seus fornecedores, clientes, agências governamentais e outros parceiros comerciais. Como resultado, a maioria das organizações atuais estabeleceu negócios na internet. Para ter sucesso, todos os membros da organização precisam planejar e participar desse esforço. Como gestor de vendas ou marketing, espera-se que você ajude a definir o modelo de negócios de comércio eletrônico de sua empresa. Como funcionário do atendimento ao cliente, você pode esperar participar do desenvolvimento e da operação do site de sua empresa. Como gestor de recursos humanos ou de relações públicas, provavelmente você será solicitado a fornecer o conteúdo do site para uso por funcionários e acionistas em potencial. Como analista de finanças, você precisará saber como medir o impacto comercial das operações da web sobre sua empresa e como compará-lo aos esforços dos concorrentes. Obviamente, como funcionário da organização atual, você deve entender qual é o papel potencial do comércio eletrônico, como capitalizar suas muitas oportunidades e como evitar suas armadilhas. Muitos clientes, funcionários em potencial e acionistas acessarão o site de sua empresa por meio de desktops, smartphones, tablets e laptops. Este capítulo começa fornecendo uma breve visão geral do mundo dinâmico do comércio eletrônico.

Uma introdução ao comércio eletrônico

O comércio eletrônico envolve a realização de atividades comerciais (por exemplo, distribuição, compra, venda, marketing e manutenção de produtos ou serviços) eletronicamente por meio de redes de computadores. Algumas pessoas pensam na rede como estradas que conectam os sites, enquanto os sites são coleções de conteúdo localizadas ao longo dessa rede de estradas. O comércio eletrônico inclui qualquer transação comercial executada eletronicamente entre empresas (*business-to-business*), empresas e consumidores (*business-to-consumer*), consumidores e outros consumidores (consumer-to-consumer), setor público e negócios (*government-to-business*), do setor público para os cidadãos (*government-to-citizen*) e do setor público para o setor público (*government-to-government*).

As atividades de negócios que provaram ser fortes candidatas à conversão para comércio eletrônico incluem aquelas baseadas em papel, demoradas e inconvenientes para os clientes. Desde meados dos anos 2000, os clientes também desenvolveram um grande apetite pelo comércio digital, que designa o comércio eletrônico que envolve uma transmissão digital — como um filme, uma série de TV, uma música, um e-book, um videogame ou um evento ou um bilhete eletrônico — em vez de um produto físico. Essa forma de comércio eletrônico está crescendo a cada ano e apresenta seu próprio conjunto de oportunidades e perigos. A Sony gastou aproximadamente US$ 44 milhões para produzir o filme *A entrevista*. Hackers que se acredita estarem trabalhando na Coreia do Norte hackearam o filme em 2014 e ameaçaram a Sony se o filme fosse lançado, colocando, portanto, o investimento de US$ 44 milhões em risco.[1]

Categorias de comércio eletrônico

O comércio eletrônico, que é possibilitado por redes e outros elementos de tecnologia da informação, desenvolveu-se em muitas categorias distintas. Três das primeiras categorias reconhecidas foram o comércio eletrônico entre empresas (B2B), entre empresas e consumidores (B2C) e entre consumidores (C2C). Posteriormente, com o lançamento do governo eletrônico, as eficiências do comércio eletrônico foram aplicadas para melhorar a maneira como os governos interagiam com os cidadãos e outras entidades governamentais.

O comércio móvel (m-commerce) tem muitos benefícios por conveniência, mas também por razões práticas e mundanas. Os smartphones podem acessar a internet pelas frequências de rádio normais para conversas telefônicas ou conectando-se a uma conexão wi-fi. Na maioria dos países desenvolvidos, a adoção de smartphones já é alta, e nos países em desenvolvimento a adoção está aumentando rapidamente. A Lei de Moore está novamente em ação, tornando cada vez mais barato para os usuários em países em desenvolvimento ter acesso à computação móvel, mesmo que os usuários não possam comprar um laptop ou computador desktop.

Mas a computação móvel tem algumas limitações inerentes, a mais notável é o pequeno espaço onde o aplicativo de comércio eletrônico pode exibir informações. Outra limitação é que é muito mais fácil perder ou pôr no lugar errado um smartphone do que um desktop ou laptop. O que acontece se outra pessoa que não seja o proprietário começar a utilizar o smartphone para comércio eletrônico? Esses problemas exigem que os desenvolvedores de comércio eletrônico se debatam com questões como onde as informações confidenciais podem estar? No telefone ou na nuvem para ser acessado pelo telefone?

Ao ler o restante deste capítulo, tenha em mente que o comércio eletrônico dirige-se a todo modelo de comércio, desde a identificação dos clientes até o atendimento após a venda. Sua organização procura ativamente por novos clientes, mas o cliente também pode encontrá-la. Uma vez encontrada, o cliente faz a seleção de um produto ou serviço — às vezes, o preço é negociado. Quando ambas as partes na compra concordam com os termos e custos, a compra é feita. A entrega pode ser tradicional, entrega física, entrega digital ou uma combinação de ambas. Não se esqueça de que o atendimento pós-venda é uma etapa crucial da transação.

Comércio eletrônico entre empresas (B2B)

comércio eletrônico entre empresas (B2B): Um subconjunto de comércio eletrônico no qual todos os participantes são organizações.

O comércio eletrônico entre empresas (*business-to-business* – B2B) é um subconjunto do comércio eletrônico no qual todos os participantes são organizações. O comércio eletrônico B2B é uma ferramenta útil para conectar parceiros de negócios em uma cadeia de suprimentos virtual a fim de reduzir o tempo de reabastecimento e reduzir custos. Embora o mercado entre empresas e consumidores ganhe mais manchetes, o mercado B2B é consideravelmente maior e está crescendo mais rápido. Estima-se que as vendas de B2B nos Estados Unidos atinjam US$ 1,8 trilhão em 2023.[2]

Em 2018, quase metade de todos os compradores B2B era da geração Y e sua porcentagem está crescendo rapidamente.[3] Os sites B2C populares ajudaram a aumentar as expectativas sobre como um site de comércio eletrônico deve operar e muitas empresas B2B estão respondendo a essas expectativas elevadas investindo pesadamente em suas plataformas B2B. Os gastos com tecnologias de comércio eletrônico por grandes fabricantes, atacadistas e distribuidores dos EUA devem chegar a US$ 2 bilhões em 2019.[4]

omnicanal: Uma estratégia integrada para envolver clientes (e potenciais clientes) em várias plataformas e canais de comunicação para fornecer uma experiência perfeita.

Movimentar mais clientes on-line é a chave para o sucesso do comércio B2B, portanto, além de investir em novas tecnologias, as empresas B2B estão se concentrando em novas formas de envolver seus clientes em vários canais — tanto on-line quanto off-line. O comprador B2B médio usa seis canais diferentes na decisão de compra. Infelizmente, apenas 36% das organizações começaram a oferecer suporte a vários canais para B2B.[5]

A partir de 2010, as organizações começaram a adotar uma nova estratégia para interagir com os clientes em vários canais. **Omnicanal** refere-se a uma estratégia integrada para envolver os clientes (e potenciais clientes) em várias plataformas e canais de comunicação a fim de fornecer uma experiência perfeita. As organizações desejam que os vários canais de comunicação aconteçam ao mesmo tempo, mas isso é difícil de conseguir. Pense em um agente de compras falando com o vendedor de uma organização enquanto lê a avaliação do produto no feed do Twitter. Depois, esse agente pode acessar o site da empresa, onde um assistente virtual ajuda a orientar sua compra. O envolvimento omnicanal fornece várias maneiras para que o agente de compras avalie os termos da transação B2B.

Muitas organizações utilizam tanto o *comércio eletrônico do lado da compra* (para comprar bens e serviços de seus fornecedores) quanto o *comércio eletrônico do lado da venda* (para vender produtos aos seus clientes). As atividades de comércio eletrônico do lado da compra incluem identificação e comparação de fornecedores e produtos competitivos, negociação e estabelecimento de preços e termos, pedidos e rastreamento de remessas e direcionamento de compradores organizacionais para fornecedores e produtos preferenciais. As atividades de comércio eletrônico do lado da venda incluem habilitar a compra de produtos on-line, fornecer informações para os clientes avaliarem os bens e serviços da organização, estimular vendas e gerar leads de potenciais clientes, fornecer um portal de informações de interesse do cliente e possibilitar interações entre uma comunidade de consumidores. Assim, as atividades de comércio eletrônico do lado da compra e do lado da venda apoiam a cadeia de valor da organização e a ajudam a fornecer preços mais baixos, melhor atendimento, maior qualidade ou produtos e serviços exclusivos.

A Grainger é um distribuidor B2B de produtos para manutenção, reparo e operações de instalações (uma categoria chamada MRO) com mais de 1,5 milhão de itens diferentes oferecidos on-line (ver Figura 9.1). Em 2018, as vendas on-line da empresa ultrapassaram US$ 11 bilhões.[6] Uma parte fundamental do sucesso do comércio eletrônico da Grainger é seu conjunto de aplicativos móveis, que possibilita aos clientes acessar produtos on-line e encontrar e solicitar produtos rapidamente por meio de um smartphone ou outro dispositivo móvel. Mais de 60% da receita da Grainger vêm de transações on-line.[7]

FIGURA 9.1
Comércio eletrônico da Grainger
A Grainger oferece mais de 1,5 milhão de itens on-line.

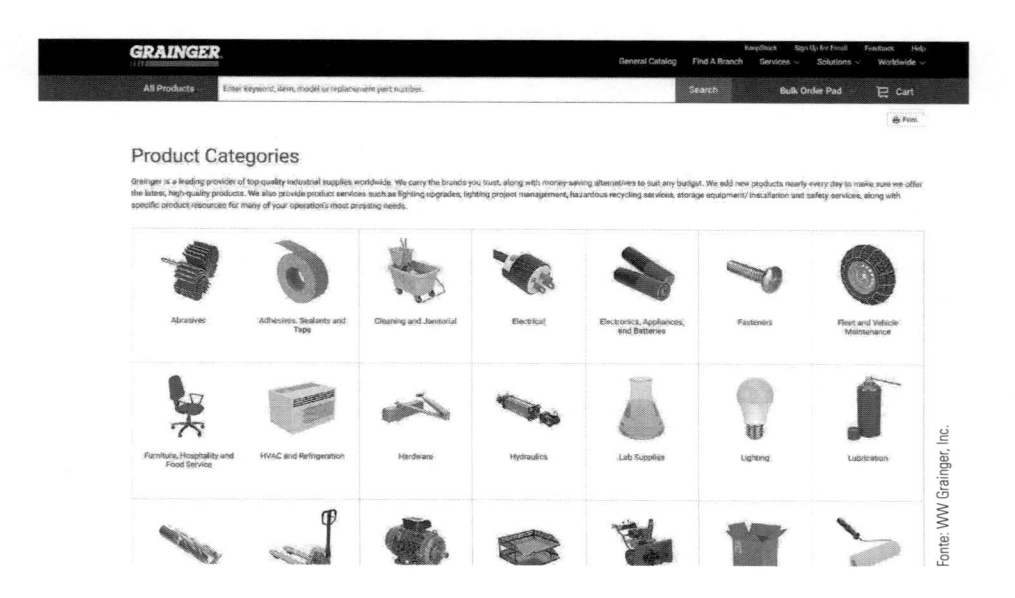

Fonte: WW Grainger, Inc.

Comércio eletrônico entre empresas e consumidores (B2C)

comércio eletrônico entre empresas e consumidores (B2C): Uma forma de comércio eletrônico em que os clientes lidam diretamente com uma organização e evitam intermediários.

O comércio eletrônico entre empresas e consumidores (*business-to-consumer – B2C*) é uma forma de comércio eletrônico em que os clientes lidam diretamente com uma organização e evitam intermediários. Os primeiros pioneiros do B2C competiam com os varejistas tradicionais de "lojas físicas", vendendo seus produtos diretamente aos consumidores. Por exemplo, em 1995, a empresa emergente *Amazon.com* desafiou as livrarias bem estabelecidas Waldenbooks e Barnes & Noble. A Amazon não se tornou lucrativa até 2003, mas desde então se tornou um gigante do varejo, vendendo uma ampla variedade de produtos por meio de 14 sites internacionais (chamados de marketplaces) para clientes em mais de 180 países.[8] De acordo com o Departamento de Comércio dos EUA, o comércio B2C foi responsável por mais de 14% do total das vendas no varejo em 2018. A Amazon domina o mercado B2C nos EUA com 40% das vendas.[9] Assim como nas vendas B2B, a receita B2C está cada vez mais sendo impulsionada por clientes que utilizam dispositivos móveis. Uma pesquisa de 2018 descobriu que 79% dos clientes fizeram pedidos on-line nos últimos seis meses.[10]

Ao utilizar o comércio eletrônico B2C para vender diretamente aos consumidores, os produtores e fornecedores de produtos de consumo podem eliminar os terceiros, ou intermediários, entre eles e o consumidor. Em muitos casos, isso elimina custos e ineficiências da cadeia de suprimentos e pode levar a maiores lucros para as empresas e preços mais baixos para os consumidores. A eliminação das organizações intermediárias entre o produtor e o consumidor é chamada de desintermediação.

Mais do que uma ferramenta para fazer pedidos, a internet permite que os compradores comparem preços, recursos e valor, e verifiquem as opiniões de outros clientes. Os consumidores podem, por exemplo, comparar de forma fácil e rápida informações sobre automóveis, cruzeiros, empréstimos, seguros e preços de residências para encontrar os melhores valores. O usuário pode utilizar múltiplos canais de sites e mídias sociais na busca de informações. Os compradores da internet podem desencadear robôs de compras ou acessar sites de compras como Google Shopping, Shopzilla, PriceGrabber e Yahoo! para navegar na internet e obter listas de itens, preços e comerciantes. Cada vez mais, os varejistas B2C procuram incentivar os clientes a fazer avaliações baseadas nas compras confirmadas, porque as avaliações de compradores identificados costumam ter mais influência do que as avaliações anônimas em termos de geração de vendas adicionais.

Em todo o mundo, as vendas de comércio eletrônico B2C continuam crescendo rapidamente, chegando a US$ 3,5 trilhões em 2019.[11] Espera-se que a China alcance quase US$ 2 trilhões em 2019, o que significa que mais da metade do B2C ocorrerá na China durante 2019.[12] A Tabela 9.1 mostra os dez principais países classificados por vendas de comércio eletrônico.

TABELA 9.1 Países classificados por vendas de comércio eletrônico de varejo

Dez maiores países classificados por vendas no varejo de comércio eletrônico, 2018 e 2019 em bilhões de dólares e % de mudança			
	2018	2019	% mudança
1. China*	US$ 1.520,10	US$ 1.934,78	27,3%
2. EUA	US$ 514,84	US$ 586,92	14,0%
3. Reino Unido	US$ 127,98	US$ 141,93	10,9%
4. Japão	US$ 110,96	US$ 115,40	4,0%
5. Coreia do Sul	US$ 87,60	US$ 103,48	18,1%
6. Alemanha	US$ 75,93	US$ 81,85	7,8%
7. França	US$ 62,27	US$ 69,43	11,5%
8. Canadá	US$ 41,12	US$ 49,80	21,1%
9. Índia	US$ 34,91	US$ 46,05	31,9%
10. Rússia	US$ 22,68	US$ 26,92	18,7%

Nota: Inclui produtos ou serviços solicitados pela internet por meio de qualquer dispositivo, independentemente da forma de pagamento ou cumprimento; exclui viagens e ingressos para eventos, pagamentos como pagamento de contas, impostos ou transferências de dinheiro, serviços de alimentação e vendas de bebidas, jogos de azar e outras vendas de bens relacionadas a vícios.
* exclui Hong Kong
Fonte: eMarketer, maio de 2019

FONTES: "Global Ecommerce 2019", eMarketer, 27 de junho de 2019, *https://www.emarketer.com/content/global-ecommerce-2019*.

Uma razão para o crescimento constante do comércio eletrônico B2C é que os compradores descobrem que muitos bens e serviços são mais baratos quando comprados on-line, incluindo ações, livros, jornais, passagens aéreas e quartos de hotel.

Outra razão para o crescimento do comércio eletrônico B2C é que os compradores B2C on-line podem criar um produto personalizado. A Nike, Inc. oferece um exemplo de sucesso dessa abordagem de personalização. O serviço on-line Nike By You da empresa (antiga NIKEiD) permite que os compradores personalizem seus próprios tênis selecionando diferentes materiais, recursos e opções de ajuste — incluindo o nível de amortecimento da palmilha, o material da sola e a cor do tecido e o design de tudo, desde o forro até os cadarços. A Nike também permite que você crie seu próprio texto ou logotipo para individualizar ainda mais os tênis, adicionando uma mensagem pessoal no tênis — seja um mantra pessoal, a afiliação a uma equipe esportiva ou um recorde pessoal.[13, 14]

Mas uma terceira razão para o crescimento contínuo do comércio eletrônico B2C é o uso eficaz de redes de mídia social por muitas empresas que buscam atingir os consumidores, promover seus produtos e gerar vendas on-line. Vera Bradley é uma empresa de design de malas que produz uma variedade de produtos, incluindo malas de algodão acolchoado, bolsas e acessórios. A empresa tem mais de 1,8 milhão de seguidores no Facebook e é um dos varejistas da internet mais seguidos no Pinterest. Na verdade, Vera Bradley tem sido extremamente cuidadosa ao postar itens em sites de mídia social, incluindo Facebook, YouTube e Pinterest. Quando você visita o site da Vera Bradley, o Pinterest e outros links sociais aparecem nas páginas dos produtos para que os compradores possam compartilhar suas curtidas com os amigos. Vera Bradley é um exemplo de varejista B2C que faz os canais de mídia social trabalharem juntos de forma eficaz para alcançar mais potenciais clientes.

Facebook, Instagram, Pinterest e Twitter são apenas alguns sites de mídia social que continuam a adicionar recursos de marketing projetados para ajudar as empresas de comércio eletrônico a gerar vendas alcançando um público-alvo. Em 2018, o Pinterest introduziu os "Product Pins", permitindo que mais de 265 milhões de usuários ativos da rede social comprassem produtos sem nunca sair do site.[15, 16]

Muitos comerciantes B2C também adicionaram ferramentas de comércio social ou de compras sociais aos seus próprios sites. O número de varejistas que fazem isso é pequeno agora, mas promete crescer em breve. O Snapchat tem um recurso que permite aos usuários tirar a foto de um produto ou de seu código de barras, encontrar esse item ou um item semelhante em um site e, então, comprar o item.[17]

Outra tendência importante é a de consumidores que pesquisam produtos on-line, mas depois compram esses produtos em uma loja física local. As vendas em lojas locais que são estimuladas por meio de pesquisa e marketing on-line são chamadas de vendas influenciadas pela web. Em 2018, 87% dos compradores pesquisaram informações sobre produtos on-line; de fato, 71% dos compradores usaram seus dispositivos móveis nas lojas para encontrar informações enquanto faziam compras.[18]

Conforme observado anteriormente neste capítulo, a Amazon é o varejista B2C dominante nos Estados Unidos. A concorrente B2C Alibaba é uma empresa com sede na China com vendas B2C maiores do que qualquer empresa dos EUA, exceto a Amazon. Para entender o quanto a Amazon é maior do que a Alibaba, veja a Tabela 9.2, que compara as duas gigantes.

TABELA 9.2 Comparando os dois maiores varejistas B2C do mundo

Comparando Alibaba e Amazon	Alibaba	Amazon
Vendas anuais	US$ 39,8 bilhões	US$ 232,8 bilhões
Lucro líquido anual	US$ 10,2 bilhões	US$ 10,0 bilhões
Comércio eletrônico doméstico como porcentagem do comércio eletrônico total	cerca de 80%	cerca de 60%

FONTE: Naoki Matsuda e Mariko Hirano, "Alibaba Struggles to Follow Amazon Beyond E-Commerce," *Nikkei Asian Review*, 5 de fevereiro de 2019, https://asia.nikkei.com/Business/Companies/Alibaba-struggles-to-follow-Amazon-beyond-e-commerce.

Como resultado de uma decisão da Suprema Corte dos Estados Unidos de 1992, os varejistas on-line não precisaram pagar impostos sobre vendas em estados onde não tenham presença física. Os consumidores que viviam em estados que tinham esse tipo de imposto físico sobre vendas deveriam acompanhar suas compras fora do estado e relatar essas "taxas de uso" em suas declarações de imposto de renda estaduais. Mas poucos contribuintes declararam essas compras. Assim, apesar de terem uma base legal para fazer isso, os estados acharam muito difícil cobrar impostos sobre vendas em compras pela internet. Essa evasão do imposto sobre vendas cria uma vantagem de preço para varejistas on-line em relação às lojas físicas, onde os impostos sobre vendas devem ser recolhidos. Também resultou na perda de cerca de US$ 23 bilhões em receitas fiscais que teriam ido para os governos estaduais e locais a fim de fornecer serviços aos seus cidadãos. Em 2013, e novamente em 2015, a Suprema Corte dos Estados Unidos se recusou a se envolver nos esforços do estado para forçar os varejistas da web, como Overstock e eBay, a cobrar impostos sobre vendas dos clientes.

A omissão da corte em agir pressionou o Congresso a criar uma solução nacional, já que tanto os varejistas on-line como os tradicionais reclamam contra a colcha de retalhos de leis estaduais e decisões conflitantes de tribunais inferiores. Muitos estados criaram maneiras de contornar as decisões da Suprema Corte ou iniciar novas contestações nos tribunais. Louisiana, Nebraska e Utah estão considerando medidas que expandem a definição de "presença física" para incluir o uso de uma empresa de transporte terceirizada para entregar produtos na casa dos clientes.[19] Outra maneira de inferir que um nexo ocorre é definindo um valor de vendas anual por ano e/ou o número de vendas por ano naquele estado. Nesse meio tempo, vários outros estados estão simplesmente avançando com os esforços para cobrar impostos de compras on-line, e muitos comerciantes já estão cumprindo a lei. Em 2018, a Suprema Corte decidiu que uma empresa não precisava de uma presença física no estado ou mesmo de um nexo para ser obrigada a recolher impostos estaduais de compras on-line, e muitos dos grandes varejistas de comércio eletrônico cumpriram.[20]

Comércio eletrônico entre consumidores (C2C)

Comércio eletrônico entre consumidores (C2C): Um subconjunto de comércio eletrônico que envolve transações eletrônicas entre consumidores utilizando terceiros para facilitar o processo.

O comércio eletrônico entre consumidores (*consumer-to-consumer* – C2C) é um subconjunto do comércio eletrônico que envolve transações eletrônicas entre consumidores usando terceiros para facilitar o processo. O eBay é um exemplo de site de comércio eletrônico C2C; os clientes compram e vendem itens entre si por meio do site. Fundado em 1995, o eBay se tornou um dos sites mais populares do mundo, com receita líquida de US$ 10,8 bilhões em 2018.[21]

Outros sites C2C populares incluem Craigslist, eBid, Etsy, Fiverr, Ibidfree, Kijiji, Ubid, Facebook Marketplace e Taobao. O crescimento do C2C é responsável por uma redução drástica no uso das páginas de classificados de jornais para anunciar e vender itens e serviços pessoais, por isso teve um impacto negativo nesse setor. Por outro lado, o C2C criou uma oportunidade para muitas pessoas ganharem a vida vendendo itens em sites de leilão. De acordo com o eBay, o volume bruto de mercadorias para itens vendidos em seu site deveria ultrapassar US$ 88 bilhões em 2019.[22]

As empresas e indivíduos envolvidos no comércio eletrônico devem ter cuidado para que suas vendas não violem as regras das jurisdições legais de vários municípios, estados ou países. Mais de 4 mil sites oferecem armas para venda, e apenas no site Armslist, mais de 20 mil anúncios de armas são postados a cada semana. Estender a verificação de antecedentes ao mundo florescente das vendas de armas on-line tornou-se uma questão altamente controversa nos Estados Unidos. De acordo com a lei atual, a questão de quando uma verificação de antecedentes deve ocorrer depende de quem está vendendo a arma. Os regulamentos federais exigem que os revendedores licenciados realizem verificações, mas a definição legal de quem deve ser licenciado não está clara.[23] Uma ação executiva assinada pelo presidente Barack Obama em 4 de janeiro de 2016 foi elaborada para estender os requisitos de verificação de antecedentes a mais tipos de vendedores de armas on-line, incluindo mais comerciantes particulares que anteriormente eram isentos.[24]

A Tabela 9.3 resume os principais fatores que diferenciam o comércio eletrônico B2B, B2C e C2C.

TABELA 9.3 Diferenças entre B2B, B2C e C2C

Fatores	B2B	B2C	C2C
Valor típico de venda	Milhares ou milhões de dólares	Dezenas ou centenas de dólares	Dezenas de dólares
Duração do processo de vendas	Dias a meses	Dias a semanas	Horas a dias
Número de tomadores de decisão envolvidos	Várias pessoas a dezenas ou mais	Um ou dois	Um ou dois
Uniformidade de oferta	Normalmente, uma oferta de produto uniforme	Oferta de produtos mais personalizados	Oferta de produto único
Complexidade do processo de compra	Extremamente complexo; muito espaço para negociação sobre quantidade, qualidade, opções e recursos, preço, pagamento e opções de entrega	Relativamente simples; negociação limitada sobre preço, pagamento e opções de entrega	Relativamente simples; negociação limitada sobre opções de pagamento e entrega; negociações focam no preço
Motivação para venda	Impulsionado por uma decisão ou necessidade de negócios	Impulsionado pela necessidade ou emoção de um consumidor individual	Impulsionado pela necessidade ou emoção de um consumidor individual

Governo eletrônico

governo eletrônico: O uso de tecnologias de informação e comunicação para simplificar o compartilhamento de informações, agilizar processos que antes eram baseados em papel e melhorar o relacionamento entre os cidadãos e o governo.

Governo eletrônico é o uso de tecnologia de informação e comunicação para simplificar o compartilhamento de informações, agilizar processos que antes eram baseados em papel e melhorar o relacionamento entre cidadãos e governo. Governo para cidadão (G2C), governo para empresa (G2B) e governo para governo (G2G) são formas de governo eletrônico, cada uma com diferentes aplicações.

Os cidadãos dos EUA podem utilizar os aplicativos G2C para enviar suas declarações de impostos estaduais e federais on-line, renovar licenças de automóveis, pagar frete de compras e solicitar empréstimos estudantis. Os cidadãos também podem comprar itens do governo dos EUA por meio de seu site GSA Auctions, que oferece ao público em geral a oportunidade de participar de licitações on-line para uma ampla gama de ativos do governo. *HealthCare.gov* é um site de intercâmbio de saúde criado e operado pelo governo federal dos EUA, conforme especificado na *Patient Protection and Affordable Care Act*. Ele foi criado para ser usado por residentes nos 34 estados dos EUA que não operam suas próprias bolsas estaduais. Ao acessar esse site, os usuários podem visualizar as opções de plano de saúde, determinar se são elegíveis para subsidiárias de saúde e se inscrever em um plano.[25]

Os aplicativos G2B oferecem suporte à compra de materiais e serviços do setor privado por órgãos de compras governamentais, permitem que as empresas façam licitações em contratos governamentais e ajudam as empresas a identificar os contratos governamentais nos quais podem concorrer. O site *USA.gov/business* permite que as pequenas empresas acessem informações sobre leis e regulamentos e baixem os formulários relevantes necessários a fim de cumprir os requisitos federais para seus negócios. As agências federais publicam avisos de compras no site FedBizOpps a fim de fornecer um ponto de contato fácil para empresas que desejam participar de licitações para contratos governamentais com um valor de US$ 25 mil ou mais.

Os aplicativos G2G oferecem suporte a transações entre entidades governamentais, como entre o governo federal e os governos estaduais ou locais. O Government to Government Services On-line (GSO) é um conjunto de aplicativos da web que permite que organizações governamentais relatem informações — como dados de nascimento e morte, informações sobre mandado de prisão e sobre a quantidade de auxílio estatal recebido — para a Administração do Seguro Social. Essas informações podem afetar o pagamento de benefícios a pessoas físicas. Muitos governos estaduais fornecem uma variedade de serviços de governo eletrônico para vários órgãos estaduais e locais. Por exemplo, a opção do mecanismo de pagamento por transação (*transaction payment engine* – TPE) do estado de Oregon permite que as agências usem uma solução de pagamento pela internet eficiente, ao mesmo tempo em que obedecem às políticas e procedimentos estaduais. Esse serviço é apenas um aspecto do programa de governo eletrônico do Oregon, que tem como objetivo criar uma identidade on-line uniforme para o estado de Oregon, promover o governo digital e economizar dinheiro dos contribuintes.[26,27]

Exercício de pensamento crítico

Construindo um site B2B de sucesso

▶ APLICAÇÃO

Dois anos atrás, você abriu uma empresa, a Wilmington Powell Brewing, vendendo suprimentos para fabricação de cerveja caseira. Desde então, você desenvolveu e expandiu o negócio para incluir uma pequena cervejaria com uma área de bar onde os clientes podem comprar copos da cerveja que você fabrica. Você tem um forte séquito local e regularmente prepara uma dúzia de cervejas convencionais junto com cervejas sazonais para feriados e outras ocasiões. A cervejaria está localizada em uma cidade turística com população local de cerca de 250 mil habitantes, que aumenta em 100 mil durante os meses de verão.

Por meio da câmara de comércio local, você se conectou a vários restaurantes em sua área e alguns se tornaram clientes. Você tem atendido esses clientes com chamadas telefônicas e visitas, mas isso é demorado tanto para você quanto para a gerência dos restaurantes. Sua área tem aproximadamente cem restaurantes que poderiam servir sua cerveja e, com suas capacidades de fabricação de cerveja, você poderia administrar razoavelmente de 15 a 20 restaurantes como clientes regulares — se pudesse atrair o negócio e encontrar uma maneira de trabalhar com seus clientes de forma mais eficiente. Você decidiu que a melhor maneira de fazer isso é desenvolver um site, que espera lançar nos próximos meses.

Perguntas de revisão

1. Quais recursos devem ser incluídos em seu novo site?
2. Que benefícios seus clientes provavelmente esperarão por utilizar um site para comprar produtos de você?

Questões de pensamento crítico

1. Você deve criar o site sozinho ou contratar um profissional com experiência em projetar sites para empresas semelhantes?
2. Qual seria a aparência de uma estratégia omnicanal para a cervejaria após o lançamento de seu site?

Introdução ao comércio móvel

Os tipos de comércio eletrônico discutidos anteriormente neste capítulo — em particular, B2B e B2C — são frequentemente associados à tecnologia disponível quando essas soluções de comércio eletrônico se tornaram disponíveis. Desktops e laptops eram os dispositivos mais utilizados para realizar o comércio eletrônico. Conforme a tecnologia se tornou mais poderosa e menos cara, os usuários começaram a acessar o comércio eletrônico via tablets e smartphones. Os conceitos e estratégias permaneceram os mesmos, mas as táticas do comércio eletrônico tiveram que mudar. Por quê? Porque o tamanho da interface do usuário era muito menor. As empresas precisaram reformular seus sites de comércio eletrônico para garantir que os usuários ainda pudessem interagir efetivamente com seus sites.

O comércio móvel (m-commerce) depende do uso de dispositivos móveis, como smartphones e tablets, para fazer pedidos e conduzir negócios. Fabricantes de smartphones como Apple, Huawei, Lenovo, LG, Samsung e Xiaomi trabalharam com operadoras de comunicações como AT&T, Sprint/Nextel, T-Mobile e Verizon para desenvolver dispositivos sem fio, tecnologia relacionada e serviços de suporte ao comércio móvel.

Comércio móvel em perspectiva

O comércio móvel é um segmento de comércio eletrônico em rápido crescimento. Em 2017, o comércio móvel foi responsável por aproximadamente 35% de todo o comércio eletrônico e, em 2021, sua parcela nas vendas do comércio eletrônico deverá chegar a 54%.[28] Nos Estados Unidos, as vendas do comércio móvel totalizaram US$ 207 bilhões em 2018.[29]

O mercado de comércio móvel na América do Norte está amadurecendo muito mais tarde do que em outros países, como Japão, Coreia do Sul e Reino Unido, por vários motivos. Na América do Norte, a responsabilidade pela infraestrutura de rede é fragmentada entre muitos provedores e os pagamentos dos consumidores geralmente são feitos com cartão de crédito. Na maioria dos países da Europa Ocidental, os consumidores estão muito mais dispostos a utilizar o comércio móvel. Os consumidores japoneses geralmente são entusiastas das novas tecnologias e, portanto, são muito mais propensos a utilizar tecnologias móveis para fazer compras.

O número de sites móveis em todo o mundo cresceu rapidamente devido aos avanços nas tecnologias de banda larga sem fio, ao desenvolvimento de aplicativos novos e úteis e à disponibilidade de smartphones mais baratos, porém mais potentes. Os especialistas apontam, contudo, que a relativa inabilidade dos navegadores móveis e as preocupações com a segurança ainda precisam ser superadas para acelerar o crescimento do comércio móvel.

Sites de comércio móvel

Vários varejistas estabeleceram sites especiais para usuários de dispositivos móveis. A Tabela 9.4 lista os seis sites móveis mais bem classificados de acordo com uma pesquisa recente com mais de 400 mil pessoas feita por OC&C Strategy Consultants.

TABELA 9.4 Sites de comércio móvel de varejo altamente classificados

Classificação	Empresa
1	eBay
2	Amazon
3	Apple
4	Burberry
5	John Lewis
6	Lush

FONTE: Goldfingle, Gemma, "The Top 10 M-Commerce Sites, According To OC&C's Proposition Index", *RetailWeek*, 25 de janeiro de 2016, *www.retail-week.com/technology/online-retail/the-top-10-m-commerce-sites-according-to-occs-proposition-index/7004140.fullarticle*.

Os consumidores costumam valorizar diferentes critérios, dependendo do tipo de site para celular. Na pesquisa da OC&C, o eBay e a Amazon foram bem classificados devido à sua conveniência, ferramentas de pesquisa eficazes e velocidade das transações. O site para celular da empresa de cosméticos naturais Lush foi bem avaliado porque criou uma forte conexão emocional com os consumidores.

Vantagens do comércio eletrônico

A conversão para um sistema de comércio eletrônico ou comércio móvel permite que as organizações alcancem novos clientes, reduzam o custo de fazer negócios, acelerem o fluxo de mercadorias e informações, aumentem a precisão do processamento e atendimento de pedidos e melhorem o nível do atendimento ao cliente. O aumento dessas eficiências é importante, mas não conta toda a história. O comércio eletrônico — e o comércio móvel, em particular — pode levar a uma experiência mais eficaz para a organização e o cliente. A conveniência do comércio móvel em qualquer hora/lugar leva a níveis mais altos de interação e mais compras. A redução dos custos como o resultado de deslocar mais transações para o comércio eletrônico é um benefício importante, mas o maior benefício vem do fato de que mais transações são iniciadas e processadas.

Alcançar novos clientes

O estabelecimento de um site de comércio eletrônico permite que uma empresa alcance novos clientes em novos mercados. Na verdade, esse é um dos principais motivos que as organizações apresentam para a criação de um site.

Fundada em 1978, a Shoe Carnival é uma rede com mais de 400 lojas de calçados localizadas em 33 estados.[30] O conceito único da Shoe Carnival envolve a criação de uma atmosfera de alta energia dentro de cada loja por meio de recursos como uma "roda giratória de descontos" e um membro da equipe em um microfone interagindo com os clientes. Segundo Ken Zimmerman, vice-presidente de digital da Shoe Carnival, o objetivo da rede é "entreter nossos clientes. Criamos um lugar divertido com música e emoção". Inicialmente, o site da Shoe Carnival servia apenas como fonte de informações para os clientes, mas a empresa agora tem um site de comércio eletrônico completo — que inclui ferramentas de compras sociais, como avaliações de itens individuais geradas por clientes — que permitiu à empresa expandir seu alcance para clientes em áreas onde não havia lojas físicas. A campanha nacional de propaganda da empresa está focada em direcionar mais tráfego para o site de comércio eletrônico da empresa, e os futuros esforços on-line da empresa estarão focados na recriação de seu conceito de "surpresa e prazer" on-line para diferenciá-la de outras lojas de calçados on-line.[31]

Os aplicativos mais recentes de comércio móvel são o reflexo de que cada vez mais pessoas estão propensas a utilizar seus celulares como a interface para o comércio eletrônico. Os serviços bancários móveis (mobile banking) e a negociação de ações móvel (mobile stock trading) têm se tornado cada vez mais importantes para esse grupo de consumidores. Charles Schwab e Capital One se tornaram muito ativos nessa área, embora não estejam sozinhos. O Nerdwallet se tornou o site favorito para os consumidores aprenderem sobre os benefícios das finanças digitais.

Reduzir custos

Ao eliminar ou reduzir as etapas demoradas e trabalhosas em todo o processo de pedido e entrega, mais vendas podem ser concluídas no mesmo período e com maior precisão. Com o aumento da velocidade e a precisão das informações do pedido do cliente, as empresas podem reduzir a necessidade de estoque — de matérias-primas a estoques de segurança e produtos acabados — em todos os pontos intermediários de manufatura, armazenamento e transporte.

O BloomNation se apresenta como um "mercado de comunidade confiável para as pessoas listarem, descobrirem e enviarem buquês exclusivos personalizados por floristas locais em todo o país".[32] Lançado como uma resposta às comissões crescentes cobradas pelos serviços de arranjos florais dominantes, entre eles o FTD, o 1-800-Flowers e o Teleflora; o site BloomNation oferece arranjos florais de mais de 1.500 floristas de todo o país que tiram e publicam suas próprias fotos no site. Os floristas podem tirar vantagem da maior exposição e estabilidade que o site da BloomNation oferece, com menos pessoas e outros custos associados ao processamento de pedidos e pagamentos de clientes individuais. Os floristas também pagam taxas mais baixas por pedido — apenas 10% por pedido, em vez dos 27% cobrados pelos grandes serviços de arranjos.[33]

Acelerar o fluxo de mercadorias e informações

Quando as organizações e seus clientes estão conectados via comércio eletrônico, o fluxo de informações é acelerado porque as conexões e comunicações eletrônicas já estão estabelecidas. Como resultado, as informações podem fluir do comprador para o vendedor de maneira fácil, direta e rápida.

A Shutterfly, um fornecedor on-line de produtos e serviços fotográficos para empresas e consumidores, gerou quase US$ 2 bilhões em receita em 2018. Embora a maior parte da receita de comércio eletrônico da Shutterfly venha de transações B2C, a empresa também oferece produtos e serviços de marketing B2B por meio de seu site, onde clientes comerciais podem solicitar materiais de marketing personalizados. Os recursos de comércio eletrônico da empresa, o fluxo de trabalho automatizado e os centros de produção em grande escala permitem que os clientes corporativos personalizem e façam seus pedidos rapidamente — reduzindo o tempo de conclusão do projeto de semanas para dias no caso de muitos clientes.[34,35]

Aumentar a precisão

Ao permitir que os compradores insiram suas próprias especificações de produto e outras informações do pedido diretamente, o erro humano na entrada de dados por parte do fornecedor é eliminado. E a precisão do pedido é importante — não importa o produto. A Domino's, a maior rede de pizzarias do mundo, foi uma das primeiras redes de restaurantes a oferecer um site de comércio eletrônico em que os clientes podiam entrar e pagar por seus pedidos. Mais da metade das vendas da Domino's agora vem por meio de seu site de comércio eletrônico. Usando o recurso Easy Order do site, os clientes podem inserir seus pedidos e informações de endereço diretamente — melhorando a precisão do pedido e da entrega. E para os clientes que criam um "Perfil de Pizza" on-line, o pedido pode ser tão simples quanto enviar um tweet ou um texto (os clientes podem iniciar um pedido usando apenas um emoji de pizza), ou apenas clicar em um botão no aplicativo da Domino's no smartphone.[36]

Melhorar o atendimento ao cliente

O aumento das informações e mais detalhes sobre as datas de entrega e o *status* atual podem aumentar a fidelidade do cliente. Além disso, a capacidade de cumprir de forma consistente as datas de entrega desejadas pelos clientes com produtos e serviços de alta qualidade elimina qualquer incentivo para os clientes buscarem outras fontes de suprimento.

Os clientes vêm ao site de comércio eletrônico da Sticker Mule para solicitar adesivos personalizados para uma ampla gama de projetos, seja para divulgar um negócio, etiquetar produtos, direcionar o tráfego para um site da web ou arrecadar dinheiro para um projeto de financiamento coletivo. Ao desenvolver seu site de comércio eletrônico, a Sticker Mule priorizou a facilidade de uso. Os clientes que utilizam o site podem fazer seus pedidos em questão de minutos e, em seguida, visualizar e aprovar os comprovantes do pedido on-line, reduzindo ainda mais o tempo que leva para concluir os pedidos. A infraestrutura web da Sticker Mule permite que sua equipe de atendimento ao cliente consolide as consultas de suporte de uma variedade de canais — incluindo e-mail, web e telefone — em um só lugar, tornando mais fácil e rápido para os membros da equipe responder às dúvidas dos clientes. E como o atendimento ao cliente é uma prioridade para a Sticker Mule, seu site também inclui um sofisticado centro de ajuda com mais de 200 artigos (em vários idiomas) que os clientes podem pesquisar por conta própria. O site também permite que os clientes postem avaliações.[37]

Modelo multiestágio para o comércio eletrônico

Um sistema de comércio eletrônico bem-sucedido deve abordar os vários estágios pelos quais os consumidores passam no ciclo de vida de vendas. No coração de qualquer sistema de comércio eletrônico está a capacidade do usuário de pesquisar e identificar itens à venda; selecionar esses itens e negociar preços, condições de pagamento e data de entrega; enviar um pedido ao vendedor para comprar os itens; pagar pelo produto ou serviço; receber o produto; e obter suporte pós-venda. A Figura 9.2 mostra como o comércio eletrônico pode dar suporte a cada um desses estágios. A entrega de produtos pode envolver bens tangíveis entregues de uma forma tradicional (por exemplo, roupas entregues por meio de uma empresa de transporte) ou bens e serviços entregues eletronicamente (por exemplo, software ou um filme baixado da internet).

FIGURA 9.2
Modelo de multiestágios para comércio eletrônico (B2B e B2C)
Um sistema de comércio eletrônico bem-sucedido aborda os estágios que os consumidores vivenciam no ciclo de vida das vendas.

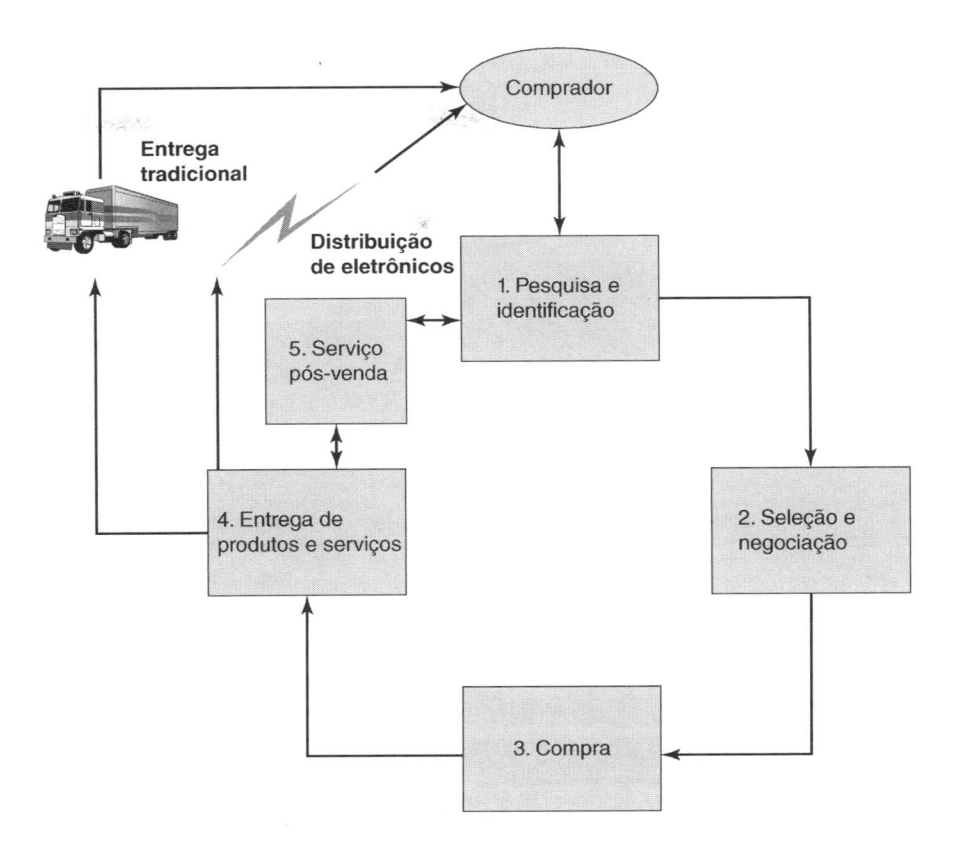

Pesquisa e identificação

Um funcionário que solicita peças do depósito de uma manufatura seguiria as etapas mostradas na Figura 9.2. Suponha que o depósito armazena uma ampla variedade de suprimentos de escritório, peças de reposição e suprimentos de manutenção. O funcionário prepara uma lista de itens necessários — por exemplo, conexões, canos e tubos de plástico. Normalmente, para cada item transportado no depósito, um comprador corporativo já identificou um fornecedor preferencial com base na competitividade de preço do fornecedor, nível do serviço, qualidade dos produtos e velocidade de entrega. O funcionário então se conecta à internet e acessa o site do fornecedor preferencial.

Como sua organização se torna um fornecedor preferencial? Em primeiro lugar, projete a página da web da organização para ser intuitiva do ponto de vista do usuário. Essa visão pode ser bem diferente da maneira como alguém em sua organização navegaria no site. Em segundo lugar, um multicanal para aprimorar a experiência do usuário. Forneça um recurso de chat ou telefone que permita que alguém de sua organização siga o usuário enquanto ele navega pelo site, fornecendo ajuda e sugestões conforme o cliente compra.

Na página inicial do fornecedor, o funcionário pode acessar um catálogo de produtos e navegar até encontrar os itens que atendem às especificações do depósito. O funcionário preenche um formulário de solicitação de cotação inserindo os códigos dos itens e as quantidades necessárias, ou simplesmente arrastando-os para um carrinho de compras. Quando o funcionário preenche o formulário de cotação, o aplicativo web do fornecedor calcula o valor total do pedido com os preços mais atuais e mostra o custo adicional para várias formas de entrega — expressa, normal ou agendada. O funcionário pode optar por visitar os sites de outros fornecedores e repetir esse processo para pesquisar itens adicionais ou obter preços concorrentes para os mesmos itens.

Seleção e negociação

Após o recebimento das cotações de cada fornecedor, o funcionário as examina e indica, clicando no formulário de solicitação de cotação, quais itens serão pedidos de um determinado fornecedor. O empregado também especifica a data de entrega desejada. Além do preço, a qualidade de um item, o atendimento do fornecedor e a rapidez na entrega podem ser importantes no processo de seleção e negociação.

Os sistemas de comércio eletrônico B2B precisam oferecer suporte à negociação entre um comprador e o vendedor selecionado quanto a preço final, data de entrega, custos de entrega e quaisquer encargos extras. Mas esses recursos não são requisitos fundamentais da maioria dos sistemas B2C, que normalmente oferecem seus produtos para venda na base do "pegar ou largar".

Compra de produtos e serviços eletronicamente

O funcionário conclui o pedido de compra especificando os termos e preços acordados finais, enviando um formulário eletrônico preenchido ao fornecedor. Podem surgir complicações no pagamento dos produtos. Normalmente, um comprador corporativo que faz várias compras de um fornecedor a cada ano estabelece previamente um crédito com o fornecedor, e todas as compras são faturadas em uma conta corporativa. Mas quando consumidores individuais fazem sua primeira, e talvez única, compra do fornecedor, medidas e salvaguardas adicionais são necessárias. Parte da transação de compra pode envolver o fornecimento de um número de cartão de crédito pelo cliente. Outra abordagem para pagar por bens e serviços adquiridos pela internet é utilizar dinheiro eletrônico, que pode ser trocado por dinheiro vivo, conforme discutido posteriormente neste capítulo.

Entrega de produtos e serviços

A distribuição digital pode ser utilizada para entregar software, música, fotos, vídeos e material produzido pela internet de maneira mais rápida e econômica do que enviar os itens pelo correio. A maioria dos produtos não digitais não pode ser entregue pela internet, portanto, eles são entregues de várias outras maneiras: transportadora noturna, serviço de correio regular, caminhão ou trem. Em alguns casos, o cliente pode optar por se dirigir até o fornecedor e retirar o produto.

Muitos fabricantes e varejistas terceirizaram a logística física da entrega de mercadorias para outras empresas que cuidam do armazenamento, embalagem, envio e rastreamento dos produtos. Para fornecer esse serviço, a DHL, o Federal Express, o United Parcel Service, os Correios dos EUA e outras empresas de entrega desenvolveram ferramentas de software e interfaces que vinculam diretamente os sistemas de pedidos do cliente, manufatura e estoque com seus próprios sistemas altamente automatizados de depósitos, call centers e redes mundiais de remessas. O objetivo é fazer com que o repasse de todas as informações e estoques, do fabricante à empresa de entrega e ao consumidor, seja rápido e simples.

Por exemplo, quando um cliente faz um pedido de impressora no site da Hewlett-Packard (HP), esse pedido na verdade vai para a FedEx, que estoca os produtos que a HP vende on-line para compradores dos EUA em uma instalação de distribuição eletrônica dedicada em Memphis, Tennessee, um importante centro de remessas da FedEx. A FedEx envia o pedido, o que dispara uma notificação por e-mail ao cliente de que a impressora está a caminho e um aviso de estoque é enviado à HP informando que o depósito da FedEx agora tem uma impressora a menos em estoque (ver Figura 9.3).

Para devoluções de produtos, a HP insere as informações de devolução em seu próprio sistema, que está vinculado aos sistemas da FedEx. Essas informações indicam

FIGURA 9.3
Fluxo de produtos e informações

Quando um cliente faz um pedido on-line de uma impressora HP, o pedido vai primeiro para a FedEx, que envia o pedido, disparando uma notificação por e-mail para o cliente e um aviso de estoque para a HP.

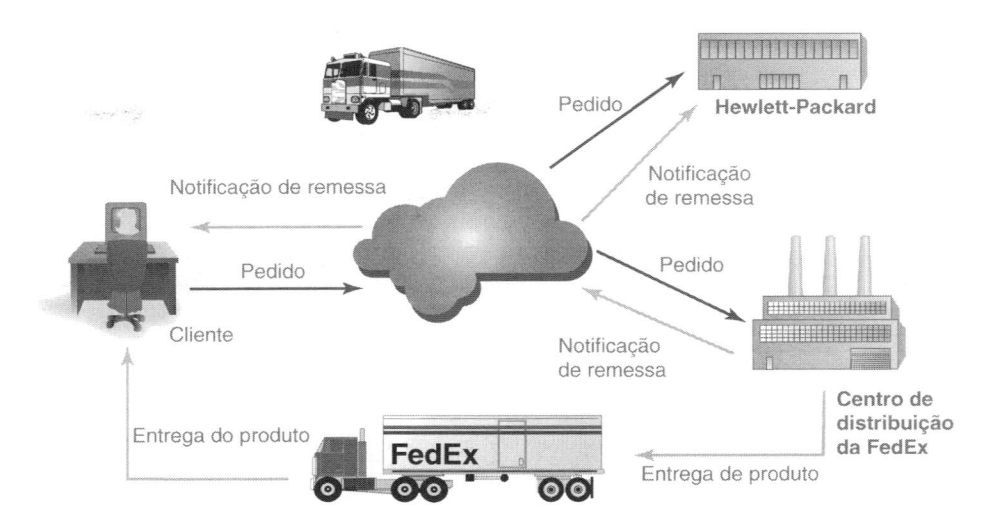

que um mensageiro da FedEx deve retirar o item indesejado na casa ou na empresa do cliente. Os clientes não precisam preencher as etiquetas de envio ou embalar o item. Em vez disso, o mensageiro da FedEx usa as informações transmitidas pela internet a um computador em seu caminhão para imprimir uma etiqueta em uma impressora portátil presa em seu cinto. A FedEx controla a devolução e a HP pode monitorar seu progresso do início ao fim.

Serviço pós-venda

Além das informações necessárias para concluir um pedido, informações abrangentes do cliente também são capturadas de cada pedido e armazenadas no banco de dados de clientes do fornecedor. Essas informações podem incluir o nome do cliente, endereço, números de telefone, pessoa para contato, histórico de crédito e outros detalhes. Por exemplo, se um cliente depois contatar o fornecedor para reclamar que nem todos os itens foram recebidos ou que alguns chegaram danificados, qualquer representante do atendimento ao cliente poderá recuperar as informações do pedido no banco de dados. As organizações oferecem várias maneiras de localizar pedidos de clientes em seus sistemas — usando o nome ou o número de telefone do cliente ou até mesmo a data ou o pedido e o código postal onde o cliente está localizado. Muitas empresas também fornecem informações abrangentes de pós-venda em seus sites, por exemplo, como fazer a manutenção de uma peça do equipamento, como utilizar um produto com eficácia e como receber reparos dentro da garantia.

Desafios do comércio eletrônico

Uma empresa deve superar muitos desafios para converter seus processos de negócios da forma tradicional para processos de comércio eletrônico, especialmente para B2C. Como resultado, nem todos os empreendimentos de comércio eletrônico são bem-sucedidos. Por exemplo, a Borders começou um site on-line no final dos anos 1990, mas depois de três anos operando no vermelho, a livraria terceirizou suas operações de comércio eletrônico para a Amazon em 2001. A Borders mudou de curso e decidiu relançar o seu site *Borders.com* em maio de 2008, mas continuou a gerar números de vendas decepcionantes. Como consequência dos resultados abaixo do padrão, muitos executivos de alto escalão foram substituídos, incluindo o CIO e o vice-presidente sênior de vendas. A Borders tentou manter uma presença física (com cafeterias e cadeiras em suas lojas) e uma forte presença digital, mas no início de 2011, a Borders entrou com um pedido de proteção contra falência e começou a fechar suas lojas.[38]

Você pode se perguntar se a Borders, uma livraria, foi sensata ao terceirizar seu site para a Amazon, pois esta começou como um site de venda de livros e é conhecida por comprar agressivamente seus concorrentes e empresas iniciantes. Existem oportunidades e riscos no mundo do comércio eletrônico.

Os três principais desafios para o comércio eletrônico são: (1) lidar com questões de privacidade do consumidor, (2) superar a falta de confiança dos consumidores e (3) superar questões globais. Examinaremos isso nas seções a seguir.

Lidando com questões de privacidade do consumidor

Embora dois terços dos usuários da internet nos EUA tenham comprado um item on-line e a maioria dos usuários diga que as compras on-line economizam tempo, cerca de um terço de todos os usuários adultos da internet não compra nada on-line, principalmente porque tem preocupações com a privacidade ou não confia nos comerciantes on-line. Além de ter um modelo e uma estratégia eficaz de comércio eletrônico, as empresas devem abordar cuidadosamente as questões de privacidade do consumidor e superar a falta de confiança dos consumidores.

Eis alguns exemplos de violações de segurança recentes nas quais os dados pessoais foram comprometidos:

- Quase 50 milhões de usuários do Facebook tiveram suas informações pessoais roubadas em 2018, quando hackers exploraram bugs em um dos recursos do site que, na verdade, se destinava a fornecer aos usuários mais controle sobre suas configurações de privacidade. Alguns membros do Congresso pediram mais supervisão do Congresso de empresas como o Facebook, que têm um grande número de usuários, armazenam informações privadas e foram hackeadas.[39]
- A Patreon, plataforma de financiamento coletivo que permite aos usuários fazer doações contínuas para um site, artista ou projeto, sofreu uma violação de segurança que resultou na publicação on-line de todo o banco de dados — incluindo nomes, endereços de e-mail e registros de doações.[40,41]
- Os nomes, endereços e números de passaporte de mais de 500 milhões de hóspedes dos hotéis Starwood (propriedade da Marriott) foram roubados em 2018.[42]
- Em 2018, a Under Armour revelou uma violação de 150 milhões de registros de usuários de seu aplicativo MyFitnessPal. Embora os hackers não tenham obtido acesso ao número do seguro social dos usuários, informações de pagamento ou números de carteira de motorista, eles conseguiram acessar nomes de usuário, endereços de e-mail e senhas criptografadas.[43]

roubo de identidade: O uso de informações de identificação pessoal de alguém sem sua permissão, geralmente para cometer fraude ou outros crimes.

Em alguns casos, o comprometimento de dados pessoais pode levar ao roubo de identidade. De acordo com a Federal Trade Commission (FTC), "**roubo de identidade** ocorre quando alguém rouba suas informações pessoais e as usa sem sua permissão".[44] Frequentemente, as informações de identificação pessoal roubadas, como seu nome, número do Seguro Social* ou do cartão de crédito são utilizadas para cometer fraudes ou outros crimes. Os criminosos podem utilizar os números do cartão de crédito do consumidor para cobrar itens nas contas dessa pessoa, utilizar informações de identificação para solicitar um novo cartão de crédito ou um empréstimo em nome do consumidor, ou utilizar o nome do consumidor e o número do Seguro Social para receber benefícios do governo.

As empresas devem estar preparadas para fazer um investimento substancial no sentido de proteger a privacidade de seus clientes ou correr o risco de perder clientes e gerar possíveis ações judiciais coletivas caso os dados sejam comprometidos. Não é incomum clientes iniciarem ações coletivas de milhões de dólares em danos por sofrimento emocional e perda de privacidade. Além de danos potenciais, as empresas frequentemente devem pagar pelo monitoramento do crédito do cliente e pelo seguro contra roubo de identidade para garantir a segurança dos dados dos clientes.

O Facebook enfrentou uma ação judicial decorrente da violação de dados em 2018 poucos dias após seu anúncio. O que tornou a violação tão ameaçadora foi que os usuários do Facebook que se conectaram às suas contas por meio do Instagram, e possivelmente de outras plataformas de mídia social, correram o risco de ter as contas dessas plataformas hackeadas também.[45]

---

* NT: o número do Seguro Social nos EUA é um identificador similar ao CPF utilizado no Brasil.

Para atender às preocupações de privacidade dos clientes, as empresas que procuram fazer negócios on-line devem investir na tecnologia de segurança mais recente e empregar especialistas em segurança altamente treinados para proteger os dados de seus clientes. Para grandes empresas, isso pode significar uma equipe interna considerável que monitora problemas de segurança 24 horas por dia, sete dias por semana. As empresas menores geralmente contam com serviços de segurança fornecidos por empresas como a Symantec, cujo Norton Secured Seal se propõe a fornecer aos clientes a confiança de que precisam para realizar transações de comércio eletrônico.

A Akimbo Financial é uma empresa de serviços financeiros com sede em San Antonio, Texas. Embora a Akimbo seja um pequeno participante no setor de serviços financeiros, ainda é obrigada a cumprir com os regulamentos do Payment Card Industry (PCI) e outros padrões que exigem criptografia para transações e comunicações on-line. E como a Akimbo coleta números do seguro social e outros dados confidenciais, ela deve garantir aos usuários que seus dados estão seguros. A empresa emprega o Certificado SSL de Site Seguro com Validação Estendida da Symantec para proteger seu site e exibe com destaque o selo Norton Secured. O certificado de Validação Estendida é utilizado para apresentar aos visitantes on-line uma barra verde na barra de endereço do navegador, com o objetivo de destacar a natureza segura do site. Essa barra verde foi substituída por um ícone de um cadeado fechado. De acordo com o CEO e fundador da Akimbo Houston Frost, a barra verde (agora substituída por um ícone de cadeado fechado) dá aos consumidores uma sensação de "calor e conforto".[46]

Superando a falta de confiança dos consumidores

A falta de confiança nos vendedores on-line é um dos motivos mais citados por alguns consumidores para explicar por que não desejam comprar on-line. Eles podem ter certeza de que a empresa ou pessoa com quem estão negociando é legítima e enviará os itens comprados? E se houver um problema com o produto ou serviço quando for recebido: Por exemplo, se não corresponder à descrição no site, for do tamanho ou da cor errada, for danificado durante o processo de entrega ou não funcionar como anunciado?

Os comerciantes on-line devem criar estratégias específicas de construção de confiança para seus sites, analisando seus clientes, produtos e serviços. Uma percepção de confiabilidade pode ser criada implementando uma ou mais das seguintes estratégias:

- Demonstrar um forte desejo de construir um relacionamento contínuo com os clientes, dando incentivos de preço pela primeira vez, oferecendo programas de fidelidade ou obtendo e compartilhando feedback dos clientes.
- Demonstrar que a empresa está no mercado há muito tempo.
- Deixar claro que um investimento considerável foi feito no site.
- Fornecer endossos da marca de especialistas conhecidos ou indivíduos respeitados.
- Demonstrar participação em programas regulatórios apropriados ou associações do setor.
- Exibir credenciamento do site pelos programas Better Business Bureau On-line ou TRUSTe.

Eis algumas dicas para ajudar os compradores on-line a evitar problemas:

- Compre somente de um site bem conhecido no qual você confia — um que anuncie na mídia nacional, seja recomendado por um amigo ou receba boas avaliações na mídia.
- Procure um selo de aprovação de organizações como o Better Business Bureau On-line ou TRUSTe (ver Figura 9.4).

FIGURA 9.4
Selos de aprovação
Para evitar problemas ao fazer compras on-line, procure no site um selo de aprovação de organizações como o Better Business Bureau On-line ou TRUSTe.

Cortesia do Better Business Bureau e TRUSTe

- Antes de fornecer informações pessoais, revise a política de privacidade do site para certificar-se de que você está confortável com suas condições.
- Determine qual é a política do site para devolução de produtos adquiridos.
- Fique atento se precisar inserir qualquer informação pessoal além do necessário para concluir a compra (nome, número do cartão de crédito, endereço e número de telefone).
- Nunca forneça, sob nenhuma condição, informações como seu número de seguro social, números de contas bancárias ou o nome de solteira de sua mãe.
- Ao abrir a página da web na qual você insere informações de cartão de crédito ou outros dados pessoais, certifique-se de que o endereço da web comece com "https" e verifique se um ícone de cadeado fechado aparece na barra de endereços ou na barra de *status*, conforme mostrado na Figura 9.5.

FIGURA 9.5
Segurança do site
Site que usa "https" no endereço e um ícone de cadeado de site seguro.

- Considere o uso de cartões de crédito virtuais, que expiram após um uso único, ao fazer compras on-line. Esses cartões são essencialmente números de cartão de crédito de uso único que o fornecedor do cartão envia a você para uma finalidade específica. Mesmo se um hacker obtiver esse número por meio de uma violação de segurança, ele não terá valor.
- Antes de baixar músicas, altere as configurações avançadas do navegador para desabilitar o acesso a todas as áreas do computador que contêm informações pessoais.

Superando problemas globais

O comércio eletrônico e o comércio móvel oferecem enormes oportunidades ao permitir que os fabricantes comprem suprimentos a baixo custo em todo o mundo. Também fornecem às empresas a chance de vender para um mercado global desde o início. Além disso, proporcionam uma grande promessa para os países em desenvolvimento, ajudando-os a entrar no próspero mercado global, o que pode ajudar a reduzir a lacuna entre países ricos e pobres. Pessoas e empresas podem obter produtos e serviços de todo o mundo, em vez de na esquina ou no centro da cidade. Essas oportunidades, porém, vêm acompanhadas de vários obstáculos e problemas associados a todos os sistemas globais:

- **Desafios culturais.** Deve-se tomar muito cuidado para garantir que um site da web seja atraente, fácil de utilizar e não ofensivo para potenciais clientes em todo o mundo. Por exemplo, o consumo de álcool ou maconha pode ser legal em alguns lugares, mas não em outros. As imagens no site mostram pessoas consumindo álcool ou usando maconha?
- **Desafios de linguagem.** As diferenças de idioma podem dificultar a compreensão das informações e orientações publicadas em um site.
- **Desafios de tempo e distância.** As diferenças significativas de horário tornam difícil para algumas pessoas falar com o serviço de atendimento ao cliente ou obter suporte técnico durante o horário comercial normal.
- **Desafios de infraestrutura.** O site deve oferecer suporte ao acesso de clientes usando uma ampla variedade de dispositivos de hardware e software.
- **Desafios da moeda.** O site deve ser capaz de declarar preços e aceitar pagamentos em várias moedas.
- **Desafios das leis estaduais, regionais e nacionais.** O site deve operar em conformidade com uma ampla variedade de leis que cobrem diversas questões, incluindo a proteção de marcas e patentes, a venda de material protegido por direitos autorais, a coleta e a proteção de dados pessoais ou financeiros, o pagamento de taxas e impostos sobre vendas e muito mais.

Exercício de pensamento crítico

Site de visitas a museus

▶ APLICAÇÃO, GLOBAL

Recentemente, você herdou o negócio de turismo de sua tia, que cria passeios personalizados a museus e outros locais de interesse em Washington, DC. Sua tia não tinha funcionários; em vez disso, ela entrava em contato com uma organização, como uma sociedade histórica local, e trabalhava diretamente com seu contato na organização para propor e realizar uma excursão. Depois de finalizar os detalhes do passeio, sua tia o abria para outras pessoas que desejassem fazer o mesmo passeio. Essa estratégia permitiu que sua tia tivesse um número confirmado de pessoas para ele e quanto mais pessoas, mais lucrativo se tornava o passeio.

O negócio de turismo de sua tia tem uma excelente reputação e era regularmente reconhecido como uma experiência de alta qualidade em revistas de turismo e publicações da AARP. Mas quase todas as pessoas que viajam com a empresa de sua tia são dos Estados Unidos. Você sente que pode aumentar substancialmente o seu negócio se também atender a grupos de turistas estrangeiros. Você começará procurando grupos de turistas de outros países de língua inglesa porque você não é fluente em nenhum outro idioma além do inglês.

Você decidiu que deve estabelecer uma presença na web se for entrar em contato com clientes de outros países. A empresa de sua tia não tem presença na web porque foi promovida principalmente por endossos "boca a boca" de pessoas que fizeram passeios com sua tia. Você vê isso como uma oportunidade, porque agora é capaz de criar a presença na web sem ter que se preocupar como ela vai interagir com qualquer presença do negócio existente na web.

Perguntas de revisão

1. Que desafios você espera encontrar ao tentar atrair grupos de turismo de outros países?
2. Como os clientes de outros países pagarão pelos passeios? Você aceitará pagamentos em outras moedas além do dólar americano?

Questões de pensamento crítico

1. Qual será sua estratégia para combinar a base de clientes "boca a boca" criada por sua tia com a presença na web que você pretende criar?
2. Você não tem experiência em hospedagem de sites na web. Você usará um servidor genérico, tentará ser um subsite de uma organização estabelecida, como AARP, ou encontrará alguma outra maneira?

Aplicativos de comércio eletrônico e comércio móvel

O comércio eletrônico e o comércio móvel estão sendo utilizados de maneiras inovadoras e empolgantes. Esta seção examina alguns dos muitos aplicativos B2B, B2C, C2C e comércio móvel no varejo e atacado, manufatura, marketing, publicidade, permuta, redirecionamento, comparação de preços, cupons, investimentos e finanças e serviços bancários. Como acontece com qualquer nova tecnologia, o comércio móvel terá sucesso apenas se fornecer benefícios reais aos usuários. As empresas envolvidas em comércio eletrônico e móvel devem pensar cuidadosamente em suas estratégias e garantir que forneçam serviços que de fato atendam às necessidades dos clientes.

Comércio eletrônico de atacado

Nos Estados Unidos, o comércio eletrônico de atacado deve ultrapassar US$ 1 trilhão até 2021.[47] Um setor-chave do comércio eletrônico de atacado é o gasto em bens e serviços de manufatura, reparo e operações (MRO) — desde simples suprimentos de escritório até equipamentos de missão crítica, como motores, bombas, compressores e instrumentos que mantêm as instalações industriais funcionando fluidamente. As compras de MRO costumam se aproximar de 40% da receita total de uma indústria, mas os sistemas de compra em muitas empresas são aleatórios, sem controles automatizados. As empresas enfrentam custos internos significativos resultantes de processos de gestão de MRO desatualizados e complicados. O tempo de inatividade de fabricação pode ser causado por não ter a peça certa na hora certa, no lugar certo. O resultado é perda de produtividade e capacidade. O software de comércio eletrônico para operações de fábrica fornece recursos de pesquisa comparativa poderosos para permitir que os gestores identifiquem itens funcionalmente equivalentes, ajudando-os a identificar oportunidades de combinar compras para redução de custos. Comparar vários fornecedores, juntamente com a consolidação de mais gastos com menos fornecedores, leva à redução de custos. Além disso, os fluxos de trabalho automatizados são normalmente baseados nas melhores práticas do setor, o que pode agilizar os processos.

A Grainger, líder no mercado de MRO, teve mais de US$ 11 bilhões em vendas em 2018. Seu CEO, DG Macpherson, espera que o crescimento continue.[48,49]

Manufatura

bolsa eletrônica: Um fórum eletrônico em que fabricantes, fornecedores e concorrentes compram e vendem mercadorias, negociam informações de mercado e executam operações administrativas.

Uma abordagem adotada por muitos fabricantes para aumentar a lucratividade e melhorar o atendimento ao cliente é mover suas operações da cadeia de suprimentos para a internet. Aqui, eles podem formar uma **bolsa eletrônica**, um fórum eletrônico em que fabricantes, fornecedores e concorrentes compram e vendem mercadorias, negociam informações do mercado e executam operações de back-office (de apoio), como controle de estoque, conforme mostrado na Figura 9.6. Essa abordagem acelera a movimentação de matérias-primas e produtos acabados e reduz a quantidade de estoque que deve ser mantida. Isso também leva a um mercado muito mais competitivo e preços mais baixos. O aumento da competição pode ter um efeito positivo ou negativo em uma organização, dependendo do lado em que ela está. Em geral, o comprador tende a ter mais vantagem com essas bolsas eletrônicas.

As empresas podem aderir a um dos três tipos de bolsa com base em quem opera a bolsa. As bolsas privadas pertencem e são operadas por uma única empresa. O proprietário usa a bolsa para negociar exclusivamente com parceiros

FIGURA 9.6
Modelo de uma bolsa eletrônica
Uma bolsa eletrônica é um fórum eletrônico onde fabricantes, fornecedores e concorrentes compram e vendem mercadorias, negociam informações de mercado e executam operações administrativas.

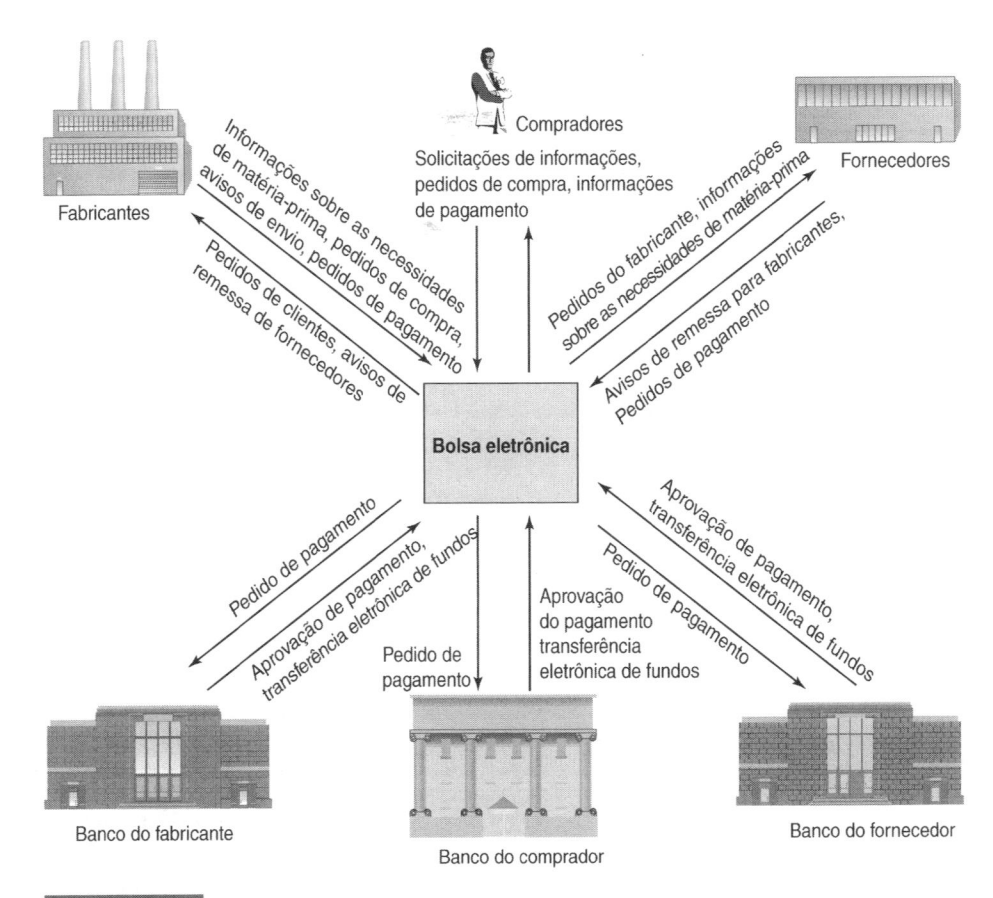

de negócios estabelecidos. O Retail Link do Walmart é um tipo de bolsa assim. As bolsas operadas por consórcio são administradas por um grupo de empresas tradicionalmente concorrentes com necessidades comuns de aquisição. Por exemplo, a Covisint foi desenvolvida como uma bolsa para atender às necessidades das três grandes montadoras. Bolsas independentes estão abertas a qualquer conjunto de compradores e vendedores em um determinado mercado. Em 2017, a Covisint foi comprada pela OpenText e ampliou seu foco para incluir provedores de serviços de saúde, governamentais e financeiros. As bolsas independentes fornecem serviços e uma plataforma de tecnologia comum aos seus membros e estão abertas, geralmente mediante o pagamento de uma taxa, a qualquer empresa que queira usá-las. Por exemplo, o Tinypass é uma plataforma de comércio eletrônico flexível que permite aos editores de conteúdo escolher entre uma variedade de modelos de pagamento para vender acesso à sua mídia. Os editores podem oferecer visualizações limitadas aos leitores antes de eles se inscreverem, solicitar pagamento para assistir a cada vídeo ou artigo ou permitir que o público pague o que acredita que o conteúdo vale. O conteúdo é definido pelo editor e pode ser qualquer tipo de mídia digital: um artigo, um filme, uma música, uma postagem de blog, um PDF, acesso a um fórum ou acesso a um site inteiro. Os membros do Tinypass Exchange podem utilizar a plataforma para angariar projetos de seus próprios sites, em vez de trabalhar por meio de sites de terceiros, como GoFundMe ou KickStarter.[50,51]

Diversas questões estratégicas e competitivas estão associadas ao uso de bolsas. Muitas empresas desconfiam de seus rivais corporativos e temem perder segredos comerciais por meio da participação em tais bolsas. Os fornecedores temem que os mercados on-line baixem os preços dos produtos e favoreçam os compradores. Os fornecedores também podem gastar muito dinheiro configurando seus sistemas e processos de trabalho para participar de várias bolsas. Por exemplo, mais de uma dúzia de novas bolsas surgiram na indústria de petróleo, e o setor de impressão tem mais de 20 marketplaces on-line. Até que surja um vencedor claro em determinados setores, os fornecedores podem se sentir compelidos a participar de vários ou todos eles. Outro problema ainda é o potencial escrutínio do governo sobre os participantes da bolsa: Quando os concorrentes se reúnem para compartilhar informações, surgem questões de conluio ou comportamento antitruste.

Muitas empresas que já utilizam a internet para suas bolsas privadas não desejam compartilhar seus conhecimentos com os concorrentes. No Walmart, a maior rede de varejo do mundo, os executivos recusaram vários convites para participar de bolsas no varejo e em setores de bens de consumo antes de construir sua própria bolsa interna, a Retail Link, que conecta a empresa a 7 mil fornecedores em todo o mundo que vendem de tudo, de pasta de dente a móveis. Por meio do Retail Link, o Walmart criou um sistema de estoque gerenciado pelo fornecedor, em que permite que cada fornecedor decida onde colocar SKUs (*stock keeping units* – unidades de manutenção de estoque) e como enviar para as lojas. Ele capacita os fornecedores a tomar essas decisões, fornecendo-lhes dados de estoque e vendas por SKU, por hora, por loja. Isso, por sua vez, torna o Walmart mais lucrativo, pois ele pode responsabilizar cada fornecedor por maximizar a margem, com o menor estoque possível, para produzir o maior retorno sobre o investimento em estoque.[52]

Sempre considere as questões de confiança, privacidade e comércio eletrônico multinacional ao considerar as bolsas eletrônicas. Os participantes devem confiar que as outras pessoas na bolsa estão retratando honestamente seus produtos, suas intenções de compra e a qualidade dos produtos e serviços oferecidos. A privacidade é perdida ao entrar na bolsa eletrônica e é substituída pela confidencialidade das informações compartilhadas entre seus membros. Privacidade é um segredo que só você conhece, enquanto confidencialidade diz respeito a coisas como seus registros de saúde, que podem ser compartilhados entre muitas pessoas que você pode não conhecer, mas que estão participando de seus cuidados.

Considere as implicações da confidencialidade no contexto de como seus dados são tratados. Quanto mais pessoas estiverem autorizadas a ver seus dados confidenciais, maior será a chance de que os dados sejam utilizados indevidamente. Considere a nota final que você recebe por um curso. Você pode ter feito o curso uma vez, mas recebeu uma nota ruim. Se você retomar o curso e se sair melhor na segunda vez, sua nota inicial ruim será substituída pela segunda nota. Você e o professor conhecem sua nota original, mas a equipe do cartório também. O professor assistente também pode saber que você está fazendo o curso pela segunda vez. O professor também pode ter solicitado a um funcionário que inserisse a nota no sistema de informações da escola. Todas essas pessoas têm um motivo válido para conhecer sua nota, portanto, todas têm acesso a esses dados confidenciais.

Não se esqueça de que o comércio eletrônico multinacional pode ser complicado quando as leis e os costumes de países soberanos são diferentes. A União Europeia (UE) implementou o Regulamento Geral de Proteção de Dados em 2018. Essencialmente, a UE acredita que a privacidade e a proteção de dados são liberdades fundamentais. As empresas que desrespeitam os regulamentos de proteção de dados estão sujeitas a multas muito elevadas. O consentimento para que os dados de um usuário sejam compartilhados com outra empresa requer o consentimento específico, informado e inequívoco do usuário. O usuário "possui" os dados, não a empresa.

Nos Estados Unidos, as empresas são proprietárias dos dados que coletam sobre você em qualquer transação comercial que você fizer com a empresa. Eles podem vendê-los para outras empresas — com ou sem o seu consentimento. Embora muitas empresas prometam que não compartilharão suas informações com outras empresas, isso é apenas uma promessa. Não é um compromisso legal e a empresa pode mudar de ideia a qualquer momento e vender seus dados para terceiros.

Marketing

A natureza da web permite que as empresas reúnam mais informações sobre o comportamento e as preferências do consumidor, à medida que os consumidores e os potenciais clientes reúnem suas próprias informações e tomam suas decisões de compra. A análise desses dados é complicada por causa da interatividade da web e porque cada visitante fornece ou se recusa voluntariamente a fornecer dados pessoais, como nome, endereço, endereço de e-mail, número de telefone e dados demográficos. Na verdade, os consumidores podem mentir intencionalmente sobre essas informações. Os anunciantes da internet utilizam os dados para identificar mercados específicos e direcioná-los com mensagens publicitárias personalizadas. Essa prática, chamada segmentação de mercado, divide o grupo de potenciais clientes em subgrupos geralmente definidos em termos de características demográficas, como idade, sexo, estado civil, nível de renda e localização geográfica.

segmentação de mercado: A identificação de mercados específicos para atingi-los com mensagens publicitárias personalizadas.

No passado, a segmentação de mercado era difícil para os profissionais de marketing B2B porque os dados firmográficos (endereços, finanças, número de funcionários e código de classificação do setor) eram difíceis de obter. Agora, porém, a eXelate, uma subsidiária da Nielsen, a empresa de marketing e informações de mídia, juntou forças com a Dun & Bradstreet para fornecer uma solução de dados como serviço que os clientes podem utilizar para acessar um banco de dados de mais de 250 milhões de registros de negócios, incluindo informações críticas da empresa, como nomes de contato, cargos e níveis de antiguidade, locais, endereços, número de funcionários, vendas anuais e códigos de classificação do Standard Industry Code (SIC) e do North America Industry Classification System (NAICS). Usando esses dados, os analistas podem identificar, acessar e segmentar seu público potencial de B2B; estimar vendas potenciais para cada negócio; e classificar o negócio em relação a outros potenciais clientes.[53]

Publicidade

As redes de anúncios móveis distribuem anúncios móveis a editores, como sites para dispositivos móveis, desenvolvedores de aplicativos e operadoras de celular. Como a maioria das pessoas carrega seus smartphones (que estão conectados à web de muitas formas diferentes) o tempo todo, as organizações têm um incentivo para fazer uso extensivo de anúncios móveis a fim de alcançar os consumidores. As impressões de anúncios móveis geralmente são compradas a um custo por mil (CPM), custo por clique (CPC) ou custo por ação (CPA), em que o anunciante pagará somente se o cliente clicar e comprar o produto ou serviço. As principais medidas de sucesso são o número de usuários alcançados, a taxa de cliques (CTR) e o número de ações que os usuários realizam, como o número de downloads solicitados pelo anúncio. Os anunciantes estão profundamente interessados nesses dados para medir a eficácia de seus gastos com publicidade, e muitas organizações estão dispostas a pagar mais para adquirir os dados a partir de uma rede de anúncios em dispositivos móveis ou um terceiro. Geralmente, existem três tipos de redes de anúncios móveis — redes cegas, redes cegas premium e redes premium — embora nenhuma linha clara as separe. As características dessas redes de publicidade móvel são resumidas na Tabela 9.5.

TABELA 9.5 Características de três tipos de redes de publicidade móvel

Característica	Redes cegas	Redes cegas premium	Redes premium
O grau em que os anunciantes podem especificar onde os anúncios são executados	Um anunciante pode especificar o país e o canal de conteúdo (por exemplo, notícias, esportes ou entretenimento) em que o anúncio será veiculado, mas não em um site específico.	A maior parte da publicidade é cega, mas por um custo adicional, o anunciante pode comprar um espaço específico em um site de sua escolha.	Os anunciantes de grandes marcas podem garantir locais de elite em destinos de primeira linha.
Modelo de preços predominante e taxa típica	CPC (por exemplo, US$ 0,01 por clique)	CPM (por exemplo, US$ 20 por mil impressões)	CPM (por exemplo, US$ 40 por mil impressões)
Exemplos	• Admoda/Adultmoda • AdMob • BuzzCity • InMobi	• Jumptap • Madhouse • Millennial Media • Quattro Wireless	• Hands • Microsoft Mobile Advertising — App Samurai • Nokia Interactive Advertising • Pudding Media • YOC Group

A InMobi é uma fornecedora global de recursos baseados em nuvem voltados para empresas que têm clientes significativos de comércio móvel. A empresa, que é uma líder reconhecida em seu campo, usa uma técnica denominada "segmentação apropriada" para aumentar a chance de que os usuários de um tipo de mídia ou aplicativo se envolvam com anunciantes que usam seus serviços. Em 2019, a InMobi lançou uma nova unidade de negócios independente chamada TruFactor, que permite às empresas de telecomunicações "transformar seus ativos digitais em conhecimento estratégico". Em outras palavras, as empresas podem utilizar os registros individuais da localização do celular, do site que está sendo visualizado, do tempo de permanência no site e de outros fatos em uma coleção de tendências gerais que são úteis para o planejamento de futuras estratégias de publicidade. Isso só pode aumentar ainda mais a eficácia de fornecer uma abordagem mais integrada do comércio móvel a partir da interação com os clientes por meio de todos os seus dispositivos interconectados.[54,55]

Como os dispositivos de comércio móvel geralmente têm um único usuário, eles são ideais para acessar informações pessoais e receber mensagens direcionadas a um determinado consumidor. Por meio do comércio móvel, as empresas podem alcançar consumidores individuais para estabelecer relacionamentos de marketing um para um e se comunicar sempre que for conveniente — em suma, a qualquer hora e em qualquer lugar. O comércio móvel também é geralmente um componente importante de uma estratégia omnicanal. Por exemplo, um dispositivo móvel pode transmitir a localização atual de um usuário para que o comércio móvel possa ser perfeitamente integrado a outras experiências de comércio eletrônico na localização atual do usuário — sua localização pode dizer em qual loja você está e fornecer cupons pertinentes à sua experiência de compra (ver Figura 9.7).

FIGURA 9.7
O comércio móvel é conveniente e pessoal
Os consumidores estão cada vez mais usando telefones celulares para comprar mercadorias e realizar outras transações on-line.

Permuta

Durante a recessão econômica entre 2007 e 2009, muitas pessoas e empresas passaram a fazer permutas como forma de obter bens e serviços. Mesmo com a recuperação lenta da economia, a permuta e uma "economia alternativa" ajudaram muitas pessoas em tempos econômicos difíceis. Vários sites foram criados para oferecer suporte a essa atividade, conforme mostrado na Tabela 9.6. Algumas empresas estão dispostas a negociar para reduzir o excesso de estoque, ganhar novos clientes ou evitar pagar em dinheiro pelas matérias-primas ou serviços necessários. Os clientes com pouco dinheiro podem achar que a permuta é uma alternativa atraente para pagar em dinheiro escasso. Geralmente, as transações de permuta têm responsabilidades de relatórios fiscais, contabilidade e outras responsabilidades de manutenção de registros associados. De fato, o IRS hospeda o site Bartering Tax Center que fornece detalhes sobre as leis fiscais e responsabilidades para transações de permuta.

TABELA **9.6** Sites populares de permuta

Site da web	Propósito
Craigslist.org	Inclui uma seção em que os usuários podem solicitar um item em troca de serviços ou trocar serviços por serviços
Swapagift.com	Permite que os usuários comprem, vendam ou troquem vales-presente de comerciantes
Swapstyle.com	Permite que os usuários troquem, vendam ou comprem diretamente acessórios, roupas, cosméticos e sapatos femininos
Game Trading Zone	Fórum para troca de jogos, filmes e música
TradeAway.com	Permite que os usuários troquem uma ampla variedade de itens, serviços ou imóveis novos ou usados

Redirecionamento

O abandono do carrinho é um desafio constante para empresas de comércio eletrônico. Quase 73% dos carrinhos de compras acessados por meio de computadores desktop são abandonados antes da compra, enquanto essa taxa sobe para 86% para carrinhos criados em smartphones.[56] "Redirecionamento" é uma técnica utilizada por anunciantes para recapturar esses compradores usando anúncios direcionados e personalizados para levar os compradores de volta ao site de um varejista. Por exemplo, um visitante que visualize a seção de roupas masculinas do site de um varejista e depois deixe o site será alvo de anúncios em banner mostrando vários itens de roupas masculinas daquele varejista. Os banners podem até exibir os itens exatos que o visitante viu, como calças casuais masculinas. O redirecionamento pode ser aprimorado para incluir comentários e recomendações de outros consumidores que compraram os mesmos itens. O redirecionamento garante que os potenciais consumidores vejam anúncios relevantes e direcionados para produtos nos quais eles já expressaram interesse.

Comparação de preços

Um número crescente de empresas fornece aplicativos para celulares que permitem aos clientes comparar preços e produtos on-line. A Wirecutter (propriedade do *New York Times*) tem avaliações de produtos sobre eletrodomésticos e dispositivos tecnológicos. O aplicativo Price Check da Amazon também permite que você pesquise preços tirando uma foto da capa de um livro, DVD, CD ou videogame. O aplicativo Barcode Scanner permite que os compradores leiam códigos UPC ou Quick Response para realizar uma comparação de preços e ler as avaliações de produtos mais recentes.[57,58]

Cupons

Em 2017, quase US$ 300 bilhões em cupons de encarte (*free-standing insert* – FSI) foram distribuídos, totalizando quase US$ 575 bilhões em economia potencial. Em 2017, mais de US$ 3 bilhões de economia ocorreram por meio do uso de cupons (uma pequena fração da economia possível), e os cupons digitais representaram cerca de 12% desses US$ 3 bilhões.[59]

Muitas empresas agora oferecem uma variedade de cupons digitais — que tendem a ser resgatados a taxas mais altas do que os cupons FSI — incluindo cupons para impressão disponíveis no site da empresa ou entregues aos clientes por e-mail. Os compradores em algumas redes de varejo podem ir ao site da loja e carregar cupons digitais em seu cartão de fidelidade da loja. Outros varejistas têm programas que permitem que uma pessoa insira seu número de celular e um PIN na finalização da compra para resgatar cupons selecionados on-line. O Honey (*www.joinhoney.com*) permite que os usuários cliquem em seu aplicativo durante a compra no supermercado para encontrar cupons e descontos. Muitos fabricantes de bens de consumo, varejistas e outras empresas agora enviam cupons móveis diretamente para os smartphones dos consumidores por meio da tecnologia SMS.

O Google emergiu discretamente como um líder da plataforma para marketing de proximidade, que faz uso de sinalizadores dentro da loja que emitem comunicações sem fio a até cerca de 10 metros de distância para atingir os compradores com anúncios e cupons individuais com base no perfil conhecido do cliente. O marketing de proximidade deve ter um grande aumento de crescimento ao longo de 2019. Um estudo recente sugere que 1,5 bilhão de cupons móveis serão entregues por sinalizadores de proximidade em 2020.[60,61]

É de se esperar que o número de resgatadores de cupons móveis aumente devido à integração dos cupons nas redes sociais, junto com um aumento de usuários de smartphones e tablets, novos aplicativos móveis e ofertas baseadas em localização[62] (ver Figura 9.8).

FIGURA 9.8
Milhões de usuários de cupons móveis nos EUA.
O número de resgatadores de cupons móveis está aumentando significativamente.
Fonte: Caroline Cakebread, "Who's Using Mobile Coupons in the US?", *eMarketer*, 3 de dezembro de 2018, *https://www.emarketer.com/content/the-mobile-series-mobile-coupons-infographic*.

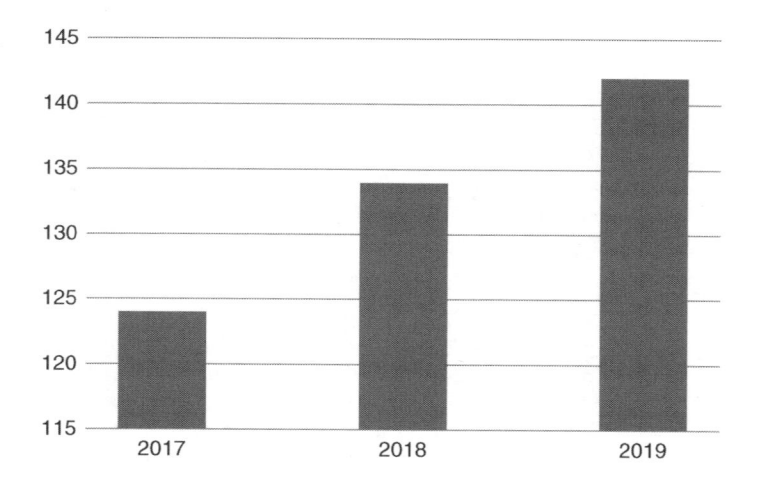

Mercados on-line como Groupon e LivingSocial oferecem uma abordagem atualizada para cupons digitais. Os cupons de desconto para consumidores são válidos apenas se um número mínimo predeterminado de pessoas se inscrever para eles. Os comerciantes não pagam nenhum dinheiro adiantado para participar do Groupon ou do LivingSocial, mas devem pagar às empresas uma taxa (de até 50% para o Groupon) sempre que um cliente compra um cupom.

Investimento e finanças

A internet revolucionou o mundo dos investimentos e das finanças. Talvez as mudanças tenham sido tão significativas porque esse setor tinha muitas ineficiências embutidas e tantas oportunidades de melhoria.

O negócio de corretagem se adaptou à internet com mais rapidez do que qualquer outro braço financeiro (ver Figura 9.9). O fascínio do comércio on-line que permite aos investidores fazer pesquisas rápidas e completas e, em seguida, comprar ações de qualquer empresa em poucos segundos, e por uma fração do custo de uma empresa de comissão integral, trouxe muitos investidores para a web. A Fidelity oferece aplicativos de negociação móvel para tablets, smartphones e até

FIGURA 9.9
Investimento e finanças móveis
As firmas de investimento fornecem aplicativos de comércio móvel para apoiar clientes em movimento.

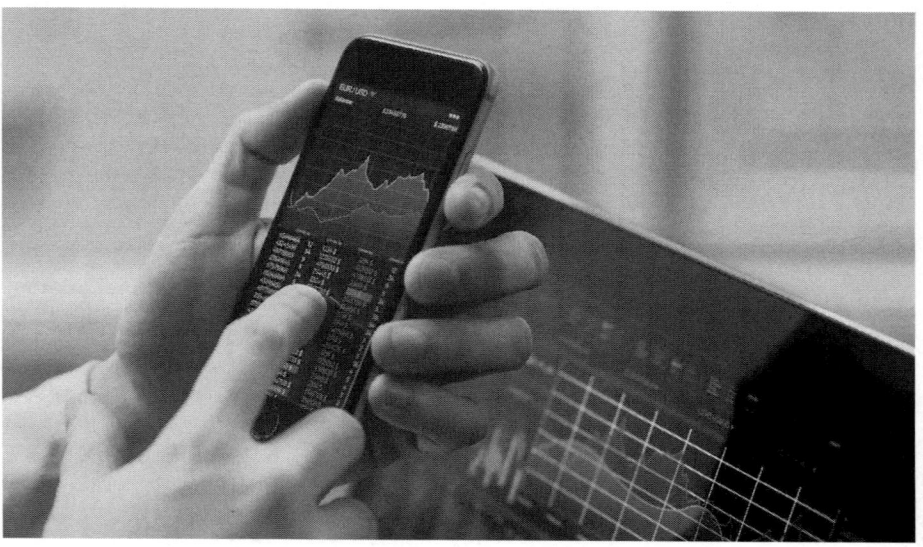

mesmo Apple Watch. Os aplicativos permitem aos investidores uma plataforma segura para monitorar seus portfólios, visualizar cotações de ações em tempo real, rastrear ações preferenciais e realizar negociações.[63]

Serviços bancários

Os clientes de bancos on-line podem verificar os saldos de suas contas poupança, corrente e de empréstimos; transferir dinheiro entre contas; depositar cheques; e pagar contas. Esses clientes desfrutam da conveniência de não preencher cheques à mão, rastrear seus saldos atuais e reduzir despesas com envelopes e selos. Além disso, os clientes de bancos on-line têm a satisfação de saber que pagar contas on-line é bom para o meio ambiente, pois reduz a quantidade de papel utilizado, economizando árvores e reduzindo os gases do efeito estufa.

Todos os grandes bancos e muitos dos bancos menores nos Estados Unidos permitem que seus clientes paguem contas on-line e a maioria suporta o pagamento de contas por meio de dispositivos móveis. Os bancos estão ansiosos para ganhar mais clientes que pagam contas on-line porque esses clientes tendem a ficar mais tempo no banco, têm saldos de caixa mais altos e utilizam mais produtos e serviços do banco. Para incentivar o uso desse serviço, muitos bancos eliminaram todas as taxas associadas ao pagamento de contas on-line.

Os consumidores que se inscreveram nos serviços bancários móveis e baixaram o aplicativo para seus telefones celulares podem verificar os saldos do cartão de crédito antes de fazer compras importantes para evitar rejeições de crédito. Eles também podem transferir fundos de poupança para contas correntes a fim de evitar cair no cheque especial.

O M-Pesa (M de móvel, Pesa de dinheiro em suaíli), com cerca de 30 milhões de usuários em todo o mundo, é considerado por muitos o sistema de pagamento móvel mais desenvolvido do mundo. O serviço é operado pela Safaricom e Vodacom, as maiores operadoras de rede móvel no Quênia e na Tanzânia. O M-Pesa permite que usuários com carteira de identidade nacional ou passaporte depositem, retirem e transfiram dinheiro facilmente com um dispositivo móvel. Seus serviços se expandiram de um esquema básico de transferência de dinheiro móvel para incluir empréstimos e produtos de poupança, débito automático de contas e pagamento de salários. Estima-se que 2% das famílias quenianas foram tiradas da pobreza pelo acesso a serviços de dinheiro móvel, como o M-Pesa.[64,65]

Compras personalizadas on-line

Um número cada vez maior de sites oferece consultas de compras personalizadas para compradores interessados em roupas contemporâneas de luxo — vestidos, roupas esportivas, roupas jeans, bolsas, joias, sapatos e presentes de luxo. A chave para o sucesso de empresas como a MyTheresa e a Net-a-Porter é uma filosofia de excelente atendimento ao cliente e relacionamentos fortes e pessoais com o cliente. A Net-a--Porter oferece entrega no mesmo dia em Hong Kong, Nova York e Londres, e uma equipe de personal shoppers estoca os carrinhos virtuais de mulheres em todo o mundo que procuram itens de alta moda e de luxo.[66]

A Rent the Runway é especializada em roupas de grife para pessoas que desejam acesso à alta moda tanto para o dia a dia como para ocasiões especiais. Uma taxa de menos de US$ 100 é exigida para um acesso de curta duração ao site e taxas mais altas para um acesso mais longo. Os usuários podem alugar quatro peças por até oito dias. Isso pode expandir muito a escolha do cliente por roupas formais a um preço que jovens profissionais podem pagar.

A Quintessentially é um serviço de compras e concierge de luxo cujos especialistas em compras particulares podem encontrar os itens mais raros e requintados para o comprador abastado (ver Figura 9.10). A equipe T da Quintessentially pode obter aquela bolsa Hermes Birkin sem a demora que muitos compradores experimentam.[67]

FIGURA 9.10
Artigos de luxo on-line
A Quintessentially é um serviço de concierge de luxo on-line que oferece produtos incomuns e exclusivos.

Exercício de pensamento crítico

Aliança para o sucesso

▶ APLICAÇÃO

Mais de 20 universidades e faculdades estão localizadas em Atlanta, e os alunos dessas instituições educacionais têm muitas coisas em comum. Você acredita que existe mercado para um aplicativo que atenda à demanda do consumidor dos alunos de Atlanta em três áreas: habitação, alimentação e roupas. Muitos compradores — incluindo estudantes universitários — ficam impressionados com o número de aplicativos para produtos e negócios individuais. E os novos alunos que chegam ao campus precisam se esforçar apenas para tentar descobrir o que é oferecido perto de seu campus e onde está localizado.

O uso do aplicativo ajudaria muito se as universidades e faculdades alertassem os alunos sobre isso durante a orientação na instituição. Como as universidades têm regras em vigor para proteger as informações dos alunos, elas podem ter dúvidas sobre como os dados serão coletados, armazenados e utilizados. Você pode descobrir que algumas instituições preferem criar seu próprio aplicativo e não fazer parte de um consórcio.

Seu objetivo é criar um único aplicativo que atue de forma semelhante a um consórcio, ou seja, uma bolsa eletrônica. Em uma noite na hora do jantar, por exemplo, centenas de estudantes na área de Atlanta podem querer pizza para o jantar. Em vez de cada aluno encontrar um único fornecedor e fazer um pedido separado, por que não reunir todos os pedidos dos alunos em um período de 30 minutos e depois fazer com que os vendedores de pizza façam lances para o pedido inteiro? Isso permitiria aos alunos utilizar o poder de compra do consórcio para obter os melhores preço e produto.

O mesmo conceito pode ser aplicado à habitação e à compra de roupas "usadas com cuidado". Como indivíduos, os alunos não têm muito poder na ação de compra. Com seu aplicativo, os alunos se beneficiam por fazer parte de um consórcio que tem maior poder para negociar melhores condições de compra.

Perguntas de revisão

1. Parece fácil dizer que 20 universidades e faculdades irão cooperar no consórcio, mas na realidade pode ser complicado. Que tipo de infraestrutura de tecnologia seria necessária para fazer esse consórcio (bolsa eletrônica) funcionar? As

universidades do consórcio podem fornecer alguns dos recursos? Certifique-se de considerar a tecnologia necessária ao usuário, bem como a tecnologia do consórcio.
2. Os alunos vão se beneficiar com os preços mais baixos daquilo que compram, mas como o próprio consórcio pode ter lucro?

Questões de pensamento crítico

1. Como você fará com que as empresas participem de licitação para fornecer produtos/serviços na bolsa eletrônica?
2. Quem provavelmente assumiria a liderança no desenvolvimento do aplicativo para a bolsa eletrônica? Uma das universidades, uma empresa privada, um diretório estudantil ou outra coisa?

Estratégias para comércio eletrônico e comércio móvel bem-sucedidos

Com todas as restrições ao comércio eletrônico já discutidas neste capítulo, está claro que uma empresa deve desenvolver um site eficaz, que seja fácil de utilizar e atinja os objetivos da empresa, além de seguro, protegido e acessível para configurar e fazer manutenção. Mas antes de construir um site, a empresa deve em primeiro lugar definir um modelo e estratégia de comércio eletrônico eficazes. As próximas seções examinam várias questões para um site de comércio eletrônico bem-sucedido.

Definindo modelo e estratégia de comércio eletrônico eficazes

O primeiro grande desafio é a empresa decidir sobre o modelo de comércio eletrônico que deseja utilizar e formular uma estratégia de comércio eletrônico eficaz. Embora as empresas possam escolher entre uma série de abordagens, os modelos de comércio eletrônico mais bem-sucedidos incluem três componentes básicos: comunidade, conteúdo e comércio, conforme mostrado na Figura 9.11. Fóruns de discussão e outras ferramentas de compras sociais podem construir uma comunidade leal de pessoas interessadas e entusiasmadas com a empresa e seus produtos e serviços. Fornecer conteúdo útil, preciso e oportuno, como notícias do setor e da economia e cotações de ações, é uma abordagem sólida para encorajar as pessoas a voltar ao seu site constantemente. O comércio envolve consumidores e empresas que pagam para adquirir bens físicos, informações ou serviços que são postados ou anunciados on-line.

FIGURA 9.11
Conteúdo, comércio e comunidade
Um modelo de comércio eletrônico bem-sucedido inclui três componentes básicos.

Conteúdo
Notícias do setor
Notícias econômicas
Preços das ações

Comércio
Consumidores e empresas comprando e vendendo

Comunidade
Fóruns de discussão
Ferramentas de compras

Definindo as funções de um site da web

Ao construir um site, você deve em primeiro lugar decidir quais tarefas o site deve realizar. A maioria das pessoas concorda que um site eficaz é aquele que cria uma presença atraente e atende às necessidades de seus visitantes, que podem incluir o seguinte:

- Obter informações gerais sobre a organização.
- Obter informações financeiras para a tomada de decisão de investimento na organização.
- Aprender a posição da organização em questões sociais.
- Aprender sobre os produtos ou serviços que a organização vende.
- Comprar os produtos ou serviços que a empresa oferece.
- Verificar o *status* de um pedido.
- Obter conselhos ou ajuda sobre o uso eficaz dos produtos.
- Registrar uma reclamação sobre os produtos da organização.
- Registrar uma reclamação sobre a posição da organização em questões sociais.
- Dar testemunho sobre um produto ou uma ideia para melhoria do produto ou um novo produto.
- Obter informações sobre garantias ou políticas de atendimento e reparo de produtos.
- Obter informações de contato de uma pessoa ou departamento da organização.

Depois que uma empresa determina quais objetivos seu site deve cumprir, ela pode prosseguir planejando e desenvolvendo o site, tendo em mente que as prioridades e os objetivos dos clientes podem mudar com o tempo. O site também deve ser fácil e intuitivo de utilizar pelos consumidores-alvo. Conforme o número de compradores de comércio eletrônico aumenta e eles se tornam mais confortáveis — e mais seletivos — para fazer compras on-line, uma empresa pode precisar redefinir o modelo básico de negócios de seu site para capturar novas oportunidades de negócios. Por exemplo, considere os principais sites de viagens, como Expedia, Travelocity, CheapTickets, Orbitz e Priceline. Esses sites costumavam se especializar em uma área de viagens — passagens aéreas de baixo custo. Agora eles oferecem uma gama completa de produtos de viagem, incluindo passagens aéreas, aluguel de automóveis, quartos de hotel, passeios e pacotes de viagem de última hora. A Expedia fornece descrições detalhadas de hotéis para ajudar os compradores comparativos e até oferece passeios virtuais de 360 graus e exibições de fotos expandidas. Ela também incentiva os viajantes flexíveis a pesquisar classificações, comparar tarifas aéreas e configurar preços de hotéis e passagens aéreas ao mesmo tempo. A Expedia também desenvolveu várias parcerias com hotéis para reduzir custos e ajudar a garantir ótimos valores para os consumidores. Enquanto isso, a Orbitz tem um programa especial de serviço completo para viajantes corporativos a negócios.

Estabelecendo um site

Grandes e pequenas empresas podem criar sites. Algumas empresas optam por desenvolver seus sites internamente, mas essa decisão requer uma equipe de desenvolvimento da web com experiência em segurança de rede, pagamentos on-line e software de design da web. Muitas empresas, especialmente aquelas com poucos ou sem desenvolvedores da web experientes, terceirizam a construção de seus sites para colocá-los em funcionamento mais rápido e pelo menor custo possível — e para desenvolver um site mais profissional — do que poderiam fazendo o trabalho eles mesmos. As empresas de desenvolvimento da web podem fornecer às organizações modelos predefinidos e ferramentas de criação de sites para permitir que os clientes construam seus próprios sites.

As empresas podem personalizar o design de um novo site ou redesenhar um existente. Muitas dessas empresas trabalharam com milhares de clientes para ajudá-los a colocar seus sites em funcionamento. Quando o site da web está sendo configurado, ele deve incluir aplicativos e outros canais de marketing e comércio utilizados pela organização. Desenvolver um site independente é uma perda de dinheiro.

Empresas de hospedagem de sites como DreamHost, InMotion, HostWay e BroadSpire tornam possível configurar uma página da web e conduzir o comércio

intermediário de loja on-line: Uma empresa que atua como intermediária entre o seu site e os comerciantes on-line que possuem os produtos e experiência no varejo.

eletrônico em questão de dias, com pouco custo inicial. Mas para permitir que os visitantes paguem por mercadorias com cartões de crédito, a empresa precisa de uma conta de comerciante em um banco. Se sua empresa ainda não tiver, deve abrir uma.

Outro modelo para a criação de um site é o uso de um **intermediário de loja on-line**, uma empresa que atua como intermediária entre o seu site da web e os comerciantes on-line que possuem os produtos reais e experiência no varejo. O intermediário de loja on-line lida com os detalhes das transações, incluindo quem é pago pelo quê, e é responsável por reunir os comerciantes e os sites de revendedores. O intermediário de loja on-line é semelhante a um distribuidor nas operações de varejo padrão, mas, neste caso, nenhum produto se move — apenas os dados eletrônicos fluem de um lado para outro. Os produtos são pedidos por um cliente em seu site, os pedidos são processados por meio de uma interface de usuário fornecida pelo intermediário de loja on-line e o produto é enviado pelo comerciante.

A Shopify é uma empresa canadense que ajuda os varejistas a criar sua própria loja on-line sem todo o trabalho técnico envolvido no desenvolvimento de seu próprio site ou a enorme despesa de contratar outra pessoa para criá-lo. Os clientes podem selecionar um modelo de site de comércio eletrônico estiloso, personalizá-lo para atender às suas necessidades exclusivas, fazer upload de informações sobre o produto e, em seguida, começar a receber pedidos e aceitar pagamentos. Milhares de varejistas on-line, incluindo General Electric, CrossFit, Tesla Motors, Red Bull, Foo Fighters e GitHub, criaram seus sites usando a plataforma Shopify. Em 2018, a Shopify teve receita de mais de US$ 1 bilhão.[68]

Não se esqueça de que o site é a chave para sua estratégia de comércio eletrônico. Pense em uma seção "como entrar em contato conosco", que inclui qualquer conta que você tenha no Twitter, Facebook, WhatsApp, WeChat ou outra mídia social. Quando um site é acessado, o site pode determinar o tipo de dispositivo que está acessando a página e apresentar diferentes formatos de página otimizados para esse tipo de dispositivo. Isso é especialmente verdadeiro para os usuários que acessam sua página da web por meio de smartphones. Certifique-se de que sua página da web seja desenvolvida para que os usuários em uma variedade de dispositivos possam usá-la igualmente bem.

Se você desenvolveu um aplicativo para sua empresa, é importante certificar-se de que sua página da web alerta os usuários sobre o aplicativo e como ele pode ser baixado para seus celulares. Você tem cupons para os produtos ou serviços à venda? Certifique-se de que esses cupons estejam disponíveis em um ou mais sites de cupons mencionados anteriormente neste capítulo. Resumindo, a página da web é uma entrada importante para o seu negócio que deve estar integrada a todos os seus esforços de comércio eletrônico.

Criando tráfego para seu site

A internet inclui centenas de milhares de sites de comércio eletrônico. Com todos esses concorrentes potenciais, uma empresa deve tomar medidas rigorosas para garantir que os clientes que deseja atrair possam encontrar seu site. O primeiro passo é obter e registrar um nome de domínio, que deve dizer algo sobre o seu negócio. Por exemplo, "stuff4u" pode parecer uma boa opção, mas não descreve a natureza do negócio — pode ser qualquer coisa. Se você deseja vender uniformes e equipamentos de futebol, tente obter um nome de domínio, como *www.soccerstuff4u.com*, *www.soccerequipment.com*, ou *www.stuff4soccercoaches.com*. Quanto mais específico for o endereço da web, melhor.

A próxima etapa para atrair clientes é tornar o mecanismo de busca do seu site amigável, melhorando suas classificações. A seguir apresentamos várias ideias sobre como atingir esse objetivo:

- Os mecanismos de pesquisa funcionam visitando sites constantemente e usando algoritmos para decidir a melhor maneira de categorizar seus conteúdos. A empresa do mecanismo de pesquisa envia robôs (às vezes chamados de "spiders" ou "crawlers") para sites vinculados à internet. As empresas podem garantir que seu site apareça nos resultados do mecanismo de busca listando os links e outros recursos (listados por um localizador uniforme de recursos [URL]) em um arquivo chamado Robots.txt. Esse arquivo é pesquisado por spiders e crawlers.

otimização de mecanismos de pesquisa: O processo de maximizar o número de visitantes de seu site usando a qualidade e a quantidade de termos/links em sua página da web que correspondem a pesquisas comuns na Internet.

- Use o software de análise de dados do tráfego do site para transformar os dados capturados no arquivo log da web em informações úteis. Esses dados podem indicar os URLs a partir dos quais seu site está sendo acessado, os mecanismos de pesquisa e as palavras-chave que localizam seu site e outras informações úteis. Utilizar esses dados pode ajudá-lo a identificar os mecanismos de pesquisa em que você deve fazer publicidade do seu site, permitindo que você envie suas páginas da web a eles para inclusão no índice do mecanismo de busca.

Você deseja que seu site seja construído para **otimização de mecanismos de pesquisa**. Mecanismos de pesquisa como Bing, Google e Yahoo! possuem algoritmos que classificam uma página da web com base em vários atributos: tráfego para a página, confiabilidade das informações na página, comentários nas mídias sociais sobre a página e muitas outras características. Os mecanismos de pesquisa protegem exatamente como seus algoritmos classificam cada página da web para que as organizações não possam manipular injustamente suas pontuações. Você pode achar útil contratar um consultor ou empresa especializada em otimizar a página da web de uma organização para otimização dos mecanismos de pesquisa.

- Forneça conteúdo de qualidade e rico em palavras-chave. Tenha cuidado para não utilizar muitas palavras-chave, pois os mecanismos de pesquisa geralmente proíbem que os sites façam isso. Coloque palavras-chave criteriosamente em todo o seu site, garantindo que o conteúdo da web seja sensato e fácil de ler por humanos e também por mecanismos de busca.
- Considere pagar às empresas de mecanismos de busca para incluí-lo como um anúncio "patrocinado".
- Adicione novos conteúdos ao seu site regularmente. O prazo deve ser curto o suficiente para que os clientes percebam novos produtos ou recursos ao retornarem ao site. Repetindo, isso torna o site atraente para os humanos e também para os mecanismos de pesquisa.
- Adquira links para o seu site de outros sites confiáveis, populares e relacionados ao seu site.

O uso da internet está crescendo rapidamente nos mercados da Europa, da Ásia e da América Latina. Obviamente, as empresas que desejam ter sucesso na web não podem ignorar essa mudança global. A empresa deve estar ciente de que os consumidores fora dos Estados Unidos acessarão sites com uma variedade de dispositivos. O design de um site deve refletir essa diversidade se a empresa quiser ter sucesso em outros mercados. Na Europa, por exemplo, as iDTVs (televisores digitais integrados) de sistema fechado estão se tornando populares para acessar conteúdo on-line, com mais de 50% da população agora as usando. Como esses dispositivos têm melhor resolução e mais espaço na tela do que os monitores de PC que muitos consumidores norte-americanos utilizam para acessar a internet, os usuários de iDTV esperam imagens com melhor qualidade gráfica. Empresas globais de sucesso operam com um portfólio de sites projetados para cada mercado, com fornecimento compartilhado e infraestrutura para apoiar a rede de lojas e com equipes locais de marketing e desenvolvimento de negócios para aproveitar as oportunidades locais. Os provedores de serviços continuam a surgir para resolver as necessidades transfronteiriças de logística, pagamentos e atendimento ao cliente desses varejistas globais.

Mantendo e melhorando um site

Os operadores de sites devem monitorar constantemente o tráfego em seus sites e os tempos de resposta experimentados pelos visitantes. A AMR Research, empresa de análise de pesquisas independente, sediada em Boston, relata que os compradores da internet esperam que o serviço seja melhor ou igual à experiência na loja. Nada afastará os potenciais clientes mais rapidamente do que enfrentar atrasos injustificados ao tentar visualizar ou solicitar produtos ou serviços. Para acompanhar o ritmo da tecnologia e do tráfego crescente, as empresas podem precisar modificar o software, os bancos de dados ou o hardware em que seus sites são executados para garantir tempos de resposta aceitáveis.

O gigante do varejo Walmart investiu mais de US$ 2 bilhões como parte de um projeto plurianual destinado a melhorar seu site e fortalecer sua infraestrutura de comércio eletrônico. A equipe de tecnologia do Walmart revisou os recursos de comércio eletrônico da empresa a partir do zero — com mudanças na aparência do site, o lançamento de um mecanismo de busca de site proprietário aprimorado e atualizações do software de transação subjacente e bancos de dados e servidores web de suporte. Além de renovar seu site para tornar mais fácil para os clientes comprarem, o Walmart continua a buscar maneiras inovadoras de interagir com os compradores on-line, como passeios virtuais tridimensionais de móveis domésticos para competir com Wayfair, Amazon e outros.[69,70]

Os operadores de sites também devem estar continuamente alertas às novas tendências e desenvolvimentos na área de comércio eletrônico e estar preparados para aproveitar as novas oportunidades. Por exemplo, estudos recentes mostram que os consumidores visitam com mais frequência os sites que podem personalizar. **Personalização** é o processo de adaptação de páginas da web para atingir especificamente consumidores individuais. O objetivo é atender às necessidades do consumidor de forma mais eficaz, tornar as interações mais rápidas e fáceis e, consequentemente, aumentar a satisfação do consumidor e a probabilidade de visitas repetidas. Construir um melhor entendimento das preferências do consumidor também pode ajudar na venda cruzada de produtos relacionados e produtos mais caros. A forma mais básica de personalização envolve o uso do nome do consumidor em uma campanha por e-mail ou em uma saudação na página da web. A Amazon usa uma forma mais avançada de personalização, na qual o site saúda cada cliente repetido pelo nome e recomenda uma lista de novos produtos com base nas compras anteriores do cliente.

As empresas utilizam dois tipos de técnicas de personalização para capturar dados e construir perfis de clientes. As técnicas de personalização implícita capturam dados de sessões reais de clientes na web — principalmente com base em quais páginas foram visualizadas e quais não foram. As técnicas explícitas de personalização capturam informações fornecidas pelo usuário, como de garantias, pesquisas, registros de usuários e formulários de inscrição em concursos preenchidos on-line. Os dados também podem ser coletados por meio do acesso a outras fontes de dados, como o Bureau of Motor Vehicles, Bureau of Vital Statistics e afiliados de marketing (empresas que compartilham dados de marketing). As empresas de marketing agregam essas informações para construir bancos de dados contendo uma grande quantidade de dados comportamentais do consumidor. Durante cada interação com o cliente, algoritmos poderosos analisam ambos os tipos de dados instantaneamente para prever as necessidades e interesses do consumidor. Essa análise torna possível fornecer informações novas e direcionadas enquanto o cliente está no local. Como a personalização depende da coleta e do uso de informações pessoais do usuário, as questões de privacidade são uma grande preocupação.

A Salesforce Marketing Cloud é uma fornecedora de software e serviços de análise e automação de marketing digital que seus clientes utilizam para personalizar marketing por e-mail, direcionar campanhas de mensagens móveis e fazer recomendações personalizadas e preditivas para clientes on-line. A Room & Board, uma rede nacional de móveis com sede em Minnesota especializada em móveis modernos e acessórios domésticos, usa o Salesforce para criar uma experiência digital que reflete as maneiras como seus clientes utilizam a web e também estenda a abordagem de vendas personalizadas da empresa para seu site. O sistema Salesforce, que vincula os históricos de vendas dos clientes, bem como anos de dados sobre quais estilos e peças individuais de móveis funcionam bem em conjunto, e quais produtos os clientes tendem a ver e comprar em grupos, permite que a empresa faça recomendações pessoais cada vez mais eficazes aos seus clientes on-line. Os clientes que seguem as recomendações da Room & Board fazem pedidos on-line com valores médios 40% mais altos do que aqueles que não o fazem.[71]

As dicas e exemplos do mundo real apresentados nesta seção representam apenas algumas ideias que podem ajudar uma empresa a estabelecer e manter um sistema eficaz de comércio eletrônico local. Com a tecnologia e a concorrência mudando constantemente, os gestores devem ler artigos impressos e on-line para se manterem atualizados sobre questões em constante evolução.

personalização: O processo de adaptação de páginas da web para atingir especificamente consumidores individuais.

Exercício de pensamento crítico

iDelivery Universitário

▶ **APLICAÇÃO**

Você é o chefe da equipe de hospedagem de sua universidade há vários anos. Um de seus maiores desafios é gerenciar o processo de mudança no início de cada ano letivo. Todos os alunos que vão morar no campus são obrigados a se mudar para suas novas residências dentro de três dias, o que requer um esforço profundo e complexo para ter êxito. Você organizou voluntários que ajudam os alunos a descarregar todos os seus pertences dos carros e levá-los aos dormitórios de forma eficiente. Mas ainda existe um problema. Agora, os alunos e suas famílias vão às lojas por toda a universidade em busca de ventiladores, extensões elétricas, material de lavanderia, lençóis e fronhas, junto com um milhão de outros itens "essenciais".

Você tem a ideia de que isso exigiria muita cooperação de pessoas de dentro e de fora da sua universidade. O "iDelivery Universitário" permite que os alunos comprem tudo o que precisam (de sabonete e toalhas de papel a minigeladeiras e até mesmo móveis e itens de mercearia) por meio de uma página no site da universidade. Tudo o que for pedido será entregue no quarto do aluno antes que ele chegue.

O conceito parece bastante simples, mas vários problemas precisam ser resolvidos. Em primeiro lugar, sua universidade é uma universidade pública e não tem permissão para vender ou endossar um negócio particular. Além disso, como as compras de um aluno que podem vir de vários negócios diferentes serão reunidas em um pedido e entregues na residência correta antes que os alunos se mudem? Talvez um objeto, como um moletom com o logotipo da universidade, seja encomendado por centenas de alunos. O vendedor daquele moletom examina seu estoque e, em seguida, faz com que o fornecedor comece a entrega do moletom? O site B2C acabou de impactar um site B2B.

Perguntas de revisão

1. Suponha que o site será construído antes que os alunos cheguem ao campus no próximo outono. Como você construirá o tráfego para o site?
2. As universidades são lugares dinâmicos. Que tipo de processo você desenvolveria para garantir que o site seja mantido e cresça para atender às necessidades em constante mudança dos alunos?

Questões de pensamento crítico

1. Sites como o descrito aqui são frequentemente acessados por pessoas que utilizam laptops ou desktops porque há muitas informações visuais a serem exibidas. Mas os estudantes universitários são conhecidos por serem muito atentos ao comércio móvel, então como você criaria um site compatível com dispositivos móveis?
2. Como você mede o sucesso ou insucesso do site?

Infraestrutura de tecnologia exigida para suporte a comércio eletrônico e comércio móvel

Agora que examinamos alguns fatores-chave para estabelecer uma iniciativa de comércio eletrônico eficaz, vamos examinar alguns dos problemas técnicos relacionados aos sistemas de comércio eletrônico e à tecnologia que os torna possíveis. A implementação bem-sucedida do comércio eletrônico requer mudanças significativas nos processos de negócios existentes e investimentos substanciais em tecnologia de SI. Esses componentes de tecnologia devem ser escolhidos com cuidado e integrados para suportar um grande volume de transações com clientes, fornecedores e outros parceiros de negócios em todo o mundo. Em pesquisas, os consumidores on-line frequentemente observam que o desempenho ruim do site (por exemplo, tempo de resposta lento, suporte ao cliente inadequado e pedidos perdidos) os leva a abandonar alguns sites de comércio eletrônico em favor daqueles com desempenho melhor e mais confiáveis. Esta seção fornece uma breve visão geral dos principais componentes da infraestrutura de tecnologia (ver Figura 9.12).

FIGURA 9.12
Principais componentes da infraestrutura de tecnologia
Os sistemas de comércio eletrônico requerem tipos específicos de hardware e software para serem bem-sucedidos.

[Diagrama: nuvem contendo "Rede internet / Rede de valor agregado / Rede privada virtual (VPN)" conectada a uma pirâmide com as camadas, de cima para baixo: Conexão de alta velocidade com a rede; Software de comércio eletrônico; Software de servidor; Sistema operacional de servidor; Hardware de servidor web.]

Hardware

Uma plataforma de servidor web completa com hardware e software apropriados é um ingrediente-chave para a infraestrutura de comércio eletrônico. O montante de capacidade de armazenamento e poder de computação exigida do servidor web depende principalmente de duas coisas: o software que deve ser executado no servidor e o volume de transações de comércio eletrônico que devem ser processadas. As soluções de comércio eletrônico mais bem-sucedidas são projetadas para serem altamente escaláveis, de modo que possam ser atualizadas para atender ao tráfego inesperado de usuários.

O hardware de computação está ficando mais poderoso, mesmo enquanto os preços do hardware caem. Ao considerar o custo de hardware para comércio eletrônico, você deve levar isso em consideração. É importante compreender o papel da Lei de Moore quando você considera o hardware utilizado para oferecer suporte ao comércio eletrônico. Gordon Moore, cofundador da Intel, fez uma previsão em 1965 a respeito da taxa na qual o número de transistores em um microchip aumentaria. Nos anos que se seguiram, os pesquisadores modificaram sua observação para uma previsão geral sobre o poder dos computadores: A potência do computador dobra a cada 18 meses — pelo mesmo preço. Com base nessa previsão, em seis anos, um computador será 16 vezes mais potente pelo mesmo custo. Em nove anos, um computador será 64 vezes mais potente pelo mesmo custo, mas, em 15 anos, um computador será 1.024 vezes mais potente pelo mesmo custo.

Mesmo ao considerar o poder cada vez maior da tecnologia de computação, não se esqueça de que você pode utilizar as tecnologias existentes de maneiras novas e criativas. Os iPhones da Apple são elogiados por sua capacidade de capturar imagens usando luz infravermelha, e muitos telefones Android também podem capturar imagens infravermelhas. É simplesmente um recurso de muitas câmeras digitais. Você pode ter visto notícias de pessoas que tiveram um problema médico detectado a partir de uma simples imagem infravermelha. Talvez alguém possa pegar essa tecnologia existente e reaproveitá-la para procurar câncer de pele ou outros problemas médicos.

Mesmo quando você tem o hardware correto instalado, o site pode ficar indisponível se os visitantes não puderem acessá-lo. Houve várias interrupções de sites de alto perfil em 2019 que afetaram milhões de usuários. A Tabela 9.7 mostra seis interrupções que afetaram alguns dos maiores sites do mundo.

TABELA 9.7 Algumas grandes interrupções de sites da web em 2019

Local	Quando	Causa
Facebook	13 de março	Mudança de configuração do servidor
Google Cloud Platform	2 de junho	Mudança de configuração do servidor
Verizon	24 de junho	Volume de tráfego de rede roteado para redes com capacidade insuficiente
Cloudfare	2 de julho	Implementação de software ruim
Facebook, Twitter, Apple	3 a 4 de julho	Verificação de manutenção ruim
Twitter	11 de julho	Mudança de sistema interno

FONTE: Twain Taylor, "Biggest 2019 Website Outages and What Caused Them", 23 de agosto de 2019, http://techgenix.com/2019-website-outages.

Uma decisão importante que uma nova empresa de comércio eletrônico enfrenta é hospedar seu próprio site ou deixar que outra pessoa faça isso. Muitas empresas decidem que utilizar um provedor de serviços da web de terceiros é a melhor maneira de atender às necessidades iniciais do comércio eletrônico. A empresa terceirizada aluga espaço em seu sistema de computador e fornece uma conexão de alta velocidade à internet, minimizando assim os custos iniciais do comércio eletrônico. A terceirizada também pode fornecer pessoal treinado para operar, solucionar problemas e gerenciar o servidor web.

Software de servidor web

Além do sistema operacional do servidor web, cada site de comércio eletrônico deve ter um software de servidor web para executar serviços fundamentais, incluindo segurança e identificação, recuperação e envio de páginas da web, monitoramento e desenvolvimento do site da web. A primeira coisa que muitos funcionários que gerenciam sites da web aprendem é como medir o desempenho do site usando o Google Analytics (*Analytics.Google.com*). Os dois pacotes de software de servidor web mais utilizados são o Apache HTTP Server e o Internet Information Services da Microsoft.

Software de comércio móvel

Depois de localizar ou construir um servidor host, incluindo o hardware, sistema operacional e software de servidor web, você pode começar a investigar e instalar o software de comércio eletrônico para oferecer suporte a cinco tarefas principais: gestão de catálogo para criar e atualizar o catálogo de produtos, configuração de produtos para ajudar os clientes a selecionar os componentes e opções necessárias, instalações de carrinho de compras para monitorar os itens selecionados para compra (ver Figura 9.13), processamento de transações de comércio eletrônico e análise de dados de tráfego da web para fornecer detalhes para ajustar as operações do site.

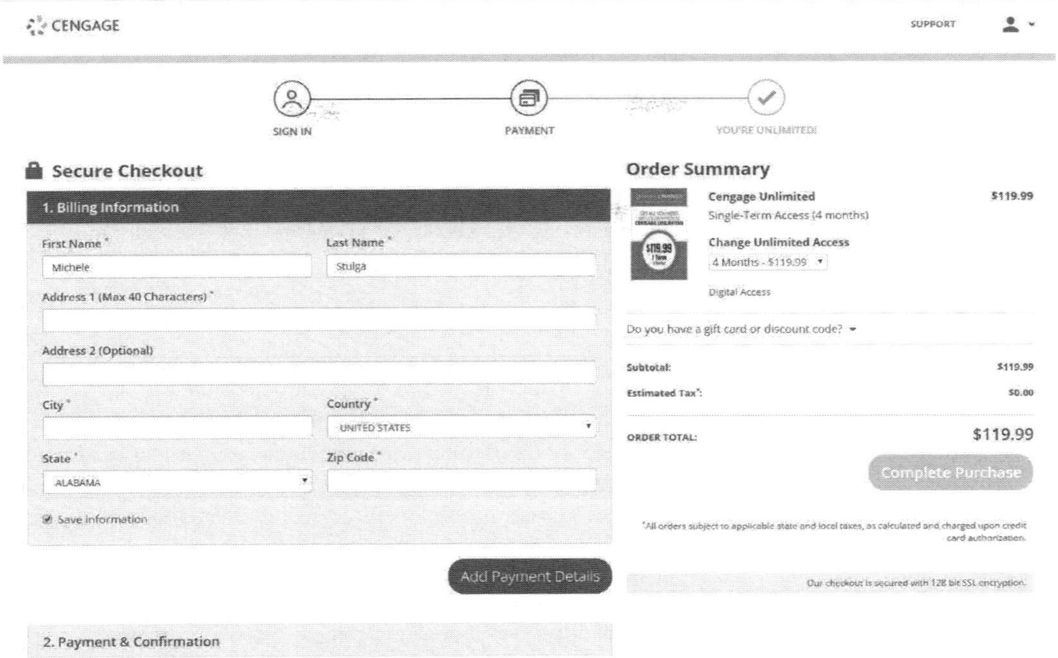

FIGURA 9.13
Carrinho de compras eletrônico
Um carrinho de compras eletrônico permite que os compradores on-line vejam suas seleções e adicionem ou removam itens.

Hardware e software de comércio móvel

Para que o comércio móvel funcione de maneira eficaz, a interface entre o dispositivo móvel e seu usuário deve melhorar a ponto de ser quase tão fácil comprar um item em um dispositivo móvel quanto em um PC. Além disso, as velocidades da rede devem continuar a melhorar para que os usuários não fiquem frustrados. A segurança também é uma grande preocupação, especialmente em duas áreas: a segurança da transmissão em si e a confiança de que a transação está sendo feita com a parte pretendida. A criptografia pode fornecer uma transmissão segura. Os certificados digitais podem garantir que as transações sejam feitas entre as partes pretendidas.

Os dispositivos móveis utilizados para comércio móvel têm várias limitações que complicam seu uso. Suas telas são pequenas, talvez não mais do que algumas polegadas quadradas, e podem exibir apenas pequenas partes de um site. Além disso, inserir dados em um dispositivo móvel pode ser entediante e propenso a erros. Os dispositivos móveis também têm menos capacidade de processamento e menos largura de banda do que computadores desktop ou laptop, que geralmente estão conectados a uma rede de alta velocidade. Eles também operam com baterias de duração limitada. Por esses motivos, os desenvolvedores da web geralmente devem reescrever os aplicativos da web para que os usuários com dispositivos móveis possam acessá-los com mais eficiência.

Sistemas de pagamento eletrônico

Os sistemas de pagamento eletrônico são um componente-chave da infraestrutura de comércio eletrônico. A tecnologia de comércio eletrônico atual depende da identificação e criptografia do usuário para proteger as transações comerciais. Os pagamentos reais são feitos de várias maneiras, incluindo dinheiro eletrônico, carteiras eletrônicas e cartões inteligentes, de crédito, cobrança e débito. Os sites que aceitam vários tipos de pagamento convertem mais visitantes em clientes compradores do que os comerciantes que oferecem apenas um único método de pagamento.

certificado digital: Um anexo de uma mensagem de e-mail ou dados incorporados em um site que verifica a identidade de um remetente ou site.

autoridade de certificação (CA): Uma organização ou empresa terceirizada confiável que emite certificados digitais.

As tecnologias de autenticação são utilizadas por muitas organizações para confirmar a identidade de um usuário solicitando acesso a informações ou ativos. Um **certificado digital** é um anexo a uma mensagem de e-mail ou a dados incorporados em um site que verifica a identidade do remetente ou site. Uma **autoridade de certificação** (*certificate authority* – CA) é uma organização ou empresa terceirizada confiável que emite certificados digitais. A CA é responsável por garantir que as pessoas ou organizações que receberam esses certificados exclusivos sejam de fato quem afirmam ser. Os certificados digitais, portanto, criam uma cadeia de confiança em toda a transação, verificando as identidades do comprador e do fornecedor.

Muitas organizações que aceitam cartões de crédito para pagar por itens comprados via comércio eletrônico adotaram o padrão de segurança Payment Card Industry (PCI) (*www.pcisecuritystandards.org*). Esse padrão descreve medidas e procedimentos de segurança para proteger o emissor do cartão, o titular do cartão e o comerciante. Algumas das medidas incluem instalação e manutenção de uma configuração de firewall para controlar o acesso a computadores e dados, nunca usar software ou padrões do vendedor/fornecedor de hardware para senhas do sistema e exigir que os comerciantes protejam os dados armazenados, criptografem a transmissão das informações do titular do cartão em redes públicas, usem e atualizem regularmente o software antivírus e restrinjam o acesso a dados confidenciais de acordo com a necessidade.

Várias medidas têm sido implementadas para aumentar a segurança associada à utilização do cartão de crédito no momento da compra. O Sistema de Verificação de Endereço é uma verificação embutida na solicitação de autorização de pagamento que compara o endereço registrado do emissor do cartão com o endereço de cobrança fornecido pelo titular do cartão. A técnica do Número de Verificação do Cartão é uma verificação dos dígitos adicionais normalmente impressos no verso do cartão (ou na frente, no caso dos cartões American Express). A Visa tem Autorização Avançada, um processo patenteado pela Visa que fornece uma classificação instantânea do potencial de fraude da transação — usando fatores como o valor da transação, tipo de comerciante, hora do dia em que a compra está sendo feita e se o site é aquele em que o proprietário do cartão já comprou antes. O emissor do cartão pode, então, enviar uma resposta imediata ao comerciante sobre a aceitação ou recusa da transação. Atualmente, a tecnologia é aplicada a todas as compras com cartão de crédito e cheque Visa e tem contribuído para uma redução de dois terços nas fraudes do sistema Visa nas últimas duas décadas. A Visa continuou a adicionar outros recursos e entradas de dados a seus sistemas de detecção de fraude, como dados estendidos de transação do titular do cartão e até mesmo confirmação de localização móvel.[72]

O Federal Financial Institutions Examination Council desenvolveu um conjunto de diretrizes denominado "Autenticação em um ambiente de internet banking", que recomenda a autorização de dois fatores. Essa abordagem adiciona outra verificação de identidade junto com o sistema de senha. Vários esquemas de autenticação multifator podem ser utilizados, como biometria, senhas de uso único ou tokens de hardware que se conectam a uma porta USB no computador e geram uma senha que corresponde às utilizadas pelo sistema de segurança de um banco.

O uso de tecnologia biométrica para proteger transações digitais tem se desenvolvido lentamente por causa de questões de custo e privacidade. Mas o serviço Mastercard Identity Check permite ao usuário tirar uma foto de identificação que será utilizada para criar um mapa digital de seu rosto, que será armazenado nos servidores da Mastercard. Quando o usuário desejar efetuar um pagamento pelo smartphone, o aplicativo Mastercard irá capturar sua imagem, que, juntamente com a senha inserida pelo usuário, será autenticada antes da aprovação da transação. O sistema da Mastercard também oferece um sensor de impressão digital que pode ser utilizado para verificar as compras.[73] O sistema Apple Pay usa sensores de impressão digital em iPhones mais novos. Os consumidores que pagam com o Apple Pay, que está vinculado a um cartão de crédito ou débito, apenas seguram seu iPhone próximo ao leitor sem contato com o dedo no botão Touch ID (se o iPhone tiver o botão) ou no recurso Face ID.[74]

Transport Layer Security

Todos os compradores on-line temem o roubo de números de cartão de crédito e informações bancárias. Para ajudar a prevenir esse tipo de roubo de identidade, o protocolo de comunicação Transport Layer Security (segurança da camada de transporte) é utilizado para proteger dados confidenciais. **Transport Layer Security (TLS)** é um protocolo de comunicação ou sistema de regras que garante a privacidade entre aplicativos de comunicação e seus usuários na internet. O TLS permite que um cliente (como um navegador da web) inicie uma conversa privada temporária com um servidor (como um site de compras na web ou um banco on-line). Antes que o cliente e o servidor comecem a se comunicar, eles realizam um processo automatizado chamado "handshake", no qual trocam informações sobre quem são e quais códigos secretos e algoritmos usarão para codificar suas mensagens entre si. Então, durante a conversa, todos os dados que passam entre o cliente e o servidor são criptografados para que, mesmo que alguém escute, não será capaz de determinar o que está sendo comunicado. O TLS é o sucessor do Secure Sockets Layer (SSL).

Além de o TLS lidar com a parte da criptografia de uma transação segura de comércio eletrônico, um certificado digital é atribuído ao site para fornecer identificação positiva do servidor de modo que os clientes possam ter certeza de com quem estão lidando.

Transport Layer Security (TLS): Um protocolo de comunicação ou sistema de regras que garante a privacidade entre aplicativos de comunicação e seus usuários na Internet.

Dinheiro eletrônico

Dinheiro eletrônico é uma quantia de dinheiro que é informatizada, armazenada e utilizada como dinheiro para transações de comércio eletrônico. Normalmente, os consumidores devem abrir uma conta em um provedor de serviços de dinheiro eletrônico, fornecendo informações de identificação. Quando os consumidores desejam sacar dinheiro eletrônico para fazer uma compra, eles acessam o provedor de serviços pela internet e apresentam um comprovante de identidade — um certificado digital emitido por uma autoridade de certificação ou um nome de usuário e senha. Após verificar a identidade do consumidor, o sistema debita da sua conta e credita na conta do vendedor o valor da compra. PayPal, Venmo, Apple Pay Cash, Square Cash, Stripe e WePay são alguns dos populares provedores de serviços de pagamento on-line que facilitam o uso de dinheiro eletrônico.

O PayPal e o Venmo permitem que qualquer pessoa ou empresa com um endereço de e-mail envie e receba pagamentos on-line com segurança, facilidade e rapidez. Para enviar dinheiro, você insere o endereço de e-mail do destinatário e a quantia que deseja enviar. Você pode pagar com cartão de crédito, cartão de débito ou fundos de uma conta corrente. O destinatário recebe uma mensagem de e-mail e aceita a transferência. Os destinatários podem retirar seu dinheiro clicando em um link na mensagem de e-mail que os leva para o site *www.paypal.com*. Para receber o dinheiro, o usuário também deve ter cartão de crédito ou conta corrente para aceitar transferências de fundos. Para solicitar dinheiro para um leilão, cobrar um cliente ou enviar uma fatura pessoal, você insere o endereço de e-mail do destinatário e o valor solicitado. Venmo é uma subsidiária do PayPal.[75]

dinheiro eletrônico: Uma quantia de dinheiro que é informatizada, armazenada e utilizada como dinheiro para transações de comércio eletrônico.

PayPal e Venmo têm algumas diferenças importantes. Em primeiro lugar, o PayPal é voltado para transações feitas a partir de um PC ou tablet, não de um dispositivo móvel, que é a plataforma do Venmo. Em segundo lugar, o PayPal foi projetado para transações seguras entre pessoas que podem não se conhecer, enquanto o Venmo foi projetado para pessoas que se conhecem e confiam umas nas outras. O PayPal tornou-se popular quando o eBay o comprou como uma forma de facilitar os pagamentos entre compradores e vendedores usando o site do eBay. (O PayPal desmembrou-se do eBay em 2015.) O Venmo é um aplicativo móvel e, quando um fornecedor aceita um pagamento do Venmo, como um Uber, você pode fazer o pagamento diretamente do seu telefone. Outro recurso popular do Venmo permite que você compartilhe o custo de uma compra com outros usuários do Venmo. Assim que os outros usuários do Venmo aceitarem sua parte nos custos, sua conta será ajustada.[76]

O uso de smartphones para fazer compras e transferir fundos entre consumidores e empresas tornou-se comum. O objetivo é tornar o processo de pagamento o mais simples e seguro possível, para que ele funcione em muitos telefones diferentes e por meio de vários provedores de rede móvel — não são tarefas simples. Felizmente, a inteligência embutida no iPhone e em outros smartphones pode tornar tudo isso possível.

Você pode utilizar vários serviços (por exemplo, Square, PayPal Here, Intuit GoPayment e PayAnywhere) para conectar um dispositivo de leitor de cartão de crédito na entrada do fone de ouvido de um telefone celular para aceitar pagamentos com cartão de crédito. O serviço GoPayment da Intuit não requer um leitor de cartão de crédito, mas fornece um software que permite inserir o número do cartão de crédito.

Um aplicativo móvel gratuito da Starbucks, que é executado em iPhones e smartphones Android, permite que os clientes façam pedidos e paguem seus cafés usando seus smartphones — sem nunca ter que esperar na fila. Os usuários de aplicativos, cujas compras pelo celular estão vinculadas a um cartão de crédito, podem até dar uma gorjeta digital ao seu barista.[77]

Cartões de crédito, cartões de débito e cartões inteligentes

Muitos compradores on-line utilizam cartões de crédito limitados e ilimitados para a maioria de suas compras na internet. Um cartão de crédito limitado, como Visa ou Mastercard, tem um limite de gastos predefinido com base no histórico de crédito do usuário e, a cada mês, o usuário pode pagar todo ou parte do valor devido. Os juros são cobrados sobre o valor não pago. Um cartão de crédito ilimitado, como o American Express, não possui limite de gastos predefinido e o valor total cobrado no cartão é devido no final do período de faturamento. Pode haver um limite para seus gastos, mas determinado dinamicamente e não predefinido como um valor fixo. Você não pode carregar um saldo mês a mês com um cartão de crédito ilimitado como faz com um cartão de crédito limitado. Os cartões de crédito ilimitados exigem que os clientes paguem integralmente todos os meses ou arquem com uma alta taxa de juros. Os cartões de débito parecem cartões de crédito, mas funcionam como dinheiro ou cheque pessoal. O cartão de débito está vinculado diretamente à sua conta poupança ou sua conta corrente. Cada vez que você usa o cartão, o dinheiro é automaticamente retirado de sua conta corrente ou poupança para cobrir a compra. Os cartões de crédito e débito atualmente armazenam informações limitadas sobre você em uma fita magnética. Essas informações são lidas sempre que o cartão é passado para fazer uma compra. Todos os clientes de cartão de crédito estão protegidos por lei contra pagar mais de US$ 50 por transações fraudulentas, mas o mesmo não é verdade para os cartões de débito. Os bancos podem responsabilizá-lo por até US$ 500 no caso de uso fraudulento de seu cartão de débito.

O cartão inteligente (smart card) é um dispositivo do tamanho de um cartão de crédito com um microchip incorporado para fornecer memória eletrônica e capacidade de processamento. Os cartões inteligentes podem ser utilizados para várias finalidades, incluindo o armazenamento de dados financeiros do usuário, dados de seguro saúde, números de cartão de crédito e códigos e senhas de identificação de rede. Eles também podem armazenar valores monetários para gastos.

Os cartões inteligentes estão mais protegidos contra uso indevido do que os cartões convencionais de crédito, cobrança e débito porque as informações do cartão inteligente são criptografadas. Os cartões convencionais de crédito, cobrança e débito mostram claramente o número da sua conta na frente do cartão. O número do cartão, junto com uma assinatura falsa, é tudo o que um ladrão precisa para comprar itens e cobrar do seu cartão. Um cartão inteligente torna o roubo de crédito praticamente impossível porque é exigida uma chave para desbloquear as informações criptografadas e não há nenhum número externo que um ladrão possa identificar e nenhuma assinatura física que possa falsificar. A Tabela 9.8 compara vários tipos de sistemas de pagamento.

Nos Estados Unidos, os cartões de crédito apenas com tarjas magnéticas estão sendo substituídos por cartões com chips que empregam o padrão global EMV (Europay, Mastercard e Visa) para trabalhar com sistemas de ponto de venda. Cada vez que o cartão EMV é utilizado para ser inserido em um dispositivo de ponto de venda para pagamento, ele cria um código de transação exclusivo que nunca pode ser reutilizado. Ao contrário da versão europeia do cartão, que exige que o usuário insira um número PIN para concluir a transação, o usuário do cartão nos EUA simplesmente assina o recibo. Tecnicamente, se um chip é utilizado para verificar a transação, o proprietário do cartão pode ou não ser obrigado a assinar o recibo, mas se a transação utilizar a fita magnética para verificar as informações, ele deve ser assinado. Embora seja quase impossível falsificar cartões com chips, o número da conta desses cartões é claramente visível e pode ser utilizado por fraudadores para compras on-line.

Se o seu cartão de crédito tiver um chip e uma tarja magnética, você pode não estar tão seguro quanto pensa. Mesmo que o chip crie transações bem seguras, a tarja magnética é um risco de segurança significativo. Um leitor de tarja magnética pode ser adquirido por cerca de US$ 30 e pode ler todas as informações pessoais confidenciais que o chip foi projetado para proteger. Sua melhor opção é ter um cartão de crédito com chip e sem tarja magnética.

As instituições financeiras dos Estados Unidos optaram por implementar o cartão EMV com chip e assinatura, em vez do cartão com chip e PIN. Mastercard e Visa são adeptos do EMV, e todos os seus cartões têm chips, mas nos Estados Unidos ainda existem muitos cartões de crédito garantidos por outras instituições que não têm chips, apenas faixa magnética. Esse último cartão exige que o usuário insira seu número PIN pessoal para cada transação. As fraudes com cartão de crédito falsificado caíram 75% entre o final de 2015 e o início de 2018, graças à introdução de cartões de crédito com chip incorporado.[78]

TABELA 9.8 Comparação de sistemas de pagamento

Sistema de pagamento	Descrição	Vantagens	Desvantagens
Cartão de crédito	Carrega um limite de gastos predefinido com base no histórico de crédito do usuário.	A cada mês o usuário pode pagar total ou parcialmente o valor devido.	O saldo não pago acumula encargos de juros — geralmente com uma alta taxa de juros.
Cartão de crédito ilimitado	Parece um cartão de crédito, mas não possui limite de gastos predefinido.	Não envolve linhas de crédito e não acumula juros.	Todo o valor cobrado no cartão é devido no final do período de cobrança ou o usuário deve pagar uma taxa.
Cartão de débito	Parece um cartão de crédito ou cartão de caixa eletrônico (ATM).	Opera como dinheiro ou cheque pessoal.	O dinheiro é imediatamente deduzido do saldo da conta do usuário.
Cartão inteligente	É um dispositivo de cartão de crédito com microchip incorporado capaz de armazenar dados sobre o titular do cartão.	Melhor protegido contra uso indevido do que os cartões convencionais de crédito, cobrança e débito porque as informações do cartão inteligente são criptografadas.	Lentamente, está se tornando mais amplamente utilizado nos Estados Unidos.

Exercício de pensamento crítico

Não faça você mesmo

▶ PENSAMENTO ANALÍTICO, APLICAÇÃO

Por anos, seu negócio de materiais de construção teve um site B2B amplamente utilizado por empreiteiros em sua área. Recentemente, você decidiu lançar um site B2C para vender materiais de conserto de casa também para proprietários do tipo "faça você mesmo". Mover-se para o mercado B2C exige que você adapte suas práticas de negócios B2B para melhor atender às necessidades de um site B2C. Por exemplo, você tinha um modo estabelecido de receber pagamentos de seus clientes B2B envolvendo linhas de crédito, faturamento e planos de parcelamento, mas nunca lidou com a cobrança de pagamentos on-line para pedidos relativamente pequenos de pessoas físicas.

Enquanto começava a planejar o lançamento de seu site B2C, você tomou duas decisões importantes: (1) você aprenderá mais sobre os sistemas de pagamento eletrônico e (2) contratará um profissional experiente para construir o site. Para que seu site B2C prospere, você precisará aceitar cartões de crédito, cartões de débito, PayPal, WePay, Venmo e outras formas de pagamentos eletrônicos. Você planeja pesquisar seus termos de uso — por exemplo, quanto eles cobram de você quando são utilizados para fazer um pagamento — antes de tomar uma decisão final sobre quais tipos de pagamentos eletrônicos serão aceitos. Você confiará no desenvolvedor profissional de sites B2B para reunir todas as informações necessárias para oferecer suporte a pagamentos eletrônicos e para garantir que seu site fará interface com os sistemas dos provedores de pagamento eletrônico.

Perguntas de revisão

1. O que o desenvolvedor do site deve fazer para garantir a segurança das informações utilizadas pelo seu site?
2. É melhor limitar o pagamento no site B2C apenas a cartões de crédito e débito ou é melhor ter uma ampla variedade de tipos de pagamento eletrônico?

Questões de pensamento crítico

1. Por que sua empresa deveria ter sites B2B e B2C separados?
2. Muitos clientes tipo "faça você mesmo" são jovens e utilizam seus telefones para fazer a maioria de suas compras on-line. Como você garantirá que seu site B2C seja compatível com o comércio móvel?

Resumo

Princípio:

As organizações devem definir e executar uma estratégia eficaz para ter sucesso no comércio eletrônico.

O comércio eletrônico é simplesmente a atividade comercial realizada eletronicamente em redes de computadores. O comércio eletrônico entre empresas (B2B) permite que os fabricantes comprem a um custo baixo em todo o mundo e ofereçam às empresas a chance de vender para um mercado global. De longe, o maior volume em dólares das vendas de comércio eletrônico cai na categoria do B2B. O comércio eletrônico entre empresas e consumidores (B2C) ocorre com muito mais frequência, mas os valores em dólares das transações são apenas uma fração das transações B2B. O B2C permite que as organizações vendam diretamente aos consumidores finais do produto. A abordagem direta elimina intermediários e limita custos. Em muitos casos, essa prática elimina custos e ineficiências da cadeia de suprimentos, o que pode levar a maiores lucros para a empresa e preços mais baixos para os consumidores. O comércio eletrônico de consumidor para consumidor (C2C) envolve consumidores que vendem diretamente a outros consumidores. Os leilões on-line são o principal método pelo qual o comércio eletrônico C2C é conduzido atualmente. O governo eletrônico envolve o uso de tecnologia da informação e comunicação para simplificar o compartilhamento de informações, agilizar processos que antes se baseavam em papel e melhorar o relacionamento entre os cidadãos e o governo.

Comércio móvel é o uso de dispositivos móveis, como telefones celulares e smartphones, para facilitar a venda de produtos ou serviços — a qualquer hora e em qualquer lugar. É *apenas outra forma de comércio eletrônico* e, ao mesmo tempo, *uma forma totalmente nova de fazer comércio eletrônico*. Tem a desvantagem de espaço limitado para exibir as informações (em um smartphone), mas permite que o comércio eletrônico ocorra a qualquer hora/em qualquer lugar e o tempo todo/em todo lugar. O comércio móvel é um segmento de comércio eletrônico em rápido crescimento, com países da Ásia e da Europa liderando grande parte desse crescimento. O mercado de comércio móvel na América do Norte está amadurecendo muito mais tardiamente do que em outros países por vários motivos.

A conversão para um sistema de comércio eletrônico ou comércio móvel permite que as organizações alcancem novos clientes, reduzam o custo de fazer negócios, acelerem o fluxo de mercadorias e informações, aumentem a precisão do processamento e atendimento de pedidos e melhorem o nível do atendimento ao cliente. Muitos usuários de smartphones sempre levam seus dispositivos consigo, e isso permite que eles estejam constantemente envolvidos com o comércio eletrônico.

Um sistema de comércio eletrônico bem-sucedido deve abordar os vários estágios pelos quais os consumidores passam no ciclo de vida das vendas. No coração de qualquer sistema de comércio eletrônico está a capacidade do usuário de pesquisar e identificar itens à venda; selecionar esses itens; negociar preços, condições de pagamento e data de entrega; enviar um pedido ao vendedor para comprar os itens; pagar pelo produto ou serviço; receber o produto; e obter suporte pós-venda.

Do ponto de vista do fornecedor de bens ou serviços, um sistema de comércio eletrônico eficaz deve ser capaz de dar suporte às atividades associadas à gestão da cadeia de suprimentos e à gestão do relacionamento com o cliente. Muitos fabricantes e varejistas terceirizaram a entrega física de mercadorias para organizações especializadas na entrega de produtos.

Uma empresa enfrenta três desafios principais ao converter seus processos de negócios da forma tradicional para processos de comércio eletrônico: (1) lidar eficazmente com as questões de privacidade do consumidor, (2) superar com sucesso a falta de confiança dos consumidores e (3) superar problemas globais. Desses três desafios, a privacidade é atualmente o mais proeminente. O número de violações de segurança e seu amplo impacto devem ser tratados pelas empresas envolvidas com o comércio eletrônico.

Princípio:

O comércio eletrônico está evoluindo, proporcionando novas formas de conduzir negócios que apresentam benefícios e problemas potenciais.

Muitos fabricantes estão aderindo às bolsas eletrônicas; o comércio eletrônico no atacado deve ultrapassar US$ 1 trilhão por ano. Isso é US$ 1 bilhão. Eles também estão usando o comércio eletrônico para melhorar a eficiência do processo de vendas, movimentando as consultas dos clientes sobre disponibilidade e preços dos produtos on-line, onde os clientes podem buscar respostas instantâneas no banco de dados do fabricante.

A web permite que as empresas reúnam muito mais informações sobre o comportamento e as preferências do consumidor do que outras abordagens de marketing. Essa nova tecnologia depende muito da análise de sites da web e aprimorou muito a prática de segmentação de mercado. Isso permite que muitas empresas estabeleçam relacionamentos mais próximos com seus clientes.

A internet revolucionou o mundo dos investimentos e das finanças, especialmente a negociação de ações on-line e os serviços bancários on-line. A internet também criou muitas opções para leilões eletrônicos, onde compradores e vendedores geograficamente dispersos podem se reunir. Não se esqueça de que a negociação de ações multinacionais e os serviços bancários on-line podem ser complicados por leis conflitantes em diferentes países.

Os diversos aplicativos de comércio móvel incluem publicidade, permuta, redirecionamento, comparação de preços, cupons, investimentos e finanças e serviços bancários. Mas as principais características a considerar são que (a) seu dispositivo está com você para que as empresas saibam sua localização, (b) você tem um perfil de consumidor que a empresa pode utilizar para alcançá-lo e (c) a mensagem de comércio móvel pode ser entregue no seu smartphone.

Princípio:

O comércio eletrônico pode ser utilizado de muitas maneiras inovadoras para melhorar as operações de uma organização.

Empresas e pessoas utilizam comércio eletrônico e comércio móvel para reduzir custos de transações, acelerar o fluxo de mercadorias e informações, melhorar o nível de atendimento ao cliente e permitir a íntima coordenação de ações entre fabricantes, fornecedores e clientes. As capacidades do comércio eletrônico aumentam conforme o poder dos computadores e a velocidade das redes aumentam — você poderia dizer que a Lei de Moore se aplica ao comércio eletrônico.

O comércio eletrônico e o comércio móvel também permitem que consumidores e empresas tenham acesso a mercados mundiais. As organizações estão fazendo grandes avanços na China, Japão, Coreia do Sul e outros países asiáticos. Há também uma grande promessa para os países em desenvolvimento, permitindo-lhes entrar no próspero mercado global e, portanto, ajudando a reduzir a lacuna entre países ricos e pobres.

Como o comércio eletrônico e o comércio móvel são sistemas globais, eles enfrentam desafios culturais, de idioma, de tempo e distância, de infraestrutura, moeda, produto e serviço e de leis estaduais, regionais e nacionais.

A maioria das pessoas concorda que um site eficaz é aquele que cria uma presença atraente e atende às necessidades de seus visitantes. As startups de comércio eletrônico devem decidir se irão construir e operar o site por conta própria ou terceirizar essa função. Os serviços de hospedagem de sites da web e os intermediários de loja on-line fornecem alternativas para a construção de seu próprio site.

Para aumentar o tráfego para o seu site, você deve registrar um nome de domínio que seja relevante para o seu negócio e tornar o mecanismo de pesquisa do seu site amigável, de modo que seja facilmente pesquisável por robôs da web ("spiders") que rastreiam toda a world wide web procurando conteúdo. As empresas também utilizam software de análise de dados de tráfego do site para atrair clientes adicionais e personalizar a experiência do usuário no site para que ele ofereça suporte à experiência pessoal do usuário. Os operadores de sites devem monitorar constantemente o tráfego e os tempos de resposta associados a seus sites e ajustar o conteúdo, software, bancos de dados e hardware do site para garantir que os visitantes tenham uma boa experiência durante a visita.

Os operadores de sites também devem estar continuamente alertas a novas tendências e desenvolvimentos na área de comércio eletrônico e estar preparados para aproveitar novas oportunidades, incluindo personalização — o processo de customizar páginas da web para atingir especificamente consumidores individuais.

Princípio:

O comércio eletrônico requer o planejamento cuidadoso e a integração de muitos componentes da infraestrutura de tecnologia.

Vários componentes de infraestrutura devem ser escolhidos e integrados para suportar um grande volume de transações com clientes, fornecedores e outros parceiros de negócios em todo o mundo. Esses componentes incluem hardware, software de servidor web e software de comércio eletrônico.

O comércio móvel apresenta desafios adicionais de infraestrutura, incluindo a melhoria da facilidade de uso de dispositivos sem fio, abordando a segurança das transações sem fio e melhorando a velocidade da rede. O Wireless Application Protocol (WAP) é um conjunto padrão de especificações para permitir o desenvolvimento de software de comércio móvel para dispositivos sem fio. O desenvolvimento do WAP e seus derivados aborda muitas questões de m-commerce.

Os sistemas de pagamento eletrônico são um componente-chave da infraestrutura de comércio eletrônico. Um certificado digital é um anexo a uma mensagem de e-mail ou de dados incorporados em uma página da web que verifica a identidade de um remetente ou site. Para ajudar a prevenir o roubo de números de cartão de crédito e informações bancárias, o protocolo de comunicação Transport Layer Security (TLS) é utilizado para proteger todos os dados confidenciais. Várias alternativas de dinheiro eletrônico exigem que o comprador abra uma conta em um provedor de serviços de dinheiro eletrônico e apresente prova de identidade sempre que os pagamentos tiverem que ser feitos. Os pagamentos também podem ser feitos por cartões de crédito, cobrança, débito, cartões inteligentes e p-cards (cartões de compra fidelizada). O setor varejista e o bancário estão desenvolvendo meios para permitir pagamentos usando um telefone celular como um cartão de crédito.

Termos-chave

comércio eletrônico entre empresas (B2B)
comércio eletrônico entre empresas e consumidores (B2C)
autoridade de certificação (CA)
comércio eletrônico entre consumidores (C2C)
certificado digital
governo eletrônico
dinheiro eletrônico
troca eletrônica

roubo de identidade
segmentação de mercado
omnicanal
personalização
otimização de mecanismos de pesquisa
intermediário de loja on-line
Transport Layer Security (TLS)

Teste de autoavaliação

As organizações devem definir e executar uma estratégia eficaz para ter sucesso no comércio eletrônico e comércio móvel.

1. As empresas devem utilizar sites da web como itens autônomos para comércio eletrônico e não conectá-los a outros esforços de comércio da empresa. Verdadeiro ou falso?

2. As empresas podem utilizar vários aplicativos de comércio eletrônico coordenados que envolvem você em uma decisão de compra (como permitir que um cliente em uma loja física escaneie o código UPC de um produto para ver comentários de mídia social, comparações de preços com lojas próximas ou um cupom para compra com desconto). Como é chamado esse plano de marketing?
   a. Spam
   b. Marketing milenar
   c. Marketing omnicanal
   d. B2B

3. A questão mais importante a ser considerada quando uma organização embarca no comércio eletrônico é _____.
   a. escolher a tecnologia certa
   b. escolher o profissional certo para projetar o site
   c. tornar a estratégia de negócios fundamental
   d. a quantia gasta em tecnologia

4. A implementação de um aplicativo de comércio eletrônico B2C pode levar a oportunidades de B2B. Verdadeiro ou falso?

O comércio eletrônico está evoluindo, proporcionando novas formas de conduzir os negócios que apresentam benefícios e problemas potenciais.

5. Qual das opções a seguir não é uma característica principal a ser considerada com o aplicativo de comércio móvel?
   a. Mensagens de comércio móvel podem ser entregues em seu telefone.
   b. O comércio móvel só funciona quando um aplicativo é o seu telefone que efetua o pagamento.
   c. Seu perfil de consumidor permite que a empresa o direcione.
   d. Seu dispositivo móvel permite que uma empresa saiba sua localização.

6. De acordo com a Lei de Moore, quanto tempo leva para a potência da tecnologia de computação dobrar pelo mesmo custo?
   a. 1 ano e meio
   b. 5 anos
   c. 10 anos
   d. 100 anos

7. A evolução do comércio eletrônico _____.
   a. é uma ocorrência normal de negócios que torna os processos de negócios mais eficientes
   b. é uma interrupção dos processos de negócios que leva as empresas a repensar a maneira de alcançar seus objetivos
   c. não pode ser determinada porque o comércio eletrônico tem menos de dez anos
   d. significa que o comércio móvel será a única forma de comércio eletrônico dentro de cinco anos

O comércio eletrônico pode ser utilizado de muitas maneiras inovadoras para melhorar as operações de uma organização.

8. As organizações não podem utilizar as tecnologias existentes de maneiras inovadoras, elas devem esperar o surgimento de uma nova tecnologia antes de inovar. Verdadeiro ou falso?

9. Melhorar o desempenho de uma organização com comércio eletrônico na maioria das vezes significa _____.
   a. substituir os funcionários atuais e mais velhos por funcionários novos e mais jovens que são mais hábeis no uso da tecnologia
   b. mudar os processos da organização para atingir metas
   c. utilizar a inteligência artificial
   d. manter os mesmos processos, mas realizando-os mais rapidamente

10. Qual das opções a seguir NÃO é considerada um dos principais desafios do comércio eletrônico?
    a. Lidar com questões de privacidade do consumidor.
    b. Superar a falta de confiança dos consumidores.
    c. Superar desafios culturais globais, de idioma, tempo, distância, infraestrutura e monetários.
    d. Baixo interesse do usuário em acessar mercados globais e preços competitivos.

O comércio eletrônico requer o planejamento cuidadoso e a integração de muitos componentes da infraestrutura de tecnologia.

11. O comércio eletrônico depende de pagamentos eletrônicos. Verdadeiro ou falso?

12. Qual dos seguintes é um componente-chave da infraestrutura de tecnologia?
    a. Privacidade do perfil do usuário.
    b. Recursos de tradução nos sites da web.
    c. Banco on-line multinacional.
    d. Uma conexão de alta velocidade com a rede.

13. Qual das opções a seguir não é uma proteção de segurança do setor de cartões de pagamento?
    a. Usar dinheiro em transações.
    b. Usar um firewall para controlar o acesso a computadores e dados.
    c. Nunca permitir o uso de senhas padrão para os sistemas.
    d. O uso de software antivírus atualizado regularmente.

Respostas do teste de autoavaliação

1. Falso
2. c.
3. c.
4. Verdadeiro
5. b.
6. a.
7. b.
8. Falso
9. b.
10. d.
11. Verdadeiro
12. d.
13. a.

Questões de revisão e discussão

1. Explique resumidamente as diferenças entre B2B, B2C e C2C.
2. Quais desafios o comércio móvel apresenta?
3. Como a mídia social afeta o comércio eletrônico B2C?
4. Explique algumas das maneiras pelas quais o governo eletrônico, especialmente o G2C, é diferente do B2C.
5. Descreva o modelo de multiestágios para comércio eletrônico.
6. Explique a diferença entre "privacidade" e "confidencialidade".
7. Explique alguns dos problemas de segurança relacionados aos pagamentos eletrônicos.
8. Identifique e discuta resumidamente os cinco estágios que os consumidores vivenciam no ciclo de vida das vendas que devem ser apoiados por um sistema de comércio eletrônico bem-sucedido.
9. Identifique e discuta brevemente vários desafios que uma organização enfrenta ao criar uma operação de comércio eletrônico bem-sucedida.
10. Descreva as principais etapas no desenvolvimento de uma estratégia corporativa global de comércio eletrônico.

Exercícios de tomada de decisão de negócio

1. Duas das opções de dinheiro eletrônico discutidas neste capítulo são Venmo e Square Cash. Faça uma comparação entre os dois com base em (1) tipo de telefone em que o aplicativo pode ser executado, (2) taxa de transferência bancária, (3) taxa de cartão de crédito, (4) taxa de cartão de débito, (5) limite de transferência e outros fatores que você considera importantes. Explique quais recursos são mais importantes para você e como você classificaria esses aplicativos em geral.
2. Suponha que você esteja em uma organização que só faz negócios nos Estados Unidos, mas que está pensando em fazer negócios na União Europeia. Como você mudaria suas políticas de aquisição e armazenamento de dados para atender às preocupações com a privacidade de dados na União Europeia?
3. O ar-condicionado do seu carro parou de funcionar. Use o que você aprendeu neste capítulo para encontrar e comparar várias oficinas de reparo de automóveis que podem consertar ar-condicionado. Sua comparação deve incluir custo, classificações de clientes que usaram as oficinas e quando o trabalho pode ser concluído. Escreva um breve resumo de sua experiência e identifique os sites que você achou mais úteis.

Trabalho em equipe e atividades de colaboração

1. Como equipe, desenvolva um plano para um site B2C com sugestões de itens adicionais que um cliente pode comprar, bem como itens de maior valor. Por exemplo, se o cliente comprou um novo telefone, você pode sugerir também a compra de um plano de seguro para "perdido ou roubado" ou uma capa para o telefone que o mantém seguro em caso de queda. Você pode sugerir que, por apenas um pouco mais de dinheiro por mês, você poderia obter um plano de dados maior. Seja criativo.
2. Faça com que sua equipe escolha três países e desenvolva um plano que tornará o site da sua universidade culturalmente aceitável para todos os três países. Descreva várias questões culturais possíveis e descreva como seu plano aborda as questões.

Exercícios de carreira

1. Faça pesquisas e escreva um breve relatório sobre três sites que mostram vagas de emprego ou estágios relacionados ao seu curso. O *CareerBuilder.com* e até mesmo o Facebook têm sites, mas tente encontrar um site que se concentre em sua área de atuação. Descreva os principais recursos de cada um deles e explique por que você os usaria ou por que não. Alguns dos principais recursos podem incluir (1) manter suas informações confidenciais (lembre-se de que confidencial não é o mesmo que privado), (2) a capacidade de se candidatar a vários empregos/estágios e (3) listas de empregos de meio período. Certifique-se de incluir o site do centro de carreiras da sua universidade na pesquisa.
2. Determine uma organização para a qual você gostaria de trabalhar e examine seu site. Como os recursos de B2C do site podem ser aprimorados? Forneça pelo menos três exemplos.

Estudo de caso

PENSAMENTO ANALÍTICO, GLOBAL, APLICAÇÃO

Alibaba, o site gigante de comércio eletrônico chinês

O Alibaba (*Alibaba Group Holdings*), que foi fundado em Hangzhou, China, em 1999, tem um site de comércio eletrônico B2B (*Alibaba.com*) e dois grandes sites de B2C (*Taobao.com* e *Tmall.com*). A empresa emprega mais de 100 mil pessoas em muitos países. Sua missão é "tornar mais fácil fazer negócios em qualquer lugar" e, a julgar pelo sucesso da empresa em apenas 20 anos, ela está cumprindo sua missão.

O "Dia dos Solteiros" na China é uma resposta às tradicionais comemorações do Dia dos Namorados, que acontecem em agosto naquele país. No Dia do Solteiro, que cai em 11 de novembro de cada ano, muitos chineses se dão ao luxo de uma compra on-line. Em apenas 90 segundos em 11 de novembro de 2018, o Alibaba faturou mais de US$ 1 bilhão e seus sites obtiveram mais de US$ 31 bilhões em vendas até o final do dia. Para colocar as vendas do Alibaba em perspectiva, considere que as vendas da Cyber Monday nos EUA em 2018 foram de um pouco mais de US$ 6 bilhões. As vendas on-line do Dia dos Namorados nos Estados Unidos foram inferiores a US$ 20 bilhões em 2018.

A plataforma de viagens on-line do Alibaba, Fliggy, agora oferece um mercado de comércio eletrônico voltado para viajantes chineses que viajam para outros países. Houve 131 milhões de viagens ao exterior feitas por viajantes chineses em 2017. A Fliggy está tentando melhorar a experiência de viagem, oferecendo aos turistas chineses acesso a comerciantes e outras empresas no país que estão visitando, para que possam comprar alimentos e outros produtos isentos de impostos e providenciar acomodações, passeios e entretenimento, tudo antes de chegar ao destino. A plataforma permite que comerciantes e outras empresas em países estrangeiros cheguem ao grande mercado chinês. A reputação do Alibaba garante aos turistas chineses a qualidade e os altos padrões das empresas estrangeiras que utilizam o site da Fliggy.

Como qualquer outro gigante do comércio eletrônico, o Alibaba tem sido alvo de hackers que buscam roubar informações de clientes. Em 2018, 21 suspeitos foram presos por suspeita de roubo de informações de uma das afiliadas do Alibaba. Nenhuma informação privada foi obtida, mas os ladrões roubaram nomes de usuários e números de telefone de 10 milhões de remessas de pacotes. Os ladrões foram presos antes de conseguirem vender as informações roubadas a terceiros, então a polícia acredita que danos mínimos foram causados aos clientes do Alibaba.

Um tema constante no Alibaba é expandir, expandir novamente e, em seguida, expandir um pouco mais. Em 20 anos, ele cresceu de menos de 20 funcionários para mais de 100 mil. Teve US$ 31 bilhões em vendas em um único dia. O comércio eletrônico depende de pagamentos eletrônicos, então como todos os clientes pagam? Alipay é o sistema de pagamento eletrônico que a maioria dos clientes do Alibaba usa na China. Mais de um bilhão de pessoas têm uma conta Alipay, e mais de 500 milhões delas são usuários ativos.

Ocorrem cerca de 100 milhões de transações diárias no Alipay. Em comparação, a Visa tem aproximadamente 150 milhões de transações diárias para suas operações em todo o mundo. Para utilizar o Alipay, você deve ter uma conta bancária chinesa ou uma conta de cartão de crédito em um banco estatal na China. O Alipay é utilizado em restaurantes, lojas de varejo, hotéis e na maioria das empresas na China. Considerando a exigência do Alipay de uma conta bancária chinesa, o número de transações é impressionante. Os sites *Taobao.com* e *TMall.com* adicionaram recentemente a Visa e o Mastercard como métodos de pagamento aceitáveis, mas muitos chineses não têm esses cartões de crédito.

O Alipay se expandiu para além da China e do sudeste da Ásia — chegou aos Estados Unidos e também a 70 outros países. O Alipay se concentra fortemente em chineses que viajam para, ou moram, em outros países, e não comercializa ativamente para não chineses. Lembre-se de que o Alipay está ligado a bancos estatais que operam na China. O Alipay promove o comércio eletrônico de turistas chineses que viajam para os Estados Unidos ou outros países que não possuem contas bancárias ou cartões de crédito naquele país estrangeiro. Isso significa que o turista chinês pode estar nos Estados Unidos, mas todas as transações com *Taobao.com*, *TMall.com* e Fliggy ainda podem ser feitas usando o Alipay. O comércio eletrônico B2C está intimamente ligado à forma como os clientes podem pagar por suas compras, e o Alibaba deseja manter a lealdade de seus clientes mesmo durante as viagens. À medida que a economia da China cresce e mais cidadãos viajam para o exterior, o Alibaba deseja ser o site de comércio eletrônico de sua preferência enquanto viajam.

Questões de pensamento crítico

1. Alipay é o sistema de dinheiro eletrônico desenvolvido pelo Alibaba para o *Taobao.com* e o *TMall.com*, mas pode gerar receitas para o Alibaba quando o Alipay é utilizado para outras compras, como em restaurantes, mercearias, etc. Mastercard e Visa aprovaram recentemente os regulamentos do governo chinês para serem utilizados na China, mas esses cartões de crédito são aceitos principalmente em restaurantes, hotéis e outros estabelecimentos maiores do setor de viagens em áreas maiores. É improvável que pequenos negócios e negócios em áreas rurais aceitem Mastercard e/ou Visa.

    O aumento do uso de Mastercard e/ou Visa em *Taobao.com* e *TMall.com* ajuda ou prejudica o Alibaba? Explique sua resposta.

2. Cidadãos chineses fizeram mais de 130 milhões de viagens ultramarinas em 2017, e os números aumentam a cada ano. Como o Alibaba aproveita seu site de comércio eletrônico Fliggy para obter lucros com o uso do Fliggy em vez de um site de comércio eletrônico no país que está sendo visitado pelo turista chinês?

3. Reveja a seção "Superando problemas globais" deste capítulo e, em seguida, visite o site de comércio eletrônico *TMall.com*. Como o TMall lida com os seis desafios listados nesta seção?

FONTES: Alibaba FAQ sheet, *https://www.alibabagroup.com/en/about/faqs*; Dan Blystone, "Understanding the Alibaba Business Model", Investopedia, 20 de outubro de 2019, *https://www.investopedia.com/articles/investing/062315/understanding-alibabas-business-model.asp*; Lisa Lacey, "Alibaba Rings Up $30.8 Billion on Singles Day 2018", 11 de novembro de 2018, *https://www.finder.com/using-a-credit-card-in-china*; Chen, Guang, Alex Dichter, Steve Saxon, Peimin Suo, and Jackey Yu, "Huanying to the New Chinese Traveler", McKinsey & Company, novembro de 2018, *https://www.mckinsey.com/industries/travel-transport-and-logistics/our-insights/huanying-to-the-new-chinese-traveler*; Lee, Emma, "Briefing: Alibaba Travel Platform Fliggy Launches Duty-Free On-line Shopping", technode, 27 de março de 2019, *https://technode.com/2019/03/27/alibabas-fliggy-buy*; Megan Homer, "Using a Credit Card in China", 23 de outubro de 2019, *https://www.finder.com/using-a-credit-card-in-china*, acesso em 27 de outubro de 2019.

Notas

Fontes da vinheta de abertura: Katie Evans, "How the University of Oregon Bookstore Handled the Madness of March Madness Web Sales", *Digital Commerce 360*, *https://www.digitalcommerce360.com/2017/04/03/how-the-university-of-oregon-bookstore-handled-march-madness-web-sales*, acesso em 23 de outubro de 2019; The Duck Store, *https://www.uoduckstore.com*; Oracle NetSuite, *https://www.netsuite.com*, acesso em 20 de outubro de 2019; Jenelle Nanos, "Food Delivery Right to Your Dorm Door: How Some Campus Dining Halls are Competing with GrubHub", *Boston Globe*, *https://www.bostonglobe.com/business/2018/04/04/food-fight-colleges-take-uber-eats-with-apps-and-dorm-delivery/lMtGHEpv38cOBzbd63gUfL/story.html*, acesso em 23 de outubro de 2019; Tegan Versolatto, "Cafeteria Cravings: The Scoop on 2019 College Dining Trends", *xTalks*, Food Blog, *https://xtalks.com/cafeteria-cravings-the-scoop-on-2019-college-dining-trends-1825/*, acesso em 22 de outubro de 2019.

1. Alex Altman e Alex Fitzpatrick, "Everything We Know About Sony, The Interview and North Korea", *Time*, 18 de dezembro de 2014, *https://time.com/3639275/the-interview-sony-hack-north-korea*, acesso em 8 de maio de 2019.
2. Allen Bonde, "US B2B eCommerce Will Hit $1.8 Trillion By 2023", *Forrester*, 28 de janeiro de 2019, *https://www.forrester.com/report/US+B2B+eCommerce+Will+Hit+12+Trillion+By+2021/-/E-RES136173*.
3. Brianna Barcena, "Millennial B2B Buyers: What You Need to Know About the New Wave of Decision Makers", *TrustRadius Blog*, 1º de novembro de 2018, *https://vendors.trustradius.com/millennial-b2b-buyers-what-you-need-to-know-about-the-new-wave-of-decision-makers/*.
4. Don Davis, "E-commerce Software Spending Will Nearly Double in the U.S. by 2019", 9 de fevereiro de 2015, *www.internetretailer.com/2015/02/09/us-e-commerce-software-spending-nearly-double-2019*.
5. "B2B eCommerce Trends & Strategy in 2019", *tradegecko*, *https://www.tradegecko.com/b2b-ecommerce/trends-strategy*, acesso em 24 de outubro de 2019.
6. W.W. Grainger, Newsroom, *https://pressroom.grainger.com/home/default.aspx*, acesso em 24 de outubro de 2019.
7. "2019 Fact Book", Grainger, *https://s1.q4cdn.com/422144722/files/doc_downloads/factbook/2019/2019FACTBOOK.pdf*, acesso em 24 de outubro de 2019.
8. "Amazon Global Selling", Amazon, *https://services.amazon.com/global-selling/overview.html*, acesso em 16 de outubro de 2019.
9. Fareeha Ali, "US Ecommerce Sales Grow 15% in 2018", *Internet Retailer*, 28 de fevereiro de 2019, *https://www.digitalcommerce360.com/article/us-ecommerce-sales*.
10. Justine Smith, "Mobile eCommerce Stats in 2018 and the Future On-line Shopping Trends of mCommerce", *OuterBox*, 22 de abril de 2019, *https://www.outerboxdesign.com/web-design-articles/mobile-ecommerce-statistics*.
11. Andrew Lipsman, "Global Ecommerce 2019", *eMarketer*, 27 de junho de 2019, *https://www.emarketer.com/content/global-ecommerce-2019*. (China tab)
12. Andrew Lipsman, "Global Ecommerce 2019", *eMarketer*, 27 de junho de 2019, *https://www.emarketer.com/content/global-ecommerce-2019*. (France, Germany, and UK tabs)
13. "Customize Nike Shoes with NIKEiD", Nike, *http://help-en-us.nike.com/app/answers/detail/article/nikeid-help/a_id/3393/kw/nikeid/country/us*, acesso em 25 de fevereiro de 2016.
14. "Inside New NIKEiD Personalization Program", Nike, 9 de novembro de 2015, *http://news.nike.com/news/pid*.
15. Andrew Hutchinson, "Pinterest Adds New Shopping Options to Boost eCommerce Potential", *SocialMediaToday*, 17 de outubro de 2018, *https://www.socialmediatoday.com/news/pinterest-adds-new-shopping-options-to-boost-ecommerce-potential/539852/*.

16. "Number of Monthly Active Pinterest Users Worldwide from 1st Quarter 2016 to 4th Quarter 2018 (in Millions)", *Statista*, https://www.statista.com/statistics/463353/pinterest-global-mau/, acesso em 14 de outubro de 2019.
17. Bart Mroz, "What Retailers Should Know About Social Commerce", *Digital Commerce 360*, 31 de outubro de 2018, https://www.digitalcommerce360.com/2018/10/31/what-retailers-should-know-about-social-commerce.
18. Dan Alaimo, "87% of Shoppers Now Begin Product Searches On-line", *Retail Dive*, 15 de agosto de 2018, https://www.retaildive.com/news/87-of-shoppers-now-begin-product-searches-on-line/530139/.
19. Don Reisinger, "Your State May Fight for Internet Sales Tax", *Fortune*, 24 de fevereiro de 2016, http://fortune.com/2016/02/24/state-internet-sales-tax.
20. Joyce M. Rosenberg, "Internet Sales Tax Collection Laws Gradually Taking Effect", *Associated Press* (publicado em *USA Today*), 23 de dezembro de 2018, https://www.usatoday.com/story/money/business/2018/12/23/sales-tax-on-line-retailers-begin-collect-internet-customers/2387450002.
21. "Fast Facts", eBay Inc., https://investors.ebayinc.com/fast-facts/default.aspx, acesso em 14 de outubro de 2019.
22. Ibid.
23. "Do I Need a License to Buy and Sell Firearms?", U.S. Department of Justice, Bureau of Alcohol, Tobacco, Firearms, and Explosives, janeiro de 2016, https://www.atf.gov/file/100871/download.
24. Joel Rose, "Obama Aims to Expand Background Checks to On-line Gun Sales", *NPR*, 8 de janeiro de 2016, www.npr.org/2016/01/06/462114352/obama-aims-to-expand-background-checks-to-on-line-gun-sales.
25. Alex Nussbaum, "Accenture Wins U.S. Contract for Obamacare Enrollment", *Bloomberg*, 12 de janeiro de 2014, www.bloomberg.com/news/2014-01-12/accenture-wins-u-s-contract-for-obamacare-enrollment-website.html.
26. "Oregon E-Government Program", State of Oregon, www.oregon.gov/DAS/ETS/EGOV/pages/ecommerce.aspx, acesso em 27 de fevereiro de 2016.
27. "Making the Internet Work for Oregon", State of Oregon, www.oregon.gov/DAS/ETS/EGOV/pages/ev_internet.aspx#Objectives, acesso em 27 de fevereiro de 2016.
28. Nabeena Mali, "Your M-Commerce Deep Dive: Data, Trends and What's Next in the Mobile Retail Revenue World", BigCommerce, 28 de abril de 2019, https://www.bigcommerce.com/blog/mobile-commerce/#why-does-mobile-commerce-matter.el
29. "Mobile Commerce in the United States—Statistics and Facts", Statista, 10 de setembro de 2019, https://www.statista.com/topics/1185/mobile-commerce.
30. "About Shoe Carnival", Shoe Carnival, www.shoecarnival.com/aboutshoecarnival, www.shoecarnival.com/aboutshoecarnival, acesso em 27 de fevereiro de 2016.
31. "Customer Stories: Shoe Carnival", Rackspace, http://stories.rackspace.com/wp-content/uploads/2015/09/CRP-Shoe-Carnival-Case-Study-Final.pdf, acesso em 27 de fevereiro de 2016.
32. "About Us", BloomNation, https://www.bloomnation.com/about-us, acesso em 27 de fevereiro de 2016.
33. Stacy Cowley, "Florist-Friendly Marketplaces Help Local Flower Shops Hang On", *New York Times*, 10 de fevereiro de 2016, www.nytimes.com/2016/02/11/business/smallbusiness/florist-friendly-marketplaces-help-local-flower-shops-hang-on.html?ref=topics.
34. "Press Release: Shutterfly Announces Fourth Quarter and Full Year 2018 Financial Results", Shutterfly, 5 de fevereiro de 2019, http://ir.shutterfly.com/news-releases/news-release-details/shutterfly-announces-fourth-quarter-and-full-year-2018-financial.
35. "About Shutterfly", Shutterfly, http://businesssolutions.shutterfly.com/Learn, acesso em 27 de fevereiro de 2016.
36. Kyle Wong, "How Domino's Transformed Into an E-Commerce Powerhouse Whose Product is Pizza", *Forbes*, 26 de janeiro de 2018, https://www.forbes.com/sites/kylewong/2018/01/26/how-dominos-transformed-into-an-ecommerce-powerhouse-whose-product-is-pizza/#51004c717f76.
37. "About", Sticker Mule, www.stickermule.com/about, acesso em 29 de fevereiro de 2016.
38. Phil Wahba, "Borders Files for Bankruptcy, to Close Stores", *The Huffington Post*, 16 de fevereiro de 2011, www.huffingtonpost.com/2011/02/16/borders-files-for-bankruptcy_n_823889.html.
39. Mike Isaac e Sheera Frankel, "Facebook Security Breach Exposes Accounts of 50 Million users", *New York Times*, 28 de setembro de 2018, https://www.nytimes.com/2018/09/28/technology/facebook-hack-data-breach.html.
40. "These Companies Lost Your Data in 2015's Biggest Hacks, Breaches", *ZDNet*, 14 de agosto de 2015, www.zdnet.com/pictures/biggest-hacks-security-data-breaches-2015.
41. Dan Goodin, "Gigabytes of User Data from Hack of Patreon Donations Site Dumped On-line", *Ars Technica*, 1º de outubro de 2015, http://arstechnica.com/security/2015/10/gigabytes-of-user-data-from-hack-of-patreon-donations-site-dumped-on-line.
42. Martin Hron, "Top 10 Biggest Data Breaches in 2018", *avast Blog*, 20 de dezembro de 2018, https://blog.avast.com/biggest-data-breaches.
43. Alert Logic, "The 10 Biggest Data Breaches of 2018 ... So Far", 16 de julho de 2018, https://blog.alertlogic.com/10-biggest-data-breaches-2018-so-far/.
44. "What Is Identity Theft", Federal Trade Commission, www.consumer.ftc.gov/articles/pdf-0014-identity-theft.pdf, acesso em 10 de fevereiro de 2014.
45. "Target Debit and Credit Card Breach Lawsuit", LawyersandSettlements.com, www.lawyersandsettlements.com/lawsuit/data-breach.html#.Uvom26-A1Ms, acesso em 11 de fevereiro de 2014.
46. "Akimbo Financial", Symantec, www.symantec.com/content/en/us/enterprise/customer_successes/b-akimbo-financial-SuccessStory-en-us.pdf, acesso em 11 de fevereiro de 2016.
47. Tracey Wallace, "Wholesale Ecommerce Explained: 1 Site, 3X Sales with Automation and Personalization for B2B Wholesalers", *EIC, BigCommerce Blog*, https://www.bigcommerce.com/blog/wholesale-ecommerce/#executive-summary, acesso em 4 de maio de 2019.
48. "MDM Market Leaders", MDM, https://www.mdm.com/2018-top-industrial-distributors, acesso em 4 de maio de 2019.
49. mdm: competitive intelligence for wholesale distribution, "2018 Top 40 Industrial Distributors", https://www.mdm.com/directories/2550-2018-top-40-industrial-distributors/listing/1271-01-w-w-grainger-top-industrial-distributors, acesso em 4 de maio de 2019.

50. "Tinypass in Ruby", Tinypass Press Releases, www.tinypass.com/blog/category/press-releases/, acesso em 11 de fevereiro de 2016.
51. "Crowdfunding ...Your Way", Tinypass, http://publisher.tinypass.com/archives/howto/crowdfund, acesso em 27 de fevereiro de 2016.
52. Sharon Shichor, "Walmart's Retail Link System Talks to Suppliers Through Data", Kn8wledge Group, 26 de junho de 2017, https://18knowledge.com/blog/walmart-retail-link-talks-to-suppliers-through-data/.
53. "Exelate and Dun & Bradstreet Collaborate to Offer One of the Most Comprehensive B2b Datasets in Digital Media", Nielsen, 25 de fevereiro de 2016, www.nielsen.com/us/en/press-room/2016/exelate-and-dun-bradstreet-collaborate-to-offer-one-of-the-most-comprehensive-b2b-datasets-in-digital-media.html.
54. "About Us", InMobi, https://www.inmobi.com/company/, acesso em 4 de maio de 2019.
55. Ronan Shields, "InMobo Unveils TruFactor With Sprint as Debut Customer", ADWeek, 25 de fevereiro de 2019, https://www.adweek.com/programmatic/inmobi-unveils-trufactor-with-sprint-as-debut-customer/.
56. Paul Talbot, "Why Cart Abandonment Rates Aren't Falling", Forbes, 27 de junho de 2018, https://www.forbes.com/sites/paultalbot/2018/06/27/why-cart-abandonment-rates-arent-falling/#352b997e7bb6.
57. Chandra Steele, "The 11 Best Shopping Apps to Compare Prices", PCMag, 23 de novembro de 2015, www.pcmag.com/slideshow/story/290959/the-11-best-shopping-apps-to-compare-prices.
58. "Barcode Scanner", Google Play, https://play.google.com/store/apps/details?id=com.google.zxing.client.android, acesso em 17 de outubro de 2019.
59. Peter Roesler, "Valassis Study Reveals Coupon Trends Data for 2017 for On-line and In-Store Retailers", Inc., 19 de fevereiro de 2018, https://www.inc.com/peter-roesler/valassis-study-reveals-coupon-trends-data-from-2017-for-on-line-in-store-retailers.html.
60. Ben Jayston, "Google Beacons: Proximity Marketing is Ready to Take off in 2019", Marketing, 20 de novembro de 2018, https://www.business2community.com/marketing/google-beacons-proximity-marketing-is-ready-to-take-off-in-2019-02141198.
61. H.O. Maycotte, "Beacon Technology: The Where, What, Who, How and Why", Forbes, 1º de setembro de 2015, www.forbes.co.m/sites/homaycotte/2015/09/01/beacon-technology-the-what-who-how-why-and-where/#b74a5664fc19.
62. Ben Jayston, "Google Beacons: Proximity Marketing is Ready to Take off in 2019", Marketing, 20 de novembro de 2018, https://www.business2community.com/marketing/google-beacons-proximity-marketing-is-ready-to-take-off-in-2019-02141198.
63. Joe Raspolich, "Fidelity Review 2019: The Best On-line Broker [Now with HAS]", The College Investor, 10 de outubro de 2019, https://thecollegeinvestor.com/17828/fidelity-review/.
64. Kieron Monks, "M-Pesa: Kenya's Mobile Money Success Story Turns 10", CNN, 24 de fevereiro de 2017, https://www.cnn.com/2017/02/21/africa/mpesa-10th-anniversary/index.html.
65. Daniel Runde, "M-Pesa and The Rise of the Global Mobile Money Market", Forbes, 12 de agosto de 2015, www.forbes.com/sites/danielrunde/2015/08/12/m-pesa-and-the-rise-of-the-global-mobile-money-market/#7058eca423f5.
66. Jessica Pressler, "The World is Not Enough", New York, 11 de agosto de 2015, http://nymag.com/thecut/2015/08/net-a-porter-bigger-better-future.html.
67. "About Us", Quintessentially Gifts, www.quintessentiallygifts.com/about-us, acesso em 14 de fevereiro de 2014.
68. "Investor News Details", Shopify, 12 de fevereiro de 2019, https://investors.shopify.com/Investor-News-Details/2019/Shopify-Announces-Fourth-Quarter-and-Full-Year-2018-Financial-Results/default.aspx.
69. Kim S. Nash, "Wal-Mart, Reporting Slower E-Commerce Growth, Makes Plans to Expand Number of Products Available On-line", Wall Street Journal, 18 de fevereiro de 2016, http://blogs.wsj.com/cio/2016/02/18/wal-mart-reporting-slower-e-commerce-growth-makes-plans-to-expand-number-of-products-available-on-line.
70. Suman Bhattacharyva, "Inside Walmart's E-Commerce Growth", DigiDay, 17 de agosto de 2018, https://digiday.com/retail/inside-walmarts-e-commerce-growth/.
71. "Room & Board", Salesforce, www.salesforce.com/customers/stories/room-and-board.jsp, acesso em 29 de fevereiro de 2016.
72. Mark Nelson, "Outsmarting Fraudsters with Advanced Analytics", VISA, https://usa.visa.com/visa-everywhere/security/outsmarting-fraudsters-with-advanced-analytics.html, acesso em 29 de fevereiro de 2016.
73. Nicole Pesce, "MasterCard Will Launch 'Selfie Pay' Technology This Summer, Daily News, 23 de fevereiro de 2016, www.nydailynews.com/life-style/mastercard-launch-selfie-pay-technology-summer-article-1.2540983.
74. "Using Apple Pay in Stores, Within Apps, and on the Web", Apple, https://support.apple.com/en-us/HT201239, acesso em 5 de maio de 2019.
75. Christina Majaski, "PayPal vs. Venmo: What's the Difference?", 8 de maio de 2019, https://www.investopedia.com/articles/investing/072815/paypal-vs-venmo-function-versus-fun.asp.
76. Team Venmo, "Purchasing with Venmo FAQ", https://help.venmo.com/hc/en-us/articles/217042898-Purchasing-with-Venmo-FAQ-, acesso em 27 de outubro de 2019.
77. "Get the Starbucks App for iPhone and Android", Starbucks, www.starbucks.com/coffeehouse/mobile-apps, acesso em 29 de fevereiro de 2016.
78. Matthew Cochrane, "Why U.S. Counterfeit Credit Card Fraud is Down 75%", The Motely Fool, 16 de setembro de 2018, https://www.fool.com/investing/2018/09/16/why-us-counterfeit-credit-card-fraud-is-down-75.aspx.

CAPÍTULO 10
Sistemas empresariais

Princípios

- Uma organização deve ter sistemas de informação que suportem as atividades rotineiras do dia a dia e que ajudem a empresa a agregar valor a seus produtos e serviços.

- Uma organização que implementa um sistema empresarial está criando um conjunto altamente integrado de sistemas, o que pode levar a muitos benefícios de negócios.

- Uma organização deve ter acesso aos dados em todas as suas funções corporativas e sistemas empresariais para ajudar a conduzir a tomada de decisão.

Objetivos de aprendizagem

- Identificar as atividades básicas e os objetivos de negócios comuns a todos os sistemas de processamento de transações.

- Descrever os sistemas de processamento de transações associados às funções de processamento de pedidos, compras e contabilidade.

- Identificar as funções básicas desempenhadas e os benefícios derivados da implementação de um sistema de planejamento de recursos empresariais, gestão de recursos do cliente e sistema de gestão do ciclo de vida do produto.

- Descrever o modelo de software hospedado para sistemas empresariais e explicar por que essa abordagem é tão atraente para as pequenas e médias empresas (PMEs).

- Identificar os desafios que as organizações enfrentam no planejamento, construção e operação de seus sistemas empresariais.

- Identificar dicas para evitar muitas das causas comuns de implementações de sistemas empresariais com falha.

- Desenvolver uma compreensão de como os dados de uma função da organização podem ser utilizados para tomar decisões críticas em outra.

- Identificar ferramentas que podem ser utilizadas para analisar esses dados e demonstrar a capacidade de encontrar relacionamentos valiosos entre os dados.

SI em ação

Planos de saúde aderem aos sistemas empresariais

▶ SISTEMAS E PROCESSOS, APLICAÇÃO

Grupos de médicos, hospitais, seguradoras e outras entidades de saúde exigem sistemas integrados em toda a empresa. Esses sistemas ajudam as organizações de saúde a fornecer cuidados ideais aos seus pacientes e melhorar os resultados de pesquisas que impulsionam a inovação futura. Esses sistemas de nível empresarial geralmente oferecem suporte a milhares de usuários e milhões de pacientes, quando e onde eles precisam. Para permitir esse nível de colaboração e cuidado, os registros eletrônicos de saúde (*electronic health records* – EHR) foram instituídos com a ajuda de sistemas de nível empresarial.

O Barts Health NHS Trust, composto de quatro grandes hospitais e vários locais comunitários, atende a mais de 2,5 milhões de pessoas no leste de Londres, realizando mais de 23 milhões de testes por ano em sua rede de laboratórios. Eles observaram benefícios significativos com a implementação de sistemas de nível empresarial em seu Departamento de Emergência e em sua rede de patologia. No Departamento de Emergência, eles simplificaram os fluxos de trabalho utilizando o módulo de medicina de emergência FirstNet do sistema de saúde de nível corporativo da Cerner Millennium. Tal como acontece com muitos departamentos de emergência, o Barts Health estava enfrentando problemas com longos tempos de espera, resultando em um acúmulo de pacientes que precisavam de atendimento imediato. O processo de registro frequentemente envolvia a coleta de informações de várias fontes e sua inserção em vários sistemas, tornando o processo mais lento, aumentando as chances de erro e inibindo a comunicação. Com a implementação do FirstNet em todos os locais de emergência do Barts, os pacientes do pronto-socorro agora são registrados eletronicamente, as informações anteriores sobre o paciente são facilmente recuperadas e seu EHR é atualizado imediatamente. O tempo de registro de pacientes diminuiu de cinco para um minuto, permitindo que os médicos atendessem os pacientes em estado crítico com mais rapidez. Os provedores podem tomar melhores decisões ao ter informações completas do histórico do paciente imediatamente disponíveis, quando até segundos podem fazer a diferença. Quando a economia de tempo e as melhorias no atendimento são consideradas em milhões de visitas de emergência, os benefícios são claros. O tempo de espera por consultas, leitos abertos e exames laboratoriais também diminuiu, porque a disponibilidade de recursos é mantida atualizada e disponibilizada aos usuários em todo o sistema. A documentação de identificação e de acompanhamento também é capturada pelo sistema para melhorar a colaboração e a coordenação entre os prestadores de cuidados futuros.

Para sua rede de patologia, o Barts migrou de três sistemas de laboratório diferentes utilizados por seus quatro hospitais primários e muitos provedores comunitários menores para o WinPath Enterprise oferecido pela CliniSys em 2016 e 2017. Com informações mais prontamente disponíveis e completas, o Barts melhorou o tempo de resposta dos laboratórios e reduziu o risco de erros clínicos, que resultam em pacientes mais saudáveis. O sistema de nível empresarial também levou a reduções drásticas de custo, removendo processos, sistemas e serviços de TI duplicados. A estabilidade do sistema foi aprimorada, com as chamadas de suporte de TI dentro da rede caindo 74%. A rede de patologia agora integrada do Barts é capaz de se conectar efetivamente com outros sistemas de nível corporativo dentro da organização, como o Cerner Millennium EHR. Agora, as informações essenciais para o atendimento ao paciente e a colaboração do provedor estão disponíveis quando e onde forem necessárias nas diferentes funções e departamentos do Barts.

Ao ler sobre sistemas empresariais, considere o seguinte:

- Que vantagens os sistemas empresariais integrados oferecem a uma organização?
- Que fatores as organizações devem considerar ao adotar sistemas empresariais para apoiar seus processos de negócios e planejar o futuro?
- Quais ferramentas as organizações podem utilizar para analisar dados e identificar tendências?

Por que aprender sobre sistemas empresariais?

Hoje, indivíduos e organizações estão mudando de uma coleção de sistemas de processamento de transações não integrados para sistemas empresariais altamente integrados que executam processos de negócios de rotina e mantêm registros sobre eles. Esses sistemas oferecem suporte a uma ampla gama de atividades de negócios associadas à gestão da cadeia de suprimentos, gestão de relacionamento com o cliente e gestão do ciclo de vida do produto. Embora inicialmente tenham sido considerados eficazes em termos de custos apenas para empresas muito grandes, as empresas de pequeno e médio porte agora estão implementando esses sistemas para reduzir custos, acelerar o tempo de colocação no mercado e melhorar o serviço.

Em nossa economia orientada para serviços, um excelente atendimento ao cliente tornou-se uma meta de praticamente todas as empresas. Para fornecer um bom atendimento ao cliente, os funcionários que trabalham diretamente com os clientes — seja em vendas, atendimento ao cliente ou marketing — exigem dados oportunos e de alta qualidade para tomar boas decisões. Esses trabalhadores podem utilizar um sistema empresarial para verificar o *status* do estoque de itens pedidos, ver o cronograma de planejamento da produção para informar ao cliente quando um item estará em estoque ou inserir dados para programar uma entrega.

Não importa qual seja sua função, é muito provável que você irá fornecer dados ou utilizar os resultados dos sistemas empresariais de sua organização. O uso eficaz desses sistemas será essencial para aumentar a produtividade de sua empresa, melhorar o atendimento ao cliente e permitir uma melhor tomada de decisão. Portanto, é importante compreender como esses sistemas funcionam e quais são suas capacidades e limitações.

Este capítulo começa com uma visão geral dos sistemas de processamento de transações individuais que oferecem suporte às operações fundamentais de muitas organizações. Seus métodos de coleta e processamento de dados, objetivos e atividades primárias são cobertos. Em seguida, os sistemas empresariais, coleções de sistemas de informação integrados que compartilham um banco de dados comum, são discutidos. Os sistemas empresariais garantem que os dados possam ser compartilhados entre todas as funções de negócios e todos os níveis de gestão para apoiar as tomadas de decisão operacionais e de gestão necessárias para administrar a organização. As funções e benefícios básicos desses sistemas, bem como os desafios de implementá-los com sucesso, são discutidos.

Sistemas de processamento de transações

Muitas organizações empregam sistemas de processamento de transações (SPTs), que capturam e processam os dados detalhados necessários para atualizar os registros sobre as operações comerciais fundamentais da organização. Esses sistemas incluem entrada de pedidos, controle de estoque, folha de pagamento, contas a pagar, contas a receber e contabilidade geral, para citar apenas alguns. A entrada para esses sistemas inclui transações comerciais básicas, como pedidos de clientes, ordens de compra, recibos, cartões de ponto, faturas e pagamentos de clientes. As atividades de processamento incluem coleta de dados, edição de dados, correção de dados, processamento de dados, armazenamento de dados e produção de documentos. O resultado do processamento de transações comerciais é que os registros da organização são atualizados para refletir o *status* da operação no momento da última transação processada.

Um SPT também fornece informações valiosas para sistemas de informação de gestão, sistemas de apoio à decisão e sistemas de gestão do conhecimento. Na verdade, os sistemas de processamento de transações servem como base para esses outros sistemas (ver Figura 10.1).

FIGURA 10.1
SPT, SIG/SAD e sistemas de informação especiais em perspectiva
Um SPT fornece informações valiosas para os sistemas SIG, SAD e Gestão de Conhecimento.

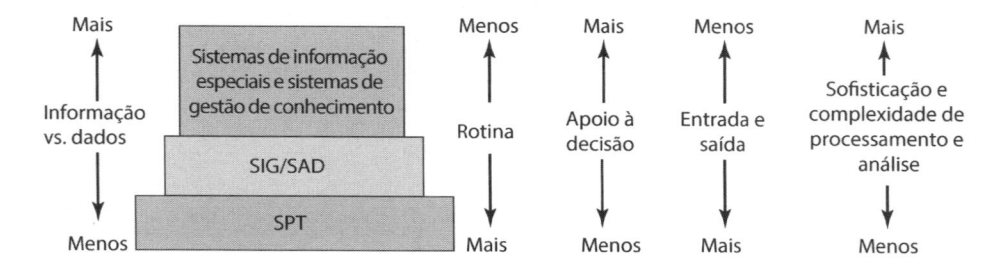

Os sistemas de processamento de transações oferecem suporte às operações de rotina associadas aos processos empresariais, como pedidos e cobranças de clientes, remessas, folha de pagamento de funcionários, compras e contabilidade. Os SPTs utilizam uma grande quantidade de dados de entrada e saída para atualizar os registros oficiais da empresa sobre pedidos, vendas, clientes e assim por diante. Os SPTs, porém, não fornecem muito suporte para a tomada de decisão.

Como os SPTs geralmente realizam atividades relacionadas às vendas e aos contatos do cliente — como processamento de pedidos e faturamento —, esses sistemas de informação desempenham um papel decisivo na geração de valor para o cliente. As organizações têm uma ampla gama de opções ao selecionar um SPT para atender às suas necessidades de suporte de atendimento ao cliente. Por exemplo, o Zendesk é um aplicativo de software de gestão de atendimento ao cliente que ajuda as organizações a fortalecer os relacionamentos com os clientes, oferecendo suporte à comunicação em vários canais, incluindo texto, telefone, e-mail e mídia social. O Zendesk é utilizado por mais de 200 mil empresas, incluindo Uber, Groupon, Box, Airbnb e Disney.[1] O Quickbooks da Intuit é um aplicativo de software que fornece suporte a transações para funções como vendas, faturamento, estoque e folha de pagamento com mais de 7 milhões de clientes em todo o mundo.

Métodos e objetivos tradicionais de processamento de transações

Com **sistemas de processamento em lote**, as transações comerciais são acumuladas ao longo de um período de tempo e preparadas para processamento como uma única unidade ou lote (ver Figura 10.2a). As transações são acumuladas pelo tempo necessário para atender às necessidades dos usuários desse sistema. Por exemplo, pode ser importante processar faturas e pagamentos de clientes para o sistema de contas a receber diariamente. Por outro lado, o sistema de folha de pagamento pode processar cartões de ponto quinzenalmente para gerar cheques, atualizar registros de salários de funcionários e distribuir custos de mão de obra. A característica essencial de um sistema de processamento em lote é o atraso entre um evento e o processamento final da transação relacionada para atualizar os registros da organização. Para muitas aplicações, o processamento em lote é uma abordagem apropriada e econômica. As transações e o faturamento da folha de pagamento normalmente são feitos por meio de processamento em lote.

sistema de processamento em lote: Uma forma de processamento de dados em que as transações comerciais são acumuladas ao longo de um período de tempo e são processadas como uma única unidade ou lote.

FIGURA 10.2
Processamento de transações em lote *versus* transações on-line
(a) Entradas de processamento em lote e dados de processos em grupos. (b) No processamento on-line, as transações são processadas à medida que ocorrem.

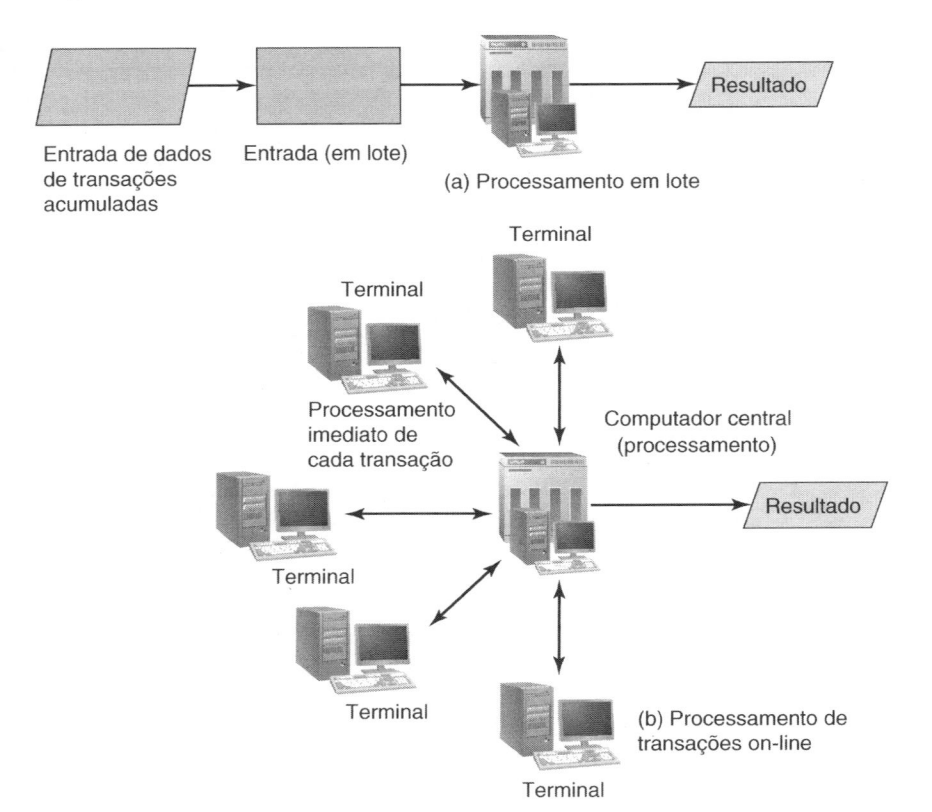

processamento de transações on-line (OLTP): Uma forma de processamento de dados em que cada transação é processada imediatamente, sem o atraso de acumular transações em um lote.

O Automatic Data Processing (ADP) é um grande fornecedor de soluções de terceirização de negócios para administração de folha de pagamento para mais de 740 mil organizações em todo o mundo. O ADP utiliza um sistema de processamento em lote para preparar os cheques de pagamento, cartões de folha de pagamento e depósitos diretos de 40 milhões de outros trabalhadores em todo o mundo, incluindo um em cada seis trabalhadores nos Estados Unidos.[2]

Com o **processamento de transações on-line** (*online transaction processing – OLTP*), cada transação é processada imediatamente, sem o atraso de acumular transações em um lote, conforme mostrado na Figura 10.2b. Consequentemente, a qualquer momento, os dados em um sistema on-line refletem o *status* atual. Esse tipo de processamento é essencial para empresas que precisam de acesso a dados atuais, como companhias aéreas, agências de passagens e firmas de investimento em ações. Muitas empresas descobrem que o OLTP as ajuda a fornecer um serviço mais rápido e eficiente — uma forma de agregar valor às suas atividades aos olhos do cliente (ver Figura 10.3).

FIGURA 10.3
Exemplo de sistema OLTP
O PayPal utiliza um sistema OLTP para gerenciar pagamentos entre comerciantes e consumidores, bem como entre usuários individuais.[3]

A gigante de pagamentos on-line PayPal Holdings, Inc. emprega um sistema OLTP enorme para processar mais de 9,9 bilhões de pagamentos anualmente por meio de seus produtos Braintree, PayPal, Venmo, Xoom e iZettle. Os pagamentos entre comerciantes e consumidores — bem como entre usuários individuais — totalizam mais de US$ 578 bilhões anualmente.[4]

As necessidades dos negócios e objetivos específicos da organização definem o método de processamento de transações mais adequado para as várias aplicações da empresa. Cada vez mais, a necessidade de dados atuais para a tomada de decisão está levando muitas organizações a migrar de sistemas de processamento em lote para sistemas de processamento de transações on-line, quando isso é economicamente viável. Por exemplo, o Departamento de Serviços de Saúde (*Department of Health Services* – DHS) do Estado de Wisconsin administra o programa Mulheres, Bebês e Crianças (*Women, Infants, and Children* – WIC). O objetivo do WIC é apoiar e manter a saúde e o bem-estar de grávidas em situação de risco nutricional, lactantes e puérperas, bem como de seus bebês e crianças. O DHS empregou um sistema de processamento em lote para gerenciar esse programa e processou os dados do WIC em lote no final do dia. A integração necessária com os provedores de Medicaid criava um atraso embutido na obtenção das informações necessárias para a tomada de decisão e relatórios do governo. O DHS precisa de dados atualizados para evitar incidentes de dupla participação, como um cliente ou cuidador recebendo mais depósitos do WIC do que o permitido por mês ou recebendo benefícios do WIC e pagamentos do Programa de Alimentos Suplementares de Commodities (*Commodity Supplemental Food Program* – CSFP) ao mesmo tempo. O DHS mudou para um sistema de processamento de transações on-line para garantir que todos os dados agora estejam disponíveis em tempo real. O sistema é baseado na web e a equipe do WIC precisa apenas de um navegador web e acesso seguro à internet para trabalhar com os dados.[5,6]

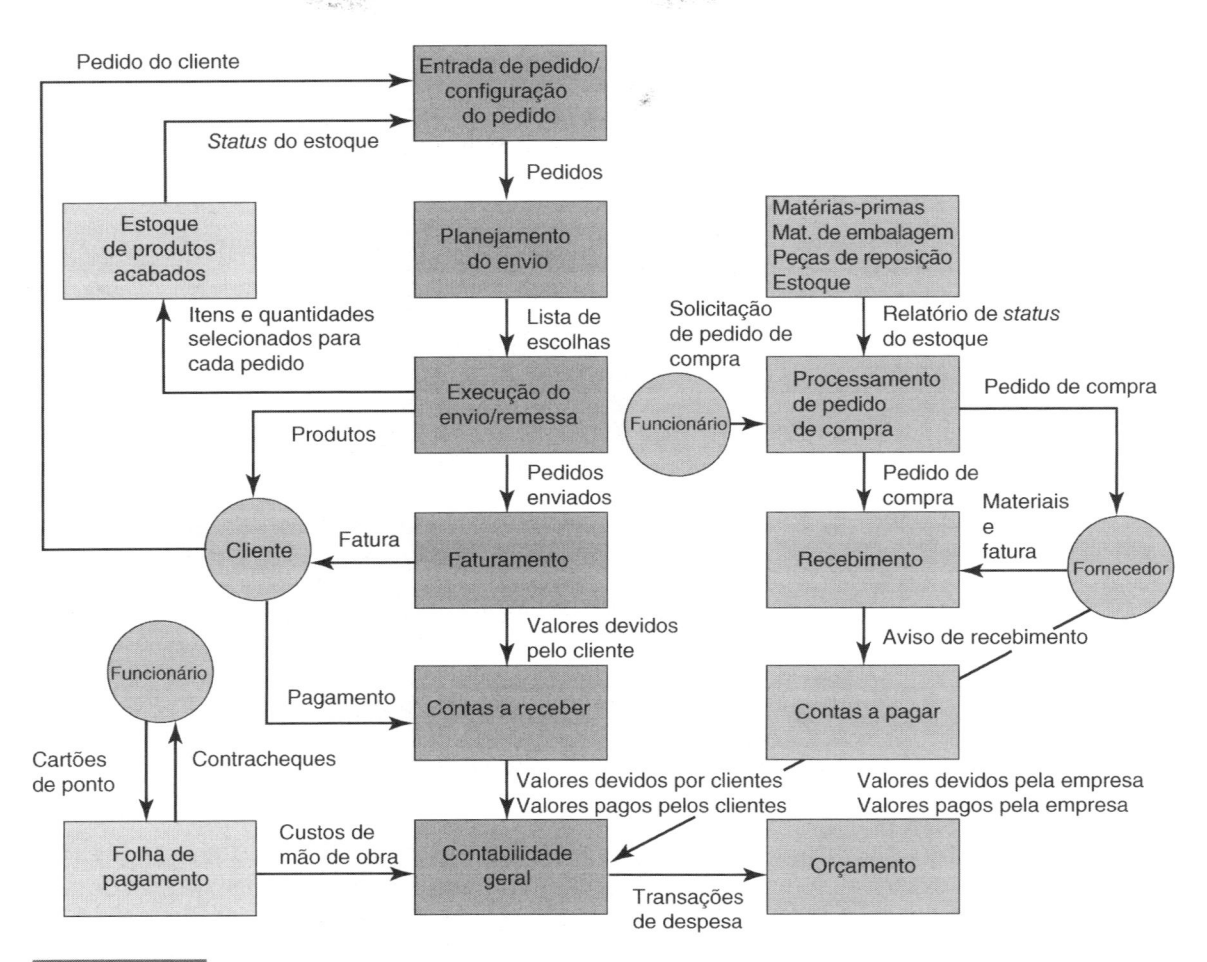

A Figura 10.4 mostra o fluxo tradicional de informações-chave de um SPT para outro de uma indústria típica. Quando as transações inseridas em um sistema são processadas, elas criam novas transações que fluem para outro sistema.

FIGURA 10.4

Integração do SPT de uma empresa

Quando as transações inseridas em um sistema são processadas, elas criam novas transações que fluem para outro sistema.

Devido à importância do processamento de transações, as organizações esperam que seus SPTs cumpram uma série de objetivos específicos, incluindo os seguintes:

- Capturar, processar e atualizar os bancos de dados com dados de negócios necessários para apoiar as atividades empresariais de rotina.
- Certificar-se de que os dados são processados de forma precisa e completa.
- Evitar processar transações fraudulentas.
- Produzir respostas e relatórios do usuário oportunos.
- Reduzir os requisitos de trabalho administrativo e outros.
- Ajudar a melhorar o atendimento ao cliente.
- Obter vantagem competitiva.

Um SPT normalmente inclui os seguintes tipos de sistemas:

- **Sistemas de processamento de pedidos.** Operar esses sistemas de forma eficiente e confiável é tão crítico que o sistema de processamento de pedidos às vezes é referido como a força vital da organização. O fluxo de processamento começa com o recebimento do pedido de um cliente. O estoque de produtos acabados é verificado para ver se há estoque suficiente disponível para atender ao pedido. Se houver estoque suficiente disponível, a remessa do cliente é planejada para atender à data de recebimento por ele desejada. Uma lista dos produtos escolhidos é impressa no depósito onde o pedido deve ser atendido no dia em que deve ser enviado. No depósito, os trabalhadores reúnem os itens necessários para atender ao pedido e inserem o identificador do item e a quantidade de cada item para atualizar o estoque de produtos acabados. Quando o pedido é concluído e enviado, é criada a fatura do cliente, com uma cópia incluída na remessa ao cliente.

- **Sistemas de contabilidade.** Os sistemas de contabilidade devem rastrear o fluxo de dados relacionados a todos os fluxos de caixa que afetam a organização. Conforme mencionado anteriormente, o sistema de processamento de pedidos gera uma fatura dos pedidos do cliente para incluir na remessa. Essas informações também são enviadas ao sistema de contas a receber para atualização da conta do cliente. Quando o cliente paga a fatura, as informações de pagamento também são utilizadas para atualizar a conta do cliente. As transações contábeis necessárias são enviadas para o sistema de contabilidade, que monitora os valores devidos de clientes e os valores devidos a fornecedores. Da mesma forma, à medida que os sistemas de compras geram pedidos de compras e esses itens são recebidos, as informações são enviadas ao sistema de contas a pagar para gerenciar os valores devidos pela empresa. Os dados sobre os valores devidos e pagos pelos clientes à empresa e da empresa aos fornecedores e outros são enviados para o sistema de contabilidade, que registra e relata todas as transações financeiras da empresa.
- **Sistemas de compra.** Os sistemas tradicionais de processamento de transações que oferecem suporte a funções comerciais de compras incluem controle de estoque, processamento de pedido de compra, contas a receber e contas a pagar. Os funcionários fazem solicitações de pedidos de compra em resposta a faltas identificadas nos relatórios de controle de estoque. As informações do pedido de compra fluem para o sistema de contas a receber e para os sistemas de contas a pagar. Um registro é criado no recebimento dos itens pedidos. Quando a fatura chega do fornecedor, ela é comparada ao pedido original e ao relatório de recebimento, e uma verificação é gerada se todos os dados estiverem completos e consistentes.

No passado, as organizações uniam uma miscelânea de sistemas para realizar as atividades de processamento de transações mostradas na Figura 10.4. Alguns sistemas podem ter sido aplicativos desenvolvidos utilizando recursos internos, alguns podem ter sido desenvolvidos por contratados externos e outros podem ter sido pacotes de software prontos para uso. Muita customização e modificação desse software diversificado normalmente eram necessárias para que todos os aplicativos funcionassem juntos de forma eficiente. Em alguns casos, era necessário imprimir os dados de um sistema e, então, reinseri-los manualmente em outros sistemas. Com certeza, isso aumentava a quantidade de esforço necessária e a probabilidade de atrasos e erros de processamento.

Hoje, a abordagem adotada por muitas organizações é implementar um conjunto integrado de sistemas de processamento de transações — de um único ou de um número limitado de fornecedores de software — que lidam com a maioria ou todas as atividades de processamento de transações mostradas na Figura 10.4. Os dados fluem automaticamente de um aplicativo para outro, sem atrasos ou necessidade de reinserir os dados. Por exemplo, Lukas Nursery, um agronegócio familiar passando pela quarta geração no centro da Flórida, implementou uma suíte de aplicativos de software que integrou ao sistema PDV da empresa de jardinagem. A empresa de jardinagem consolidou seus sistemas (incluindo vários sistemas manuais) em uma solução integrada de gestão de negócios de varejo fornecida por um fornecedor, permitindo à empresa atualizar suas práticas de negócios, otimizar o estoque sazonal, gerenciar um programa de fidelidade do cliente e tomar decisões de negócios mais informadas por meio do uso das capacidades analíticas do software.[7]

A Tabela 10.1 resume algumas das maneiras pelas quais as empresas podem utilizar sistemas de processamento de transações para obter vantagem competitiva.

TABELA 10.1 Exemplos de SPTs que geram benefícios significativos

Vantagem competitiva	Exemplo
Melhor relacionamento com fornecedores	Mercado da internet para permitir que a empresa compre produtos de fornecedores a preços com desconto.
Redução drástica de custos	Sistema de gestão de depósito empregando tecnologia RFID (*Radio-Frequency IDentification*) para reduzir as horas de trabalho e melhorar a precisão do estoque.
Aumento da lealdade do cliente	Sistema de interação com o cliente para monitorar e rastrear cada interação do cliente com a empresa.
Redução dos níveis de estoque	Sistema colaborativo de planejamento, previsão e reabastecimento para garantir que a quantidade certa de estoque esteja nas lojas.
Coleta superior de informações	Sistema de configuração de pedidos para garantir que os produtos pedidos atendam aos objetivos do cliente.
Serviço superior prestado aos clientes	Sistemas de rastreamento que os clientes podem acessar para determinar o status do envio.

Dependendo da natureza e metas específicas da organização, qualquer um dos objetivos na Tabela 10.1 pode ser mais importante do que outros. Ao cumprir esses objetivos, os SPTs podem apoiar as metas corporativas, como reduzir custos; aumentar a produtividade, a qualidade e a satisfação do cliente; e realizar operações mais eficientes e eficazes.

Sistemas de processamento de transações para empreendedores e empresas de pequeno e médio porte

Muitos pacotes de software fornecem soluções de sistema de processamento de transações integradas para empresas de pequeno e médio porte, em que a PME é uma empresa legalmente independente com no máximo 500 funcionários. Os sistemas integrados de processamento de transações para PMEs são geralmente fáceis de instalar e operar e geralmente têm um baixo custo total de propriedade, com um custo inicial de algumas centenas a alguns milhares de dólares. Essas soluções são altamente atraentes para empresas que excederam as capacidades do seu software atual, mas não podem pagar uma solução de sistema integrado e complexo de alta tecnologia. A Tabela 10.2 apresenta algumas das dezenas de soluções de software disponíveis.

TABELA 10.2 Amostra de soluções SPT integradas para PMEs

Fornecedor	Software	Tipo de SPT oferecido	Clientes-alvo
AccuFund	AccuFund	Relatórios financeiros e contabilidade.	Organizações sem fins lucrativos, municipais e governamentais.
OpenPro	OpenPro	Solução ERP (*enterprise resource planning*) completa, incluindo finanças, gestão da cadeia de suprimentos, comércio eletrônico, gestão de relacionamento com o cliente e sistema PDV (pontos de venda) de varejo.	Fabricantes, distribuidores e varejistas.
Intuit	QuickBooks	Relatórios financeiros e contabilidade.	Fabricantes, serviços profissionais, empreiteiros, organizações sem fins lucrativos e varejistas.
Sage	Sage 300 Construction and Real Estate	Relatórios financeiros, contabilidade e operações.	Empreiteiros, incorporadores imobiliários, contadores e construtores residenciais.
Redwing	TurningPoint	Relatórios financeiros e contabilidade.	Serviços profissionais, bancos e varejistas.

A Sage é um provedor de software de sistemas de contabilidade, ERP, recursos humanos, folha de pagamento, gestão de ativos e pagamentos. Seu software Sage 300 Construction and Real Estate oferece um conjunto integrado de aplicativos projetados especificamente para clientes nos setores de construção, gestão de propriedades e imóveis. Empresas de construção de pequeno e médio porte podem receber suporte eficiente às suas operações e acessar facilmente seus dados financeiros com as ferramentas de gestão de projetos baseadas em nuvem da Sage.[8]

A Echo Valley Irrigation é uma empresa de design e construção de irrigação de campos de golfe e esportes, fundada em 1986. Durante anos, a Echo Valley utilizou uma colcha de retalhos de processos e tecnologias para administrar seus negócios. À medida que a empresa continuava a crescer, porém, seus sistemas não estavam acompanhando. No final, a Echo Valley implementou o pacote de software baseado em nuvem Sage 300, que fornece à empresa uma gama de funções de contabilidade automatizadas, como a criação de uma análise de lucros e perdas com base no nível de empregos para licitações mais precisas em novos projetos. Os gestores podem verificar rapidamente o *status* e fazer alterações on-line nesse sistema baseado em nuvem.[9]

Atividades de processamento de transações

Além de ter características comuns, todos os SPTs executam um conjunto comum de atividades básicas de processamento de dados. Os SPTs capturam e processam dados que descrevem transações comerciais fundamentais. Esses dados são utilizados para atualizar bancos de dados e produzir uma variedade de relatórios para pessoas dentro e fora da empresa. Os dados da empresa passam por um **ciclo de processamento de transações** que inclui coleta de dados, edição de dados, correção de dados, processamento de dados, armazenamento de dados e produção de documentos (ver Figura 10.5).

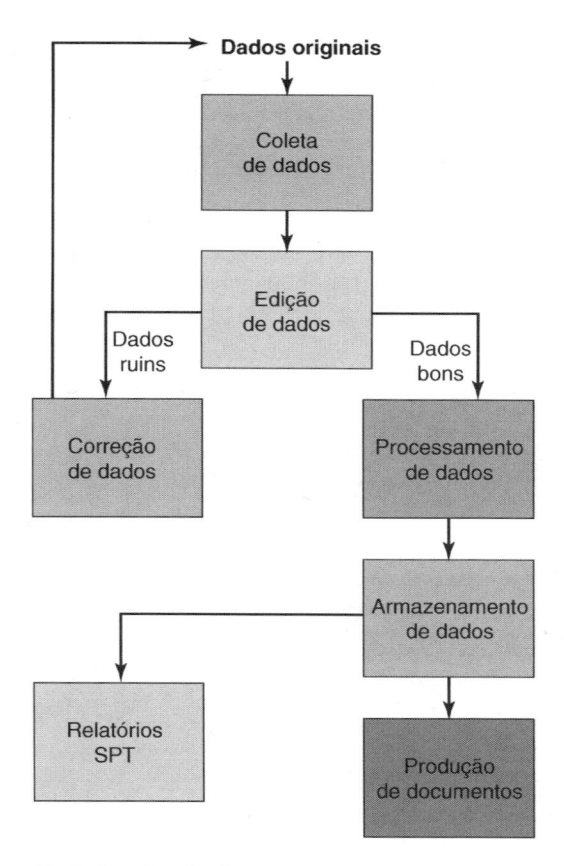

ciclo de processamento de transação: O processo de coleta de dados, edição de dados, correção de dados, processamento de dados, armazenamento de dados e produção de documentos.

FIGURA 10.5
Atividades de processamento de transações
Um ciclo de processamento de transações inclui coleta de dados, edição de dados, correção de dados, processamento de dados, armazenamento de dados e produção de documentos.

Coleta de dados

A captura e a organização de todos os dados necessários para completar o processamento das transações é chamada de **coleta de dados**. Em alguns casos, isso pode ser feito manualmente, como por meio da coleta de pedidos de venda ou formulários de atualização de estoque manuscritos. Em outros casos, a coleta de dados é

coleta de dados: Captura e organização de todos os dados necessários para concluir o processamento das transações.

streaming: Uma forma de coleta de dados, em que os dados estão disponíveis por meio de alimentação contínua.

automação de dados-fonte: Capturar dados em sua origem e registrá-los com precisão em tempo hábil, com mínimo esforço manual e de forma eletrônica ou digital para que possam ser inseridos diretamente no computador.

automatizada por meio de dispositivos de entrada especiais, como scanners, dispositivos de ponto de venda (PDV) e terminais. As novas tecnologias permitiram o fluxo ou **streaming** contínuo de dados e aceleraram drasticamente a coleta de dados, estejam os dados sendo processados em lotes ou em tempo real. O streaming fornece um fluxo contínuo de dados que as organizações podem acessar e processar, apoiando decisões mais rápidas. O streaming não é apropriado para todas as situações; depende do objetivo. Por exemplo, a coleta e o processamento em lote podem ser uma escolha melhor se a análise em tempo real não for necessária. A coleta de dados por streaming é provavelmente a melhor escolha quando as organizações estão utilizando os dados para se tornarem mais ágeis, inovadoras e responsivas às ameaças. Normalmente, é melhor utilizar uma combinação de métodos de coleta e processamento, escolhendo os métodos que melhor atendem aos objetivos do negócio.[10]

A coleta de dados começa com uma transação (por exemplo, aceitar um pedido do cliente) e resulta em dados que servem como entrada para o SPT. Os dados devem ser capturados em sua fonte e registrados com precisão em tempo hábil, com o mínimo de esforço manual e em um formato eletrônico ou digital que pode ser inserido diretamente no computador. Essa abordagem é chamada **automação de dados-fonte**. Um exemplo de automação de dados-fonte é um dispositivo automatizado em lojas de varejo que acelera o processo de finalização da compra — códigos UPC lidos por um scanner ou sinais RFID captados no caixa. Utilizar códigos de barras UPC ou etiquetas RFID é mais rápido e mais preciso do que fazer um funcionário inserir os códigos manualmente. O ID do produto para cada item é determinado automaticamente e seu preço recuperado do banco de dados do item. O SPT do ponto de venda utiliza os dados de preço para determinar o total do cliente. Os bancos de dados de estoque e compra da loja registram o número de unidades de um item comprado, junto com o preço, a data e a hora da compra. O banco de dados de estoque gera um relatório de gestão notificando o gerente da loja para fazer novos pedidos de itens que ficaram abaixo da quantidade dos novos pedidos. O banco de dados de compras detalhado pode ser utilizado pela loja ou vendido a empresas de pesquisa de marketing ou aos fabricantes para uma análise detalhada das vendas (ver Figura 10.6).

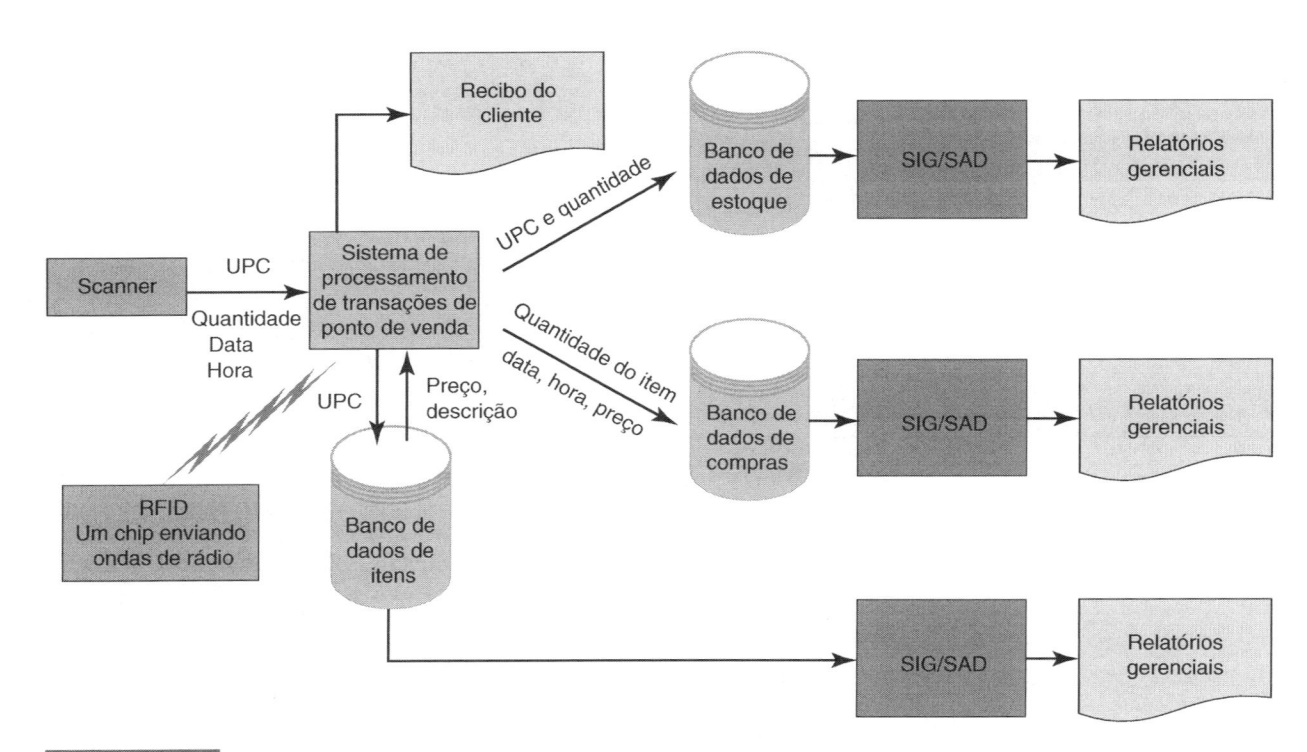

FIGURA 10.6

Sistema de processamento de transações de ponto de venda

O banco de dados de estoque de uma loja e seu banco de dados de compras são atualizados como parte do processo de finalização da compra.

Muitos supermercados combinam scanners de ponto de venda e impressoras de cupons. Os sistemas são programados para que toda vez que um produto específico — por exemplo, uma caixa de cereais — passar em um scanner de caixa, o cupom apropriado, talvez um cupom de leite, seja impresso. As empresas podem pagar para serem promovidas por meio do sistema, que é então programado para imprimir os cupons dessas empresas se o cliente comprar uma marca concorrente. Esses SPTs ajudam os supermercados a aumentar os lucros, melhorando suas vendas repetidas e gerando receita de outras empresas.

Muitos sistemas PDV (pontos de venda) móveis operam em tablets, smartphones ou outros dispositivos com tela de toque. Alguns sistemas PDV móveis incluem ferramentas de marketing que as PMEs podem utilizar para agradecer aos clientes que compraram pela primeira vez e enviar e-mails automatizados a clientes antigos que não os visitaram recentemente.

Os sistemas PDV baseados em nuvem fornecem uma variedade de recursos, incluindo integração avançada com programas de fidelidade digital, várias ferramentas de contabilidade e a capacidade de gerar cartões-presente e cupons. Os sistemas PDV populares incluem Square, Shopify e ShopKeep.[11] Os proprietários do The Creative Wedge, um mercado de artesanato que vende queijos e charcutaria junto com cerveja artesanal e vinho local, implementaram um sistema PDV verdadeiramente móvel que lhes permite vender produtos em sua loja, bem como em vários eventos locais, incluindo feiras de produtores e festivais.[12]

Edição de dados

Uma etapa importante no processamento de dados de transações é verificar a validade e a integridade dos dados para detectar quaisquer problemas, uma tarefa chamada **edição de dados**. Por exemplo, os dados de quantidade e custo devem ser numéricos e os nomes devem ser alfabéticos; caso contrário, os dados não são válidos. Frequentemente, os códigos associados a uma transação individual são editados em um banco de dados contendo códigos válidos. Se algum código inserido (ou digitalizado) não estiver presente no banco de dados, a transação será rejeitada.

edição de dados: Verificar validade e integridade dos dados para detectar quaisquer problemas.

Correção de dados

Não é suficiente simplesmente rejeitar dados inválidos. O sistema também deve fornecer mensagens de erro que alertem os responsáveis pela edição dos dados. As mensagens de erro devem especificar o problema para que as correções adequadas possam ser feitas. Uma **correção de dados** envolve a reinserção de dados que não foram digitados ou digitalizados corretamente. Por exemplo, um código UPC digitalizado deve corresponder a um código da tabela-mestre de UPCs válidos. Se o código for lido incorretamente ou não existir na tabela, o caixa recebe uma instrução para examinar novamente o item ou digitar as informações manualmente.

correção de dados: Reinserção de dados que não foram digitados ou digitalizados corretamente.

Processamento de dados

Outra atividade importante de um SPT é o **processamento de dados**, a realização de cálculos e outras transformações de dados relacionadas a transações comerciais. O processamento de dados pode incluir classificação dos dados, classificação dos dados em categorias, realização de cálculos, resumo de resultados e armazenamento de dados no banco de dados da organização para processamento posterior. Em um SPT de folha de pagamento, por exemplo, o processamento de dados inclui a multiplicação das horas trabalhadas de um funcionário pela taxa de pagamento por hora. Também são calculados o pagamento de horas extras, as retenções de impostos federais e estaduais e as deduções. Em um consultório médico, os dados demográficos do paciente são inseridos e enviados a vários bancos de dados para uso do médico, departamento de faturamento, departamento de encaminhamento médico, agendamento de cirurgia e assim por diante.

processamento de dados: Execução de cálculos e outras transformações de dados relacionados a transações comerciais.

Armazenamento de dados

Armazenamento de dados envolve a atualização de um ou mais bancos de dados com novas transações. Após a atualização do banco de dados, os dados podem ser posteriormente processados por outros sistemas para que fiquem disponíveis para relatórios gerenciais e tomada de decisão. Portanto, embora possam ser considerados um subproduto do processamento de transações, os bancos de dados de transações podem afetar significativamente quase todos os outros sistemas de informação e

armazenamento de dados: Atualização de um ou mais bancos de dados com novas transações.

processos de tomada de decisão dentro de uma organização. A velocidade com que as informações ficam disponíveis depende do sistema de processamento utilizado.

Produção de documentos

produção de documentos: Geração de registros de saída, documentos e relatórios.

Produção de documentos envolve a geração de registros, documentos e relatórios de saída. Podem ser relatórios impressos em papel ou exibidos nas telas do computador (às vezes chamados de cópia eletrônica). Cheques de pagamento impressos, por exemplo, são documentos impressos produzidos por um SPT de folha de pagamento, enquanto um relatório de saldo pendente para faturas pode ser um relatório eletrônico exibido por um SPT de contas a receber. Frequentemente, conforme mostrado anteriormente na Figura 10.6, resultados de um SPT circulam downstream para se tornarem entrada para outros sistemas, que podem utilizar os resultados de uma atualização de banco de dados de estoque para criar um relatório de exceção de estoque, um tipo de relatório gerencial que mostra itens com níveis de estoque abaixo do ponto de reabastecimento especificado.

Além de documentos importantes, como cheques e faturas, a maioria dos SPTs fornece outras informações úteis de gestão, como relatórios impressos ou na tela que ajudam os gestores e funcionários a realizar várias atividades. Um relatório mostrando o estoque atual é um exemplo; outro pode ser um documento listando itens pedidos de um fornecedor para ajudar o funcionário de recebimento a verificar se o pedido está completo quando ele chegar. Um SPT também pode produzir relatórios exigidos por agências locais, estaduais e federais, como declarações de retenção de impostos e declarações de renda trimestrais.

Exercício de pensamento crítico

O SPT necessário para apoiar pequenas empresas

▶ INTEGRAÇÃO COM O MUNDO REAL, TOMADA DE DECISÃO

A D5 Consulting é uma pequena empresa de consultoria financeira fundada há dois anos por Dion Davenport. Desde então, Dion realizou uma ampla gama de atividades, incluindo desenvolvimento de negócios, redação de propostas de financiamento e faturamento. Como a D5 começou como um negócio doméstico, com apenas alguns clientes, Dion gera faturas simples utilizando o Microsoft Word. Em seguida, ela utiliza um processo manual para acompanhar as faturas e garantir que sejam pagas em tempo hábil.

Nos últimos dois anos, porém, a D5 Consulting cresceu significativamente. A empresa agora trabalha com mais de 50 clientes em diversos trabalhos que variam de projetos pequenos e simples a projetos maiores e mais complexos que exigem várias faturas. À medida que a empresa crescia, Dion começou a passar tanto tempo criando e monitorando faturas quanto gastava horas gerando negócios. Como resultado, ele dedica muitas horas a acompanhar o trabalho. A D5, agora, também tem vários funcionários terceirizados trabalhando para a empresa. Cada contratado envia faturas mensais do seu trabalho, o que significa que a Dion tem ainda mais tarefas administrativas para controlar. Nos últimos meses, Dion atrasou o pagamento de alguns contratados porque atrasou o processamento de suas faturas ou não percebeu que eles não apresentaram suas faturas em tempo hábil.

Dion está frustrado com as ineficiências do negócio e teme que isso resulte em menor satisfação do cliente ou que ele saia do negócio devido às longas horas de trabalho.

Perguntas de revisão

1. Quais funções um SPT precisa desempenhar para aliviar os problemas da D5 Consulting?
2. Como essas funções beneficiariam a D5 Consulting?

Questões de pensamento crítico

1. Que fatores Dion deve considerar ao escolher um SPT?
2. Quais partes interessadas Dion deve consultar para determinar as necessidades apropriadas de um SPT? Por que ele deve consultar essas partes interessadas e como isso ajudará a aliviar sua frustração?

Sistemas empresariais

sistema empresarial: Um sistema central para a organização que garante que as informações possam ser compartilhadas com usuários autorizados em todas as funções de negócios e em todos os níveis de gestão para apoiar o funcionamento e o gestão de um negócio.

Um **sistema empresarial** é fundamental para indivíduos e organizações de todos os tamanhos e garante que as informações possam ser compartilhadas com usuários autorizados em todas as funções de negócios e em todos os níveis de gestão para apoiar o funcionamento e a gestão de um negócio. Os sistemas empresariais empregam um banco de dados com dados operacionais e de planejamento importantes que podem ser compartilhados por todos, eliminando os problemas de informações ausentes e inconsistentes causados por vários sistemas de processamento de transações, em que cada um deles suporta apenas uma função da empresa ou um departamento da organização. Exemplos de sistemas empresariais incluem sistemas de planejamento de recursos empresariais que oferecem suporte aos processos da cadeia de suprimentos, como processamento de pedidos, gestão de estoque e compras e sistemas de gestão de relacionamento com o cliente que oferecem suporte a processos relacionados a vendas, marketing e atendimento ao cliente.

As empresas contam com sistemas empresariais para realizar muitas de suas atividades diárias em áreas como fornecimento de produtos, distribuição, vendas, marketing, recursos humanos, fabricação, contabilidade e tributação para que o trabalho possa ser executado rapidamente, sem desperdício ou erros. Sem esses sistemas, o registro e o processamento de transações comerciais consumiriam grandes quantidades dos recursos de uma organização. Essa coleção de transações processadas também constitui um depósito de dados inestimáveis para a tomada de decisão. O objetivo final desses sistemas é satisfazer os clientes e fornecer benefícios significativos, reduzindo custos e melhorando o serviço.

Planejamento de recursos empresariais

O planejamento de recursos empresariais (*enterprise resource planning* – ERP) é um conjunto de programas integrados que gerenciam as operações de negócios vitais de uma empresa para uma organização inteira — até mesmo uma organização global complexa, com vários locais. Lembre-se de que um processo de negócios é um conjunto de atividades coordenadas e relacionadas que aceita um ou mais tipos de entrada e cria uma saída de valor para o cliente desse processo. O cliente pode ser um cliente comercial externo tradicional que compra bens ou serviços da empresa. Um exemplo de tal processo é a captura de um pedido de vendas, que recebe a entrada do cliente e gera um pedido. O cliente em um processo de negócios também pode ser um cliente interno, como um funcionário de outro departamento da empresa. Por exemplo, o processo de remessa gera os documentos internos que os funcionários necessitam nos departamentos de depósito e remessa para selecionar, embalar e enviar pedidos. No núcleo do sistema ERP está um banco de dados que é compartilhado por todos os usuários para que todas as funções de negócios tenham acesso a dados atuais e consistentes para a tomada de decisão operacionais e de planejamento, conforme mostrado na Figura 10.7.

Os sistemas ERP evoluíram de sistemas de planejamento de requisitos de materiais (*materials requirement planning* – MRP) desenvolvidos na década de 1970.

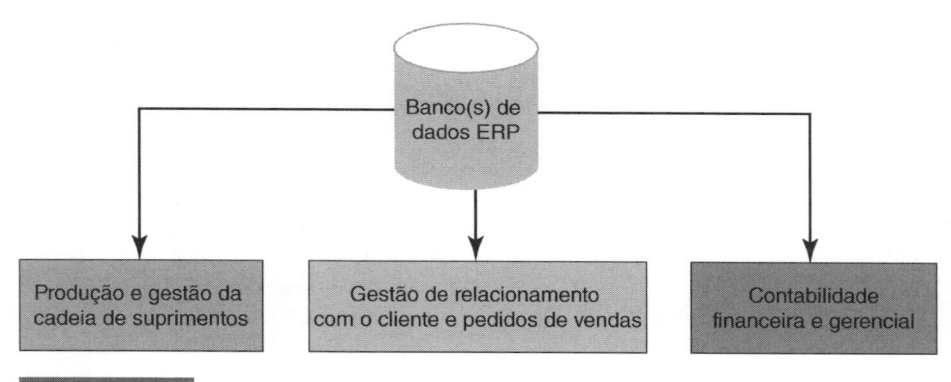

FIGURA 10.7
Sistema de planejamento de recursos empresariais
Um ERP integra processos de negócios e o banco de dados ERP.

Esses sistemas vinculavam as funções de negócios de planejamento de produção, controle de estoque e compras para as indústrias. Durante o final da década de 1980 e início da década de 1990, muitas organizações reconheceram que seus SPTs legados não tinham a integração necessária para coordenar atividades e compartilhar informações valiosas em todas as funções de negócios da empresa. Como resultado, os custos eram mais altos e o atendimento ao cliente estava abaixo do desejado. Grandes organizações, especificamente membros da *Fortune* 1000, foram os primeiros a assumir o desafio de implementar o ERP. Ao fazer isso, eles descobriram muitas vantagens, bem como algumas desvantagens, que são resumidas nas seções a seguir.

Vantagens do ERP

O aumento da concorrência global, as novas necessidades dos executivos de controle sobre o custo total e o fluxo de produtos por meio de suas empresas e as interações cada vez mais numerosas com os clientes geram a demanda por acesso corporativo a informações em tempo real. O ERP oferece software integrado de um único fornecedor para ajudar a atender a essas necessidades. Os principais benefícios da implementação do ERP incluem acesso aprimorado a dados de qualidade para tomada de decisão operacional, eliminação de sistemas legados caros e inflexíveis, melhoria dos processos de trabalho e a oportunidade de atualizar e padronizar a infraestrutura de tecnologia. Os fornecedores de ERP também desenvolveram sistemas especializados que fornecem soluções eficazes para setores e segmentos de mercado específicos.

Melhor acesso a dados de qualidade para tomada de decisão operacional

Os sistemas ERP operam por meio de um banco de dados integrado, utilizando um conjunto de dados para oferecer suporte a todas as funções da empresa. Por exemplo, os sistemas podem oferecer suporte a decisões sobre fornecimento ideal ou contabilidade de custos para toda a empresa ou unidades de negócios. Com um sistema ERP, os dados são integrados desde o início, eliminando a necessidade de reunir dados de várias funções do negócio e/ou reconciliar dados de mais de um aplicativo. O resultado é uma organização que parece perfeita, não apenas para o mundo externo, mas também para os tomadores de decisão que estão implantando recursos dentro da organização. Os dados são integrados para facilitar as tomadas de decisão operacionais e permitem que as empresas forneçam melhor atendimento e suporte ao cliente, fortaleçam o relacionamento com clientes e fornecedores e gerem novas oportunidades de negócios. Para garantir que o sistema ERP contribua para melhorar a tomada de decisão, os dados utilizados no sistema ERP devem ser de alta qualidade.

Com sede em Nova York, o Women's World Banking é uma organização global sem fins lucrativos cujo foco é fornecer às mulheres de baixa renda o acesso a ferramentas e recursos financeiros de que necessitam para construir uma vida segura e próspera. A organização trabalha por meio de uma rede de 49 instituições em 31 países para criar novos produtos financeiros que devem atender às necessidades das mulheres em cada um de seus mercados e, ao mesmo tempo, serem sustentáveis para as instituições financeiras parceiras.[13] O Women's World Banking precisa de acesso a informações detalhadas sobre as transações para que possa manter total transparência em seus saldos por entidade, doador e subsídio — até mesmo no nível de projeto. Para conseguir isso, a organização utilizava anteriormente dois sistemas autônomos que muitas vezes forneciam às equipes de linha de frente e de retaguarda visões bem diferentes das principais métricas de desempenho da organização, resultando em entrada de dados demorada e reconciliação entre os dois sistemas. Para agilizar suas operações, o Women's World Banking implementou um sistema ERP que fornece acesso aos dados de que necessita para solicitar novas concessões de financiamento, relatar com rapidez e precisão as concessões existentes e tomar decisões sobre investimentos em novas oportunidades de desenvolvimento de negócios. Desde a implantação do ERP, a organização cortou centenas de horas de contas a pagar e relatórios de doações anualmente, reduziu a entrada de dados em quase 15 horas por mês e ganhou maior visibilidade de seus gastos em várias entidades, financiamentos, doadores e projetos.[14]

Embora seja benéfico para uma organização ter maior acesso aos dados operacionais e ser capaz de analisá-los de maneiras exclusivas e interessantes para obter boas ideias, isso pode muitas vezes ser um desafio — principalmente se os dados existirem em dois sistemas empresariais separados. Considere o exemplo do Salesforce, um aplicativo de gestão de relacionamento com o cliente (CRM) baseado em nuvem utilizado por muitas empresas da *Fortune* 500. O Salesforce permite que as organizações rastreiem a experiência do cliente de maneiras muito flexíveis e robustas, e um de seus recursos mais valiosos é uma função que permite que a equipe de atendimento ao cliente, representantes de vendas e até mesmo clientes enviem solicitações de novos produtos ou aprimoramentos de produtos. Essas informações agregadas sobre os clientes seriam muito úteis para as equipes de gestão de produtos; no entanto, em muitas empresas, os funcionários de gestão de produtos não recebem licenças para utilizar o Salesforce, o que significa que eles não têm acesso direto a essas informações. Nesse cenário, as sugestões de produtos dos clientes costumam ser compartilhadas apenas de boca a boca entre a equipe de desenvolvimento do produto e os membros da equipe de vendas — levando a uma desconexão entre o que os clientes estão pedindo e o que a equipe do produto está construindo.[15]

As organizações estão resolvendo o problema de sistemas empresariais desconectados utilizando visualização de dados e ferramentas de BI (inteligência de negócios) como Birst, Domo e Tableau para criar experiências de painel que integram dados de vários sistemas empresariais. Esse painel pode mostrar as principais solicitações de produtos de funcionários e clientes em paralelo com o plano do produto para o ano, para destacar quaisquer lacunas nas quais a equipe de desenvolvimento de produto deve se concentrar.[16]

Ideias geradas por IA e a parceria de aprendizagem homem-máquina

Um dos benefícios da inteligência artificial (IA) e da aprendizagem de máquina é a capacidade de identificar padrões, correlações e anomalias exclusivas em uma grande quantidade de dados diversos. Mas a IA ainda carece de contexto externo sobre a importância desses padrões, incluindo uma compreensão de como uma organização deve agir com base nesses dados. As organizações com ERP e banco de dados centralizado têm a oportunidade de alavancar a IA para identificar padrões, permitindo que os tomadores de decisão atuem em tendências de dados significativas que poderiam ter passado despercebidas. As organizações que fazem uso eficaz da aprendizagem de máquina em conjunto com o software corporativo garantem que os tomadores de decisão não precisam mais perder tempo para coletar e preparar manualmente os dados e desenvolver uma análise para encontrar ideias interessantes.

O Google, como uma prática padrão, está sempre tentando aprender mais sobre o que os clientes estão dizendo sobre seus produtos e serviços, incluindo seu popular aplicativo Google Maps. O Google utiliza técnicas de análise que revelam automaticamente conhecimentos de conversas de consumidores on-line (mídia social, blogs, fóruns etc.) utilizando aprendizagem de máquina para identificar padrões nessas conversas. A partir desses dados, o Google descobriu que as pessoas usavam o Google Maps não apenas para ir do ponto A ao ponto B, mas também para planejar rotas de corrida, rastrear suas distâncias e destacar suas realizações de condicionamento físico, compartilhando capturas de tela do Google Maps nas redes sociais. Com base no conhecimento adquirido com o uso desses dados analíticos, o Google fez alterações na funcionalidade do produto do Google Maps, tornando mais fácil o compartilhamento, pelos usuários, nas redes sociais. A empresa também desenvolveu uma estratégia de marketing para aproveitar a nova utilização de seu produto.

Eliminação de sistemas legados caros e inflexíveis

A adoção de um sistema ERP permite que a organização elimine dezenas ou até centenas de sistemas separados e os substitua por um único conjunto integrado de aplicativos para toda a empresa. Em muitos casos, esses sistemas existem há décadas, os desenvolvedores originais já se foram e eles são mal documentados. Como resultado são extremamente difíceis de consertar quando quebram e sua adaptação para atender às novas necessidades dos negócios leva muito tempo. Eles se tornam um obstáculo em torno da organização que a impede de avançar e permanecer competitiva. Um sistema ERP ajuda a combinar os recursos dos sistemas de informação de uma organização com suas necessidades de negócios — mesmo à medida que essas necessidades evoluem.

A Steinwall Scientific é uma empresa de moldes por injeção de termoplástico de precisão com sede em Minnesota, especializada na manufatura de peças de plástico utilizando resinas de alta tecnologia. A empresa está no mercado há mais de 45 anos e, durante grande parte desse tempo, a maioria dos aspectos dos negócios da empresa foi gerenciada com o uso de um sistema operacional DOS proprietário desatualizado que havia sido originalmente programado pelo presidente da empresa como um programa simples de gestão de estoque. Além de seu sistema desenvolvido internamente, a Steinwall também estava utilizando um programa de software de contabilidade da IBM separado. Mas os dois sistemas principais da empresa não conseguiam se comunicar, criando erros contínuos de entrada de dados e gargalos de fabricação significativos enquanto a empresa trabalhava para conquistar novos clientes. Por fim, a Steinwall optou por atualizar seu sistema para um sistema ERP de manufatura integrado. Ao longo de seis meses, a Steinwall migrou gradualmente todas as suas tarefas de processamento, junto com todos os seus dados, para o novo sistema. Entre os muitos benefícios que a Steinwall obteve depois de migrar todas as funções de negócios para o novo sistema ERP, estão a precisão do controle de estoque; o aprimoramento da gestão de depósito; e mudanças de procedimentos e de cultura, que resultaram em uma maior eficiência em todos os departamentos.[17]

Melhoria dos processos de trabalho

A competição exige que as empresas estruturem seus processos de negócios para serem cada vez mais eficazes e orientados para o cliente. Para promover esse objetivo, os fornecedores de ERP fazem pesquisas consideráveis para definir os melhores processos empresariais. Eles reúnem requisitos de organizações líderes dentro do mesmo setor e os combinam com descobertas de instituições de pesquisa e consultores. Os módulos de aplicativos individuais incluídos no sistema ERP são, então, projetados para oferecer suporte a essas melhores práticas, as maneiras mais eficientes e eficazes de concluir um processo de negócios. Assim, a implementação de um sistema ERP garante que os processos de trabalho serão baseados nas melhores práticas do setor. Por exemplo, para gerenciar pagamentos de clientes, o módulo financeiro do sistema ERP pode ser configurado para refletir as práticas mais eficientes das empresas líderes em um setor. Essa maior eficiência garante que as operações diárias de negócios sigam a cadeia ideal de atividades, com todos os usuários supridos com as informações e as ferramentas de que precisam para concluir cada etapa.

A Prime Meats fornece bifes maturados de alta qualidade para churrascarias e outros restaurantes em todo o país há mais de 25 anos. Sediada em Atlanta, a empresa agora também oferece seus produtos de qualidade USDA Prime e Choice diretamente aos consumidores por meio de seu site de comércio eletrônico. Quando a Prime Meats lançou seu site pela primeira vez, a empresa obteve sucesso com seu novo modelo de negócios, mas também encontrou desafios, pois seus sistemas existentes não eram capazes de acompanhar o crescimento da empresa. Para superar esses desafios, a Prime Meats implementou um sistema ERP, o SAP Business One, que ofereceu à empresa software de contabilidade e negócios flexível e totalmente integrado, juntamente com a funcionalidade pré-embalada das melhores práticas do setor para lidar com os requisitos específicos de preços, embalagens e entrega de um negócio de carnes on-line.[18]

Oportunidade para atualizar e padronizar a infraestrutura de tecnologia

Ao implementar um sistema ERP, a organização tem a oportunidade de atualizar a tecnologia da informação (como hardware, sistemas operacionais e bancos de dados) utilizada. Ao centralizar e formalizar essas decisões, a organização pode eliminar a confusão de várias plataformas de hardware, sistemas operacionais e bancos de dados que está utilizando atualmente — provavelmente de vários fornecedores. A padronização com menos tecnologias e fornecedores reduz os custos contínuos de manutenção e suporte, bem como a carga de treinamento para aqueles que devem oferecer suporte à infraestrutura.

---

melhores práticas: As maneiras mais eficientes e eficazes de concluir um processo de negócios.

A Whirlpool é a fabricante líder mundial de eletrodomésticos, com US$ 21 bilhões em vendas e mais de 92 mil funcionários que trabalham em 65 centros diferentes de manufatura e pesquisa de tecnologia.[19] Embora a empresa tenha utilizado uma coleção de sistemas ERP em suas operações globais durante anos, a empresa finalmente decidiu que precisava realizar uma revisão completa de toda a sua infraestrutura ERP, com o objetivo de criar um novo backbone operacional para suportar o crescimento da empresa para a próxima década. Conforme a Whirlpool implementou o software SAP ERP de última geração, a empresa também atualizou sua infraestrutura ERP para um sistema de nuvem híbrida hospedado pela IBM. Como parte do projeto, a equipe de TI da Whirlpool passou um tempo limpando dados duplicados e imprecisos, resultado de anos de personalizações cumulativas e regionalizadas do sistema ERP.[20]

Líderes em sistemas ERP

Os sistemas ERP são comumente utilizados em indústrias, faculdades e universidades, organizações de serviços profissionais, varejistas e organizações de saúde. As necessidades de negócios de cada um desses tipos de organização variam muito. Além disso, as necessidades de uma grande organização multinacional são muito diferentes daquelas de uma pequena organização local. Portanto, nenhuma solução de software ERP de um único fornecedor é a "melhor" para todas as organizações. Por exemplo, o MIE Trak PRO, que é projetado para fabricantes, permite que as empresas gerenciem todo o ciclo de produção, com a possibilidade de customizar os elementos. O Plus & Minus é um ERP integrado com foco em um sistema de arquivo único, adequado a uma organização menor (ver Figura 10.8).[21]

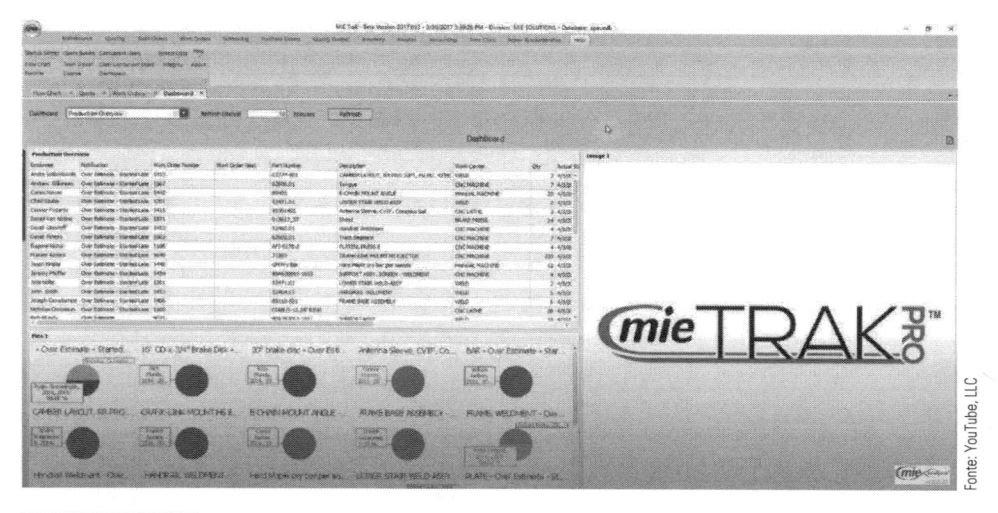

FIGURA 10.8
Software ERP
O software ERP Mie Trak PRO é concentrado em negócios industriais.

Grandes organizações foram líderes na adoção de sistemas ERP, pois somente elas poderiam arcar com os grandes custos de hardware e software associados e dedicar recursos humanos suficientes para a implementação e suporte desses sistemas. Muitas implementações de grandes empresas ocorreram no início dos anos 2000 e envolveram a instalação do software ERP nos grandes computadores mainframe das organizações. Em muitos casos, isso exigiu a atualização do hardware a um custo de milhões de dólares.

Organizações menores mudaram para sistemas ERP cerca de dez anos depois que organizações maiores fizeram isso. As empresas menores simplesmente não podiam arcar com o investimento necessário em hardware, software e pessoas para implementar e dar suporte ao ERP. Mas os fornecedores de software ERP criaram gradualmente novas soluções ERP com custos iniciais muito mais baixos e implementações mais rápidas e fáceis. Alguns fornecedores de ERP introduziram soluções baseadas em nuvem, o que reduziu ainda mais os custos iniciais, eliminando a necessidade de adquirir software ERP caro e fazer grandes atualizações de hardware. Em vez disso, com uma solução baseada em nuvem, as organizações podem assinar o software e executá-lo no hardware baseado em nuvem. Plex, NetSuite e Sage Intacct são três das muitas soluções ERP baseadas em nuvem que permitem aos usuários acessar um aplicativo ERP utilizando um navegador web e evitar de ter que pagar e manter um hardware caro.

Como alternativa, muitas organizações optam por implementar sistemas ERP livres de fornecedores como a Compiere.[22] Com o software livre, as organizações podem ver e modificar o código-fonte para personalizá-lo de acordo com suas necessidades. Esses sistemas são muito mais baratos de adquirir e relativamente fáceis de modificar para atender às necessidades dos negócios.

As organizações frequentemente precisam personalizar o software ERP do fornecedor para integrar outros sistemas empresariais, adicionar campos de dados ou alterar tamanhos de campo ou atender a requisitos regulatórios. Uma ampla gama de organizações de serviços de software pode realizar o desenvolvimento e a manutenção do sistema.

Gestão da cadeia de suprimentos (GCS)

Uma organização pode utilizar um sistema ERP dentro de uma indústria para oferecer suporte ao que é conhecido como **gestão da cadeia de suprimentos (GCS)**, que inclui planejamento, execução e controle de todas as atividades envolvidas em fornecimento e aquisição de matérias-primas, conversão de matérias-primas em produtos acabados e armazenamento e entrega de produtos acabados aos consumidores. O objetivo da GCS é diminuir custos e melhorar o atendimento ao consumidor, ao mesmo tempo em que reduz o investimento geral em estoque na cadeia de suprimentos.

Outra maneira de considerar a GCS é que essa abordagem envolve a gestão de materiais, informações e finanças à medida que estes vão do fornecedor ao fabricante, ao atacadista, ao varejista e ao consumidor. O fluxo de materiais inclui o movimento de entrada de matérias-primas do fornecedor para o fabricante, bem como o movimento de saída do produto acabado do fabricante para o atacadista, varejista e consumidor. O fluxo de informações envolve a captura e a transmissão de pedidos e faturas entre fornecedores, fabricantes, atacadistas, varejistas e consumidores. O fluxo financeiro consiste em transações de pagamento entre fornecedores, fabricantes, atacadistas, varejistas, consumidores e suas instituições financeiras.

Os sistemas ERP de manufatura seguem um processo sistemático para desenvolver um plano de produção baseado nas informações disponíveis no banco de dados do sistema ERP.

O processo começa com a *previsão de vendas* para desenvolver uma estimativa da demanda futura do consumidor. Essa previsão inicial está em um nível bastante alto, com estimativas feitas por grupo de produtos, e não por cada item de produto. A previsão de vendas se estende por meses no futuro; ela pode ser desenvolvida em um módulo de software ERP ou produzida por outros meios, utilizando software e técnicas especializadas. Muitas organizações estão mudando para um processo colaborativo, no qual os principais clientes planejam os níveis de estoque e produção futuros, em vez de depender de uma previsão de vendas gerada internamente.

O *plano de vendas e operações* (PVO) leva em conta a demanda e os níveis de estoque atuais e determina os itens de produto específicos que precisam ser produzidos, bem como quando atender a demanda futura prevista. A capacidade de produção e qualquer variabilidade sazonal na demanda também devem ser consideradas.

A *gestão da demanda* refina o plano de produção determinando a quantidade de produção semanal ou diária necessária para atender à demanda de produtos individuais. A saída do processo de gestão da demanda é o cronograma mestre de produção, que é um plano de produção para todos os produtos acabados.

---

gestão da cadeia de suprimentos (GCS): Um sistema que inclui o planejamento, execução e controle de todas as atividades envolvidas na compra e na aquisição de matérias-primas, na conversão de matérias-primas em produtos acabados, no armazenamento e na entrega de produtos acabados aos clientes.

A *programação detalhada* utiliza o plano de produção definido pelo processo de gestão da demanda para desenvolver um cronograma de produção detalhado que especifica os detalhes da programação de produção, como qual item produzir primeiro e quando a produção deve ser trocada de um item para outro. Uma decisão importante é por quanto tempo fazer a produção de cada produto. As execuções de produção mais longas reduzem o número de configurações de máquina necessárias, reduzindo assim os custos de produção. As execuções de produção mais curtas geram menos estoque de produtos acabados e reduzem os custos de manutenção de estoque.

O *planejamento de requisição de materiais* (*materials requirement planning – MRP*) determina a quantidade e o tempo necessários para fazer pedidos de matéria-prima aos fornecedores. Os tipos e quantidades de matérias-primas necessárias para dar suporte à programação de produção planejada são determinados pelo estoque de matéria-prima existente e pela lista de materiais (*bill of materials* – BOM), que serve como uma receita dos ingredientes necessários para produzir cada item. A quantidade de matéria-prima a ser solicitada também depende do prazo de entrega e do tamanho do lote. *Tempo de espera* é a quantidade de tempo que leva desde a colocação de um pedido de compra até que as matérias-primas cheguem às instalações de produção. *Tamanho do lote* refere-se às quantidades distintas que o fornecedor irá enviar, o que pode resultar em complicações de compra se essas quantidades não se alinharem com as quantidades econômicas para o fabricante receber ou armazenar. Por exemplo, um fornecedor pode despachar uma determinada matéria-prima em unidades de vagões de 80 mil libras. O produtor pode precisar de 95 mil libras da matéria-prima. Deve-se decidir por um pedido de um ou dois vagões com a matéria-prima.

Compras utiliza as informações do MRP para fazer pedidos de compra de matérias-primas a fornecedores qualificados. Normalmente, os pedidos de compra são liberados para que as matérias-primas cheguem no momento oportuno de serem utilizadas na produção e para minimizar os custos de depósito e armazenamento. Frequentemente, os produtores permitem que os fornecedores acessem os dados por meio de uma extranet e determinem quais matérias-primas o produtor precisa, minimizando o esforço e o tempo de espera para fazer e atender aos pedidos de compra.

Produção utiliza a programação de produção de alto nível para planejar os detalhes de funcionamento e de pessoal da operação de produção. Essa programação mais detalhada leva em consideração a disponibilidade de funcionários, equipamentos e matéria-prima, junto com dados detalhados da demanda dos clientes.

Pedidos de vendas é o conjunto de atividades que devem ser realizadas para captar um pedido de venda do cliente. As etapas essenciais de um pedido de vendas incluem o registro dos itens a serem comprados, a definição do preço de venda, o registro da quantidade do pedido, a determinação do custo total do pedido, incluindo os custos de entrega, e a confirmação do crédito disponível do cliente. Se o item que o cliente deseja solicitar estiver esgotado, o processo de pedido de venda deve comunicar esse fato e sugerir outros itens para substituir a escolha inicial do cliente. Definir os preços de venda pode ser bastante complicado e pode incluir descontos por quantidade, promoções e incentivos. Após a determinação do custo total do pedido, a empresa deve verificar o crédito disponível do cliente para ver se o pedido está dentro do limite de crédito.

Os sistemas ERP não funcionam diretamente com as máquinas industriais na área de produção, portanto, eles precisam captar de alguma maneira informações sobre o que foi produzido. Esses dados devem ser passados para os módulos de contabilidade do ERP para manter uma contagem precisa do estoque de produtos acabados. Muitas empresas têm computadores no chão de fábrica, que são utilizados para rastrear o número de caixas de cada item produzido, normalmente fazendo com que um funcionário leia um código de barras, código QR ou identificador padrão semelhante nas caixas de embalagem utilizadas para enviar o material. Outras abordagens para captar quantidades de produção incluem o uso de chips de RFID e a inserção manual dos dados.

Separadamente, os dados de qualidade da produção podem ser adicionados com base nos resultados dos testes de qualidade feitos em uma amostra do produto para cada lote de produtos. Em geral, esses dados incluem o número de identificação do lote, que identifica a produção em série e os resultados de vários testes de qualidade do produto.

Previsões precisas são cruciais para o planejamento exigido para gerenciar de forma lucrativa as operações complexas de uma fábrica. Um fabricante de maquinário pesado, porém, descobriu recentemente que sua previsão de demanda de produto tinha uma variação de precisão de mais ou menos 20% — bem fora dos limites de controle aceitáveis definidos pela empresa. A Evalueserve, fornecedora de serviços de pesquisa, análise e gestão de dados, trabalhou com a fábrica para desenvolver algoritmos que analisavam as principais vendas e variáveis macroeconômicas para identificar os principais impulsionadores da produção e da demanda dos produtos da empresa. As variáveis avaliadas incluíram vendas atuais e históricas, PIB per capita, índices de construção, pedidos de garantia e densidade de negociantes — entre outros. Utilizando esse novo modelo de dados, o fabricante foi capaz de reduzir a variação da previsão em mais ou menos 4%, resultando em uma cadeia de suprimentos mais eficiente com menos chances de perda de vendas, além de níveis gerais de estoque mais baixos.[23]

Gestão de relacionamento com o cliente

sistema de gestão de relacionamento com o cliente (CRM): Um sistema que ajuda uma empresa a gerenciar todos os aspectos dos encontros com o cliente, incluindo marketing, vendas, distribuição, contabilidade e atendimento ao cliente.

Um sistema de gestão de relacionamento com o cliente (*customer relationship management* – CRM) ajuda a empresa a gerenciar todos os aspectos dos encontros com clientes, incluindo marketing, vendas, distribuição, contabilidade e atendimento ao cliente (ver Figura 10.9). Pense em um sistema de CRM como um catálogo de endereços com o registro histórico de todas as interações da organização com cada cliente. O objetivo do CRM é compreender e antecipar as necessidades dos clientes atuais e potenciais para aumentar a retenção e a fidelidade do cliente, otimizando a forma como os produtos e serviços são vendidos. O CRM é utilizado principalmente por pessoas nas organizações de vendas, marketing, distribuição, contabilidade e serviços para capturar e visualizar dados sobre clientes e melhorar as comunicações. As empresas que implementam sistemas CRM frequentemente relatam benefícios como maior satisfação do cliente, maior retenção de clientes, redução de custos operacionais e capacidade de atender à demanda do cliente.

FIGURA 10.9
Sistema de gestão de relacionamento com o cliente
Um sistema CRM fornece um repositório central de dados de clientes utilizados pela organização.

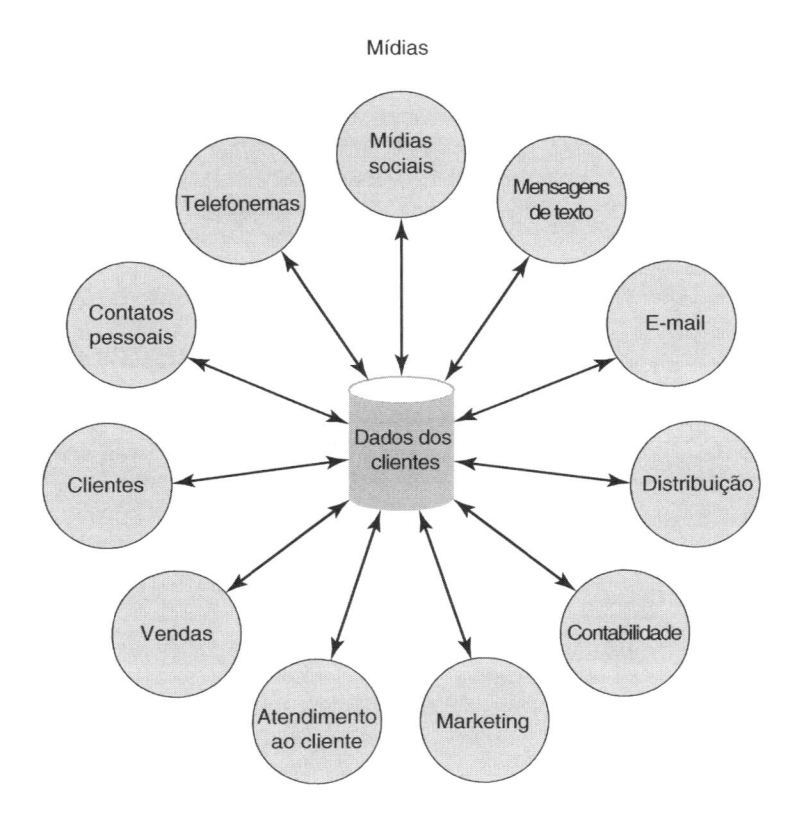

Usuários e provedores de dados de clientes

O software CRM automatiza e integra as funções de vendas, marketing e serviços em uma organização. O objetivo é capturar dados sobre cada contato que a empresa tem com o cliente por meio de todos os canais e armazená-los no sistema CRM para que a empresa possa realmente compreender as ações do cliente. O software CRM ajuda a organização a construir um banco de dados sobre seus clientes que descreve relacionamentos detalhadamente, para que a administração, os vendedores, os provedores de atendimento ao cliente e até mesmo os clientes possam acessar informações necessárias sobre planos e ofertas de produtos, lembrá-los das requisições de serviços e informar sobre os outros produtos que os clientes adquiriram.

Organizações de pequeno, médio e grande porte em diversos setores optam por implementar o CRM por vários motivos, dependendo das necessidades. A Expensify é uma empresa de serviços financeiros que fornece serviços on-line de gestão de despesas para clientes em todo o mundo. A empresa cresceu rapidamente desde que foi fundada em São Francisco, em 2008, e recentemente abriu um escritório em Londres para apoiar sua expansão no mercado europeu. Como start-up, as tentativas iniciais da Expensify em CRM foram construídas em torno de uma planilha do Excel. Em pouco tempo, a empresa mudou para as ferramentas CRM do Google Apps, mas logo descobriu que elas não podiam lidar com seu volume crescente de dados de clientes. Por fim, a empresa implementou um sistema CRM personalizável, o Apollo, que fornece todas as ferramentas de vendas e atendimento ao cliente da Expensify, sem a necessidade de gerenciar e coordenar fluxos de trabalho em outros sistemas. As maiores prioridades da Expensify para o sistema CRM incluíam ferramentas automatizadas e personalizáveis de priorização de leads, a capacidade de monitorar todas as comunicações de vendas em um sistema e a capacidade de gerar relatórios detalhados para identificar áreas de oportunidade dentro de uma região geográfica, bem como para vendedores individuais.[24]

Os principais recursos de um sistema CRM incluem o seguinte:

- **Gestão de contatos.** A capacidade de rastrear dados sobre clientes individuais e leads de vendas e, em seguida, acessar esses dados de qualquer parte da organização.
- **Gestão de vendas.** A capacidade de organizar dados sobre clientes e leads de vendas e, em seguida, priorizar as oportunidades de vendas potenciais e identificar as próximas etapas apropriadas.
- **Suporte ao cliente.** A capacidade de oferecer suporte aos representantes de atendimento ao cliente para que eles possam atender às solicitações do cliente de forma rápida, completa e adequada e resolver os problemas do cliente ao mesmo tempo em que coletam e armazenam dados sobre essas interações.
- **Automação de marketing.** A capacidade de capturar e analisar todas as interações com o cliente, gerar respostas apropriadas e reunir dados para criar e construir campanhas de marketing eficazes e eficientes.
- **Análise.** A capacidade de analisar dados de clientes para identificar maneiras de aumentar a receita e diminuir custos, identificar os "melhores clientes" da empresa e determinar como retê-los e encontrar mais.
- **Rede social.** A possibilidade de criar e aderir a sites como Facebook e Instagram, onde a empresa pode fazer contatos com potenciais clientes.
- **Acesso por dispositivos móveis.** A capacidade de acessar software de gestão de relacionamento com o cliente baseado na web por smartphones, tablets e outros dispositivos móveis.
- **Importar dados de contato.** A capacidade dos usuários de importar dados de contato de vários provedores de serviços de dados que podem ser baixados gratuita e diretamente no aplicativo CRM.

O foco do CRM envolve muito mais do que instalar um novo software. Mudar de uma cultura de simplesmente vender produtos para colocar o cliente em primeiro lugar é essencial para uma implantação de CRM bem-sucedida. Antes que qualquer software seja carregado em um computador, a empresa deve treinar novamente os funcionários, que lidam com os problemas do cliente e quando devem ser claramente definidos, e os sistemas de computador precisam ser integrados para que todas as informações pertinentes estejam disponíveis imediatamente caso um cliente ligue para um representante de vendas ou de atendimento ao cliente.

A Nu Skin Enterprises é uma organização de vendas diretas de US$ 2 bilhões que desenvolve e distribui suplementos nutricionais e produtos de cuidados pessoais por meio de uma rede de mais de 73 mil distribuidores de vendas independentes. Os agentes do call center da empresa são o principal ponto de contato entre a empresa e seus clientes e distribuidores; no entanto, a rápida rotatividade da equipe do call center e três ferramentas de contato do cliente desconectadas significava que muitos clientes logo se frustravam em suas interações com a empresa. Uma solução para os desafios de atendimento ao cliente da Nu Skin veio na forma de um sistema CRM da SAP, que foi integrado ao sistema SAP ERP existente da empresa para fornecer aos agentes acesso imediato ao histórico de vendas dos clientes. Os funcionários do call center da Nu Skin agora utilizam mídia social e tecnologia para recrutar e gerenciar clientes. Com uma recente mudança do núcleo de tecnologia para a nuvem, a Nu Skin Enterprises antecipa um aumento na velocidade e capacidade, oferecendo maior flexibilidade para os clientes.[25]

A Tabela 10.3 lista alguns sistemas CRM altamente avaliados.[26]

TABELA 10.3 Sistemas CRM altamente avaliados

Fornecedor/Produto	Seleção de clientes	Preços iniciais em
Zoho CRM	Amazon Netflix	US$ 12 a US$ 35 por usuário/mês
Apptivo CRM	Idea Helix OnTrack Rewards	US$ 8 a US$ 20 por usuário/mês
HubSpot CRM	Nectafy Stafford Global	Básico — gratuito Extras — adicional de US$ 6 a US$ 100 por usuário/mês
Freshsales CRM	Ikohaha.com Offset Solar	US$ 12 a US$ 79 por usuário/mês
CRM Insightly	Global Presence Alliance Discount	US$ 29 a US$ 99 por usuário/mês
Pipedrive CRM	Eye Hospital Denmark Canine Protection International	US$ 12 a US$ 49 por usuário/mês
Salesforce Sales Cloud	Dell Dr. Pepper Snapple	US$ 25 por usuário/mês

Devido à popularidade dos dispositivos móveis, os clientes podem comparar facilmente produtos e preços em seus celulares e tweetar instantaneamente suas experiências com uma marca para dezenas de amigos. Hoje, os varejistas experientes utilizam seus sistemas CRM para ficar por dentro do que esses clientes estão dizendo nas redes sociais. BART, o conhecido sistema de transporte da área da Baía de São Francisco, atende a mais de 420 mil passageiros por dia. Interrupções no BART, especialmente na hora do rush, podem repercutir por toda a comunidade muito rapidamente. A venda de passagens aos seus clientes é a principal fonte de financiamento do BART, portanto responder rapidamente a incidentes e gerenciar as expectativas do cliente é fundamental não apenas para a comunidade, mas também para a estabilidade financeira do sistema de transporte. Eles implementaram uma plataforma de engajamento do cliente utilizando o módulo social CRM da Salesforce: o Social Studio. Utilizando os recursos do Social Studio, eles conseguiram responder mais rapidamente aos problemas e ser mais transparentes com seus clientes. O BART também analisa os dados sociais coletados para apoiar decisões em áreas como estacionamentos e atualizações.

Gestão do ciclo de vida do produto (PLM)

gestão do ciclo de vida do produto (PLM): Uma estratégia de negócios corporativa que cria um repositório comum de informações e processos de produtos para apoiar a criação, a gestão, a disseminação e o uso colaborativos de informações de definição de produtos e embalagens.

Gestão do ciclo de vida do produto (*product lifecycle management* – PLM) é uma estratégia corporativa de negócios que cria um repositório comum de informações e processos de produtos para dar suporte a criação, gestão, disseminação e uso colaborativos de informações características de produtos e embalagens.

software de gestão do ciclo de vida do produto (PLM): Software que fornece um meio de gerenciar os dados e processos associados às várias fases do ciclo de vida do produto, incluindo vendas e marketing, pesquisa e desenvolvimento, desenvolvimento de conceito, design de produto, prototipagem e teste, design de processo, produção e montagem, entrega e instalação do produto, serviço e suporte e retirada e substituição do produto.

O *software de gestão do ciclo de vida do produto (PLM)* fornece um meio de gerenciar os dados e processos associados às várias fases do ciclo de vida do produto, incluindo vendas e marketing, pesquisa e desenvolvimento, desenvolvimento de conceito, design de produto, prototipagem e teste, design de processo de manufatura, produção e montagem, entrega e instalação de produto, serviço e suporte, e retirada e substituição de produtos (ver Figura 10.10). À medida que os produtos avançam por esses estágios, os dados do produto são gerados e distribuídos a vários grupos, dentro e fora da indústria. Esses dados incluem documentos de projeto e processo, definições de lista de materiais, atributos de produtos, formulações de produtos e documentos necessários para o FDA e conformidade ambiental. O software PLM oferece suporte para as principais funções de gestão de configuração, gestão de documentos, gestão de mudanças de engenharia, gestão de versões e colaboração com fornecedores e fabricantes de equipamentos originais (*original equipment manufacturers* – OEMs).

FIGURA 10.10
Escopo do software PLM
Utilizando o software PLM, as organizações podem gerenciar os dados e processos associados às várias fases do ciclo de vida do produto.

design assistido por computador (CAD): O uso de software para auxiliar na criação, na análise e na modificação do design de um componente ou produto.

engenharia assistida por computador (CAE): O uso de software para analisar a robustez e o desempenho de componentes e montagens.

O escopo do software PLM pode incluir design assistido por computador, engenharia assistida por computador e manufatura assistida por computador. **Design assistido por computador (*computer-aided design* – CAD)** é o uso de software para auxiliar na criação, na análise e na modificação do design de um componente ou produto. Seu uso pode aumentar a produtividade do designer, melhorar a qualidade do design e criar um banco de dados que descreva o item. Esses dados podem ser compartilhados com outras pessoas ou utilizados na usinagem da peça ou em outras operações de manufatura. **Engenharia assistida por computador (*computer-aided engineering* – CAE)** é o uso de software para analisar a robustez e o desempenho de componentes e montagens. O software CAE oferece suporte a simulação, validação e otimização de produtos e ferramentas de manufatura. O CAE é extremamente útil para projetar equipes de avaliação e tomada de decisão. **Manufatura assistida por computador** (*computer-aided manufacturing* – CAM) é o uso de software para controlar máquinas-ferramenta e máquinas relacionadas com a manufatura de componentes e produtos. O modelo gerado em CAD e verificado em CAE pode ser inserido no software CAM, que então controla a máquina-ferramenta (ver Figura 10.11).

manufatura assistida por computador (CAM): O uso de software para controlar máquinas-ferramenta e maquinaria relacionada na fabricação de componentes e produtos.

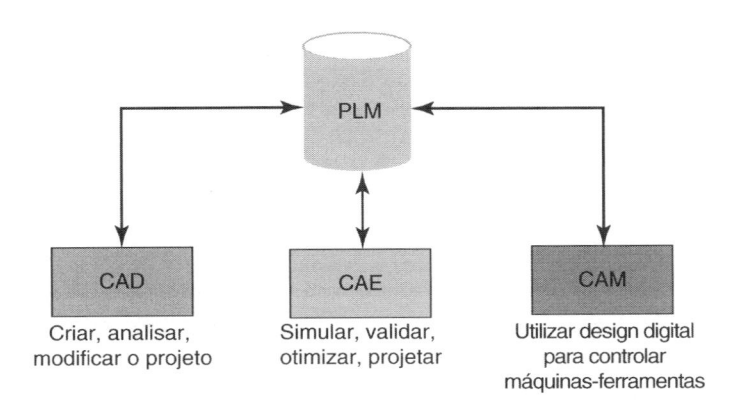

FIGURA 10.11
Software CAD, CAE e CAM
Na manufatura, o modelo gerado em CAD e verificado em CAE pode ser inserido no software CAM, que então controla a máquina-ferramenta.

Algumas organizações optam por implementar um único sistema PLM integrado que abrange todas as fases do ciclo de vida do produto com as quais estão mais preocupadas. Outras organizações implementam vários componentes de software PLM separados de diferentes fornecedores ao longo do tempo. Essa abordagem fragmentada permite que a organização escolha o software que melhor atende às suas necessidades para uma determinada fase do ciclo de vida do produto. Também permite um investimento incremental na estratégia de PLM. Mas pode ser difícil vincular todos os vários componentes de forma que um único banco de dados abrangente de dados de produto e processo seja criado.

O uso de um sistema PLM eficaz permite que as organizações globais trabalhem como uma única equipe para projetar, produzir, oferecer suporte e desativar produtos, enquanto capta as melhores práticas e as lições aprendidas ao longo do caminho.[27] O PLM potencializa a inovação e melhora a produtividade ao conectar pessoas em organizações globais de desenvolvimento de produtos e de manufatura com o conhecimento de produtos e processos que necessitam para ter sucesso (ver Figura 10.12).

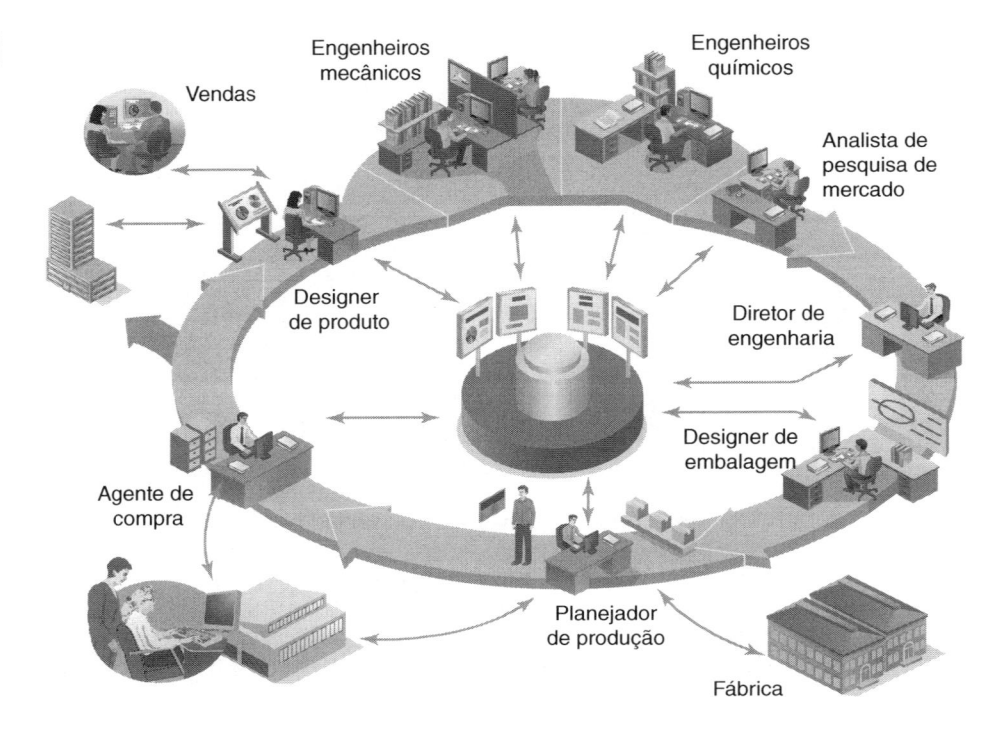

FIGURA 10.12
Estratégia de negócio PLM
O PLM potencializa a inovação e melhora a produtividade.

O software PLM e seus dados são utilizados por usuários internos e externos. Os usuários internos incluem engenharia, operações e manufatura, compras e compra, manufatura, marketing, garantia de qualidade, atendimento ao cliente, regulamentação e outros. Os usuários externos incluem os parceiros de projeto do fabricante, fornecedores de embalagens, fornecedores de matéria-prima e fabricantes contratados. Esses usuários devem colaborar para definir, manter, atualizar e compartilhar com segurança as informações do produto durante todo o seu ciclo de vida. Frequentemente, esses usuários externos são solicitados a assinar acordos de sigilo para reduzir o risco de informações proprietárias serem compartilhadas com concorrentes.

Com sede em Fort Collins, Colorado, a Water Pik desenvolve e vende diversos produtos de saúde pessoal e bucal sob a marca Water Pik. A empresa se orgulha de sua inovação e desde sua fundação em 1962, a Water Pik adquiriu mais de 500 patentes. Com o tempo, a abordagem da empresa para gerenciar suas informações dos produtos por meio das tradicionais estruturas de diretório em sistemas de arquivos resultava em um número crescente de ineficiências nos processos de desenvolvimento e manufatura da Water Pik. Para gerenciar melhor os dados de seus produtos do CAD, a Water Pik optou por implementar o software ProductCenter PLM. A empresa agora utiliza o software para gerenciar informações de produtos — que são protegidas por meio de permissões — para três de suas quatro linhas de produtos principais. A Water Pik também utiliza o software para gerenciar todos os seus processos empresariais, que são automaticamente configurados para expirar a cada dois anos, acionando um processo de revisão e atualização que ajuda a empresa a garantir que seus procedimentos estejam atualizados e em conformidade com os vários padrões do setor.[28]

A Tabela 10.4 apresenta uma lista de alguns produtos de software PLM populares.[29]

TABELA 10.4 Produtos de software PLM populares

Organização	Produto de software PLM primário	Modelo de tecnologia	Seleção de clientes
Infor	PLM Optiva	Solução no local	Henkel, Sypris
PTC	Windchill	Solução SaaS	Medco Equipment, InterComm
SAP	PLM	Solução no local	Porsche, Anadarko Petroleum
Siemens	Teamcenter PLM	Solução no local	Procter & Gamble, BAE Systems

manufatura discreta: A produção de itens distintos, como automóveis, aviões, móveis ou brinquedos, que podem ser decompostos em seus componentes básicos.

manufatura por processos: A produção de produtos — como refrigerante, sabão em pó, gasolina e medicamentos — que são o resultado de um processo químico; esses produtos não podem ser facilmente decompostos em seus componentes básicos.

O software PLM é criado para duas grandes categorias de manufatura: manufatura discreta e manufatura por processo. **Manufatura discreta** é a produção de itens distintos, como automóveis, aviões, móveis ou brinquedos que podem ser decompostos em seus componentes básicos. **Manufatura por processos** é a produção de produtos — como refrigerante, sabão em pó, gasolina e medicamentos — que são resultado de um processo químico; esses produtos não podem ser facilmente decompostos em seus componentes básicos. Dentro dessas duas categorias amplas, os fabricantes de software PLM se especializam em setores específicos, como fabricação de aeronaves, bens de consumo ou medicamentos.

A Tabela 10.5 descreve os benefícios que uma empresa pode obter ao utilizar um sistema PLM de maneira eficaz.

Um exemplo de benefícios que uma empresa pode receber vem da Electrolux, um grande fabricante de eletrodomésticos comerciais e de consumo, com sede na Suécia.

TABELA 10.5 Benefícios de um sistema PLM

Benefício	Como é conseguido
Redução do tempo de chegada ao mercado	• Conectando design, pesquisa e desenvolvimento, compras, manufatura e atendimento ao cliente perfeitamente por meio de um ambiente de colaboração flexível. • Melhorando a colaboração entre a organização e seus fornecedores, fabricantes contratados e OEMs.
Redução de custos	• Reduzindo os custos de prototipagem por meio do uso de simulação de software. • Reduzindo o refugo e o retrabalho por meio de processos aprimorados. • Reduzindo o número de componentes do produto por meio da padronização.
Garantia de conformidade regulatória	• Fornecendo um repositório seguro, rastreamento e trilhas de auditoria, controles de gestão de alterações e documentos, fluxo de trabalho e comunicações e segurança aprimorada.

Eles têm 58 mil funcionários espalhados por 46 locais de produção. As marcas que fabricam incluem AEG, Westinghouse e Frigidaire. Em um movimento em direção à digitalização adicional do ciclo de vida de desenvolvimento de produto, a Electrolux começou a revisar as soluções PLM em 2010. Eles escolheram o software PLM da Siemens, Teamcenter, e começaram o lançamento em 2012. Eles adicionaram módulos de simulação de layout 3D começando com um piloto em 2016, permitindo-lhes criar simulações de baixo custo para vários cenários de produção e testar a viabilidade. Essa tecnologia diminui drasticamente os custos e o tempo necessários para desenvolver e implantar inovações de processo. Desde então, eles vêm implementando fases adicionais em todo o mundo.[30]

Por meio de seus esforços, a Electrolux economizou mais de US$ 2 milhões com o ajuste fino de suas linhas de produção e está tendo sucesso em seus objetivos de "criar instalações de produção e processos de montagem uniformes em todo o mundo" e "alcançar maior eficiência no processo de montagem e fluxo de materiais". Eles também diminuíram os erros e atrasos na produção e na construção de novas fábricas.[31]

Planejamento e desenvolvimento de produto de software

Muito software PLM discutido neste capítulo é utilizado extensivamente na indústria manufatureira; no entanto, as empresas de software também fazem uso do software PLM para agilizar seus esforços de planejamento e desenvolvimento de produtos. Por exemplo, soluções corporativas como JIRA, Asana e Aha! são três dessas ferramentas utilizadas por equipes de engenharia e produto para documentar e gerenciar as tarefas necessárias para construir e entregar seus produtos ao mercado. Elas são utilizadas para oferecer suporte a metodologias de desenvolvimento de software ágeis e em cascata. Agile é um processo muito iterativo de definição e gestão da conclusão dos requisitos do produto. A abordagem em cascata é um processo que requer todos os detalhes e requisitos antes de iniciar a produção.

Mas os desafios e benefícios ainda são consistentes com o desenvolvimento e fabricação de produtos físicos. O mais valioso é que sistemas como JIRA e Asana fornecem uma maneira robusta para engenheiros, gestores de produto e a equipe executiva monitorar o plano do produto e gerenciar as tarefas de desenvolvimento associadas.

Superando desafios na implementação de sistemas empresariais

Implementar um sistema empresarial, especialmente para uma grande organização, é muito desafiador e requer uma quantidade enorme de recursos, os melhores SI e homens de negócios, e muito apoio da administração. Apesar de tudo isso, muitas implementações de sistema empresarial falham e os problemas com a implementação podem exigir soluções caras. Veja a seguir uma amostra das principais falhas de projeto de implementação de sistema empresarial:

• A falha na implementação da tecnologia pelo software SAP R/3 ERP causou grandes problemas para a Hershey. O processo da cadeia de suprimentos fez com que a Hershey perdesse a entrega de US$ 100 milhões em chocolates Kisses para o Halloween, fazendo com que o valor de suas ações caísse 8%.[32]

- A MillerCoors, uma empresa global de bebidas, decidiu substituir as sete instâncias diferentes de seus sistemas SAP ERP por uma instância de consolidação em 2014, após anos de consolidação do setor. Eles contrataram uma empresa de serviços de TI para implantar o novo sistema. A implementação não correu bem. A primeira fase resultou em 8 defeitos "críticos" e 47 defeitos de alta gravidade. No início de 2017, a MillerCoors processava a empresa de consultoria em US$ 100 milhões. A empresa de consultoria rebateu dizendo que a MillerCoors era a culpada pelo atraso e pelo problema com o projeto. Eles resolveram o caso no final de 2018, após um longo "processo de negociação" no sistema judiciário.
- A Revlon, a famosa fabricante de cosméticos, precisava de um sistema para toda a empresa após a aquisição da Elizabeth Arden, Inc. Eles decidiram pela opção SAP HANA no final de 2016. O lançamento desastroso custou à Revlon milhões de dólares em vendas perdidas, que eles atribuíram à falta de controles eficazes de implementação. A situação acabou levando a uma queda acentuada no valor das ações e a um processo movido pelos próprios acionistas da Revlon.

Vinte e um por cento das implementações de ERP em todo o mundo avaliadas pela Panorama, uma empresa de consultoria de ERP, foram consideradas falhas. A Tabela 10.6 lista e descreve os desafios mais significativos para a implementação bem-sucedida de um sistema empresarial.[33]

TABELA 10.6 Desafios para a implementação bem-sucedida do sistema empresarial

Desafios	Descrição
Custo e interrupção de atualizações	A maioria das empresas possui outros sistemas que devem ser integrados ao sistema empresarial, como programas de análise financeira, operações de comércio eletrônico e outros aplicativos que se comunicam com fornecedores, clientes, distribuidores e outros parceiros de negócios. A integração de vários sistemas adiciona tempo e complexidade à implementação de um ERP.
Custo e longo prazo de implementação	O custo médio de implementação do ERP está na casa dos milhões com duração média do projeto de mais de um ano.
Dificuldade em gerenciar as mudanças	Muitas vezes, as empresas devem mudar radicalmente a forma como operam para se adequar aos processos de trabalho corporativos. Essas mudanças podem ser tão drásticas para funcionários antigos que eles partem em vez de se adaptarem à mudança, deixando a empresa com poucos funcionários experientes.
Gestão de customização do software	O sistema empresarial básico pode precisar ser modificado para atender a requisitos comerciais obrigatórios. As personalizações do sistema podem se tornar extremamente caras e atrasar ainda mais a implementação.
Frustração do usuário com o novo sistema	O uso eficaz de um sistema empresarial requer mudanças nos processos de trabalho e nos detalhes de como o trabalho é feito. Muitos usuários inicialmente recusam essas mudanças e exigem muito treinamento e incentivo.

A lista a seguir fornece dicas para evitar muitas causas comuns de implementações de sistemas empresariais com falha:

- Designar um executivo em tempo integral para gerenciar o projeto.
- Nomear um consultor independente e experiente para fornecer supervisão do projeto e a fim de verificar e validar o desempenho do sistema.
- Dar tempo suficiente para a transição da velha maneira de fazer as coisas para o novo sistema e os novos processos.
- Alocar tempo e dinheiro suficientes para treinar a equipe; muitos gestores de projeto recomendam fazer um orçamento de 30 a 60 dias por funcionário para o treinamento.
- Definir métodos de medição para avaliar o progresso do projeto e identificar os riscos relacionados ao projeto.
- Manter o escopo do projeto bem definido e restrito aos processos essenciais do negócio.

- Ter cautela ao modificar o software do sistema empresarial para ficar em conformidade com as práticas comerciais de sua empresa.
- Concentrar-se na documentação dos fluxos de trabalho existentes antes de implementar e trabalhar diretamente com os principais investidores, para que eles entendam e aceitem as mudanças que serão implementadas.
- Lembrar-se de que os melhores sistemas exigem poucas alterações no fluxo de trabalho existente, pois se relacionam a entradas/esforço do usuário, eliminando os maiores pontos problemáticos.

Modelo de software hospedado para software empresarial

Muitos fornecedores de software de aplicativo empresarial migraram muitas de suas ofertas para um modelo de software hospedado. O objetivo é ajudar os clientes a adquirir, utilizar e se beneficiar de novas tecnologias, evitando grande parte da complexidade associada e aos altos custos iniciais. Applicor, Intacct, NetSuite, SAP e Workday estão entre os fornecedores de software que oferecem versões hospedadas de seus softwares ERP ou CRM a um custo de US$ 50 a US$ 200 por mês por usuário. Existem três tipos de software hospedado: local, baseado em nuvem e híbrido, que combina aplicativos locais e baseados em nuvem.[34]

Essa abordagem de pagamento proporcional ao uso é atraente porque as organizações podem experimentar recursos de software poderosos sem fazer um grande investimento financeiro. As organizações podem, então, descartar o software sem grandes investimentos se ele não for útil ou, de outra forma, frustrar as expectativas. Além disso, utilizar o modelo de software hospedado significa que a empresa não precisa empregar um profissional de TI em tempo integral para manter os principais aplicativos empresariais. A empresa pode esperar economias adicionais com a redução dos custos de hardware e custos associados à manutenção de um ambiente de computador adequado (como ar condicionado, energia e fonte de alimentação ininterrupta).

A Tabela 10.7 lista as vantagens e desvantagens do software hospedado.

TABELA 10.7 Vantagens e desvantagens do modelo de software hospedado

Vantagens	Desvantagens
Diminuição do custo total de propriedade	Possíveis problemas de disponibilidade e confiabilidade.
Inicialização mais rápida do sistema	Possíveis problemas de segurança dos dados.
Menor risco de implementação	Problemas potenciais ao integrar os produtos hospedados de diferentes fornecedores.
Gestão de sistemas terceirizados para especialistas	A economia prevista com a terceirização pode ser compensada por um maior esforço para gerenciar o fornecedor.

A LoneStar Heart é uma empresa da Califórnia que pesquisa e desenvolve terapias e tecnologias restauradoras para pacientes com insuficiência cardíaca avançada. Em seus primeiros anos como uma empresa start-up, a LoneStar confiou em uma abordagem baseada no papel para controle de documentos, o que fez com que pesquisadores gastassem muito tempo para pesquisar e gerenciar a documentação do produto — afastando-os de seu projeto essencial e do trabalho de desenvolvimento. Para ganhar eficiência em seus processos de desenvolvimento e liberar tempo para sua equipe de pesquisa e desenvolvimento, a LoneStar decidiu implementar um PLM baseado em nuvem que daria suporte aos funcionários nas instalações da empresa, bem como àqueles que trabalham remotamente. O sistema PLM da Omnify Software ofereceu à LoneStar um banco de dados centralizado de informações do produto seguro, mas facilmente acessível, e as ferramentas necessárias para manter a conformidade com o amplo conjunto de regulamentações da FDA que regem seu trabalho. Ao utilizar um PLM baseado em nuvem, a eficiência da LoneStar nos processos de desenvolvimento de produtos resultou em uma economia estimada em US$ 80 mil.[35]

Exercício de pensamento crítico

Implementando o CRM

▶ SISTEMAS E PROCESSOS, APLICAÇÃO

A SalesTeam é uma empresa de médio porte especializada em fornecer recursos terceirizados de vendas para empresas do setor de ciências biológicas que precisam de pessoal de vendas adicional para auxiliar nas grandes promoções ou para cobrir lacunas resultantes da rotatividade. A SalesTeam foi fundada há três anos e cresceu rapidamente desde então.

Os vendedores terceirizados da SalesTeam prospectam, cultivam e fecham novos negócios para clientes da mesma forma que fariam se trabalhassem diretamente para o cliente. Todos os meses, o vendedor deve enviar documentação ao diretor de terceirização da SalesTeam sobre o número de ligações que eles fizeram, o número de reuniões que tiveram com clientes em potencial e o status de seus clientes potenciais. A SalesTeam então compila as informações em planilhas do Excel para repassar ao cliente. Esses relatórios permitem que a gerência da SalesTeam e o cliente determinem como as vendas estão progredindo e garantam que o vendedor esteja atingindo seus objetivos.

Mas alguns clientes reclamaram que não conseguem carregar facilmente as informações em seus sistemas ou que as informações nas planilhas estão incompletas. Como resultado estão perdendo oportunidades de vendas. A liderança da SalesTeam determinou que eles precisam de uma maneira mais sofisticada e automatizada para monitorar e relatar as atividades dos funcionários para melhorar a qualidade da comunicação com os clientes e melhorar os resultados de sua equipe de vendas.

Perguntas de revisão

1. Como a SalesTeam deve determinar os requisitos de um sistema CRM para seus negócios?
2. Quais atividades adicionais os vendedores da SalesTeam provavelmente conseguirão realizar com um aplicativo CRM que não podiam realizar antes?

Questões de pensamento crítico

1. Você foi encarregado de reunir os requisitos para o novo sistema para garantir que o novo software CRM ajudará a SalesTeam a atingir os objetivos declarados. Com quais partes interessadas você se reuniria para determinar os requisitos? Por que você se reuniria com essas partes interessadas?
2. O custo de um aplicativo CRM pode variar muito dependendo do tamanho da empresa e dos recursos desejados. O que você incluiria na análise financeira de um CRM?

Resumo

Princípio:

Uma organização deve ter sistemas de informação que suportem as atividades rotineiras do dia a dia e que ajudem a empresa a agregar valor a seus produtos e serviços.

Os sistemas de processamento de transações (SPTs) estão no centro da maioria dos atuais sistemas de informação das empresas. Um SPT é uma coleção organizada de pessoas, procedimentos, software, bancos de dados e dispositivos utilizados para capturar dados fundamentais sobre eventos que afetam a organização (transações) e que utiliza esses dados para atualizar os registros oficiais da organização.

Os métodos SPTs incluem processamento em lote e on-line. O processamento em lote envolve a coleta de transações em lotes, que são inseridos no sistema em intervalos regulares como um grupo. O processamento de transações on-line (OLTP) permite que as transações sejam processadas à medida que ocorrem.

As organizações esperam que os SPTs cumpram uma série de objetivos específicos, incluindo processar dados gerados por e sobre as transações, manter um alto grau de precisão e integridade das informações, compilar relatórios e documentos precisos e oportunos, aumentar a eficiência do trabalho, ajudar a ampliar e melhorar os serviços e construir e manter a fidelidade do cliente. Em algumas situações, um SPT eficaz pode ajudar a organização a obter uma vantagem competitiva.

Os sistemas de processamento de pedidos captam e processam os dados do pedido do cliente — desde o recebimento do pedido até a criação da fatura do cliente.

Os sistemas de contabilidade monitoram o fluxo de dados relacionados a todos os fluxos de caixa que afetam a organização.

Os sistemas de compras oferecem suporte às funções de controle de estoque, processamento de pedidos de compra, recebimento e contas a pagar.

Hoje, as organizações, incluindo PMEs, geralmente implementam um conjunto integrado de SPTs de um único ou de um número limitado de fornecedores de software para atender às suas necessidades de processamento das transações.

Todos os SPTs realizam as seguintes atividades básicas: coleta de dados, que envolve a captura de dados-fonte para completar um conjunto de transações; edição de dados, que verifica a validade e integridade dos dados; correção de dados, que envolve fornecer feedback sobre um problema potencial e permitir que os usuários alterem os dados; processamento de dados, que é a execução de cálculos, classificação, categorização, resumo e armazenamento de dados para processamento posterior; armazenamento de dados, que envolve a inserção de dados de transações em um ou mais bancos de dados; e produção de documentos, que envolve a saída de registros e relatórios eletrônicos ou impressos.

Princípio:

Uma organização que implementa um sistema empresarial está criando um conjunto altamente integrado de sistemas, o que pode levar a muitos benefícios comerciais.

O software de planejamento de recursos empresariais (ERP) oferece suporte à operação eficiente dos processos comerciais integrando atividades em toda a empresa, incluindo vendas, marketing, manufatura, logística, contabilidade e pessoal.

A implementação de um sistema ERP pode oferecer muitas vantagens, incluindo permitir o acesso aos dados para as tomadas de decisão operacionais; eliminar sistemas legados caros e inflexíveis; fornecer processos de trabalho aprimorados; criar a oportunidade de atualizar a infraestrutura de tecnologia; e criar acesso a dados para gerar conhecimentos por meio do uso de inteligência analítica, inteligência artificial (IA) e aprendizagem de máquina.

Algumas das desvantagens associadas aos sistemas ERP são que eles são demorados, difíceis e caros de implementar; e também podem ser difíceis de integrar com outros sistemas.

Nenhuma solução de software ERP é "melhor" para todas as organizações. MIE TRAC PRO e Plus & Minus são exemplos de diferentes fornecedores de ERP.

Embora o escopo da implementação do ERP possa variar, a maioria das indústrias utiliza o ERP para apoiar as atividades de gestão da cadeia de suprimentos (GCS) de planejamento, execução e controle de todas as atividades envolvidas no fornecimento e na aquisição de matérias-primas, na conversão de matérias-primas em produtos acabados e em armazenamento e entrega de produto acabado aos clientes.

O processo de gestão da cadeia de produção e fornecimento começa com a previsão de vendas para desenvolver uma estimativa da demanda futura do cliente. Essa previsão inicial está em um nível bastante alto, com estimativas feitas por grupo de produtos, e não por item de produto individual. O plano de vendas e operações (PVO) leva em consideração a demanda e os níveis de estoque atuais e determina os itens de produto específicos que precisam ser produzidos, bem como quando atender a demanda futura prevista. A gestão da demanda refina o plano de produção ao determinar a quantidade de produção semanal ou diária necessária para atender à demanda de produtos individuais. A programação detalhada utiliza o plano de produção definido pelo processo de gestão de demanda para desenvolver uma programação de produção detalhada que especifica detalhes como qual item produzir primeiro e quando a produção deve ser trocada de um item para outro. O planejamento de necessidades de materiais determina a quantidade e o tempo para fazer pedidos de matéria-prima aos fornecedores. O departamento de compras utiliza as informações do planejamento de requisição de materiais para inserir pedidos de compra de matérias-primas e transmiti-los aos fornecedores qualificados. A produção utiliza a programação detalhada para planejar a logística de funcionamento e contratação de pessoal para a operação da produção. O pedido de venda é o conjunto de atividades que devem ser realizadas para captar um pedido de venda do cliente. Os módulos de aplicativos individuais incluídos no sistema ERP são projetados para oferecer suporte às melhores práticas, as formas mais eficientes e eficazes de concluir um processo de negócios.

As organizações estão implementando sistemas de gestão de relacionamento com o cliente (CRM) para gerenciar todos os aspectos dos encontros com o cliente, incluindo marketing, vendas, distribuição, contabilidade e atendimento ao cliente. O objetivo do CRM é compreender e antecipar as necessidades dos clientes atuais e potenciais para aumentar a retenção e fidelidade do cliente, otimizando a forma como os produtos e serviços são vendidos.

As indústrias estão implementando software de gestão de ciclo de vida do produto (PLM) para gerenciar os dados e processos associados às várias fases do ciclo de vida do produto, incluindo vendas e marketing, pesquisa e desenvolvimento, desenvolvimento de conceito, design de produto, prototipagem e teste, design do processo de manufatura, produção e montagem, entrega e instalação do produto, serviço e suporte e retirada e substituição do produto. Esses sistemas são utilizados por usuários internos e externos para permitir que eles colaborem e captem as melhores práticas e lições aprendidas ao longo do caminho.

Os desafios mais significativos para a implementação bem-sucedida de um sistema empresarial incluem o custo e a interrupção das atualizações, o custo e o longo tempo de execução, a dificuldade de gestão das mudanças, a gestão da customização do software e a frustração do usuário com o novo sistema.

Os fornecedores de software de aplicativos de negócios estão testando o modelo de software hospedado para ver se a abordagem atende às necessidades do cliente e tem probabilidade de gerar receita significativa. Existem três tipos de software hospedado: local, baseado em nuvem e híbrido, que combina aplicativos locais e baseados em nuvem. Essa abordagem é especialmente atraente para as PMEs devido ao baixo custo inicial, que torna possível experimentar recursos de software poderosos.

Princípio:

Uma organização deve ter acesso aos dados em todas as suas funções corporativas e sistemas empresariais para ajudar a conduzir a tomada de decisão.

Muitos tipos de sistemas empresariais foram discutidos neste capítulo, incluindo, mas não se limitando a, ferramentas de gestão de relacionamento com o cliente, como o Salesforce para sistemas de processamento de transações, PLMs, ferramentas de análise social e muito mais.

A principal conclusão é que todos esses sistemas incluem dados que podem ser valiosos não apenas para sua própria função corporativa, mas também para outras funções, e ao criar repositórios centralizados, a organização aumenta seu potencial para melhor eficácia e eficiência operacional. Ferramentas como Birst e Domo são duas soluções líderes para isso.

A aprendizagem de máquina e a IA desempenham um papel importante para a compreensão de todos esses dados e para trazer conhecimentos para os tomadores de decisão agirem imediatamente.

Termos-chave

sistema de processamento em lote
melhores práticas
design assistido por computador (CAD)
engenharia assistida por computador (CAE)
manufatura assistida por computador (CAM)
sistema da gestão de relacionamento com o cliente (CRM)
coleção de dados
correção de dados
edição de dados
processamento de dados
armazenamento de dados

manufatura discreta
produção de documentos
sistema empresarial
processamento de transações on-line (OLTP)
manufatura por processos
gestão do ciclo de vida do produto (PLM)
software de gestão do ciclo de vida do produto (PLM)
automação de dados-fonte
streaming
gestão da cadeia de suprimentos (GCS)
ciclo de processamento de transação

Teste de autoavaliação

Uma organização deve ter sistemas de informação que suportem as atividades rotineiras do dia a dia e que ajudem a empresa a agregar valor a seus produtos e serviços.

1. Os sistemas de processamento de transações (SPT) capturam e processam os dados fundamentais sobre os eventos que afetam a organização, chamados de _____, que são usados para atualizar os registros oficiais da organização.

2. A característica essencial de um sistema de processamento de transações de _____ é que o sistema processa as transações à medida que ocorrem.

3. Qual das opções a seguir *não* é um dos componentes básicos de um SPT?
   a. Bancos de dados
   b. Redes
   c. Procedimentos
   d. Modelos analíticos

4. _____ envolve fornecer feedback sobre um potencial problema de dados e permitir que os usuários alterem os dados.
   a. Coleção de dados
   b. Correção de dados
   c. Edição de dados
   d. Processamento de dados

5. As necessidades dos negócios e os objetivos específicos da organização definem o método de processamento de transações mais adequado para as várias aplicações da empresa. Verdadeiro ou falso?

6. Qual das opções a seguir não é um objetivo do sistema de processamento de transações em lote de uma organização?
   a. Capturar, processar e atualizar bancos de dados com dados de negócios necessários para apoiar as atividades empresariais de rotina
   b. Garantir que os dados sejam processados imediatamente após a ocorrência de uma transação comercial
   c. Evitar processar transações fraudulentas
   d. Produzir respostas e relatórios do usuário oportunos

7. Os dados da empresa passam por um ciclo que inclui coleta de dados, _____ de dados, correção de dados, processamento de dados, armazenamento de dados e produção de documentação.

8. Infelizmente, existem poucas opções para pacotes de software que fornecem soluções de sistema de processamento de transações integradas para empresas de pequeno e médio porte. Verdadeiro ou falso?

9. A captura e a coleta de todos os dados necessários para completar o processamento das transações é chamada de _____.

Uma organização que implementa um sistema empresarial está criando um conjunto altamente integrado de sistemas, o que pode levar a muitos benefícios de negócios.

10. As pequenas organizações demoraram a adotar sistemas ERP devido à relativa complexidade e ao custo de implementação desses sistemas. Verdadeiro ou falso?

11. Os módulos de aplicativos individuais incluídos em um sistema ERP são projetados para oferecer suporte às _____, as maneiras mais eficientes e eficazes de concluir um processo de negócios.

12. O software de _____ ajuda a empresa a gerenciar todos os aspectos dos encontros com clientes, incluindo marketing, vendas, distribuição, contabilidade e atendimento ao cliente.

13. O modelo de software hospedado para software corporativo ajuda os clientes a adquirir, utilizar e se beneficiar de novas tecnologias, evitando grande parte da complexidade associada e os altos custos iniciais. Verdadeiro ou falso?

14. _____ é um software utilizado para analisar a robustez e o desempenho de componentes e montagens.
    a. PLM
    b. CAD
    c. CAE
    d. CAM
15. Muitas empresas multinacionais implementam aplicativos de SI padrão para todos utilizarem. Mas os aplicativos padrão geralmente não respondem por todas as diferenças entre parceiros de negócios e funcionários que operam em outras partes do mundo. Qual das opções a seguir é uma modificação frequentemente necessária para o software padrão?
    a. O software pode precisar ser projetado com interfaces do idioma local para garantir a implementação bem-sucedida de um novo SI.
    b. A personalização pode ser necessária para lidar com os campos de data corretamente.
    c. Os usuários também podem ter que implementar processos manuais e fazer substituições para permitir que os sistemas funcionem corretamente.
    d. Todas as alternativas acima.

Uma organização deve ter acesso aos dados em todas as suas funções corporativas e sistemas empresariais para ajudar a conduzir a tomada de decisão.

16. No núcleo do sistema ERP está um(a) _____ que é compartilhado(a) por todos os usuários para que todas as funções de negócios tenham acesso a dados atuais e consistentes para as tomadas de decisão operacionais e planejamento.
    a. banco de dados
    b. plano de projeto
    c. relatório
    d. cadeia de projetos
17. Uma empresa que implementa um novo sistema de PLM deve adotar qual das seguintes opções para maximizar suas chances de uma implementação bem-sucedida?
    a. Nomear um gestor em tempo integral para o projeto.
    b. Reservar tempo e dinheiro suficientes para treinar a equipe.
    c. Manter o escopo do projeto bem definido.
    d. Todas as alternativas acima.
18. O aprendizado de máquina utilizado em software corporativo é valioso para os tomadores de decisão porque economiza tempo e, ao mesmo tempo, fornece conhecimentos de negócios valiosos. Verdadeiro ou falso?
19. Um dos problemas do aprendizado de máquina é que ele não consegue identificar padrões únicos. Verdadeiro ou falso?
20. Uma solução baseada em nuvem é _____ do que comprar software ERP e atualizar hardware.
    a. mais cara
    b. menos cara
    c. não mais cara
    d. não menos cara

Respostas do teste de autoavaliação

1. transações
2. on-line
3. d
4. b
5. Verdadeiro
6. b
7. edição
8. Falso
9. coleta de dados
10. Verdadeiro
11. melhores práticas
12. Gestão de relacionamento com o cliente (CRM)
13. Verdadeiro
14. c
15. d
16. a
17. d
18. Verdadeiro
19. Falso
20. b

Questões de revisão e discussão

1. Forneça um exemplo de processamento de dados para o qual o uso de um sistema de processamento em lote para lidar com transações é apropriado. Forneça um exemplo para o qual o uso do processamento de transações on-line é apropriado.
2. Defina a gestão da cadeia de suprimentos (GCS).
3. Identifique e descreva resumidamente pelo menos quatro recursos de negócios principais fornecidos pelo uso de um sistema CRM.
4. O que é automação de dados-fonte? Que benefícios se pode esperar que isso apresente?

5. Identifique e discuta brevemente cinco desafios para a implementação bem-sucedida de um sistema empresarial. Forneça várias dicas para superar esses desafios.
6. Por que as PMEs demoraram a adotar o software ERP? O que mudou para tornar o software ERP mais atraente para as PMEs?
7. Muitas organizações estão mudando para um processo colaborativo com seus principais fornecedores para obter sua opinião sobre a concepção e o planejamento de futuras modificações nos produtos ou na criação de novos produtos. Explique como um sistema PLM pode aprimorar esse processo. Que problemas e preocupações um fabricante pode ter em termos de compartilhamento de dados de produtos com fornecedores?
8. Explique por que uma solução corporativa para desenvolvimento de software como o JIRA é importante para o planejamento e gestão de tarefas de engenharia.

Exercícios de tomada de decisão de negócio

1. Suponha que você seja o proprietário de uma pequena loja de reparos e venda de bicicletas que atende a centenas de clientes em sua área. Identifique os tipos de informação do cliente que você gostaria que o sistema CRM de sua empresa capturasse. Como essas informações podem ser utilizadas para fornecer um serviço melhor ou aumentar a receita? Identifique onde ou como você pode capturar esses dados.
2. Imagine que você seja membro da organização de engenharia de um fabricante de peças para aeronaves. A empresa está considerando a implementação de um sistema PLM. Faça um argumento convincente para selecionar um sistema cujo escopo inclua software CAD, CAE e CAM.

Trabalho em equipe e atividades de colaboração

1. Com os membros da sua equipe, reúna-se com vários gestores de negócios em uma empresa que implementou um sistema empresarial. Entreviste-os para documentar o escopo, o custo e o cronograma do projeto geral. Descubra por que a organização decidiu que era hora de implementar o sistema empresarial. Faça uma lista do que os gestores de negócios consideram os principais benefícios da implementação. Quais foram os maiores obstáculos que eles tiveram que superar? Há outras questões que devem ser resolvidas antes que o projeto seja considerado um sucesso? Quais são elas? Com o benefício de uma visão a posteriori, há algo que eles teriam feito de forma diferente que poderia tornar o projeto mais suave?
2. Como equipe, faça pesquisas on-line para identificar três pacotes de software PLM candidatos. Com base nas informações apresentadas no site de cada empresa, pontue cada alternativa utilizando um conjunto de critérios com os quais sua equipe concorda. Qual software PLM candidato sua equipe irá selecionar?

Exercícios de carreira

1. Inicialmente considerados eficazes em termos de custos apenas para empresas muito grandes, os sistemas empresariais agora estão sendo implementados nas PMEs para reduzir custos, melhorar o serviço e aumentar as receitas de vendas. O pessoal de finanças e contabilidade de uma empresa desempenha um papel duplo na implementação de um sistema assim: (1) devem garantir um bom retorno do investimento em sistemas de informação e (2) devem também garantir que o sistema atenda às necessidades da organização financeira e contábil. Identifique três ou quatro tarefas que o pessoal de finanças e contabilidade precisa realizar para garantir que essas duas metas sejam atendidas.
2. Os fornecedores de software de sistema empresarial precisam de analistas de sistemas de negócios que entendam tanto os sistemas de informação quanto os processos de negócios. Faça uma lista de seis ou mais qualificações específicas necessárias para ser um analista de sistemas de negócios forte que apoie a implementação e a conversão para um sistema empresarial dentro de uma PME. Existem qualificações adicionais/diferentes necessárias para alguém que está fazendo um trabalho semelhante, mas para uma grande organização multinacional?

Estudo de caso

SISTEMAS E PROCESSOS, APLICAÇÃO

Western Digital implementa novo sistema ERP

A Western Digital, desenvolvedora de dispositivos e soluções de armazenamento, cresceu drasticamente desde que foi criada em 1970. Com sede em San Jose, Califórnia, eles empregam mais de 61 mil unidades em todo o mundo. Grande parte de seu crescimento ocorreu por meio de fusões e aquisições. Gerenciar operações e gerar informações oportunas em uma organização global de vários bilhões de dólares pode ser difícil, mas o que acontece quando você combina três dessas empresas? Como os sistemas podem ser integrados e os processos refinados, para que o negócio permaneça competitivo? Steve Phillpott, CIO da Western Digital, explica que cada uma das três organizações tinha seu próprio ERP. Algumas decisões difíceis precisariam ser feitas para integrar as três empresas. Como cada empresa estava utilizando seu próprio ERP, quando se fundiram, esses sistemas não tinham mais uma amplitude corporativa. Os dados estavam isolados, os processos, desarticulados, e os esforços, duplicados. A equipe poderia escolher um dos três ERPs e os outros dois terços dos funcionários da empresa precisariam mudar para o sistema selecionado ou poderiam começar do zero e implementar um novo ERP em todas as divisões da nova e maior Western Digital. Eles escolheram começar do zero e implementar um novo ERP e processos relacionados nas três empresas. A primeira fase foi lançada em 2017 e a implementação está em andamento.

A decisão de escolher um novo ERP foi uma grande oportunidade de atualização de tecnologias e transformação de processos na Western Digital. Eles aproveitaram a oportunidade para reprojetar processos e criar aplicativos com maior probabilidade de ampliação à medida que se tornavam uma empresa de mais de US$ 20 bilhões. A comunicação e a colaboração são essenciais para os esforços de integração, portanto, a equipe se concentrou primeiro em definir esses padrões e ferramentas integradas. Essas novas ferramentas e processos não apenas ajudaram o projeto ERP a ter sucesso, mas também removeram as barreiras de comunicação em todas as áreas e locais da Western Digital, colocando-as em uma posição melhor para possíveis fusões ou aquisições no futuro.

A gestão de mudanças desempenha um papel importante na implementação do ERP na Western Digital. Conforme os processos e tecnologias são integrados, as pessoas que utilizam os sistemas devem se ajustar. Ao garantir que os usuários estejam prontos quando a integração do sistema for concluída, a Western Digital é capaz de obter benefícios muito maiores do sistema, mais rapidamente. Phillpott enfatiza a importância dessas estruturas subjacentes de comunicação e gestão de mudanças para a implementação e o uso bem-sucedidos de um ERP e as vantagens competitivas resultantes.

As implementações de ERP geralmente têm prazos longos, especialmente em organizações de grande porte. Phillpott diz que são "dois anos em uma jornada de quatro anos (mais ou menos)". Eles optaram por uma implementação em fases, conforme descrito na tabela a seguir:

Fase	*Status*	Foco
1	Começou a operar em julho de 2017	Consolidação financeira Relatórios estatutários Planejamento de despesas operacionais
2	Começou a operar em junho de 2018	Planejamento de despesas de capital Aquisição indireta
3	Em processo	Orquestração de pedidos Gestão de comércio global
4	Planejado	Aquisição direta Capacidades financeiras para logística, estoque

Phillpott e sua equipe perceberam que não podiam esperar até que o ERP fosse totalmente implementado para receber os benefícios dos relatórios que o sistema acabaria por produzir. Portanto, para obter o máximo de benefícios o mais rápido possível, eles implementaram um recurso de relatório provisório. Eles revisaram os objetivos de negócios e decidiram sobre as prioridades de relatórios para implementar uma plataforma de análise preditiva no início do processo. De acordo com Phillpott, essa plataforma "oferece suporte aos recursos de manufatura e operação, tentando ver como melhoramos os rendimentos e o desempenho de nossas operações de manufatura". Ele também afirma que esses relatórios provisórios não apenas ajudam a melhorar o desempenho, mas atuam como um campo de testes ou protótipo para o sistema de relatórios que será implementado em fases posteriores. À medida que o ERP amadurece, eles implementam várias tecnologias para análise de dados, das menos às mais complexas, começando com relatórios predefinidos e um painel, passando por relatórios personalizados, análises preditivas e inteligência de negócios alimentada por IA. Eles serão capazes de responder a perguntas como as seguintes:

- Como podemos melhorar nosso tempo para o mercado?
- Como acelerar a inovação na manufatura?
- Como podemos reduzir os custos em nosso ciclo de vida de desenvolvimento do produto?

Utilizando sua análise e incorporando tecnologias de nuvem integradas, eles conseguiram reduzir o tempo necessário para realizar simulações de fabricação de 30 dias para nove horas ou menos.

Questões de pensamento crítico

1. Muitos dos benefícios de um ERP podem ser obtidos por meio do processo de implementação e mudança. Como a atualização e a integração de processos e atividades, como parte de uma implementação de ERP, pode trazer benefícios para a organização? Forneça exemplos específicos.
2. Quais etapas a Western Digital realizou para perceber os benefícios da integração conforme ela ocorria, em vez

de esperar até que o sistema estivesse completamente integrado? Como você acha que isso poderia ter sido diferente se eles escolhessem um dos três ERPs originais e as outras duas empresas se convertessem a ele?

3. Tendemos a pensar na implementação como um processo único, feito de uma só vez, com um ponto de partida e um ponto final claro e com os benefícios obtidos no final do projeto. Mas raramente é tão simples. Como uma abordagem em fases e o uso de soluções provisórias ou protótipos, como aqueles utilizados pela Western Digital, ajudam a garantir uma implementação bem-sucedida? Como essa estratégia pode ajudar o ERP a fornecer mais benefícios depois de ser totalmente implementado?

FONTES: "Western Digital's CIO Modernizes Technology in the face of Two Major Acquisitions", *https://www.forbes.com/sites/peterhigh/2018/01/29/western-digitals-cios-modernizes-technology-in-the-face-of-two-major-acquisitions/#740b1b16753c*, acesso em 17 de novembro de 2019; "Inside Western Digital's Massive Cloud ERP Migration", *https://www.cio.com/article/3322902/inside-western-digitals-massive-cloud-erp-migration.html*, acesso em 17 de novembro de 2019.

Notas

Fontes da vinheta de abertura: "Speaking a common language: driving interoperability using SNOMED CT", *https://www.cerner.com/gb/en/blog/speaking-a-common-language-driving-interoperability-using-snomed-ct*, acesso em 17 de novembro de 2019; "Single LIMS go live for Barts Health NHS Trust", *http://www.clinisys.co.uk/gb/en/news-events/news/2013/single-lims-go-live-for-barts-health-nhs-trust/*, acesso em 16 de novembro de 2019; "TechnologyAdvice Guide to Enterprise Medical Software", *https://technologyadvice.com/enterprise-medical-software/*, acesso em 14 de novembro de 2019.

1. "Customer Service Software", Capterra, *https://www.capterra.com/customer-service-software/*, acesso em 24 de junho de 2019.
2. "Corporate Overview", ADP, *https://www.adp.com/-/media/Corporate%20Overview/ADP-Corporate-Overview.ashx?la=en&hash=87E6902ABB44AEE1A0EC11054374BFE94F4657EF*, acesso em 24 de junho de 2019.
3. "How We Do It", ResortCom, *https://corporate.resortcom.com/timeshare-management-software-resortconnect/*, acesso em 5 de junho de 2019.
4. "Form 10-K: Paypal Holdings, Inc.", Paypal Holdings, Inc., 31 de dezembro de 2018, *https://investor.paypal-corp.com/static-files/0679dfac-93e0-4768-b280-58eae8917612*.
5. "Magi-Based Eligibility Verification Plan", Medicaid, *https://www.medicaid.gov/medicaid/program-information/eligibility-verification-policies/downloads/wisconsin-updated-verification-plan-template.pdf*, acesso em 5 de junho de 2019.
6. "HIPAA Version 5010 Companion Guides and NCPDP Version D.0 Payer Sheet", ForwardHealth, *https://www.forwardhealth.wi.gov/wiportal/Subsystem/Account/StaticHTML.aspx?srcUrl=CompanionDocuments.htm*, acesso em 24 de junho de 2019.
7. "Lukas Nursery Chooses Epicor Eagle N Series to Refresh 100-Year-Old Business", Epicor, 20 de janeiro de 2016, *www.epicor.com/Press-Room/News-Releases/Lukas-Nursery-Chooses-Epicor-Eagle-N-Series-to-Refresh-100-Year-Old-Business.aspx*.
8. "Sage 300 Construction and Real Estate", Sage, *https://www.sage.com/en-us/products/sage-300-construction-and-real-estate/*, acesso em 5 de junho de 2019.
9. "Echo Valley Irrigation Finds Success in the Field Sage 300 Construction and Real Estate and Sage Construction Anywhere Keep This Contractor on Course", Sage, *https://www.sage.com/na/~/media/site/Sage%20300%20Construction%20and%20Real%20Estate/documents/pdf-customer-success-stories/sage_echo_valley_ca_final_033015*, acesso em 5 de junho de 2019, *https://www.sage.com/en-us/products/sage-300/*, acesso em 24 de junho de 2019.
10. Mark Balkenende. The Big Data Debate: Batch Versus Stream Processing., 2018., *https://thenewstack.io/the-big-data-debate-batch-processing-vs-streaming-processing/*. acesso em 24 de junho de 2019.
11. "Best POS systems of 2020: Point-of-sale solutions for retail, restaurants, and more", Techradar.pro, *https://www.techradar.com/best/best-pos-systems*, acesso em 1º de maio de 2020.
12. "Creative Wedge Slices Up Ways to Improve Inventory", NCS Small Business, *https://www.ncr.com/company/blogs/small-business*, Blog 9/10/2014, acesso em 5 de março de 2015.
13. "About Us", Women's World Banking, *www.womensworldbanking.org/about-us*, acesso em 5 de junho de 2019.
14. "Women's World Banking", Intacct, *http://on-line.intacct.com/rs/intacct/images/cs_womensworldbanking.pdf*, acesso em 23 de outubro de 2019.
15. "Connect to Your Customers in a Whole New Way with the World's #1 CRM Platform", Salesforce, *https://www.salesforce.com/*, acesso em 5 de junho de 2019.
16. "Compare Domo vs Tableau vs Birst", Crozdesk, *https://crozdesk.com/compare/domo-vs-tableau-vs-birst*, acesso em 5 de junho de 2019.
17. "Steinwall Scientific, Inc.", IQMS Manufacturing ERP, *www.iqms.com/files/case-studies/Steinwall%20Scientific_ERP_success.pdf*, acesso em 5 de junho de 2019.
18. David Trites, "How Prime Meats Cuts Through Business Complexity", SAP Community Network (blog), 28 de julho de 2015, *http://scn.sap.com/community/business-trends/blog/2015/07/28/how-prime-meats-cuts-through-business-complexity*.
19. "Our Company", Whirlpool, *www.whirlpoolcorp.com/our-company*, acesso em 5 de junho de 2019.
20. Clint Boulton, "Whirlpool CIO Tackles ERP Overhaul and IoT-Powered Appliances", *CIO*, 20 de fevereiro de 2016, *www.cio.com/article/3039093/internet-of-things/whirlpool-cio-tackles-erp-overhaul-and-iot-powered-appliances.html*.
21. "ERP Software", Software Advice, *https://www.softwareadvice.com/erp/*, acesso em 5 de junho de 2019.

22. Compiere, *http://www.compiere.com/*, acesso em 5 de junho de 2019.
23. "Case Study", Evalueserve, *http://offers.evalueserve.com/hubfs/Evalueserve/Campaigns/CaPS/Case-Studies/CaPS16-Product-Demand-Forecasting.pdf?hsCtaTracking=f5c2ccb0-03ac-415f-9285-86254a99ba25%7Cc2f61e24-6b30-41b6-8894-99b89cf74e3c*, acesso em 6 de junho de 2019.
24. "Expensify: Base Helps Expensify Engage with Customers", Base, *https://getbase.com/customers/expensify*, acesso em 5 de junho de 2019.
25. "Annual Report 2018", Nu Skin Enterprises, *http://ir.nuskin.com/phoenix.zhtml?c=103888&p=irol-irhome*, acesso em 6 de junho de 2019.
26. "The Best CRM Software for 2019", PC, *https://www.pcmag.com/roundup/253275/the-best-crm-software*, acesso em 6 de junho de 2019.
27. "What is PLM Software?", Siemens, *https://www.plm.automation.siemens.com/global/en/*, acesso em 6 de junho de 2019.
28. "Water Pik Improves Its Flow with ProductCenter PLM", Essig Research, *https://www.essig.com/productcenter-product-lifecycle-management/productcenter-customer-success/water-pik-improves-its-flow-with-productcenter-plm/*, acesso em 22 de outubro de 2019.
29. "Product Lifecycle Management (PLM) Software", *Finances On-line*, *https://product-lifecycle-management.financesonline.com/*, acesso em 6 de junho de 2019.
30. "Electrolux implements worldwide 3D factory and material flow planning", Siemens Industry Software, *https://www.plm.automation.siemens.com/global/en/our-story/customers/electrolux/57807/*, acesso em 19 de novembro de 2019.
31. Katie Dudek, "Electrolux Implements Digital Manufacturing Worldwide", Siemens Industry Software, *https://blogs.sw.siemens.com/teamcenter/Electrolux-implements-digital-manufacturing-worldwide/*, acesso em 19 de novembro de 2019.
32. Christopher Koch, "Supply Chain: Hershey's Bittersweet Lesson", *CIO*, *https://www.cio.com/article/2440386/supply-chain---hershey-s-bittersweet-lesson.html*, acesso em 6 de junho de 2019.
33. Josh Fruhlinger e Thomas Wailgum, "15 Famous ERP Disasters, Dustups and Disappointments", *CIO*, *https://www.cio.com/article/2429865/enterprise-resource-planning-10-famous-erp-disasters-dustups-and-disappointments.html*, acesso em 6 de junho de 2019.
34. Richard Watanabe, "ERP Selection: Types of ERP Software Hosting Models", *Datacor Blog*, 22 de fevereiro de 2018 *https://www.datacor.com/the-datacor-blog/erp-selection-types-of-erp-software-hosting-models*.
35. Omnify Software Case Study, "LoneStar Heart: Efficiencies in Product Development Processes Result in Estimated $80,000 in Savings" *https://omnifysoft.com/customers/success/download/Omnify-LoneStarHeart-PLM-Success-Story.pdf*, acesso em 6 de junho de 2019.

CAPÍTULO 11
Inteligência artificial (IA) e automação

Princípios

- As organizações estão desenvolvendo novas tecnologias com uso de inteligência artificial e sistemas especialistas.

- À medida que as empresas se tornam mais automatizadas com o uso de inteligência artificial e sistemas especialistas, as organizações devem planejar estrategicamente seu potencial impacto nos empregos futuros.

- As organizações dependem de máquinas para aprender com os processos e obter melhores resultados.

- Os robôs estão se tornando mais interativos nos negócios, com novos aplicativos sendo introduzidos em um ritmo rápido.

Objetivos de aprendizagem

- Explicar resumidamente a natureza da inteligência artificial.
- Identificar seis componentes de sistemas especialistas e explicar como são usados.
- Discutir como os avanços em realidade aumentada estão melhorando as capacidades de visão computacional.
- Explicar resumidamente como funciona uma rede neural artificial.
- Descrever duas estratégias utilizadas para treinar redes neurais artificiais.
- Discutir o impacto potencial da inteligência artificial e da automação nos empregos futuros.
- Definir o termo aprendizagem de máquina.
- Identificar quatro tipos de treinamento de aprendizagem de máquina.
- Definir o termo processamento de linguagem natural.
- Discutir como a interface cérebro-computador está sendo desenvolvida por meio de pesquisas.
- Explicar resumidamente o que consiste um sistema robótico.
- Descrever três tipos de robôs, incluindo o ambiente em que operam e a finalidade a que servem.
- Identificar duas aplicações industriais da robótica.

SI em ação

Sistema de saúde utiliza IA para melhorar o atendimento ao paciente

▶ PENSAMENTO ANALÍTICO

Em 2017, a IBM comprometeu US$ 240 milhões em dez anos para estabelecer um laboratório de pesquisa de aprendizagem de máquina, computação cognitiva e aprendizagem profunda em colaboração com o Instituto de Tecnologia de Massachusetts (*Massachusetts Institute of Technology* – MIT). As principais prioridades de pesquisa do laboratório incluem diagnósticos de saúde e suporte a decisões clínicas, junto com o uso de inteligência artificial para melhorar a segurança cibernética e os impactos da integração de ferramentas de análise de dados na sociedade.

De acordo com a reitora da Faculdade de Engenharia do MIT, Anantha Chandrakasan, "a IA está em toda parte [...] existem alguns alvos específicos que temos em mente, como a capacidade de detectar o câncer (por exemplo, usando IA com imagens em radiologia para detectar automaticamente o câncer de mama) muito antes do que detectamos agora". O novo laboratório é uma extensão natural da iniciativa Watson Health da IBM, que se concentrou em oncologia e teve resultados positivos no campo durante sua fase piloto inicial. Esse tipo de sistema é denominado sistema especialista. O laboratório do MIT está trabalhando em outras iniciativas de IA, além da oncologia. De acordo com um artigo divulgado pela *Xconomy*, o laboratório está observando um progresso inicial com a IA. David Cox foi contratado para dirigir o laboratório e afirmou que "algumas das apostas que estamos fazendo estão começando a dar frutos".

Durante anos, desde que o IBM Watson Health foi criado, porém, houve relatos de hospitais e médicos, incluindo alguns dos parceiros da IBM e médicos especialistas internos, de que o Watson não agregava valor em um ambiente clínico e — pior ainda — às vezes recomendava tratamentos de câncer errados. Embora o IBM Watson Health tenha perdido alguns clientes e consultores médicos por causa dos resultados decepcionantes, Laura Craft, vice-presidente de pesquisa da divisão de Estratégia de Saúde do Gartner, argumentou que a tecnologia do Watson não é o problema. Ela simplesmente não teve tempo ou entrada de dados de qualidade para se tornar o mecanismo de medicina personalizada anunciado pela IBM. Outro problema, de acordo com Cynthia Burghard, da Healthcare IT Transformation Strategies, é que, ao treinar o Watson, a IBM usou dados relacionados a cânceres simples, embora cânceres mais complexos fossem tratados de maneira diferente. Além disso, hospitais menores podem não ter o mesmo acesso às opções de tratamento que as grandes instalações urbanas, o que significa que as recomendações precisam ser adaptadas a regiões e centros médicos específicos.

Em 2019, o IBM Watson Health anunciou um novo investimento de US$ 50 milhões de dez anos em parcerias de IA com o Centro Médico da Universidade Vanderbilt, em Nashville, e o Hospital Brigham and Women, em Boston. Essas parcerias usarão a IA para melhorar a usabilidade dos sistemas de registros eletrônicos de saúde (*electronic health records* – EHR), apoiar e aumentar a segurança do paciente e ajudar a promover a igualdade na saúde. "Ao colocar toda a força de nossa equipe clínica e de pesquisa junto com dois dos principais centros médicos acadêmicos do mundo, vamos acelerar drasticamente o desenvolvimento de soluções de IA de trabalho real que melhoram a eficiência e os resultados do fluxo de trabalho", disse Kuy Rhee, vice-presidente e chefe diretor de saúde do IBM Watson Health.

Em média, os médicos gastam duas horas trabalhando em sistemas EHR para cada hora de atendimento ao paciente. Isso pode rapidamente fazer com que o médico "fique esgotado" ou cometa erros. Muitas dessas tarefas podem se tornar repetitivas e tediosas. De acordo com Mark Lambrecht da SAS, empresa de análise de dados, existem mais dados do que podem ser analisados por médicos e a IA pode ajudar a reduzir o tempo necessário no computador. "Eles fazem isso capturando os dados automaticamente, entendendo-os, fornecendo conteúdo e garantindo que os dados sejam colocados no campo certo". Um exemplo disso está na radiologia. Antes da IA, os radiologistas precisavam procurar imagens em livros para encontrar uma correspondência com a imagem digital. Agora, com IA, o sistema pode tornar a correspondência para o radiologista muito mais rápida e reduzir o tempo necessário pesquisando as informações.

David Bates, chefe de medicina interna geral do Hospital Brigham and Women e professor de medicina da Faculdade de Medicina de Harvard, sabe como é urgente utilizar os dados existentes para melhorar a experiência do paciente e do médico: "Todos nós sabemos que o futuro da saúde pertence à IA, mas hoje a saúde em todo o mundo está isolada e não pode ser acionada [...] Por meio da IA, temos a oportunidade de fazer melhor".

Kevin Johnson, MD, MS, presidente de informática biomédica da Vanderbilt, usa a aprendizagem de máquina para fornecer medicina de precisão e melhorar a saúde pública. A Vanderbilt está usando IA em muitos projetos, como simplificação de fluxos de trabalho, personalização do atendimento e redução das disparidades no atendimento. Eles também estão trabalhando com a GE Healthcare em um projeto de pesquisa de cinco anos sobre imunoterapia para pacientes com câncer.

O uso de IA e aprendizagem de máquina está crescendo rapidamente no campo da saúde, conforme evidenciado pelo trabalho do MIT, do Hospital Brigham and Women e do Centro Médico da Universidade Vanderbilt. À medida que mais pesquisas são conduzidas e os dados aumentam, o mesmo ocorre com a base de conhecimento da IA. Quem sabe até onde isso vai nos levar? Para onde você acha que a área de saúde avançará nos próximos dez anos?

Ao ler sobre inteligência artificial e automação, considere o seguinte:

- Que formas de IA as organizações estão usando hoje e como estão sendo utilizadas?
- Quais são os impactos potenciais na sociedade como um todo à medida que a IA e a aprendizagem de máquina continuam a se desenvolver?

Por que aprender sobre inteligência artificial e automação?

A inteligência artificial (IA) está em desenvolvimento há mais de 60 anos. Durante esse tempo, os avanços na tecnologia de IA afetaram nossos cotidianos — tanto em casa quanto nos negócios. O que é IA e como um computador se torna inteligente? Que tipos de carreiras estão disponíveis e o que você precisa para ter sucesso em uma área de IA? Precisamos entender como a automação afetará cada setor e como nos preparar para isso. Os empregos serão perdidos devido à automação ou novos empregos serão criados? Ao olharmos para o futuro, é importante que as organizações e os gestores entendam a IA e a automação e suas aplicações, incluindo como esses campos continuarão a se desenvolver.

Visão geral da inteligência artificial

inteligência artificial (IA): A capacidade de imitar ou duplicar as funções do cérebro humano.

Em uma conferência da Faculdade Dartmouth em 1956, John McCarthy propôs o uso do termo **inteligência artificial (IA)** para descrever computadores com a capacidade de imitar ou duplicar as funções do cérebro humano. Um artigo apresentado na conferência propôs um estudo de IA com base na conjectura de que "cada aspecto da aprendizagem ou qualquer outra característica da inteligência podem, em princípio, ser descritas com tanta precisão que uma máquina pode ser feita para simulá-las".[1]

Muitos pioneiros da IA participaram dessa primeira conferência; alguns previram que os computadores seriam tão "inteligentes" quanto as pessoas na década de 1960. A previsão ainda não foi realizada, mas muitas aplicações da IA podem ser vistas atualmente e as pesquisas continuam.

Para obter uma compreensão da IA, é necessário em primeiro lugar entender a história da IA. Os computadores, tal como os conhecemos atualmente, tiveram um início muito humilde nos anos 1600, quando Blaise Pascal, conhecido por suas habilidades como matemático, inventou o Pascaline, uma máquina de calcular mecânica que funcionava como calculadora de impostos.[2] Assim, começou o processo de uso de cálculos para melhorar as funções de negócios. Em 1837, Charles Babbage e Ada Lovelace projetaram os primeiros mecanismos programáveis: a Máquina Diferencial, que foi projetada como uma calculadora, e a Máquina Analítica, que levou aos computadores mais modernos e era programada com cartões perfurados.[3] Essas invenções pavimentaram o caminho para a era moderna da IA.

Como mostrado na Figura 11.1, a IA se desenvolveu rapidamente ao longo das décadas desde 1640, de 1642 a 2018.[4] Em 1943, Warren McCulloch e Walter Pitts estabeleceram o paralelo entre o cérebro e os computadores, marcando a fundação das redes neurais. Isso será discutido posteriormente neste capítulo.

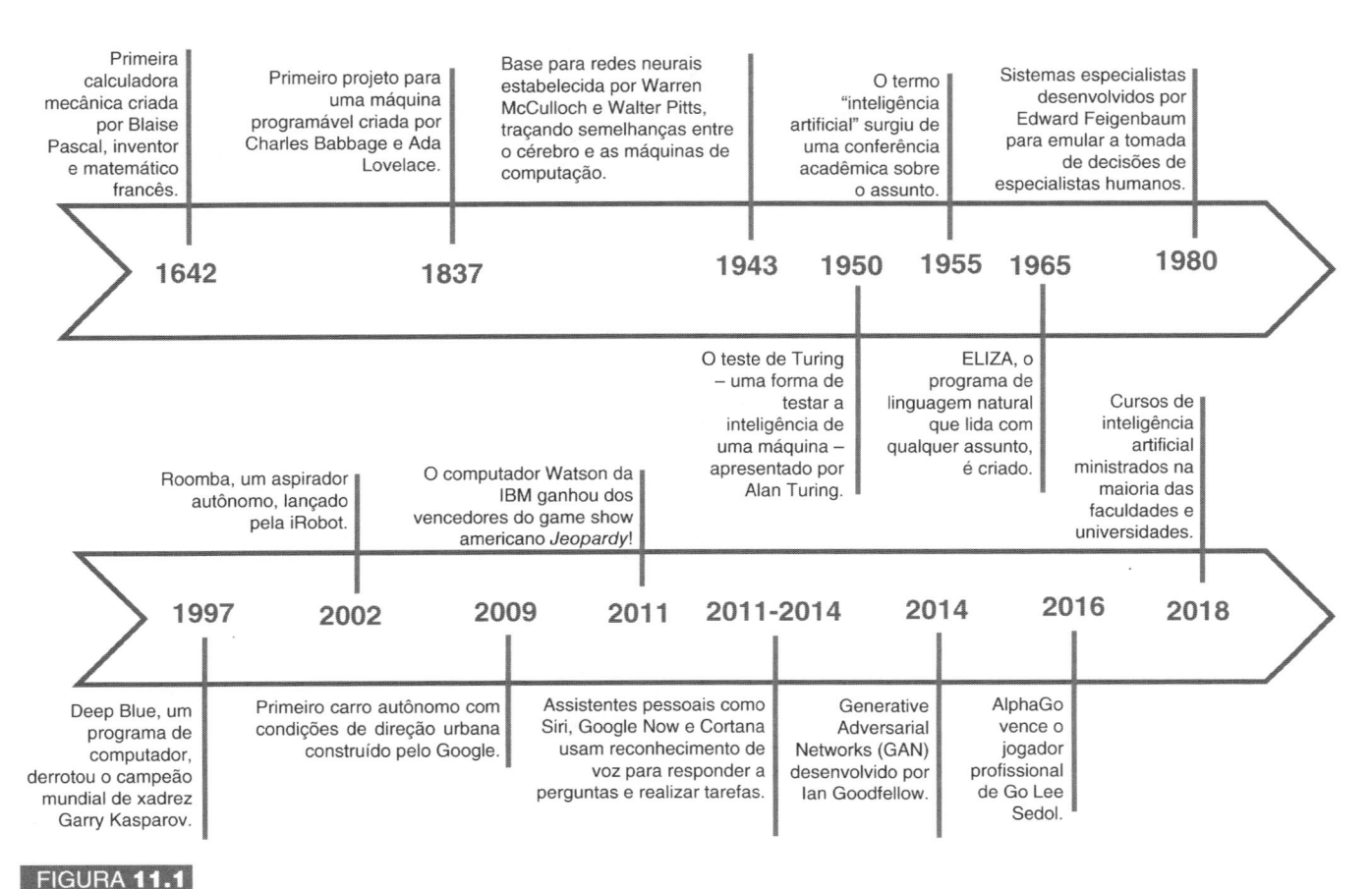

FIGURA 11.1
Linha do tempo da IA
Época histórica do desenvolvimento da IA.
Fonte: "History of Artificial Intelligence", https://qbi.uq.edu.au/brain/intelligent-machines/history-artificial-intelligence, Queensland Brain Institute.

1642 — Primeira calculadora mecânica criada por Blaise Pascal, inventor e matemático francês.

1837 — Primeiro projeto para uma máquina programável criada por Charles Babbage e Ada Lovelace.

1943 — Base para redes neurais estabelecida por Warren McCulloch e Walter Pitts, traçando semelhanças entre o cérebro e as máquinas de computação.

1950 — O teste de Turing – uma forma de testar a inteligência de uma máquina – apresentado por Alan Turing.

1955 — O termo "inteligência artificial" surgiu de uma conferência acadêmica sobre o assunto.

1965 — ELIZA, o programa de linguagem natural que lida com qualquer assunto, é criado.

1980 — Sistemas especialistas desenvolvidos por Edward Feigenbaum para emular a tomada de decisões de especialistas humanos.

1997 — Deep Blue, um programa de computador, derrotou o campeão mundial de xadrez Garry Kasparov.

2002 — Roomba, um aspirador autônomo, lançado pela iRobot.

2009 — Primeiro carro autônomo com condições de direção urbana construído pelo Google.

2011 — O computador Watson da IBM ganhou dos vencedores do game show americano *Jeopardy!*

2011-2014 — Assistentes pessoais como Siri, Google Now e Cortana usam reconhecimento de voz para responder a perguntas e realizar tarefas.

2014 — Generative Adversarial Networks (GAN) desenvolvido por Ian Goodfellow.

2016 — AlphaGo vence o jogador profissional de Go Lee Sedol.

2018 — Cursos de inteligência artificial ministrados na maioria das faculdades e universidades.

Em 1950, Alan Turing, matemático que mais tarde se tornou conhecido como o pai da moderna ciência da computação, desenvolveu uma maneira de testar a inteligência de uma máquina. Seu pensamento era que se a máquina pudesse enganar uma pessoa fazendo-a pensar que era humana, então a máquina era inteligente. A conclusão inicial de Turing foi de que não havia memória e armazenamento suficientes disponíveis na época, e também a capacidade humana de experimentar emoções e originalidade no trabalho. Mas ele também acreditava que sua proposta inicial seria realizada dentro de 50 anos.[5] O Teste de Turing não foi realizado, o que significa que não houve nenhum caso oficialmente confirmado de um computador ser confundido com um humano, mas outros sistemas especialistas podem oferecer uma solução diferente. Os sistemas especialistas são discutidos posteriormente neste capítulo.

A década de 1960 trouxe várias inovações robóticas, como o Unimate, o primeiro robô industrial, que em 1961 foi colocado em uso nas fábricas da General Motors (GM), substituindo humanos em algumas partes das linhas de montagem da GM. Em 1964, um chatbot chamado ELIZA, que podia manter conversas com humanos, foi desenvolvido por Joseph Weizenbaum no MIT.[6] Em 1966, foi criado Shakey, o Robô (mostrado na Figura 11.2). Shakey podia realizar tarefas que envolviam reorganizar objetos simples e planejar rotas. Shakey demonstrou ter a capacidade de "perceber

FIGURA 11.2
Shakey, o Robô
Shakey, o Robô, é conhecido como a "primeira pessoa eletrônica".
Fonte: Marshall Astor de San Pedro, Estados Unidos — Versão editada (por uploader, Usuário: Sanchom) de Shakey-Robot, CC BY-SA 2.0, https://commons.wikimedia.org/w/index.php?curid=3627201

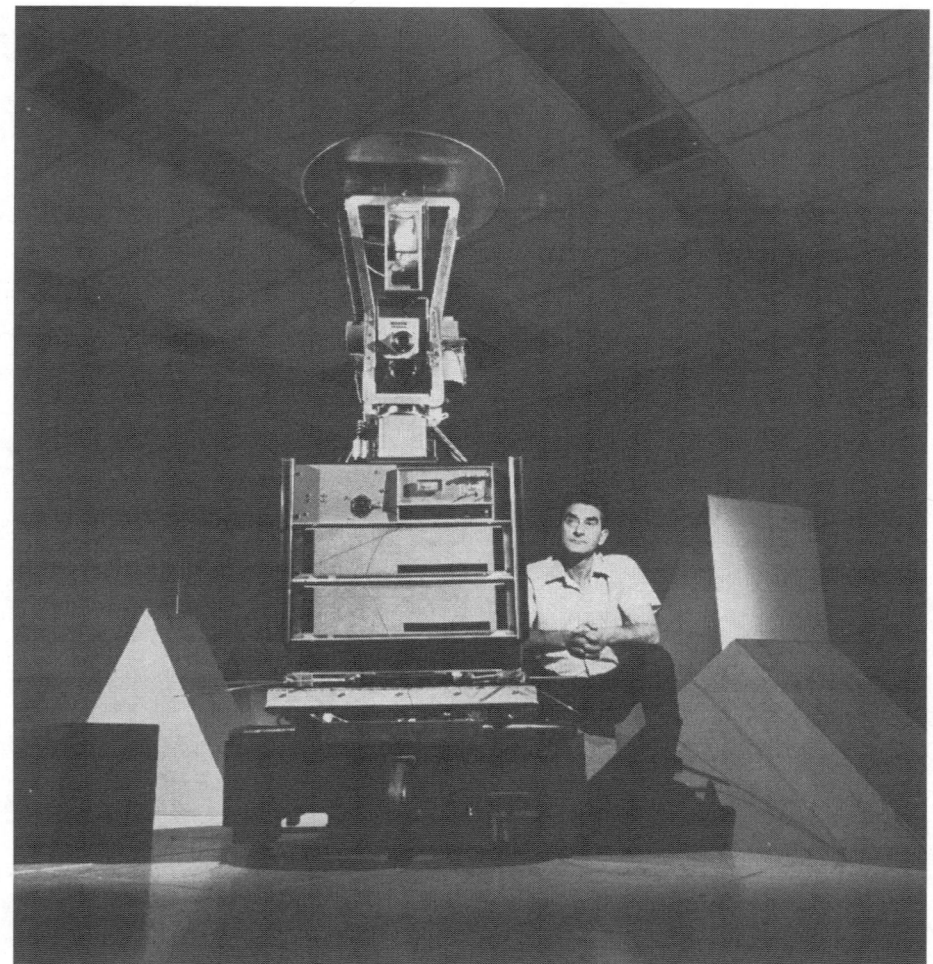

e raciocinar sobre o seu meio circundante" e, em 1970, a revista *Life* referiu-se a ele como a "primeira pessoa eletrônica".[7]

Ao longo dos 20 anos seguintes, o desenvolvimento da IA pareceu estagnar. A pesquisa continuou, mas havia muito trabalho a ser feito. Foi necessário fazer uma distinção entre IA e aprendizagem de máquina. Os pesquisadores determinaram que a IA operava com base em um conjunto de regras e a aprendizagem de máquina usava dados para determinar a próxima etapa do processo. Para fazer isso funcionar, foi preciso aprender como programar as regras para fazer a IA funcionar corretamente. A diferença com a aprendizagem de máquina é que a máquina aprende enquanto está sendo utilizada. Uma vez compreendido isso, o trabalho com IA poderia ser retomado com um novo foco na programação de inteligência artificial.

No final dos anos 1990, a IBM desafiou o campeão mundial de xadrez Gary Kasparov para uma batalha épica "homem *versus* máquina" contra seu supercomputador, batizado de Deep Blue. Em maio de 1997, o Deep Blue conquistou a vitória após uma longa partida de seis jogos — duas vitórias, uma derrota e três empates. Deep Blue se tornou a inspiração para o Watson.[8]

Nos dez anos seguintes, muitos brinquedos robóticos e eletrodomésticos foram lançados no mercado — cada um usando uma tecnologia de IA mais avançada do que a anterior. AiBO, um cão robótico lançado pela primeira vez em 1999, tem uma personalidade que continua a se desenvolver à medida que uma criança brinca com ele. Aparelhos assistidos por IA, como o Roomba, que pode aspirar uma casa sem danificar os móveis e as paredes ao aprender a desviar desses itens, tornaram-se mais comuns a partir do início dos anos 2000.[9]

O próximo grande avanço em IA veio em 2011, quando o Watson da IBM derrotou dois ex-campeões no *Jeopardy*. Para se preparar para o jogo, os programadores da IBM tiveram que dar ao Watson a capacidade de fazer processamento de linguagem natural para que ele entendesse a natureza de cada pergunta e fosse capaz de formular uma resposta na forma de uma pergunta.[10] A linguagem natural é discutida posteriormente neste capítulo.

A última década viu um rápido crescimento no uso de aplicativos de IA em ambientes de negócios e na vida diária dos consumidores. Aplicativos como Siri, Cortana e Alexa fornecem assistência em tudo, desde o clima até orientações para compras. Com esses aplicativos, os usuários podem simplesmente fazer uma pergunta para obter uma resposta com base em sua localização e preferências. A IA continua avançando e, neste capítulo, veremos como esses desenvolvimentos provavelmente afetarão a tecnologia da informação, nossas carreiras e nosso cotidiano.

Inteligência artificial em perspectiva

Os computadores foram originalmente projetados para realizar operações matemáticas simples, usando regras fixas programadas e, finalmente, operar milhões de cálculos por segundo. Quando se trata de realizar operações matemáticas com rapidez e precisão, os computadores derrotam os humanos. Mas os computadores ainda têm problemas para reconhecer padrões, adaptar-se a novas situações e tirar conclusões quando não são fornecidas informações completas — todas as atividades que os humanos podem realizar muito bem. Os sistemas de inteligência artificial lidam com esse tipo de problema. **Sistemas de inteligência artificial (IA)** incluem pessoas, procedimentos, hardware, software, dados e conhecimento necessários para desenvolver sistemas computadorizados e máquinas, que podem simular processos de inteligência humana, como aprendizagem (aquisição de informações e regras para utilizar as informações), raciocínio (uso de regras para chegar a conclusões) e autocorreção (uso do resultado de um cenário para melhorar seu desempenho em cenários futuros).

A IA é um campo complexo e interdisciplinar que envolve várias especialidades, incluindo biologia, ciência da computação, linguística, matemática, neurociência, filosofia e psicologia. O estudo dos sistemas de IA leva a ponderar sobre questões filosóficas como a natureza da mente humana e a ética da criação de objetos dotados de inteligência semelhante à humana. Hoje, os sistemas de IA são utilizados em muitos setores e aplicações. Pesquisadores, cientistas e especialistas nas maneiras como os seres humanos pensam estão frequentemente envolvidos no desenvolvimento desses sistemas.

Natureza da inteligência

Desde os estágios iniciais, a ênfase de muitas pesquisas em IA tem sido o desenvolvimento de máquinas com a capacidade de "aprender" com as experiências e aplicar o conhecimento adquirido com essas experiências; lidar com situações complexas; resolver problemas quando faltam informações importantes; determinar o que é importante e reagir de forma rápida e correta a uma nova situação; compreender imagens visuais, processar e manipular símbolos, ser criativo e imaginativo; e utilizar heurística — tudo isso junto é considerado **comportamento inteligente**.

Conforme descrito anteriormente, o Teste de Turing foi desenvolvido para determinar se um computador poderia convencer humanos de que eles estavam conversando com outro humano e não com um computador. Desde 1951, não foi declarado nenhum vencedor desse prêmio. Alguns questionaram se o Google Duplex, um dispositivo de IA que fala com um usuário com a ajuda do Google Assistant, poderia ter vencido o Teste de Turing devido à conclusão bem-sucedida de uma chamada telefônica para agendar uma consulta no salão de cabeleireiro. Em uma competição, realizada diante de um público ao vivo, o Google Duplex recebeu as informações para solicitar um agendamento e aceitar o horário concedido. Alguns diriam que sim, pois a recepcionista do salão não sabia que estava falando com um computador e conduzia o negócio normalmente. Alguns diriam que não, já que a chamada foi feita na frente de um público e que um compromisso agendado é mais um tipo de chamada com roteiro.[11]

A partir de 1991, Hugh Loebner e o Centro de Estudos Comportamentais de Cambridge começaram a sediar uma competição do Teste de Turing — uma das muitas competições existentes hoje que permite que empresas e indivíduos concorram e

---

sistema de inteligência artificial (IA): As pessoas, procedimentos, hardware, software, dados e conhecimento necessários para desenvolver sistemas de computador e máquinas que podem simular processos de inteligência humana, incluindo aprendizagem (aquisição de informações e regras para usar a informação), raciocínio (utilização de regras para chegar a conclusões) e autocorreção (uso do resultado de um cenário para melhorar seu desempenho em cenários futuros).

comportamento inteligente: A capacidade de aprender com as experiências e aplicar o conhecimento adquirido com essas experiências para lidar com situações complexas; para resolver problemas quando faltam informações importantes; determinar o que é importante e reagir rápida e corretamente a uma nova situação; compreender imagens visuais; processar e manipular símbolos e ser criativo e imaginativo; e usar heurísticas.

exibam seus chatbots para determinar se podem passar no Teste de Turing. Em 2014, a Study of Artificial Intelligence and Simulation of Behaviour (AISB), a primeira sociedade de IA do mundo, assumiu o controle da competição, que é realizada às cegas, o que significa que tanto humanos quanto computadores ficam atrás das cortinas enquanto os juízes conversam com eles por meio de um bate-papo no computador. Tanto humanos quanto computadores tentam convencer a comissão de jurados de que são humanos. Nenhum computador teve sucesso; entretanto, todos os humanos que participaram da competição convenceram com sucesso os jurados de que eram humanos — embora alguns por uma margem muito pequena. A partir de 2019, esse não será mais uma competição formal; em vez disso, o prêmio é concedido por uma combinação de júri e votação pública.[12]

Algumas das características específicas do comportamento inteligente incluem a capacidade de fazer o seguinte:

- **Aprender com a experiência e aplicar o conhecimento adquirido com a experiência.** Aprender com situações e eventos passados é um componente-chave do comportamento inteligente e é uma habilidade natural dos humanos, que aprendem por tentativa e erro. Essa habilidade, entretanto, deve ser cuidadosamente programada em um sistema de computador. Hoje, os pesquisadores estão desenvolvendo sistemas que podem "aprender" com a experiência. O site das 20 perguntas (20Q), *www.20q.net* (ver Figura 11.3), é um exemplo de sistema que aprende.[13] O site é um jogo de IA que aprende à medida que as pessoas jogam.

FIGURA 11.3
O site 20Q
20Q é um jogo em que os usuários jogam o popular jogo 20 perguntas contra um inimigo com IA.
Fonte: *www.20q.net*

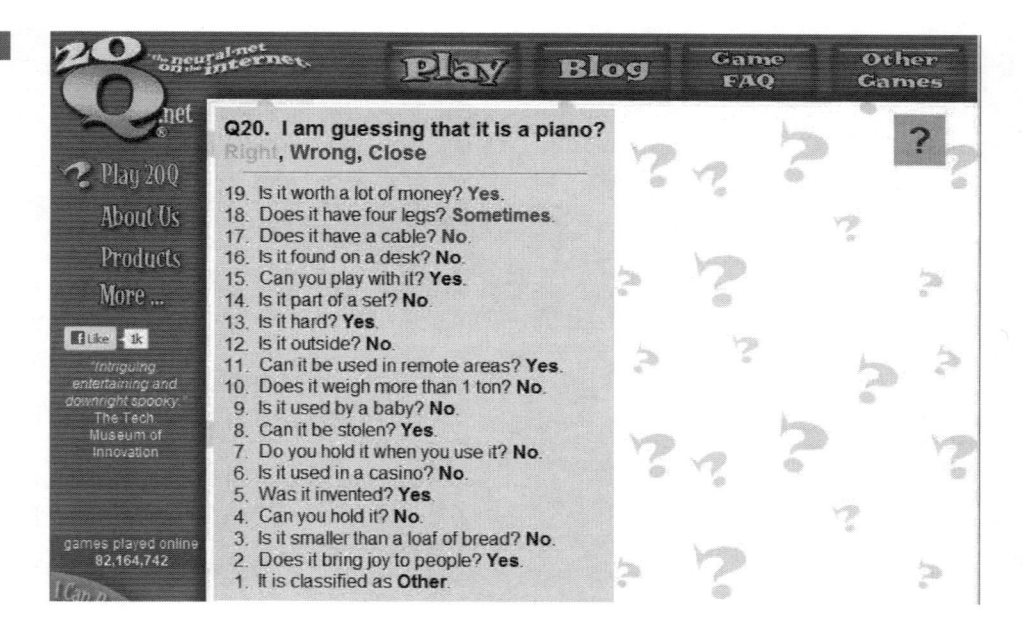

- **Lidar com situações complexas.** Em um ambiente de negócios, gestores e executivos de alto nível devem lidar com um mercado complexo, concorrentes desafiadores, regulamentações governamentais intrincadas e uma força de trabalho exigente. Até mesmo especialistas humanos cometem erros ao lidar com esses assuntos. Um planejamento muito cuidadoso e uma programação de computador elaborada são necessários para desenvolver sistemas que possam lidar com situações complexas.
- **Resolver problemas quando estão faltando informações importantes.** Parte integrante da tomada de decisão é lidar com a incerteza. Frequentemente, as decisões devem ser tomadas com informações escassas ou imprecisas, pois obter informações completas é muito caro ou impossível. Hoje, os sistemas de IA podem fazer cálculos, comparações e decisões importantes mesmo quando faltam informações. Mas deve-se notar que as decisões tomadas por um sistema de IA são tão boas quanto os dados. A decisão será baseada apenas nas

informações disponíveis para o sistema. Se faltarem dados vitais, isso terá um impacto na qualidade da decisão. É muito parecido com a forma como os humanos tomam decisões: Processamos as informações de que dispomos e tomamos a melhor decisão possível. À medida que mais dados tornam-se disponíveis, o resultado pode mudar.

- **Determinar o que é importante.** Saber o que é realmente importante é a marca de um bom tomador de decisão. Os humanos podem reprogramar seu processo de pensamento e ignorar dados estranhos para determinar o que é importante. O desenvolvimento de programas e abordagens para permitir que sistemas e máquinas de computador identifiquem informações importantes não é uma tarefa simples. Os algoritmos são programados para "eliminar" os dados ruins e identificar os dados bons. Se os algoritmos não forem programados corretamente, o computador não saberá como ignorar os dados incorretos.
- **Reagir rápida e corretamente a uma nova situação.** Uma criança pequena, por exemplo, pode examinar uma beirada de um abismo e saber que não deve se aventurar muito perto. A criança reage de forma rápida e correta a uma nova situação. Por outro lado, sem uma programação complexa, os computadores não têm essa capacidade.
- **Compreender as imagens visuais.** A interpretação de imagens visuais pode ser extremamente difícil, mesmo para computadores sofisticados. Movimentar-se em uma sala com cadeiras, mesas e outros objetos pode ser trivial para as pessoas, mas extremamente complexo para máquinas, robôs e computadores. Essas máquinas requerem uma extensão para a compreensão de imagens visuais, chamada de sistema perceptivo. Ter um sistema perceptivo permite que uma máquina se aproxime da maneira como uma pessoa vê, ouve e sente os objetos.

sistema perceptivo: Um sistema que se aproxima da maneira como uma pessoa vê, ouve e sente os objetos.

- **Processar e manipular símbolos.** As pessoas veem, manipulam e processam símbolos todos os dias. As imagens visuais fornecem um fluxo constante de informações aos nossos cérebros. Ao contrário, os computadores não podem lidar intuitivamente com o processamento simbólico e o raciocínio. Embora os computadores sejam excelentes em cálculos numéricos, eles devem ter uma programação extensa para lidar com símbolos e objetos tridimensionais. Desenvolvimentos recentes em hardware e software de visão computacional e de visão mecânica, entretanto, permitem que alguns computadores processem e manipulem certos símbolos. A visão mecânica usa câmeras para visualizar uma imagem e a visão computacional usa algoritmos programados para interpretar as imagens.
- **Ser criativo e imaginativo.** Ao longo da história, algumas pessoas transformaram situações difíceis em vantagens por serem criativas e imaginativas. Por exemplo, quando balas defeituosas com buracos no meio chegaram a uma fábrica de doces, um empreendedor decidiu comercializar essas balas novas como boias salva-vidas em vez de devolvê-las ao fabricante. As casquinhas de sorvete foram inventadas na Feira Mundial de St. Louis, quando um dono de loja criativo decidiu embrulhar o sorvete com um waffle de sua grelha para que pudesse ser carregado. O desenvolvimento de novos produtos e serviços a partir de uma situação existente (talvez negativa) é uma característica humana. Embora o software tenha sido desenvolvido para permitir que um computador escreva contos, poucos computadores podem ser imaginativos ou criativos dessa forma.
- **Utilizar heurística.** Para algumas decisões, as pessoas utilizam a heurística, um método de tentativa e erro para solução de problemas. Alguns sistemas de computador obtêm boas soluções para problemas complexos (por exemplo, programar as tripulações de uma grande companhia aérea) com base na heurística, em vez de tentar buscar uma solução ótima, que pode ser tecnicamente difícil ou demorada.

heurística: Um método de tentativa e erro de resolução de problemas utilizado quando uma abordagem algorítmica ou matemática não é prática.

Sistemas especialistas

Sistemas especialistas foram os precursores dos sistemas modernos de IA.[14] Os sistemas especialistas são os sistemas de computador de tomada de decisão em IA (ver Figura 11.4), são projetados para serem os mais avançados e confiáveis na solução de problemas complexos e funcionam em um domínio específico. Esses sistemas devem

sistemas especialistas: Os sistemas computacionais de tomada de decisão em IA, projetados para serem os mais avançados e confiáveis na solução de problemas complexos.

FIGURA 11.4
Sistemas especialistas
Os sistemas especialistas analisam problemas complexos para fornecer soluções confiáveis.

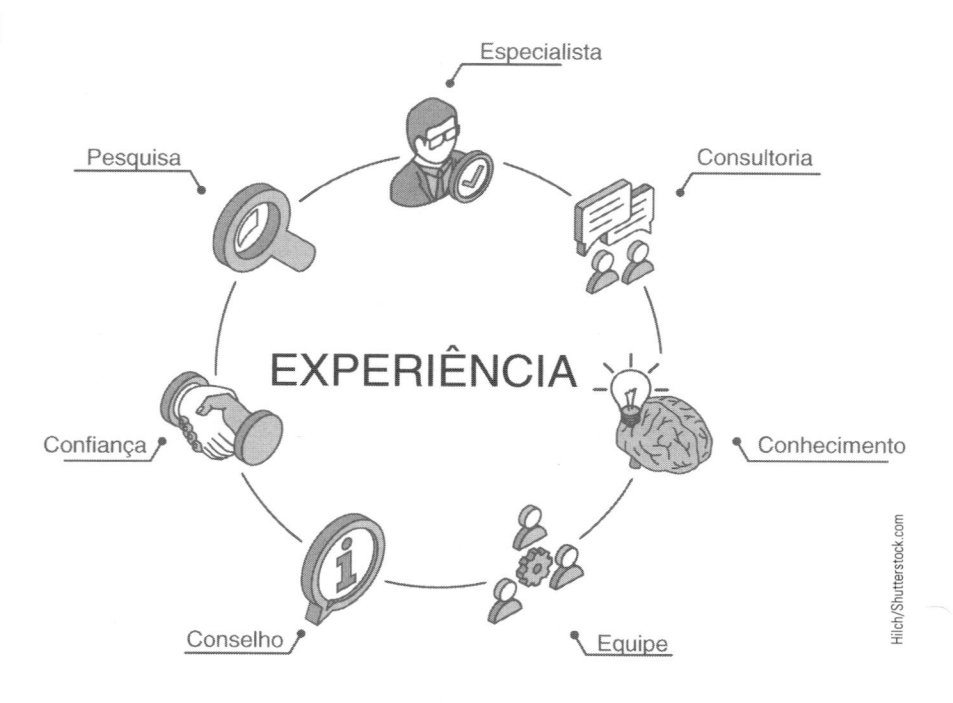

ser programados para seus problemas, já que a tomada de decisão usa fatos e heurística para resolver o nível de problemas que exigiria o mais alto nível de inteligência humana e especialização para ser resolvido. Hoje, estamos vendo muitos avanços em sistemas especialistas na área médica, conforme discutido no caso inicial.

Características dos sistemas especialistas

Os sistemas especialistas devem ser capazes de funcionar sempre que necessário e os resultados devem ser precisos. A programação desses sistemas é altamente complexa e pode ser comparada ao nível de inteligência dos especialistas, que confiam nos resultados. Ao trabalhar em um projeto complexo, o departamento ou laboratório assume certas características, como a execução de um plano altamente desenvolvido com rapidez e precisão para tomar decisões críticas quando necessário. Um bom exemplo disso é preparar uma sala de cirurgia para um paciente. Ao se preparar para um procedimento cirúrgico de grande porte, a equipe médica tem um processo a seguir para garantir que o paciente esteja preparado para a cirurgia e que todo o equipamento esteja devidamente esterilizado e pronto para uso. A equipe cirúrgica deve ser altamente eficaz e confiável para que os médicos possam se concentrar no paciente. Quando o paciente chega à sala de cirurgia, ela deve estar pronta e o tom da sala muda, pois o paciente deve ser tratado profissionalmente e ver e ouvir apenas algumas informações. Se o procedimento mudar, antes ou durante a cirurgia, a equipe deve ser capaz de processar essas informações rapidamente e tomar as decisões críticas necessárias para garantir que o paciente receba o melhor atendimento médico. Todos os sistemas especialistas possuem as seguintes características: altamente eficazes, compreensíveis, confiáveis, capazes de processar dados rapidamente e de tomar decisões críticas. Essas características são descritas com mais detalhes nas seções a seguir, mas observe que um sistema especialista também pode exigir características adicionais, dependendo da aplicação ou domínio para o qual o sistema está programado, como os setores médico ou financeiro.

Altamente eficiente

Para que um sistema seja considerado "especialista", ele deve ser capaz de lidar com algoritmos complexos em grandes conjuntos de dados em um período razoável. Se um especialista humano for capaz de processar os dados mais rapidamente que o programa, com resultados precisos, o programa será considerado obsoleto e não será mais útil. O sistema deve ser eficiente e fácil de utilizar para permanecer como um sistema especialista.

Compreensível

Para que as informações sejam úteis, elas devem ser precisas e compreensíveis. Por exemplo, se você fizer um teste em uma classe e o único feedback que receber de seu professor for "algumas respostas estão corretas e algumas respostas estão incorretas", você não apenas não saberá a nota que recebeu no teste, mas também não saberá em que áreas se concentrar quando for estudar para o exame final. Você precisa de resultados claros e precisos, como "você respondeu às perguntas 5 e 7 incorretamente, as respostas corretas são B e D e sua nota no questionário é 93. Da mesma forma, um sistema especialista deve fornecer um relatório compreensível para que seja útil. No caso de abertura deste capítulo, vimos que estão sendo feitas melhorias nas maneiras de ajudar os médicos a reduzir o tempo de trabalho e interpretar os resultados dos sistemas EHR. Esses resultados devem ser compreensíveis ou a saúde do paciente será prejudicada.

Confiável

Os resultados de um sistema especialista não apenas precisam ser compreensíveis, mas também confiáveis. No setor de saúde, resultados precisos e confiáveis podem fazer a diferença entre a vida e a morte. As companhias aéreas utilizam sistemas especialistas para programar suas rotas diárias e gerenciar alguns dos maiores aeroportos do mundo. Se esses sistemas não tiverem informações confiáveis, os aviões podem não chegar ao aeroporto correto ou podem chegar todos ao mesmo tempo.

Capaz de processar dados rapidamente

Os sistemas especialistas devem ser capazes de processar grandes conjuntos de dados com rapidez e eficiência. Geralmente, funcionam com conjuntos de dados medidos em terabytes, petabytes ou mesmo exabytes. Esses dados podem vir de várias fontes e exigem que o sistema especialista processe tipos de dados não padrão, como imagens, vídeos ou gravações. O sistema especialista deve ser capaz de realizar esse tipo de processamento altamente complexo rapidamente para permanecer útil para a organização.

Capaz de tomar decisões críticas

Alguns sistemas especialistas são utilizados para auxiliar na tomada de decisões críticas. Podem ser utilizados, por exemplo, para garantir que a pessoa certa seja contratada para um trabalho perigoso ou estressante, como aquele em que a pessoa é responsável pela segurança de muitas outras pessoas. No setor de aviação, o Aviation Expert System é utilizado em avaliações psicológicas para garantir que os pilotos sejam capazes de lidar com o estresse de saber que são responsáveis por colocar todos a bordo dos aviões em que voam com segurança até seu destino. O sistema GAPATS é outro sistema especialista utilizado no setor da aviação. Ele foi desenvolvido no final da década de 1990 e ainda hoje é utilizado como um simulador de voo projetado para ajudar a treinar pilotos para qualquer situação que possam encontrar no ar.[15] O simulador é construído em uma plataforma de IA que simula diferentes cenários, alguns dos quais foram baseados em acidentes aéreos reais causados pela falha de modelos de computador existentes, exigindo a construção de novos algoritmos no sistema. Hoje, os sistemas especialistas lidam com a maioria das tarefas rotineiras envolvidas nas companhias aéreas de voos comerciais; essas simulações são utilizadas para treinar os pilotos a lidar com emergências, caso elas ocorram.

Capacidades dos sistemas especialistas

As organizações utilizam sistemas especialistas para trabalhar com mais eficiência, economizar dinheiro, tomar melhores decisões e superar seus concorrentes. As capacidades dos sistemas especialistas incluem auxiliar na tomada de decisões, como na área de recursos humanos. As empresas que fazem uso de sistemas especialistas na contratação podem inserir perguntas em formulários de emprego on-line que são utilizados por um sistema especialista para decidir se aceitam ou rejeitam o candidato para análise posterior com base nos requisitos do trabalho. Uma empresa que desenvolve software de recrutamento de IA desenvolveu um algoritmo para o recrutamento de candidatos que, segundo ela, pode reduzir o tempo de contratação de 34 para apenas 9 dias.[16]

Análise de dados, interpretação de dados e justificativa de conclusões são outras funções que podem ser desempenhadas por sistemas especialistas. No início do capítulo, vimos como a IA está sendo utilizada no setor médico. A IA também tem sido utilizada no setor financeiro para prever tendências de mercado, tomar decisões sobre pedidos de empréstimo e até mesmo prever resultados eleitorais. Esses mesmos sistemas também oferecem opções alternativas a problemas para manter os negócios funcionando com eficiência e promover o relacionamento com os clientes.

Componentes de sistemas especialistas

Um sistema especialista é composto de uma coleção de componentes integrados e relacionados, incluindo uma base de conhecimento, um mecanismo de desenvolvimento, um mecanismo de inferência, um recurso de explicação, um recurso de aquisição de base de conhecimento e uma interface do usuário. O diagrama de um sistema especialista típico é mostrado na Figura 11.5.

FIGURA 11.5
Componentes de um sistema especialista
Um sistema especialista inclui uma base de conhecimento, um mecanismo de desenvolvimento, um mecanismo de inferência, um recurso de explicação, um recurso de aquisição de base de conhecimento e uma interface do usuário.

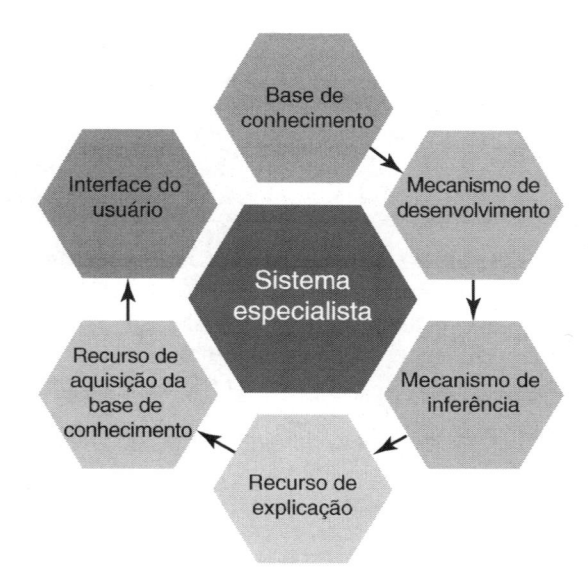

Conforme mostrado na figura, o usuário interage com a interface do usuário, que interage com o mecanismo de inferência. O mecanismo de inferência interage com os outros componentes do sistema especialista para fornecer conhecimento. Essa figura também mostra o mecanismo de inferência coordenando o fluxo de conhecimento para outros componentes do sistema especialista.

Base de conhecimento

A **base de conhecimento** armazena todas as informações, dados, regras, casos e relacionamentos relevantes utilizados pelo sistema especialista. A informação capturada é o conhecimento que os especialistas utilizam para tomar decisões complexas. Se as informações coletadas não forem completas, as decisões não serão precisas. Como mostrado na Figura 11.6, uma base de conhecimento é uma extensão natural de um banco de dados e um sistema de informação e suporte à decisão. Uma base de conhecimento deve ser desenvolvida para cada aplicativo exclusivo de sistema especialista. Regras e casos são frequentemente utilizados para criar uma base de conhecimento.

Uma **regra** é uma instrução condicional que vincula condições a ações ou resultados. Em muitos casos, essas regras são armazenadas como **instruções IF-THEN**,

base de conhecimento: Um componente de um sistema especialista que armazena todas as informações, dados, regras, casos e relacionamentos relevantes utilizados pelo sistema especialista.

regra: Uma declaração condicional que vincula condições a ações ou resultados.

instrução IF-THEN: Uma regra que sugere certas conclusões.

FIGURA 11.6
Relações entre dados, informações e conhecimento
Uma base de conhecimento armazena todas as informações, dados, regras, casos e relacionamentos relevantes usados por um sistema especialista.

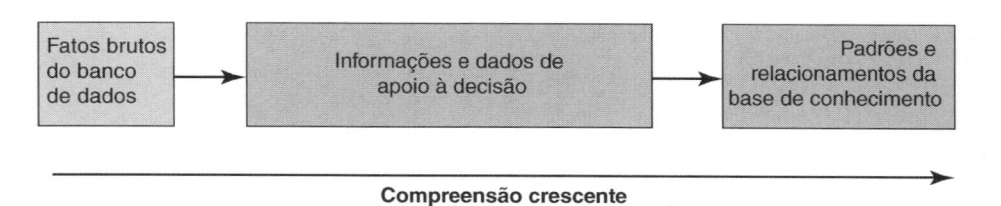

Fatos brutos do banco de dados → Informações e dados de apoio à decisão → Padrões e relacionamentos da base de conhecimento

Compreensão crescente →

que são regras que sugerem certas conclusões. O sistema FICO Blaze Advisor é uma plataforma baseada em regras que permite aos usuários de negócios desenvolver e testar aplicativos de decisão baseados em regras. A plataforma é utilizada por clientes para construir sistemas especialistas para determinação de elegibilidade de benefícios, assinatura de seguros, monitoramento de conformidade regulatória e empréstimos pessoais e comerciais — entre outros usos.[17]

Um sistema baseado em casos também pode ser utilizado para desenvolver a solução para um problema ou situação atual. Nesse sistema, cada caso normalmente contém uma descrição do problema, além de uma solução e/ou resultado. O processo de solução baseada em caso envolve (1) encontrar casos armazenados na base de conhecimento que são semelhantes ao problema ou situação em questão, (2) reutilizar o caso em uma tentativa de resolver o problema em questão, (3) revisar a solução proposta se necessário, e (4) reter a nova solução como parte de um novo caso. Um reparador de máquinas de lavar que conserta uma lavadora lembrando de outra lavadora que apresentou sintomas semelhantes está usando o raciocínio baseado em casos, assim como o advogado que defende um determinado resultado em um julgamento com base em precedentes legais.

Mecanismo de desenvolvimento

A IA é executada sobre regras e processos, e esses conjuntos de regras e processos são criados pelo componente **mecanismo de desenvolvimento** do sistema especialista. Essas regras e processos são geralmente construídos usando-se uma entre duas abordagens. A primeira abordagem é utilizar um processador como um shell para trabalhar em problemas específicos, adicionando a base de conhecimento necessária. Esses shells podem produzir um sistema especialista mais rápido do que utilizar uma linguagem de programação tradicional para reprogramar um sistema para cada nova questão.[18]

A segunda abordagem envolve o uso de linguagem de programação tradicional para desenvolver o sistema especialista. Essa abordagem requer o uso do conhecimento especializado do ser humano e o desenvolvimento de um plano para o sistema. Em seguida, deve ocorrer a programação e o teste, o que pode levar dias, semanas ou meses, dependendo da complexidade do sistema. Algumas das principais linguagens de programação utilizadas em AI são Python, Java e C++.

Mecanismo de inferência

O principal objetivo de um **mecanismo de inferência** é buscar informações e relacionamentos na base de conhecimento e fornecer respostas, previsões e sugestões. Os mecanismos de inferência são considerados alguns dos componentes mais importantes de um sistema especialista, já que essas previsões e sugestões geralmente tomam o lugar de especialistas humanos. Em outras palavras, o mecanismo de inferência é o componente que fornece o conselho do especialista. Considere o sistema especialista que prevê as vendas futuras de um produto. Uma abordagem é começar com um fato como "A demanda pelo produto no mês passado foi de 20 mil unidades". O sistema especialista procura regras que contenham uma referência à demanda do produto. Por exemplo, "SE a demanda do produto for superior a 15 mil unidades, ENTÃO verifique a demanda por produtos concorrentes". A programação no sistema especialista utilizaria informações sobre a demanda por produtos concorrentes. Em seguida, após pesquisar regras adicionais, o sistema especialista pode utilizar informações sobre renda pessoal ou taxas de inflação nacionais. Esse processo continua até que o sistema especialista possa chegar a uma conclusão usando os dados fornecidos pelo usuário e as regras aplicáveis na base de conhecimento.

Os mecanismos de inferência processam uma grande quantidade de dados. O mecanismo aplica regras aos fatos e adiciona novos conhecimentos à base de conhecimento, se necessário. Se houver um conflito, várias regras podem ser aplicadas. Como tal, o mecanismo deve utilizar uma de duas estratégias (encadeamento para frente ou encadeamento para trás) para processar dados e fornecer uma resposta, previsão ou sugestão.

Encadeamento para frente segue um conjunto de fatos conhecidos para tomar decisões. Para cada fato existe um determinado número de resultados. A base de conhecimento é consultada e a decisão a seguir é tomada. O processo continua até que uma conclusão seja alcançada. Esse pode ser um processo longo, dependendo

---

mecanismo de desenvolvimento: Mecanismo que constrói os conjuntos de regras e processos utilizados pelos sistemas de IA.

mecanismo de inferência: Parte do sistema especialista que busca informações e relacionamentos na base de conhecimento e fornece respostas, previsões e sugestões, muitas vezes ocupando o lugar dos especialistas humanos.

encadeamento para frente: Uma estratégia utilizada pelo mecanismo de inferência para processar dados utilizando um conjunto de fatos conhecidos para tomar decisões.

da complexidade do problema e de quantos resultados possíveis existem para cada questão. Para cada decisão, a base de conhecimento é consultada e os dados devem ser processados. Essa é a mais lenta das duas estratégias.

encadeamento para trás: Uma estratégia utilizada pelo mecanismo de inferência para determinar como uma decisão foi tomada.

Encadeamento para trás examina o que já aconteceu e retrocede para descobrir como a decisão foi tomada. Os mesmos fatos, decisões e resultados estão na base de conhecimento, mas o processo está na ordem inversa. Isso torna o processamento muito mais rápido, pois a conclusão é conhecida e o número de iterações é reduzido. O encadeamento para frente examina o que acontece a seguir, mas o encadeamento para trás determina por que algo aconteceu.[19] O encadeamento para trás é utilizado para provar uma conclusão. Essas informações podem ser utilizadas para projetar novos sistemas e tempos de resposta mais rápidos para decisões futuras.

Recurso de explicação

recurso de explicação: Componente de um sistema especialista que permite a um usuário ou tomador de decisões entender como o sistema especialista chegou a certas conclusões ou resultados.

Outra parte importante de um sistema especialista é o recurso de explicação, que permite que o usuário ou tomador de decisão compreenda como o sistema especialista chegou a certas conclusões ou resultados. Um sistema médico especialista, por exemplo, pode chegar à conclusão de que um paciente tem uma válvula cardíaca com defeito devido a certos sintomas e aos resultados dos testes realizados no paciente. O recurso de explicação permite que um médico descubra a lógica ou a razão do diagnóstico feito pelo sistema especialista. O sistema especialista, usando o recurso de explicação, pode indicar todos os fatos e regras que foram utilizados para chegar à conclusão que os médicos podem olhar para determinar se o sistema especialista está processando os dados e informações de forma correta e lógica.

Recurso de aquisição do conhecimento

Um aspecto desafiador do desenvolvimento de um sistema especialista útil é a criação e a atualização da base de conhecimento. No passado, quando linguagens de programação mais tradicionais eram utilizadas, desenvolver uma base de conhecimento era tedioso e demorado. Cada fato, relacionamento e regra tinham que ser programados — geralmente por um programador experiente.

recurso de aquisição de conhecimento: Parte do sistema especialista que fornece um meio conveniente e eficiente de capturar e armazenar todos os componentes da base de conhecimento.

Hoje, o software especialista permite que os usuários e tomadores de decisão criem e modifiquem suas próprias bases de conhecimento por meio do recurso de aquisição de conhecimento, usando menus de fácil utilização. O propósito do recurso de aquisição de conhecimento é fornecer um meio conveniente e eficiente de capturar e armazenar todos os componentes da base de conhecimento. O recurso de aquisição de conhecimento atua como uma interface entre os especialistas e a base de conhecimento.

Interface do usuário

O principal objetivo da interface do usuário é facilitar o desenvolvimento e o uso de um sistema especialista para os usuários e tomadores de decisão. Em certa época, o pessoal especializado em informática criava e operava a maioria dos sistemas especialistas; hoje, as interfaces de usuário simplificadas permitem que os tomadores de decisão desenvolvam e usem seus próprios sistemas especialistas. Uma interface do usuário é composta de duas partes: entrada e saída. A entrada permite que o usuário insira os comandos, digitalize imagens e dê instruções verbais ao programa. A saída permite que o sistema solicite informações adicionais do usuário, mostre erros e forneça soluções e decisões para a tarefa fornecida.

Participantes no desenvolvimento e uso de sistemas especialistas

especialista em domínio: A pessoa ou grupo com a experiência ou conhecimento que o sistema especialista está tentando capturar (domínio).

engenheiro do conhecimento: Uma pessoa que tem treinamento ou experiência no projeto, desenvolvimento, implementação e manutenção de um sistema especialista.

usuário de conhecimento: A pessoa ou grupo que utiliza e se beneficia do sistema especialista.

Normalmente, várias pessoas estão envolvidas no desenvolvimento e no uso de um sistema especialista. O especialista em domínio é a pessoa ou grupo com a experiência ou conhecimento que o sistema especialista está tentando capturar (domínio). Na maioria dos casos, o especialista de domínio é um grupo de especialistas humanos. O engenheiro do conhecimento é uma pessoa que tem treinamento ou experiência no projeto, desenvolvimento, implementação e manutenção de um sistema especialista, incluindo treinamento ou experiência com shells de sistema especialista. Os engenheiros do conhecimento podem ajudar a transferir o conhecimento do sistema especialista para o usuário de conhecimento. O usuário de conhecimento é a pessoa ou grupo que

sistemas de visão: O hardware e o software que permitem aos computadores capturar, armazenar e manipular imagens visuais.

realidade aumentada (AR): Software de sistema de visão que pega imagens geradas por computador e as sobrepõe à visão de mundo de um usuário por meio do uso de óculos especializados.

usa e se beneficia do sistema especialista. Os usuários de conhecimento não precisam de nenhum treinamento prévio em computadores ou sistemas especialistas.

Sistemas de visão

Outra área da IA envolve sistemas de visão, que incluem hardware e software que permitem aos computadores capturar, armazenar e processar imagens visuais. A ascensão da internet das coisas industrial (*Industrial Internet of Things* – IIoT) resultou em uma nova geração de sistemas de visão, que permitem que as máquinas se comuniquem umas com as outras e processem informações em um ambiente automatizado de ritmo acelerado. A IIoT é mais utilizada em ambientes e aplicações industriais, com foco em aprendizagem de máquina, big data e comunicação. Há muito tempo, a indústria envolve processos automatizados e o setor automotivo depende de aplicativos de visão 3D para determinar a direção em que os robôs devem se movimentar. O posicionamento da câmera é crucial para que os aplicativos 3D forneçam as informações mais precisas, e o uso dessas câmeras e imagens gravadas auxiliam no controle de qualidade e no controle de final de produção. Os robôs, discutidos posteriormente neste capítulo, são utilizados na indústria, e os sistemas de visão, com o uso de imagens capturadas, são capazes de determinar o que está se movendo dentro e ao redor das linhas de produção. Isso inclui produtos e pessoas. Quando humanos, como inspetores, estão se movendo pelas linhas de produção, o robô irá parar se determinar que uma colisão com o humano é inevitável. Caso contrário, o robô não irá parar e a fábrica continuará a trabalhar com eficiência.[20]

Realidade aumentada (*augmented reality* – AR) é um tipo de sistema de visão que está sendo amplamente utilizado na área médica. A realidade aumentada é diferente da realidade virtual, que é utilizada em empresas e residências há muitos anos. A realidade virtual permite que o usuário faça passeios ou "percorra" diferentes cenas sem sair da cadeira. Por exemplo, se você quiser caminhar ao redor da Estátua da Liberdade, um aplicativo de realidade virtual permite que você se sente no sofá e faça um passeio. A realidade aumentada coloca a Estátua da Liberdade em sua sala de estar e você pode caminhar ao redor dela usando seu aplicativo de dispositivo móvel.

A AR recebe uma imagem gerada por computador e a sobrepõe à visão do usuário do mundo real por meio do uso de óculos especializados, conforme mostrado na Figura 11.7. A maioria dos cirurgiões confia em imagens 2D na sala cirúrgica. Os cirurgiões contam com sua memória e habilidade para reunir imagens individuais em uma só imagem durante a operação. AR usa algoritmos de IA junto com algoritmos anatômicos 3D para criar imagens que podem ser vistas com o uso de óculos especiais. Essas imagens podem ser sobrepostas ao paciente, e várias equipes cirúrgicas podem ver a mesma sobreposição usando óculos de AR, que fornecem mais do que apenas imagens. As informações em tempo real de gráficos, como a frequência cardíaca do paciente, podem ser inseridas diretamente no visor para que os médicos não tenham que desviar sua atenção para monitores ou gráficos durante os procedimentos.

FIGURA 11.7
Cirurgiões utilizam óculos de realidade aumentada em cirurgias
Os óculos de AR permitem que os cirurgiões sobreponham imagens ao mundo real usando óculos especializados durante a cirurgia para fornecer melhor visualização.

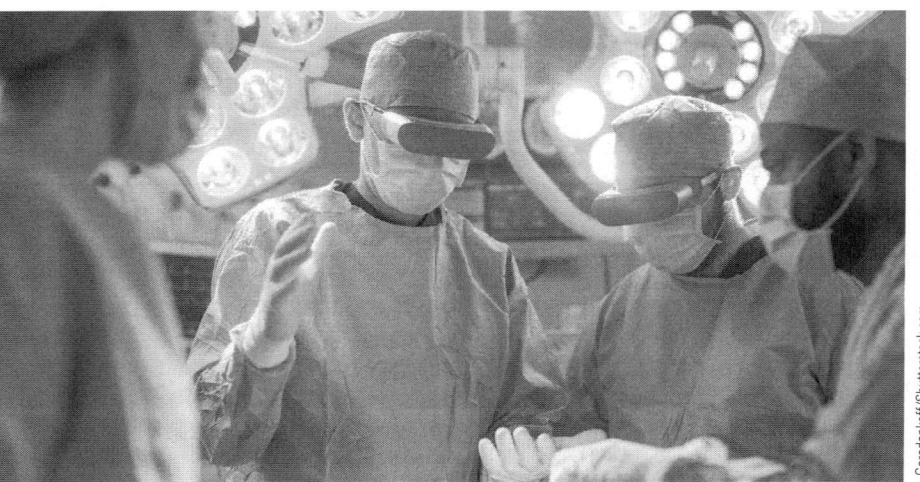

AR também provou ser uma ótima ferramenta para treinar médicos, fornecendo laboratórios baseados em habilidades em um ambiente virtual.[21]

Outras aplicações de IA

algoritmo genético: Uma abordagem para resolver problemas com base na teoria da evolução; usa o conceito de sobrevivência do mais apto como estratégia de resolução de problemas.

Outras aplicações de IA incluem **algoritmos genéticos**, que foram inspirados na biologia evolutiva. O algoritmo genético faz uso de seleção, mutação e recombinação para resolver problemas, de forma muito parecida com o conceito de evolução de "sobrevivência do mais apto".[22] O algoritmo genético usa uma função de aptidão que avalia quantitativamente um conjunto de soluções candidatas iniciais. As soluções candidatas com pontuação mais alta podem se "reproduzir", com alterações aleatórias introduzidas para criar novas soluções candidatas. Esses descendentes digitais são submetidos a uma segunda rodada de avaliação de aptidão. Novamente, as soluções candidatas mais promissoras são selecionadas e utilizadas para criar uma nova geração com mudanças aleatórias. O processo se repete por centenas ou até milhares de rodadas. A expectativa é de que a aptidão média da população aumente a cada rodada e que eventualmente sejam descobertas soluções muito boas para o problema.

Algoritmos genéticos têm sido utilizados para resolver problemas de programação grandes e complexos, como a programação de tripulações de companhias aéreas para atender aos requisitos de voo, minimizando os custos totais e mantendo-se dentro das diretrizes federais sobre horas máximas de voo da tripulação e horas de descanso necessárias. Algoritmos genéticos também têm sido utilizados para projetar espelhos que canalizam a luz do Sol para uma coleta solar e uma antena de rádio que capta sinais do espaço.

agente inteligente: Programas e uma base de conhecimento utilizados para realizar uma tarefa específica para uma pessoa, um processo ou outro programa; também chamado de bot ou robô inteligente.

Outra aplicação de IA, o **agente inteligente** (também chamado de robô ou bot inteligente), consiste em programas e uma base de conhecimento utilizada para realizar uma tarefa específica para uma pessoa, um processo ou outro programa. Como um agente esportivo que busca as melhores ofertas de patrocínio para um atleta de ponta, um agente inteligente é frequentemente utilizado para buscar o melhor preço, horário ou solução para um problema. Os programas utilizados por um agente inteligente podem pesquisar grandes quantidades de dados à medida que a base de conhecimento refina a pesquisa ou acomoda as preferências do usuário. Frequentemente utilizados para pesquisar os vastos recursos da internet, os agentes inteligentes podem ajudar as pessoas a encontrar informações sobre qualquer assunto, como o melhor preço de uma câmera nova ou de um carro usado.

Redes neurais artificiais

rede neural artificial: Um sistema de computador que pode reconhecer e agir de acordo com padrões ou tendências que detecta em grandes conjuntos de dados; desenvolvido para operar como o cérebro humano.

Um aspecto cada vez mais importante da IA envolve redes neurais artificiais, também chamadas de redes neurais. A **rede neural artificial** é um sistema de computador que pode reconhecer e agir de acordo com padrões ou tendências que detecta em grandes conjuntos de dados, desenvolvidos para operar como o cérebro humano. Desenvolvidas em 1943 por Warren McCulloch e Walter Pitts, as redes neurais foram projetadas para revisar padrões e tomar decisões com base nesses padrões. O cérebro humano é conectado a neurônios por meio dos quais as informações são filtradas para que possamos tomar decisões com base nos dados que são transmitidos por meio de nossos sentidos. Da mesma forma, os dados são coletados e inseridos em uma rede neural artificial e, em seguida, filtrados por meio de conexões em rede que têm um valor associado a elas. Esses valores levam o programa a tomar decisões que levam ao resultado final. O programa é treinado com aprendizagem supervisionada, por meio do processo de aprendizagem de máquina, o que será discutido posteriormente neste capítulo. Um exemplo de rede neural artificial é a rede neural direta. Uma rede neural direta é uma rede em que a informação flui apenas na direção direta, e não em um movimento circular. A maioria das redes alimentará os dados de volta no padrão, criando esse padrão circular. As redes neurais diretas enviarão as informações para frente, criando um padrão direto. Pesquisadores da Universidade de British Columbia treinaram essa rede usando dados que representam diferentes temperaturas e pressões do Oceano Pacífico para prever erupções vulcânicas subaquáticas. Erupções vulcânicas podem causar tsunamis ao longo da costa oeste da América do Norte, e as previsões dessa rede neural são projetadas para dar às pessoas um alerta mais adiantado quando for necessário evacuar as áreas costeiras.[23]

Portanto, a questão permanece: "como a rede neural artificial aprende?". Assim como uma criança aprende coisas novas, uma rede neural artificial é programada para aprender com cada iteração durante a fase de treinamento — um processo que continua mesmo depois que o sistema é implementado. Lembre-se de quando você aprendeu a andar de bicicleta. As rodinhas provavelmente o mantiveram em pé enquanto você aprendia a pedalar e dirigir. Você estava aprendendo a manobrar o guidão enquanto trabalhava com os pedais. Depois que as rodinhas de apoio foram removidas, você também teve que aprender a equilibrar a bicicleta, pedalando e dirigindo. Cada mudança exigia que você aprendesse uma nova habilidade. A mesma abordagem é utilizada com as redes neurais. A entrada é fornecida e o feedback é recebido. O feedback é utilizado para ponderar as conexões, o que significa que ele aceita todas as opções e atribui mais "pontos" à escolha com mais feedback. A próxima iteração analisa as opções e aceita aquela com o maior peso com base na situação (ver Figura 11.8). Uma das diferenças entre a resposta humana e a resposta do computador é emocional. Uma criança andando de bicicleta pode experimentar uma resposta emocional ao sucesso ou ao fracasso, enquanto um computador dará uma resposta sem emoção a uma determinada questão.

FIGURA 11.8
Um processo de redes neurais desde o treinamento até o resultado
As redes neurais são treinadas, recebem entradas e, em seguida, processam as informações por meio de conexões ponderadas até que um resultado seja encontrado.

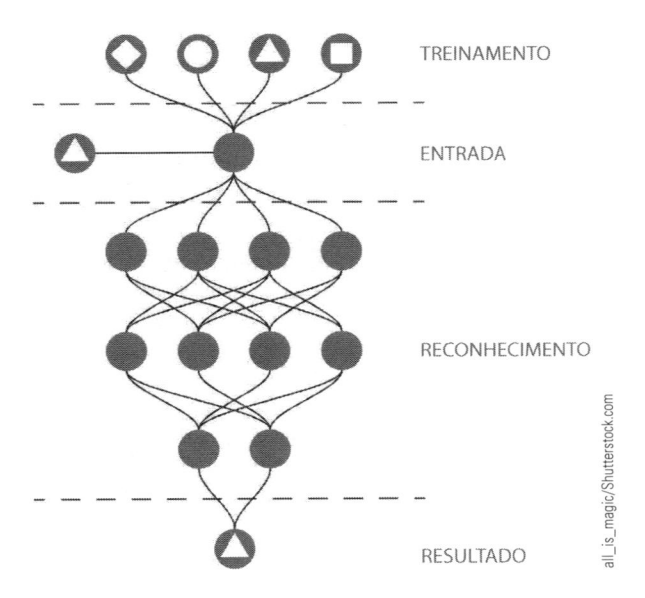

TREINAMENTO
ENTRADA
RECONHECIMENTO
RESULTADO

As redes neurais são utilizadas em muitos setores, com mais aplicações em desenvolvimento contínuo. A Nasa vem experimentando redes neurais há mais de 20 anos com seu Sistema de Controle de Voo Inteligente, que ajuda os pilotos a pousar aviões depois que eles sofrem danos de batalha ou experimentam grandes falhas no sistema. O Google observou uma redução de 55% a 85% nos erros de tradução após implementar sua Neural Machine Translation, que converte frases inteiras de um idioma para outro. O software de e-mail usa redes neurais para diferenciar os e-mails de spam dos genuínos, e você pode utilizar redes neurais se estiver usando um aplicativo de fala para texto ou uma tela de toque em seu smartphone ou tablet.[24]

IA e emprego

Nos últimos anos, o debate a respeito do impacto da IA sobre o emprego no futuro tem recebido mais atenção. Haverá empregos no futuro ou os computadores dominarão o mundo? A IA já afetou muitos setores e a tecnologia de IA está sendo introduzida em novos setores e novas aplicações de forma acelerada. Mas o debate sobre as vantagens e desvantagens das novas tecnologias em termos de criação de empregos não é novo.

A automação costuma criar o medo de perder o emprego. A mudança pode ser difícil de aceitar quando parece que afetará seu sustento. Em 1811, o movimento ludita começou quando os trabalhadores têxteis protestaram contra a automação das fábricas têxteis por temor de que trabalhadores qualificados fossem substituídos. Cada década trouxe seus próprios temores de perda de empregos devido à automação. Na década de 1930, as máquinas foram responsabilizadas pela perda de empregos. Na década de 1940, foi proposto um imposto sobre as máquinas para compensar a taxa de desemprego.[25] Em 1961, o presidente Kennedy dirigiu-se à nação dizendo: "o maior desafio dos anos 1960 é manter o pleno emprego em uma época em que a automação está substituindo os homens". Quando os computadores pessoais se tornaram padrão no final da década de 1980, os empregadores começaram a exigir que os funcionários aprendessem o básico sobre computadores para permanecer em seus cargos, dando início a uma era de "fobia da computação". A longo prazo, entretanto, a introdução de novas tecnologias sempre resultou na criação de mais empregos do que na perda. A tecnologia pode criar mão de obra mais barata e mais rápida, mas outros empregos — com salários mais altos — são frequentemente criados como resultado da nova tecnologia.[26]

Em 2017, a McKinsey & Company conduziu um estudo que examinou como a automação afetará a força de trabalho global até 2030. Incluído no cálculo estava o custo de implantação das soluções, a qualidade e a quantidade de mão de obra, salários, benefícios da automação e aceitação social. O estudo estimou que aproximadamente 30% das horas trabalhadas em todo o mundo poderiam ser automatizadas até 2030 — o que significa que 400 milhões a 800 milhões de pessoas substituídas precisarão aprender novas habilidades e mudar para novas ocupações. No entanto, a McKinsey & Company tem boas notícias. O estudo estima que 9% da demanda de trabalho em 2030 será em ocupações que não existiam antes. O estudo também previu que os salários em 2030 serão muito mais altos devido à automação. Os benefícios da IA, se gerenciados de forma eficaz e eficiente, podem levar a economia a criar empregos em vez de eliminá-los.[27]

Um relatório divulgado pelo Fórum Econômico Mundial intitulado "*The future of jobs 2018*" afirma que o crescimento da IA poderia realmente criar até 58 milhões de novos empregos até 2022. Para que isso aconteça, as organizações devem reconhecer o talento dentro de sua força de trabalho e o **aprimoramento profissional** de sua força de trabalho para atender às demandas de nova automação. Aprimoramento profissional refere-se ao treinamento da força de trabalho para desempenhar funções de maior qualificação, a fim de garantir que alcancem seu pleno potencial. A organização também deve ter um plano estratégico para avançar. Para que os trabalhadores aproveitem essa tendência, eles devem assumir responsabilidade pessoal por seu próprio treinamento e desenvolvimento. Os funcionários podem aproveitar as oportunidades de carreira e desenvolvimento profissional, retornar à escola para obter mais estudos e se candidatar a cargos de maior qualificação.[28]

Um relatório do LinkedIn observou que, entre 2015 e 2017, o número de habilidades em IA listadas em perfis individuais do LinkedIn aumentou em 190%. Os países com a maior concentração de habilidades em IA foram os Estados Unidos, China, Índia, Israel e Alemanha. Esses países sediam muitas empresas em mudança que estão impulsionando a tecnologia de IA. O LinkedIn relata também que os examinados identificaram três conjuntos de habilidades que são complementares à IA: habilidades em dados e programação, habilidades para utilizar os produtos ou serviços alimentados por dados e habilidades interpessoais. De acordo com a base de usuários do LinkedIn, nos últimos cinco anos, a carreira de crescimento mais rápido foi a de engenheiro de software, com o analista de dados fazendo parte da lista dos dez primeiros. A carreira de assistente administrativo foi a de crescimento mais lento nos últimos cinco anos.[29]

Existem muitas opções para uma carreira em IA. A seguir listamos seis das principais carreiras, de acordo com o site Business Student:[30]

- **Cientista de dados.** Um cientista de dados analisa grandes conjuntos de dados para seguir padrões e encontrar tendências, permitindo que as organizações desenvolvam planos estratégicos e tomem decisões eficazes em tempo hábil.

---

aprimoramento profissional: A prática de treinar uma força de trabalho para desempenhar funções de alta qualificação, a fim de garantir que os profissionais alcancem seu pleno potencial.

- **Engenheiro de aprendizagem de máquina.** Programadores de computador com grande experiência em linguagens como Python e Java podem trabalhar como engenheiros de aprendizagem de máquina em setores como tecnologia, aeroespacial e finanças.
- **Desenvolvedor de software.** Programadores com habilidades em programação complexa oferecem suporte ao desenvolvimento e implantação de sistemas de aprendizagem de máquina e IA em setores como saúde, telecomunicações, polícia e justiça.
- **Cientista de robótica.** Engenheiros responsáveis por robôs, como Alexa e Roomba, desenvolvem produtos que podem levar anos de pesquisa e desenvolvimento antes de serem lançados para o público.
- **Desenvolvedor de inteligência de negócios.** Cientistas de dados que trabalham como desenvolvedores de inteligência de negócios procuram tendências de mercado que tornam os dados utilizáveis para negócios; esses desenvolvedores costumam manter os sistemas de armazenamento de dados baseados em nuvem.
- **Pesquisa científica.** Especialistas em aprendizagem de máquina, matemática aplicada e estatística computacional, os cientistas pesquisadores de IA são responsáveis pelo desenvolvimento de soluções de aprendizagem de máquina para várias aplicações.

Exercício de pensamento crítico

Automatização com sistemas de visão

▶ TOMADA DE DECISÃO

A Elite Manufacturing (nome fictício) é uma indústria de tecelagem de médio porte. A empresa teve sucesso nos últimos 40 anos na produção de roupas esportivas de alta qualidade para lojas de artigos esportivos e equipes esportivas. Parte do sucesso da Elite Manufacturing tem sido uma equipe que mantém a empresa atualizada com a tecnologia mais recente.

A liderança executiva da Elite decidiu lançar uma nova linha de roupas casuais, mas quer que essa parte da fábrica seja automatizada. A equipe de tecnologia — liderada pelos gerentes Giovanny Miele e Sarah Lunsford — foi encarregada de pesquisar as melhores soluções para esse empreendimento. Cada membro da equipe recebeu uma área diferente para pesquisar e relatar ao grupo.

Sua área de responsabilidade é identificar o sistema de visão e os componentes necessários para a linha de produção. Esse novo empreendimento acabará por mudar a Elite de uma empresa de médio porte para uma grande empresa. Sua tarefa é encontrar soluções que gerenciem a captura de imagens que provaram ser bem-sucedidas com a automação. Sua equipe conta com você para ter uma solução viável para trabalhar com sua área, como software e infraestrutura (câmeras), mas não o hardware (robôs). A liderança executiva da Elite está observando a equipe de tecnologia para liderá-la no futuro com o lançamento bem-sucedido de um novo empreendimento industrial.

Perguntas de revisão

1. Que vantagens podem ser obtidas com a mudança para um sistema de IA, como o sistema de visão, para a linha de produção no lugar de uma linha de produção controlada por pessoa?
2. Você consegue pensar nas possíveis desvantagens dessa abordagem?
3. Quais plataformas de software ou fornecedores seriam recomendados para esse tipo de ambiente e por quê?

Questões de pensamento crítico

1. Que perguntas adicionais precisam ser respondidas antes que você possa decidir se a abordagem de banco de dados como serviço é a certa para sua empresa?
2. Como tal movimento pode afetar você e sua função?

Linguagem de máquina e linguagem natural

aprendizagem de máquina: A capacidade de um computador de aprender sem a necessidade de um programador alterar o software para cada cenário que encontra.

Em 1959, Arthur Samuel definiu o termo **aprendizagem de máquina** como a capacidade de um computador de "aprender sem ser explicitamente programado". Em outras palavras, refere-se a um computador que pode aprender sem que um programador altere o software para cada cenário que encontrar. Os analistas de dados utilizam ferramentas de aprendizagem de máquina para desenvolver modelos analíticos preditivos. A partir de cada iteração de dados, o computador aprenderá com o processo anterior e procurará tendências e padrões para produzir resultados confiáveis.[31] Esses modelos de dados preditivos são utilizados por analistas de dados e negócios para prever operações de negócios futuros, chamadas de análise preditiva, permitindo uma tomada de decisão mais rápida e precisa. Análise preditiva não é o mesmo que aprendizagem de máquina, mas elas estão vinculadas por meio de modelagem preditiva.

Os termos IA e aprendizagem de máquina costumam ser utilizados alternadamente; no entanto, eles se referem a funcionalidades diferentes. Conforme discutido na seção anterior, a IA imita a função do cérebro humano. A aprendizagem de máquina, por outro lado, envolve um computador realizando tarefas com base em entradas e um conjunto de instruções. A diferença entre os dois é o modo como as informações são processadas. Na aprendizagem de máquina, os algoritmos mudam conforme a máquina aprende sobre as informações que está processando.[32] Na IA, o processo é executado por meio de uma rede neural artificial para encontrar a resposta adequada. Ambos os tipos de sistemas estão aprendendo, mas o processo de aprendizagem é diferente.

A aprendizagem de máquina é um subconjunto da IA e o processamento de linguagem natural é uma função da aprendizagem de máquina. Usamos processamento de linguagem natural todos os dias, sem perceber que estamos treinando uma máquina para fornecer um serviço melhor ao próximo usuário. Vários aplicativos (aplicativos móveis), como de fala para texto em seus telefones celulares, de chamada de atendimento ao cliente com um sistema de atendimento automatizado ("Diga sim para continuar") e o uso de pesquisa do Google, são apenas alguns dos muitos exemplos de quão natural o processamento da linguagem é utilizado para treinar um computador.

Treinamento de aprendizagem de máquina

As máquinas devem passar por treinamento para desenvolver uma base de aprendizagem. Diferentes tipos de aprendizagem de máquina são utilizados em diferentes aplicativos, dependendo do tipo de dados disponíveis para o processo. Cada estilo de aprendizagem tem o mesmo objetivo: aprender com os padrões, reestruturar os dados em algo útil e retornar uma análise dos dados para dar uma resposta a um problema complexo. Muitos desses problemas são altamente complexos, exigindo rapidez e precisão no cálculo das respostas. Mas a aprendizagem de máquina ainda está aprendendo e, em alguns setores, como o de saúde, as respostas ainda são um trabalho em andamento.

Veja a Tabela 11.1 para uma comparação de quatro tipos de aprendizagem de máquina, que são discutidos em mais detalhes nas seções a seguir.

TABELA 11.1 Comparação de tipos de aprendizagem de máquina[33,34]

Aprendizagem supervisionada	Aprendizagem não supervisionada	Aprendizagem por reforço	Aprendizagem semissupervisionada
• Conjunto de dados rotulados • Respostas comparativas para feedback	• Conjunto de dados não rotulados • Sem respostas comparativas • Deve inferir respostas de funções ocultas	• Conjunto de dados não rotulados • Aprendizagem por tentativa e erro • Interage com o ambiente para descobrir erros e recompensas • Baseia-se no feedback para determinar os resultados	• Conjunto de dados combinados • Melhora a precisão da aprendizagem • Requer recursos qualificados e relevantes

Aprendizagem supervisionada

Aprendizagem supervisionada é como uma criança aprendendo um novo jogo com regras que devem ser aprendidas. Não se espera que a criança se lembre de todas elas durante o primeiro jogo, mas a cada jogo, a criança vai se lembrar de mais regras e se tornará mais proficiente até se transformar em um jogador experiente. A aprendizagem de máquina segue esse mesmo padrão em grande parte do processo de aprendizagem.

O treinamento supervisionado começa com um conjunto conhecido de dados em um ambiente de treinamento. Os dados devem ser rotulados ou ter uma etiqueta aplicada a eles (ver Figura 11.9). Os dados não precisam residir em um banco de dados estruturado, mas cada dado deve ter algum tipo de nome associado a ele. Por exemplo, a imagem de uma montanha deve ter uma etiqueta como "montanha" associada a ela. Sem essa etiqueta ou rótulo, a máquina não pode associar a resposta

aprendizagem supervisionada: Aprendizagem de máquina que usa um conjunto de dados rotulado e exemplos para produzir uma saída que é comparada a uma saída correta predefinida.

FIGURA 11.9
Os rótulos são aplicados aos dados utilizados na aprendizagem supervisionada
Os rótulos são aplicados a cada seção diferente da imagem. Cada pessoa, grupo e item móvel recebe um rótulo para ajudar no processo de aprendizagem supervisionado.

correta quando apresentada a outra imagem de uma montanha ou quando questionada com a exigência de que retorne à imagem de uma montanha como resposta.

Depois que os dados são fornecidos, os exemplos são inseridos no sistema e a máquina é executada em diferentes cenários. A saída é comparada a uma resposta correta predefinida. A máquina "memoriza" ou armazena essas respostas corretas, aprendendo assim com cada teste correto.

Aprendizagem não supervisionada

Aprendizagem não supervisionada também é como uma criança aprendendo um novo jogo ou habilidade, mas sem instruções por escrito. Imagine sentar-se na sala de aula e assistir à demonstração de um problema matemático complexo sendo resolvido. Você não tem permissão para fazer anotações e o professor resolve o problema rapidamente, sem explicações verbais. Em seguida, você recebe uma folha de papel em branco com uma série de números, sem quaisquer instruções. Você não sabe o que os números representam, mas espera-se que você descubra a resposta para o problema. Isso é muito parecido com a aprendizagem não supervisionada.

A aprendizagem de máquina não supervisionada requer um conjunto de dados de treinamento. Os dados no conjunto de treinamento não são rotulados e a máquina deve aprender com a observação para inferir a resposta correta. À medida que cada algoritmo é processado, o computador reestrutura os dados em algo mais útil, adicionando rótulos ou classes que podem ser utilizados para a próxima iteração. O

aprendizagem não supervisionada: Aprendizagem de máquina que utiliza um conjunto de dados sem rótulo e sem exemplos. Os dados são rotulados por meio de observações e o aprendizado ocorre por meio da observação.

computador observa e compara semelhanças entre objetos para atribuir essas classes. Por exemplo, se o conjunto de dados inclui duas imagens de uma montanha, uma classe de "montanha" pode ser atribuída a ambas as imagens. No próximo teste, se houver uma dúvida sobre uma montanha, essas imagens serão recuperadas.

Com a aprendizagem não supervisionada, os testes não têm respostas corretas formais. O objetivo desse tipo de treinamento é que a máquina seja treinada para aprender com os insumos e esteja em um modo de melhoria contínua. Vemos isso na prática sempre que usamos um mecanismo de pesquisa on-line. Se formos ao nosso site de compras favorito e inserirmos o termo de pesquisa "óleo", poderemos ver óleo de motor, óleo de cozinha, óleos essenciais e óleos de banho nos resultados da pesquisa. Se comprarmos óleos essenciais, na próxima vez que pesquisarmos nesse site, óleo essencial provavelmente será uma pesquisa recomendada. A máquina aprendeu que nossa preferência por óleos é por óleos essenciais e não por óleo de motor.

Aprendizagem por reforço

aprendizagem por reforço: Aprendizado de máquina que utiliza tentativa e erro em um conjunto de dados sem rótulo. O aprendizado é obtido por meio de feedback positivo e negativo.

Aprendizagem por reforço começa com o mesmo tipo de conjunto de dados de treinamento que é utilizado na aprendizagem não supervisionada. Os dados não são rotulados e os algoritmos devem executar várias iterações para reestruturar os dados em um formato que possa ser utilizado na próxima amostra. A diferença está no feedback recebido na aprendizagem por reforço. Quando uma solução é retornada, o feedback positivo ou negativo é retornado do programa e a máquina aprende a manter o processo como está ou a tentar novamente com um novo método. A máquina também usa informações do ambiente no processo de tomada de decisão.

Esse método de aprendizagem por tentativa e erro emula a abordagem humana de aprendizagem. Uma criança pequena que está aprendendo a andar dá um passo, cai, busca o feedback dos pais e tenta novamente. À medida que envelhecemos, seguimos esse mesmo padrão na aprendizagem na escola, nos esportes e nas brincadeiras. Você se lembra da primeira vez que jogou seu videogame favorito? Você teve que aprender cada nível por tentativa e erro. Cada vez que você falhou em um nível, você aprendeu o que não fazer e, na vez seguinte, você avançou mais no jogo. Cada decisão que você tomou teve uma consequência — algumas boas e outras ruins.

A aprendizagem de máquina que usa esse método pode resultar em vários erros até que a máquina aprenda a navegar pelos dados para obter o sucesso final. Cada falha é registrada e a máquina aprende qual caminho não seguir no futuro. Após cada teste bem-sucedido, um novo cenário é fornecido e o teste é reiniciado. Esse é o tipo de aprendizagem utilizado ao treinar carros autônomos. A entrada do ambiente pode vir de outros carros, árvores ao lado da estrada ou até mesmo do Sol refletindo em outro carro. Todas essas informações fornecem informações valiosas enquanto a máquina decide se deve aplicar os freios ou aumentar a velocidade.

Aprendizagem semissupervisionada

aprendizagem semissupervisionada: Aprendizagem de máquina que utiliza uma combinação de técnicas de aprendizagem supervisionada e não supervisionada.

Aprendizagem semissupervisionada é uma combinação de aprendizagem supervisionada e não supervisionada. O conjunto de dados contém dados rotulados e não rotulados. Os dados rotulados são um conjunto menor de dados, com o conjunto maior não rotulado. Esses sistemas têm uma capacidade de aprendizagem maior do que os sistemas não supervisionados.

Aprendizagem de máquina em todos os setores

A aprendizagem de máquina, como um subconjunto da IA, continua a afetar muitos setores. À medida que mais funções tornam-se automatizadas, as empresas precisarão depender cada vez mais da aprendizagem de máquina para operar e permanecer competitivas. Em nosso cotidiano, usamos a aprendizagem de máquina todos os dias para navegar em tudo, desde nossos dispositivos conectados por Bluetooth até para pedir orientações sobre encomendas de ingressos de cinema.

Cada setor possui requisitos de tecnologia exclusivos e a aprendizagem de máquina é desenvolvida para funcionar na base específica de um setor. As regras de negócios devem ser projetadas e os algoritmos desenvolvidos para cada setor antes que uma máquina possa ser treinada. Nesta seção, veremos como a aprendizagem de máquina afetou quatro grandes setores.

Análise de dados e segurança cibernética

A análise de dados é um setor em crescimento, e mais organizações estão contando com modelos de dados para fazer planos estratégicos e tomar decisões que as ajudem a se tornar mais lucrativas e funcionar com mais eficiência. Os modelos analíticos de planejamento estratégico e previsão dependem fortemente da análise preditiva, e a aprendizagem de máquina é uma excelente plataforma para análise preditiva. Os algoritmos incorporados ao treinamento fornecem uma base para previsões e os cálculos podem ser executados com precisão em uma velocidade maior do que o manual.

A segurança cibernética é outro setor que está avançando com o uso da aprendizagem de máquina. A segurança cibernética é um dos principais fatores de risco em qualquer organização, e um departamento de TI pode gastar grande parte de seu orçamento protegendo dados de hackers. Parte dessa proteção vem na forma de software antivírus. Uma definição de software antivírus tradicional, sem aprendizagem de máquina, procura a assinatura de um software malicioso conhecido. O software de segurança que usa aprendizagem de máquina funciona localizando anomalias nos padrões ou tendências dos dados. Essas anomalias podem apontar para um comportamento suspeito na rede, o que pode significar entrada não autorizada ou atividade de vírus. De acordo com a McAfee, os hackers já estão utilizando a aprendizagem de máquina na forma de malware. Um exemplo é o WaterMiner, um programa malware de mineração de criptomoedas. **Criptomoeda** é uma moeda digital, como o Bitcoin, utilizada para transações financeiras. O WaterMiner, um novo tipo de malware distribuído por meio de jogos, que "aprendeu" a se esconder das ferramentas de monitoramento, se desativa quando o Gerenciador de Tarefas ou uma varredura antimalware é iniciada no computador em que o programa foi baixado.[35]

criptomoeda: Uma moeda digital, como Bitcoin, utilizada para transações financeiras.

Uma empresa que utiliza aprendizagem de máquina e IA é a Palo Alto Networks. A Palo Alto usa computação em nuvem para agregar dados de clientes e melhorar a segurança cibernética. A Palo Alto fundou a Cyber Threat Alliance, junto com Cisco, Intel, Symantec e Check Point Software Technologies, para compartilhar informações sobre ameaças crescentes e como se defender delas. O CEO da Palo Alto, Nikesh Arora, diz que "as empresas de segurança podem precisar criar e compartilhar manuais sobre o adversário conforme as ameaças evoluem".[36,37] Essas empresas estão desenvolvendo aplicativos internos de IA ou se fundindo com empresas menores de IA para aumentar as oportunidades de segurança cibernética. Em março de 2017, a Palo Alto comprou uma empresa de análise comportamental, a Light Cyber, e anunciou recentemente uma parceria de IA com a Mist Systems.

Seguro

Todos os tipos de seguradoras reúnem uma enorme quantidade de dados — sobre os clientes, a concorrência e o meio ambiente — que são utilizados para definir os prêmios. O setor de seguros automotivos recorreu à aprendizagem de máquina para processar esses dados e melhorar as operações de negócios e a satisfação do cliente. Os clientes desejam duas coisas de sua seguradora — cobertura excelente e preços baixos. Para que isso aconteça, as empresas devem ser capazes de garantir que os motoristas atendam aos padrões de segurança.

Quatro das principais seguradoras de automóveis estão usando os mesmos tipos de aplicativos para reduzir custos e melhorar suas operações. Os chatbots e outros aplicativos semelhantes permitem que os clientes obtenham respostas rapidamente ou conselhos sem longos períodos de espera pelo telefone. O assistente virtual da Allstate é chamado ABIe (pronuncia-se "Abbie") e processa mais de 25 mil consultas por mês. Outra aplicação é o monitoramento de desempenho do motorista. A State Farm e a Liberty Mutual lançaram aplicativos que ajudarão a monitorar os hábitos de direção seguros do motorista — incluindo mensagens de texto enquanto dirige — e fornecer feedback instantâneo em caso de acidente. Os motoristas podem enviar imagens do carro para receber orçamentos sobre danos ao veículo. A State Farm está usando o aplicativo de direção segura para calcular descontos para o cliente. A Progressive Insurance está usando algoritmos de análise preditiva em dados coletados de motoristas usando o aplicativo móvel Snapshot ou um dispositivo de plug-in. A maioria dos motoristas recebe um desconto após seis meses de direção segura.[38] Cada um desses aplicativos automatizou e enviou as informações por meio de um processo automatizado. Não há um humano do outro lado da janela de bate-papo. Esse é um

reconhecimento óptico de caracteres (OCR): Tecnologia que distingue texto impresso ou manuscrito em uma imagem digital, como um documento digitalizado, que é convertido em um documento gerado por computador, como um PDF.

exemplo de aprendizagem de máquina, em que a máquina aprendeu a interpretar as imagens enviadas ou o texto que está sendo enviado e retornar a resposta apropriada.

A aprendizagem de máquina também ajuda as seguradoras a processar reivindicações. Usando modelos preditivos, criados durante o processo de aprendizagem de máquina por meio de várias iterações de teste, as seguradoras podem desenvolver uma melhor compreensão dos custos e os processos automatizados permitem que os sinistros sejam processados mais rapidamente. O processamento de alguns sinistros pode ser iniciado na ocorrência de um sinistro, como é o caso da Liberty Mutual, que permite aos motoristas enviarem imagens dos danos do veículo e receberem um orçamento preliminar. Outras reivindicações podem ser proativas em suas investigações usando **reconhecimento óptico de caracteres** (*optical character recognition* – OCR). A Tokio Marine, uma seguradora sediada no Japão com cobertura em mais de 30 países, tem um sistema de notificação de sinistros de OCR baseado em nuvem que reduziu a carga de entrada de documentos em 50% e teve uma redução de 80% no erro humano. Seus sinistros agora estão sendo processados mais rapidamente e com menos erros.[39] Esse sistema pode ler os caracteres complicados de linguagens escritas, como chinês e japonês, e traduzi-los para o computador. Embora o OCR exista há muitos anos, a aprendizagem de máquina aprendeu como traduzir os diferentes idiomas e dialetos nas informações corretas que permitem às seguradoras processar sinistros com mais rapidez e menos erros.

A fraude tem sido um problema no setor de seguros desde seu início. Os investigadores de seguros de automóveis costumam encontrar casos de fraude que vão desde acidentes encenados, passando por dirigir com a placa de um carro diferente e chegando até mesmo culpar outro motorista por um acidente. As investigações sobre esses sinistros levam tempo e dinheiro e, às vezes, os sinistros devem ser resolvidos no tribunal. O FBI estima que o custo de fraudes de seguros, excluindo seguro saúde, excede US$ 40 bilhões anualmente. Infelizmente, o custo dessa fraude é repassado para todos os motoristas. As seguradoras estão cada vez mais confiando na aprendizagem de máquina para melhorar a precisão da detecção de fraudes por meio do uso de modelos preditivos. Como a fraude não é previsível, os conjuntos de dados não são estruturados e a metodologia de aprendizagem não supervisionada permite que os dados sejam comparados a itens semelhantes, possibilitando que comportamentos fraudulentos sejam sinalizados.[40]

A aprendizagem de máquina ajudou o setor de seguros a reduzir custos, processar fraudes e gerenciar operações de negócios. O atendimento ao cliente aumentou, com base nas quatro principais seguradoras, e os modelos preditivos continuam a crescer no setor de seguros à medida que a aprendizagem de máquina é adotada em mais empresas.

Logística e gestão da cadeia de suprimentos

A gestão da logística e da cadeia de suprimentos cobre tudo, desde a fabricação até o setor de transporte. Os bens devem ser produzidos e então transportados para o mercado. A questão é a melhor forma de levar os suprimentos até o ponto de fabricação e os produtos finalizados aos consumidores. Esse tem sido um problema logístico para todos os proprietários de empresas desde o início dos tempos. A análise preditiva, conhecida como previsão, tem sido utilizada pelos fabricantes por muitos anos para prever quanto produto precisa ser produzido para a próxima temporada. Por exemplo, um fabricante de enfeites de Natal começa a receber pedidos de varejistas em junho, com remessas começando no início de agosto. Isso significa que a produção de enfeites deve começar em abril para atender aos pedidos. O fabricante deve prever com precisão suas necessidades de produção para que tenha os materiais em mãos e possa começar a produzir antes mesmo que os pedidos cheguem. As linhas de produção são programadas com base na data de envio dos pedidos e o depósito é preparado para a chegada dos caminhões. Tudo isso é realizado por meio de um sistema de agendamento por computador.

Então, como a aprendizagem de máquina funciona em uma escala muito maior? Os dados coletados em uma empresa industrial global, por exemplo, são enormes. As variáveis envolvidas incluem diversos locais, pedidos recebidos por telefone e on-line, vários métodos de pagamento e diferentes endereços de remessa que devem ser contabilizados — tudo isso mantendo os clientes satisfeitos. Os sistemas de computador subjacentes a grandes operações globais devem ser executados com eficiência e fornecer dados precisos. A aprendizagem de máquina permite que as empresas reduzam custos e, ao mesmo tempo, aprimorem a capacidade de resposta. O uso de computadores resulta em menos erros, especialmente nas tarefas de rotina que podem ser negligenciadas por humanos em uma área de tráfego intenso. O setor de transporte faz uso de aprendizagem de máquina e algoritmos para programar o número correto de veículos para a quantidade mínima de frete, economizando nos custos de envio da empresa.[41]

A aprendizagem de máquina envolve o treinamento de computadores no uso de padrões visuais e reconhecimento do ambiente. Isso dá às empresas a capacidade de isolar problemas durante a inspeção em um ponto anterior da produção e em ritmo mais rápido do que com os métodos tradicionais. O computador pode digitalizar os suprimentos antes que sejam colocados na linha de produção, inspecionar cada item à medida que são produzidos e, em seguida, verificar cada pacote conforme é movido para o processo de envio (ver Figura 11.10). Se um item estiver danificado, o computador pode sinalizá-lo para ser removido. Se vários itens na linha de produção forem danificados, o computador pode determinar rapidamente se a máquina está com defeito e sugerir correções. Esses processos estão estendendo a vida útil dos equipamentos e melhorando a gestão da qualidade. O planejamento e a programação da produção estão se tornando mais precisos à medida que a aprendizagem de máquina ajuda as empresas a equilibrar a carga do fornecedor ao cliente com mais eficiência. Quando os fornecedores podem otimizar seus cronogramas de entrega, os fabricantes podem produzir o produto mais rapidamente e os varejistas e consumidores podem receber suas mercadorias no prazo.[42]

FIGURA 11.10
Um braço robótico industrial segurando um contêiner de caixa de plástico azul que é colocado em uma esteira transportadora para transporte e armazenamento em um armazém de fábrica inteligente
O braço robótico move os contêineres para a esteira transportadora para transportes. Se o robô detectar um problema com o contêiner, ele não é colocado na esteira, mas é separado para inspeção manual.

Cuidados de saúde

A IA e a aprendizagem de máquina são utilizadas de muitas maneiras diferentes no setor de saúde, e o uso da tecnologia está em constante expansão, com novos avanços, tanto na pesquisa médica quanto nas operações. Posteriormente neste capítulo, discutiremos o uso da robótica na área da saúde. Nesta seção, nos concentramos em duas aplicações de aprendizagem de máquina e como elas afetaram a saúde.

Registros eletrônicos de saúde

Os sistemas de registro eletrônico de saúde (EHR), que são utilizados na maioria dos consultórios médicos nos Estados Unidos, contêm o histórico médico do paciente e podem ser compartilhados com outras unidades médicas. Os portais de pacientes permitem que os pacientes vejam seus registros e enviem mensagens a seus médicos.

Depois que os operadores de serviços médicos começaram a mudar do papel para os registros eletrônicos, a quantidade de dados coletados e armazenados cresceu exponencialmente. Os dados médicos vêm em formatos estruturados e não estruturados. Por exemplo, ressonâncias magnéticas, tomografias computadorizadas e raios X agora são armazenados digitalmente e podem ser transmitidos a outras unidades por meio do software EHR. Os consultórios médicos não precisam mais imprimir grandes digitalizações e enviá-las por correio para o consultório do seu médico para visualização.

A quantidade de dados armazenados em um EHR permite que os analistas de dados prevejam tudo, desde os níveis de pessoal necessários no departamento de emergência até exames de prevenção de doenças. Conforme discutido no caso inicial, a aprendizagem de máquina está sendo utilizada em diagnósticos de saúde. À medida que mais dados são inseridos no sistema, o processo de aprendizagem detecta os prognósticos de doenças, incluindo idade, história familiar, ambiente, peso, além de outros fatores. Modelos preditivos são então criados por meio do processo de aprendizagem de máquina. A análise preditiva então usa esses modelos e os algoritmos programados no computador para revisar os dados do paciente. Quando se pensa na prevenção de doenças, algo que pode ser facilmente programado é que exames devem ser oferecidos para cada faixa etária. À medida que você atinge idades marcantes, por exemplo, 50 anos, você começará a receber lembretes de que os exames preventivos são necessários, ou sugeridos, para sua faixa etária. Você receberá esses lembretes até que sejam agendados ou seu médico os remova (ver Figura 11.11). Predições mais complexas envolvem o uso de dados não estruturados, como uma tomografia computadorizada, com os dados estruturados que compõem o histórico médico do paciente. O processo de aprendizagem semissupervisionada pode ser utilizado para preparar o computador para revisar varreduras e prever um diagnóstico. Os dados devem ser revisados para precisão, à medida que os dados (como história familiar) em um EHR podem ser imprecisos ou incompletos, impactando a validade de um diagnóstico. De acordo com Ziad Obermeyer, professor assistente de medicina de emergência no Hospital Brigham and Women, "outro problema é entender o que você obtém quando prevê uma doença em um EHR [...] O maior desafio será garantir exatamente o que estamos prevendo, mesmo antes de começarmos a abrir a caixa preta e examinarmos como estamos prevendo isso".[43] O histórico do paciente e da família deve ser completo e exato para que a aprendizagem de máquina crie a previsão correta; caso contrário, os médicos trabalharão apenas com dados parciais.

FIGURA 11.11
Um registro médico eletrônico mostrado na tela do computador
Os sistemas eletrônicos de registro médico e de registro de saúde são os sistemas de coleta de dados em um consultório médico. A aprendizagem de máquina usa esses dados para construir os modelos preditivos para ajudar a prever os exames de prevenção de doenças.

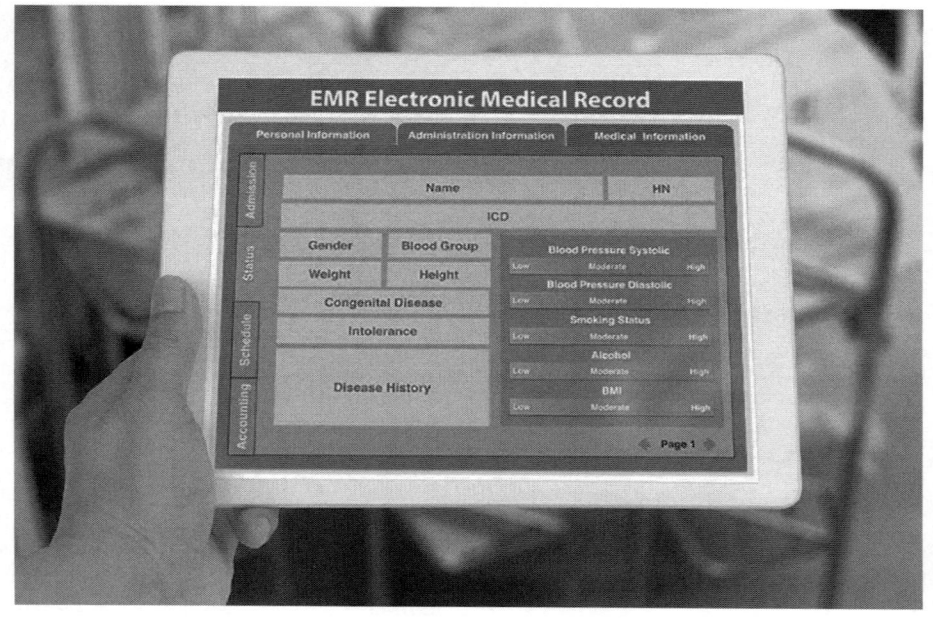

Fraude no setor de saúde

Fraudes no setor de saúde ocorrem de várias formas. Existem algumas pessoas que tentam obter benefícios de saúde quando não estão qualificadas. Isso pode ocorrer com o uso de identidade médica roubada ou reivindicação de benefícios após o vencimento de uma apólice. Esses tipos de sinistros custam às seguradoras e consultórios médicos milhares de dólares a cada ano, e são as atividades fraudulentas dos operadores de serviços de saúde que mais preocupam os seguros e o governo. Esses casos custam milhões a seguradoras, unidades médicas e, em último caso, aos consumidores. Em 2018, o Departamento de Saúde e Serviços Humanos informou que, junto com os policiais estaduais e federais, mais de 600 réus em 58 distritos federais foram acusados de esquemas de fraude, totalizando aproximadamente US$ 2 bilhões no sistema Medicare e Medicaid. Junto com a investigação sobre a fraude, avisos de exclusão foram emitidos para 587 médicos, enfermeiras e operadores sobre práticas de abuso de opioides.[44] Essa força-tarefa estava enviando uma mensagem clara de que a fraude na saúde em um sistema de contribuintes estava sendo levada a sério (ver Figura 11.12). Em 2019, o Departamento de Saúde e Serviços Humanos emitiu um edital de licitação de serviços de soluções em automação inteligente/inteligência artificial (*Intelligent Automation/Artificial Intelligence* – IAAI). Esses serviços usariam a aprendizagem de máquina para examinar os dados coletados e encontrar os padrões de dados que não eram normais para detectar transações fraudulentas e ajudar a identificar suspeitos.[45]

FIGURA 11.12
Fraudes no setor de saúde podem custar a um indivíduo até US$ 250 mil e dez anos de prisão se for condenado
As fraudes no setor de saúde custam aos contribuintes aproximadamente US$ 2 bilhões por ano. Aprendizagem de máquina e IA podem ajudar a encontrar e processar esses criminosos.

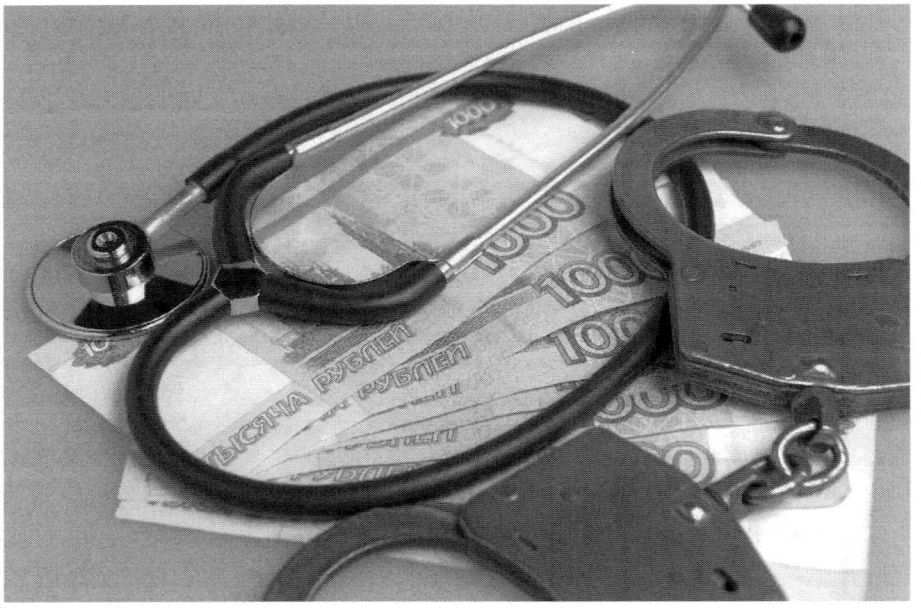

Os pedidos de indenização são sempre apresentados com o mesmo método. Um médico que está cometendo fraude para ganho financeiro não mudará o método de registro, pois isso chamaria a atenção para o sinistro. Esses registros podem ser para procedimentos ou para prescrições, mas essa também pode ser a maneira como eles são capturados. Muitos sinistros fraudulentos são para os mesmos procedimentos, visitas ou prescrições em um curto período de tempo. A maioria dos consultórios médicos transmite a prescrição eletronicamente às farmácias. Em casos de fraude, uma farmácia pode estar enviando receitas de uma pessoa quando, na verdade, deveria ser para outro paciente, ou a farmácia pode enviar e ser paga por reapresentar receitas que não foram solicitadas pelo paciente. A aprendizagem de máquina às vezes é utilizada no rastreamento desses padrões para determinar quando ocorreram práticas de cobrança fraudulentas. Uma empresa que emprega aprendizagem de máquina é a SCAN Health Plan.

Quando a empresa começou a receber reclamações de clientes sobre reapresentações não solicitadas de receitas, ela usou o sistema analítico da Alteryx para monitorar os dados de faturamento recebidos das farmácias de sua rede. Usando a análise, a SCAN foi capaz de identificar várias farmácias com práticas de faturamento fraudulentas — economizando para a empresa mais de US$ 2 milhões.[46]

Processamento de linguagem natural

processamento de linguagem natural (PNL): A parte da aprendizagem de máquina que permite aos computadores compreender, analisar, manipular e gerar linguagem natural para processamento.

Processamento de linguagem natural (*natural language processing* – PNL) é uma parte da aprendizagem de máquina que permite que os computadores entendam, analisem, manipulem e gerem linguagem natural para processamento. Isso significa que ele traduz o que aprende para o idioma de escolha ao "falar" de volta com você (pressione 1 para inglês, 2 para espanhol, 3 para francês etc.). Muitas empresas fornecem ajuda de processamento de linguagem natural por telefone para orientar aquele que faz a chamada para o departamento ou a pessoa correta. Por exemplo, quando chega uma chamada de um banco, loja de departamentos ou departamento de atendimento ao cliente, ela pode ser atendida por um computador, que oferece à pessoa que ligou um menu de opções. Aquele que fez a chamada pode ser solicitado a "dizer a opção ou digitar o número da opção para continuar". O componente de processamento de linguagem natural foi treinado para ouvir uma resposta e direcionar a chamada para a pessoa ou departamento corretos. Para fazer isso, o computador deve aprender a interpretar a linguagem natural, pois as pessoas podem responder de forma diferente aos comandos. Uma pessoa pode dizer "1", outra pode dizer "número 1" e outra pode dizer "opção 1". Além disso, vozes, sotaques e dialetos variam significativamente, o que pode afetar a capacidade do computador de interpretar uma resposta. Se o computador não puder interpretar corretamente a opção fornecida, ele direcionará o chamador para tentar novamente ou o transferirá para uma atendente. Isso às vezes pode ser frustrante para o chamador, mas em um sistema que usa aprendizagem de máquina, o computador está aprendendo com esse processo para torná-lo mais fácil para o próximo chamador.

Mecanismos de busca

O processamento de linguagem natural é amplamente utilizado nos mecanismos de busca. Cada vez que uma pesquisa é inserida, o mecanismo deve interpretar o que o usuário está procurando e retornar os resultados relevantes em tempo hábil. Se o mecanismo de pesquisa gastasse tempo fazendo perguntas para esclarecer o significado da pesquisa, o usuário provavelmente recorreria a outro software para obter as respostas. Um dos desafios é como os computadores "ouvem" e como os humanos falam. Os computadores esperam ouvir uma linguagem de programação e os humanos falam de várias maneiras. Cada idioma pode ter dialetos diferentes, incluindo gírias, e o contexto da frase pode fazer com que uma palavra tenha um significado diferente. Por exemplo, a frase "Que maravilha!" pode significar que uma pessoa está muito feliz com o resultado de um teste. Mas se eles saíram do trabalho para encontrar um pneu furado em seu carro, a mesma frase pode significar uma decepção extrema. O computador deve aprender o contexto da frase para interpretá-la corretamente.

Um mecanismo de pesquisa deve examinar todas as palavras inseridas ou faladas no campo de pesquisa para determinar qual resultado exibir. Ao pesquisar por "computação em nuvem", o programa deve examinar as duas palavras para determinar que a pesquisa não é pelas nuvens brancas e fofas no céu, mas sim por um tipo de armazenamento de dados. Quanto mais direto for o termo de pesquisa, mais relevantes serão as respostas. A maioria dos mecanismos de pesquisa agora também retorna uma lista de "perguntas também feitas" para determinar se há outra maneira de fazer a mesma pergunta ou de apresentar perguntas adicionais que foram feitas sobre o mesmo assunto. Esses algoritmos são integrados aos mecanismos de busca, mas o processo de aprendizagem que cria os algoritmos continua a aprender à medida que são utilizados. Isso é chamado **aprendizagem profunda**. A aprendizagem profunda permite que os programas cresçam e aprendam com os muitos exemplos fornecidos pelos usuários, digitados ou falados. É também assim que um aplicativo de fala para texto é treinado. Cada vez que você usa o aplicativo de fala para texto em seu smartphone, ele aprende mais sobre sua voz e como você diz suas palavras.[47]

aprendizagem profunda: Permite que os programas cresçam e aprendam com os exemplos fornecidos aos usuários, digitados ou falados.

Tradutores

Os tradutores on-line devem ser treinados em mais do que apenas traduções de palavra por palavra. As regras gramaticais e a pontuação podem fazer diferença na forma como uma frase é lida e como é interpretada em outro idioma. A Figura 11.13 mostra o aplicativo tradutor do Google, que é fácil de utilizar. Algumas traduções são mais difíceis do que outras. As traduções simples são aquelas em que as palavras correspondem uma a uma. As traduções mais difíceis têm uma estrutura de frase diferente. Por exemplo, na frase em inglês "Look at the red car", a tradução em português é "Veja o carro vermelho". Observe que o adjetivo na tradução em português "vermelho" vem depois do substantivo "carro", mas na frase original em inglês aparece como "red car". O algoritmo deve traduzir a frase inteira, não apenas palavra por palavra.

FIGURA 11.13
Aplicativo móvel Google Translate
O aplicativo Google Translate permite traduções rápidas e fáceis em qualquer dispositivo móvel.

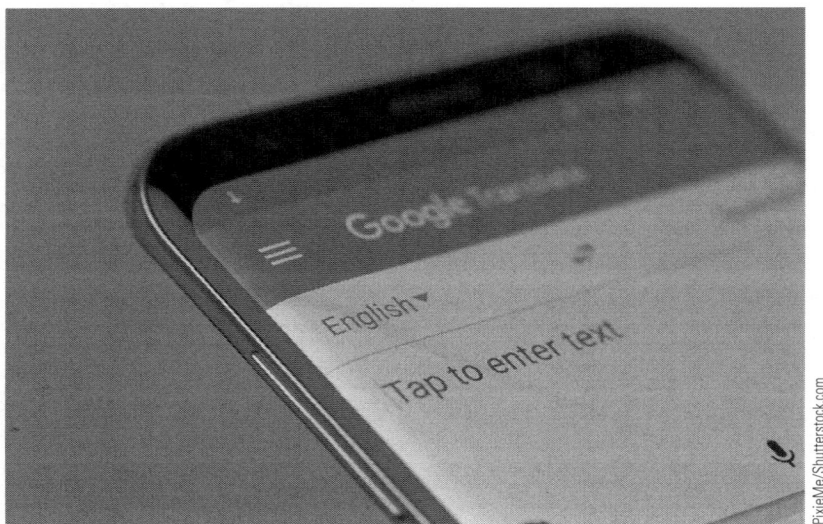

Os aplicativos de tradução para dispositivos móveis também devem ser treinados para reconhecimento de fala. Ao utilizar um aplicativo para negócios, é importante saber que o tradutor é exato e foi treinado para sua voz. Se a tradução estiver incorreta, existe o risco de ofender alguém e perder negócios. Se você é o consumidor e usa um tradutor para comprar itens, pode comprar algo que não deseja ou em quantidades de que não precisa.

Interface cérebro-computador

IA envolve tentar fazer um computador funcionar como o cérebro humano. O computador precisa aceitar entradas, processar informações e tomar uma decisão com base em um conjunto de parâmetros. O computador deve ser programado para tomar essas decisões. Para fazer um computador realmente pensar e agir como um humano, os cientistas passaram anos estudando o cérebro humano. A **interface cérebro-computador** (*brain computer interface* – BCI) é a tecnologia que interage com a estrutura neural (cérebro) de um ser humano e traduz as informações (pensamentos) em atividades (ações) (ver Figura 11.14). Experimentos em BCI estão em andamento há 50 anos. O primeiro experimento bem-sucedido foi publicado em 1977, quando um paciente foi capaz de mover um cursor em uma tela usando apenas os sinais elétricos do cérebro. Uma vez que um teste bem-sucedido foi concluído, abriu-se a porta para outras áreas de pesquisa e desenvolvimento na área médica.[48]

interface cérebro-computador (BCI): Tecnologia que interage com a estrutura neural humana (cérebro) e traduz as informações (pensamentos) em atividades (ações).

Pesquisa médica

A área médica está observando um grande crescimento no uso da tecnologia BCI. Os pesquisadores têm trabalhado em dispositivos como o implante coclear, que usa a BCI para dar aos pacientes surdos ou com deficiência auditiva grave "a sensação do som". O dispositivo capta sinais e os envia diretamente ao cérebro por meio do nervo auditivo. Isso é diferente da audição normal e usa um dispositivo externo e implantado para receber e processar o som (ver Figura 11.15).[49]

FIGURA 11.14
Mulher usando um fone de ouvido com varredura de ondas cerebrais
Para mapear o cérebro com precisão, um fone de ouvido com varredura de ondas cerebrais deve ser utilizado durante o teste. A informação é traduzida em atividade.

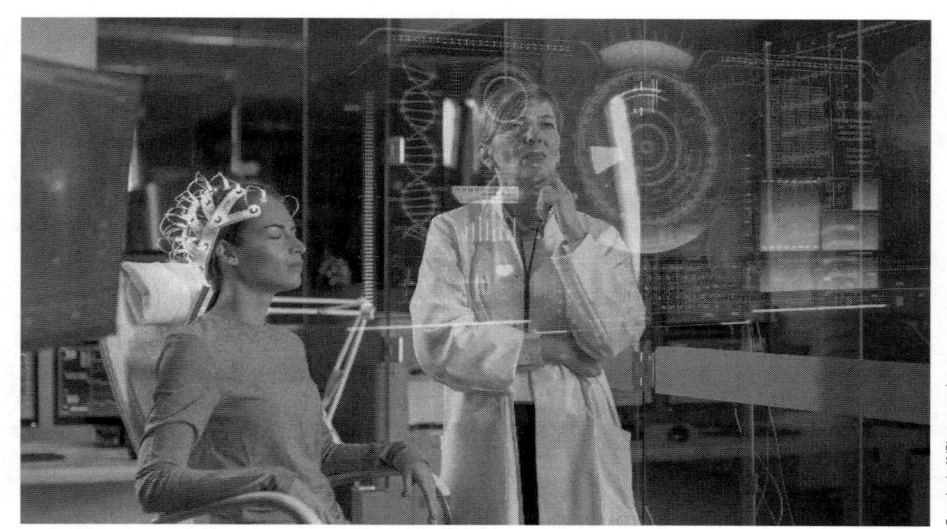

FIGURA 11.15
Implante coclear
O implante coclear capta sinais e os converte em sons, permitindo que pessoas com deficiência auditiva ouçam.

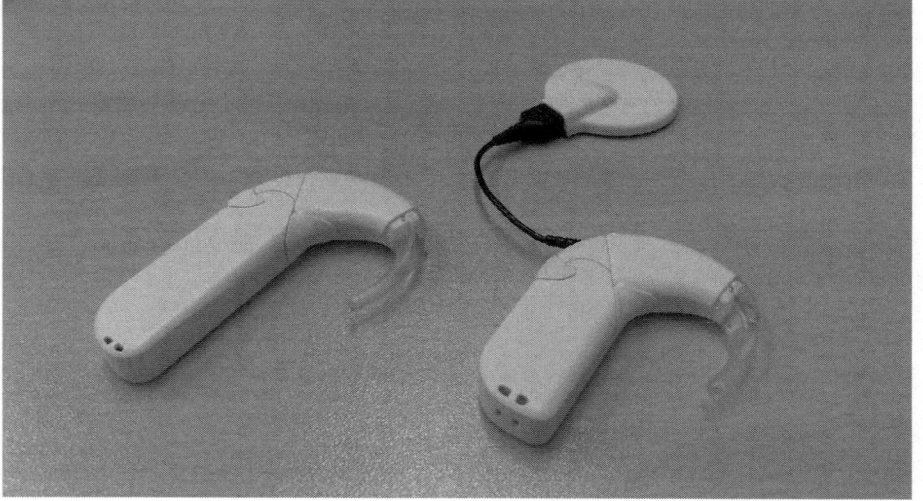

A BCI também está sendo utilizada em outras áreas, incluindo na de desenvolvimento de próteses de membros. Você está lendo este livro na versão impressa, on-line ou por meio de um leitor. Você parou para pensar nas etapas que usou para abrir ou iniciar o livro? Para um livro impresso tradicional, você se concentrava em mover o braço, depois a mão e os dedos para levantar o livro, abrir a capa e virar a página? Para um livro on-line, você pensou em como clicou no livro ou selecionou o leitor? Como você selecionou o ponto certo no livro para começar? Se você tiver uma prótese de membro, essas são as etapas que devem ser seguidas para que o braço funcione. A BCI pode tornar essas etapas possíveis e, com a tecnologia mais avançada, aumentar o nível de função e controle para o paciente. Uma pesquisa avançada conduzida na Universidade Johns Hopkins produziu um membro protético que pode perceber tanto o toque quanto a dor. Essa pesquisa levou muitas horas de mapeamento, mas o resultado foi que o paciente pôde "sentir" novamente através do membro artificial.[50] A pesquisa está em andamento e as próteses continuarão a se tornar mais sofisticadas com o avanço da tecnologia BCI.

Também estão sendo feitas pesquisas sobre outros tipos de lesões e doenças. Todos os dias, os pacientes chegam às salas de emergência após acidentes que causaram danos à medula espinhal ou outro trauma que resultou na perda da fala ou da função motora. A BCI pode ajudar a restaurar essas funções. Leigh Hochberg, diretora do Centro de Neurotecnologia e Neurorrecuperação do Hospital Geral de Massachusetts, definiu uma meta desafiadora para seu departamento: "Se estou na UTI de neurologia em uma segunda-feira e vejo alguém que de repente perdeu a capacidade de se mover ou falar, queremos restaurar essa capacidade de comunicação até terça-feira. Usando uma BCI e IA, podemos decodificar as atividades neurais associadas ao movimento pretendido da mão de uma pessoa e devemos ser capazes de permitir que essa pessoa se comunique".[51]

DARPA

A Agência de Projetos de Pesquisa Avançada de Defesa (*Defense Advanced Research Projects Agency* – Darpa) está envolvida há muito tempo com a tecnologia BCI. Em 2013, o presidente Obama anunciou a Iniciativa Brain (*Brain Research through Advancing Innovative Neurotechnologies*) com o objetivo de descobrir novos tratamentos e curas para doenças cerebrais como Alzheimer, epilepsia e lesão cerebral traumática. A Darpa trabalhou para apoiar essa iniciativa de pesquisa com vários programas. Dois desses programas foram o programa RAM (Restoring Active Memory) e o programa RAM-Replay, que foram projetados para ajudar a restaurar a memória de um paciente, recuperar memórias existentes e facilitar novas memórias em pacientes que sofreram lesão cerebral traumática ou contraíram uma doença neurológica.[52]

A Darpa continuou sua pesquisa em BCI e, em 2015, em experimento que conduziu em conjunto com a Universidade de Pittsburgh, um indivíduo paralisado foi capaz de controlar várias aeronaves em um simulador de voo por meio de um microchip implantado cirurgicamente. O significado desse estudo foi que o indivíduo foi capaz de receber sinais *a partir de* cada uma das aeronaves, provando assim o conceito de uma interface bidirecional. O operador pode sentir o ambiente ao redor de cada aeronave, entender se os arredores apresentam ameaças potenciais e reagir de acordo.[53]

A Battelle, uma organização sem fins lucrativos sediada em Ohio com foco em ciência aplicada e desenvolvimento de tecnologia, firmou um contrato em 2019 com a Darpa para pesquisar e desenvolver uma solução para o programa de Neurotecnologia Cirúrgica de Última Geração da Darpa (N_3). O N_3 destina-se a ser uma BCI bidirecional que funcionará com membros saudáveis do serviço como um dispositivo minimamente invasivo. O N_3 permitiria multitarefa durante missões críticas. O objetivo do programa é criar uma solução baseada em BCI que os soldados possam utilizar para funções como comunicação e controle de sistemas de defesa cibernética e de veículos terrestres e aéreos não tripulados.[54] O sistema de Battelle, chamado BrainSTORMS (sistema cerebral para transmitir ou receber sinais magnetoelétricos), é um sistema que será introduzido temporariamente no corpo por meio de uma injeção. O nanotransdutor seria colocado em uma área específica do cérebro e se comunicaria com um receptor no capacete do soldado. Uma vez que o nanotransdutor não seja mais necessário, ele seria guiado magneticamente para fora do cérebro para ser processado naturalmente fora do corpo. O Laboratório de Pesquisa Força Aérea conduzirá os estudos de demonstração em humanos antes que o produto finalizado seja lançado. Esse contrato deve custar à Darpa aproximadamente US$ 20 milhões em quatro anos.[55]

Exercício de pensamento crítico

Lucros da Intel com IA

▶ TECNOLOGIA DA INFORMAÇÃO

A Intel incorporou a IA, aprendizagem de máquina e análises avançadas em muitos dos principais departamentos da organização, e isso está trazendo muito retorno para a empresa. Em seu Relatório de Desempenho Anual de TI 2018–2019, a Intel relatou que esse movimento estratégico gerou mais de US$ 1 bilhão em valor de negócios.

Paula Tolliver, vice-presidente e CIO da Intel, disse: "A Intel está expandindo os limites em áreas como IA, 5G e veículos autônomos, e a equipe de TI da Intel é um parceiro fundamental nesse trabalho". Os dados mostraram uma economia significativa em horas com a nova tecnologia. O tempo de lançamento no mercado diminuiu em 52 semanas com a implementação da aprendizagem de máquina, e mais de 930 mil horas de trabalho foram economizadas por trimestre com aplicativos atualizados e implantação mais rápida de sistemas.[56] Sem o uso de IA, os aplicativos não poderiam ter sido atualizados e implantados tão rapidamente e o tempo de colocação no mercado não teria sido reduzido. A Intel conta com essa vantagem competitiva para permanecer líder de mercado.

Duas áreas visadas pela Intel foram vendas e marketing e gestão da cadeia de suprimentos. Em vendas, a Intel conduziu seu programa Sales Assist, que coletou mais dados para análise. O Sales Assist permite que os clientes façam seus pedidos, tanto para vendas quanto para provadores. Essa tecnologia está sendo utilizada em lojas físicas e permitiu que os gestores de contas atendessem aos clientes de maneira mais eficiente, com um impacto positivo de US$ 46 milhões nas vendas, além de coletar dados de vendas e juros. A aprendizagem de máquina ajudou a Intel a transformar seu sistema de gestão da cadeia de suprimentos para otimizar o estoque de peças e os sistemas de entrega. A Intel possui 600 instalações em 63 países, portanto, a logística de fabricação e entrega requer algoritmos complexos e uma grande quantidade de dados para ser precisa. Os modelos preditivos permitem previsões mais exatas sobre o lugar para onde os suprimentos precisam ser enviados e os envios podem ser preparados de forma mais eficiente. A implementação de um sistema automatizado aumentou a economia em US$ 58 milhões.[57]

Perguntas de revisão

1. Por que a cadeia de suprimentos é considerada uma "área-chave" para a Intel em termos de IA e aprendizagem de máquina?
2. Você consegue pensar nas possíveis desvantagens da mudança da Intel para a IA?

Questões de pensamento crítico

1. A Intel não é uma nova empresa de tecnologia. Por que você acha que a mudança para IA demorou tanto e você acha que isso ajudou ou prejudicou a organização?
2. Se você fosse um diretor administrativo no departamento de TI, quais departamentos você aconselharia Paula a focar em seguida e por quê?

Robótica

robótica: Tecnologia que utiliza uma combinação de engenharia mecânica, ciência da computação, IA e aprendizagem de máquina para criar um dispositivo que pode executar tarefas com alto grau de precisão.

Robótica é uma combinação de engenharia mecânica, ciência da computação, IA e aprendizagem de máquina utilizada para criar um dispositivo que pode executar tarefas com alto grau de precisão. Muitas dessas tarefas são consideradas tediosas ou perigosas para os humanos. A ideia de robôs não é nova; desenhos animados da década de 1960 retratavam donas de casa e animais de estimação robóticos. Mas agora estamos começando a ver as aplicações práticas da robótica em muitas áreas, como indústria, saúde, jogos e logística. Drones estão sendo utilizados para entregar pacotes, robôs são utilizados para aspirar casas e cachorros de brinquedo divertem crianças.

Pittsburgh, na Pensilvânia, está se tornando um centro de robótica à medida que empresas de tecnologia ocupam a "linha robótica" da cidade.[58] A necessidade de funcionários na área de robótica continuou a crescer e, em um esforço para ajudar a suprir essa necessidade, a Universidade Carnegie Mellon, com sede em Pittsburgh, começou a oferecer um diploma de graduação em IA pela Faculdade de Ciência da Computação da universidade em 2018. De acordo com Andrew Moore, reitor da Faculdade de Ciência da Computação, "os especialistas em inteligência artificial nunca foram tão importantes, em menor oferta ou em maior demanda por parte dos empregadores". Reid Simmons, o diretor do novo programa cuja pesquisa pessoal se concentrou em robôs móveis, diz: "Ao combinar os pontos fortes de vários departamentos da Faculdade de Ciência da Computação, fomos capazes de montar um currículo abrangente". Esse currículo dará aos alunos uma formação completa em IA, aprendizagem de máquina, robótica, bem como a ética para reger suas ações.[59]

Robôs industriais

Os robôs têm uma aparência diferente no mundo industrial do que em produtos de saúde ou domésticos. Os robôs industriais são projetados para velocidade, precisão e segurança. O tamanho e a aparência dos robôs industriais dependem da aplicação para a qual foram projetados. Alguns são modelos grandes que funcionam de forma independente, enquanto outros são pequenos e projetados para funcionar com humanos. Nas seções a seguir, discutiremos três dos tipos mais comuns de robôs utilizados em aplicações industriais.

Robôs cartesianos

Os robôs cartesianos ocupam um espaço menor, chamado pegada, e se movem em linhas retas. Uma das aplicações mais comuns para robôs cartesianos é a impressão 3D (ver Figura 11.16). Esses robôs são fáceis de programar, podem ser customizados para os mais diversos projetos e são produzidos em diferentes formas e tamanhos, de acordo com as necessidades da empresa. As impressoras 3D podem ter uma forma mais cúbica do que outros tipos de robôs, com base no que imprimirão. Embora fácil de utilizar, a montagem pode se tornar muito complexa com base no nível de personalização.[60]

FIGURA 11.16
Robôs cartesianos podem ser utilizados para impressão 3D
Essa impressora 3D é uma impressora em forma de cubo capaz de imprimir projetos complexos.

Robôs SCARA

Os robôs SCARA (*Selective Compliance Assembly Robot Arm*) são mais fáceis de integrar em projetos de impressão complexos do que os robôs cartesianos. Os robôs SCARA têm um movimento lateral e um movimento rotativo, e podem se mover mais rápido do que os modelos cartesianos (ver Figura 11.17). Os robôs SCARA são frequentemente utilizados no campo biomédico porque são mais rápidos e têm um campo de movimento mais amplo.[61]

FIGURA 11.17
Os robôs SCARA são mais rápidos e podem ter movimentos laterais e rotativos
Robôs SCARA podem imprimir mais rápido do que uma impressora 3D padrão e são amplamente utilizados na área de saúde.

Robô articulado

Um robô articulado (ver Figura 11.18) é feito para funcionar como um braço. Esses robôs podem ter dez ou mais articulações rotativas que podem se mover para cima e para baixo como um cotovelo, mas também podem se torcer. Os robôs articulados são frequentemente utilizados em ambientes de fabricação industrial, como em linhas automotivas, pois podem se mover com rapidez e precisão. As juntas de torção exclusivas permitem que robôs articulados realizem tarefas que podem ser perigosas para os humanos.[62,63]

FIGURA 11.18
Braços robóticos articulados imitam o movimento de um braço humano
Braços robóticos articulados são amplamente utilizados em linhas de produção industrial porque podem funcionar como um braço humano.

Aplicações industriais

A robótica, junto com a IA e a aprendizagem de máquina, está sendo aplicada em muitos setores, mas o setor automotivo foi um dos primeiros a abraçar a robótica. Houve um tempo em que existia o medo de que robôs assumissem o controle das fábricas de automóveis e os trabalhadores perdessem seus empregos, especialmente porque, na época em que os robôs foram introduzidos na indústria automobilística, eram muito pouco encontrados em outros setores. De fato, em 2005, mais de 90% de todos os robôs estavam na indústria automobilística (ver Figura 11.19). Mas de acordo com o ex-CEO do Centro de Pesquisa Automotiva, Dr. Jay Baron, "sem essa automação, nossas fábricas estariam obsoletas há muito tempo. A automação é necessária para segurança, qualidade e produtividade".[64]

FIGURA 11.19
Robôs trabalhando em uma linha de produção automotiva
Os braços robóticos articulados permitem que a linha de produção automotiva se mova rapidamente com movimentos precisos.

A indústria automobilística fez uso de robôs colaborativos (ou "cobots") para trabalhar com humanos nas linhas de produção. Os cobots realizam trabalhos difíceis para uma pessoa e que podem causar lesões repetitivas. Esses cobots são programados para trabalhar com humanos, conhecendo o ambiente e saindo da frente quando algo está bloqueando seu caminho. Os cobots lidam com o trabalho perigoso, deixando para os humanos o trabalho que requer inteligência. Os cobots utilizados em uma fábrica de Detroit constroem três modelos de carros em uma linha de montagem. De acordo com o gestor geral da fábrica, Marty Linn, realizam tarefas como empilhar pneus e utilizar cola aquecida a uma temperatura muito alta para aplicar o tecido no teto dos carros. Ambos os trabalhos podem causar lesões e os funcionários odiavam ser designados para essas tarefas.[65]

A saúde é outro setor que tem experimentado um rápido aumento no uso de robôs. Embora possa parecer que a robótica seja uma novidade na área da saúde, o da Vinci® Surgical System (da Vinci®) está no mercado desde 2000. O sistema da Vinci® permite a cirurgia minimamente invasiva, dando aos médicos o controle dos instrumentos por meio de um console. O termo correto é cirurgia assistida por robótica, embora algumas pessoas acreditem erroneamente que o robô esteja realizando a cirurgia. O médico trabalha atrás de um console para controlar os braços robóticos (ver Figura 11.20). Os braços articulados podem realizar movimentos que os braços humanos não conseguem, dando ao cirurgião maior flexibilidade (ver Figura 11.21). O console possui uma tela 3D de alta definição, que amplia a visão, de modo que o cirurgião muitas vezes precisa fazer menos incisões e o tempo de recuperação do paciente é reduzido.[66]

Muitas farmácias agora utilizam robôs para preparar medicamentos e soluções intravenosas. De acordo com a Cerner, um fornecedor líder de EHR, os robôs que trabalham na farmácia podem receber pedidos para preparar medicamentos intravenosos e entregá-los, junto com as seringas adequadas, no andar do paciente para serem administrados. Esses mesmos robôs podem dispensar e etiquetar medicamentos usando estoque com código de barras. Esses robôs não estão substituindo os farmacêuticos, pois a supervisão ainda é necessária e a interação humana com os pacientes deve estar disponível. Mas os robôs estão tornando as farmácias mais eficientes e reduzindo erros durante os horários de pico de volume.[67]

O que vem a seguir

O que podemos esperar a seguir no mundo da robótica?

Um hospital em São Francisco tem "robôs de entrega" que trazem almoços para pacientes e carregam amostras para laboratórios. Alguns desses robôs são

> **FIGURA 11.20**
> **Cirurgião trabalhando nos controles do Vinci® Surgical System**
> O Vinci® Surgical System permite que os cirurgiões usem braços robóticos para realizar movimentos precisos que seriam muito difíceis de realizar com a mão.

> **FIGURA 11.21**
> **O Vinci® Surgical System usa instrumentos controlados por um cirurgião em um painel de controle**
> O Vinci® Surgical System permite uma cirurgia minimamente invasiva e um tempo de recuperação reduzido.

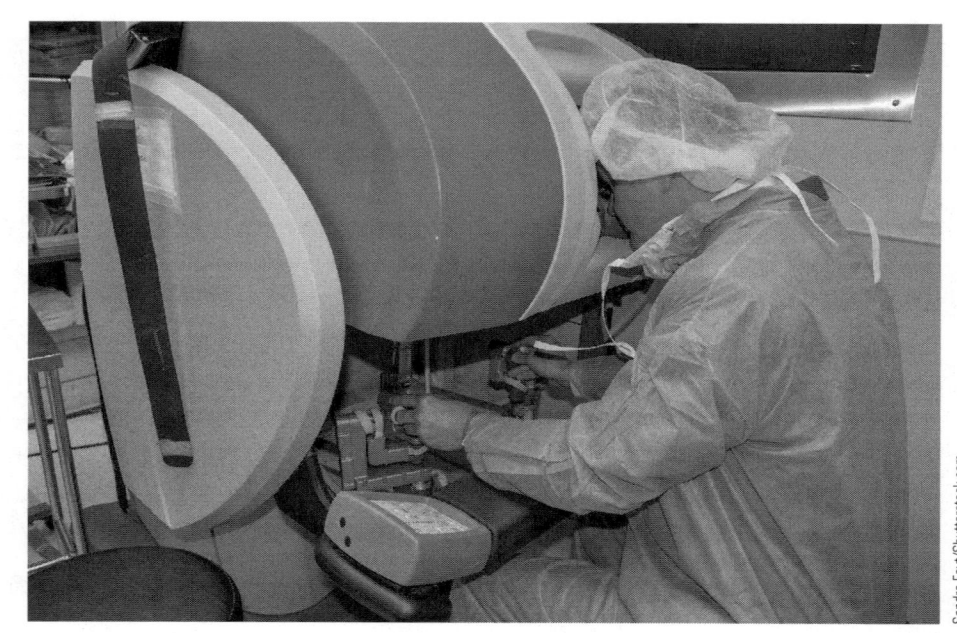

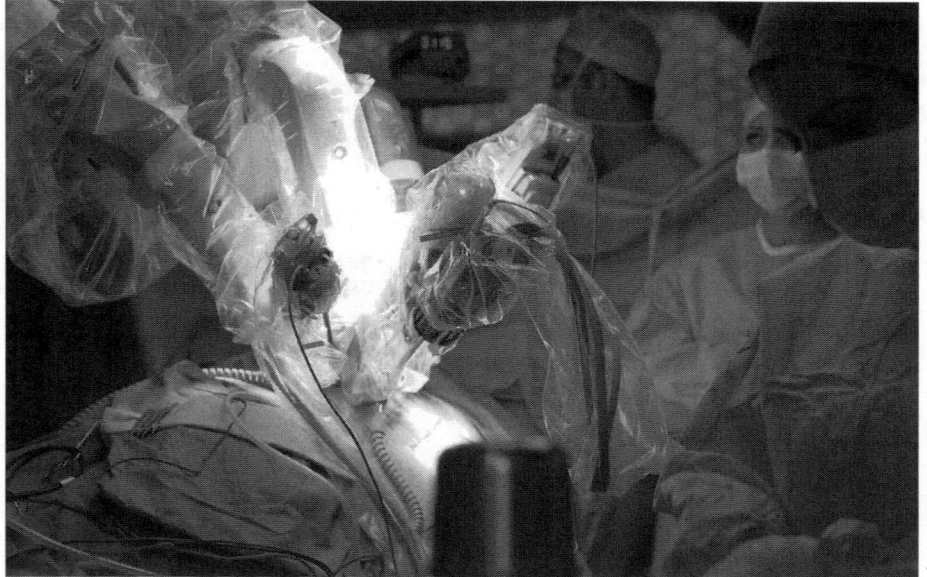

programados para utilizar os elevadores e portas abertas para manobrar pelo prédio. Outros robôs estão sendo treinados como prestadores de cuidados domiciliares. Robôs que são capazes de realizar tarefas como limpar, ajudar alguém a sair da cama ou se vestir, ou até mesmo levar comida, podem ajudar alguém que precisa de ajuda, mas quer ficar na cama.[68]

Os robôs já estão se tornando mais comuns em nosso dia a dia e as empresas estão trabalhando em novas ideias para tornar nosso trabalho e nossa vida caseira mais fácil, com mais invenções chegando continuamente ao mercado. Se você for ao seu site de compras on-line favorito e pesquisar por "robô", provavelmente receberá informações sobre brinquedos robóticos, robôs de segurança e até mesmo limpadores de vidro robóticos. Já estamos vendo carros autônomos na estrada e muitos de nós temos dispositivos ativados por voz que acendem nossas luzes e dispositivos móveis que nos permitem fazer perguntas e receber respostas precisas e relevantes. A Ikea está trabalhando em um assistente de cozinha robótico e nossas compras on-line podem em breve ser entregues por drones.[69] O que poderia vir a seguir?

Exercício de pensamento crítico

Left Hand Robotics

▶ TECNOLOGIA DA INFORMAÇÃO

A Left Hand Robotics foi criada em 2016 por Terry Olkin e Mike Ott com o objetivo de ajudar proprietários, gestores de empresas e governos a preservar o ambiente de forma mais eficiente para atender às necessidades e expectativas de seus clientes, residentes e locatários. A preservação é demorada e, dependendo do clima, pode ser perigosa. Em épocas de muito calor ou frio extremo, os funcionários que trabalham ao ar livre podem ficar doentes por causa da temperatura. A Left Hand Robotics projetou robôs comerciais que podem cortar grama e remover neve para essas empresas.[70] Esses robôs podem ser programados apenas para iniciar e fazer seu trabalho. A programação assume e as máquinas podem funcionar de forma autônoma sem a necessidade de monitoramento. A Left Hand tem um programa para definir o caminho do robô para cortar ou remover a neve. Depois que o robô é colocado em posição e iniciado, ele pode ser monitorado por meio de aplicativos móveis e da web, para que o operador não precise estar no local enquanto a máquina está funcionando. Isso permite que vários robôs sejam executados ao mesmo tempo. A cidade de Colorado usou o robô em 2019 para limpar a neve e ficou satisfeita com o resultado. A equipe da cidade também começou a utilizar o robô para cortar a grama e estima uma economia anual de mais de US$ 800 por cerca de 4 mil m^2.[71]

Perguntas de revisão

1. Que vantagem, além da financeira, esses tipos de robôs proporcionariam aos clientes? Quais são algumas das desvantagens que eles podem ter?
2. Para quais setores a Left Hand Robotics poderia comercializar os robôs?

Questões de pensamento crítico

1. Qual poderia ser o impacto sobre o emprego se as cidades utilizassem mais desses tipos de robôs?
2. A Left Hand Robotics atualmente fabrica robôs cortadores de grama e de remoção de neve. Que outros robôs de nível comercial você sugere que eles projetem?

Resumo

Princípio:

As organizações estão desenvolvendo novas tecnologias usando IA e sistemas especialistas.

A IA tem estado em pesquisa e desenvolvimento por muitos anos. Os cientistas vêm tentando encontrar maneiras de produzir um pensar e um agir como os de um ser humano. O Teste de Turing não tem um vencedor desde 1951.

A IA vai além de executar um programa e receber um relatório. IA é a capacidade de utilizar esse conhecimento para um comportamento inteligente. Desde que os computadores foram colocados em prática, puderam ler um banco de dados e criar um relatório. Agora, eles devem "pensar" sobre os dados e resolver rapidamente um problema, entender uma imagem visual e utilizar heurística ou preencher lacunas quando faltar informação para chegar a uma conclusão.

Os sistemas especialistas são os mais complexos dos sistemas de IA. Esses sistemas são projetados para lidar com os problemas mais complexos e os resultados devem ser precisos. São utilizados em ambientes de ritmo acelerado, em que as decisões devem ser tomadas de forma confiável e compreensível e deve haver um tempo de resposta rápido. Os testes desses sistemas são extensos, pois a maioria deles é colocada em situações que afetam a segurança das pessoas. A aviação é um exemplo que usa sistemas especialistas para determinar a capacidade de voo de um piloto.

Um sistema especialista possui muitos componentes. Cada sistema deve ter uma base de conhecimento para extrair. A base armazena todo o conhecimento relevante e deve estar sempre atualizada. Se esses dados não forem precisos, qualquer decisão tomada pelo sistema não será precisa. Um mecanismo de desenvolvimento constrói as regras e os processos que executam o sistema. O mecanismo de inferência busca os dados da base de conhecimento e fornece a decisão. Esse é considerado o componente mais importante do sistema especialista. A explicação do componente do recurso permite que o usuário rastreie as descobertas do sistema. Isso dá ao usuário uma melhor compreensão do processo de "pensamento" do sistema especialista na tomada de decisão. O recurso de aquisição de conhecimento é como a base de conhecimento é criada e atualizada. O software especializado permite que os usuários e tomadores de decisão acessem a base de conhecimento para manter os dados atualizados. A interface do usuário permite a entrada e saída de dados. A entrada pode ser um comando digitado, documento digitalizado ou instrução verbal. A saída pode ser um relatório escrito, um relatório verbal ou uma imagem.

Princípio:

À medida que as empresas implementam mais automação, IA e sistemas especialistas, as organizações devem planejar estrategicamente o impacto potencial sobre o emprego futuro.

Os sistemas de visão permitem que o computador armazene e manipule imagens visuais. A realidade aumentada está levando os sistemas de visão a outro nível, permitindo que as imagens sejam trazidas à realidade sem sair da sala. A realidade aumentada é diferente da realidade virtual, porque a imagem é sobreposta ao seu meio circundante. A realidade virtual coloca você em uma situação, enquanto a realidade aumentada coloca uma imagem em seu espaço.

Redes neurais artificiais estão sendo utilizadas para reconhecer padrões de dados em grandes conjuntos de dados. As redes neurais são programadas para funcionar como o cérebro humano. Cada conjunto de dados de teste é executado em vários ciclos de teste, de modo que o caminho é construído para reconhecer um padrão de dados. Qualquer desvio do caminho deve construir uma nova rede neural se o resultado for uma resposta desejada. Os dados são coletados e programados no sistema para criar essas conexões em rede. Os computadores utilizam um método de aprendizagem supervisionado, muito parecido com o treinamento de aprendizagem de máquina. É utilizado um tipo de aprendizagem por reforço, pois o feedback é dado a cada ciclo. Um "peso" é aplicado, de forma que o algoritmo saiba qual rota seguir na próxima vez que a mesma situação acontecer. Esses dois métodos de treinamento permitem que a rede neural funcione como um cérebro humano.

Desde antes da Revolução Industrial, existe o temor de que as máquinas, e agora os computadores, eliminem todos os empregos e "dominem o mundo". Como mostra a história, quanto mais automação é introduzida nos setores, mais empregos são criados em outras áreas. A IA terá um impacto sobre emprego no futuro. A questão não é *se* ou *onde*, mas *o quanto* isso afetará o emprego. As organizações têm a responsabilidade de treinar os funcionários para o futuro. Se uma empresa está mudando para mais automação, haverá uma mudança nos tipos de funcionários necessários. Mais treinamento pode ser fornecido e os funcionários podem fazer a transição para diferentes áreas da empresa. Mas o funcionário também é responsável por sua educação. Em um mundo de tecnologia, aceitar o desenvolvimento profissional e o treinamento proporcionado por sua empresa ou a ajuda financeira para mais formação, é responsabilidade do funcionário. Quanto mais a IA se desenvolve, as habilidades do funcionário precisam se desenvolver. Essas habilidades mais avançadas também exigirão um salário mais alto.

Princípio:

As organizações dependem de máquinas para aprender com os processos e obter melhores resultados.

No mundo da IA, as máquinas devem aprender coisas novas. Assim como os humanos são treinados para uma nova carreira, como tocar um instrumento ou dirigir um carro, as máquinas devem ser ensinadas a tomar decisões e realizar tarefas com base no que está ao seu redor. Cada decisão é tomada com base em um conjunto de parâmetros e o método de treinamento determina como a máquina irá reagir.

Cada tipo de treinamento usa grandes conjuntos de dados. Alguns dos dados são rotulados e outros não. Os dados marcados têm um nome, ou etiqueta, associado aos itens, como a imagem de um elefante que diz "elefante". Os dados não rotulados não terão uma etiqueta ou nome no item e o computador terá que atribuir um nome com base em outras informações disponíveis.

A aprendizagem supervisionada usa dados rotulados e tem respostas disponíveis durante o treinamento. A máquina é submetida a muitos cenários diferentes com um determinado resultado que pode ser verificado no final. Quando um resultado correto é verificado, o algoritmo é salvo e o próximo teste começa. Cada algoritmo correto é utilizado para construir uma lista mestre de resultados e cada teste será mais difícil. Esse método permite que a máquina aprenda um conjunto específico de cenários em que as variáveis são conhecidas.

A aprendizagem não supervisionada usa dados não rotulados e não tem respostas disponíveis durante o treinamento. Muitas das respostas devem vir de dados ocultos nas funções dos dados. A máquina observa a entrada que recebe dos usuários e, em seguida, aplica rótulos aos dados. Conforme o computador recebe mais entradas, os dados são reestruturados em um formato mais utilizável com rótulos anexados. O computador está se treinando para saber o que o usuário deseja e precisa para retornar uma resposta correta.

A aprendizagem por reforço também usa um conjunto de dados não rotulado para treinamento. Esse método funciona por tentativa e erro e interage com o ambiente para receber mais informações. O feedback inclui um sistema de erro e recompensa. Quando um erro é retornado, o resultado é registrado e a máquina sabe que deve evitar esse caminho no futuro. Esse tipo de aprendizagem é um processo contínuo para a máquina.

A aprendizagem semissupervisionada usa dados marcados e não marcados. Uma combinação de técnicas de aprendizagem é utilizada para treinar a máquina, o que melhora a precisão da aprendizagem da máquina durante o treinamento. Esse tipo de aprendizagem requer recursos qualificados e cenários relevantes. A capacidade de aprendizagem das máquinas é maior com esse método, pois a máquina está aprendendo a reestruturar os dados em um formato utilizável e está recebendo feedback sobre as decisões que está tomando.

Princípio:

Os robôs estão se tornando mais interativos nos negócios, com novos aplicativos sendo introduzidos em um ritmo rápido.

O campo da robótica é mais do que apenas uma nova forma de programação. A robótica combina engenharia mecânica, ciência da computação e IA para criar um robô que operará os algoritmos complexos necessários para funcionar. Um método de aprendizagem de máquina será selecionado com base no aplicativo que o robô executará.

Os robôs estão sendo utilizados em muitos setores diferentes e mais aplicações estão sendo desenvolvidas. Estamos vendo mais utilizações a cada ano na medicina, indústria e logística. Os robôs estão sendo utilizados para cirurgia, montagem de automóveis, entrega de pacotes e na educação. Os robôs cartesianos, SCARA e articulados são utilizados no setor industrial. Cada um desses robôs tem uma aparência única e é construído para um tipo específico de desempenho. O robô cirúrgico da Vinci® foi construído para cirurgias minimamente invasivas. Embora cada um desses robôs esteja em uso há anos, cada um deles está sendo continuamente aprimorado para uso adicional. A pesquisa e o desenvolvimento continuam para esses setores, e muitos outros, para tornar as organizações mais eficientes.

Os robôs estão em filmes de ficção científica há mais de 50 anos. Agora, eles estão se tornando funcionários em nossas empresas e contamos com eles em nosso dia a dia.

Termos-chave

inteligência artificial (IA)
sistemas de inteligência artificial (IA)
rede neural artificial
realidade aumentada (AR)
encadeamento para trás
interface cérebro-computador
criptomoeda
aprendizagem profunda
mecanismo de desenvolvimento
especialista em domínio
recurso de explicação
sistemas especialistas
encadeamento para frente
algoritmos genéticos
heurística
instruções IF-THEN
mecanismo de inferência
agente inteligente

comportamento inteligente
recurso de aquisição do conhecimento
base de conhecimento
engenheiro do conhecimento
usuário de conhecimento
aprendizagem de máquina
processamento de linguagem natural (PNL)
reconhecimento óptico de caracteres (OCR)
sistema perceptivo
aprendizagem por reforço
robótica
regra
aprendizagem semissupervisionada
aprendizagem supervisionada
aprendizagem não supervisionada
aprimoramento profissional
sistemas de visão

Teste de autoavaliação

As organizações estão desenvolvendo novas tecnologias usando inteligência artificial e sistemas especialistas.

1. As pessoas, procedimentos, hardware, software, dados e conhecimento necessários para desenvolver sistemas de computador e máquinas que podem simular o processo de inteligência humana incluem _____, _____ e _____.

2. Um método de tentativa e erro de resolução de problemas utilizado em uma abordagem algorítmica ou matemática é chamado de _____.

3. As características dos sistemas especialistas incluem todos os seguintes, exceto
    a. Altamente efetivo
    b. Compreensível
    c. Reproduzível
    d. Capaz de tomar decisões críticas

À medida que as empresas se tornam mais automatizadas com o uso de IA e sistemas especialistas, as organizações devem planejar estrategicamente o impacto potencial sobre o emprego futuro.

4. Uma rede neural artificial faz tudo a seguir, exceto
    a. Procurar padrões em grandes conjuntos de dados.
    b. Reagir ao estímulo emocional.
    c. Usar feedback no treinamento.
    d. Processar várias tentativas procurando a resposta correta.

5. Que tipo de sistema de computador pode reconhecer e agir de acordo com padrões ou tendências detectados em grandes conjuntos de dados e é desenvolvido para operar como o cérebro humano?

6. A capacidade de aprender sem ser programado é conhecida como _____.

As organizações dependem de máquinas para aprender com os processos e obter melhores resultados.

7. Aprendizagem de máquina e IA são a mesma coisa. Verdadeiro ou falso.

8. Qual destes não é um tipo de treinamento para aprendizagem de máquina?
    a. Aprendizagem semissupervisionada
    b. Aprendizagem por reforço
    c. Aprendizagem supervisionada
    d. Aprendizagem sem suporte

9. O processamento de linguagem natural pode ser encontrado em qual dessas atividades?
    a. Digitar um artigo de pesquisa
    b. Ligar para o suporte técnico
    c. Usar um micro-ondas
    d. Pegar um elevador

Os robôs estão se tornando mais interativos nos negócios, com novos aplicativos sendo introduzidos em um ritmo rápido.

10. Qual destes não é um tipo de robô industrial?
    a. Cartesiano
    b. SCARA
    c. SCUBA
    d. Articulado
11. _____ lida com o trabalho que é difícil para uma pessoa e que pode causar lesões repetitivas.
12. Um _____ funciona como um braço, com articulações rotativas que podem se mover para cima e para baixo e também girar.

Respostas do teste de autoavaliação

1. Aprendizagem, raciocínio, autocorreção
2. a
3. c
4. b
5. rede neural artificial
6. aprendizagem de máquina
7. Falso
8. d
9. c
10. c
11. Cobots
12. robô articulado

Questões de revisão e discussão

1. Qual é a diferença entre IA e aprendizagem de máquina?
2. Liste cinco características do comportamento inteligente.
3. Liste e defina resumidamente os principais componentes de um sistema especialista.
4. Um mecanismo que constrói o conjunto de regras e processos utilizados por um sistema de IA descreve melhor o quê?
5. Parte do sistema especialista que busca informações e relacionamentos na base de conhecimento e fornece respostas, previsões, sugestões, muitas vezes ocupando o lugar de um especialista humano, descreve melhor o quê?
6. Um sistema de computador que pode reconhecer e agir de acordo com padrões ou tendências descreve melhor o quê?
7. Que tipo de aprendizagem usa tentativa e erro em que a aprendizagem é obtida por meio de feedback positivo e negativo?
8. Defina o termo mecanismo de desenvolvimento.
9. Um sistema de computador que pode reconhecer e agir de acordo com padrões ou tendências detectados em grandes conjuntos de dados, desenvolvido para operar como o cérebro humano, descreve melhor o quê?
10. A tecnologia que interage com a estrutura neural de um ser humano e traduz as informações em atividade é conhecida como o quê?
11. Descreva como a IA, se gerenciada de forma eficaz e eficiente, pode levar a mais emprego e não a menos.
12. Descreva as diferenças entre IA e aprendizagem de máquina.
13. Discuta as cinco características de um sistema especialista.
14. Por que os mecanismos de inferência são considerados um dos componentes mais importantes de um sistema especialista?
15. Explique como a realidade aumentada está sendo utilizada na área médica.
16. Explique por que os sistemas treinados com o método de aprendizagem de máquina semissupervisionado têm a maior capacidade de aprendizagem em comparação com os outros três métodos de treinamento.
17. Descreva três robôs industriais descritos no capítulo. Dê um exemplo de onde os robôs podem ser utilizados na indústria.
18. Como os cobots estão sendo utilizados na indústria?
19. Discuta como os robôs estão afetando o emprego.
20. Quais são algumas das ideias de pesquisa em produção para a robótica? Qual pode ser o futuro dos robôs?

Exercícios de tomada de decisão de negócio

1. Você trabalha para uma empresa de logística em expansão. Desde a sua abertura em 2005, a empresa trabalha com embalagens e remessas para uma região que abrange três estados e agora está se expandindo para uma empresa nacional. A empresa adquiriu uma firma de logística em outro estado para ampliar sua base de clientes e aumentar sua capacidade de armazenamento. Como diretor de TI, você foi solicitado

a liderar uma equipe de projeto para automatizar a cadeia de suprimentos e os sistemas de logística. Qual sistema você abordaria em primeiro lugar, ou você optaria por automatizar os dois sistemas ao mesmo tempo? Usando uma planilha do Excel ou um documento do Word, detalhe quais tipos de automação você acha que funcionaria melhor para empresas desse porte. Que tipos de robôs estão disponíveis e que são sustentáveis para sua empresa?
2. Você é o gestor de projeto de TI de um hospital local que comprou um dispositivo de assistência cirúrgica robótica no ano passado. A programação cirúrgica aumentou em volume, o que significa que mais pacientes estão se movendo pelo andar cirúrgico e ocupando quartos do hospital. O hospital agora está procurando suporte adicional e solicitou a ajuda de sua equipe. Existem dispositivos robóticos cirúrgicos adicionais disponíveis? Que outros dispositivos robóticos estariam disponíveis para o hospital? Como esses dispositivos podem ajudar e qual é o impacto que eles podem ter nos pacientes?

Trabalho em equipe e atividades de colaboração

1. Você trabalha no departamento de TI de uma fábrica local de automóveis. A empresa possui quatro fábricas e a sua é a sede. Sua equipe de cinco profissionais de TI recebeu a tarefa de projetar a nova linha de produção de fabricação automotiva. Pesquise as melhores tecnologias robóticas disponíveis e como elas funcionariam para sua organização. Cada membro do grupo deve realizar uma de cada uma dessas tarefas: desenhar a planta de chão da fábrica e colocar os robôs e funcionários humanos no lugar, mostrando como eles trabalharão juntos. Descrever o ambiente de trabalho — os robôs e os humanos interagirão, eles trabalharão de forma autônoma e assim por diante. Pesquisar a robótica necessária, se houver, e os custos aproximados. Se câmeras forem utilizadas, qual é o posicionamento ideal?
2. Sua equipe está trabalhando com o governo no projeto de uma nova tecnologia para uma BCI. Que tipo de tecnologia seria útil para os policiais em uma crise, como uma situação de reféns, um ato terrorista ou uma perseguição em alta velocidade? Forme grupos de três alunos. Pesquisem quais dispositivos hoje estão em uso e como eles podem ser melhorados. Usem essa pesquisa, desenhar o novo projeto de dispositivo dos grupos e dar um exemplo de como ele funcionaria. Desenvolvam um gráfico que mostre quais opções os dispositivos atuais têm e quais novas opções seu dispositivo tem.

Exercícios de carreira

1. Usando o que você aprendeu neste capítulo, pesquise que tipo de educação e habilidades são necessárias para oportunidades de carreira em IA, aprendizagem de máquina e robótica. Encontre faculdades e universidades que oferecem esses tipos de cursos. Documente suas descobertas em um documento do Word ou planilha do Excel.
2. Pesquise os tipos de linguagens de programação utilizados com mais frequência em aprendizagem de máquina e sistemas especialistas. Quanto tempo de estudo e experiência são necessários para programar nessas linguagens? Onde está localizada a maioria desses empregos? Como você pode começar com essas empresas?

Estudo de caso

▶ TOMADA DE DECISÃO

DHL utiliza inteligência artificial para transformar operações logísticas

A DHL foi fundada em 1969 por Adrian Dalsey, Larry Hillblom e Robert Lynn. No competitivo mundo da logística, a DHL é uma das líderes mundiais, com presença em mais de 220 países e mais de 380 mil funcionários — sem contar os robôs que trabalham para a empresa. A DHL também é líder no uso de IA, aprendizagem de máquina e robótica para aprimorar seus negócios e satisfazer os clientes.

A DHL tem sido proativa em sua abordagem da tecnologia. Matthias Heutger, vice-presidente sênior e chefe global de inovação, explica: "À medida que o progresso tecnológico no campo da IA avança em grande ritmo, consideramos nosso dever explorar, junto com nossos clientes e funcionários, como a IA moldará o futuro do setor de logística".

O software Resilience360 Supply Watch da DHL usa aprendizagem de máquina e processamento de linguagem natural para procurar anomalias no processo da cadeia de suprimentos. De acordo com a empresa, o software verifica "140 categorias de risco diferentes, incluindo fatores financeiros, ambientais e sociais entre os riscos resultantes de crime, problemas trabalhistas, defeitos de qualidade e perigos da cadeia de suprimentos, como escassez, restrições de capacidade e atrasos". Esse software permite que a DHL seja proativa em vez de reativa aos problemas — informando os clientes sobre os problemas antes que eles tomem conhecimento por outros meios. Esse nível de serviço ao cliente ajuda a promover a lealdade com os clientes da DHL.

O frete aéreo é uma grande parte do serviço da DHL. Com escritórios em mais de 220 países, a DHL despacha mercadorias para todo o mundo. Como qualquer pessoa que já esteve em um aeroporto sabe, os voos nem sempre são pontuais. Existem muitos fatores que afetam os horários — clima, manutenção, atrasos da tripulação e eventos fora das operações normais. Por isso, a DHL desenvolveu uma ferramenta de aprendizagem de máquina para prever o tempo de trajeto do frete aéreo com base em 58 parâmetros diferentes. O modelo permite que a empresa determine, com até uma semana de antecedência, se uma remessa vai, ou deveria mesmo, voar. A maioria dessas remessas é internacional.

A DHL entrega mais de 1,5 bilhão de pacotes todos os anos. O uso da robótica está permitindo que os clientes rastreiem seus pacotes usando dispositivos ativados por voz, como o Amazon Alexa. Esses dispositivos permitem que o cliente solicite uma atualização do *status* e seja conectado ao serviço de atendimento ao cliente em caso de atraso. Os robôs também têm sido utilizados para automatizar as tarefas mais repetitivas e aquelas que podem causar lesões. Usando o treinamento de aprendizagem de máquina, os robôs podem preparar as remessas para a sequência ideal de carregamento/descarregamento.

Ao fazer a mudança para IA e automação, a DHL, trabalhando com a IBM, recomenda que as empresas usem as quatro técnicas a seguir para garantir uma implementação bem-sucedida: (1) projetos que sejam pensados para revelar quaisquer necessidades não atendidas, (2) técnicas tradicionais de gestão de TI para definir o escopo dos recursos necessários, (3) metodologias específicas de IA para conhecimento e treinamento, e (4) metodologias ágeis para desenvolvimento e melhoria contínua.

Questões de pensamento crítico

1. A DHL está sendo proativa na notificação de problemas aos clientes. Por que isso criaria a fidelidade do cliente? Não seria melhor resolver o problema e não notificar o cliente? O que você diria ao cliente no caso de um problema?
2. Veículos e caminhões autônomos estão sendo testados para uso em aplicações comerciais. Se a DHL usa veículos autônomos para entregas locais, o que mais eles precisam para ter sucesso? Como eles podem garantir que os pacotes sejam recebidos e como os pacotes irão do veículo até a pessoa?
3. A DHL trabalha com dispositivos domésticos de ativação por voz para rastreamento de pacotes. Que outros recursos poderiam funcionar com esses dispositivos que tornariam a logística e o envio mais fáceis para o cliente e aumentariam a fidelidade à DHL?

FONTES: "Artificial Intelligence to Thrive in Logistics According to DHL and IBM", *Business Wire*, 16 de abril de 2018, https://www.businesswire.com/news/home/20180416006323/en/Artificial-Intelligence-Thrive-Logistics-DHL-IBM,; "DHL Supply Watch: Machine Learning to Mitigate Supplier Risks", *Business Wire*, 24 de maio de 2017, https://www.businesswire.com/news/home/20170524005934/en/DHL-Supply-Watch-Machine-Learning-Mitigate-Supplier/?feedref=JjAwJuNHiystnCoBq_hl-Q-tiwWZwkcswR1UZtV7eGe24xL9TZOyQUMS3J72mJlQ7fx-FuNFTHSunbvli30RlBNXya2izy9YOgHlBiZQk2LOzmn6JePCpHP-CiYGaEx4DL1Rq8pNwkf3AarimpDzQGuQ; Ben Gesing, Steve Peterson, e Dr. Dirk Michelsen, "Artificial Intelligence in Logistics: A Collaborative Report by DHL and IBM on Implications and Use Cases for the Logistics Industry", https://www.logistics.dhl/content/dam/dhl/global/core/documents/pdf/glo-core-trend-report-artificial-intelligence.pdf, 2018; "DHL. Logistics for the Connected Age." https://www.logistics.dhl/us-en/home/about-us.html, acesso em 21 de julho de 2019. "DHL Insights & Innovation: Robots and Automation", https://www.logistics.dhl/global-en/home/insights-and-innovation/thought-leadership/trend-reports/robotics-in-logistics.html, acesso em 21 de julho de 2019.

Notas

Fontes da vinheta de abertura: "IBM and MIT to Pursue Joint Research in Artificial Intelligence, Establish New MIT-IBM Watson AI Lab", *MIT News*, http://news.mit.edu/2017/ibm-mit-joint-research-watson-artificial-intelligence-lab-0907; Bresnick, Jennifer, "$240M IBM, MIT Artificial Intelligence Lab Has Healthcare Focus", *Health IT Analytics*, 7 de setembro de 2017, https://healthitanalytics.com/news/240m-ibm-mit-artificial-intelligence-lab-has-healthcare-focus; Jeff Bauter Engel, "Glimpse of A.I.'s Future? MIT-IBM Research Lab Sees Early Progress", *Xcomony*, 6 de março de 2019, https://xconomy.com/boston/2019/03/06/a-glimpse-of-a-i-s-future-mit-ibm-research-lab-sees-early-progress/; Jordan Rosenfeld, "Can AI help prevent physician burnout?", *Medical Economics*, 4 de março de 2019, https://www.medicaleconomics.com/technology/can-ai-help-prevent-physician-burnout; Daniela Hernandez, e Ted Greenwald, "IBM Has a Watson Dilemma", *Wall Street Journal*, 11 de agosto de 2018, https://www.wsj.com/articles/ibm-bet-billions-that-watson-could-improve-cancer-treatment-it-hasnt-worked-1533961147; Bresnick, Jennifer, "IBM Watson Health Teams Up with Hospitals for AI, EHR Research", *Health IT Analytics*, 20 de fevereiro de 2019, https://healthitanalytics.com/news/ibm-watson-health-teams-up-with-hospitals-for-ai-ehr-research; Mearian, Lucas, "Did IBM Overhype Watson Health's AI promise?", *Computerworld*, 14 de novembro de 2018, https://www.computerworld.com/article/3321138/did-ibm-put-too-much-stock-in-watson-health-too-soon.html; Jennifer Bresnick, "NJ Health System Pilots IBM Watson for Oncology Decision Support", *Health IT Analytics*, https://healthitanalytics.com/news/nj-health-system-pilots-ibm-watson-for-oncology-decision-support, 10 de julho de 2017.

1. McCarthy J., Minsky M. L., Rochester N., Shannon C.E., "A Proposal for the Dartmouth Summer Research Project on Artificial Intelligence", 31 de agosto de 1955, *www-formal.stanford.edu/jmc/history/dartmouth/dartmouth.html.*, acesso em 18 de maio de 2019.
2. Michael R. Swaine e Paul Freiberger, "Pascaline Technology", https://www.britannica.com/technology/Pascaline, 26 de abril de 2019.

3. "The Engines", Computer History Museum, https://www.computerhistory.org/babbage/engines/, acesso em 28 de maio de 2019.
4. "History of Artificial Intelligence", https://qbi.uq.edu.au/brain/intelligent-machines/history-artificial-intelligence, Queensland Brain Institute, acesso em 18 de maio de 2019.
5. Brian McGuire, "The History of Artificial Intelligence", University of Washington, https://courses.cs.washington.edu/courses/csep590/06au/projects/history-ai.pdf, acesso em 18 de maio de 2019.
6. Paul Marsden, "Artificial Intelligence Timeline Infographic—From Eliza to Tay and Beyond", https://digitalwellbeing.org/artificial-intelligence-timeline-infographic-from-eliza-to-tay-and-beyond/, Digital Wellbeing, 21 de agosto de 2017.
7. "Shakey the Robot", SRI International, https://www.sri.com/work/timeline-innovation/timeline.php?timeline=computing-digital#!&innovation=shakey-the-robot, acesso em 25 de maio de 2019.
8. "IBM100: Icons of Progress", IBM, https://www.ibm.com/ibm/history/ibm100/us/en/icons/deepblue/, acesso em 25 de maio de 2019.
9. Paul Marsden, "Artificial Intelligence Timeline Infographic – From Eliza to Tay and Beyond", https://digitalwellbeing.org/artificial-intelligence-timeline-infographic-from-eliza-to-tay-and-beyond/, Digital Wellbeing, 21 de agosto de 2017.
10. Jo Best, "IBM Watson: The Inside Story of How the Jeopardy-Winning Supercomputer Was Born, and What It Wants To Do Next", TechRepublic, 9 de setembro de 2013, https://www.techrepublic.com/article/ibm-watson-the-inside-story-of-how-the-jeopardy-winning-supercomputer-was-born-and-what-it-wants-to-do-next/.
11. Artem Opperman, "Did Google Duplex Beat the Turing Test? Yes and No", Towards Data Science, 20 de maio de 2018, https://towardsdatascience.com/did-google-duplex-beat-the-turing-test-yes-and-no-a2b87d1c9f58.
12. "Loebner Prize", The Society for the Study of Artificial Intelligence and Simulation of Behavior, AISB, https://www.aisb.org.uk/events/loebner-prize, acesso em 27 de maio de 2019.
13. 20Q Web site, www.20q.net, acesso em 29 de maio de 2019.
14. "Expert System in Artificial Intelligence: What is, Applications, Example", Guru99, https://www.guru99.com/expert-systems-with-applications.html, acesso em 1º de junho de 2019.
15. "Airline Industry Expert Systems", The Business Intelligence Guide, http://www.thebusinessintelligenceguide.com/industry_solutions/airline/expert_systems.php#gapats, acesso em 1º de junho de 2019.
16. Barbara Van Pay, "How Artificial Intelligence Is Reinventing Human Resources", Entrepreneur, 30 de setembro de 2018, https://www.entrepreneur.com/article/320763.
17. "FICO® Blaze Advisor® Decision Rules Management System", FICO, www.fico.com/en/products/fico-blaze-advisor-decision-rules-management-system#overview, acesso em 6 de junho de 2019.
18. Debarshi Das, "Components of an Expert System with Diagram in Artificial Intelligence", CSCTutor, https://www.csetutor.com/components-of-an-expert-system-with-diagram/, 2 de março de 2018.
19. "What are Expert Systems", TutorialsPoint, https://www.tutorialspoint.com/artificial_intelligence/artificial_intelligence_expert_systems.htm, acesso em 9 de junho de 2019.
20. "Machine Vision in the Automotive Industry", Integro Technologies, https://www.integro-tech.com/machine-vision-in-the-automotive-industry/, acesso em 12 de junho de 2019.
21. "How Augmented Reality Vision Systems Benefit Medical Applications", AIA Vision On-line, 11 de junho de 2019, https://www.visiononline.org/blog-article.cfm/How-Augmented-Reality-Vision-Systems-Benefit-Medical-Applications/182.
22. "Genetic Algorithm", Techopedia, https://www.techopedia.com/definition/17137/genetic-algorithm, acesso em 4 de julho de 2019.
23. Armaan Merchant, "Neural Networks Explained", Medium, https://medium.com/datadriveninvestor/neural-networks-explained-6e21c70d7818, 29 de dezembro de 2018.
24. Chris Woodford, "Neural Networks", Explain That Stuff, 4 de abril de 2019, https://www.explainthatstuff.com/introduction-to-neural-networks.html.
25. Anslow Louis, "Robots have been about to take all the jobs for more than 200 years", 16 de maio de 2016, https://timeline.com/robots-have-been-about-to-take-all-the-jobs-for-more-than-200-years-5c9c08a2f41d.
26. Calum McClelland, "The Impact of Artificial Intelligence—Widespread Job Loss", IoT For All, 17 de agosto de 2018, https://www.iotforall.com/impact-of-artificial-intelligence-job-losses/.
27. James Manyika, Susan Lunda, Michael Chui, Jacques Bughin, Jonathan Woetzel, Parul Batra, Ryan Ko, Saurabh Sanghvi, "Jobs Lost, Jobs Gained: What the Future of Work Will Mean for Jobs, Skills, and Wages", McKinsey & Company, novembro de 2017, https://www.mckinsey.com/featured-insights/future-of-work/jobs-lost-jobs-gained-what-the-future-of-work-will-mean-for-jobs-skills-and-wages#automation.
28. "Future of Jobs 2018", World Economic Forum, http://reports.weforum.org/future-of-jobs-2018/conclusions/, acesso em 4 de julho de 2019.
29. Igor Perisic, "How Artificial Intelligence is Already Impacting Today's Jobs", LinkedIn, 17 de setembro de 2018, https://economicgraph.linkedin.com/blog/how-artificial-intelligence-is-already-impacting-todays-jobs.
30. Jennifer Gaskin, "6 Super Hot Jos Jobs in Artificial Intelligence", Business Student, https://www.businessstudent.com/careers/6-hot-jobs-in-artificial-intelligence/, 1º de agosto de 2018.
31. Siddharth Pandey, "An Introduction to Machine Learning", GeeksforGeeks, https://www.geeksforgeeks.org/introduction-machine-learning/, acesso em 5 de julho de 2019.
32. Michael Garbade, "Clearing the Confusion: AI vs Machine Learning VS Deep Learning Differences", towards data science, https://towardsdatascience.com/clearing-the-confusion-ai-vs-machine-learning-vs-deep-learning-differences-fce69b21d5eb, 14 de setembro de 2018.

33. "What is Machine Learning? A Definition", Expert System, 7 de março de 2017, https://www.expertsystem.com/machine-learning-definition.
34. Siddharth Pandey, "An Introduction to Machine Learning", GeeksforGeeks, https://www.geeksforgeeks.org/introduction-machine-learning/, acesso em 5 de julho de 2019.
35. "McAfee Labs 2019 Threats Predictions Report", McAfee, 29 de novembro de 2018, https://securingtomorrow.mcafee.com/other-blogs/mcafee-labs/mcafee-labs-2019-threats-predictions/.
36. Reinhardt Krause, "AI Companies Race to Get Upper Hand in Cybersecurity – Before Hackers Do", *Investor's Business Daily*, 30 de novembro de 2018, https://www.investors.com/news/technology/ai-companies-artificial-intelligence-cybersecurity/.
37. "Cyber Threat Alliance", https://www.cyberthreatalliance.org/who-we-are/, acesso em 9 de julho de 2019.
38. Kumba Sennaar, "How America's Top 4 Insurance Companies are Using Machine Learning", Emerj, https://emerj.com/ai-sector-overviews/machine-learning-at-insurance-companies/, 10 de junho de 2019.
39. Ravi Malhotra e Swati Sharma, "Machine Learning in Insurance", Accenture, https://www.accenture.com/_acnmedia/PDF-84/Accenture-Machine-Leaning-Insurance.pdf, acesso em 9 de julho de 2019.
40. R. Guha, Shreya Manjunath, e Kartheek Palepu, "Comparative Analysis of Machine Learning Techniques for Detecting Insurance Claims Fraud", Wipro, maio de 2019, https://www.wipro.com/analytics/comparative-analysis-of-machine-learning-techniques-for-detectin/.
41. Gurcharan Singh, "How Artificial Intelligence and Machine Learning are Revolutionizing Logistics, Supply Chain and Transportation", *Entrepreneur*, 8 de junho de 2019, https://www.entrepreneur.com/article/335002.
42. Louis Columbus, "10 Ways Machine Learning is Revolutionizing Supply Chain Management", *Forbes*, 11 de junho de 2018, https://www.forbes.com/sites/louiscolumbus/2018/06/11/10-ways-machine-learning-is-revolutionizing-supply-chain-management/#14871a23e370.
43. Jennifer Bresnick, "Top 12 Ways Artificial Intelligence Will Impact Healthcare", Health IT Analytics, 30 de abril de 2018, https://healthitanalytics.com/news/top-12-ways-artificial-intelligence-will-impact-healthcare.
44. "Media Materials: 2018 National Health Care Fraud Takedown", HHS Office of Inspector General, https://oig.hhs.gov/newsroom/media-materials/2018/takedown/, acesso em 13 de julho de 2019.
45. Carten Cordell, "HHS standing up AI contract that other agencies can use", fedscoop, https://www.fedscoop.com/hhs-shared-service-provider-will-stand-ai-contract-vehicle/, 10 de janeiro de 2019.
46. David A. Teich, "Machine Learning in Analytics to Limit Healthcare Fraud", *Forbes*, 27 de novembro de 2018, https://www.forbes.com/sites/davidteich/2018/11/27/machine-learning-in-analytics-to-limit-healthcare-fraud/#6bdc43c1381c.
47. Margaret Rouse, "Special Report: Artificial Intelligence Apps Come of Age: Natural Language Processing (NLP)", TechTarget, May 2019, https://searchbusinessanalytics.techtarget.com/definition/natural-language-processing-NLP.
48. Daniel Gomez Ramos, "The Future of Brain Computer Interface Technology in-Training", in-Training, 22 de janeiro de 2018, https://in-training.org/future-brain-computer-interface-technology-15655.
49. "Cochlear Implants", National Institute on Deafness and Other Communication Disorders (NIDCD), https://www.nidcd.nih.gov/health/cochlear-implants#b, acesso em 13 de julho de 2019.
50. Luke Osborn, Andrei Dragomir, Joseph Betthauser, Christopher Hunt, Harrison Nguyen, Rahul Kaliki, Nitish Thakor, "Prosthesis With Neuromorphic Multilayered E-Dermis Perceives Touch and Pain", *Science Robotics*, 20 de junho de 2018, https://robotics.sciencemag.org/content/3/19/eaat3818.full?ijkey=J7KHsdr12RbKk&keytype=ref&siteid=robotics.
51. Jennifer Bresnick, "Top 12 Ways Artificial Intelligence Will Impact Healthcare", Health IT Analytics, https://healthitanalytics.com/news/top-12-ways-artificial-intelligence-will-impact-healthcare, 30 de abril de 2018.
52. "DARPA and the Brain Initiative", DARPA, https://www.darpa.mil/program/our-research/darpa-and-the-brain-initiative, acesso em 14 de julho de 2019.
53. William Kucinski, "DARPA Subject Controls Multiple Simulated Aircraft with Brain-Computer Interface", SAE International, 12 de setembro de 2018, https://www.sae.org/news/2018/09/darpa-subject-controls-multiple-simulated-aircraft-with-brain-computer-interface.
54. Al Emondi, "Next-Generation Nonsurgical Neurotechnology", DARPA, https://www.darpa.mil/program/next-generation-nonsurgical-neurotechnology, acesso em 14 de julho de 2019.
55. "Battelle-Led Team Wins DARPA Award to Develop Injectable, Bi-Directional Brain Computer Interface", Battelle, 20 de maio de 2019, https://www.battelle.org/newsroom/press-releases/press-releases-detail/battelle-led-team-wins-darpa-award-to-develop-injectable-bi-directional-brain-computer-interface.
56. "Intel IT: Harnessing AI and Analytics to Drive Digital Transformation", Intel, 17 de abril de 2019, https://newsroom.intel.com/news/intel-it-harnessing-ai-analytics-drive-digital-transformation/#gs.q2myi5.
57. Stephanie Condon, "Scaling Agile, Adopting AI: How Intel Is Making IT a Strategic Part of the Business", ZDNet, https://www.zdnet.com/article/scaling-agile-adopting-ai-how-intel-is-making-it-a-strategic-part-of-the-business/, 17 de abril de 2019.
58. Aaron Aupperlee, "Tech Firms Keep Expanding 'Robotics Row,' Pittsburgh's Mini Silicon Valley", *TribLive*, 24 de fevereiro de 2017, https://archive.triblive.com/local/pittsburgh-allegheny/tech-firms-keep-expanding-robotics-row-pittsburghs-mini-silicon-valley/.
59. Peter High, "Carnegie Mellon Establishes the First Undergrad Degree in AI", *Forbes*, 21 de maio de 2018, https://www.forbes.com/sites/peterhigh/2018/05/21/carnegie-mellon-establishes-the-first-undergrad-degree-in-ai/#279c393d8caf.
60. Ray Marquiss, "Five Types of Industrial Robots and How to Choose the Best Fit", Valin, 8 de março de 2018, https://www.valin.com/resources/articles/five-types-of-industrial-robots-and-how-to-choose-the-best-fit.

61. "What Are the Different Types of Industrial Robots and Their Applications", Process Solutions, 1º de outubro de 2018, *https://www.processsolutions.com/what-are-the-different-types-of-industrial-robots-and-their-applications.*
62. "What are the Main Types of Robots?" RobotWorx, *https://www.robots.com/faq/what-are-the-main-types-of-robots*, acesso em 16 de julho de 2019.
63. "What Are the Different Types of Industrial Robots and Their Applications", Process Solutions, *https://www.processsolutions.com/what-are-the-different-types-of-industrial-robots-and-their-applications/*, 1º de outubro de 2018.
64. Sam Daley, "Thanks a Lot, Mr. Robot (No, Really): Six Companies Shaping the Future of Automotive Robotics", BuiltIn, 20 de março de 2019, *https://builtin.com/robotics/automotive-cars-manufacturing-assembly.*
65. Norihiko Shirouzo, Edward Taylor e Nick Carey, "Automakers Embrace Robots That Assist, Not Replace, Human Workers", *Christian Science Monitor*, 27 de abril de 2018, *https://www.csmonitor.com/Technology/2018/0427/Automakers-embrace-robots-that-assist-not-replace-human-workers.*
66. "About da Vinci Systems", Intuitive, *https://www.davincisurgery.com/da-vinci-systems/about-da-vinci-systems##*, acesso em 16 de julho de 2019.
67. Anees Fareed, "Robotics: Changing the Future of Health Care", Cerner, 19 de setembro de 2018, *https://www.cerner.com/perspectives/robotics-changing-the-future-of-health-care.*
68. Mattie Milner, "Robotic Health Care is Coming to a Hospital Near You", Medical Xpress, 7 de maio de 2019, *https://medicalxpress.com/news/2019-05-robotic-health-hospital.html.*
69. Bernard Marr, "5 Major Robotics Trends to Watch for in 2019", *Forbes*, 8 de março de 2019, *https://www.forbes.com/sites/bernardmarr/2019/03/08/5-major-robotics-trends-to-watch-for-in-2019/#7d5b1a0c5650.*
70. "About Us", Left Hand Robotics, *https://lefthandrobotics.com/about-us/*, acesso em 18 de julho de 2019.
71. "Left Hand Robotics Blog: Colorado City Puts SnowBot to Work in 2019 Storms", Left Hand Robotics, 1º de julho de 2019, *https://lefthandrobotics.com/colorado-city-puts-snowbot-to-work-in-2019-storms-2.*

PARTE 4

Planejamento, implementação e gestão de sistemas de informação

Capítulo 12
Planejamento estratégico e gestão de projetos

Capítulo 13
Aquisição e desenvolvimento de sistemas

CAPÍTULO 12
Planejamento estratégico e gestão de projetos

Princípios

- As organizações que estão mais avançadas em seus processos de planejamento desenvolvem planos estratégicos plurianuais.

- As organizações devem sempre fazer uma conexão clara entre objetivos, metas e projetos de negócios. Além disso, os projetos devem ser consistentes com as estratégias de negócios.

- O apetite organizacional por inovação impulsiona as mudanças nos projetos e processos selecionados da empresa.

Objetivos de aprendizagem

- Descrever as quatro fases de um processo de planejamento estratégico baseado em metas.

- Discutir como as sete camadas da pirâmide de planejamento estratégico podem melhorar o processo de planejamento.

- Descrever um processo para priorizar projetos e iniciativas de SI.

- Discutir por que a gestão de projetos é considerada uma competência principal para muitas organizações.

- Identificar os cinco parâmetros altamente inter-relacionados que definem um projeto.

- Discutir brevemente as dez áreas de conhecimento associadas à ciência da gestão de projetos.

- Identificar a principal diferença entre reengenharia de processos de negócios e melhoria contínua.

- Identificar a estratégia apropriada a ser empregada em cada uma das cinco categorias de adotantes da inovação.

SI em ação

Projetos estratégicos da E-trade

▶ SISTEMAS E PROCESSOS

A corretora on-line E-Trade nasceu quando plataformas on-line como AOL e CompuServe começaram a ganhar força no início dos anos 1980. Os fundadores William Porter e Bernard Newcomb estavam procurando transformar um setor baseado no papel e no comércio presencial, tornando o comércio on-line disponível para investidores individuais. Hoje, o E-Trade é uma força motriz no setor de comércio. A empresa, que administra US$ 414 bilhões em ativos de clientes, obteve uma receita líquida de US$ 2,87 bilhões em 2018.

Empresas de sucesso como a E-Trade sabem por que estão no mercado. Esse "por que" é a missão da empresa, ou razão de ser. A missão declarada da E-Trade é "aumentar a independência financeira dos comerciantes e investidores por meio de uma oferta digital poderosa e orientação profissional". A E-Trade entende que suas metas e objetivos devem estar alinhados com sua declaração de missão corporativa se quiser permanecer relevante e manter sua participação no mercado, então a empresa delineou uma estratégia corporativa que se concentra em dois objetivos principais: (1) acelerar o crescimento de seu negócio principal de corretagem para melhorar a participação no mercado e (2) gerar um crescimento robusto de lucros e retornos saudáveis sobre o capital para entregar valor de longo prazo aos seus acionistas. A E-Trade dividiu seu primeiro objetivo em vários objetivos diferentes, incluindo o crescimento dos negócios de corretagem com foco em seu canal de serviços corporativos, por meio do qual a empresa administra planos de ações corporativos.

A próxima etapa da E-Trade era identificar os projetos que lançaria em apoio às suas metas e objetivos declarados. Esses projetos incluíram um novo "painel digital", lançado em setembro de 2018, projetado para ajudar os participantes do plano de ações que estivessem interessados em incorporar os benefícios de seu plano em uma estratégia de investimento específica. O painel (dashboard), ou centro de planejamento, inclui várias ferramentas para os usuários descobrirem sobre os próximos eventos relacionados ao seu plano de ações, pesquisar possíveis implicações e benefícios fiscais, aprender a utilizar os rendimentos de seus investimentos para cumprir suas metas financeiras e revisar outros conteúdos educacionais específicos para seu plano de estoque específico. A missão da E-Trade é tornar os comerciantes mais independentes ("para aumentar a independência financeira de comerciantes e investidores") e a estratégia corporativa é garantir que seus clientes "gerem um crescimento robusto dos lucros e retornos saudáveis sobre o capital para entregar valor de longo prazo aos seus acionistas". O painel digital proposto ajudará os investidores a aumentarem seus portfólios de forma independente.

Ao ler este capítulo, considere o seguinte:

- O que é um processo de planejamento estratégico eficaz, quem precisa participar dele e quais são os resultados desse processo?
- O que é gestão de projetos e quais são os elementos-chave de um processo eficaz de gestão de projetos?
- Como a inovação está ligada à reengenharia de processos de negócios e melhoria contínua?

Por que aprender sobre planejamento estratégico e gestão de projetos?

Desde o início da era do computador, os executivos de negócios e de SI têm trabalhado para melhorar o alinhamento entre negócios e SI como uma das principais prioridades de negócios. Nesse contexto, alinhamento significa que a organização de SI e seus recursos estão focados em esforços que apoiem os objetivos-chave definidos no plano estratégico do negócio. Isso implica que os gestores de SI e de negócios têm uma visão compartilhada de para onde a organização está indo e concordam com suas estratégias-chave. Essa visão compartilhada guiará a organização de SI na contratação das pessoas certas com as habilidades e competências corretas, escolhendo as tecnologias e fornecedores certos para explorar e desenvolver, instalar os sistemas certos e focar nos projetos que melhor ajudarão a organização a cumprir sua missão. Os projetos são a forma como grande parte do trabalho de uma organização é realizada. Não importa qual seja o setor e se a organização é uma empresa com fins lucrativos ou uma organização sem fins lucrativos — grande ou pequena, multinacional ou local. Um bom planejamento estratégico combinado com uma boa gestão de projetos é uma força positiva que permite que a organização obtenha resultados de seus esforços. Conhecer os fundamentos do planejamento estratégico e da gestão de projetos o tornará um recurso extremamente valioso em qualquer organização.

Este capítulo define o planejamento estratégico e descreve um processo eficaz para realizar essa atividade crítica. Ele também esclarece a importância da gestão de projetos e descreve um processo comprovado para a gestão de projetos bem-sucedida. Além disso, este capítulo examina os efeitos da inovação nas estratégias, projetos e processos organizacionais. Hoje, as organizações precisam de pessoas que possam desenvolver planos estratégicos e utilizar a tecnologia para obter benefícios corporativos.

Planejamento estratégico

planejamento estratégico: Um processo que ajuda os gerentes a identificar os resultados desejados e formular planos viáveis para atingir seus objetivos utilizando os recursos e capacidades disponíveis.

Planejamento estratégico é um processo que ajuda os gestores a identificar os resultados desejados e formular planos viáveis para atingir seus objetivos usando os recursos e capacidades disponíveis. O plano estratégico deve levar em conta que a organização e tudo ao seu redor estão mudando: os gostos e desgostos dos consumidores mudam; antigos concorrentes saem e novos entram no mercado; os custos e a disponibilidade de matérias-primas e mão de obra flutuam, assim como o ambiente econômico fundamental (taxas de juros, crescimento do produto interno bruto, taxas de inflação); e há uma mudança nas medidas de regulamentação do setor e do governo.

Eis um conjunto de benefícios frequentemente citados do planejamento estratégico:

- Fornece uma estrutura e uma direção claramente definida para orientar a tomada de decisões em todos os níveis da organização
- Garante que seja feito o uso mais eficaz dos recursos da organização, concentrando esses recursos nas prioridades-chave acordadas
- Permite que a organização seja proativa e aproveite as oportunidades e tendências, em vez de reagir passivamente a elas
- Permite que todas as unidades organizacionais participem e trabalhem juntas para cumprir um conjunto comum de metas
- Fornece um conjunto de medidas para julgar o desempenho organizacional e pessoal
- Melhora a comunicação entre a administração e o conselho de administração, acionistas e outras partes interessadas

Em algumas organizações com processos de planejamento imaturos, o planejamento estratégico é um processo anual programado para produzir resultados utilizados para preparar o orçamento anual de despesas e a previsão de capital. O processo é focado internamente, concentrando-se nas necessidades individuais dos vários departamentos. As organizações que estão mais avançadas em seus processos de planejamento desenvolvem planos plurianuais com base em uma análise situacional, avaliações competitivas, consideração de fatores externos à organização e uma avaliação de opções estratégicas.

planejamento estratégico baseado em questões: Um processo de planejamento estratégico que começa identificando e analisando as principais questões enfrentadas pela organização, definindo estratégias para abordar essas questões e identificando projetos e iniciativas que sejam consistentes com essas estratégias.

planejamento estratégico orgânico: Um processo de planejamento estratégico que define a visão e os valores da organização e, em seguida, identifica os projetos e iniciativas para alcançar a visão, aderindo aos valores.

planejamento estratégico baseado em metas: Um processo de planejamento estratégico multifásico que envolve a análise de uma organização e seu ambiente, definição de estratégias e execução de iniciativas para ajudar uma organização a cumprir suas metas e objetivos de longo prazo.

O CEO de uma organização deve tomar decisões de longo prazo a respeito do rumo para onde a organização se dirige e como irá operar e ter a responsabilidade final pelo planejamento estratégico. Subordinados, gestores de nível inferior e consultores geralmente reúnem informações úteis, realizam grande parte da análise subjacente e fornecem informações valiosas. Mas o CEO deve compreender completamente a análise e estar fortemente envolvido na definição de objetivos de negócios de alto nível e na definição de estratégias. O CEO também deve ser visto como um campeão e defensor das estratégias escolhidas; caso contrário, é improvável que o resto da organização "compre" essas estratégias e tome as medidas necessárias para que tudo aconteça.

Há várias abordagens de planejamento estratégico, incluindo o baseado em questões, orgânico e baseado em metas. O **planejamento estratégico baseado em questões** começa identificando e analisando as principais questões enfrentadas pela organização, definindo estratégias para lidar com isso e identificando projetos e iniciativas que sejam consistentes com essas estratégias. O **planejamento estratégico orgânico** define a visão e os valores da organização e, então, identifica os projetos e iniciativas para alcançar a visão, aderindo aos valores.

O **planejamento estratégico baseado em metas** é um processo de planejamento estratégico multifásico que envolve a análise de uma organização e seu ambiente, definição de estratégias e execução de iniciativas para ajudar a organização a cumprir suas metas e objetivos de longo prazo. O planejamento estratégico baseado em metas começa com a realização de uma análise da situação para identificar os pontos fortes, fracos, oportunidades e ameaças de uma organização. Em seguida, a administração define a direção da organização, definindo sua missão, visão, valores, objetivos e metas. Os resultados das fases de análise e definição de direção são utilizados para definir estratégias que permitam à organização cumprir sua missão. Iniciativas, programas e projetos são identificados e executados para permitir que a organização cumpra os objetivos e metas. Esses esforços contínuos são avaliados para garantir que permaneçam no caminho certo para atingir os objetivos da organização. As principais fases do planejamento estratégico baseado em metas são (1) analisar a situação, (2) definir a direção, (3) definir as estratégias e (4) implantar o plano (ver Figura 12.1).

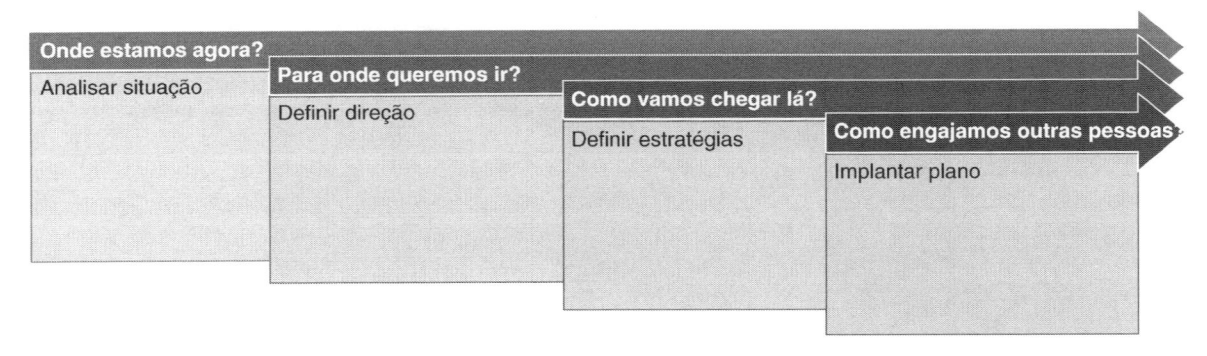

Onde estamos agora?	Para onde queremos ir?	Como vamos chegar lá?	Como engajamos outras pessoas
Analisar situação	Definir direção	Definir estratégias	Implantar plano

FIGURA 12.1
Planejamento estratégico baseado em metas
As fases sobrepostas do planejamento estratégico baseado em metas garantem que todas as iniciativas, programas e projetos da empresa estejam vinculados a metas organizacionais específicas.

Analisar situação

Todos os níveis e unidades de negócios de uma organização devem estar envolvidos na avaliação de seus pontos fortes e fracos. Elaborar uma perspectiva histórica que resuma o desenvolvimento da empresa é uma excelente forma de iniciar essa etapa do planejamento estratégico. Em seguida, uma grande quantidade de dados é reunida sobre processos e operações internas, incluindo dados de pesquisa de clientes e fornecedores e outras avaliações objetivas da organização. Os dados coletados são analisados para identificar e avaliar quão bem a empresa está atendendo aos objetivos e metas atuais, e quão bem suas estratégias atuais estão funcionando. Esse processo identifica muitos dos pontos fortes e fracos da empresa.

O planejamento estratégico requer um estudo cuidadoso do ambiente externo que cerca a organização e a avaliação de onde a organização se encaixa nele. Essa análise começa com um exame do setor em que a organização compete: Qual é o tamanho do mercado? Com que rapidez ele está crescendo ou diminuindo? Quais são as tendências significativas do setor?

Em seguida, a organização deve coletar e analisar fatos sobre seus principais clientes, concorrentes e fornecedores. O objetivo é duplo: capturar uma imagem clara das questões estrategicamente importantes que a organização deve abordar no futuro e revelar a posição competitiva da empresa em relação a seus rivais. Durante essa etapa, a organização deve obter informações de clientes, fornecedores e especialistas do setor — todos os quais provavelmente serão capazes de fornecer pontos de vista mais objetivos do que os funcionários. Os membros da organização devem estar preparados para ouvir coisas de que não gostam, mas que podem oferecer grandes oportunidades de melhoria. É fundamental que as necessidades não atendidas do cliente sejam identificadas para formar a base para o crescimento futuro.

O modelo mais frequentemente utilizado para avaliar a natureza da competição na indústria é **Modelo das Cinco Forças de Michael Porter**, que identifica o poder de barganha de fornecedores e compradores, a ameaça de novos participantes e produtos substitutos, e os concorrentes existentes do setor, que determinam o nível de concorrência e lucratividade de longo prazo de um setor (ver Figura 12.2).

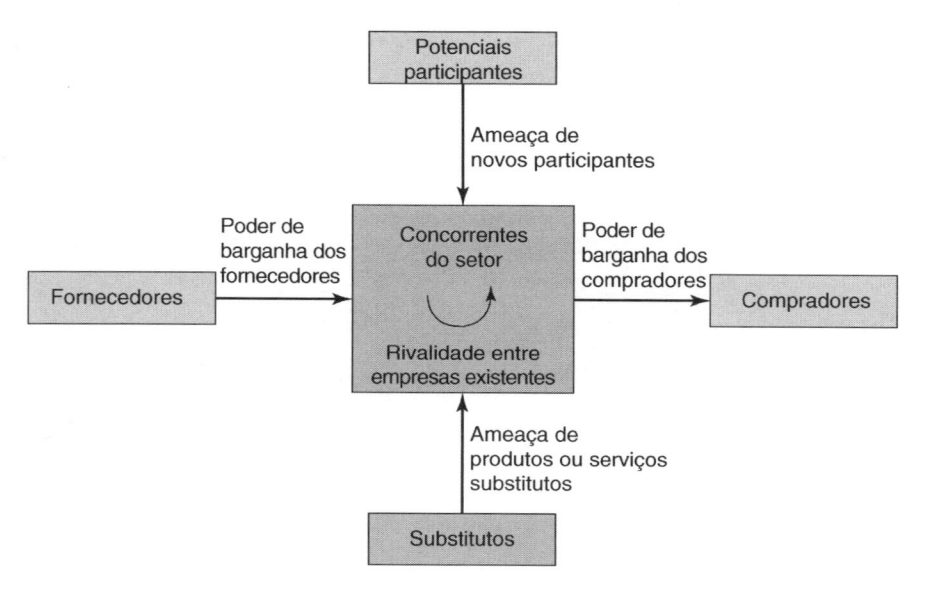

Modelo das Cinco Forças de Michael Porter: Um modelo que identifica o poder de barganha de fornecedores e compradores, a ameaça de novos participantes e produtos substitutos e os concorrentes existentes no setor, que determinam o nível de concorrência e a lucratividade de longo prazo de um setor.

FIGURA 12.2
Modelo das Cinco Forças de Michael Porter
Esse modelo pode ser utilizado para determinar o nível de competição e a lucratividade de longo prazo de um setor.

Os fatores fundamentais que determinam o nível de competição e a lucratividade de longo prazo de um setor são os seguintes:

1. A ameaça de novos concorrentes aumentará o nível de competição. Barreiras de entrada determinam a ameaça relativa de novos concorrentes. Essas barreiras incluem o capital necessário para entrar no setor e o custo para os clientes mudarem para um concorrente.
2. A ameaça de produtos substitutos pode diminuir a lucratividade dos concorrentes do setor. A disposição dos compradores de trocar de produtos e o custo relativo e o desempenho dos substitutos são fatores-chave nessa ameaça.
3. O poder de barganha dos compradores determina os preços e a lucratividade no longo prazo. Esse poder de barganha é maior quando há relativamente poucos compradores, mas muitos vendedores no setor, ou quando os produtos oferecidos são essencialmente os mesmos.
4. O poder de barganha dos fornecedores pode afetar significativamente a lucratividade do setor. Os fornecedores têm forte poder de barganha em setores que têm muitos compradores e apenas alguns fornecedores dominantes e em setores que não representam um grupo de clientes-chave para os fornecedores.
5. O grau de rivalidade entre os concorrentes é alto em setores com muitos concorrentes do mesmo tamanho ou pouca diferenciação entre os produtos.

Matriz de forças, fraquezas, oportunidades, ameaças (SWOT): Uma maneira simples de ilustrar o que uma empresa está fazendo bem, onde pode melhorar, quais oportunidades estão disponíveis e quais fatores ambientais ameaçam o futuro da organização.

Muitas organizações também realizam uma análise financeira competitiva para determinar como suas receitas, custos, lucros, fluxo de caixa e outros parâmetros financeiros importantes se comparam aos de seus concorrentes. A maior parte das informações necessárias para preparar tais comparações está prontamente disponível nos relatórios anuais dos concorrentes.

A análise da avaliação interna de uma organização e o estudo de seu ambiente externo são resumidos em uma **matriz das forças, fraquezas, oportunidades e ameaças** (*strengths, weaknesses, opportunities, threats* – SWOT), como mostrado na Tabela 12.1, que fornece uma matriz SWOT para a Starbucks.[1] A matriz SWOT é uma forma simples de ilustrar o que a empresa está fazendo bem, onde pode melhorar, quais oportunidades estão disponíveis e quais fatores ambientais ameaçam o seu futuro. Normalmente, a avaliação interna identifica a maioria das forças e fraquezas, enquanto a análise do ambiente externo revela a maioria das oportunidades e ameaças. A técnica pressupõe que uma estratégia eficaz deriva da maximização dos pontos fortes e oportunidades da empresa e da minimização de suas fraquezas e ameaças.

TABELA 12.1 Análise SWOT para a Starbucks[2]

Forças	Fraquezas
• Forte crescimento de receita e lucro • Cadeia de suprimentos global forte • Marca bem conhecida	• Conhecida por café relativamente caro • O café é fácil de imitar
Oportunidades	**Ameaças**
• Mercados em desenvolvimento prontos para expansão • Parcerias com outras empresas	• Cafés independentes ganhando impulso • Concorrência crescente (por exemplo, Dunkin' e Tim Hortons)

Definir direção

A fase de definição da direção do planejamento estratégico envolve definir missão, visão, valores, objetivos e metas da organização. Determiná-los permitirá que a organização identifique as estratégias, iniciativas, programas e projetos adequados, conforme mostrado na Figura 12.3.

FIGURA 12.3
A pirâmide de planejamento estratégico
A pirâmide de planejamento estratégico é uma abordagem de cima para baixo para identificar iniciativas, programas e projetos adequados para a organização.

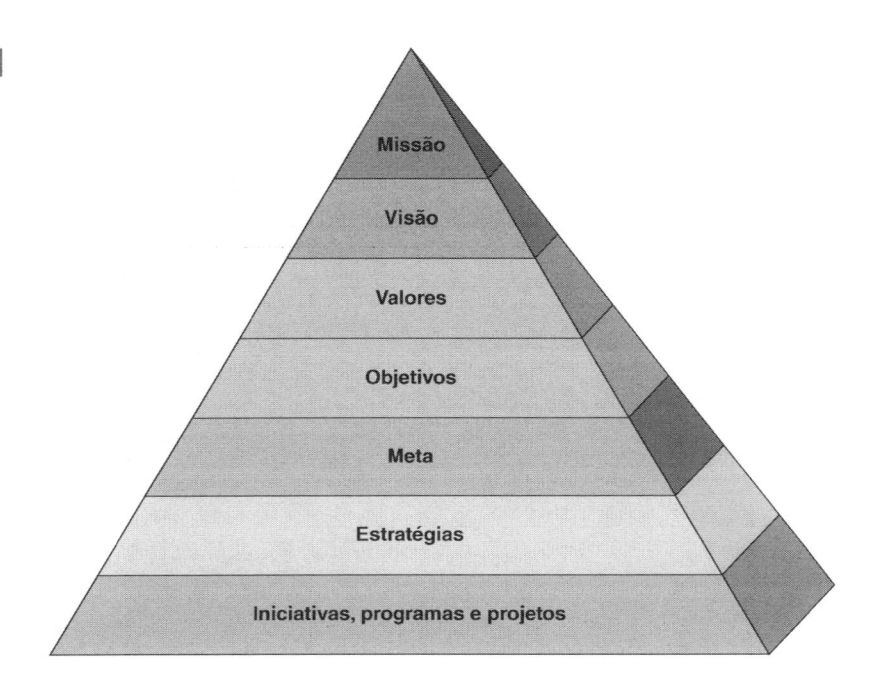

Pirâmide (de cima para baixo):
- Missão
- Visão
- Valores
- Objetivos
- Meta
- Estratégias
- Iniciativas, programas e projetos

Visão, missão e valores centrais

A alta administração deve criar uma declaração de visão/missão que comunica as aspirações abrangentes de uma organização para orientá-la através da mudança de objetivos, metas e estratégias. A declaração de visão/missão da organização constitui a base para a tomada de decisões e ações. As declarações de visão/missão mais eficazes inspiram e exigem que os funcionários se esforcem para alcançar os objetivos da organização. Essas declarações raramente mudam depois de formuladas. Uma declaração eficaz consiste em três componentes: uma declaração de missão, uma visão de um futuro desejável e um conjunto de valores centrais.

A declaração de missão define concisamente o propósito fundamental da organização para existir. Geralmente, é declarado de maneira desafiadora para inspirar funcionários, clientes e partes interessadas.

A visão da organização é uma declaração concisa do que a organização pretende alcançar no futuro. A seguir estão as marcas de identificação de uma boa visão:

- Ela motiva e inspira.
- É fácil de comunicar, simples de entender e memorável.
- É desafiadora e, ainda assim, alcançável e move a organização para a direção ideal.

Um valor central é um princípio amplamente aceito que orienta as pessoas a como se comportar e tomar decisões na organização.

A Tabela 12.2 fornece a missão, visão e valores do Google.[3]

TABELA 12.2 Missão, visão e valores do Google

Missão
Organizar as informações do mundo e torná-las universalmente acessíveis e úteis
Visão
Fornecer acesso às informações do mundo em um clique
Valores
1. Concentrar-se no usuário e tudo o mais se seguirá.
2. É melhor fazer uma coisa muito, muito bem.
3. Rápido é melhor do que lento.
4. A democracia na web funciona.
5. Você não precisa estar em sua mesa para precisar de uma resposta.
6. Você pode ganhar dinheiro sem fazer o mal.
7. Sempre há mais informações por aí.
8. A necessidade de informação ultrapassa todas as fronteiras.
9. Você pode ser sério sem usar um terno.
10. Ótimo não é bom o suficiente.

Objetivos

Os termos *objetivo* e *meta* são frequentemente utilizados de forma intercambiável. Para essa discussão, distinguimos entre os dois — definindo objetivo como a declaração de uma necessidade comercial convincente que uma organização deve atender para cumprir sua visão e missão.

A cada semana, o Walmart atende cerca de 275 milhões de clientes[4] em suas lojas e por meio de seus sites em todo o mundo. A receita anual recente da empresa ultrapassou US$ 500 bilhões.[5] A organização definiu sua missão, visão, valores e objetivos, conforme mostrado na Tabela 12.3.

---

declaração de visão/missão: Uma declaração que comunica as aspirações globais de uma organização para orientá-la através de objetivos, metas e estratégias de mudança.

declaração de missão: Uma declaração que define concisamente o propósito fundamental de uma organização para existir.

visão: Uma declaração concisa do que uma organização pretende alcançar no futuro.

valor central: Um princípio amplamente aceito que orienta como as pessoas se comportam e tomam decisões na organização.

objetivo: Uma declaração de uma necessidade comercial convincente que uma organização deve atender para cumprir sua visão e missão.

TABELA 12.3 Missão, visão e valores do Walmart[6, 7]

Missão: Economizamos o dinheiro das pessoas para que possam viver melhor.

Visão: Ser "O" destino para os clientes economizarem, não importa como eles queiram fazer compras.

Valores centrais:

- **Atendimento ao cliente**
    - **O cliente em primeiro lugar:** Ouça, antecipe e atenda aos desejos e necessidades dos clientes.
    - **Foco na linha de frente:** Apoie e capacite os associados para atender os clientes todos os dias.
- **Respeito pelo indivíduo**
    - **Ouça:** Esteja visível e disponível, colabore com outras pessoas e esteja aberto a comentários.
    - **Lidere pelo exemplo:** Seja humilde, ensine e confie nos outros para fazer seu trabalho; dê feedback honesto e direto.
    - **Seja inclusivo:** Procure e aceite as diferenças nas pessoas, ideias e experiências.
- **Esforçar-se pela excelência**
    - **Alto desempenho:** Defina e alcance objetivos agressivos.
    - **Responsável:** Assuma o controle, celebre os sucessos e seja responsável pelos resultados.
    - **Estratégico:** Faça escolhas claras, antecipe as mudanças das condições e planeje o futuro.
- **Agir com integridade**
    - **Honesto:** Diga a verdade, cumpra suas promessas e seja confiável.
    - **Justo:** Faça o que é certo pelos outros, seja aberto e transparente.
    - **Corajoso:** Fale, peça ajuda, faça ligações difíceis e diga não quando apropriado.

Objetivos:

- Torne cada dia mais fácil para famílias ocupadas.
- Mude a forma como trabalhamos.
- Entregue resultados e opere com disciplina.
- Seja o varejista mais confiável.

Metas

meta: Um resultado específico que deve ser alcançado para atingir um objetivo.

Uma meta é um resultado específico que deve ser alcançado para atingir um objetivo. Na verdade, várias metas podem estar associadas a um único objetivo. O objetivo determina o que deve ser realizado e as metas associadas especificam como determinar se o objetivo está sendo atendido.

As metas acompanham o progresso no cumprimento dos objetivos de uma organização. Elas ajudam os gestores a determinar se um objetivo específico está sendo alcançado. Os resultados, determinados por quão bem os objetivos são alcançados, fornecem um ciclo de feedback. Dependendo da diferença entre os resultados reais e desejados, ajustes podem ser necessários nos objetivos, metas e estratégias, bem como nos projetos reais que estão sendo trabalhados.

Algumas organizações incentivam seus gestores a definir metas audaciosas que exigem uma inovação nos produtos ou serviços para serem alcançadas. Essa meta "pode ser assustadora e talvez arriscada, mas o desafio encoraja as pessoas e faz com que sua energia flua e cria um tremendo impulso para frente".[8]

Elon Musk é um CEO determinado a definir as metas mais audaciosas. Uma de suas empresas, a The Boring Company, está tentando resolver o problema do tráfego de veículos. Musk decidiu que a maneira mais eficiente de resolver os problemas do trânsito não é consertar as rodovias existentes ou construir carros voadores. Em vez disso, ele está construindo túneis subterrâneos, em que os carros seriam autônomos a velocidades superiores a 240 km por hora. Esses carros acessariam os túneis por meio de elevadores no nível da rua.[9]

Mas engenheiros e outros profissionais duvidam dos túneis subterrâneos de Elon. Muitos engenheiros duvidam das estimativas de custo de construção dos túneis, das altas velocidades que os módulos ou automóveis serão capazes de atingir uma vez no túnel e das preocupações com velocidade e tráfego utilizando a tecnologia de "elevador" proposta.[10]

Se Elon Musk for bem-sucedido, ele terá realizado dois feitos principais: a construção de túneis seria reduzida em um décimo do custo atual, e os veículos elétricos autônomos tomariam conta do mercado automobilístico. Ainda não se sabe se esse grande e audacioso objetivo alcançará o sucesso.

O uso dos chamados objetivos SMART há muito é defendido por consultores de gestão.[11] As principais vantagens dos objetivos SMART são que eles são fáceis de entender, são facilmente rastreados e contribuem com valor real para a organização. A sigla SMART (em inglês specific, measurable, achievable, relevant, time constrained) significa:

- **Específico.** Metas específicas têm uma chance muito maior de serem compreendidas e realizadas do que metas vagas. Metas específicas utilizam verbos de ação e especificam quem, o que, quando, onde e por quê.
- **Mensurável.** Metas mensuráveis incluem medidas numéricas ou descritivas que definem critérios como quantidade, qualidade e custo para que o progresso em direção ao objetivo possa ser determinado.
- **Alcançável.** As metas devem ser ambiciosas, mas realistas e alcançáveis. Metas que estão completamente fora de alcance ou abaixo do desempenho padrão são inúteis e desmotivadoras.
- **Relevante.** As metas devem contribuir fortemente para a missão do departamento. Por qual outro motivo despender esforços?
- **Limitadas no tempo.** Um limite de tempo deve ser estabelecido para se atingir a meta para ajudar a definir a prioridade a ser atribuída no cumprimento dela.

Um exemplo de meta SMART para uma organização de atendimento ao cliente de uma grande loja de varejo pode ser reduzir as reclamações dos clientes sobre mercadorias com preços incorretos de 9 por dia para menos de 3 por dia até 30 de junho.

Estratégias

estratégia: Um plano que descreve como uma organização alcançará sua visão, missão, objetivos e metas.

Uma **estratégia** descreve como uma organização alcançará sua visão, sua missão, e seus objetivos e metas. A seleção de uma estratégia específica concentra e coordena os recursos e atividades de uma organização de cima para baixo para cumprir sua missão. Na verdade, a criação de um conjunto de estratégias que irá reunir apoiadores comprometidos em toda a organização — todos alinhados na missão e visão — é a chave para o sucesso organizacional.

Iniciativas, programas e projetos

Depois que uma organização estabelece por que está no negócio (missão/visão), como deseja que seus funcionários se conduzam (valores), quais são suas necessidades de negócios (objetivos), o que espera realizar (metas) e como planeja transformar seus objetivos em realidade (estratégias), a empresa deve executar iniciativas, programas ou projetos específicos para fazer mudanças. Sem projetos específicos, criar o topo da pirâmide de planejamento estratégico é algo simplesmente acadêmico. **Projetos** são empreendimentos temporários que criam um plano de ação, permitindo que as organizações atinjam suas metas e objetivos. Em outras palavras, um projeto é uma oportunidade para a organização implementar ações específicas para atingir seus objetivos.

projeto: Um esforço temporário que cria um plano de ação, permitindo que as organizações atinjam suas metas e objetivos.

Definir estratégias

Temas comuns ao determinar estratégias incluem "aumentar a receita", "atrair e reter novos clientes", "aumentar a fidelidade do cliente" e "reduzir o tempo necessário para entregar novos produtos ao mercado". Ao escolher estratégias alternativas, os gestores devem considerar o impacto de longo prazo de cada estratégia sobre a receita e o lucro, o grau de risco envolvido, a quantidade e os tipos de recursos que serão necessários e a potencial reação competitiva. Ao definir estratégias, os gestores baseiam-se nos resultados da análise SWOT e consideram as seguintes questões:

- Como podemos capitalizar melhor nossos pontos fortes e usá-los em todo o seu potencial?
- Como podemos reduzir ou eliminar o impacto negativo de nossas fraquezas?

- Quais oportunidades representam as melhores oportunidades para nossa organização?
- Como podemos explorar essas oportunidades?
- Nossos pontos fortes nos permitirão aproveitar ao máximo essa oportunidade?
- Nossas fraquezas prejudicarão nossa capacidade de capitalizar essa oportunidade?
- Como podemos nos defender contra ameaças para alcançar nossa visão/missão, objetivos e metas?
- Podemos transformar essa ameaça em uma oportunidade?

A Amazon tomou uma decisão estratégica de explorar o possível uso de drones de entrega para obter uma vantagem competitiva real sobre os concorrentes que dependem de transporte terrestre menos eficiente. Como uma grande porcentagem dos pacotes da Amazon pesa menos de 2 quilos, os drones podem ser os veículos de entrega rápida ideais. A Amazon detalhou planos para esse serviço; no entanto, a empresa não pode anunciar se ou quando o programa começará até que os reguladores alterem as regras relativas ao uso comercial de drones. Essa estratégia tem o potencial de atrair novos clientes e aumentar a receita se as mudanças nas regulamentações governamentais permitirem que a empresa siga em frente.[12]

Implantar plano

O plano estratégico define objetivos para uma organização, estabelece metas SMART e define estratégias sobre como atingir essas metas. Esses objetivos, metas e estratégias são então comunicados às unidades de negócios e unidades funcionais da organização para que todos estejam "na mesma página". Os gestores das várias unidades organizacionais podem a partir disso desenvolver planos mais detalhados para iniciativas, programas e projetos que se alinham com os objetivos, metas e estratégias da empresa. O alinhamento garante que os esforços se baseiem nos pontos fortes da organização, capitalizem nas novas oportunidades, corrijam as fraquezas organizacionais e minimizem o impacto de ameaças potenciais.

A extensão do planejamento estratégico feito nos níveis mais baixos da organização depende de quanta autonomia é concedida a essas unidades, bem como do estilo de liderança e das capacidades dos gestores responsáveis por cada unidade. Por essas razões, o esforço, o processo e o nível de criatividade empregados na criação de um plano estratégico de unidade de negócios podem variar muito em uma organização.

A Alstom Transport, que desenvolve e comercializa sistemas, equipamentos e serviços ferroviários, ganhou um contrato para fornecer as operações da West Coast Mainline da Virgin Trains no Reino Unido.[13] A Alstom forneceu à Virgin Trains 52 de seus trens Pendolino de alta velocidade (125 mph). Mas o trem inicialmente não era confiável — muitos trens foram desligados em um determinado dia devido a problemas de manutenção.[14] Apenas 38 dos 52 trens estavam disponíveis em um determinado dia; no entanto, 46 trens eram necessários para atender às metas de nível de serviços. A situação estava afetando o relacionamento da Alstom com a Virgin Trains e, se não melhorasse, provavelmente afetaria a renovação do contrato. Os executivos da Alstom Transport atenderam e estabeleceram objetivos-chave para melhorar o relacionamento com a Virgin Trains:

- Cumprir as metas de disponibilidade e melhorar a confiabilidade.
- Não aumentar os custos.
- Oferecer maior valor ao cliente.

Os líderes da Alstom então empregaram um processo "pegue a bola" para distribuir esses objetivos para outros trabalhadores da empresa. A equipe de gestão "jogou" as metas de um lado para outro em toda a cadeia de gestão, incluindo a alta administração, líderes de operações e gestão de depósito e produção. Por meio desse processo, a Alstom identificou mais de 15 projetos de melhoria em potencial para apoiar as metas, levando a um aumento na taxa de disponibilidade de trens — de 72% para 90% — enquanto o número de funcionários e os custos foram mantidos estáveis. A Alstom ganhou a renovação de um contrato de manutenção do serviço com a Virgin Trains três anos antes do esperado por causa da melhoria no seu serviço.[15]

Exercício de pensamento crítico

Planejamento estratégico na Johns Hopkins Medicine

▶ GLOBAL, FINANÇAS

A Johns Hopkins Medicine, com sede em Baltimore, Maryland, é uma organização global de saúde de US$ 8 bilhões que opera seis hospitais acadêmicos e comunitários, seis centros suburbanos de saúde e cirurgia e 40 unidades ambulatoriais de atenção primária e especializada. A organização se esforça para criar uma cultura em que diversidade, inclusão, civilidade, coleguismo e profissionalismo sejam defendidos por meio de ações, incentivos e responsabilidade. A missão, a visão, os valores centrais e os objetivos da Johns Hopkins Medicine são apresentados na Tabela 12.4.[16]

TABELA 12.4 Missão, visão, valores e objetivos da Johns Hopkins Medicine[17, 18]

> **Missão:** Melhorar a saúde da comunidade e do mundo, estabelecendo o padrão de excelência em educação médica, pesquisa e atendimento clínico.
>
> **Visão:** A Johns Hopkins Medicine força os limites da descoberta, transforma o atendimento à saúde, avança a educação médica e cria esperança para a humanidade. Juntos, cumpriremos a promessa da medicina.
>
> **Valores centrais:**
> - Excelência e descoberta
> - Liderança e integridade
> - Diversidade e inclusão
> - Respeito e coleguismo
>
> **Objetivos:**
> - Avançar nas descobertas por meio do uso de diversas fontes de dados.
> - Desenvolver Centros de Excelência em Medicina de Precisão (*Precision Medicine Centers of Excellence* – PMCOEs) que abrangem pesquisas clínicas e científicas básicas.
> - Melhorar as decisões e os resultados de cuidados individualizados por meio da estratificação dos dados do paciente.
> - Garantir a integridade dos dados e criar uma plataforma analítica clínica e operacional integrada.
> - Transformar a prática educacional e o conteúdo para adaptar a experiência do aluno às necessidades individuais.
> - Criar planos de força de trabalho com visão de futuro que se alinham com os objetivos clínicos e acadêmicos.

Você é membro de uma equipe com três pessoas dentro da organização financeira que está trabalhando sob a direção do CFO para definir um conjunto de estratégias que apoiarão os objetivos e metas financeiros da Johns Hopkins Medicine.

Perguntas de revisão

O CFO pediu a cada membro da equipe que expressasse seus pensamentos sobre dois tópicos:

1. Devem ser recrutados recursos externos à organização financeira para ajudar a identificar e avaliar estratégias alternativas? Por que sim ou por que não?
2. Como as estratégias potenciais para a organização financeira devem ser avaliadas?

Questões de pensamento crítico

1. Desenvolva dois objetivos hipotéticos específicos para a organização financeira que sejam consistentes com a visão, a missão e os objetivos gerais da Johns Hopkins Medicine.
2. Para cada objetivo, desenvolva uma meta SMART.

Definição da estratégia organizacional do sistema de informação

O plano estratégico da organização dos sistemas de informação (SI) deve identificar tecnologias, fornecedores, competências, pessoas, sistemas e projetos nos quais a organização investirá para apoiar os objetivos, metas e estratégias corporativas e da unidade de negócios. O plano estratégico de SI é fortemente influenciado por inovações tecnológicas (por exemplo, dispositivos móveis cada vez mais poderosos, impressoras avançadas que podem gerar objetos tridimensionais a partir de um arquivo digital, acesso a recursos de computador compartilhados pela internet e software avançado que pode analisar grandes quantidades de dados estruturados e não estruturados) e pensamento inovador de outras pessoas, tanto dentro como fora da organização (ver Figura 12.4).

FIGURA 12.4
Impulsionadores que definem a estratégia organizacional de SI e determinam os investimentos em sistemas de informação
Os planejadores devem considerar muitos fatores ao definir a estratégia organizacional de SI.

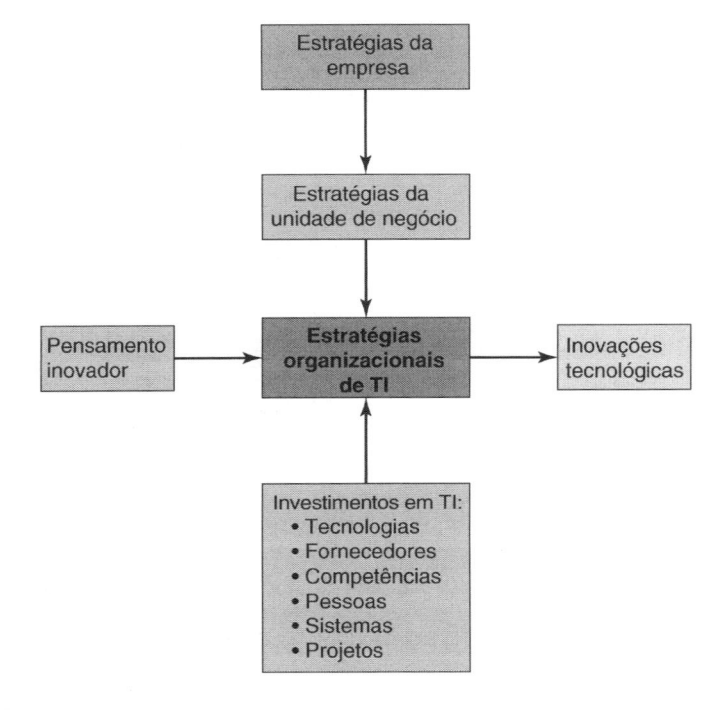

O processo de planejamento estratégico para a organização de SI e os fatores que o influenciam dependem de como a organização é percebida pelo resto da organização. Uma organização de SI pode ser vista como um centro de custo/provedor de serviços, um parceiro comercial/parceiro de negócio ou como uma empresa revolucionária (ver Tabela 12.5).

TABELA 12.5 O espectro do planejamento estratégico de SI

	Centro de custos/ provedor de serviços	Sócio/parceiro de negócios	Revolução nos negócios
Foco no planejamento estratégico	Voltado para dentro	Focado nos negócios	Voltado para fora
Metas de IS	Reduzir os custos de SI; melhorar os serviços de SI	Controlar os custos de SI; expandir os serviços de SI	Fazer investimentos em SI para fornecer novos produtos e serviços
Estratégias	Reagir aos planos estratégicos das unidades de negócios	Executar projetos de SI para apoiar os planos de negócios	O uso de SI para obter vantagem competitiva
Projetos típicos	Eliminar serviços de SI redundantes ou ineficazes	Implementar banco de dados corporativo e/ou sistemas empresariais	Fornecer novas maneiras para os clientes interagirem com a organização

Em uma pesquisa recente com CIOs, 32% disseram que sua organização de SI é vista como um centro de custos/provedor de serviços que deve reduzir os custos de SI e melhorar os serviços de SI.[19] O processo de planejamento estratégico para tal organização é normalmente direcionado para dentro e focado em determinar como fazer o que está fazendo atualmente, mas mais barato, mais rápido e melhor.

A organização de SI do estado de Delaware é vista como um centro de custos/provedor de serviços. Uma das principais iniciativas estratégicas da organização é consolidar os recursos de SI e eliminar funções e recursos redundantes nas várias agências estaduais. O objetivo é entregar melhorias significativas no atendimento ao cliente e reduzir custos.[20]

A maioria dos CIOs pesquisados, cerca de 45%, disse que sua organização de SI é vista como um sócio/parceiro de negócios que deve controlar os custos de SI e expandir os serviços de SI em apoio às iniciativas de negócios.[21] O processo de planejamento estratégico dessas organizações se baseia na compreensão dos planos de negócios coletivos para o próximo ano e na determinação do que eles significam para a organização de SI em termos de novas tecnologias, fornecedores, competências, pessoas, sistemas e projetos.

Como uma agência governamental importante, a Federal Deposit Insurance Corporation (FDIC) está continuamente procurando maneiras de melhorar suas operações internas e garantir que seus sistemas de missão crítica estejam disponíveis durante uma crise. O objetivo da organização de SI é ajudar o FDIC a atingir seus objetivos de negócios principais de forma mais eficaz e eficiente. Os projetos recentes do departamento de SI em apoio a esses objetivos incluem projetos focados em segurança cibernética — incluindo o desenvolvimento de aplicativos móveis seguros que permitem aos usuários trabalhar remotamente — bem como iniciativas projetadas para aumentar os recursos de análise de dados e melhorar os tempos de resposta do serviço.[22]

As organizações de TI estão fazendo grandes avanços para se tornarem forças transformacionais em suas organizações maiores. Nos últimos quatro anos, a porcentagem de CIOs pesquisados que indicaram que sua organização de SI é vista pelos colegas como uma organização revolucionária solicitada a liderar os esforços de inovação de produtos e abrir novos mercados aumentou de 10% para 36%.[23] O processo de planejamento estratégico para essas organizações de SI é voltado para o exterior e envolve reuniões com clientes, fornecedores e consultores e vendedores líderes de SI para responder a perguntas como "o que queremos ser?" e "como podemos criar vantagem competitiva?"[24] Em tais organizações, o SI não é apenas um meio para implementar objetivos definidos pelo negócio, mas também um catalisador para alcançar novos objetivos de negócio inalcançáveis sem o SI. Tornar-se verdadeiramente transformacional requer que uma organização de TI (e sua organização maior) repense o papel que a tecnologia e os processos desempenham na criação de vantagem competitiva. Para o ano de 2019, os gastos globais com tecnologias de transformação digital deverão ultrapassar US$ 2 trilhões, à medida que as empresas tentam fazer essa mudança.[25]

Fundado em 2000, o mercado de ingressos on-line StubHub agora tem mais de US$ 1,2 bilhão em vendas anuais.[26] Os esforços recentes da empresa para transformar seus negócios incluem uma iniciativa para permitir que os vendedores tirem fotos dos ingressos e os coloquem à venda, porque metade das compras da StubHub vêm de dispositivos móveis. Além disso, a presença on-line da empresa está prestes a se tornar um site de destino, incluindo música e permitindo que amigos no Facebook comprem ingressos uns para os outros.[27] Esse novo conteúdo será um divisor de águas para a StubHub, gerando mais visitas ao seu site.

Não importa como uma organização de SI seja percebida, as chances de alcançar um bom alinhamento entre o plano estratégico de SI e o resto da empresa aumentam enormemente se os funcionários de SI tiverem experiência no negócio e puderem falar com os gestores em termos de negócios, e não em termos de tecnologia. A equipe de SI deve ser capaz de reconhecer e compreender as necessidades dos negócios e desenvolver soluções eficazes. O CIO, especialmente, deve ser capaz de se comunicar bem e ser acessível a outros executivos corporativos. Mas todo o fardo de alcançar o alinhamento entre o negócio e o SI não pode ser colocado exclusivamente na organização de SI.

Identificação de projetos e iniciativas de SI

Em organizações de planejamento maduras, os funcionários de SI estão constantemente captando ideias para projetos em potencial por meio de suas interações com vários gestores de negócios e da observação de outras organizações de SI e dos concorrentes. Eles também se mantêm atualizados sobre os novos desenvolvimentos de SI e consideram como as inovações e novas tecnologias podem ser aplicadas em sua empresa. À medida que os membros da organização de SI revisam e consideram os objetivos, metas e estratégias corporativas, eles podem gerar muitas ideias para projetos de SI que oferecem suporte aos objetivos e metas corporativos. Eles também reconhecem a necessidade de projetos de SI que ajudem outras unidades corporativas a cumprir seus objetivos de negócios. Frequentemente, gestores de SI experientes são designados para servir como elos com as unidades de negócios a fim de obter uma compreensão mais profunda de cada unidade de negócios e de suas necessidades. Os gestores de SI são então capazes de ajudar a identificar e definir os projetos de SI necessários para atender a essas necessidades.

A maioria das organizações acha útil classificar vários projetos potenciais por tipo. Tal sistema de classificação é mostrado na Tabela 12.6.

TABELA 12.6 Exemplo de classificação de projetos

Tipo de projeto	Definição	Fatores de risco associados ao tipo de projeto
Avanço	Cria uma vantagem competitiva que permite à organização obter um retorno sobre o investimento maior do que o normal de seus concorrentes.	Alto custo; risco muito alto de falha e possível interrupção dos negócios.
Crescimento	Gera novas receitas ou lucros substanciais para a empresa.	Alto custo; alto risco de falha e potencial interrupção dos negócios.
Inovação	Explora o uso da tecnologia (ou uma nova tecnologia) de uma nova forma.	O risco pode ser gerenciado definindo limites de custo, estabelecendo uma data de término e definindo critérios para o sucesso.
Aprimoramento	Atualiza um sistema existente para fornecer novos recursos que atendam às novas necessidades de negócios.	Risco de expansão do escopo da atualização, dificultando o controle de custos e o cronograma.
Manutenção	Implementa mudanças em um sistema existente para permitir a operação em um ambiente de tecnologia diferente (por exemplo, mudanças subjacentes em hardware, sistemas operacionais ou sistemas de gestão de banco de dados).	Risco de que um grande retrabalho possa ser necessário para fazer o sistema funcionar em um novo ambiente de tecnologia; potencial para degradação do desempenho do sistema.
Obrigatoriedade	Necessário para atender aos requisitos de uma entidade legal ou agência reguladora.	Risco de que a data de conclusão obrigatória seja perdida; pode ser difícil definir benefícios tangíveis; os custos podem disparar.

Priorizando projetos e iniciativas de SI

Normalmente, uma organização identifica mais projetos e iniciativas relacionados a SI do que dispõe de pessoas e recursos na equipe. Um processo iterativo de definição de prioridades e determinação do orçamento, da equipe e do tempo resultantes é necessário para definir quais projetos serão iniciados e quando serão executados. Muitas organizações criam um conselho de investimentos em SI de executivos de unidades de negócios para revisar projetos potenciais e avaliá-los de várias perspectivas diferentes:

1. Em primeiro lugar, cada projeto viável deve estar relacionado a um objetivo organizacional específico. Essas relações deixam claro que a execução de cada projeto ajudará a cumprir objetivos organizacionais importantes (ver Figura 12.5).

FIGURA 12.5
Os projetos devem estar relacionados a metas e objetivos
Os objetivos definem as metas que, por sua vez, identificam os projetos consistentes com esses objetivos e metas.

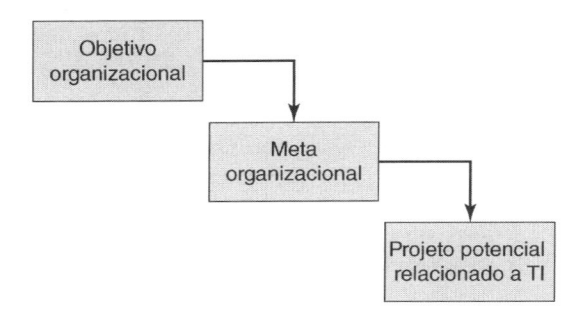

Objetivo organizacional → Meta organizacional → Projeto potencial relacionado a TI

benefício tangível: Um benefício que pode ser medido diretamente e atribuído a um valor monetário.

benefício intangível: Um benefício que não pode ser medido diretamente e não pode ser facilmente quantificado em termos monetários.

2. A organização pode medir o valor comercial da iniciativa? Haverá benefícios tangíveis ou os benefícios são intangíveis? Benefícios tangíveis podem ser medidos diretamente e avaliados com um valor monetário. Por exemplo, o número de funcionários antes e depois da conclusão de uma iniciativa pode ser medido, e o valor monetário é a redução nos custos de pessoal, como salário, benefícios e despesas gerais. Benefícios intangíveis não podem ser medidos diretamente e não podem ser facilmente quantificados em termos monetários. Por exemplo, um aumento na satisfação do cliente devido a uma iniciativa é importante, mas é difícil de medir e não pode ser facilmente convertido em um valor monetário.
3. Que tipos de custos (hardware, software, pessoal, consultores etc.) estão associados ao projeto e qual é o custo total provável do esforço ao longo de vários anos? Considere não apenas o custo inicial de desenvolvimento, mas o custo total de propriedade, incluindo custos operacionais, custos de suporte e taxas de manutenção.
4. Os custos e benefícios preliminares são ponderados para ver se o projeto tem uma taxa de retorno atraente. Infelizmente, os custos e benefícios podem não ser bem compreendidos em uma fase inicial do projeto, e muitos projetos que valem a pena não têm benefícios fáceis de quantificar.
5. O risco é outro fator a considerar. Os gestores devem considerar a probabilidade de o projeto falhar em apresentar os benefícios esperados; o custo real será significativamente maior do que o esperado; a tecnologia se tornará obsoleta antes que o projeto seja concluído; a tecnologia é muito "avançada" e não cumprirá o prometido; ou a situação do negócio mudará de forma que o projeto proposto não seja mais necessário.
6. Alguns projetos criam oportunidades para outros projetos. Por exemplo, um novo banco de dados do cliente pode ser necessário antes que o aplicativo de processamento de pedidos possa ser atualizado. Portanto, algum sequenciamento de projetos deve ser considerado.
7. A organização é capaz de assumir esse projeto? A organização de SI possui as habilidades e conhecimentos para executar o projeto com sucesso? A organização está disposta e é capaz de fazer as mudanças necessárias para receber seu valor total?

Exercício de pensamento crítico

Impressão virtual

▶ COMUNICAÇÃO E SOLUÇÃO DE PROBLEMAS

Você está trabalhando como analista de negócios na MAX Printing Systems (MPS), uma empresa que fabrica impressoras de alta velocidade. A MPS domina o setor de impressão de alta velocidade madura, com aproximadamente um terço do mercado total. Porém, como muitas empresas estão mudando para contas sem papel, esse não é um setor em crescimento. Sua empresa ainda é lucrativa, devido à sua grande participação de mercado, mas a receita está estagnada.

Você trabalha na MPS há pouco mais de um ano e está em busca de oportunidades para fazer seu nome. O vice-presidente de vendas, Dom Caruso, participa de uma reunião na qual você está presente. Dom o puxa de lado após a reunião e diz que gostaria de lançar um software de realidade virtual para sua equipe de vendas. Dom é extremamente influente, tendo um dos mais longos mandatos na organização. Você sabe que, se liderasse com sucesso o projeto que ele estava defendendo, teria uma promoção quase garantida.

Empolgado, você pergunta a Dom como ele vê o uso do software de realidade virtual. Ele responde: "Não sei. Mas temos que conseguir!" e depois sai da sala. Você fica se perguntando o que fazer a seguir.

Perguntas de revisão
1. Qual é a primeira coisa que você deve fazer ao retornar à sua mesa?
2. Como você faria para determinar a viabilidade desse projeto?

Questões de pensamento crítico

1. Você investigaria esse tipo de software mais detalhadamente ou apenas esperaria até que Dom falasse com um gestor de SI?
2. Sua empresa deve utilizar tecnologia para inovar nesse setor maduro ou seria melhor simplesmente manter o *status quo* porque a empresa tem uma grande participação de mercado?

Inovação e mudança na organização

Os produtos, serviços e formas atuais de realizar o trabalho de sua organização estão fadados à obsolescência. Não mude e sua concorrência levará embora seus clientes e seus lucros. A mudança positiva é um ingrediente-chave para qualquer organização de sucesso. Esta seção discutirá tópicos importantes relacionados à mudança, incluindo inovação, reengenharia, melhoria contínua, terceirização, terceirização no exterior e enxugamento.

Inovação

inovação: A aplicação de novas ideias aos produtos, processos e atividades de uma empresa, levando ao aumento do valor.

Inovação é a aplicação de novas ideias aos produtos, processos e atividades de uma empresa, levando ao aumento do valor. A inovação é o catalisador para o crescimento e o sucesso de qualquer organização. Ela pode gerar e sustentar lucros, criar novos desafios para a concorrência e fornecer valor agregado para os clientes. A inovação e a mudança são absolutamente necessárias no ambiente global altamente competitivo de hoje; sem ambas, a organização corre o risco de perder sua competitividade e se tornar obsoleta. Eis uma lista de apenas alguns dos produtos mais inovadores da atualidade:

- O Tile é um produto inovador que ajuda a resolver um problema que todos nós encontramos — ocasionalmente perdendo itens do dia a dia e perdendo tempo tentando encontrá-los. O Tile é um aplicativo de smartphone combinado com pequenos dispositivos (tiles) que os consumidores podem colar em suas chaves, controles remotos de TV, bolsas e carteiras. Um sensor de proximidade reproduz um som musical por meio do aplicativo do smartphone quando você chega a 30 metros do tile, então você pode caminhar para ver se o item desaparecido está escondido nas proximidades.
- A empresa de tecnologia de saúde iHealth introduziu vários sensores diferentes que podem medir e relatar uma ampla gama de dados biométricos, incluindo passos dados, distância percorrida e calorias queimadas; eficiência do sono; pressão sanguínea; nível de glicose; e nível de saturação de oxigênio no sangue e batimentos cardíacos.
- A Ooma Butterfleye oferece um produto econômico de segurança doméstica que emprega uma câmera de megapixel inteligente o suficiente para reconhecer você, membros de sua família e até mesmo seus animais de estimação. Se um estranho for pego dentro de sua casa no raio de visão da câmera, a Ooma Butterfleye usa seu sistema Wi-Fi doméstico para alertá-lo por meio de um aplicativo.
- A NeuroMetrix criou o Quell, um dispositivo aprovado pela FDA que estimula o cérebro a bloquear os receptores de dor para pacientes com doenças crônicas. O dispositivo é utilizado ao redor da panturrilha e calibrado para o corpo do usuário para garantir que ele forneça a quantidade exata de alívio necessária. O Quell realiza funções semelhantes aos dos dispositivos existentes que devem ser implantados cirurgicamente a um custo muito mais alto.

Vários autores e pesquisadores identificaram diferentes formas de classificar a inovação. Uma classificação simples desenvolvida por Clayton Christensen, um pesquisador líder nesse campo, é pensar em dois tipos de inovação — sustentada e disruptiva.[28]

Manter a inovação resulta em melhorias nos produtos, serviços e formas de operação existentes. Essas inovações são importantes porque permitem que uma organização aumente continuamente os lucros, reduza custos e ganhe participação no mercado. Diversas empresas de alta tecnologia se tornaram potências do setor por meio do uso de inovação sustentada. A Apple revolucionou o mercado de telefonia celular em 2007 ao lançar o primeiro iPhone, mas desde então a empresa obteve quase US$ 383 bilhões em receita líquida, em grande parte melhorando continuamente a mesma tecnologia.[29] Outra potência, a Microsoft, deve mais da metade de seus ganhos desde 1985 ao compromisso da empresa em manter a inovação de seu sistema operacional Windows e dos produtos Office.[30] E a fonte de receita da Intel vem do aprimoramento de seu chip microprocessador x386, lançado em 1985.[31]

Uma inovação disruptiva é aquela que inicialmente oferece um nível de desempenho inferior ao que é aceitável pelo crescimento do mercado. Com o tempo, porém, a inovação disruptiva é aprimorada para fornecer novas características de desempenho, tornando-se mais atraente para os usuários em um novo mercado. À medida que continua a melhorar e começa a fornecer níveis mais altos de desempenho, por fim, substitui o produto anterior ou a forma de fazer as coisas. O telefone celular é um bom exemplo de inovação disruptiva. O primeiro telefone celular portátil comercial foi inventado em 1973. Ele pesava mais de 1 kg, tinha uma bateria com duração de menos de 30 minutos, custava mais de US$ 3 mil e tinha uma qualidade de som extremamente ruim.[32] Compare isso com os onipresentes telefones celulares inteligentes atuais, que têm 1/15 do peso, 1/5 do custo e vida útil da bateria 40 vezes maior[33, 34]; além disso, os smartphones não só podem fazer chamadas, mas também servir como câmera, gravador de vídeo e computador portátil que pode executar aplicativos e acessar a internet.

Reengenharia e melhoria contínua

Para se manterem competitivas, as organizações devem ocasionalmente fazer mudanças fundamentais na forma como fazem negócios. Em outras palavras, elas devem inovar e mudar as atividades, tarefas ou processos utilizados para atingir seus objetivos.

Reengenharia, também chamada **redesenho de processo** e **reengenharia de processos de negócios** (*business process reengineering* – BPR), envolve o redesenho radical dos processos de negócios, estruturas organizacionais, sistemas de informação e valores da organização para alcançar um avanço nos resultados dos negócios (ver Figura 12.6). A reengenharia bem-sucedida pode reduzir o tempo de entrega, aumentar a qualidade do produto e do serviço, aumentar a satisfação do cliente e aumentar as receitas e a lucratividade.

Michael Hammer, ex-professor de ciência da computação no MIT, cunhou o termo "reengenharia de processos de negócios". Sua mensagem era simples. Ele implorava que as empresas não automatizassem o que sempre foi feito, mas sim que eliminassem etapas que não agregam valor e, então, reinventassem o processo. Essa ideia simples, mas profunda, resultou na economia de tempo e dinheiro para muitas empresas.[35]

reengenharia (redesenho de processos/reengenharia de processos de negócios [BPR]): O redesenho radical dos processos de negócio, estruturas organizacionais, sistemas de informação e valores da organização para alcançar um grande avanço nos resultados do negócio.

FIGURA 12.6

Reengenharia

A reengenharia envolve o redesenho radical dos processos de negócios, estrutura organizacional, sistemas de informação e os valores de uma organização para alcançar um avanço nos resultados de negócios.

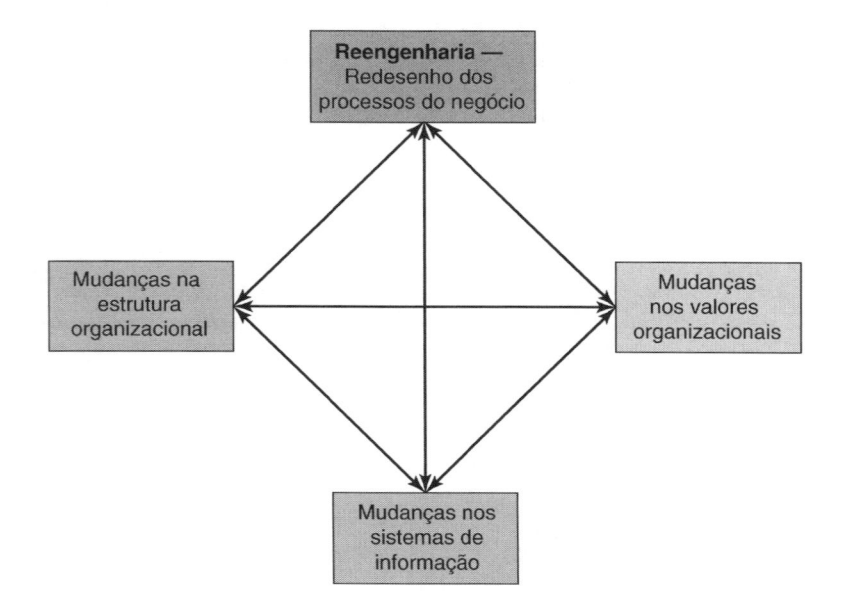

Na década de 1990, a Ford Motor Company decidiu que um corte de custos era necessário em seu inchado departamento de contas a pagar. O processo de contas a pagar era bastante complexo e ineficiente na Ford. Com uma força de trabalho de 500 pessoas no departamento, os erros eram inevitáveis. Para consertar o processo, a administração inicialmente estabeleceu uma meta de reduzir o número de funcionários do departamento em 20%. Quando descobriu que seu concorrente, a Mazda, era capaz de administrar seu departamento de contas a pagar com apenas cinco pessoas, a administração da Ford decidiu que um processo completo de redesenho era necessário. No final, a Ford conseguiu reduzir o tamanho do departamento em 75% e também melhorou o relacionamento com os fornecedores no processo.[36]

Em contraste com a reengenharia, a ideia de **melhoria contínua** (geralmente relacionada à palavra japonesa "Kaizen") é uma forma de inovação que envolve a busca constante de maneiras de melhorar os processos de negócios e agregar valor aos produtos e serviços. Essa mudança contínua aumentará a satisfação e a fidelidade do cliente e garantirá a lucratividade no longo prazo. As companhias industriais fazem mudanças e melhorias contínuas nos produtos. Organizações de serviços regularmente encontram maneiras de fornecer assistência mais rápida e eficaz aos clientes. Ao fazer isso, as organizações aumentam a lealdade do cliente, minimizam a chance de insatisfação do cliente e diminuem a oportunidade de incursões dos concorrentes.

> **melhoria contínua:** Uma forma de inovação que envolve a busca constante de formas de aprimorar os processos de negócios e agregar valor aos produtos e serviços.

Os métodos populares de melhoria contínua incluem Lean, Six Sigma e Total Quality Management. A Toyota inventou o processo Lean, que envolve adotar uma abordagem centrada no cliente, procurando eliminar processos que não entregam valor ao cliente, resultam em erros ou desperdício de recursos. A Six Sigma, por outro lado, adota uma abordagem de qualidade que se concentra na identificação e retificação das causas raízes dos problemas ou defeitos. O Total Quality Management (TQM), desenvolvido por W. Edward Deming, é o mais antigo desses métodos e enfatiza a necessidade de envolver todos os funcionários na melhoria da qualidade, eliminando os erros.[37]

Em 2010, a Sky Deutschland, provedora líder de TV paga na Alemanha e na Áustria, estava com sérios problemas financeiros. Os negócios estavam crescendo bem lentamente e muitos clientes atuais estavam deixando a provedora de TV a cabo. Além disso, os custos fixos eram altos e a empresa frequentemente não tinha estoque suficiente de seus produtos. Simplificando, a empresa estava perdendo dinheiro. Como resultado, um novo vice-presidente de logística foi contratado para dar a volta por cima. Com um plano Lean plurianual com foco na cadeia de suprimentos e na melhoria contínua, a empresa começou a ter lucro novamente em 2016. O novo VP fez várias mudanças, fazendo com que a empresa de TV a cabo se tornasse solvente novamente. Como exemplo de tal mudança, o novo VP se concentrou nas questões de estoque insuficiente. Descobriu-se que o problema básico era a falta de previsão do departamento de atendimento ao cliente. Ao prever melhor as necessidades futuras dos produtos, a Sky Deutschland poderia eliminar o problema de estoque insuficiente e reparar relacionamentos com os fornecedores. A recuperação da Sky Deutschland foi um feito notável, dadas as recentes mudanças no setor e no mercado de televisão.[38]

A Tabela 12.7 compara as estratégias de reengenharia de processos de negócios e melhoria contínua.

TABELA 12.7 Comparando a reengenharia de processos de negócios com a melhoria contínua

Reengenharia do processo de negócios	Melhoria contínua
Ação forte tomada para resolver problema sério	Ação de rotina realizada para fazer pequenas melhorias
Mudança de cima para baixo impulsionada pelos executivos seniores	Mudança de baixo para cima impulsionada pelos trabalhadores
Ampla em escopo; atravessa os departamentos	Limitada em escopo; concentra-se em tarefas em determinada área
A meta é alcançar um grande avanço	A meta é melhorias contínuas e graduais
Frequentemente liderada por quadros de fora da empresa	Normalmente liderada por trabalhadores próximos à empresa
Os sistemas de informação são essenciais para a solução	Os sistemas de informação fornecem dados para orientar a equipe de melhoria

Cultura organizacional e mudança

Cultura é um conjunto dos principais entendimentos e suposições compartilhados por um grupo, como dentro de um grupo étnico ou país. **Cultura organizacional** consiste nos principais entendimentos e suposições de uma organização. Os entendimentos, que podem incluir crenças, valores e abordagens comuns para a tomada de decisões, muitas vezes não são declarados nem documentados como metas ou políticas formais. Por exemplo, pode-se esperar que funcionários assalariados verifiquem seus e-mails e mensagens instantâneas constantemente e sejam altamente responsivos a todas essas mensagens.

Mark Twain disse: "Não é o progresso que me incomoda, é da mudança que eu não gosto". **Mudança organizacional** refere-se à maneira como as organizações planejam, implementam e lidam com as mudanças com sucesso. A mudança pode ser causada por fatores internos, como aqueles iniciados por funcionários em todos os níveis, ou por fatores externos, como aqueles causados por concorrentes, acionistas, leis federais e estaduais, regulamentos comunitários, desastres naturais e condições econômicas gerais.

Implementar mudanças, como um novo sistema de informação, introduz conflito, confusão e interrupção. As pessoas devem parar de fazer as coisas da maneira como estão acostumadas e começar a fazê-las de maneira diferente. A implementação bem-sucedida da mudança só acontece quando as pessoas aceitam a sua necessidade e acreditam que a mudança irá melhorar sua produtividade e permitir que atendam melhor às necessidades de seus clientes. O assim chamado **lado suave da implementação da mudança** envolve trabalho projetado para ajudar os funcionários a adotar um novo sistema de informação e forma de trabalhar. Esse esforço representa o maior desafio para a implementação de mudanças bem-sucedidas, embora seja frequentemente esquecido ou minimizado, resultando no fracasso do projeto. Na verdade, tanto o Standish Group quanto o Gartner, duas organizações altamente respeitadas que acompanham as implementações de projetos em todo o mundo, acreditam que um contribuidor significativo para as falhas do projeto é negligenciar a necessidade de abordar a adoção e a resistência dos funcionários em conjunto.[39]

Um estudo recente com quase 4 mil profissionais de gestão de projetos, executivos seniores e diretores de PMO (escritório de gestão de projetos) em todo o mundo descobriu que as organizações perdem mundialmente US$ 97 milhões para cada US$ 1 bilhão gasto em projetos e programas devido a falhas.[40] Geralmente, a falha é causada por não gerenciamento da mudança organizacional junto com os processos e a tecnologia.[41]

O Departamento de Assuntos do Consumidor da Califórnia é composto por mais de 40 entidades (incluindo vários conselhos, escritórios, comitês e uma comissão) que regulamentam e licenciam ocupações profissionais e vocacionais que atendem ao povo da Califórnia. A cada ano, o departamento processa mais de 350 mil pedidos de licenciamento profissional, juntamente com cerca de 1,2 milhão de renovações de licenças. O projeto BreEZe foi iniciado em 2009 para agilizar a forma como o departamento faz seus negócios e interage com os solicitantes de licença e consumidores.[42] O sistema de informação resultante tinha como objetivo eliminar muitos processos em papel e acelerar todo o processo de licenciamento. Infelizmente, a equipe do projeto falhou em envolver adequadamente os usuários de negócios na definição dos requisitos do sistema e, em vez disso, tomou muitas decisões erradas sobre como o sistema deveria funcionar. A estimativa de custo inicial para o sistema foi de US$ 28 milhões; no entanto, no início de 2015, os custos do projeto ultrapassaram US$ 37 milhões e menos da metade dos conselhos de licenciamento e regulamentação estavam usando o sistema. Na conclusão, o projeto custou US$ 96 milhões e o sistema foi implementado em apenas metade das agências reguladoras planejadas. Muito do atraso e dos gastos excessivos poderiam ter sido evitados se a equipe do projeto trabalhasse melhor com os usuários dos negócios para entender suas necessidades.[43]

A dinâmica de como a mudança é implementada pode ser vista em termos de um modelo de mudança. Um **modelo de mudança** representa as teorias da mudança, identificando as fases da mudança e a melhor maneira de implementá-las. Vários modelos para lidar com o lado suave da implementação de mudanças serão agora introduzidos.

Satisfação do usuário e aceitação da tecnologia

Os esforços de reengenharia e melhoria contínua (incluindo a implementação de novos sistemas de informação) devem ser adotados e utilizados para atingir os objetivos de negócios definidos pelos usuários-alvo. O **modelo de aceitação de tecnologia** (*technology acceptance model* – **TAM**) especifica os fatores que podem levar a melhores atitudes sobre o uso de um novo sistema de informação, juntamente com sua maior aceitação e uso (ver Figura 12.7). Nesse modelo, "utilidade percebida" é definida como o grau em que os indivíduos acreditam que o uso do sistema melhorará seu desempenho. A "facilidade de uso percebida" é o grau em que os indivíduos acreditam que o sistema será fácil de aprender e utilizar. Tanto a utilidade percebida quanto a facilidade de uso podem ser fortemente influenciadas pelas opiniões expressas de outras pessoas que usaram o sistema e o grau em que a organização apoia o uso do sistema (por exemplo, fornecendo incentivos, treinamento e orientação aos usuários-chave). A utilidade percebida e a facilidade de uso, por sua vez, influenciam a atitude de um indivíduo em relação ao sistema, o que afeta sua intenção comportamental de utilizar o sistema.[44]

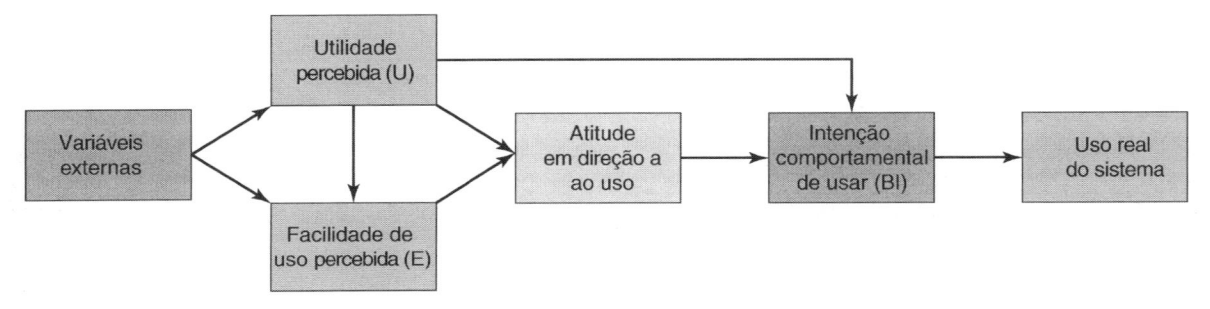

modelo de aceitação de tecnologia (TAM): Um modelo que especifica os fatores que podem levar a melhores atitudes em relação a um sistema de informação, juntamente com uma maior aceitação e uso dele.

FIGURA 12.7
Modelo de aceitação de tecnologia (TAM)
A utilidade percebida (U) e a facilidade de uso percebido (E) influenciam fortemente se alguém usará um sistema de informação. A administração pode melhorar essa percepção demonstrando que outras pessoas usaram o sistema de forma eficaz e fornecendo treinamento e suporte aos usuários.

Tal como qualquer outra tecnologia, os carros autônomos (ou carros sem motorista) estão sujeitos ao modelo de aceitação da tecnologia. Quando a primeira carruagem sem cavalos (o automóvel) foi inventada em 1897, a população em geral não abraçou essa tecnologia. Na verdade, a revista *A Horseless Age* publicou um artigo sobre carruagens sem cavalos em 1897 afirmando: "Há uma sensação de incompletude nisso. Parecia que você estava sentado na ponta de um enorme carrinho de mão, impulsionado por uma força invisível e guiado por uma mão oculta. [...] Pouco a pouco, senti que não precisava da proteção de um cavalo à minha frente".[45] Por mais resistentes que as pessoas fossem naquela época, os carros se tornaram comuns e viajar mais de 5 a 15 quilômetros distantes de casa tornou-se normal.

Avance rápido 120 anos e encontramos resistência a mais uma tecnologia — o carro autônomo. Os benefícios para veículos autônomos são numerosos; essa tecnologia pode reduzir as mortes veiculares por erro humano e reduzir o tráfego e as emissões de carbono. Por que o público não está correndo para adotar essa nova tecnologia? Questões relacionadas à coleta de dados (privacidade), segurança e responsabilidade por acidentes ainda são preocupantes. Além disso, o público ainda não "confia" no carro para chegar ao local pretendido com segurança. E algumas pessoas que curtem a experiência de dirigir sabem que, dirigindo por si mesmas, chegarão aonde desejam sem a necessidade de tecnologia extra. Com o tempo, acabaremos nos perguntando por que demoramos tanto para adotar o transporte sem motorista, que pode atender a todas as idades e habilidades. Conforme a utilidade percebida e a facilidade de uso aumentem, a adoção da tecnologia sem motorista se tornará inevitável.[46]

Difusão da teoria da inovação

difusão da teoria da informação: Uma teoria desenvolvida por E. M. Rogers para explicar como uma nova ideia ou produto ganha aceitação e se difunde entre uma população ou subconjunto específico de uma organização.

A **difusão da teoria da inovação** foi desenvolvida por E. M. Rogers para explicar como uma nova ideia ou produto ganha aceitação e se difunde entre uma população ou subconjunto específico de uma organização. Um ponto-chave dessa teoria é que a adoção de qualquer inovação não ocorre de uma vez para todos os membros da população-alvo; em vez disso, é um processo demorado, com algumas pessoas mais rápidas em adotar a inovação do que outras (ver Figura 12.8). Rogers definiu cinco categorias de adotantes, mostradas na Tabela 12.8, cada uma com diferentes atitudes em relação à inovação. Ao promover uma inovação para um público-alvo, é importante entender as características do público-alvo que irão ajudar ou dificultar a adoção da inovação e, então, aplicar a estratégia adequada. Essa teoria pode ser útil no planejamento da implementação de um novo sistema de informação.

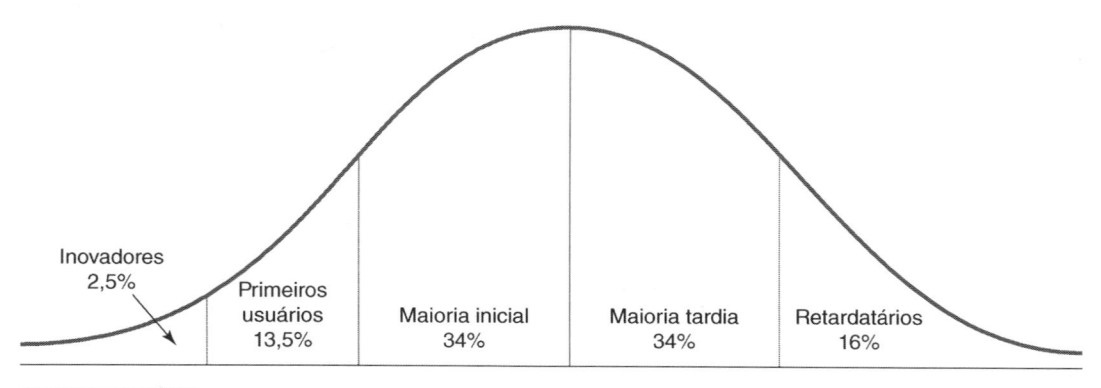

FIGURA 12.8
Difusão de inovação
A adoção de qualquer inovação não acontece de uma vez para todos os membros da população-alvo; em vez disso, é um processo demorado, com algumas pessoas mais rápidas em adotar a inovação do que outras.
Fonte: Everett Rogers, *Diffusion of Innovations*

TABELA 12.8 Cinco categorias de adotantes da inovação

Categoria de adotante	Características	Estratégia de uso
Inovadores	Tomadores de risco; sempre os primeiros a experimentar novos produtos e ideias.	Simplesmente forneça a eles acesso ao novo sistema e saia do caminho.
Primeiros usuários	Líderes de opinião que outros ouvem e seguem; cientes da necessidade de mudança.	Ofereça ajuda para começar.
Maioria inicial	Ouvem e seguem os formadores de opinião.	Forneça a eles evidências da eficácia do sistema e histórias de sucesso.
Maioria tardia	Céticos em relação a mudanças e novas ideias.	Forneça a eles dados sobre quantas outras pessoas já tentaram isso e usaram com sucesso.
Retardatários	Muito conservadores e altamente céticos em relação à mudança.	Faça com que seus colegas demonstrem como essa mudança os ajudou e pressionou outros adotantes.

Gestão de projetos

projeto: Um esforço temporário empreendido para criar um produto, serviço ou resultado exclusivo.

Um **projeto** é um esforço temporário empreendido para criar um produto, serviço ou resultado exclusivo. Cada projeto tenta atingir objetivos de negócios específicos e está sujeito a certas restrições, como custo total e data de conclusão. As organizações devem sempre fazer conexões claras entre objetivos, metas e projetos de negócios; além disso, os projetos devem ser consistentes com as estratégias de negócios. Por exemplo, uma organização pode ter um objetivo comercial de melhorar o atendimento ao cliente, oferecendo um nível de serviço consistentemente alto que exceda as expectativas dos clientes. Iniciar um projeto para reduzir custos na área de atendimento ao cliente eliminando todos os serviços, exceto os essenciais, seria inconsistente com o objetivo desse negócio.

A qualquer momento, uma organização pode ter dezenas ou até centenas de projetos ativos, com o objetivo de alcançar uma ampla gama de resultados. Os projetos são diferentes das atividades operacionais, que são atividades repetitivas executadas continuamente. Os projetos não são repetitivos; eles chegam a um fim definitivo quando os objetivos do projeto são alcançados ou o projeto é cancelado. Há projetos de todos os tamanhos e níveis de complexidade, como você pode ver nos seguintes exemplos:

- Um executivo sênior liderou um projeto para integrar duas organizações após uma fusão corporativa.
- Uma empresa de bens de consumo colocou em prática um projeto de lançar um novo produto.
- Um gestor de operações liderou um projeto de terceirizar parte das operações de uma empresa para um fabricante contratado.
- Um hospital implementou um projeto de carregar um aplicativo nos smartphones dos médicos que permitiria o acesso aos dados dos pacientes.
- Um fabricante de software de computador concluiu um projeto para melhorar a programação de técnicos de apoio ao usuário (help desk) e reduzir o tempo em espera das chamadas para seus serviços de suporte por telefone.
- Um assistente de equipe liderou um projeto para planejar a reunião anual de vendas.
- Um gerente concluiu um projeto para inserir seu orçamento departamental em um modelo de planilha pré-formatado.

Infelizmente, os projetos relacionados a SI nem sempre são bem-sucedidos. O Standish Group tem monitorado a taxa de sucesso de projetos de SI por mais de 20 anos e, embora a taxa de sucesso tenha melhorado ao longo do tempo devido a métodos, treinamento e ferramentas aprimorados, cerca de 14%[47] de todos os projetos de SI falham totalmente, mas muitos outros enfrentam grandes desafios, como atrasos, estouros de orçamento e falta de recursos necessários.[48]

competência principal: Algo que uma empresa pode fazer bem e que oferece benefícios ao cliente, é difícil para os concorrentes imitar e pode ser amplamente utilizado em muitos produtos e mercados.

Os pesquisadores Hamel e Prahalad definiram o termo competência principal para referir-se a algo que uma empresa pode fazer bem e que oferece benefícios ao cliente, é difícil para os concorrentes imitarem e pode ser amplamente utilizado em muitos produtos e mercados.[49] Hoje, muitas organizações reconhecem a gestão de projetos como uma de suas competências principais e veem sua capacidade de gerenciar melhor os projetos como uma forma de alcançar uma vantagem sobre os concorrentes e entregar maior valor aos acionistas e clientes. Como resultado, essas organizações despendem esforços consideráveis na identificação de gestores de projeto em potencial e, em seguida, no treinamento e desenvolvimento deles. Para muitos gestores, sua capacidade de gerenciar projetos com eficácia é a chave para seu sucesso dentro de uma organização.

Variáveis de projeto

Cinco parâmetros altamente inter-relacionados definem um projeto — escopo, custo, tempo, qualidade e expectativas do usuário. Se qualquer um desses parâmetros mudar em um projeto, deve haver uma mudança correspondente em um ou mais dos outros parâmetros. Segue uma breve discussão desses parâmetros.

Escopo

escopo do projeto: Uma definição de quais tarefas são e quais tarefas não são incluídas em um projeto.

Escopo do projeto é uma definição de quais tarefas são incluídas e quais não são em um projeto. O escopo do projeto é um fator determinante dos outros fatores do projeto e deve ser cuidadosamente definido para garantir que o projeto atenda aos seus objetivos essenciais. Em geral, quanto maior o escopo do projeto, mais difícil é atender aos custos, cronograma, qualidade e expectativas dos acionistas.

Em abril de 2016, o governo canadense lançou um novo sistema de folha de pagamento denominado Phoenix, com o objetivo de modernizar o processamento da folha de pagamento para todos os funcionários do governo. O sistema, originalmente orçado para custar C$ 155 milhões (dólares canadenses), estava C$ 119 milhões acima do orçamento na época de seu lançamento. Mesmo antes do término da implementação, estava claro que o sistema sofria de grandes falhas e fragilidades de segurança que resultaram de tomadas de decisão inadequadas durante todo o projeto — incluindo decisões tomadas para alterar o escopo do projeto para tentar conter estouros de orçamento. Por exemplo, para economizar dinheiro durante o desenvolvimento, os executivos seniores envolvidos no projeto decidiram reduzir o trabalho em 100 das 984 funções de processamento de pagamentos do sistema; no entanto, essas funções foram restabelecidas — sem teste — quando o sistema foi implantado. E, incrivelmente, não apenas o sistema nunca foi submetido a testes completos, como também foi baseado em uma versão do PeopleSoft, um pacote de aplicativos de recursos humanos, que a equipe do projeto sabia que não teria mais suporte após 2018. Como resultado das falhas do sistema, muitos funcionários públicos ficaram sem contracheque ou foram pagos incorretamente pelo novo sistema ao longo de muitos meses. Até a segurança do sistema estava em risco, resultando em várias violações de informações confidenciais dos funcionários. O sistema agora deve custar ao governo canadense C$ 1,2 bilhão até o final de 2019 e muitos milhões a mais antes de poder ser substituído em 2025. O Phoenix é um nítido exemplo de projeto que quase não teve supervisão da gestão de projetos e teve uma péssima tomada de decisões de TI.[50]

Custo

O custo de um projeto inclui todo o capital, despesas e encargos cruzados internos associados às edificações, à operação, à manutenção e ao suporte do projeto. Capital é o dinheiro gasto na compra de ativos que aparecem no balanço patrimonial da organização e são depreciados ao longo da vida do ativo. Os itens de capital geralmente têm uma vida útil de pelo menos vários anos. Um prédio, equipamento de escritório, hardware de computador e equipamento de rede são exemplos de bens de capital. O software de computador também pode ser classificado como um item de capital se custar mais de US$ 1 mil por unidade, tiver uma vida útil superior a um ano e não for utilizado para pesquisa e desenvolvimento.

Itens de despesas são itens não depreciáveis que são consumidos logo após a compra. As despesas típicas associadas a um projeto relacionado a SI incluem o uso de mão de obra externa ou consultores, viagens e treinamento. O software que não atende aos critérios para ser classificado como um item de capital é classificado como um item de despesa.

Muitas organizações utilizam um sistema de cobranças cruzadas internas para contabilizar o custo dos funcionários designados para um projeto. Por exemplo, o custo total (salário, benefícios e despesas gerais) de um gestor pode ser definido em US$ 120 mil por ano. O orçamento da organização patrocinadora recebe uma cobrança cruzada desse valor para cada gestor que trabalha em tempo integral no projeto. (A **unidade de negócios patrocinadora** é a unidade mais afetada pelo projeto e aquela cujo orçamento cobrirá os custos do projeto.) Portanto, se um gestor trabalha com um nível de 75% de esforço em um projeto por cinco meses, a cobrança cruzada é de $\times\ 0{,}75 \times 5/12 = \$37.500$. A lógica por trás da cobrança cruzada é permitir decisões econômicas sólidas sobre se funcionários devem ser designados para trabalhar no projeto ou para atividades operacionais. Se funcionários são designados para um projeto, a cobrança cruzada ajuda as organizações a determinar qual projeto faz mais sentido do ponto de vista econômico.

As organizações têm diferentes processos e mecanismos para fazer o orçamento e controlar cada um dos três tipos de custos: capital, despesas e cobrança cruzada interna. O dinheiro do orçamento para um tipo de custo não pode ser utilizado para pagar um item associado a outro tipo de custo. Assim, um projeto com uma grande quantidade de capital restante em seu orçamento não pode utilizar o capital disponível para pagar por um item das despesas, mesmo que o orçamento dessas despesas tenha sido excedido.

A Tabela 12.9 resume e classifica vários tipos de custos comuns associados a um projeto relacionado a SI.

Tempo

O tempo de um projeto é frequentemente uma restrição decisiva. Por exemplo, na maioria das organizações, os projetos que envolvem finanças e contabilidade devem

unidade de negócios patrocinadora: A unidade de negócios mais afetada pelo projeto e aquela cujo orçamento cobrirá os custos do projeto.

TABELA 12.9 — Custos típicos de projeto relacionado a SI

	Custos de desenvolvimento		
	Capital	Cobrança cruzada interna	Despesa
Despesas relacionadas a funcionários			
• Esforço dos funcionários		X	
• Despesas relacionadas a viagens			X
• Despesas relacionadas ao treinamento			X
Encargos de contratado e consultor			X
Capital e despesas relacionadas a SI			
• Licenças de software (compras de software que se qualificam como despesas de capital)	X		
• Licenças de software (software que não se qualifica como despesa de capital)			X
• Dispositivos de hardware de computação	X		
• Dispositivos de hardware de rede	X		
• Equipamento de captura/entrada de dados	X		
Custos totais de desenvolvimento	X	X	X

ser programados para evitar qualquer conflito com as operações associadas ao fechamento dos livros de fim de trimestre. Frequentemente, os projetos devem ser concluídos até determinada data para atender a uma meta de negócios importante ou a um mandato de governo.

Fonte: Twitter, Inc.

As razões para o fracasso do Festival Fyre são inúmeras, mas o tempo definitivamente não estava do lado dos fundadores. Billy McFarland e o rapper Ja Rule imaginaram um festival de música luxuoso que reuniria os melhores artistas da música, modelos, celebridades e milhares de participantes em uma bela ilha particular nas Bahamas. O festival foi posicionado como um sofisticado festival de música para a geração do milênio, apresentando vilas particulares, aviões particulares, esportes aquáticos e comida e bebida de luxo. Mas as limitações de tempo desse projeto sobrecarregaram rapidamente os fundadores. A ilha originalmente escolhida para o

qualidade: O grau em que um projeto atende às necessidades de seus usuários.

festival não poderia acomodar 8 mil[51] participantes e teve que ser alterada alguns meses antes do evento agendado. As atrações principais não foram agendadas até dois meses depois e as hospedagens, banheiros e chuveiros não foram totalmente construídos antes da chegada dos convidados à ilha. Nenhuma das atrações musicais chegou à ilha e, depois que a primeira leva de convidados passou sua primeira noite em barracas com apenas sanduíches de queijo para comer, eles voltaram ao aeroporto para passar a noite seguinte esperando o voo de volta para casa. Os participantes perderam milhares de dólares em férias que nunca aconteceram. O Festival Fyre é um excelente exemplo de projeto mal administrado com restrições de tempo que os fundadores foram completamente incapazes de atender. Quer tenha tudo sido uma fraude ou apenas um projeto que precisava de mais tempo para se tornar realidade, o fundador Billy McFarland agora reside na prisão, declarado culpado das acusações de fraude relacionadas ao festival.[52, 53]

Qualidade

A qualidade de um projeto pode ser definida como o grau em que o projeto atende às necessidades de seus usuários. A qualidade de um projeto que entrega um sistema relacionado a SI pode ser definida em termos da funcionalidade do sistema, recursos, saídas do sistema, desempenho, confiabilidade e facilidade de manutenção.

A falha em atender às necessidades de funcionalidade e desempenho dos usuários prejudicou a introdução inicial do iPhone 6. A Apple vendeu impressionantes 10 milhões de modelos do iPhone 6 e iPhone 6 Plus nos primeiros dias em que estiveram disponíveis. Infelizmente, os dois novos iPhones apresentavam problemas de hardware e software que faziam com que os dispositivos não atendessem às expectativas de funcionalidade e desempenho dos usuários. O novo sistema operacional móvel do Apple iOS 8 para os dispositivos veio sem os aplicativos prometidos que usavam um recurso de saúde e fitness chamado HealthKit. Além disso, descobriu-se que o iPhone 6 Plus era muito flexível, com alguns usuários reclamando que o telefone entortava quando ficavam sentados com ele no bolso por longos períodos. Então, quando a Apple lançou uma atualização do iOS 8 com o objetivo de corrigir o problema do HealthKit, alguns usuários reclamaram que a atualização fez com que seus iPhones perdessem a capacidade de fazer chamadas telefônicas.[54]

Expectativas do usuário

Quando um projeto começa, as partes interessadas criam expectativas — ou já terão expectativas — sobre como o projeto será conduzido e como isso os afetará. Por exemplo, com base na experiência anterior em projetos, espera-se que os usuários finais de um novo sistema de SI não tenham envolvimento com o sistema até que seja a hora de serem treinados. Mas o gestor de projeto pode seguir um processo de desenvolvimento mais progressivo que requer que os usuários ajudem a definir os requisitos do sistema, avaliar as opções do sistema, experimentar os protótipos do sistema, desenvolver a documentação do usuário e definir e conduzir o teste de aceitação do usuário.

Como outro exemplo, os usuários finais esperam participar de reuniões semanais de *status* do projeto para ouvir os relatórios de progresso em primeira mão. Mas o gestor do projeto pode não ter considerado envolvê-los nas reuniões de andamento ou pode nem mesmo estar planejando reuniões semanais.

Ambos os exemplos ilustram as enormes diferenças de expectativas que podem existir entre as partes interessadas e os membros do projeto. É fundamental para o sucesso de um projeto identificar as expectativas das principais partes interessadas e membros da equipe; quaisquer diferenças devem ser resolvidas para evitar futuros problemas e mal-entendidos.

Os cinco parâmetros do projeto — escopo, custo, tempo, qualidade e expectativas dos usuários — estão todos intimamente relacionados, conforme mostrado na Figura 12.9. Por exemplo, se o tempo permitido para concluir o projeto for reduzido, isso pode exigir um aumento nos custos do projeto, uma redução na qualidade e no escopo dele e uma mudança de expectativas entre as partes interessadas, conforme mostrado na Figura 12.10.

FIGURA 12.9
Os cinco parâmetros que definem um projeto
Os cinco parâmetros que definem um projeto são todos altamente inter-relacionados.

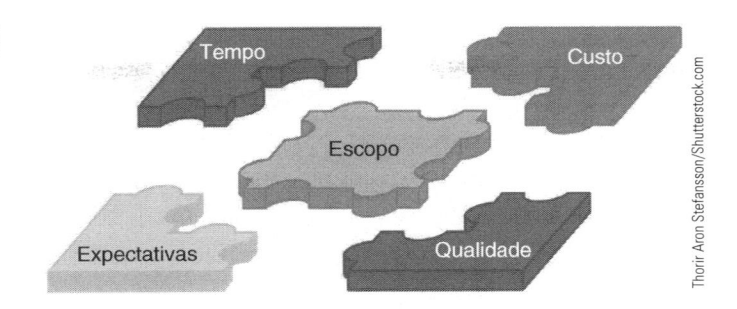

FIGURA 12.10
Definição de projeto revisada
Uma mudança em qualquer uma das variáveis do projeto (custo, tempo, escopo, qualidade ou expectativas) pode impactar as outras variáveis.

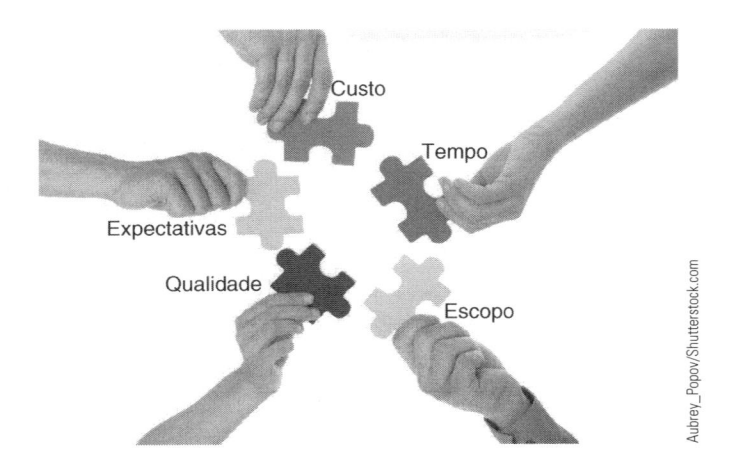

Gestão de projetos: A aplicação de conhecimentos, habilidades e técnicas às atividades do projeto para atender aos requisitos do projeto.

partes interessadas do projeto: As pessoas envolvidas no projeto ou afetadas por seu resultado.

O que é gestão de projetos?

Gestão de projetos é a aplicação de conhecimentos, habilidades e técnicas às atividades do projeto para atender aos requisitos dele. Os gestores de projeto devem entregar uma solução que atenda às metas específicas de escopo, custo, tempo e qualidade e, ao mesmo tempo, gerenciar as expectativas das partes interessadas no projeto — as pessoas envolvidas nele ou afetadas por seu resultado.

A essência da atividade artística é que ela envolve altos níveis de criatividade e liberdade para realizar o que o artista sente. A atividade científica, por outro lado, envolve seguir rotinas definidas e rigoroso cumprimento das leis. Sob essas definições, parte da gestão de projetos pode ser considerada uma arte, porque os gestores de projeto devem aplicar habilidades intuitivas que variam de projeto para projeto e até de membro de uma equipe para outra. A "arte" da gestão de projetos também envolve habilidade de vendas e psicologia para convencer os outros da necessidade de mudar e de que esse projeto é o certo para se conseguir isso.

A gestão de projetos também faz parte da ciência porque usa técnicas e processos comprovados e repetíveis para atingir as metas do projeto. Assim, um desafio para a gestão de projetos bem-sucedida é reconhecer quando agir como um artista e confiar em seu próprio instinto e quando agir como um cientista e aplicar os princípios e práticas fundamentais da gestão de projetos. A seção a seguir cobre as dez áreas associadas à ciência da gestão de projetos.

Áreas de conhecimento em gestão de projetos

De acordo com o Project Management Institute (PMI), os gestores de projeto devem coordenar dez áreas de especialização: escopo, cronograma, custo, qualidade, recursos, comunicações, risco, aquisição, integração e gestão das partes interessadas, conforme mostrado na Figura 12.11.

FIGURA 12.11
As dez áreas de conhecimento de gestão de projetos
Existem 10 áreas associadas à ciência da gestão de projetos.

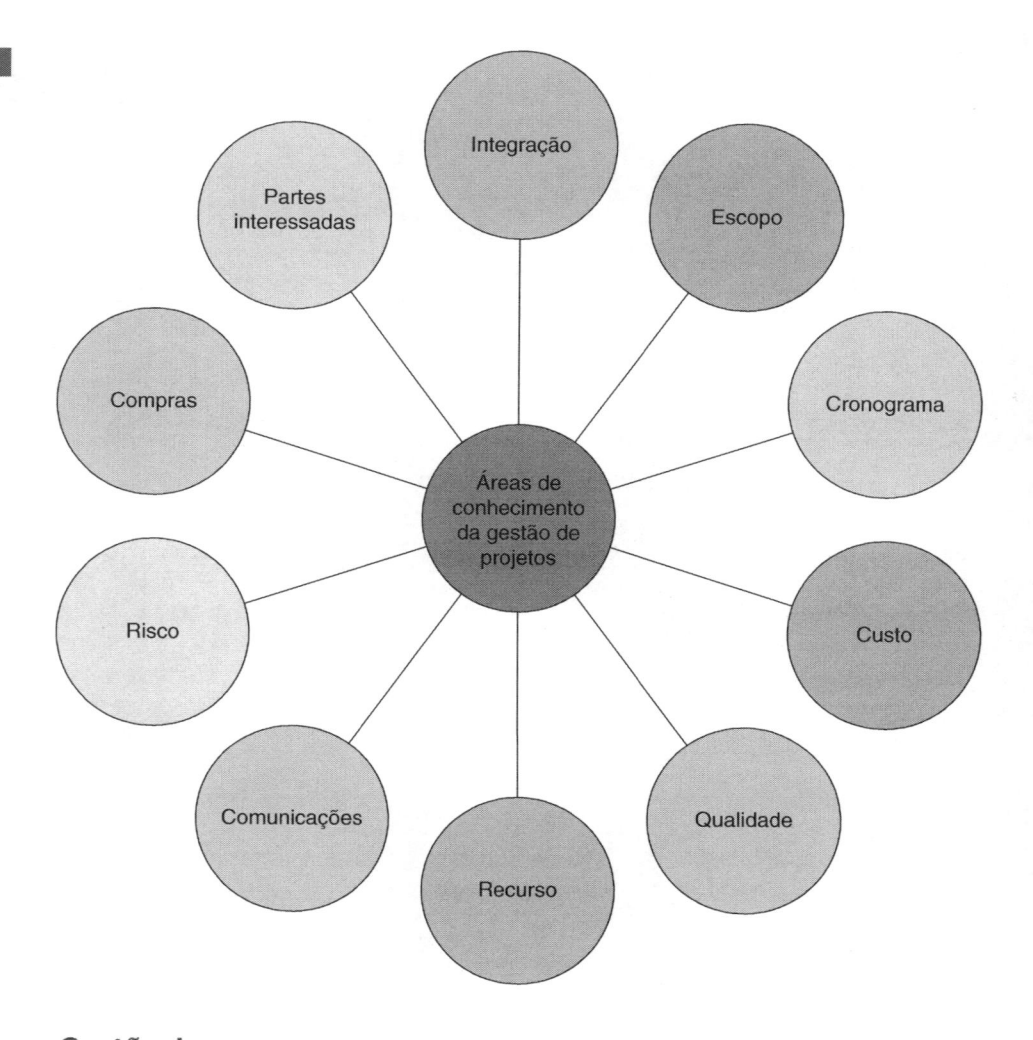

Áreas de conhecimento da gestão de projetos: Integração, Escopo, Cronograma, Custo, Qualidade, Recurso, Comunicações, Risco, Compras, Partes interessadas.

gestão do escopo: Um conjunto de atividades que inclui definir o trabalho que deve ser feito como parte de um projeto e, em seguida, controlar o trabalho para permanecer dentro do escopo acordado.

Gestão do escopo

Gestão do escopo inclui definir o trabalho que deve ser feito como parte do projeto e, em seguida, controlar o trabalho para permanecer dentro do escopo acordado. As principais atividades incluem iniciação, planejamento do escopo, definição do escopo, verificação do escopo e controle de mudanças do escopo.

Para evitar problemas associados a uma mudança no escopo do projeto, um processo formal de mudança do escopo deve ser definido antes do início do projeto. O gestor do projeto e os principais gestores de negócios devem decidir se permitirão mudanças no escopo a qualquer momento durante o projeto, somente nos estágios iniciais dele ou em nenhum momento. A desvantagem é que quanto mais flexibilidade você permitir para mudanças de escopo, maior será a probabilidade de o projeto atender aos recursos dos usuários e aos requisitos de desempenho. Mas o projeto será mais difícil de concluir dentro de mudanças de tempo e restrições de orçamento, pois é mais difícil atingir um alvo móvel.

O processo de mudança deve captar uma definição clara da mudança que está sendo solicitada, quem a está solicitando e por quê. Se a equipe do projeto decidiu não permitir nenhuma mudança de escopo durante ele, cada nova mudança de escopo solicitada é arquivada com outras mudanças solicitadas. Assim que o projeto original estiver concluído, todo o conjunto de mudanças de escopo solicitadas pode ser revisado e a equipe pode decidir quais, se houver, das mudanças serão implementadas e quando. Frequentemente, é mais barato iniciar um projeto para implementar várias mudanças relacionadas ao invés de iniciar vários projetos independentes. Um projeto subsequente pode então ser considerado para implementar as mudanças recomendadas. Escopo, custo, cronograma e benefícios do projeto devem ser determinados para se garantir que seja bem definido e valha a pena ser executado.

Se a equipe do projeto decidiu permitir mudanças no escopo durante o projeto, então tempo e esforço devem ser permitidos para avaliar como a mudança do escopo afetará as variáveis inter-relacionadas do projeto de custo, cronograma, qualidade e expectativas. Esse impacto no projeto deve ser ponderado em relação aos benefícios da implementação da mudança do escopo, e a equipe deve decidir se implementará a mudança do escopo. Com certeza, pode haver alternativas para a implementação de uma mudança de escopo específica e os prós e os contras devem ser ponderados para cada uma delas. O tempo necessário apenas para pesquisar mudanças no escopo pode adicionar custos e tempo consideráveis ao projeto original. Cada mudança de escopo deve ser formalmente aprovada ou rejeitada pelo gestor de projeto e pelas principais partes interessadas.

Gestão de cronograma

gestão de cronograma: Um conjunto de atividades que inclui definir uma data de conclusão alcançável que seja aceitável para as partes interessadas do projeto, desenvolver um cronograma viável do projeto e garantir a conclusão do projeto em tempo hábil.

Gestão de cronograma inclui a definição de uma data de conclusão alcançável que seja aceitável para as partes interessadas no projeto, o desenvolvimento de um cronograma viável do projeto e a garantia de conclusão do projeto no prazo. A gestão de cronograma bem-sucedida requer a identificação de tarefas específicas que os membros da equipe do projeto e/ou outros recursos devem concluir; sequenciar essas tarefas, levando em consideração quaisquer dependências de tarefas ou prazos rígidos; estimar a quantidade de recursos necessários para completar cada tarefa, incluindo pessoas, materiais e equipamentos; estimar o tempo decorrido para completar cada tarefa; analisar todos esses dados para criar um cronograma do projeto; e controlar e gerenciar mudanças no cronograma.

Quanto maior o projeto, maior a probabilidade de que um planejamento inadequado levará a problemas significativos. Projetos bem gerenciados utilizam ferramentas e técnicas de planejamento eficazes, incluindo cronogramas, marcos e prazos. Um cronograma de projeto identifica as atividades do projeto que devem ser concluídas, as datas de início e término esperadas e quais recursos são atribuídos a cada tarefa. Um cronograma de projeto é necessário para concluí-lo dentro do prazo definido, evitar retrabalho e garantir que as pessoas saibam o que fazer e quando fazer. Um marco do projeto é uma data crítica para a conclusão de uma parte importante do projeto, como design, codificação, teste e lançamento do programa (para um projeto de programação). O prazo do projeto é a data em que todo o projeto deve estar concluído e operacional — quando a organização espera começar a colher os benefícios dele.

cronograma do projeto: Um plano que identifica as atividades do projeto que devem ser concluídas, as datas de início e término esperadas e quais recursos são atribuídos a cada tarefa.

marco do projeto: Uma data crítica para a conclusão da maior parte do projeto, como design, codificação, teste e lançamento do programa (para um projeto de programação).

prazo do projeto: A data em que todo o projeto deve estar concluído e operacional — quando a organização pode esperar começar a colher os benefícios do projeto.

Em um projeto de desenvolvimento de sistemas, é atribuído um horário de início e término mais cedo para cada atividade. Para cada atividade também é alocado um tempo de folga, que é a duração que uma atividade pode ser adiada sem atrasar todo o projeto. O caminho crítico de um projeto consiste no conjunto de atividades que, se adiadas, o atrasarão. Essas atividades têm tempo de folga zero. Qualquer problema com as atividades do caminho crítico causará problemas para todo o projeto. Para garantir que as atividades do caminho crítico sejam concluídas no prazo, os gestores de projeto utilizam certas abordagens e ferramentas, como o Microsoft Project, para ajudar a computar esses atributos críticos.

tempo de folga: A quantidade de tempo que uma atividade pode ser adiada sem atrasar todo o projeto.

caminho crítico: Todas as atividades do projeto que, se atrasadas, atrasariam todo o projeto.

O gráfico de Gantt é uma ferramenta gráfica utilizada para planejar, monitorar e coordenar projetos; é essencialmente uma grade desenhada em uma escala de tempo que lista atividades e prazos. Cada vez que uma tarefa é concluída, um marcador, como uma linha escura, é colocado na célula da grade apropriada para indicar a conclusão da tarefa.

gráfico de Gantt: Uma ferramenta gráfica utilizada para planejar, monitorar e coordenar projetos; é essencialmente uma grade desenhada em uma escala de tempo que lista atividades e prazos.

O desenvolvimento de uma estrutura analítica do projeto é uma atividade crítica necessária para a gestão eficaz do cronograma. Uma estrutura analítica do trabalho (*work breakdown structure* – WBS) é um esboço do trabalho a ser feito para concluir o projeto. Você começa dividindo-o em vários estágios ou grupos de atividades que precisam ser realizadas. Em seguida, você identifica as tarefas associadas a cada etapa dele. Uma tarefa normalmente requer uma semana ou menos para ser concluída e produz uma entrega específica — uma saída tangível, como um fluxograma ou plano de treinamento do usuário final.

estrutura analítica do trabalho (WBS): Um esboço do trabalho a ser feito para concluir o projeto.

Depois que as atividades são identificadas na WBS, as tarefas em cada estágio são sequenciadas. Todas as tarefas predecessoras são identificadas — são tarefas que devem ser concluídas antes que uma tarefa posterior possa começar. Por exemplo, o teste de uma unidade de código de programa não pode começar até que o programa

tarefa predecessora: Uma tarefa que deve ser concluída antes que a seguinte possa começar.

diagrama de rede: Um diagrama que descreve as relações entre todas as tarefas do projeto.

tenha sido codificado, compilado e depurado. Em seguida, você deve determinar quanto tempo levará cada tarefa. Depois que as tarefas predecessoras são identificadas, um **diagrama de rede** pode ser criado. O diagrama de rede exibe as relações entre todas as tarefas do projeto e ajudará a determinar a duração dele. A Figura 12.12 mostra o exemplo de um diagrama de rede para construir uma casa na árvore.

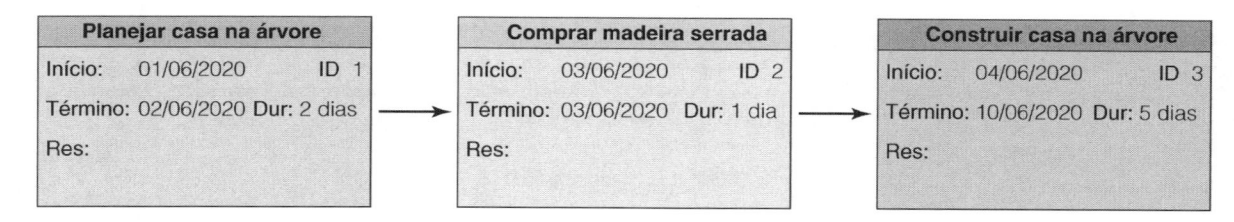

```
┌─────────────────────────────┐      ┌─────────────────────────────┐      ┌─────────────────────────────┐
│   Planejar casa na árvore   │      │   Comprar madeira serrada   │      │   Construir casa na árvore  │
│ Início:  01/06/2020   ID  1 │ ───▶ │ Início:  03/06/2020   ID  2 │ ───▶ │ Início:  04/06/2020   ID  3 │
│ Término: 02/06/2020 Dur: 2 dias│   │ Término: 03/06/2020 Dur: 1 dia │   │ Término: 10/06/2020 Dur: 5 dias│
│ Res:                        │      │ Res:                        │      │ Res:                        │
└─────────────────────────────┘      └─────────────────────────────┘      └─────────────────────────────┘
```

FIGURA 12.12
Diagrama de rede

Portanto, construir uma WBS permite que você observe um projeto em grandes detalhes para obter uma imagem completa de todo o trabalho que deve ser executado. O desenvolvimento de uma WBS é outra abordagem para definir o escopo de um projeto — o trabalho não incluído na WBS está fora do escopo dele.

A Figura 12.13 mostra uma WBS para um projeto cujo objetivo é estabelecer uma rede sem fio em um armazém e instalar equipamentos de digitalização RFID em empilhadeiras para o monitoramento do estoque. As três fases do projeto na Figura 12.13 são "Definir rede", "Configurar empilhadeiras" e "Testar rede".

FIGURA 12.13
Estrutura analítica do trabalho (WBS)

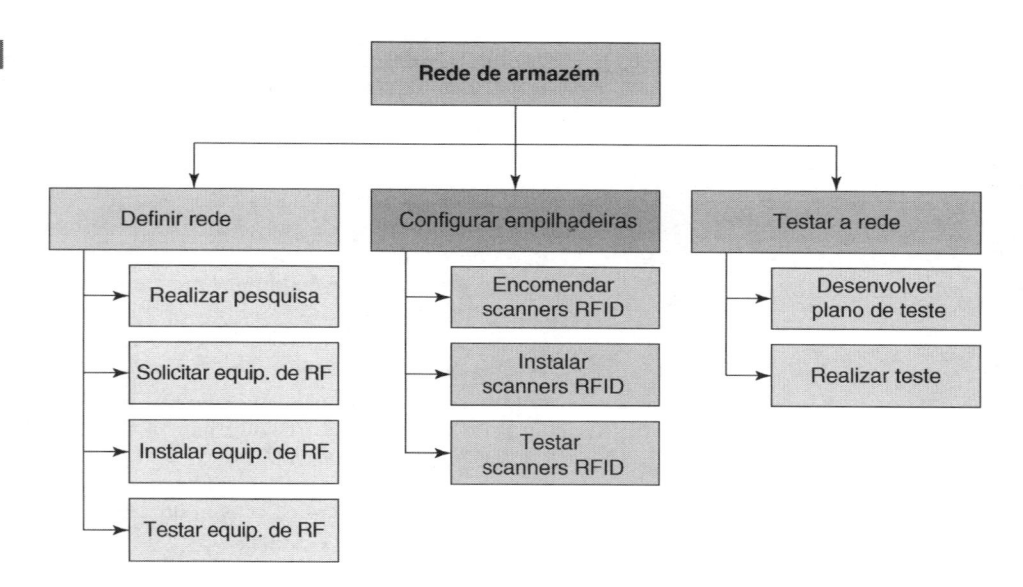

```
                          Rede de armazém
                                │
          ┌─────────────────────┼─────────────────────┐
          ▼                     ▼                     ▼
     Definir rede        Configurar empilhadeiras   Testar a rede
          │                     │                     │
    ─▶ Realizar pesquisa   ─▶ Encomendar          ─▶ Desenvolver
                              scanners RFID           plano de teste
    ─▶ Solicitar equip.    ─▶ Instalar            ─▶ Realizar teste
       de RF                  scanners RFID
    ─▶ Instalar equip.     ─▶ Testar
       de RF                  scanners RFID
    ─▶ Testar equip. de RF
```

A Tabela 12.10 mostra uma lista de tarefas para o mesmo projeto de RFID.

TABELA 12.10 Lista de tarefas

	Nome da tarefa	Duração	Início	Término	Predecessores
0	Implementar rede do armazém	28 dias	Seg 03/06/19	Qua 10/07/19	
1	Definir rede do armazém	25 dias	Seg 03/06/19	Sex 07/05/19	
2	Realizar pesquisa	3 dias	Seg 03/06/19	Qua 05/06/19	
3	Encomendar equipamento de RF	14 dias	Qui 06/06/19	Ter 25/06/19	2
4	Instalar equipamento de RF	6 dias	Qua 26/06/19	Qua 03/07/19	3

	Nome da tarefa	Duração	Início	Término	Predecessores
5	Testar equipamento de RF	2 dias	Qui 04/07/19	Sex 07/05/19	4
6	**Configurar empilhadeiras**	**19 dias**	**Seg 03/06/19**	**Qui 27/06/19**	
7	Encomendar scanners RFID para caminhões	12 dias	Seg 03/06/19	Ter 18/06/19	
8	Instalar scanners RFID em caminhões	5 dias	Qua 19/06/19	Ter 25/06/19	7
9	Testar scanners RFID	2 dias	Qua 26/06/19	Qui 27/06/19	8
10	**Testar rede de armazém**	**28 dias**	**Seg 03/06/19**	**Qua 10/07/19**	
11	Desenvolver plano de teste	2 dias	Seg 03/06/19	Ter 06/04/19	
12	Realizar testes	3 dias	Seg 07/08/19	Qua 10/07/19	5,9,11

A Figura 12.14 mostra a programação associada na forma de um gráfico de Gantt, com cada barra do gráfico indicando as datas de início e término de cada atividade principal (linhas escuras fortes) e tarefa (linhas mais claras).

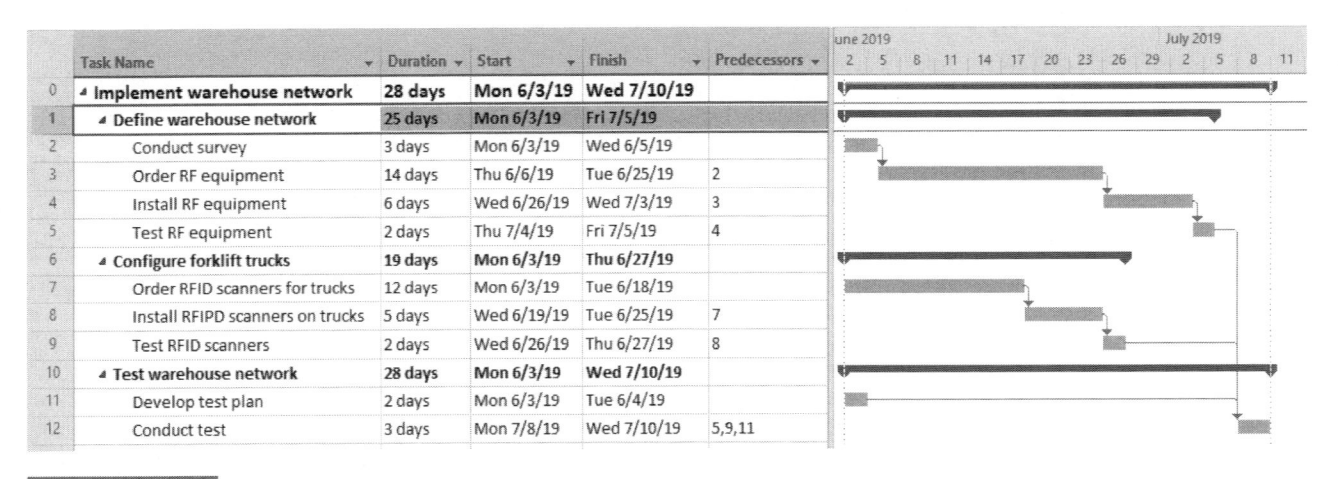

	Task Name	Duration	Start	Finish	Predecessors
0	▲ Implement warehouse network	28 days	Mon 6/3/19	Wed 7/10/19	
1	▲ Define warehouse network	25 days	Mon 6/3/19	Fri 7/5/19	
2	Conduct survey	3 days	Mon 6/3/19	Wed 6/5/19	
3	Order RF equipment	14 days	Thu 6/6/19	Tue 6/25/19	2
4	Install RF equipment	6 days	Wed 6/26/19	Wed 7/3/19	3
5	Test RF equipment	2 days	Thu 7/4/19	Fri 7/5/19	4
6	▲ Configure forklift trucks	19 days	Mon 6/3/19	Thu 6/27/19	
7	Order RFID scanners for trucks	12 days	Mon 6/3/19	Tue 6/18/19	
8	Install RFIPD scanners on trucks	5 days	Wed 6/19/19	Tue 6/25/19	7
9	Test RFID scanners	2 days	Wed 6/26/19	Thu 6/27/19	8
10	▲ Test warehouse network	28 days	Mon 6/3/19	Wed 7/10/19	
11	Develop test plan	2 days	Mon 6/3/19	Tue 6/4/19	
12	Conduct test	3 days	Mon 7/8/19	Wed 7/10/19	5,9,11

FIGURA 12.14
Gráfico de Gantt
Um gráfico de Gantt descreve as datas de início e término das tarefas do projeto.

Gestão de custos

gestão de custos: Um conjunto de atividades que inclui o desenvolvimento e a gestão do orçamento do projeto.

Gestão de custos inclui o desenvolvimento e a gestão do orçamento do projeto. Essa área envolve planejamento de recursos, estimativa de custos, orçamento de custos e controle de custos. Conforme discutido anteriormente, um orçamento separado deve ser estabelecido para cada um dos três tipos de custos — capital, despesas e cobrança cruzada interna — e o dinheiro do orçamento não pode ser gasto para pagar outro tipo de custo.

Uma abordagem para estimativa de custos usa a WBS para estimar todos os custos (capital, despesas e cobrança cruzada) associados à conclusão de cada tarefa. Essa abordagem pode exigir uma boa quantidade de trabalho detalhado, como determinar a taxa horária de cada recurso atribuído à tarefa e multiplicar pelas horas que o recurso trabalhará na tarefa, estimar o custo por unidade de suprimentos, multiplicar pelo número de unidades necessárias e assim por diante. Se possível, as pessoas que concluirão as tarefas devem ter permissão para estimar a duração e os custos associados. Essa abordagem os ajuda a entender melhor as tarefas que se espera que eles concluam, dá a eles algum grau de controle na definição de como o trabalho será feito e obtém sua adesão ao cronograma e orçamento do projeto. Você pode desenvolver a duração do projeto com base na sequência em que as tarefas devem ser realizadas e na duração de cada tarefa. Você também pode somar o custo de cada tarefa para desenvolver uma estimativa do orçamento total do projeto. Todo esse processo de criação de uma WBS é descrito na Figura 12.15. O orçamento desenvolvido usando essa abordagem para o projeto de rede do armazém é descrito na Tabela 12.11.

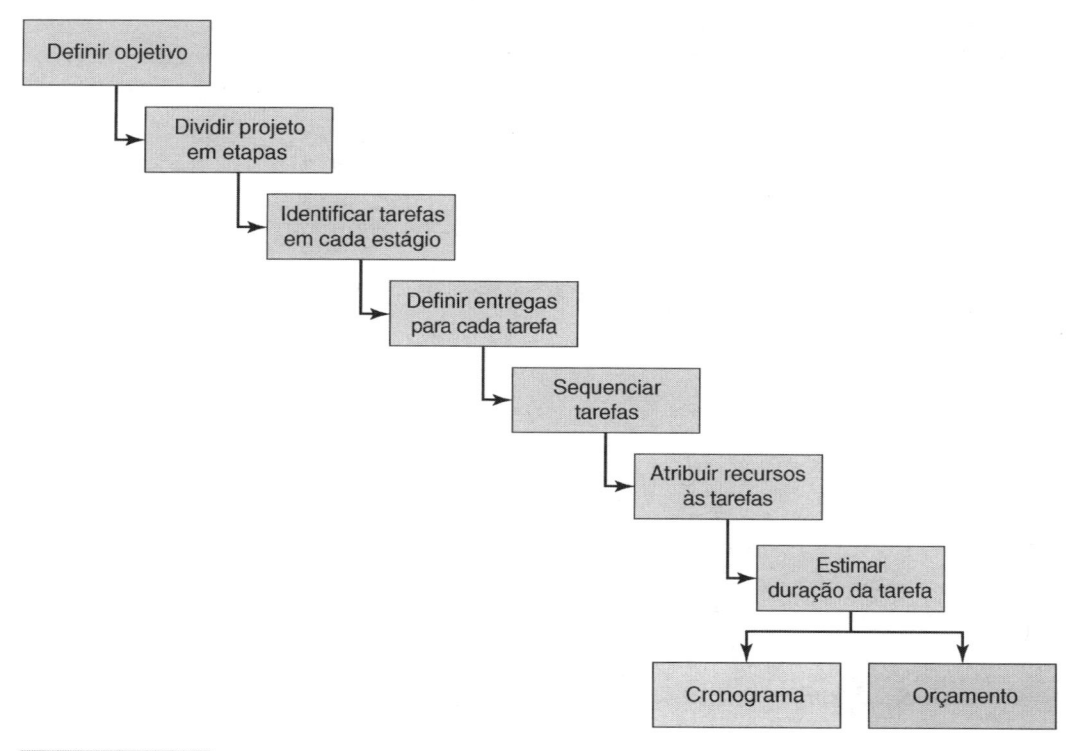

```
Definir objetivo
   ↓
Dividir projeto em etapas
   ↓
Identificar tarefas em cada estágio
   ↓
Definir entregas para cada tarefa
   ↓
Sequenciar tarefas
   ↓
Atribuir recursos às tarefas
   ↓
Estimar duração da tarefa
   ↓           ↓
Cronograma   Orçamento
```

FIGURA 12.15
Processo para criar uma estrutura analítica do projeto (WBS)

TABELA **12.11** Orçamento do projeto

Tarefa		Capital	Despesa	Cobranças cruzadas
1	**Implementar rede do armazém**			
2	**Definir rede do armazém**			
3	Realizar pesquisa		US$ 2.400	
4	Encomendar equipamento de RF	US$ 9.000		
5	Instalar equipamento de RF		US$ 7.800	
6	Testar equipamento de RF			US$ 960
7	**Configurar empilhadeiras**			
8	Encomendar scanners RFID para caminhões	US$ 12.500		
9	Instalar scanners RFID em caminhões			US$ 2.400
10	Testar scanners RFID			US$ 1.200
11	**Testar rede de armazém**			US$ 960
12	Desenvolver plano de teste			
13	Realizar testes			US$ 1440
TOTAL de custos		**US$ 21.500**	**US$ 10.200**	**US$ 6.960**

Gestão da qualidade

Gestão da qualidade é um conjunto de atividades destinadas a garantir que um projeto atenderá às necessidades para as quais foi realizado. Esse processo envolve planejamento de qualidade, garantia de qualidade e controle de qualidade. Planejamento de qualidade envolve a determinação de quais padrões de qualidade são relevantes para o projeto e a determinação de como eles serão atendidos. Garantia da qualidade envolve a avaliação do progresso do projeto em uma base contínua para garantir que ele atenda aos padrões de qualidade identificados. Controle de qualidade envolve a verificação dos resultados do projeto para garantir que atendam aos padrões de qualidade identificados.

Em muitos projetos de desenvolvimento de sistemas relacionados a SI, a origem da maioria dos defeitos descobertos nos testes de sistema pode ser rastreada até um erro na especificação de requisitos. Portanto, a maioria das organizações enfatiza a captura e a documentação precisa dos requisitos do sistema e a gestão cuidadosa das mudanças nos requisitos do usuário ao longo do projeto. Uma lista de verificação útil para avaliar a validade dos requisitos do sistema inclui as seguintes questões:[55]

- O requisito descreve algo realmente necessário para o cliente?
- O requisito está definido corretamente?
- O requisito é consistente com outros requisitos?
- O requisito está completamente definido?
- O requisito é verificável (testável)?
- O requisito pode ser rastreado até a necessidade do usuário?

O Quality Center da Hewlett Packard, o Jama da Jama Software e o Innoslate da SPEC Innovations são três exemplos de software de gestão de requisitos.

Gestão de recursos do projeto

Gestão de recursos do projeto é um conjunto de atividades destinadas a identificar, adquirir e gerenciar os recursos para um projeto. As atividades nessa área incluem estimar a quantidade e o tipo de recursos necessários para o projeto; aquisição de equipamentos, materiais e pessoal; melhorar a comunicação e as competências da equipe; monitorar o desempenho da equipe; e resolução de problemas de equipe.[56]

Ao planejar os recursos da equipe, todos os membros de uma equipe podem ser designados ou o gestor do projeto pode se dar ao luxo de selecionar todos ou alguns membros. Idealmente, os membros são selecionados com base em suas habilidades na tecnologia necessária para o projeto, sua compreensão da área de negócios afetada pelo projeto, sua experiência em uma área específica do projeto e sua capacidade de trabalhar bem em equipe. Frequentemente, é preciso fazer concessões. Por exemplo, o melhor especialista no assunto disponível pode não trabalhar bem com os outros, o que se torna um desafio adicional para o gestor do projeto.

Gestores de projeto experientes aprenderam que formar uma equipe eficaz para cumprir uma meta difícil é um desafio em si. É necessário um esforço considerável e uma vontade de mudança por parte de todos os membros da equipe para que uma equipe alcance altos níveis de desempenho. Um modelo útil para descrever como as equipes se desenvolvem e evoluem é o modelo de organização com base em formação-ideação-normatização-desempenho, que foi proposto pela primeira vez por Bruce Tuckman (ver Figura 12.16).[57]

FIGURA 12.16
O modelo de formação-ideação-normatização-desempenho de Tuckman
Formar uma equipe eficaz é um desafio em si.

Desenvolvimento de equipe

(Gráfico: eixo vertical "Entusiasmo", eixo horizontal "Nível de habilidade", mostrando as fases Formação, Ideação, Normatização e Desempenho.)

arka38/Shutterstock.com

Durante o estágio de formação, a equipe se reúne para aprender sobre o projeto, chegar a um acordo sobre os objetivos básicos e começar a trabalhar nas tarefas. Os membros da equipe se comportam da melhor maneira e tentam ser educados uns com os outros, evitando qualquer conflito ou desentendimento. Os membros da equipe trabalham independentemente uns dos outros e se concentram em suas funções ou tarefas sem entender o que os outros estão tentando fazer. No estágio de formação, o gestor de projeto da equipe tende a ser altamente diretivo e diz aos membros o que precisa ser feito. Se a equipe permanecer nesse estágio, é improvável que tenha um bom desempenho e nunca desenvolverá soluções inovadoras para problemas ou resolverá efetivamente um conjunto conflitante de prioridades e restrições.

A equipe passa para o estágio de ideação quando reconhece que existem diferenças de opinião entre os membros e permite que essas ideias concorram por consideração. Eles levantarão questões importantes como: "Quais são *realmente* os problemas que deveríamos resolver?", "Como podemos trabalhar bem juntos?", "Que tipo de liderança de projeto aceitaremos?". A equipe pode discutir e brigar, e esse pode ser um momento desagradável para todos. Um gestor de projetos inexperiente, não reconhecendo o que está acontecendo, pode desistir, sentindo que a equipe nunca trabalhará em conjunto de forma eficaz. O gestor de projeto e os membros da equipe devem ser tolerantes uns com os outros enquanto exploram suas diferenças. O gestor de projeto pode precisar continuar a ser altamente diretivo.

Se a equipe sobreviver ao estágio de ideação, pode entrar no estágio de normatização. Durante esse estágio, os membros individuais da equipe desistem de seus julgamentos e opiniões preconcebidas. Os membros que sentiram a necessidade de assumir o controle da equipe desistem desse impulso. Os membros da equipe ajustam seu comportamento e começam a confiar uns nos outros. A equipe pode decidir documentar um conjunto de regras ou normas da equipe para orientar como eles trabalharão juntos. O trabalho em equipe realmente começa. O gestor de projeto pode ser menos diretivo e esperar que os membros da equipe assumam mais responsabilidade pela tomada de decisões.

Algumas equipes avançam além do estágio de normatização para o estágio de desempenho. Nesse ponto, a equipe está com um desempenho de alto nível. Os membros da equipe são competentes, altamente motivados e bem informados sobre todos os aspectos do projeto. Eles se tornaram interdependentes uns dos outros e desenvolveram um processo de tomada de decisão eficaz que não requer o gestor do projeto. A dissidência é esperada e a equipe desenvolveu um processo eficaz para garantir que as ideias e opiniões de todos sejam ouvidas. O trabalho é feito com rapidez e qualidade. Problemas que antes pareciam insolúveis agora têm soluções "óbvias". A eficácia da equipe é muito mais do que a soma das contribuições individuais dos membros. O gestor de projeto incentiva a tomada de decisão participativa, com os membros da equipe tomando a maioria das decisões.

A dissolução, estágio final do modelo, envolve a dissolução da equipe. Idealmente, isso ocorre quando o projeto foi concluído com sucesso e todos os membros da equipe podem passar para novos projetos ou atribuições com um sentimento positivo de realização. Do ponto de vista organizacional, é importante que os membros da equipe sejam reconhecidos e recompensados por suas contribuições.

Independentemente do estágio em que uma equipe esteja operando, ela geralmente reverterá para estágios menos avançados no modelo quando confrontada com grandes mudanças no trabalho a ser feito, uma mudança na liderança do projeto ou mudanças substanciais na composição da equipe. O gestor do projeto e os gestores de negócios devem reconhecer e considerar essa dinâmica importante ao contemplar mudanças no projeto.

Outro aspecto importante da gestão de recursos do projeto é fazer com que a equipe do projeto e a unidade de negócios patrocinadora assumam *igual* responsabilidade por tornar o projeto um sucesso. Os membros da equipe do projeto devem perceber que, sozinhos, não podem torná-lo um sucesso. Eles devem garantir que gestores de negócios e usuários finais se envolvam profundamente com ele e tenham um papel ativo. A equipe do projeto deve envolver ativamente os usuários finais, fornecer informações para que façam escolhas sábias e insistir em sua participação nas principais decisões. A unidade de negócios deve permanecer envolvida, desafiar recomendações, fazer perguntas e ponderar opções. Não pode simplesmente sentar e "deixar o projeto rolar". Os usuários-chave precisam ser identificados como parte da equipe do projeto com responsabilidade pelo desenvolvimento e pela revisão das entregas. De fato, algumas organizações exigem que o gestor de projeto venha da unidade de negócios patrocinadora. Outras organizações atribuem cogestores de projetos a projetos relacionados a SI — um da organização de SI e outro da unidade de negócios.

Além da equipe de desenvolvimento, cada projeto deve ter uma **equipe de direção do projeto** composta por gestores seniores que representam os negócios e organizações de SI — para fornecer orientação e suporte ao projeto. O número de membros da equipe de direção deve ser limitado (três a cinco) para simplificar o processo de tomada de decisão e facilitar o esforço de agendar um quórum desses ocupados executivos. O gestor do projeto e membros selecionados da equipe de desenvolvimento devem se reunir com a equipe de direção conforme a necessidade, normalmente no final de cada fase do projeto ou a cada poucos meses. Os três membros principais da equipe de direção incluem: (1) o **campeão do projeto**, que é um gestor respeitado, apaixonado por ver o projeto bem-sucedido e que elimina as barreiras para o seu sucesso; (2) o **patrocinador do projeto**, que é um gestor sênior da unidade de negócios mais afetada pelo projeto e que garante que o projeto realmente atenderá às necessidades de sua organização; e (3) o gestor de SI, que garante a equipe de SI adequada para o projeto e garante que o projeto utiliza tecnologia e fornecedores aprovados. Essas funções são explicadas com mais detalhes na Figura 12.17 e delineadas na Tabela 12.12.

equipe de direção do projeto: Um grupo de gestores seniores que representam as organizações de negócios e SI que fornecem orientação e suporte para um projeto.

campeão do projeto: Um gestor respeitado, que tem paixão por ver o sucesso de um projeto e que remove as barreiras para o sucesso do projeto.

patrocinador do projeto: Um gestor sênior da unidade de negócios mais afetada por um projeto e que garante que o projeto realmente atenderá às necessidades de sua organização.

FIGURA 12.17
Organização do projeto
Uma equipe de direção do projeto é fundamental para o sucesso de qualquer projeto.

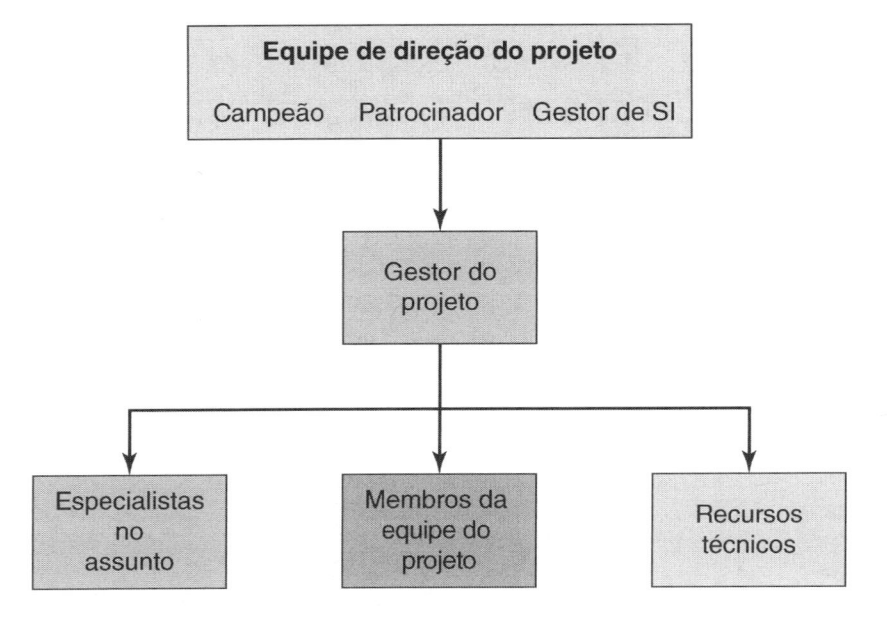

```
┌─────────────────────────────────────────┐
│      Equipe de direção do projeto       │
│                                         │
│   Campeão   Patrocinador   Gestor de SI │
└────────────────────┬────────────────────┘
                     │
           ┌─────────▼─────────┐
           │     Gestor do     │
           │      projeto      │
           └─────────┬─────────┘
        ┌────────────┼────────────┐
        ▼            ▼            ▼
┌──────────────┐ ┌──────────┐ ┌──────────┐
│Especialistas │ │Membros da│ │ Recursos │
│      no      │ │equipe do │ │ técnicos │
│   assunto    │ │ projeto  │ │          │
└──────────────┘ └──────────┘ └──────────┘
```

TABELA 12.12 Responsabilidades da equipe de direção do projeto

Campeão do projeto	Patrocinador do projeto	Gestor de SI
Gestor sênior respeitado com foco em ver o projeto ter sucesso	Gestor sênior da unidade de negócios mais afetada pelo projeto.	Gestor de SI muito respeitado.
Garante que as metas e objetivos do projeto estejam alinhados com as metas e objetivos organizacionais	Garante que as expectativas e necessidades da unidade de negócios sejam claramente comunicadas e compreendidas.	Garante que o projeto tenha uma equipe de SI adequada.
Convence outros gestores seniores dos méritos do projeto, a fim de obter sua aprovação para financiá-lo	Garante que a solução do projeto seja realmente viável e consistente com os requisitos de negócios e do usuário final.	Garante que a tecnologia e os fornecedores sugeridos para inclusão no projeto sejam consistentes com a estratégia de SI.
Atua como um campeão vocal e visível do projeto para obter o apoio de outras pessoas	Trabalha para superar a resistência à mudança e preparar a organização para adotar o novo sistema e maneira de fazer as coisas.	
Identifica e remove barreiras para o sucesso do projeto	Identifica os funcionários da unidade de negócios a serem designados em regime de tempo integral ou parcial ao projeto.	
Resolve quaisquer problemas fora do controle do gestor do projeto		
Fornece conselhos e recomendações para a equipe do projeto		
Mantém-se informado sobre as principais atividades e desenvolvimentos do projeto		
Tem a aprovação final de todas as solicitações de mudanças no escopo, orçamento e cronograma do projeto		
Assina as aprovações para prosseguir para cada fase seguinte do projeto		

especialista no assunto: Alguém que fornece conhecimento e experiência em um aspecto particular importante para o projeto.

recurso técnico: Um especialista no assunto em um tópico de SI de valor para o projeto.

Muitos projetos também contam com recursos-chave que não são atribuídos à equipe do projeto, mas que fornecem informações e conselhos valiosos. Um **especialista no assunto** é alguém que fornece conhecimento e experiência em um aspecto particular importante para o projeto. Por exemplo, um projeto de sistema de contabilidade pode buscar orientação de um membro do grupo de auditoria interna para definir os recursos de controle obrigatórios de um novo sistema. Um **recurso técnico** é essencialmente um especialista no assunto em um tópico de SI de valor para o projeto. Por exemplo, o projeto do sistema de contabilidade pode buscar aconselhamento de um guru do sistema de gestão de banco de dados (dentro ou fora da empresa) para minimizar o tempo de resposta para certas transações comerciais importantes.

Gestão de comunicações

gestão de comunicações: Geração coleta, disseminação e armazenamento de informações do projeto de maneira oportuna e eficaz.

Gestão de comunicações envolve geração, coleta, disseminação e armazenamento de informações do projeto de maneira oportuna e eficaz. Inclui planejamento de comunicações, distribuição de informações, relatórios de desempenho e gestão de comunicações para atender às necessidades dos acionistas do projeto. As principais partes interessadas incluem a equipe de direção do projeto, a própria equipe, os usuários finais e outros que podem ser afetados pelo projeto (clientes ou fornecedores em potencial).

Ao preparar um plano de comunicações, o gestor de projeto deve reconhecer que as várias partes interessadas do projeto têm necessidades de informações diferentes. Uma ferramenta útil para identificar e documentar essas necessidades é a matriz de análise das partes interessadas, mostrada na Tabela 12.13. Essa matriz identifica os interesses das partes interessadas, suas necessidades de informações e fatos importantes para a gestão das comunicações com o líder, o patrocinador, os membros da equipe do projeto e os principais usuários finais associados ao projeto. O gestor de projeto deve incluir seu gestor nessa análise. Com base na análise desses dados, a forma preferencial e a frequência de comunicação são identificadas para cada parte interessada.

TABELA 12.13 Exemplo de matriz de análise das partes interessadas

Principais partes interessadas	Ray Boaz	Klem Kiddlehopper	John Smith	Motoristas de empilhadeira
Organização	Campeão do projeto e VP da cadeia de suprimentos	Patrocinador do projeto e gestor do armazém	Motorista de empilhadeira experiente	15 motoristas diferentes
Fatos úteis	• Muito persuasivo • Aprovado pelo CEO	• Tomador de risco, bem agressivo • Vai forçar isso, não importa o que	• Conduz empilhadeira há cinco anos • Bem respeitado pelos pares	• Não muito motivados para fazer do projeto um sucesso
Nível de interesse	Alto	Alto	Médio	Baixo
Nível de influência	Alto	Médio	Alto	Baixo
Sugestões sobre gestão de relacionamento	• Exija respeito, um tanto formal • Fale em termos de negócios, nunca seja técnico; sem surpresas!	• Ouvinte ruim, esquece os detalhes • Coloque por escrito	• Deve manter John entusiasmado com o projeto	• Não os ignore • Participe de reuniões ocasionais de mudança de turno
Necessidades de informação	• ROI, orçamento e cronograma	• Cronograma e potenciais conflitos operacionais	• Cronograma, especialmente tempo de treinamento • Questões de segurança e produtividade	• Cronograma, especialmente tempo de treinamento • Problemas de segurança
Meio de informação, formato e tempo	• Reunião presencial quinzenal	• Boletim semanal • Reunião presencial quinzenal	• Boletim de notícias • Vale-tudo	• Breves atualizações na reunião semanal do departamento

Se a equipe do projeto não conseguir recrutar um campeão ou patrocinador, o problema pode ser que a administração não veja claramente que os benefícios do projeto superam seus custos ou que ele parece ir contra as metas e estratégias organizacionais. É muito improvável que um projeto em potencial sem um campeão ou patrocinador obtenha os recursos necessários e por um bom motivo. Nenhum projeto deve ser iniciado sem um campeão e um patrocinador.

Gestão de riscos

"As coisas darão errado e no pior momento possível", de acordo com uma variação da Lei de Murphy, um ditado popular. **Risco do projeto** é um evento ou condição incerta que, se ocorrer, tem um efeito positivo ou negativo sobre o objetivo do projeto. Riscos conhecidos são riscos que podem ser identificados e analisados. Por exemplo, ao criar um novo sistema relacionado a SI que inclui a aquisição de um novo hardware de computação e/ou rede, um risco conhecido é o de que o hardware talvez demore mais do que o esperado para chegar ao local de instalação. Se o hardware atrasar várias semanas, isso pode ter um efeito negativo na data de conclusão do projeto. Contramedidas podem ser definidas para evitar alguns riscos totalmente conhecidos e planos de contingência podem ser desenvolvidos para

risco do projeto: Um evento ou condição incerta que, se ocorrer, tem um efeito positivo ou negativo no objetivo do projeto.

gestão de riscos: Um processo deliberado e sistemático projetado para identificar, analisar e gerenciar os riscos do projeto.

lidar com riscos conhecidos inevitáveis, caso eles ocorram. É claro que alguns riscos simplesmente não podem ser previstos.

Uma marca registrada de gestores de projeto experientes é que eles seguem um processo deliberado e sistemático de **gestão de riscos** para identificar, analisar e gerenciar os riscos do projeto. Tendo identificado os riscos potenciais, eles podem fazer planos para evitá-los totalmente. Quando um risco inevitável ocorre e se torna um problema, a equipe do projeto já definiu um curso de ação alternativo para minimizar o impacto nele. Eles não perdem tempo executando o plano de contingência. Riscos desconhecidos não podem ser gerenciados diretamente; entretanto, um gestor de projeto experiente incluirá alguma contingência no orçamento e no cronograma do projeto para permitir sua ocorrência.

Embora gestores de projeto inexperientes percebam que as coisas podem dar errado, eles geralmente deixam de identificar e abordar os riscos conhecidos e não incluem contingências para riscos desconhecidos. Assim, muitas vezes ficam inseguros sobre o que fazer, pelo menos temporariamente, quando ocorre um retrocesso no projeto. Na pressa de reagir a um risco, eles podem não implementar o melhor curso de ação.

O gestor do projeto precisa liderar um esforço rigoroso para identificar todos os riscos associados a ele. A equipe, gestores de negócios e usuários finais devem participar do esforço. Esses recursos podem incluir gestores de projeto experientes e membros do departamento de gestão de risco da organização. Depois que cada risco é identificado e definido, conforme mostrado na Tabela 12.14, o grupo deve tentar classificar o risco pela probabilidade de ocorrer e o impacto sobre o projeto se o risco ocorrer. Tanto a probabilidade quanto o impacto podem ser classificados como alto, médio ou baixo, conforme mostrado no exemplo da Tabela 12.14.

TABELA 12.14 Identificação dos riscos do projeto

Risco	Exemplo
R1	Os novos servidores necessários chegam ao local de instalação com mais de duas semanas de atraso.
R2	As pressões comerciais tornam os principais usuários finais indisponíveis para desenvolver o teste de aceitação do usuário na data em que for necessário.
R3	As pressões comerciais tornam os usuários finais indisponíveis durante o horário programado para o treinamento.
R4	Um ou mais computadores de usuário final têm memória ou capacidade de CPU insuficientes para executar o novo software com eficiência (ou nenhum).
Rn	....

TABELA 12.15 Exemplo de uma avaliação de riscos do projeto

		Impacto sobre o projeto		
		Baixo	Médio	Alto
Probabilidade de ocorrência de risco	Alto	R10		R2, R3
	Médio	R5, R6	Rn	R1
	Baixo	R8, R11	R7, R9	R4

Escuro = Alto risco alto/impacto; precisa de um plano de gestão de riscos
Mais claro = Médio ou alto risco e impacto; plano de gestão de riscos recomendado
Claro = Risco e impacto baixo ou médio; não precisa de plano de gestão de riscos

dono do risco: O indivíduo responsável por desenvolver uma estratégia de gestão de risco e monitorar o projeto para determinar se o risco está prestes a ocorrer ou já ocorreu.

A equipe do projeto então precisa considerar quais riscos devem ser tratados com algum tipo de plano de gestão de risco. Geralmente, a equipe pode ignorar riscos com baixa probabilidade de ocorrência e baixo impacto potencial. Riscos com alta probabilidade de ocorrência e alto potencial de impacto requerem designar um dono do risco. O **dono do risco** é responsável por desenvolver uma estratégia de gestão de riscos e monitorar o projeto para determinar se o risco está prestes a ocorrer ou já ocorreu. Uma estratégia é tomar medidas para evitar o risco completamente, enquanto outra é desenvolver um plano de backup. O plano de gestão de riscos pode ser documentado como mostrado na Tabela 12.16.

TABELA 12.16 Plano de gestão de riscos

Risco	Descrição	Dono do risco	Estratégia de risco	*Status* atual
R2	As pressões comerciais tornam os principais usuários finais indisponíveis para desenvolver o teste de aceitação do usuário dentro do prazo.	Jon Andersen, gestor de usuários finais na área comercial	Tente evitar esse problema iniciando o desenvolvimento do teste de aceitação do usuário três semanas antes do planejado originalmente. Monitore o progresso com cuidado.	Os principais usuários foram identificados e começaram a desenvolver o teste.
R3	As pressões comerciais tornam os usuários finais indisponíveis durante o horário programado para o treinamento.	Jon Andersen, gestor de usuários finais na área comercial	Tente evitar esse problema contratando e treinando quatro funcionários temporários para substituir os usuários finais enquanto eles participam do treinamento.	Três dos quatro funcionários temporários foram contratados. O treinamento está programado para começar na próxima semana.
R1	Os novos servidores necessários chegam ao local de instalação com mais de duas semanas de atraso.	Alice Fields, membro da equipe responsável pela aquisição de hardware	Defina um prazo de entrega firme com o fornecedor, com uma penalidade substancial em dólares para cada dia de atraso do equipamento.	O contrato com a cláusula de penalidade foi assinado pelo fornecedor, que se compromete a fornecer uma atualização do *status* da remessa todas as terças e sextas-feiras.

Um dos maiores riscos associados a um projeto é o de consumir tempo, energia e recursos consideráveis em troca de pouco valor. Para evitar esse risco potencial, uma organização deve garantir que existe uma base lógica sólida para a conclusão de um projeto. O projeto deve ter um link direto com a estratégia e meta organizacional, conforme mostrado na Figura 12.18. Nesse exemplo, suponha que uma organização esteja perdendo vendas devido à insatisfação dos clientes. Ela tem como objetivo melhorar o serviço ao cliente, com o objetivo de aumentar a taxa de retenção dos clientes existentes. A organização definiu como uma de suas estratégias principais melhorar o atendimento ao cliente para níveis de alta qualidade. Um projeto consistente com essa estratégia e que pode entregar resultados para atingir essa meta está claramente alinhado com os objetivos da organização.

- **Objetivo.** Melhorar o atendimento ao cliente.
- **Meta.** Reduzir a rotatividade de clientes de 25% ao ano para 10% até junho de 2020, respondendo a 95% das consultas dos clientes em 90 segundos, com menos de 5% de retornos de chamada sobre o mesmo problema.
- **Estratégias.** Melhorar o atendimento ao cliente para níveis de alta qualidade.
- **Projeto.** Implementar uma central de atendimento ao cliente de última geração com disponibilidade "24/7" (24 horas por dia, 7 dias por semana) e uma equipe bem treinada.

FIGURA 12.18
Os projetos devem estar bem vinculados a uma meta e estratégia organizacional

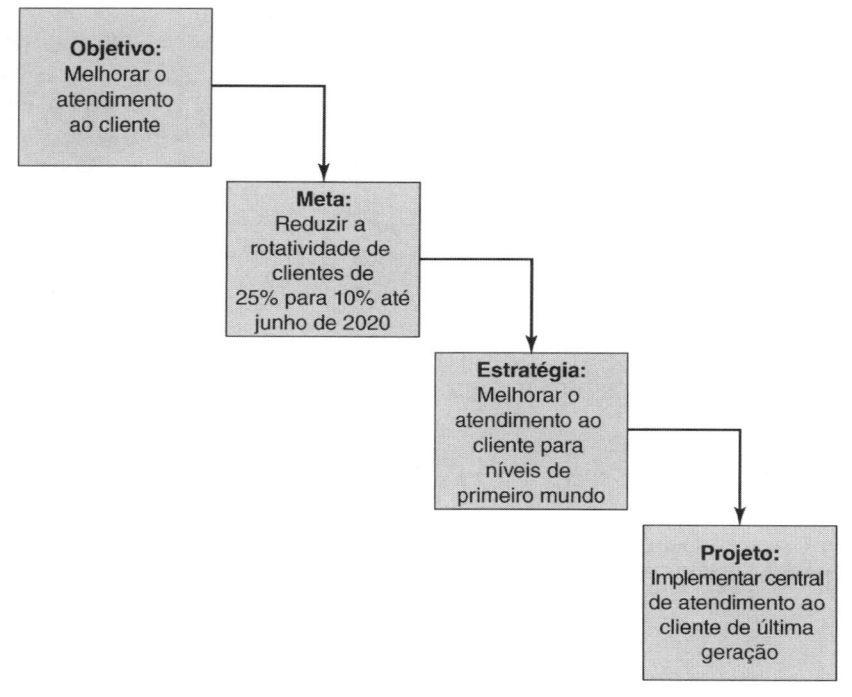

Objetivo: Melhorar o atendimento ao cliente

Meta: Reduzir a rotatividade de clientes de 25% para 10% até junho de 2020

Estratégia: Melhorar o atendimento ao cliente para níveis de primeiro mundo

Projeto: Implementar central de atendimento ao cliente de última geração

O software de gestão de riscos — como Risk Management da Intelex, Full Monte da Barbecana e RiskyProject do Intaver Institute — integra-se ao software de cronograma de projeto e pode refletir o impacto potencial de vários riscos sobre o cronograma e o custo do projeto. O uso desse software pode levar a estimativas mais realistas para os marcos e orçamentos do projeto.

Gestão de contratos

gestão de contratos: Um conjunto de atividades relacionadas à aquisição de bens e/ou serviços para o projeto de fontes externas à organização executora.

Gestão de contratos é um conjunto de atividades relacionadas à aquisição de bens e/ou serviços para um projeto de fontes externas à organização executora. A gestão de contratos é dividida nos seguintes processos:

- **Plano de compra e aquisição.** Esse processo determina o que é necessário e quando.
- **Plano de contratação.** Esse processo documenta requisitos para produtos e serviços e identifica fornecedores potenciais.
- **Solicitação de respostas do vendedor.** Esse processo obtém licitações, informações, propostas ou cotações de fornecedores potenciais.
- **Seleção do vendedor.** Durante esse processo, as ofertas são revisadas, o fornecedor preferencial é identificado e as negociações são iniciadas.
- **Administração de contrato.** Esse processo gerencia todos os aspectos do contrato e o relacionamento entre o comprador e o fornecedor. O processo inclui rastrear e documentar o desempenho do fornecedor, gerenciar mudanças no contrato e tomar todas as ações corretivas necessárias.
- **Encerramento do contrato.** Esse processo conclui e liquida os termos de quaisquer contratos, incluindo a resolução de quaisquer itens em aberto.

decisão de fazer ou comprar: O ato de comparar os prós e os contras da produção interna com a terceirização de um determinado produto ou serviço.

A decisão de fazer ou comprar é uma decisão importante tomada durante o processo de compra e aquisição do plano. A decisão de fazer ou comprar envolve comparar os prós e os contras da produção interna com a terceirização de um determinado produto ou serviço. Além do custo, dois fatores-chave a serem considerados nessa decisão são (1) "Temos um número suficiente de funcionários com as habilidades e experiência necessárias para entregar o produto ou serviço em um nível aceitável de qualidade e dentro dos prazos exigidos?" e (2) "Estamos dispostos a investir o tempo de gestão, energia e dinheiro necessários para identificar, recrutar, treinar, desenvolver e gerenciar pessoas com as habilidades para fazer esse tipo de trabalho?"

Um contrato é um acordo juridicamente vinculativo que define os termos e condições da relação comprador-fornecedor, incluindo quem está autorizado a fazer o quê, quem detém quais responsabilidades, custos e condições de pagamento, soluções em caso de violação do contrato e o processo para revisá-lo. Os tipos de contrato se enquadram em três categorias principais:

- Contrato de preço fixo. Com esse tipo de contrato, o comprador e o fornecedor concordam com um preço fixo total para um produto ou serviço bem definido. Por exemplo, a compra de um grande número de laptops com capacidades e recursos específicos frequentemente envolve um contrato de preço fixo.
- Contrato de custo reembolsável. Esse tipo de contrato exige que o comprador pague ao fornecedor uma quantia que cubra os custos reais do fornecedor mais uma quantia adicional ou porcentagem do lucro. Existem três tipos comuns de custo reembolsável. Em um contrato do tipo "custo mais taxa" ou "custo mais porcentagem do custo", o fornecedor é reembolsado por todos os custos permitidos e recebe uma porcentagem dos custos como uma taxa. Em um contrato do tipo "custo mais taxa fixa", o fornecedor é reembolsado por todos os custos permitidos e recebe uma taxa fixa. Em um contrato do tipo "custo mais taxa de incentivo", o fornecedor é reembolsado por todos os custos permitidos. Além disso, uma taxa predeterminada é paga se o fornecedor atingir os objetivos de desempenho especificados — por exemplo, o hardware do fornecedor deve ser recebido, instalado e estar operacional em uma data específica. Nesses contratos, os compradores correm o risco de pagar mais pelo trabalho, mas são recompensados por terem seus objetivos atingidos ou superados. Os fornecedores correm o risco de reduzir os lucros se não conseguirem entregar, mas podem ser recompensados por um desempenho superior.
- Contrato de tempo e material. Nesse tipo de contrato, o comprador paga ao fornecedor o tempo e os materiais necessários para concluir o contrato. O contrato inclui uma taxa horária acordada e um preço unitário para os vários materiais a serem utilizados. O número exato de horas e a quantidade exata de cada material, entretanto, não são conhecidos. Assim, o verdadeiro valor do contrato não é definido quando ele é aprovado. Se não forem gerenciados com cuidado, os contratos de tempo e material podem, na verdade, motivar os fornecedores a estender os projetos para maximizar suas taxas.

A má gestão de contratos pode resultar em sérios problemas de projeto e até mesmo no cancelamento total dele.

Gestão de integração de projetos

A gestão de integração de projetos é talvez a área de conhecimento mais importante, porque requer a assimilação de todas as outras nove áreas de conhecimento de gestão de projetos. Gestão de integração de projetos requer a coordenação de todas as pessoas, recursos, planos, conhecimentos e esforços apropriados para concluir um projeto com sucesso. De acordo com o Project Management Institute (PMI), a gestão de integração de projetos compreende sete processos de gestão de projetos:

1. Desenvolver o termo de abertura do projeto que reconheça formalmente a existência dele, descrever seus objetivos e como eles serão alcançados, relacionar as principais premissas e identificar as principais funções e responsabilidades.
2. Desenvolver o plano de gestão do projeto que descreve o escopo geral, o cronograma e o orçamento; esse plano coordena todos os esforços de planejamento subsequentes e é utilizado na execução e controle do projeto.
3. Dirigir e gerenciar a execução do projeto seguindo seu plano de gestão.
4. Gerenciar o conhecimento do projeto usando projetos anteriores e documentando novos conhecimentos adquiridos.

5. Monitorar e controlar o trabalho do projeto para atender aos objetivos de desempenho; esse processo requer medir regularmente os esforços e as despesas em relação às tarefas do projeto, reconhecendo quando ocorrem desvios significativos do cronograma ou orçamento e tomando medidas corretivas para recuperar o alinhamento com o plano.
6. Executar o controle integrado de mudanças gerenciando mudanças ao longo do projeto que podem afetar seu escopo, cronograma e/ou custo.
7. Fechar o projeto com sucesso ao obter a aceitação das partes interessadas e do cliente do produto final, fechar todos os orçamentos e pedidos de compra após confirmar que os desembolsos finais foram feitos e captar o conhecimento do projeto que pode ser útil para projetos futuros.

Como um exemplo de empresa que se destaca em gestão de integração de projetos, considere a Atos, companhia internacional de serviços de SI que emprega mais de 110 mil trabalhadores em mais de 73 países,[58] com receita anual em 2018 de € 13 bilhões (US$ 12,2 bilhões de dólares).[59] A empresa forneceu com sucesso os sistemas de tecnologia da informação que permitiram o bom andamento dos Jogos Olímpicos de Sochi 2014 na Rússia. A Atos tinha a responsabilidade primária pela integração do projeto, consultoria, integração de sistemas, gestão de operações, segurança da informação e desenvolvimento de aplicativos de software para os jogos. Por meio de sua experiência com as Olimpíadas anteriores (a Atos tem sido a parceira de SI em todo o mundo para os Jogos Olímpicos, tanto no inverno quanto no verão, desde Salt Lake City em 2002), a Atos desenvolveu um processo eficaz de gestão de projetos. A empresa passou mais de quatro anos configurando, testando e retestando cerca de 10 mil peças de equipamento implantadas em 30 locais diferentes. A Atos coordenou o trabalho de centenas de subcontratados para fornecer uma infraestrutura e serviços de SI confiáveis em apoio a um dos eventos esportivos mais vistos em todo o mundo. O projeto Sochi foi coordenado para que um software personalizado, milhares de estações de trabalho e laptops, dezenas de milhares de telefones, centenas de servidores e vários centros de operações e centros de dados operassem juntos de forma eficaz e eficiente.[60]

Gestão das partes interessadas

Como a mais nova adição ao *Project Management Body of Knowledge (PMBOK Guide, 6ª edição)*, a **gestão de partes interessadas** foi recentemente reconhecida como um componente essencial de um projeto de sucesso. A gestão das partes interessadas é um conjunto de atividades que envolve a identificação, o engajamento, a comunicação com todas as pessoas, grupos ou organizações que são ou podem ser impactados por um projeto. É importante observar que diferentes pessoas e grupos têm diferentes níveis de necessidades de engajamento. Por exemplo, imagine que a ABC Corporation está construindo um novo sistema de faturamento do cliente. Assim que o desenvolvimento de sistemas começa, o presidente da empresa deseja saber sobre informações de alto nível, como custos e estouros de cronograma. O diretor de TI precisará conhecer as necessidades de recursos e dados, bem como os resultados dos testes. Os funcionários que utilizarão o novo sistema só precisam saber quando o sistema será implantado e quando serão treinados.

Na gestão das partes interessadas, existem quatro processos:

1. Todas as partes interessadas devem ser identificadas. Esse processo não é um esforço único; em vez disso, essa lista deve ser regularmente revisada e atualizada.
2. O nível de engajamento das partes interessadas deve ser conhecido e planejado. Isso se baseia na necessidade, nas expectativas e no nível de interesse de cada parte interessada no projeto.
3. O nível de engajamento deve ser gerenciado. O gestor de projeto deve trabalhar com as partes interessadas para satisfazer seus níveis desejados de engajamento.
4. Os níveis de engajamento devem ser monitorados. As mudanças devem ser feitas para satisfazer os níveis desejados de engajamento.[61]

Vários tipos de matrizes podem ser utilizados para gerenciar os planos de engajamento e comunicação para as partes interessadas. Na matriz de avaliação de

> **gestão de partes interessadas:** Um conjunto de atividades que envolve identificar, engajar, comunicar-se com todas as pessoas, grupos ou organizações que são ou podem ser impactados por um projeto.

engajamento das partes interessadas (mostrada na Tabela 12.17), cada parte interessada é avaliada de duas maneiras diferentes: seu nível de engajamento atual e seu nível de engajamento desejado.

TABELA **12.17** Matriz de avaliação do engajamento das partes interessadas

Parte interessada	Desatento	Resistente	Neutro	Apoiador	Líder
Mary Jones	C			D	
David Smith			C	D	
Andre Ruiz				D C	

"C" indica o nível atual de engajamento.
"D" indica o nível desejado de engajamento.
A matriz é utilizada para descrever o nível de engajamento atual de cada parte interessada com o projeto e o nível de engajamento que eles desejam.

Comparativamente, o registro das partes interessadas (mostrado na Tabela 12.18) contém informações sobre a posição, requisitos, expectativas, nível de influência e nível de interesse da parte interessada.

TABELA **12.18** Registro de partes interessadas

Nome	Cargo	Departamento	Requisitos	Influência (B/M/A)	Interesse (B/M/A)
Mary Jones	Escriturário de contas a pagar	Contabilidade	Precisa faturar os clientes	B	A
David Smith	Gestor de TI	TI	Deve integrar novo sistema com banco de dados	M	A
Andre Ruiz	Gestor de contas a pagar	Contabilidade	O sistema de faturamento deve ser eficiente	A	A

Além disso, a comunicação entre as partes interessadas precisa ser planejada e realizada regularmente. Os gestores de projeto também desenvolvem um plano de comunicação com as partes interessadas (ver Tabela 12.19) para gerenciar o nível de comunicação necessário ao longo do projeto.

TABELA **12.19** Plano de comunicação com as partes interessadas

Nome/ Grupo	Informações de contato	Tipo de Informação	Método de entrega	Frequência de entrega	Pessoa responsável
Mary Jones	mjones@abc.com	*Status* mensal	E-mail	Mensal	Gestor de projeto
David Smith	dsmith@abc.com	Relatórios de *status*, relatório de orçamento mensal, metas, planos de implementação, mudanças de escopo	E-mail	Relatórios semanais de *status*, relatórios mensais, conforme necessário	Analista de negócios, gestor de projetos
Andre Ruiz	aruiz@abc.com, Bldg 12	Relatórios de *status*, relatório de orçamento mensal, requisições	E-mail, papel	Semanal	Gestor de projeto

> **Exercício de pensamento crítico**

Patrocinador de projeto relutante

▶ COMPORTAMENTOS NAS ORGANIZAÇÕES

Você está ao telefone com a patrocinadora de um projeto de US$ 2 milhões que você está gerenciando. Ela informa que aceitou o papel com relutância e agora, um mês depois do início desse projeto de oito meses, ela está considerando deixar de ser patrocinadora do projeto. Ela não vê a necessidade dessa função e está extremamente ocupada com suas outras responsabilidades.

Perguntas de revisão

1. Qual é o papel do patrocinador do projeto?
2. Qual pode ser o impacto no projeto se você tentar prosseguir sem um patrocinador? É provável que algumas tarefas do projeto precisem ser refeitas se um novo patrocinador for nomeado?

Questões de pensamento crítico

1. Se você não conseguir persuadir a patrocinadora a permanecer no projeto, deve pedir a ajuda do campeão do projeto? Como você pode fazer isso de forma que não pareça fraco e ineficaz e evite criar ressentimentos com a patrocinadora atual?
2. Depois de falar com o campeão do projeto, você e ela concordam que a patrocinadora atual deve ser substituída por uma nova pessoa. Que características, traços e experiências você procuraria em um novo patrocinador?

Resumo

Princípio:

As organizações que estão mais avançadas em seus processos de planejamento desenvolvem planos estratégicos plurianuais.

O planejamento estratégico é um processo que ajuda os gestores a identificar os resultados desejados e formular planos viáveis para atingir seus objetivos usando os recursos e capacidades disponíveis.

O planejamento estratégico baseado em metas é dividido em quatro fases: analisar a situação, definir a direção, definir as estratégias e implantar o plano.

A fase de análise da situação envolve olhar internamente para identificar os pontos fortes e fracos da organização e olhar externamente para determinar suas oportunidades e ameaças.

A análise da avaliação interna de uma organização e o estudo de seu ambiente externo são frequentemente resumidos em uma matriz das forças, fraquezas, oportunidades e ameaças (SWOT).

A fase de definição da direção envolve a definição da missão, visão, valores, objetivos e metas da organização.

As metas SMART são específicas, mensuráveis, alcançáveis, relevantes e limitadas pelo tempo.

A fase de definição de estratégias envolve a descrição de como uma organização alcançará sua missão, visão, objetivos e metas.

A implantação do plano inclui a comunicação da missão, da visão, de valores, objetivos, metas e estratégias da organização para que todos possam ajudar a definir as ações necessárias para atender às metas organizacionais.

Princípio:

As organizações devem sempre fazer uma conexão clara entre objetivos, metas e projetos de negócios. Além disso, os projetos devem ser consistentes com as estratégias de negócios.

O processo de planejamento estratégico para a organização de SI e os fatores que o influenciam dependem de como a organização é percebida pelo resto da organização. Uma organização de SI pode ser vista como um centro de custo/provedor de serviços, um sócio/parceiro de negócio ou uma revolução nos negócios.

O planejamento estratégico de SI é influenciado pelos planos estratégicos corporativos e da unidade de negócios, bem como por inovações tecnológicas e pensamento inovador.

A estratégia de SI definirá a direção para as tecnologias, fornecedores, competências, pessoas, sistemas e projetos.

Princípio:

A mudança positiva é um ingrediente-chave para qualquer organização de sucesso.

Inovação é a aplicação de novas ideias aos produtos, processos e atividades de uma empresa, levando ao aumento do valor. A inovação é o catalisador para o crescimento e o sucesso de qualquer organização. A inovação pode ser classificada como sustentada ou disruptiva.

A reengenharia de processos de negócios é uma forma de inovação que envolve o redesenho radical dos processos de negócios, estrutura organizacional, sistemas de informação e valores da organização para alcançar um avanço nos resultados. A melhoria contínua é uma forma de inovação que melhora continuamente os processos de negócios para agregar valor aos produtos e serviços.

Princípio:

O apetite organizacional por inovação impulsiona as mudanças nos projetos e processos selecionados da empresa.

Um projeto é um esforço temporário empreendido para criar um produto, serviço ou resultado exclusivo.

Aproximadamente 14% de todos os projetos de SI falham.

Hoje, muitas organizações reconhecem a gestão de projetos como uma de suas competências principais.

Cinco parâmetros altamente inter-relacionados definem um projeto — escopo, custo, tempo, qualidade e expectativas do usuário. Se qualquer um desses parâmetros do projeto for alterado, deve haver uma alteração correspondente em um ou mais dos outros parâmetros.

O escopo do projeto é a definição de qual trabalho está e qual trabalho não está incluído em um projeto.

O custo de um projeto inclui todo o capital, despesas e encargos cruzados internos associados às edificações, à operação, à manutenção e ao suporte do projeto.

O tempo de um projeto é frequentemente uma restrição decisiva.

A qualidade de um projeto pode ser definida como o grau em que o projeto atende às necessidades de seus usuários.

A gestão de projetos é a aplicação de conhecimentos, habilidades e técnicas às atividades do projeto para atender aos requisitos dele. Os gestores de projeto devem tentar entregar uma solução que atenda às metas específicas de escopo, custo, cronograma e qualidade, enquanto gerenciam as expectativas das partes interessadas do projeto — as pessoas envolvidas nele ou afetadas por seu resultado.

De acordo com o Project Management Institute (PMI), os gestores de projeto devem coordenar dez áreas de especialização: escopo, cronograma, custo, qualidade, recursos, comunicações, risco, aquisição, integração e gestão das partes interessadas.

A gestão do escopo inclui a definição do trabalho que deve ser feito como parte do projeto e, em seguida, o controle do trabalho para permanecer dentro do escopo acordado.

Um processo é um conjunto de tarefas relacionadas logicamente realizadas para alcançar um resultado definido.

A gestão do cronograma inclui a definição de uma data de conclusão alcançável que seja aceitável para as partes interessadas do projeto, o desenvolvimento de um cronograma viável do projeto e a garantia de sua conclusão no prazo.

A gestão de custos inclui o desenvolvimento e a gestão do orçamento do projeto.

A gestão da qualidade é um conjunto de atividades destinadas a garantir que o projeto atenderá às necessidades para as quais foi realizado.

A gestão de recursos do projeto inclui atividades para identificar, adquirir e gerenciar recursos para um projeto.

O modelo de organização baseado em formação-ideação-normatização-desempenho descreve como as equipes se formam, evoluem e se dissolvem.

Cada projeto deve ter uma equipe de direção — composta por gestores seniores que representam os negócios e as organizações de SI — para fornecer orientação e suporte. Três membros principais da equipe de direção são o campeão do projeto, o patrocinador e o gestor de SI.

A gestão das comunicações envolve a geração, coleta, disseminação e armazenamento de informações do projeto de maneira oportuna e eficaz.

A gestão de riscos é um processo que tenta identificar, analisar e gerenciar os riscos do projeto. Gestores de projeto experientes seguem um processo deliberado e sistemático de gestão de risco para evitar riscos ou minimizar seu impacto negativo em um projeto.

A gestão de contratos é um conjunto de atividades relacionadas à aquisição de bens e/ou serviços para o projeto de fontes externas à organização.

A gestão de integração de projetos é uma área de conhecimento crítica da gestão de projetos que envolve fretamento, definição do escopo, planejamento, execução, monitoramento e controle, controle de mudanças e fechamento do projeto.

A gestão das partes interessadas é um conjunto de atividades que envolve a identificação, o engajamento, a comunicação com todas as pessoas, grupos ou organizações que são ou podem ser impactados por um projeto.

Termos-chave

- valor central
- reengenharia de processos de negócios (BPR)
- meta
- planejamento estratégico baseado em metas
- benefício intangível
- planejamento estratégico baseado em questões
- Modelo das Cinco Forças de Michael Porter
- declaração de missão
- objetivo
- planejamento estratégico orgânico
- planejamento estratégico
- estratégia
- matriz das forças, fraquezas, oportunidades e ameaças (SWOT)
- benefício tangível
- visão
- declaração de visão/missão
- modelo de mudança
- gestão de comunicações
- melhoria contínua
- competência principal
- gestão de custos
- contrato de custo reembolsável
- caminho crítico
- cultura
- difusão da teoria da inovação
- contrato a preço fixo
- modelo de organização baseado em formação-ideação-normatização-desempenho
- gráfico de Gantt
- inovação
- decisão de fazer ou comprar
- diagrama de rede
- mudança organizacional
- cultura organizacional
- tarefa predecessora
- gestão de contratos
- projeto
- campeão do projeto
- prazo do projeto

gestão integrada de projetos
gestão de projetos
marco do projeto
risco do projeto
cronograma do projeto
escopo do projeto
patrocinador do projeto
partes interessadas do projeto
equipe de direção do projeto
redesenho de processos
qualidade
garantia da qualidade
controle de qualidade
gestão da qualidade
planejamento de qualidade

gestão de recursos de processo
reengenharia
gestão de riscos
dono do risco
gestão do escopo
tempo de folga
lado do software na implementação de uma mudança
unidade de negócios patrocinadora
gestão de partes interessadas
especialista no assunto
recurso técnico
modelo de aceitação de tecnologia (TAM)
tempo e contrato material
gestão de cronograma
estrutura analítica do trabalho (WBS)

Teste de autoavaliação

As organizações que estão mais avançadas em seus processos de planejamento desenvolvem planos estratégicos plurianuais.

1. Qual fase do planejamento estratégico baseado em metas envolve uma análise profunda da empresa e de seus concorrentes?
   a. Analisar a situação
   b. Definir a direção
   c. Definir as estratégias
   d. Implantar o plano

2. _____, _____ e _____ devem ser estabelecidos antes que a organização possa estabelecer suas metas e objetivos.
   a. Valores, estratégias, projetos
   b. Missão, valores, estratégias
   c. Missão, visão, valores
   d. Visão, estratégias, projetos

3. A análise SWOT faz parte de qual fase do planejamento estratégico baseado em metas?
   a. Analisar a situação
   b. Definir as estratégias
   c. Definir a direção
   d. Implantar o plano

4. Se uma organização de SI se concentra em impedir redundâncias e economizar dinheiro, isso seria considerado _____.
   a. Centro de custo
   b. Parceiro de negócios
   c. Revolução dos negócios
   d. Inovação disruptiva

As organizações devem sempre fazer uma conexão clara entre objetivos, metas e projetos de negócios. Além disso, os projetos devem ser consistentes com as estratégias de negócios.

5. O valor comercial de um projeto proposto pode ser qual dos seguintes?
   a. Benefício tangível
   b. Benefício intangível
   c. Benefícios não estruturados
   d. Ambos A e B

6. Que tipo de projeto deve resultar em aumento de receita da empresa?
   a. Manutenção
   b. Avanço
   c. Obrigatoriedade
   d. Aprimoramento

7. Ao identificar e selecionar projetos, uma organização faz todas as seguintes, EXCETO:
   a. Avalia o risco de utilizar novas tecnologias
   b. Avalia o nível de habilidade dos usuários propostos
   c. Considera outras mudanças tecnológicas que esse novo projeto irá exigir
   d. Calcula o custo do projeto e a taxa de retorno esperada

O apetite organizacional por inovação impulsiona as mudanças dentro de projetos e processos selecionados da empresa.

8. Um _____ é um esforço temporário empreendido para criar um produto, serviço ou resultado exclusivo.

9. Os cinco parâmetros altamente inter-relacionados de um projeto são:
   a. Escopo, tempo, qualidade, partes interessadas e serviços
   b. Tempo, expectativas do usuário, qualidade, gráfico de Gantt e custo
   c. Qualidade, custo, serviços, tempo e partes interessadas
   d. Custo, tempo, qualidade, expectativas do usuário e escopo

10. De acordo com o Project Management Institute (PMI), os gestores de projeto devem coordenar _____ áreas de experiência.
    a. três
    b. cinco
    c. sete
    d. dez

11. O modelo de organização baseado em formação-ideação-normatização-desempenho descreve:
    a. As fases do projeto
    b. Como as equipes se formam, evoluem e se dissolvem
    c. Como as equipes são selecionadas
    d. Fases de gestão de um projeto

12. A categoria dos _____ de adoção da inovação é o primeiro grupo a experimentar novos produtos e ideias.
    a. primeiros a adotar
    b. inovadores
    c. maioria tardia
    d. retardatários

Respostas do teste de autoavaliação

1. a
2. c
3. a
4. a
5. d
6. b
7. b
8. projeto
9. d
10. d
11. b
12. b

Questões de revisão e discussão

1. Quais benefícios organizacionais são obtidos por meio do planejamento estratégico?
2. A declaração de missão da Uber é: "Nós geramos oportunidades colocando o mundo em movimento". Conforme a Uber se expande para entrega de comida (UberEats), frete (UberFreight), transporte de pacientes médicos (UberHealth) e viagens de negócios (Uber for Business), a declaração de missão ainda é adequada para todas essas linhas de negócios? O que levaria a Uber a mudar a declaração de missão? Explique cada item mencionado no Modelo das Cinco Forças de Porter. Como uma organização pode utilizar esse modelo?
3. Explique por que a pirâmide de planejamento estratégico tem o formato de uma pirâmide. Por que os itens são exibidos nessa ordem específica?
4. Em uma matriz SWOT, como as forças se comparam às oportunidades? Como as fraquezas se comparam às ameaças?
5. Explique por que as metas devem ser "SMART". Quais são as vantagens de estabelecer metas SMART?
6. Ao resultar em benefícios principalmente intangíveis, como você classificaria o nível de prioridade de um projeto em relação a outros projetos com resultados quantificáveis? Como as inovações técnicas ou outras inovações podem direcionar a estratégia? Dê exemplos de onde a inovação mudou a direção de uma empresa.
7. Como você acha que a teoria da difusão da inovação pode ser aplicada à ideia de Elon Musk de túneis subterrâneos e elevadores de carros?
8. Defina o termo "projeto".
9. O que é uma competência principal? Escopo do projeto? Partes interessadas no projeto?
10. Identifique os cinco parâmetros altamente inter-relacionados que definem um projeto. Se um parâmetro for alterado, como os outros quatro parâmetros serão afetados?
11. Identifique e descreva resumidamente as dez áreas de especialização que um gestor de projeto deve coordenar.
12. Explique a diferença entre uma WBS e um gráfico de Gantt.
13. Imagine que você vai montar uma peça em sua faculdade. Crie um diagrama WBS para delinear todas as atividades necessárias para concluir esse projeto.
14. Qual é a diferença entre planejamento de qualidade, garantia de qualidade e controle de qualidade?
15. Qual é a diferença entre a matriz de avaliação do engajamento das partes interessadas, o registro das partes interessadas e o plano de comunicação das partes interessadas?

16. Pense em uma equipe da qual você fez parte. Você pode explicar por que a equipe teve um desempenho tão bom (ou ruim) usando o modelo de organização baseado em formação-ideação-normatização-desempenho?
17. Identifique alguns dos desafios de realizar a gestão de integração de projetos em um projeto no qual os membros da equipe estão distribuídos globalmente e não podem se reunir fisicamente em um local. Como esses desafios podem ser superados?
18. Qual é o propósito da gestão de riscos? Descreva os riscos que você enfrentou no primeiro dia de faculdade. Algum desses riscos mudou desde então?
19. Qual é a diferença entre reengenharia de processos de negócios e melhoria contínua? Qual desses se qualificaria como um projeto?
20. Imagine que você está contratando uma empresa para concluir um grande projeto usando tecnologia não comprovada. Qual forma de contrato você prefere e por quê?

Exercícios de tomada de decisão de negócio

1. Muitos programas de software de gestão de projetos gratuitos e livres estão disponíveis on-line, como Asana, BaseCamp, Bitrix24, GanttProject, MeisterTask, Trello e Zoho. Escolha um desses programas ou use uma planilha ou outro programa de gestão de projetos com o qual você esteja familiarizado. Crie um gráfico de Gantt usando os valores da tabela a seguir. Quanto tempo levará para concluir um projeto que consiste nessas tarefas? Identifique o caminho crítico para esse projeto.

Tarefa	Duração	Tarefa predecessora
A	5	
B	3	
C	4	A, B
D	8	D
E	5	C
F	3	D, E

2. Pense em um projeto em que você já trabalhou. Crie um registro das partes interessadas nesse projeto.

Trabalho em equipe e atividades de colaboração

1. Sua equipe acaba de herdar US$ 500 mil. Vocês concordaram em investir esse dinheiro comprando um negócio existente. Escolha uma empresa local e faça uma análise SWOT sobre essa empresa. Consulte o site da empresa e compare-o com os dos concorrentes. Identifique os motivos para comprar ou não esse negócio. É necessária uma presença na web para esse negócio? Quais mudanças decisivas devem ser feitas no site atual para atender às necessidades da empresa e dos clientes?
2. Como equipe, você deve analisar o departamento de SI da sua escola. Um ou dois membros dessa equipe começarão entrevistando o gestor de SI para descobrir quais projetos de SI estão em andamento. Ao mesmo tempo, outros membros da equipe pesquisarão o plano estratégico, a declaração de missão, a visão e os valores de sua escola. De posse dessas informações, sua equipe deve decidir se o departamento de SI da sua escola deve ser classificado como centro de custo, um parceiro de negócios ou uma função revolucionária do negócio? Por quê? Os projetos atuais estão alinhados ao plano estratégico da escola? Por que sim ou por que não?
3. Sua equipe foi contratada como consultores para trabalhar em uma grande cidade e implementar um programa para colocar centenas de câmeras digitais de alta tecnologia em locais estratégicos para ajudar a reduzir o crime e agilizar o socorro às vítimas. As câmeras são de última geração com capacidade de infravermelho para visão noturna, alta resolução e de fechar e de abrir o campo de visão rapidamente. Sua cidade será a primeira nos Estados Unidos a implantá-las. O fabricante é relativamente novo no setor de câmeras digitais. O programa ainda não foi totalmente financiado nem foi anunciado aos moradores da cidade. A administração municipal e os oficiais de alto escalão do departamento de polícia apoiam totalmente o programa; no entanto, policiais de nível inferior e policiais nas ruas têm apoio misto. Sua equipe foi solicitada a realizar uma avaliação de risco para esse projeto. Você deve identificar vários riscos que podem ocorrer; atribuir-lhes um nível de risco alto, médio ou baixo e avaliar o impacto potencial (alto, médio ou baixo) sobre o projeto se esse risco ocorrer.

Exercícios de carreira

1. Visite o site do Project Management Institute (PMI) em www.pmi.org. Faça pesquisas para saber mais sobre o valor que os empregadores atribuem à certificação em gestão de projetos. Quais são as certificações oferecidas pelo PMI para as quais você pode estar qualificado? Pesquise listas de empregos para gestores de projetos. Eles exigem PMI ou outras certificações?
2. Você pode expor a visão e a missão de sua organização ou faculdade? Ela documentou seus valores centrais? Você consegue identificar os principais objetivos e estratégias?
3. Converse com seu gestor e outras pessoas no trabalho sobre a necessidade de uma boa gestão de projetos em sua organização. As pessoas com quem você conversou veem a gestão de projetos como uma competência principal? Elas acham que há uma escassez de bons gestores de projetos?

Estudo de caso

GLOBAL

Mudança estratégica na Microsoft

A Microsoft, uma empresa bem conhecida por seus sistemas operacionais e software de produtividade, é atualmente uma das empresas mais valiosas do mundo, avaliada em cerca de US$ 1 trilhão em 2019. O valor deriva de uma mudança estratégica da Microsoft de seu foco obsessivo no sistema operacional Windows para um foco na entrega de serviços em nuvem e na adoção do código aberto. Essa reviravolta não está afetando apenas o planejamento e a estratégia da Microsoft, mas também causou uma grande mudança nos funcionários e na cultura da empresa.

Tem havido um enorme crescimento nos serviços em nuvem, à medida que cada vez mais empresas armazenam seus dados na nuvem, em vez de no local. A divisão de nuvem Azure da Microsoft cresceu rapidamente e está competindo fortemente com os serviços de nuvem da Amazon. Judson Althoff, EVP Worldwide Commercial Business da Microsoft, diz: "Não se trata mais de vender produtos", disse ele. "É utilizar serviços em nuvem para transformar seus negócios. Essa nova onda de computação — a nuvem inteligente e fronteira inteligente — moldará tudo o que faremos nas próximas décadas. Essa é sua oportunidade. Isso criará mais oportunidades para o ecossistema da Microsoft do que vimos em nossa história. Não é uma história futura da ciência. É aqui e agora".

O interesse pela nuvem não mudou apenas a forma como as empresas armazenam seus dados, mas também mudou a forma como os provedores ganham dinheiro. O método pelo qual a Microsoft contabiliza suas vendas mudou completamente com a nova estratégia. Antes, o dinheiro era ganho por clientes comprando licenças para os sistemas operacionais de software. Agora, o dinheiro só é ganho com o tempo em que o cliente usa o serviço na nuvem.

Uma vez que o foco no mercado mudou para um modelo completamente diferente, a cultura da empresa mudou drasticamente. 40 mil funcionários tiveram que ser treinados para entender como seus clientes usavam a nuvem, para que pudessem incentivar mais uso. O pessoal de vendas não preparava mais previsões de vendas, mas se concentrava mais em reter e obter clientes. Além disso, os vendedores receberam incentivos diferentes para as vendas, uma vez que a receita gerada é muito diferente com os serviços em nuvem. A Microsoft também usou a tecnologia para tornar as reuniões menos frequentes, mas mais produtivas, permitir que os vendedores passassem mais tempo com seus clientes e mudar o comportamento do gestor por meio da tecnologia para passar mais tempo com os funcionários. A tecnologia de reuniões permite que os participantes avaliem a utilidade delas medindo quantos participantes usaram seus smartphones. "A mudança tem sido bem-sucedida até agora, porque tem não apenas uma visão estratégica, mas também uma mudança de foco em toda a força de trabalho".

A Microsoft também está trabalhando com reguladores para garantir a conformidade. O design do Azure garante que todas as leis de proteção de dados possam ser facilmente cumpridas. O diretor presidente do Azure, Brad Smith, propôs políticas, "como uma 'Convenção Digital de Genebra' para proteger as pessoas de ataques cibernéticos por estados-nação". Ele também está por trás do uso relativamente cauteloso da inteligência artificial pela Microsoft e prevê uma supervisão do reconhecimento facial. "A empresa tem estado relativamente intocada pela reação atual contra as empresas de tecnologia e está menos vulnerável a novas regulamentações".

Concluindo, a ruptura da tecnologia que a Microsoft enfrentou poderia ter derrubado a empresa, já que eles estavam tão focados em seu sistema operacional. Mas eles foram capazes de não apenas fazer uma mudança no planejamento estratégico, mas também mudar os funcionários e sua cultura para ter muito sucesso.

Questões de pensamento crítico

1. Acompanhe a história das finanças da Microsoft. Use o Excel para representar graficamente o valor das ações da empresa para ver quando a recuperação discutida nesse caso começou a surtir efeito.
2. A Microsoft conseguiu tornar as reuniões menos frequentes, mas mais produtivas. Pesquise na internet por um software que possibilite reuniões produtivas. Escolha um que lhe pareça o melhor e escreva um artigo de uma página sobre seus recursos.

FONTES: Bartleby, 2019. "Send in the Clouds." *The Economist*, 4 de julho de 2019, acesso em 8 de agosto de 2019 em https://www.economist.com/business/2019/07/04/send-in-the-clouds; Mark Cox, 2019. "Microsoft Lays out FY19 vision, strategy, and plans for execution at Inspire Kickoff", *Channelbuzz.ca*. Acesso em 8 de agosto de 2019 em https://channelbuzz.ca/2018/07/microsoft-lays-out-fy19-vision-strategy-and-plans-for-execution-at-inspire-kickoff-26711/; Business-News, 2019. "How Microsoft survived the creative destruction." Business-News.club, 1º de julho de 2019. Acesso em 8 de agosto de 2019 em https://www.business-news.club/how-microsoft-survived-the-creative-destruction/; *The Economist*, 2019. "What Microsoft's Revival can teach other Tech Companies", *The Economist*, 25 de julho de 2019. Acesso em 8 de agosto de 2019 em https://www.economist.com/leaders/2019/07/25/what-microsofts-revival-can-teach-other-tech-companies

Notas

Fontes da vinheta de abertura: "About Us", E-Trade, https://etradefinancialcorporation.gcs-web.com/static-files/9251abf1-63a6-4945-aaaf-f50d90258a50, acesso em 13 de março de 2019; "Company Overview", E-Trade, https://etradefinancialcorporation.gcs-web.com/, acesso em 14 de março de 2019; "Press Release: E-Trade Launches New Planning Center That Helps Participants Integrate Their Stock Plan Benefits into an Investment Plan", E-Trade, 21 de setembro de 2018, https://etradefinancialcorporation.gcs-web.com/news-releases/news-release-details/etrade-launches-new-planning-center-helps-participants-integrate.

1. Leo Sun, "SWOT Analysis of Starbucks Corporation (SBUX)", *Motley Fool*, 19 de junho de 2015, www.fool.com/investing/general/2015/06/19/swot-analysis-of-starbucks-corporation-sbux.aspx.
2. Jessica Lombardo, "Starbucks Coffee Company SWOT Analysis & Recommendations", Panmore Institute, acesso em 7 de julho de 2019, http://panmore.com/starbucks-coffee-swot-analysis.
3. Google.com, acesso em 7 de julho de 2019, https://www.google.com/about/philosophy.html.
4. Walmart. (28 de março de 2019). "Number of weekly customer visits to Walmart stores worldwide from 2016 to 2018 (in millions of customer visits)" [Chart]. Statista. Acesso em 8 de julho de 2019 de https://www.statista.com/statistics/818929/number-of-weekly-customer-visits-to-walmart-stores-worldwide/.
5. Walmart. (28 de março de 2019). "Total revenue of Walmart worldwide from 2012 to 2019 (in billion U.S. dollars)" [Chart]. Statista. Acesso em 8 de julho de 2019 de https://www.statista.com/statistics/555334/total-revenue-of-walmart-worldwide/.
6. Walmart.com, acesso em 8 de julho de 2019, https://corporate.walmart.com/esgreport/about-this-report#our-business.
7. Walmart.com, acesso em 8 de julho de 2019, https://corporate.walmart.com/our-story/working-at-walmart#0000014f-d73a-d36d-adcf-df3b9d0a0000.
8. James Collins e Jerry Porras, *Built to Last: Successful Habits of Visionary Companies* (New York: Harper Collins Publishers, 1994, 1997), p. 9.
9. "FAQ", The Boring Company, https://www.boringcompany.com/faq/, acesso em 3 de fevereiro de 2019.
10. Aarian Marshall, "Engineers Don't Totally Dig Elon Musk's Tunneling Promises", *Wired.com*, 22 de maio de 2018, acesso em 8 de julho de 2019, https://www.wired.com/story/engineers-dont-totally-dig-musk-tunneling/.
11. George T. Doran, Arthur Miller e J. Cunningham, "There's a S.M.A.R.T. Way to Write Management's Goals and Objectives", *Management Review*, v. 70, n. 11, p. 35–36, 1981.
12. Karl Utermohlen, "Amazon Drone Delivery: Details Finally Revealed!", *Investor Place* (blog), 19 de janeiro de 2016, http://investorplace.com/2016/01/amazon-drone-delivery-amzn-stock/#.VrJo0432b4g.
13. "About Us", Alstom Transport, www.alstom.com/microsites/transport/about-us, acesso em 3 de fevereiro de 2016.
14. "Our Trains", Virgin Trains, www.virgintrains.co.uk/trains, acesso em 3 de fevereiro de 2016.
15. "'Unreasonable Ambition' Puts Alstom on the Fast Track for Growth", *OpEx Review*, dezembro de 2012, n. 5, www.tbmcg.com/misc_assets/newsletter/opex_1212_cover_story.pdf.
16. "About Johns Hopkins Medicine", Johns Hopkins Medicine, www.hopkinsmedicine.org/about/, acesso em 14 de abril de 2019.
17. "About Johns Hopkins Medicine", Johns Hopkins Medicine, https://www.hopkinsmedicine.org/about/mission.html, acesso em 8 de julho de 2019.
18. "Johns Hopkins Medicine Strategic Plan", Johns Hopkins Medicine, https://www.hopkinsmedicine.org/strategic-plan/precision.html, acesso em 8 de julho de 2019.
19. Beth Stackpole, "Winter 2018: State of the CIO: IT-Business Alignment (Finally) Gets Real", *CIO*, https://www.cio.com/article/3250845/digital-transformation/state-of-the-cio-2018-it-business-alignment-finally-gets-real.html.
20. "Information Technology Centralization" Delaware Department of Technology and Information, https://dti.delaware.gov/digital-innovation/itc/, acesso em 14 de abril de 2019.
21. Beth Stackpole, "Winter 2018: State of the CIO: IT-Business Alignment (Finally) Gets Real", *CIO*, https://www.cio.com/article/3250845/digital-transformation/state-of-the-cio-2018-it-business-alignment-finally-gets-real.html.
22. FDIC Information Technology Strategic Plan 2017–2020", https://www.fdic.gov/about/strategic/itsp/fdic-information-technology-strategic-plan-2017-2020.pdf, acesso em 21 de janeiro de 2019.
23. Beth Stackpole, "Winter 2018: State of the CIO: IT-Business Alignment (Finally) Gets Real", *CIO*, Winter 2018, https://www.cio.com/article/3250845/digital-transformation/state-of-the-cio-2018-it-business-alignment-finally-gets-real.html.
24. Thornton May, "A Strategy for Strategy: Figuring Out How to Figure Out What IT Should Do Next", *Computerworld*, 2 de setembro de 2014, www.computerworld.com/article/2600346/it-management/a-strategy-for-strategy-figuring-out-how-to-figure-out-what-it-should-do-next.html.
25. Clint Boulton, "10 Digital Transformation Success Stories", *CIO*, 12 de julho de 2018, https://www.cio.com/article/3149977/digital-transformation/digital-transformation-examples.html?nsdr=true#tk.cio_fsb.
26. "Annual Report 2017", Ebay, https://ebay.q4cdn.com/610426115/files/doc_financials/2017_eBay_AnnualReport.pdf, acesso em 21 de janeiro de 2019.
27. Clint Boulton, "10 Digital Transformation Success Stories", *CIO*, 12 de julho de 2018, https://www.cio.com/article/3149977/digital-transformation/digital-transformation-examples.html?nsdr=true#tk.cio_fsb.
28. Clayton Christensen, "Disruptive Innovation", Clayton Christensen, www.claytonchristensen.com/key-concepts, acesso em 14 de abril de 2019.
29. "Apple Financial Statements 2005–2019", MacroTrends, https://www.macrotrends.net/stocks/charts/AAPL/apple/financial-statements, acesso em 9 de fevereiro de 2019.
30. Andrew Tonner, "How Microsoft Corporation Makes Most of Its Money", *The Motley Fool*, 29 de junho de 2017,

https://www.fool.com/investing/2017/06/29/how-microsoft-corporation-makes-most-of-its-money.aspx.

31. Andrew Tonner, "How Intel Corporation Makes Most of Its Money", *The Motley Fool*. 29 de junho de 2017, https://www.fool.com/investing/2017/06/29/how-intel-corporation-makes-most-of-its-money.aspx.
32. Stephanie Buck, "Cell-ebration! 40 Years of Cellphone History", *Mashable*, 3 de abril de 2013, http://mashable.com/2013/04/03/anniversary-of-cellphone.
33. GSMArena, acesso em 9 de julho de 2019, https://www.gsmarena.com/apple_iphone_x-8858.php.
34. Stephen Slaybaugh, "The Best iPhone X Prices and Deals on Amazon Prime Day 2019", *techradar*, acesso em 9 de julho de 2019, https://www.techradar.com/news/iphone-x-deals-and-price-in-usa.
35. Michael Hammer, "Reengineering Work: Don't Automate, Obliterate", *Harvard Business Review*, July-August 1990, https://hbr.org/1990/07/reengineering-work-dont-automate-obliterate.
36. "Business Process Reengineering (BPR) – When It's Time to Obliterate", *KiSSFLOW*, 10 de julho de 2017, https://kissflow.com/bpm/business-process-reengineering/bpr-time-to-obliterate/.
37. Amit Kothari, "10+ Process Improvement Examples to Drive Growth", *Tallyfy*, acesso em 9 de fevereiro de 2019, https://tallyfy.com/process-improvement-examples/.
38. Seifert e Hacki, "Case: Sky Deutschland (A): Driving Customer Loyalty Through Supply Chain Execution", *IMD*, IMD880, v14.05.2018.
39. Henry Hornstein, "The Need to Integrate Project Management and Organizational Change", *Ivey Business Journal*, March/April 2012, http://iveybusinessjournal.com/publication/the-need-to-integrate-project-management-and-organizational-change.
40. Sharon Florentine, "IT Project Success Rates Finally Improving", *CIO*, 27 de fevereiro de 2017, https://www.cio.com/article/3174516/project-management/it-project-success-rates-finally-improving.html.
41. Bruce Harpham, "8 Ways You Are Failing at Change Management", *CIO*, 3 de janeiro de 2018, https://www.cio.com/article/3245504/leadership-management/8-ways-youre-failing-at-change-management.html.
42. "California Department of Consumer Affairs' BreEZe System", California State Auditor, www.auditor.ca.gov/reports/summary/2014-116, acesso em 11 de agosto de 2015.
43. Jon Ortiz, "$96 Million California IT Project Late, Flawed, Busting Budget", *State Worker*, 12 de fevereiro de 2015, www.sacbee.com/news/politics-government/the-state-worker/article9918857.html.
44. F. D. Davis, "Perceived Usefulness, Perceived Ease of Use, and User Acceptance of Information Technology", *MIS Quarterly*, v. 13, n. 3, p. 319–339.
45. L. Gordon Crovitz, "Horseless Carriages to Driverless Cars", *WSJ*, 7 de julho de 2013, https://www.wsj.com/articles/SB10001424127887324399404578585471713734296.
46. Kanwaldeep Kaur e Giselle Rampersad, "Trust in driverless cars: Investigating key factors influencing the adoption of driverless cars", *Journal of Engineering and Technology Management*, 3 de maio de 2018, https://www.sciencedirect.com/science/article/pii/S0923474817304253.
47. Sharon Florentine, "IT Project Success Rates Finally Improving", *CIO*, 27 de fevereiro de 2017, https://www.cio.com/article/3174516/project-management/it-project-success-rates-finally-improving.html.
48. Shane Hastie e Stéphane Wojewoda, "Standish Group 2015 Chaos Report - Q&A with Jennifer Lynch", *InfoQ* (blog), 24 de outubro de 2015, www.infoq.com/articles/standish-chaos-2015.
49. Gary Hamel e C.K. Prahalad, "The Core Competence of the Corporation", *Harvard Business Review*, v. 68, n. 3, p. 79–93, May–June 1990.
50. Robert Charette, "Canadian Government's Phoenix Pay System an 'Incomprehensible Failure'", IEEE Spectrum, 5 de junho de 2018, https://spectrum.ieee.org/riskfactor/computing/software/canadian-governments-phoenix-pay-system-an-incomprehensible-failure.
51. Influencer Marketing, "No, Fyre Festival Wasn't an Influencer Marketing Success (and Other Lessons from a Disaster", atualizado em 31 de janeiro de 2019, acesso em 9 de julho de 2019, https://influencermarketinghub.com/no-fyre-festival-wasnt-an-influencer-marketing-success-and-other-lessons-from-a-disaster/.
52. Gil Kaufman, "Fyre Festival Fiasco: Timeline of a Disaster", *Billboard*, 2 de maio de 2017, https://www.billboard.com/articles/columns/music-festivals/7777047/fyre-festival-timeline-fiasco.
53. Travis Clark, "Ja Rule Wants to Put on Another Event Like Fyre Fest: 'In the Midst of Chaos, There's Opportunity'", MSN, 15 de fevereiro de 2019, https://www.msn.com/en-ca/news/other/ja-rule-wants-to-put-on-another-event-like-fyre-fest-in-the-midst-of-chaos-theres-opportunity/ar-BBTE36I.
54. Alex Fitzpatrick, "Apple Has an iPhone Headache, But It Won't Last Long", *Time*, 24 de setembro de 2014, http://time.com/3426561/apple-iphone-6-plus-ios-8-problems.
55. James Brown, "6 Things to Remember When Projects Spiral Out of Control", SAP Community Network, 27 de setembro de 2013, http://scn.sap.com/community/it-management/blog/2013/09/27/6-things-to-remember-when-projects-spiral-out-of-control.
56. *A Guide to the Project Management Body of Knowledge 6th Edition (PMBOK Guide)* (Newtown Square, PA: Project Management Institute, 2017).
57. Bruce Tuckman, "Developmental Sequence in Small Groups", *Psychological Bulletin*, v. 63, p. 384–389, 1965.
58. Atos.com, acesso em 11 de julho de 2019, https://atos.net/en/about-us/company-profile.
59. Atos.com, acesso em 2 de março de 2019, https://atos.net/content/investors-documents/flipbooks/atos-2018-registration-document/mobile/index.html#p=6.
60. "Lead Integrator Atos Successfully Completes Delivery of World's Biggest IT Sports Contract for Sochi 2014 Games", Atos, 24 de fevereiro de 2014, http://webcache.googleusercontent.com/search?q=cache:IcukDP1ZdWYJ:http://atos.net/en-us/home/we-are/news/press-release/2014/pr-2014_02_24_02.html.
61. *A Guide to the Project Management Body of Knowledge 6th Edition (PMBOK Guide)* (Newtown Square, PA: Project Management Institute, 2017).

CAPÍTULO 13
Aquisição e desenvolvimento de sistemas

Princípios	**Objetivos de aprendizagem**
• As organizações podem obter software usando uma das três abordagens básicas: assinar, comprar ou criar.	• Identificar os prós e os contras associados à assinatura, compra e criação de software. • Explicar as vantagens e desvantagens do modelo de software como serviço (SaaS). • Identificar duas abordagens para o desenvolvimento de software.
• Ao avaliar e comprar software pronto para uso, uma organização deve considerar o esforço necessário para modificar o novo pacote de software e o software existente para que funcionem bem juntos.	• Descrever um processo para avaliar e selecionar um pacote de software. • Identificar os principais fatores a serem considerados ao selecionar um pacote de software.
• Um sistema desenvolvido com a abordagem Waterfall passa de uma fase para a próxima, com uma análise crítica da gestão ao final de cada fase.	• Identificar as vantagens e desvantagens da abordagem Waterfall para o desenvolvimento de sistemas. • Identificar e declarar o objetivo de cada uma das seis fases da abordagem Waterfall. • Identificar e descrever resumidamente as principais ferramentas e técnicas utilizadas durante o desenvolvimento de sistemas. • Definir cinco tipos de viabilidade que devem ser avaliados. • Identificar a finalidade e os participantes envolvidos em vários tipos de teste, desde testes de unidade até testes de aceitação do usuário. • Identificar três abordagens para transição do sistema.
• O desenvolvimento Agile é um processo de desenvolvimento de sistemas iterativo que desenvolve um sistema em incrementos de "sprint" ("corrida") com duração de duas semanas a dois meses.	• Descrever o processo de desenvolvimento Agile. • Identificar as vantagens e desvantagens da abordagem de desenvolvimento de sistemas Agile. • Descrever a função do Scrum Master e do responsável pelo produto (product owner) na estrutura Scrum. • Discutir a programação extrema (XP) e DevOps.

SI em ação

Maine se torna ágil

▶ PENSAMENTO ANALÍTICO, APLICAÇÃO

Quando Jim Smith começou como CIO para o estado do Maine, a Secretaria de Tecnologia da Informação estava usando métodos Waterfall tradicionais para todos os seus projetos de desenvolvimento. Mas quando Jim começou a examinar projetos de TI atuais e passados em nível estadual, ele descobriu que muitos projetos estavam falhando. Eles estavam fazendo seu trabalho com atraso ou estourando o orçamento — ou nem fazendo seu trabalho. Com a metodologia Waterfall, os projetos demoravam de dois a três anos para serem concluídos. A tecnologia estava mudando em um ritmo muito mais rápido do que a equipe de TI poderia desenvolver.

Com base em suas descobertas, Smith, junto com o CIO associado Paul Sandlin, decidiu que era hora de o departamento fazer mudanças significativas na maneira como novos sistemas e aplicativos eram desenvolvidos. Eles começaram uma transição para o desenvolvimento do Agile, sabendo que levaria tempo para que todos fossem treinados. "É uma mudança cultural, porque as pessoas estão acostumadas a dois ou três anos de análise e projeto", diz Smith. De acordo com Sandlin, a primeira etapa foi garantir que tanto o responsável pelo produto quanto a equipe de TI estivessem tomando as decisões certas com base nas necessidades da Secretaria e não em suas próprias necessidades individualizadas.

Fazendo uma transição lenta e bem planejada para os métodos Agile, o departamento de TI do Maine aprendeu ao longo dos anos como aproveitar o poder do Agile para atender às necessidades de seus clientes e usuários finais. Parte dessa transição foi educar outras pessoas sobre por que o departamento optou por mudar de desenvolvimento Waterfall para o Agile, compartilhando lições aprendidas no site do escritório de gestão de projetos do departamento.

Uma lição importante é começar pequeno. O Agile tem uma curva de aprendizagem e é melhor aprender e cometer erros em um projeto menor do que em um grande. Além disso, os membros da equipe precisam ser treinados antes de serem bem-sucedidos. O treinamento durante um projeto pode resultar em um projeto malsucedido. O departamento também destacou a importância da comunicação. Para que um projeto Agile seja bem-sucedido, o proprietário do produto deve se comunicar com eficácia — em parte, porque se o proprietário não estiver se comunicando, o resultado pode não atender às necessidades do negócio. A comunicação com os clientes e usuários finais, que podem não estar familiarizados com a terminologia de TI e Agile, também é crucial. Fale no nível do usuário para que todos possam entender o que está sendo dito.

Essas são apenas algumas das lições que o departamento de TI identificou como a chave para o sucesso em projetos Agile. Smith e Sandlin observaram que, embora não tenham sido perfeitos em sua implementação, aprenderam muito com seus esforços e continuam a trabalhar para tornar o processo ainda melhor. Embora não tenha havido uma "bala de prata" para seu sucesso, envolver os negócios, envolver os clientes e entregar no prazo foram fatores importantes.

Os projetos podem falhar por vários motivos. Cada empresa deve decidir qual método funcionará melhor para elas. As empresas que não estão obtendo o resultado desejado devem reavaliar suas metodologias para identificar as mudanças necessárias, fornecer treinamento adicional e melhorar a comunicação dentro da equipe.

Ao ler este capítulo, considere o seguinte:

- Que opções existem para as organizações adquirirem ou desenvolverem um sistema de informação?
- Que papel os usuários finais e outras partes interessadas devem desempenhar na aquisição ou desenvolvimento de um novo sistema?

Por que aprender sobre aquisição e desenvolvimento de sistemas?

Ao longo deste livro, você viu muitos exemplos do uso de sistemas de informação para apoiar organizações e pessoas em várias carreiras. Mas por onde uma organização deve começar quando procura adquirir ou desenvolver esses sistemas? E como você pode trabalhar com o pessoal de SI, como analistas de sistema e programadores de computador, para obter os sistemas de informação de que precisa para ter sucesso no trabalho ou em seu próprio negócio? Este capítulo fornece as respostas a essas perguntas, junto com exemplos específicos de como sistemas novos ou modificados são iniciados, analisados, projetados, criados, testados e implementados em vários setores. Começamos com uma discussão sobre as forças que levam uma organização a adquirir um novo software e, em seguida, passamos para uma visão geral das três abordagens básicas para a aquisição de software.

Assinar *versus* comprar *versus* criar

As organizações continuam a gastar tempo e recursos consideráveis desenvolvendo e adquirindo software para oferecer suporte a uma ampla gama de aplicativos, incluindo inteligência de negócios e inteligência analítica, comércio eletrônico, funções de nível empresarial e aplicativos móveis. Oportunidades e problemas que frequentemente desencadeiam o início de um projeto de sistema de informação incluem os seguintes:

- As organizações podem buscar oportunidades para utilizar sistemas de informação, para apoiar uma estratégia organizacional-chave ou para obter uma vantagem competitiva significativa e, de preferência, de longo prazo. Para melhor aproveitar seu software de logística baseado em nuvem e acompanhar a demanda dos clientes, a Amazon iniciou o programa Amazon Delivery Service Partner, que permite aos indivíduos iniciar uma pequena empresa de serviços de entrega como parceira da Amazon. Depois que a inscrição de um indivíduo no programa é aceita e aprovada, a Amazon oferece três semanas de treinamento, juntamente com um kit de ferramentas de tecnologia e operações que ajuda os novos proprietários a começarem a construir seus negócios de serviços de entrega.[1]

- A necessidade de melhorar os processos comerciais leva algumas empresas a buscar oportunidades fora de suas áreas tradicionais de negócios. A Dealer Tire, uma distribuidora de pneus e peças automotivas, pediu à sua equipe de análise de dados para prever quando cada cliente precisaria de pneus novos. Essa pergunta simples levou ao desenvolvimento do aplicativo Tire Trigger, que permite que os revendedores enviem notificações aos consumidores quando for a hora de considerar a compra de reposição, tal como uma notificação de atendimento médico para um check-up. A Dealer Tire possui diferentes modelos do aplicativo Tire Trigger que pode vender para as concessionárias, além de seus produtos automotivos mais tradicionais, de acordo com suas necessidades. A expectativa é de que, "até 2020, análises que podem ajudar as empresas a prever resultados e prescrever cursos de ação atrairão 40% dos novos investimentos das empresas em inteligência de negócios e software de análise, de acordo com pesquisa do Gartner".[2]

- Para se manterem competitivas e lucrativas, as empresas devem atualizar as ferramentas básicas que utilizam para fornecer produtos e serviços a seus clientes. A Suddath Company, empresa comercial de mudanças com cem anos de sucesso, fez exatamente isso com o desenvolvimento de seu software Suddath Estimator. Ao combinar tecnologia móvel e em nuvem, aprendizagem de máquina e algoritmos de software, a Suddath foi capaz de transformar seus negócios, eliminando o demorado processo de estimativa manual utilizado por seus vendedores. Usando o software Estimator, os vendedores da Suddath agora são capazes de criar estimativas digitais precisas rapidamente. A nova plataforma não apenas economizou tempo da empresa, reduzindo a entrada de dados e tarefas administrativas, mas também aumentou a taxa de conversão de vendas — resultando em maior receita para a empresa.[3]

As organizações podem obter software usando uma das três abordagens básicas: assinar, comprar ou criar. A assinatura de um serviço de software sob demanda, também conhecido como software como serviço (SaaS) ou aplicativo como serviço (AaaS), pode ser uma maneira mais econômica para uma organização obter software.

Comprar software pronto para uso é menos arriscado e leva a uma implantação mais rápida; entretanto, os custos de manutenção e suporte podem se tornar caros com essa abordagem, e o software pode não corresponder exatamente às necessidades e aos processos de trabalho da organização.

A construção de software customizado pode fornecer uma melhor correspondência com os processos de trabalho atuais, juntamente com uma vantagem competitiva potencial; no entanto, o desenvolvimento de software pode ser extremamente caro e pode levar meses ou até anos para desenvolver um software customizado.

As vantagens e desvantagens dessas três abordagens são resumidas na Tabela 13.1.

TABELA 13.1 Os prós e os contras de assinar *versus* comprar *versus* criar

Estratégia	Prós	Contras
Assinar	O software pode ser uma solução mais econômica para pequenos projetos e uma boa opção para necessidades temporárias. As atualizações e upgrades de software são concluídas pelo fornecedor após serem testadas quanto à consistência. O suporte técnico está normalmente disponível 24 horas por dia, sete dias por semana.	O software sob demanda geralmente é oferecido "no estado em que se encontra" e não pode ser modificado para atender às necessidades da organização. A organização incorre em custos recorrentes de licenciamento.
Comprar	Uma solução de software pode ser adquirida e implantada com relativa rapidez. A organização pode "testar" o software antes de adquiri-lo.	Sem modificações, o software pode não corresponder às necessidades da organização. Os custos de manutenção e suporte podem se tornar excessivos.
Criar	O software customizado tem mais probabilidade de ser uma boa combinação para as necessidades de uma organização. Um aplicativo personalizado oferece o potencial de obter vantagem competitiva.	O custo para criar um sistema pode ser bastante alto em comparação com o custo de aquisição de software pronto para uso. O software customizado pode levar meses ou até anos para ser implantado.

Lembre-se de que SaaS é um modelo de distribuição de software sob o qual um provedor terceirizado hospeda um aplicativo e o disponibiliza na internet para assinantes que normalmente pagam uma taxa mensal por usuário. O SaaS é discutido em detalhes na próxima seção.

A compra de um software existente desenvolvido por um fabricante de software permite que a organização faça um test drive e avalie-o antes de assumir o compromisso de comprá-lo e instalá-lo. Uma vez adquirido, o software existente pode ser instalado com o mínimo de interrupção (idealmente) para que as necessidades do usuário possam ser atendidas rapidamente e a organização possa começar a colher os benefícios do sistema de informações. Os compradores de software não são realmente os proprietários do software, nem podem acessá-lo para fazer alterações ou melhorias; eles são simplesmente licenciados para utilizar o software em um computador. Sem acesso ao código-fonte subjacente, as organizações de usuários devem pagar os custos de manutenção e suporte ao fabricante ou a um terceiro autorizado para corrigir bugs ou adicionar novas funcionalidades. Para algumas organizações, esses custos podem

desenvolvimento de sistemas: O conjunto de atividades envolvidas na construção de sistemas de informação para atender às necessidades dos usuários.

se tornar excessivos. Como resultado, muitas organizações recorrem ao software livre, que permite acesso ao código-fonte para que possa ser estudado, alterado e melhorado pelos próprios profissionais de software da organização — sem custos de manutenção. Na verdade, a quantidade e a qualidade do suporte para software livre dependem da existência de pessoas, recursos e interesse entre as organizações que utilizam o software para desenvolver atualizações e corrigir bugs.

O conjunto de atividades envolvidas na criação de sistemas de informação para atender às necessidades dos usuários é denominado **desenvolvimento de sistemas**. Os projetos de desenvolvimento de sistemas podem variar de pequenos a muito grandes e são conduzidos em campos tão diversos como pesquisa em ciência nuclear e desenvolvimento de videogame. Se uma organização decidir construir um sistema, ela pode utilizar seus próprios funcionários (talvez aumentados com contratados) para desenvolver o sistema, ou pode contratar uma empresa externa para gerenciar e/ou executar todo o trabalho de desenvolvimento do sistema. A última abordagem permite que a organização se concentre no que faz de melhor, delegando o desenvolvimento de software a empresas que tenham recursos de desenvolvimento de alta qualidade. Isso pode ser importante porque os esforços de desenvolvimento de sistemas, mesmo para projetos relativamente pequenos, podem exigir meses, enquanto os grandes projetos exigem anos de esforço. Infelizmente, apesar dos esforços de todos, um número significativo de grandes projetos de desenvolvimento de sistemas falha.

As organizações podem utilizar várias abordagens diferentes ao desenvolver seu próprio software. Duas delas — os processos de desenvolvimento de software Waterfall e Agile — são discutidas posteriormente neste capítulo.

Exercício de pensamento crítico

Comprar ou criar oportunidades de investimento

▶ SISTEMAS E PROCESSOS, TOMADA DE DECISÃO

A Package Form (nome fictício) é uma pequena fábrica que cria embalagens expositoras para itens em caixa, como brinquedos e utensílios domésticos. Para aumentar as vendas, os proprietários da empresa decidiram expandir para o material expositor e os outdoors. Seus consultores financeiros informaram que os investidores vão querer ver amostras do design antes de comprometer dinheiro no projeto, o que significa que a expansão só poderá ocorrer se os investidores ficarem impressionados com os designs.

Você é membro do departamento de TI da Package Form e lhe foi solicitado pesquisar o software necessário para desenvolver as novas demonstrações de produto. Você descobriu que o software pode ser adquirido de vários fornecedores e que existem até mesmo algumas opções de código aberto que podem ser modificadas para atender às necessidades da organização. Você também tem desenvolvedores de software internos que podem modificar o software existente para que ele possa ser utilizado para desenvolver as amostras do produto. A decisão de como proceder deve ser tomada rapidamente e você tem um orçamento limitado.

Perguntas de revisão
1. Descreva as opções disponíveis, incluindo os prós e os contras de cada uma delas.
2. Dado o curto espaço de tempo, você consideraria modificar o software atual para atender às necessidades da empresa? Por que sim ou por que não?

Questões de pensamento crítico
1. Como você faria para identificar os requisitos para o novo software? Como você pesquisaria o software necessário?
2. O que você acha que pode ser a maior barreira para encontrar o software certo que atenda às necessidades da empresa com um orçamento limitado?

Software como serviço (SaaS)

O Microsoft Office 365 é um exemplo de produto SaaS. A Microsoft oferece esse pacote de produtividade para indivíduos e organizações, com várias opções de assinatura disponíveis, incluindo compromissos mensais ou anuais. O preço da assinatura varia de acordo com os aplicativos e serviços incluídos, bem como o número de usuários.[4]

A Adobe também oferece licenças baseadas em assinatura para seu pacote Creative Cloud, que inclui aplicativos como InDesign, Illustrator e Photoshop. Tal como o Office 365, diferentes licenças do Creative Cloud são projetadas para atender às necessidades de indivíduos, empresas, faculdades e universidades. Os custos de licença são baseados no número de aplicativos — com até 20 aplicativos disponíveis — e no número de usuários. Diferentes estruturas de preços permitem que indivíduos e empresas selecionem a opção que melhor atenda às suas necessidades. A Adobe ainda oferece um consultor para ajudar empresas e outras organizações a selecionar a opção de licenciamento certa.[5]

O SaaS é frequentemente associado a plataforma como serviço (*platform as a service* – PaaS) e infraestrutura como serviço (*infrastructure as a service* – IaaS). PaaS é um método de implantação de aplicação em nuvem que fornece aos usuários uma plataforma de computação completa, geralmente incluindo sistema operacional, ambiente de execução de linguagem de programação, serviços de banco de dados e servidor da web. O PaaS permite que os desenvolvedores de uma organização criem aplicativos de software e colaborem no projeto, independentemente de sua localização física. A gestão do software e o armazenamento de dados são realizados pelo fornecedor.

Com IaaS, uma organização terceiriza o equipamento utilizado para suportar suas operações de processamento de dados, incluindo servidores, dispositivos de armazenamento e componentes de rede. Sob uma licença IaaS, a organização gerencia os dados e aplicativos, enquanto o fornecedor gerencia o sistema operacional e a virtualização. Ao contrário de uma licença PaaS, uma licença IaaS permite que a organização pague apenas pela quantidade utilizada de hardware. Conforme o uso aumenta, a taxa aumentará.[6]

Vantagens do SaaS

Existem muitas vantagens em obter software por meio de uma assinatura do SaaS. Uma vantagem é a rapidez com que a empresa pode se beneficiar do software. Após a decisão de adquirir um novo software, é estabelecido um cronograma para o projeto. Às vezes, esse cronograma é curto devido às necessidades da empresa. A utilização de SaaS permite que a empresa ignore o processo de verificação se o hardware existente executar o novo software e evita as despesas de atualização do hardware antes de comprar e instalar o software. Como o SaaS é executado na nuvem, as empresas podem obter mais rapidamente o retorno de seu investimento.[7]

Outra vantagem do software baseado em assinatura é o suporte técnico normalmente oferecido com esse tipo de licença. Uma empresa depende da disponibilidade de seus dados, portanto o suporte técnico é vital para garantir que suas operações não sejam interrompidas. Ao avaliar o software baseado em assinatura, a organização deve determinar o nível de suporte técnico que será fornecido com a assinatura. Para pesquisar esse tópico, basta rever o site do fornecedor para obter detalhes de suporte técnico. A Microsoft e a Adobe, por exemplo, incluem informações sobre a disponibilidade de suporte técnico (24 horas por dia, sete dias por semana) em seus sites. O suporte técnico deve estar na lista de fatores revisados antes de comprar qualquer software SaaS.

O SaaS é implantado pela internet, o que significa que a implantação e a gestão são feitas a partir de um local centralizado. Os modelos SaaS utilizam armazenamento em nuvem e navegadores de internet para acesso aos dados e interface do usuário, o que permite às empresas economizar dinheiro com equipe de suporte técnico e despesas internas de tecnologia.[8] Uma empresa pode administrar seus negócios de um computador com qualquer navegador — ou até mesmo de um dispositivo móvel. Os funcionários podem acessar dados de qualquer lugar do mundo e os dados permanecem seguros no servidor.

Outra vantagem do SaaS são seus custos de implementação mais baixos. A maioria dos provedores de SaaS desenvolve software para executar em uma ampla variedade de navegadores, para que as empresas possam executar no hardware existente. O software SaaS pode ser implementado, ou implantado, durante o horário comercial normal, pois o software não é instalado nos computadores da organização. Os usuários podem ser treinados on-line, ou o preço do treinamento pode ser negociado dentro do contrato, para um impacto mínimo na produtividade. Tudo isso permite uma integração rápida e pouco ou nenhum tempo de inatividade.

Ao contrário do software de prateleira, que deve ser licenciado para cada computador, o software SaaS pode ser licenciado por usuário, o que significa que as taxas são baseadas no número de usuários conectados ao sistema a qualquer momento. Quando a capacidade é atingida, os usuários adicionais devem esperar até que alguém saia do sistema antes de poderem entrar. Conforme a empresa cresce, as licenças podem ser aumentadas. Adicionar capacidade dessa maneira economiza tempo e dinheiro para a organização. Dependendo do tamanho da organização, esse recurso pode dar à empresa flexibilidade na gestão de seus custos de software.

As atualizações podem ser caras para o software adquirido. Se uma **licença perpétua** foi comprada, então as atualizações, que podem ser caras, devem ser avaliadas. Se uma atualização relacionada à segurança não for realizada, a empresa corre o risco de ficar aberta para vírus, hackers e ransomware. Alguns pacotes de software podem exigir que atualizações sejam instaladas para suporte contínuo. As atualizações do software SaaS, por outro lado, são testadas pelo provedor e, em seguida, implantadas pela web. Essas atualizações estão incluídas no contrato, a menos que solicitado de outra forma. Se o software foi customizado, o fornecedor realiza testes para garantir que as atualizações não sejam afetadas.

A escalabilidade, a capacidade do software e do hardware de se expandir e se adaptar com o aumento da demanda, pode ser uma preocupação para uma empresa em crescimento. O software SaaS oferece uma solução em termos de escalabilidade e flexibilidade. Conforme a empresa cresce, novas ferramentas ou recursos podem ser ativados pelo provedor sem que a empresa precise atualizar os servidores ou expandir o armazenamento de dados. O provedor controla, ou possui, essas responsabilidades, para que o departamento de SI da empresa possa concentrar seus esforços nas operações do dia a dia dos negócios. Para empresas menores que terceirizam seus serviços de suporte, ou não têm desenvolvedores na equipe, esse nível de serviço pode proporcionar uma economia significativa em termos de tempo e dinheiro.

Desvantagens do SaaS

As empresas também devem avaliar quaisquer desvantagens potenciais antes de decidir implementar o SaaS. Se a empresa não fizer a devida diligência, ela pode

---

licença perpétua: Uma licença fornecida para uma instalação, com novas edições de software exigindo novas licenças; geralmente adquiridas pelo pacote, chamadas de *seats* (assentos), e carregadas em computadores individuais.

acabar pagando por uma assinatura de software que é cara e não atende às suas necessidades.

Como o SaaS é implantado pela internet, é necessário que a empresa tenha uma conexão estável com a internet. Embora a maioria dos pacotes de software permita que os usuários trabalhem offline e sincronizem dados quando uma conexão for disponibilizada, essa não é a maneira ideal de conduzir os negócios. Se os usuários contam com os dados mais atualizados, trabalhar offline pode causar erros e retrabalho. Mesmo depois que a conexão for restabelecida, se um registro tiver sido atualizado por vários usuários, o software pode não ser capaz de sincronizar todas as atualizações. Antes de utilizar o SaaS, a empresa deve realizar uma análise de sua conectividade para garantir o melhor resultado para a produtividade.[9]

Outra área potencial de preocupação é o compartilhamento de dados com um provedor terceirizado. Segurança e privacidade são tópicos que devem ser abordados por todas as organizações. As empresas de software que dependem de um fornecedor terceirizado para hospedar seus dados devem estar seguras, sabendo que os dados estão protegidos. Algumas perguntas que devem ser feitas são: (1) Quais protocolos de segurança existem? (2) Estão sendo realizadas atualizações de segurança regulares? (3) Quem tem acesso ao servidor? (4) Que tipo de monitoramento existe? (5) Qual é o seu protocolo de relatório? Essas perguntas devem ser respondidas antes de qualquer contrato ser assinado. Algumas organizações devem ir ainda mais longe devido a regulamentações, como a HIPAA (*Health Insurance Portability and Accountability Act* – Lei de Portabilidade e Responsabilidade de Seguros de Saúde), que tem diretrizes rígidas relacionadas à segurança e privacidade. De acordo com a HIPAA, as organizações que têm violações de dados podem ser penalizadas em milhões de dólares por violação. Uma pergunta que deve ser feita por organizações cobertas pela HIPAA é: "Onde os dados estão armazenados?". Mesmo que a unidade de armazenamento de dados esteja fora dos Estados Unidos, a organização ainda deve garantir que medidas de segurança sejam tomadas para proteger os dados. Se os dados forem violados, as leis federais, incluindo as penalidades da HIPAA, ainda se aplicam.[10]

Ao pesquisar opções de SaaS, os tomadores de decisão na organização devem observar mais do que apenas a funcionalidade do software. Junto com as questões de segurança e a disponibilidade de ferramentas específicas, o próprio provedor de software deve ser pesquisado. Depois que um fornecedor é selecionado e o software é implementado, haverá um relacionamento contínuo entre a empresa e o fornecedor. Um acordo contratual deve detalhar as condições sob as quais qualquer uma das partes pode rescindir o contrato. Por exemplo, o que acontece se o provedor declarar falência? Quem seria o proprietário legal dos dados nos servidores do provedor? O software deixaria de funcionar? Incluir cláusulas contratuais que tratam desses tipos de preocupações é uma prática padrão para provedores de SaaS estabelecidos.

Exercício de pensamento crítico

Novo software de projeto

▶ TOMADA DE DECISÃO

A Alpha Furniture Company (nome fictício) é uma pequena empresa familiar de móveis que usa software licenciado instalado. A empresa agora quer expandir suas operações e precisa de um sistema de ponto de venda no varejo voltado para o setor de móveis.

Embora a empresa atualmente tenha uma equipe pequena, alguns funcionários se movimentam entre o escritório corporativo, o showroom e o depósito. A empresa precisa garantir que todos os funcionários tenham acesso ao software de todos os três locais. Por exemplo, Sonia é a gerente de contabilidade. Seu escritório fica no prédio corporativo. Durante o inventário, entretanto, ela pode estar trabalhando fora do depósito, mas ainda precisará acessar o sistema de contabilidade. A Alpha também espera abrir dois novos locais nos próximos cinco anos, portanto, precisa de uma solução que seja facilmente escalonável para os novos locais. Além disso, os proprietários da empresa estão investindo mais tempo fora do escritório a negócios e gostariam de acessar o sistema durante as viagens.

Como o novo diretor de TI, você foi solicitado a encontrar uma solução de software para atender às necessidades de mudança da empresa. Como você não tem uma equipe de programação, as opções incluem a compra de um software pronto para uso ou a assinatura de um software sob demanda.

Perguntas de revisão

1. Que perguntas você faria internamente antes de iniciar a busca por um novo software?
2. Você selecionaria o PaaS para essa implementação de software? Por que sim ou por que não?

Questões de pensamento crítico

1. Que vantagens o SaaS oferece à sua empresa? Essas vantagens superam outros fatores — mesmo se pagar por uma assinatura fosse mais caro?
2. Quais são as desvantagens que você pode encontrar no SaaS para sua empresa? Isso poderia fazer você recomendar o SaaS? Por que sim ou por que não?

Aquisição de software pronto para uso

Hoje, a maioria das organizações compra ou assina os serviços de software de que precisa — simplesmente porque custa muito e leva muito tempo para criar um sistema de informação de qualidade. Uma organização opta por construir sistemas proprietários apenas quando seus requisitos de sistema de informações são exclusivos. Isso pode ser devido à natureza do negócio ou porque a organização está tentando criar um sistema de informação que lhe proporcionará uma vantagem competitiva estratégica.

Um aplicativo de software pode variar de um pacote de software comercial pronto para uso, ou software de prateleira (*commercial off-the-shelf* – COTS), não modificado, em um extremo, a um programa customizado escrito do zero, no outro extremo. Entre esses dois extremos está uma gama de opções baseadas no grau de customização. Uma comparação das duas abordagens extremas é mostrada na Tabela 13.2. Uma pergunta que deve ser respondida durante a fase de análise do sistema é "Qual abordagem de solução é a melhor para esse sistema?". Essa decisão costuma ser chamada de decisão de fazer ou comprar.

TABELA 13.2 Comparação de software desenvolvido e pronto para uso

Fator	Desenvolver (fazer)	Disponível (comprar)
Custo	O custo para criar o sistema pode ser difícil de estimar com precisão e é frequentemente mais alto do que um software pronto para uso.	O custo total para implementar uma solução pronta para uso também é difícil de estimar com precisão, mas provavelmente será menor do que uma solução de software customizada.
Necessidades	O software customizado tem mais probabilidade de satisfazer as necessidades de uma organização.	Os compradores podem não obter exatamente o que precisam.
Melhoria de processos	O software customizado tende a automatizar os processos de negócios existentes, mesmo que seja ruim.	A adoção de um pacote pode simplificar ou agilizar um processo de negócios existente deficiente.
Qualidade	A qualidade pode variar dependendo da equipe de programação.	Os compradores podem avaliar a qualidade antes de comprar.
Velocidade	O software customizado pode levar anos para ser desenvolvido.	O software pronto para uso pode ser adquirido imediatamente.
Equipe e suporte	O desenvolvimento requer recursos internos qualificados para criar e dar suporte a uma solução customizada.	As organizações que compram software pronto para uso precisam pagar ao fornecedor pelo suporte.
Vantagem competitiva	Uma organização pode desenvolver vantagem competitiva com um bom software.	Outras organizações podem utilizar o mesmo software e, portanto, ter a mesma vantagem.

Fase de avaliação do pacote

A compra de software pronto para uso exige que a organização passe por várias etapas para garantir que adquira o software que melhor atenda às suas necessidades e, então, o implemente de forma eficaz. Essas etapas fazem parte da fase de avaliação do pacote de um projeto que vem após a fase de análise do sistema, conforme mostrado na Figura 13.1. Ao adquirir um pacote de software, a organização pode eliminar várias fases da abordagem de desenvolvimento Waterfall (discutida posteriormente neste capítulo). Nesse ponto do projeto, o escopo do sistema e os requisitos cruciais da empresa e dos usuários devem ser conhecidos. Deve haver um orçamento e cronograma aproximados também.

As etapas da fase de avaliação do projeto incluem o seguinte:

1. Identificar soluções potenciais
2. Selecionar os melhores candidatos
3. Pesquisar os principais candidatos
4. Realizar avaliação final das principais soluções
5. Fazer a seleção
6. Finalizar o contrato

FIGURA 13.1
Processo de implementação de pacote de software
A implementação do pacote de software elimina várias das fases da abordagem Waterfall.

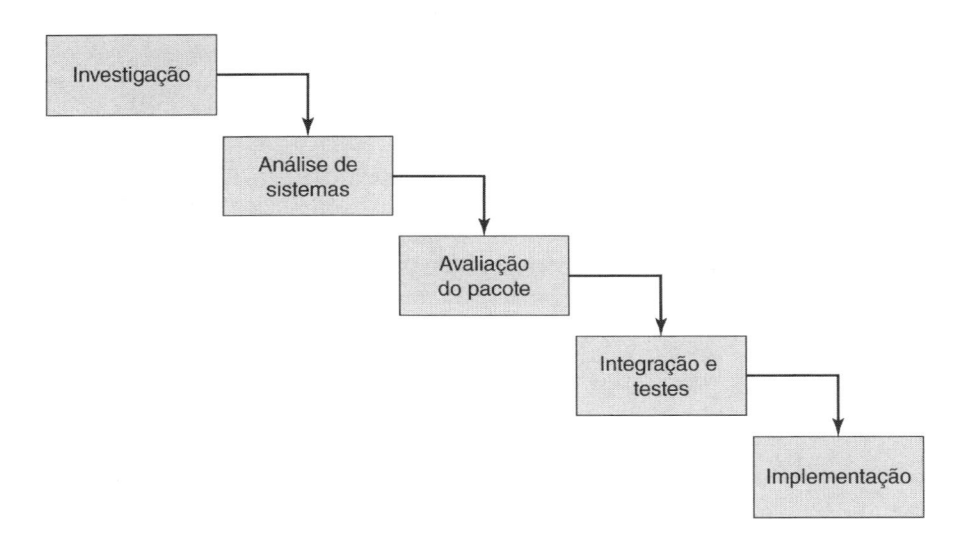

Investigação → Análise de sistemas → Avaliação do pacote → Integração e testes → Implementação

Identificar soluções potenciais

A equipe do projeto deve fazer uma avaliação preliminar do mercado de software para determinar se os pacotes existentes podem atender às necessidades da organização. A principal ferramenta para fazer isso é o **pedido de informação** (*request for information* – RFI), um documento que descreve as necessidades da organização e solicita que os fornecedores respondam com informações sobre se e como podem atender a essas necessidades e o tempo e os recursos necessários (ver Figura 13.2). O RFI descreve o escopo do sistema desejado e os requisitos preliminares do sistema com base nos resultados da análise do sistema até o momento. É importante ressaltar que o RFI deve pedir a cada fornecedor para identificar dois ou três clientes que podem ser contatados como referências. O RFI é normalmente enviado a vários fornecedores considerados capazes de fornecer o software desejado.

pedido de informação (RFI): Um documento que descreve as necessidades de hardware ou software de uma organização e solicita informações dos fornecedores sobre se e como eles podem atender a essas necessidades e dispor do tempo e dos recursos necessários.

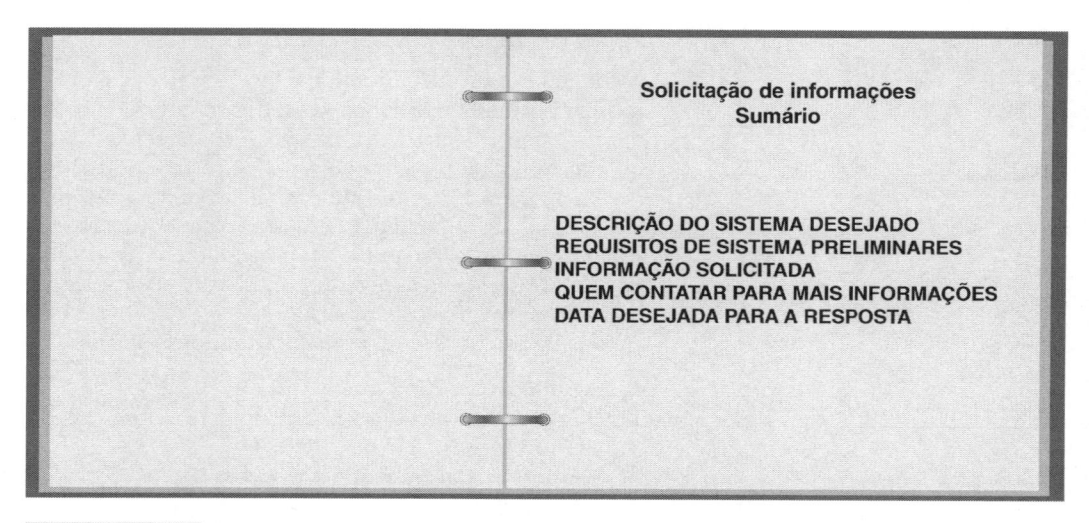

```
                    Solicitação de informações
                    Sumário


         DESCRIÇÃO DO SISTEMA DESEJADO
         REQUISITOS DE SISTEMA PRELIMINARES
         INFORMAÇÃO SOLICITADA
         QUEM CONTATAR PARA MAIS INFORMAÇÕES
         DATA DESEJADA PARA A RESPOSTA
```

FIGURA 13.2
Sumário recomendado para um pedido de informação
O RFI descreve o sistema desejado e seus requisitos, identificando os principais dados que o fornecedor do software deve incluir na proposta.

Selecionar os melhores candidatos

A equipe do projeto analisará as informações fornecidas pelos fornecedores em resposta ao RFI e, em seguida, restringirá as opções às alternativas mais promissoras para avaliação posterior. Isso pode exigir uma visita ao local de negócios do fornecedor para encontrar os principais gestores e observar uma demonstração do sistema do fornecedor. Essa seleção é feita com base em quão bem o software do fornecedor parece atender às necessidades da organização, custos preliminares e estimativas de tempo, informações coletadas de referências e como o fornecedor tem sido fácil de trabalhar até agora.

Pesquisar os principais candidatos

Uma avaliação final começa com uma investigação detalhada das propostas dos candidatos, bem como discussões aprofundadas com dois ou três clientes de cada concorrente para aprender sobre sua experiência com o fornecedor e o software. Uma organização deve avaliar cuidadosamente o pacote de software de cada fornecedor para ver quão bem ele oferece suporte aos processos de negócios que estão dentro do escopo do projeto. Olhando para cada processo de negócios, a organização deve determinar se o pacote oferece suporte total ao processo e como ele precisa ser executado exatamente. Caso contrário, o software deve ser modificado para atender aos requisitos da organização ou a organização deve modificar seu processo de negócios? Se a organização decidir que deve modificar o software para atender aos seus requisitos de negócios, ela deve determinar quem fará as modificações necessárias, quanto tempo elas vão demorar e quanto custarão.

Geralmente, o software adquirido deve se integrar a outro software existente (por exemplo, um novo pacote de software de contas a pagar e de contas a receber deve se integrar ao sistema existente de livro-razão geral da empresa). A quantidade de esforço necessária para modificar o novo software e o software existente para que funcionem bem em conjunto deve ser determinada e considerada como um fator importante ao selecionar o fornecedor final e o software.

Para grandes compras de software, deve-se solicitar aos candidatos para fazer uma apresentação final e demonstrar totalmente sua solução usando um **teste de avaliação de desempenho** conduzido em um ambiente de computação (por exemplo, hardware de computação, software de sistema operacional, sistema de gestão de banco de dados) e com uma carga de trabalho (por exemplo, número de usuários simultâneos, tamanho do banco de dados e número de transações) que corresponda

teste de avaliação de desempenho: Uma comparação das opções do fornecedor conduzida em um ambiente de computação (por exemplo, hardware de computação, software de sistema operacional, sistema de gestão de banco de dados) e com uma carga de trabalho (por exemplo, número de usuários simultâneos, tamanho do banco de dados e número de transações) que corresponda às condições operacionais pretendidas.

às condições operacionais pretendidas. Esse teste pode ajudar a medir os atributos de desempenho do sistema, como facilidade de uso e tempo de resposta.

Fazer a seleção

Selecionar a melhor solução de pacote de software envolve pesar os seguintes fatores:

- O quão bem a solução do fornecedor atende às necessidades dos usuários e da empresa.
- A quantidade de esforço necessária para integrar o novo software com o software existente.
- Resultados do teste de avaliação de desempenho.
- Custos relativos (incluindo quaisquer modificações de software) e benefícios.
- A viabilidade técnica, econômica, jurídica, operacional e de cronograma.
- Entrada de recursos legais e de compra sobre a viabilidade legal e financeira do candidato.
- Feedback dos clientes sobre o desempenho do software, bem como sobre a qualidade do suporte fornecido pelo fornecedor.

Finalizar o contrato

Após a seleção, o contrato com o fornecedor deve ser negociado e finalizado. Embora o fornecedor possa insistir para que todos assinem um contrato padrão, todo contrato deve ser examinado minuciosamente por membros experientes do departamento jurídico e de compras da organização. Reconheça que o contrato padrão é escrito da perspectiva do fornecedor e protege os interesses dele, não os seus. Solicite uma cópia do contrato padrão do fornecedor no início do processo de avaliação do pacote de software e aguarde pelo menos dois meses para exame e negociação de um contrato final.

As organizações que utilizam computação em nuvem ou abordagem SaaS precisam tomar cuidados especiais ao assinar contratos com o provedor de serviços. O contrato deve esclarecer como o provedor garante a privacidade dos dados, lida com a descoberta de uma ação judicial, resolve problemas de nível de serviços e gerencia a recuperação de desastres; ele também deve detalhar onde os servidores e computadores de computação em nuvem estão localizados. As organizações devem confirmar essas informações em discussões com outros clientes do provedor de serviços e por meio de uma visita às suas instalações.

Um contrato que cobre a modificação de um pacote de software deve ter disposições para monitorar a qualidade e o progresso da modificação do sistema, propriedade e direitos de propriedade do sistema novo ou modificado, disposições de contingência no caso de algo não funcionar como esperado e resolução de disputas se algo der errado. A customização do pacote transforma o pacote em software customizado, resultando na perda potencial de suporte do fornecedor original. Isso pode exigir suporte de terceiros, que deve ser levado em consideração nas negociações do contrato.

Integração e teste

Vários tipos de teste devem ser conduzidos antes que um pacote de software esteja pronto para ser colocado em produção. Isso é particularmente verdadeiro se o pacote de software foi modificado para atender às necessidades da organização ou se o pacote de software deve ser integrado aos sistemas de informação existentes.

Os seguintes tipos de testes, discutidos posteriormente neste capítulo, precisam ser concluídos:

1. Teste de integração
2. Teste de sistema
3. Teste de volume
4. Teste de aceitação do usuário

Implementação

A organização não pode apenas contar com o fornecedor para executar a implementação do pacote — a participação plena e ativa das partes interessadas no projeto e dos usuários finais é essencial para o sucesso. As principais tarefas de implementação incluem o seguinte:

- Usar diagramas de fluxo de dados para mapear os processos e requisitos de negócios atuais para o software e identificar quaisquer lacunas que devem ser preenchidas alterando os processos atuais ou modificando o software.
- Instalar o software e configurar todos os seus recursos e opções para atender aos requisitos do projeto.
- Customizar aspectos da solução conforme necessário para a organização.
- Integrar o software existente com o novo software.
- Treinar os usuários finais.
- Testar o software para garantir que ele atenda a todos os processos e requisitos.
- Converter dados históricos do software antigo para que possam ser utilizados pelo novo software.
- Implementar o novo software para os usuários em um ambiente de trabalho ativo.
- Fornecer suporte e treinamento contínuo ao usuário final.

Exercício de pensamento crítico

Hospital troca o software EHR

▶ TOMADA DE DECISÃO

O Midwest Regional Hospital (nome fictício) é um centro médico e cirúrgico geral de 500 leitos, com 25 mil admissões, 7.500 internações anuais e 17.500 cirurgias ambulatoriais por ano. Seu pronto-socorro recebe 52 mil atendimentos por ano. É um hospital sem fins lucrativos que atende pacientes adultos e crianças. Mais de 1.200 enfermeiros, técnicos, peritos e médicos atuam no hospital.

Um registro eletrônico de saúde (*electronic health record* – EHR) é a versão eletrônica do histórico médico do paciente mantida pelo provedor ao longo do tempo e pode incluir todos os principais dados clínicos administrativos relevantes para o atendimento do paciente, incluindo dados demográficos, notas de progresso, problemas, medicamentos, sinais vitais, histórico médico anterior, imunizações, dados laboratoriais e relatórios de radiologia. O EHR automatiza o acesso a essas informações e as versões mais sofisticadas do software EHR também podem produzir um "gráfico digital" on-line que exibe informações atualizadas e completas do paciente em tempo real, com ferramentas de suporte à decisão para médicos e enfermeiros. Uma das principais características de um EHR é que as informações de saúde podem ser criadas e gerenciadas por provedores autorizados em um formato digital que pode ser compartilhado com outros provedores em mais de uma organização de saúde, incluindo laboratórios, especialistas, instalações de exame de imagens médicas, farmácias, prontos-socorros e clínicas escolares e de locais de trabalho.

O Hospital Midwest foi um dos pioneiros na adoção do software EHR. Infelizmente, o fornecedor que o Midwest selecionou não foi capaz de acompanhar a evolução dos requisitos regulatórios e as necessidades de seus clientes de saúde. Seu software está se tornando obsoleto rapidamente e há rumores de que a empresa em breve eliminará o suporte ao software. Você foi contratado como consultor para liderar um projeto para substituir o software original pelo software de um dos principais fornecedores de software EHR — Allscripts, Cerner Corporation ou Epic Systems Corporation.

Perguntas de revisão

1. Há necessidade de conduzir uma avaliação preliminar do pacote de software? Por que sim ou por que não?
2. Que tarefas você tentaria concluir nas primeiras duas semanas como líder de projeto?

Questões de pensamento crítico

1. Os administradores do hospital deixaram claro para você que o fornecedor do software deve ser escolhido e o software instalado o mais rápido possível. Que medidas você se sente confortável em tomar para acelerar o processo sem aumentar o risco de escolher o software errado ou ter uma inicialização do sistema difícil?
2. Um sistema crítico para a segurança é aquele cuja falha ou uso indevido pode causar danos ou morte. Dado que um sistema EHR é um sistema desse tipo, quais tarefas associadas à implementação de software merecem atenção especial?

Processo de desenvolvimento de sistemas Waterfall

processo de desenvolvimento de sistemas Waterfall: Um processo de desenvolvimento de sistema sequencial e de vários estágios no qual o trabalho no próximo estágio não pode começar até que os resultados do estágio atual sejam revisados e aprovados ou modificados conforme necessário.

O **processo de desenvolvimento de sistemas Waterfall** é um processo de desenvolvimento de sistemas sequencial e com vários estágios, no qual o trabalho no próximo estágio não pode começar até que os resultados do estágio atual sejam avaliados e aprovados ou modificados, conforme necessário. É conhecido como processo Waterfall porque o progresso é visto como um fluxo constante descendente (como uma cascata) ao longo das várias fases de desenvolvimento. As fases do processo de desenvolvimento de sistemas Waterfall podem variar de uma empresa para outra, mas muitas organizações utilizam uma abordagem com seis fases: investigação, análise, projeto, criação, integração e teste e implementação. Depois que o sistema é criado, as organizações concluem as etapas adicionais de operação, manutenção e disposição (ver Figura 13.3).

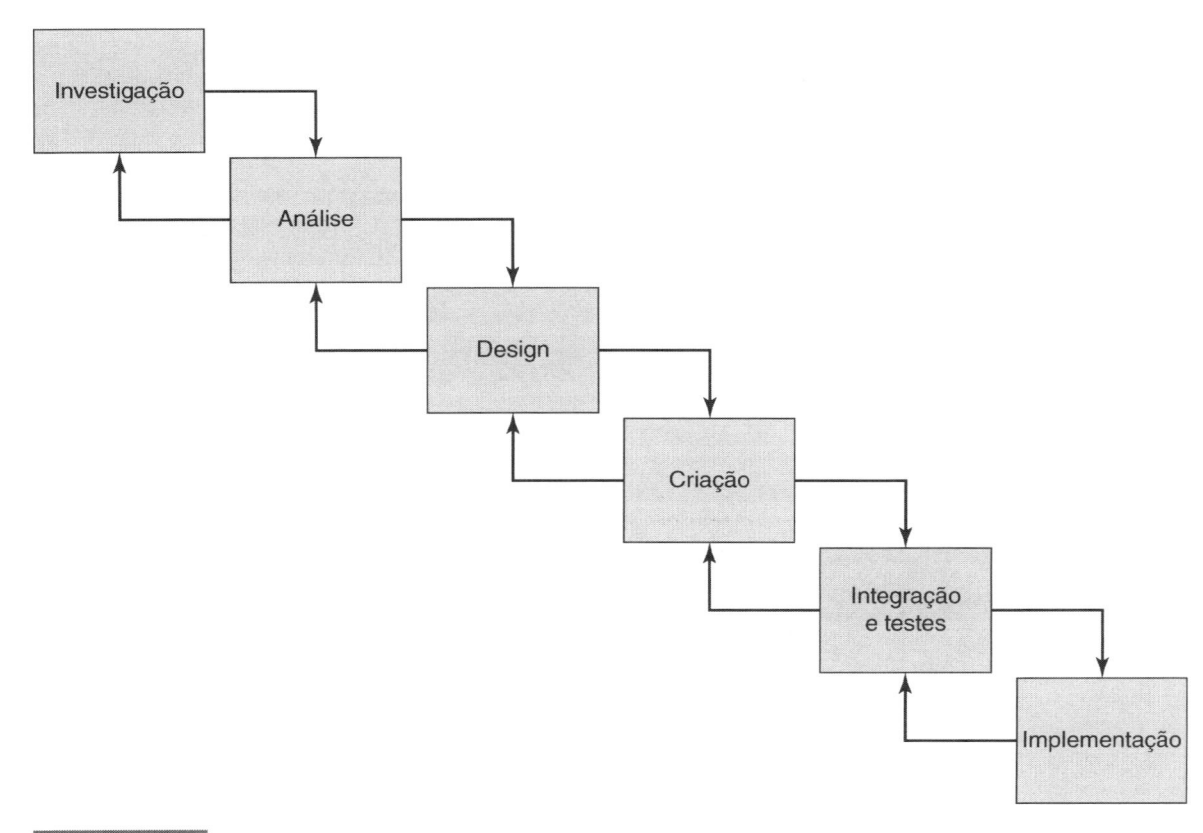

FIGURA 13.3
Processo de desenvolvimento de sistemas Waterfall (em cascata)
O progresso flui de forma contínua e descendente (como uma cascata) ao longo das várias fases de desenvolvimento.

Como mostrado na Figura 13.3, um sistema em desenvolvimento passa de uma fase do processo Waterfall para a próxima. No final de cada fase, uma avaliação é conduzida para garantir que todas as tarefas e produtos associados a essa fase foram produzidos e que são de boa qualidade. Além disso, no final de cada fase, o escopo geral do projeto, os custos, o cronograma e os benefícios associados ao projeto são examinados para garantir que o projeto esteja no caminho certo e valha a pena ser concluído. Como resultado, a abordagem Waterfall permite um alto grau de controle de gestão, por isso essa abordagem é frequentemente seguida quando uma organização contrata outra para criar seu sistema de informação. Mas um grande problema com essa abordagem é que os usuários não interagem com a solução até a fase de integração e teste, quando o sistema está quase completo. Isso pode levar a uma incompatibilidade entre os recursos do sistema, as expectativas dos usuários e as necessidades organizacionais. A Tabela 13.3 lista as vantagens e desvantagens adicionais do processo de desenvolvimento de sistemas Waterfall.

TABELA 13.3 Vantagens e desvantagens do processo de desenvolvimento de sistemas Waterfall

Vantagens	Desvantagens
A revisão formal no final de cada fase permite o máximo controle da gestão.	Os usuários obtêm um sistema que atende às necessidades conhecidas pelos desenvolvedores; no entanto, isso pode não ser o que os usuários realmente precisavam.
Essa abordagem requer a criação de uma documentação de sistema considerável para que os requisitos do sistema possam ser rastreados até as necessidades de negócios declaradas.	Frequentemente, as necessidades do usuário não são declaradas ou são mal comunicadas ou mal compreendidas.
Essa abordagem produz muitos produtos intermediários que podem ser revisados para medir o progresso no desenvolvimento de sistemas.	Os usuários não podem examinar facilmente os produtos intermediários e avaliar se um produto (por exemplo, um diagrama de fluxo de dados) levará a um sistema que atenda aos seus requisitos de negócios.

O Escritório de Tecnologia da Informação do Departamento de Assuntos de Veteranos dos EUA (VA) tem um orçamento anual de mais de US$ 4 bilhões — a grande maioria dos quais é utilizada para manter sistemas legados ou existentes que precisam ser atualizados ou substituídos. Nos últimos 20 anos, o VA empreendeu três projetos separados com o objetivo de atualizar o sistema de registro eletrônico de saúde da agência. Todos os três projetos ultrapassaram o orçamento e atrasaram o cronograma, e produziram sistemas defeituosos que não foram integrados como um todo. Esses projetos obviamente teriam se beneficiado de um grau mais alto de controle gerencial; infelizmente, os CIOs do VA duravam menos de dois anos em média, o que significa que ninguém permanecia nessa posição de liderança crucial por tempo suficiente para estabelecer o planejamento estratégico e as práticas de gestão de projeto necessárias para concluir com eficácia esses projetos complexos.[11]

investigação do sistema: A fase inicial no desenvolvimento de um sistema de informações de negócios novo ou modificado, cujo objetivo é obter uma compreensão clara das especificidades do problema a ser resolvido ou a oportunidade de abordá-lo.

Investigação do sistema

Investigação do sistema é a fase inicial no desenvolvimento de um sistema de informação de negócios novo ou modificado, cujo objetivo é obter uma compreensão clara das especificidades do problema a ser resolvido ou a oportunidade de abordar. Qual é o escopo do problema? Quem é afetado e como? Com que frequência isso ocorre? Depois de obter uma boa compreensão do problema, a próxima pergunta é: Vale a pena abordar o problema?. Dado que as organizações têm recursos limitados — pessoas e dinheiro — essa questão merece atenção cuidadosa.

Quais são os custos potenciais, tanto os custos iniciais únicos quanto os custos recorrentes? Quais riscos estão associados ao projeto? Se for bem-sucedido, quais benefícios, tangíveis e intangíveis, o sistema fornecerá? As etapas da fase de investigação são descritas a seguir e discutidas nas próximas páginas:

1. Examinar a solicitação de investigação do sistema.
2. Identificar e recrutar o líder e os membros da equipe.
3. Elaborar o orçamento e cronograma para investigação.
4. Realizar a investigação.
5. Realizar uma análise de viabilidade preliminar.
6. Elaborar o rascunho do relatório de investigação.
7. Avaliar os resultados da investigação com a equipe de direção.

Examinar a solicitação de investigação do sistema

Como as solicitações de desenvolvimento de sistemas podem exigir tempo e esforço consideráveis para serem investigadas, muitas organizações adotaram um procedimento formal para iniciar uma investigação de sistema. Idealmente, uma solicitação de investigação do sistema é concluída por membros da organização que serão mais afetados pelo sistema novo ou modificado. Essa solicitação normalmente inclui as seguintes informações:

- Uma declaração preliminar do problema ou oportunidade a ser abordada (isso será refinado durante a investigação).
- Uma breve discussão de como esse esforço se alinha com os objetivos, metas e estratégias da empresa e da organização previamente definidas.
- Identificação das áreas gerais do negócio e processos de negócios a serem incluídos no escopo do estudo (por exemplo, o tratamento de descontos para clientes no sistema de processamento de pedidos).

As informações na solicitação do sistema ajudam a alta administração a racionalizar e priorizar as atividades do departamento de SI e a decidir quais projetos de investigação devem ser alocados. Com base no plano geral de SI, nas necessidades e objetivos da organização e no valor estimado e na prioridade dos projetos propostos, os gestores tomam decisões sobre quais solicitações de investigação do sistema serão aprovadas.

Identificar e recrutar o líder e os membros da equipe

Depois que os gestores concedem aprovação para iniciar uma investigação do sistema, a próxima etapa é identificar e recrutar a pessoa que vai liderar a fase de investigação, seguida pelos outros membros da equipe de investigação. Os membros da equipe de investigação são responsáveis por coletar e analisar os dados, preparar um relatório da fase de investigação e apresentar os resultados à equipe de coordenação do projeto. A equipe de investigação do sistema pode ser bastante diversificada, geralmente com membros localizados ao redor do mundo. Conhecimento de negócios das áreas em estudo, comunicação e colaboração são as chaves para equipes de investigação bem-sucedidas. Os membros da equipe de desenvolvimento podem mudar conforme o projeto avança pelas várias fases de desenvolvimento, dependendo do conhecimento, da experiência e das habilidades necessárias durante cada fase.

Desenvolver orçamento e cronograma para investigação

Depois que a equipe é formada, seus membros trabalham juntos para desenvolver uma lista de objetivos e atividades específicos que devem ser realizados durante a fase de investigação do sistema, além de um cronograma para a conclusão do trabalho. A equipe estabelece marcos principais para ajudar a monitorar o progresso e determinar se ocorrem problemas ou atrasos na execução da investigação do sistema. O grupo também prepara um orçamento para concluir a investigação, incluindo qualquer viagem e fundos necessários para cobrir o uso de quaisquer recursos externos ou consultores.

Realizar a investigação

As principais tarefas a serem executadas durante a investigação incluem o refinamento da definição inicial do problema e do escopo descrito na solicitação de investigação do sistema, identificando os requisitos de negócios de alto nível que o sistema deve atender e identificando quaisquer problemas ou riscos associados ao projeto.

Desenvolvimento de aplicativos em conjunto

desenvolvimento de aplicativos em conjunto (JAD): Um processo de reunião estruturado que pode acelerar e melhorar a eficiência e eficácia das fases de investigação, análise e design de um projeto de desenvolvimento de sistema.

Desenvolvimento de aplicativos em conjunto (*joint application development – JAD*) é um processo de reunião estruturado que pode acelerar e melhorar a eficiência e a eficácia não apenas da fase de investigação, mas também das fases de análise e design de um projeto de desenvolvimento de sistemas. O JAD envolve reuniões cuidadosamente planejadas e projetadas nas quais usuários, partes interessadas e profissionais de SI trabalham juntos para analisar sistemas existentes, definir problemas, identificar requisitos de solução e propor e avaliar possíveis soluções, incluindo custos e benefícios (ver Figura 13.4). O processo JAD provou ser extremamente eficaz e eficiente na realização dessas tarefas. Além disso, a natureza altamente participativa das sessões ajuda muito a garantir que as partes interessadas e os usuários aceitem os resultados. Com tecnologia como sistemas de suporte à decisão de grupo e videoconferência, é possível conduzir sessões de JAD eficazes ao vivo com pessoas localizadas em muitos lugares diferentes, sem a necessidade de viagens caras.

FIGURA 13.4
Sessão de JAD
O JAD pode acelerar e melhorar a eficiência e a eficácia das fases de investigação, análise e design de um projeto de desenvolvimento de sistemas.

O sucesso ou fracasso de uma sessão de JAD depende de quão bem o facilitador JAD planeja e gerencia a sessão. Não é incomum que o facilitador gaste três horas planejando e se preparando para cada hora de duração da sessão de JAD. Além disso, os participantes de uma sessão de JAD devem ser cuidadosamente escolhidos para incluir usuários do sistema, bem como pessoas de outras áreas que provavelmente serão afetadas, fornecerão informações ou receberão resultados do sistema. Idealmente, pessoas do nível operacional e do nível executivo comparecerão. A Tabela 13.4 identifica os participantes da sessão de JAD, bem como sua função e qualificações.

TABELA 13.4 Participantes da JAD e suas funções

Função	Responsabilidades	Qualificações
Facilitador	• Determinar o objetivo da sessão de JAD. • Planejar a sessão de JAD para cumprir os objetivos. • Liderar a sessão de JAD. • Incentivar a participação de todos.	• Excelente facilitador de reuniões. • Imparcial e não toma partido.
Tomadores de decisão	• Resolver conflitos. • Evitar travamentos.	• Partes interessadas selecionadas pelo patrocinador do projeto para tomar decisões. • Ter autoridade e disposição para tomar decisões.
Usuários	• Descrever o negócio como ele é e como deveria ser. • Fornecer experiência empresarial. • Definir problemas, identificar benefícios potenciais, analisar o sistema existente, definir requisitos de um novo sistema e propor e avaliar possíveis soluções.	• Representam todas as principais áreas afetadas. • Especialistas em sua área de negócios.
Desenvolvedores de sistema	• Observar cuidadosamente. • Oferecer parecer técnico sobre custo ou viabilidade, se solicitado. • Obter uma compreensão profunda das necessidades e desejos dos clientes.	• Membro da equipe de desenvolvimento de sistemas.
Relator	• Participar da discussão para esclarecer pontos e capturá-los com precisão. • Documentar os pontos-chave, problemas, próximas etapas e decisões ao longo da sessão de JAD. • Publicar os resultados da sessão de JAD e solicitar feedback.	• Excelentes habilidades de escuta. • Experiência no uso de ferramentas de engenharia de software para documentar requisitos e criar modelos de sistema.

A empresa de consultoria Pierson Requirements Group usa JAD para trabalhar diariamente com seus clientes para fornecer soluções de análise de negócios e treinamento de melhoria de processos.[12]

Decomposição funcional

decomposição funcional: Uma técnica que envolve dividir problemas ou sistemas complexos em partes menores, tornando-os mais fáceis de gerenciar e entender.

Decomposição funcional é uma técnica que envolve dividir um sistema ou problema complexo em partes menores que são mais gerenciáveis e fáceis de entender. É frequentemente utilizado durante a fase de investigação para definir os processos de negócios incluídos no escopo do sistema. Lembre-se de que um processo é um conjunto de tarefas logicamente relacionadas realizadas para atingir um resultado definido. Um processo geralmente é iniciado em resposta a um evento específico e requer uma entrada que ele processa para criar uma saída. Frequentemente, é gerado um feedback que é utilizado para monitorar e refinar o processo.

Para criar um gráfico de decomposição funcional (ver Figura 13.5), comece com o nome do sistema e, em seguida, identifique os processos de nível mais alto a serem executados. Cada processo deve ter um nome de "verbo–sujeito" de duas palavras que defina claramente o processo. Em seguida, divida esses processos de alto nível em subprocessos de nível inferior. Para a fase de investigação do sistema, dois ou três níveis de decomposição geralmente são suficientes para definir o escopo do sistema.

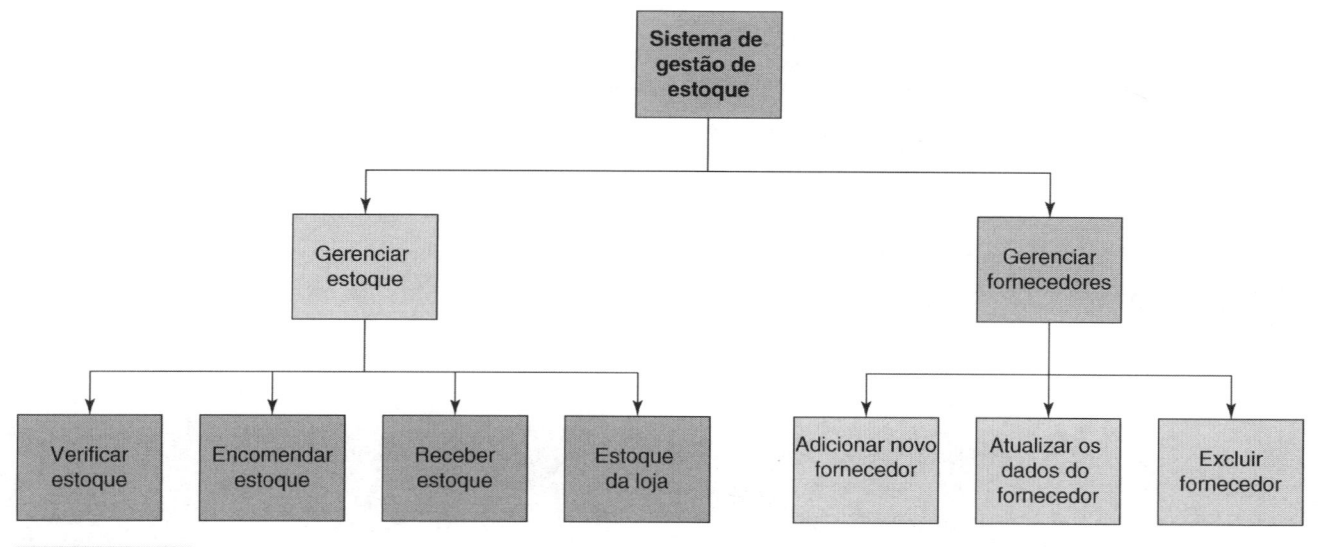

FIGURA 13.5
Gráfico de decomposição funcional
A decomposição funcional é utilizada para definir o escopo do sistema.

Realizar análise de viabilidade preliminar

A viabilidade técnica, econômica, jurídica, operacional e de cronograma é avaliada durante a **análise de viabilidade**, que é apenas uma análise preliminar que será repetida com mais precisão durante as fases de análise e design, quando mais detalhes sobre o sistema e seus requisitos forem conhecidos.

Viabilidade técnica examina se um projeto é viável dentro dos limites atuais da tecnologia disponível. Determinar a viabilidade técnica é crucial quando uma nova tecnologia está sendo considerada para uso dentro da organização, antes de seu uso generalizado. O setor agrícola está procurando maneiras de combater os altos custos de mão de obra usando sensores para obter dados sobre os compostos de nutrientes específicos exigidos pelas safras ao longo da estação de cultivo e, em seguida, empregando robôs e drones para aplicar os nutrientes necessários apenas onde for necessário. Os fazendeiros e as empresas de tecnologia com as quais trabalham estão analisando os estudos de viabilidade técnica (e econômica) para determinar a melhor maneira de aproveitar a tecnologia agrícola de precisão.[13]

Viabilidade econômica determina se os benefícios esperados associados ao projeto superam os custos esperados o suficiente para tornar o projeto financeiramente atraente. As estimativas de custo e benefício devem ser feitas para vários anos para permitir o cálculo da taxa interna de retorno ou valor presente líquido do projeto. É importante reconhecer que, nesse estágio inicial do processo de desenvolvimento, os valores de custo e benefício são estimativas aproximadas e estão sujeitas a alterações caso o projeto continue. Portanto, embora a matemática envolvida possa fazer parecer que os resultados são precisos, o resultado não é mais preciso do que as estimativas de fluxo de caixa, que muitas vezes não são mais do que suposições refinadas. A Tabela 13.5 lista alguns dos custos e benefícios típicos que precisam ser considerados.

análise de viabilidade: Uma avaliação da viabilidade técnica, econômica, jurídica, operacional e de cronograma de um projeto.

viabilidade técnica: O processo de determinar se um projeto é viável dentro dos limites atuais da tecnologia disponível.

viabilidade econômica: O processo de determinar se o projeto faz sentido financeiro e se os benefícios previstos compensam o custo e o tempo necessários para obtê-los.

TABELA 13.5 Tabela de custo/benefício

Custos	Ano 1	Ano 2	Ano...	Ano N
Custos para analisar, projetar, criar, integrar e testar e implementar o sistema				
Funcionários				
Fornecedor				
Customização de software				

Custos	Ano 1	Ano 2	Ano...	Ano N
Viagem				
Custos de hardware				
Custos de ferramentas de software				
Outros custos				
Custos iniciais para estabelecer o sistema				
Taxas de licença de software				
Novos custos de hardware				
Custo para atualizar o hardware existente				
Custo para atualizar a rede				
Treinamento de usuário				
Compra de quaisquer dados necessários				
Custo para migrar os dados existentes para o novo sistema				
Outros custos				
Custos operacionais contínuos				
Aluguel de software ou taxas de aluguel				
Aluguel de hardware ou taxas de aluguel				
Taxas de uso de rede				
Operações do sistema e equipe de suporte				
Treinamento de usuário				
Aumento de instalações elétricas e outras				
Custos associados à recuperação de desastres				
Outros custos				
Benefícios tangíveis (podem ser quantificados em dólares)				
Redução nos custos atuais				
Redução da equipe atual				
Redução nos níveis de estoque				
Redução nos custos de hardware de computador				
Redução nos custos de software				
Custos reduzidos				
Aumento da receita				
Aumento nas vendas ao alcançar novos clientes				
Aumento nas vendas cobrando mais				
Aceleração do fluxo de caixa				
Outros aumentos na receita				
Benefícios intangíveis (difícil de quantificar em dólares)				
Melhor atendimento ao cliente				
Melhoria da moral do funcionário				

As organizações devem evitar gastar mais do que o apropriado, pois o sucesso ou o fracasso de um esforço de desenvolvimento de sistema será, pelo menos até certo ponto, medido em relação ao cumprimento do orçamento do projeto. Os projetos de sistemas podem falhar por vários motivos, mas estourar o orçamento é um dos motivos que pode custar tempo e reputação às empresas. Um projeto que foi registrado como um fracasso foi o sistema de registro eletrônico de saúde da Guarda Costeira dos EUA. O projeto começou em setembro de 2010 e terminou em setembro de 2015. A Guarda Costeira encerrou oficialmente o projeto em abril de 2016. Após dois anos examinando o projeto, uma audiência do subcomitê da Câmara revelou que a falta de supervisão da gestão permitiu que o projeto existisse com "desenvolvimento de sistemas, gestão e práticas de governança deficientes ou inexistentes". Esse projeto fracassado acumulou um preço total de mais de US$ 67 milhões de dólares, excluindo o custo de pessoal.[14]

viabilidade legal: O processo de determinar se as leis ou regulamentos podem impedir ou limitar um projeto de desenvolvimento de sistema.

Viabilidade legal é o processo de determinar se as leis ou regulamentos podem impedir ou limitar um projeto de desenvolvimento de sistemas. A viabilidade legal envolve uma análise das leis existentes e futuras para determinar a probabilidade de ação legal contra o projeto de desenvolvimento do sistema e as possíveis consequências de tal ação. Por exemplo, quase todos os países da Europa e muitos da América Latina, Ásia e África implementaram leis de proteção de dados que proíbem a divulgação ou o uso indevido de informações mantidas por particulares. Essas leis possibilitam que os departamentos de recursos humanos de empresas multinacionais compartilhem dados pessoais de funcionários entre países apenas em circunstâncias limitadas.

viabilidade operacional: O processo de determinar como um sistema será aceito pelas pessoas e quão bem ele atenderá às várias expectativas de desempenho do sistema.

Viabilidade operacional é o processo de determinar como um sistema será aceito pelas pessoas e quão bem ele atenderá às várias expectativas de desempenho do sistema. Avaliar a viabilidade operacional de um projeto inclui levar em consideração questões pessoais, como superar a resistência dos funcionários à mudança, obter suporte gerencial para o sistema, fornecer motivação e treinamento suficientes e racionalizar quaisquer conflitos com as normas e políticas organizacionais. Em outras palavras, se o sistema for desenvolvido, ele será utilizado? A viabilidade operacional também considera a necessidade de atender a certos requisitos de desempenho do sistema (por exemplo, tempo de resposta para transações on-line frequentes, número de usuários simultâneos que deve suportar, confiabilidade e facilidade de uso) que são considerados importantes para os usuários do sistema e as partes interessadas.

viabilidade de cronograma: O processo de determinar se o projeto pode ser concluído dentro de um período de tempo desejado.

Viabilidade do cronograma é o processo de determinar se um projeto pode ser concluído dentro de um período desejado. Esse processo envolve o equilíbrio dos requisitos de tempo e recursos do projeto com outros projetos. Por exemplo, muitos projetos que envolvem a entrega de um novo sistema de informações financeiras têm uma data de início desejada no início do ano fiscal da organização. Infelizmente, nem sempre é possível cumprir essa data e, portanto, um compromisso deve ser feito — entregar parte do sistema no início do ano fiscal ou esperar mais um ano para entregar o sistema completo.

Preparar rascunho do relatório de investigação

relatório de investigação do sistema: Um resumo dos resultados da investigação do sistema, com uma recomendação de um curso de ação.

A investigação do sistema termina com a produção de um **relatório de investigação do sistema** que resume os resultados da investigação do sistema e recomenda um curso de ação: continuar com a análise do sistema, modificar o projeto de alguma maneira e talvez repetir a investigação do sistema ou abandonar o projeto completamente (ver Figura 13.6). Um sumário típico para um relatório de investigação do sistema é mostrado na Figura 13.7.

FIGURA 13.6
Recomendação de investigação do sistema
O relatório de investigação do sistema resume os resultados da investigação do sistema e recomenda um curso de ação.

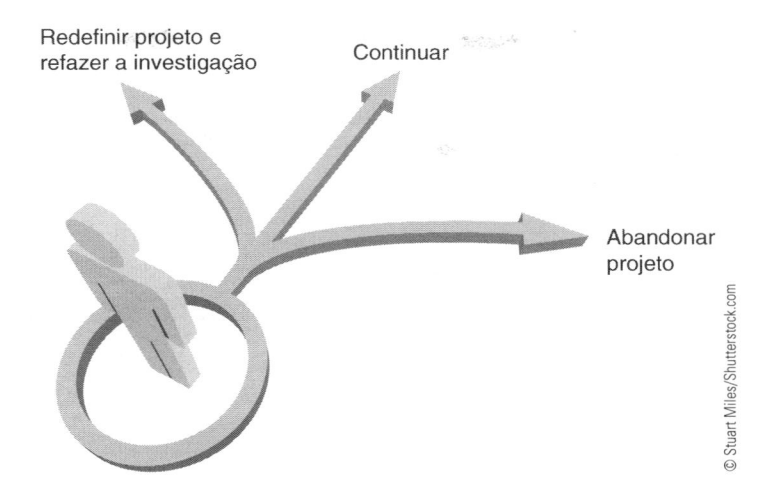

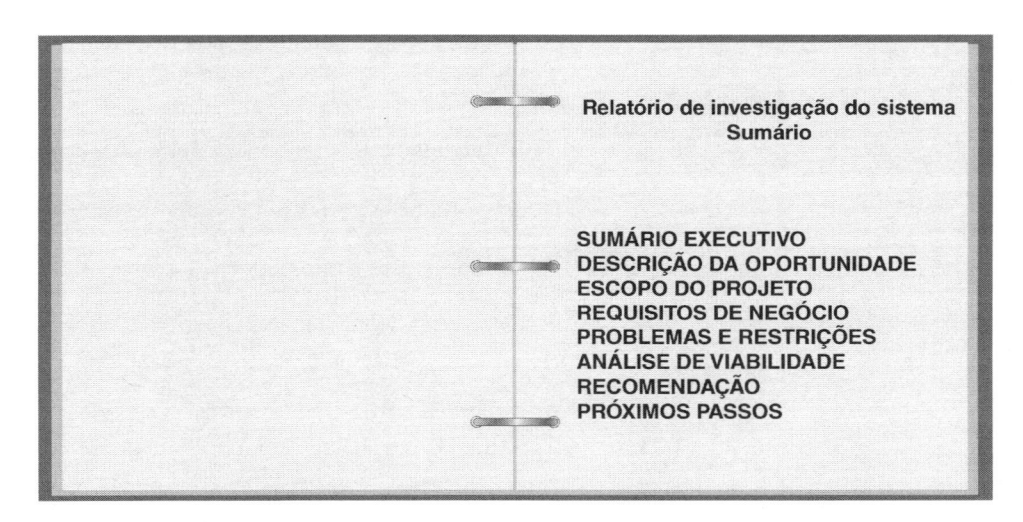

Redefinir projeto e refazer a investigação
Continuar
Abandonar projeto

Relatório de investigação do sistema
Sumário

SUMÁRIO EXECUTIVO
DESCRIÇÃO DA OPORTUNIDADE
ESCOPO DO PROJETO
REQUISITOS DE NEGÓCIO
PROBLEMAS E RESTRIÇÕES
ANÁLISE DE VIABILIDADE
RECOMENDAÇÃO
PRÓXIMOS PASSOS

FIGURA 13.7
Sumário para um relatório de investigação do sistema
Um relatório de investigação de sistema típico começa com um resumo executivo e termina com uma lista das próximas etapas.

Revise os resultados da investigação com a equipe de direção

O relatório de investigação do sistema é revisado com a equipe de direção para obter sua opinião e conselho. Normalmente, o relatório escrito é compartilhado com antecedência e, em seguida, o gestor do projeto e membros selecionados da equipe se reúnem com a equipe de direção para apresentar suas recomendações.

Após examinar o projeto, a equipe de direção pode concordar com as recomendações da equipe de desenvolvimento de sistemas ou sugerir uma mudança no foco do projeto para se concentrar mais diretamente no cumprimento de um objetivo específico da empresa. Outra alternativa é que todos podem decidir que o projeto não é viável e, assim, cancelar o esforço. Essa informação é utilizada para finalizar o relatório de investigação do sistema.

Análise de sistemas

Depois que um projeto concluiu a fase de investigação e foi aprovado para estudos adicionais, a próxima etapa é responder à pergunta: "O que o sistema de informação deve fazer para resolver o problema ou capitalizar a oportunidade?". A ênfase geral da análise de sistema é coletar dados sobre o sistema existente, determinar os requisitos para o novo sistema, considerar alternativas dentro das restrições identificadas e investigar a viabilidade de soluções alternativas. O principal resultado da análise do sistema é uma lista priorizada dos requisitos do sistema e uma recomendação de como prosseguir com o projeto. As etapas da fase de análise do sistema são descritas a seguir e discutidas nas próximas páginas. Observe que muitas das etapas também foram realizadas durante a investigação do sistema:

1. Identificar e recrutar o líder e os membros da equipe.
2. Elaborar o orçamento e cronograma para atividades de análise de sistema.
3. Estudar o sistema existente.
4. Desenvolver um conjunto priorizado de requisitos.
5. Identificar e avaliar soluções alternativas.
6. Realizar análises de viabilidade.
7. Preparar o rascunho do relatório de análise do sistema.
8. Revisar os resultados da análise do sistema com a equipe de direção.

análise de sistema: A fase de desenvolvimento de sistemas que se concentra na coleta de dados sobre o sistema existente, determinando os requisitos para o novo sistema, considerando alternativas dentro das restrições identificadas e investigando a viabilidade de soluções alternativas.

O Departamento de Polícia de Los Angeles (*Los Angeles Police Department* – LAPD) é composto de mais de 9 mil policiais e atende a 3,9 milhões de habitantes espalhados pelos 1.302 km² da cidade. O LAPD conduziu uma análise do sistema para definir os requisitos para um Sistema de Uso da Força (*Use of Force System* – UOFS) com o intuito monitorar o desempenho e o comportamento dos oficiais. O UOFS coleta informações sobre cada uso de incidente de força, incluindo suspeitos, oficiais e dados de testemunhas. O aplicativo impõe uma série de regras de negócios que aciona uma revisão e uma investigação sobre o uso da força pelas partes apropriadas, geralmente por vários níveis de gestão do LAPD.[15]

Identificar e recrutar o líder e os membros da equipe

Em muitos casos, há alguma rotatividade de pessoal quando um projeto passa da fase de investigação do sistema para a fase de análise do sistema. Alguns membros da equipe do projeto podem não estar mais disponíveis para participar do projeto e novos membros com um conjunto diferente de habilidades e conhecimentos podem ser necessários. Portanto, a primeira etapa na análise do sistema é identificar e recrutar o líder da equipe e seus membros. Idealmente, alguns membros da equipe de investigação original participarão da análise do sistema para fornecer a continuidade do projeto.

Desenvolver orçamento e cronograma para atividades de análise do sistema

Depois que os participantes da fase de análise do sistema são determinados, a equipe desenvolve uma lista de objetivos e atividades específicos necessários para concluir a análise do sistema. A equipe também estabelece um cronograma — completo, com marcos principais para monitorar o progresso do projeto. O grupo também prepara um orçamento dos recursos necessários para completar a análise do sistema, incluindo quaisquer despesas de viagem necessárias e também de fundos para cobrir o uso de recursos externos.

Estudo do sistema existente

O objetivo de estudar o sistema é identificar as forças e fraquezas do sistema existente e examinar as entradas, saídas, processos, segurança e controles atuais e o desempenho do sistema. Embora a análise do sistema existente seja importante para compreender a situação atual, a equipe de estudo deve reconhecer que, após um ponto de diminuição dos retornos, um estudo mais aprofundado do sistema existente não produzirá informações úteis adicionais.

Muitas fontes úteis de informações sobre o sistema existente estão disponíveis, conforme mostrado na Figura 13.8. Sessões de JAD, observação direta com um ou mais membros da equipe de análise observando diretamente o sistema existente em ação e pesquisas são frequentemente utilizadas para descobrir informações pertinentes de várias fontes.

FIGURA 13.8
Fontes internas e externas de dados para análise do sistema
Sessões de JAD, observação direta e pesquisas são frequentemente utilizadas para descobrir dados de várias fontes.

Fontes internas
- Usuários, partes interessadas, gerentes
- Gráficos da organização
- Formulários e documentos
- Manuais e políticas de procedimento
- Relatórios financeiros
- Manuais de SI
- Outras formas de medir os processos do negócio

Fontes externas
- Clientes
- Fornecedores
- Partes interessadas
- Agências do governo
- Concorrentes
- Grupos externos
- Periódicos etc.
- Consultores

Desenvolver um conjunto priorizado de requisitos

O objetivo dessa etapa é determinar as necessidades do usuário, das partes interessadas e da organização para o sistema novo ou modificado. Um conjunto de requisitos deve ser determinado para processos do sistema (incluindo entradas, processamento, saídas e feedback), bancos de dados, segurança e controles e desempenho do sistema (ver Figura 13.9). Conforme os requisitos são identificados, uma tentativa é feita para priorizar cada um deles usando as seguintes categorias:

- **Crítico.** Quase todos os usuários concordam que o sistema simplesmente não é aceitável, a menos que execute essa função ou forneça esse recurso. A falta de um recurso ou capacidade crítica faria com que os usuários interrompessem o projeto.
- **Alta prioridade.** A maioria dos usuários tem uma lista de itens de alta prioridade que consideram requisitos essenciais, mesmo que não sejam cruciais. Embora esses itens não impeçam o projeto de avançar, eles são identificados como requisitos para os quais não há solução alternativa. Esses são os itens nos quais a equipe de desenvolvimento deve se concentrar em primeiro lugar na lista de detalhes do projeto.
- **Prioridade média.** A maioria dos usuários concorda que, embora seu trabalho seja um pouco prejudicado, o sistema ainda será eficaz sem recursos ou capacidades identificados como de prioridade média. Alguns usuários podem argumentar fortemente sobre esse recurso ou capacidade, mas, ao final, gostariam que o projeto continuasse mesmo sem esse recurso.
- **Baixa prioridade.** A maioria dos usuários concorda que sua capacidade de utilizar o sistema para realizar seu trabalho será minimamente prejudicada pela falta de um recurso ou capacidade de baixa prioridade, embora seja "bom ter". Quase nenhum usuário defende fortemente esse recurso ou capacidade.

FIGURA 13.9
Definição de requisitos do sistema
Os requisitos do sistema devem ser verificados quanto à consistência para que todos se encaixem.

[Figura: quebra-cabeça com quatro peças rotuladas "Processos", "Bancos de dados", "Segurança e controles", "Desempenho do sistema". Fonte: zentilia/Shutterstock.com]

Identificar, confirmar e priorizar os requisitos do sistema é talvez a etapa mais crítica em todo o processo de desenvolvimento de sistemas Waterfall, porque a falha em identificar um requisito ou uma definição incorreta de um requisito pode não ser descoberta até muito mais tarde no projeto, causando muito retrabalho, custos adicionais e atraso no esforço do sistema.

O uso de sessões de JAD com uma seção cruzada de usuários e partes interessadas no projeto é uma forma eficaz de definir os requisitos do sistema. Uma técnica frequentemente utilizada em uma sessão de JAD é pedir aos gestores e tomadores de decisão que listem apenas os fatores que são críticos para o sucesso de suas áreas da organização. Um fator crítico de sucesso (FCS) para um gestor de produção pode ser a matéria-prima adequada dos fornecedores, enquanto um FCS para um representante de vendas pode ser uma lista de clientes que estão comprando um determinado tipo de produto. A partir desses FCSs, os processos, bancos de dados, segurança e controle e requisitos de desempenho associados a cada FCS podem ser identificados.

Processos

A decomposição funcional realizada durante a fase de investigação identifica a maioria dos processos a serem incluídos no escopo de um novo sistema. Agora, para evitar atrasos no projeto, os processos devem ser mais bem definidos para que sejam práticos, eficientes, econômicos, precisos e oportunos. Além disso, os indivíduos ou organizações responsáveis por concluir cada etapa do processo devem ser identificados.

Um processo requer uma entrada que ele usa para criar uma saída. Frequentemente, o feedback é gerado. As perguntas que precisam ser respondidas durante a análise do sistema são: "Quais entidades de dados são necessárias, de onde esses dados virão, quais métodos serão utilizados para coletar e inserir os dados, quem é responsável pela entrada de dados e quais edições devem ser realizadas nos dados de entrada para garantir que sejam precisos e completos?". Outra consideração importante é a criação de uma trilha de auditoria que registre a origem de cada item de dados, quando ele entrou no sistema e quem o inseriu. A trilha de auditoria também pode precisar capturar quando os dados são acessados ou alterados e por quem.

Como o sucesso de um novo sistema depende muito da aceitabilidade de sua saída, a identificação das saídas comuns do sistema — como relatórios impressos, telas e arquivos — é crítica para desenvolver um conjunto completo de requisitos do sistema.

Diagrama de fluxo de dados

diagrama de fluxo de dados (DFD): Um diagrama utilizado durante as fases de análise e design para documentar os processos do sistema atual ou para fornecer um modelo de um novo sistema proposto.

Um **diagrama de fluxo de dados (DFD)** é o diagrama utilizado durante as fases de análise e design para documentar os processos do sistema atual ou para fornecer o modelo do novo sistema proposto. Um DFD mostra não apenas os vários processos dentro do sistema, mas também de onde vêm os dados necessários para cada processo, para onde a saída de cada processo será enviada e quais dados serão armazenados e onde. O DFD não fornece nenhuma informação sobre o tempo do processo (por exemplo, se os vários processos acontecem em sequência ou são paralelos).

Os DFDs são fáceis de desenvolver e facilmente compreendidos por pessoas não técnicas. Os DFDs de dados utilizam quatro símbolos principais:

- A linha do fluxo de dados inclui setas que mostram a direção da movimentação de dados.
- O símbolo do processo identifica a função que está sendo executada (por exemplo, verificar o *status*, mensagem de status do problema).
- O símbolo da entidade mostra a origem ou o destino dos dados (por exemplo, cliente, depósito).
- Um símbolo de armazenamento de dados revela o local de armazenamento para dados (por exemplo, pedidos pendentes, contas a receber).

A Figura 13.10 mostra um DFD nível 1. Cada um dos processos mostrados nesse diagrama pode ser documentado com mais detalhes para mostrar os subprocessos e criar um DFD de nível 2. Frequentemente, DFDs de nível 3 são criados e utilizados nas fases de análise e design.

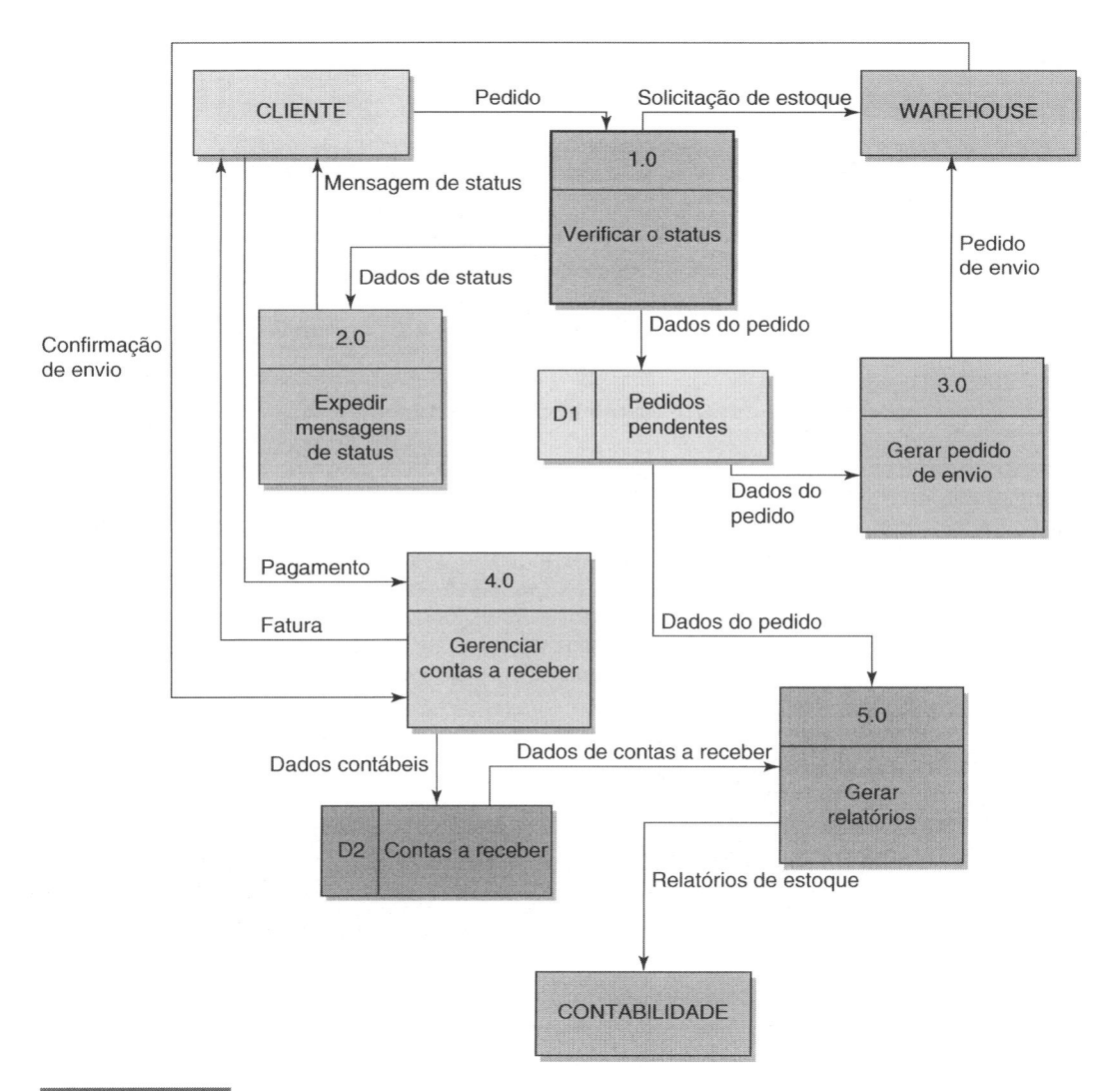

FIGURA 13.10
Diagrama de fluxo de dados
Um diagrama de fluxo de dados documenta os processos do sistema atual ou fornece um modelo do novo sistema proposto.

Bancos de dados

Modelagem de dados é o processo de definir os bancos de dados dos quais o sistema extrairá dados e também de quaisquer novos bancos de dados que ele criar. O uso de diagramas entidade-relacionamento (ER) é uma técnica frequentemente utilizada para essa etapa crucial. Um diagrama ER é utilizado para mostrar relacionamentos lógicos entre entidades de dados, como na Figura 13.11. Um diagrama ER (ou qualquer outra ferramenta de modelagem) não pode, por si só, descrever totalmente um problema ou solução de negócios porque carece de descrições das atividades relacionadas. No entanto, é um bom lugar para começar porque descreve os tipos de entidade e atributos sobre os quais os dados podem precisar ser coletados para processamento.

FIGURA 13.11
Diagrama entidade-relacionamento (ER) para um banco de dados de pedidos de clientes
O desenvolvimento de diagramas ER ajuda a garantir que a estrutura lógica dos programas aplicativos seja consistente com os relacionamentos de dados no banco de dados.

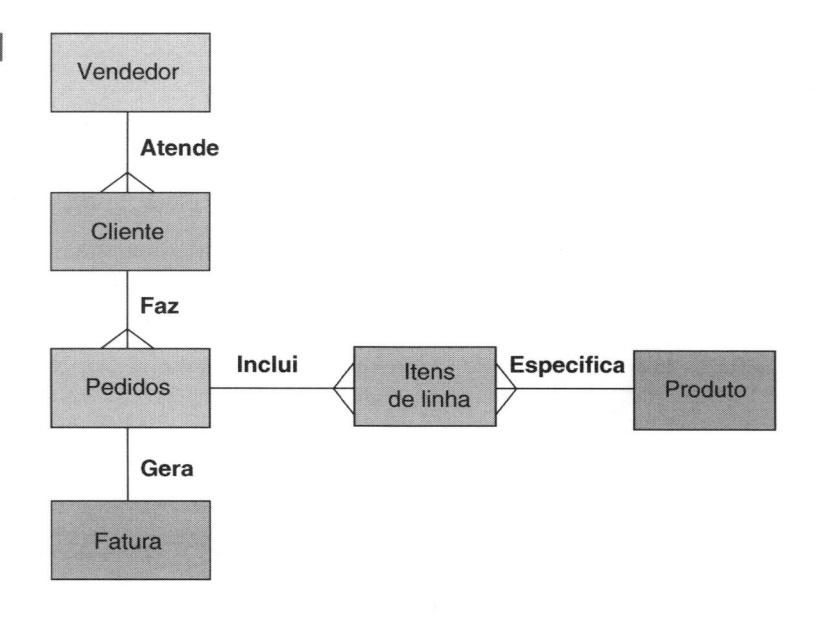

Segurança e controle

As considerações de segurança e controle precisam ser parte integrante de todo o processo de desenvolvimento de sistemas. Infelizmente, eles são tratados no geral como uma reflexão tardia — apenas tratados depois que os requisitos do sistema foram definidos e o design do sistema está em andamento. Essa abordagem geralmente leva a problemas que se tornam vulnerabilidades de segurança, que podem causar grandes violações de segurança, resultando em despesas legais e de modificação do sistema significativas. Uma abordagem mais eficaz e menos dispendiosa é definir os requisitos de segurança e controle quando outros requisitos do sistema estiverem sendo identificados. A lista a seguir fornece exemplos de áreas para as quais pode ser preciso definir requisitos de segurança e controle:[16]

- Controles de acesso, incluindo controles para autenticar e permitir acesso apenas a indivíduos autorizados.
- Criptografia de informações eletrônicas do cliente, incluindo aquelas em trânsito ou armazenadas em redes ou sistemas aos quais pessoas não autorizadas possam ter acesso.
- Procedimentos de controle duplo, segregação de funções e verificações do histórico dos funcionários com responsabilidades ou acesso a informações confidenciais de clientes, funcionários ou organizações.
- Sistemas de monitoramento e procedimentos para detectar ataques reais e tentativas de ataques ou invasões aos sistemas de informação.
- Medidas de proteção contra destruição, perda ou dano de dados confidenciais de clientes, funcionários ou organizações devido a riscos ambientais em potencial, como incêndio e inundação, falhas tecnológicas ou desastres, como furacões e terrorismo.
- Procedimentos de retomada de negócios para colocar o sistema em funcionamento sem grandes interrupções nos negócios e sem perda de dados em caso de desastres (por exemplo, incêndio, furacão, terrorismo).

Pessoas com interesse especial em segurança e controle incluem os auditores internos da organização e membros da alta administração. Eles devem fornecer informações e conselhos durante as fases de análise e design do sistema.

Os requisitos de segurança e controle do sistema precisam ser definidos no contexto das políticas, padrões e diretrizes existentes da organização (ver Figura 13.12). Por exemplo, a Lei Gramm-Leach-Bliley exige que as empresas legalmente definidas como instituições financeiras garantam a segurança e a confidencialidade das informações dos clientes. Assim, as instituições financeiras estabeleceram políticas, padrões e diretrizes aos quais qualquer novo sistema de informação deve aderir.

FIGURA 13.12
Contexto para novos requisitos de segurança e controle do sistema
Os novos requisitos de segurança e controle do sistema devem ser desenvolvidos dentro das políticas, padrões e diretrizes existentes da organização.

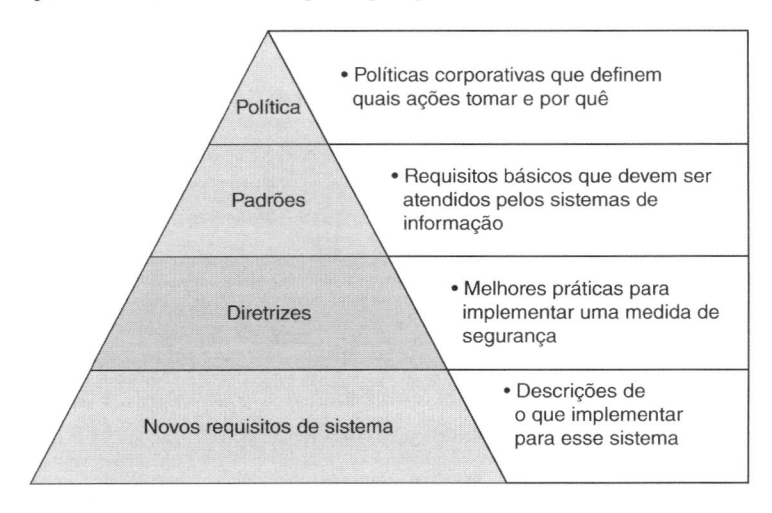

Pirâmide com os níveis:
- **Política**: Políticas corporativas que definem quais ações tomar e por quê
- **Padrões**: Requisitos básicos que devem ser atendidos pelos sistemas de informação
- **Diretrizes**: Melhores práticas para implementar uma medida de segurança
- **Novos requisitos de sistema**: Descrições de o que implementar para esse sistema

Desempenho do sistema

O desempenho de um sistema pode ser medido por meio de seus requisitos de desempenho. O não cumprimento desses requisitos de desempenho do sistema resulta em funcionários improdutivos, clientes insatisfeitos e oportunidades perdidas de entregar excelentes resultados de negócios. O desempenho do sistema é geralmente determinado por fatores como os seguintes:

- **Oportunidade de produção.** O sistema está gerando resultados a tempo de atender às metas organizacionais e aos objetivos operacionais? Depois que a GEICO começou a anunciar que os clientes poderiam economizar 15% no seguro de automóveis em apenas 15 minutos, a velocidade se tornou um fator-chave para muitas pessoas quando selecionam uma seguradora. A Nationwide promove sua ferramenta on-line como o caminho mais rápido para uma rápida cotação do seguro do automóvel, e a companhia de seguros The General afirma: "Dê-nos dois minutos e nós lhe daremos a cotação do seguro do automóvel".
- **Fácil de utilizar.** O desenvolvimento de aplicativos que gestores e funcionários podem aprender e utilizar facilmente é essencial para garantir que as pessoas trabalharão com os aplicativos de forma produtiva.
- **Escalabilidade.** Um sistema de informações escalável pode lidar com o crescimento e o volume dos negócios sem uma degradação perceptível no desempenho.
- **Tempo de resposta do sistema.** O tempo médio de resposta para transações on-line frequentes é um fator-chave para determinar a produtividade do funcionário e o atendimento ao cliente.
- **Disponibilidade.** A disponibilidade mede as horas por mês em que o sistema está programado para estar disponível para uso. Normalmente, os sistemas devem ficar indisponíveis algumas horas por semana para permitir atualizações e manutenção do software.
- **Confiabilidade.** A confiabilidade mede as horas em que o sistema está disponível para uso dividido pelas horas que está programado para estar disponível e é expressa como uma porcentagem. A produtividade do funcionário diminui e a insatisfação do cliente aumenta à medida que a confiabilidade do sistema diminui.

Identificar e avaliar soluções alternativas

A equipe de análise deve pensar de forma criativa e considerar várias opções de solução do sistema. Olhando para o problema de maneiras novas ou diferentes, questionando as hipóteses atuais e a maneira como as coisas são feitas hoje, e removendo restrições e barreiras, a equipe está livre para identificar soluções de sistemas de informação altamente criativas e eficazes. Essa análise crítica requer um questionamento imparcial e cuidadoso sobre se os elementos do sistema estão relacionados da maneira mais eficaz, considerando relacionamentos novos ou diferentes entre os elementos do sistema e, possivelmente, introduzindo novos elementos no sistema. A análise crítica também envolve desafiar os usuários sobre suas necessidades e determinar quais são os requisitos realmente cruciais, em vez de recursos "legais de se ter".

O **princípio de Pareto** (também conhecido como regra 80-20) é uma regra prática utilizada em negócios que ajuda as pessoas a se concentrarem nos 20% vitais que geram 80% dos resultados. Esse princípio significa que 80% dos benefícios do sistema desejados podem ser alcançados implementando-se 20% dos requisitos do sistema. Uma opção 80–20 terá baixo custo e cronograma de conclusão rápida em relação a outras opções potenciais. Mas essa opção pode não ser uma solução ideal e até não ser aceitável para os usuários, as partes interessadas e a equipe de direção, que podem estar esperando mais. Soluções candidatas adicionais podem ser definidas para implementar todos ou a maioria dos requisitos de sistema de prioridade crítica e subconjuntos selecionados por equipe dos requisitos de média e baixa prioridade. A Tabela 13.6 ilustra alguns dos muitos candidatos potenciais que a equipe de análise pode querer avaliar.

princípio de Pareto: Uma observação de que, para muitos eventos, cerca de 80% dos efeitos vêm de 20% das causas.

TABELA 13.6 Candidatos adicionais para análise de sistema

Escopo do sistema	Sistema de criação	Pacotes de software integrados
Criar um sistema que atenda a todos os requisitos críticos, mas sem requisitos de média ou baixa prioridade.	Opção nº 1	
Modificar o pacote para que ele atenda a todos os requisitos críticos, mas sem requisitos de média ou baixa prioridade.		Opção nº 2
Criar um sistema que atenda a 20% de todos os requisitos que fornecerá 80% dos benefícios do sistema.	Opção nº 3	
Modificar o pacote para que ele atenda a 20% de todos os requisitos que fornecerão 80% dos benefícios do sistema.		Opção nº 4
Implementar o pacote de software como ele está, sem personalização para permitir que atenda a requisitos exclusivos.		Opção nº 5

Realizar análise de viabilidade

Nesse estágio do processo de desenvolvimento do sistema, a equipe do projeto identificou várias soluções promissoras com base na implementação de todos ou da maioria dos requisitos críticos e vários subconjuntos dos requisitos de média e baixa prioridade. A análise de viabilidade conduzida durante a fase de investigação é repetida para cada uma das soluções candidatas que a equipe deseja considerar. Nesse estágio, a análise pode ser mais aprofundada porque se sabe mais sobre o sistema e seus requisitos, bem como os custos e benefícios das várias opções.

Preparar o rascunho do relatório de análise do sistema

A análise do sistema termina com um relatório formal resumindo as conclusões dessa fase do projeto. O sumário para um relatório de análise de sistema típico é mostrado na Figura 13.13. Esse relatório é uma versão mais detalhada do relatório de investigação do sistema. Nessa fase do projeto, os custos e benefícios devem ser razoavelmente precisos, certamente mais do que no final da fase de investigação.

FIGURA 13.13
Sumário típico para o relatório de um sistema existente
O relatório de análise do sistema é uma versão mais detalhada do relatório de investigação do sistema.

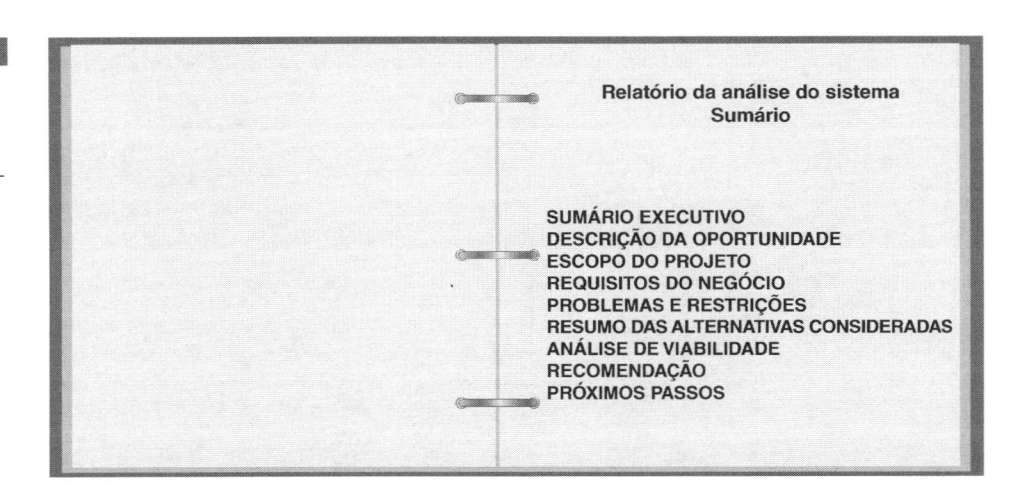

```
Relatório da análise do sistema
           Sumário

SUMÁRIO EXECUTIVO
DESCRIÇÃO DA OPORTUNIDADE
ESCOPO DO PROJETO
REQUISITOS DO NEGÓCIO
PROBLEMAS E RESTRIÇÕES
RESUMO DAS ALTERNATIVAS CONSIDERADAS
ANÁLISE DE VIABILIDADE
RECOMENDAÇÃO
PRÓXIMOS PASSOS
```

Revisar os resultados da análise do sistema com a equipe de direção

O relatório de análise do sistema é apresentado à equipe de direção do projeto com uma recomendação para interromper, revisar ou prosseguir com o projeto de desenvolvimento do sistema. Após a reunião da equipe de direção, a equipe do projeto incorpora as recomendações e mudanças sugeridas no relatório final. Não é incomum que mudanças no escopo, no orçamento, nos benefícios ou no cronograma do projeto sejam solicitadas baseadas nas descobertas da fase de análise. Mas o patrocinador do projeto e a equipe de direção devem solicitar e aprovar formalmente todas as alterações.

Design de sistemas

O objetivo da fase de design do sistema é responder à pergunta: "Como o sistema de informação resolverá esse problema?". O principal resultado da fase de design do sistema é um design técnico que detalha as saídas, entradas, controles e interfaces de usuário do sistema; especifica hardware, software, bancos de dados, telecomunicações, pessoal e procedimentos; e mostra como esses componentes estão inter-relacionados. Em outras palavras, o **design de sistema** cria um conjunto completo de especificações técnicas que podem ser utilizadas para criar o sistema de informação. As etapas da fase de design do sistema são descritas a seguir e discutidas nas páginas seguintes. Novamente, observe que muitas das etapas foram realizadas na fase de investigação e análise do sistema, mas agora são repetidas com informações mais atuais e completas.

design de sistema: O estágio de desenvolvimento do sistema que responde à pergunta: "Como o sistema de informação resolverá um problema?".

1. Identificar e recrutar o líder e os membros da equipe.
2. Desenvolver o cronograma e orçamento para as atividades de design do sistema.
3. Projetar a interface do usuário.
4. Projetar a segurança e os controles do sistema.
5. Projetar plano de recuperação de desastres.
6. Projetar o banco de dados.
7. Realizar análises de viabilidade.
8. Preparar o rascunho de relatório do design de sistema.
9. Avaliar os resultados do design de sistema com a equipe de direção.

Identificar e recrutar o líder e os membros da equipe

Como é provável que haja alguma rotatividade de pessoal ao passar da fase de análise para a fase de design do sistema, a primeira etapa de design do sistema é identificar e recrutar o líder da equipe e os membros. O ideal é que alguns membros da equipe de análise do sistema participem do design de sistema para garantir a continuidade do projeto.

Desenvolver o cronograma e o orçamento para as atividades de design do sistema

A equipe de design do sistema começa desenvolvendo uma lista de objetivos e atividades específicos necessários para concluir a fase de design do sistema. Ela também estabelece um cronograma completo, com os marcos principais para rastrear o andamento do projeto. Algumas tarefas podem envolver o trabalho com a equipe de direção para resolver problemas e questões levantadas durante a avaliação da fase de análise do sistema. O grupo também prepara um orçamento para concluir o design do sistema, incluindo quaisquer custos de viagem e fundos necessários para cobrir o uso de recursos externos.

Projetar a interface do usuário

O modo como os usuários experimentam um sistema de informação determina se o sistema será aceito e utilizado. Ao falar sobre a importância do design da interface do usuário para os produtos de software da Apple, Jef Raskin, um especialista em interface, disse certa vez: "No que diz respeito ao cliente, a interface é o produto".[17]

O design de interface do usuário integra conceitos e métodos da ciência da computação, design gráfico e psicologia para construir interfaces acessíveis, fáceis de utilizar e eficientes. Ao longo dos anos, vários autores identificaram princípios de design da interface do usuário, incluindo os listados na Tabela 13.7.[18,19]

TABELA 13.7 Princípios de bom design da interface do usuário

Princípio	Como aplicar
Esforçar-se para ter consistência	Devem ser necessárias sequências consistentes de ações em situações semelhantes; terminologia idêntica deve ser utilizada em prompts, menus e telas de ajuda; e comandos consistentes devem ser empregados em todo o processo.
Oferecer feedback informativo	Para cada ação do usuário, deve haver algum feedback do sistema. Para ações frequentes e menores, a resposta pode ser modesta, enquanto para ações não frequentes e principais, a resposta deve ser mais substancial.
Oferecer tratamento de erros simples	Tanto quanto possível, projete o sistema de forma que o usuário não cometa erros graves. Se um erro for cometido, o sistema deve ser capaz de detectar o erro e oferecer instruções simples e compreensíveis para lidar com o erro.
Uma ação principal por tela	Cada tela deve suportar uma única ação de valor real para o usuário.
Fornecer divulgação progressiva	Mostrar apenas o necessário em cada tela. Se o usuário estiver fazendo uma escolha, mostre informações suficientes para permitir que o usuário escolha e, em seguida, exiba os detalhes em uma tela subsequente.
Esforçar-se pela integridade estética	Os elementos de design gráfico utilizados em uma interface devem ser simples e claros, agradáveis de ver e de fácil compreensão.

O design da interface do usuário deve considerar vários componentes. A maioria dos sistemas fornece um procedimento de logon que requer números de identificação, senhas e outras proteções para melhorar a segurança e evitar o uso não autorizado. Com um sistema orientado por menu, os usuários selecionam o que desejam fazer em uma lista de alternativas. A maioria das pessoas pode operar facilmente esses tipos de sistemas. Além disso, muitos designers incorporam um recurso de ajuda no sistema ou programa. Quando os usuários desejam saber mais sobre o programa ou recurso de software, ou um tipo de resposta esperada, eles podem ativar o recurso de ajuda. Os sistemas costumam utilizar tabelas de pesquisa para simplificar e reduzir a entrada de dados. Por exemplo, se você estiver inserindo o pedido de venda de uma empresa, poderá digitar sua abreviatura, como ABCO. O programa pesquisa a tabela de clientes, normalmente armazenada em disco, na internet ou outro dispositivo de armazenamento, e procura as informações de que você precisa para concluir o pedido de venda da empresa abreviada como ABCO.

Usando um software de pintura de tela, um analista pode projetar com eficiência os recursos, o layout e o formato das telas da interface do usuário (ver Figura 13.14). Várias telas podem ser vinculadas para simular como o usuário pode se mover de uma tela para outra para realizar tarefas. Conduzir uma sessão de design de tela interativa com alguns usuários por vez é um processo eficaz para definir a interface de usuário do sistema.

FIGURA 13.14
Design da interface do usuário
Os analistas podem desenvolver maquetes de tela e simular como o usuário se move de uma tela para outra.

Projetar a segurança e os controles do sistema

A fase de análise do sistema identificou áreas onde a segurança e os controles do sistema precisam ser definidos. Durante a fase de design, os designers devem desenvolver sistemas de segurança e controles específicos para todos os aspectos do sistema de informação, incluindo hardware, software, sistemas de banco de dados, telecomunicações e operações de internet, conforme mostrado na Tabela 13.8. As considerações de segurança envolvem prevenção, detecção e correção de erros; planejamento e recuperação de desastres; e controles de sistemas. O objetivo é garantir sistemas seguros sem sobrecarregar os usuários com muitos números de identificação e senhas para diferentes aplicações.

TABELA 13.8 Usando os controles do sistema para aumentar a segurança

Controles	Descrição
Controles de entrada	Manter a integridade e a segurança de entrada; seu objetivo é reduzir os erros e, ao mesmo tempo, proteger o sistema do computador contra entradas impróprias ou fraudulentas. Os controles de entrada variam desde o uso de formulários de entrada padronizados para eliminar erros de entrada de dados até o uso de senha forte e controles de identificação.
Controles de processamento	Lidar com todos os aspectos de processamento e armazenamento; o uso de senhas e números de identificação, cópias de backup de dados e salas de armazenamento com sistemas de segurança rígidos são exemplos de controles de processamento e armazenamento.
Controles de saída	Certificar-se de que a saída seja tratada corretamente; em muitos casos, a saída gerada a partir do sistema de computador é registrada em um arquivo que indica os relatórios e documentos gerados, a hora em que foram gerados e seus destinos finais.
Controles do banco de dados	Lidar com a garantia de um sistema de banco de dados eficiente e eficaz; esses controles incluem o uso de números de identificação e senhas, sem os quais um usuário tem o acesso negado a certos dados e informações. Muitos desses controles são fornecidos por sistemas de gestão de banco de dados.
Controles de telecomunicações	Fornecer dados precisos e confiáveis e transferência de informações entre sistemas; os controles de telecomunicações incluem firewalls e criptografia para garantir a comunicação correta enquanto elimina o potencial de fraude e crime.
Controles de pessoal	Garantir que apenas pessoal autorizado tenha acesso a determinados sistemas para ajudar a prevenir erros e crimes relacionados à informática; os controles de pessoal podem envolver o uso de números de identificação e senhas que permitem que apenas certas pessoas acessem os dados. Crachás de identificação e outros dispositivos de segurança (como cartões inteligentes) podem impedir pessoas não autorizadas de entrar em áreas estratégicas nas instalações dos sistemas de informação.

Depois que os controles são desenvolvidos, eles devem ser documentados em manuais de padrões que indicam como implementar os controles. Os controles devem então ser implementados e frequentemente revisados. É uma prática comum medir a frequência com que as técnicas de controle são utilizadas e tomar medidas caso os controles não tenham sido implementados. As organizações costumam ter departamentos de conformidade para garantir que o departamento de SI esteja aderindo aos controles de seus sistemas junto com todas as leis e regulamentações locais, estaduais e federais.

Projetar plano de recuperação de desastres

plano de recuperação de desastres: Um processo documentado para recuperar os ativos do sistema de informações de negócios de uma organização, incluindo hardware, software, dados, redes e instalações no caso de um desastre.

Um **plano de recuperação de desastres** é um processo documentado para recuperar os ativos do sistema de informações de negócios de uma organização, incluindo hardware, software, dados, redes e instalações no caso de um desastre. É um componente do plano geral de continuidade de negócios da organização, que também inclui um plano de emergência para os ocupantes, um plano de continuidade de operações e um plano de gestão de incidentes. Um plano de recuperação de desastres se concentra na recuperação de tecnologia e identifica as pessoas ou equipes responsáveis por agir em caso de desastre, o que exatamente essas pessoas farão quando ele ocorrer e os recursos do sistema de informações necessários para apoiar os processos de negócios críticos.

Os desastres podem ser naturais ou causados pelo homem, conforme mostrado na Tabela 13.9. Ao realizar o planejamento de recuperação de desastres, as organizações devem pensar na possibilidade de não conseguir acessar seu local normal de negócios por um longo período, possivelmente até vários meses.

TABELA 13.9 Vários desastres podem interromper as operações comerciais

Desastre artificial intencional	Desastres acidentais provocados pelo homem	Desastres naturais
Sabotagem	Acidente de automóvel derruba linha rede elétrica de um centro de dados	Enchente
Terrorismo	Retroescavadeira desenterra uma linha de telecomunicações	Tsunami
Agitação civil	Erro do operador	Furacão/ciclone
	Incêndio	Terremoto
		Erupção vulcânica

Como parte da definição do plano de continuidade dos negócios, as organizações conduzem uma análise de impacto sobre os negócios para identificar processos críticos e os recursos que os suportam. O tempo de recuperação de um recurso do sistema de informações deve corresponder ao objetivo do tempo de recuperação para os processos de negócios mais críticos que dependem desse recurso. Alguns processos de negócios são mais essenciais para operações contínuas e alcance de metas do que outros. Esses processos são chamados **processos de missão crítica**. Um sistema de processamento de pedidos, por exemplo, é geralmente considerado de missão crítica. Sem ele, a organização de vendas não pode continuar suas atividades diárias, que geram o fluxo de caixa necessário para manter o negócio funcionando.

processo de missão crítica: Um processo que desempenha um papel fundamental nas operações contínuas de uma organização e na realização de metas.

Para algumas empresas, um pessoal de reserva pode ser crítico. Sem o número certo de funcionários treinados, o processo de negócios não pode funcionar. Para hardware de sistema de informação, sites quentes e frios podem ser utilizados como backups. Um sistema de hardware operacional duplicado que está pronto para uso (ou acesso imediato a um por meio de um fornecedor especializado) é o exemplo de um **site quente** (hot site). Se o computador principal tiver problemas, o site quente

site quente: Um sistema de hardware operacional duplicado que está pronto para uso (ou acesso imediato a um por meio de um fornecedor especializado).

site frio: Um ambiente de computador que inclui salas, serviço elétrico, links de telecomunicações, dispositivos de armazenamento de dados e semelhantes.

pode ser usado imediatamente como uma reserva. Mas o site quente deve estar situado de forma que não seja afetado pelo mesmo desastre. Outra abordagem é utilizar um site frio (cold site), que é um ambiente de computador que inclui salas, serviços de eletricidade, links de telecomunicações, dispositivos de armazenamento de dados e equipamentos semelhantes. Se o computador principal tiver um problema, o hardware do computador de reserva será colocado no site frio e o sistema completo ficará operacional.

A computação em nuvem acrescentou outra dimensão ao planejamento de recuperação de desastres. Se sua organização for atingida por um desastre, os sistemas de informação que estão sendo executados na nuvem provavelmente estarão operacionais e acessíveis aos funcionários de qualquer lugar onde possam acessar a internet. Os dados também são armazenados com segurança no site do provedor de serviços de computação em nuvem, que pode estar a centenas de quilômetros da organização. Por outro lado, se o provedor de serviços em nuvem for atingido por um desastre, isso poderá causar uma séria interrupção dos negócios para sua organização, mesmo que não seja afetada por um desastre distante. Portanto, parte da avaliação de um provedor de serviços em nuvem deve incluir a análise dos planos de recuperação de desastres do provedor. Também considere que leis estaduais ou federais, como a HIPAA, podem ditar certas condições de armazenamento em nuvem, portanto, as organizações devem estar cientes de onde o local de armazenamento de dados está localizado antes de assinar contratos.

Os arquivos e bancos de dados podem ser protegidos fazendo-se uma cópia de todos os arquivos e bancos de dados alterados nos últimos dias ou na última semana, uma técnica chamada backup incremental. Essa abordagem de backup usa um log de imagem, que é um arquivo separado que contém apenas alterações em aplicativos ou dados. Sempre que um aplicativo é executado, um log de imagem é criado contendo todas as alterações feitas em todos os arquivos. Se ocorrer um problema com um banco de dados, um banco de dados antigo com o último backup completo dos dados, junto com o log de imagem, pode ser utilizado para recriar o banco de dados atual.

tolerância a falhas: Uma técnica de backup que envolve a troca automática de aplicativos e programas com um servidor, rede ou banco de dados redundante ou replicado para evitar a interrupção do serviço.

As organizações também podem contratar empresas externas para ajudá-las a realizar o planejamento e a recuperação de desastres. A EMC, por exemplo, oferece backup de dados em seu produto RecoverPoint.[20] Para indivíduos e alguns aplicativos, cópias de backup de arquivos importantes podem ser salvas on-line. Tolerância a falhas é outra abordagem para backup. Quando um servidor, rede ou banco de dados falha ou não está mais funcionando corretamente, a tolerância a falhas alterna automaticamente os aplicativos e outros programas para um servidor, rede ou banco de dados redundante ou replicado para evitar a interrupção do serviço. O LifeKeeper da SteelEye e o Continuous Application Availability da NeverFail são exemplos de software de tolerância a falhas.[21, 22] A tolerância a falhas é especialmente importante para aplicativos que devem estar sempre operacionais.

Com receita de US$ 21,6 bilhões no primeiro trimestre de 2019, a Wells Fargo é uma das maiores instituições financeiras dos Estados Unidos. Em um trimestre médio, o Wells Fargo recebe mais de US$ 1 trilhão em depósitos e atende a 29 milhões de clientes digitais — incluindo mais de 23 milhões que utilizam os aplicativos móveis do banco.[23] Em fevereiro de 2019, uma falha nas instalações do servidor do banco em Minnesota causou uma interrupção das operações em todo o país que durou 24 horas. A fumaça na instalação acionou um sistema de supressão de incêndio, resultando no desligamento de todos os servidores naquele local. O sistema de backup que deveria ter acionado outra instalação para assumir as operações falhou — fazendo com que os sistemas bancários on-line e móvel, rede ATM, sistema de processamento de cartão e central de atendimento do Wells Fargo ficassem offline. De acordo com Doron Pinhas, diretor de tecnologia da Continuity Software, "o que provavelmente aconteceu é que o Wells não prestou suficiente atenção e não tinha controles e testes prévios suficientes para colocar as operações de volta em operação em um período de tempo aceitável". Na esteira dessa indisponibilidade massiva, o Wells Fargo deve esperar um escrutínio regulatório adicional de seus planos de recuperação de desastres no futuro.[24]

Projetar banco de dados

O banco de dados fornece uma visão dos dados do usuário e torna possível adicionar e modificar dados, armazenar e recuperá-los, manipular os dados e gerar relatórios. Uma das etapas no projeto de um banco de dados envolve "informar" ao sistema de gestão de banco de dados (*database management system* – DBMS) a estrutura lógica e física dos dados e as relações entre os dados para cada usuário. Lembre-se de que essa descrição é chamada de esquema e é inserida no DBMS com o uso de uma linguagem de definição de dados. Uma linguagem de definição de dados (*data definition language* – DDL) é uma coleção de instruções e comandos que definem e descrevem dados e relacionamentos em um banco de dados específico.

Outra etapa importante no projeto do banco de dados é estabelecer um dicionário de dados, uma descrição detalhada de todos os dados utilizados no banco de dados. Um dicionário de dados é valioso para manter um banco de dados eficiente que armazena informações confiáveis sem redundância e facilita a modificação do banco de dados quando necessário. Os dicionários de dados também ajudam os programadores de computador e de sistema que requerem uma descrição detalhada dos elementos de dados armazenados em um banco de dados a criar o código para acessar os dados. A adesão aos padrões definidos no dicionário de dados também facilita o compartilhamento de dados entre várias organizações, sem a necessidade de ampla depuração e tradução de dados.

Realizar análise de viabilidade

Como resultado do trabalho realizado durante a fase de design, a equipe do projeto tem um entendimento muito melhor do que será necessário para criar o sistema, como ele funcionará e quais benefícios ele pode oferecer. É conveniente reavaliar a viabilidade técnica, econômica, jurídica, operacional e de cronograma com base nesses novos aprendizados.

Preparar o rascunho de relatório do design do sistema

O design do sistema termina com um relatório formal resumindo as descobertas dessa fase do projeto. Quaisquer alterações nas descobertas da análise do sistema são destacadas e explicadas. O sumário de um relatório do design de sistema típico é mostrado na Figura 13.15. Esse relatório é uma versão mais detalhada do relatório de investigação do sistema.

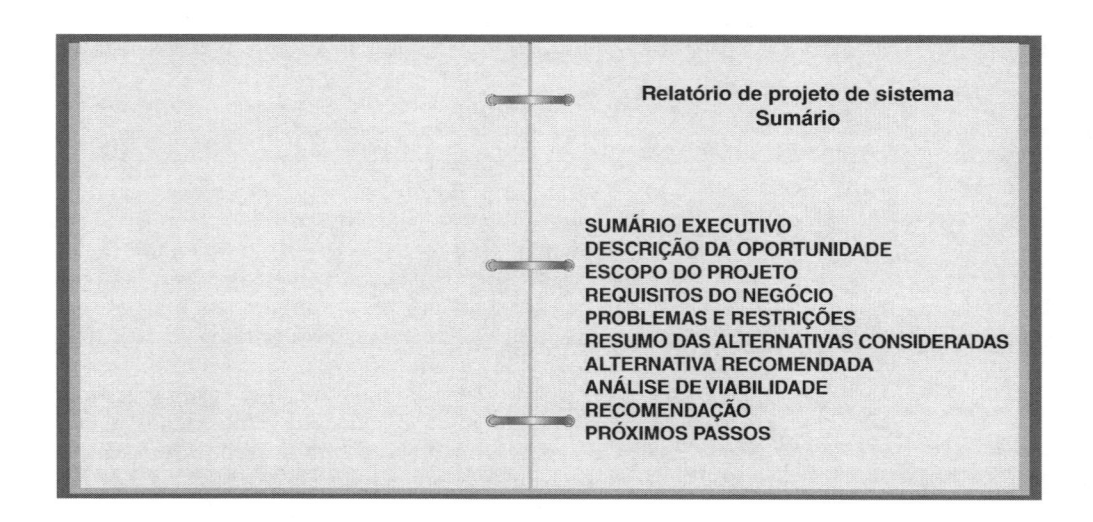

Relatório de projeto de sistema
Sumário

- SUMÁRIO EXECUTIVO
- DESCRIÇÃO DA OPORTUNIDADE
- ESCOPO DO PROJETO
- REQUISITOS DO NEGÓCIO
- PROBLEMAS E RESTRIÇÕES
- RESUMO DAS ALTERNATIVAS CONSIDERADAS
- ALTERNATIVA RECOMENDADA
- ANÁLISE DE VIABILIDADE
- RECOMENDAÇÃO
- PRÓXIMOS PASSOS

FIGURA 13.15
Sumário típico para um relatório do design de sistema
O relatório do design do sistema é uma versão mais detalhada do relatório de investigação do sistema.

Avaliação dos resultados do design do sistema com a equipe de direção

O relatório do design do sistema é apresentado à equipe de direção do projeto com uma recomendação para parar, revisar ou prosseguir com o projeto de desenvolvimento de sistemas. A equipe de coordenação analisa cuidadosamente as recomendações porque, se for para prosseguir o projeto, recursos humanos e financeiros consideráveis serão comprometidos e contratos de fornecedores juridicamente vinculativos serão assinados. Após a reunião da equipe de direção, a equipe do projeto incorpora as recomendações e mudanças sugeridas no relatório final.

No final da fase de design, as organizações que utilizam o processo de desenvolvimento de sistemas Waterfall congelam o escopo e os requisitos do usuário e do negócio. Quaisquer mudanças potenciais que são identificadas ou sugeridas após esse ponto devem passar por um processo formal de mudança de escopo. Esse processo requer que a organização avalie como as mudanças propostas afetam a viabilidade, o custo e o cronograma do projeto. Pode ser necessário refazer as análises de custo/benefício para garantir que o projeto ainda seja financeiramente viável. Em seguida, as mudanças propostas são apresentadas à equipe de direção do projeto junto com seus custos associados e impacto sobre o cronograma. A equipe de direção deve aprovar as mudanças antes que a equipe do projeto possa começar a trabalhar para incorporá-las ao projeto atual. Frequentemente, a equipe de coordenação desaprova as mudanças para garantir que o projeto seja concluído sem exceder o orçamento e o cronograma atuais. Se a equipe de direção aprovar as mudanças, entretanto, a equipe do projeto pode precisar repetir partes das fases de análise e design do sistema para incorporar as mudanças.

Criação

A fase de criação do sistema segue a conclusão da fase de design do sistema, quando a equipe de direção do projeto aprova a continuidade do projeto. A criação do sistema converte o design de sistema em um sistema operacional, codificando e testando programas de software, criando e carregando dados em bancos de dados e executando o teste inicial do programa. Essas etapas são descritas a seguir e são discutidas nas seguintes seções:

criação do sistema: A fase de desenvolvimento de sistemas que converte o design do sistema em um sistema operacional, adquirindo e instalando hardware e software, codificando e testando programas de software, criando e carregando dados em bancos de dados e executando o teste inicial do programa.

1. Componentes de software de código
2. Criar e carregar dados
3. Realizar teste de unidades

Componentes de software de código

O código do software deve ser escrito de acordo com as especificações de design definidas para que o sistema atenda às necessidades do usuário e do negócio e opere da maneira esperada pelo usuário. A maioria das organizações de desenvolvimento de software usa várias ferramentas de software para gerar o código-fonte do programa em conformidade com essas especificações. A lista a seguir inclui uma amostra desses tipos de ferramentas de software:

- Alguns geradores de código orientados por modelo podem criar código-fonte automaticamente. CodeSmith Generator é um exemplo de gerador de código orientado a modelo que automatiza a criação de código-fonte de aplicativo comum para várias linguagens (por exemplo, C#, Java, VB, PHP, ASP.NET e SQL). Os modelos são projetados para criar tipos típicos de programas de negócios. Os desenvolvedores que utilizam o CodeSmith Generator podem modificar um modelo ou criar um modelo personalizado para gerar o código necessário.[25]
- Programas de pintura de tela são utilizados para projetar novas telas de entrada de dados para aplicativos de software. Esse software fácil de utilizar permite que os desenvolvedores criem telas, "pintando-as", e, em seguida, usando "caixas de diálogo" para definir as características dos dados que vão para cada campo.

- O software de criação de menus permite aos usuários desenvolverem e formatarem menus com recursos como paletas de cores, caracteres gráficos, caixas geradas automaticamente, cabeçalhos e variáveis de sistema.
- O software gerador de relatórios captura uma imagem do relatório desejado e gera o código para produzir esse relatório com base no banco de dados e no esquema do banco de dados que você está usando. Em muitos casos, os usuários podem criar e codificar relatórios com esse software.

A DataLab Consulting é uma empresa financeira líder no Uruguai cujo produto principal é o cartão de crédito. Como tal, ela deve gerenciar seus dados de forma eficiente e eficaz para manter sua base de clientes. Nesse mercado altamente competitivo, havia a necessidade de um rápido desenvolvimento de aplicativos. A DataLab recorreu ao GeneXus, uma plataforma de desenvolvimento multilíngue. GeneXus é um gerador de software que trabalha na plataforma Agile para criar desde banco de dados até o produto final de software. GeneXus trabalha com múltiplos ambientes, como IBM, SQL e linguagens Microsoft, para permitir o rápido desenvolvimento da DataLab. A DataLab utilizou a plataforma GeneXus para o desenvolvimento de um sistema de análise de dados para acompanhar os hábitos dos clientes, o histórico de pagamentos e compras, suas preferências e seus portfólios. Isso permitiu à DataLab reter sua base de clientes e maximizar o giro dos investimentos de seus clientes.[26]

Uma organização também precisa de documentação de software útil para acompanhar o código do software. **Documentação técnica** inclui detalhes escritos que os operadores de computador seguem para executar o programa e que analistas e programadores utilizam para resolver problemas ou modificar o programa. A documentação técnica explica a finalidade de cada parte importante do código de computador, bem como identifica e descreve as principais variáveis.

Documentação do usuário é desenvolvida para as pessoas que utilizam o sistema. Em uma linguagem fácil de entender, esse tipo de documentação mostra como o programa pode e deve ser utilizado para executar as tarefas do usuário. A Linx Software produz o LinxCRM, um sistema de gestão de relacionamento com o cliente. A empresa implementou um software especial para ajudá-la a criar documentação do usuário de alta qualidade, incluindo capturas de tela anotadas do sistema. A Linx também criou um vídeo para ajudar a treinar os usuários.[27]

documentação técnica: Detalhes escritos utilizados por operadores de computador para executar o programa e por analistas e programadores para resolver problemas ou modificar o programa.

documentação do usuário: Descrições escritas desenvolvidas para pessoas que utilizam um programa; em linguagem fácil de entender, mostra como o programa pode e deve ser utilizado para atender às necessidades de seus diversos usuários.

Criar e carregar dados

Essa etapa da fase de criação envolve garantir que todos os arquivos e bancos de dados estejam preenchidos e prontos para serem utilizados com o novo sistema de informação. Os dados para a carga inicial de um novo banco de dados podem vir de várias fontes — os arquivos antigos ou banco de dados do sistema que está sendo substituído, de arquivos de outros sistemas utilizados na organização ou de fontes de dados adquiridas de uma organização externa. Em qualquer caso, pode ser necessário escrever pelo menos um novo programa para ler os dados antigos dessas fontes, reformatar os dados em um formato compatível com o projeto do banco de dados do novo sistema e, em seguida, mesclar essas fontes de dados. Outro programa pode ser necessário para editar os dados mesclados para precisão e integridade e para adicionar novas entidades, atributos e/ou relacionamentos. Por exemplo, se uma organização estiver instalando um novo programa de gestão de relacionamento com o cliente, um programa pode precisar ler os dados antigos de contato do cliente e convertê-los em um formato que o novo sistema possa utilizar. Mas se os dados de contato do cliente antigo não formatarem ou contiverem os mesmos dados, como um endereço de "faturar para" e "enviar para" separados para os clientes existentes, esses dados podem precisar ser adicionados manualmente. O endereço "faturar para" pode ser utilizado para calcular de qual das regiões de vendas da organização o cliente pertence para fins de relatório de vendas e contabilidade. Para muitos projetos, tempo e esforço consideráveis são gastos na criação e carga de um novo banco de dados (ver Figura 13.16).

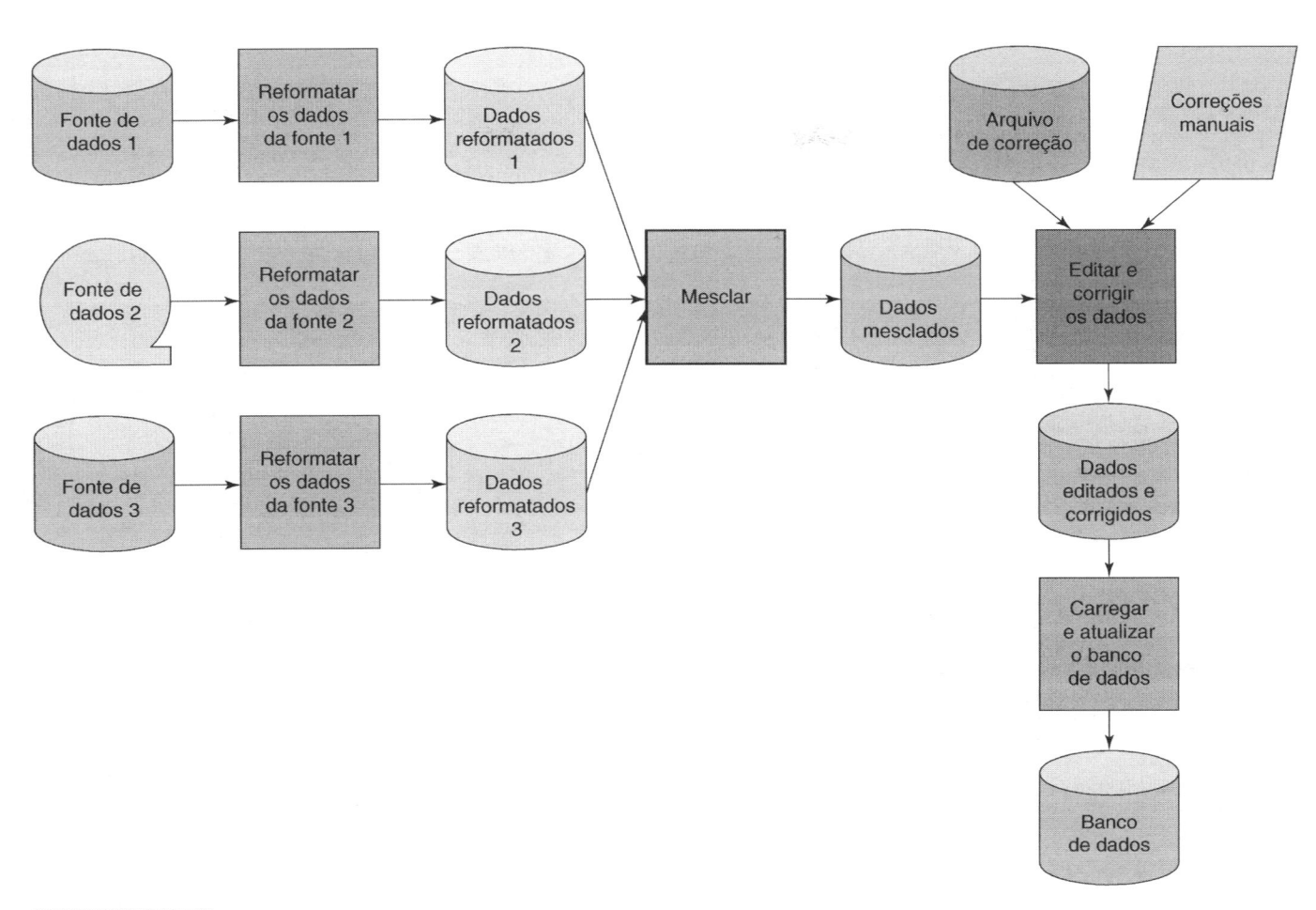

FIGURA 13.16
Tarefas de preparação do banco de dados
Criar e carregar um novo banco de dados pode consumir recursos consideráveis.

Realizar teste de unidades

Com os programas escritos e o banco de dados disponível, agora é possível para os desenvolvedores fazer o teste inicial dos componentes do código. Esse processo é chamado **teste de unidades**, que envolve o teste de componentes individuais de código (sub-rotinas, módulos e programas) para verificar se cada unidade funciona conforme projetado. O teste de unidades é realizado desenvolvendo dados de teste que, idealmente, forçarão um componente individual a executar todas as suas várias funções e recursos do usuário. Além disso, cada programa é testado com entrada anormal para determinar como tratará a entrada incorreta. Conforme os testadores encontram problemas, eles modificam os programas para funcionarem corretamente. Um bom conjunto de testes de unidades pode ser salvo e executado novamente sempre que qualquer código for alterado para detectar rapidamente novos defeitos.

teste de unidades: Teste de componentes individuais de código (sub-rotinas, módulos e programas) para verificar se cada unidade funciona conforme projetado.

Integração e teste

Vários tipos de teste devem ser conduzidos antes que um sistema de informação novo ou modificado esteja pronto para ser colocado em produção. Esses testes são descritos a seguir e discutidos nas próximas seções:

1. Teste de integração
2. Teste de sistema
3. Teste de volume
4. Teste de aceitação do usuário

Teste de integração

teste de integração: Testes que envolvem vincular todos os componentes individuais e testá-los como um grupo para descobrir quaisquer defeitos nas interfaces entre os componentes individuais.

Teste de integração envolve ligar componentes individuais e testá-los como um grupo para descobrir quaisquer defeitos na interface entre um componente e outro (por exemplo, o componente 1 falha em passar um parâmetro-chave para o componente 2). Mesmo se o teste de unidades for bem-sucedido, os desenvolvedores não podem presumir que componentes individuais podem ser combinados em um sistema funcional. Infelizmente, um componente que funciona incorretamente pode afetar outro componente e, se esses problemas não forem detectados, podem causar sérios problemas posteriormente.

Teste de sistema

teste de sistema: Testar o sistema completo e integrado (hardware, software, bancos de dados, pessoas e procedimentos) para validar se o sistema de informações atende a todos os requisitos especificados.

Teste de sistema envolve testar o sistema completo e integrado (hardware, software, bancos de dados, pessoas e procedimentos) para validar se o sistema de informação atende a todos os requisitos especificados. O teste de sistema geralmente é feito por testadores independentes que não estiveram envolvidos no desenvolvimento do código do programa. Eles tentam fazer o sistema falhar e frequentemente empregam testes chamados de testes da caixa preta porque não requerem nenhum conhecimento específico do código e da lógica interna do aplicativo. Em outras palavras, o testador do sistema está ciente do que o software deve fazer, mas não sabe como ele faz isso.

Teste de volume

teste de volume: Teste para avaliar o desempenho do sistema de informação sob condições operacionais e volume de trabalho variados, mas realistas, para determinar a carga de trabalho na qual o desempenho do sistema começa a degradar e para identificar e eliminar quaisquer problemas que impeçam o sistema de atingir seu desempenho de nível de serviço necessário.

Teste de volume envolve avaliar o desempenho do sistema de informação sob condições operacionais e de volume de trabalho variados, porém realistas (por exemplo, tamanho do banco de dados, número de usuários simultâneos, número de transações e número de consultas). Os objetivos do teste de volume são determinar a carga de trabalho na qual o desempenho do sistema começa a degradar e identificar e eliminar quaisquer problemas que impeçam o sistema de atingir o desempenho de nível de sistema exigido.

Teste de aceitação do usuário

teste de aceitação do usuário (UAT): Testes realizados por usuários de sistema treinados para verificar se o sistema pode concluir as tarefas necessárias em um ambiente operacional do mundo real e executar de acordo com as especificações de design do sistema.

Durante o **teste de aceitação do usuário** (*user acceptance testing* – UAT), usuários treinados testam o sistema de informação para verificar se ele pode concluir as tarefas necessárias em um ambiente operacional do mundo real e executar de acordo com as especificações de design do sistema. O UAT também é conhecido como teste beta, teste de aplicativo e teste do usuário final. Ao contrário do teste de sistema, que garante que o próprio sistema funcione, o UAT determina se o sistema atende às necessidades de negócios pretendidas.

O UAT é uma atividade crítica que deve ser concluída com sucesso antes que o software recém-desenvolvido possa ser lançado no mercado. No caso da implementação de um pacote de software ou um software desenvolvido por uma organização externa, o cliente realiza o teste de aceitação do usuário antes de aceitar a transferência de propriedade. O UAT envolve as seguintes etapas:

1. A equipe de teste do UAT é selecionada em um conjunto de usuários prováveis.
2. A equipe de teste UAT é treinada usando o material de treinamento disponível atualmente.
3. A estratégia e o cronograma gerais do UAT são definidos.
4. A equipe do UAT projeta casos de teste para exercitar as funções e recursos do sistema de informação.
5. Os casos de teste são documentados de maneira clara e simples, passo a passo, para facilitar a execução dos testes.
6. A equipe do UAT executa os casos de teste definidos e documenta os resultados de cada teste.
7. A equipe de desenvolvimento de software revisa os resultados do teste e faz as alterações necessárias no código, para que ele atenda às especificações do design.
8. A equipe do UAT testa novamente o sistema de informação até que todos os defeitos tenham sido corrigidos ou até que alguns defeitos sejam corrigidos.
9. A equipe do UAT indica sua aceitação ou não do sistema de informação. Se aceito, o sistema de informação está pronto para ser totalmente implementado.
10. A equipe do UAT fornece feedback sobre o material de treinamento do usuário para que ele possa ser atualizado e melhorado.

Antes de lançar um novo pacote de software ou uma revisão importante de um pacote existente, as organizações de desenvolvimento de software comercial conduzem testes alfa e beta. O teste alfa é de aceitação interna limitada em que os funcionários da organização de desenvolvimento de software e um número limitado de outros "amigos" utilizam o software e fornecem feedback. Depois de corrigir os problemas descobertos no teste alfa, o desenvolvedor disponibiliza uma versão de teste beta do software para usuários em potencial fora da organização. Por exemplo, a Microsoft pode disponibilizar uma versão de teste beta gratuita do software na internet para aumentar a quantidade recebida de feedback.

A maioria dos fabricantes de software e desenvolvedores de software terceirizados tem um **documento de aceitação do usuário** — acordo formal que a organização do usuário final assina, declarando que uma fase da instalação ou do sistema completo está aprovada. Esse é um documento legal que geralmente remove ou reduz a responsabilidade do fornecedor de SI por problemas que ocorrem após a assinatura do documento de aceitação do usuário. Como esse documento é tão importante, muitas empresas solicitam assistência jurídica antes de assiná-lo. As partes interessadas também podem ser envolvidas em testes de aceitação para garantir que seus benefícios sejam de fato percebidos.

A Tabela 13.10 resume cinco tipos de teste: teste de unidades, teste de integração, teste de sistema, teste de volume e teste de aceitação do usuário.

documento de aceitação do usuário: Um acordo formal que a organização assina atestando que uma fase da instalação ou do sistema completo está aprovada.

TABELA 13.10 Testes realizados em um sistema de informação

Forma de teste	O que é testado	Objetivo do teste	Quem faz
Unidade	Testar unidades individuais do sistema.	Verificar se cada unidade funciona conforme projetado.	Desenvolvedores de software.
Integração	Testar todas as unidades individuais do sistema de informação interligadas.	Descobrir quaisquer defeitos entre os componentes individuais do sistema de informação.	Desenvolvedores de software ou testadores de software independentes, usando medidas de teste da caixa preta.
Sistema	Testar o sistema completo e integrado (hardware, software, bancos de dados, pessoal e procedimentos).	Validar se o sistema de informações atende a todos os requisitos especificados.	Equipe de teste independente, separada da equipe de desenvolvimento de software.
Volume	Avaliar o desempenho do sistema de informação sob condições de operação e volume de trabalho realistas e variadas.	Determinar a carga de trabalho na qual o desempenho do sistema começa a degradar e identificar e eliminar quaisquer problemas que impeçam o sistema de funcionar no nível de serviço necessário.	Equipe de desenvolvimento de sistemas e membros da organização das operações.
Aceitação do usuário	Testar o sistema completo e integrado (hardware, software, bancos de dados, pessoal e procedimentos).	Verificar se o sistema de informações pode concluir as tarefas necessárias em um ambiente operacional do mundo real e fazer isso de acordo com as especificações de design do sistema.	Usuários treinados do sistema.

Implementação

Várias etapas estão envolvidas na implementação do sistema. Elas são descritas a seguir e discutidas nas próximas seções.

1. Preparação do usuário
2. Preparação do local
3. Instalação
4. Transição

Preparação do usuário

preparação do usuário: O processo de preparar gestores, tomadores de decisão, funcionários, outros usuários e partes interessadas para aceitar e usar o novo sistema.

Preparação do usuário é o processo de preparar gestores, tomadores de decisão, funcionários, usuários do sistema e partes interessadas para aceitar e utilizar o novo sistema. Idealmente, a preparação do usuário começa nos estágios iniciais da investigação do sistema e continua durante a implementação.

Os principais desafios para a implementação bem-sucedida de um sistema de informação são frequentemente mais comportamentais do que técnicos. A introdução bem-sucedida de um sistema de informação em uma organização requer uma combinação de habilidades de mudança organizacional e técnicas. É necessária uma liderança forte e eficaz para superar a resistência comportamental à mudança e conseguir uma introdução de sistema tranquila e bem-sucedida.

A dinâmica de como a mudança é implementada pode ser vista no modelo de três estágios de Lewin e Schein para a mudança: (1) abandonar velhos hábitos e criar um clima que seja receptivo a mudanças; (2) aprender novos métodos de trabalho, comportamentos e sistemas; e (3) reforçar as mudanças para tornar o novo processo uma segunda natureza, aceito e como parte do trabalho.

O Diamante de Leavitt é um modelo de mudança que propõe que todo sistema organizacional é composto de pessoas, tarefas, estrutura e tecnologia — qualquer mudança em um desses elementos exigirá uma mudança nos outros três elementos. Assim, para implementar com sucesso um novo sistema de informação, mudanças apropriadas devem ser feitas nas pessoas, na estrutura e nas tarefas afetadas pelo novo sistema. As pessoas devem ser convencidas a assumir uma atitude positiva em relação à mudança e estar dispostas a exibir novos comportamentos consistentes com ela. A administração pode precisar modificar o sistema de recompensa para reconhecer aqueles que exibem os novos comportamentos desejados. O treinamento em quaisquer novas habilidades exigidas também é necessário.

Lembre-se de que o modelo de aceitação de tecnologia (*technology acceptance model* – TAM) especifica os fatores que podem levar a melhores atitudes quanto ao uso de um novo sistema de informação, além de maior aceitação e uso. A percepção da utilidade e facilidade de uso influencia fortemente se alguém usará um sistema de informação. A administração pode melhorar essa percepção demonstrando que outras pessoas usaram o sistema de forma eficaz e fornecendo treinamento e suporte aos usuários.

A teoria da difusão da inovação alerta que a adoção de qualquer inovação não acontece de uma vez para todos os membros da população-alvo. Em vez disso, a adoção é um processo demorado, com algumas pessoas adotando a inovação mais rapidamente do que outras. A teoria da difusão da inovação de Rogers definiu cinco categorias de adotantes, cada um com diferentes atitudes em relação à inovação. Essa teoria pode ser útil durante a etapa de preparação do usuário para a implementação do sistema.

Como o treinamento do usuário é tão importante, algumas empresas empregam várias abordagens de treinamento, incluindo treinamento interno, software, vídeo, internet, entre outros. O material utilizado para treinar a equipe do UAT pode servir como ponto de partida, com alterações baseadas no feedback da equipe de teste.

O sucesso de qualquer sistema depende não apenas de como os usuários trabalham com ele, mas também de quão bem o pessoal de SI dentro da organização pode operar e dar suporte a ele. O pessoal de SI também deve participar de sessões de treinamento semelhantes às dos usuários, embora suas sessões possam fornecer mais detalhes técnicos. O treinamento eficaz ajudará o pessoal de SI a utilizar o novo sistema para realizar seus trabalhos e fornecer suporte a outros usuários na organização. Muitas empresas utilizam programas de treinamento on-line e simulados para cortar custos de treinamento e melhorar a eficácia.

Preparação do local

Um local para o hardware associado ao novo sistema precisa ser preparado com um processo chamado **preparação do local**. Para um sistema pequeno, a preparação do local pode ser tão simples quanto reorganizar os móveis de um escritório para abrir espaço para um computador. O computador e o hardware associado em um sistema maior podem exigir fiação elétrica, ar-condicionado ou construção especiais. Um piso especial, por exemplo, pode ter que ser construído e cabos colocados sob ele para conectar os vários componentes do computador, e um novo sistema de segurança pode ser necessário para proteger o equipamento. A equipe do projeto precisa considerar a quantidade de preparação do local que pode ser necessária e incluir no cronograma um tempo de execução suficiente para permitir isso.

Hoje, a maioria das organizações prioriza o desenvolvimento de locais de SI que sejam eficientes e seguros em energia. Uma empresa, por exemplo, instalou quiosques de segurança especiais que permitem que os visitantes façam logon e solicitem uma reunião com um funcionário da empresa. O funcionário pode ver o visitante na tela do computador e aceitar ou rejeitá-lo. Caso o visitante seja aceito, o quiosque imprime um crachá de visitante, que permite o acesso da pessoa ao prédio.

A Cyxtera, uma grande empresa de infraestrutura e centro de dados com mais de 3.500 clientes, expandiu recentemente seus centros de dados em cinco mercados importantes na América do Norte. Como parte de sua expansão, a empresa implementou novas medidas de segurança que incluem gabinetes de segurança, gaiolas de segurança e padrões de conformidade atualizados.[28]

preparação do local: Preparação da localização de um novo sistema.

Instalação

Instalação é o processo de colocar fisicamente o equipamento de informática no local e torná-lo operacional. Embora o fabricante seja normalmente responsável pela instalação dos equipamentos de informática, alguém da organização (geralmente o gestor de SI) deve supervisionar o processo, certificando-se de que todos os equipamentos especificados no contrato sejam instalados no local apropriado. Após a instalação do sistema, o fabricante realiza vários testes para garantir que o equipamento esteja funcionando como deveria.

instalação: O processo de colocar fisicamente o equipamento de informática no local e torná-lo operacional.

Transição

Transição é o processo de mudança de um sistema de informação antigo para um sistema de substituição. A transição é crítica para o sucesso da organização; se não for feita corretamente, os resultados podem ser desastrosos.

A Hershey's, maior fabricante de chocolate da América do Norte, é um exemplo clássico de transição de sistema com falha. A empresa planejou atualizar uma combinação de sistemas de informação existentes mais antigos ou "legados" em um ambiente integrado do software mais recente dos principais fornecedores, incluindo SAP para funcionalidade ERP, Manugistics para gestão da cadeia de suprimentos e Siebel para gestão de relacionamento com o cliente. A mudança estava prevista para julho, um dos meses mais movimentados da empresa, quando estava despachando pedidos para o Halloween e o Natal. Infelizmente, a Hershey's não se preparou bem e a transição foi um fiasco. Como resultado, a Hershey não conseguiu processar mais de US$ 100 milhões em pedidos. A paralisia operacional resultante levou a uma queda de quase 20% nos lucros trimestrais e uma queda de 8% no preço das ações.

As organizações podem seguir uma das várias estratégias de transição (ver Figura 13.17). **Conversão direta** (também chamada de transição direta) envolve interromper o sistema antigo e iniciar o novo em uma determinada data. A conversão direta é uma abordagem de alto risco devido ao potencial de problemas e erros quando o sistema antigo é desligado e o novo é ligado no mesmo instante.

transição: O processo de mudança de um sistema de informação antigo para um sistema substituto.

conversão direta: Uma estratégia de transição que envolve interromper o sistema antigo e iniciar o novo em uma determinada data; também chamada de transição direta.

FIGURA 13.17
Estratégias de transição do sistema
A transição pode ser por meio de conversão direta, abordagem de integração progressiva, inicialização do piloto ou inicialização paralela.

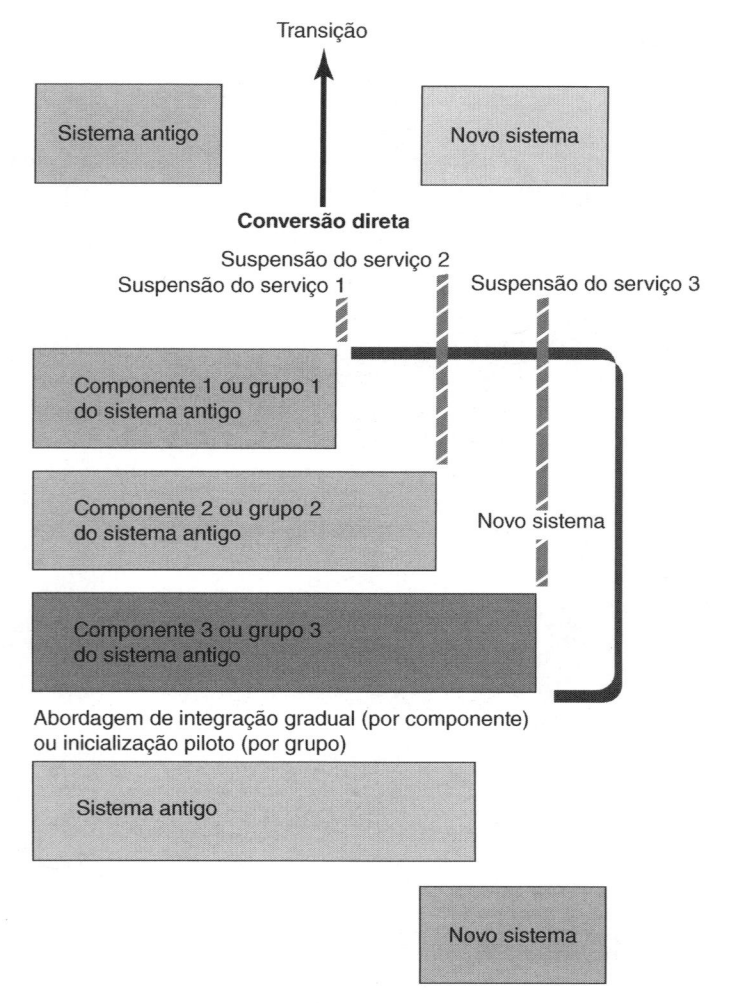

[Diagrama mostrando: Conversão direta (Sistema antigo → Novo sistema); Abordagem de integração gradual (por componente) ou inicialização piloto (por grupo) com Componente 1, 2, 3 do sistema antigo e suspensões do serviço 1, 2, 3; Inicialização paralela (Sistema antigo e Novo sistema em paralelo)]

abordagem de integração progressiva: Uma estratégia de transição que envolve a substituição lenta de componentes do sistema antigo pelos do novo; esse processo é repetido para cada aplicativo até que o novo sistema execute todos os aplicativos e funcione conforme o esperado; também é chamada de abordagem fragmentada.

inicialização do piloto: Uma estratégia de transição que envolve a execução de um novo sistema completo para um grupo de usuários em vez de para todos os usuários.

inicialização paralela: Uma estratégia de transição que envolve rodar os sistemas antigo e novo por um determinado período de tempo e comparar de perto a saída do novo sistema com a saída do sistema antigo; quaisquer diferenças são reconciliadas. Quando os usuários se sentem seguros de que o novo sistema está funcionando corretamente, o sistema antigo é eliminado.

Muitas organizações seguem uma **abordagem de integração progressiva**, em que os componentes do novo sistema são lentamente integrados, enquanto os componentes do antigo são gradualmente eliminados. Quando todos estão confiantes de que todos os componentes do novo sistema estão funcionando conforme o esperado, o sistema antigo é completamente desativado. Essa substituição gradual é repetida para cada componente até que o novo sistema substitua totalmente o antigo. Em alguns casos, a abordagem de integração progressiva, também chamada de abordagem fragmentada, pode levar vários meses.

Inicialização do piloto envolve a execução de um novo sistema completo para um grupo de usuários, e não para todos os usuários. Por exemplo, uma indústria com muitos pontos de venda em todo o país poderia utilizar a abordagem de inicialização do piloto e instalar um novo sistema de controle de estoque em um de seus pontos de venda. Quando o sistema funciona sem problemas no local do piloto, o novo sistema de controle de estoque pode ser implementado em outras lojas, uma por uma.

Inicialização paralela envolve a execução de sistemas antigos e novos por um determinado período de tempo. O desempenho e a saída do novo sistema são comparados de perto com o desempenho e a saída do sistema antigo, e quaisquer diferenças são reconciliadas. Quando os usuários se sentem seguros de que o novo sistema está funcionando corretamente, o sistema antigo é eliminado.

O Grupo dormakaba é uma grande empresa de segurança e acesso localizada em Rumlang, Suíça. Com mais de 16 mil funcionários e SFr 402 milhões em receita, dormakaba é um dos maiores fornecedores de soluções de acesso e segurança para hospitais, aeroportos e hotéis.[29] Em janeiro de 2018, dormakaba foi reconhecido como um dos cem maiores líderes globais em tecnologia pela Thompson Reuters por suas complexas estratégias de negócios.[30] Ao desenvolver sua tecnologia voltou-se para a plataforma de nuvem SAP. A nuvem dormakaba jay está disponível, usando SaaS para permitir que eles forneçam um serviço de alta qualidade ao cliente enquanto mantêm sua vantagem competitiva.[31]

Um dos casos de sucesso do Grupo dormakaba é da empresa Sudzucker AG. Uma combinação de estratégias de transição foi utilizada para implementar o novo sistema de registro de ponto de comparecimento e dados operacionais. A Sudzucker AG é um dos maiores produtoras de açúcar da Europa e está sediada na Alemanha. Uma abordagem de integração progressiva foi utilizada para as filiais no país. Uma vez bem-sucedida, uma conversão direta foi utilizada para as filiais restantes em todo o mundo. Ambas as estratégias de implementação foram bem-sucedidas.[32]

Operação e manutenção do sistema

As etapas envolvidas na operação e na manutenção do sistema são descritas a seguir e discutidas nas próximas seções:

1. Operação
2. Manutenção
3. Descarte

Operação

operação de sistema: O uso de um sistema novo ou modificado sob todos os tipos de condições operacionais.

Operação do sistema envolve o uso de um sistema novo ou modificado em todos os tipos de condições operacionais. Obter o máximo de um sistema novo ou modificado durante sua operação é o aspecto mais importante das operações do sistema para muitas organizações. Para fornecer suporte adequado ao usuário, muitas empresas estabelecem um help desk formal para seus funcionários e clientes. Um help desk consiste em sistemas de computador, manuais, pessoas com conhecimento técnico e outros recursos necessários para resolver problemas e dar respostas precisas às questões. Os usuários finais que tiverem problemas para acessar ou utilizar um sistema de informação podem acessar o site do help desk ou solicitar suporte por meio de uma chamada ou mensagem de texto para o help desk.

monitoramento: O processo de medição do desempenho do sistema rastreando o número de erros encontrados, a quantidade de memória necessária, a quantidade de processamento ou tempo de CPU necessário e outros indicadores de desempenho.

Monitoramento é o processo de medição do desempenho do sistema rastreando o número de erros encontrados, a quantidade de memória necessária, a quantidade de processamento ou tempo de CPU necessário e outros indicadores de desempenho. Se um sistema não estiver funcionando conforme o esperado, ele deve ser modificado ou um novo sistema deve ser desenvolvido ou adquirido.

Os produtos de desempenho do sistema podem medir todos os componentes de um sistema de informação, incluindo hardware, software, banco de dados, telecomunicações e sistemas de rede. O Microsoft Visual Studio, por exemplo, possui recursos que permitem aos desenvolvedores de sistema monitorar e revisar como os aplicativos estão sendo executados e funcionando, permitindo que os desenvolvedores façam alterações, se necessário. O Precise for Databases da IDERA é um conjunto de monitores de desempenho projetado para a análise de ambientes de banco de dados corporativos — como Oracle, SQL, DB2 e Sybase — e vários subsistemas.[33] O Precise Software Solutions tem produtos de desempenho de sistema que fornecem monitoramento de desempenho ininterrupto, análise de dados e recomendações de ajuste para planejamento estratégico aprimorado. A HP também oferece uma ferramenta de software chamada Business Technology Optimization (BTO) para ajudar as empresas a analisar o desempenho de seus sistemas de informática, diagnosticar problemas em potencial e adotar ações corretivas, se necessário. Quando utilizados corretamente, os produtos de desempenho do sistema podem localizar problemas reais ou potenciais de maneira rápida e eficiente.

A Allscripts é uma empresa de US$ 2,1 bilhões de capital aberto que fornece gestão de práticas, registros eletrônicos de saúde e software financeiro para centenas de consultórios médicos, hospitais e outras organizações de saúde. A Honeywell fez parceria com a Allscripts para fornecer monitoramento de sistemas para sistemas

revisão do sistema: O processo de análise de um sistema para verificar se ele está funcionando conforme o esperado.

críticos, como aqueles que controlam o fluxo de oxigênio do paciente e o fluxo de ar para laboratórios e farmácias. Com um sistema de monitoramento que os alerta antes que um problema ocorra, os clientes da Allscripts têm a garantia de que os sistemas críticos de que precisam para fornecer atendimento de alta qualidade ao paciente continuarão ininterruptos.[34]

Revisão do sistema é o processo de análise de um sistema para certificar-se de que está operando conforme planejado. A revisão do sistema frequentemente compara o desempenho e os benefícios do sistema conforme foi projetado com o desempenho real e os benefícios do sistema em operação.

A United Airlines lançou seu Volunteer Solicitation Program em 2017. Esse software alertava os passageiros de que o voo estava com reservas esgotadas e perguntava o valor de compensação que eles aceitariam em troca de um voo posterior ou do anterior. Essas informações seriam então disponibilizadas para uso pelos agentes do portão, se necessário. Ao revisar o sistema e os dados gerados, a equipe de software lançou uma segunda versão do software em dezembro de 2018. Essa versão dava ao passageiro mais opções com até 24 horas de antecedência do voo, para que a compensação pudesse ser negociada por um valor maior. O software também contava com opções de aeroporto, tipo de cliente e canal de check-in (celular, bilheteria, terminal). O sistema foi criado com base na gamificação, o que significa que os clientes podiam dar lances nas opções que estavam visualizando, e isso lhes dava mais controle sobre suas opções. Jason Birnbaum, vice-presidente de operações e tecnologia do emprego, aconselha os líderes de TI a ficarem o mais próximo possível de sua equipe e clientes. Ao revisar seu software, ele também avisa: "Um dos princípios-chave desse projeto, e muitos outros, é não iterar muito na sala de conferências em torno de quadros brancos… . As informações que obtemos em cada uma dessas iterações são um feedback rápido".[35]

Funcionários internos, consultores externos ou ambos podem realizar uma revisão do sistema. O aplicativo de cobrança de uma organização, por exemplo, pode ser analisado em busca de erros, ineficiências e oportunidades de redução de custos operacionais. Além disso, o aplicativo de cobrança pode ser revisado se as empresas se fundirem, se um ou mais novos gestores exigirem informações ou relatórios diferentes, ou se as leis federais sobre cobrança de contas e privacidade mudarem. Essa é uma abordagem orientada a eventos para revisão do sistema.

Manutenção

Manutenção do sistema é um estágio de desenvolvimento de sistemas que envolve a mudança e o aprimoramento do sistema para torná-lo mais útil para atingir os objetivos dos usuários e da organização. Os motivos para a manutenção do programa incluem os seguintes:

- Baixo desempenho do sistema, como tempo de resposta lento para transações frequentes.
- Mudanças nos processos de negócios.
- Mudanças nas necessidades das partes interessadas, usuários e gestores do sistema.
- Bugs ou erros no programa.
- Problemas técnicos e de hardware.
- Fusões e aquisições corporativas.
- Mudanças nas leis governamentais.
- Mudanças no sistema operacional ou hardware no qual o aplicativo é executado.

manutenção de sistema: Um estágio de desenvolvimento de sistemas que envolve a mudança e o aprimoramento do sistema para torná-lo mais útil para atingir os objetivos do usuário e da organização.

As organizações podem realizar a manutenção do sistema internamente ou podem contratar empresas externas para fazer a manutenção para eles. Muitas empresas que utilizam sistemas de informação da Oracle ou SAP, por exemplo, contratam essas empresas para manter seus sistemas. A manutenção do sistema é importante para indivíduos, grupos e organizações. Indivíduos que procuram serviços de manutenção de sistema, por exemplo, podem utilizar a internet, fornecedores de computador e empresas de manutenção independentes, incluindo Geek Squad (*www.geeksquad.com*) e PC Pinpoint (*www.pcpinpoint.com*). As organizações costumam ter pessoal dedicado à manutenção do sistema. A manutenção do software adquirido pode custar 20% ou mais do preço de compra anualmente.

CAPÍTULO 13 • Aquisição e desenvolvimento de sistemas **545**

O processo de manutenção pode ser especialmente difícil para softwares mais antigos. Um sistema legado pode ter custado milhões de dólares para ser desenvolvido, corrigido e modificado ao longo dos anos. Os custos de manutenção para sistemas legados podem se tornar bastante caros e, em algum ponto, é mais econômico mudar para novos programas e aplicativos do que reparar e manter o sistema legado.

Quatro categorias geralmente aceitas implicam a quantidade de mudança envolvida na manutenção. Uma **atualização pontual** é uma pequena atualização do sistema — normalmente um ajuste de código ou a correção de um pequeno bug. Muitas empresas não anunciam aos usuários que uma atualização integrada foi feita; no entanto, como uma atualização de correção geralmente requer a recompilação de todo o código, ela pode criar bugs totalmente novos. Essa prática de manutenção explica por que os mesmos computadores às vezes funcionam de maneira diferente com o mesmo software. Um **patch** é uma pequena alteração para corrigir um problema ou fazer um pequeno aprimoramento. A correção é geralmente de patches em um programa existente; ou seja, o código de programação que representa o aprimoramento do sistema geralmente é adicionado ao código existente. Muitos patches vêm de fornecedores de software pronto para uso. Embora atualizações pontuais e patches sejam pequenas alterações, elas podem causar grandes problemas aos usuários e à equipe de suporte se os programas não forem executados como antes. Um novo **release** é uma alteração significativa do programa que geralmente requer alterações na documentação do software. Finalmente, uma nova **versão** é uma alteração importante no programa, geralmente englobando muitos recursos novos. A Figura 13.18 mostra a quantidade relativa de mudanças e esforços necessários para testar e implementar essas quatro categorias de manutenção do sistema.

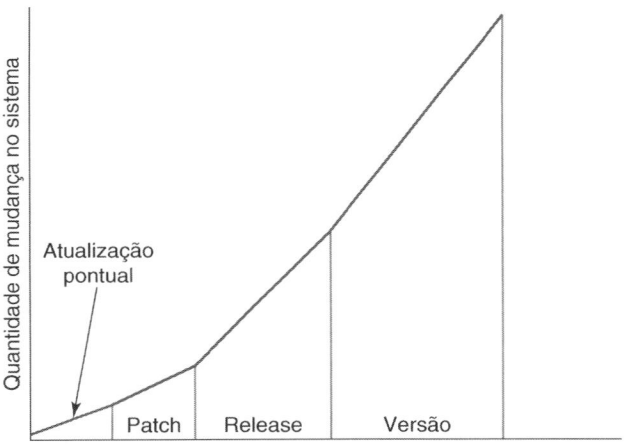

atualização pontual: Uma pequena atualização do sistema — normalmente um ajuste de código ou uma pequena correção de bug; geralmente requer a recompilação de todo o código e, ao fazer isso, pode criar bugs totalmente novos.

patch: Uma pequena alteração no sistema para corrigir um problema ou fazer um pequeno aprimoramento; geralmente é um acréscimo a um programa existente.

release: Uma mudança significativa no programa que frequentemente requer mudanças na documentação do software.

versão: Uma grande mudança no programa, geralmente englobando muitos novos recursos.

FIGURA 13.18
Esforços de manutenção do sistema
Esse gráfico mostra a quantidade relativa de mudanças e esforços associados para testar e implementar atualizações pontuais, patches, lançamentos e versões de correção.

Por causa da quantidade de esforço que pode ser gasta na manutenção, muitas organizações exigem que uma solicitação de formulário de manutenção seja preenchida e aprovada antes de autorizar a modificação de um sistema de informação. Esse formulário normalmente é assinado por um gestor de negócios que documenta a necessidade da mudança e identifica a prioridade da mudança em relação a outro trabalho que foi solicitado. O grupo de SI analisa o formulário e identifica os programas que precisam ser alterados, determina o programador a ser designado para o projeto, estima a data de conclusão esperada e desenvolve uma descrição técnica da mudança. Uma análise de custo/benefício pode ser necessária se a mudança exigir recursos substanciais. A solicitação de mudança concluída é então examinada e priorizada em relação às outras solicitações de mudança que foram feitas.

Descarte

Em algum momento, um sistema de informação existente pode se tornar obsoleto, não econômico para operar e/ou manter ou irreparável. Os sistemas de informação normalmente evoluem para esse estágio do ciclo de vida porque o sistema não pode

descarte do sistema: Um estágio de desenvolvimento de sistemas que envolve as atividades que garantem a dissolução ordenada do sistema, incluindo o descarte de todos os equipamentos de maneira ecologicamente correta, fechando contratos e migrando com segurança as informações do sistema para outro sistema ou arquivando-as de acordo com as disposições aplicáveis políticas de gestão de registros.

mais ser modificado para acompanhar as mudanças dos usuários e requisitos de negócios, a tecnologia desatualizada faz com que o sistema seja executado de forma lenta ou não confiável, ou os principais fornecedores não podem ou não querem mais continuar a fornecer o serviço ou suporte necessário.

Descarte do sistema é um estágio do desenvolvimento de sistemas que envolve as atividades que garantem a dissolução ordenada do sistema, incluindo o descarte de todos os equipamentos de maneira ecologicamente correta, fechando contratos e migrando com segurança as informações do sistema para outro sistema ou arquivando-as de acordo com políticas de gestão de registros aplicáveis. As etapas envolvidas no descarte do sistema são descritas e discutidas nas seguintes seções:

1. Comunicar intenção
2. Rescindir contratos
3. Fazer backups de dados
4. Deletar dados sensíveis
5. Descartar hardware

Comunicar intenção

Um memorando para comunicar a intenção de encerrar o sistema de informação deve ser distribuído a todos os principais interessados meses antes do encerramento efetivo. Isso garante que todos estejam cientes do desligamento e dá tempo para eles se converterem para o novo sistema ou processo de substituição do sistema encerrado. A Microsoft anunciou que o suporte estendido para o Windows 7 terminaria em 14 de janeiro de 2020. O suporte principal para o sistema operacional terminou em 2015. Quando o fim do suporte para um sistema operacional é anunciado, as empresas devem começar a planejar sua estratégia, pois o fim do suporte significa que não haverá mais atualizações de segurança. Apesar dos riscos, estima-se que 43% das empresas ainda estejam executando o sistema operacional desatualizado, com espantosos 16% ainda executando o Windows XP e Windows Vista, que a Microsoft parou de oferecer suporte há vários anos. A execução de sistemas operacionais desatualizados deixa a empresa vulnerável a ameaças de segurança, mas, por uma taxa significativa, a organização pode contratar a Microsoft para suporte estendido adicional.[36]

Rescindir contratos

Os vários vendedores que fornecem hardware, software ou serviços associados ao sistema de informação devem ser notificados com antecedência para evitar quaisquer multas associadas à rescisão abrupta do contrato.

Fazer backups de dados

Antes de excluir arquivos associados ao sistema, cópias de backup dos dados devem ser feitas de acordo com as políticas de gestão de registros da organização.

Deletar dados sensíveis

Deve-se tomar muito cuidado para remover dados confidenciais de clientes, funcionários, financeiros e da empresa do hardware de todos os computadores e dispositivos de armazenamento antes de descartá-los. Caso contrário, o equipamento descartado de uma organização pode se tornar um tesouro para os concorrentes ou ladrões de identidade. Quando um arquivo é excluído, pequenos fragmentos do arquivo ficam fisicamente no disco rígido do computador até serem sobrescritos e podem ser recuperados com um programa de recuperação de dados. Para remover os dados de um disco rígido permanentemente, é necessário limpar o disco rígido. O programa utilizado deve sobrescrever ou limpar o disco rígido várias vezes. Uma alternativa é remover o disco rígido e destruí-lo fisicamente.

Descartar hardware

Depois de fazer o backup e remover os dados das unidades, os membros da equipe do projeto podem descartar o hardware de computador obsoleto ou danificado.

Governos, agências ambientais e fabricantes líderes de hardware estão tentando reduzir os materiais perigosos em produtos eletrônicos; no entanto, alguns componentes de hardware ainda contêm materiais tóxicos para o meio ambiente. Técnicas de descarte responsável devem ser utilizadas independentemente de o hardware ser vendido, doado ou descartado. Muitos fabricantes de hardware de computador, como Dell e HP, desenvolveram programas para ajudar seus clientes a descartar equipamentos antigos.

Exercício de pensamento crítico

Teste de aceitação do usuário para o novo sistema de contabilidade

➡ TRABALHO EM EQUIPE

Você é membro da organização financeira e contábil de um varejista de artigos esportivos de médio porte. Você conhece todas as facetas dos sistemas e procedimentos contábeis atuais de sua empresa e tem trabalhado com contas a receber nos últimos três anos. A empresa está implementando um novo sistema de contabilidade baseado em nuvem para lidar com tarefas de contabilidade, contas a pagar, contas a receber e folha de pagamento. Você foi selecionado para planejar e conduzir o teste de aceitação do usuário para a parte de contas a receber do sistema. Essa será sua atividade em tempo integral nos próximos dois a três meses e, durante esse tempo, outros funcionários assumirão a responsabilidade pela maioria de suas tarefas diárias.

Perguntas de revisão

1. Descreva as tarefas que devem ser realizadas para concluir com êxito o teste de aceitação do usuário.
2. Suas atividades e responsabilidades normais de trabalho não lhe deram tempo para se familiarizar com esse projeto e com o novo sistema e seus recursos. Que ações você tomaria para se atualizar rapidamente?

Questões de pensamento crítico

1. Como você selecionaria e recrutaria usuários finais para participar do teste de aceitação do usuário? Como você determinaria quantos usuários finais são necessários para o teste?
2. O que você acha que pode ser a maior barreira para a conclusão do teste de aceitação do usuário em tempo hábil?

Desenvolvimento ágil

desenvolvimento Agile: Um processo de desenvolvimento de sistemas iterativo que desenvolve o sistema em incrementos de "sprint" com duração de duas semanas a dois meses.

Desenvolvimento Agile é um processo de desenvolvimento de sistemas iterativo que desenvolve um sistema em incrementos de "sprint" com duração de duas semanas a dois meses. Ao contrário do processo de desenvolvimento de sistemas Waterfall (em cascata), o desenvolvimento Agile (ágil) aceita o fato de que os requisitos do sistema estão evoluindo e não podem ser totalmente compreendidos ou definidos no início do projeto. O desenvolvimento Agile se concentra, em vez disso, em maximizar a capacidade da equipe de entregar rapidamente e responder aos requisitos emergentes — daí o nome ágil. Em um projeto de desenvolvimento Agile, a equipe para e reavalia o sistema a cada duas semanas a dois meses, dando-lhe ampla oportunidade de identificar e implementar requisitos de sistema novos ou alterados.[37]

Scrum: Uma estrutura de desenvolvimento Agile que enfatiza uma abordagem baseada em equipe para manter o esforço de desenvolvimento focado e em movimento rápido.

Scrum é uma estrutura de desenvolvimento Agile que usa uma abordagem baseada em equipe para manter o esforço de desenvolvimento focado e em movimento rápido. Scrum enfatiza os indivíduos e as interações sobre os processos e ferramentas, o software de trabalho sobre a documentação abrangente, a colaboração do cliente sobre a negociação do contrato e a resposta à mudança seguindo um plano.[38]

Scrum Master: A pessoa que coordena todas as atividades Scrum de uma equipe.

responsável pelo produto: Uma pessoa que representa as partes interessadas do projeto e é responsável por comunicar e alinhar as prioridades do projeto entre as partes interessadas e a equipe de desenvolvimento.

carteira de pendências de produtos: Uma lista priorizada de requisitos de projeto criada pelas partes interessadas e membros da equipe do projeto; a partir dessa lista, a equipe seleciona as prioridades mais altas.

Um **Scrum Master** é a pessoa que coordena todas as atividades de Scrum, e uma equipe Scrum consiste em uma dezena ou menos de pessoas que realizam todas as atividades de desenvolvimento de sistemas, desde a investigação até o teste, para que haja menos rotatividade de pessoal do que no projeto de desenvolvimento de sistemas Waterfall típicos. O Scrum Master não desempenha a função de um gestor de projeto tradicional e não tem responsabilidades de gestão de pessoal. Em vez disso, a principal responsabilidade do Scrum Master é antecipar e remover barreiras para a equipe do projeto produzir suas entregas e cumprir o cronograma do projeto.[39]

O **responsável pelo produto** é uma pessoa que representa as partes interessadas no projeto e é responsável por comunicar e alinhar as prioridades do projeto entre as partes interessadas e a equipe de desenvolvimento. O responsável pelo produto detém a visão do produto; ele ou ela é responsável por descrever o que deve ser construído e por quê — mas não como.[40]

Usando o método Scrum, o responsável pelo produto trabalha com as partes interessadas e a equipe para criar uma lista priorizada de requisitos do projeto, chamada **carteira de pendências de produtos**. Em seguida, uma sessão de planejamento de sprint é realizada, durante a qual a equipe seleciona os requisitos de maior prioridade no topo da lista de pendências do produto para criar a lista de pendências do sprint; eles então decidem como implementar esses requisitos. A equipe define um determinado período de tempo — normalmente de duas a oito semanas — para concluir seu trabalho. Durante o sprint, todos os dias no mesmo horário, a equipe se reúne brevemente (15 minutos no máximo) para compartilhar as informações necessárias à coordenação. Nessa reunião, os membros da equipe descrevem o que concluíram no dia anterior e identificam quaisquer obstáculos que os impeçam de concluir as atividades do dia. O sprint é concluído quando a equipe apresenta um sistema de trabalho que incorpora os novos requisitos e pode ser utilizado e avaliado. Durante a reunião de revisão do sprint, a equipe compartilha o que aprendeu com a iteração do sprint atual para que o conhecimento possa ser aplicado na próxima iteração do sprint (ver Figura 13.19). Ao longo do caminho, o Scrum Master mantém a equipe focada em seus objetivos.[41]

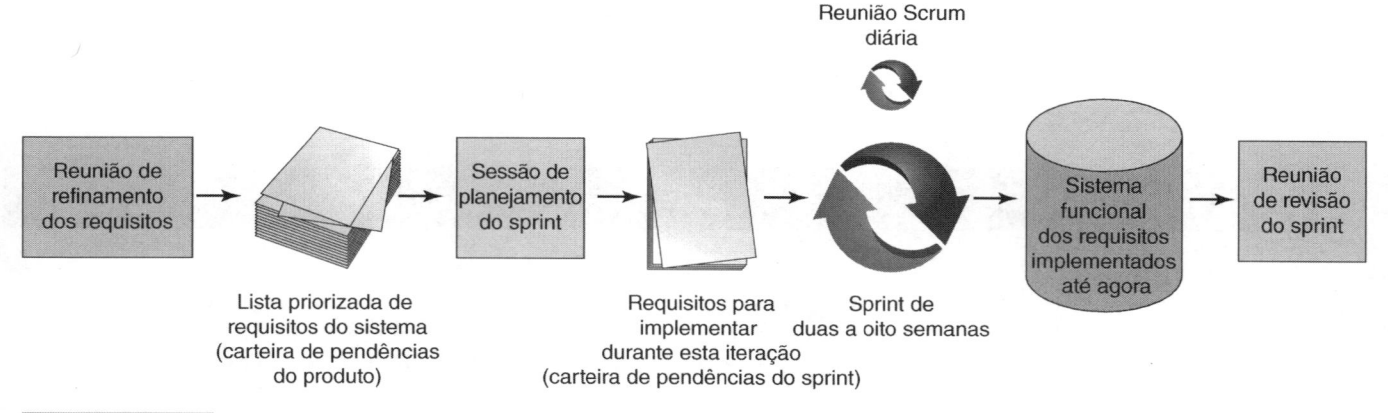

FIGURA 13.19
O processo de desenvolvimento de software Scrum Agile
A abordagem Scrum Agile desenvolve um sistema em incrementos de sprint com duração de duas semanas a dois meses.

O **desenvolvimento Agile** requer cooperação e reuniões presenciais frequentes com todos os participantes, incluindo desenvolvedores e usuários do sistema, à medida que modificam, refinam e testam as capacidades do sistema e como ele atende às necessidades dos usuários. As organizações estão usando o **desenvolvimento Agile** em maior medida hoje para melhorar os resultados do desenvolvimento de sistemas, incluindo projetos globais que requerem recursos de SI distribuídos em muitos locais. O **desenvolvimento Agile** costuma ser mais adequado para desenvolver sistemas de informação menores do que sistemas maiores. Durante um projeto ágil, o nível de participação das partes interessadas e usuários é muito maior do que em outras abordagens. A Tabela 13.11 lista as vantagens e desvantagens do desenvolvimento Agile.[42]

TABELA 13.11 Vantagens e desvantagens do desenvolvimento Agile

Vantagens	Desvantagens
Para projetos apropriados, essa abordagem coloca um aplicativo em produção antes de qualquer outra abordagem.	É um processo intenso que pode esgotar os desenvolvedores de sistema e outros participantes do projeto.
A documentação é produzida como um subproduto da conclusão das tarefas do projeto.	Essa abordagem requer que os analistas de sistema e usuários sejam qualificados em ferramentas de desenvolvimento de sistemas Agile e técnicas Agile.
O Agile força o trabalho em equipe e muita interação entre os usuários e as partes interessadas.	O Agile requer uma porcentagem maior de tempo das partes interessadas e dos usuários do que outras abordagens.

programação extrema (XP): Uma forma de desenvolvimento de software Agile que promove o desenvolvimento incremental de um sistema utilizando ciclos de desenvolvimento curtos para melhorar a produtividade e acomodar novos requisitos do cliente.

Programação extrema (*extreme programming* – XP) é uma forma de desenvolvimento de software Agile que promove o desenvolvimento incremental de um sistema usando ciclos de desenvolvimento curtos para melhorar a produtividade e acomodar novos requisitos do cliente. Outros fundamentos da programação extrema incluem programação em pares, realização de revisão de código extensa, teste de unidades de todo o código, adiamento da programação de recursos do sistema até que eles sejam realmente necessários, uso de uma estrutura de gestão de projeto simples, simplicidade e clareza no código, esperando mudanças nos requisitos do sistema à medida que o projeto avança e a solução desejada é melhor compreendida, e comunicação frequente com o cliente e entre os programadores. Essas qualidades tornam a programação extrema compatível com o desenvolvimento de software Agile.[43]

DevOps: A prática de combinar as tarefas executadas pelos grupos de desenvolvimento e operações de TI para permitir lançamentos de software mais rápidos e confiáveis.

DevOps é a prática de combinar as tarefas executadas pela equipe de desenvolvimento (que normalmente é responsável pelo projeto, codificação e teste) e os grupos de operações de TI (que normalmente lidam com tarefas de implantação operacional, como provisionamento de servidor e programação do trabalho) para permitir mais rapidez e lançamentos de software mais confiáveis.[44] Essa abordagem é a chave para ambientes de desenvolvimento Agile bem-sucedidos, em que as organizações começam a operar com novos lançamentos de software a cada duas a quatro semanas. E em muitas organizações, o DevOps está sendo utilizado como parte de uma estratégia de implantação contínua, na qual os lançamentos são feitos diariamente e, em alguns casos, várias vezes ao dia. Muitos especialistas do setor veem o DevOps como uma consequência do movimento de desenvolvimento Agile, com uma extensão dos princípios de desenvolvimento Agile para incluir sistemas e operações em vez de apenas código.

Sob as abordagens tradicionais de desenvolvimento de software, a equipe de desenvolvimento de aplicativos reúne os requisitos de negócios, escreve códigos e testa programas em um ambiente de desenvolvimento isolado. O código é então liberado para o grupo de operações de TI para implantar no ambiente operacional do mundo real dos usuários finais. Isso envolve a união de todos os componentes de um aplicativo, incluindo bancos de dados, infraestrutura de mensagens, serviços externos, passagem e recebimento de dados de e para outros sistemas e dependências de terceiros.

Os princípios do DevOps remodelam todas as atividades de mudança para a produção para que se tornem automatizadas, colaborativas, contínuas, incrementais, iterativas e de autoatendimento. Equipes responsivas adotam práticas de DevOps de configuração de autoatendimento, provisionamento automatizado (usando procedimentos predefinidos que são realizados eletronicamente sem a necessidade de intervenção humana), criação contínua, integração contínua, entrega contínua, gestão de release automatizada e teste incremental, conforme mostrado na Figura 13.20.

FIGURA 13.20
O DevOps é parte de uma estratégia de implantação contínua em que os lançamentos podem ser feitos diariamente

O DevOps combina as tarefas executadas pelos grupos de desenvolvimento e de operações para permitir lançamentos de software mais rápidos e confiáveis.

Fonte: Chris Haddad, "Overcome DevOps Adoption Barriers to Accelerate Software Delivery", Tech Well Insights, 8 de maio de 2015, *www.techwell.com/techwell-insights/2015/05/overcome-devops-adoption-barriers-accelerate-software-delivery*.

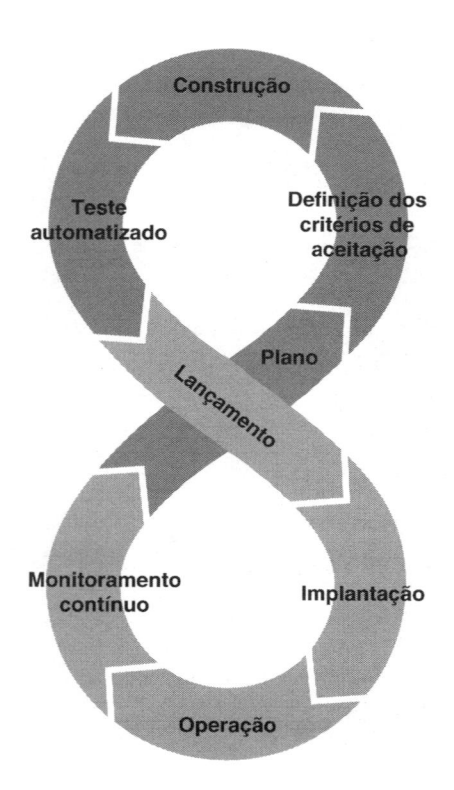

[Diagrama em forma de 8 com as etapas: Construção, Definição dos critérios de aceitação, Plano, Lançamento, Implantação, Operação, Monitoramento contínuo, Teste automatizado]

Embora DevOps possa significar coisas ligeiramente diferentes, dependendo de como é implantado em empresas diferentes, em seu núcleo, DevOps dá prioridade à colaboração, com a equipe de operações e engenheiros de desenvolvimento participando juntos, ao longo de todo o ciclo de vida do sistema — desde o design e o desenvolvimento até os testes e a implementação.[45]

Etsy é um site de compras on-line que vende de tudo, desde roupas a instrumentos musicais e produtos colecionáveis vintage. Etsy conecta compradores e vendedores por meio de seu site, o que significa que precisa estar ativo e funcionando de forma consistente. Quando o Etsy começou a desenvolver seus sistemas, a equipe de TI usava o método de desenvolvimento Waterfall. O processo era lento, entretanto, e as atualizações estavam causando muito tempo de inatividade no site. O Etsy agora adotou uma estrutura DevOps, que permite implantar mais de 50 atualizações por dia, com muito menos interrupções em seu site.[46]

A Tabela 13.12 compara os principais recursos dos processos de desenvolvimento dos sistemas Agile e Waterfall.

TABELA 13.12 Comparação das abordagens para desenvolvimento de sistemas

Característica	Abordagem de desenvolvimento de software	
	Agile	**Waterfall**
Descrição	Um processo iterativo que desenvolve o sistema em incrementos de sprint com duração de duas a oito semanas; cada incremento se concentra na implementação dos requisitos de maior prioridade que podem ser concluídos no tempo alocado.	Um processo sequencial de vários estágios em que o trabalho no próximo estágio não pode começar até que os resultados do estágio anterior sejam revisados e aprovados ou modificados conforme necessário.
Pressuposto básico	Os requisitos do sistema não podem ser totalmente definidos no início do projeto.	Todos os requisitos críticos do sistema devem ser totalmente definidos antes que qualquer codificação comece.
Como os requisitos e o design são definidos	Usuários interagindo com analistas de sistema e software funcional.	Usuários interagindo com analistas de sistema e documentação e/ou modelos do sistema.
Processos associados	Scrum	Análise e design de sistema estruturado.

Exercício de pensamento crítico

Primeiro projeto Agile da empresa

▶ COMUNICAÇÃO ESCRITA E ORAL

Você foi contratado por uma nova empresa que ficou impressionada com seus dois anos de experiência como Scrum Master em vários projetos de sistemas de informação. Sua nova empresa possui uma grande equipe interna de desenvolvimento de sistemas de informação, treinada e experiente no uso do processo de desenvolvimento de software Waterfall. Você recebeu a responsabilidade de Scrum Master em um projeto-chave que será o primeiro projeto Agile da empresa. Você também foi solicitado a treinar o gestor do projeto, a equipe e o responsável pelo produto recém-nomeado no processo Agile e em suas funções e responsabilidades associadas.

Perguntas de revisão

1. Como parte da reunião inicial de lançamento do projeto da equipe, você foi solicitado a resumir brevemente as diferenças entre o processo de desenvolvimento do software Waterfall e Agile. O que você diria?
2. Após a discussão, um dos membros da equipe pergunta: "Então, por que estamos mudando para um novo processo de desenvolvimento de software? Estamos todos confortáveis com a maneira como fazemos as coisas agora". O que você responde?

Questões de pensamento crítico

1. É provável que haja alguma confusão sobre o papel do gestor do projeto, do Scrum Master e do responsável pelo produto. O que você pode fazer para evitar esse problema potencial?
2. Que outros problemas em potencial você pode prever à medida que a equipe avança com seu primeiro projeto Agile? O que pode ser feito para evitar esses problemas potenciais?

Resumo

Princípio:

As organizações podem obter software usando uma de três abordagens básicas: assinar, comprar ou criar.

Comprar software pronto para uso é menos arriscado e leva a uma implantação mais rápida; entretanto, os custos de manutenção e suporte podem se tornar caros com essa abordagem, e o software pode não corresponder exatamente às necessidades e aos processos de trabalho da organização.

A criação de software customizado pode fornecer uma melhor correspondência com os processos de trabalho atuais da organização e fornecer uma vantagem competitiva potencial; no entanto, o custo pode se tornar extremamente alto e pode levar meses ou até anos para desenvolver o software.

Princípio:

Ao avaliar e comprar software pronto para uso, a organização deve considerar o esforço necessário para modificar o novo pacote de software e o software existente para que funcionem bem em conjunto.

Uma avaliação preliminar de pacotes de software e fornecedores começa durante a análise do sistema, quando os dois ou três candidatos mais fortes são identificados. A avaliação final começa com uma investigação detalhada das propostas dos candidatos, bem como discussões com dois ou três clientes de cada fornecedor.

Princípio:

Um sistema desenvolvido com a abordagem Waterfall passa de uma fase para a próxima, com uma análise crítica da gestão ao final de cada fase.

O conjunto de atividades envolvidas na criação de sistemas de informação para atender às necessidades dos usuários é chamado de desenvolvimento de sistemas.

O ciclo do processo de desenvolvimento de sistemas Waterfall é um processo de desenvolvimento de sistemas em vários estágios sequenciais no qual o trabalho no próximo estágio não pode começar até que os resultados do estágio atual sejam avaliados e aprovados ou modificados conforme necessário. É conhecido como processo Waterfall, porque o progresso é visto como um fluxo constante descendente (como uma cascata) durante as várias fases de desenvolvimento.

As fases do processo de desenvolvimento de sistemas Waterfall podem variar de uma empresa para outra, mas muitas organizações utilizam uma abordagem com seis fases: investigação, análise, projeto, criação, integração e teste e implementação. Depois que o sistema é criado, as organizações concluem as etapas adicionais de operação, manutenção e disposição.

No final de cada fase, uma avaliação é conduzida para garantir que todas as tarefas e produtos associados a essa fase foram produzidos e que são de boa qualidade. Além disso, no final de cada fase, o escopo geral do projeto, os custos, o cronograma e os benefícios associados ao projeto são examinados para garantir que o projeto esteja no caminho certo e valha a pena ser concluído. Como resultado, o processo de desenvolvimento de sistemas Waterfall permite um alto grau de controle de gestão.

A investigação do sistema é a fase inicial chave no desenvolvimento de um sistema de informação de negócios novo ou modificado. O objetivo dessa fase é obter uma compreensão clara das especificidades do problema a ser resolvido ou a oportunidade de abordar.

O desenvolvimento de aplicativos em conjunto (JAD) é um processo de reunião estruturado que pode acelerar e melhorar a eficiência e a eficácia não apenas da fase de investigação, mas também das fases de análise e design de um projeto de desenvolvimento de sistemas.

A decomposição funcional é uma técnica utilizada principalmente durante a fase de investigação para definir os processos de negócios incluídos no escopo do sistema.

A viabilidade técnica, econômica, jurídica, operacional e de cronograma são avaliadas durante a análise de viabilidade.

Depois que um projeto conclui a fase de investigação e é aprovado para estudos adicionais, a próxima etapa é a análise do sistema, que responde à pergunta: "O que o sistema de informação deve fazer para resolver o problema ou capitalizar sobre a oportunidade?"

A ênfase geral da análise é coletar dados sobre o sistema existente, determinar os requisitos para o novo sistema, considerar alternativas dentro das restrições identificadas e investigar a viabilidade de soluções alternativas.

Identificar, confirmar e priorizar os requisitos do sistema é talvez a única etapa mais crítica em todo o processo de desenvolvimento de sistemas Waterfall, porque a falha em identificar um requisito ou uma definição incorreta de um requisito pode não ser descoberta até muito mais tarde no projeto, causando muito retrabalho, custos adicionais e atraso no trabalho do sistema.

O diagrama de fluxo de dados (DFD) é o utilizado durante as fases de análise e design para documentar os processos do sistema atual ou para fornecer um modelo de um novo sistema proposto. Um DFD mostra não apenas os vários processos dentro do sistema, mas também de onde vêm os dados necessários para cada processo, para onde a saída de cada processo será enviada e quais dados serão armazenados e onde.

A equipe de análise deve fazer uma avaliação preliminar do mercado de software para determinar se os pacotes existentes podem atender às necessidades da organização. A principal ferramenta para fazer isso é o pedido de informações, um documento que descreve as necessidades de hardware ou software da organização e solicita que os fornecedores respondam com informações sobre se e como podem atender a essas necessidades e o tempo e os recursos exigidos.

O objetivo da fase de design do sistema é responder à pergunta: "Como o sistema de informação resolverá esse problema?". O principal resultado da fase de design do sistema é um design técnico que detalha as saídas, entradas, controles e interfaces de usuário do sistema; especifica hardware, software, bancos de dados, telecomunicações, pessoal e procedimentos; e mostra como esses componentes estão inter-relacionados. Em outras palavras, o design do sistema cria um conjunto completo de especificações técnicas que podem ser utilizadas para construir o sistema de informação.

Durante a fase de design, os designers devem desenvolver a segurança e os controles específicos do sistema para todos os aspectos do sistema de informação, incluindo hardware, software, sistemas de banco de dados, telecomunicações e operações de internet.

A criação do sistema converte o design de sistema em um sistema operacional, codificando e testando programas de software, criando e carregando dados em bancos de dados e executando o teste inicial do programa.

Vários tipos de teste devem ser conduzidos antes que um sistema de informações novo ou modificado esteja pronto para ser colocado em produção, incluindo teste de unidades, teste de integração, teste de sistema, teste de volume e teste de aceitação do usuário.

A implementação do sistema inclui as seguintes atividades: preparação do usuário, preparação do local, instalação e transição.

A operação do sistema envolve o uso do sistema novo ou modificado sob todos os tipos de condições operacionais. Obter o máximo de um sistema novo ou modificado durante sua operação é o aspecto mais importante das operações do sistema para muitas organizações.

A manutenção do sistema envolve a mudança e o aprimoramento do sistema para torná-lo mais útil para atingir os objetivos do usuário e da organização. Existem muitos motivos pelos quais a manutenção do sistema é necessária.

O descarte do sistema envolve as atividades que garantem a dissolução ordenada do sistema, incluindo o descarte de todos os equipamentos de maneira ambientalmente correta, fechando contratos e migrando com segurança as informações de um sistema para outro ou arquivando-as de acordo com as políticas de gestão de registros aplicáveis.

Princípio:

O desenvolvimento Agile é um processo de desenvolvimento de sistemas iterativo que desenvolve um sistema em incrementos de "sprint" com duração de duas semanas a dois meses.

Ao contrário do processo de desenvolvimento de sistemas Waterfall, o desenvolvimento Agile aceita o fato de que os requisitos do sistema estão evoluindo e não podem ser totalmente compreendidos ou definidos no início do projeto. O desenvolvimento Agile se concentra, em vez disso, em maximizar a capacidade da equipe de entregar rapidamente e responder aos requisitos emergentes — daí o nome ágil.

Scrum é uma estrutura de desenvolvimento Agile que usa uma abordagem baseada em equipe para manter o esforço de desenvolvimento focado e movendo-se rapidamente. Scrum enfatiza os indivíduos e as interações sobre os processos e ferramentas, o software de trabalho sobre a documentação abrangente, a colaboração do cliente sobre a negociação do contrato e a resposta à mudança seguindo um plano.

Um Scrum Master é a pessoa que coordena todas as atividades de Scrum, e uma equipe Scrum consiste em uma dezena ou menos de pessoas que realizam todas as atividades de desenvolvimento de sistemas, desde a investigação até o teste.

O responsável pelo produto é uma pessoa que representa as partes interessadas no projeto e é responsável por comunicar e alinhar as prioridades do projeto entre as partes interessadas e a equipe de desenvolvimento. O responsável pelo produto detém a visão do produto; ele ou ela é responsável por descrever o que deve ser construído e por que — mas não como.

Programação extrema (XP), outra abordagem de desenvolvimento de software Agile, promove o desenvolvimento incremental de um sistema usando ciclos de desenvolvimento curtos para melhorar a produtividade e acomodar novos requisitos do cliente.

DevOps é a prática de combinar as tarefas executadas pelos grupos de desenvolvimento e operações de TI para permitir lançamentos de software mais rápidos e confiáveis. Essa abordagem é a chave para o desenvolvimento Agile bem-sucedido.

Termos-chave

- desenvolvimento Agile
- site frio
- transição
- diagrama de fluxo de dados (DFD)
- DevOps
- conversão direta
- plano de recuperação de desastres
- viabilidade econômica
- programação extrema (XP)
- tolerância a falhas
- análise de viabilidade
- decomposição funcional
- site quente
- instalação
- teste de integração
- desenvolvimento de aplicativos em conjunto (JAD)
- viabilidade legal
- processos de missão crítica
- monitoramento
- viabilidade operacional
- inicialização paralela
- princípio de Pareto (regra 80-20)
- patch
- teste de avaliação de desempenho
- licença perpétua
- abordagem de integração progressiva
- inicialização do piloto
- carteira de produtos
- responsável pelo produto
- release
- pedido de informação
- viabilidade de cronograma
- Scrum
- Scrum master
- preparação do local
- atualização pontual
- análise de sistemas
- construção do sistema
- projeto de sistemas
- desenvolvimento de sistemas
- descarte do sistema
- investigação do sistema
- relatório de investigação do sistema
- manutenção de sistemas
- operação do sistema
- revisão do sistema
- teste de sistema
- documentação técnica
- viabilidade técnica
- teste de unidades
- documento de aceitação do usuário
- teste de aceitação do usuário (UAT)
- documentação do usuário
- preparação do usuário
- versão
- teste de volume
- processo de desenvolvimento de sistemas Waterfall

Teste de autoavaliação

As organizações podem obter software usando uma das três abordagens básicas: assinar, comprar ou criar.

1. O software _____ é menos arriscado e leva a uma implantação mais rápida; entretanto, os custos de manutenção e suporte podem se tornar caros.
   a. customizado
   b. corporativo
   c. pronto para uso
   d. produtividade pessoal

2. O software _____ pode fornecer uma melhor correspondência com os processos de trabalho atuais da organização e pode fornecer uma vantagem competitiva potencial; no entanto, o desenvolvimento do software pode ser extremamente caro e pode levar meses ou até anos para ser concluído.
   a. customizado
   b. corporativo
   c. pronto para uso
   d. produtividade pessoal

3. Qual das opções a seguir não é um motivo para assinar um software sob demanda?
   a. O software não precisa ser escalonável.
   b. Software especializado é necessário em tempo hábil.
   c. A equipe de TI não inclui desenvolvedores.
   d. A empresa tem capacidade de armazenamento limitada.

Ao avaliar e comprar software pronto para uso, uma organização deve considerar o esforço necessário para modificar o novo pacote de software e o software existente para que funcionem bem juntos.

4. Uma avaliação preliminar de pacotes de software e fornecedores começa durante a fase de _____, em que os dois ou três candidatos mais fortes são identificados.
   a. investigação do sistema
   b. design de sistemas
   c. análise de sistemas
   d. análise de viabilidade

Um sistema desenvolvido com a abordagem Waterfall passa de uma fase para a próxima, com uma análise crítica da gestão ao final de cada fase.

5. Muitas organizações utilizam uma abordagem Waterfall com seis fases, incluindo investigação, análise, design, _____, integração e teste e implementação.

6. A abordagem Waterfall permite um alto grau de controle de gestão, mas não permite a interação do usuário com o sistema até a fase de integração e de teste, quando o sistema está quase completo. Verdadeiro ou falso?

7. O objetivo da fase de investigação do sistema é _____.
   a. definir o que o sistema de informação deve fazer para resolver o problema ou capitalizar sobre a oportunidade
   b. obter uma compreensão clara das especificidades do problema a resolver ou a oportunidade de abordar
   c. reunir dados sobre o sistema existente e determinar os requisitos para o novo sistema
   d. identificar, confirmar e priorizar os requisitos do sistema

8. _____ é um diagrama utilizado para documentar os processos do sistema atual ou para fornecer um modelo de um novo sistema proposto.

9. A ênfase geral da fase de _____ consiste em reunir dados sobre o sistema existente, determinar os requisitos do novo sistema, considerar alternativas dentro das restrições identificadas e investigar a viabilidade de soluções alternativas.
   a. investigação
   b. análise
   c. design
   d. criação

10. A principal ferramenta para avaliar o mercado de software para determinar se os pacotes existentes podem atender às necessidades da organização é o _____.
    a. relatório de investigação do sistema
    b. pedido de cotação
    c. RFI
    d. relatório de design do sistema

11. A fase de _____ converte o projeto de sistema em um sistema operacional, codificando e testando programas de software, criando e carregando dados em bancos de dados e realizando o teste inicial do programa.
    a. análise de sistemas
    b. construção do sistema
    c. implementação de sistemas
    d. teste do sistema e integração

O desenvolvimento Agile é um processo de desenvolvimento de sistemas iterativo que desenvolve um sistema em incrementos de "sprint" com duração de duas semanas a dois meses.

12. _____ é uma estrutura de desenvolvimento Agile que usa uma abordagem baseada em equipe para manter o esforço de desenvolvimento focado e se movendo rapidamente.

13. Na estrutura Scrum, o _____ é uma pessoa que representa as partes interessadas no projeto e é responsável por comunicar e alinhar as prioridades do projeto entre as partes interessadas e a equipe de desenvolvimento.
    a. gestor de projeto
    b. Scrum Master
    c. responsável pelo produto
    d. patrocinador do projeto

14. _____ é a prática de combinar as tarefas executadas pelos grupos de desenvolvimento e operações de TI para permitir lançamentos de software mais rápidos e confiáveis.
    a. Scrum
    b. Programação extrema
    c. JAD
    d. DevOps

Respostas do teste de autoavaliação

1. c
2. a
3. a
4. c
5. criação
6. Verdadeiro
7. b
8. Diagrama de fluxo de dados
9. b
10. c
11. b
12. Scrum
13. c
14. d

Questões de revisão e discussão

1. Quais são as características principais do processo de desenvolvimento de sistemas Waterfall? Qual é a razão de utilizar o termo "Waterfall" para descrevê-lo?
2. Identifique e declare o propósito de cada uma das seis fases do processo de desenvolvimento de sistemas Waterfall.
3. Identifique e descreva resumidamente pelo menos três vantagens de SaaS e como essas vantagens ajudam uma organização à medida que crescem.
4. Forneça dois exemplos de oportunidades ou problemas que provavelmente desencadearão a necessidade de um projeto de sistema de informação.
5. Quais são os quatro tipos diferentes de viabilidade que devem ser avaliados? Por que a viabilidade de um sistema é avaliada durante as fases de análise e design?
6. Discuta minuciosamente os prós e os contras de comprar ou criar software.
7. Descreva as etapas necessárias para conduzir uma sessão eficaz de desenvolvimento de aplicativos em conjunto (JAD). Quem deve participar de tal sessão? Qual é o papel do facilitador JAD?
8. Por que é importante que os gestores de negócios tenham uma compreensão básica do processo de desenvolvimento de sistemas?
9. Identifique várias áreas para as quais os requisitos de segurança e de controle do sistema precisam ser definidos.
10. Identifique e descreva resumidamente seis fatores de desempenho do sistema.
11. Como o DevOps oferece suporte ao processo de desenvolvimento de sistemas Agile?
12. O que é programação extrema (XP)? Qual é a sua meta?
13. Uma organização selecionou e agora está implementando um pacote de software. Identifique três fatores-chave que determinarão o custo e o tempo necessários para a implementação.

Exercícios de tomada de decisão de negócio

1. Você está adquirindo um novo sistema de informação para o The Fitness Center, uma empresa com três academias em sua região metropolitana, com um total de 1.200 associados e 20 a 30 funcionários em tempo integral e parcial em cada localidade. Por meio de pesquisas anteriores, o diretor de marketing determinou que sua clientela está interessada em um sistema de software de última geração para rastrear todas as atividades relacionadas à saúde e ao condicionamento físico. Cada peça do equipamento na academia será modificada para permitir a entrada do número de identificação do membro, registrando a data, hora do dia, peso utilizado e número de repetições ou duração do treino. Membros e consultores de condicionamento físico desejam poder se conectar ao sistema a partir de qualquer computador ou dispositivo móvel e ver exibições de vários relatórios (calorias queimadas, grupos musculares trabalhados, pressão arterial, distância percorrida, passos dados etc.) para um período de tempo especificado pelo usuário. Use um software editor de texto para identificar pelo menos seis requisitos de alta prioridade para esse sistema. Use uma planilha ou programa de gestão de projetos para identificar e agendar as tarefas que devem ser realizadas para escolher o melhor pacote de software e implementá-lo.
2. A investigação preliminar de um projeto de software foi concluída. Duas equipes de projeto diferentes estimaram os custos associados ao desenvolvimento e manutenção do novo sistema. Uma equipe baseou suas estimativas na hipótese de que o processo de desenvolvimento de sistemas Waterfall seria utilizado para o projeto; a outra equipe planeja seguir a abordagem Agile. Uma terceira opção é comprar um software pronto para uso que forneça quase todos os benefícios de uma solução customizada. Analise as estimativas a seguir e escolha a melhor abordagem para o projeto: desenvolvimento Waterfall, desenvolvimento Agile ou implementação de software pronto para uso. Apresente uma base racional sólida para sua escolha. Identifique quaisquer hipóteses que você deve fazer para tomar sua decisão.

	Waterfall	Agile	Software comercial pronto
Total de meses de esforço para completar o sistema	45	38	6
Custo por mês de esforço	US$ 10k	US$ 10k	US$ 10k
Custo do pacote de software			US$ 350k
Tempo decorrido até que uma versão de trabalho parcial esteja disponível (meses)	Não aplicável	2	Não aplicável
Tempo decorrido até que todos os recursos previstos atualmente estejam disponíveis (meses)	8	5	3
Economia anual gerada pelo sistema completo	US$ 180k	US$ 180k	US$ 160k

Trabalho em equipe e atividades de colaboração

1. Sua equipe foi contratada para definir o escopo e a viabilidade do projeto de criação de um banco de dados de vagas e descrições de emprego para as empresas que visitam seu campus a cada semestre. Os alunos poderiam se conectar ao sistema e solicitar um encontro com o recrutador de cada empresa. Os recrutadores teriam acesso ao resumo transcrito (cursos realizados, mas sem exibição de notas) de cada aluno e ao currículo. Descreva as tarefas que sua equipe executaria para concluir a fase de investigação do sistema. Quem mais precisa estar envolvido na investigação do sistema? Desenvolva um diagrama de fluxo de dados que defina o escopo desse sistema.

2. Sua equipe foi selecionada para monitorar o descarte do sistema de registro dos alunos com dez anos de idade da sua escola. Desenvolva uma lista das atividades que precisam ser concluídas para concluir essa tarefa. Quais atividades são mais preocupantes?

Exercícios de carreira

1. Faça pesquisas para saber o que é necessário para ter uma carreira de sucesso como desenvolvedor de software para smartphones. Que tipo de educação e de experiência é necessário? Que características pessoais seriam úteis nessa carreira? Como alguém pode iniciar essa carreira e quais são os salários iniciais?

2. Identifique um sistema de informação frequentemente empregado por pessoas em um campo de carreira no qual você está interessado. Discuta como você pode se envolver como usuário no desenvolvimento ou aquisição de tal sistema para sua futura empresa. Identifique três coisas que você poderia fazer como participante do projeto que iria aumentar muito a probabilidade de um projeto bem-sucedido. Agora, identifique três coisas que você pode fazer (ou deixar de fazer) que podem diminuir muito a probabilidade de sucesso de tal projeto.

Estudos de caso

▶ GLOBAL

Estudo de caso
A Intel usa Agile e DevOps para transformar suas operações comerciais

Para ser um líder em tecnologia, você precisa ser capaz de se adaptar às mudanças e, no mundo de hoje, as mudanças vêm rapidamente. A Intel, uma das maiores empresas de semicondutores do mundo, possui uma cadeia de suprimentos que inclui 19 mil fornecedores, 2 mil clientes e instalações em 63 países. A cada ano, a empresa atende a mais de 1 milhão de pedidos e despacha mais de 1 bilhão de unidades. Para sustentar esse nível de negócios e se adaptar a um mercado em constante mudança, a Intel trouxe a aprendizagem de máquina para suas operações utilizando práticas DevOps e Agile.

De acordo com Aziz Safa, diretor de dados da Intel, "Há 20 anos, não faríamos uma grande mudança na empresa durante anos. Ao passo que hoje você vê novas ofertas chegando muito rápido". Segundo Safa, desenvolver agilidade nas operações da Intel exigiu uma mudança de pensamento em toda a empresa.

A partir de 2017, a Intel deu início a essa mudança, treinando 4.700 funcionários na metodologia Agile. Depois de ver o sucesso com a abordagem Agile, a empresa treinou mais 3 mil funcionários. De acordo com o relatório de desempenho de TI de 2018–2019 da empresa, a "nova estrutura de escalonamento da Intel criou uma atração significativa na organização para se comprometer totalmente com a transformação de Agile e DevOps". A meta é ter 60% de automação de testes e 50% de redução no tempo de entrega. Para atingir esse objetivo, a equipe de DevOps identificou os aplicativos que interoperam e as áreas que devem operar de forma eficiente para reduzir o tempo de entrega. Usando a estrutura Agile, eles estão trabalhando com o objetivo de introduzir novos sistemas e aplicativos que irão utilizar o processo de teste automatizado e aumentar o tempo de entrega para seus clientes.

Agora que a mudança para Agile e DevOps está em andamento na Intel, o foco está mudando para melhor utilizar os dados dos sistemas para fazer com que os aplicativos operem mais eficientemente em diferentes plataformas. A Intel está baseando mais seu sucesso em plataformas de nuvem e automação. O DevOps pavimentou o caminho para o que está sendo chamado de "Common Cloud Core" (C3) e a capacidade de utilizar o PaaS (discutida anteriormente neste capítulo) para aprimorar a entrega de novos sistemas e aumentar a escalabilidade dos sistemas atuais. Tradicionalmente, os sistemas eram projetados para funcionar por vários anos antes que as atualizações fossem planejadas. A Intel reconhece que é "fundamental para qualquer organização que deseja inovar com base na tecnologia: transformação digital e DevOps andam de mãos dadas". Uma empresa deve ser capaz de se mover rapidamente, mudando o mundo da tecnologia, e a Intel está no centro desse mercado. Os aplicativos devem passar do estado de ideia para a produção de maneira consistente, em oposição ao método tradicional, que levaria meses de planejamento e desenvolvimento. O feedback dos usuários e dos desenvolvedores deve ser contínuo para permitir melhorias contínuas.

Ao combinar DevOps, PaaS e C3, a Intel automatizou muitos de seus sistemas. Essa automação permitiu um processamento mais eficiente e uma economia de custos para a empresa e para os clientes. A Intel tirou proveito do planejamento dos lançamentos, que permite aos desenvolvedores lançarem partes menores do sistema com mais frequência. Utilizando a infraestrutura em nuvem, não existe tempo de inatividade e os usuários finais podem fornecer feedback em uma escala gerenciável. O DevOps permite testes contínuos, pois o ciclo de desenvolvimento é mais curto e o feedback é mais rápido e em uma parte específica do sistema. Com as ferramentas disponíveis por meio do PaaS, há monitoramento contínuo do sistema para manter os aplicativos executando em níveis ótimos. Essas ferramentas fornecem aos desenvolvedores dados de desempenho para que eles possam melhorar qualquer área que possa estar abaixo do desempenho. A Intel teve sucesso na implementação de Agile e DevOps. Qual será o próximo passo desse gigante da tecnologia?

Questões de pensamento crítico

1. A Intel é líder em tecnologia há décadas. Por que você acha que a empresa demorou tanto para fazer grandes mudanças no passado? Por que você acha que ela levou tanto tempo para fazer a mudança para um método de desenvolvimento Agile para processos mais rápidos?
2. A Intel usa uma combinação de DevOps, C3 e PaaS para desenvolvimento. Você acha que o PaaS é necessário para que o DevOps seja bem-sucedido? Por que você acha que a Intel está usando PaaS junto com DevOps no processo de desenvolvimento Agile? Que vantagem ou desvantagem você acha que o PaaS poderia ter para a Intel no futuro?
3. Quais seriam alguns dos critérios que você usaria para medir o sucesso de uma mudança para as práticas de DevOps em uma empresa?

FONTES: Stephanie Condon, "Scaling Agile, Adopting AI: How Intel Is Making IT a Strategic Part of the Business", *ZDNet*, https://www.zdnet.com/article/scaling-agile-adopting-ai-how-intel-is-making-it-a-strategic-part-of-the-business/, 17 de abril de 2019; "Intel IT: Harnessing AI and Analytics to Drive Digital Transformation", Intel, *https://newsroom.intel.com/news/intel-it-harnessing-ai-analytics-drive-digital-transformation/#gs.80wfxd*, acesso em 28 de abril de 2019; "Driving the Digital Enterprise Transformation: 2018–2019 Intel IT Annual Performance Report", *https://www.intel.com/content/www/us/en/it-management/intel-it-best-practices/intel-it-annual-performance-report-2018-19-paper.html*, acesso em 25 de junho de 2019; "Integrating Cloud Management Platforms, PaaS and DevOps for Business Effectiveness", Intel, *https://www.intel.com/content/dam/www/public/us/en/documents/white-papers/hybrid-cloud-devops-white-paper-fv.pdf*, acesso em 25 de junho de 2019.

Notas

Fontes da vinheta de abertura: Jessica Mulholland, "3 Pieces of Advice for Making the Transition from Waterfall to Agile", *Government Technology*, 26 de maio de 2017, *http://www.govtech.com/people/3-Pieces-of-Advice-for-Making-the-Transition-from-Waterfall-to-Agile.html*; "Agile Government? Not an Oxymoron in the State of Maine", *Pega*, *https://www.pega.com/insights/resources/agile-government-not-oxymoron-state-maine*, acesso em 23 de fevereiro de 2019; "About Agile: Project Management", Maine.gov, *https://www.maine.gov/oit/project_management/agile.html*, acesso em 23 de fevereiro de 2019.

1. "Amazon Logistics", Amazon, *https://logistics.amazon.com/*, acesso em 19 de abril de 2019.
2. Clint Boulton, "Dealer Tire Gains Traction with Data Science", *CIO*, 8 de abril de 2019, *https://www.cio.com/article/3387520/dealer-tire-gains-traction-with-data-science.html*.
3. Clint Boulton, "Sales Automation App Helps Suddath Get Its Move On", *CIO*, 2 de abril de 2019, *https://www.cio.com/article/3384929/sales-automation-app-helps-suddath-get-its-move-on.html*.
4. "Get the Most from Office with Office 365", Microsoft, *https://products.office.com/en-us/compare-all-microsoft-office-products-test?tab=2&tab=2*, acesso em 17 de fevereiro de 2019.
5. "Creative Cloud Plans & Pricing", Adobe, *https://www.adobe.com/creativecloud/plans.html?promoid=CJ132JRD&mv=other*, acesso em 17 de fevereiro de 2019.
6. "IaaS, PaaS, SaaS (Explained and Compared)", Atos, *https://apprenda.com/library/paas/iaas-paas-saas-explained-compared/*, acesso em 20 de fevereiro de 2019.
7. "Top Five Advantages of Software as a Service (SaaS)", IBM, *https://www.ibm.com/blogs/cloud-computing/2013/09/18/top-five-advantages-of-software-as-a-service-saas/*, acesso em 22 de fevereiro de 2019.
8. Maciej Duraj, "SaaS Business Models Analyzed", *Forbes*, 3 de janeiro de 2019, *https://www.forbes.com/sites/maciejduraj/2019/01/03/saas-business-models-analyzed/#6ef270822ab5*, acesso em 16 de fevereiro de 2019.
9. "An Overview of SaaS", Digital Guide, *https://www.ionos.com/digitalguide/server/know-how/an-overview-of-saas-software-as-a-service/*, acesso em 22 de fevereiro de 2019.
10. "Guidance on HIPAA & Cloud Computing", HHS.gov, *https://www.hhs.gov/hipaa/for-professionals/special-topics/cloud-computing/index.html*, acesso em 23 de fevereiro de 2019.
11. Jessie Bur, "VA's IT Leadership Problem Has Infected Modernization Efforts", *Federal Times*, 3 de abril de 2019, *https://www.federaltimes.com/it-networks/2019/04/03/vas-it-leadership-problem-has-infected-modernization-efforts/*.

12. "Business Analyst Training | Onsite Business Courses", Pierson Requirements Group, *https://www.piersonrequirementsgroup.com*, acesso em 27 de abril de 2019.
13. Jasmine Lee, "AgTech Trends in 2019: Synthetic Biology, Precision Agriculture, and Millennial Farmers", AgTech Trends in 2019, 3 de dezembro de 2018, *https://learn.g2crowd.com/2019-agtech-trends*.
14. Robert N. Charette, "U.S. Coast Guard's $67 Million EHR Fiasco", *https://spectrum.ieee.org/riskfactor/computing/software/us-coast-guards-67-million-ehr-fiasco*, 8 de março de 2018.
15. "Early Intervention System", Sierra-Cedar, *https://www.sierra-cedar.com/wp-content/uploads/sites/12/2018/10/OVER-EIS.pdf*, acesso em 27 de abril de 2019.
16. "Interagency Guidelines Establishing Information Security Standards", Board of Governors of the Federal Reserve System, *www.federalreserve.gov/bankinforeg/interagencyguidelines.htm*, acesso em 9 de junho de 2014.
17. Brian Ward, "The Importance of Good Interface Design", *heehaw.digital* (blog), 27 de fevereiro de 2013, *http://blog.heehaw.co.uk/2013/02/the-importance-of-good-interface-design*.
18. Ben Shneiderman e Catherine Plaisant, Designing the User Interface: Strategies for Effective Human-Computer Interaction, Fifth edition, 2009, Pearson: New York.
19. Joshua Porter, "Principles of User Interface Design", *Bokardo* (blog), *http://bokardo.com/principles-of-user-interface-design/*, acesso em 3 de julho de 2014.
20. "RecoverPoint", Dell EMC, *www.emc.com/storage/recoverpoint/recoverpoint.htm*, acesso em 8 de abril de 2019.
21. "SteelEye LifeKeeper", SteelEye Technology, Inc., *www.ha-cc.org/high_availability/components/application_availability/cluster/high_availability_cluster/steeleye_lifekeeper*, acesso em 8 de abril de 2019.
22. "Application Continuous Availability", NeverFail, *https://neverfail.com/solutions/continuous-application-availability*, acesso em 8 de abril de 2019.
23. "Wells Fargo Reports $5.9 Billion in Quarterly Net Income; Diluted EPS of $1.20", Wells Fargo, *https://www08.wellsfargomedia.com/assets/pdf/about/investor-relations/earnings/first-quarter-2019-earnings.pdf*, acesso em 28 de abril de 2019.
24. Will Hernandez, "Flaws in Testing May Be Real Source of Wells Fargo's Tech Failure", *American Banker*, 8 de fevereiro de 2019, *https://www.americanbanker.com/news/flaws-in-testing-may-be-real-source-of-wells-fargos-tech-failure*.
25. "CodeSmith Generator", CodeSmith, *www.codesmithtools.com/product/generator*, acesso em 8 de abril de 2019.
26. "Datalab Achieves Full Maximization in Credit Card Promotion and Advertising Campaigns", *Datalab*, *https://www.genexus.com/en/company/success-stories/datalab*, acesso em 27 de abril de 2019.
27. "Dr.Explain Featured Reviews", DREXPLAIN, *www.drexplain.com/what-do-users-say*, acesso em 8 de abril de 2019.
28. "Surging Customer Demand Drives Cyxtera Data Center Expansion in Five Markets", *Cyxtera*, 11 de março de 2019, *https://www.cyxtera.com/news-events/press-releases/surging-customer-demand-drives-cyxtera-data-center-expansion-in-five-markets*.
29. "Investor Relations", dormakaba Group, *https://www.dormakaba.com/en*, acesso em 27 de abril de 2019.
30. "Leading in Technology – dormakaba one of the Top 100 Global Technology Leaders, According to Thomson Reuters", dormakaba Group, *https://www.dormakaba.com/en/innovation/leading-in-technology---dormakaba-one-of-the-top-100-global-technology-leaders--according-to-thomson-reuters-642638*, acesso em 27 de abril de 2019.
31. "How Can Companies Digitize Their Security Systems?", SAP, *https://www.sap.com/documents/2018/01/22ac670d-ea7c-0010-82c7-eda71af511fa.html*, acesso em 27 de abril de 2019.
32. "Certification due to single system", dormakaba, *https://www.dormakaba.com/en/products/electronic-access-data/success-story*, acesso em 25 de junho de 2019.
33. "Accelerate Business Performance: Precise Application Performance Platform", Idera, *https://www.idera.com/application-performance-monitoring/relational-database-performance*, acesso em 28 de abril de 2019.
34. "Hospital | Honeywell", Honeywell, *https://www.honeywell.com/healthcare/hospital*, acesso em 28 de abril de 2019.
35. Thor Olavrsud, "United goes digital to ease overbook-flight aggravation", CIO, *https://www.cio.com/article/3402696/united-goes-digital-to-ease-overbooked-flight-aggravation.html*, acesso em 17 de junho de 2019.
36. "43% of Businesses Are Still Running Windows 7, Security Threats Remain", Help Net Security, *https://www.helpnetsecurity.com/2019/01/15/still-running-windows-7/*, acesso em 28 de abril de 2019.
37. "What is Agile?", Agile Methodology, *http://agilemethodology.org*, acesso em 8 de abril de 2019.
38. "Core Scrum: What is Scrum?", Scrum Alliance, *www.scrumalliance.org/scrum/media/ScrumAllianceMedia/Files%20and%20PDFs/Learn%20About%20Scrum/Core-Scrum.pdf*, acesso em 8 de abril de 2019.
39. "Learn About Scrum?", Scrum Alliance, *www.scrumalliance.org/why-scrum*, acesso em 8 de abril de 2019.
40. "Core Scrum: What is Scrum?", ScrumAlliance, *www.scrumalliance.org/scrum/media/ScrumAllianceMedia/Files%20and%20PDFs/Learn%20About%20Scrum/Core-Scrum.pdf*, acesso em 26 de abril de 2016.
41. "Scrum Methodology", My PM Expert, *http://scrummethodology.com/*, acesso em 3 de agosto de 2014. *www.my-project-management-expert.com/the-advantages-and-disadvantages-of-agile-software-development.html*, acesso em 3 de agosto de 2014.
42. Susan De Sousa, "The Advantages and Disadvantages of Agile Development", My PM Expert, *www.my-project-management-expert.com/the-advantages-and-disadvantages-of-agile-software-development.html*, acesso em 28 de abril de 2019.
43. "Extreme Programming", Extreme Programming, *www.extremeprogramming.org/rules.html*, acesso em 28 de abril de 2019.
44. Ernest Mueller, "What is DevOps?", *the agile admin*, 12 de janeiro de 2019, *https://theagileadmin.com/what-is-devops/*.
45. Ibid.
46. Christopher Null, "10 Companies Killing It em DevOps",, *TechBeacon*, *https://techbeacon.com/devops/10-companies-killing-it-devops*, acesso em 28 de abril de 2019.

Glossário

5G (5ª geração) A última geração de comunicações móveis, apresentando altas velocidades de transferência de dados em altas frequências com latência mínima e exigindo baixa energia.

A

abordagem baseada em banco de dados para gestão de dados Uma abordagem de gestão de dados em que vários sistemas de informação compartilham um conjunto de dados relacionados.

abordagem de integração progressiva Uma estratégia de transição que envolve a substituição lenta de componentes do sistema antigo pelos do novo; esse processo é repetido para cada aplicativo até que o novo sistema execute todos os aplicativos e funcione conforme o esperado; também é chamada de abordagem fragmentada.

ACID, propriedades Propriedades (atomicidade, consistência, isolamento e durabilidade) que garantem que as transações do banco de dados relacional sejam processadas de forma confiável e garantam a integridade dos dados no banco de dados.

administrador de banco de dados (DBA) Um profissional de SI habilitado e treinado que mantém discussões com usuários de negócios para definir suas necessidades de dados; aplica linguagens de programação de banco de dados a fim de criar um conjunto de bancos de dados para atender a essas necessidades; testa e avalia bancos de dados; implementa mudanças para melhorar o desempenho dos bancos de dados; e garante que os dados estejam protegidos contra acesso não autorizado.

administrador de dados Um indivíduo responsável pela gestão de elementos de dados críticos, incluindo a identificação e a aquisição de novas fontes de dados; a criação e a manutenção de dados de referência e definições de dados consistentes; e a análise de dados para qualidade e reconciliação de problemas de dados.

agente inteligente Programas e uma base de conhecimento utilizados para realizar uma tarefa específica para uma pessoa, um processo ou outro programa; também chamado de bot ou robô inteligente.

algoritmo genético Uma abordagem para resolver problemas com base na teoria da evolução; utiliza o conceito de sobrevivência do mais apto para encontrar soluções aproximadas para problemas de otimização e pesquisa.

ambiente de computação em nuvem híbrida Um ambiente de computação em nuvem é composto de nuvens privadas e públicas integradas por meio de rede.

ambiente de computação em nuvem privada Uma nuvem de um único locatário.

ambiente de computação em nuvem pública Um ambiente de computação no qual uma organização prestadora de serviços possui e gerencia a infraestrutura (incluindo computação, rede, dispositivos de armazenamento e pessoal de suporte) com organizações de usuários da nuvem (chamados locatários) acessando fatias de recursos compartilhados por meio da internet.

American Recovery and Reinvestment Act, Título XIII Inclui fortes disposições de privacidade para registros eletrônicos de saúde (EHRs), incluindo proibição da venda de informações de saúde, promoção do uso de trilhas de auditoria e criptografia e fornecimento de direitos de acesso para pacientes, obrigando que cada indivíduo cujas informações de saúde tenham sido expostas seja notificado dentro de 60 dias após a descoberta de uma violação de dados.

análise de autoatendimento Treinamento, técnicas e processos que capacitam os usuários finais a trabalhar de forma independente para acessar dados de fontes aprovadas, a fim de realizar suas próprias análises utilizando um conjunto de ferramentas aprovado.

análise de cenário Um processo para prever valores futuros com base em certos eventos potenciais.

análise de regressão Um método para determinar a relação entre uma variável dependente e uma ou mais variáveis independentes.

análise de série temporal O uso de métodos estatísticos para analisar dados de séries temporais e determinar estatísticas úteis e características sobre os dados.

análise de sistema A fase de desenvolvimento do sistema que se concentra na coleta de dados sobre o sistema existente, determinando os requisitos para o novo sistema, considerando alternativas dentro das restrições identificadas e investigando a viabilidade de soluções alternativas.

análise de texto Um processo para extrair valor de grandes quantidades de dados de texto não estruturados.

análise de viabilidade Uma avaliação da viabilidade técnica, econômica, jurídica, operacional e de cronograma de um projeto.

análise de vídeo O processo de obtenção de informações ou inspiração para filmagens em vídeo.

análise descritiva Um estágio preliminar de processamento de dados utilizado para identificar padrões nos dados e responder a perguntas sobre quem, o quê, onde, quando e em que extensão.

análise preditiva Um conjunto de técnicas utilizadas para analisar dados atuais para identificar probabilidades e tendências futuras, bem como fazer previsões sobre o futuro.

análise visual A apresentação de dados em formato pictórico ou gráfico.

aplicativo empresarial Software utilizado para atender às necessidades de negócios de toda a organização que normalmente compartilha dados com outros aplicativos corporativos utilizados dentro da organização.

aprendizagem profunda Permite que os programas cresçam e aprendam com os exemplos fornecidos aos usuários, digitados ou falados.

aprendizagem de máquina A capacidade de um computador de aprender sem a necessidade de um programador alterar o software para cada cenário que encontra.

aprendizagem não supervisionada Aprendizagem de máquina que utiliza um conjunto de dados sem rótulo e sem exemplos. Os dados são rotulados por meio de observações e a aprendizagem é por meio da observação.

aprendizagem por reforço Aprendizagem de máquina utilizando tentativa e erro em um conjunto de dados sem rótulo. A aprendizagem é obtida por meio de feedback positivo e negativo.

aprendizagem semissupervisionada Aprendizagem de máquina utilizando uma combinação de técnicas de aprendizagem supervisionada e não supervisionada.

aprendizagem supervisionada Aprendizagem de máquina que utiliza um conjunto de dados rotulado e exemplos para produzir uma saída que é comparada a uma saída correta predefinida.

aprimoramento profissional A prática de treinar uma força de trabalho para desempenhar funções de alta qualificação, a fim de garantir que eles alcancem seu pleno potencial.

armazenamento de dados Atualização de um ou mais bancos de dados com novas transações.

armazenamento secundário Um dispositivo que armazena grandes quantidades de dados, instruções e informações de forma mais permanente do que o permitido com a memória principal.

arquitetura cliente/servidor Essa é uma abordagem de rede em que muitos clientes (dispositivos de computação do usuário final) solicitam e recebem serviços de servidores (computadores host ou hospedeiro) na rede.

arquitetura orientada a serviços (SOA) Uma abordagem de design de software baseada no uso de peças discretas de software (módulos) para fornecer funções específicas como serviços para outros aplicativos.

arquivo Uma coleção de entidades semelhantes.

assinatura de vírus Código que indica a presença de um vírus específico.

ataque distribuído de negação de serviço (DDoS) Um ataque cibernético no qual um hacker malicioso assume o controle de computadores pela internet e os faz inundar um site alvo com demandas de dados e outras pequenas tarefas.

ataque do dia zero Um ataque que ocorre antes que a comunidade de segurança tome conhecimento e corrija uma vulnerabilidade de segurança.

atributo Uma característica de uma entidade.

atualização pontual Uma pequena atualização do sistema — normalmente um ajuste de código ou uma pequena correção de bug; geralmente requer a recompilação de todo o código e, ao fazer isso, pode criar bugs totalmente novos.

auditoria de segurança Um processo que permite à organização identificar suas ameaças potenciais, estabelecer uma referência de onde está, determinar onde precisa estar e desenvolver um plano para atender a essas necessidades.

autenticação biométrica O processo de verificar sua identidade utilizando suas medidas fisiológicas (impressão digital, formato do rosto, formato da mão, padrão das veias, íris ou retina) ou medidas comportamentais (reconhecimento de voz, marcha, gesto ou outros comportamentos únicos).

automação de dados de origem Capturar dados em sua origem e registrá-los com precisão em tempo hábil, com mínimo esforço manual e de forma eletrônica ou digital para que possam ser inseridos diretamente no computador.

autoridade de certificação (CA) Uma organização ou empresa terceirizada confiável que emite certificados digitais.

avaliação de risco O processo de avaliação de riscos relacionados à segurança para os computadores e redes de uma organização de ameaças internas e externas.

B

backbone da internet Um dos links de comunicação de alta velocidade e longa distância da internet.

banco de dados como serviço (DaaS) Um arranjo em que o banco de dados é armazenado nos servidores de um provedor de serviços e acessado pelo assinante do serviço em uma rede, normalmente a internet, com a administração do banco de dados feita pelo provedor de serviços.

banco de dados na memória (IMDB) Um sistema de gestão de banco de dados que armazena todo o banco de dados na memória de acesso aleatório (RAM).

barramento Um conjunto de circuitos eletrônicos utilizados para rotear dados e instruções de e para os vários componentes de um computador.

base de conhecimento Um componente de um sistema especialista que armazena todas as informações, dados, regras, casos e relacionamentos relevantes utilizados pelo sistema especialista.

base de dados Uma coleção de dados bem projetada, organizada e cuidadosamente gerenciada.

benefício intangível Um benefício que não pode ser medido diretamente e não pode ser facilmente quantificado em termos monetários.

benefício tangível Um benefício que pode ser medido diretamente e atribuído a um valor monetário.

big data O termo utilizado para descrever coleções de dados que são tão enormes (terabytes ou mais) e complexas (desde dados de sensores até dados de mídia social) que o software de gestão de dados, hardware e processos de análise tradicionais de dados são incapazes de lidar com eles.

bioimpressão O uso de impressoras 3D para construir partes e órgãos humanos a partir de células humanas reais.

blog Um site que pessoas e empresas utilizam para compartilhar suas observações, experiências e opiniões sobre uma ampla variedade de assuntos.

Bluetooth Uma especificação de comunicação sem fio que descreve como telefones celulares, computadores, fax, impressoras e outros dispositivos eletrônicos podem ser interconectados em distâncias de 3 a 9 metros a uma taxa em torno de 2 Mbps.

botnet Um grande grupo de computadores controlados de um ou mais locais remotos por hackers sem o conhecimento ou o consentimento de seus proprietários.

byte (b) Oito bits que juntos representam um único caractere de dados.

C

cadeia de suprimentos Uma cadeia de valor-chave cujos processos primários incluem logística de entrada, operações, logística de saída, marketing e vendas e serviço.

caminho crítico Todas as atividades do projeto que, se atrasadas, atrasariam todo o projeto.

campeão do projeto Um gerente respeitado, que tem paixão por ver o sucesso de um projeto e que remove as barreiras para o sucesso dos projetos.

carteira de pendências de produtos Uma lista priorizada de requisitos de projeto criada pelas partes interessadas e membros da equipe do projeto; a partir dessa lista, a equipe seleciona as prioridades mais altas.

Cascading Style Sheet (CSS) Uma linguagem de marcação para definir o design visual de uma página da web ou de um grupo de páginas.

censura na internet O controle ou supressão da publicação ou acesso de informações na internet.

centro de dados Um edifício com controle de climatização e acesso ou um conjunto de edifícios que abriga o hardware do computador que fornece os serviços de dados e informações de uma organização.

certificação Um processo para testar habilidades e conhecimentos.

certificado digital Um anexo de uma mensagem de e-mail ou dados incorporados em um site que verifica a identidade de um remetente ou site.

chave de criptografia Um valor que é aplicado (utilizando um algoritmo) a um conjunto de textos não criptografados (texto simples) para produzir texto criptografado que aparece como uma série de caracteres aparentemente aleatórios (texto cifrado) por que é ilegível por aqueles sem a chave de criptografia necessária para decifrá-lo.

chave estrangeira Um atributo em uma tabela que se refere à chave primária em outra tabela.

chave primária Um atributo ou conjunto de atributos que identifica exclusivamente o registro.

Children's Online Privacy Protection Act (COPPA) Afirma que qualquer site que atenda a crianças deve oferecer políticas de privacidade abrangentes, notificar os pais ou responsáveis sobre suas práticas de coleta de dados e receber o consentimento dos pais antes de coletar qualquer informação pessoal de crianças menores de 13 anos.

ciclo de processamento de transação O processo de coleta de dados, edição de dados, correção de dados, processamento de dados, armazenamento de dados e produção de documentos.

cidade inteligente Cidades que utilizam dados de sensores combinados com inteligência artificial para melhorar a infraestrutura e gerenciar com eficiência semáforos, usinas elétricas, abastecimento de água, redes, uso de energia e outros recursos.

cientista de dados Um indivíduo que combina forte visão de negócios, um profundo entendimento de análises e uma valorização saudável das limitações de dados, ferramentas e técnicas para entregar melhorias reais na tomada de decisões.

circuito integrado (IC) Um conjunto de circuitos eletrônicos em uma pequena peça de material semicondutor, normalmente silício.

cliente leve Um computador de baixo custo com gestão centralizada, sem unidades internas ou externas conectadas para armazenamento de dados.

código de ética profissional Uma declaração dos princípios e valores fundamentais que uma organização deseja desenvolver em seus líderes e membros.

coleção de dados Captura e coleta de todos os dados necessários para concluir o processamento das transações.

comércio eletrônico entre consumidores (C2C) Um subconjunto de comércio eletrônico que envolve transações eletrônicas entre consumidores utilizando terceiros para facilitar o processo.

comércio eletrônico entre empresas (B2B) Um subconjunto de comércio eletrônico no qual todos os participantes são organizações.

comércio eletrônico entre empresas e consumidores (B2C) Uma forma de comércio eletrônico em que os clientes lidam diretamente com uma organização e evitam intermediários.

compatibilidade com versões anteriores A capacidade dos mainframes atuais de executar softwares criados há décadas.

competência principal Algo que uma empresa pode fazer bem e que oferece benefícios ao cliente, é difícil para os concorrentes imitar e pode ser amplamente utilizado em muitos produtos e mercados.

compilador Um programa de software especial que converte o código-fonte do programador em instruções em linguagem de máquina, que consistem em dígitos binários.

comportamento inteligente A capacidade de aprender com as experiências e aplicar o conhecimento adquirido com essas experiências; para lidar com situações complexas; para resolver problemas quando faltam informações importantes; determinar o que é importante e reagir rápida e corretamente a uma nova situação; compreender imagens visuais, processar e manipular símbolos e ser criativo e imaginativo; e usar heurísticas.

computação autonômica A capacidade dos sistemas de TI de se gerenciarem e se adaptarem às mudanças no ambiente de computação, nas políticas de negócios e nos objetivos operacionais.

computação em grade O uso de uma coleção de computadores, geralmente pertencentes a vários indivíduos ou organizações, que trabalham de maneira coordenada para resolver um problema comum.

computação em nuvem Um ambiente de computação em que o software e o armazenamento são fornecidos como um serviço de internet e são acessados com um navegador da web.

computação forense Uma disciplina que combina elementos de direito e ciência da computação para identificar, coletar, examinar e preservar dados de sistemas de computador, redes e dispositivos de armazenamento de uma maneira que preserve a integridade dos dados coletados para que sejam admissíveis como prova em uma corte judicial.

computação verde Preocupação com o design, fabricação, operação e descarte eficiente e ambientalmente responsável de produtos relacionados a TI, incluindo todos os tipos de dispositivos de computação (de smartphones a supercomputadores), impressoras, materiais de impressão, como cartuchos, toner e dispositivos de armazenamento.

computador mainframe Um computador grande e poderoso, geralmente compartilhado por centenas de usuários simultâneos conectados à máquina por meio de uma rede.

computadores desktop Um computador não portátil que cabe em uma área de trabalho e pode fornecer capacidade de computação, memória e armazenamento suficientes para a maioria das tarefas de computação empresarial.

computadores nettop Um computador desktop muito pequeno e barato, normalmente utilizado para acesso à internet, e-mail, acesso a aplicativos baseados na web, processamento de documentos e reprodução de áudio/vídeo.

computadores portáteis Um computador pequeno o suficiente para ser transportado facilmente.

comunicação de campo próximo (NFC) Uma tecnologia de conectividade sem fio de curto alcance que permite que dois dispositivos colocados a poucos centímetros um do outro troquem dados.

comunicação sem fio A transferência de informações entre dois ou mais pontos que não estão conectados por um condutor elétrico.

conhecimento A consciência e a compreensão de um conjunto de informações e as maneiras pelas quais elas podem ser úteis para apoiar uma tarefa específica ou chegar a uma decisão.

construção do sistema A fase de desenvolvimento do sistema que converte o design do sistema em um sistema operacional, adquirindo e instalando hardware e software, codificando e testando programas de software, criando e carregando dados em bancos de dados e executando o teste inicial do programa.

contrato a preço fixo Um contrato no qual o comprador e o fornecedor concordam com um preço fixo total para um produto ou serviço bem definido.

contrato de custo reembolsável Um contrato que exige que o comprador pague ao fornecedor uma quantia que cubra os custos reais do fornecedor mais uma quantia adicional ou porcentagem do lucro.

contrato de licença de usuário final (EULA) O acordo legal entre o fabricante do software e o usuário do software que estipula os termos de uso.

contrato de tempo e materiais Um contrato que exige que o comprador pague ao fornecedor o tempo e os materiais necessários para concluir o contrato.

controle da concorrência Um método para lidar com uma situação em que dois ou mais usuários ou aplicativos precisam acessar o mesmo registro ao mesmo tempo.

controle de qualidade A verificação dos resultados do projeto para garantir que atendam aos padrões de qualidade identificados.

conversão direta Uma estratégia de transição que envolve interromper o sistema antigo e iniciar o novo em uma determinada data; também chamado de mergulho ou corte direto.

coprocessador A parte do computador que acelera o processamento executando tipos específicos de instruções enquanto a CPU trabalha em outra atividade de processamento.

correção de dados Reinserir dados que não foram digitados ou digitalizados corretamente.

criptografia O processo de embaralhar mensagens ou dados de tal forma que apenas partes autorizadas possam lê-los.

criptomoeda Uma moeda digital, como Bitcoin, utilizada para transações financeiras.

cronograma do projeto Um plano que identifica as atividades do projeto que devem ser concluídas, as datas de início e término esperadas e quais recursos são atribuídos a cada tarefa.

Cross-Industry Process for Data Mining (CRISP-DM) Uma abordagem estruturada em seis fases para o planejamento e a execução de um projeto de mineração de dados.

cultura organizacional Os principais entendimentos e suposições para uma empresa, corporação ou outra organização.

cultura Um conjunto de principais entendimentos e suposições compartilhados por um grupo, como dentro de um grupo étnico ou país.

D

dados Fatos brutos como o número do funcionário ou o total de horas trabalhadas em uma semana.

data lake Uma abordagem de "armazenar tudo" para big data que salva todos os dados em sua forma bruta e inalterada.

data mart Um subconjunto de um data warehouse utilizado por pequenas e médias empresas e departamentos de grandes empresas para apoiar a tomada de decisões.

data warehouse Um grande banco de dados que contém informações de negócios de várias fontes na empresa, cobrindo todos os aspectos dos processos, produtos e clientes da empresa.

decisão de fazer ou comprar O ato de comparar os prós e os contras da produção interna com a terceirização de um determinado produto ou serviço.

declaração de missão Uma declaração que define concisamente o propósito fundamental de uma organização para existir.

declaração de visão Uma declaração que comunica as aspirações globais de uma organização para orientá-la por meio da mudança de objetivos, metas e estratégias (consulte também declaração de missão).

decomposição funcional Uma técnica que envolve dividir problemas ou sistemas complexos em partes menores, tornando-os mais fáceis de gerenciar e entender.

defeito de software Qualquer erro que, se não for removido, pode fazer com que um sistema de software não atenda às necessidades de seus usuários ou abrir a porta para um ciberataque.

Department of Homeland Security (DHS) Uma grande agência federal dos Estados Unidos com mais de 240 mil funcionários e um orçamento de quase US$ 65 bilhões, cujo objetivo é proporcionar uma "América mais segura e protegida, que seja resiliente contra o terrorismo e outras ameaças potenciais".

descarte do sistema Um estágio de desenvolvimento do sistema que envolve as atividades que garantem a dissolução ordenada do sistema, incluindo o descarte de todos os equipamentos de maneira ecologicamente correta, encerramento de contratos e a migração das informações do sistema para outro com segurança ou arquivamento, de acordo com as disposições das políticas aplicáveis de gestão de registros.

descoberta eletrônica O processo de identificação, coleta e produção de informações armazenadas eletronicamente para uso em processos judiciais.

descrição do problema Uma descrição clara e concisa do problema que precisa ser abordado.

Desenvolvimento Agile (ágil) Um processo de desenvolvimento de sistema iterativo que aprimora o sistema em incrementos rápidos ("sprints") com duração de duas semanas a dois meses.

desenvolvimento de aplicativos em conjunto (JAD) Um processo de reunião estruturada que pode acelerar e melhorar a eficiência e a eficácia das fases de investigação, análise e design de um projeto de desenvolvimento de sistema.

desenvolvimento de sistema O conjunto de atividades envolvidas na construção de sistemas de informação para atender às necessidades dos usuários.

design auxiliado por computador (CAD) O uso de software para auxiliar na criação, na análise e na modificação do design de um componente ou produto.

DevOps A prática de combinar as tarefas executadas pelos grupos de desenvolvimento e operações de TI para permitir lançamentos de software mais rápidos e confiáveis.

diagrama de fluxo de dados (DFD) Um diagrama utilizado durante as fases de análise e design para documentar os processos do sistema atual ou para fornecer um modelo de um novo sistema proposto.

diagrama entidade-relacionamento (ER) Um modelo de dados que utiliza símbolos gráficos básicos para mostrar a organização e os relacionamentos entre os dados.

diamante de Leavitt Um modelo que afirma que os sistemas de informação de uma organização operam dentro de um contexto de pessoas, infraestrutura de tecnologia, processos e estrutura.

dicionário de dados Uma descrição detalhada dos dados armazenados no banco de dados.

difamação A elaboração de uma declaração oral ou escrita de um fato alegado que seja falso e que prejudique outra pessoa.

difusão da teoria da informação Uma teoria desenvolvida por E. M. Rogers para explicar como uma nova ideia ou produto ganha aceitação e se difunde entre uma população ou subconjunto específico de uma organização.

dinheiro eletrônico Uma quantia de dinheiro que é informatizada, armazenada e utilizada como dinheiro para transações de comércio eletrônico.

discurso de ódio Assédio persistente ou malicioso dirigido a uma pessoa específica.

dispositivo de armazenamento de estado sólido (SSD) Um dispositivo de armazenamento que armazena dados em chips de memória em vez de unidades de disco rígido ou mídia óptica.

dispositivos de entrada/saída Um componente de computador que fornece dados e instruções ao computador e recebe os resultados dele.

documentação do usuário Descrições escritas desenvolvidas para pessoas que utilizam um programa; em linguagem fácil de entender, mostra como o programa pode e deve ser utilizado para atender às necessidades de seus diversos usuários.

documentação técnica Detalhes escritos utilizados por operadores de computador para executar o programa e por analistas e programadores para resolver problemas ou modificar o programa.

documento de aceitação do usuário Um acordo formal que a organização assina atestando que uma fase da instalação ou do sistema completo é aprovada.

domínio O intervalo de valores permitidos para um atributo de dados.

dono do risco O indivíduo responsável por desenvolver uma estratégia de gestão de risco e monitorar o projeto para determinar se o risco está prestes a ocorrer ou já ocorreu.

E

edição de dados Verificar a validade e a integridade dos dados para detectar quaisquer problemas.

Electronic Product Environmental Assessment Tool (EPEAT) Um sistema que permite aos compradores avaliarem, compararem e selecionarem produtos eletrônicos com base em um total de 51 critérios ambientais.

encadeamento para a frente Uma estratégia utilizada pelo mecanismo de inferência para processar dados utilizando um conjunto de fatos conhecidos para tomar decisões.

encadeamento para trás Uma estratégia utilizada pelo mecanismo de inferência para determinar como uma decisão foi tomada.

endereço IP Um número de 64 bits que identifica um computador na internet.

engenharia auxiliada por computador (CAE) O uso de software para analisar a robustez e o desempenho de componentes e montagens.

engenheiro do conhecimento Uma pessoa que tem treinamento ou experiência em projeto, desenvolvimento, implementação e manutenção de um sistema especialista.

entidade Uma pessoa, lugar ou coisa para a qual os dados são coletados, armazenados e mantidos.

equipe de direção do projeto Um grupo de gerentes seniores que representam as organizações de negócios e SI que fornecem orientação e suporte para um projeto.

escalabilidade A habilidade de aumentar a capacidade de processamento de um sistema de computador para que ele possa lidar com mais usuários, mais dados ou mais transações em um determinado período.

escopo do projeto Uma definição de quais tarefas são e não são incluídas em um projeto.

especialista em domínio A pessoa ou grupo com a experiência ou conhecimento que o sistema especialista está tentando capturar (domínio).

especialista no assunto alguém que fornece conhecimento e experiência em um aspecto particular importante para o projeto.

espionagem cibernética A implantação de malware que secretamente rouba dados nos sistemas de computador das organizações.

esquema Uma descrição que define a estrutura lógica e física do banco de dados, identificando as tabelas, os atributos em cada tabela e as relações entre os atributos e as tabelas.

estações de trabalho Um computador pessoal mais poderoso utilizado para computação matemática, design assistido por computador e outros processos de ponta, mas ainda pequeno o suficiente para caber em uma mesa de trabalho.

estratégia Um plano que descreve como uma organização alcançará sua visão, missão, objetivos e metas.

estrutura analítica do trabalho (WBS) Um esboço do trabalho a ser feito para concluir o projeto.

estrutura Uma definição dos relacionamentos entre os membros de uma organização, incluindo suas funções, responsabilidades e linhas de autoridade necessárias para completar várias atividades.

ética O conjunto de princípios sobre o que é certo e errado que os indivíduos utilizam para fazer escolhas e orientar suas decisões.

evolução de longo prazo (LTE) Um padrão para comunicações sem fio para telefones celulares com base na comutação de pacotes.

exploração Um ataque a um sistema de informação que tira proveito de uma vulnerabilidade particular do sistema.

expressão anônima A expressão de opiniões de pessoas que não revelam sua identidade.

Extensible Markup Language (XML) A linguagem de marcação projetada para transportar e armazenar dados na web.

extranet Uma rede construída utilizando tecnologias da web que conecta recursos selecionados da intranet de uma empresa com seus clientes, fornecedores ou outros parceiros de negócios.

F

Fair and Accurate Credit Transactions Act Permite que os consumidores solicitem e obtenham um relatório de crédito gratuito uma vez por ano de cada uma das três principais empresas de relatórios de crédito ao consumidor (Equifax, Experian e TransUnion).

Fair Credit Reporting Act Regula as operações das agências de relatórios de crédito, incluindo como elas coletam, armazenam e utilizam informações de crédito.

Family Educational Rights and Privacy Act (FERPA) Atribui certos direitos aos pais em relação ao histórico educacional de seus filhos.

fazenda de servidores Uma instalação que hospeda um grande número de servidores na mesma sala, onde o acesso às máquinas pode ser controlado e o pessoal de suporte autorizado pode gerenciar e manter os servidores com mais facilidade.

ferramentas de virtualização Um conjunto de ferramentas que permite aos usuários acessar seu sistema operacional desktop hospedado na nuvem em um servidor centralizado — o que significa que os usuários podem interagir com arquivos e aplicativos como se estivessem armazenados em um dispositivo local.

filtro de internet Software que pode ser utilizado para bloquear o acesso a certos sites que contêm material considerado impróprio ou ofensivo.

firewall de próxima geração (NGFW) Um sistema de segurança de rede baseado em hardware ou software que pode detectar e bloquear ataques sofisticados ao filtrar o tráfego de rede dependente do conteúdo do pacote.

firewall Um sistema de software, hardware ou uma combinação de ambos que fica de guarda entre a rede interna de uma organização e a internet e limita o acesso à rede com base na política de acesso da organização.

fita magnética Um tipo de meio de armazenamento secundário sequencial, agora utilizado principalmente para armazenar backups de dados organizacionais críticos em caso de desastre.

fita virtual Um dispositivo de armazenamento para dados utilizados com menos frequência. Com os sistemas de fita virtual, os dados são armazenados inteiramente em cartuchos de fita, embora algumas partes possam, na verdade, estar localizadas em discos rígidos mais rápidos.

fluxo contínuo (streaming) Uma forma de coleta de dados, em que os dados estão disponíveis por meio de alimentação contínua.

formação-confrontação-normatização-atuação-dissolução, modelo Um modelo que descreve como as equipes se desenvolvem e evoluem.

funil de conversão Uma representação gráfica que resume os passos seguidos por um consumidor ao tomar a decisão de comprar um produto e se tornar cliente de uma empresa.

G

garantia da qualidade A avaliação do andamento do projeto em uma base contínua para garantir que ele atenda aos padrões de qualidade identificados.

garantia razoável O reconhecimento de que os gerentes devem usar seu julgamento para garantir que o custo do controle não exceda os benefícios do sistema ou os riscos envolvidos.

General Data Protection Regulation (GDPR) Um conjunto de requisitos de privacidade de dados aplicáveis em toda a União Europeia e também a organizações que comercializam ou processam informações de usuários finais, clientes ou funcionários da UE.

gestão da cadeia de suprimentos (SCM) Um sistema que inclui planejamento, execução e controle de todas as atividades envolvidas na compra e aquisição de matérias-primas, na conversão de matérias-primas em produtos acabados e em armazenamento e entrega de produtos acabados aos clientes.

gestão da qualidade Um conjunto de atividades destinadas a garantir que um projeto atenderá às necessidades para as quais foi realizado.

gestão de ciclo de vida de dados (DLM) Uma abordagem baseada em políticas para gerenciar o fluxo de dados de uma empresa, desde sua aquisição inicial ou criação e armazenamento até o momento em que se torna desatualizado e é excluído.

gestão de comunicações A geração, a coleta, a disseminação e o armazenamento de informações do projeto de maneira oportuna e eficaz.

gestão de contratos Um conjunto de atividades relacionadas à aquisição de bens e/ou serviços para o projeto de fontes externas à organização executora.

gestão de cronograma Um conjunto de atividades que inclui definir uma data de conclusão alcançável que seja aceitável para as partes interessadas do projeto, desenvolver um cronograma viável do projeto e garantir a conclusão do projeto em tempo hábil.

gestão de custos Um conjunto de atividades que inclui o desenvolvimento e a gestão do orçamento do projeto.

gestão de dados Um conjunto integrado de funções que define os processos pelos quais os dados são obtidos, certificados para uso, armazenados, protegidos e processados de forma a garantir que a acessibilidade, confiabilidade e oportunidade dos dados atendam às necessidades dos dados usuários em uma organização.

gestão de dispositivo móvel (MDM), software Software que gerencia e soluciona problemas de dispositivos móveis remotamente, distribuindo aplicativos, dados, correções e configurações enquanto aplica políticas de grupo para segurança.

gestão de partes interessadas Um conjunto de atividades que envolve identificar, engajar, comunicar-se com todas as pessoas, grupos ou organizações que são ou podem ser impactados por um projeto.

gestão de projetos A aplicação de conhecimentos, habilidades e técnicas às atividades do projeto para atender aos requisitos do projeto.

gestão de recursos do projeto Um conjunto de atividades destinadas a identificar, adquirir e gerenciar recursos para um projeto.

gestão de riscos Um processo deliberado e sistemático projetado para identificar, analisar e gerenciar os riscos do projeto.

gestão do ciclo de vida do produto (PLM) Uma estratégia de negócios corporativa que cria um repositório comum de informações e processos de produtos para apoiar a criação, a gestão, a disseminação e o uso colaborativos de informações de definição de produtos e embalagens.

gestão do escopo Um conjunto de atividades que inclui definir o trabalho que deve ser feito como parte de um projeto e, em seguida, controlar o trabalho para permanecer dentro do escopo acordado.

gestão integrada de projetos A coordenação de todas as pessoas, recursos, planos, conhecimentos e esforços apropriados para concluir um projeto com sucesso.

gigahertz (GHz) Uma unidade de frequência igual a 1 bilhão de ciclos por segundo; uma medida da velocidade do clock.

governança de dados O principal componente da gestão de dados: define funções, responsabilidades e processos para garantir que os dados possam ser confiáveis e utilizados por toda a organização, com pessoas identificadas e posicionadas que são responsáveis por corrigir e prevenir problemas com os dados.

governo eletrônico O uso de tecnologias de informação e comunicação para simplificar o compartilhamento de informações, agilizar processos que antes eram baseados em papel e melhorar o relacionamento entre os cidadãos e o governo.

gráfico de Gantt Uma ferramenta gráfica utilizada para planejar, monitorar e coordenar projetos; é essencialmente uma grade desenhada em uma escala de tempo que lista atividades e prazos.

H

Hadoop Distributed File System (HDFS) Um sistema utilizado para armazenamento de dados que divide os dados em subconjuntos e os distribui em diferentes servidores para processamento.

Hadoop Uma estrutura de software de código aberto incluindo vários módulos de software que fornecem um meio para armazenar e processar conjuntos de dados extremamente grandes.

Health Insurance Portability and Accountability Act (HIPAA) (Lei Pública 104-191) Requer que as organizações de saúde empreguem transações eletrônicas padronizadas, códigos e identificadores para permitir que digitalizem totalmente os registros médicos, tornando possível a troca de dados médicos pela internet.

heurística Um método de tentativa e erro de resolução de problemas utilizado quando uma abordagem algorítmica ou matemática não é prática.

hiperlink Texto ou gráficos realçados em um documento da web que, ao ser clicado, abre uma nova página da web com conteúdo relacionado.

hipervisor Um programa de servidor virtual que controla o processador e os recursos do host, aloca os recursos necessários para cada sistema virtual e garante que eles não interrompam um ao outro.

Hypertext Markup Language (HTML) A linguagem de descrição de página padrão para páginas da web.

I

identificação por radiofrequência (RFID) Uma tecnologia que emprega um microchip com uma antena para transmitir seu identificador exclusivo e localização para os receptores.

if-then, instruções Uma regra que sugere certas conclusões.

informação Uma coleção de dados organizados e processados de forma que tenham valor adicional além do valor dos fatos individuais.

infraestrutura como serviço (IaaS) Um modelo de sistema de informação no qual uma organização terceiriza o equipamento utilizado para suportar suas operações de processamento de dados, incluindo servidores, dispositivos de armazenamento e componentes de rede.

infraestrutura de tecnologia Todos os hardwares, softwares, bancos de dados, redes, instalações e serviços utilizados para desenvolver, testar, entregar, controlar ou dar suporte aos aplicativos e serviços de tecnologia da informação que uma organização exige para atender às necessidades de seus clientes, fornecedores, principais parceiros de negócios, agências regulamentadoras e funcionários.

inicialização do piloto Uma estratégia de transição que envolve a execução de um novo sistema completo para um grupo de usuários em vez de para todos os usuários.

inicialização paralela Uma estratégia de transição que envolve rodar os sistemas antigo e novo por um determinado período de tempo e comparar de perto a saída do novo sistema com a saída do sistema antigo; quaisquer diferenças são reconciliadas. Quando os usuários se sentem seguros de que o novo sistema está funcionando corretamente, o sistema antigo é eliminado.

inovação A aplicação de novas ideias a produtos, processos e atividades de uma empresa, levando ao aumento do valor.

instalação O processo de colocar fisicamente o equipamento de informática no local e torná-lo operacional.

inteligência analítica O uso extensivo de dados e análises quantitativas para apoiar a tomada de decisão baseada em fatos dentro das organizações.

inteligência artificial (IA) A capacidade de imitar ou duplicar as funções do cérebro humano.

inteligência de negócios (BI) Uma ampla gama de aplicativos, práticas e tecnologias para extração, transformação, integração, visualização, análise, interpretação e apresentação de dados para apoiar a tomada de decisão aprimorada.

interface cérebro-computador (BCI) Tecnologia que interage com a estrutura neural humana (cérebro) e traduz as informações (pensamentos) em atividades (ações).

interfaces de programação de aplicativos (API) Um conjunto de instruções de programação e padrões que permitem que um microsserviço acesse e use os serviços de outro microsserviço.

intermediário de loja on-line Uma empresa que atua como intermediária entre um site e os comerciantes on-line que possuem os produtos e experiência no varejo.

intranet Uma rede corporativa interna construída com uso dos padrões e produtos da internet e da world wide web.

investigação de sistema A fase inicial no desenvolvimento de um sistema de informações de negócios novo ou modificado, cujo objetivo é obter uma compreensão clara das especificidades do problema a ser resolvido ou a oportunidade de abordá-lo.

IS interorganizacional Um sistema de informações que permite o compartilhamento de informações e a condução de negócios eletronicamente além das fronteiras organizacionais.

item de dados O valor específico de um atributo.

J

junção A combinação de duas ou mais tabelas por meio de atributos de dados comuns para formar uma nova tabela com apenas os atributos de dados exclusivos.

K

kernel O coração do sistema operacional que controla os processos mais críticos do SO.

L

lado do software na implementação de uma mudança O trabalho projetado para ajudar os funcionários a adotar um novo sistema de informação e forma de trabalhar.

laptop Um computador pessoal projetado para uso por usuários móveis, sendo pequeno e leve o suficiente para ficar disposto confortavelmente no colo do usuário.

largura de banda do canal A capacidade de um canal de comunicação de transportar tráfego, geralmente medida em megabits ou gigabits por segundo (Gbps).

latência da rede Uma medida de quanto tempo leva para uma unidade de dados chegar ao seu destino e voltar novamente.

licença perpétua Uma licença fornecida para uma instalação, com novas edições de software exigindo novas licenças; geralmente adquiridas pelo pacote, chamadas de seats (assentos), e carregados em computadores individuais.

limpeza de dados O processo de detecção e correção ou exclusão de registros incompletos, incorretos, imprecisos ou irrelevantes que residem em um banco de dados.

linguagem de definição de dados (DDL) Uma coleção de instruções e comandos utilizados para definir e descrever dados e relacionamentos em um banco de dados específico.

linguagem de manipulação de dados (DML) Uma linguagem específica, fornecida com um sistema de gestão de banco de dados (SGBS), que permite aos usuários acessar e modificar os dados, fazer consultas e gerar relatórios.

linguagens de programação Conjuntos de palavras-chave, comandos, símbolos e regras para a construção de declarações pelas quais humanos podem comunicar instruções a um computador.

M

manufatura auxiliada por computador (CAM) O uso de software para controlar máquinas-ferramentas e maquinaria relacionada na fabricação de componentes e produtos.

manufatura discreta A produção de itens distintos, como automóveis, aviões, móveis ou brinquedos, que podem ser decompostos em seus componentes básicos.

manutenção de sistema Um estágio de desenvolvimento de sistemas que envolve a mudança e o aprimoramento do sistema para torná-lo mais útil para atingir os objetivos do usuário e da organização.

MapReduce, programa Um programa composto que consiste em um procedimento Map que executa a filtragem e a classificação e um método Reduce que executa uma operação de resumo.

marco do projeto Uma data crítica para a conclusão da maior parte do projeto, como design, codificação, teste e lançamento do programa (para um projeto de programação).

matriz das forças, fraquezas, oportunidades e ameaças (SWOT) Uma maneira simples de ilustrar o que uma empresa está fazendo bem, onde pode melhorar, quais oportunidades estão disponíveis e quais fatores ambientais ameaçam o futuro da organização.

matriz redundante de discos independentes/baratos (RAID) Um método de armazenamento de dados que gera bits extras de dados a partir dos dados existentes, permitindo que o sistema crie um "mapa de reconstrução" para que, se um disco rígido falhar, o sistema possa reconstruir os dados perdidos.

mecanismo de desenvolvimento Mecanismo que constrói os conjuntos de regras e processos utilizados pelos sistemas de IA.

meio de comunicação Qualquer substância material que carregue um sinal eletrônico para dar suporte às comunicações entre um dispositivo de envio e recebimento.

melhores práticas As maneiras mais eficientes e eficazes de concluir um processo de negócios.

melhoria contínua Uma forma de inovação que envolve a busca constante de formas de aprimorar os processos de negócios e agregar valor aos produtos e serviços.

memória cache Um tipo de memória de alta velocidade que um processador pode acessar mais rapidamente do que a memória principal.

memória de acesso aleatório (RAM) Uma forma de memória na qual instruções ou dados podem ser armazenados temporariamente.

memória principal Componente de um computador que fornece à CPU uma área de armazenamento de trabalho para instruções e dados do programa.

memória somente leitura (ROM) Uma forma não volátil de memória.

memória Um componente do computador que fornece ao processador uma área de armazenamento de trabalho para armazenar instruções e dados do programa.

mensagem instantânea A comunicação on-line em tempo real entre duas ou mais pessoas conectadas pela internet.

meta Um resultado específico que deve ser alcançado para atingir um objetivo.

middleware Software que permite que vários sistemas se comuniquem e troquem dados.

mineração de dados Uma ferramenta de análise de BI utilizada para explorar grandes quantidades de dados em busca de padrões ocultos a fim de prever tendências e comportamentos futuros para uso na tomada de decisões.

Modelo das Cinco Forças de Michael Porter Um modelo que identifica o poder de barganha de fornecedores e compradores, a ameaça de novos participantes e produtos substitutos e os concorrentes existentes no setor, que determinam o nível de concorrência e a lucratividade de longo prazo de um setor.

modelo de aceitação de tecnologia (TAM) Um modelo que especifica os fatores que podem levar a melhores atitudes em relação a um sistema de informação, juntamente com maior aceitação e uso dele.

modelo de banco de dados relacional Uma maneira simples, mas altamente útil de organizar dados em coleções de tabelas bidimensionais chamadas relações.

modelo de dados corporativos Um modelo de dados que identifica as entidades de dados e atributos de dados de maior interesse para a organização, juntamente com suas definições de dados padrão associadas, comprimento e formato de dados, domínio de valores válidos e quaisquer regras de negócios para seu uso.

modelo de mudança Uma representação das teorias da mudança que identifica as fases da mudança e a melhor maneira de implementá-las.

monitoramento O processo de medição do desempenho do sistema que rastreia o número de erros encontrados, a quantidade de memória necessária, a quantidade de processamento ou tempo de CPU necessário e outros indicadores de desempenho.

motor de busca Uma ferramenta valiosa que permite encontrar informações na web especificando palavras que são essenciais para um tópico de interesse, conhecidas como palavras-chave.

motor de inferência Parte do sistema especialista que busca informações e relacionamentos na base de conhecimento e fornece respostas, previsões e sugestões, muitas vezes ocupando o lugar dos especialistas humanos.

mudança organizacional A maneira pela qual organizações com e sem fins lucrativos planejam, implementam e lidam com mudanças.

multiprocessamento A execução simultânea de duas ou mais instruções ao mesmo tempo.

N

navegador da web Software cliente da web — como Chrome, Edge, Firefox, Internet Explorer e Safari — utilizado para visualizar páginas da web.

normalização de dados O processo de organizar os dados em um banco de dados relacional para eliminar a redundância de dados (todos os dados são armazenados em apenas um lugar) e garantir que as dependências de dados façam sentido (apenas armazenar dados relacionados em uma tabela).

NoSQL, banco de dados Uma maneira de armazenar e recuperar dados que são modelados utilizando algum meio diferente das simples relações tabulares bidimensionais utilizadas em bancos de dados relacionais.

notícias falsas (fake news) Uma história falsa apresentada como factualmente precisa e que parece ser notícia.

núcleo Recebe instruções e executa cálculos, ou ações, com base nessas instruções.

nuvem de palavras Uma representação visual de um conjunto de palavras que foram agrupadas devido à frequência com que ocorrem.

O

objetivo A declaração de uma necessidade comercial convincente que uma organização deve atender para cumprir sua visão e missão.

omnicanal Uma estratégia integrada para envolver clientes (e potenciais clientes) em várias plataformas e canais de comunicação para fornecer uma experiência perfeita.

operação do sistema O uso de um sistema novo ou modificado sob todos os tipos de condições operacionais.

otimização de mecanismo de pesquisa (SEO) Um processo para direcionar o tráfego para um site utilizando técnicas que melhoram a classificação do site nos resultados de pesquisa.

P

pacote de software Uma coleção de programas empacotados juntos e vendidos em um pacote.

partes interessadas do projeto As pessoas envolvidas no projeto ou afetadas por seu resultado.

patch Uma pequena alteração no sistema para corrigir um problema ou fazer um pequeno aprimoramento; geralmente é um acréscimo a um programa existente.

patrocinador do projeto Um gerente sênior da unidade de negócios mais afetada por um projeto e que garante que o projeto realmente atenderá às necessidades de sua organização.

pedido de informação (RFI) Um documento que descreve as necessidades de hardware ou software de uma organização e solicita informações dos fornecedores sobre se e como eles podem atender a essas necessidades e dispor do tempo e dos recursos necessários.

personalização O processo de adaptação de páginas da web para atingir especificamente consumidores individuais.

placa gráfica de computador Um componente de um computador que pega dados binários da CPU e os traduz em uma imagem que você vê em seu dispositivo de exibição.

planejamento de qualidade A determinação de quais padrões de qualidade são relevantes para o projeto e a determinação de como eles serão atendidos.

planejamento estratégico baseado em metas Um processo de planejamento estratégico multifásico que envolve a análise de uma organização e seu ambiente, definição de estratégias e execução de iniciativas para ajudar uma organização a cumprir suas metas e objetivos de longo prazo.

planejamento estratégico baseado em questões Um processo de planejamento estratégico que começa identificando e analisando as principais questões enfrentadas pela organização, definindo estratégias para abordar essas questões e identificando projetos e iniciativas que sejam consistentes com essas estratégias.

planejamento estratégico orgânico Um processo de planejamento estratégico que define a visão e os valores da organização e, em seguida, identifica os projetos e iniciativas para alcançar a visão, aderindo aos valores.

planejamento estratégico Um processo que ajuda os gerentes a identificar os resultados desejados e formular planos viáveis para atingir seus objetivos utilizando os recursos e capacidades disponíveis.

plano de continuidade de negócios Um documento que inclui o plano de recuperação de desastres de uma organização, um plano de evacuação de emergência dos ocupantes, um plano de continuidade das operações e um plano de gestão de incidentes.

plano de recuperação de desastres Um processo documentado para recuperar os ativos do sistema de informações de negócios de uma organização — incluindo hardware, software, dados, redes e instalações — no caso de um desastre, como inundação, incêndio ou queda de energia.

planta de fabricação de semicondutores Uma fábrica em que os circuitos integrados são fabricados; também chamado de fab ou fundição.

plataforma como serviço (PaaS) Um modelo de sistema de informação no qual os usuários recebem uma plataforma de computação, geralmente incluindo um sistema operacional, um ambiente de execução de linguagem de programação, serviços de banco de dados e servidor web.

podcast Uma transmissão de áudio que você pode ouvir pela internet.

política de segurança Define os requisitos de segurança de uma organização, bem como os controles e sanções necessários para atender a esses requisitos.

práticas justas de informação Um termo para um conjunto de diretrizes que regem a coleta e o uso de dados pessoais.

prazo do projeto A data em que todo o projeto deve estar concluído e operacional — quando a organização pode esperar começar a colher os benefícios do projeto.

preparação do local Preparação da localização de um novo sistema.

preparação do usuário O processo de preparar gestores, tomadores de decisão, funcionários, outros usuários e partes interessadas para aceitar e usar o novo sistema.

Primeira Emenda Protege os direitos dos norte-americanos à liberdade de religião, liberdade de expressão e liberdade de reunião pacífica.

princípio de Pareto Uma observação de que, para muitos eventos, cerca de 80% dos efeitos vêm de 20% das causas.

procedimento Um conjunto de etapas que precisam ser seguidas para atingir um resultado final específico, como inserir um pedido de cliente, pagar uma fatura de fornecedor ou solicitar um relatório de estoque atual.

processador multicore Um processador que possui duas ou mais unidades de processamento independentes, chamadas núcleos, que são capazes de sequenciar e executar instruções.

processamento de dados Execução de cálculos e outras transformações de dados relacionados a transações comerciais.

processamento de linguagem natural (PLN) A parte da inteligência de máquina que permite aos computadores compreender, analisar, manipular e gerar linguagem natural para processamento.

processamento de transações on-line (OLTP) Uma forma de processamento de dados em que cada transação é processada imediatamente, sem o atraso de acumular transações em um lote.

processamento paralelo A execução simultânea da mesma tarefa em vários processadores para obter resultados mais rápidos.

processo de desenvolvimento de sistemas Waterfall (em cascata) Um processo de desenvolvimento de sistema sequencial e de vários estágios no qual o trabalho no próximo estágio não pode começar até que os resultados do estágio atual sejam revisados e aprovados ou modificados conforme necessário.

processo de manufatura A produção de produtos — como refrigerante, sabão em pó, gasolina e medicamentos — que são o resultado de um processo químico; esses produtos não podem ser facilmente decompostos em seus componentes básicos.

processo de missão crítica Um processo que desempenha um papel fundamental nas operações contínuas de uma organização e na realização de metas.

Processo extrair, transformar, carregar (ETL) Um processo de tratamento de dados que pega dados de uma variedade de fontes, edita e transforma no formato utilizado no data warehouse e, em seguida, carrega esses dados no data warehouse.

processo Um conjunto estruturado de atividades relacionadas que recebe informações, agrega valor e cria uma saída para o cliente desse processo.

produção de documentos Geração de registros de saída, documentos e relatórios.

programação extrema (XP) Uma forma de desenvolvimento de software Agile que promove o desenvolvimento incremental de um sistema utilizando ciclos de desenvolvimento curtos para melhorar a produtividade e acomodar novos requisitos do cliente.

programação linear Uma técnica para encontrar o valor ótimo (maior ou menor, dependendo do problema) de uma expressão linear (chamada de função objetivo) que é calculada com base no valor de um conjunto de variáveis de decisão que estão sujeitas a um conjunto de restrições.

programas utilitários Um programa que ajuda a realizar a manutenção ou corrigir problemas com um sistema de computador.

projetando Manipulando dados para eliminar colunas em uma tabela.

projeto de sistemas O estágio de desenvolvimento do sistema que responde à pergunta: "Como o sistema de informação resolverá um problema?"

projeto Um esforço temporário que cria um plano de ação, permitindo que as organizações alcancem suas metas e objetivos — geralmente a criação de um produto, serviço ou resultado exclusivo.

provedor de serviços de internet (ISP) Qualquer organização que forneça acesso à internet para pessoas.

provedor de serviços de segurança gerenciada (MSSP) Uma empresa que monitora, gerencia e mantém a segurança de computadores e redes para outras organizações.

Q

qualidade O grau em que um projeto atende às necessidades de seus usuários.

Quarta Emenda Protege os cidadãos norte-americanos contra buscas e apreensões ilegais.

quatro níveis de classificação de um centro de dados Um sistema que permite às organizações quantificar e qualificar sua capacidade de fornecer um nível previsível de desempenho.

R

ransomware Malware que impede você de usar seu computador ou acessar seus dados até que você atenda a certas demandas.

realidade aumentada (AR) Software de sistema de visão que capta imagens geradas por computador e as sobrepõe à visão de mundo de um usuário por meio do uso de óculos especializados.

reconhecimento óptico de caracteres (OCR) Tecnologia que distingue texto impresso ou manuscrito em uma imagem digital, como um documento digitalizado, que é convertido em um documento gerado por computador, como um PDF.

recurso de explicação Componente de um sistema especialista que permite a um usuário ou tomador de decisões entender como o sistema especialista chegou a certas conclusões ou resultados.

recurso para aquisição do conhecimento Parte do sistema especialista que fornece um meio conveniente e eficiente de capturar e armazenar todos os componentes da base de conhecimento.

recurso técnico Um especialista no assunto em um tópico de SI de valor para o projeto.

rede de área metropolitana (MAN) Uma rede que conecta usuários e seus computadores em uma área geográfica que abrange um *campus* ou uma cidade.

rede de área pessoal (PAN) Uma rede que suporta a interconexão de dispositivos de tecnologia da informação próximos a uma pessoa.

rede de barramento Uma rede na qual todos os dispositivos de rede estão conectados a um backbone comum que serve como meio de comunicação compartilhado.

rede de computadores Os meios de comunicação, dispositivos e software que conectam dois ou mais sistemas ou dispositivos de computador.

rede de longa distância (WAN) Uma rede que conecta grandes regiões geográficas.

rede de malha Uma rede que utiliza vários pontos de acesso para conectar uma série de dispositivos que se comunicam para formar uma conexão de rede em uma grande área.

rede definida por software (SDN) Uma abordagem emergente para a rede que permite que os administradores de rede tenham controle central programável da rede por meio de um controlador sem exigir acesso físico a todos os dispositivos da rede.

rede em estrela Uma rede na qual todos os dispositivos de rede se conectam uns aos outros por meio de um único dispositivo central denominado nó ou hub central.

rede local (LAN) Uma rede que conecta sistemas de computador e dispositivos em uma pequena área, como um escritório, casa ou vários andares de um edifício.

rede neural artificial Um sistema de computador que pode reconhecer e agir de acordo com padrões ou tendências que detecta em grandes conjuntos de dados; desenvolvido para operar como o cérebro humano.

rede privada virtual (VPN) Uma conexão segura entre dois pontos na internet; as VPNs transferem informações encapsulando o tráfego em pacotes IP e enviando os pacotes pela internet.

reengenharia (redesenho de processos/reengenharia de processos de negócios [BPR] O redesenho radical dos processos de negócio, estruturas organizacionais, sistemas de informação e valores da organização para alcançar um grande avanço nos resultados do negócio.

registro Uma coleção de atributos sobre uma entidade específica.

regra Uma declaração condicional que vincula condições a ações ou resultados.

relatório de investigação do sistema Um resumo dos resultados da investigação do sistema, com uma recomendação de um curso de ação.

release Uma mudança significativa no programa que frequentemente requer mudanças na documentação do software.

responsável pelo produto Uma pessoa que representa as partes interessadas do projeto e é responsável por comunicar e alinhar as prioridades do projeto entre as partes interessadas e a equipe de desenvolvimento.

revisão do sistema O processo de análise de um sistema para verificar se ele está funcionando conforme o esperado.

Right to Financial Privacy Act Protege os registros de clientes de instituições financeiras contra o escrutínio não autorizado pelo governo federal.

risco do projeto Um evento ou condição incerta que, se ocorrer, tem um efeito positivo ou negativo no objetivo do projeto.

robótica Tecnologia que utiliza uma combinação de engenharia mecânica, ciência da computação e aprendizagem de máquina para criar um dispositivo que pode executar tarefas com alto grau de precisão.

roteador Um dispositivo de rede que direciona pacotes de dados para outras redes até que cada pacote chegue ao seu destino.

roubo de identidade O uso de informações de identificação pessoal de alguém sem sua permissão, geralmente para cometer fraude ou outros crimes.

S

Scrum Master A pessoa que coordena todas as atividades Scrum de uma equipe.

Scrum Uma estrutura de desenvolvimento Agile que enfatiza uma abordagem baseada em equipe para manter o esforço de desenvolvimento focado e em movimento rápido.

Seção 230 do CDA Fornece imunidade a um provedor de serviços de internet (ISP) que publica conteúdo gerado pelo usuário, desde que suas ações não cheguem ao nível de um provedor de conteúdo.

segmentação de mercado A identificação de mercados específicos para atingi-los com mensagens publicitárias personalizadas.

segurança da camada de transporte (TLS) Um protocolo de comunicação ou sistema de regras que garante a privacidade entre aplicativos de comunicação e seus usuários na internet.

selecionar Manipular dados para eliminar linhas de acordo com certos critérios.

servidor blade Um servidor que hospeda muitas placas-mãe de computador individuais que incluem um ou mais processadores, memória de computador, armazenamento de computador e conexões de rede de computador.

servidor Um computador empregado por muitos usuários para realizar uma tarefa específica, como executar aplicativos de rede ou da internet.

simulação de Monte Carlo Uma simulação que permite ver um espectro de milhares de resultados possíveis, considerando não apenas as muitas variáveis envolvidas, mas também a faixa de valores potenciais para cada uma dessas variáveis.

sistema crítico de segurança Um sistema cuja falha pode causar ferimentos ou morte.

sistema de detecção de intrusão (IDS) Software e/ou hardware que monitora os recursos e atividades do sistema e da rede e notifica o pessoal de segurança da rede quando detecta o tráfego que tenta contornar as medidas de segurança de um ambiente de computadores em rede.

sistema de gestão de banco de dados (DBMS) Um grupo de programas utilizados para acessar e gerenciar um banco de dados, bem como fornecer uma interface entre o banco de dados e seus usuários e outros programas aplicativos.

sistema de gestão de relacionamento com o cliente (CRM) Um sistema que ajuda uma empresa a gerenciar todos os aspectos dos encontros com o cliente, incluindo marketing, vendas, distribuição, contabilidade e atendimento ao cliente.

sistema de informação do grupo de trabalho Sistemas que apoiam o trabalho em equipe e permitem que as pessoas trabalhem juntas de maneira eficaz, estejam os membros da equipe no mesmo local ou espalhados pelo mundo.

sistema de informação empresarial Um sistema de informação que uma organização utiliza para definir interações estruturadas entre seus próprios funcionários e/ou com clientes externos, fornecedores, agências governamentais e outros parceiros de negócios.

sistema de informação pessoal Um sistema de informação que melhora a produtividade de usuários individuais na execução de tarefas autônomas.

sistema de informação Um conjunto de componentes inter-relacionados que trabalham juntos para oferecer suporte a operações de negócios fundamentais, relatórios e visualização de dados, análise de dados, tomada de decisões, comunicações e coordenação dentro de uma organização.

sistema de inteligência artificial As pessoas, procedimentos, hardware, software, dados e conhecimento necessários para desenvolver sistemas de computador e máquinas que podem simular processos de inteligência humana, incluindo aprendizagem (a aquisição de informações e regras para usar a informação), raciocínio (utilizando regras para chegar a conclusões) e autocorreção (utilizando o resultado de um cenário para melhorar seu desempenho em cenários futuros).

sistema de nome de domínio (DNS) Um sistema que associa o nome que as pessoas utilizam para localizar um site com o endereço IP que um computador utiliza para identificar o site.

sistema de processamento em lote Uma forma de processamento de dados em que as transações comerciais são acumuladas ao longo de um período e são processadas como uma única unidade ou lote.

sistema embarcado Um sistema de computador (incluindo algum tipo de processador) que é implantado e dedicado ao controle de outro dispositivo.

sistema empresarial Um sistema central para a organização que garante que as informações possam ser compartilhadas com usuários autorizados em todas as funções de negócios e em todos os níveis de gestão para apoiar o funcionamento e a gestão de um negócio.

sistema operacional (SO) Um conjunto de programas de computador que controla o hardware do computador e atua como uma interface para o software aplicativo.

sistema operacional de rede (NOS) Software de sistemas que controla os sistemas e dispositivos de computador em uma rede e permite que eles se comuniquem entre si.

sistema perceptivo Um sistema que se aproxima da maneira como uma pessoa vê, ouve e sente os objetos.

sistemas de processamento massivamente paralelos Um sistema que acelera o processamento vinculando centenas ou milhares de processadores para operar ao mesmo tempo, ou em paralelo, com cada processador tendo seu próprio barramento, memória, discos, cópia do sistema operacional e aplicativos.

sistemas de software de alta qualidade Sistemas fáceis de aprender e usar porque funcionam de forma rápida e eficiente; atendem às necessidades de seus usuários; e operam com segurança e confiabilidade para que o tempo de inatividade do sistema seja mínimo.

sistemas de visão O hardware e o software que permitem aos computadores capturar, armazenar e manipular imagens visuais.

sistemas especialistas Os sistemas computacionais de tomada de decisão em IA, projetados para serem os mais avançados e confiáveis na solução de problemas complexos.

site frio Um ambiente de computador que inclui salas, serviço elétrico, links de telecomunicações, dispositivos de armazenamento de dados e semelhantes.

site quente Um sistema de hardware operacional duplicado que está pronto para uso (ou acesso imediato a um por meio de um fornecedor especializado).

software antivírus Deve ser instalado no computador pessoal de cada usuário para verificar a existência de vírus na memória e nas unidades de disco regularmente.

software aplicativo de grupo de trabalho Software projetado para apoiar o trabalho em equipe, estejam os membros da equipe no mesmo local ou espalhados pelo mundo.

software aplicativo Programas que ajudam os usuários a resolver problemas específicos de computação.

software comercial pronto Software produzido por fornecedores de software para atender às necessidades comuns a empresas, organizações ou indivíduos.

software como serviço (SaaS) Um modelo de distribuição de software sob o qual um provedor terceirizado hospeda aplicativos e os disponibiliza para assinantes pela internet.

software de gestão de rede Software que permite que um gerente em uma área de trabalho em rede monitore o uso de computadores individuais e hardware compartilhado (como impressoras), faça a varredura em busca de vírus e garanta a conformidade com as licenças de software.

software de gestão do ciclo de vida do produto (PLM) Software que fornece um meio de gerenciar os dados e processos associados às várias fases do ciclo de vida do produto, incluindo vendas e marketing, pesquisa e desenvolvimento, desenvolvimento de conceito, design de produto, prototipagem e teste, design de processo, produção e montagem, entrega e instalação do produto, serviço e suporte e retirada, e substituição do produto.

software de sistema Software que inclui sistemas operacionais, utilitários e middleware que coordenam as atividades e funções do hardware e outros programas em todo o sistema de computador.

software livre Software que é distribuído, normalmente gratuito, com o código-fonte também disponível para que possa ser estudado, alterado e melhorado por seus usuários.

software proprietário Software único projetado para um aplicativo específico e para uma empresa, organização ou pessoa individual que o utiliza.

SQL Uma linguagem de programação de propósito especial para acessar e manipular dados armazenados em um banco de dados relacional.

streaming de conteúdo Um método para transferir grandes arquivos de mídia pela internet para que o fluxo de dados de voz e imagens seja reproduzido mais ou menos continuamente enquanto o arquivo é baixado.

supercomputadores Um dos sistemas de computador mais poderosos com as velocidades de processamento mais rápidas.

switch Dispositivo de rede que mantém um registro do endereço MAC (Media Access Control) de todos os dispositivos conectados a ele e utiliza essas informações para determinar para qual porta um quadro de dados deve ser direcionado.

T

tablet Um computador portátil e leve, sem teclado, que permite que você percorra o escritório, a casa ou o chão da fábrica carregando o dispositivo como uma prancheta.

tag HTML Um código que informa ao navegador da web como formatar o texto — como título, lista ou corpo do texto — e se imagens, som e outros elementos devem ser inseridos.

tarefa predecessora Uma tarefa que deve ser concluída antes que a seguinte possa começar.

tempo de folga A quantidade de tempo que uma atividade pode ser adiada sem atrasar todo o projeto.

terrorismo cibernético A intimidação do governo ou da população civil pelo uso da tecnologia da informação para desativar a infraestrutura nacional crítica (por exemplo, energia, transporte, finanças, aplicação da lei, resposta a emergências) para atingir objetivos políticos, religiosos ou ideológicos.

teste de aceitação do usuário (UAT) Testes realizados por usuários de sistema treinados para verificar se o sistema pode concluir as tarefas necessárias em um ambiente operacional do mundo real e executá-las de acordo com as especificações de design do sistema.

teste de avaliação de desempenho Uma comparação das opções do fornecedor conduzida em um ambiente de computação (por exemplo, hardware de computação, software de sistema operacional, sistema de gestão de banco de dados) e com uma carga de trabalho (por exemplo, número de usuários simultâneos, tamanho do banco de dados e número de transações) que corresponda às condições operacionais pretendidas.

teste de integração Testes que envolvem vincular todos os componentes individuais e testá-los como um grupo para descobrir quaisquer defeitos nas interfaces entre os componentes individuais.

teste de sistema Testar o sistema completo e integrado (hardware, software, bancos de dados, pessoas e procedimentos) para validar se o sistema de informações atende a todos os requisitos especificados.

teste de unidade Teste de componentes individuais de código (sub-rotinas, módulos e programas) para verificar se cada unidade funciona conforme projetado.

teste de volume Teste para avaliar o desempenho do sistema de informação sob condições operacionais e volume de trabalho variados, mas realistas, para determinar a carga de trabalho na qual o desempenho do sistema começa a degradar e para identificar e eliminar quaisquer problemas que impeçam o sistema de atingir seu desempenho de nível de serviço necessário.

TI sombra Os sistemas e soluções de informação construídos e implantados por departamentos que não o departamento de sistemas de informação.

tolerância a falhas Uma técnica de backup que envolve a troca automática de aplicativos e programas com um servidor, rede ou banco de dados redundante ou replicado para evitar a interrupção do serviço.

topologia de rede A forma ou estrutura de uma rede, incluindo a disposição dos links de comunicação e dispositivos de hardware na rede.

traga seu próprio dispositivo (*bring your own device*, BYOD) Uma política de negócios que permite, e em alguns casos incentiva, que os funcionários usem seus próprios dispositivos móveis (smartphones, tablets ou laptops) para acessar os recursos e aplicativos de computação da empresa.

transição O processo de mudança de um sistema de informação antigo para um sistema substituto.

Transmission Control Protocol/Internet Protocol (TCP/IP) Uma coleção de protocolos de comunicação utilizados para interconectar dispositivos de rede em redes de comutação de pacotes, como a internet.

tríade de segurança CIA Confidencialidade, integridade e disponibilidade formam a base da tríade de segurança da CIA.

troca eletrônica Um fórum eletrônico em que fabricantes, fornecedores e concorrentes compram e vendem mercadorias, negociam informações de mercado e executam operações administrativas.

U

U.S. Computer Emergency Readiness Team (US-CERT) Uma parceria entre o Departamento de Segurança Interna e os setores público e privado; estabelecida para fornecer tratamento oportuno de incidentes de segurança, bem como conduzir análises aprimoradas de tais incidentes.

unidade de disco rígido (HDD) Um dispositivo de armazenamento de acesso direto utilizado para armazenar e recuperar dados de discos giratórios revestidos de material magnético.

unidade de negócios patrocinadora A unidade de negócios mais afetada pelo projeto e aquela cujo orçamento cobrirá os custos do projeto.

unidade de processamento gráfico (GPU) Um poderoso chip de processamento que gera as imagens na tela.

Uniform Resource Locator (URL) Um endereço da web que especifica a localização exata de uma página da web utilizando letras e palavras que mapeiam para um endereço IP e uma localização no host.

usuário de conhecimento A pessoa ou o grupo que utiliza e se beneficia do sistema especialista.

V

valor central Um princípio amplamente aceito que orienta como as pessoas se comportam e tomam decisões na organização.

velocidade do clock Uma série de pulsos eletrônicos produzidos a uma taxa predeterminada que afeta o tempo de ciclo da máquina.

versão Uma grande mudança no programa, geralmente englobando muitos novos recursos.

vetor de ataque A técnica utilizada para obter acesso não autorizado a um dispositivo ou rede.

viabilidade de cronograma O processo de determinar se o projeto pode ser concluído dentro de um período de tempo desejado.

viabilidade econômica O processo de determinar se o projeto faz sentido financeiro e se os benefícios previstos compensam o custo e o tempo necessários para obtê-los.

viabilidade legal O processo de determinar se as leis ou regulamentos podem impedir ou limitar um projeto de desenvolvimento de sistema.

viabilidade operacional O processo de determinar como um sistema será aceito pelas pessoas e quão bem ele atenderá às várias expectativas de desempenho do sistema.

viabilidade técnica O processo de determinar se um projeto é viável dentro dos limites atuais da tecnologia disponível.

violação de dados A liberação não intencional de dados confidenciais ou o acesso a dados confidenciais por indivíduos não autorizados.

virtualização de servidor Um método de dividir logicamente os recursos de um único servidor físico para criar vários servidores lógicos, cada um atuando como sua própria máquina dedicada.

visão Uma declaração concisa do que uma organização pretende alcançar no futuro.

W

Web 2.0 A web como plataforma de computação que suporta aplicações de software e compartilha de informação entre os usuários.

Wi-Fi Uma marca de tecnologia de comunicação sem fio de médio alcance de propriedade da Wi-Fi Alliance.

Índice Remissivo

Observação: números em negrito indicam termos-chave e a localização das respectivas definições no texto.

.NET, 535

A

Abordagem de integração progressiva, **542**
Abordagem do banco de dados para a gestão de dados, **179**-180
Abordagem fragmentada, 542
ACM (Association for ComputingMachinery), 75
Administrador de banco de dados (DBA), **196**
ADP (Automatic Data Processing), 368
Agência de Projetos de Pesquisa Avançada de Defesa (DARPA), 431
Agenteinteligente, **416**
AITP (Association of Information Technology Professionals), 75
Algoritmos genéticos, **229**, 230, **416**
Alternativas, 73-74
AmazonDynamoDB, **218**
Amazon Web Services (AWS), 262, 298-299
Ambiente de computação em nuvem híbrida, **297**
Ambiente de computação em nuvem privada, **296**
Ambiente de computação em nuvem pública, **293**
Ambiente de desenvolvimento integrado (IDE), 156
Ameaça combinada, 34
Ameaça persistente avançada, 34
Análise, 384
Análise de cenário, **230**
Análise de dados, 423
Análise de planilhas, 151
Análise de regressão, **227**
Análise de série temporal, **227**
Análise de sistemas, **522**-529
   análise de viabilidade, 528
   desenvolvimento do orçamento, 522
   estudar os sistemas existentes, 522-523
   identificar os requisitos e priorizá-los, 523-527
   outros candidatos para a, 528
   preparar o rascunho do relatório, 529
   recrutamento da equipe, 522
   revisar os resultados, 529
   soluções alternativas, 528
Análise de texto, **231**
Análise de viabilidade, **518**-520, 528, 534
Análise de vídeo, **231**-232
Análise descritiva, **224**-227
Análise preditiva, **227**-229
   análise de série temporal, 227
   mineração de dados, 227-229
Analista de segurança de sistemas de informação, 16
Analistas de dados, 420
Analistas de negócios, 17-18
Analistas de sistemas, 17
API (interface de programação de aplicativos), **147**
Aplicações de banco de dados, 151
Aplicativos editores de texto, 151
Aprendizagem de máquina, **420**
   análise de dados e segurança cibernética, 423
   aprendizagem não supervisionada, 421-422
   aprendizagem semissupervisionada, 422
   aprendizagem supervisionada, 421
   cuidados de saúde, 425-428
   em todos os setores, 422-428
   engenheiro, 419
   logística e gestão da cadeia de suprimentos, 424-425
   seguro, 423-424
   treinamento, 420-422
Aprendizagem não supervisionada, **421**-422
Aprendizagem profunda, **428**
Aprendizagem reforçada, **422**
Aprendizagem semissupervisionada, **422**
Aprendizagem supervisionada, **421**
Aprimoramento profissional, **418**
Aquisição de software pronto para uso, 508-512
   fase de avaliação do pacote de software, 509-511
   finalização do contrato, 511
   implementação, 512
   integração e teste, 511
Áreas do conhecimento da gestão de projetos
   gestão da integração de projetos, 487-488
   gestão da qualidade, 479
   gestão das comunicações, 482-483
   gestão das partes interessadas, 488-489
   gestão de contratos, 486-487
   gestão de custos, 477
   gestão de recursos do projeto, 479-482
   gestão de riscos, 483, 484-486
   gestão do cronograma, 475-477
   gestão do escopo, 474-475
Armazenamento de dados, **374**
Armazenamento secundário
   comparação de custos com outras formas de armazenamento, 118
   de estado sólido, 119-120
   definição, 118
   dispositivos, 118-120
   magnético, 118-120
   óptico, 118-119
Arquitetura cliente/servidor
   Cascading Style Sheet (CSS), 267-268
   Extensible Markup Language (XML), 267
   hiperlinks, 265-266
   Hypertext Markup Language (HTML), 266-267
   sistema de nomes de domínio, 264-265
Arquitetura orientada a serviços (SOA), **147**
Arquivo, **177**
Assinar
   comprar *versus* criar, 502-504
Assinatura de vírus, **53**
Association for Computing Machinery (ACM), 75
Association for Women in Computing, 75
Association of Information Technology Professionals (AITP), 75
Ataque DDoS (distribuído de negação de serviço), **35**
Ataque distribuído de negação de serviço (DDoS), **35**
Ataque do dia zero, **32**
Ataques cibernéticos
   ataques distribuídos de negação de serviço, 35
   consequências, 38-39
   espionagem cibernética, 36-37
   ransomware, 33-34
   terrorismo cibernético, 37-38
   violação de dados, 35-36
Atributos, **177**-179
Atualização pontual, **545**
Atualizações de status, 274
Auditoria de segurança, **45**
Autenticação biométrica, 48
Automação de dados-fonte, **373**
Automação de marketing, 384
Automatic Data Processing (ADP), 368
Autoridade de certificação (CA), **350**

Avaliação de risco de crime, 42-43
AWS (Amazon Web Services), 262, 298-299

B

B (byte), **116**
Banco de dados, **173**
   atividades, 180-185
   atributos, 178-179
   chave primária, 179
   criação de, 181-182
   dicionário de dados, 181
   entidades, 177
   geração de relatórios, 183-184
   linguagem de definição de dados, 181
   manipulação de dados, 183-184
   modificação de, 181-182
   NoSQL, 217-218
   projeto de, 534
   Query byExample, 183
   recuperação de dados, 182-183
   SQL, 191-192
Banco de dados como serviço (DaaS), **193**
Banco de dados de terrorismo global (GTD), 178
Banco de dados NoSQL, **217**-218
Bancos de dados SQL, 191-193
Barramento, **113**
Base de conhecimento, **412**-413
Basel III (padrões internacionais para o setor bancário), 19
BCI (interface cérebro-computador), **429**-431
Benefício intangível, **462**
Benefíciotangível, **462**
Big data, **209**
   características, 209-210
   desafios do, 212-213
   fontes de, 210
   fontes gratuitas de, 210-211
   tecnologias para, 214-220
   usos, 211
   valor, 209
   variedade, 209-210
   velocidade, 209
   veracidade, 210
   volume, 209
Bioimpressão, **126**
Blogs, 96, **275**
BLS (U.S. Bureau of Labor Statistics), 15
Bluetooth, **254**
Boas práticas de negócios, 71
Bolsa eletrônica, **332**-334
Botnet, **35**
Brainstorming, 73
BTO (Business Technology Optimization), 543
Business Technology Optimization (BTO), 543
BYOD (traga seu próprio dispositivo), **31**
Byte (B), **116**

C

CA (autoridade de certificação), **350**
CAD (design assistido por computador), **386**
Cadeia de suprimentos, **10**
Cadeia de valor, **10**-11
CAE (engenharia assistida por computador), **386**
CAM (manufatura assistida por computador), **387**
Caminho crítico, **475**
Caminho de acesso lógico (LAP), 182
Campeão do projeto, **481**
Carreiras
   certificação, 19
   em sistemas de informação, 15-20
   outras carreiras de SI, 18
Cartão de crédito, 352-353
Cartão de crédito ilimitado, 352-353
Cartão de débito, 352-353
Cartão inteligente, 352-353
Carteira de pendências de produtos, **548**
CascadingStyleSheet (CSS), **267**-268
Cavalo de Troia, 34
Censura de pornografia na internet, 93-95
Censura na internet, **88**-90
Centro de dados, **134**-135
Certificação, **19**
Certificado digital, **350**
Chave de criptografia, **49**
Chave estrangeira, **179**
Chave primária, **179**
Chiefinformationofficer (CIO), 6, 16
Child Online Protection Act (Copa), 94
Children's Internet Protection Act (CIPA), 91-92
Children's Online Privacy Protection Act (COPPA), **80**
CI (circuito integrado), **114**
Ciclo de processamento de transações, **372**
Cidade inteligente, **300**
Cientista de dados, **222**-223, 418
Cientista de robótica, 419
CIO (chiefinformationofficer), 6, 16
Circuito integrado (CI), **114**
Cliente leve, **129**
Código de ética, 74
Código de ética profissional, **74**-75
Coleta de dados, **372**-374
Comércio eletrônico (e-commerce)
   alcançar novos clientes, 323
   atacado, 332
   aumentar a precisão, 324
   categorias, 315
   comprar produtos e serviços eletronicamente, 326
   compras personalizadas, 339, 340
   custos reduzidos, 323
   desafios, 327-331
   entre empresas, 315-316, 320
   entre empresas e consumidores, 317-319, 320
   entrega de produtos e serviços, 326
   estratégias para o sucesso, 341-345
   finanças, 338
   fluxo de mercadorias e informações, 323-324
   governo eletrônico, 320-321
   infraestrutura de tecnologia, 346-353
   investimentos, 338
   manufatura, 332-334
   marketing, 334-335
   melhorar o atendimento ao cliente, 324
   modelo multiestágio, 324-327
   permuta, 336-338
   pesquisa e identificação, 325
   publicidade, 335-336
   questões de privacidade do consumidor, 328-329
   seleção e negociação, 326
   serviço pós-venda, 327
   serviços bancários, 339
   software, 348, 349
   superar a falta de confiança dos consumidores, 329-330
   superar problemas globais, 330-331
   vantagens, 322-324
Comércio eletrônico B2B (entre empresas), **315**-316, 320
Comércio eletrônico B2C (entre empresas e consumidores), **317**-319, 320
Comércio eletrônico C2C (entre consumidores), **319**, 320
Comércio eletrônico de atacado, 332
Comércio eletrônico do governo para empresas (G2B), 320
Comércio eletrônico do governo para o cidadão (G2C), 320
Comércio eletrônico do governo para o governo (G2G), 320
Comércio eletrônico entre consumidores (C2C), **319**, 320
Comércio eletrônico entre empresas (B2B), **315**-316, 320
Comércio eletrônico entre empresas e consumidores (B2C), **317**-319, 320
Comércio eletrônico G2B (do governo para empresas), 320
Comércio eletrônico G2C (do governo para o cidadão), 320
Comércio eletrônico G2G (do governo para o governo), 320
Comércio eletrônico. *Ver* Comércio eletrônico (e-commerce)
Comércio móvel (m-commerce)
   compras personalizadas, 339, 340
   em perspectiva, 322
   estratégias para o sucesso, 341-345
   finanças, 338
   infraestrutura de tecnologia, 346-353
   investimentos, 338
   manufatura, 332-334

ÍNDICE REMISSIVO **573**

marketing, 334-335
modelo eficaz, 341
permuta, 337-338
publicidade, 335-336
serviços bancários, 339
sites, 322
software, 349
Communications DecencyAct (CDA), 90-91
Comparação de preços, 337
Compatibilidade com versões anteriores, **131**
Competência principal, **469**
Compilador, **156**
Componentes de software de código, 535-536
Comportamento inteligente, **407**
Compras on-line, 276-278
CompTIA (Computer Technology IndustryAssociation), 75
Computação autonômica, **298**
Computação em grade, **115**
Computação em nuvem, **293**-298
  híbrida, 297-298
  planejamento de recuperação de desastres de dados, 533
  privada, 296
  pública, 293-296
Computação em nuvem híbrida, 297-298
Computação em nuvem pública, 293-296
  benefícios, 294
  problemas, 295-296
  tipos de serviços, 294-295
Computação forense, **57**-58
Computação verde, 135-137, **136**
Computador
  armazenamento secundário, 117-120
  cliente leve, 129
  de uso especial, 139
  desktop, 129
  dispositivos de entrada, 120-123
  dispositivos de saída, 123-126
  estações de trabalho, 129-130
  mainframe, 130-131
  memória, 116
  multiusuários, 127
  não portátil, 127
  nettop, 129
  portátil, 127-128
  processadores, 114-116
  rede, 247
  servidores, 130
  supercomputadores, 131-132
  supercomputadores operacionais, 132
  tipos de, 126-133
  unidades de armazenamento, 116
Computador mainframe, **130**-131
Computador nettop, **129**
Computadorportátil, **127**
  laptop, 128
  notebooks, 128
  smartphones, 127
  tablet, 128-129

Computadores
  não portáteis de único usuário, 129-130
  quânticos, 132-133
Computadores de uso especial, 139
Computadores desktop, **129**
Computadores quânticos, 132-133
Computer Technology IndustryAssociation (CompTIA), 75
Comunicação 4G sem fio, 256-257
Comunicação 5G sem fio, 257, **301**
Comunicação de campo próximo (NFC), **253**-254
Comunicação sem fio, **252**-253
  faixas de frequência, 253
Conexão sem fio, **263**
Conferências, 274
Conformidade com padrões regulatórios, 46
Conhecimento, **174**
Consequências de ataques cibernéticos bem-sucedidos
  impacto direto, 38
  interrupção dos negócios, 38
ContinuousApplicationAvailability, 533
Contrato de custo reembolsável, **487**
Contrato de licença de usuário final (EULA), **157**
Contrato de preço fixo, **487**
Controle de qualidade, **479**
Controle de simultaneidade, **183**
Controles
  projetos de sistemas, 526-527, 531-532
  sistemas, 526-527
Conversão direta, **541**
COPA (Child Online Protection Act), 94
COPPA (Children's Online Privacy Protection Act), 80
Coprocessador, **115**
Correção de dados, **374**
COTS (software de prateleira), 508
CPU (unidade de processamento central), 113
Criação do sistema, **535**-537
  codificação dos componentes do software, 535-536
  criar e carregar dados, 536
  teste de unidade, 537
Crimes cibernéticos, 30-40
  classificação de perpetradores, 33
  incidentes de computadores, 31-32
  leis federais sobre, 39-40
Criptografia, **49**
Criptografia de dados, 51, 53
Criptomoeda, **423**
CRISP-DM (Cross-Industry Process for Data Mining), **228**
Cronograma do projeto, **475**
Cross-IndustryProcess for Data Mining (CRISP-DM), **228**
CSS (CascadingStyleSheet), **267**-268
Cultura, **466**
Cultura organizacional, **466**

Cupons, 337-338

D

DaaS (banco de dados como serviço), **193**
Dados, **174**
  backup, 546
  criação e carregamento para desenvolvimento de sistemas, 536
  dados de alta qualidade. Ver Qualidade dos dados
  design, 185-187
  diferenças entre dados e informações, 174-175
  exclusão de dados sensíveis, 546
  hierarquia, 177-179
  limpeza, 185
  manipulação de bancos de dados relacionais, 189-191
  normalização, 191
  tipos de, 174
  violação, 29, 35-36
Dados alfanuméricos, 174
Dados de alta qualidade. *Ver* Qualidade dos dados
Dados de áudio, 174
Dados de imagem, 174
Dados de inteligência de mercado, 175
Dados em vídeo, 174
Dados financeiros, 77-78
Dados legíveis por humanos, 120
Dados pessoais de crianças, 80
DAMA (Data Management Association), 195
DARPA (Defense Advanced Research Projects Agency), 431
Data lakes, **216**-217
Data Management Association (DAMA), 195
Data mart, **216**
Data warehouses, **214**-216
DBA (administrador de banco de dados), **196**
DDL (linguagem de definição de dados), **181**, 534
Decisão de fazer ou comprar, **486**
Declaração de missão, **454**
Declaração de visão/missão, **454**
Decomposição funcional, **517**, 524
Defeito de software, **97**
Departamentos de conformidade, 532
DepartmentofHomeland Security (DHS), 38
Descarte de sistemas, **545**-547
  comunicar a intenção, 546
  descarte de hardware, 546-547
  excluir dados sensíveis, 546
  fazer backup dos dados, 546
  rescisão de contratos, 546
Descrição do problema, **72**-73
Desempenho do sistema, 527

Desenvolvedor de inteligência de negócios, 419
Desenvolvedor de software, 16, 419
Desenvolvedores web, 16, 17
Desenvolvimento ágil, **547**-550
   primeiro projeto ágil da empresa, 551
   vantagens e desvantagens, 549
Desenvolvimento de aplicativos em conjunto (JAD), **516**-517
Desenvolvimento de sistemas, **504**
Design assistido por computador (CAD), **386**
Design de sistemas, **529**-535
   desenvolvimento do cronograma e orçamento, 530
   plano de recuperação de desastres, 532-533
   preparação do rascunho do, 534-535
   projeto da interface do usuário, 530-532
   projeto do banco de dados, 534
   recrutamento da equipe, 530
   relatório, 535
   revisão de resultados, 535
   segurança e controles, 531-532
DevOps, **549**-550
DFD (diagrama de fluxo de dados), **524**-527
DHS (Department of Homeland Security), 38
Diagrama de fluxo de dados (DFD), **524**-527
Diagrama de rede, **476**
Diagrama entidade-relacionamento (ER), **187**
Diagramas ER (entidade-relacionamento), 526
Diamante de Leavitt, **5**
Dicionário de dados, **181**, 534
Difamação, **92**
Dinheiro eletrônico, **351**-352
Discurso de ódio, **93**
Dispositivo de armazenamento em estado sólido (SSD), **119**
Dispositivo de armazenamento óptico, 118
Dispositivo de entrada com caneta, 122
Dispositivos comuns de entrada do computador pessoal, 120
Dispositivos de digitalização, 120
Dispositivos de entrada
   definição, 113
   dispositivos com caneta, 122
   dispositivos comuns de entrada do computador pessoal, 120
   dispositivos de digitalização, 120
   dispositivos RFID, 121-122
   entrada de dados, 120
   inserção de dados, 124
   leitores de código de barras, 121
   leitores óticos de dados, 120-121
   telas de toque, 122-123
Dispositivos de entrada/saída, 120-123
Dispositivos de saída

   definição, 113
   impressoras 3D, 125-126
   impressoras e plotters, 124-125
   tela de exibição, 123-124
Dispositivos móveis, acesso por, 384
DLM (gestão do ciclo de vida dos dados), **196**-197
Documentação do usuário, **536**
Documentação técnica, **536**
Documento de aceitação do usuário, **539**
Domínio, **177**
Dono do risco, **485**
DRAM (memória de acesso aleatório dinâmica), 117

E

eBay, 277
Edição de dados, **374**
e-discovery (descoberta eletrônica), **292**
Educação continuada, 19-20
Educação na web, 271
Electronic Product Environmental Assessment Tool (EPEAT), **136**
Empreendedores de SI, 18
Empresas
   avaliação de risco, 42-43
   implementar sistemas de detecção, 53-54
   política de segurança, 44-45
   responder aos ataques, 54-56
Empresas de pequeno e médio porte (PME), 371-372
Emulador Android, 156
Encadeamento para frente, **413**
Encadeamento para trás, **414**
Endereços IP, **261**
Engenharia assistida por computador (CAE), **386**
Engenheiro do conhecimento, **414**
Entidade, **177**
Entrada de dados, 124
EPEAT (Electronic Product Environmental Assessment Tool), **136**
Equipe de direção do projeto, **481**
Equipe de direção, 521, 535
Escalabilidade, **130**
Escopo do projeto, **469**
Esfera de influência, 140
Esfera de influência da empresa, 140
Esfera de influência do grupo de trabalho, 140
Esfera de influência pessoal, 140
Esforço de erradicação, 55
Esforços individuais para proteger a privacidade, 81
Especialista em domínio, **414**
Especialista no assunto, **482**
Espionagem cibernética, **36**-37
Esquema, **180**
Estação de trabalho, **129**-130
Estoque gerenciado pelo fornecedor (VMI), 9

Estratégia, **456**-457
Estrutura, **8**
Estrutura analítica do trabalho (WBS), **475**
Ética, **68**-76
Ética empresarial, 69-72
Ético *versus* legal, 69
Etiqueta de identificação por radiofrequência (RFID), **121**
ETL (extrair, transformar, carregar), 216
EULA (contrato de licença do usuário final), **157**
EUVL (litografia ultravioleta extrema), 114
Exemplo de matriz de análise de partes interessadas, 483
Explorações, em sistemas de informação, **31**
Explorações, tipos de
   ameaça avançada persistente, 34
   ameaça combinada, 34
   ameaça de identidade, 35
   ataque distribuído de negação de serviço (DDoS), 35
   cavalo de Troia, 34
   espionagem cibernética, 36-37
   phishing, 34
   ransomware, 33-35
   spam, e-mail, 34
   terrorismo cibernético, 37-38
   vírus, 34
   worms, 34
Expressão autônoma, **87**-88
Extensible Markup Language (XML), 267
Extrair, transformer, carregar (ETL), 216
Extranets, **279**-280

F

Fab/fundição, **114**
Fabricação de processadores, 114
Fair and Accurate Credit Transactions Act, **78**
Fair Credit Reporting Act, **78**
Fake news, **95**-96
Family Educational Rights and Privacy Act (FERPA), **80**
Fase de avaliação do pacote de software, 509-511
   fazendo a seleção, 511
   identificando soluções potenciais, 509
   pesquisando os melhores candidatos, 510
   selecionando os melhores candidatos, 510
Fase de definição de direção
   declaração de missão, 454
   estratégia, 456
   iniciativas e programas, 456
   metas, 454
   objetivos, 454
   projetos, 456
   valor central, 454
   visão, 454

Fazenda de servidores, **133**-134
FCC (Federal Communications Commission), 253
Federal Communications Commission (FCC), 253
Federal Financial Institutions Examination Council, 350
Federal Information Security Management Act of 2002 (FISMA), 19
Federal Trade Commission (FTC), 328
Feeds de notícias, 274
FERPA (Family Educational Rights and Privacy Act), **80**
Ferramentas de inteligência de negócios e inteligência analítica
    análise de texto, 231
    análise de vídeo, 231-232
    análise descritiva, 224-227
    análise preditiva, 227-229
    inteligência analítica de autoatendimento, 232-234
    otimização, 229-230
    simulação, 230-231
    softwares populares de BI/inteligência analítica, 232
Ferramentas de virtualização, **292**
Filtro de Internet, **91**
Finanças, 338
Firewall, 48
Firewall de última geração (NGFW), **48**
FISA (Foreign Intelligence Surveillance Act), 84-85
FISMA (Federal Information Security Management Act of 2002), 19
Fita magnética, **118**
Fita virtual, **119**
Flickr, 270
Folha de pagamento, 9
ForeignIntelligenceSurveillanceAct (FISA), 84-85
Formulário de detecção de marca, 121
Formulário de manutenção, 545
Fraude no setor de saúde, 427-428
Freelancers, 18
FTC (Federal Trade Commission), 328
Funil de conversão, **225**-226

G

GAAP (Generally Accepted Accounting Principles), 19
Garantia de qualidade, **479**
Garantia razoável, **43**
GCS (gestão da cadeia de suprimentos), **381**-383
Generally Accepted Accounting Principles (GAAP), 19
Geolocalização, 278-279
Geotagging, 279
Gestão da cadeia de suprimentos (GCS), **381**-383
Gestão da integração do projeto, **487**-488
Gestão da qualidade, **479**
Gestão das partes interessadas, **488**-489
Gestão de comunicação, **482**-483
Gestão de contatos, 384
Gestão de contratos, **486**-487
Gestão de custos, **477**
Gestão de dados, **194**-197
Gestão de demanda, 381
Gestão de projetos, **473**
    competência principal, 469
    níveis de complexidade, 469
    variáveis, 469-473
Gestão de recursos do processo, **479**-482
Gestão de riscos, **483**, **484**-486
Gestão de tarefas, 139-140
Gestão de vendas, 384
Gestão do ciclo de vida do produto (PLM), **385**-389
    benefícios, 389
    escopo do software, 386-387
    estratégia de negócios, 387
    produtos de software, 388
Gestão do ciclo de vida dos dados (DLM), **196**-197
Gestão do cronograma, **475**-477
Gestão do escopo, **474**-475
Gestor de dados, **196**
Gigahertz (GHz), **114**
GIS (sistema de informação geográfica), 279
Google Chrome, 266
Google Maps, 278-279
Governança de dados, **195**
Governo eletrônico, **320**-321
Gráfico de Gantt, **475**, 477
Grupo de trabalho, 140

H

Hadoop, **218**-219

Hadoop Distributed File System (HDFS), 219
Hardware
    armazenamento secundário, 117-120
    barramento, 113
    comércio móvel, 349
    computador desktop, 129
    computador mainframe, 130-131
    computador nettop, 129
    descarte, 546-547
    estação de trabalho, 129-130
    memória, 116
    programas utilitários, 145-147
    supercomputadores, 131-132
    tablet, 128-129
    unidade de processamento central, 113
HDD (unidade de disco rígido), **118**
HDFS (Hadoop Distributed File System), **219**
Health Insurance Portability and Accountability Act (HIPAA), 19, **79**, 177, 297
Help desk, 543
Heurística, **409**
Hierarquia dos dados, 177-179
HIPAA (Health Insurance Portability and Accountability Act), 19, **79**, 177, 297
Hiperlinks, **265**-266
HTML (Hypertext Markup Language), **266**-267
Hypertext Markup Language (HTML), **266**-267
Hypervisor, **143**

I

IaaS (infraestrutura como serviço), **294**
IBM Healthcare Provider Data Model, 186
IDE (ambiente de desenvolvimento integrado), 156
IDS (sistema de detecção de intrusão), **53**-54
IEEE-CS (Institute of Electrical and Electronics Engineers Computer Society), 75
IFRS (International Financial Reporting Standards), 19
Imagens geradas por computador (CGI), 111
IMDB (banco de dados na memória), **219**-220
Implementação da decisão, 74
Implementação de sistemas, 539-543
    instalação, 541
    preparação do local, 541
    preparação do usuário, 540
    transição, 541-543
Impressoras, 124-125
Impressoras 3D, 125-126
Impressoras a jato de tinta, 124
Impressoras a laser, 124
Incidente
    acompanhamento, 55-56
    contenção, 55
    notificações, 54-55
Incidentes de computador, causas, 31-32
    aumento da complexidade da computação, 31
    aumento da confiança em softwares com vulnerabilidades conhecidas, 31-32
    aumento da prevalência de políticas de trazer seu próprio dispositivo (BYOD), 31
    aumento da sofisticação daqueles que causariam danos, 32
    traga seu próprio dispositivo (BYOD), 31
Independent Computer Consultants Association, 75
Informação, **174**
    dados, 174-175
    valor da, 175

Informações de saúde, 79
Informações de trabalho, **271**-272
Infraestrutura como serviço (IaaS), **294**
Infraestrutura de tecnologia, **7**, 346-353
Inicialização do piloto, **542**
Inicialização paralela, **542**
Inovação, **463**-464
Inserção de dados, 120
Instalação, **541**
Institute of Electrical and Electronics Engineers Computer Society (IEEE-CS), 75
Instrução de captura, 113
Instrução de decodificação, 113
Instrução de execução, 113
Instruções IF-THEN, **412**-413
Integração de sistemas, 537-539
Inteligência analítica de autoatendimento, **232**-234
Inteligência analítica visual, **225**
Inteligência artificial (IA), **404**
   aplicações, 416
   aprendizagem de máquina, 420-428
   e emprego, 416-419
   em perspectiva, 407
   interface cérebro-computador (BCI), 429
   linha do tempo, 405
   natureza da, 407-409
   pesquisa científica, 419
   planejamento de recursos empresariais (ERP), 376
   processamento de linguagem natural (PNL), 428-429
   robótica, 432
   sistemas de visão, 415-416
   sistemas especialistas, 409-415
   visão geral da, 404-407
Inteligência de negócios (BI), 220-223, **221**
   benefícios, 221-222
   componentes necessários, 223
Intercâmbio eletrônico de dados (EDI), 9
Interface cérebro-computador (BCI), **429**
   DARPA, 431
   pesquisa médica, 429-431
Interface do usuário, 414
   projetar a, 530-532
Intermediário de loja on-line, **343**
International Financial Reporting Standards (IFRS), 19
Internet
   acesso, 263
   aplicativos da Web e, 269-279
   backbone, 261
   compras, 276-278
   conferências on-line, 274
   endereços IP, 261
   funcionamento, 261-262
   hardware de rede, 261-262
   intranet, 279
   roteamento, 262
   world wide web, 263

Internet Corporation for Assigned Names and Numbers (ICANN), 265
Internet das coisas (IoT), 299-306
   automação residencial, 300
   benefícios empresariais da, 302
   cidades inteligentes, 300-301
   dispositivos conectados, 300
   dispositivos vestíveis, 300
   possíveis problemas, 303
   redes 5G, 301
   tipos de, 302-303
   veículos autônomos, 301
Intranets, **279**
Investigação do sistema, **514**-521
   análise de viabilidade, 518-520, 528, 534
   decomposição funcional, 517
   desenvolvimento de aplicativos em conjunto, 516-517
   desenvolvimento do orçamento, 515
   recrutamento da equipe, 515
   relatório, 520
   revisão dos resultados, 521
   solicitação, 515
   tarefas, 516
IP (protocolo de internet), 261
ISP (provedor de serviço de internet), **263**
Item de dados, **178**

J

JAD (desenvolvimento de aplicativos em conjunto), **516**-517
Junção de dados, **189**

K

Kernel, **138**
Kits de desenvolvimento de software (SDKs), 156

L

Lado suave da implementação de mudanças, **466**
LAN (rede local), **249**-250
Laptop, **128**
Largura de banda do canal, **250**
Latência de rede, **250**
Legal *versus* ético, 69
Leis federais sobre crimes cibernéticos, 39-40
Leitores de código de barras, 121
Leitores de e-book, 145
Leitores ópticos de dados, 120-121
LexisNexis, 273
Liberdade de expressão, 86-88
Licença individual, 157
Licença perpétua, **506**
Licenças, 157
LifeKeeper, 533
Linguagem de definição de dados (DDL), **181**, 534

Linguagem de manipulação de dados (DML), **184**
Linguagens de programação, **155**-156
Linha do fluxo de dados, 525
LinkedIn, 272
LinxCRM, 536
Litografia ultravioleta extrema (EUVL), 114
Long Term Evolution (LTE), 256
LTE (Long Term Evolution), 256
Lucratividade em longo prazo, 452

Mac OS X Server, 143
MAN (rede de área metropolitana), **250**
Manipulação de dados, 189-191
Manufatura assistida por computador (CAM), **387**
Manufatura discreta, **388**
Manufatura por processo, **388**
Manufatura, comércio eletrônico, 332-334
Manutenção do sistema, **544**-545
Marco do projeto, **475**
Marketing, 334-335
Matriz de forças, fraquezas, oportunidades e ameaças (SWOT), **453**
Matriz redundante de discos independentes/baratos (RAID), 119
m-commerce. *Ver* Comércio móvel (m-commerce)
Mecanismo de busca Bing, 272
Mecanismo de inferência, **413**-414
Mecanismos de busca, **272**-273, 428
Meios de comunicação, **247**, 251-257
   comunicação 4G sem fio, 256-257
   comunicação 5G sem fio, 257
   tipos de meio de transmissão guiado, 251
   transmissão de micro-ondas, 255-256
   transmissão sem fio, 252-255
Melhores práticas, **379**
Melhoria contínua, 464-**465**
Memória, **113**
   definição, 113
   memória cache, 117
   memória de acesso aleatório, 116-117
   memória principal, 116
   memória somente leitura, 117
   tipos de, 117
Memória cache, **117**
Memória de acesso aleatório (RAM), **116**
Memória de acesso aleatório dinâmica (DRAM), 117
Memória de acesso aleatório estática (SRAM), 117
Memória principal, **116**
Memória somente leitura (ROM), **117**
Mensagens instantâneas, **273**-274
Metas, **455**-456
Microblogs, 274
Microsoft Disk Operating System (MS-DOS), 141
Microsoft Outlook, 151
Microsoft Windows 10, 141

Middleware, **147**
Mineração de dados, **227**-229
Modelagem de dados, 526
Modelo das Cinco Forças de Michael Porter, **452**
Modelo de aceitação tecnológica (TAM), **467**, 540
Modelo de banco de dados relacional, **188**-191
 características, 188
 construindo e modificando, 191
 vinculando tabelas de dados, 189, 190
Modelo de dados, 185
 corporativos, 186
Modelo de mudança, **466**
Modelo de organização com base em formação-ideação-normatização-desempenho, **479**
Modelo de software hospedado
 sistemas empresariais, 391-392
 vantagens e desvantagens, 391
Monitoramento, **543**-544
Monitores de tela plana, 123
M-Pesa, 339
MRP (planejamento de requisição de materiais), 382
MS-DOS (Microsoft Disk Operating System), 141
Mudança organizacional, **466**
Multiprocessamento, **115**
Multithreading, 140

N
Não portáteis, computadores individuais
 clientes leves, 129
 computador nettop, 129
 computadores desktop, 129
 estações de trabalho, 129-130
Navegação, 278-279
Navegador da web, **266**
Nettop, **129**
Network Professional Association, 75
NFC (comunicação de campo próximo), **253**-254
NGFW (firewall de última geração), **48**
NOS (sistema operacional de rede), **258**-259
Notebooks, 128
Núcleo, **113**
Nuvem de palavras, **225**
Nuvem privada virtual (VPC), 296

O
Objetivo, **454**
Objetivos SMART, 456
OCR (reconhecimento óptico de caracteres), 120-121
Offshore LeaksDatabase, 178
OLTP (processamento de transações on-line), **368**

Omnicanal, **316**
OMR (reconhecimento óptico de marcas), 120-121
Operação do sistema, **543**-544
Orçamento do projeto, 478
Organização do projeto, 481
Orientação sobre segurança, 51-52
Otimização de mecanismo de busca (SEO), 272-273
PaaS (Plataforma como serviço), **294**-295
Pacotes de software integrados, 152
Padrão de Segurança de dados do Setor de Cartões de Pagamento (PCI-DSS), 177
Painéis de segurança, uso de, 47
PAN (rede de área pessoal), **249**
Papel dos gestores, sistemas de informação, 5-8
Partes interessadas do projeto, **473**
Patch, **545**
Patrocinador do projeto, **481**
Pedido de informação (RFI), **509**
Pedidos de vendas, 382
Permuta
 comparação de preços, 337
 cupons, 337-338
 redirecionamento, 337
 sites de, 337
Personalização, **345**
Phishing, 34
Pirâmide de planejamento estratégico
 declaração de missão, 454
 declaração de visão/missão, 454
 estratégias, 456
 meta, 455-456
 valor central, 454
 visão, 454
Pirataria de software, 68
Pixar, 111
Placa gráfica de computador, **123**
Planejamento da qualidade, **479**
Planejamento de requisição de materiais (MRP), 382
Planejamento e desenvolvimento de produto de software, 389
Planejamento estratégico
 análise da situação, 451-453
 baseado em metas, 451
 baseado em questões, 451
 benefícios, 12, 450
 definição, 11, 450
 definir estratégias, 456-457
 fase de definição de direção, 453-456
 implantar plano, 457
 orgânico, 451
 sistema de informação, 12-14
Planejamento estratégico baseado em metas, **451**
Planejamento estratégico baseado em questões, **451**
Planejamento estratégico de um sistema de informação
 estratégia organizacional, 459-460

 identificar projetos e iniciativas, 460-461
 priorizar projetos e iniciativas, 461-462
Planejamento estratégico orgânico, **451**
Plano de continuidade de negócios, **43**
Plano de gestão de riscos, 485
Plano de recuperação de desastres, **43**, **532**-533
Plano de vendas e operações (PVO), 381
Planta de fabricação de semicondutores, **114**
Plataforma como serviço (PaaS), **294**-295
Plotters, 124-125
PME (empresas de pequeno e médio porte), 371-372
Podcast, 275
Política de privacidade do site, 80
Política de segurança, empresas, 44-45
Práticas justas de informação, **77**
Prazo do projeto, **475**
Preparação do local, **541**
Preparação do usuário, **540**
Prevenção de ataques
 auditoria de segurança, 45
 instalação de software antivírus, 53
 painel de segurança, uso de, 47
 proteção contra ataques de usuários internos mal-intencionados, 53
Previsão de vendas, 381
Primeira Emenda, **86**-87
Princípio de Pareto (regra 80-20), **528**
Privacidade
 esforços individuais para proteger, 81
 medidas para proteção de dados pessoais, 77-80
 política de privacidade do site, 80
Procedimento, 7
Procedimento de logon, 530
Processador
 fabricação, 114
 fases do processamento, 113
 multiprocessamento, 115
Processador multicore, **114**
Processamento de dados, **374**
Processamento de linguagem natural (PNL), **428**-429
Processamento de pedidos e compras, 9
Processamento de transações on-line (OLTP), 214, **368**
Processamento paralelo, **115**-116
Processo, 7
Processo de desenvolvimento de sistemas Waterfall, **513**-547
 análise de sistemas, 522-529
 construção de sistemas, 535-537
 desenvolvimento de sistemas, 504
 design de sistemas, 529-535
 implementação de sistemas, 539-543
 integração e teste, 537-539
 investigação de sistemas, 514-521
 manutenção de sistemas, 544-545
 operação de sistemas, 543-544
 vantagens e desvantagens, 514

Processos de missão crítica, **44, 532**
Produção, 382
Produção de documentos, **375**
Programa de apresentação gráfica, 152
Programa Geostationary Operational Environmental Satellite, 256
Programa MapReduce, **219**
Programa Nacional de Vigilância Sindrômica (NSSP), 182
Programação detalhada, 382
Programação extrema (XP), **549**
Programação linear, **229**-230
Programadores, 17
Programas utilitários, **145**-147
Projeção de dados, **189**
Projeto, **456, 468**
Propriedades ACID (atomicidade, consistência, isolamento e durabilidade), 191
Propriedades de atomicidade, consistência, isolamento e durabilidade (ACID), 191
Proteção de dados pessoais, 77-80
Proteção do funcionário, 71
Protocolo de internet (IP), 261
Provedor de serviço de internet (ISP), **263**
Provedor de serviços de segurança gerenciada (PSSG), **57**
PRTG Network Monitor, 146
PSSG (provedor de serviços de segurança gerenciada), **57**
Publicidade, 335-336
Publicidade desfavorável, 71-72

Q

QBE (Query byExample), 183
Qualidade, **472**
Qualidade dos dados
 aumentar a produtividade, 177
 aumentar a satisfação dos clientes, 175-176
 aumentar as vendas, 176-177
 características, 175, 176
 garantir a conformidade, 177
 melhorar a inovação, 177
 melhorar a tomada de decisões, 175
Quarta Emenda, **82**
Quatro níveis de classificação de centros de dados, 135
Query by Example (QBE), 183
Questões éticas, 72-74
 no desenvolvimento de softwares de qualidade, 97-99
Quintessentially, 340-341

R

RAID (matriz redundante de discos independentes/baratos), **119**
RAM de vídeo (VRAM), 124
Ransomware, **33**-35
Raskin, Jef, 530

Realidade aumentada (AR), **415**-416
Reconhecimento óptico de caracteres (OCR), 120-121, **424**
Reconhecimento óptico de marcas (OMR), 120-121
Recurso de aquisição de conhecimento, **414**
Recurso de explicação, **414**
Recurso técnico, **482**
RedHat Linux, 142
Rede
 arquitetura cliente/servidor, 263-268
 computador, 247
 meios de comunicação, 251-257
 software de comunicação, 258-259
Rede de área metropolitana (MAN), **250**
Rede de área pessoal (PAN), **249**
Rede de barramento, **248**
Rede de computador, **247**
Rede de longa distância (WAN), **250**
Rede definida por software (SDN), **259**
Rede em estrela, **247**
Rede local (LAN), **249**-250
Rede Nacional Integrada de Informações Balísticas (NIBIN), 178
Rede neural artificial, **416**-417
Rede privada virtual (VPN), 50-51, **280**
Redes de malha, **248**
Redes sociais, 384
Redesenho de processos, **464**
Redirecionamento, 337
Reengenharia, **464**-465
Reengenharia de processos de negócios (BRP), **464**
Registro, 179
Regra, **413**
Regulamento Geral de Proteção de Dados (GDPR), 77, 177
Release, software, **545**
Respondeat superior, 71
Responsabilidade corporativa e individual, 68
Responsabilidade social corporativa, 69-72
Responsável pelo produto, **548**
Resposta a ataques
 acompanhamento de incidentes, 55-56
 contenção de incidentes, 55
 esforços de erradicação, 55
 notificações de incidentes, 54-55
 proteção de evidências e registros de atividades, 55
Revisão do sistema, **544**
RFI (pedido de informação), **509**
RFID (identificação por radiofrequência), **121**
Rightto Financial PrivacyAct, **78**
Riscos do projeto, **483**
 avaliação, 484
 identificação, 484
Robô articulado, 434
Robôs cartesianos, 433
Robôs industriais

robô articulado, 434
robôs cartesianos, 433
robôsSCARA, 433
RobôsSCARA (Selective Compliance Assembly Robot Arm), 433-434
Robôs SelectiveCompliance Assembly RobotArm (SCARA), 433-434
Robótica, **432**-433
 aplicações industriais, 434-435
 robôs industriais, 433-434
ROM (memória somente leitura), **117**
Rootkit, 34
Roteador, 48-49, **261**-262
Roubo de identidade, 35, **328**

S

SaaS (software como serviço), **150**-151, 295
Sarbanes-OxleyAct, 19
Satisfação do usuário, 467
Scrum, **547**
Scrum master, **548**
SDKs (kits de desenvolvimento de software), 156
SDN (rede definida por software), **259**
Seção 230 da CDA, **90**
Seção 814 da USA PatriotAct, 39
Segmentação de mercado, **335**
Segurança
 e requisitos do sistema, 526-527
 projeto de sistemas, 531-532
 sites, 330
Segurança da camada de transporte (TLS), **49, 350**
Seleção de dados, **189**
SEO (otimização de mecanismo de busca), 272-273
Server MessageBlock (SMB), 34
Serviços bancários, 339
Servidor, **130**
Servidor blade, **134**
Servidor proxy, 50-51
Servidor web
 hardware, 347-348
 software, 348
Shell de sistema especialista, 414
SI interorganizacional, **9**
Símbolo da entidade, 525
Símbolo do processo, 525
Simulação de Monte Carlo, **231**
Sintaxe, 155
Sistema crítico de segurança, **97**-98
Sistema de detecção de intrusão (IDS), **53**-54
Sistema de gestão de banco de dados (DBMS), **180**
 armazenamento de dados, 182-183
 criação de bancos de dados, 181-182
 geração de relatórios, 183-184
 gestão de segurança, 184
 manipulação dos dados, 183-184

modificação de bancos de dados, 181-182
serviço de backup, 185
serviço de recuperação, 182-183
visão do usuário, 180-181
Sistema de gestão de relacionamento com o cliente (CRM), **383**-385
   altamente avaliado, 385
   principais recursos, 384
Sistema de informação (SI), 4-11
   baseado em computador, 4
   cadeia de valor, 10-11
   carreiras, 15-20
   meios de obter vantagem competitiva, 5-8
   planejamento estratégico, 11-14
   questões éticas, 72-74
   tipos de, 8-9
Sistema de informação baseado em computador (CBIS), 4
Sistema de informação de grupo de trabalho, **8**
Sistema de informação empresarial, **8**
Sistema de informação geográfica (GIS), 279
Sistema de informações pessoais, **8**
Sistema de nome de domínio (DNS), **264**-265
Sistema de planejamento de recursos empresariais (ERP)
   atualização da infraestrutura de tecnologia, 379-380
   melhores práticas, 379
   melhoria dos processos de trabalho, 379
   parceria de aprendizagem homem-máquina, 378
   sistemas legados, 378-379
   tomada de decisões, 377-378
   vantagens, 377-380
Sistema de processamento em lote, **367**-368
Sistema de processamento massivamente paralelo, **115**
Sistema de satélite em baixa órbita terrestre, 255
Sistema em um chip, 127
Sistema embarcado, **144**
Sistema operacional (SO), **138**
   atuais, 140-148
   computador Apple, 141-142
   computador único com um único usuário, 139
   computador único com vários usuários simultâneos, 139
   computadores para usos especiais, 139
   corporativo, 144
   embarcados, 144-145
   função, 138
   funções de hardware, 139
   gestão de tarefas, 139-140
   Google, 142
   grupo de trabalho, 142
   kernel, 138
   Linux, 142
   por esfera de influência, 140
   vários computadores com vários usuários, 139
Sistema operacional Android, 142
Sistema operacional Chrome, 140
Sistema operacional corporativo, 144
Sistema operacional de grupo de trabalho, 142
Sistema operacional de rede (NOS), **258**-259
Sistema operacional embarcado, 144-145
Sistema operacional Linux, 142
Sistema operacional openSUSE, 142
Sistema operacional Unix, 143
Sistema orientado por menu, 530
Sistema perceptivo, **409**
Sistema robótico de backup em fita, 119
Sistemas de compras, 370, 382
Sistemas de EHR (registro eletrônico de saúde), 425-426
Sistemas de informação e liberdade de expressão
   censura na internet, 88-96
   medidas para proteger a liberdade de expressão, 86-88
Sistemas de informação e privacidade
   esforços individuais para proteger a privacidade, 81
   medidas de proteção para dados pessoais, 77-80
   política de privacidade dos sites, 80
Sistemas de informação e vigilância do governo, 82-86
Sistemas de inteligência artificial (IA), **407**
Sistemas de pagamento eletrônico, 349-353
   autoridade de certificação, 350
   cartão de crédito, 352-353
   cartão de crédito ilimitado, 352-353
   cartão inteligente, 352-353
   certificado digital, 350
   dinheiro eletrônico, 351-352
   transportlayersecurity, 351
Sistemas de processamento de transações (TPSs)
   armazenamento de dados, 374
   atividades, 372-375
   coleta de dados, 372-374
   correção de dados, 374
   edição de dados, 374
   objetivos, 367-371
   para empreendedores, 371-372
   para empresas de pequeno e médio porte, 371-372
   planejamento de recursos empresariais, 376-381
   ponto de venda, 373
   processamento de dados, 374
   processamento de transações on-line, 368
   produção de documentos, 375
   sistema de processamento em lote, 367-368
   sistemas de compra, 370
   sistemas de contabilidade, 370
   sistemas de processamento de pedidos, 369-370
   visão geral, 366-367
Sistemas de processamento de transações para empreendedores, 371-372
Sistemas de registro eletrônico de saúde (EHR), 425-426
Sistemas de software de alta qualidade, **97**
Sistemas de visão, **415**-416
Sistemas empresariais, **376**
   gestão da cadeia de suprimentos (GCS), 381-383
   gestão de relacionamento com o cliente, 383-385
   gestão do ciclo de vida do produto, 385-389
   modelo de software hospedado para, 391-392
   superando desafios da implementação, 389-391
Sistemas especialistas, **409**-415
   base de conhecimento, 412-413
   capacidades, 411-412
   características, 410-411
   componentes, 412-414
   em domínio, 414
   engenheiro do conhecimento, 414
   interface do usuário, 414
   mecanismo de inferência, 413-414
   participantes do desenvolvimento e uso de, 414-415
   recurso de aquisição de conhecimento, 414
   recurso de explicação, 414
   usuário do conhecimento, 414
Sistemas operacionais atuais, 140-148
Sistemas operacionais Mac, 141
Sistemas operacionais para PC da Microsoft, 141
Site das 20 perguntas (20Q), 408
Site frio, **533**
Site quente, **532**
Sites de fake news, 96
Sites de mídias sociais, 96
Sites de varejo, 322
Smartphones, 127-128
Smishing, 34
SOA (arquitetura orientada a serviços), **147**
Software
   aplicativo, 138
   aplicativo de grupo de trabalho, 154
   aplicativo empresarial, 155
   codificação para o desenvolvimento de sistemas, 535-536
   comercial pronto para usar, 508
   comércio móvel, 349
   compra de software pronto para o uso, 508-512

de criação de menus, 536
gastos, 138
gerador de relatórios, 536
licenças, 157
livre, 157-159
pronto, 150
proprietário, 149
release, 545
sistema, 138
versão, 545
Software antivírus, **53**
Software aplicativo, **138**
   de grupo de trabalho, 154
   empresarial, 155
   linguagens de programação, 155-156
   pessoal, 151
   visão geral, 149-150
Software aplicativo de grupo de trabalho, **154**
Software aplicativo empresarial, **155**
Software aplicativo móvel, 153-154
Software aplicativo pessoal
   análise de planilhas, 151
   aplicativos de banco de dados, 151
   aplicativos editores de texto, 151
   apresentação de gráficos, 151
   exemplos de, 151
   gestão de informações pessoais, 151
   outros tipos, 152-153
   pacotes de software integrados, 152
   software aplicativo móvel, 153-154
   software suite, 152
Software como serviço (SaaS), **150**-151, **295**
   desvantagens, 506-507
   vantagens, 505-506
Software de código, 535-536
Software de comunicação
   rede definida por software, 259
   sistema operacional de rede, 258-259
Software de criação de menus, 536
Software de gerenciamento de dispositivos móveis (MDM), **258**
Software de gerenciamento de rede, **258**
Software de gestão do ciclo de vida do produto (PLM), **386**
Software de prateleira (COTS), 508
Software de produtividade pessoal, 151
Software de registro eletrônico de saúde (EHR), 512
Software de sistema, **138**
   middleware, 147
   programas utilitários, 145-147
   sistema operacional do grupo de trabalho, 142
   sistema operacional embarcado, 144-145
   sistema operacional, 138-140
   sistemas operacionais atuais, 140-148
Software gerador de relatórios, 536
Software livre, **157**-159
Software pronto, **150**
Software proprietário, **149**

Software suite, **152**
Softwares de EHR (registro eletrônico de saúde), 512
Spam, e-mail, 34
SQL (Structured Query Language), 191-193
SRAM (memória de acesso aleatório estática), 117
SSD (dispositivo de armazenamento em estado sólido), **119**
Streaming, **373**
Streaming de conteúdo, **275**
Structured Query Language (SQL), 191-193
Suite de aplicativos baseados na web, 153
Supercomputadores, **131**-132
Supercomputadores operacionais, 132
Suporte ao cliente, 384
Switch, **261**
SysAdmin, Audit, Network, Security (SANS) Institute, 75
Sysinternals Suite, 146

T

Tablet, **128**-129
Tags HTML, **266**-267
TAM (modelo de aceitação de tecnologia), 540
Tamanho do lote, 382
Tarefa predecessora, **475**
Tarefas de implementação, principais, 512
TCP/IP (TransmissionControlProtocol/ Internet Protocol), **261**
Tecnologias de Web 2.0, 269-**270**, 271
Tela de exibição, 123-124
Telas de toque, 122-123
Tempo
   contrato de tempo e material, 487
   variáveis do projeto, 470-472
Tempo de espera, 382
Tempo de folga, **475**
Teoria da difusão da inovação, **468**
Terrorismo cibernético, **37**-38
Teste alfa, 539
Teste beta, 539
Teste de aceitação do usuário (UAT), **538**-539
   para novos sistemas de contabilidade, 547
Teste de avaliação de desempenho, **510**
Teste de integração, 511, **538**
Teste de sistemas, 511, 537, **538**, 539
Teste de unidade, **537**
Teste de volume, 511, **538**
Testes, 537-539
TI sombra, **19**
Tipos de meios de transmissão guiados, 251
Tipos de rede
   rede de área metropolitana, 250
   rede de área pessoal, 249
   rede de longa distância, 250
   rede local, 249-250

Título XIII da American Recovery and Reinvestment Act, 79
TLS (transport layer security), **350**
Tolerância a falhas, **44, 533**
Tomada de decisões, considerações éticas na, 72-74
Topologia de rede, **247**-248
   rede de barramento, 248
   rede em estrela, 247
   redes de malha, 248
Tradutores, 429
Traga seu próprio dispositivo (BYOD), **31**
Transição, **541**-543
Transmissão de micro-ondas, 255-256
Transmissão sem fio, 251-255
TransmissionControlProtocol/Internet Protocol (TCP/IP), **261**
Treinamento, na web, 271
Tríade de segurança da CID
   auditorias de segurança, 45
   avaliação de risco, 42-43
   computação forense, 57-58
   conformidade com padrões regulatórios, 46
   detecção de ataques cibernéticos, 53-54
   estabelecendo uma política de segurança, 44-45
   estratégia de segurança, 42
   implementando no nível da rede, 47-51
   implementando no nível do aplicativo, 51
   implementando no nível do usuário final, 51-53
   implementando sistemas de detecção, 53-54
   painel de segurança, 47
   políticas de segurança, 44-45
   provedor de serviços de segurança gerenciada, 56-57
   recuperação de desastres, 43-44
   resposta, 54-56
   resposta da organização aos ataques, 54-56
   usando provedor de serviços de segurança gerenciada (PSSG), 57

U

U.S. Bureau of Labor Statistics (BLS), 15
U.S. Computer Emergency Readiness Team (US-CERT), 38
UAT (teste de aceitação do usuário), **538**-539
Unidade de disco rígido (HDD), **118**
Unidade de negócios patrocinadora, **470**
Unidade de processamento central (CPU), 113
Unidade de processamento gráfico (GPU), **124**
Unidade flash de barramento serial universal (USB), 120
Uniform Resource Locator (URL), 264-265

Uniting and Strengthening America by Providing Appropriate Tools Required to Intercept and Obstruct Terrorism (USA PATRIOT Act), 85
USA Freedom Act, 85
USA PATRIOT Act (Uniting and Strengthening America by Providing Appropriate Tools Required to Intercept and Obstruct Terrorism), 85
US-CERT (U.S. Computer Emergency Readiness Team), 38
Usuário do conhecimento, **414**
Utilitários de compactação de arquivos, **146**

V

Valor central, **454**
Variáveis do projeto
    custo, 470
    escopo, 469-470
    expectativas do usuário, 472
    qualidade, 472
    tempo, 471-472
Velocidade do clock, **114**
Versão, software, **545**
Vetor de ataque, **33**
Viabilidade do cronograma, **520**
Viabilidade econômica, **518**
Viabilidade legal, **520**
Viabilidade operacional, **520**
Viabilidade técnica, **518**
Viagens, 278-279
Vigilância do governo, 82-86

Violação de dados, 29, **35**-36
Virtualização de servidor, **143**-144
Vírus, 34
Visão, **454**
Vishing, 34
VPC (nuvem privada virtual), 296
VPN (rede privada virtual), 50-51
Vulnerabilidades do software, 31-32

W

WAN (rede de longa distância), **250**
Web social, 269-271
Websites
    comércio móvel, 322
    criando tráfego, 343-344
    estabelecendo, 342-343
    funções, 342
    interrupções, 348
    mantendo, 344-345
    melhorando, 344-345
    permuta, 337
    segurança, 330
    viagens, 278-279
Wi-Fi, **254**-255
Windows Embedded, 139
Windows Server, 142
Windows XP, 546
world wide web (www), 263
    arquitetura cliente/servidor (Ver Arquitetura cliente/servidor)
    atualizações de status, 274
    blogs, 275
    compras on-line, 276-278
    conferências, 274
    desenvolvimento de conteúdo e aplicativos, 268-269
    educação, 271
    feeds de notícias, 274
    filmes, vídeos e televisão, 275-276
    geolocalização, 278-279
    informações do trabalho, 271-272
    intranets, 279
    jogos on-line e entretenimento, 276
    mecanismos de busca, 272-273
    mensagens instantâneas, 273-274
    microblogs, 274
    mídia on-line e entretenimento, 275
    música, 275
    navegação, 278-279
    notícias, 271
    podcasts, 275
    tecnologia de Web 2.0, 269-270, 271
    treinamento, 271
    viagens, 278-279
    web social, 269-271
Worms, 34
www. *Ver* world wide web (www)

X

XML (Extensible Markup Language), **267**
XP (programação extrema), **549**

Z

Zumbi, 35